9급 공무원

사회복지직

전과목 한권으로 다잡기

SD에듀
(주)시대고시기획

사회복지직 공무원 소개

◇ 사회복지직 공무원이란?

사회복지직 공무원은 지방행정기관이나 국립병원 등에서 사회복지서비스 업무를 담당합니다. 최근 사회복지의 증진을 전담하기 위해 사회복지직 공무원 인원을 대폭 증원 확대 채용하고 있으며, 복지행정 분야의 전반적인 관리 및 집행 등 사회복지에 관한 실무적인 업무를 담당하므로 사회봉사적인 업무특성상 긍지와 자부심을 가질 수 있는 공무원입니다.

◇ 사회복지직 공무원의 업무

저소득층 복지지원관리	의료급여관리 및 자활지원관리	노인복지관리	사회복지시설관리

아동복지관리	장애인복지관리	긴급복구지원관리

◇ 사회복지직 공무원의 혜택

사회복지직 공무원도 타 직렬 공무원과 마찬가지로 신분 보장, 휴직제도의 활성화, 안정된 노후생활(연금, 퇴직금), 폭넓은 복리후생(복지포인트, 상여제도) 등의 공무원 복지가 보장되어 있습니다.

○ 사회복지직 공무원의 자격 요건

❶ 공통응시자격

▶ 응시연령 : 만 18세 이상(9급)

▶ 응시결격사유 등 : 「지방공무원법」 제31조의 결격사유에 해당되거나, 「지방공무원법」 제66조(정년)에 해당되는 자 또는 「지방공무원 임용령」 제65조 및 「부패방지 및 국민권익위원회의 설치와 운영에 관한 법률」 제82조 등 관계법령 등에 의하여 응시자격이 정지된 자는 응시할 수 없음

❷ 자격 제한 : 사회복지사 2급 이상 자격증 소지자(2023년 공고 기준)

○ 시험과목

국어, 영어, 한국사, 사회복지학개론, 행정법총론 5과목으로 진행

○ 시험방법

❶ 제1, 2차 시험(병합실시) : 선택형 필기시험

▶ 유형 : 객관식 4지선택형, 과목당 20문항

▶ 배점비율 : 과목당 100점 만점

▶ 시험시간 : 5과목 100분(10:00 ~ 11:40)

❷ 제3차 시험 : 인성검사 및 면접시험(필기시험 합격자에 한함)

※ 인성검사의 경우 시행여부는 각 지방자치단체마다 상이함

○ 시험일정

❶ 원서접수 : 3월 중

❷ 필기시험일 : 6월 중

❸ 필기합격자 발표일 : 7월 중

❹ 적성검사 및 면접 : 7월 초 ~ 9월 초

※ 위 내용은 2023년 공고문을 기준으로 한 것으로 세부내용이 변경될 수 있으므로 반드시 최신 공고문을 확인하시기 바랍니다.

구성과 특징

Chapter

11 준동사 I (동명사와 to부정사)

01 동명사

1 개념

동명사는 동사적 특징을 수반하며 명사의 역할을 한다. 따라서 문장에서 주어, 목적어, 보어, 동격의 기능으로 사용된다.

2 주어 역할: 단수 취급

- Making a mistake is always common to man. (실수를 하는 것은 항상 인간에게 흔한 일이다.)
- Being punctual is the virtue everyone must have.
  (시간을 엄수하는 것은 모든 사람들이 갖추어야 할 미덕이다.)

3 목적어 역할

(1) 타동사의 목적어

- No one would suggest ignoring news about your investment.
  (아무도 당신의 투자에 관한 소식을 무시하라고 제안하지는 않을 것이다.)

더 알아보기

동명사를 목적어로 취하는 완전 타동사

긍정적 의미	admit, keep, forgive, appreciate, suggest, enjoy, consider, pe
부정적 의미	mind, avoid, escape, postpone, deny, quit, finish, abandon, de

- I will keep going to the top of the mountain. (나는 그 산에
- Would you mind opening the door? (문 좀 열어 주시겠습니

(2) 전치사의 목적어

- I'm not interested in being Don Quixote. (나는 돈키호테가
- She walked out of the front door without looking back.
  (그녀는 뒤도 돌아보지 않고 앞문으로 걸어 나갔다.)

244 SD에듀 | 사회복지직 공무원

---

2 영조물의 하자로 인한 배상책임[국가배상의 두 번째 유형(「국가배상법」, 제5조)]

(1) 배상책임의 요건

「국가배상법」, 제5조 【공공시설 등의 하자로 인한 책임】
① 도로·하천, 그 밖의 공공의 영조물(物)의 설치나 관리에 하자(瑕疵)가 있기 때문에 타인에게 손해를 발생하게 하였을 때에는 국가나 지방자치단체는 그 손해를 배상하여야 한다. 이 경우 제2조 제1항 단서, 제3조 및 제3조의2를 준용한다.
② 제1항을 적용할 때 손해의 원인에 대하여 책임을 질 자가 따로 있으면 국가나 지방자치단체는 그 자에게 구상할 수 있다.

① 도로 기타 공공의 영조물 : 영조물이란 공적 목적을 달성하기 위한 인적·물적 시설의 종합체를 의미한다. 하지만 도로와 하천은 통상 영조물이 아니라 공물로 이해하는 것이 행정법학계의 일반적인 해석이다. 따라서 이러한 「국가배상법」 제5조상의 영조물에 도로와 하천을 포함하기 위해서는 동조의 '영조물'에 대한 개념을 사실적으로 해석하는 '물리적 해석'이 아니라 문맥적으로 해석하는 '체계적 해석'을 통하여 '강학상의 공물'로서 행정주체가 공익 목적을 달성하기 위하여 제공한 유체물(인공공물, 자연공물, 동산, 부동산 포함)로 해석하는 것이 타당하다.

더 알아보기

「국가배상법」상 영조물 인정 사례와 부정 사례

영조물 인정 사례	영조물 부정 사례
• 공립학교교사, 국립병원	• 일반재산(국유림), 국유잡지, 국유광산, 폐천부지)
• 관용자동차, 경찰견, 경찰마, 경찰관의 총기	• 형체적 요소를 갖추지 못한 경우(설치 중인 옹벽)
• 하천 및 하천부지	• 예정공물(시 명의의 종합운동장 예정부지나 그 지상의 자
• 도로(지도에 나와 있지 않은 도로 포함), 지하케이블선의 '맨홀', 상하수도, 정부청사, 제방, 망원유수지의 수류상자	동차경주를 위한 안전시설)
• 철도건널목의 자동경보기, 철도역 대합실과 승강장, 교통신호기, 육교, 지하차도	• 공용지정을 갖추지 못한 경우(사실상 군민의 통행에 제공되고 있던 도로)
• 공중변소, 태풍대유원지, 배수펌프장, 여의도 광장, 전신주	
• 서울시가 관리를 담당하는 조림지에 인정된 배망	
• 매향리 사격장	

② 설치 또는 관리상의 하자

672 SD에듀 | 사회복지직 공무원

Chapter 핵심이론

국어, 영어, 한국사, 사회복지학개론, 행정법총론 과목의 핵심이론을 단원별로 정리하여 효율적인 학습이 가능하도록 구성하였습니다.

더 알아보기

꼭 알아두어야 할 보충 내용과 심화 내용을 정리하여 기본은 물론 심화 학습도 가능하도록 구성하였습니다.

최신 기출문제

2023년 지방직 9급 기출문제를 수록하여 최신출제경향을 완벽하게 파악할 수 있도록 구성하였습니다.

자세한 해설

한 문제, 한 문제마다 완벽한 해설, 상세한 해설을 수록했습니다. 정답분석과 오답분석을 통해 효율적인 학습이 가능하도록 구성하였습니다.

[수록 지면 1 — 문제]

2024 9급 공무원 사회복지직 전과목 한권으로 다잡기

2023년 지방직 9급 국어 기출문제

01 ㉠~㉣의 말하기 방식을 설명한 내용으로 가장 적절한 것은?

김 주무관: AI에 대한 국민 이해도를 높이기 위해 설명회를 개최할 필요가 있다고 생각해요.
최 주무관: ㉠ 저도 요즘 그 필요성을 절감하고 있어요.
김 주무관: ㉡ 그런데 어떻게 준비해야 효과적으로 전달할 수 있을지 고민이에요.
최 주무관: 설명회에 참여할 청중 분석이 먼저 되어야겠지요.
김 주무관: 청중이 주로 어떤 분야에 관심이 있는지 알면 준비할 때 유용하겠네요.
최 주무관: ㉢ 그럼 청중의 관심 분야를 파악하려면 청중의 특성 중에서 어떤 것들을 조사하면 좋을까요?
김 주무관: ㉣ 나이, 성별, 직업 등을 조사할까요?

① ㉠: 상대의 의견에 대해 공감을 표현하고 있다.
② ㉡: 정중한 표현을 사용하여 직접 질문하고 있다.
③ ㉢: 자신의 반대 의사를 우회적으로 드러내고 있다.
④ ㉣: 의문문을 통해 상대의 의견을 반박하고 있다.

02 (가)~(다)를 맥락에 따라 가장 자연스럽게 배열한 것은?

독서는 아이들의 전반적인 뇌 발달에 큰 영향을 미친다.
(가) 그에 따르면 뇌의 전두엽은 상상력을 관장하는데, 책을 읽으면 상상력이 자극되어 전두엽을 많이 사용하게 된다.
(나) A 교수는 책을 읽을 때와 읽지 않을 때의 뇌 변화를 연구해서 세계적인 명성을 얻었다.
(다) 이처럼 책을 많이 읽으면 전두엽이 훈련되어 전반적인 뇌 발달의 가능성이 높아지는데, 그 결과는 교육 현장에서 실증된 바 있다.
독서를 많이 한 아이는 학교에서 더 좋은 성적을 낼 뿐 아니라 언어 능력도 발달한다는 사실이 밝혀진 것이다.

① (나) - (가) - (다)
② (나) - (다) - (가)
③ (다) - (가) - (나)
④ (다) - (나) - (가)

[수록 지면 2 — 정답 및 해설]

2024 9급 공무원 사회복지직 전과목 한권으로 다잡기

2023년 지방직 9급 국어 정답 및 해설

01	02	03	04	05	06	07	08	09	10
①	①	③	④	②	④	②	③	④	②
11	12	13	14	15	16	17	18	19	20
②	④	④	①	②	②	③	③	③	②

01 ①

[정답분석]
① 최 주무관은 AI에 대한 국민 이해도를 높이기 위해 설명회를 개최할 필요가 있다는 김 주무관의 의견에 대하여 '저도 요즘 그 필요성을 절감하고 있어요.'라고 말하며 공감을 표현하고 있다.

[오답분석]
② 김 주무관은 어떻게 준비해야 효과적으로 전달할 수 있을지 고민이라고 말하며 최 주무관의 의견을 듣고 싶다는 것을 간접적으로 표현하고 있다.
③ 최 주무관은 '그럼 청중의 관심 분야를 파악하려면 청중의 특성 중에서 어떤 것들을 조사하면 좋을까요?'라며 청중 분석에 대한 구체적인 방안을 묻고 있으므로 자신의 반대 의사를 우회적으로 드러내고 있다고 볼 수 없다.
④ 김 주무관은 '나이, 성별, 직업 등을 조사할까요?'라는 의문문을 통해 자신의 답변에 확신을 얻고자 하는 것이지 상대의 의견을 반박하고 있는 것은 아니다.

02 ①

[정답분석]
(나)에서는 독서가 뇌 발달에 끼치는 영향에 대한 A 교수의 연구를 소개하고 있으므로 화제를 제시하는 첫 문장 '독서는 아이들의 전반적인 뇌 발달에 큰 영향을 미친다.'의 뒤에 오는 것이 적절하다.
(가)는 (나)의 A 교수를 가리키므로 (나) 뒤에 오는 것이 적절하다.
(다)의 '이처럼'은 앞에 나오는 내용을 받아 뒷문장과 이어주는 기능을 하는 접속어이다. '이처럼' 뒤에 책을 많이

읽으면 전두엽이 훈련되어 뇌 발달의 가능성이 높아진다는 내용을 제시하고 있으므로 (다) 앞에도 독서와 전두엽의 관계에 대한 내용이 나와야 한다. 그러므로 책을 읽으면 상상력이 자극되어 전두엽을 많이 사용하게 된다는 내용의 (가) 뒤에 오는 것이 적절하다.
따라서 맥락에 따라 가장 자연스럽게 배열한 것은 ① (나) - (가) - (다)이다.

03 ③

[정답분석]
③ '얼음이'는 부사어가 아니라, 서술어 '되다' 앞에 말을 보충해 주는 역할을 하는 보어이다.

[오답분석]
① '지원은'은 서술어 '깨우다'의 주체인 주어이다.
② '만들었다'는 문맥상 '노력이나 기술 따위를 들여 목적하는 사물을 이루다.'라는 뜻이며, 이 경우 '~이/가 …을/를 만들다'와 같이 쓰이므로 주어와 목적어를 요구하는 두 자리 서술어임을 알 수 있다.
③ '어머나'는 문장에서 다른 성분과 직접적으로 관련을 맺지 않는 독립어로, 생략되어도 문장이 성립한다.

04 ④

[정답분석]
④ '부유하다'는 '물 위나 물속, 또는 공기 중에 떠다니다.'라는 뜻이고, '헤엄치다'는 '사람이나 물고기 따위가 물속에서 나아가기 위하여 팔다리를 것거나 지느러미를 움직이다.'라는 뜻이므로 '헤엄치는'은 @과 바꿔 쓸 수 없다.

[오답분석]
① '뱅종하다'는 '옳고 그름을 가리지 않고 남이 시키는 대로 덮어놓고 따르다.'라는 뜻이므로 '무분별하게 따르는'은 ⓒ과 바꿔 쓸 수 있다.
③ '발피하다'는 일정한 상태나 처지에서 완전히 벗어나다.'라는 뜻이므로 '벗어나는'은 ⓒ과 바꿔 쓸 수 있다.

이 책의 목차

CONTENTS

사회복지사 3급 자격 폐지(2019. 1. 1. 시행)

2019. 1. 1.부터 사회복지사 자격증을 기존 1급·2급·3급의 3등급 체계에서 1급·2급의 2등급 체계로 변경하였으며, 기존 3급 자격증을 보유한 사람의 자격은 유지되지만 3급 자격증의 신규 발행은 중단됨

전문사회복지사 제도 도입(2020. 12. 12. 시행)

다양화·전문화되는 사회복지 욕구에 능동적으로 대응할 수 있도록 하고, 사회복지 법인 등의 불합리한 채용관행을 개선할 수 있도록 종사자 채용절차를 규정하는 등 현행법의 미비점을 개선하기 위해 전문사회복지사 제도를 도입함

전문사회복지사는 정신건강사회복지사·의료사회복지사·학교사회복지사로 분류하며, 사회복지사 1급의 자격이 있는 사람 중에서 보건복지부령에서 정하는 수련기관에서 수련을 받은 사람에게 자격을 부여함

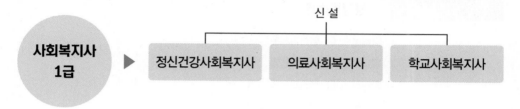

2023

최신 기출문제

2023 최신 기출문제

정답 및 해설

2024 9급 공무원 사회복지직 전과목 한권으로 다잡기

2023년 지방직 9급 국어 기출문제

01 ⑦~②의 말하기 방식을 설명한 내용으로 가장 적절한 것은?

> 김 주무관: AI에 대한 국민 이해도를 높이기 위해 설명회를 개최할 필요가 있다고 생각해요.
>
> 최 주무관: ⑦ 저도 요즘 그 필요성을 절감하고 있어요.
>
> 김 주무관: ⑥ 그런데 어떻게 준비해야 효과적으로 전달할 수 있을지 고민이에요.
>
> 최 주무관: 설명회에 참여할 청중 분석이 먼저 되어야겠지요.
>
> 김 주무관: 청중이 주로 어떤 분야에 관심이 있는지 알면 준비할 때 유용하겠네요.
>
> 최 주무관: ⑥ 그럼 청중의 관심 분야를 파악하려면 청중의 특성 중에서 어떤 것들을 조사하면 좋을까요?
>
> 김 주무관: ② 나이, 성별, 직업 등을 조사할까요?

① ⑦: 상대의 의견에 대해 공감을 표현하고 있다.
② ⑥: 정중한 표현을 사용하여 직접 질문하고 있다.
③ ⑥: 자신의 반대 의사를 우회적으로 드러내고 있다.
④ ②: 의문문을 통해 상대의 의견을 반박하고 있다.

02 (가)~(다)를 맥락에 따라 가장 자연스럽게 배열한 것은?

> 독서는 아이들의 전반적인 뇌 발달에 큰 영향을 미친다.
> (가) 그에 따르면 뇌의 전두엽은 상상력을 관장하는데, 책을 읽으면 상상력이 자극되어 전두엽을 많이 사용하게 된다.
> (나) A 교수는 책을 읽을 때와 읽지 않을 때의 뇌 변화를 연구해서 세계적인 명성을 얻었다.
> (다) 이처럼 책을 많이 읽으면 전두엽이 훈련되어 전반적인 뇌 발달의 가능성이 높아지는데, 그 결과는 교육 현장에서 실증된 바 있다.
> 독서를 많이 한 아이는 학교에서 더 좋은 성적을 낼 뿐 아니라 언어 능력도 발달한다는 사실이 밝혀진 것이다.

① (나) – (가) – (다)
② (나) – (다) – (가)
③ (다) – (가) – (나)
④ (다) – (나) – (가)

2 SD에듀 | 사회복지직 공무원 최신 기출문제

03 ⊙～㉣을 설명한 내용으로 적절하지 않은 것은?

> • ⊙ 지원은 자는 동생을 깨웠다.
> • 유선은 도자기를 ⓛ 만들었다.
> • 물이 ⓒ 얼음이 되었다.
> • ㉣ 어머나, 현지가 언제 이렇게 컸지?

① ⊙: 동작의 주체를 나타내는 주어이다.
② ⓛ: 주어와 목적어를 요구하는 서술어이다.
③ ⓒ: 서술어를 꾸며주는 부사어이다.
④ ㉣: 문장의 다른 성분과 직접적으로 관련을 맺지 않는 독립어이다.

04 ⊙～㉣과 바꿔 쓸 수 있는 유사한 표현으로 적절하지 않은 것은?

> • 서구의 문화를 ⊙ 맹종하는 이들이 많다.
> • 안일한 생활에서 ⓛ 탈피하여 어려운 일에 도전하고 싶다.
> • 회사의 생산성을 ⓒ 제고하기 위해 노력하자.
> • 연못 위를 ㉣ 부유하는 연잎을 바라보며 여유를 즐겼다.

① ⊙: 무분별하게 따르는
② ⓛ: 벗어나
③ ⓒ: 끌어올리기
④ ㉣: 헤엄치는

05 (가)와 (나)를 이해한 내용으로 적절하지 않은 것은?

> (가) 청산(靑山)은 내 뜻이오 녹수(綠水)는 님의 정
> (情)이 녹수(綠水) ㅣ 흘너간들 청산(靑山)이야
> 변(變)홀손가 녹수(綠水)도 청산(靑山)을 못 니
> 저 우러 녜여 가는고.
>
> (나) 청산(靑山)는 엇뎨ᄒ야 만고(萬古)애 프르르며
> 유수(流水)는 엇뎨ᄒ야 주야(晝夜)애 긋디 아니
> 는고 우리도 그치디 마라 만고상청(萬古常靑)
> 호리라.

① (가)는 '청산'과 '녹수'의 대조를 활용하여 화자가 처한 상황을 제시하고 있다.
② (나)는 시각적 심상과 청각적 심상을 활용하여 주제를 강조하고 있다.
③ (가)와 (나) 모두 대구를 활용하여 시상을 전개하고 있다.
④ (가)와 (나) 모두 설의적 표현을 활용하여 화자의 정서를 드러내고 있다.

06 다음 글의 중심내용으로 가장 적절한 것은?

> 교환가치는 거래를 통해 발생하는 가치이며, 사용가치는 어떤 상품을 사용할 때 느끼는 가치이다. 전자가 시장에서 결정된다는 점에서 객관적이라면, 후자는 개인에 따라 다르다는 점에서 주관적이다. 상품에는 사용가치와 교환가치가 섞여 있는데, 교환가치가 아무리 높아도 '나'에게 사용가치가 없다면 해당 상품을 구매하지 않을 것이다.
>
> 하지만 이 같은 상식이 통하지 않는 경우를 종종 볼 수 있다. 예를 들어 보자. 인터넷 커뮤니티에서 백만 원짜리 공연 티켓을 판매하는데, 어떤 사람이 "이 공연의 가치는 돈으로 환산할 수 없어요." 등의 댓글들을 보고서 애초에 관심도 없던 이 공연의 티켓을 샀다. 그에게 그 공연의 사용가치는 처음에는 없었으나 많은 댓글로 인해 사용가치가 있을 것으로 잘못 판단한 것이다. 안타깝게도, 그는 그 공연에서 조금도 만족하지 못했다.
>
> 이 사례에서 볼 때 건강한 소비를 위해서는 구매하려는 상품의 사용가치가 어떤 과정을 거쳐 결정된 것인지 곰곰이 생각해봐야 한다. '나'에게 얼마나 필요한가에 대한 고민 없이 다른 사람들의 말에 휩쓸려 어떤 상품의 사용가치가 결정될 때, 그 상품은 '나'에게 쓸모없는 골칫덩이가 될 수 있다.

① 사용가치보다 교환가치가 큰 상품을 구매해야 한다.
② 상품을 구매할 때 사용가치와 교환가치를 두루 고려해야 한다.
③ 상품에 대한 다른 사람들의 평가를 반영해서 상품을 구매해야 한다.
④ 상품을 구매할 때 사용가치가 자신의 필요에 의해 결정된 것인지 신중하게 따져야 한다.

07 ㉠~㉢ 중 어색한 곳을 찾아 수정하는 방안으로 가장 적절한 것은?

> 조선 후기에 서학으로 불린 천주학은 '학(學)'이라는 말에서도 짐작할 수 있듯이 ㉠ 종교적인 관점에서보다 학문적인 관점에서 받아들여졌다. 당시의 유학자 중 서학 수용에 적극적인 이들까지도 서학을 무조건 따르고 ㉡ 주장하지는 않았는데, 서학은 신봉의 대상이 아니라 분석의 대상이었기 때문이다. 그들은 조선 사회를 바로잡고 발전시키기 위해 새로운 학문과 지식이 필요하다고 생각했지만, 외부에서 유입된 사유 체계에는 양명학이나 고증학 등도 있어서 서학이 ㉢ 유일한 대안은 아니었다. 그들은 서학을 검토하며 어떤 부분은 수용했지만, 반대로 어떤 부분은 ㉣ 지향했다.

① ㉠: '학문적인 관점에서보다 종교적인 관점에서'로 수정한다.
② ㉡: '주장하였는데'로 수정한다.
③ ㉢: '유일한 대안이었다'로 수정한다.
④ ㉣: '지양했다'로 수정한다.

08 다음 글의 맥락을 고려할 때 빈칸에 들어갈 말로 가장 적절한 것은?

능숙한 필자와 미숙한 필자는 글쓰기 과정 중 '계획하기'에서 뚜렷한 차이를 보인다. 전자는 이 과정에 오랜 시간 공을 들이는 반면, 후자는 그렇지 않다. 글쓰기에서 계획하기는 글쓰기의 목적 수립, 주제 선정, 예상 독자 분석 등을 포함한다. 이 중 예상 독자 분석이 중요한 이유는 [   ] 때문이다. 글을 쓸 때 독자의 수준에 비해 너무 어려운 개념과 전문용어를 사용한다면 독자가 글을 이해하기 어렵게 된다. 글쓰기는 필자가 글을 통해 자신의 메시지를 독자에게 전달하는 행위라는 점을 고려하면 계획하기 단계에서 반드시 예상 독자를 분석해야 한다.

① 계획하기 과정이 글쓰기 전체 과정의 첫 단계이기
② 글에 어려운 개념이나 전문용어를 어느 정도 포함해야 하기
③ 필자의 메시지를 독자에게 효과적으로 전달하는 데 도움이 되기
④ 독자의 배경지식 수준을 고려해야 글의 목적과 주제가 결정되기

09 다음 시를 이해한 내용으로 적절하지 않은 것은?

사랑을 잃고 나는 쓰네

잘 있거라, 짧았던 밤들아
창밖을 떠돌던 겨울 안개들아
아무것도 모르던 촛불들아, 잘 있거라
공포를 기다리던 흰 종이들아
망설임을 대신하던 눈물들아
잘 있거라, 더 이상 내 것이 아닌 열망들아

장님처럼 나 이제 더듬거리며 문을 잠그네
가엾은 내 사랑 빈집에 갇혔네

— 기형도, 「빈집」 —

① 대상들을 호명하며 안타까운 심정을 표현하고 있다.
② '빈집'은 상실감으로 공허해진 내면을 상징하고 있다.
③ 영탄형 어조를 활용해 이별에 따른 정서를 부각하고 있다.
④ 글 쓰는 행위를 통해 잃어버린 사랑의 회복을 열망하고 있다.

10 다음 글을 이해한 내용으로 가장 적절한 것은?

> 반드시 갚는 조건임을 강조하면서 그는 마치 성경책 위에다 오른손을 얹고 말하듯이 엄숙한 표정을 했다. 하마터면 나는 잊을 뻔했다. 그가 적시에 일깨워 주었기 망정이지 안 그랬더라면 빌려주는 어려움에만 골똘한 나머지 빌려줬다 나중에 돌려받는 어려움이 더 클 거라는 사실은 생각도 못 할 뻔했다. 그렇다. 끼니조차 감당 못 하는 주제에 막벌이 아니면 어쩌다 간간이 얻어걸리는 출판사 싸구려 번역일 가지고 어느 해가*에 빚을 갚을 것인가. 책임이 따르는 동정은 피하는 게 상책이었다. 그리고 기왕 피할 바엔 저쪽에서 감히 두말을 못 하도록 야멸치게 굴 필요가 있었다.
>
> "병원 이름이 뭐죠?" "원 산부인괍니다." "지금 내 형편에 현금은 어렵군요. 원장한테 바로 전화 걸어서 내가 보증을 서고 약속할 테니까 권 선생도 다시 한번 매달려 보세요. 의사도 사람인데 설마 사람을 생으로 죽게야 하겠습니까. 달리 변통할 구멍이 없으시다면 그렇게 해 보세요."
>
> 내 대답이 지나치게 더디 나올 때 이미 눈치를 챈 모양이었다. 도전적이던 기색이 슬그머니 죽으면서 그의 착하디착한 눈에 다시 수줍음이 돌아왔다. 그는 고개를 좌우로 흔들어 보였다.
>
> "원장이 어리석은 사람이길 바라고 거기다 희망을 걸기엔 너무 늦었습니다. 그 사람은 나한테서 수술 비용을 받아 내기가 수월치 않다는 걸 입원시키는 그 순간에 벌써 알아차렸어요."
>
> – 윤흥길, 「아홉 켤레의 구두로 남은 사내에서」 –

* 해가(奚暇): 어느 겨를

① 서술자가 등장인물의 심리를 전지적 위치에서 전달하고 있다.
② 서술자가 등장인물이 되어 다른 등장인물의 행동을 진술하고 있다.
③ 서술자가 주인공으로서 유년 시절을 회상하며 갈등 원인을 해명하고 있다.
④ 서술자가 주관을 배제하고 외부 관찰자의 시선으로 사건을 이야기하고 있다.

11 다음 대화를 분석한 내용으로 적절하지 않은 것은?

> 은지: 최근 국민 건강 문제와 관련해 '설탕세' 부과 여부가 논란인데, 나는 설탕세를 부과해야 한다고 생각해. 그러면 당 함유 식품의 소비가 감소하게 되고, 비만이나 당뇨병 등의 질병이 예방되니까 국민 건강 증진에 도움이 되기 때문이야.
>
> 운용: 설탕세를 부과하면 당 소비가 감소한다고 믿을 만한 근거가 있니?
>
> 은지: 세계보건기구 보고서를 보면 당이 포함된 음료에 설탕세를 부과하면 이에 비례해 소비가 감소한다고 나와 있어.
>
> 재윤: 그건 나도 알아. 그런데 설탕세 부과가 질병을 예방한다는 것은 타당하지 않아. 여러 연구 결과를 보면 당 섭취와 질병 발생은 유의미한 상관관계가 없어.

① 은지는 첫 번째 발언에서 화제를 제시하고 있다.
② 운용은 은지의 주장에 반대하고 있다.
③ 은지는 두 번째 발언에서 자신의 주장에 대한 근거를 제시하고 있다.
④ 재윤은 은지가 제시한 주장의 근거를 부정하고 있다.

12 ㉠~㉡에 들어갈 단어로 적절하지 않은 것은?

> • 우리 회사는 올해 최고 수익을 창출해서 전성기를 ┌─㉠─┐ 하고 있다.
> • 그는 오래 살아온 자기 명의의 집을 ┌─㉡─┐ 하려 했는데 사려는 사람이 없다.
> • 그들 사이에 ┌─㉢─┐ 이 심해서 중재자가 필요하다.
> • 제가 부족하니 앞으로 많은 ┌─㉣─┐ 을 부탁드립니다.

① ㉠: 구가(謳歌)
② ㉡: 매수(買受)
③ ㉢: 알력(軋轢)
④ ㉣: 편달(鞭撻)

13 밑줄 친 단어의 쓰임이 올바르지 않은 것은?

① 이 일은 정말 힘에 <u>부치는</u> 일이다.
② 그와 나는 전부터 <u>알음</u>이 있던 사이였다.
③ 대문 앞에 서 있는데 대문이 저절로 <u>닫혔다</u>.
④ 경기장에는 <u>걷잡아서</u> 천 명이 넘게 온 듯하다.

14 ㉠~㉢의 한자 표기로 올바른 것은?

- 복지부 ㉠ 장관은 의료시설이 대도시에 편중된 문제에 대해 대책을 마련하라고 지시하였다.
- 박 주무관은 사유지의 국유지 편입으로 발생한 주민들의 피해를 ㉡ 보상하는 업무를 맡고 있다.
- 김 주무관은 이 팀장에게 부서 운영비와 관련된 ㉢ 결재를 올렸다.

	㉠	㉡	㉢
①	長官	補償	決裁
②	將官	報償	決裁
③	長官	報償	決濟
④	將官	補償	決濟

15 다음 글에서 추론한 내용으로 적절하지 않은 것은?

우리는 개별적으로 고립된 채 살아가는 존재일 수 없다. 사회 속에서 여럿이 모여 '복수(複數)'의 상태로 살아갈 수밖에 없는 존재라는 것이다. 복수의 상태로 살아가는 우리는 종(種)적인 차원에서 보면 보편적이고 동등한 존재이다. 그러나 우리는 각각 유일무이성을 지닌 '단수(單數)'이기도 하다. 즉 모든 인간은 개인으로서 고유한 인격체라는 특수성을 지닌다. 사회 속에서 우리는 보편적 복수성과 특수한 단수성을 겸비한 채 살아가고 있는 셈이다. 바로 이러한 이유로 우리는 다원적 존재이다. 이러한 존재들로 구성된 다원적 사회에서는 어떠한 획일화도 시도되어서는 안 된다. 우리가 이 같은 사회에서 살아가기 위해서는 타인을 포용하는 공존의 태도가 필요하다. 공동체 정화 등을 목적으로 개별적 유일무이성을 제거하는 것은 우리가 살아가는 사회의 다원성을 파괴하는 일이다.

① 우리는 고립된 상태에서 '단수'로 살아가는 존재가 아니다.
② 우리는 다원성을 지닌 존재로서 포용적으로 공존해야 한다.
③ 개인의 유일무이성을 보존하려는 제도는 개인의 보편적 복수성을 침해한다.
④ 개인의 특수한 단수성을 제거하려는 시도는 사회의 다원성을 파괴하는 결과로 이어질 수 있다.

16 다음 글을 이해한 내용으로 적절하지 않은 것은?

매우 치라 소리 맞춰, 넓은 골에 벼락치듯 후리쳐 딱 붙이니, 춘향이 정신이 아득하여, "애고 이것이 웬일인가?" 일자(一字)로 운을 달아 우는 말이, "일편단심 춘향이 일정지심 먹은 마음 일부종사 하겠더니 일신난처 이 몸인들 일각인들 변하리까? 일월 같은 맑은 절개 이리 힘들게 말으시오."

"매우 치라." "쾌 때리오." 또 하나 딱 부치니, "애고." 이자(二字)로 우는구나. "이부불경 이내 마음 이군불사와 무엇이 다르리까? 이 몸이 죽더라도 이 도령은 못 잊겠소. 이 몸이 이러한들 이 소식을 누가 전할까? 이왕 이리 되었으니 이 자리에서 죽여 주오."

"매우 치라." "쾌 때리오." 또 하나 딱 부치니, "애고." 삼자(三字)로 우는구나. "삼청동 도련님과 삼생연분 맺었는데 삼강을 버리라 하소? 삼척동자 아는 일을 이내 몸이 조각조각 찢겨져도 삼종지도 중한 법을 삼생에 버리리까? 삼월삼일 제비같이 훨훨 날아 삼십삼천 올라가서 삼태성께 하소연할까? 애고 애고 서러운지고."

– 「춘향전」에서 –

① 동일한 글자를 반복함으로써 리듬감을 조성하고 있다.
② 숫자를 활용하여 주인공이 처한 상황을 제시하고 있다.
③ 등장인물 간의 대화를 통해 주인공의 내적 갈등이 해결되고 있다.
④ 유교적 가치를 담고 있는 말을 활용하여 주인공의 의지를 드러내고 있다.

17 다음 글을 이해한 내용으로 적절하지 않은 것은?

고소설의 유통 방식은 '구연에 의한 유통'과 '문헌에 의한 유통'으로 나눌 수 있다. 구연에 의한 유통은 구연자가 소설을 사람들에게 읽어 주는 방식으로, 글을 모르는 사람들과 글을 읽을 수 있지만 남이 읽어 주는 것을 선호하는 이들을 대상으로 이루어졌다. 구연자는 '전기수'로 불렸으며, 소설 구연을 통해 돈을 벌던 전문적 직업인이었다. 하지만 이 방식은 문헌에 의한 유통에 비해 시간과 공간의 제약이 많아서 유통 범위를 넓히는 데 뚜렷한 한계가 있었다.

문헌에 의한 유통은 차람, 구매, 상업적 대여로 나눌 수 있다. 차람은 소설을 소유하고 있는 사람에게 직접 빌려서 보는 것으로, 알고 지내던 개인들 사이에서 이루어졌다. 구매는 서적 중개인에게 돈을 지불하고 책을 사는 것인데, 책값이 상당히 비쌌기 때문에 소설을 구매할 수 있는 사람은 그리 많지 않았다. 상업적 대여는 세책가에 돈을 지불하고 일정 기간 동안 소설을 빌려 보는 것이다. 세책가에서는 소설을 구매하는 것보다 훨씬 적은 비용으로 빌려 볼 수 있었기 때문에 경제적으로 넉넉하지 않은 사람도 소설을 쉽게 접할 수 있었다. 이로 인해 조선 후기 사회에서 세책가가 성행하게 되었다.

① 전기수는 글을 모르는 사람들에게 소설을 구연하였다.
② 차람은 알고 지내던 사람에게 대가를 지불하고 책을 빌려 보는 방식이다.
③ 문헌에 의한 유통은 구연에 의한 유통에 비해 시간과 공간의 제약이 적었다.
④ 조선 후기에 세책가가 성행한 원인은 소설을 구매하는 비용보다 세책가에서 빌리는 비용이 적다는 데 있다.

18 다음 글을 이해한 내용으로 가장 적절한 것은?

『삼국사기』는 본기 28권, 지 9권, 표 3권, 열전 10권의 체제로 되어 있다. 이 중 열전은 전체 분량의 5분의 1을 차지하며, 수록된 인물은 86명으로, 신라인이 가장 많고, 백제인이 가장 적다. 수록 인물의 배치에는 원칙이 있는데, 앞부분에는 명장, 명신, 학자 등을 수록했고, 다음으로 관직에 있지는 않았으나 기릴 만한 사람을 실었다.

반신(叛臣)의 경우 열전의 끝부분에 배치되어 있다. 이들을 수록한 까닭은 왕을 죽인 부정적 행적을 드러내어 반면교사로 삼는 데에 있었으나, 그 목적에 부합하지 않는 내용이 있어 흥미롭다. 가령 고구려의 연개소문은 반신이지만, 당나라에 당당히 대적한 민족적 영웅의 모습도 포함되어 있다. 흔히 『삼국사기』에 대해, 신라 정통론에 기반해 있으며, 유교적 사관에 따라 당시의 지배 질서를 공고히 하고자 했다고 평가한다. 하지만 연개소문의 사례에서 볼 수 있듯 『삼국사기』는 기존 평가와 달리 다면적이고 중층적인 역사 텍스트라고 할 수 있다.

① 『삼국사기』 열전에 고구려인과 백제인도 수록되었다는 점은 이 책이 신라 정통론을 계승하지 않았다는 것을 보여준다.
② 『삼국사기』 열전에 수록된 반신 중에는 이 책에 대한 기존 평가를 다르게 할 수 있는 사례가 있다.
③ 『삼국사기』 열전에는 기릴 만한 업적이 있더라도 관직에 오르지 못한 사람은 수록되지 않았다.
④ 『삼국사기』의 체제 중에서 열전이 가장 많은 권수를 차지한다.

19 다음 글에서 추론한 내용으로 적절하지 않은 것은?

프랑스에서 의무교육 제도를 실시하면서 정규학교에 입학하기 어려운 지적장애아, 학습부진아를 가려내고자 하였다. 이에 기초 학습 능력 평가를 목적으로, 1905년 최초의 IQ 검사가 이루어졌다. 이 검사를 통해 비로소 인간의 지능을 구체적으로 수치화하고 객관적으로 비교할 수 있게 되었다.

이후 오랫동안 IQ가 높으면 똑똑한 사람, 그렇지 않으면 머리가 좋지 않고 학습에도 부진한 사람으로 판단했다. 물론 IQ가 높은 아이는 그렇지 않은 아이에 비해 읽기나 계산 등 사고 기능과 관련된 과목에서 높은 성취도를 보이는 경우가 많다. 이는 IQ 검사가 기초 학습에 필요한 최소 능력인 언어이해력, 어휘력, 수리력 등을 측정하기 때문이다. 학습의 기초 능력을 측정하는 IQ 검사에서 높은 점수를 받은 아이는 동일한 능력을 측정하는 학업 평가에서도 높은 점수를 받을 가능성이 크다. 하지만 문제는 IQ 검사가 인간의 지능 중 일부만을 측정한다는 점이다.

① 최초의 IQ 검사는 학습 능력이 우수한 아이를 고르기 위해 시행되었다.
② IQ 검사가 만들어지기 전에는 인간의 지능을 수치로 비교할 수 없었다.
③ IQ가 높은 아이라도 전체 지능은 높지 않을 수 있다.
④ IQ가 높은 아이가 읽기 능력이 좋을 확률이 높다.

20 다음 글에서 추론한 내용으로 적절하지 않은 것은?

한글은 소리를 나타내는 표음문자여서 한국어 문장을 읽는 데 학습해야 할 글자가 적지만, 한자는 음과 상관없이 일정한 뜻을 나타내는 표의문자여서 한문을 읽는 데 익혀야 할 글자 수가 훨씬 많다. 이러한 번거로움에도 한글과 달리 한자가 갖는 장점이 있다. 한글에서는 동음이의어, 즉 형태와 음이 같은데 뜻이 다른 단어가 많아 글자만으로 의미를 파악하지 못하는 경우가 많다. 하지만 한자는 그렇지 않다. 예컨대, 한글로 '사고'라고만 쓰면 '뜻밖에 발생한 사건'인지 '생각하고 궁리함'인지 구별할 수 없다. 한자로 전자는 '事故', 후자는 '思考'로 표기한다. 그런데 한자는 문맥에 따라 같은 글자가 다른 뜻으로 쓰이지는 않지만 다른 문장성분으로 사용되기도 해 혼란을 야기한다. 가령 '愛人'은 문맥에 따라 '愛'가 '人'을 수식하는 관형어일 때도, '人'을 목적어로 삼는 서술어일 때도 있는 것이다.

① 한문은 한국어 문장보다 문장성분이 복잡하다.
② '淨水'가 문맥상 '깨끗하게 한 물'일 때 '淨'은 '水'를 수식한다.
③ '愛人'에서 '愛'의 문장성분이 바뀌더라도 '愛'는 동음이의어가 아니다.
④ '의사'만으로는 '병을 고치는 사람'인지 '의로운 지사'인지 구별할 수 없다.

2023년 지방직 9급 영어 기출문제

[01~04] 밑줄 친 부분의 의미와 가장 가까운 것을 고르시오.

01

> Further explanations on our project will be given in subsequent presentations.

① required
② following
③ advanced
④ supplementary

02

> Folkways are customs that members of a group are expected to follow to show courtesy to others. For example, saying "excuse me" when you sneeze is an American folkway.

① charity
② humility
③ boldness
④ politeness

03

> These children have been brought up on a diet of healthy food.

① raised
② advised
③ observed
④ controlled

04

> Slavery was not done away with until the nineteenth century in the U.S.

① abolished
② consented
③ criticized
④ justified

05 밑줄 친 부분에 들어갈 말로 가장 적절한 것은?

> Voters demanded that there should be greater _____ in the election process so that they could see and understand it clearly.

① deception
② flexibility
③ competition
④ transparency

06 밑줄 친 부분 중 어법상 옳지 않은 것은?

One reason for upsets in sports-① in which the team ② predicted to win and supposedly superior to their opponents surprisingly loses the contest-is ③ what the superior team may not have perceived their opponents as ④ threatening to their continued success.

07 밑줄 친 부분이 어법상 옳지 않은 것은?

① I should have gone this morning, but I was feeling a bit ill.
② These days we do not save as much money as we used to.
③ The rescue squad was happy to discover an alive man.
④ The picture was looked at carefully by the art critic.

08 우리말을 영어로 잘못 옮긴 것은?

① 우리는 그의 연설에 감동하게 되었다.
  → We were made touching with his speech.
② 비용은 차치하고 그 계획은 훌륭한 것이었다.
  → Apart from its cost, the plan was a good one.
③ 그들은 뜨거운 차를 마시는 동안에 일몰을 보았다.
  → They watched the sunset while drinking hot tea.
④ 과거 경력 덕분에 그는 그 프로젝트에 적합하였다.
  → His past experience made him suited for the project.

[09~10] 밑줄 친 부분에 들어갈 말로 가장 적절한 것을 고르시오.

09

A: Pardon me, but could you give me a hand, please?
B: _____
A: I'm trying to find the Personnel Department. I have an appointment at 10.
B: It's on the third floor.
A: How can I get up there?
B: Take the elevator around the corner.

① We have no idea how to handle this situation.
② Would you mind telling us who is in charge?
③ Yes. I could use some help around here.
④ Sure. Can I help you with anything?

10

A: You were the last one who left the office, weren't you?
B: Yes. Is there any problem?
A: I found the office lights and air conditioners on this morning.
B: Really? Oh, no. Maybe I forgot to turn them off last night.
A: Probably they were on all night.
B: _____

① Don't worry. This machine is working fine.
② That's right. Everyone likes to work with you.
③ I'm sorry. I promise I'll be more careful from now on.
④ Too bad. You must be tired because you get off work too late.

11 두 사람의 대화 중 자연스럽지 않은 것은?

① A: How would you like your hair done?
  B: I'm a little tired of my hair color. I'd like to dye it.
② A: What can we do to slow down global warming?
  B: First of all, we can use more public transportation.
③ A: Anna, is that you? Long time no see! How long has it been?
  B: It took me about an hour and a half by car.
④ A: I'm worried about Paul. He looks unhappy. What should I do?
  B: If I were you, I'd wait until he talks about his troubles.

12 다음 글의 제목으로 가장 적절한 것은?

Well-known author Daniel Goleman has dedicated his life to the science of human relationships. In his book Social Intelligence he discusses results from neuro-sociology to explain how sociable our brains are. According to Goleman, we are drawn to other people's brains whenever we engage with another person. The human need for meaningful connectivity with others, in order to deepen our relationships, is what we all crave, and yet there are countless articles and studies suggesting that we are lonelier than we ever have been and loneliness is now a world health epidemic. Specifically, in Australia, according to a national Lifeline survey, more than 80% of those surveyed believe our society is becoming a lonelier place. Yet, our brains crave human interaction.

① Lonely People
② Sociable Brains
③ Need for Mental Health Survey
④ Dangers of Human Connectivity

13 다음 글의 주제로 가장 적절한 것은?

Certainly some people are born with advantages (e.g., physical size for jockeys, height for basketball players, an "ear" for music for musicians). Yet only dedication to mindful, deliberate practice over many years can turn those advantages into talents and those talents into successes. Through the same kind of dedicated practice, people who are not born with such advantages can develop talents that nature put a little farther from their reach. For example, even though you may feel that you weren't born with a talent for math, you can significantly increase your mathematical abilities through mindful, deliberate practice. Or, if you consider yourself "naturally" shy, putting in the time and effort to develop your social skills can enable you to interact with people at social occasions with energy, grace, and ease.

① advantages some people have over others
② importance of constant efforts to cultivate talents
③ difficulties shy people have in social interactions
④ need to understand one's own strengths and weaknesses

14 다음 글의 요지로 가장 적절한 것은?

Dr. Roossinck and her colleagues found by chance that a virus increased resistance to drought on a plant that is widely used in botanical experiments. Their further experiments with a related virus showed that was true of 15 other plant species, too. Dr. Roossinck is now doing experiments to study another type of virus that increases heat tolerance in a range of plants. She hopes to extend her research to have a deeper understanding of the advantages that different sorts of viruses give to their hosts. That would help to support a view which is held by an increasing number of biologists, that many creatures rely on symbiosis, rather than being self-sufficient.

① Viruses demonstrate self-sufficiency of biological beings.
② Biologists should do everything to keep plants virus-free.
③ The principle of symbiosis cannot be applied to infected plants.
④ Viruses sometimes do their hosts good, rather than harming them.

15 다음 글의 내용과 일치하지 않는 것은?

The traditional way of making maple syrup is interesting. A sugar maple tree produces a watery sap each spring, when there is still lots of snow on the ground. To take the sap out of the sugar maple tree, a farmer makes a slit in the bark with a special knife, and puts a "tap" on the tree. Then the farmer hangs a bucket from the tap, and the sap drips into it. That sap is collected and boiled until a sweet syrup remains-forty gallons of sugar maple tree "water" make one gallon of syrup. That's a lot of buckets, a lot of steam, and a lot of work. Even so, most of maple syrup producers are family farmers who collect the buckets by hand and boil the sap into syrup themselves.

① 사탕단풍나무에서는 매년 봄에 수액이 생긴다.
② 사탕단풍나무의 수액을 얻기 위해 나무껍질에 틈새를 만든다.
③ 단풍나무시럽 1갤론을 만들려면 수액 40갤론이 필요하다.
④ 단풍나무시럽을 만들기 위해 기계로 수액 통을 수거한다.

16 다음 글의 흐름상 어색한 문장은?

I once took a course in short-story writing and during that course a renowned editor of a leading magazine talked to our class. ① He said he could pick up any one of the dozens of stories that came to his desk every day and after reading a few paragraphs he could feel whether or not the author liked people. ② "If the author doesn't like people," he said, "people won't like his or her stories." ③ The editor kept stressing the importance of being interested in people during his talk on fiction writing. ④ Thurston, a great magician, said that every time he went on stage he said to himself, "I am grateful because I'm successful." At the end of the talk, he concluded, "Let me tell you again. You have to be interested in people if you want to be a successful writer of stories."

17 주어진 글 다음에 이어질 글의 순서로 가장 적절한 것은?

Just a few years ago, every conversation about artificial intelligence (AI) seemed to end with an apocalyptic prediction.

(A) More recently, however, things have begun to change. AI has gone from being a scary black box to something people can use for a variety of use cases.

(B) In 2014, an expert in the field said that, with AI, we are summoning the demon, while a Nobel Prize winning physicist said that AI could spell the end of the human race.

(C) This shift is because these technologies are finally being explored at scale in the industry, particularly for market opportunities.

① (A) − (B) − (C)
② (B) − (A) − (C)
③ (B) − (C) − (A)
④ (C) − (A) − (B)

18 주어진 문장이 들어갈 위치로 가장 적절한 것은?

> Yet, requests for such self-assessments are pervasive throughout one's career.

The fiscal quarter just ended. Your boss comes by to ask you how well you performed in terms of sales this quarter. How do you describe your performance? As excellent? Good? Terrible? (①) Unlike when someone asks you about an objective performance metric (e.g., how many dollars in sales you brought in this quarter), how to subjectively describe your performance is often unclear. There is no right answer. (②) You are asked to subjectively describe your own performance in school applications, in job applications, in interviews, in performance reviews, in meetings-the list goes on. (③) How you describe your performance is what we call your level of self-promotion. (④) Since self-promotion is a pervasive part of work, people who do more self-promotion may have better chances of being hired, being promoted, and getting a raise or a bonus.

[19~20] 밑줄 친 부분에 들어갈 말로 가장 적절한 것을 고르시오.

19

We live in the age of anxiety. Because being anxious can be an uncomfortable and scary experience, we resort to conscious or unconscious strategies that help reduce anxiety in the moment-watching a movie or TV show, eating, video-game playing, and overworking. In addition, smartphones also provide a distraction any time of the day or night. Psychological research has shown that distractions serve as a common anxiety avoidance strategy. _____, however, these avoidance strategies make anxiety worse in the long run. Being anxious is like getting into quicksand-the more you fight it, the deeper you sink. Indeed, research strongly supports a well-known phrase that "What you resist, persists."

① Paradoxically
② Fortunately
③ Neutrally
④ Creatively

20

How many different ways do you get information? Some people might have six different kinds of communications to answer-text messages, voice mails, paper documents, regular mail, blog posts, messages on different online services. Each of these is a type of in-box, and each must be processed on a continuous basis. It's an endless process, but it doesn't have to be exhausting or stressful. Getting your information management down to a more manageable level and into a productive zone starts by _____. Every place you have to go to check your messages or to read your incoming information is an in-box, and the more you have, the harder it is to manage everything. Cut the number of in-boxes you have down to the smallest number possible for you still to function in the ways you need to.

① setting several goals at once
② immersing yourself in incoming information
③ minimizing the number of in-boxes you have
④ choosing information you are passionate about

2023년 지방직 9급 한국사 기출문제

01 밑줄 친 '주먹도끼'가 사용된 시대에 대한 설명으로 옳은 것은?

> 이 유적은 경기도 연천군 한탄강 언저리에 넓게 위치하고 있다. 이곳에서 아슐리안 계통의 주먹도끼가 다량으로 출토되어 더욱 많은 관심이 집중되었다. 이곳에서 발견된 주먹도끼는 그 존재 유무로 유럽과 동아시아 문화가 나뉘어진다고 한 모비우스의 학설을 무너뜨리는 결정적 증거가 되었다.

① 동굴이나 바위 그늘, 강가의 막집 등에서 살았다.
② 내부에 화덕이 있는 움집이 일반적인 주거 형태였다.
③ 토기를 만들어 음식을 조리하거나 식량을 저장하였다.
④ 구릉에 마을을 형성하고 그 주변에 도랑을 파고 목책을 둘렀다.

02 (가) 군사 조직에 대한 설명으로 옳은 것은?

> 고려 정부는 몽골과 강화를 맺고 개경으로 환도하였다. 대몽항전에 적극적이었던 <u>(가)</u> 은/는 개경 환도를 반대하고 반란을 일으켰다. 이어 진도로 근거지를 옮기면서 항쟁을 전개하였다.

① 포수, 사수, 살수의 삼수병으로 편제되었다.
② 윤관의 건의로 편성된 기병 중심의 부대였다.
③ 도적을 잡기 위해 설치한 야별초에서 시작되었다.
④ 양계 지방에서 국경 지역 방어를 맡았던 상비적인 전투부대였다.

03 다음과 같은 주장을 한 인물은?

> 일단 강화를 맺고 나면 저 적들의 욕심은 물화를 교역하는 데 있습니다. … (중략) … 저들이 비록 왜인이라고 하나 실은 양적(洋賊)입니다. 강화의 일이 한번 이루어지면 사학(邪學)의 서적과 천주의 상(像)이 교역하는 가운데 섞여 들어갈 것입니다.

① 박규수   ② 최익현
③ 김홍집   ④ 김윤식

04 다음에서 설명하는 신문은?

> • 서재필이 정부 지원을 받아 창간하였다.
> • 한글판을 발행하여 서양의 문물과 제도를 소개하였다.
> • 영문판을 발행하여 국내 사정을 외국인에게도 전달하였다.

① 제국신문   ② 독립신문
③ 한성순보   ④ 황성신문

05 (가), (나)에 들어갈 왕의 업적으로 옳은 것은?

삼국의 역사서로는 고구려에 『유기』가 있었는데, 영양왕 때 이문진이 이를 간추려 『신집』 5권을 편찬하였다. 백제에서는 ____(가)____ 시기에 고흥이 『서기』를, 신라에서는 ____(나)____ 시기에 거칠부가 『국사』를 편찬하였다.

① (가) - 국호를 남부여로 바꾸었다.
② (가) - 동진으로부터 불교를 받아들여 공인하였다.
③ (나) - 화랑도를 국가적 조직으로 개편하였다.
④ (나) - 병부를 처음으로 설치하여 군권을 장악하였다.

06 다음 문화재와 이를 통해 알 수 있는 내용의 연결이 옳지 않은 것은?

① 사택지적비 - 백제가 영산강 유역까지 영역을 확장하였다.
② 임신서기석 - 신라에서 청년들이 유교 경전을 공부하였다.
③ 충주 고구려비 - 고구려가 5세기에 남한강 유역까지 진출하였다.
④ 호우명 그릇 - 5세기 초 고구려와 신라가 밀접한 관계를 맺고 있었다.

07 밑줄 친 '곽재우'에 대한 설명으로 옳지 않은 것은?

여러 도에서 의병이 일어났다. … (중략) … 도내의 거족(巨族)으로 명망 있는 사람과 유생 등이 조정의 명을 받들어 의(義)를 부르짖고 일어나니 소문을 들은 자들은 격동하여 원근에서 이에 응모하였다. … (중략) … 호남의 고경명·김천일, 영남의 **곽재우**·정인홍, 호서의 조헌이 가장 먼저 일어났다.

— 『선조수정실록』 —

① 홍의장군이라 칭하였다.
② 의령을 거점으로 봉기하였다.
③ 행주산성에서 일본군을 크게 무찔렀다.
④ 익숙한 지리를 활용한 기습 작전으로 일본군에 타격을 주었다.

08 다음과 같은 취지로 전개된 운동에 대한 설명으로 옳은 것은?

지금 우리들은 정신을 새로이 하고 충의를 떨칠 때이니, 국채 1,300만 원은 우리 대한 제국의 존망에 직결된 것입니다. 이것을 갚으면 나라가 보존되고 이것을 갚지 못하면 나라가 망할 것은 필연적인 사실이나, 지금 국고에서는 도저히 갚을 능력이 없으며, 만일 나라에서 갚지 못한다면 그때는 이미 삼천리 강토는 내 나라 내 민족의 소유가 못 될 것입니다.

— 『대한매일신보』 —

① 조선 형평사를 조직하였다.
② 조선 물산 장려회를 조직하였다.
③ 신사 참배 거부 운동을 전개하였다.
④ 1907년 대구에서 시작되어 전국으로 확산되었다.

09 (가), (나)에 들어갈 말을 바르게 연결한 것은?

> 조선시대 과거 제도에는 문과·무과·잡과가 있었는데, 이 가운데 문과를 가장 중시하였다. 『경국대전』에 따르면 문과 시험 업무는 [(가)]에서 주관하고, 정기 시험인 식년시는 [(나)]마다 실시하는 것이 원칙이었다.

	(가)	(나)
①	이조	2년
②	이조	3년
③	예조	2년
④	예조	3년

10 다음 원칙이 발표된 이후에 있었던 사실로 옳지 않은 것은?

> - 조선의 민주 독립을 보장한 삼상 회의 결정에 의하여 남북을 통한 좌우 합작으로 민주주의 임시 정부를 수립할 것
> - 토지 개혁에 있어서 몰수, 유조건 몰수, 체감매상 등으로 토지를 농민에게 무상으로 나누어 주며, … (중략) … 민주주의 건국 과업 완수에 매진할 것
> - 입법 기구에 있어서는 일체 그 권능과 구성 방법 운영에 관한 대안을 본 합작 위원회에서 작성하여 적극적으로 실행을 기도할 것

① 3·15 부정선거에 대항하여 4·19 혁명이 일어났다.
② 친일파를 청산하기 위한 「반민족행위처벌법」이 공포되었다.
③ 제헌 국회에서 대통령에 이승만, 부통령에 이시영을 선출하였다.
④ 임시 민주 정부 수립을 논의하기 위해 제1차 미·소 공동 위원회가 개최되었다.

11 밑줄 친 '그'에 대한 설명으로 옳은 것은?

> 그는 화엄종을 중심으로 교종을 통합하고 해동 천태종을 창시하여 선종까지 포섭하려 하였다. 그러나 그의 사후에 교단은 다시 분열되었고, 권력층과 밀착되어 타락하는 양상까지 나타났다.

① 이론적인 교리 공부와 실천적인 수행을 아우를 것을 주장하였다.
② 참선과 독경은 물론 노동에도 힘을 쓰자고 하면서 결사를 제창하였다.
③ 삼국시대 이래 고승들의 전기를 정리하여 『해동고승전』을 편찬하였다.
④ 백련사를 결성하여 극락왕생을 기원하는 참회와 염불 수행을 강조하였다.

12 (가) 시기에 있었던 사실로 옳지 않은 것은?

① 인조반정이 발생하였다.
② 영창 대군이 사망하였다.
③ 강홍립이 후금에 항복하였다.
④ 청에 인질로 끌려갔던 봉림 대군이 귀국하였다.

13 여름 휴가를 맞아 강화도로 답사 여행을 떠나고자 한다. 다음 중 유적(지)과 주제의 연결이 옳지 않은 것은?

	유적(지)	주제
①	외규장각	동학 농민 운동
②	고려궁지	대몽 항쟁
③	고인돌	청동기 문화
④	광성보	신미양요

14 조선시대 붕당의 상황에 대한 설명으로 옳지 않은 것은?

① 선조 대 – 사림이 동인과 서인으로 분열하였다.
② 광해군 대 – 북인이 집권하였다.
③ 인조 대 – 남인이 정권을 독점하였다.
④ 숙종 대 – 서인이 노론과 소론으로 갈라졌다.

15 조선 세종 대에 있었던 사실로 옳지 않은 것은?

① 갑인자를 주조하였다.
② 화통도감을 설치하였다.
③ 역법서인『칠정산』을 편찬하였다.
④ 간의를 만들어 천체를 관측하였다.

16 다음과 같은 강령을 발표한 단체의 활동으로 옳은 것은?

> 一. 우리는 정치적, 경제적 각성을 촉진함
> 一. 우리는 단결을 공고히 함
> 一. 우리는 기회주의를 일체 부인함

① 조선 민립 대학 기성회를 창립하였다.
② 파리 강화 회의에 대표를 파견하였다.
③ 6 · 10 만세 운동을 사전에 계획하였다.
④ 광주 학생 항일 운동이 일어나자 조사단을 파견하였다.

17 다음 글을 쓴 인물에 대한 설명으로 옳은 것은?

> 세상에서 동명왕의 신이(神異)한 일을 많이 말한다. … (중략) … 지난 계축년 4월에『구삼국사』를 얻어 「동명왕 본기」를 보니 그 신기한 사적이 세상에서 애기하는 것보다 더하였다. 그러나 처음에는 믿지 못하고 귀신이나 환상이라고만 생각하였는데, 두세 번 반복하여 읽어서 점점 그 근원에 들어가니 환상이 아닌 성스러움이며, 귀신이 아닌 신성한 이야기였다.

① 사실의 기록보다 평가를 강조한 강목체 사서를 편찬하였다.
② 단군부터 고려 충렬왕 때까지의 역사를 서사시로 기록하였다.
③ 단군신화와 전설 등 민간에서 전승되는 자료를 광범위하게 수록하였다.
④ 김부식의『삼국사기』에 동명왕의 신이한 사적이 생략되어 있다고 평하였다.

18 1910년대에 있었던 사실로 옳은 것은?

① 중국 화북 지방에서 조선 독립 동맹이 결성되었다.
② 만주에서 참의부, 정의부, 신민부 등 3부가 조직되었다.
③ 임병찬이 주도한 독립 의군부는 항일 운동을 전개하였다.
④ 조선 혁명군이 양세봉의 지휘 아래 영릉가에서 일본군을 격파하였다.

19 다음 주장을 한 인물에 대한 설명으로 옳은 것은?

> 우리 조선의 역사적 발전의 전 과정은 가령 지리적 조건, 인종학적 골상, 문화 형태의 외형적 특징 등 다소의 차이는 인정되더라도, 다른 문화 민족의 역사적 발전 법칙과 구별되어야 하는 독자적인 것이 아니다. 세계사적인 일원론적 역사 법칙에 의해 다른 민족과 거의 같은 궤도로 발전 과정을 거쳐왔다.

① 민족정신으로서 조선 국혼을 강조하였다.
② 민족주의 사학을 계승하여 조선의 얼을 강조하였다.
③ 마르크스 유물 사관을 바탕으로 한국사를 연구하였다.
④ 진단 학회를 조직하여 문헌 고증을 중시하는 실증주의 사학을 정립하였다.

20 6 · 25 전쟁 중 있었던 사실로 옳지 않은 것은?

① 국군과 유엔군이 인천 상륙 작전을 감행하였다.
② 대통령 직선제를 포함한 발췌 개헌안이 국회에서 통과되었다.
③ 이승만 정부가 북한 송환을 거부하는 반공 포로를 석방하였다.
④ 미국이 한반도를 미국의 태평양 지역 방위선에서 제외한다는 애치슨 선언을 발표하였다.

2023년 지방직 9급 사회복지학개론 기출문제

01 사회복지실천에서 사정(assessment)에 대한 설명으로 옳지 않은 것은?

① 환경 속의 인간이라는 맥락에 기초한다.
② 사회복지 개입의 성과를 확인할 수 있다.
③ 사회복지사와 클라이언트의 상호협력적 활동이다.
④ 클라이언트의 욕구와 문제를 이해하는 과정이다.

02 양적조사방법과 비교할 때 질적조사방법의 특징으로 옳지 않은 것은?

① 주관성
② 귀납적 방법
③ 일반화의 한계
④ 연구절차의 경직성

03 베버리지 보고서에서 제시한 사회보험 운영의 기본 원칙이 아닌 것은?

① 급여 충분성의 원칙
② 열등처우의 원칙
③ 정액 급여의 원칙
④ 행정책임 통합의 원칙

04 사회복지의 잔여적 관점과 제도적 관점에 대한 설명으로 옳은 것은?

① 제도적 관점에서는 자산조사를 통해 선별적 급여를 제공한다.
② 잔여적 관점에서 사회복지급여 제공은 국가의 시혜가 아니라 수급자의 권리이다.
③ 제도적 관점에서는 사회복지를 일시적이고 보충적인 기능을 수행하는 제도로 인식한다.
④ 잔여적 관점에서는 가족이나 시장경제가 개인의 욕구를 적절하게 충족시키지 못하는 경우에만 사회복지서비스를 제공한다.

05 길버트법(Gilbert Act)에 대한 설명으로 옳은 것은?

① 비인도적 빈민처우를 강화하였다.
② 노동능력이 있는 빈민에 대해 원외구제를 허용하였다.
③ 요보호빈곤아동에게 강제적으로 도제수습을 받도록 하였다.
④ 빈민 원인 조사를 위해 우애방문원(friendly visitors)의 역할을 강조하였다.

06 「노인복지법」상 노인복지시설에 대한 설명으로 옳지 않은 것은?

① 노인여가복지시설은 방문요양, 주ㆍ야간보호서비스 등을 제공한다.

② 노인의료복지시설에는 노인요양시설, 노인요양공동생활가정이 있다.

③ 노인주거복지시설에는 양로시설, 노인공동생활가정, 노인복지주택이 있다.

④ 지역노인보호전문기관은 노인학대 예방을 위하여 일반인을 대상으로 한 노인학대 예방교육을 담당한다.

07 사례관리의 초기과정(intake) 이후 단계를 순서대로 바르게 나열한 것은?

① 계획 – 사정 – 평가 – 실행 – 점검

② 계획 – 사정 – 실행 – 평가 – 점검

③ 사정 – 계획 – 실행 – 점검 – 평가

④ 사정 – 계획 – 평가 – 실행 – 점검

08 사회서비스 바우처에 대한 설명으로 옳지 않은 것은?

① 공급자 재정지원방식이다.

② 공급자 간 경쟁을 촉진시켜 서비스 향상을 도모한다.

③ 특정한 재화나 서비스의 수요자에게 일정 금액의 구매권을 제공한다.

④ 일정한 용도 내에서는 현금 급여 방식처럼 소비자의 선택이 가능하다.

09 사회복지실천기술에 대한 설명으로 옳지 않은 것은?

① 요약: 사회복지사가 클라이언트의 모호한 말을 더 이해하기 쉬운 말과 생각으로 정리하는 것

② 재명명: 클라이언트가 부여하는 의미를 수정해 줌으로써 클라이언트의 시각을 긍정적인 방향으로 변화시키는 것

③ 재보증: 클라이언트의 능력에 대해 사회복지사가 신뢰를 표현함으로써 클라이언트의 불안과 불확실성을 제거하고 위안을 주는 것

④ 해석: 클라이언트가 제공한 정보를 바탕으로 사회복지사가 다양한 이론에 근거하여 클라이언트에게 자신의 상황을 보는 대안적 준거틀을 제공하는 것

10 우리나라 사회복지사 윤리강령에 대한 설명으로 옳은 것은?

① 보건복지부장관이 고시한다.
② 법률에 준하는 강제적 효력이 있다.
③ 사회복지 서비스에 대한 이용료 부과를 금지한다.
④ 슈퍼바이저는 전문적 기준에 따라 슈퍼비전을 수행하며, 공정하게 평가하고 평가 결과를 슈퍼바이지와 공유한다.

11 인권에 대한 설명으로 옳은 것만을 모두 고르면?

> ㄱ. 인권은 인간의 욕구를 충족시키기 위한 법적 권리이다.
> ㄴ. 인권은 국제법과 국제규약 및 각국의 국내법에 의해 규정된다.
> ㄷ. 인권은 문화를 초월하여 각국마다 동일하게 규정된다.
> ㄹ. 사회복지실천에서는 인권과 윤리를 명확하게 구분한다.

① ㄱ, ㄴ
② ㄱ, ㄷ
③ ㄴ, ㄹ
④ ㄷ, ㄹ

12 「장애인활동 지원에 관한 법률」상 활동지원급여에 대한 설명으로 옳은 것만을 모두 고르면?

> ㄱ. 활동지원급여의 종류에는 활동보조, 방문목욕, 주간보호, 편의시설 설치가 있다.
> ㄴ. 활동지원급여 중 활동보조는 신체활동과 가사활동 및 이동보조 등을 포함한다.
> ㄷ. 활동지원급여는 장애인이 지역사회 안에서 사회구성원으로 살아갈 수 있도록 제공하여야 한다.

① ㄱ
② ㄴ
③ ㄱ, ㄷ
④ ㄴ, ㄷ

13 의료급여제도에 대한 설명으로 옳은 것만을 모두 고르면?

> ㄱ. 「입양특례법」에 따라 국내에 입양된 18세 미만의 아동은 수급권자에 해당한다.
> ㄴ. 소득 재분배기능과 위험 분산효과를 통하여 사회통합을 도모하는 사회보험제도이다.
> ㄷ. 법률에 의한 강제 가입과 보험료 납부의 강제성을 가지고 있다.

① ㄱ
② ㄱ, ㄴ
③ ㄴ, ㄷ
④ ㄱ, ㄴ, ㄷ

14 「사회보장기본법」상 비용부담에 관한 규정으로 (가)~(다)에 들어갈 내용을 순서대로 바르게 연결한 것은?

> • 사회보험에 드는 비용은 사용자, 피용자(被傭者) 및 자영업자가 부담하는 것을 원칙으로 하되, 관계 법령에서 정하는 바에 따라 __(가)__ 가 그 비용의 일부를 부담할 수 있다.
> • 공공부조 및 관계 법령에서 정하는 일정 소득 수준 이하의 국민에 대한 사회서비스에 드는 비용의 전부 또는 일부는 __(나)__ 가 부담한다.
> • 부담 능력이 있는 국민에 대한 사회서비스에 드는 비용은 그 수익자가 부담함을 원칙으로 하되, 관계 법령에서 정하는 바에 따라 __(다)__ 가 그 비용의 일부를 부담할 수 있다.

	(가)	(나)	(다)
①	국가	국가와 지방자치단체	국가
②	국가	국가와 지방자치단체	국가와 지방자치단체
③	국가와 지방자치단체	국가	국가
④	국가와 지방자치단체	국가	국가와 지방자치단체

15 강점관점에 대한 설명으로 옳지 않은 것은?

① 모든 개인과 집단, 가족 및 지역사회는 강점을 지니고 있다.
② 클라이언트의 주변 환경에는 활용가능한 자원이 매우 부족하다.
③ 사회복지사와 클라이언트가 협력할 때 클라이언트에게 가장 좋은 서비스를 제공할 수 있다.
④ 외상과 학대, 질병 및 고통은 클라이언트의 인생에 상처가 되기도 하지만 도전과 기회의 원천이 되기도 한다.

16 소득보장프로그램에 대한 설명으로 옳은 것은?

① 아동수당은 기여 – 자산조사 프로그램에 해당한다.
② 기초연금은 기여 – 비자산조사 프로그램에 해당한다.
③ 공공부조제도는 사회보험에 비해 재분배기능이 높다.
④ 장애인연금제도는 비기여방식으로 운영되는 사회보험이다.

17 「노인장기요양보험법」의 내용으로 옳지 않은 것은?

① 장기요양보험 가입자는 「국민건강보험법」에 따른 가입자로 한다.
② 장기요양급여에는 재가급여와 시설급여 및 의료급여가 있다.
③ 장기요양보험사업은 보건복지부장관이 관장하며, 장기요양보험 사업의 보험자는 국민건강보험공단이다.
④ 장기요양보험료, 국가 및 지방자치단체의 부담금 등을 재원으로 하여 노인등에게 장기요양급여를 제공한다.

18 사례관리에 대한 설명으로 옳지 않은 것은?

① 사정의 영역에는 욕구, 자원, 장애물 등이 포함된다.

② 예기치 않은 과정에서 다양한 이유로 종결될 수 있다.

③ 사례관리 적격 여부를 확인하여 기관의 클라이언트로 확정하는 과정은 사정단계이다.

④ 클라이언트에 대한 상담, 치료 등의 직접적 활동뿐만 아니라 가족과 지역사회를 대상으로 하는 간접적 활동도 제공한다.

19 「정신건강증진 및 정신질환자 복지서비스 지원에 관한 법률」상 정신건강사회복지에 대한 설명으로 옳지 않은 것은?

① 정신요양시설은 정신질환자의 사회적응을 위한 각종 훈련과 생활지도를 하는 시설이다.

② 국가계획 또는 지역계획에는 영·유아, 아동, 청소년, 중·장년, 노인 등 생애주기 및 성별에 따른 정신건강증진사업이 포함되어야 한다.

③ 정신건강증진시설이란 정신의료기관, 정신요양시설 및 정신재활 시설을 말한다.

④ 보건복지부장관 또는 지방자치단체의 장은 알코올, 마약, 도박, 인터넷 등의 중독 문제와 관련한 종합적인 지원사업을 수행하기 위하여 중독관리통합지원센터를 설치·운영할 수 있다.

20 「청소년복지 지원법」상 청소년복지시설에 대한 설명으로 옳은 것만을 모두 고르면?

> ㄱ. 청소년쉼터: 가정 밖 청소년에 대하여 가정·학교·사회로 복귀하여 생활할 수 있도록 일정 기간 보호하면서 상담·주거·학업·자립 등을 지원하는 시설
>
> ㄴ. 청소년자립지원관: 일정 기간 청소년쉼터 또는 청소년 회복지원시설의 지원을 받았는데도 가정·학교·사회로 복귀하여 생활할 수 없는 청소년에게 자립하여 생활할 수 있는 능력과 여건을 갖추도록 지원하는 시설
>
> ㄷ. 청소년치료재활센터: 학습·정서·행동상의 장애를 가진 청소년을 대상으로 정상적인 성장과 생활을 할 수 있도록 해당 청소년에게 적합한 치료·교육 및 재활을 종합적으로 지원하는 거주형 시설

① ㄱ, ㄴ

② ㄱ, ㄷ

③ ㄴ, ㄷ

④ ㄱ, ㄴ, ㄷ

2023년 지방직 9급 행정법총론 기출문제

지문의 내용에 대해 학설의 대립 등 다툼이 있는 경우 판례에 의함

01 자동화된 행정결정에 대한 설명으로 옳지 않은 것은?

① 자동화된 행정결정의 예로는 컴퓨터를 통한 중 · 고등학생의 학교배정, 신호등에 의한 교통신호 등이 있다.

② 「행정기본법」상 자동적 처분은 항고소송의 대상이 된다.

③ 「행정기본법」상 자동적 처분을 할 수 있는 '완전히 자동화된 시스템'에는 '인공지능 기술을 적용한 시스템'이 포함되지 않는다.

④ 「행정기본법」은 재량행위에 대해서 자동적 처분을 허용하지 않고 있다.

02 법치행정의 원칙에 대한 설명으로 옳지 않은 것은?

① 규율대상이 국민의 기본권 및 기본적 의무와 관련한 중요성을 가질수록 그리고 그에 관한 공개적 토론의 필요성 또는 상충하는 이익 사이의 조정 필요성이 클수록, 그것이 국회의 법률에 의해 직접 규율될 필요성은 더 증대된다고 보아야 한다.

② 법률의 시행령은 법률에 의한 위임 없이도 법률이 규정한 개인의 권리 · 의무에 관한 내용을 변경 · 보충하거나 법률에 규정되지 아니한 새로운 내용을 규정할 수 있다.

③ 법률유보의 원칙은 '법률에 의한 규율'만을 요청하는 것이 아니라 '법률에 근거한 규율'을 요청하는 것이기 때문에 기본권의 제한에는 법률의 근거가 필요할 뿐이고 기본권 제한의 형식이 반드시 법률의 형식일 필요는 없다.

④ 행정작용은 법률에 위반되어서는 아니 되며, 국민의 권리를 제한하거나 의무를 부과하는 경우와 그 밖에 국민생활에 중요한 영향을 미치는 경우에는 법률에 근거해야 한다.

03 행정입법의 사법적 통제에 대한 설명으로 옳지 않은 것은?

① 중앙선거관리위원회규칙은 법규명령이므로 구체적 규범통제의 대상이 될 수 있다.

② 처분적 법규명령은 무효등확인소송 또는 취소소송의 대상이 된다.

③ 대법원 이외의 각급법원도 구체적 규범통제의 방법으로 법규명령 조항에 대한 위헌·위법 판단을 할 수 있다.

④ 행정입법부작위는 부작위법확인소송의 대상이 된다.

04 행정의 실효성 확보 수단에 대한 설명으로 옳지 않은 것은?

① 구 「국세징수법」상 가산금 또는 중가산금의 고지는 항고소송의 대상이 되는 처분이 아니다.

② 지방자치단체 소속 공무원이 지방자치단체 고유의 자치사무를 수행하던 중 구 「도로법」에 위반하는 행위를 한 경우 지방자치단체는 구 「도로법」상 양벌규정에 따라 처벌대상이 되는 법인에 해당한다.

③ 구 「음반·비디오물 및 게임물에 관한 법률」상 불법게임물에 대한 수거 및 폐기조치는 행정상 즉시강제에 해당한다.

④ 공매처분을 하면서 체납자에게 공매통지를 하지 않았거나 공매통지를 하였지만 그것이 적법하지 아니하다 하더라도 공매처분 자체는 위법하지 않다.

05 사인의 공법행위에 대한 설명으로 옳은 것은?

① 공무원에 의해 제출된 사직원은 그에 터잡은 의원면직처분이 있을 때까지 철회될 수 있고, 일단 면직처분이 있고 난 이후에도 자유로이 취소 및 철회될 수 있다.

② 시장 등의 주민등록전입신고 수리 여부에 대한 심사는 「주민등록법」의 입법 목적의 범위 내에서 제한적으로 이루어져야 하는바, 전입신고자가 30일 이상 생활의 근거로서 거주할 목적으로 거주지를 옮기는지 여부가 심사 대상으로 되어야 한다.

③ 행정청은 신청에 구비서류의 미비 등 흠이 있는 경우 원칙상 형식적·절차적인 요건만을 보완요구하여야 하므로 실질적인 요건에 관한 흠이 민원인의 단순한 착오나 일시적인 사정 등에 기인한 경우에도 보완을 요구할 수 없다.

④ 사인의 공법행위는 원칙적으로 발신주의에 따라 그 효력이 발생한다.

06 행정소송의 판결에 대한 설명으로 옳지 않은 것은?

① 처분 등을 취소하는 확정판결은 제3자에 대하여도 효력이 있다.

② 취소 확정판결의 기속력은 판결의 주문 및 전제가 되는 처분 등의 구체적 위법사유에 관한 판단에도 미치므로, 종전 처분이 판결에 의하여 취소되었다면 종전 처분의 처분사유와 기본적 사실관계에서 동일하지 않은 다른 사유를 들어서 새로이 동일한 내용을 처분하는 것 또한 확정판결의 기속력에 저촉된다.

③ 법원은 원고의 청구가 이유있다고 인정하는 경우에도 처분 등을 취소하는 것이 현저히 공공복리에 적합하지 아니하다고 인정하는 때에는 원고의 청구를 기각할 수 있다.

④ 과세의 절차 내지 형식에 위법이 있어 과세처분을 취소하는 판결이 확정되었을 경우 과세관청은 그 위법사유를 보완하여 다시 새로운 과세처분을 할 수 있고, 그 새로운 과세처분은 확정판결에 의하여 취소된 종전의 과세처분과는 별개의 처분이다.

07 행정상 사실행위에 대한 설명으로 옳지 않은 것은?

① 행정상 사실행위의 예로는 폐기물 수거, 행정지도, 대집행의 실행, 행정상 즉시강제 등이 있다.

② 행정청이 위법 건축물에 대한 단전 및 전화통화 단절조치를 요청한 것은 항고소송의 대상이 되는 행정처분이라고 볼 수 없다.

③ 교도소장이 영치품인 티셔츠 사용을 재소자에게 불허한 행위는 항고소송의 대상이 되는 행정처분에 해당한다.

④ 교도소 내 마약류 관련 수형자에 대한 교도소장의 소변강제채취는 권력적 사실행위이나 헌법소원의 대상은 아니다.

08 행정의 실효성 확보 수단에 대한 설명으로 옳지 않은 것은?

① 「농지법」상 이행강제금 부과처분에 대한 불복은 「비송사건절차법」에 따른 재판절차뿐만 아니라 「행정소송법」상 항고소송 절차에 따를 수 있다.

② 관계 법령상 행정대집행의 절차가 인정되어 행정청이 행정대집행의 방법으로 건물의 철거 등 대체적 작위의무의 이행을 실현할 수 있는 경우에는 따로 민사소송의 방법으로 그 의무의 이행을 구할 수 없다.

③ 「행정조사기본법」에 따르면 조사대상자의 자발적인 협조를 얻어 행정조사를 실시하고자 하는 경우 조사대상자는 문서·전화·구두 등의 방법으로 당해 행정조사를 거부할 수 있다.

④ 통고처분은 상대방의 임의의 승복을 그 발효요건으로 하기 때문에 그 자체만으로는 통고이행을 강제하거나 상대방에게 아무런 권리·의무를 형성하지 않으므로 행정심판이나 행정소송의 대상으로서의 처분성을 인정할 수 없다.

09 다음 각 사례에 대한 설명으로 옳은 것만을 모두 고르면?

- 행정청 甲은 국유 일반재산인 건물 1층을 5년간 대부하는 계약을 乙과 체결하면서 대부료는 1년에 1억으로 정하였고 6회에 걸쳐 분납하기로 하였다. 甲은 乙이 1년간 대부료를 납부하지 않자, 체납한 대부료를 납부할 것을 통지하였다. 「국유재산법」에 따르면 국유재산의 대부료 등이 납부기한까지 납부되지 아니한 경우에는 「국세징수법」상의 강제징수에 관한 규정을 준용하고 있다.
- 행정청 甲은 국가 소유의 땅을 무단점유하여 사용하고 있는 丙에게 변상금 100만 원 부과처분을 하였다.

ㄱ. 甲이 乙에게 대부하는 행위는 공권력의 주체로서 상대방의 의사 여하에 불구하고 일방적으로 행하는 행정처분이 아니다.

ㄴ. 甲은 대부료를 납부하지 않은 乙을 상대로 민사소송을 제기하여 대부료 지급을 구해야 한다.

ㄷ. 변상금 부과처분은 순전히 사경제 주체로서 행하는 사법상의 법률행위이므로, 丙은 그 처분에 대해 민사소송을 제기하여 다툴 수 있다.

① ㄱ

② ㄴ

③ ㄱ, ㄷ

④ ㄱ, ㄴ, ㄷ

10 행정지도에 대한 설명으로 옳지 않은 것은?

① 행정기관은 행정지도의 상대방이 행정지도에 따르지 아니하였다는 것을 이유로 불이익한 조치를 하여서는 아니 된다.

② 행정기관이 같은 행정목적을 실현하기 위하여 많은 상대방에게 행정지도를 하려는 경우에는 특별한 사정이 없으면 행정지도에 공통적인 내용이 되는 사항을 공표하여야 한다.

③ 위법한 행정지도에 따라 행한 사인의 행위는 위법성이 조각되어 범법행위가 되지 않는다.

④ 행정지도가 강제성을 띠지 않은 비권력적 작용으로서 행정지도의 한계를 일탈하지 아니하였다면, 그로 인하여 상대방에게 손해가 발생하였다 하더라도 행정기관은 손해배상책임이 없다.

11 행정행위의 하자의 승계에 대한 설명으로 옳지 않은 것은?

① 2개 이상의 행정처분이 연속적 또는 단계적으로 이루어지는 경우 선행처분과 후행처분이 서로 합하여 1개의 법률효과를 완성하는 때에는 선행처분에 하자가 있으면 그 하자는 후행처분에 승계된다.

② 선행처분과 후행처분이 서로 독립하여 별개의 법률효과를 발생 시키는 경우에는 선행처분에 불가쟁력이 생겨 그 효력을 다툴 수 없게 되면 수인한도를 넘는 가혹함을 가져오며 그 결과가 당사자에게 예측가능하지 않더라도 하자의 승계가 인정되지 않는다.

③ 과세관청의 선행처분인 소득금액변동통지에 하자가 존재하더라도 당연무효사유에 해당하지 않는한 후행처분인 징수처분에 대한 항고소송에서 그하자를 다툴 수 없다.

④ 수용보상금의 증액을 구하는 소송에서는 선행처분으로서 그 수용 대상 토지 가격 산정의 기초가된 비교표준지공시지가결정의 위법을 독립된 사유로 주장할 수 있다.

12 「행정소송법」상 당사자소송에 대한 설명으로 옳지 않은 것은?

① 당사자소송이란 행정청의 처분 등을 원인으로 하는 법률관계에 관한 소송, 그 밖에 공법상의 법률관계에 관한 소송으로서 그 법률관계의 한쪽 당사자를 피고로 하는 소송을 의미한다.

② 공법상 계약의 한쪽 당사자가 다른 당사자를 상대로 효력을 다투거나 이행을 청구하는 소송은 공법상의 법률관계에 관한 분쟁이므로 분쟁의 실질이 공법상 권리·의무의 존부·범위에 관한 다툼이 아니라 손해배상액의 구체적인 산정방법·금액에 국한되는 등의 특별한 사정이 없는 한 당사자소송으로 제기하여야 한다.

③ 명예퇴직한 법관이 미지급 명예퇴직수당액에 대하여 가지는 권리는 명예퇴직수당 지급대상자 결정 절차를 거쳐 명예퇴직수당규칙에 의하여 확정된 공법상 법률관계에 관한 권리로서, 그 지급을 구하는 소송은 당사자소송에 해당하며, 그 법률관계의 당사자인 국가를 상대로 제기하여야 한다.

④ 당사자소송은 공법상 법률관계에 관한 소송이므로 이를 본안으로 하는 가처분에 대하여는 「민사집행법」상 가처분에 관한 규정이 준용되지 않는다.

13 「공공기관의 정보공개에 관한 법률」상 정보공개에 대한 설명으로 옳은 것만을 모두 고르면?

> ㄱ. 모든 국민은 정보의 공개를 청구할 권리를 가진다.
> ㄴ. 법무부령인 「검찰보존사무규칙」은 행정기관 내부의 사무처리준칙인 행정규칙이지만, 「검찰보존사무규칙」상의 열람·등사의 제한은 「공공기관의 정보공개에 관한 법률」 제9조 제1항 제1호의 '다른 법률 또는 법률에 의한 명령에 의하여 비공개사항으로 규정된 경우'에 해당한다.
> ㄷ. 해당 정보를 취득 또는 활용할 의사가 전혀 없이 정보공개 제도를 이용하여 사회통념상 용인될 수 없는 부당한 이득을 얻으려 하거나, 오로지 공공기관의 담당 공무원을 괴롭힐 목적으로 정보공개청구를 하는 경우 권리 남용에 해당함이 명백하므로 정보공개청구권의 행사가 허용되지 아니한다.
> ㄹ. 청구인이 정보공개와 관련한 공공기관의 결정에 대하여 불복이 있거나 정보공개청구 후 10일이 경과하도록 정보공개 결정이 없는 때에는 「행정심판법」에서 정하는 바에 따라 행정심판을 청구할 수 있다.

① ㄱ, ㄴ
② ㄱ, ㄷ
③ ㄴ, ㄹ
④ ㄷ, ㄹ

14 국가배상에 대한 설명으로 옳지 않은 것은?

① 시·도경찰청장 또는 경찰서장이 지방자치단체의 장으로부터 권한을 위탁받아 설치·관리하는 신호기의 하자로 인해 손해가 발생한 경우 「국가배상법」 제5조 소정의 배상책임의 귀속 주체는 국가뿐이다.

② 헌법재판소 재판관이 청구기간 내에 제기된 헌법소원심판청구 사건에서 청구기간을 오인하여 각하결정을 한 경우, 이에 대한 불복절차 내지 시정절차가 없는 때에는 배상책임의 요건이 충족되는 한 국가배상책임을 인정할 수 있다.

③ 영조물의 설치·관리자와 비용부담자가 다른 경우 피해자에게 손해를 배상한 자는 내부관계에서 그 손해를 배상할 책임이 있는 자에게 구상할 수 있다.

④ 군 복무 중 사망한 군인 등의 유족이 「국가배상법」에 따른 손해배상금을 지급받은 경우 그 손해배상금 상당 금액에 대해서는 「군인연금법」에서 정한 사망보상금을 지급받을 수 없다.

15 행정소송의 심리에 대한 설명으로 옳지 않은 것은?

① 「행정소송법」에 따르면 법원은 필요하다고 인정할 때에는 직권으로 증거조사를 할 수 있으나, 당사자가 주장하지 아니한 사실에 대하여는 판단할 수 없다.

② 법원은 행정처분 당시 행정청이 알고 있었던 자료뿐만 아니라 사실심 변론종결 당시까지 제출된 모든 자료를 종합하여 처분 당시 존재하였던 객관적 사실을 확정하고 그 사실에 기초하여 처분의 위법 여부를 판단할 수 있다.

③ 「행정소송법」에 따르면 법원은 당사자의 신청이 있는 때에는 결정으로써 재결을 행한 행정청에 대하여 행정심판에 관한 기록의 제출을 명할 수 있고, 제출명령을 받은 행정청은 지체없이 당해 행정심판에 관한 기록을 법원에 제출하여야 한다.

④ 결혼이민[F-6 (다)목] 체류자격을 신청한 외국인에 대하여 행정청이 그 요건을 충족하지 못하였다는 이유로 거부처분을 하는 경우 '그 요건을 갖추지 못하였다는 판단', 즉 '혼인파탄의 주된 귀책사유가 국민인 배우자에게 있지 않다는 판단' 자체가 처분 사유가 되는바, 결혼이민[F-6 (다)목] 체류자격 거부처분 취소 소송에서 그 처분사유에 관한 증명책임은 피고 행정청에 있다.

16 「공익사업을 위한 토지 등의 취득 및 보상에 관한 법률」에 대한 설명으로 옳지 않은 것은?

① 구 「하천법」에 의한 하천수 사용권은 「공익사업을 위한 토지 등의 취득 및 보상에 관한 법률」이 손실보상의 대상으로 규정하고 있는 '물의 사용에 관한 권리'에 해당한다.

② 토지수용위원회의 재결에 대한 토지소유자의 행정소송 제기는 사업의 진행 및 토지의 수용 또는 사용을 정지시키지 아니한다.

③ 사업인정은 공익사업의 시행자에게 그 후 일정한 절차를 거칠 것을 조건으로 일정한 내용의 수용권을 설정하여 주는 형성행위이다.

④ 어떤 보상항목이 공익사업을 위한 토지 등의 취득 및 보상에 관한 법령상 손실보상대상에 해당함에도 관할 토지수용위원회가 사실을 오인하거나 법리를 오해함으로써 손실보상대상에 해당하지 않는다고 잘못된 내용의 재결을 한 경우에는, 피보상자는 관할 토지수용위원회를 상대로 재결취소소송을 제기하여야 한다.

17 다음 사례에 대한 설명으로 옳은 것은?

> 식품접객업을 하는 甲은 청소년의 연령을 확인하지 않고 주류를 판매한 사실이 적발되어 관할 행정청 乙로부터 「식품위생법」 위반을 이유로 영업정지 2개월을 부과받자 관할 행정심판위원회 丙에 행정심판을 청구하였다.

① 丙은 영업정지 2개월에 갈음하여 「식품위생법」 소정의 과징금으로 변경할 수 없다.

② 甲이 丙의 기각재결을 받은 후 재결 자체에 고유한 하자가 있음을 주장하며 그 기각재결에 대하여 취소소송을 제기한 경우, 수소법원은 심리 결과 재결 자체에 고유한 위법이 없다면 각하판결을 하여야 한다.

③ 丙이 영업정지처분을 취소하는 재결을 할 경우, 乙은 이 인용재결의 취소를 구하는 행정소송을 제기할 수 없다.

④ 丙은 행정심판의 심리과정에서 甲의 「식품위생법」상의 또 다른 위반 사실을 인지한 경우, 乙의 2개월 영업정지와는 별도로 1개월 영업정지를 추가하여 부과하는 재결을 할 수 있다.

18 「행정절차법」에 대한 설명으로 옳지 않은 것은?

① 처분기준을 공표하는 것이 해당 처분의 성질상 현저히 곤란하거나 공공의 안전 또는 복리를 현저히 해치는 것으로 인정될 만한 상당한 이유가 있는 경우에는 처분기준을 공표하지 아니할 수 있다.

② 행정처분의 상대방에 대한 청문통지서가 반송되었거나 행정처분의 상대방이 청문일시에 불출석하였다는 이유만으로 행정청이 관계 법령상 그 실시가 요구되는 청문을 실시하지 아니하고 한 침해적 행정처분은 위법하다.

③ 「행정절차법」상 사전통지 및 의견제출에 대한 권리를 부여하고 있는 '당사자 등'에는 불이익처분의 직접 상대방인 당사자와 행정청이 직권으로 또는 신청에 따라 행정절차에 참여하게 한 이해관계인, 그 밖에 제3자가 포함된다.

④ 행정청이 처분을 하면서 당사자가 그 근거를 알 수 있을 정도로 이유를 제시한 경우에는 처분의 근거와 이유를 구체적으로 명시하지 않았더라도 그로 말미암아 그 처분이 위법하다고 볼 수는 없다.

19 「질서위반행위규제법」에 대한 설명으로 옳지 않은 것은?

① 질서위반행위 후 법률이 변경되어 그 행위가 질서위반행위에 해당하지 아니하게 되거나 과태료가 변경되기 전의 법률보다 가볍게 된 때에는 법률에 특별한 규정이 없는 한 변경된 법률을 적용하여야 한다.

② 고의 또는 과실이 없는 질서위반행위라고 하더라도 과태료를 부과할 수 있다.

③ 행정청의 과태료 부과에 불복하는 당사자는 과태료 부과 통지를 받은 날부터 60일 이내에 해당 행정청에 서면으로 이의제기를 할 수 있다.

④ 법원이 심문 없이 과태료 재판을 하고자 하는 때에는 당사자와 검사는 특별한 사정이 없는 한 약식재판의 고지를 받은 날부터 7일 이내에 이의신청을 할 수 있다.

20 인가에 대한 설명으로 옳지 않은 것은?

① 「자동차관리법」상 자동차관리사업자로 구성하는 사업자단체인 조합 또는 협회의 설립인가처분은 자동차관리사업자들의 단체결성행위를 보충하여 효력을 완성시키는 처분에 해당한다.

② 구 「도시 및 주거환경정비법」상 조합설립추진위원회 구성승인처분은 조합의 설립을 위한 주체인 추진위원회의 구성행위를 보충하여 그 효력을 부여하는 처분이다.

③ 주택재개발정비사업조합이 수립한 사업시행계획에 하자가 있음에도 불구하고 관할 행정청이 해당 사업시행계획에 대한 인가처분을 하였다면, 그 인가처분에는 고유한 하자가 없더라도 사업시행계획의 무효를 주장하면서 곧바로 그에 대한 인가처분의 무효확인이나 취소를 구하여야 한다.

④ 구 「도시 및 주거환경정비법」상 토지소유자들이 조합을 설립하지 아니하고 직접 도시환경정비사업을 시행하고자 하는 경우에 내려진 사업시행인가처분은 설권적 처분의 성격을 가진다.

2023년 지방직 9급 국어 정답 및 해설

01	02	03	04	05	06	07	08	09	10
①	①	③	④	②	④	④	③	④	②
11	12	13	14	15	16	17	18	19	20
②	②	④	①	③	③	②	②	①	①

01 ①

[정답분석]

① 최 주무관은 AI에 대한 국민 이해도를 높이기 위해 설명회를 개최할 필요가 있다는 김 주무관의 의견에 대하여 '저도 요즘 그 필요성을 절감하고 있어요.'라고 말하며 공감을 표현하고 있다.

[오답분석]

② 김 주무관은 어떻게 준비해야 효과적으로 전달할 수 있을지 고민이라고 말하며 최 주무관의 의견을 듣고 싶다는 것을 간접적으로 표현하고 있다.

③ 최 주무관은 '그럼 청중의 관심 분야를 파악하려면 청중의 특성 중에서 어떤 것들을 조사하면 좋을까요?'라며 청중 분석에 대한 구체적인 방안을 묻고 있으므로 자신의 반대 의사를 우회적으로 드러내고 있다고 볼 수 없다.

④ 김 주무관은 '나이, 성별, 직업 등을 조사할까요?'라는 의문문을 통해 자신의 답변에 확신을 얻고자 하는 것이지 상대의 의견을 반박하고 있는 것은 아니다.

02 ①

[정답분석]

(나)에서는 독서가 뇌 발달에 끼치는 영향에 대한 A 교수의 연구를 소개하고 있으므로 화제를 제시하는 첫 문장 '독서는 아이들의 전반적인 뇌 발달에 큰 영향을 미친다.'의 뒤에 오는 것이 적절하다.

(가)의 '그'는 (나)의 A 교수를 가리키므로 (나) 뒤에 오는 것이 적절하다.

(다)의 '이처럼'은 앞에 나오는 내용을 받아 뒷문장과 이어주는 기능을 하는 접속어이다. '이처럼' 뒤에 책을 많이

읽으면 전두엽이 훈련되어 뇌 발달의 가능성이 높아진다는 내용을 제시하고 있으므로 (다) 앞에도 독서와 전두엽의 관계에 대한 내용이 나와야 한다. 그러므로 책을 읽으면 상상력이 자극되어 전두엽을 많이 사용하게 된다는 내용의 (가) 뒤에 오는 것이 적절하다.

따라서 맥락에 따라 가장 자연스럽게 배열한 것은 ① (나) - (가) - (다)이다.

03 ③

[정답분석]

③ ⓒ '얼음이'는 부사어가 아니고, 서술어 '되다' 앞에서 말을 보충해 주는 역할을 하는 보어이다.

[오답분석]

① ㉠ '지원은'은 서술어 '깨우다'의 주체인 주어이다.

② ㉡ '만들었다'는 문맥상 '노력이나 기술 따위를 들여 목적하는 사물을 이루다.'라는 뜻이며, 이 경우 '~이/가 …을/를 만들다'와 같이 쓰이므로 주어와 목적어를 요구하는 두 자리 서술어임을 알 수 있다.

④ ㉣ '어머나'는 문장에서 다른 성분과 직접적으로 관련을 맺지 않는 독립어로, 생략되어도 문장이 성립한다.

04 ④

[정답분석]

④ '부유하다'는 '물 위나 물속, 또는 공기 중에 떠다니다.'라는 뜻이고, '헤엄치다'는 '사람이나 물고기 따위가 물속에서 나아가기 위하여 팔다리를 젓거나 지느러미를 움직이다.'라는 뜻이므로 '헤엄치는'은 ㉣과 바꿔 쓸 수 없다.

[오답분석]

① '맹종하다'는 '옳고 그름을 가리지 않고 남이 시키는 대로 덮어놓고 따르다.'라는 뜻이므로 '무분별하게 따르는'은 ㉠과 바꿔 쓸 수 있다.

② '탈피하다'는 '일정한 상태나 처지에서 완전히 벗어나다.'라는 뜻이므로 '벗어나는'은 ㉡과 바꿔 쓸 수 있다.

③ '제고하다'는 '수준이나 정도 따위를 끌어올리다.'라는 뜻이므로 '끌어올리기'는 ⓒ과 바꿔 쓸 수 있다.

05 ②

[정답분석]

② (나)에서는 '청산(靑山)', '유수(流水)' 등과 같은 시각적 심상을 활용하여 항상 푸르른 청산과 밤낮으로 흐르는 유수처럼 학문 수양에 끊임없이 정진하겠다는 의지를 강조하고 있다. (나)에서 청각적 심상은 나타나지 않는다.

[오답분석]

① (가)는 변하지 않는 '청산(靑山)'과 변하는 '녹수(綠水)'를 대조하여 임에 대한 '나'의 변함없는 사랑을 나타내고 있다.

③ (가)는 '청산(靑山)은 내 뜻이오 녹수(綠水)는 님의 정(情)이'에서 대구를 활용하여 시상을 전개하였고, (나)는 '청산(靑山)는 엇뎨ᄒᆞ야 만고(萬古)애 프르르며 유수(流水)는 엇뎨ᄒᆞ야 주야(晝夜)애 긋디 아니ᄂᆞᆫ고'에서 대구를 활용하여 시상을 전개하였다.

④ (가)는 '청산(靑山)이야 변(變)ᄒᆞᆯ손가'에서 설의적 표현을 활용하여 '임'에 대한 변함없는 사랑을 나타내고 있다. (나)는 '유수(流水)는 엇뎨ᄒᆞ야 주야(晝夜)애 긋디 아니ᄂᆞᆫ고'에서 설의적 표현을 활용하여 유수가 그치지 않고 밤낮으로 흐르는 것처럼 학문 수양에 정진하겠다는 의지를 나타내고 있다.

작품 해설

(가) 황진이, 「청산은 내 뜻이오 ~」
• 갈래: 평시조, 단시조
• 성격: 감상적, 상징적, 은유적
• 주제: 임을 향한 변함없는 사랑
• 특징
  – 시어의 대비를 통하여 주제를 강조함
  – 임에 대한 마음을 자연물에 대입함

(나) 이황, 「청산는 엇뎨ᄒᆞ야 ~」
• 갈래: 평시조, 연시조
• 성격: 관조적, 교훈적, 한정가
• 주제: 끊임없는 학문 수양에 대한 의지
• 특징
  – 총 12수로 이루어진 연시조 『도산십이곡』 중 제11곡
  – 생경한 한자어를 많이 사용한 강호가도의 대표적 작품
  – 설의법, 대구법 등을 사용하여 주제를 강조함

06 ④

[정답분석]

④ 1문단에서는 교환가치가 아무리 높아도 '나'에게 사용가치가 없다면 상품을 구매하지 않는다고 설명하였으며, 2문단에서는 댓글로 인해 공연 티켓의 사용가치를 잘못 판단한 사례를 제시하였다. 그리고 3문단에서는 건강한 소비를 위해 상품이 '나'에게 얼마나 필요한가에 대한 고민이 필요하다고 하였으므로 제시된 글의 중심내용으로는 '상품을 구매할 때 사용가치가 자신의 필요에 의해 결정된 것인지 신중하게 따져야 한다.'가 가장 적절하다.

[오답분석]

① 사용가치보다 교환가치가 큰 상품을 구매해야 한다는 내용은 나타나지 않는다.

② 상품에는 사용가치와 교환가치가 섞여 있다고 하였으나 3문단에서 '건강한 소비를 위해서는 구매하려는 상품의 사용가치가 어떤 과정을 거쳐 결정된 것인지 곰곰이 생각해 봐야 한다.'라고 하였으므로 상품을 구매할 때 고려해야 하는 것은 상품의 사용가치임을 알 수 있다. 따라서 '상품을 구매할 때 사용가치와 교환가치를 두루 고려해야 한다.'는 중심내용으로 적절하지 않다.

③ 3문단에서 '다른 사람들의 말에 휩쓸려 어떤 상품의 사용가치가 결정될 때, 그 상품은 '나'에게 쓸모없는 골칫덩이가 될 수 있다.'라고 하였으므로 '상품에 대한 다른 사람들의 평가를 반영해서 상품을 구매해야 한다.'는 중심내용으로 적절하지 않다.

07 ④

[정답분석]

④ '그들은 서학을 검토하며 어떤 부분은 수용했지만' 뒤에 '반대로'를 덧붙였으므로 ⓔ에는 '수용하다'와 상반되는 단어가 와야 한다. ⓔ의 '지향하다'는 '어떤 목표로 뜻이 쏠리어 향하다.'라는 뜻이며, 이는 '수용하다'와 상반되는 단어가 아니므로 '더 높은 단계로 오르기 위하여 어떠한 것을 하지 아니하다.'라는 뜻의 '지양하다'로 수정하는 것이 적절하다.

[오답분석]

① 천주학의 '학(學)'은 '학문'을 의미하므로 ⑤을 '학문적 관점에서보다 종교적인 관점에서'로 수정하는 것은 적절하지 않다.

② 조선 후기에 서학은 신봉의 대상이 아니라 분석의 대상이었다. 따라서 서학 수용에 적극적인 이들도 무조건 따르자고 주장하지는 않았을 것이므로 ⓒ을 '주장하였는데'로 수정하는 것은 적절하지 않다.

③ 외부에서 유입된 사유 체계에는 '양명학'이나 '고증학' 등도 있다고 하였다. 따라서 ⓒ을 '유일한 대안이었다'로 수정하는 것은 적절하지 않다.

08 ③

정답분석

③ 빈칸 뒤의 내용을 살펴보면, 글을 쓸 때 독자의 수준을 고려하지 않고 너무 어려운 개념과 전문용어를 사용하면 독자가 글을 이해하기 어렵다고 하였다. 또한 글쓰기는 필자가 글을 통해 자신의 메시지를 독자에게 전달하는 행위이기 때문에 계획하기 단계에서 반드시 예상 독자를 분석해야 한다고 하였다. 따라서 빈칸에 들어갈 말로 가장 적절한 것은 '필자의 메시지를 독자에게 효과적으로 전달하는 데 도움이 되기'이다.

오답분석

① 계획하기 과정이 글쓰기 과정 중 첫 단계라는 내용은 나타나지 않는다. 따라서 '계획하기 과정이 글쓰기 전체 과정의 첫 단계이기'는 빈칸에 들어갈 말로 적절하지 않다.

② '글을 쓸 때 독자의 수준에 비해 너무 어려운 개념과 전문용어를 사용한다면 독자가 글을 이해하기 어렵게 된다.'라고 하였으므로 예상 독자의 수준에 따라 어려운 개념과 전문용어를 적절히 사용해야 한다. 따라서 '글에 어려운 개념이나 전문용어를 어느 정도 포함해야 하기'는 빈칸에 들어갈 말로 적절하지 않다.

④ 독자의 배경지식에 따라 글의 목적과 주제가 결정된다는 내용은 나타나지 않는다. 따라서 '독자의 배경지식 수준을 고려해야 글의 목적과 주제가 결정되기'는 빈칸에 들어갈 말로 적절하지 않다.

09 ④

정답분석

④ 화자는 글 쓰는 행위를 통해 사랑을 잃은 후의 절망과 공허한 마음을 나타내고 있다. 잃어버린 사랑의 회복을 열망하는 마음은 드러나지 않는다.

오답분석

① '짧았던 밤, 겨울 안개, 촛불, 흰 종이, 눈물, 열망' 등을 호명하며 이별에 대한 안타까운 심정을 드러내고 있다.

② 화자는 사랑을 잃은 뒤 '가엾은 내 사랑'을 '빈집'에 가두었다. 이를 통해 '빈집'은 사랑을 잃은 절망적인 공간이자, 사랑을 잃은 화자의 공허한 내면을 상징한다는 것을 알 수 있다.

③ '밤들아', '안개들아', '촛불들아' 등 대상을 부르는 돈호법과 '나는 쓰네', '빈집에 갇혔네' 등 감탄형 어미 '-네'의 반복적 사용을 통해 영탄적 어조로 이별에 따른 공허함과 절망감을 부각하고 있다.

작품 해설

기형도, 「빈집」
- 갈래: 자유시, 서정시
- 성격: 애상적, 비유적, 독백적
- 주제: 사랑을 잃은 공허함과 절망
- 특징
  - 영탄적 어조를 사용하여 화자의 감정을 부각함
  - 대상을 열거하며 화자의 상실감을 강조함
  - 사랑을 잃은 화자의 공허함과 절망적 내면을 빈집으로 형상화함

10 ②

정답분석

② 제시된 작품의 서술자는 등장인물인 '나'이다. '나'는 주인공인 '그'의 행동을 관찰하고 심리를 추측한다. 즉, 제시된 작품은 주인공이 아닌 '나'가 작품 속 서술자가 되어 주인공을 관찰하여 서술하는 1인칭 관찰자 시점을 취하고 있다.

오답분석

① 서술자인 '나'는 대화나 행동, 표정 등을 통하여 '그'의 심리를 추측할 뿐 전지적 위치에서 심리를 전달하고 있지 않다.

③ 서술자인 '나'는 작품의 주인공이 아니라 관찰자이며, 유년 시절을 회상하며 갈등 원인을 해명하는 내용은 나타나지 않는다.

④ 서술자인 '나'는 관찰자로 '그'의 행동을 진술하고 있으며, '끼니조차 감당 못 하는 주제에 막벌이 아니면 어쩌다 간간이 얻어걸리는 출판사 싸구려 번역 일 가지고 어느 해가에 빚을 갚을 것인가.'를 통해 '그'에 대해 주관적인 판단을 내리고 있음을 확인할 수 있다.

윤흥길, 「아홉 켤레의 구두로 남은 사내」

- 갈래: 세태 소설, 중편 소설
- 성격: 비판적, 사실적, 현실 고발적
- 주제: 산업화로 소외된 계층의 삶과 그에 대한 연민
- 특징
  - 상징적 소재와 관련된 행위로 인물의 심리와 성격을 드러냄
  - 사실적 문체를 통해 현실의 모순을 예리하게 지적함

11 ②

정답분석

② 운용은 설탕세를 부과하면 당 소비가 감소한다는 은지의 발언에 대하여 믿을 만한 근거가 있냐고 질문하고 있을 뿐 은지의 주장에 반대하는 것은 아니다.

오답분석

① 은지는 첫 번째 발언에서 '설탕세 부과 여부'라는 화제를 제시하고 있다.

③ 은지는 두 번째 발언에서 '세계보건기구 보고서'를 자신의 주장에 대한 근거로 제시하고 있다.

④ 재윤은 '그런데 설탕세 부과가 질병을 예방한다는 것은 타당하지 않아. 여러 연구 결과를 보면 당 섭취와 질병 발생은 유의미한 상관관계가 없어.'라며 은지가 제시한 주장의 근거를 부정하고 있다.

12 ②

정답분석

② 매수(買受: 살 매, 받을 수)(×) → 매수(買售: 살 매, 팔 수)(○)
- 買受(매수): 물건을 사서 넘겨받음
- 買售(매수): 물건을 팔고 사는 일

오답분석

① 구가(謳歌: 노래할 구, 노래 가)(○): 여러 사람이 입을 모아 칭송하여 노래함 / 행복한 처지나 기쁜 마음 따위를 거리낌 없이 나타냄. 또는 그런 소리

③ 알력(軋轢: 삐걱거릴 알, 수레에 칠 력)(○): 수레바퀴가 삐걱거린다는 뜻으로, 서로 의견이 맞지 아니하여 사이가 안 좋거나 충돌하는 것을 이르는 말

④ 편달(鞭撻: 채찍 편, 매질할 달): 경계하고 격려함

13 ④

정답분석

④ 걷잡아서(×) → 겉잡아서(○): '걷잡다'는 '한 방향으로 치우쳐 흘러가는 형세 따위를 붙들어 잡다. 마음을 진정하거나 억제하다.'라는 의미이다. 제시된 문장에서는 '겉으로 보고 대강 짐작하여 헤아리다.'라는 의미로 사용되었으므로 '겉잡다'가 적절하다.

오답분석

① 부치는(○): 모자라거나 미치지 못하다.

② 알음(○): 사람끼리 서로 아는 일

③ 닫혔다(○): 열린 문짝, 뚜껑, 서랍 따위가 도로 제자리로 가 막히다.

14 ①

정답분석

㉠ 長官(길 장, 벼슬 관): 국무를 나누어 맡아 처리하는 행정 각부의 우두머리

㉡ 補償(기울 보, 갚을 상): 남에게 끼친 손해를 갚음. 국가 또는 단체가 적법한 행위에 의하여 국민이나 주민에게 가한 재산상의 손실을 갚아 주기 위하여 제공하는 대상

㉢ 決裁(결정할 결, 마를 재): 결정할 권한이 있는 상관이 부하가 제출한 안건을 검토하여 허가하거나 승인함

오답분석

㉠ 將官(장수 장, 벼슬 관): 군사를 거느리는 우두머리

㉡ 報償(갚을 보, 갚을 상): 남에게 진 빚 또는 받은 물건을 갚음

㉢ 決濟(결정할 결, 건널 제): 증권 또는 대금을 주고받아 매매 당사자 사이의 거래 관계를 끝맺는 일

15 ③

정답분석

③ 제시된 글에서 우리는 '사회 속에서 여럿이 모여 복수의 상태로 살아갈 수밖에 없는 존재'이며 동시에 '각각 유일무이성을 지닌 단수'라고 하였다. 또한 '개별적 유일무이성을 제거하는 것은 우리가 살아가는 사회의 다원성을 파괴하는 일'이라고 설명하였다. 하지만 개인의 유일무이성을 보존하려는 제도가 복수성을 침해하는지의 여부는 제시된 글에 나타나 있지 않다. 따라서 개인의 유일무이성을 보존하려는 제도는 개인의 보편적 보수성을 침해한다는 내용은 적절하지 않다.

① 제시된 글에서 '우리는 개별적으로 고립된 채 살아가는 존재일 수 없다. 사회 속에서 여럿이 모여 '복수(複數)'의 상태로 살아갈 수밖에 없는 존재라는 것이다.'라고 하였으므로 우리는 고립된 상태에서 '단수'로 살아가는 존재가 아니라는 내용은 적절하다.

② 제시된 글에서 '바로 이러한 이유로 우리는 다원적 존재이다.', '우리가 이 같은 사회에서 살아가기 위해서는 타인을 포용하는 공존의 태도가 필요하다.'라고 하였으므로 우리는 다원성을 지닌 존재로서 포용적으로 공존해야 한다는 내용은 적절하다.

④ 제시된 글에서 '공동체 정화 등을 목적으로 개별적 유일무이성을 제거하는 것은 우리가 살아가는 사회의 다원성을 파괴하는 일이다.'라고 하였으므로 개인의 특수한 단수성을 제거하려는 시도는 사회의 다원성을 파괴하는 결과로 이어질 수 있다는 내용은 적절하다.

16 ③

정답분석

③ 작품의 주인공 '춘향'은 '이도령'에 대한 굳은 절개를 드러내고 매를 맞는 자신의 상황에 대해 한탄하고 있을 뿐, 대화를 통하여 주인공의 내적 갈등이 해결되고 있지는 않다.

오답분석

① '일편단심, 일정지심, 일부종사, 일신난처, 일각인들, 일월 같은'과 '이부불경, 이군불사, 이 몸이, 이왕 이리 되었으니, 이 자리에서', '삼청동, 삼생연분, 삼강을, 삼척동자, 삼종지도, 삼생에, 삼월삼일, 삼십삼천, 삼태성께'처럼 동일한 글자를 반복하여 리듬감을 조성하고 있다.

② '일자(一字)', '이자(二字)', '삼자(三字)' 등 숫자를 활용하여 주인공 '춘향'이 매를 맞는 상황과 매를 맞으면서도 '이도령'에 대한 절개를 지키려는 모습을 제시하고 있다.

④ '일부종사(한 남편만을 섬김)', '이부불경(두 남편을 공경할 수 없음)', '이군불사(두 임금을 섬기지 않음)', '삼종지도(여자가 따라야 할 세 가지 도리)' 등 유교적 가치를 담고 있는 말을 활용하여 '이도령'에 대한 절개를 지키려는 춘향의 의지를 드러내고 있다.

17 ②

정답분석

② 2문단의 '차람은 소설을 소유하고 있는 사람에게 직접 빌려서 보는 것으로, 알고 지내던 개인들 사이에서 이루어졌다.'를 통해 차람은 알고 지내던 사람에게 책을 빌려 보는 방식임을 알 수 있다. 하지만 대가를 지불했는지의 여부는 제시된 글에서는 확인할 수 없다.

오답분석

① 1문단의 '구연에 의한 유통은 구연자가 소설을 사람들에게 읽어 주는 방식으로, 글을 모르는 사람들과 글을 읽을 수 있지만 남이 읽어 주는 것을 선호하는 이들을 대상으로 이루어졌다.'를 통해 전기수가 글을 모르는 사람들에게 소설을 구연하였다고 이해한 것은 적절하다.

③ 1문단의 '하지만 이 방식은 문헌에 의한 유통에 비해 시간과 공간의 제약이 많아서 유통 범위를 넓히는 데 뚜렷한 한계가 있었다.'를 통해 문헌에 의한 유통은 구연에 의한 유통에 비해 시간과 공간의 제약이 적었다고 이해한 것은 적절하다.

④ 2문단의 '세책가에서는 소설을 구매하는 것보다 훨씬 적은 비용으로 빌려 볼 수 있었기 때문에 경제적으로 넉넉하지 않은 사람도 소설을 쉽게 접할 수 있었다. 이로 인해 조선 후기 사회에서 세책가가 성행하게 되었다.'를 통해 조선 후기에 세책가가 성행한 원인은 소설을 구매하는 비용보다 세책가에서 빌리는 비용이 적다는 데 있다고 이해한 것은 적절하다.

18 ②

정답분석

② 반신이지만 민족적 영웅의 모습으로 기록된 연개소문의 사례는 『삼국사기』가 신라 정통론에 기반에 있다는 기존의 평가와는 다르게 다면적이고 중층적인 역사 텍스트임을 보여주는 근거이다. 따라서 열전에 수록된 반신 중 『삼국사기』에 대한 기존 평가를 다르게 할 수 있는 사례가 있다고 이해한 것은 적절하다.

오답분석

① 1문단의 '이 중 열전은 전체 분량의 5분의 1을 차지하며, 수록된 인물은 86명으로, 신라인이 가장 많고, 백제인이 가장 적다.'와 2문단의 '가령 고구려의 연개소문은 반신이지만, 당나라에 당당히 대적한 민족적 영웅의 모습도 포함되어 있다.'에서 『삼국사기』에는 신라인뿐만 아니라 백제인과 고구려인도 포함되어 있음을

알 수 있다. 그러나 2문단에서 『삼국사기』가 신라 정통론에 기반해 당시 지배 질서를 공고히 하고자 했다고 평가받으므로 『삼국사기』가 신라 정통론을 계승하지 않았다고 단정할 수 없다.

③ 1문단에서 '수록 인물의 배치에는 원칙이 있는데, 앞부분에는 명장, 명신, 학자 등을 수록했고, 다음으로 관직에 있지는 않았으나 기릴 만한 사람을 실었다.'라고 하였으므로 『삼국사기』 열전에는 관직에 오르지 못한 사람이더라도 기릴 만한 업적이 있으면 수록되었다는 것을 알 수 있다.

④ 1문단의 『삼국사기』는 본기 28권, 지 9권, 표 3권, 열전 10권의 체제로 되어 있다. 이 중 열전은 전체 분량의 5분의 1을 차지하며, 수록된 인물은 86명으로, 신라인이 가장 많고, 백제인이 가장 적다.'를 통해 『삼국사기』의 체제 중 가장 많은 권수를 차지하는 것은 '본기'임을 알 수 있다.

19   ①

[정답분석]

① 1문단의 '프랑스에서 의무교육 제도를 실시하면서 정규학교에 입학하기 어려운 지적장애아, 학습부진아를 가려내고자 하였다. 이에 기초 학습 능력 평가를 목적으로, 1905년 최초의 IQ 검사가 이루어졌다.'를 통해 IQ 검사가 정규학교에 입학하기 어려운 지적장애아, 학습부진아를 가려내고자 시행되었음을 알 수 있다.

[오답분석]

② 1문단의 '이 검사를 통해 비로소 인간의 지능을 구체적으로 수치화하고 객관적으로 비교할 수 있게 되었다.'를 통해 IQ 검사가 만들어진 이후에야 인간의 지능을 구체적으로 수치화할 수 있었음을 파악할 수 있다. 따라서 IQ 검사가 만들어지기 전에는 인간의 지능을 수치로 비교할 수 없었음을 추론할 수 있다.

③ 2문단의 '하지만 문제는 IQ 검사가 인간의 지능 중 일부만을 측정한다는 점이다.'를 통해 IQ 검사가 인간의 지능 중 일부만 측정한다는 것을 알 수 있다. 따라서 IQ가 높은 아이라도 전체 지능은 높지 않을 수 있음을 추론할 수 있다.

④ 2문단의 '이는 IQ 검사가 기초 학습에 필요한 최소 능력인 언어이해력, 어휘력, 수리력 등을 측정하기 때문이다.'를 통해 IQ 검사가 읽기 능력과 관련된 언어이해력, 어휘력 등을 측정한다는 것을 알 수 있다. 따라서 IQ가 높은 아이가 읽기 능력이 좋을 확률이 높다는 것을 추론할 수 있다.

20   ①

[정답분석]

① '그런데 한자는 문맥에 따라 같은 글자가 다른 뜻으로 쓰이지는 않지만 다른 문장성분으로 사용되기도 해 혼란을 야기한다.'에서 한자는 문맥에 따라 같은 글자가 다른 문장성분으로 사용되기도 한다는 것을 알 수 있지만 한국어 문장보다 문장성분이 복잡하다는 내용은 나타나지 않는다.

[오답분석]

② 제시된 글에서 '愛人'은 문맥에 따라 '愛'가 '人'을 수식하는 관형어일 때도, '人'을 목적어로 삼는 서술어일 때도 있다고 하였다. 따라서 '淨水'가 문맥상 '깨끗하게 한 물'일 때 '淨'은 '水'를 수식하는 관형어로 사용되었음을 추론할 수 있다. 만일 '淨水'가 '물을 깨끗하게 하다.'라는 의미로 사용되었다면, '淨'은 '水'를 목적어로 삼는 서술어일 것이다.

③ '한글에서는 동음이의어, 즉 형태와 음이 같은데 뜻이 다른 단어가 많아 글자만으로 의미를 파악하지 못하는 경우가 많다.'라고 하였으므로 한글에서 동음이의어는 형태와 음은 같지만 뜻이 다른 단어이다. 하지만 한자는 '문맥에 따라 같은 글자가 다른 뜻으로 쓰이지는 않지만 다른 문장성분으로 사용되기도 해 혼란을 야기한다.'를 통해 문장성분이 달라져도 뜻은 달라지지 않기 때문에 동음이의어가 아님을 확인할 수 있다. 따라서 '愛人'에서 '愛'의 문장성분이 바뀌더라도 '愛'의 뜻은 바뀌지 않기 때문에 동음이의어가 아님을 추론할 수 있다.

④ '한글에서는 동음이의어, 즉 형태와 음이 같은데 뜻이 다른 단어가 많아 글자만으로 의미를 파악하지 못하는 경우가 많다.'를 통해 한글은 글자만으로 의미를 파악하는 못하는 경우가 많음을 알 수 있다. 또한, 한글로 '사고'라고만 쓰면 '뜻밖에 발생한 사건'인지 '생각하고 궁리함'인지 알 수 없다고 예시를 제시하고 있으므로 한글로 적힌 '의사'만으로는 '병을 고치는 사람'인지 '의로운 지사'인지 구별할 수 없다고 추론할 수 있다.

2023년 9급 영어 기출문제 정답 및 해설

01	02	03	04	05	06	07	08	09	10
②	④	①	①	④	③	③	①	④	③

11	12	13	14	15	16	17	18	19	20
③	②	②	④	④	④	②	②	①	③

01 ②

정답분석

밑줄 친 subsequent는 '차후의, 그 다음의'의 뜻으로, 의미가 가장 가까운 것은 ② 'following(그 다음에 나오는)'이다.

오답분석

① 필수의
③ 선진의
④ 보충의, 추가의

본문해석

우리의 프로젝트에 대한 추가적인 설명은 차후의 프레젠테이션에서 제공될 것이다.

어휘

- further 그 이상의(additional)
- explanation 설명

02 ④

정답분석

밑줄 친 courtesy는 '공손함, 정중함'이라는 뜻으로, 의미가 가장 가까운 것은 ④ 'politeness(공손함, 예의바름)'이다.

오답분석

① 자선, 자비
② 겸손, 겸양
③ 대담, 배짱

본문해석

사회적 관행은 한 집단의 구성원들이 다른 사람들에게 공손함을 보이기 위해 따라야 하는 관습이다. 예를 들어, 재채기를 할 때 "실례합니다."라고 말하는 것은 미국의 사회적 관행이다.

어휘

- folkway 민속, 사회적 관행
- custom 관습, 풍습, 관행
- be expected to ~하도록 기대된다, 예상된다
- follow 따르다[따라 하다]
- sneeze 재채기하다

03 ①

정답분석

bring up은 '~을 기르다[양육하다]'라는 뜻인데, 주어진 문장에서는 수동의 뜻인 '양육되어지다'로 사용되었으므로, 의미가 가장 가까운 것은 ① 'raised(길러진)'이다.

오답분석

② 조언받은
③ 관찰된
④ 관리[운영/통제]된

본문해석

이 아이들은 건강에 좋은 음식을 주식으로 먹고 양육되었다.

어휘

- on a diet of ~을 주식[먹이]으로
- healthy food 건강에 좋은 음식

04　　　　　　　　　　　　　　　　　　　　　　①

정답분석

do away with는 '~을 폐지하다'라는 뜻인데, 주어진 문장에서는 수동의 의미로 쓰였으므로, 의미가 가장 가까운 것은 ① 'abolished(폐지된)'이다.

오답분석

② 합의된

③ 비판된

④ 정당화된

본문해석

노예제는 19세기까지 미국에서 <u>폐지되지</u> 않았다.

어휘

• slavery 노예, 노예제도

05　　　　　　　　　　　　　　　　　　　　　　④

정답분석

주어진 문장의 뒷부분에서 'so that they could see and understand it clearly(그들이 그것을 명확하게 보고 이해할 수 있도록)'이라고 했고, 앞부분에서 '유권자들은 선거 과정에서 더 많은 ~이 있어야 한다고 요구했다.'라고 했으므로, 밑줄 친 부분에 들어갈 말로 가장 적절한 것은 ④ 'transparency(투명성)'이다.

오답분석

① 속임, 속임수

② 융통성, 유연성

③ 경쟁, 경쟁 상대

본문해석

유권자들은 선거 절차를 명확히 보고 이해할 수 있도록 선거 과정에서 더 많은 <u>투명성</u>이 있어야 한다고 요구했다.

어휘

• voter 투표자, 유권자

• demand 요구하다

• election process 선거 과정

• so that can ~할 수 있도록

06　　　　　　　　　　　　　　　　　　　　　　③

정답분석

③ what은 선행사를 포함하는 관계대명사로 다음에 불완전한 절이 와야 하는데, what 다음에 'the superior team may not have perceived their opponents ~ their continued success'인 완전한 절이 왔다. 따라서 동사(is) 다음에 명사절 접속사 that이 와야 하므로, ③ what → that이 되어야 한다.

오답분석

① in which(전치사+관계대명사)는 upsets를 선행사로 받고 있으며, '상황, 경우'를 가리키고 있으므로, 관계부사 where로 바꿔 쓸 수 있다. in which 다음에 완전한 절인 'the team ~ surprisingly loses the contest'가 왔으므로, 적절하게 사용되었다.

② predicted는 바로 앞의 명사(the team)를 수식하는 분사로, the team은 승리할 것이라고 예측되는 대상이므로 과거분사인 predicted가 적절하게 사용되었다. 이때 predicted 앞에는 'which was'가 생략된 것이다. 문맥상 관계사절(in which the team predicted to win ~ loses the contest)의 동사는 loses이다.

④ 「perceive A as B」는 'A를 B라고 여기다'의 뜻으로, their opponents가 '위협하는' 것이므로, 능동의 현재분사 threatening이 적절하게 사용되었다.

본문해석

스포츠에서 우승할 것으로 예상되고 상대 팀보다 우세할 것으로 추정되는 팀이 놀랍게도 경기에서 지는 뜻밖의 패배의 한 가지 이유는 우세한 팀이 상대 팀을 자신의 지속적인 성공에 위협적이라고 여기지 않았을 수도 있기 때문이다.

어휘

• upset 뜻밖의 패배

• predict 예측[예견]하다

• supposedly 추정 상, 아마

• superior to ~보다 뛰어난

• opponent (시합 · 논쟁 등의) 상대

• surprisingly 놀랍게도

• threatening 위협적인

• continued 지속적인

07 ③

정답분석

③ alive는 '살아 있는'의 뜻으로 서술적 용법으로만 쓰이는 형용사이므로, an alive man → a living man이 되어야 한다. 그 밖에 서술적 용법으로만 사용되는 형용사로는 alive, asleep, afloat 등이 있다.

오답분석

① 「should have p.p.」는 '～했어야 했는데 (안 했다)'의 뜻으로, 'but I was feeling a bit ill'에 하지 않은 이유가 나오고 있으므로, 어법상 적절하게 사용되었다.

② 「as ～ as」원급 비교 구문에서 두 번째 as 다음에 'we used to'가 왔으므로, as가 접속사로 적절하게 사용되었다. 「used to RV」는 '(～하곤) 했다'라는 뜻으로 과거의 습관을 나타내는 표현으로 to 다음에 save money가 생략되었다.

④ 「자동사 + 전치사」인 look at은 '～을 보다'의 뜻으로, 수동태로 전환할 때 전치사를 생략할 수 없으므로, was looked at이 적절하게 사용되었다. 이 문장을

능동태로 바꾸면 'The art critic looked at the picture carefully.'가 된다.

본문해석

① 나는 오늘 아침에 갔어야 했는데, 몸이 좀 안 좋았다 (그래서 못 갔다).
② 요즘 우리는 예전에 그랬던 것만큼 많은 돈을 저축하지 않는다.
③ 구조대는 살아있는 남자를 발견해서 기뻤다.
④ 그 그림은 미술 평론가에 의해 주의 깊게 관찰되었다.

어휘

- a bit 조금, 약간
- save 모으다, 저축하다
- rescue squad 구조대
- discover 발견하다, 찾다
- art critic 미술 비평가

- well, unwell, ill, poorly, faint 등 건강 상태를 나타내는 형용사는 서술적 용법으로만 사용된다.
  - 예 I have been <u>well</u>. (나는 그동안 건강하게 지냈다.)
  - 예 Jane felt <u>unwell</u> and went home. (Jane은 몸이 좋지 않아서 집에 갔다.)

08 ①

정답분석

① 'He made us touched with his speech.'의 수동태 문장으로, 목적어인 us는 '감동을 주는' 것이 아니라 '감동을 받는' 것이므로 touching → touched가 되어야 한다.

오답분석

② apart from은 '~은 차치하고, ~은 제외하고'라는 뜻을 가진 전치사구로, 문맥상 알맞게 사용되었다. 또한 전치사구 뒤에 명사(its cost)가 온 것 역시 적절하다. 부정대명사 one은 the plan 대신 사용되었다.

③ 'while drinking hot tea'는 분사구문으로, 주절과 부사절의 주어가 they로 같기 때문에 부사절에서 they were를 생략하였다. 또한 they는 차를 '마시는' 능동적인 대상이므로 능동의 의미인 현재분사 drinking은 적절하게 사용되었다.

④ 「사역동사(make)+목적어+목적격 보어」에서 목적어 him 다음에 '어울리는, 적당한'이라는 뜻의 형용사 suited가 목적격 보어로 적절하게 사용되었다.

어휘

- experience 경험[경력]

09 ④

정답분석

대화에서 A가 빈칸 앞에서 도움을 요청하고 빈칸 다음에서 인사과를 찾는다고 말했으므로, 대화의 흐름상 빈칸에는 B가 도와주겠다고 말하는 내용이 들어가야 함을 유추할 수 있다. 따라서 빈칸에 들어갈 말로 가장 적절한 것은 ④ 'Sure. Can I help you with anything(물론이죠. 무엇을 도와드릴까요)?'이다.

오답분석

① 우리는 이 상황을 어떻게 처리해야 할지 모르겠어요.
② 담당자가 누구인지 말씀해 주시겠어요?
③ 네. 여기 도움이 필요해요.

본문해석

A : 죄송하지만, 좀 도와주실 수 있나요?
B : 물론이죠. 무엇을 도와드릴까요?
A : 인사과를 찾으려 하고 있어요. 10시에 약속이 있어요.
B : 3층에 있어요.
A : 어떻게 올라가죠?
B : 모퉁이를 돌아서 엘리베이터를 타세요.

어휘

- give a hand 도와주다
- Personnel Department 인사과
- have no idea 전혀 모르다
- in charge of ~을 맡은, 담당인
- could use some help 도움이 필요하다

10 ③

정답분석

대화는 A가 B에게 사무실 전등과 에어컨을 끄지 않고 퇴근한 것에 대해 주의를 주는 상황으로, 빈칸 앞에서 A가 'Probably they were on all night.'이라고 했으므로, 빈칸에 들어갈 말로 가장 적절한 것은 ③ 'I'm sorry. I promise I'll be more careful from now on(죄송합니다. 앞으로 더 조심하겠습니다)'이다.

오답분석

① 걱정하지 마세요. 이 기계는 잘 작동하고 있어요.
② 맞아요. 모든 사람들이 당신과 함께 일하는 것을 좋아해요.
④ 안 됐군요. 너무 늦게 퇴근해서 피곤하시겠어요.

본문해석

A: 마지막으로 퇴근하셨죠, 그렇죠?
B: 네. 무슨 문제라도 있나요?
A: 오늘 아침에 사무실 전등과 에어컨이 켜져 있는 것을 발견했어요.
B: 정말요? 아, 이런. 아마 어젯밤에 그것들을 끄는 것을 깜빡 잊었나 봐요.
A: 아마 밤새 켜져 있었을 거예요.
B: 죄송합니다. 앞으로 더 조심하겠습니다.

어휘

- from now on 이제부터, 향후
- turn off (전기 · 가스 · 수도 등을) 끄다

11   ③

정답분석

A가 오랜만에 만나서 얼마 만에 보는 건지 물었는데, 차로 한 시간 반 정도 걸렸다는 B의 대답은 어색하다. 따라서 대화 중 자연스럽지 않은 것은 ③이다.

본문해석

① A: 머리는 어떻게 해 드릴까요?
　 B: 머리 색깔이 좀 싫증나서요. 염색하고 싶어요.

② A: 지구 온난화를 늦추기 위해 우리가 할 수 있는 일은 무엇일까요?
　 B: 우선, 대중교통을 더 많이 이용할 수 있어요.

③ A: Anna, 당신이에요? 오랜만이에요! 이게 얼마 만이죠?
　 B: 차로 한 시간 반 정도 걸렸어요.

④ A: Paul이 걱정돼요. 불행해 보여요. 어떻게 해야 하죠?
　 B: 내가 당신이라면, 그가 자기 문제에 대해 말할 때까지 기다릴 거예요.

어휘

- be tired of ~에 질리다
- dye 염색하다
- slow down 속도를 늦추다
- global warming 지구 온난화
- public transportation 대중교통
- be worried about ~에 대해 걱정하다

12   ②

정답분석

주어진 글은 인간 관계학의 유명한 작가 Daniel Goleman의 주장을 바탕으로 인간의 뇌가 얼마나 사교적인지를 주장하는 내용이다. 세 번째 문장에서 'we are drawn to other people's brains whenever we engage with another person.'이라고 했고, 마지막 문장에서 'Yet, our brains crave human interaction.'이라고 했으므로, 글의 제목으로 가장 적절한 것은 ② 'Sociable Brains(사교적인 두뇌)'이다.

오답분석

① 외로운 사람들
③ 정신 건강 조사의 필요성
④ 인간 연결성의 위험

본문해석

저명한 작가 Daniel Goleman은 인간관계 과학에 평생을 바쳐 왔다. 그의 저서 'Social Intelligence'에서 그는 인간의 뇌가 얼마나 사교적인지 설명하기 위해 신경사회학의 결과를 논한다. Goleman에 따르면, 우리는 다른 사람과 관계를 맺을 때마다 다른 사람의 뇌에 마음이 끌린다고 한다. 우리의 관계를 깊이 있게 하기 위해 다른 사람들과의 의미 있는 연결에 대한 인간의 욕구는 우리 모두가 갈망하는 것이지만, 우리는 그 어느 때보다 더 외롭고, 이제 외로움은 세계적인 유행병이 되었음을 시사하는 수많은 기사와 연구들이 있다. 특히 호주에서 전국적인 Lifeline 설문조사에 따르면, 조사 대상자의 80% 이상이 우리 사회가 더 외로운 곳이 되어가고 있다고 생각한다. 하지만 우리의 뇌는 인간 간의 상호 작용을 갈망한다.

어휘

- well-known 유명한, 잘 알려진
- dedicate 전념하다
- sociable 사교적인, 붙임성 있는
- be drawn to (마음이) 끌리다
- engage with ~와 관계를 맺다
- connectivity 연결(성)
- deepen 깊어지다[깊게 하다]
- crave 갈망[열망]하다
- epidemic (유행성) 전염병
- interaction 상호 작용

13   ②

정답분석

주어진 글은 어떤 사람들은 선천적으로 특별한 재능을 가지고 태어나지만, 그렇지 않은 사람이라도 오랜 기간 꾸준한 연습을 통해서 재능을 발달시키고 성공할 수 있다고 주장하는 글이다. 두 번째 문장에서 'Yet only dedication to mindful, deliberate practice over many years ~ advantages into talents and those talents into successes.'라고 했고, 세 번째 문장에서 동일한 종류의 헌신적인 연습을 통해, 그러한 장점을 갖고 태어나지 않은 사람들도 재능을 개발할 수 있다고 했으므로, 글의 주제로 가장 적절한 것은 ② 'importance of constant efforts to cultivate talents(재능을 키우기 위한 지속적인 노력의 중요성)'이다.

① 일부 사람들이 다른 사람들에 비해 가지고 있는 장점들
③ 수줍음 많은 사람들이 사회적 상호 작용에서 겪는 어려움들
④ 자신의 강점과 약점에 대한 이해의 필요성

본문해석

확실히 어떤 사람들은 장점을 가지고 태어난다(예를 들어, 기수들의 신체적 크기, 농구선수들의 키, 음악가들의 음악에 대한 '귀'). 하지만 오랜 기간에 걸쳐 의도적이고 계획적으로 연습에 전념해야만 이러한 장점을 재능으로, 그리고 그 재능을 성공으로 바꿀 수 있다. 동일한 종류의 헌신적인 연습을 통해, 그러한 장점을 가지고 태어나지 않은 사람들도 자연이 그들이 닿을 수 있는 곳보다 좀 더 멀리 놓아둔(타고나지 않은) 재능을 개발할 수 있다. 예를 들어, 여러분이 수학적인 재능을 타고나지 않았다고 느낄지라도 의식적이고, 계획적인 연습을 통해 여러분의 수학적 능력을 크게 개발할 수 있다. 혹은 여러분이 스스로 '천성적으로' 수줍음이 많다고 생각한다면 사교적 능력을 개발하기 위해 시간과 노력을 들이는 것은 여러분이 사교적인 행사에서 사람들과 활기차게, 우아하게, 편안하게 교류할 수 있도록 만든다.

어휘

- certainly 틀림없이, 분명히
- be born with 타고나다
- advantage 유리한 점, 장점
- jockey 기수
- height 키[신장]
- dedication 전념, 헌신
- mindful ~을 염두에 두는[의식하는]
- deliberate 신중한, 의도[계획]적인
- nature 천성, 본성
- significantly 상당히[크게]
- enable ~을 할 수 있게 하다
- interact with ~와 상호 작용을 하다
- occasion (특별한) 행사, 의식, 축하
- with energy 힘차게

14 ④

정답분석

주어진 글은 Dr. Roossinck가 우연히 발견한 사실, 즉 바이러스가 식물에 미치는 이로운 영향에 대한 내용이다. 첫 문장에서 바이러스가 식물의 가뭄에 대한 저항력을 증가시킨다(a virus increased resistance to drought on a plant)고 했고, 세 번째 문장에서 다른 종류의 바이러스가 식물의 내열성을 증가시키는 실험을 하고 있다고 했다. 마지막에서 두 번째 문장에서 다른 종류의 바이러스가 그들의 숙주들에게 주는 이점을 더 깊이 있게 이해하기 위해 연구를 확장하기를 희망한다고 했으므로, 글의 요지로 가장 적절한 것은 ④ 'Viruses sometimes do their hosts good, rather than harming them(바이러스는 때로 숙주에게 해가 되기보다는 도움이 된다).'이다.

오답분석

① 바이러스는 생물학적 존재들의 자급자족을 증명한다.
② 생물학자들은 식물에 바이러스가 없는 상태로 유지하기 위해 모든 것을 해야 한다.
③ 공생의 원리는 감염된 식물에는 적용될 수 없다.

본문해석

Roossinck 박사와 그녀의 동료들은 바이러스가 식물학 실험에서 널리 사용되는 식물의 가뭄에 대한 저항력을 증가시킨다는 사실을 우연히 발견했다. 관련 바이러스를 이용한 추가실험은 그 사실이 15종의 다른 식물 종에서도 사실이라는 것을 보여주었다. Roossinck 박사는 현재 다양한 식물의 내열성을 증가시키는 또 다른 유형의 바이러스 연구를 위한 실험을 수행하고 있다. 그녀는 다양한 종류의 바이러스가 그들의 숙주들에게 주는 이점을 더 깊이 있게 이해하기 위해 그녀의 연구를 확장하기를 희망한다. 이는 많은 생물들이 자급자족보다는 공생에 의존한다는 점점 더 많은 생물학자들이 주장하는 견해를 뒷받침하는 데 도움이 될 것이다.

어휘

- colleague 동료
- by chance 우연히, 뜻밖에
- resistance 저항[반대]
- drought 가뭄
- botanical 식물(학)의
- experiment 실험
- related 동족[동류]의
- species 종
- heat tolerance 내열성

- a range of 다양한
- extend 연장하다
- host (기생 생물의) 숙주
- support 지지[옹호/재청]하다
- biologist 생물학자
- creature 생물
- rely on ~에 의지[의존]하다
- symbiosis 공생
- self-sufficient 자급자족할 수 있는

15 ④

주어진 글은 사탕단풍나무 수액을 채취해서 시럽을 만드는 과정을 설명하는 내용이다. 마지막 문장에서 '대부분의 단풍나무시럽 생산자들은 손으로 통을 수거하고, 직접 수액을 끓여 시럽으로 만든다.'고 했으므로, 글의 내용과 일치하지 않는 것은 ④ '단풍나무시럽을 만들기 위해 기계로 수액 통을 수거한다.'이다.

① 두 번째 문장에서 'A sugar maple tree produces a watery sap each spring, ~'라고 했으므로, 글의 내용과 일치한다.
② 세 번째 문장에서 'To take the sap out of the sugar maple tree, a farmer makes a slit in the bark with a special knife, ~'라고 했으므로, 글의 내용과 일치한다.
③ 다섯 번째 문장 후반부에서 '~ forty gallons of sugar maple tree "water" make one gallon of syrup.'이라고 했으므로, 글의 내용과 일치한다.

단풍나무시럽을 만드는 전통적인 방법은 흥미롭다. 매년 봄, 사탕단풍나무는 땅에 여전히 많은 눈이 있을 때 물기가 많은 수액을 생산한다. 사탕단풍나무에서 수액을 채취하기 위해 농부는 특수한 칼로 나무껍질에 틈을 만들고 나무에 '꼭지'를 단다. 그러고 나서 농부가 꼭지에 통을 걸면, 수액이 그 안으로 떨어진다. 채취된 수액은 달콤한 시럽이 남을 때까지 끓여지는데, 사탕단풍나무 '물' 40갤론이 시럽 1갤론을 만든다. 이는 수많은 통, 수많은 증기, 수많은 노동을 의미한다. 그렇기는 하지만, 대부분의 단풍나무시럽 생산자들은 손으로 통을 수거하고, 직접 수액을 끓여 시럽으로 만드는 가족 단위의 농부들이다.

- sugar maple tree 사탕단풍나무
- watery 물기가 많은
- sap 수액
- slit 구멍[틈]
- bark 나무껍질
- tap 꼭지
- hang 걸다, 매달다
- drip 방울방울[뚝뚝] 흘리다[떨어뜨리다]
- collect 모으다, 수집하다
- boil 끓다[끓이다]

16 ④

주어진 글은 단편소설 쓰기 수업에서 필자가 들었던 경험에 대한 내용이다. 수업 중에 한 유명한 편집자가 작가는 사람들에게 관심을 갖는 것이 중요하다고 강조한 것을 제시했는데, ④는 마술사가 무대에 오를 때마다 스스로에게 말했던 내용이므로, 글의 흐름상 어색한 문장이다.

나는 언젠가 단편소설 쓰기 강좌를 들은 적이 있는데, 그 강좌 중에 선두적인 잡지의 한 유명한 편집자가 우리 반에게 이야기를 했다. 그는 매일 자신의 책상에 오는 수십 편의 이야기들 중에서 어느 것이든 하나를 골라 몇 단락만 읽어도 그 작가가 사람들을 좋아하는지 아닌지를 느낄 수 있다고 말했다. "작가가 사람들을 좋아하지 않는다면, 사람들도 그 또는 그녀의 이야기를 좋아하지 않을 것"이라고 그는 말했다. 그 편집자는 소설 쓰기 강연에서 사람들에게 관심을 갖는 것의 중요성을 계속해서 강조했다. 위대한 마술사 Thurston은 그가 무대에 오를 때마다 스스로에게 "나는 성공했으니 감사한다."라고 말했다고 했다. 강연 끝부분에서, 그는 "다시 한 번 말씀드리겠습니다. 성공적인 이야기 작가가 되고 싶다면 사람들에게 관심을 가져야 합니다."라며 끝맺었다.

- renowned 유명한, 명성 있는
- leading 선두적인
- dozens of 수십의, 많은
- stress 강조하다
- conclude 결론[판단]을 내리다

17   ②

정답분석

주어진 문장에서 몇 년 전만 해도 인공지능(AI)에 대한
종말론적인 인식이 팽배했다고 했으므로, 주어진 문장
다음에는 'In 2014'로 시작하는 (B)에서 AI에 대한 부정
적인 의견들을 서술하는 것이 자연스럽다. 그런 다음에
however로 시작하는 (A)에서 AI에 대한 과거의 부정적
인 의견이 최근 긍정적인 것으로 바뀌었다고 서술하는 내
용으로 이어지는 것이 적절하며, 마지막으로 (A)에서 설
명한 변화를 This shift로 받는 (C)로 이어져야 한다. 따
라서 글의 순서로 가장 적절한 것은 ② '(B) – (A) – (C)'
이다.

본문해석

몇 년 전만 해도, 인공지능(AI)에 대한 모든 대화는 종말
론적인 예측으로 끝나는 것 같았다.
(B) 2014년에 이 분야의 한 전문가는 말하기를, 우리가
    AI로 악마를 소환하고 있다고 했으며, 한 노벨상을 수
    상한 물리학자는 AI가 인류의 종말을 불러올 수 있다
    고 말했다.
(A) 하지만 최근에는 상황이 달라지기 시작했다. AI는 무
    서운 블랙박스에서 사람들이 다양한 활용 사례에 이
    용할 수 있는 것으로 변했다.
(C) 이러한 변화는 이 기술들이 마침내 업계에서 특히 시
    장 기회를 위해 대규모로 탐색되고 있기 때문이다.

어휘

• apocalyptic 종말론적
• prediction 예측, 예견
• scary 무서운, 겁나는
• summon 호출하다, (오라고) 부르다
• demon 악령, 악마
• spell (보통 나쁜 결과를) 가져오다[의미하다]
• shift (위치 · 입장 · 방향의) 변화
• at scale 대규모로

18   ②

정답분석

주어진 문장은 그렇지만(Yet)으로 시작하고 있기 때문에
주어진 문장의 앞과 다음에 상반되는 내용이 나와야 한
다. 또한 주어진 문장에서는 '그렇지만, 그러한 자기 평가
에 대한 요청은 한 사람의 경력 전반에 걸쳐 만연하다.'라
는 내용을 담고 있는데, ② 앞 문장에서 '정답은 없다.'라
고 했고, ② 다음 문장에서 입학, 입사, 면접, 성과 검토,

회의 등 주어진 문장의 'pervasive throughout one's
career'를 부연하는 내용이 나오므로, 주어진 문장이 들
어갈 위치로 가장 적절한 것은 ②이다. 이때 주어진 문장
의 such self-assessments는 앞부분의 'how to
subjectively describe your performance(주관적으로
여러분의 성과를 설명하는 법)'을 받는다.

본문해석

회계 분기가 막 끝났다. 여러분의 상사가 여러분에게 이
번 분기의 매출에서 여러분이 얼마나 좋은 성과를 보였는
지 물어보기 위해 잠시 들른다. 여러분은 어떻게 자신의
성과를 설명할 것인가? 매우 뛰어남? 훌륭함? 나쁨? 누
군가가 여러분에게 객관적인 성과 지표(예를 들어, 이번
분기에 몇 달러의 매출을 가져왔는지)에 대해 물어볼 때와
는 다르게, 주관적으로 여러분의 성과를 설명하는 법은
종종 불분명하다. 정답은 없다. 그렇지만, 그러한 자기 평
가에 대한 요청은 한 사람의 경력 전반에 걸쳐 만연하다.
여러분은 입학지원서, 입사지원서, 면접, 성과 검토, 회의
등에서 여러분의 성과를 주관적으로 설명할 것을 요구받
고, 이런 목록은 계속 이어진다. 여러분이 자신의 성과를
설명하는 법이 소위 말하는 자기 홍보의 수준이다. 자기
홍보는 업무에 널리 만연하였기 때문에 자기 홍보를 더
많이 하는 사람들이 채용되고, 승진되고, (연봉) 인상 또
는 상여금을 받을 기회가 더 많을 수 있다.

어휘

• self-assessment 자기 평가
• pervasive 만연한, 널리 퍼진,
• fiscal 회계의, 재정의
• in terms of ~에 있어서
• objective 객관적인
• metric 측정기준
• subjectively 주관적으로
• what we call 소위, 이른바
• self-promotion 자기 홍보
• get a raise 급여를 인상받다

19   ①

정답분석

주어진 글은 우리는 불안의 시대에 살고 있으며, 우리의
불안 회피 전략은 오히려 불안을 가중시킨다는 내용이
다. 빈칸 문장에 역접의 접속사인 'however'가 있으므로
앞뒤에 대조적인 상반되는 내용이 나와야 하는데, 빈칸
앞 문장에서 심리학 연구에서 스마트폰처럼 밤낮으로 주
의를 산만하게 하는 것들이 불안 회피 전략 역할을 한다

고 했고, 빈칸 다음에서 이러한 회피 전략은 결국에는 불안을 더욱 가중시킨다는 모순을 지적하고 했으므로, 빈칸에 들어갈 말로 가장 적절한 것은 ① 'Paradoxically(역설적으로)'이다.

오답분석

② 다행스럽게도
③ 중립적으로
④ 독창적으로

본문해석

우리는 불안의 시대에 살고 있다. 불안해하는 것은 불편하고 무서운 경험이 될 수 있으므로, 우리는 영화나 TV쇼 시청하기, 먹기, 비디오게임 하기, 과로하기 등 순간의 불안을 줄이는 데 도움이 되는 의식적 또는 무의식적 전략들에 의지한다. 또한, 스마트폰은 낮이든 밤이든 언제든지 주의를 산만하게 만들기도 한다. 심리학 연구는 주의를 산만하게 하는 것들이 일반적인 불안 회피 전략의 역할을 한다는 것을 보여주었다. 그러나 <u>역설적으로</u>, 이러한 회피 전략은 결국에는 불안을 더욱 가중시킨다. 불안해하는 것은 모래 속에 빠지는 것과 같아서 여러분이 그것에 맞서 싸울수록 더 깊이 가라앉는다. 실제로, 연구는 "여러분이 저항하는 것은 지속된다."라는 잘 알려진 문구를 강력하게 지지한다.

어휘

- anxiety 불안(감), 염려
- resort to ~에 의지하다
- conscious 의식하는, 자각하는
- reduce 줄이다[축소하다]
- overworking 과로, 혹사
- distraction 머리를 식히게 해 주는 것
- serve as ~의 역할을 하다
- avoidance 회피, 방지
- in the long run 결국에는
- get into 처하다[처하게 만들다]
- quicksand 헤어나기 힘든[위험한] 상황
- fight 싸우다[전투하다]
- sink 가라앉다[빠지다]
- resist 저항[반대]하다
- persist 집요하게[고집스럽게/끈질기게] 계속하다

20

③

정답분석

주어진 글은 정보를 효율적인 방식으로 얻기 위해서 메일 수신함을 간소화할 필요성과 관리 방법을 서술하는 내용이다. 빈칸 다음 문장의 후반부에서 메일 수신함이 많을수록 관리하기 어려워진다고 했고, 마지막 문장에서 'Cut the number of in-boxes you have down to the smallest number possible for you~'라고 했으므로, 빈칸에 들어갈 말로 가장 적절한 것은 ③ 'minimizing the number of in-boxes you have(여러분이 가진 메일 수신함의 수를 최소화하는 것)'이다.

오답분석

① 한 번에 여러 목표를 설정하는 것
② 들어오는 정보에 몰두하는 것
④ 여러분이 열중해 있는 정보를 선택하는 것

본문해석

여러분은 얼마나 다양한 방법으로 정보를 얻는가? 어떤 사람들은 문자 메시지, 음성 메일, 종이 문서, 일반우편, 블로그 게시물, 다양한 온라인 서비스의 메시지라는 6가지 서로 다른 종류의 통신 수단에 응답해야 할지도 모른다. 이것들은 각각 일종의 메일 수신함으로, 지속적으로 처리되어야 한다. 그것은 끝없는 과정이지만, 기진맥진하거나 스트레스받을 필요는 없다. 정보 관리를 더 관리하기 쉬운 수준으로 낮추고 생산적인 영역으로 전환하는 것은 <u>여러분이 가진 메일 수신함의 수를 최소화하는 것</u>으로 시작한다. 여러분이 메시지를 확인하거나 수신 정보를 읽으러 가야 하는 곳은 모든 장소는 메일 수신함이며, 메일 수신함이 많을수록 모든 것을 관리하기가 더 어려워진다. 여러분이 가진 메일 수신함의 수를 필요한 방식으로 계속 활동할 수 있도록 가능한 한 최소한으로 줄여라.

어휘

- in-box 메일 수신함[미결 서류함]
- process 처리하다
- on a continuous basis 지속적으로
- exhausting 기진맥진하게 만드는
- stressful 스트레스가 많은
- manageable 관리[감당/처리]할 수 있는
- productive 생산적인
- zone 구역
- minimize 최소화하다
- incoming 도착하는, 들어오는
- function 기능하다[작용하다]

2023년 지방직 9급 한국사 정답 및 해설

01	02	03	04	05	06	07	08	09	10
①	③	②	②	③	①	③	④	④	④
11	12	13	14	15	16	17	18	19	20
①	④	①	③	②	④	④	③	③	④

01 ①

정답분석

① 구석기 시대에는 동굴이나 바위 그늘, 강가의 막집에서 거주하였고 이동생활을 주로 하였다.

오답분석

② 신석기 시대에는 정착 생활이 이루어지면서 움집이 발전하였으며, 그 구조로는 상부와 하부로 나누어 볼 수 있는데, 상부 구조에는 집의 벽과 지붕이 있으며, 하부 구조로는 집터(움, 아래로 판 구멍)와 내부 시설(화덕자리, 저장구덩이, 기둥구멍 등) 등이 있었다.

③ 신석기 시대에는 빗살무늬 토기를 이용해 음식을 조리하거나 곡식을 저장하였다.

④ 청동기 시대에는 구릉에 마을을 형성하고 주변에 도랑을 파고 목책을 둘러 방어 시설을 갖추었다.

> **더 알아보기**
>
> 주먹도끼가 발견된 시대는 구석기 시대이다. 구석기 시대에는 주먹도끼, 슴베찌르개, 찍개 등의 뗀석기를 사용하였으며, 연천 전곡리에서 동아시아 최초로 구석기 시대의 전형인 이슐리안형 주먹도끼가 출토되어 동아시아에는 찍개 문화만 존재하였다는 기존의 학설을 뒤집었다.

02 ③

정답분석

제시문에 있는 '개경 환도를 반대하고 반란', '진도로 근거지를 옮기면서 항쟁' 등을 볼 때 ㈎의 군사 조직은 고려 무신 집권기에 조직된 '삼별초'라는 것을 알 수 있다.

③ 삼별초는 무신 집권기에 최우가 만든 사병 조직이었다. 최우는 강화도 천도 이후 도둑을 단속하기 위해 야별초를 조직하였다. 이후 군사의 수가 많아져 좌별초와 우별초로 나누어 구성하였고, 몽골의 포로로 잡혀 있다 탈출한 자들로 구성된 신의군과 함께 삼별초라 하였다. 고려 무신 정권 해체 이후, 강화도에 있던 고려 조정은 몽골과 강화를 맺고 개경으로 환도하였는데, 삼별초는 이에 반발하여 배중손의 지휘에 따라 진도로 이동하여 대몽 항쟁을 전개하였다.

오답분석

① 조선 선조 때의 훈련도감은 유성룡의 건의로 설치되었으며 임진왜란 때 왜군의 조총에 대항하기 위하여 조총으로 무장한 부대로서 포수, 사수, 살수의 삼수병으로 편제되었다.

② 별무반은 고려 숙종 때 여진과의 1차 접촉에서 패한 뒤 윤관의 건의로 편성된 군사 조직으로 기병인 신기군, 승병인 항마군, 보병인 신보군으로 편성된 특수 부대였다.

④ 고려는 북계와 동계의 양계로 설정한 국경 지역에 병마사를 파견하고 상비적인 전투부대 주진군을 지방군으로 편성하여 외적의 침입에 대비하였다.

03 ②

정답분석

제시문은 최익현이 쓴, '도끼를 가지고 궐 앞에 엎드려 화친에 반대하는 상소'라는 의미의 '지부복궐척화의소' 중 일부이다.

② 최익현은 일본이 강화도 조약 체결을 요구하자 일본과 서양은 같으므로 개항할 수 없다는 '왜양일체론(倭洋一體論)'을 주장하며 개항을 반대하였다.

오답분석

① 박규수는 평양에서 통상을 요구한 미국 상선을 침몰시킨 제너럴셔먼호 사건 당시 평안도 관찰사였던 인물이지만, 후에는 열강의 침략을 피하기 위해 문호를 개방해야 한다고 주장하였다(통상 개화파).

③ 김홍집은 온건 개화파로 2차 수신사로 일본에 파견되었다가 조선책략을 가지고 들어왔으며, 통리기무아문에서 활동하였고, 군국기무처에서 총재를 역임하면서

갑오개혁을 추진하였다.

④ 김윤식은 온건 개화파로, 영선사로 청에 건너가 근대식 무기 제조법과 군사 훈련법을 습득하고 귀국 후 근대식 무기 제조 공장 기기창을 설치하였다.

더 알아보기

위정척사 운동의 전개

시기	내용
1860년대	통상 반대 운동(이항로, 기정진) 흥선 대원군의 통상 수교 거부 정책 지지(척화주전론)
1870년대	개항 반대 운동(최익현) 일본과 서양은 같으므로 개항할 수 없음(왜양일체론)
1880년대	개화 반대 운동(이만손, 홍재학) 유생들의 집단적 상소 운동, 척사 상소(홍재학), 영남 만인소(이만손)
1890년대	항일 의병 운동(유인석, 이소응) 일본 침략이 심화되자 반침략 · 반외세 운동 전개

04 ②

정답분석

제시문의 '서재필이 창간', '한글판 발행', '영문판 발행' 등으로 보아 '독립신문'을 설명하고 있음을 알 수 있다.

② 서재필이 창간한 독립신문은 우리나라 최초의 민간 신문이다(1896). 한글판과 영문판을 발행하였으며 국민의 근대적 민권 의식을 고취하고, 외국인에게 국내의 사정을 소개하였다.

오답분석

① 제국신문은 이종일이 발행한 순 한글 신문이다(1898). 서민층과 부녀자를 대상으로 민중을 계몽하고 자주 독립 의식을 고취하며 교육과 실업의 발달을 강조하였다.

③ 한성순보는 박문국에서 발행한 최초의 근대적 신문이다(1883). 순 한문으로 쓰였으며 개화 정책의 취지를 설명하고 국내외 정세를 소개하는 관보적 성격을 띠었다.

④ 황성신문은 국한문 혼용체로 발행(1898)된 신문으로 을사늑약이 체결되자 장지연의 논설 「시일야방성대곡」을 게재하여 조약의 부당성을 비판하였다.

더 알아보기

개항 이후 언론의 발달

한성순보 (1883)	최초의 근대 신문, 순 한문 사용, 10일마다 발간, 국내외 정세 소개
독립신문 (1896)	서재필 창간, 우리나라 최초의 민간 신문, 정부의 지원, 최초의 한글 신문, 한글판과 영문판 두 종류 발행
제국신문 (1898)	이종일 발행, 민중 계몽과 자주독립 의식 고취, 순 한글로 간행, 주로 서민층과 부녀자 대상
황성신문 (1898)	국 · 한문 혼용, 일제의 침략 정책과 매국노 규탄, 을사늑약 체결에 맞서 장지연의 논설 「시일야방성대곡」을 게재하여 조약의 부당성 비판
대한매일 신보 (1904)	양기탁, 베델이 발행, 순 한글, 국한문, 영문판 등 세 종류로 발행, 항일 운동 적극 지원, 국채 보상 운동 주도
만세보 (1906)	국한문 혼용, 천도교 기관지, 민중 계몽, 여성 교육

05 ③

정답분석

제시문은 삼국 시대의 역사서를 소개하고 있다. 삼국 시대의 역사서로는 고구려 영양왕 때 이문진이 편찬한 「신집」 5권, 백제 근초고왕 때 고흥이 편찬한 「서기」, 신라 진흥왕 때 거칠부가 편찬한 「국사」 등이 있다.

③ 거칠부가 「국사」를 편찬한 시기는 신라 진흥왕 때이다. 진흥왕은 화랑도를 공인하여 국가적 조직으로 개편하였다. 그 외 업적으로는 불교 정비, 황룡사 건립, 한강 유역 차지(단양 적성비, 북한산비 건립), 대가야 정복(창녕비 건립), 함경도 지역까지 진출(마운령비, 황초령비 건립) 등이 있다.

오답분석

① 고흥이 「서기」를 편찬한 시기는 백제 근초고왕 때이다. 백제의 수도를 사비(부여)로 천도하고 국호를 남부여로 변경한 왕은 성왕이다.

② 백제에서 동진의 마리난타로부터 불교를 받아들이고 공인한 왕은 침류왕이다.

④ 신라에서 병부를 처음으로 설치하여 군권을 장악한 왕은 법흥왕이다.

06 ①

정답분석

① 사택지적비는 백제 의자왕 때 대좌평을 역임했던 사택 지적이 남긴 비석이다. 비석에는 사람이 늙어가는 것을 탄식하여, 불교에 귀의하고 사찰을 건립하였다는 내용의 글이 새겨져 있다.

오답분석

② 신라 중대에 세워진 것으로 추정되는 임신서기석에는 충도와 유교 도덕에 대한 실천을 맹세하는 내용이 새겨져 있다. 이를 통하여 신라의 청년들이 유교 경전을 공부하였음을 알 수 있다.

③ 충주 고구려비는 고구려 장수왕 때 세워진 것으로, 이를 통하여 당시 고구려가 남한강 유역까지 장악하였음을 알 수 있다.

④ 호우명 그릇은 경주의 호우총에서 발굴되었다. 바닥에 '廣開土地好太王(광개토지호태왕)'이라는 글씨가 새겨져 있어 고구려에서 온 것임을 알 수 있으며, 이를 통하여 5세기 초 당시 고구려와 신라가 밀접한 관계를 맺고 있었음을 파악할 수 있다.

07 ③

정답분석

제시문은 「선조수정실록」에 수록된 임진왜란(1592) 당시 활약한 의병에 대한 내용이다.

③ 임진왜란 때 조명 연합군의 공격으로 후퇴하던 왜군은 행주산성을 공격하였다. 전라 순찰사였던 권율은 서울 수복을 위해 북상하다가 행주산성에서 왜적을 크게 쳐부수어 승리하였다. 이를 행주 대첩(1593)이라 한다.

오답분석

① 곽재우는 여러 전투에서 붉은 옷을 입고 활약하여 '홍의장군'이라 불렸다.

② 곽재우는 경상도 의령을 거점으로 봉기하였다.

④ 곽재우를 비롯한 임진왜란 당시 의병들은 지리에 밝은 이점과 향토 조건을 이용한 전술을 활용하여 왜군에 타격을 주었다.

08 ④

정답분석

제시문은 1907년 2월 대한매일신보에 발표된 국채 보상 운동 취지서의 내용을 담고 있다.

④ 국채 보상 운동은 1907년 김광제, 서상돈의 제안으로 대구에서 시작되었다. 이후 서울에서 조직된 국채 보상 기성회를 중심으로 전국적으로 확산되었다.

오답분석

① 일제 강점기 때 백정들은 사회적 차별을 타파하기 위해 조선 형평사를 조직하고 형평 운동을 전개하였다(1923).

② 물산 장려 운동은 민족 경제의 자립을 목적으로 한 운동으로 토산품 애용 · 근검 · 저축 · 생활 개선 등을 목적으로 평양에서 조만식의 주도로 조선 물산 장려회가 발족되면서(1920) 시작되었고, 이후 서울에서 조선 물산 장려회가 조직되면서(1923) 전국으로 확산되었다.

③ 1930년대 일제는 황국 신민화 정책을 시행하고 내선일체를 내세워 신사 참배 등을 강요하였다. 이에 개신교 등을 중심으로 신사 참배 거부 운동이 전개되었다.

09 ④

정답분석

④ 조선 시대의 과거 시험은 실무를 맡았던 6조 중 '예조'에서 주관하였다. 과거 시험은 문과 · 무과 · 잡과로 구성되었고 양인 이상 응시할 수 있었다. 과거는 시험 시기에 따라 3년마다 실시하는 정기 시험인 '식년시'와 부정기 시험인 '별시'로 구분하였다.

오답분석

'이조'는 과거 시험이 아니라 현직 문관의 인사를 담당하였다.

더 알아보기

조선 시대 6조의 역할

이조	문관 인사
호조	호구, 조세
예조	외교, 교육, 과거 총괄
병조	무관 인사, 국방, 봉수
형조	법률, 소송, 노비
공조	토목, 건축, 수공업, 파발

10 ④

정답분석

제시문은 좌우 합작 운동(1946~1947)에 따른 '좌우 합작 7원칙'의 내용을 담고 있다.

④ 광복 직후 모스크바 삼국 외상 회의의 결정에 따라 1946년 3월 덕수궁 석조전에서 미·소 공동 위원회가 개최되었다. 따라서 1946년 10월에 이루어진 '좌우 합작 7원칙 발표' 이전에 있었던 일이다.

오답분석
① 3·15 부정선거에 대항한 4·19 혁명은 1960년에 일어난 사건이다.
② 제헌 국회는 반민족 행위 처벌법을 제정하고 반민족 행위 특별 조사 위원회를 구성하였다(1948).
③ 5·10 총선거를 통해 구성된 제헌 국회는 제헌 헌법을 제정하였으며 이를 바탕으로 대통령에 이승만, 부통령에 이시영을 선출하고 대한민국 정부 수립을 선포하였다(1948).

11 ①

정답분석
제시문의 '화엄종을 중심으로 교종을 통합', '해동 천태종을 창시' 등을 통하여 '그'가 '의천'임을 알 수 있다.
① 의천은 교종과 선종의 통합 운동을 뒷받침하기 위한 사상적 바탕으로 이론의 연마와 실천을 강조하는 교관겸수를 제시하였다.

오답분석
② 독경과 선 수행, 노동에 고루 힘쓰자는 결사 운동을 제창한 인물은 지눌이다.
③ 삼국 시대의 승려 30여 명의 전기를 수록한 「해동고승전」을 편찬한 인물은 각훈이다.
④ 백련사를 결성하고 사회 개혁을 강조하며 자신의 행동에 대한 진정한 참회를 강요하는 법화 신앙을 강조한 인물은 요세이다.

12 ④

정답분석
④ 임진왜란은 1592년에 일어났고 병자호란은 1636년에 일어났다. 병자호란의 결과로 소현세자와 봉림대군이 청에 포로로 끌려갔다가 1645년 귀국해 소현세자는 죽고 봉림대군은 세자로 책봉되었다. 이후 1649년 봉림대군은 효종으로 즉위하였다.

오답분석
① 광해군의 중립 외교 정책과 영창 대군 사사 사건, 인목 대비 유폐 문제를 빌미로 서인 세력이 반정을 주도하여 광해군이 폐위되고 인조가 즉위하였다(1623).

② 광해군 때 선조의 아들 중 유일한 정비의 소생인 영창 대군을 왕으로 옹립하려 역모를 꾸몄다는 7서의 옥이 발생하여 영창 대군이 강화도에 유배되었다. 이후 광해군은 왕위를 위협할 요소를 제거하기 위해 영창 대군을 살해하였다(1614).
③ 광해군은 명의 요청으로 강홍립 부대를 파견하였다(1619). 그러나 명과 후금 사이에서 중립 외교 정책을 추진하여 후금과의 사르후 전투에서 무모한 싸움을 계속하지 않고 투항하도록 명령하였다.

13 ①

정답분석
① 1866년 병인양요 때 강화도에 침입한 프랑스군은 퇴각 과정에서 외규장각의 조선 왕조 의궤 등 문화유산을 약탈해 갔다. 동학 농민 운동의 주 격전지는 1차 전라도, 2차 충청도와 전라도였다.

오답분석
② 고려궁지는 고려가 몽골의 침입에 대항하여 개경에서 강화도로 천도한 시기(1232~1270) 때 사용하던 궁궐 터이다. 몽골이 고려를 침략하자, 정권을 장악하고 있던 최우는 몽골과의 장기 항쟁을 위해 강화도로 천도(1232)하였고, 이로부터 1270년 개경으로 환도할 때까지 약 40여 년간 고려 왕궁이 강화도에 있었다.
③ 강화도 부근리, 삼거리, 오상리 등의 지역에는 청동기 시대 지배층 군장의 무덤인 고인돌 160여 기가 분포되어 있다. 세계에서 고인돌이 가장 밀집되어 있는 동북아시아 중에서도 우리나라는 그 중심에 있으며, 고창·화순·강화 고인돌 유적이 함께 유네스코 세계유산으로도 등재되어 있다.
④ 강화도 광성보는 신미양요 때 가장 치열한 격전지였다. 제너럴 셔먼호 사건을 구실로 미국의 로저스 제독이 함대를 이끌고 강화도를 공격하여 신미양요가 발생하였다(1871). 미군은 강화도 덕진진을 점거하고 광성보로 진격하였고, 조선군은 어재연을 중심으로 맞서 싸웠으나 수많은 사상자를 내며 패배하였다.

14 ③

정답분석
③ 인조(1623~1649)는 서인이 주도한 반정으로 왕위에 올랐다. 인조 대에는 서인의 우세 속에서 서인과 남인은 서로 학문적 입장을 인정하는 토대 위에서 상호 비판적인 공존 체제를 유지하였다.

① 선조(1567~1608) 즉위 이후 사림이 중앙 정계에 대거 진출하여 정국을 주도하였다. 사림 세력 내 이조 전랑직을 두고 대립과 갈등이 심화되었으며, 왕실의 외척이자 기성 사림의 신망을 받던 심의겸 중심의 세력은 서인으로, 당시 신진 사림의 지지를 받던 김효원 중심의 세력은 동인으로 분당하였다.

② 광해군(1608~1623) 시기에는 북인이 집권하여 정계에서 밀려 있던 서인 세력이 인조반정을 일으켜 광해군이 폐위되었고 인조가 왕위에 올랐다.

④ 숙종(1674~1720)은 상황에 따라 한 당파를 일거에 내몰고 상대 당파에게 정권을 모두 위임하는 편당적인 인사 관리로 환국의 빌미를 제공하였다. 경신환국(1680) 이후 남인이 몰락하고 서인이 집권하였는데, 남인의 처분을 두고 서인이 강경한 입장의 노론과 온건한 입장의 소론으로 나뉘었다.

더 알아보기

붕당 정치의 전개

선조~광해군	• 동인이 정여립 모반 사건을 계기로 남인과 북인으로 분화 • 광해군 때 북인 집권
인조~효종	인조반정 후 서인 집권 → 서인 · 남인 상호 비판적 공존
현종	두 차례 예송 발생 → 서인과 남인 대립 심화
숙종	• 환국 전개 → 3사의 언론 기능 변질, 남인 몰락, 서인이 노론과 소론으로 분화 • 붕당 간 보복과 탄압으로 일당 전제화 경향
영조~정조	• 탕평책으로 붕당 간 세력 균형 및 붕당 타파 • 영조(완론탕평): 붕당을 없애자는 논리에 동의하는 탕평파를 중심으로 정국을 운영, 서원 대폭 정리 • 정조(준론탕평): 시파 · 벽파의 갈등 경험 후 강한 탕평책 추진, 척신과 환관 제거, 권력에서 소외되었던 소론 일부와 남인 계열도 중용

15

②

② 고려 우왕 때 최무선의 건의로 화약과 화포 제작을 위한 화통도감이 설치되었다(1377).

① 세종의 명으로 금속 활자인 갑인자가 주조되어 조선의 금속 활자 인쇄술이 한층 더 발전하였다.

③ 세종 때 중국의 수시력과 아라비아의 회회력을 참고로 내편(內篇)과 외편(外篇)으로 이루어진 역법서 「칠정산」을 편찬하였다.

④ 세종은 이천과 장영실에게 간의를 제작하고 실험하도록 지시하였고, 간의 제작에 성공하자 경복궁 경회루 북쪽에 간의대를 세우고 대간의를 설치해 천체 관측 업무를 수행하였다. 간의는 천체를 관측하기 위한 전문 관측기구이다.

16

④

제시문은 신간회의 행동 강령이다. 신간회는 1920년대 중반 정우회 선언(1926)을 계기로 사회주의 세력과 민족주의 세력이 연대하여 결성된 좌우 합작 단체이다(1927).

④ 1929년 광주 학생 항일 운동이 일어나자 신간회는 광주에 조사단을 파견하고 일제의 학생 운동 탄압에 항의하였다. 그리고 사건의 진상 보고를 위한 민중 대회를 열어 이를 전국적인 항일 운동으로 확산시키려고 하였다. 그러나 이 계획은 사전에 일본 경찰에 발각되어 신간회 간부들이 체포되었고, 민중 대회는 열리지 못하였다.

① 이상재 등이 중심이 된 조선 교육회의 제안으로 경성에서 조선 민립 대학 기성 준비회가 조직되었다(1922). 이를 바탕으로 출범한 조선 민립 대학 기성회(1923)는 '한민족 1천만 한 사람이 1원씩'이라는 구호를 내걸고 전국적인 모금 운동을 벌였다(민립 대학 설립 운동).

② 대한민국 임시 정부는 파리 강화 회의에 김규식을 파견하여 독립 청원서를 제출하는 등 외교 활동을 전개하였다(1919).

③ 순종의 국장일에 사회주의자들과 학생들이 대규모 만세 운동을 준비하였으나, 사회주의자들이 사전에 일제에 발각되면서 학생들을 중심으로 6 · 10 만세 운동을 전개하였다(1926).

신간회

창립	• 비타협적 민족주의 세력과 사회주의 계열이 연대하여 창립(1927) • 회장 이상재, 부회장 홍명희 선출
활동	• 민족 단결, 정치적·경제적 각성 촉구, 기회주의자 배격 • 민중 계몽 활동으로 순회 강연, 야학 등 전개 • 농민·노동·여성·형평 운동 등 지원 • 광주 학생 항일 운동 지원(조사단 파견, 대규모 민중 대회 계획)
해소	민중 대회 사건으로 간부 대거 구속 → 타협적 민족주의와의 협력으로 갈등 발생, 코민테른 노선 변화 → 해소론 대두 → 해소(1931)
의의	• 민족주의 계열과 사회주의 계열의 민족 연합 • 일제 강점기 최대의 합법적인 반일 사회단체
행동강령	• 우리는 정치적, 경제적 각성을 촉진함 • 우리는 단결을 공고히 함 • 우리는 기회주의를 일체 부인함

17 ④

정답분석

제시문은 이규보가 쓴 「동명왕편」의 서문이다. 「동명왕편」은 한국 문학 최초의 서사시로, 고구려를 건국한 동명왕의 업적을 칭송하고 고려가 고구려를 계승하였다는 점을 수록하여 고려인의 자부심을 표현하였다.
④ 이규보는 「동명왕편」 서문에서 김부식이 「삼국사기」를 편찬할 때 동명왕의 신이한 사적을 생략하였다고 비판하였다.

오답분석

① '강목체'는 사실에 대한 '강', 자세한 사실 경위에 대한 '목'의 순서로 사건을 서술하는 형식으로 평가를 강조한다는 특징이 있다. 고려 충숙왕 때 민지가 우리나라 최초의 강목체 역사서 「본조편년강목」을 편찬하였다(1317).
② 충렬왕 때 이승휴가 쓴 「제왕운기」는 단군부터 충렬왕까지의 역사를 서사시로 서술하였다(1287). 중국과 우리나라의 역사를 병렬적으로 서술하여 우리 역사만의 독자성을 강조하였고, 단군의 고조선 건국 이야기를 수록하여 고조선을 한국사에 포함시켰다.
③ 「삼국유사」는 고려 충렬왕 때 승려 일연이 저술한(1281) 역사서이다. 불교사를 중심으로 왕력과 함께 기이(紀異)편을 두어 전래 기록을 광범위하게 수록하

였으며, 특히 단군을 우리 민족의 시초로 여겨 단군왕검의 건국 설화를 수록하였다.

18 ③

정답분석

③ 임병찬은 고종의 밀지를 받고 국내 잔여 의병 세력과 유생을 규합하여 독립 의군부를 조직하고(1912) 대한제국의 회복을 목표로 조직적인 항일 투쟁을 전개하였다. 독립 의군부는 조선 왕조를 부활시킨다는 복벽주의를 추구하며 일본 총리와 조선 총독에게 국권 반환 요구서를 제출하고 국권 회복을 위해 끝까지 저항할 것임을 알렸다.

오답분석

① 조선 독립 동맹은 화북 조선 청년 연합회를 확대·개편하여 김두봉이 결성하였고, 그 산하에 조선 의용대 화북 지대를 개편한 조선 의용군(1942)을 두었다.
② 만주 지역의 독립군 부대들은 대한민국 임시 정부 소속의 군정부로서 중국 지안을 중심으로 압록강 접경을 관할한 참의부(1924), 하얼빈 이남의 남만주를 관할한 정의부(1924), 북만주를 관할한 신민부(1925) 등 3부가 성립되었다.
④ 양세봉이 이끄는 조선 혁명군은 남만주 일대에서 중국 의용군과 연합 작전을 전개하여 영릉가 전투에서 일본군을 격파하였다(1932).

19 ③

정답분석

제시문은 백남운이 쓴 「조선사회경제사」의 일부이다. 제시문에서 우리 조선의 역사적 발전이 '세계사적인 일원론적 역사 법칙에 의해 다른 민족과 거의 같은 궤도로 발전 과정을 거쳐 왔다.'는 내용을 통해 사적 유물론을 바탕으로 한 백남운의 주장임을 알 수 있다.
③ 백남운은 일제의 식민 사관을 비판하면서 마르크스의 유물 사관을 바탕으로, 사적 유물론의 원리를 적용하여 주체적으로 역사를 해석함으로써 한국사를 세계사적 보편성 위에 체계화하는 과정에서 식민 사학의 정체성론을 비판하였다.

오답분석

① 민족정신으로서 '조선 혼(魂)'을 강조하며 「한국통사」, 「한국독립운동지혈사」 등을 저술한 인물은 '박은식'이다.

② 민족주의 사학을 계승하여 조선의 '얼'을 강조하며 「조선사연구」 등을 저술한 인물은 '정인보'이다.
④ 이병도, 손진태, 이윤재 등은 문헌 고증의 방법을 통해 한국사를 실증적으로 연구하는 진단 학회를 조직하고(1934), 「진단학보」를 발행하였다.

20 ④

<u>정답분석</u>

④ 애치슨 선언은 미 국무 장관인 애치슨이 한국을 미국의 태평양 방위선에서 제외한다는 내용을 포함하여 발표한 것으로, 6·25 전쟁 발발의 원인을 제공하였다(1950.1.).

<u>오답분석</u>

① 국군과 유엔군은 인천 상륙 작전(1950.9.) 성공으로 서울을 수복하고 압록강까지 진격하였다.
② 6·25 전쟁 중 자유당은 이승만 대통령의 재선을 위해 부산 지역에 비상계엄을 선포하고 대통령 간선제를 직선제로, 국회 단원제를 양원제(내각 책임제)로 고치는 개헌안을 국회에 제출하여 토론 없이 기립 표결로 통과시키는 제1차 개헌(발췌 개헌)을 단행하였다(1952.7.).
③ 휴전 협정이 진행 중이던 시기에 이승만은 모든 포로를 중립국에 넘긴 다음 남한과 북한 가운데 하나를 선택하게 한다는 협정에 반발하여 전국 8개 포로수용소(부산 거제리, 부산 가야리, 광주, 논산, 마산, 영천, 부평, 대구)의 반공 포로를 석방하였다(1953.6.).

2023년 지방직 9급 사회복지학개론 정답 및 해설

01	02	03	04	05	06	07	08	09	10
②	④	②	④	②	①	③	①	①	④
11	12	13	14	15	16	17	18	19	20
①	④	①	②	②	③	②	③	①	④

01 ②

정답분석

② 사회복지 개입의 성과를 확인할 수 있는 것은 평가 및 종결단계의 특징이다.

> **더 알아보기**
>
> 사정(Assessment)
> - 환경 속의 클라이언트에 초점을 두어 클라이언트를 생태학적 관점에서 이해한다.
> - 사회복지사와 클라이언트의 지속적인 상호작용 과정이다.
> - 클라이언트의 현재 기능에 관한 광범위하고 구조화된 평가과정으로 현재 기능수준과 욕구 및 문제를 확인한다.

02 ④

정답분석

질적조사의 특징
- 연구자 자신이 자료수집의 도구가 되어 대상과 긴밀한 관계를 유지한다.
- 연구자의 주관적 견해가 반영된다.
- 작은 규모의 표본이 가능하다.
- 자료의 원천으로서 자연스러운 생활환경, 즉 현장에 초점을 둔다.
- 이야기 방식의 기술적인 묘사를 한다.
- 과정에 관심을 가지며, 귀납적 방법을 활용한다.
- 일반화의 한계를 가진다.

03 ②

정답분석

② 베버리지 보고서가 아닌 피구제 빈민의 생활상황이 자활의 최하급 노동자의 생활조건보다 높지 않은 수준에서 보호되게한 신빈민법에 해당하는 원칙이다.

사회보험 운영 기본원칙(베버리지 보고서)
- 정액급여의 원칙(균일급여) (③)
- 정액기여의 원칙(정액부담)
- 행정통합의 원칙 (④)
- 급여 충분성의 원칙(급여 적절성) (①)
- 포괄성의 원칙
- 피보험자 구분의 원칙

04 ④

정답분석

④ 잔여적 관점에서는 가족이나 시장이 제 기능을 발휘하지 못하여 개인의 욕구가 충족되지 않을 때 사회복지정책이 보충적으로 개입하여 응급조치 기능을 수행한다.

오답분석

① 잔여적 관점에서는 자산조사를 통해 선별적 급여를 제공한다.

② 제도적 관점에서 사회복지급여 제공은 국가의 시혜가 아니라 수급자의 권리이다.

③ 잔여적 관점에서는 사회복지를 일시적이고 보충적인 기능을 수행하는 제도로 인식한다.

05 ②

정답분석

② 노동능력이 있는 빈민에 대해 원외구제를 허용하였다.

오답분석

① 인도적 빈민처우를 강화하였다.

③ 엘리자베스구빈법에 해당하는 내용이다.

④ 우애방문원 즉 자선조직협회(COS)는 빈민의 원인으로 개인의 책임을 강조했다.

06 ①

정답분석

① 노인여가복지시설은 노인복지관, 경로당, 노인교실을 통해 노인들의 여가에 도움이 되는 서비스, 장소, 프로그램을 제공하며 방문요양, 주·야간보호서비스 등을 제공하는 곳은 재가노인복지시설에 해당한다.

노인복지시설의 업무(노인복지법 제36조 및 제38조)

노인여가 복지시설	노인복지관	노인의 교양·취미생활, 건강증진 및 질병예방과 소득보장·재가복지, 그 밖에 노인의 복지증진에 필요한 서비스를 제공함을 목적으로 하는 시설
	경로당	지역노인들이 친목도모, 취미활동 및 기타 여가활동을 할 수 있도록 하는 장소를 제공함을 목적으로 하는 시설
	노인교실	노인들의 사회활동 참여욕구를 충족시키기 위하여 취미생활·노인건강유지·소득보장 등 일상생활과 관련된 학습프로그램을 제공함을 목적으로 하는 시설
재가노인복지시설		방문요양서비스, 주·야간보호서비스, 단기보호서비스, 방문 목욕서비스, 재가노인지원서비스, 방문간호서비스, 복지용구지원서비스

07 ③

정답분석

사례관리의 일반적인 과정

• 접수(제1단계) : 클라이언트의 장애나 욕구를 개략적으로 파악하여 기관의 서비스에 부합하는지의 여부를 판단한다.
• 사정(제2단계) : 클라이언트의 현재 기능에 관한 광범위하고 구조화된 평가과정으로, 현재 기능수준과 욕구를 파악한다.
• 계획(제3단계) : 확인된 클라이언트의 문제, 성취될 결과, 목표달성을 위해 추구되는 서비스 등에 대해 클라이언트, 사회적 관계망, 다른 전문가 사례관리자가 합의를 발달시켜 나가는 일련의 과정이다.
• 개입 또는 계획의 실행(제4단계) : 필요한 양질의 서비스나 자원을 확보하여 제공하는 방식이며, 서비스 제공방식에 따라 직접적 개입과 간접적 개입으로 구분된다.

• 점검 및 재사정(제5단계) : 클라이언트에게 제공되는 서비스의 적시성, 적절성, 충분성, 연속성을 보장하기 위해 서비스 제공체계의 서비스 전달 및 실행을 추적하고 이를 점검 및 재사정하는 과정이다.
• 평가 및 종결(제6단계) : 서비스 계획, 서비스 구성요소, 사례관리자에 의해 동원·조정된 서비스 활동이 가치 있는 것인지의 여부를 결정하기 위해 이용되는 과정이다.

08 ①

정답분석

① 공급자 재정지원방식은 재화나 서비스의 배분이나 공급권을 일정기간 동안 특정 개인이나 집단에게 부여하는 건으로 위탁계약에 대한 설명이며 바우처 서비스는 수요자 재정지원방식에 해당한다.

오답분석

② 현금급여에 비해 공급자 간 경쟁을 유도하는 데 유리하며 서비스 향상을 도모한다.
③·④ 바우처 서비스에 장점요소이다.

09 ①

정답분석

① 사회복지사가 클라이언트의 말을 이해하기 쉽게 정리하는 것은 요약에 해당하는 특징이 아닌 명료화에 해당하는 내용이다.

요약과 명료화의 특징

요약	요점을 되풀이하여 말하거나 중요부분을 간략히 살펴보는 것으로, 무엇이 적절히 다루어졌는지, 부가적인 주의를 필요로 하는 것이 무엇인지 언급한다.
명료화	• 클라이언트의 말 중에서 모호하거나 모순된 점이 발견될 때, 이를 명확히 이해하고 넘어가기 위해 사용한다. • 클라이언트가 말한 내용을 사회복지사가 잘 이해했는지 확인한다.

10 ④

정답분석

④ 슈퍼바이저는 전문적 기준에 따라 슈퍼비전을 수행하며, 공정하게 평가하고 평가 결과를 슈퍼바이지와 공유한다.

① 사회복지사 윤리강령은 보건복지부 장관이 고시하는 것이 아닌 한국사회복지사협회에서 개정작업을 한 뒤 보건복지부의 승인을 받은 후 확정된다.

② 윤리강령은 법률에 준하는 강제적 효력이 아닌 윤리적 · 규범적 기준을 제공한다.

③ 사회복지 서비스에 대한 이용료 부과를 금지하는 것이 아닌 공정하고 합리적으로 이용료를 부과(책정)할 수 있다.

11 ①

ㄱ. 인권은 인간의 욕구를 충족시키기 위한 법적 권리이며 이는 인권이 가지고 있는 특징 중 사회권으로서의 인권에 대한 설명이다.

ㄴ. 인권은 국제법과 국제규약 및 각국의 국내법에 의해 규정되는데, 대표적인 예로는 세계 인권 선언(1948), 국제인권규약(1966), 각국의 헌법(대한민국 헌법) 등을 예로 들 수 있다.

ㄷ. 인권은 국가마다 적용되는 범위와 내용이 차이가 있다.

ㄹ. 사회복지실천에서 윤리의 목적은 인간존엄성의 존중이므로 인권과 윤리를 분리할 수 없다.

12 ④

④ 활동지원급여의 종류(장애인 활동 지원에 관한 법률 제16조 제1항)

활동보조	활동지원인력인 활동지원사가 수급자의 가정 등을 방문하여 신체활동, 가사활동 및 이동보조 등을 지원하는 활동지원급여
방문목욕	활동지원인력이 목욕설비를 갖춘 장비를 이용하여 수급자의 가정 등을 방문하여 목욕을 제공하는 활동지원급여
방문간호	활동지원인력인 간호사 등이 의사, 한의사 또는 치과의사의 지시서에 따라 수급자의 가정 등을 방문하여 간호, 진료의 보조, 요양에 관한 상담 또는 구강위생 등을 제공하는 활동지원급여
그 밖의 활동지원급여	야간보호 등 대통령령으로 정하는 활동지원급여

13 ①

의료급여법 제3조 제1항 제4호

① ㄱ. 입양특례법에 따라 국내에 입양된 18세 미만의 아동은 수급권자에 해당한다.

ㄴ · ㄷ 모든 국민이 법률에 의해 의무적으로 가입하며 급여는 모든 국민에게 똑같이 제공하는 방식은 사회보험인 국민건강보험제도에 해당한다.

> **더 알아보기**
>
> 의료급여제도
> 생활 유지 능력이 없거나 경제 능력을 상실한 사람들을 대상으로 정부가 의료서비스를 제공하여 국민보건의 향상과 사회복지의 증진에 이바지함을 목적으로 하는 공공부조제도이다.

14 ②

사회보장기본법 제28조

> • 사회보험에 드는 비용은 사용자, 피용자(被傭者) 및 자영업자가 부담하는 것을 원칙으로 하되, 관계 법령에서 정하는 바에 따라 (국가)가 그 비용의 일부를 부담할 수 있다.
> • 공공부조 및 관계 법령에서 정하는 일정 소득 수준 이하의 국민에 대한 사회서비스에 드는 비용의 전부 또는 일부는 (국가와 지방자치단체)가 부담한다.
> • 부담 능력이 있는 국민에 대한 사회서비스에 드는 비용은 그 수익자가 부담함을 원칙으로 하되, 관계 법령에서 정하는 바에 따라 (국가와 지방자치단체)가 그 비용의 일부를 부담할 수 있다.

15 ②

② 클라이언트의 주변 환경에는 활용가능한 자원이 매우 부족하다는 설명은 강점관점에 대한 설명과 반대 되는 내용이며 강점관점 실천의 원리를 제시한 샐리비(saleebey)에 따르면 클라이언트의 주변 모든 환경은 자원으로 가득 차 있다고 주장하였다.

강점관점 실천의 원리(Saleebey)
- 모든 개인, 집단, 가족, 지역사회는 강점을 가지고 있다. (①)
- 외상과 학대, 질병과 투쟁은 상처가 될 수 있지만, 동시에 도전과 기회가 될 수 있다. (④)
- 성장과 변화의 상한선을 설정하지 말고 개인, 집단, 지역사회의 열망을 신중히 받아들인다.
- 클라이언트와 협동 작업이 이루어질 때 최선의 도움을 줄 수 있다. (③)
- 모든 환경은 자원으로 가득 차 있다.

16 ③

③ 공공부조제도는 사회보험에 비해 재분배기능이 높다.

① 아동수당은 비기여 – 비자산조사 프로그램에 해당한다.
② 기초연금은 비기여 – 자산조사프로그램에 해당한다.
④ 장애인연금제도는 비기여 방식으로 운영되는 공공부조이다.

17 ②

② 장기요양급여의 종류(노인장기요양보험법 제23조 제1항)

재가급여	방문요양	장기요양요원이 수급자의 가정 등을 방문하여 신체활동 및 가사활동 등을 지원하는 장기요양급여
	방문목욕	장기요양요원이 목욕설비를 갖춘 장비를 이용하여 수급자의 가정 등을 방문하여 목욕을 제공하는 장기요양급여
	방문간호	장기요양요원인 간호사 등이 의사, 한의사 또는 치과의사의 지시서에 따라 수급자의 가정 등을 방문하여 간호, 진료의 보조, 요양에 관한 상담 또는 구강위생 등을 제공하는 장기요양급여
	주·야간보호	수급자를 하루 중 일정한 시간 동안 장기요양기관에 보호하여 신체활동 지원 및 심신기능의 유지·향상을 위한 교육·훈련 등을 제공하는 장기요양급여
	단기보호	수급자를 일정 기간 동안 장기요양기관에 보호하여 신체활동 지원 및 심신기능의 유지·향상을 위한 교육·훈련 등을 제공하는 장기요양급여
	기타재가급여	수급자의 일상생활·신체활동 지원 및 인지기능의 유지·향상에 필요한 용구를 제공하거나 가정을 방문하여 재활에 관한 지원 등을 제공하는 장기요양급여
시설급여		장기요양기관에 장기간 입소한 수급자에게 신체활동 지원 및 심신기능의 유지·향상을 위한 교육·훈련 등을 제공하는 장기요양급여
특별현금급여	가족요양비	가족장기요양급여
	특례요양비	특례장기요양급여
	요양병원간병비	요양병원장기요양급여

① 노인장기요양보험법 제7조 제3항
③ 동법 제7조 제1항 및 제2항
④ 동법 제2조 제3호

18 ③

③ 클라이언트의 장애나 욕구를 개략적으로 파악하여 기관의 클라이언트로 확정하는 과정은 사례관리 과정 중 사정단계(제2단계)가 아닌 접수단계(제1단계)에 해당하는 내용이다.

접수단계(제1단계)의 특징
① 서비스를 필요로 하는 클라이언트의 장애나 욕구를 개략적으로 파악하여 기관의 서비스에 부합하는지의 여부를 판단한다.
② 사례발견의 과정으로서, 클라이언트의 이름, 나이, 결혼여부, 주거상태 등 배경정보는 물론, 타 기관으로부터 의뢰된 경우 그 의뢰 이유에 관한 정보도 수집한다.
③ 사례관리를 통해 제공할 수 있는 서비스의 내용을 클라이언트에게 상세히 설명하여 클라이언트가 그와 같은 서비스를 수령할 것인지의 여부를 확인하고 계약하는 일이 중심이 된다.

19　①

정신건강증진 및 정신질환자 복지서비스 지원에 관한 법률 제3조 제6호

① 정신요양시설이란 정신질환자를 입소시켜 요양서비스를 제공하는 시설이며, 정신질환자의 사회적응을 위한 각종훈련과 생활지도를 하는 시설은 정신재활시설에 해당한다.

② 동법 제7조 제3항 참조
③ 동법 제3조 제3호 참조
④ 동법 제15조의3 제1항

20　④

④ 청소년복지시설의 종류(청소년복지 지원법 제31조 참조)

> **청소년복지 지원법 제31조**
> 청소년복지시설의 종류는 다음과 같다.
> 1. 청소년쉼터: 가정 밖 청소년에 대하여 가정 · 학교 · 사회로 복귀하여 생활할 수 있도록 일정 기간 보호하면서 상담 · 주거 · 학업 · 자립 등을 지원하는 시설
> 2. 청소년자립지원관: 일정 기간 청소년쉼터 또는 청소년회복지원시설의 지원을 받았는데도 가정 · 학교 · 사회로 복귀하여 생활할 수 없는 청소년에게 자립하여 생활할 수 있는 능력과 여건을 갖추도록 지원하는 시설
> 3. 청소년치료재활센터: 학습 · 정서 · 행동상의 장애를 가진 청소년을 대상으로 정상적인 성장과 생활을 할 수 있도록 해당 청소년에게 적합한 치료 · 교육 및 재활을 종합적으로 지원하는 거주형 시설
> 4. 청소년회복지원시설: 위탁 처분을 받은 청소년에 대하여 보호자를 대신하여 그 청소년을 보호할 수 있는 자가 상담 · 주거 · 학업 · 자립 등 서비스를 제공하는 시설

2023년 지방직 9급 행정법총론 정답 및 해설

01	02	03	04	05	06	07	08	09	10
③	②	④	④	②	②	④	①	①	③
11	12	13	14	15	16	17	18	19	20
②	④	②	①	①	④	③	③	②	③

01 ③

【정답분석】

③ 행정기본법상 자동적 처분을 할 수 있는 '완전히 자동화된 시스템'에 '인공지능 기술을 적용한 시스템'이 포함된다(행정기본법 제20조).

> **행정기본법 제20조(자동적 처분)**
> 행정청은 법률로 정하는 바에 따라 완전히 자동화된 시스템(인공지능 기술을 적용한 시스템을 포함한다)으로 처분을 할 수 있다. 다만, 처분에 재량이 있는 경우는 그러하지 아니하다.

【오답분석】

① 행정의 자동화는 주로 컴퓨터 등의 전자데이터 처리장치를 투입하여 미리 입력된 프로그램에 따라 행정결정이 자동으로 행해지는 것을 의미한다. 컴퓨터에 의한 납세고지서의 발부 등도 그 예이다.

② 자동적 처분, 즉 행정의 자동결정은 행정행위로서의 성질을 갖는다고 보는 것이 일반적이다. 따라서 처분성이 인정되며 항고소송의 대상이 된다.

④ 행정기본법 제20조

02 ②

【정답분석】

② 헌법 제75조는 "대통령은 법률에서 구체적으로 범위를 정하여 위임받은 사항과 법률을 집행하기 위하여 필요한 사항에 관하여 대통령령을 발할 수 있다."라고 규정하고 있다. 따라서 대통령은 법률에서 구체적으로 범위를 정하여 위임받은 사항과 법률을 집행하기 위하여 필요한 사항에 관하여만 대통령령을 발할 수

있으므로, 법률의 시행령은 모법인 법률에 의하여 위임받은 사항이나 법률이 규정한 범위 내에서 법률을 현실적으로 집행하는 데 필요한 세부적인 사항만을 규정할 수 있을 뿐, 법률에 의한 위임이 없는 한 법률이 규정한 개인의 권리·의무에 관한 내용을 변경·보충하거나 법률에 규정되지 아니한 새로운 내용을 규정할 수는 없다(대판 2020.9.3, 2016두32992 전합).

【오답분석】

① 대판 2015.8.20, 2012두23808

③ 헌재 2005.2.24, 2003헌마289 전원

④ 행정기본법 제8조

03 ④

【정답분석】

④ 행정소송은 구체적 사건에 대한 법률상 분쟁을 법에 의하여 해결함으로써 법적 안정을 기하자는 것이므로 부작위위법확인소송의 대상이 될 수 있는 것은 구체적 권리의무에 관한 분쟁이어야 하고 추상적인 법령에 관하여 제정의 여부 등은 그 자체로서 국민의 구체적인 권리의무에 직접적 변동을 초래하는 것이 아니어서 행정소송의 대상이 될 수 없으므로 이 사건 소는 부적법하다(대판 1992.5.8, 91누11261). 따라서 행정입법부작위는 부작위위법확인소송의 대상이 될 수 없다.

【오답분석】

①·② 법규명령은 행정입법이므로 직접 항고소송의 대상이 되는 것이 아니라 구체적·간접적 규범통제가 원칙이다. 단, 예외적으로 처분적 법령의 경우 직접 항고소송의 대상이 된다.

③ 명령·규칙 또는 처분이 헌법이나 법률에 위반되는 여부가 재판의 전제(선결문제)가 된 경우에는 각급 법원의 통제대상이 된다. 최종적으로 대법원에 의해 확정된 경우 대법원이 그 사유를 행정안전부장관에게 통보한다(행정소송법 제6조 제1항). 법률이 헌법에 위반되는 여부가 재판의 전제가 된 경우에는 헌법재판소가 전속적으로 심사하게 된다.

행정소송법 제6조(명령·규칙의 위헌판결 등 공고)

① 행정소송에 대한 대법원판결에 의하여 명령·규칙이 헌법 또는 법률에 위반된다는 것이 확정된 경우에는 대법원은 지체없이 그 사유를 행정안전부장관에게 통보하여야 한다.

② 제1항의 규정에 의한 통보를 받은 행정안전부장관은 지체 없이 이를 관보에 게재하여야 한다.

04 ④

정답분석

④ 체납자 등에 대한 공매통지는 국가의 강제력에 의하여 진행되는 공매에서 체납자 등의 권리 내지 재산상의 이익을 보호하기 위하여 법률로 규정한 절차적 요건이라고 보아야 하며, 공매처분을 하면서 체납자 등에게 공매통지를 하지 않았거나 공매통지를 하였더라도 그것이 적법하지 아니한 경우에는 절차상의 흠이 있어 그 공매처분이 위법하게 되는 것이지만, 공매통지 자체가 그 상대방인 체납자 등의 법적 지위나 권리·의무에 직접적인 영향을 주는 행정처분에 해당한다고 할 것은 아니므로 다른 특별한 사정이 없는 한 체납자 등은 공매통지의 결여나 위법을 들어 공매처분의 취소 등을 구할 수 있는 것이지 공매통지 자체를 항고소송의 대상으로 삼아 그 취소 등을 구할 수는 없다(대판 2011.3.24, 2010두25527).

오답분석

① 국세징수법 제21조, 제22조가 규정하는 가산금 또는 중가산금은 국세를 납부기한까지 납부하지 아니하면 과세청의 확정절차 없이도 법률 규정에 의하여 당연히 발생하는 것이므로 가산금 또는 중가산금의 고지가 항고소송의 대상이 되는 처분이라고 볼 수 없다(대판 2005.6.10, 2005다15482).

② 국가가 본래 그의 사무의 일부를 지방자치단체의 장에게 위임하여 그 사무를 처리하게 하는 기관위임사무의 경우에는 지방자치단체는 국가기관의 일부로 볼 수 있는 것이지만, 지방자치단체가 그 고유의 자치사무를 처리하는 경우에는 지방자치단체는 국가기관의 일부가 아니라 국가기관과는 별도의 독립한 공법인이므로, 지방자치단체 소속 공무원이 지방자치단체 고유의 자치사무를 수행하던 중 도로법 제81조 내지 제85조의 규정에 의한 위반행위를 한 경우에는 지방자치단체는 도로법 제86조의 양벌규정에 따라 처벌대상이 되는 법인에 해당한다(대판 2005.11.10, 2004도

2657).

③ 불법게임물의 수거·폐기는 즉시강제로서 영장 없는 수거를 인정하고 있는 이 사건 법률조항은 헌법상 영장주의에 위배되는 것으로는 볼 수 없다(헌재 2002.10.31, 2000헌가12 참고).

05 ②

정답분석

② 전입신고를 받은 시장·군수 또는 구청장의 심사 대상은 전입신고자가 30일 이상 생활의 근거로 거주할 목적으로 거주지를 옮기는지 여부만으로 제한된다고 보아야 한다. 따라서 전입신고자가 거주의 목적 이외에 다른 이해관계에 관한 의도를 가지고 있는지 여부, 무허가 건축물의 관리, 전입신고를 수리함으로써 당해 지방자치단체에 미치는 영향 등과 같은 사유는 주민등록법이 아닌 다른 법률에 의하여 규율되어야 하고, 주민등록전입신고의 수리 여부를 심사하는 단계에서는 고려 대상이 될 수 없다(대판 2009.6.18, 2008두10997 전합).

오답분석

① 공무원이 한 사직 의사표시의 철회나 취소는 그에 터 잡은 의원면직처분이 있을 때까지 할 수 있는 것이고, 일단 면직처분이 있고 난 이후에는 철회나 취소할 여지가 없다(대판 2001.8.24, 99두9971).

③ 민원사무처리법상 보완의 대상이 되는 흠은 보완이 가능한 경우이어야 함은 물론이고, 그 내용 또한 형식적·절차적인 요건이거나, 실질적인 요건에 관한 흠이 있는 경우라도 그것이 민원인의 단순한 착오나 일시적인 사정 등에 기한 경우 등이라야 한다(대판 2004.10.15, 2003두6573). 즉, 신청의 실질적인 요건에 관한 흠이 민원인의 단순한 착오나 일시적인 사정 등에 기인한 경우에는 예외적으로 보완을 요구할 수 있다.

④ 사인의 공법행위 역시 의사표시의 일반법리에 의하므로 원칙적으로 도달주의에 따라 그 효력이 발생한다. 개별법상 발신인의 이익을 위해 특별히 발신주의를 규정하고 있는 예외도 있다(국세기본법 제5조의2).

06

②

정답분석

② 행정처분의 위법 여부는 행정처분이 행하여진 때의 법령과 사실을 기준으로 판단하므로, 확정판결의 당사자인 처분 행정청은 종전 처분 후에 발생한 새로운 사유를 내세워 다시 처분을 할 수 있고, 새로운 처분의 처분사유가 종전 처분의 처분사유와 기본적 사실관계에서 동일하지 않은 다른 사유에 해당하는 이상, 처분사유가 종전 처분 당시 이미 존재하고 있었고 당사자가 이를 알고 있었더라도 이를 내세워 새로이 처분을 하는 것은 확정판결의 기속력에 저촉되지 않는다(대판 2016.3.24, 2015두48235).

오답분석

① 행정소송법 제29조 제1항
③ 행정소송법 제28조 제1항
④ 과세처분 시 납세고지서에 과세표준, 세율, 세액의 산출근거 등이 누락되어 있어 이러한 절차 내지 형식의 위법을 이유로 과세처분을 취소하는 판결이 확정된 경우에 그 확정판결의 기속력은 확정판결에 적시된 절차 내지 형식의 위법사유에 한하여 미친다고 할 것이므로 과세처분권자가 그 확정판결에 적시된 위법사유를 보완하여 행한 새로운 과세처분은 확정판결에 의하여 취소된 종전의 과세처분과는 별개의 처분으로서 확정판결의 기속력에 저촉되는 것은 아니다(대판 1986.11.11, 85누231).

07

④

정답분석

④ 교도소 내 마약류 관련 수형자에 대한 교도소장의 소변강제채취는 권력적 사실행위로서 헌법소원의 대상인 공권력의 행사에 해당한다.

오답분석

① 공법상 법률행위인 행정행위처럼 직접적인 법률효과의 발생을 목적으로 하는 것이 아니라, 어떠한 사실상의 결과실현을 목적으로 하는 행정주체의 일체의 행위를 '행정상 사실행위'라 한다. 도로의 보수공사, 각종 홍보활동, 교통정리, 경찰관의 무기사용, 소방자동차 운전, 하천의 준설 등도 그 대표적인 예이다.

② 위법 건축물에 대한 단전 및 전화통화 단절조치 요청행위는 항고소송의 대상이 되는 행정처분이 아니다(대판 1996.3.22, 96누433).

③ 마산교도소장이 행형법 시행령 제131조 제2항, 영치금품관리규정(법무부예규관리 제630호) 제28조 제1항 별표 수용자 1인의 영치품 휴대 허가기준에 따라 이에 부합하지 않는 위 단추 달린 남방형 티셔츠에 대하여 휴대를 불허한 이 사건 행위는 이른바 "권력적 사실행위"로서 행정소송법 및 행정심판법의 대상이 되는 "행정청이 행하는 구체적 사실에 대한 법집행으로서의 공권력의 행사"(행정소송법 제2조 제1항 제1호, 행정심판법 제2조 제1항 제1호)에 해당하고, 따라서 이 사건 행위에 대하여는 행정소송 및 행정심판이 가능할 것이므로 헌법소원심판청구를 하기 위하여서는 먼저 헌법재판소법 제68조 제1항 단서 규정에 따라 행정소송 등 권리구제절차를 거쳐야 할 것이다(헌재결 2002.8.5, 2002헌마462).

헌법재판소법 제68조 제1항 단서에서, 다른 법률에 구제절차가 있는 경우에는 그 절차를 모두 거친 후가 아니면 헌법소원 심판을 청구할 수 없다고 규정하고 있다. 따라서 항고소송의 대상인 처분성을 긍정하여, 헌법소원의 보충성 원칙상 헌법소원의 대상으로는 인정되지 않은 판례이다.

더 알아보기

헌법소원 보충성 원칙의 예외 부정
수형자의 영치품에 대한 사용신청 불허처분 후 수형자가 다른 교도소로 이송되었다 하더라도 수형자의 권리와 이익의 침해 등이 해소되지 않은 점에 비추어, 위 영치품 사용신청 불허처분의 취소를 구할 이익이 있다(대판 2008.2.14, 2007두13203).

08 ①

정답분석

① 농지법은 농지 처분명령에 대한 이행강제금 부과처분에 불복하는 자가 그 처분을 고지받은 날부터 30일 이내에 부과권자에게 이의를 제기할 수 있고, 이의를 받은 부과권자는 지체 없이 관할 법원에 그 사실을 통보하여야 하며, 그 통보를 받은 관할 법원은 비송사건절차법에 따른 과태료 재판에 준하여 재판을 하도록 정하고 있다(농지법 제62조 제1항, 제6항, 제7항). 따라서 농지법 제62조 제1항에 따른 이행강제금 부과처분에 불복하는 경우에는 비송사건절차법에 따른 재판절차가 적용되어야 하고, 행정소송법상 항고소송의 대상은 될 수 없다(2019.4.11, 2018두42955).

오답분석

② 대판 2017.4.28, 2016다213916

③ 행정조사기본법 제20조 제1항

④ 헌재 1998.5.28, 96헌바4 전원

09 ①

정답분석

ㄱ. 산림청장이나 그로부터 권한을 위임받은 행정청이 산림법 등이 정하는 바에 따라 국유임야를 대부하거나 매각하는 행위는 사경제적 주체로서 상대방과 대등한 입장에서 하는 사법상 계약이지 행정청이 공권력의 주체로서 상대방의 의사 여하에 불구하고 일방적으로 행하는 행정처분이라고 볼 수 없으며 이 대부계약에 의한 대부료 부과조치 역시 사법상 채무이행을 구하는 것으로 보아야지 이를 행정처분이라고 할 수 없다(대판 1993.12.7, 91누11612).

오답분석

ㄴ. 국유 일반재산의 대부료 등의 징수에 관하여는 국세징수법 규정을 준용한 간이하고 경제적인 특별구제절차가 마련되어 있으므로, 특별한 사정이 없는 한 민사소송의 방법으로 대부료 등의 지급을 구하는 것은 허용되지 아니한다(대판 2014.9.4, 2014다203588). 따라서 ㄴ은 국세징수법이 준용되어 행정상 강제징수가 가능한 경우이므로, 민사상 강제집행은 허용되지 않는다. 그러므로 甲은 대부료를 납부하지 않은 乙을 상대로 민사소송을 제기하여 대부료 지급을 구할 수 없다.

ㄷ. 국유재산 '무단점유자에 대한 변상금부과처분'은 관리청이 우월적 지위에서 행한 것으로서 행정처분이다(대판 1988.2.23, 87누1046, 1047). 따라서 丙은 그 처분에 대해 항고소송을 제기하여 다툴 수 있다.

10 ③

정답분석

③ 행정관청이 국토이용관리법 소정의 토지거래계약신고에 관하여 공시된 기준시가를 기준으로 매매가격을 신고하도록 행정지도를 하여 그에 따라 허위신고를 한 것이라 하더라도 이와 같은 행정지도는 법에 어긋나는 것으로서 그와 같은 행정지도나 관행에 따라 허위신고행위에 이르렀다고 하여도 이것만 가지고서는 그 범법행위가 정당화될 수 없다(대판 1994.6.14, 93도3247). 즉, 위법한 행정지도에 따른 사인의 행위도(행정지도의 한계를 일탈한 경우가 아니라면) 임의적인 자의에 의한 행위이므로 법령에 명시적으로 정함이 없는 한, 위법성이 조각된다고 할 수 없다. 따라서 사인의 위반행위는 범법행위이고 가벌성이 소멸되는 것은 아니다.

오답분석

① 행정절차법 제48조 제2항

② 행정절차법 제51조

④ 대판 2008.9.25, 2006다18228

11 ②

정답분석

② 선행처분과 후행처분이 서로 독립하여 별개의 효과를 목적으로 하는 경우에도 선행처분의 불가쟁력이나 구속력이 그로 인하여 불이익을 입게 되는 자에게 수인한도(受忍限度)를 넘는 가혹함을 가져오며, 그 결과가 당사자에게 예측가능한 것이 아닌 경우에는 국민의 재판받을 권리를 보장하고 있는 헌법의 이념에 비추어 선행처분의 후행처분에 대한 구속력은 인정될 수 없다고 봄이 타당할 것이다(하자승계 긍정)(대판 1994.1.25, 93누8542).

오답분석

① 대판 2019.1.31, 2017두40372.

③ 과세관청의 선행처분인 소득금액변동통지에 하자가 존재하더라도 당연무효사유에 해당하지 않는 한 후행처분인 징수처분에 그대로 승계되지 아니한다. 따라서 과세관청의 소득처분과 그에 따른 소득금액변동통지가 있는 경우 원천징수하는 소득세의 납세의무에 관하여는 이를 확정하는 소득금액변동통지에 대한

항고소송에서 다투어야 하고, 소득금액변동통지가 당연무효가 아닌 한 징수처분에 대한 항고소송에서 이를 다툴 수는 없다(대판 2012.1.26, 2009두14439).

④ 대판 2008.8.21, 2007두13845

12 ④

정답분석

④ 당사자소송은 공법상 법률관계에 관한 소송이므로 이를 본안으로 하는 가처분에 대하여는 항고소송과 달리 민사집행법상 가처분에 관한 규정이 준용된다.

오답분석

① 행정소송법 제3조 제2호

행정소송법 제3조(행정소송의 종류)

행정소송은 다음의 네 가지로 구분한다.

1. 항고소송: 행정청의 처분 등이나 부작위에 대하여 제기하는 소송
2. 당사자소송: 행정청의 처분 등을 원인으로 하는 법률관계에 관한 소송 그 밖에 공법상의 법률관계에 관한 소송으로서 그 법률관계의 한쪽 당사자를 피고로 하는 소송
3. 민중소송: 국가 또는 공공단체의 기관이 법률에 위반되는 행위를 한 때에 직접 자기의 법률상 이익과 관계없이 그 시정을 구하기 위하여 제기하는 소송
4. 기관소송: 국가 또는 공공단체의 기관상호간에 있어서의 권한의 존부 또는 그 행사에 관한 다툼이 있을 때에 이에 대하여 제기하는 소송. 다만, 헌법재판소법 제2조의 규정에 의하여 헌법재판소의 관장사항으로 되는 소송은 제외한다.

② 대판 2021.2.4, 2019다277133.

③ 대판 2016.5.24, 2013두14863.

13 ②

정답분석

ㄱ. 공공기관의 정보공개에 관한 법률 제5조 제1항

ㄷ. 대판 2014.12.24, 2014두9349

오답분석

ㄴ. 검찰보존사무규칙이 검찰청법 제11조에 기하여 제정된 법무부령이기는 하지만, 그 사실만으로 같은 규칙 내의 모든 규정이 법규적 효력을 가지는 것은 아니다. 검사의 불기소사건기록의 열람·등사의 제한을 정하고 있는 같은 규칙 제22조는 법률상의 위임근거가 없어 행정기관 내부의 사무처리준칙으로서 행정

규칙에 불과하므로, 위 규칙상의 열람·등사의 제한을 공공기관의 정보공개에 관한 법률 제9조 제1항 제1호의 '다른 법률 또는 법률에 의한 명령에 의하여 비공개사항으로 규정된 경우'에 해당한다고 볼 수 없다(대판 2006.5.25, 2006두3049).

ㄹ. 청구인이 정보공개와 관련한 공공기관의 결정에 대하여 불복이 있거나 정보공개청구 후 20일이 경과하도록 정보공개 결정이 없는 때에는 행정심판법에서 정하는 바에 따라 행정심판을 청구할 수 있다(공공기관의 정보공개에 관한 법률 제19조 제1항).

14 ①

정답분석

① 지방자치단체장이 교통신호기를 설치하여 그 관리권한이 도로교통법 제71조의2 제1항의 규정에 의하여 관할 지방경찰청장에게 위임되어 지방자치단체 소속 공무원과 지방경찰청 소속 공무원이 합동 근무하는 교통종합관제센터에서 그 관리업무를 담당하던 중 위 신호기가 고장난 채 방치되어 교통사고가 발생한 경우, 국가배상법 제2조 또는 제5조에 의한 배상책임을 부담하는 것은 지방경찰청장이 소속된 국가가 아니라, 그 권한을 위임한 지방자치단체 장이 소속된 지방자치단체라고 할 것이다(대판 1999. 6. 25, 99다11120).

오답분석

② 헌법소원심판을 청구한 자로서는 헌법재판소 재판관이 일자 계산을 정확하게 하여 본안판단을 할 것으로 기대하는 것이 당연하고, 따라서 헌법재판소 재판관의 위법한 직무집행의 결과 잘못된 각하결정을 함으로써 청구인으로 하여금 본안판단을 받을 기회를 상실하게 한 이상, 설령 본안판단을 하였더라도 어차피 청구가 기각되었을 것이라는 사정이 있다고 하더라도 잘못된 판단으로 인하여 헌법소원심판 청구인의 위와 같은 합리적인 기대를 침해한 것이고 이러한 기대는 인격적 이익으로서 보호할 가치가 있다고 할 것이므로 그 침해로 인한 정신상 고통에 대하여는 위자료를 지급할 의무가 있다(대판 2003.7.11, 99다24218).

③ 영조물의 설치·관리자와 비용부담자가 다른 경우 피해자는 선택하여 손해배상을 청구할 수 있다. 이 경우 비용부담자가 부담하는 책임은 국가배상법이 정한 자신의 고유한 배상책임이다. 피해자에게 손해배상이 이루어지고 난 후 내부관계에서 최종책임자에게 구상의 문제가 발생할 수 있다.

<table>
<tr><td>

국가배상법 제6조(비용부담자 등의 책임)

① 제2조·제3조 및 제5조에 따라 국가나 지방자치단체가 손해를 배상할 책임이 있는 경우에 공무원의 선임·감독 또는 영조물의 설치·관리를 맡은 자와 공무원의 봉급·급여, 그 밖의 비용 또는 영조물의 설치·관리 비용을 부담하는 자가 동일하지 아니하면 그 비용을 부담하는 자도 손해를 배상하여야 한다.

② 제1항의 경우에 손해를 배상한 자는 내부관계에서 그 손해를 배상할 책임이 있는 자에게 구상할 수 있다.

</td></tr>
</table>

④ 다른 법령에 따라 지급받은 급여와의 조정에 관한 조항을 두고 있지 아니한 보훈보상대상자 지원에 관한 법률과 달리 군인연금법 제41조 제1항은 "다른 법령에 따라 국가나 지방자치단체의 부담으로 이 법에 따른 급여와 같은 종류의 급여를 받은 사람에게는 그 급여금에 상당하는 금액에 대하여는 이 법에 따른 급여를 지급하지 아니한다."라고 명시적으로 규정하고 있다. 나아가 군인연금법이 정하고 있는 급여 중 사망보상금(군인연금법 제31조)은 일실손해의 보전을 위한 것으로 불법행위로 인한 소극적 손해배상과 같은 종류의 급여라고 봄이 타당하다. 따라서 피고에게 군인연금법 제41조 제1항에 따라 원고가 받은 손해배상금 상당 금액에 대하여는 사망보상금을 지급할 의무가 존재하지 아니한다(대판 2018.7.20, 2018두36691).

15 ①

정답분석

① 「행정소송법」에 따르면 법원은 필요하다고 인정할 때에는 직권으로 증거조사를 할 수 있고, 이 경우 당사자가 주장하지 아니한 사실에 대하여도 판단할 수 있다(행정소송법 제26조).

오답분석

② 대판 1993.5.27, 92누19033
③ 행정소송법 제25조 제1항·제2항
④ 결혼이민[F-6 (다)목] 체류자격을 신청한 외국인에 대하여 행정청이 그 요건을 충족하지 못하였다는 이유로 거부처분을 하는 경우에는 '그 요건을 갖추지 못하였다는 판단', 다시 말해 '혼인파탄의 주된 귀책사유가 국민인 배우자에게 있지 않다는 판단' 자체가 처분사유가 된다. 부부가 혼인파탄에 이르게 된 여러 사정들은 그와 같은 판단의 근거가 되는 기초 사실 내지 평가요소에 해당한다. 결혼이민[F-6 (다)목] 체류자격 거부처분 취소소송에서 원고와 피고 행정청은 각

자 자신에게 유리한 평가요소들을 적극적으로 주장·증명하여야 하며, 수소법원은 증명된 평가요소들을 종합하여 혼인파탄의 주된 귀책사유가 누구에게 있는지를 판단하여야 한다. 수소법원이 '혼인파탄의 주된 귀책사유가 국민인 배우자에게 있다'고 판단하게 되는 경우에는, 해당 결혼이민[F-6 (다)목] 체류자격 거부처분은 위법하여 취소되어야 하므로, 이러한 의미에서 결혼이민[F-6 (다)목] 체류자격 거부처분 취소소송에서도 그 처분사유에 관한 증명책임은 피고 행정청에 있다(대판 2019.7.4, 2018두66869).

16 ④

정답분석

④ 어떤 보상항목이 공익사업을 위한 토지 등의 취득 및 보상에 관한 법령상 손실보상대상에 해당함에도 관할 토지수용위원회가 사실을 오인하거나 법리를 오해함으로써 손실보상대상에 해당하지 않는다고 잘못된 내용의 재결을 한 경우에는, 피보상자는 관할 토지수용위원회를 상대로 그 재결에 대한 취소소송을 제기할 것이 아니라, 사업시행자를 상대로 구 공익사업을 위한 토지 등의 취득 및 보상에 관한 법률 제85조 제2항에 따른 보상금증감소송을 제기하여야 한다(대판 2018.7.20, 2015두4044).

오답분석

① 하천법 제50조에 의한 하천수 사용권은 하천법 제33조에 의한 하천의 점용허가에 따라 해당 하천을 점용할 수 있는 권리와 마찬가지로 특허에 의한 공물사용권의 일종으로서, 양도가 가능하고 이에 대한 민사집행법상의 집행 역시 가능한 독립된 재산적 가치가 있는 구체적인 권리라고 보아야 한다. 따라서 하천법 제50조에 의한 하천수 사용권은 공익사업을 위한 토지 등의 취득 및 보상에 관한 법률 제76조 제1항이 손실보상의 대상으로 규정하고 있는 '물의 사용에 관한 권리'에 해당한다(대판 2018.12.27, 2014두11601).

② 공익사업을 위한 토지 등의 취득 및 보상에 관한 법률 제88조
③ 사업인정은 공익사업의 토지 등을 수용 또는 사용할 사업으로 결정하는 것으로서 단순한 확인행위가 아니라 일정한 수용권을 설정해 주는 형성행위이다(대판 2005.4.29, 2004두14670).

17 ③

③ 처분청 및 관계 행정청은 인용재결의 기속력을 받는다 (반복금지의무). 따라서 행정심판위원회 丙이 영업정지처분을 취소하는 재결을 할 경우, 피청구인 乙은 이 인용재결의 취소를 구하는 행정소송을 제기할 수 없다(행정심판법 제49조 제1항 참조).

> **제49조(재결의 기속력 등)**
> ① 심판청구를 인용하는 재결은 피청구인과 그 밖의 관계 행정청을 기속(羈束)한다.

① 행정심판위원회는 인용재결의 하나로 적극적인 변경재결이 가능하므로, 丙은 영업정지 2개월에 갈음하여 식품위생법 소정의 과징금으로 변경할 수 있다(행정심판법 제43조 제3항).

> **제43조(재결의 구분)**
> ③ 위원회는 취소심판의 청구가 이유가 있다고 인정하면 처분을 취소 또는 다른 처분으로 변경하거나 처분을 다른 처분으로 변경할 것을 피청구인에게 명한다.

② 행정소송법 제19조는 취소소송은 행정청의 원처분을 대상으로 하되(원처분주의), 다만 "재결 자체에 고유한 위법이 있음을 이유로 하는 경우"에 한하여 행정심판의 재결도 취소소송의 대상으로 삼을 수 있도록 규정하고 있으므로 재결취소소송의 경우 재결 자체에 고유한 위법이 있는지 여부를 심리할 것이고, 재결 자체에 고유한 위법이 없는 경우에는 원처분의 당부와는 상관없이 당해 재결취소소송은 이를 기각하여야 한다(대판 1994.1.25, 93누16901).

④ 행정심판법상 불이익변경금지의 원칙이 재결에 요구된다. 따라서 행정심판위원회 丙은 피청구인 乙의 2개월 영업정지와는 별도로 1개월 영업정지를 추가하여 청구인이게 불리한 재결을 할 수 없다(행정심판법 제47조 제2항 참조).

> **제47조(재결의 범위)**
> ② 위원회는 심판청구의 대상이 되는 처분보다 청구인에게 불리한 재결을 하지 못한다.

18 ③

③ 「행정절차법」상 사전통지 및 의견제출에 대한 권리를 부여하고 있는 '당사자 등'에는 불이익처분의 직접 상대방인 당사자와 행정청이 직권으로 또는 신청에 따라 행정절차에 참여하게 한 이해관계인이 포함된다 (행정절차법 제2조 제4호).

> **행정절차법 제2조(정의)**
> 이 법에서 사용하는 용어의 뜻은 다음과 같다.
> 4. "당사자 등"이란 다음 각 목의 자를 말한다.
> 가. 행정청의 처분에 대하여 직접 그 상대가 되는 당사자
> 나. 행정청이 직권으로 또는 신청에 따라 행정절차에 참여하게 한 이해관계인

① 행정절차법 제20조 제3항

② 행정처분의 상대방이 통지된 청문일시에 불출석하였다는 이유만으로 행정청이 관계 법령상 그 실시가 요구되는 청문을 실시하지 아니한 채 침해적 행정처분을 할 수는 없을 것이므로, 행정처분의 상대방에 대한 청문통지서가 반송되었다거나, 행정처분의 상대방이 청문일시에 불출석하였다는 이유로 청문을 실시하지 아니하고 한 침해적 행정처분은 위법하다(2001.4.13, 2000두3337).

④ 일반적으로 당사자가 근거규정 등을 명시하여 신청하는 인·허가 등을 거부하는 처분을 함에 있어 당사자가 그 근거를 알 수 있을 정도로 상당한 이유를 제시한 경우에는 당해 처분의 근거 및 이유를 구체적으로 명시하지 않았더라도 처분이 위법하다고 할 수 없다 (대판 2002.5.17, 2000두8912).

19 ②

② 고의 또는 과실이 없는 질서위반행위에는 과태료를 부과할 수 없다(질서위반행위규제법 제7조).

① 질서위반행위규제법 제3조 제2항
③ 질서위반행위규제법 제20조 제1항
④ 질서위반행위규제법 제44조·제45조 제1항

> **제44조(약식재판)**
> 법원은 상당하다고 인정하는 때에는 제31조 제1항에 따른 심문 없이 과태료 재판을 할 수 있다.
>
> **제45조(이의신청)**
> ① 당사자와 검사는 제44조에 따른 약식재판의 고지를 받은 날부터 7일 이내에 이의신청을 할 수 있다.

20　　　　　　　　　　③

[정답분석]

③ 구 도시 및 주거환경정비법에 기초하여 주택재개발정비사업조합이 수립한 사업시행계획은 관할 행정청의 인가·고시를 통해 이루어지면 이해관계인들에게 구속력이 발생하는 독립된 행정처분에 해당하고, 관할 행정청의 사업시행계획 인가처분은 사업시행계획의 법률상 효력을 완성시키는 보충행위에 해당한다. 따라서 기본행위인 사업시행계획에는 하자가 없는데 보충행위인 인가처분에 고유한 하자가 있다면 그 인가처분의 무효확인이나 취소를 구하여야 할 것이지만, 인가처분에는 고유한 하자가 없는데 사업시행계획에 하자가 있다면 사업시행계획의 무효확인이나 취소를 구하여야 할 것이지 사업시행계획의 무효를 주장하면서 곧바로 그에 대한 인가처분의 무효확인이나 취소를 구하여서는 아니된다(대판 2021.2.10, 2020두48031).

[오답분석]

① 자동차관리법상 자동차관리사업자로 구성하는 사업자단체인 조합 또는 협회(이하 자동차정비조합 '이라고 한다)의 설립인가처분은 국토해양부장관 또는 시·도지사 등이 자동차관리사업자들의 단체결성행위를 보충하여 효력을 완성시키는 처분에 해당한다(대판 2015.5.29, 2013두635).

② 조합설립추진위원회의 구성을 승인하는 처분은 조합의 설립을 위한 주체에 해당하는 추진위원회를 구성하는 행위를 보충하여 그 효력을 부여하는 처분이다(대판 2013. 12. 26, 2011두8291).

④ 토지 등 소유자들이 조합을 따로 설립하지 않고 직접 시행하는 도시환경정비사업에서 사업시행인가처분의 법적 성격은 단순히 사업시행계획에 대한 보충행위로서의 성질을 가지는 것이 아니라 구 도시정비법상 정비사업을 시행할 수 있는 권한을 가지는 행정주체로서의 지위를 부여하는 일종의 설권적 처분의 성격을 가진다(대판 2013.6.13, 2011두19994).

제1과목

국어

01 문법

01 언어와 국어

1 언어의 개념

언어란 사람의 사상이나 감정을 음성이나 문자로 나타낸 것을 말한다.

언어	=	내용	+	형식
		사상, 감정		음성, 문자
		시니피에(기의)		시니피앙(기표)
		개념/의미		청각영상/말소리

2 언어의 특성

기호성 (記號性)	언어는 일정한 내용을 일정한 형식(기호)에 의해 전달함 예 땅을 딛고 서거나 걸을 때 발에 신는 물건 → 신발
자의성 (恣意性)	언어 기호의 내용과 형식 사이에는 필연적인 관계가 없음
사회성 (社會性)	언어는 개인이 마음대로 바꿀 수 없는 사회적 약속임(불역성) 예 신발을 시계로 바꿀 수 없음
역사성 (歷史性)	언어는 시대에 따라 신생 · 성장 · 사멸하는 가역성을 지님 예 불휘 → 뿌리
분절성 (分節性)	언어는 연속적으로 이루어져 있는 외부 세계를 불연속적인 것으로 끊어서 표현함(불연속성) 예 무지개 - 빨, 주, 노, 초, 파, 남, 보
추상성 (抽象性)	언어의 의미 내용은 같은 부류의 사물들에서 공통적 속성을 뽑아내는 추상화의 과정을 통해서 형성됨 예 당근, 무, 배추, 오이, 가지, 시금치… → 채소(총칭어)
개방성 (開放性)	언어는 무한한 개방적 체계로 새로운 문장을 계속 만들어 낼 수 있고, 어떠한 개념(나무, 희망, 사랑…)이든 무한하게 표현할 수 있음(창조성) 예 숲, 새, 날다 → 숲속에서 새가 날아올랐다.

더 알아보기

자의성의 근거

 ↔ 　　－ 한국: 책　　　　　－ 미국: book[bʊk]
　　　　　　　　　　　　－ 중국: 书[shū]　　　－ 일본: 本[ほん]

- 언어마다 같은 내용을 표현하는 형식이 다르다.
- 동음어와 동의어가 존재한다.
  - 예 동음어(말[言]－말[馬]－말[斗]), 동의어(키－신장, 책방－서점)
- 의성어나 의태어도 언어에 따라 달리 표현한다.
  - 예 돼지 울음 소리: 한국－꿀꿀, 미국－오잉크오잉크(oink oink)
- 역사성의 사례를 분석해 보면 같은 언어라도 지역마다 같은 내용을 표현하는 형식이 다르다.
- 언어의 형식과 내용의 변호가 따로따로 일어난다.

3 언어의 기능

표현적 기능	화자가 어떤 문제에 대해 자신의 감정이나 태도를 언어로 표현하는 기능. 감정적 의미 중시 예 · (요청) 어서 출발하시지요. 　· (호감) 난 그 영화가 참 재미있었어. 　· (확신) 영실은 공부를 열심히 하는 것 같다.
정보 전달적 기능	어떤 사실이나 정보, 지식 등을 알려 주는 기능 예 이 약을 드시면 기침이 멈추고 열이 내릴 거예요.
지령적 기능	청자에게 특정 행위를 야기하거나 금지시키는 기능. 명령 · 청유 · 의문 · 평서 형식(감화적 기능) 예 · (명령문－직접적) 어서 학교에 가거라. 　· (평서문－간접적) 여기는 금연 장소입니다.
친교적 기능	화자 · 청자의 유대 관계를 확보하는 기능. 대부분의 인사말(사교적 기능) 예 · 오늘은 날씨가 참 화창하군요. 　· 진지 잡수셨습니까?
표출적 기능	화자가 의사소통을 전제로 하지 않고 거의 본능적으로 사용하는 기능 예 으악!/에구머니나!/어이쿠!
미적 기능	말과 글을 되도록 듣기 좋고, 읽기 좋고 효과적으로 전달되도록 표현하는 기능. 시에서 주로 사용 예 (대구) 콩 심은 데 콩 나고 팥 심은 데 팥 난다.

4 국어의 특질

국어는 계통상 알타이어, 형태상 첨가어(교착어, 부착어)에 속한다.

음운상 특질	• 자음의 파열음 계열은 삼중 체계(= 삼지적 상관속, ㅂ ㅃ ㅍ/ㄷ ㄸ ㅌ/ㄱ ㄲ ㅋ/ㅈ ㅉ ㅊ)를 형성함 　예 불[火]−뿔[角]−풀[草] • 다른 언어에 비해 마찰음(ㅅ, ㅆ, ㅎ)의 수가 적음 • 음절의 끝소리 규칙, 모음조화, 자음 동화, 두음 법칙, 구개음화, 활음조 등이 있음 • 음상(音相)의 차이로 인해 어감을 다르게 만들 뿐만 아니라 의미가 분화되는 경우가 있음 　예 어감이 달라지는 경우: 빙빙−뻉뻉−핑핑/의미가 분화되는 경우: 맛−멋, 덜다−털다
어휘상 특질	• 국어의 어휘는 고유어, 한자어, 외래어의 삼중 체계를 이루고 있음 • 외래어 중 차용어, 특히 한자어가 많음 • 음성 상징어(의성어 · 의태어)와 색채어 및 감각어가 발달함 • 상하 관계가 중시되던 사회 구조의 영향으로 높임말이 발달함(다만, 높임법 자체는 문법상의 특질임) • 단어에 성(性)과 수(數)의 구별이 없고, 관사나 관계대명사가 없음
문법상 특질 (구문상 특질)	• '주어+목적어+서술어/주어+보어+서술어'의 어순을 지녀서 서술어가 문장의 맨 끝에 옴 • 단어 형성법이 발달되어 있음 • 수식어는 피수식어 앞에 옴 　예 아름다운 혜은이가 매우 좋다. • 문장 성분을 생략하는 일이 많음. 특히 조사와 주어가 자주 생략됨 　예 "언제 일어났니?"/"조금 전에." • 문장 내에서 문장 성분의 순서를 비교적 자유롭게 바꿀 수 있음 • 교착어(첨가어, 부착어)인 까닭에 문법적 관계를 나타내는 조사와 어미가 발달되어 있음

5 어휘의 양상

방언	• 그 말을 사용하는 구성원들 간에 유대감을 돈독하게 해주고 표준어로 표현하기 힘든 정서와 느낌을 표현할 수 있음 • 지역에 따른 지역 방언과 연령 · 성별 · 사회 집단 등에 따른 사회 방언이 있음
은어	• 어떤 폐쇄적 집단에 속한 사람들이 다른 집단으로부터 자신을 방어하려는 목적으로 발생한 어휘 • 일반 사회에 알려지게 되면 즉시 변경되어 새로운 은어가 나타나는 것이 원칙 　예 쫄쫄이/쫄쪼리(술), 토끼다(달아나다), 왕초(우두머리), 심마니(산삼 캐는 사람), 데구레(웃옷) 등
속어	비속하고 천박한 느낌을 주는 말(= 비속어, 비어)로, 비밀 유지의 기능이 없다는 점에서 은어와 구별됨 　예 삥(돈), 사발(거짓말), 쌩까다(모른 척하다), 쪼가리(이성 친구) 등
금기어	불쾌하고 두려운 것을 연상하게 하여 입 밖에 내기를 주저하는 말 　예 천연두
완곡어	금기어 대신 불쾌감을 덜 하도록 만든 말 　예 천연두 → 마마, 손님
관용어	둘 이상의 단어들이 결합하여 특별한 의미로 사용되는 관습적으로 굳어진 말 　예 발 벗고 나서다(적극적으로 나서다)

02 음운론

문법의 기본단위

음운	사람들이 같은 음이라고 생각하는 추상적인 소리로 말의 뜻을 구별하여 주는 소리의 가장 작은 단위
음절	한 번에 발음할 수 있는 소리의 최소 단위
형태소	뜻을 가진 가장 작은 말의 단위
단어	자립할 수 있는 말이나 이에 준하는 말 또는 자립형태소에 붙어서 쉽게 분리할 수 있는 말
어절	문장을 구성하고 있는 각각의 마디. 문장 성분의 최소 단위로 띄어쓰기의 단위가 됨
구	둘 이상의 단어가 모여 절이나 문장의 일부분을 이루는 토막. 종류에 따라 명사구, 동사구, 형용사구, 관형사구, 부사구 따위로 구분함
절	주어와 서술어를 갖추고 있으나 독립적으로 쓰이지 못하는 단어의 집합체
문장	생각이나 감정을 완결된 내용으로 표현하는 언어의 최소 형식. 단 내용상 의미가 끝나야 하고, 형식상 의미가 끝났음을 알리는 표지가 있어야 함

1 자음(子音)

발음할 때 허파에서 나온 공기의 흐름이 목, 입, 혀 따위의 발음 기관에 의해 구강 통로가 좁아지거나 완전히 막혀 공기의 흐름에 장애를 받아 나는 소리를 말한다.

조음 방법		조음 위치	양순음 (兩脣音)	치조음 (齒槽音)	경구개음 (硬口蓋音)	연구개음 (軟口蓋音)	후음 (喉音)
안울림소리 (無聲音)	파열음 (破裂音)	예사소리	ㅂ	ㄷ		ㄱ	
		된소리	ㅃ	ㄸ		ㄲ	
		거센소리	ㅍ	ㅌ		ㅋ	
	파찰음 (破擦音)	예사소리			ㅈ		
		된소리			ㅉ		
		거센소리			ㅊ		
	마찰음 (摩擦音)	예사소리		ㅅ			ㅎ
		된소리		ㅆ			
울림소리 (有聲音)	비음(鼻音)		ㅁ	ㄴ		ㅇ	
	유음(流音)			ㄹ			

2 모음(母音)

성대의 진동을 받은 소리가 목, 입, 코를 거쳐 나오면서 그 통로가 좁아지거나 완전히 막히거나 하는 따위의 장애를 받지 않고 나는 소리를 말한다.

(1) 10개의 단모음(單母音): 발음할 때 입술이나 혀가 고정되어 움직이지 않는 모음이다.

혀의 위치 혀의 높이　입술 모양	전설 모음		후설 모음	
	평순	원순	평순	원순
고모음(高母音)	ㅣ	ㅟ	ㅡ	ㅜ
중모음(中母音)	ㅔ	ㅚ	ㅓ	ㅗ
저모음(低母音)	ㅐ		ㅏ	

(2) 11개의 이중 모음(二重母音): 발음할 때 입술이나 혀가 움직이는 모음이다.

상향식 이중 모음	ㅣ(j)+단모음	ㅑ, ㅕ, ㅛ, ㅠ, ㅒ, ㅖ
	ㅗ/ㅜ(w)+단모음	ㅘ, ㅝ, ㅙ, ㅞ
하향식 이중 모음	단모음+ㅣ(j)	ㅢ

3 음운의 변동

음운의 변동이란 두 음운이 만났을 때 발음을 좀 더 쉽고 간편하게 하거나 표현의 강화 효과를 위해 일어나는 현상을 말한다.

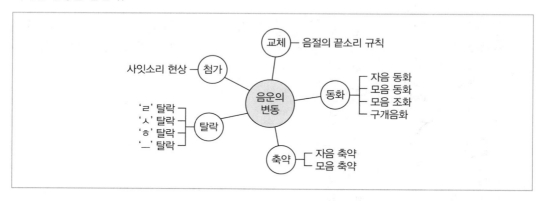

음절의 끝소리 규칙		음절의 끝에서 발음되는 자음은 'ㄱ, ㄴ, ㄷ, ㄹ, ㅁ, ㅂ, ㅇ'의 일곱 개뿐이므로, 나머지 자음이 음절의 끝에 오면 일곱 개의 자음 중의 하나로 바뀌어 발음됨 예 잎[입], 값[갑], 꽃[꼳], 부엌[부억]
자음 동화	비음화	파열음 'ㄱ, ㄷ, ㅂ'이나 유음 'ㄹ'이 비음인 'ㄴ, ㅁ'의 앞이나 뒤에서 각각 비음인 'ㄴ, ㅁ, ㅇ'으로 변하는 현상 예 국물[궁물], 믿는[민는], 밥만[밤만]
	유음화	비음인 'ㄴ'이 앞이나 뒤에 오는 유음 'ㄹ'의 영향으로 유음인 'ㄹ'로 바뀌는 현상 예 칼날[칼랄], 신라[실라]
모음 동화		• 'ㅏ, ㅓ, ㅗ, ㅜ'의 뒤 음절에 전설 모음 'ㅣ'가 오면 전설 모음 'ㅐ, ㅔ, ㅚ, ㅟ'로 바뀌는 현상('ㅣ' 모음 역행 동화 현상이 대표적) 예 남비 → 냄비, 풋나기 → 풋내기, 멋장이 → 멋쟁이 • 모음 동화로 변한 발음은 대체로 표준 발음으로 인정하지 않음 예 아기[애기(×)], 아지랑이[아지랭이(×)]
모음 조화		양성 모음('ㅏ, ㅗ')은 양성 모음끼리, 음성 모음('ㅓ, ㅜ, ㅡ')은 음성 모음끼리 어울리려는 현상 예 깎다: 깎아, 깎아서, 깎았다/찰찰-철철(의성·의태부사에서 가장 뚜렷함)
구개음화		끝소리가 'ㄷ, ㅌ'인 형태소가 모음 'ㅣ'나 'ㅑ, ㅕ, ㅛ, ㅠ'로 시작되는 형식형태소와 만나 구개음인 [ㅈ, ㅊ]으로 바뀌어 소리 나는 현상 예 굳이[구지], 해돋이[해도지]
축약	자음 축약	'ㅎ'+'ㄱ, ㄷ, ㅂ, ㅈ'→'ㅋ, ㅌ, ㅍ, ㅊ' 예 좋다[조타], 좋고[조코], 잡히다[자피다], 놓지[노치]
	모음 축약	두 모음이 한 모음으로 되는 현상 예 가리어 → 가려, 보아서 → 봐서
탈락	자음 탈락	• 'ㄹ' 탈락: 합성이나 파생의 과정에서 'ㄹ'이 탈락하거나, 용언의 활용 과정에서 어간의 끝 받침 'ㄹ'이 탈락하는 현상 예 - 합성·파생: 불+삽 → 부삽, 솔+나무 → 소나무, 바늘+질 → 바느질 - 용언의 활용 과정: 울+는 → [우는], 살+는 → [사는] • 'ㅎ' 탈락: 'ㅎ'이 모음으로 시작하는 어미나 접미사 앞에서 탈락하는 현상 예 넣어[너어], 놓을[노을], 좋은[조은], 많아서[마나서], 끓이다[끄리다]
	모음 탈락	• 'ㅡ' 탈락: 'ㅡ'가 다른 모음 앞에서 탈락하는 현상 예 크+어서 → 커서, 쓰+어라 → 써라, 담그+아도 → 담가도 • 동일 모음 탈락: 똑같은 모음이 반복될 때 하나가 탈락하는 현상 예 가+아서 → 가서, 건너+어도 → 건너도, 타+아라 → 타라
된소리되기		두 개의 안울림소리가 만나 뒤의 예사소리(ㄱ, ㄷ, ㅂ, ㅅ, ㅈ)가 된소리(ㄲ, ㄸ, ㅃ, ㅆ, ㅉ)로 바뀌는 현상 예 작다 → [작따], 국밥 → [국빱], 옷고름 → [옫고름] → [옫꼬름]
사잇소리 현상		두 개의 형태소 또는 단어가 합쳐져서 합성 명사를 이룰 때, ① 뒤의 예사소리가 된소리로 변하거나, ② 'ㄴ' 또는 'ㄴㄴ' 소리가 첨가되는 경우 예 ① 밤길[밤낄], 길가[길까], 봄비[봄삐], 등불[등뿔] ② 나뭇잎[나문닙], 집일[짐닐], 아랫니[아랜니], 잇몸(이+몸)[인몸]
활음조 현상		듣기나 말하기에 어렵거나 불편한 소리를 쉽고 편한 소리로 바꾸어 발음하는 현상 예 곤난(困難) → 곤란, 대노(大怒) → 대로, 폐염 → 폐렴, 지이산(智異山) → 지리산

1 형태소

(1) 형태소(최소 의미 단위): 뜻을 가진 가장 작은 말의 단위로, 더 나누면 뜻을 잃어버린다.

구분	특징	대상	예 철수가 이야기 책을 읽었다.
자립형태소	자립성 있음	체언, 수식언, 감탄사	철수, 이야기, 책
의존형태소	자립성 없음	조사, 어간, 어미, 접사	가, 을, 읽-, -었-, -다
실질형태소	실질적 의미 있음	체언, 수식언, 감탄사, 어간	철수, 이야기, 책, 읽-
형식형태소	실질적 의미 없음	조사, 어미, 접사	가, 을, -었-, -다

(2) 형태소 분류

① 문장에서의 단어와 형태소 분류

> 하늘이 매우 푸르다.

㉠ 띄어 쓴 단위로 나눈다.

예 하늘이/매우/푸르다

㉡ 조사를 분리한다.

예 하늘/이/매우/푸르다

㉢ 조사 외에도 의미가 있는 것을 또 나눈다.

예 하늘/이/매우/푸르/다

② 형태소 분석 시 유의사항

㉠ 용언의 활용형은 기본형으로 돌려놓고 분석한다.

㉡ 합성어와 파생어는 합성, 파생하기 이전의 형태로부터 분석한다.

㉢ 이름은 하나의 형태소로 취급한다.

㉣ 사이시옷은 형태소로 취급하지 않는다.

㉤ 한자어는 하나하나를 실질형태소이자 의존형태소로 보며, 대응하는 우리말이 없을 때만 자립형태소로 본다.

예 • 남겨진 적도 물리쳤겠네.

　남/기/어/지/ㄴ/적/도/물리/치/었/겠/네 - 12개

　• 단팥죽이라도 가져와야지.

　달/ㄴ/팥/죽/이/라도/가지/어/오/아야지 - 10개

② 단어

(1) **단어(최소 자립 형식):** 자립할 수 있는 말이나, 자립할 수 있는 형태소에 붙어서 쉽게 분리할 수 있는 말이다.

(2) **단어의 형성**

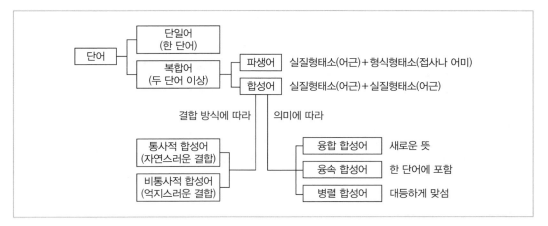

① **단일어:** 하나의 어근으로 된 단어를 말한다. 예 집, 나무, 하늘, 잠자리, 깍두기

② **복합어:** 둘 이상의 어근이나, 어근과 접사의 결합으로 이루어진 단어를 말하며, 파생어와 합성어로 나누어진다.

　㉠ 파생어: 실질형태소(어근)＋형식형태소(접사)

　　예 지붕(집＋웅), 맏아들(맏＋아들), 핫바지(핫＋바지)

접두사	접미사
• 어근의 앞에 붙어서 특정한 뜻을 더하거나 강조하면서 새로운 말을 만드는 역할 • 어근의 품사를 바꾸지는 않음 　예 풋고추, 맨손, 시어머니, 헛소리, 덧니⋯	• 어근이나 단어의 뒤에 붙어 새로운 말을 만드는 역할 • 어근의 품사를 바꾸기도 함 　예 － 명사 파생: 오줌싸개, 코흘리개⋯ 　　　－ 동사 파생: 사랑하다, 반짝거리다⋯ 　　　－ 형용사 파생: 향기롭다, 좁다랗다⋯ 　　　－ 피동사 파생: 막히다, 갈리다⋯ 　　　－ 사동사 파생: 들추다, 씌우다⋯ 　　　－ 부사 파생: 마주, 낱낱이⋯

　㉡ 합성어: 실질형태소(어근)＋실질형태소(어근)

　　예 집안(집＋안), 소나무(솔＋나무), 높푸르다(높－＋푸르다), 핫바지(핫＋바지)

기능에 따라	합성명사	예 논밭, 고무신, 볶음밥, 늦잠, 봄비⋯
	합성동사	예 힘들다, 떠밀다, 뛰놀다, 붙잡다⋯
	합성형용사	예 배부르다, 굳세다, 높푸르다⋯
	합성부사	예 곧잘, 또다시, 오래오래, 사이사이⋯

의미 관계에 따라	대등합성어		예 손발, 오가다, 여닫다…
	유속합성어		예 돌다리, 쇠못…
	융합합성어		예 춘추(나이), 연세, 세월, 밤낮(종일)
형태에 따라	변화가 없는 경우		예 책가방: 책+가방
	변화가 있는 경우	탈락	예 활살 → 화살, 말소 → 마소
		첨가	예 조+쌀 → 좁쌀, 대+싸리 → 댑싸리
		ㄹ → ㄷ	예 이틀+날 → 이튿날, 삼질+날 → 삼짇날
		사이시옷	예 나무+잎 → 나뭇잎, 초+불 → 촛불

- 통사적 합성어: 우리말의 일반적인 단어 배열법과 일치하는 합성어
  예 힘쓰다(힘을 쓰다. 조사 '을'이 생략된 통사적 합성어)
- 비통사적 합성어: 우리말의 일반적인 단어 배열법과 일치하지 않는 합성어
  예 검푸르다(검다+푸르다, 어미 '다'가 생략된 비통사적 합성어)

3 품사

(1) 품사의 분류

기능상		의미상	특징
체언	명사	사물의 이름을 나타내는 품사 예 고유 명사, 보통명사, 자립명사, 의존 명사, 가산명 사, 불가산명사, 무정명사, 유정명사	• 형태가 변하지 않음 • 문장에서 중심적인 역할을 함 • 조사와 결합하여 쓰이거나 홀로 사용됨
	대명사	사람이나 사물의 이름을 대신 나타내는 품사 예 지시대명사, 인칭대명사	
	수사	사물의 수량이나 순서를 나타내는 품사 예 양수사, 서수사	
수식언	관형사	체언 앞에 놓여서, 그 체언의 내용을 자세히 꾸며 주는 품사 예 지시관형사, 수관형사, 성상관형사	• 문장에서 다른 단어를 꾸며 주는 역 할을 함 • 꾸밈을 받는 말 앞에 놓임 • 형태가 변하지 않음
	부사	용언 또는 다른 말 앞에 놓여 그 뜻을 분명하게 하는 품사 예 성분부사, 문장부사	
관계언	조사	체언이나 부사, 어미 등에 붙어 그 말과 다른 말과의 관계를 표시하거나 그 말의 뜻을 도와주는 품사 • 격조사: 주격, 목적격, 부사격, 호격, 보격, 서술격, 관형격 조사 • 접속조사: 단어접속조사, 문장접속조사 • 보조사: 성분보조사, 종결보조사, 통용보조사	• 홀로 쓰일 수 없고 다른 말에 붙어 사 용됨 • 자립성이 없지만 다른 말과 쉽게 구 분되어 단어로 인정받음 • 형태가 변하지 않음 예외 서술격 조사 '이다'

독립언	감탄사	말하는 이의 본능적인 놀람이나 느낌, 부름, 응답 등을 나타내는 품사 [독립언이나 감탄사가 아닌 것] • 문장 제시어 • 사람 이름+호격 • 조사, 문장접속부사 등	• 형태가 변하지 않고, 조사와 결합하지 않음 • 문장에서 다른 말들과 관련이 적음
용언	동사	어떠한 사물의 동작이나 작용을 나타내는 품사 예 본동사, 보조동사	• 문장에서 사물이나 사람의 움직임, 상태, 성질을 설명함 • 문장을 끝맺거나 연결하는 역할을 함 • 형태가 변함
	형용사	어떠한 사물의 성질이나 상태, 모양을 나타내는 품사 예 본형용사, 보조형용사	

(2) 실전 품사의 구별

1	물결이 채 가라앉기도 전에 닻을 풀었다. → 부사
	옷을 입은 채 물에 들어갔다. → 의존 명사
2	거기에 학생들이 많이 모였다. → 복수 접미사
	소, 말, 돼지, 개들을 포유동물이라 한다. → 의존 명사
3	다른 사람은 조용한데, 철수야. 너 왜 떠들어? → 관형사
	나는 너와 다른 처지에 있다. → 형용사
4	차마 말하지 못할 사정 → 보조적 연결 어미
	그 책을 읽은 지 오래다. → 의존 명사
5	그는 만 열여섯 살이다. → 관형사
	조청이 꿀만 못하다. → 부사격 조사('~보다'의 의미로 쓰일 때)
6	소월은 퍽 낭만적인 시인이다. → 명사
	그녀는 낭만적 감정을 누르지 못하였다. → 관형사
7	너는 왜 일은 아니 하고 놀기만 하느냐? → 부사
	공부하지 아니하고 놀기만 하면 쓰나? → 동사
8	옳소, 찬성이오. → 감탄사
	당신 말이 옳소! → 형용사
9	그는 막 집에 도착했나 보다. → 형용사
	그는 어제 해놓은 음식이 상했는지 먹어 보았다. → 동사
10	이 바지는 크니까, 다른 걸로 바꾸어 주세요. → 형용사
	화초가 무럭무럭 큽니다. → 동사

1 문장

(1) 문장의 뜻

① 생각이나 감정을 완결된 내용으로 표현하는 최소의 언어 형식이다.

② 의미상으로 완결된 내용을 갖추고 형식상으로 문장이 끝났음을 나타내는 표지가 있는 것이다.

(2) 문장의 성분

종류	성분	내용
주성분	주어	움직임이나 상태 또는 성질의 주체를 나타냄 예 나는 까치 소리를 좋아했다.
	서술어	주어의 움직임, 상태, 성질을 서술하는 역할을 함 예 나는 까치 소리를 좋아했다.
	목적어	서술어의 동작 대상이 되는 부분임 예 나는 까치 소리를 좋아했다.
	보어	'되다', '아니다' 앞에서 '무엇이'의 내용을 나타냄 예 나는 공무원이 되었다.
부속성분	관형어	체언을 꾸며 줌 예 새 모자를 샀다.
	부사어	• 주로 용언을 꾸며 줌 • 다른 관형어나 부사어, 문장 전체도 꾸밈 • 문장이나 단어를 이어 주는 말들도 포함됨 예 집을 새롭게 고쳤다.
	독립어	다른 문장 성분과 직접적인 관련이 없음 예 아아, 지금은 노래를 할 수가 없다.

(3) 서술어의 자릿수: 서술어가 요구하는 필수 성분(주어, 목적어, 보어, 필수 부사어)의 수를 의미한다.

한 자리 서술어	주어+서술어 예 꽃이 피었다.
두 자리 서술어	주어+목적어(보어, 부사어)+서술어 예 • 물이 얼음이 되었다. 　　 • 나는 책을 읽었다.
세 자리 서술어	주어+목적어+부사어+서술어 예 나는 꽃을 그녀에게 주었다.

(4) 문장의 종류

① 홑문장: 주어와 서술어의 관계가 한 번만 이루어진 문장

예 대체 저것은 무엇일까?

② 겹문장: 주어와 서술어의 관계가 두 번 이상 이루어진 문장

　㉠ 안은문장과 안긴문장: 문장 속에 안겨 하나의 성분처럼 쓰이는 절(節)을 안긴문장이라고 하며, 이러한 절을 포함한 문장을 안은문장이라고 함

명사절을 안은문장	<u>영희가 천재임</u>이 밝혀졌다.
관형절을 안은문장	강아지는 <u>내가 좋아하는</u> 동물이다.
서술절을 안은문장	코끼리는 <u>코가 길다.</u>
부사절을 안은문장	비가 <u>소리도 없이</u> 내린다.
인용절을 안은문장	• 그는 나에게 <u>영화 보러 가자</u>고 말했다. → 간접 인용 • 그가 <u>"오늘 영화 보러 갈래?"</u>라고 물었다. → 직접 인용

　㉡ 이어진 문장: 둘 이상의 홑문장이 연결 어미에 의해 이어진 문장을 뜻함

대등하게 이어진 문장	• 바람이 불<u>고</u> 비가 내렸다.	• 그녀는 갔<u>지만</u> 그는 안 갔다.
종속적으로 이어진 문장	• 눈이 와<u>서</u> 길이 질다.	• 나는 독서실에 가<u>려고</u> 집을 나섰다.

2 문법요소

(1) 높임 표현

주체 높임법	행위의 주체를 높임. 선어말 어미 '-(으)시-' 사용 • 동사에 의한 주체 높임: 계시다, 잡수시다, 주무시다, 편찮으시다, 돌아가시다 　예 아버지께서는 집에 계신다. • 간접 높임: 높임 대상인 주체의 신체 부분, 소유물, 생각 등을 높여 주체를 높임 　예 할머니께서는 귀가 밝으시다. • 제약: 문장의 주체가 화자보다 높아도 청자보다 낮으면 '-시-'를 안 씀(압존법) 　예 할아버지, 아버지가 지금 왔습니다.
객체 높임법	화자가 목적어·부사어의 지시 대상인 서술의 객체를 높임. '모시다, 드리다…' 등의 동사나 부사격 조사 '-께'에 의해 실현됨 예 나는 교수님께 책을 드렸다.
상대 높임법	• 격식체: 격식체는 격식을 차려 심리적 거리감을 나타내는 표현으로, 높임의 정도에 따라 '하십시오체', '하오체', '하게체', '해라체'로 나눌 수 있음

구분	평서문	의문문	명령문	청유문	감탄문
하십시오체 (아주 높임)	하십니다 합니다	하십니까? 합니까?	하십시오	(하시지요)	–
하오체 (예사 높임)	하(시)오	하(시)오?	하(시)오 하구려	합시다	하는구려
하게체 (예사 낮춤)	하네 함세	하는가? 하나?	하게	하세	하는구먼
해라체 (아주 낮춤)	한다	하니? 하냐?	해라 하렴	하자	하는구나

| 상대 높임법 | • 비격식체: 비격식체는 정감 있고 격식을 덜 차리는 표현으로, 높임의 정도에 따라 '해요체', '해체'로 나눌 수 있다. | | | | | |

구분	평서문	의문문	명령문	청유문	감탄문
해요체 (두루 높임)	해요 하지요	해요? 하지요?	해요 하지요	해요 하지요	해요 하지요
해체 (두루 낮춤)	해 하지	해? 하지?	해 하지	해 하지	해 하지

(2) 시간 표현

발화시를 중심으로 사건시를 표현	과거	사건시>발화시	예 어제 영화를 봤다.
	현재	사건시=발화시	예 지금 영화를 본다.
	미래	사건시<발화시	예 내일 영화를 볼 것이다.
발화시를 기준으로 동작의 진행 여부를 표현	완료상: 동작이 완료됨		예 지금 전화를 걸어 버렸어.
	진행상: 동작이 진행되고 있음		예 지금 전화를 걸고 있어.

(3) 피동 · 사동 표현

① **능동 – 피동**: 주어가 제 힘으로 행동하는 것을 '능동'이라 하고, 주어가 다른 주체에 의해 동작을 당하는 것을 '피동'이라 한다.

② **주동 – 사동**: 주어가 직접 동작하는 것을 '주동'이라 하고, 주어가 남에게 어떤 동작을 하도록 시키는 것을 '사동'이라 한다.

피동 표현	파생적 피동 (단형 피동)	• 능동사 어간+피동 접미사(−이−, −히−, −리−, −기−) • 명사+접미사 '−되다' 예 도둑이 잡힌다./철길이 복구된다.
	통사적 피동 (장형 피동)	• 능동사 어간+'−아/−어지다' • 능동사 어간+'−게 되다' 예 운동화 끈이 풀어지다./사실이 드러나게 되다.
사동 표현	파생적 사동 (단형 사동)	• 주동사 어간+사동 접미사(−이−, −히−, −리−, −기−, −우−, −구−, −추−) • 주동사 어간+'−시키다' 예 책을 읽히다./버스를 정차시키다.
	통사적 사동 (장형 사동)	주동사 어간+'−게 하다' 예 책을 읽게 하다.

③ 주동문을 사동문으로 만드는 방법

　⊙ 서술어가 자동사인 주동문을 사동문으로 바꾸는 경우

```
주동문:          주어  +         자동사
  ↓               ↓             ↓
사동문: 주어  +  목적어  +  사동사
```

　　📖 얼음이 녹았다. (주동문) → 아이들이 얼음을 녹였다. (사동문)

　⊙ 서술어가 타동사인 주동문을 사동문으로 바꾸는 경우

```
주동문:          주어  +  목적어  +  타동사
  ↓               ↓        ↓        ↓
사동문: 주어  +  부사어  +  목적어  +  사동사
```

　　📖 철수가 옷을 입었다. (주동문) → 엄마가 철수에게 옷을 입혔다. (사동문)

④ 능동문을 피동문으로 만드는 방법: 서술어가 타동사인 능동문을 피동문으로 바꾸는 경우

```
능동문:  주어  +  목적어  +  타동사
  ↓        ✕        ↓
피동문:  주어  +  부사어  +  피동사
```

　　📖 순경이 도둑을 잡았다. (능동문) → 도둑이 순경에게 잡혔다. (피동문)

(4) 부정 표현

주어의 의지나 능력에 따라	**'안' 부정문**	• 단순 부정 📖 나는 여행을 가지 않았다. • 상태 부정 📖 그는 자고 있지 않다. • 의지 부정 📖 나는 여행을 안 간다.
	'못' 부정문	상태 부정, 능력 부정 📖 그녀는 여행을 못 갔다.
	'말다' 부정문	금지 – 동사 서술어만 가능, 명령문과 청유문에 가능 📖 그 책은 읽지 마라.
문장의 길이에 따라	**짧은 부정문**	'안', '못'+서술어 📖 내 친구는 술을 못 마신다.
	긴 부정문	서술어+'–지 않다', '–지 못하다' 📖 내 친구는 술을 마시지 못한다.
중의성 해소 방법	**억양, 조사 사용**	📖 친구들이 오지 않았다. 　→ 친구들이 오지는 않았다. 📖 친구들이 다 오지 않았다. 　→ 친구들이 다 오지는 않았다. 　→ 친구들이 다는 오지 않았다.

1 의미의 종류

(1) 중심적 의미와 주변적 의미

중심적 의미	아기의 귀여운 손(신체)
주변적 의미	• <u>손</u>이 모자란다. (일손) • 그 사람과 <u>손</u>을 끊겠다. (관계/교류) • <u>손</u>이 크다. (씀씀이)

(2) 사전적/개념적/외연적/인지적 의미와 함축적/연상적/내포적 의미

① 사전적/개념적/외연적/인지적 의미: 여성(사람, 남성과 대립되는 말)

② 함축적/연상적/내포적 의미: 여성(모성본능, 꼼꼼함, 자상함…)

2 단어 간의 의미 관계

유의 관계	① 말소리는 다르지만 의미가 서로 비슷한 단어끼리의 관계 ② 유의 관계는 실제로는 두 개 이상의 단어들이 무리를 이루고 있는 경우가 더 많음 　예　• 가끔–더러–이따금–드문드문–때로–간혹–혹간–간간이–왕왕–종종–자주–수시로–번번히 　　　• 바보–멍텅구리–멍청이–맹추–맹꽁이–머저리–얼간이–밥통–등신–천치–숙맥 　　　• 가난하다–빈곤(貧困)하다–빈궁(貧窮)하다–어렵다–곤궁(困窮)하다–궁핍(窮乏)하다
반의 관계	① 한 개의 의미 요소만 다르고 나머지 의미 요소들은 모두 공통되는 관계 　예　• '남자: 여자', '총각: 처녀'–'성별'이라는 점에서 대립을 이룬다. 　　　• '오다: 가다'–'이동 방향'이라는 점에서 대립을 이룬다. ② 반의어 중에는 하나의 단어에 여러 개의 단어들이 대립하는 경우도 있다. 　예　• 뛰다: (철수) 걷다, (땅값) 내리다 　　　• 열다: (서랍) 닫다, (수도꼭지) 잠그다, (자물쇠) 채우다
하의/상하 관계	① 한쪽이 의미상 다른 쪽을 포함하거나 다른 쪽에 포함되는 의미 관계 ② 이때 포함하는 단어가 상의어(上義語: 일반적, 포괄적), 포함되는 단어가 하의어(下義語: 개별적, 한정적) 　예　• 직업⊃공무원, 작가, 연예인 　　　• 연예인⊃연기자, 가수

3 의미변화의 원인과 갈래

(1) 의미변화의 원인

① 언어적 원인: 언어 자체의 변화

　예　• 생략: 아침(밥), 머리(카락)

　　　• 민간어원: 행주치마, 소나기, 임금

② **역사적 원인**: 지식은 바뀌어도 있던 말 그대로 사용함
　　예 하늘, 땅, 배

③ **사회적 원인**: 전혀 다른 분야에까지 쓰임
　　예 왕, 박사, 도사, 대장, 사령탑, 출혈, 복음, 아버지

④ **심리적 원인**: 금기나 연상작용, 완곡어
　　예 지킴(구렁이), 산신령(호랑이), 마마(천연두), 바가지(철모)

(2) 의미변화의 갈래

① 의미의 확장(= 일반화) 예 다리, 영감, 먹다, 세수, 목숨
② 의미의 축소(= 특수화) 예 얼굴, 짐승, 놈, 계집
③ 의미의 이동(= 어의 전성) 예 어리다, 예쁘다, 씩씩하다, 인정, 방송

---

06 | 고전문법

■ 국어사의 시대 구분

시대 구분	시기	언어 중심지	특징
고대 국어	~10세기	신라(경주)	• 북방의 부여계 언어와 남방의 한계 언어가 나뉘어 있다가 삼국으로 분화됨 • 훈민정음 창제 이전이기 때문에 주로 한자어를 빌려서 우리말을 표기함 • 주요 문학: 고대 가요, 향가, 설화
중세 국어 (전기)	10~14세기/ 14~15세기	고려(개성)/ 조선(한양)	• 한자어가 다량 유입됨 • 통일 신라가 멸망하고 고려가 건국하면서 언어의 중심지가 한반도 중앙 지역으로 옮겨옴 • 주요 문학: 고려 속요, 경기체가, 가전체 문학, 패관 문학, 시조
중세 국어 (후기)	15~16세기	조선(한양)	• 훈민정음 창제로 문자 체계가 확립됨 • 한양이 국어의 중심이 됨 • 주요 문학: 시조, 악장, 가사, 한문 소설
근대 국어	17~19세기		• 한글 사용 범위가 넓어짐 • 임진왜란으로 인해 실용적인 방향으로 언어가 변화됨 • 주요 문학: 한글 소설, 사설시조, 장편 가사, 판소리
현대 국어	20세기~현재	한국(서울)	외국어, 특히 영어가 다량으로 유입됨

(1) 고대 국어: 고대 국어 시기에는 우리의 문자가 없었기 때문에 고유어를 표기할 때 중국의 한자를 빌려서 표기하였다. 이와 같이 한자를 빌려 고유어를 표기하는 것을 '차자 표기'라고 한다.

서기체 표기	한자를 우리말 어순에 맞게 배열하여 사용하던 한자 차용 방식으로 조사나 어미는 사용하지 않았고 후에 이두로 발전함
이두(吏讀)	우리말 어순에 맞게 쓴 서기체 형태에 조사와 어미까지 표기하여 문장의 의미를 분명하게 표현하는 방식
구결(口訣)	한문 원문을 읽을 때, 의미 파악을 쉽게 할 수 있도록 원문은 그대로 두고 구절 사이에 조사나 어미를 삽입하는 방식
향찰(鄕札)	신라의 향가를 표기하는 데 사용된 방법으로 우리말을 기록할 때 한자의 음과 뜻을 이용하여 문장 전체를 적은 표기법

(2) 중세 국어

- 된소리가 등장하기 시작하였다.
- 'ㆍ, ㅡ, ㅣ, ㅗ, ㅏ, ㅜ, ㅓ' 등 7모음 체계를 가지고 있었다.
- 서로 다른 둘 이상의 자음이 첫소리에 사용되었다.
- 의문문의 종류에 따라 의문형 어미가 달리 쓰였다.
- 모음조화 현상이 잘 지켜졌으나, 후기에는 부분적으로 지켜지지 않았다.
- 성조(聲調)가 있었고, 그것은 방점(傍點)으로 표기되었다.
- 중세 특유의 주체 높임법, 객체 높임법, 상대 높임법 등이 있었다.
- 고유어와 한자어의 경쟁이 계속되었고, 앞 시기에 비해서 한자어의 사용이 증가하였다.
- 언문불일치(言文不一致)가 계속되었고, 한글 문체는 아직 일반화되지 못하였다.
- 이웃 나라와 접촉하는 과정에서 중국어, 몽골어, 여진어 등의 외래어가 들어오기도 하였다.

(3) 근대 국어

- 성조가 사라지면서 방점이 완전히 소실되었다(상성은 현대 국어의 장음으로 변함).
- 문자 'ㅸ', 'ㆁ', 'ㆆ', 'ㅿ' 등이 사라지는 등 문자 체계가 변화하였다.
- 'ㅂ'계, 'ㅄ'계 어두 자음군이 사라지면서 된소리로 바뀌었다.
- 음운 'ㆍ'가 완전히 소실되었다(1933년 한글 맞춤법 통일안 때 없어짐).
- 이중 모음이던 'ㅐ'와 'ㅔ'가 단모음화되어 'ㅡ, ㅣ, ㅗ, ㅏ, ㅜ, ㅓ, ㅔ, ㅐ' 등 8개의 단모음 체계를 가졌다.
- 중세의 이어 적기 방식이 현대의 끊어 적기 방식으로 가는 과도기적 표기가 나타났다.
- 주격 조사 '가'가 사용되기 시작했다.
- 모음조화 현상이 파괴되었다.
- 높임의 주격 조사 '께서'가 사용되었다.
- 신문물의 어휘가 많이 등장하였다.
- 과거 시제 선어말 어미 '-앗-', '-엇-'이 확립되었다.
- 객체 높임 선어말 어미 '-숩-, -줍-, -숩-'이 객체 높임에 쓰이지 않게 되었다.

2 훈민정음

(1) 초성(자음 17자): 자음은 발음 기관의 모양을 상형하여 'ㄱ, ㄴ, ㅁ, ㅅ, ㅇ'이라는 기본자를 만든 다음 이를 중심으로 각각 획을 더해 가획자를 만들었다. 이체자는 기본자에서 획을 더하여 만든 것이 아니라 새로운 모양으로 만들었다.

조음위치 \ 제자원리	기본자	가획자	이체자	기본자의 상형
어금닛소리(牙音)	ㄱ	ㅋ	ㆁ	혀뿌리가 목구멍을 막는 모양
혓소리(舌音)	ㄴ	ㄷ → ㅌ		혀끝이 윗잇몸에 닿는 모양
입술소리(脣音)	ㅁ	ㅂ → ㅍ		입 모양
잇소리(齒音)	ㅅ	ㅈ → ㅊ		이 모양
목소리(喉音)	ㅇ	ㆆ → ㅎ		목구멍 모양
반혓소리(半舌音)			ㄹ	
반잇소리(半齒音)			ㅿ	

(2) 중성(모음 11자): 모음은 성리학에서 말하는 우주의 기본 요소인 삼재(三才), 즉 천(天)·지(地)·인(人)을 본떠 기본자인 'ㆍ, ㅡ, ㅣ'를 만들었다. 이 기본자를 합하여 초출자와 재출자를 만들었다. 여기서 초출자란 'ㆍ'와 나머지 기본자 하나를 합하여 만든 글자이고, 재출자란 초출자에 'ㆍ'를 다시 합하여 만든 글자이다.

제자 순서 \ 소리의 성질	양성 모음(天)	음성 모음(地)	중성 모음(人)
기본자(基本字)	ㆍ	ㅡ	ㅣ
초출자(初出字)	ㅗ, ㅏ	ㅜ, ㅓ	
재출자(再出字)	ㅛ, ㅑ	ㅠ, ㅕ	
합용자(合用字)	ㅘ, ㆇ	ㅝ, ㆊ	중성 11자에 들지 않음

(3) 종성 – 8종성가족용(八終聲可足用)

① 훈민정음 예의 부분에 '종성부용초성(終聲復用初聲) – 종성은 초성을 다시 쓴다.'라는 규정이 있다. 즉, 초성과 종성이 음운론적으로 동일하다는 사실에 근거하여 종성을 따로 만들지 않고 초성을 다시 사용한 것이다.

② 훈민정음의 원리를 설명한 훈민정음 해례본에서는 ㄱ, ㄴ, ㄷ, ㄹ, ㅁ, ㅂ, ㅅ, ㆁ 8개의 자음만 종성에 사용한다는 '팔종성가족용(八終聲可足用)'에 대한 언급이 있다.

③ 종성과 관련된 두 가지 규칙을 적용하면 원칙적으로는 종성에 모든 초성을 쓸 수 있지만 실제로는 8개의 초성만을 종성에 사용했다는 뜻이다.

3 글자의 운용법

(1) 이어쓰기(연서법, 連書法): 초성자 두 개를 밑으로 이어 쓰는 방법이다. 순음(ㅁ, ㅂ, ㅍ, ㅃ) 아래에 'ㅇ'을 이어서 'ㅱ, ㅸ, ㆄ, ㅹ'와 같이 입술소리 아래 이어 써서 입술 가벼운 소리 글자를 만드는 방법을 말한다. 이 글자들은 만들어진 글자를 응용하여 만든 것이므로 기본자에는 포함되지 않는다. 참고로 순경음 중에서 우리말에 쓰인 것은 'ㅸ'뿐이고, 나머지는 한자음 표기에 사용되었다.

(2) 나란히쓰기(병서법, 竝書法): 초성이나 종성에서 자음 두 개 또는 세 개를 나란히 쓰는 방법이다. 각자병서와 합용병서로 나눌 수 있다.

   ① **각자병서(各字竝書):** 같은 자음을 두 개 나란히 쓰는 것으로 ㄲ, ㄸ, ㅃ 등과 같이 전탁음과 동일하다.

   ② **합용병서(合用竝書):** 서로 다른 자음을 나란히 쓰는 것으로 ㅺ, ㅼ, ㅽ, ㅳ, ㅄ, ㅶ, ㅴ, ㅵ 등이 있다.

(3) 붙여쓰기(부서법, 附書法): 자음에 모음을 붙이는 방법으로 우서법과 하서법으로 나눌 수 있다.

   ① **우서법(右書法):** 초성+'ㅣ, ㅏ, ㅓ, ㅑ, ㅕ'와 같이 수직으로 뻗은 모음은 오른쪽에 붙여 쓴다.

      예 바다 사람

   ② **하서법(下書法):** 초성+'ㆍ, ㅡ, ㅗ, ㅜ, ㅛ, ㅠ'와 같이 수평으로 뻗은 모음은 자음 아래 붙여 쓴다.

      예 구름

(4) 음절이루기(성음법, 成音法): 낱글자를 합하여 음절을 만드는 방법이다. 동국정운식 한자음에서는 반드시 '초성+중성+종성'을 합하여 음절을 만들었지만 고유어는 '초성+중성'으로도 음절을 이룰 수 있다.

(5) 사성(四聲): 소리의 높낮이, 즉 성조를 나타내기 위해 글자의 왼쪽에 점을 찍는 방법이다. 방점은 크게 평성, 상성, 거성, 입성 등이 있다.

종류	방점	소리의 특성
평성	없음	처음과 끝이 한결같이 낮은 소리
상성	2점	처음은 낮으나 끝은 높은 소리
거성	1점	처음과 끝이 한결같이 높은 소리
입성	없음, 1점, 2점	빨리 끝맺는 소리(받침이 ㄱ, ㄷ, ㅂ, ㅅ으로 끝남)

02 | 어문규정

01 한글 맞춤법

제1장 총칙

제1항 한글 맞춤법은 표준어를 소리대로 적되, 어법에 맞도록 함을 원칙으로 한다.

제2항 문장의 각 단어는 띄어 씀을 원칙으로 한다.

제3항 외래어는 '외래어 표기법'에 따라 적는다.

제2장 자모

제4항 한글 자모의 수는 스물넉 자로 하고, 그 순서와 이름은 다음과 같이 정한다.

ㄱ(기역)	ㄴ(니은)	ㄷ(디귿)	ㄹ(리을)	ㅁ(미음)
ㅂ(비읍)	ㅅ(시옷)	ㅇ(이응)	ㅈ(지읒)	ㅊ(치읓)
ㅋ(키읔)	ㅌ(티읕)	ㅍ(피읖)	ㅎ(히읗)	
ㅏ(아)	ㅑ(야)	ㅓ(어)	ㅕ(여)	ㅗ(오)
ㅛ(요)	ㅜ(우)	ㅠ(유)	ㅡ(으)	ㅣ(이)

[붙임 1] 위의 자모로써 적을 수 없는 소리는 두 개 이상의 자모를 어울러서 적되, 그 순서와 이름은 다음과 같이 정한다.

ㄲ(쌍기역)	ㄸ(쌍디귿)	ㅃ(쌍비읍)	ㅆ(쌍시옷)	ㅉ(쌍지읒)
ㅐ(애)	ㅒ(얘)	ㅔ(에)	ㅖ(예)	ㅘ(와)
ㅙ(왜)	ㅚ(외)	ㅝ(워)	ㅞ(웨)	ㅟ(위) ㅢ(의)

[붙임 2] 사전에 올릴 적의 자모 순서는 다음과 같이 정한다.

자음: ㄱ ㄲ ㄴ ㄷ ㄸ ㄹ ㅁ ㅂ ㅃ ㅅ ㅆ ㅇ ㅈ ㅉ ㅊ ㅋ ㅌ ㅍ ㅎ
모음: ㅏ ㅐ ㅑ ㅒ ㅓ ㅔ ㅕ ㅖ ㅗ ㅘ ㅙ ㅚ ㅛ ㅜ ㅝ ㅞ ㅟ ㅠ ㅡ ㅢ ㅣ

제3장 소리에 관한 것

제1절   된소리

제5항   한 단어 안에서 뚜렷한 까닭 없이 나는 된소리는 다음 음절의 첫소리를 된소리로 적는다.

1. 두 모음 사이에서 나는 된소리

소쩍새	어깨	오빠	으뜸	아끼다
기쁘다	깨끗하다	어떠하다	해쓱하다	가끔
거꾸로	부썩	어찌	이따금	

2. 'ㄴ, ㄹ, ㅁ, ㅇ' 받침 뒤에서 나는 된소리

산뜻하다	잔뜩	살짝	훨씬	담뿍
움찔	몽땅	엉뚱하다		

다만, 'ㄱ, ㅂ' 받침 뒤에서 나는 된소리는, 같은 음절이나 비슷한 음절이 겹쳐 나는 경우가 아니면 된소리로 적지 아니한다.

국수	깍두기	딱지	색시	싹둑(~싹둑)
법석	갑자기	몹시		

제2절   구개음화

제6항   'ㄷ, ㅌ' 받침 뒤에 종속적 관계를 가진 '-이(-)'나 '-히-'가 올 적에는 그 'ㄷ, ㅌ'이 'ㅈ, ㅊ'으로 소리 나더라도 'ㄷ, ㅌ'으로 적는다. (ㄱ을 취하고, ㄴ을 버림.)

ㄱ	ㄴ	ㄱ	ㄴ
맏이	마지	핥이다	할치다
해돋이	해도지	걷히다	거치다
굳이	구지	닫히다	다치다
같이	가치	묻히다	무치다
끝이	끄치		

제3절 'ㄷ' 소리 받침

제7항 'ㄷ' 소리로 나는 받침 중에서 'ㄷ'으로 적을 근거가 없는 것은 'ㅅ'으로 적는다.

덧저고리	돗자리	엇셈	웃어른	핫옷
무릇	사뭇	얼핏	자칫하면	뭇[衆]
옛	첫	헛		

제4절 모음

제8항 '계, 례, 몌, 폐, 혜'의 'ㅖ'는 'ㅔ'로 소리 나는 경우가 있더라도 'ㅖ'로 적는다. (ㄱ을 취하고, ㄴ을 버림.)

ㄱ	ㄴ	ㄱ	ㄴ
계수(桂樹)	게수	혜택(惠澤)	헤택
사례(謝禮)	사레	계집	게집
연몌(連袂)	연메	핑계	핑게
폐품(廢品)	페품	계시다	게시다

다만, 다음 말은 본음대로 적는다.

게송(偈頌)	게시판(揭示板)	휴게실(休憩室)

제9항 '의'나, 자음을 첫소리로 가지고 있는 음절의 'ㅢ'는 'ㅣ'로 소리 나는 경우가 있더라도 'ㅢ'로 적는다. (ㄱ을 취하고, ㄴ을 버림.)

ㄱ	ㄴ	ㄱ	ㄴ
의의(意義)	의이	닝큼	닝큼
본의(本義)	본이	띄어쓰기	띠어쓰기
무늬[紋]	무니	씌어	씨어
보늬	보니	틔어	티어
오늬	오니	희망(希望)	히망
하늬바람	하니바람	희다	히다
늴리리	닐리리	유희(遊戲)	유히

제5절　두음 법칙

제10항 한자음 '녀, 뇨, 뉴, 니'가 단어 첫머리에 올 적에는, 두음 법칙에 따라 '여, 요, 유, 이'로 적는다. (ㄱ을 취하고, ㄴ을 버림.)

ㄱ	ㄴ	ㄱ	ㄴ
여자(女子)	녀자	유대(紐帶)	뉴대
연세(年歲)	년세	이토(泥土)	니토
요소(尿素)	뇨소	익명(匿名)	닉명

다만, 다음과 같은 의존 명사에서는 '냐, 녀' 음을 인정한다.

냥(兩)	냥쭝(兩-)	년(年)(몇 년)

[붙임 1] 단어의 첫머리 이외의 경우에는 본음대로 적는다.

남녀(男女)	당뇨(糖尿)	결뉴(結紐)	은닉(隱匿)

[붙임 2] 접두사처럼 쓰이는 한자가 붙어서 된 말이나 합성어에서, 뒷말의 첫소리가 'ㄴ' 소리로 나더라도 두음 법칙에 따라 적는다.

신여성(新女性)	공염불(空念佛)	남존여비(男尊女卑)

[붙임 3] 둘 이상의 단어로 이루어진 고유 명사를 붙여 쓰는 경우에도 붙임 2에 준하여 적는다.

한국여자대학	대한요소비료회사

제11항 한자음 '랴, 려, 례, 료, 류, 리'가 단어의 첫머리에 올 적에는, 두음 법칙에 따라 '야, 여, 예, 요, 유, 이'로 적는다. (ㄱ을 취하고, ㄴ을 버림.)

ㄱ	ㄴ	ㄱ	ㄴ
양심(良心)	량심	용궁(龍宮)	룡궁
역사(歷史)	력사	유행(流行)	류행
예의(禮儀)	례의	이발(理髮)	리발

다만, 다음과 같은 의존 명사는 본음대로 적는다.

리(里): 몇 리냐?	리(理): 그럴 리가 없다.

[붙임 1] 단어의 첫머리 이외의 경우에는 본음대로 적는다.

개량(改良)	선량(善良)	수력(水力)	협력(協力)
사례(謝禮)	혼례(婚禮)	와룡(臥龍)	쌍룡(雙龍)
하류(下流)	급류(急流)	도리(道理)	진리(眞理)

다만, 모음이나 'ㄴ' 받침 뒤에 이어지는 '렬, 률'은 '열, 율'로 적는다. (ㄱ을 취하고, ㄴ을 버림.)

ㄱ	ㄴ	ㄱ	ㄴ
나열(羅列)	나렬	분열(分裂)	분렬
치열(齒列)	치렬	선열(先烈)	선렬
비열(卑劣)	비렬	진열(陳列)	진렬
규율(規律)	규률	선율(旋律)	선률
비율(比率)	비률	전율(戰慄)	전률
실패율(失敗率)	실패률	백분율(百分率)	백분률

[붙임 2] 외자로 된 이름을 성에 붙여 쓸 경우에도 본음대로 적을 수 있다.

신립(申砬)	최린(崔麟)	채륜(蔡倫)	하륜(河崙)

[붙임 3] 준말에서 본음으로 소리 나는 것은 본음대로 적는다.

국련(국제 연합)	한시련(한국 시각 장애인 연합회)

[붙임 4] 접두사처럼 쓰이는 한자가 붙어서 된 말이나 합성어에서, 뒷말의 첫소리가 'ㄴ' 또는 'ㄹ' 소리로 나더라도 두음 법칙에 따라 적는다.

역이용(逆利用)	연이율(年利率)	열역학(熱力學)	해외여행(海外旅行)

[붙임 5] 둘 이상의 단어로 이루어진 고유 명사를 붙여 쓰는 경우나 십진법에 따라 쓰는 수(數)도 [붙임 4]에 준하여 적는다.

서울여관	신흥이발관	육천육백육십육(六千六百六十六)

제12항 한자음 '라, 래, 로, 뢰, 루, 르'가 단어의 첫머리에 올 적에는, 두음 법칙에 따라 '나, 내, 노, 뇌, 누, 느'로 적는다. (ㄱ을 취하고, ㄴ을 버림.)

ㄱ	ㄴ	ㄱ	ㄴ
낙원(樂園)	락원	뇌성(雷聲)	뢰성
내일(來日)	래일	누각(樓閣)	루각
노인(老人)	로인	능묘(陵墓)	릉묘

[붙임 1] 단어의 첫머리 이외의 경우에는 본음대로 적는다.

쾌락(快樂)	극락(極樂)	거래(去來)	왕래(往來)
부로(父老)	연로(年老)	지뢰(地雷)	낙뢰(落雷)
고루(高樓)	광한루(廣寒樓)	동구릉(東九陵)	가정란(家庭欄)

[붙임 2] 접두사처럼 쓰이는 한자가 붙어서 된 단어는 뒷말을 두음 법칙에 따라 적는다.

내내월(來來月)	상노인(上老人)	중노동(重勞動)	비논리적(非論理的)

제6절　겹쳐 나는 소리

제13항 한 단어 안에서 같은 음절이나 비슷한 음절이 겹쳐 나는 부분은 같은 글자로 적는다. (ㄱ을 취하고, ㄴ을 버림.)

ㄱ	ㄴ	ㄱ	ㄴ
딱딱	딱닥	꼿꼿하다	꼿곳하다
쌕쌕	쌕색	놀놀하다	놀롤하다
씩씩	씩식	눅눅하다	눙눅하다
똑딱똑딱	똑닥똑닥	밋밋하다	민밋하다
쓱싹쓱싹	쓱삭쓱삭	싹싹하다	싹삭하다
연연불망(戀戀不忘)	연련불망	쌉쌀하다	쌉살하다
유유상종(類類相從)	유류상종	씁쓸하다	씁슬하다
누누이(屢屢−)	누루이	짭짤하다	짭잘하다

제4장 형태에 관한 것

제1절 체언과 조사

제14항 체언은 조사와 구별하여 적는다.

떡이	떡을	떡에	떡도	떡만
손이	손을	손에	손도	손만
팔이	팔을	팔에	팔도	팔만
밤이	밤을	밤에	밤도	밤만
집이	집을	집에	집도	집만
옷이	옷을	옷에	옷도	옷만
콩이	콩을	콩에	콩도	콩만
낮이	낮을	낮에	낮도	낮만
꽃이	꽃을	꽃에	꽃도	꽃만
밭이	밭을	밭에	밭도	밭만
앞이	앞을	앞에	앞도	앞만
밖이	밖을	밖에	밖도	밖만
넋이	넋을	넋에	넋도	넋만
흙이	흙을	흙에	흙도	흙만
삶이	삶을	삶에	삶도	삶만
여덟이	여덟을	여덟에	여덟도	여덟만
곬이	곬을	곬에	곬도	곬만
값이	값을	값에	값도	값만

제2절 어간과 어미

제15항 용언의 어간과 어미는 구별하여 적는다.

먹다	먹고	먹어	먹으니
신다	신고	신어	신으니
믿다	믿고	믿어	믿으니
울다	울고	울어	(우니)
넘다	넘고	넘어	넘으니
입다	입고	입어	입으니
웃다	웃고	웃어	웃으니
찾다	찾고	찾아	찾으니
좇다	좇고	좇아	좇으니
같다	같고	같아	같으니
높다	높고	높아	높으니
좋다	좋고	좋아	좋으니
깎다	깎고	깎아	깎으니
앉다	앉고	앉아	앉으니
많다	많고	많아	많으니
늙다	늙고	늙어	늙으니
젊다	젊고	젊어	젊으니
넓다	넓고	넓어	넓으니
훑다	훑고	훑어	훑으니
읊다	읊고	읊어	읊으니
옳다	옳고	옳아	옳으니
없다	없고	없어	없으니
있다	있고	있어	있으니

[붙임 1] 두 개의 용언이 어울려 한 개의 용언이 될 적에, 앞말의 본뜻이 유지되고 있는 것은 그 원형을 밝히어 적고, 그 본뜻에서 멀어진 것은 밝히어 적지 아니한다.

(1) 앞말의 본뜻이 유지되고 있는 것

넘어지다	늘어나다	늘어지다	돌아가다
되짚어가다	들어가다	떨어지다	벌어지다
엎어지다	접어들다	틀어지다	흩어지다

(2) 본뜻에서 멀어진 것

드러나다	사라지다	쓰러지다

[붙임 2] 종결형에서 사용되는 어미 '-오'는 '요'로 소리 나는 경우가 있더라도 그 원형을 밝혀 '오'로 적는다. (ㄱ을 취하고, ㄴ을 버림.)

ㄱ	ㄴ
이것은 책이오.	이것은 책이요.
이리로 오시오.	이리로 오시요.
이것은 책이 아니오.	이것은 책이 아니요.

[붙임 3] 연결형에서 사용되는 '이요'는 '이요'로 적는다. (ㄱ을 취하고, ㄴ을 버림.)

ㄱ	ㄴ
이것은 책이요, 저것은 붓이요, 또 저것은 먹이다.	이것은 책이오, 저것은 붓이오, 또 저것은 먹이다.

제16항 어간의 끝음절 모음이 'ㅏ, ㅗ'일 때에는 어미를 '-아'로 적고, 그 밖의 모음일 때에는 '-어'로 적는다.

1. '-아'로 적는 경우

나아	나아도	나아서	막아
막아도	막아서	얇아	얇아도
얇아서	돌아	돌아도	돌아서
보아	보아도	보아서	

2. '-어'로 적는 경우

개어	개어도	개어서	겪어
겪어도	겪어서	되어	되어도
되어서	베어	베어도	베어서
쉬어	쉬어도	쉬어서	저어
저어도	저어서	주어	주어도
주어서	피어	피어도	피어서
희어	희어도	희어서	

제17항 어미 뒤에 덧붙는 조사 '요'는 '요'로 적는다.

읽어	읽어요
참으리	참으리요
좋지	좋지요

제18항 다음과 같은 용언들은 어미가 바뀔 경우, 그 어간이나 어미가 원칙에 벗어나면 벗어나는 대로 적는다.

1. 어간의 끝 'ㄹ'이 줄어질 적

갈다:	가니	간	갑니다	가시다	가오
놀다:	노니	논	놉니다	노시다	노오
불다:	부니	분	붑니다	부시다	부오
둥글다:	둥그니	둥근	둥급니다	둥그시다	둥그오
어질다:	어지니	어진	어집니다	어지시다	어지오

[붙임] 다음과 같은 말에서도 'ㄹ'이 준 대로 적는다.

마지못하다	마지않다	(하)다마다
(하)자마자	(하)지 마라	(하)지 마(아)

2. 어간의 끝 'ㅅ'이 줄어질 적

긋다: 그어	그으니	그었다
낫다: 나아	나으니	나았다
잇다: 이어	이으니	이었다
짓다: 지어	지으니	지었다

3. 어간의 끝 'ㅎ'이 줄어질 적

그렇다:	그러니	그럴	그러면	그러오
까맣다:	까마니	까말	까마면	까마오
동그랗다:	동그라니	동그랄	동그라면	동그라오
퍼렇다:	퍼러니	퍼럴	퍼러면	퍼러오
하얗다:	하야니	하얄	하야면	하야오

4. 어간의 끝 'ㅜ, ㅡ'가 줄어질 적

푸다:	퍼	펐다
뜨다:	떠	떴다
끄다:	꺼	껐다
크다:	커	컸다
담그다:	담가	담갔다
고프다:	고파	고팠다
따르다:	따라	따랐다
바쁘다:	바빠	바빴다

5. 어간의 끝 'ㄷ'이 'ㄹ'로 바뀔 적

걷다[步]: 걸어	걸으니	걸었다
듣다[聽]: 들어	들으니	들었다
묻다[問]: 물어	물으니	물었다
싣다[載]: 실어	실으니	실었다

6. 어간의 끝 'ㅂ'이 'ㅜ'로 바뀔 적

깁다: 기워	기우니	기웠다
굽다[炙]: 구워	구우니	구웠다
가깝다: 가까워	가까우니	가까웠다
괴롭다: 괴로워	괴로우니	괴로웠다
맵다: 매워	매우니	매웠다
무겁다: 무거워	무거우니	무거웠다
밉다: 미워	미우니	미웠다
쉽다: 쉬워	쉬우니	쉬웠다

다만, '돕-, 곱-'과 같은 단음절 어간에 어미 '-아'가 결합되어 '와'로 소리 나는 것은 '-와'로 적는다.

돕다[助]: 도와	도와서	도와도	도왔다
곱다[麗]: 고와	고와서	고와도	고왔다

7. '하다'의 활용에서 어미 '-아'가 '-여'로 바뀔 적

하다: 하여	하여서	하여도	하여라	하였다

8. 어간의 끝음절 '르' 뒤에 오는 어미 '-어'가 '-러'로 바뀔 적

이르다[至]: 이르러	이르렀다
노르다: 노르러	노르렀다
누르다: 누르러	누르렀다
푸르다: 푸르러	푸르렀다

9. 어간의 끝음절 '르'의 'ㅡ'가 줄고, 그 뒤에 오는 어미 '-아/-어'가 '-라/-러'로 바뀔 적

가르다: 갈라	갈랐다
부르다: 불러	불렀다
거르다: 걸러	걸렀다
오르다: 올라	올랐다
구르다: 굴러	굴렀다
이르다: 일러	일렀다
벼르다: 별러	별렀다
지르다: 질러	질렀다

제3절　접미사가 붙어서 된 말

제19항　어간에 '-이'나 '-음/-ㅁ'이 붙어서 명사로 된 것과 '-이'나 '-히'가 붙어서 부사로 된 것은 그 어간의 원형을 밝히어 적는다.

1. '-이'가 붙어서 명사로 된 것

길이	깊이	높이	다듬이	땀받이
달맞이	먹이	미닫이	벌이	벼훑이
살림살이	쇠붙이			

2. '-음/-ㅁ'이 붙어서 명사로 된 것

걸음	묶음	믿음	얼음	엮음
울음	웃음	졸음	죽음	앎

3. '-이'가 붙어서 부사로 된 것

같이	굳이	길이	높이	많이
실없이	좋이	짓궂이		

4. '-히'가 붙어서 부사로 된 것

밝히	익히	작히

다만, 어간에 '-이'나 '-음'이 붙어서 명사로 바뀐 것이라도 그 어간의 뜻과 멀어진 것은 원형을 밝히어 적지 아니한다.

굽도리	다리[髢]	목거리(목병)	무녀리
코끼리	거름(비료)	고름[膿]	노름(도박)

[붙임] 어간에 '–이'나 '–음' 이외의 모음으로 시작된 접미사가 붙어서 다른 품사로 바뀐 것은 그 어간의 원형을 밝히어 적지 아니한다.

(1) 명사로 바뀐 것

귀머거리	까마귀	너머	뜨더귀
마감	마개	마중	무덤
비렁뱅이	쓰레기	올가미	주검

(2) 부사로 바뀐 것

거뭇거뭇	너무	도로	뜨덤뜨덤
바투	불긋불긋	비로소	오긋오긋
자주	차마		

(3) 조사로 바뀌어 뜻이 달라진 것

나마	부터	조차

제20항 명사 뒤에 '–이'가 붙어서 된 말은 그 명사의 원형을 밝히어 적는다.

1. 부사로 된 것

곳곳이	낱낱이	몫몫이	샅샅이
앞앞이	집집이		

2. 명사로 된 것

곰배팔이	바둑이	삼발이	애꾸눈이
육손이	절뚝발이/절름발이		

[붙임] '–이' 이외의 모음으로 시작된 접미사가 붙어서 된 말은 그 명사의 원형을 밝히어 적지 아니한다.

꼬락서니	끄트머리	모가치	바가지
바깥	사타구니	싸라기	이파리
지붕	지푸라기	짜개	

제21항 명사나 혹은 용언의 어간 뒤에 자음으로 시작된 접미사가 붙어서 된 말은 그 명사나 어간의 원형을 밝히어 적는다.

1. 명사 뒤에 자음으로 시작된 접미사가 붙어서 된 것

값지다	홑지다	넋두리	빛깔
옆댕이	잎사귀		

2. 어간 뒤에 자음으로 시작된 접미사가 붙어서 된 것

낚시	늙정이	덮개	뜯게질
갉작갉작하다	갉작거리다	뜯적거리다	뜯적뜯적하다
굵다랗다	굵직하다	깊숙하다	넓적하다
높다랗다	늙수그레하다	얽죽얽죽하다	

다만, 다음과 같은 말은 소리대로 적는다.

(1) 겹받침의 끝소리가 드러나지 아니하는 것

할짝거리다	널따랗다	널찍하다	말끔하다
말쑥하다	말짱하다	실쭉하다	실큼하다
얄따랗다	얄팍하다	짤따랗다	짤막하다
실컷			

(2) 어원이 분명하지 아니하거나 본뜻에서 멀어진 것

넙치	올무	골막하다	납작하다

제22항 용언의 어간에 다음과 같은 접미사들이 붙어서 이루어진 말들은 그 어간을 밝히어 적는다.

1. '-기-, -리-, -이-, -히-, -구-, -우-, -추-, -으키-, -이키-, -애-'가 붙는 것

맡기다	옮기다	웃기다	쫓기다	뚫리다
울리다	낚이다	쌓이다	핥이다	굳히다
굽히다	넓히다	앉히다	얽히다	잡히다
돋구다	솟구다	돋우다	갖추다	곧추다
맞추다	일으키다	돌이키다	없애다	

다만, '-이-, -히-, -우-'가 붙어서 된 말이라도 본뜻에서 멀어진 것은 소리대로 적는다.

도리다(칼로 ～)	드리다(용돈을 ～)	고치다	바치다(세금을 ～)
부치다(편지를 ～)	거두다	미루다	이루다

2. '-치-, -뜨리-, -트리-'가 붙는 것

놓치다	덮치다	떠받치다
받치다	밭치다	부딪치다
뻗치다	엎치다	부딪뜨리다/부딪트리다
쏟뜨리다/쏟트리다	젖뜨리다/젖트리다	찢뜨리다/찢트리다
흩뜨리다/흩트리다		

[붙임] '-업-, -읍-, -브-'가 붙어서 된 말은 소리대로 적는다.

미덥다	우습다	미쁘다

제23항 '-하다'나 '-거리다'가 붙는 어근에 '-이'가 붙어서 명사가 된 것은 그 원형을 밝히어 적는다. (ㄱ을 취하고, ㄴ을 버림.)

ㄱ	ㄴ	ㄱ	ㄴ
깔쭉이	깔쭈기	살살이	살사리
꿀꿀이	꿀꾸리	쌕쌕이	쌕쌔기
눈깜짝이	눈깜짜기	오뚝이	오뚜기
더펄이	더퍼리	코납작이	코납자기
배불뚝이	배불뚜기	푸석이	푸서기
삐죽이	삐주기	홀쭉이	홀쭈기

[붙임] '-하다'나 '-거리다'가 붙을 수 없는 어근에 '-이'나 또는 다른 모음으로 시작되는 접미사가 붙어서 명사가 된 것은 그 원형을 밝히어 적지 아니한다.

개구리	귀뚜라미	기러기	깍두기	꽹과리
날라리	누더기	동그라미	두드러기	딱따구리
매미	부스러기	뻐꾸기	얼루기	칼싹두기

제24항 '-거리다'가 붙을 수 있는 시늉말 어근에 '-이다'가 붙어서 된 용언은 그 어근을 밝히어 적는다. (ㄱ을 취하고, ㄴ을 버림.)

ㄱ	ㄴ	ㄱ	ㄴ
깜짝이다	깜짜기다	속삭이다	속사기다
꾸벅이다	꾸버기다	숙덕이다	숙더기다
끄덕이다	끄더기다	울먹이다	울머기다
뒤척이다	뒤처기다	움직이다	움지기다
들먹이다	들머기다	지껄이다	지꺼리다
망설이다	망서리다	퍼덕이다	퍼더기다
번득이다	번드기다	허덕이다	허더기다
번쩍이다	번쩌기다	헐떡이다	헐떠기다

제25항 '-하다'가 붙는 어근에 '-히'나 '-이'가 붙어서 부사가 되거나, 부사에 '-이'가 붙어서 뜻을 더하는 경우에는 그 어근이나 부사의 원형을 밝히어 적는다.

1. '-하다'가 붙는 어근에 '-히'나 '-이'가 붙는 경우

급히	꾸준히	도저히
딱히	어렴풋이	깨끗이

[붙임] '-하다'가 붙지 않는 경우에는 소리대로 적는다.

갑자기	반드시(꼭)	슬며시

2. 부사에 '-이'가 붙어서 역시 부사가 되는 경우

곰곰이	더욱이	생긋이
오뚝이	일찍이	해죽이

제26항 '-하다'나 '-없다'가 붙어서 된 용언은 그 '-하다'나 '-없다'를 밝히어 적는다.

1. '-하다'가 붙어서 용언이 된 것

딱하다	숱하다	착하다
텁텁하다	푹하다	

2. '-없다'가 붙어서 용언이 된 것

부질없다	상없다	시름없다
열없다	하염없다	

제4절 합성어 및 접두사가 붙은 말

제27항 둘 이상의 단어가 어울리거나 접두사가 붙어서 이루어진 말은 각각 그 원형을 밝히어 적는다.

국말이	꺾꽂이	꽃잎	끝장
물난리	밑천	부엌일	싫증
옷안	웃옷	젖몸살	첫아들
칼날	팥알	헛웃음	홀아비
홑몸	흙내	값없다	겉늙다
굶주리다	낮잡다	맞먹다	받내다
벋놓다	빗나가다	빛나다	새파랗다
샛노랗다	시꺼멓다	싯누렇다	엇나가다
엎누르다	엿듣다	옻오르다	짓이기다
헛되다			

[붙임 1] 어원은 분명하나 소리만 특이하게 변한 것은 변한 대로 적는다.

할아버지	할아범

[붙임 2] 어원이 분명하지 아니한 것은 원형을 밝히어 적지 아니한다.

골병	골탕	끌탕	며칠
아재비	오라비	업신여기다	부리나케

[붙임 3] '이[齒, 虱]'가 합성어나 이에 준하는 말에서 '니' 또는 '리'로 소리 날 때에는 '니'로 적는다.

간니	덧니	사랑니	송곳니
앞니	어금니	윗니	젖니
톱니	틀니	가랑니	머릿니

제28항 끝소리가 'ㄹ'인 말과 딴 말이 어울릴 적에 'ㄹ' 소리가 나지 아니하는 것은 아니 나는 대로 적는다.

다달이(달-달-이)	따님(딸-님)	마되(말-되)
마소(말-소)	무자위(물-자위)	바느질(바늘-질)
부삽(불-삽)	부손(불-손)	싸전(쌀-전)
여닫이(열-닫이)	우짖다(울-짖다)	화살(활-살)

제29항 끝소리가 'ㄹ'인 말과 딴 말이 어울릴 적에 'ㄹ' 소리가 'ㄷ' 소리로 나는 것은 'ㄷ'으로 적는다.

반짇고리(바느질~)   사흗날(사흘~)   삼짇날(삼질~)
섣달(설~)   숟가락(술~)   이튿날(이틀~)
잗주름(잘~)   푿소(풀~)   섣부르다(설~)
잗다듬다(잘~)   잗다랗다(잘~)

제30항 사이시옷은 다음과 같은 경우에 받치어 적는다.

1. 순우리말로 된 합성어로서 앞말이 모음으로 끝난 경우
(1) 뒷말의 첫소리가 된소리로 나는 것

고랫재   귓밥   나룻배   나뭇가지
냇가   댓가지   뒷갈망   맷돌
머릿기름   모깃불   못자리   바닷가
뱃길   볏가리   부싯돌   선짓국
쇳조각   아랫집   우렁잇속   잇자국
잿더미   조갯살   찻집   쳇바퀴
킷값   핏대   햇볕   혓바늘

(2) 뒷말의 첫소리 'ㄴ, ㅁ' 앞에서 'ㄴ' 소리가 덧나는 것

멧나물   아랫니   텃마당   아랫마을
뒷머리   잇몸   깻묵   냇물
빗물

(3) 뒷말의 첫소리 모음 앞에서 'ㄴㄴ' 소리가 덧나는 것

도리깻열   뒷윷   두렛일   뒷일
뒷입맛   베갯잇   욧잇   깻잎
나뭇잎   댓잎

2. 순우리말과 한자어로 된 합성어로서 앞말이 모음으로 끝난 경우
(1) 뒷말의 첫소리가 된소리로 나는 것

귓병   머릿방   뱃병   봇둑
사잣밥   샛강   아랫방   자릿세
전셋집   찻잔   찻종   촛국
콧병   탯줄   텃세   핏기
햇수   횟가루   횟배

(2) 뒷말의 첫소리 'ㄴ, ㅁ' 앞에서 'ㄴ' 소리가 덧나는 것

갯날	제삿날	훗날	툇마루
양칫물			

(3) 뒷말의 첫소리 모음 앞에서 'ㄴㄴ' 소리가 덧나는 것

가욋일	사삿일	예삿일	훗일

3. 두 음절로 된 다음 한자어

곳간(庫間)	셋방(貰房)	숫자(數字)	찻간(車間)
툇간(退間)	횟수(回數)		

제31항 두 말이 어울릴 적에 'ㅂ' 소리나 'ㅎ' 소리가 덧나는 것은 소리대로 적는다.

1. 'ㅂ' 소리가 덧나는 것

댑싸리(대ㅂ싸리)	멥쌀(메ㅂ쌀)	볍씨(벼ㅂ씨)	입때(이ㅂ때)
입쌀(이ㅂ쌀)	접때(저ㅂ때)	좁쌀(조ㅂ쌀)	햅쌀(해ㅂ쌀)

2. 'ㅎ' 소리가 덧나는 것

머리카락(머리ㅎ가락)	살코기(살ㅎ고기)	수캐(수ㅎ개)	수컷(수ㅎ것)
수탉(수ㅎ닭)	안팎(안ㅎ밖)	암캐(암ㅎ개)	암컷(암ㅎ것)
암탉(암ㅎ닭)			

제5절 준말

제32항 단어의 끝모음이 줄어지고 자음만 남은 것은 그 앞의 음절에 받침으로 적는다.

본말	준말	본말	준말
기러기야	기럭아	어제그저께	엊그저께
어제저녁	엊저녁	가지고, 가지지	갖고, 갖지
디디고, 디디지	딛고, 딛지		

제33항 체언과 조사가 어울려 줄어지는 경우에는 준 대로 적는다.

본말	준말	본말	준말
그것은	그건	그것이	그게
그것으로	그걸로	나는	난
나를	날	너는	넌
너를	널	무엇을	뭣을/무얼/뭘
무엇이	뭣이/무에		

제34항 모음 'ㅏ, ㅓ'로 끝난 어간에 '-아/-어, -았-/-었-'이 어울릴 적에는 준 대로 적는다.

본말	준말	본말	준말
가아	가	가았다	갔다
나아	나	나았다	났다
타아	타	타았다	탔다
서어	서	서었다	섰다
켜어	켜	켜었다	켰다
펴어	펴	펴었다	폈다

[붙임 1] 'ㅐ, ㅔ' 뒤에 '-어, -었-'이 어울려 줄 적에는 준 대로 적는다.

본말	준말	본말	준말
개어	개	개었다	갰다
내어	내	내었다	냈다
베어	베	베었다	벴다
세어	세	세었다	셌다

[붙임 2] '하여'가 한 음절로 줄어서 '해'로 될 적에는 준 대로 적는다.

본말	준말	본말	준말
하여	해	하였다	했다
더하여	더해	더하였다	더했다
흔하여	흔해	흔하였다	흔했다

제35항 모음 'ㅗ, ㅜ'로 끝난 어간에 '−아/−어, −았−/−었−'이 어울려 'ㅘ/ㅝ, 왔/웠'으로 될 적에는 준 대로 적는다.

본말	준말	본말	준말
꼬아	꽈	꼬았다	꽜다
보아	봐	보았다	봤다
쏘아	쏴	쏘았다	쐈다
두어	둬	두었다	뒀다
쑤어	쒀	쑤었다	쒔다
주어	줘	주었다	줬다

[붙임 1] '놓아'가 '놔'로 줄 적에는 준 대로 적는다.

[붙임 2] 'ㅚ' 뒤에 '−어, −었−'이 어울려 'ㅙ, 쎘'으로 될 적에도 준 대로 적는다.

본말	준말	본말	준말
괴어	괘	괴었다	괬다
되어	돼	되었다	됐다
뵈어	봬	뵈었다	뵀다
쇠어	쇄	쇠었다	쇘다
쐬어	쐐	쐬었다	쐤다

제36항 'ㅣ' 뒤에 '−어'가 와서 'ㅕ'로 줄 적에는 준 대로 적는다.

본말	준말	본말	준말
가지어	가져	가지었다	가졌다
견디어	견뎌	견디었다	견뎠다
다니어	다녀	다니었다	다녔다
막히어	막혀	막히었다	막혔다
버티어	버텨	버티었다	버텼다
치이어	치여	치이었다	치였다

제37항 'ㅏ, ㅕ, ㅗ, ㅜ, ㅡ'로 끝난 어간에 '−이−'가 와서 각각 'ㅐ, ㅖ, ㅚ, ㅟ, ㅢ'로 줄 적에는 준 대로 적는다.

본말	준말	본말	준말
싸이다	쌔다	누이다	뉘다
펴이다	폐다	뜨이다	띄다
보이다	뵈다	쓰이다	씌다

제38항 ‘ㅏ, ㅗ, ㅜ, ㅡ’ 뒤에 ‘-이어’가 어울려 줄어질 적에는 준 대로 적는다.

본말	준말	본말	준말
싸이어	쌔어/싸여	뜨이어	띄어
보이어	뵈어/보여	쓰이어	씌어/쓰여
쏘이어	쐬어/쏘여	트이어	틔어/트여
누이어	뉘어/누여		

제39항 어미 ‘-지’ 뒤에 ‘않-’이 어울려 ‘-잖-’이 될 적과 ‘-하지’ 뒤에 ‘않-’이 어울려 ‘-찮-’이 될 적에는 준 대로 적는다.

본말	준말	본말	준말
그렇지 않은	그렇잖은	만만하지 않다	만만찮다
적지 않은	적잖은	변변하지 않다	변변찮다

제40항 어간의 끝음절 ‘하’의 ‘ㅏ’가 줄고 ‘ㅎ’이 다음 음절의 첫소리와 어울려 거센소리로 될 적에는 거센소리로 적는다.

본말	준말	본말	준말
간편하게	간편케	다정하다	다정타
연구하도록	연구토록	정결하다	정결타
가하다	가타	흔하다	흔타

[붙임 1] ‘ㅎ’이 어간의 끝소리로 굳어진 것은 받침으로 적는다.

않다	않고	않지	않든지
그렇다	그렇고	그렇지	그렇든지
아무렇다	아무렇고	아무렇지	아무렇든지
어떻다	어떻고	어떻지	어떻든지
이렇다	이렇고	이렇지	이렇든지
저렇다	저렇고	저렇지	저렇든지

[붙임 2] 어간의 끝음절 ‘하’가 아주 줄 적에는 준 대로 적는다.

본말	준말	본말	준말
거북하지	거북지	넉넉하지 않다	넉넉지 않다
생각하건대	생각건대	못하지 않다	못지않다
생각하다 못해	생각다 못해	섭섭하지 않다	섭섭지 않다
깨끗하지 않다	깨끗지 않다	익숙하지 않다	익숙지 않다

[붙임 3] 다음과 같은 부사는 소리대로 적는다.

결단코	결코	기필코	무심코
아무튼	요컨대	정녕코	필연코
하마터면	하여튼	한사코	

제5장 띄어쓰기

제1절 　조사

제41항 조사는 그 앞말에 붙여 쓴다.

꽃이	꽃마저	꽃밖에	꽃에서부터	꽃으로만
꽃이나마	꽃이다	꽃입니다	꽃처럼	어디까지나
거기도	멀리는	웃고만		

제2절 　의존 명사, 단위를 나타내는 명사 및 열거하는 말 등

제42항 의존 명사는 띄어 쓴다.

아는 것이 힘이다.	나도 할 수 있다.
먹을 만큼 먹어라.	아는 이를 만났다.
네가 뜻한 바를 알겠다.	그가 떠난 지가 오래다.

제43항 단위를 나타내는 명사는 띄어 쓴다.

한 개	차 한 대	금 서 돈	소 한 마리
옷 한 벌	열 살	조기 한 손	연필 한 자루
버선 한 죽	집 한 채	신 두 켤레	북어 한 쾌

다만, 순서를 나타내는 경우나 숫자와 어울리어 쓰이는 경우에는 붙여 쓸 수 있다.

두시 삼십분 오초	제일과	삼학년
육층	1446년 10월 9일	2대대
16동 502호	제1실습실	80원
10개	7미터	

제44항 수를 적을 적에는 '만(萬)' 단위로 띄어 쓴다.

십이억 삼천사백오십육만 칠천팔백구십팔	12억 3456만 7898

제45항 두 말을 이어 주거나 열거할 적에 쓰이는 다음의 말들은 띄어 쓴다.

국장 겸 과장	열 내지 스물	청군 대 백군
책상, 걸상 등이 있다	이사장 및 이사들	사과, 배, 귤 등등
사과, 배 등속	**부산, 광주 등지**	

제46항 단음절로 된 단어가 연이어 나타날 적에는 붙여 쓸 수 있다.

좀더 큰것	이말 저말	한잎 두잎

제3절 보조 용언

제47항 보조 용언은 띄어 씀을 원칙으로 하되, 경우에 따라 붙여 씀도 허용한다. (ㄱ을 원칙으로 하고, ㄴ을 허용함.)

ㄱ	ㄴ
불이 꺼져 간다.	불이 꺼져간다.
내 힘으로 막아 낸다.	내 힘으로 막아낸다.
어머니를 도와 드린다.	어머니를 도와드린다.
그릇을 깨뜨려 버렸다.	그릇을 깨뜨려버렸다.
비가 올 듯하다.	비가 올듯하다.
그 일은 할 만하다.	그 일은 할만하다.
일이 될 법하다.	일이 될법하다.
비가 올 성싶다.	비가 올성싶다.
잘 아는 척한다.	잘 아는척한다.

다만, 앞말에 조사가 붙거나 앞말이 합성 용언인 경우, 그리고 중간에 조사가 들어갈 적에는 그 뒤에 오는 보조 용언은 띄어 쓴다.

잘도 놀아만 나는구나!	책을 읽어도 보고…….
네가 덤벼들어 보아라.	이런 기회는 다시없을 듯하다.
그가 올 듯도 하다.	잘난 체를 한다.

제4절 고유 명사 및 전문 용어

제48항 성과 이름, 성과 호 등은 붙여 쓰고, 이에 덧붙는 호칭어, 관직명 등은 띄어 쓴다.

김양수(金良洙)	서화담(徐花潭)	채영신 씨
최치원 선생	박동식 박사	충무공 이순신 장군

다만, 성과 이름, 성과 호를 분명히 구분할 필요가 있을 경우에는 띄어 쓸 수 있다.

남궁억/남궁 억	독고준/독고 준	황보지봉(皇甫芝峰)/황보 지봉

제49항 성명 이외의 고유 명사는 단어별로 띄어 씀을 원칙으로 하되, 단위별로 띄어 쓸 수 있다. (ㄱ을 원칙으로 하고, ㄴ을 허용함.)

ㄱ	ㄴ
대한 중학교	대한중학교
한국 대학교 사범 대학	한국대학교 사범대학

제50항 전문 용어는 단어별로 띄어 씀을 원칙으로 하되, 붙여 쓸 수 있다. (ㄱ을 원칙으로 하고, ㄴ을 허용함.)

ㄱ	ㄴ
만성 골수성 백혈병	만성골수성백혈병
중거리 탄도 유도탄	중거리탄도유도탄

제6장 그 밖의 것

제51항 부사의 끝음절이 분명히 '이'로만 나는 것은 '-이'로 적고, '히'로만 나거나 '이'나 '히'로 나는 것은 '-히'로 적는다.

1. '이'로만 나는 것

가붓이	깨끗이	나붓이	느긋이	둥긋이
따뜻이	반듯이	버젓이	산뜻이	의젓이
가까이	고이	날카로이	대수로이	번거로이
많이	적이	헛되이	겹겹이	번번이
일일이	집집이	틈틈이		

2. '히'로만 나는 것

극히	급히	딱히	속히	작히
족히	특히	엄격히	정확히	

3. '이, 히'로 나는 것

솔직히	가만히	간편히	나른히	무단히
각별히	소홀히	쓸쓸히	정결히	과감히
꼼꼼히	심히	열심히	급급히	답답히
섭섭히	공평히	능히	당당히	분명히
상당히	조용히	간소히	고요히	도저히

제52항 한자어에서 본음으로도 나고 속음으로도 나는 것은 각각 그 소리에 따라 적는다.

본음으로 나는 것	속음으로 나는 것
승낙(承諾)	수락(受諾), 쾌락(快諾), 허락(許諾)
만난(萬難)	곤란(困難), 논란(論難)
안녕(安寧)	의령(宜寧), 회령(會寧)
분노(忿怒)	대로(大怒), 희로애락(喜怒哀樂)
토론(討論)	의논(議論)
오륙십(五六十)	오뉴월, 유월(六月)
목재(木材)	모과(木瓜)
십일(十日)	시방정토(十方淨土), 시왕(十王), 시월(十月)
팔일(八日)	초파일(初八日)

제53항 다음과 같은 어미는 예사소리로 적는다. (ㄱ을 취하고, ㄴ을 버림.)

ㄱ	ㄴ	ㄱ	ㄴ
-(으)ㄹ거나	-(으)ㄹ꺼나	-(으)ㄹ걸	-(으)ㄹ껄
-(으)ㄹ게	-(으)ㄹ께	-(으)ㄹ세	-(으)ㄹ쎄
-(으)ㄹ세라	-(으)ㄹ쎄라	-(으)ㄹ수록	-(으)ㄹ쑤록
-(으)ㄹ시	-(으)ㄹ씨	-(으)ㄹ지	-(으)ㄹ찌
-(으)ㄹ지니라	-(으)ㄹ찌니라	-(으)ㄹ지라도	-(으)ㄹ찌라도
-(으)ㄹ지어다	-(으)ㄹ찌어다	-(으)ㄹ지언정	-(으)ㄹ찌언정
-(으)ㄹ진대	-(으)ㄹ찐대	-(으)ㄹ진저	-(으)ㄹ찐저
-올시다	-올씨다		

다만, 의문을 나타내는 다음 어미들은 된소리로 적는다.

-(으)ㄹ까?	-(으)ㄹ꼬?	-(스)ㅂ니까?	-(으)리까?	-(으)ㄹ쏘냐?

제54항 다음과 같은 접미사는 된소리로 적는다. (ㄱ을 취하고, ㄴ을 버림.)

ㄱ	ㄴ	ㄱ	ㄴ
심부름꾼	심부름군	귀때기	귓대기
익살꾼	익살군	볼때기	볼대기
일꾼	일군	판자때기	판잣대기
장꾼	장군	뒤꿈치	뒷굼치
장난꾼	장난군	팔꿈치	팔굼치
지게꾼	지겟군	이마빼기	이맛배기
때깔	땟갈	코빼기	콧배기
빛깔	빛갈	객쩍다	객적다
성깔	성갈	겸연쩍다	겸연적다

제55항 두 가지로 구별하여 적던 다음 말들은 한 가지로 적는다. (ㄱ을 취하고, ㄴ을 버림.)

ㄱ	ㄴ
맞추다(입을 맞춘다. 양복을 맞춘다.)	마추다
뻗치다(다리를 뻗친다. 멀리 뻗친다.)	뻐치다

제56항 '-더라, -던'과 '-든지'는 다음과 같이 적는다.

1. 지난 일을 나타내는 어미는 '-더라, -던'으로 적는다. (ㄱ을 취하고, ㄴ을 버림.)

ㄱ	ㄴ
지난겨울은 몹시 춥더라.	지난겨울은 몹시 춥드라.
깊던 물이 얕아졌다.	깊든 물이 얕아졌다.
그렇게 좋던가?	그렇게 좋든가?
그 사람 말 잘하던데!	그 사람 말 잘하든데!
얼마나 놀랐던지 몰라.	얼마나 놀랐든지 몰라.

2. 물건이나 일의 내용을 가리지 아니하는 뜻을 나타내는 조사와 어미는 '(-)든지'로 적는다. (ㄱ을 취하고, ㄴ을 버림.)

ㄱ	ㄴ
배든지 사과든지 마음대로 먹어라.	배던지 사과던지 마음대로 먹어라.
가든지 오든지 마음대로 해라.	가던지 오던지 마음대로 해라.

제57항 다음 말들은 각각 구별하여 적는다.

가름	둘로 가름
갈음	새 책상으로 갈음하였다.
거름	풀을 썩힌 거름
걸음	빠른 걸음
거치다	영월을 거쳐 왔다.
걷히다	외상값이 잘 걷힌다.
걷잡다	걷잡을 수 없는 상태
겉잡다	겉잡아서 이틀 걸릴 일
그러므로(그러니까)	그는 부지런하다. 그러므로 잘 산다.
그럼으로(써)(그렇게 하는 것으로)	그는 열심히 공부한다. 그럼으로(써) 은혜에 보답한다.
노름	노름판이 벌어졌다.
놀음(놀이)	즐거운 놀음
느리다	진도가 너무 느리다.
늘이다	고무줄을 늘인다.
늘리다	수출량을 더 늘린다.
다리다	옷을 다린다.
달이다	약을 달인다.
다치다	부주의로 손을 다쳤다.
닫히다	문이 저절로 닫혔다.
닫치다	문을 힘껏 닫쳤다.
마치다	벌써 일을 마쳤다.
맞히다	여러 문제를 더 맞혔다.
목거리	목거리가 덧났다.
목걸이	금목걸이, 은목걸이
바치다	나라를 위해 목숨을 바쳤다.
받치다	우산을 받치고 간다. 책받침을 받친다.
받히다	쇠뿔에 받혔다.
밭치다	술을 체에 밭친다.
반드시	약속은 반드시 지켜라.
반듯이	고개를 반듯이 들어라.
부딪치다	차와 차가 마주 부딪쳤다.
부딪히다	마차가 화물차에 부딪혔다.

부치다	힘이 부치는 일이다.
	편지를 부친다.
	논밭을 부친다.
	빈대떡을 부친다.
	식목일에 부치는 글
	회의에 부치는 안건
	인쇄에 부치는 원고
	삼촌 집에 숙식을 부친다.
붙이다	우표를 붙인다.
	책상을 벽에 붙였다.
	흥정을 붙인다.
	불을 붙인다.
	감시원을 붙인다.
	조건을 붙인다.
	취미를 붙인다.
	별명을 붙인다.
시키다	일을 시킨다.
식히다	끓인 물을 식힌다.
아름	세 아름이나 되는 둘레
알음	전부터 알음이 있는 사이
앎	앎이 힘이다.
안치다	밥을 안친다.
앉히다	윗자리에 앉힌다.
어름	두 물건의 어름에서 일어난 현상
얼음	얼음이 얼었다.
이따가	이따가 오너라.
있다가	돈은 있다가도 없다.
저리다	다친 다리가 저린다.
절이다	김장 배추를 절인다.
조리다	생선을 조린다, 통조림, 병조림
졸이다	마음을 졸인다.
주리다	여러 날을 주렸다.
줄이다	비용을 줄인다.
하노라고	하노라고 한 것이 이 모양이다.
하느라고	공부하느라고 밤을 새웠다.

−느니보다(어미)	나를 찾아오느니보다 집에 있거라.
−는 이보다(의존 명사)	오는 이가 가는 이보다 많다.
−(으)리만큼(어미)	나를 미워하리만큼 그에게 잘못한 일이 없다.
−(으)ㄹ 이만큼(의존 명사)	찬성할 이도 반대할 이만큼이나 많을 것이다.
−(으)러(목적)	공부하러 간다.
−(으)려(의도)	서울 가려 한다.
−(으)로서(자격)	사람으로서 그럴 수는 없다.
−(으)로써(수단)	닭으로써 꿩을 대신했다.
−(으)므로(어미)	그가 나를 믿으므로 나도 그를 믿는다.
(−ㅁ, −음)으로(써)(조사)	그는 믿음으로(써) 산 보람을 느꼈다.

[부록] 문장 부호

문장 부호는 글에서 문장의 구조를 드러내거나 글쓴이의 의도를 전달하기 위하여 사용하는 부호이다. 문장 부호의 이름과 사용법은 다음과 같이 정한다.

1. 마침표(.)

(1) 서술, 명령, 청유 등을 나타내는 문장의 끝에 쓴다.

예 젊은이는 나라의 기둥입니다.

예 제 손을 꼭 잡으세요.

예 집으로 돌아갑시다.

예 가는 말이 고와야 오는 말이 곱다.

[붙임 1] 직접 인용한 문장의 끝에는 쓰는 것을 원칙으로 하되, 쓰지 않는 것을 허용한다. (ㄱ을 원칙으로 하고, ㄴ을 허용함.)

예 ㄱ. 그는 "지금 바로 떠나자."라고 말하며 서둘러 짐을 챙겼다.

　ㄴ. 그는 "지금 바로 떠나자"라고 말하며 서둘러 짐을 챙겼다.

[붙임 2] 용언의 명사형이나 명사로 끝나는 문장에는 쓰는 것을 원칙으로 하되, 쓰지 않는 것을 허용한다. (ㄱ을 원칙으로 하고, ㄴ을 허용함.)

예 ㄱ. 목적을 이루기 위하여 몸과 마음을 다하여 애를 씀.

　ㄴ. 목적을 이루기 위하여 몸과 마음을 다하여 애를 씀

예 ㄱ. 결과에 연연하지 않고 끝까지 최선을 다하기.

　ㄴ. 결과에 연연하지 않고 끝까지 최선을 다하기

예 ㄱ. 신입 사원 모집을 위한 기업 설명회 개최.

　ㄴ. 신입 사원 모집을 위한 기업 설명회 개최

예 ㄱ. 내일 오전까지 보고서를 제출할 것.

　　ㄴ. 내일 오전까지 보고서를 제출할 것

다만, 제목이나 표어에는 쓰지 않음을 원칙으로 한다.

예 압록강은 흐른다

예 꺼진 불도 다시 보자

예 건강한 몸 만들기

(2) 아라비아 숫자만으로 연월일을 표시할 때 쓴다.

예 1919. 3. 1.　　예 10. 1.~10. 12.

(3) 특정한 의미가 있는 날을 표시할 때 월과 일을 나타내는 아라비아 숫자 사이에 쓴다.

예 3.1 운동　　예 8.15 광복

[붙임] 이때는 마침표 대신 가운뎃점을 쓸 수 있다.

예 3 · 1 운동　　예 8 · 15 광복

(4) 장, 절, 항 등을 표시하는 문자나 숫자 다음에 쓴다.

예 가. 인명　　예 ㄱ. 머리말

예 Ⅰ. 서론　　예 1. 연구 목적

[붙임] '마침표' 대신 '온점'이라는 용어를 쓸 수 있다.

2. 물음표(?)

(1) 의문문이나 의문을 나타내는 어구의 끝에 쓴다.

예 점심 먹었어?

예 이번에 가시면 언제 돌아오세요?

예 제가 부모님 말씀을 따르지 않을 리가 있겠습니까?

예 남북이 통일되면 얼마나 좋을까?

예 다섯 살짜리 꼬마가 이 멀고 험한 곳까지 혼자 왔다?

예 지금?

예 뭐라고?

예 네?

[붙임 1] 한 문장 안에 몇 개의 선택적인 물음이 이어질 때는 맨 끝의 물음에만 쓰고, 각 물음이 독립적일 때는 각 물음의 뒤에 쓴다.

예 너는 중학생이냐, 고등학생이냐?

예 너는 여기에 언제 왔니? 어디서 왔니? 무엇 하러 왔니?

[붙임 2] 의문의 정도가 약할 때는 물음표 대신 마침표를 쓸 수 있다.

예 도대체 이 일을 어쩐단 말이냐.

예 이것이 과연 내가 찾던 행복일까.

다만, 제목이나 표어에는 쓰지 않음을 원칙으로 한다.

예 역사란 무엇인가

예 아직도 담배를 피우십니까

(2) 특정한 어구의 내용에 대하여 의심, 빈정거림 등을 표시할 때, 또는 적절한 말을 쓰기 어려울 때 소괄호 안에 쓴다.

예 우리와 의견을 같이할 사람은 최 선생(?) 정도인 것 같다.

예 30점이라, 거참 훌륭한(?) 성적이군.

예 우리 집 강아지가 가출(?)을 했어요.

(3) 모르거나 불확실한 내용임을 나타낼 때 쓴다.

예 최치원(857~?)은 통일 신라 말기에 이름을 떨쳤던 학자이자 문장가이다.

예 조선 시대의 시인 강백(1690?~1777?)의 자는 자청이고, 호는 우곡이다.

3. 느낌표(!)

(1) 감탄문이나 감탄사의 끝에 쓴다.

예 이거 정말 큰일이 났구나!

예 어머!

[붙임] 감탄의 정도가 약할 때는 느낌표 대신 쉼표나 마침표를 쓸 수 있다.

예 어, 벌써 끝났네.

예 날씨가 참 좋군.

(2) 특별히 강한 느낌을 나타내는 어구, 평서문, 명령문, 청유문에 쓴다.

예 청춘! 이는 듣기만 하여도 가슴이 설레는 말이다.

예 이야, 정말 재밌다!

예 지금 즉시 대답해!

예 앞만 보고 달리자!

(3) 물음의 말로 놀람이나 항의의 뜻을 나타내는 경우에 쓴다.

예 이게 누구야!

예 내가 왜 나빠!

(4) 감정을 넣어 대답하거나 다른 사람을 부를 때 쓴다.

예 네!　예 네, 선생님!

예 흥부야!　예 언니!

4. 쉼표(,)

(1) 같은 자격의 어구를 열거할 때 그 사이에 쓴다.

예 근면, 검소, 협동은 우리 겨레의 미덕이다.

예 충청도의 계룡산, 전라도의 내장산, 강원도의 설악산은 모두 국립 공원이다.

예 집을 보러 가면 그 집이 내가 원하는 조건에 맞는지, 살기에 편한지, 망가진 곳은 없는지 확인해야 한다.

예 5보다 작은 자연수는 1, 2, 3, 4이다.

다만, (가) 쉼표 없이도 열거되는 사항임이 쉽게 드러날 때는 쓰지 않을 수 있다.

예 아버지 어머니께서 함께 오셨어요.

예 네 돈 내 돈 다 합쳐 보아야 만 원도 안 되겠다.

(나) 열거할 어구들을 생략할 때 사용하는 줄임표 앞에는 쉼표를 쓰지 않는다.

예 광역시: 광주, 대구, 대전……

(2) 짝을 지어 구별할 때 쓴다.

예 닭과 지네, 개와 고양이는 상극이다.

(3) 이웃하는 수를 개략적으로 나타낼 때 쓴다.

예 5, 6세기   예 6, 7, 8개

(4) 열거의 순서를 나타내는 어구 다음에 쓴다.

예 첫째, 몸이 튼튼해야 한다.

예 마지막으로, 무엇보다 마음이 편해야 한다.

(5) 문장의 연결 관계를 분명히 하고자 할 때 절과 절 사이에 쓴다.

예 콩 심은 데 콩 나고, 팥 심은 데 팥 난다.

예 저는 신뢰와 정직을 생명과 같이 여기고 살아온바, 이번 비리 사건과는 무관하다는 점을 분명히 밝힙니다.

예 떡국은 설날의 대표적인 음식인데, 이걸 먹어야 비로소 나이도 한 살 더 먹는다고 한다.

(6) 같은 말이 되풀이되는 것을 피하기 위하여 일정한 부분을 줄여서 열거할 때 쓴다.

예 여름에는 바다에서, 겨울에는 산에서 휴가를 즐겼다.

(7) 부르거나 대답하는 말 뒤에 쓴다.

예 지은아, 이리 좀 와 봐.

예 네, 지금 가겠습니다.

(8) 한 문장 안에서 앞말을 '곧', '다시 말해' 등과 같은 어구로 다시 설명할 때 앞말 다음에 쓴다.

예 책의 서문, 곧 머리말에는 책을 지은 목적이 드러나 있다.

예 원만한 인간관계는 말과 관련한 예의, 즉 언어 예절을 갖추는 것에서 시작된다.

예 호준이 어머니, 다시 말해 나의 누님은 올해로 결혼한 지 20년이 된다.

예 나에게도 작은 소망, 이를테면 나만의 정원을 가졌으면 하는 소망이 있어.

(9) 문장 앞부분에서 조사 없이 쓰인 제시어나 주제어의 뒤에 쓴다.

예 돈, 돈이 인생의 전부이더냐?

예 열정, 이것이야말로 젊은이의 가장 소중한 자산이다.

예 지금 네가 여기 있다는 것, 그것만으로도 나는 충분히 행복해.

예 저 친구, 저러다가 큰일 한번 내겠어.

예 그 사실, 넌 알고 있었지?

(10) 한 문장에 같은 의미의 어구가 반복될 때 앞에 오는 어구 다음에 쓴다.

예 그의 애국심, 몸을 사리지 않고 국가를 위해 헌신한 정신을 우리는 본받아야 한다.

(11) 도치문에서 도치된 어구들 사이에 쓴다.

예 이리 오세요, 어머님.

예 다시 보자, 한강수야.

(12) 바로 다음 말과 직접적인 관계에 있지 않음을 나타낼 때 쓴다.

예 갑돌이는, 울면서 떠나는 갑순이를 배웅했다.

예 철원과, 대관령을 중심으로 한 강원도 산간 지대에 예년보다 일찍 첫눈이 내렸습니다.

(13) 문장 중간에 끼어든 어구의 앞뒤에 쓴다.

예 나는, 솔직히 말하면, 그 말이 별로 탐탁지 않아.

예 영호는 미소를 띠고, 속으로는 화가 치밀어 올라 잠시라도 견딜 수 없을 만큼 괴로웠지만, 그들을 맞았다.

[붙임 1] 이때는 쉼표 대신 줄표를 쓸 수 있다.

예 나는 ― 솔직히 말하면 ― 그 말이 별로 탐탁지 않아.

예 영호는 미소를 띠고 ― 속으로는 화가 치밀어 올라 잠시라도 견딜 수 없을 만큼 괴로웠지만 ― 그들을 맞았다.

[붙임 2] 끼어든 어구 안에 다른 쉼표가 들어 있을 때는 쉼표 대신 줄표를 쓴다.

예 이건 내 것이니까 ― 아니, 내가 처음 발견한 것이니까 ― 절대로 양보할 수 없다.

(14) 특별한 효과를 위해 끊어 읽는 곳을 나타낼 때 쓴다.

예 내가, 정말 그 일을 오늘 안에 해낼 수 있을까?

예 이 전투는 바로 우리가, 우리만이, 승리로 이끌 수 있다.

(15) 짧게 더듬는 말을 표시할 때 쓴다.

예 선생님, 부, 부정행위라니요? 그런 건 새, 생각조차 하지 않았습니다.

[붙임] '쉼표' 대신 '반점'이라는 용어를 쓸 수 있다.

5. 가운뎃점(·)

(1) 열거할 어구들을 일정한 기준으로 묶어서 나타낼 때 쓴다.

　예 민수 · 영희, 선미 · 준호가 서로 짝이 되어 윷놀이를 하였다.

　예 지금의 경상남도 · 경상북도, 전라남도 · 전라북도, 충청남도 · 충청북도 지역을 예부터 삼남이라 일러
　　왔다.

(2) 짝을 이루는 어구들 사이에 쓴다.

　예 한(韓) · 이(伊) 양국 간의 무역량이 늘고 있다.

　예 우리는 그 일의 참 · 거짓을 따질 겨를도 없었다.

　예 하천 수질의 조사 · 분석

　예 빨강 · 초록 · 파랑이 빛의 삼원색이다.

　다만, 이때는 가운뎃점을 쓰지 않거나 쉼표를 쓸 수도 있다.

　예 한(韓) 이(伊) 양국 간의 무역량이 늘고 있다.

　예 우리는 그 일의 참 거짓을 따질 겨를도 없었다.

　예 하천 수질의 조사, 분석

　예 빨강, 초록, 파랑이 빛의 삼원색이다.

(3) 공통 성분을 줄여서 하나의 어구로 묶을 때 쓴다.

　예 상 · 중 · 하위권

　예 금 · 은 · 동메달

　예 통권 제54 · 55 · 56호

　[붙임] 이때는 가운뎃점 대신 쉼표를 쓸 수 있다.

　예 상, 중, 하위권

　예 금, 은, 동메달

　예 통권 제54, 55, 56호

6. 쌍점(:)

(1) 표제 다음에 해당 항목을 들거나 설명을 붙일 때 쓴다.

　예 문방사우: 종이, 붓, 먹, 벼루

　예 일시: 2014년 10월 9일 10시

　예 흔하진 않지만 두 자로 된 성씨도 있다. (예: 남궁, 선우, 황보)

　예 올림표(♯): 음의 높이를 반음 올릴 것을 지시한다.

(2) 희곡 등에서 대화 내용을 제시할 때 말하는 이와 말한 내용 사이에 쓴다.

　예 김 과장: 난 못 참겠다.

　예 아들: 아버지, 제발 제 말씀 좀 들어 보세요.

(3) 시와 분, 장과 절 등을 구별할 때 쓴다.

> 예 오전 10:20(오전 10시 20분)
>
> 예 두시언해 6:15(두시언해 제6권 제15장)

(4) 의존 명사 '대'가 쓰일 자리에 쓴다.

> 예 65:60(65 대 60)
>
> 예 청군:백군(청군 대 백군)
>
> [붙임] 쌍점의 앞은 붙여 쓰고 뒤는 띄어 쓴다. 다만, (3)과 (4)에서는 쌍점의 앞뒤를 붙여 쓴다.

7. 빗금(/)

(1) 대비되는 두 개 이상의 어구를 묶어 나타낼 때 그 사이에 쓴다.

> 예 먹이다/먹히다
>
> 예 남반구/북반구
>
> 예 금메달/은메달/동메달
>
> 예 (   )이/가 우리나라의 보물 제1호이다.

(2) 기준 단위당 수량을 표시할 때 해당 수량과 기준 단위 사이에 쓴다.

> 예 100미터/초
>
> 예 1,000원/개

(3) 시의 행이 바뀌는 부분임을 나타낼 때 쓴다.

> 예 산에 / 산에 / 피는 꽃은 / 저만치 혼자서 피어 있네
>
> 다만, 연이 바뀜을 나타낼 때는 두 번 겹쳐 쓴다.
>
> 예 산에는 꽃 피네 / 꽃이 피네 / 갈 봄 여름 없이 / 꽃이 피네 // 산에 / 산에 / 피는 꽃은 / 저만치 혼자
> 서 피어 있네
>
> [붙임] 빗금의 앞뒤는 (1)과 (2)에서는 붙여 쓰며, (3)에서는 띄어 쓰는 것을 원칙으로 하되 붙여 쓰는 것
> 을 허용한다. 단, (1)에서 대비되는 어구가 두 어절 이상인 경우에는 빗금의 앞뒤를 띄어 쓸 수 있다.

8. 큰따옴표(" ")

(1) 글 가운데에서 직접 대화를 표시할 때 쓴다.

> 예 "어머니, 제가 가겠어요."
>
> "아니다. 내가 다녀오마."

(2) 말이나 글을 직접 인용할 때 쓴다.

> 예 나는 "어, 광훈이 아니냐?" 하는 소리에 깜짝 놀랐다.
>
> 예 밤하늘에 반짝이는 별들을 보면서 "나는 아무 걱정도 없이 가을 속의 별들을 다 헬 듯합니다."라는 시
> 구를 떠올렸다.

예 편지의 끝머리에는 이렇게 적혀 있었죠.

　"할머니, 편지에 사진을 동봉했다고 하셨지만 봉투 안에는 아무것도 없었어요."

9. 작은따옴표(' ')

(1) 인용한 말 안에 있는 인용한 말을 나타낼 때 쓴다.

　예 그는 "여러분! '시작이 반이다.'라는 말 들어 보셨죠?"라고 말하며 강연을 시작했다.

(2) 마음속으로 한 말을 적을 때 쓴다.

　예 나는 '일이 다 틀렸나 보군.' 하고 생각하였다.

　예 '이번에는 꼭 이기고야 말겠어.' 호연이는 마음속으로 몇 번이나 그렇게 다짐하며 주먹을 불끈 쥐었다.

10. 소괄호(( ))

(1) 주석이나 보충적인 내용을 덧붙일 때 쓴다.

　예 니체(독일의 철학자)의 말을 빌리면 다음과 같다.

　예 2014. 12. 19.(금)

　예 문인화의 대표적인 소재인 사군자(매화, 난초, 국화, 대나무)는 고결한 선비 정신을 상징한다.

(2) 우리말 표기와 원어 표기를 아울러 보일 때 쓴다.

　예 기호(嗜好), 자세(姿勢)　예 커피(coffee), 에티켓(étiquette)

(3) 생략할 수 있는 요소임을 나타낼 때 쓴다.

　예 학교에서 동료 교사를 부를 때는 이름 뒤에 '선생(님)'이라는 말을 덧붙인다.

　예 광개토(대)왕은 고구려의 전성기를 이끌었던 임금이다.

(4) 희곡 등 대화를 적은 글에서 동작이나 분위기, 상태를 드러낼 때 쓴다.

　예 현우: (가쁜 숨을 내쉬며) 왜 이렇게 빨리 뛰어?

　예 "관찰한 것을 쓰는 것이 습관이 되었죠. 그러다 보니, 상상력이 생겼나 봐요." (웃음)

(5) 내용이 들어갈 자리임을 나타낼 때 쓴다.

　예 우리나라의 수도는 (　　　)이다.

　예 다음 빈칸에 알맞은 조사를 쓰시오.

　　민수가 할아버지(　　　) 꽃을 드렸다.

(6) 항목의 순서나 종류를 나타내는 숫자나 문자 등에 쓴다.

　예 사람의 인격은 (1) 용모, (2) 언어, (3) 행동, (4) 덕성 등으로 표현된다.

　예 (가) 동해, (나) 서해, (다) 남해

11. 중괄호({ })

(1) 같은 범주에 속하는 여러 요소를 세로로 묶어서 보일 때 쓴다.

예 주격 조사 { 이 / 가 }

예 국가의 성립 요소 { 국민 / 영토 / 주권 }

(2) 열거된 항목 중 어느 하나가 자유롭게 선택될 수 있음을 보일 때 쓴다.

예 아이들이 모두 학교{에, 로, 까지} 갔어요.

12. 대괄호([ ])

(1) 괄호 안에 또 괄호를 쓸 필요가 있을 때 바깥쪽의 괄호로 쓴다.

예 어린이날이 새로 제정되었을 당시에는 어린이들에게 경어를 쓰라고 하였다. [윤석중 전집(1988), 70쪽 참조]

예 이번 회의에는 두 명[이혜정(실장), 박철용(과장)]만 빼고 모두 참석했습니다.

(2) 고유어에 대응하는 한자어를 함께 보일 때 쓴다.

예 나이[年歲]   예 낱말[單語]   예 손발[手足]

(3) 원문에 대한 이해를 돕기 위해 설명이나 논평 등을 덧붙일 때 쓴다.

예 그것[한글]은 이처럼 정보화 시대에 알맞은 과학적인 문자이다.

예 신경준의 ≪여암전서≫에 "삼각산은 산이 모두 돌 봉우리인데, 그 으뜸 봉우리를 구름 위에 솟아 있다고 백운(白雲)이라 하며 [이하 생략]"

예 그런 일은 결코 있을 수 없다. [원문에는 '업다'임.]

13. 겹낫표(『 』)와 겹화살괄호(≪ ≫)

책의 제목이나 신문 이름 등을 나타낼 때 쓴다.

예 우리나라 최초의 민간 신문은 1896년에 창간된 『독립신문』이다.

예 『훈민정음』은 1997년에 유네스코 세계 기록 유산으로 지정되었다.

예 ≪한성순보≫는 우리나라 최초의 근대 신문이다.

예 윤동주의 유고 시집인 ≪하늘과 바람과 별과 시≫에는 31편의 시가 실려 있다.

[붙임] 겹낫표나 겹화살괄호 대신 큰따옴표를 쓸 수 있다.

예 우리나라 최초의 민간 신문은 1896년에 창간된 "독립신문"이다.

예 윤동주의 유고 시집인 "하늘과 바람과 별과 시"에는 31편의 시가 실려 있다.

14. 홑낫표(「」)와 홑화살괄호(〈 〉)

소제목, 그림이나 노래와 같은 예술 작품의 제목, 상호, 법률, 규정 등을 나타낼 때 쓴다.

예 「국어 기본법 시행령」은 「국어 기본법」에서 위임된 사항과 그 시행에 필요한 사항을 규정함을 목적으로 한다.

예 이 곡은 베르디가 작곡한 「축배의 노래」이다.

예 사무실 밖에 「해와 달」이라고 쓴 간판을 달았다.

예 〈한강〉은 사진집 ≪아름다운 땅≫에 실린 작품이다.

예 백남준은 2005년에 〈엄마〉라는 작품을 선보였다.

[붙임] 홑낫표나 홑화살괄호 대신 작은따옴표를 쓸 수 있다.

예 사무실 밖에 '해와 달'이라고 쓴 간판을 달았다.

예 '한강'은 사진집 "아름다운 땅"에 실린 작품이다.

15. 줄표(一)

제목 다음에 표시하는 부제의 앞뒤에 쓴다.

예 이번 토론회의 제목은 '역사 바로잡기 ― 근대의 설정 ―'이다.

예 '환경 보호 ― 숲 가꾸기 ―'라는 제목으로 글짓기를 했다.

다만, 뒤에 오는 줄표는 생략할 수 있다.

예 이번 토론회의 제목은 '역사 바로잡기 ― 근대의 설정'이다.

예 '환경 보호 ― 숲 가꾸기'라는 제목으로 글짓기를 했다.

[붙임] 줄표의 앞뒤는 띄어 쓰는 것을 원칙으로 하되, 붙여 쓰는 것을 허용한다.

16. 붙임표(-)

(1) 차례대로 이어지는 내용을 하나로 묶어 열거할 때 각 어구 사이에 쓴다.

예 멀리뛰기는 도움닫기-도약-공중 자세-착지의 순서로 이루어진다.

예 김 과장은 기획-실무-홍보까지 직접 발로 뛰었다.

(2) 두 개 이상의 어구가 밀접한 관련이 있음을 나타내고자 할 때 쓴다.

예 드디어 서울-북경의 항로가 열렸다.

예 원-달러 환율

예 남한-북한-일본 삼자 관계

17. 물결표(∼)

기간이나 거리 또는 범위를 나타낼 때 쓴다.

예 9월 15일∼9월 25일

예 김정희(1786∼1856)

예 서울∼천안 정도는 출퇴근이 가능하다.

예 이번 시험의 범위는 3∼78쪽입니다.

[붙임] 물결표 대신 붙임표를 쓸 수 있다.

예 9월 15일-9월 25일

예 김정희(1786-1856)

예 서울-천안 정도는 출퇴근이 가능하다.

예 이번 시험의 범위는 3-78쪽입니다.

18. 드러냄표(·)와 밑줄(___)

문장 내용 중에서 주의가 미쳐야 할 곳이나 중요한 부분을 특별히 드러내 보일 때 쓴다.

예 한글의 본디 이름은 훈민정음이다.

예 중요한 것은 왜 사느냐가 아니라 어떻게 사느냐이다.

예 지금 필요한 것은 지식이 아니라 실천입니다.

예 다음 보기에서 명사가 아닌 것은?

[붙임] 드러냄표나 밑줄 대신 작은따옴표를 쓸 수 있다.

예 한글의 본디 이름은 '훈민정음'이다.

예 중요한 것은 '왜 사느냐'가 아니라 '어떻게 사느냐'이다.

예 지금 필요한 것은 '지식'이 아니라 '실천'입니다.

예 다음 보기에서 명사가 '아닌' 것은?

19. 숨김표(○, ×)

(1) 금기어나 공공연히 쓰기 어려운 비속어임을 나타낼 때, 그 글자의 수효만큼 쓴다.

예 배운 사람 입에서 어찌 ○○○란 말이 나올 수 있느냐?

예 그 말을 듣는 순간 ×××란 말이 목구멍까지 치밀었다.

(2) 비밀을 유지해야 하거나 밝힐 수 없는 사항임을 나타낼 때 쓴다.

예 1차 시험 합격자는 김○영, 이○준, 박○순 등 모두 3명이다.

예 육군 ○○ 부대 ○○○ 명이 작전에 참가하였다.

예 그 모임의 참석자는 김×× 씨, 정×× 씨 등 5명이었다.

20. 빠짐표(□)

(1) 옛 비문이나 문헌 등에서 글자가 분명하지 않을 때 그 글자의 수효만큼 쓴다.

　　예 大師爲法主□□賴之大□薦

(2) 글자가 들어가야 할 자리를 나타낼 때 쓴다.

　　예 훈민정음의 초성 중에서 아음(牙音)은 □□□의 석 자다.

21. 줄임표(……)

(1) 할 말을 줄였을 때 쓴다.

　　예 "어디 나하고 한번……." 하고 민수가 나섰다.

(2) 말이 없음을 나타낼 때 쓴다.

　　예 "빨리 말해!"

　　　"……."

(3) 문장이나 글의 일부를 생략할 때 쓴다.

　　예 '고유'라는 말은 문자 그대로 본디부터 있었다는 뜻은 아닙니다. …… 같은 역사적 환경에서 공동의
　　　집단생활을 영위해 오는 동안 공동으로 발견된, 사물에 대한 공동의 사고 방식을 우리는 한국의 고유
　　　사상이라 부를 수 있다는 것입니다.

(4) 머뭇거림을 보일 때 쓴다.

　　예 "우리는 모두…… 그러니까…… 예외 없이 눈물만…… 흘렸다."

　　[붙임 1] 점은 가운데에 찍는 대신 아래쪽에 찍을 수도 있다.

　　예 "어디 나하고 한번……" 하고 민수가 나섰다.

　　예 "실은...... 저 사람...... 우리 아저씨일지 몰라."

　　[붙임 2] 점은 여섯 점을 찍는 대신 세 점을 찍을 수도 있다.

　　예 "어디 나하고 한번…." 하고 민수가 나섰다.

　　예 "실은... 저 사람... 우리 아저씨일지 몰라."

　　[붙임 3] 줄임표는 앞말에 붙여 쓴다. 다만, (3)에서는 줄임표의 앞뒤를 띄어 쓴다.

1 단수 표준어

바른 표기	틀린 표기	바른 표기	틀린 표기
-게끔	-게시리	빠-뜨리다	빠-치다
겸사-겸사	겸지-겸지/겸두-겸두	뻣뻣-하다	왜긋다
고구마	참-감자	뽐-내다	느물다
고치다	낫우다	사로-잠그다	사로-채우다
골목-쟁이	골목-자기	살-풀이	살-막이
광주리	광우리	상투-쟁이	상투-꼬부랑이
괴통	호구	새앙-손이	생강-손이
국-물	멀-국/말-국	샛-별	새벽-별
군-표	군용-어음	선-머슴	풋-머슴
길-잡이	길-앞잡이	섭섭-하다	애운-하다
까치-발	까치-다리	속-말	속-소리
꼬창-모	말뚝-모	손목-시계	팔목-시계/팔뚝-시계
나룻-배	나루	손-수레	손-구루마
납-도리	민-도리	쇠-고랑	고랑-쇠
농-지거리	기롱-지거리	수도-꼭지	수도-고동
다사-스럽다	다사-하다	숙성-하다	숙-지다
다오	다구	순대	골집
담배-꽁초	담배-꼬투리 담배-꽁치 담배-꽁추	술-고래	술-꾸러기/술-부대 술-보/술-푸대
담배-설대	대-설대	식은-땀	찬-땀
대장-일	성냥-일	신기-롭다	신기-스럽다
뒤져-내다	뒤어-내다	쌍동-밤	쪽-밤
뒤통수-치다	뒤꼭지-치다	쏜살-같이	쏜살-로
등-나무	등-칡	아주	영판
등-때기	등-떠리	안-걸이	안-낚시
등잔-걸이	등경-걸이	안다미-씌우다	안다미-시키다
떡-보	떡-충이	안쓰럽다	안-슬프다
똑딱-단추	딸꼭-단추	안절부절-못하다	안절부절-하다
매-만지다	우미다	앉은뱅이-저울	앉은-저울

바른 표기	틀린 표기	바른 표기	틀린 표기
먼-발치	먼-발치기	알-사탕	구슬-사탕
며느리-발톱	뒷-발톱	암-내	곁땀-내
명주-붙이	주-사니	앞-지르다	따라-먹다
목-메다	목-맺히다	애-벌레	어린-벌레
밀짚-모자	보릿짚-모자	얕은-꾀	물탄-꾀
바가지	열-바가지/열-박	언뜻	펀뜻
바람-꼭지	바람-고다리	언제나	노다지
반-나절	나절-가웃	얼룩-말	워라-말
반두	독대	열심-히	열심-으로
버젓-이	뉘연-히	입-담	말-담
본-받다	법-받다	자배기	너벅지
부각	다시마-자반	전봇-대	전선/대
부끄러워-하다	부끄리다	쥐락-펴락	펴락-쥐락
부스러기	부스럭지	-지만	-지만서도
부지깽이	부지팽이	짓고-땡	지어-땡/짓고-땡이
부항-단지	부항-항아리	짧은-작	짜른-작
붉으락-푸르락	푸르락-붉으락	찹-쌀	이-찹쌀
비켜-덩이	옆-사리미	청대-콩	푸른-콩
빙충-이	빙충-맞이	칡-범	갈-범

2 복수 표준어

복수 표준어	복수 표준어
가는-허리/잔-허리	불-사르다/사르다
가락-엿/가래-엿	비발/비용(費用)
가뭄/가물	뽀두라지/뽀루지
가엾다/가엽다	살-쾡이/삵
감감-무소식/감감-소식	삽살-개/삽사리
개수-통/설거지-통	상두-꾼/상여-꾼
개숫-물/설거지-물	상-씨름/소-걸이
갱-엿/검은-엿	생/새앙/생강
-거리다/-대다	생-뿔/새앙-뿔/생강-뿔
거위-배/횟-배	생-철/양-철
것/해	서럽다/섧다

복수 표준어	복수 표준어
게을러-빠지다/게을러-터지다	서방-질/화냥-질
고깃-간/푸줏-간	성글다/성기다
곰곰/곰곰-이	-(으)세요/-(으)셔요
관계-없다/상관-없다	송이/송이-버섯
교정-보다/준-보다	수수-깡/수숫-대
구들-재/구재	술-안주/안주
귀퉁-머리/귀퉁-배기	-스레하다/-스름하다
극성-떨다/극성-부리다	시늉-말/흉내-말
기세-부리다/기세(氣勢~)-피우다	시새/세사(細沙)
기승-떨다/기승(氣勝~)-부리다	신/신발
깃-저고리/배내-옷/배냇-저고리	신주-보/독보(櫝褓)
꼬까/때때/고까	심술-꾸러기/심술-쟁이
꼬리-별/살-별	씁쓰레-하다/씁쓰름-하다
꽃-도미/붉-돔	아귀-세다/아귀-차다
나귀/당-나귀	아래-위/위-아래
날-걸/세-뿔	아무튼/어떻든/어쨌든/하여튼/여하튼
내리-글씨/세로-글씨	앉음-새/앉음-앉음
넝쿨/덩굴	알은-척/알은-체
녘/쪽	애-갈이/애벌-갈이
눈-대중/눈-어림/눈-짐작	애꾸눈-이/외눈-박이
느리-광이/느림-보/늘-보	양념-감/양념-거리
늦-모/마냥-모	어금버금-하다/어금지금-하다
다기-지다/다기(多氣~)-차다	어기여차/어여차
다달-이/매-달	어림-잡다/어림-치다
-다마다/-고말고	어이-없다/어처구니-없다
다박-나룻/다박-수염	어저께/어제
닭의-장/닭-장	언덕-바지/언덕-배기
댓-돌/툇-돌	얼렁-뚱땅/엄벙-뗑
덧-창/겉-창	여왕-벌/장수-벌
독장-치다/독판-치다	여쭈다/여쭙다
동자(童子~)-기둥/쪼구미	여태/입때
돼지-감자/뚱딴지	여태-껏/이제-껏/입때-껏
되우/된통/되게	역성-들다/역성-하다
두동-무니/두동-사니	연-달다/잇-달다

복수 표준어	복수 표준어
뒷–갈망/뒷–감당	엿–가락/엿–가래
뒷–말/뒷–소리	엿–기름/엿–길금
들락–거리다/들랑–거리다	엿–반대기/엿–자박
들락–날락/들랑–날랑	오사리–잡놈/오색–잡놈
딴–전/딴–청	옥수수/강냉이
땅–콩/호–콩	왕골–기직/왕골–자리
땔–감/땔–거리	외겹–실/외올–실/홑–실
–뜨리다/–트리다	외손–잡이/한손–잡이
뜬–것/뜬–귀신	욕심–꾸러기/욕심–쟁이
마룻–줄/용총–줄	우레/천둥
마–파람/앞–바람	우지/울–보
만장–판/만장–중(滿場中)	을러–대다/을러–메다
만큼/만치	의심–스럽다/의심–쩍다
말–동무/말–벗	–이에요/–이어요
매–갈이/매–조미(~糙米)	이틀–거리/당–고금
매–통/목–매	일일–이/하나–하나
먹–새/먹음–새	일찌감치/일찌거니
멀찌감치/멀찌가니/멀찍이	입찬–말/입찬–소리
멱통/산–멱/산–멱통	자리–옷/잠–옷
면–치레/외면(外面~)–치레	자물–쇠/자물–통
모–내다/모–심다	장가–가다/장가–들다
모쪼록/아무쪼록	재롱–떨다/재롱–부리다
목판–되/모–되	제–가끔/제–각기
목화–씨/면화–씨	좀–처럼/좀–체
무심–결/무심–중	줄–꾼/줄–잡이
물–봉숭아/물–봉선화	중신/중매
물–부리/빨–부리	짚–단/짚–뭇
물–심부름/물–시중	쪽/편
물추리–나무/물추리–막대	차차/차츰
물–타작/진–타작(~打作)	책–씻이/책(册~)–거리
민둥–산/벌거숭이–산	척/체
밑–층/아래–층	천연덕–스럽다/천연–스럽다
바깥–벽/밭–벽	철–따구니/철–딱서니/철–딱지
바른/오른[右]	추어–올리다/추어–주다

복수 표준어	복수 표준어
발-모가지/발-목쟁이	축-가다/축-나다
버들-강아지/버들-개지	침-놓다/침-주다
벌레/버러지	통-꼭지/통-젖
변덕-스럽다/변덕-맞다	파자-쟁이/해자-쟁이
보-조개/볼-우물	편지-투/편지(便紙~)-틀
보통-내기/여간-내기/예사-내기	한턱-내다/한턱-하다
볼-따구니/볼-통이/볼-때기	해웃-값/해웃-돈
부침개-질/부침-질/지짐-질	혼자-되다/홀로-되다
불똥-앉다/등화-지다/등화(燈火~)-앉다	흠-가다/흠-나다/흠-지다

③ 추가 표준어

(1) 2011년 추가 표준어(39개)

① 복수 표준어: 현재 표준어로 규정된 말 이외에 같은 뜻으로 많이 쓰이는 말이 있어 이를 복수 표준어로 인정한 경우(11개)

추가 표준어	기존 표준어	추가 표준어	기존 표준어
간지럽히다	간질이다	세간살이	세간
남사스럽다	남우세스럽다	쌉싸름하다	쌉싸래하다
등물	목물	토란대	고운대
맨날	만날	허접쓰레기	허섭스레기
묫자리	묏자리	흙담	토담
복숭아뼈	복사뼈		

② 별도 표준어: 현재 표준어로 규정된 말과는 뜻이나 어감의 차이가 있어 이를 별도의 표준어로 인정한 경우(25개)

추가 표준어	기존 표준어	추가 표준어	기존 표준어
-길래	-기에	휭하니	휭허케
개발새발	괴발개발	걸리적거리다	거치적거리다
나래	날개	끄적거리다	끼적거리다
내음	냄새	두리뭉실하다	두루뭉술하다
눈꼬리	눈초리	맨숭맨숭/맹숭맹숭	맨송맨송
떨구다	떨어뜨리다	바둥바둥	바동바동
뜨락	뜰	새초롬하다	새치름하다
먹거리	먹을거리	아웅다웅	아옹다옹

메꾸다	메우다	야멸차다	야멸치다
손주	손자(孫子)	오손도손	오순도순
어리숙하다	어수룩하다	찌뿌둥하다	찌뿌듯하다
연신	연방	추근거리다	치근거리다

③ 복수 표기: 표준어로 인정된 표기와 다른 표기 형태도 많이 쓰여서 두 가지 표기를 모두 표준어로 인정한 경우(3개)

추가 표준어	기존 표준어
택견	태견
품새	품세
짜장면	자장면

(2) 2014년 추가 표준어(13개)

① 복수 표준어(5개)

추가 표준어	기존 표준어	추가 표준어	기존 표준어
구안와사	구안괘사	눈두덩이	눈두덩
굽신	굽실	삐지다	삐치다
초장초	작장초		

② 별도 표준어(8개)

추가 표준어	기존 표준어	뜻 차이
개기다	개개다	• 개기다: (속되게) 명령이나 지시를 따르지 않고 버티거나 반항하다. • 개개다: 성가시게 달라붙어 손해를 끼치다.
꼬시다	꾀다	• 꼬시다: '꾀다'를 속되게 이르는 말 • 꾀다: 그럴듯한 말이나 행동으로 남을 속이거나 부추겨서 자기 생각대로 끌다.
놀잇감	장난감	• 놀잇감: 놀이 또는 아동 교육 현장 따위에서 활용되는 물건이나 재료 • 장난감: 아이들이 가지고 노는 여러 가지 물건
딴지	딴죽	• 딴지: (주로 '걸다, 놓다'와 함께 쓰여) 일이 순순히 진행되지 못하도록 훼방을 놓거나 어기대는 것 • 딴죽: 이미 동의하거나 약속한 일에 대하여 딴전을 부림을 비유적으로 이르는 말
사그라들다	사그라지다	• 사그라들다: 삭아서 없어져 가다. • 사그라지다: 삭아서 없어지다.
섬찟	섬뜩	• 섬찟: 갑자기 소름이 끼치도록 무시무시하고 끔찍한 느낌이 드는 모양 • 섬뜩: 갑자가 소름이 끼치도록 무섭고 끔찍한 느낌이 드는 모양
속앓이	속병	• 속앓이: 「1」 속이 아픈 병. 또는 속에 병이 생겨 아파하는 일. 「2」 겉으로 드러내지 못하고 속으로 걱정하거나 괴로워하는 일 • 속병: 「1」 몸속의 병을 통틀어 이르는 말. 「2」 '위장병'을 일상적으로 이르는 말. 「3」 화가 나거나 속이 상하여 생긴 마음의 심한 아픔
허접하다	허접스럽다	• 허접하다: 허름하고 잡스럽다. • 허접스럽다: 허름하고 잡스러운 느낌이 있다.

(3) 2015년 추가 표준어(11개)

① 복수 표준어(4개)

추가 표준어	기존 표준어	추가 표준어	기존 표준어
마실	마을	찰지다	차지다
이쁘다	예쁘다	-고프다	-고 싶다

② 별도 표준어(5개)

추가 표준어	기존 표준어	뜻 차이
꼬리연	가오리연	• 꼬리연: 긴 꼬리를 단 연 • 가오리연: 가오리 모양으로 만들어 꼬리를 길게 단 연. 띄우면 오르면서 머리가 아래위로 흔들린다. ≒ 꼬빡연 예 행사가 끝날 때까지 하늘을 수놓았던 대형 꼬리연도 비상을 꿈꾸듯 끊임없이 창공을 향해 날아올랐다.
의론	의논	• 의론(議論): 어떤 사안에 대하여 각자의 의견을 제기함. 또는 그런 의견 • 의논(議論): 어떤 일에 대하여 서로 의견을 주고 받음 ※ '의론되다, 의론하다'도 표준어로 인정 예 이러니저러니 의론이 분분하다.
이크	이키	• 이크: 당황하거나 놀랐을 때 내는 소리. '이키'보다 큰 느낌을 준다. ※ 이키: 당황하거나 놀랐을 때 내는 소리. '이끼'보다 거센 느낌을 준다. 예 이크, 이거 큰일 났구나 싶어 허겁지겁 뛰어갔다.
잎새	잎사귀	• 잎새: 나무의 잎사귀. 주로 문학적 표현에 쓰인다. ※ 잎사귀: 낱낱의 잎. 주로 넓적한 잎을 이른다. 예 잎새가 몇 개 남지 않은 나무들이 창문 위로 뻗어올라 있었다.
푸르르다	푸르다	• 푸르르다: '푸르다'를 강조할 때 이르는 말 • 푸르다: 맑은 가을 하늘이나 깊은 바다, 풀의 빛깔과 같이 밝고 선명하다. ※ '푸르르다'는 '으' 불규칙 용언으로 분류함 예 겨우내 찌푸리고 있던 잿빛 하늘이 푸르르게 맑아 오고 어디선 지도 모르게 흙냄새가 뭉클하니 풍겨 오는 듯한 순간 벌써 봄이 온 것을 느낀다.

③ 복수 표준형: 기존의 표준적인 활용형과 용법이 같은 활용형으로 인정한 경우(2개)

추가 표준형	기존 표준형	비고

말아
말아라
말아요
	마
	마라
	마요
		• '말다'에 명령형 어미 '-아', '-아라', '-아요' 등이 결합할 때는 어간 끝의 'ㄹ'이 탈락하기도 하고 탈락하지 않기도 함
		예 • 내가 하는 말 농담으로 듣지 마/말아.
		   • 얘야, 아무리 바빠도 제사는 잊지 마라/말아라.
		   • 아유, 말도 마요/말아요.

노랗네
동그랗네
조그맣네
…
	노라네
	동그라네
	조그마네
	…
		• 'ㅎ' 불규칙 용언이 어미 '-네'와 결합할 때는 어간 끝의 'ㅎ'이 탈락하기도 하고 탈락하지 않기도 함
		• '그렇다, 노랗다, 동그랗다, 뿌옇다, 어떻다, 조그맣다, 커다랗다' 등등 모든 'ㅎ' 불규칙 용언의 활용형에 적용됨
		예 • 생각보다 훨씬 노랗네/노라네.
		   • 이 빵은 동그랗네/동그라네.
		   • 건물이 아주 조그맣네/조그마네.

(4) 2016년 추가 표준어(6개)

① 별도 표준어(4개)

추가 표준어	기존 표준어	뜻 차이

걸판지다	거방지다	걸판지다 [형용사]
		• 매우 푸지다.
		  예 술상이 걸판지다./마침 눈먼 돈이 생긴 것도 있으니 오늘 저녁은 내가 걸판지게 사지.
		• 동작이나 모양이 크고 어수선하다.
		  예 싸움판은 자못 걸판져서 구경거리였다./소리판은 옛날이 걸판지고 소리할 맛이 났었지.
		
		거방지다 [형용사] ≒ 걸판지다(매우 푸지다.)
		• 몸집이 크다.
		• 하는 짓이 점잖고 무게가 있다.

겉울음	건울음	겉울음 [명사]
		• 드러내 놓고 우는 울음
		  예 꼭꼭 참고만 있다 보면 간혹 속울음이 겉울음으로 터질 때가 있다.
		• 마음에도 없이 겉으로만 우는 울음
		  예 눈물도 안 나면서 슬픈 척 겉울음 울지 마.
		
		• 건울음 [명사] = 강울음
		• 강울음 [명사] 눈물 없이 우는 울음. 또는 억지로 우는 울음

까탈스럽다	까다롭다	까탈스럽다 [형용사]
		• 조건, 규정 따위가 복잡하고 엄격하여 적응하거나 적용하기에 어려운 데가 있다. '가탈스럽다'보다 센 느낌을 준다.
		  예 까탈스러운 공정을 거치다./규정을 까탈스럽게 정하다./가스레인지에 길들여진 현대인들에게 지루하고 까탈스러운 숯 굽기 작업은 쓸데없는 시간 낭비로 비칠 수도 있겠다.
		• 성미나 취향 따위가 원만하지 않고 별스러워 맞춰 주기에 어려운 데가 있다. '가탈스럽다'보다 센 느낌을 준다.
		  예 까탈스러운 입맛/성격이 까탈스럽다./딸아이는 사 준 옷이 맘에 안 든다고 까탈스럽게 굴었다.
		※ 같은 계열의 '가탈스럽다'도 표준어로 인정함
		
		까다롭다 [형용사]
		• 조건 따위가 복잡하거나 엄격하여 다루기에 순탄하지 않다.
		• 성미나 취향 따위가 원만하지 않고 별스럽게 까탈이 많다.

실뭉치	실몽당이	실뭉치 [명사] 실을 한데 뭉치거나 감은 덩이 예 뒤엉킨 실뭉치/실뭉치를 풀다./그의 머릿속은 엉클어진 실뭉치같이 갈피를 못 잡고 있었다. 실몽당이 [명사] 실을 풀기 좋게 공 모양으로 감은 뭉치

② 복수 표준형(2개)

추가 표준형	기존 표준형	비고
엘랑	에는	• 표준어 규정 제25항에서 '에는'의 비표준형으로 규정해 온 '엘랑'을 표준형으로 인정함 • '엘랑' 외에도 'ㄹ랑'에 조사 또는 어미가 결합한 '에설랑, 설랑, −고설랑, −어설랑, −질랑'도 표준형으로 인정함 • '엘랑, −고설랑' 등은 단순한 조사/어미 결합형이므로 사전 표제어로는 다루지 않음 예 • 서울<u>엘랑</u> 가지를 마오. 　　• 교실에<u>설랑</u> 떠들지 마라. 　　• 나를 앞에 앉혀놓고<u>설랑</u> 자기 아들 자랑만 하더라.
주책이다	주책없다	• 표준어 규정 제25항에 따라 '주책없다'의 비표준형으로 규정해 온 '주책이다'를 표준형으로 인정함 • '주책이다'는 '일정한 줏대가 없이 되는대로 하는 짓'을 뜻하는 '주책'에 서술격 조사 '이다'가 붙은 말로 봄 • '주책이다'는 단순한 명사+조사 결합형이므로 사전 표제어로는 다루지 않음 예 이제 와서 오래 전에 헤어진 그녀를 떠올리는 나 자신을 보며 '나도 참 <u>주책이군.</u>' 하는 생각이 들었다.

(5) 2017년 추가 표준어(5개)

① 복수 표준어

추가 표준어	기존 표준어
꺼림직하다	꺼림칙하다
께름직하다	께름칙하다
추켜올리다	추어올리다
추켜세우다	치켜세우다
치켜올리다	추어올리다/추켜올리다

❹ 표준 발음법

제1장 총칙

제1항   표준 발음법은 표준어의 실제 발음을 따르되, 국어의 전통성과 합리성을 고려하여 정함을 원칙으로 한다.

제2장 자음과 모음

제2항   표준어의 자음은 다음 19개로 한다.

ㄱ, ㄲ, ㄴ, ㄷ, ㄸ, ㄹ, ㅁ, ㅂ, ㅃ, ㅅ, ㅆ, ㅇ, ㅈ, ㅉ, ㅊ, ㅋ, ㅌ, ㅍ, ㅎ

제3항   표준어의 모음은 다음 21개로 한다.

ㅏ, ㅐ, ㅑ, ㅒ, ㅓ, ㅔ, ㅕ, ㅖ, ㅗ, ㅘ, ㅙ, ㅚ, ㅛ, ㅜ, ㅝ, ㅞ, ㅟ, ㅠ, ㅡ, ㅢ, ㅣ

제4항   'ㅏ ㅐ ㅓ ㅔ ㅗ ㅚ ㅜ ㅟ ㅡ ㅣ'는 단모음(單母音)으로 발음한다.

[붙임] 'ㅚ, ㅟ'는 이중 모음으로 발음할 수 있다.

제5항   'ㅑ ㅒ ㅕ ㅖ ㅘ ㅙ ㅛ ㅝ ㅞ ㅠ ㅢ'는 이중 모음으로 발음한다.

다만 1. 용언의 활용형에 나타나는 '져, 쪄, 쳐'는 [저, 쩌, 처]로 발음한다.

가지어 → 가져[가저]	찌어 → 쪄[쩌]	다치어 → 다쳐[다처]

다만 2. '예, 례' 이외의 'ㅖ'는 [ㅔ]로도 발음한다.

계집[계ː집/게ː집]	계시다[계ː시다/게ː시다]
시계[시계/시게](時計)	연계[연계/연게](連繫)
몌별[몌별/메별](袂別)	개폐[개폐/개페](開閉)
혜택[혜ː택/헤ː택](惠澤)	지혜[지혜/지헤](智慧)

다만 3. 자음을 첫소리로 가지고 있는 음절의 'ㅢ'는 [ㅣ]로 발음한다.

늴리리	닁큼	무늬	띄어쓰기	씌어
틔어	희어	희떱다	희망	유희

다만 4. 단어의 첫음절 이외의 '의'는 [ㅣ]로, 조사 '의'는 [ㅔ]로 발음함도 허용한다.

주의[주의/주이]	협의[혀븨/혀비]
우리의[우리의/우리에]	강의의[강ː의의/강ː이에]

제3장 음의 길이

제6항 모음의 장단을 구별하여 발음하되, 단어의 첫음절에서만 긴소리가 나타나는 것을 원칙으로 한다.

눈보라[눈:보라]	말씨[말:씨]	밤나무[밤:나무]
많대[만:타]	멀리[멀:리]	벌리다[벌:리다]

첫눈[천눈]	참말[참말]	쌍동밤[쌍동밤]
수많이[수:마니]	눈멀다[눈멀다]	떠벌리다[떠벌리다]

다만, 합성어의 경우에는 둘째 음절 이하에서도 분명한 긴소리를 인정한다.

반신반의[반:신바:늬/반:신바:니]	재삼재사[재:삼재:사]

[붙임] 용언의 단음절 어간에 어미 '-아/-어'가 결합되어 한 음절로 축약되는 경우에도 긴소리로 발음한다.

보아 → 봐[봐:]	기어 → 겨[겨:]	되어 → 돼[돼:]
두어 → 둬[둬:]	하여 → 해[해:]	

다만, '오아 → 와, 지어 → 져, 찌어 → 쪄, 치어 → 쳐' 등은 긴소리로 발음하지 않는다.

제7항 긴소리를 가진 음절이라도, 다음과 같은 경우에는 짧게 발음한다.

1. 단음절인 용언 어간에 모음으로 시작된 어미가 결합되는 경우

감다[감:따] – 감으니[가므니]	밟다[밥:따] – 밟으면[발브면]
신다[신:따] – 신어[시너]	알다[알:다] – 알아[아라]

다만, 다음과 같은 경우에는 예외적이다.

끌다[끌:다] – 끌어[끄:러]	떫다[떨:따] – 떫은[떨:븐]
벌다[벌:다] – 벌어[버:러]	썰다[썰:다] – 썰어[써:러]
없다[업:따] – 없으니[업:쓰니]	

2. 용언 어간에 피동, 사동의 접미사가 결합되는 경우

감다[감:따] – 감기다[감기다]	꼬다[꼬:다] – 꼬이다[꼬이다]
밟다[밥:따] – 밟히다[발피다]	

다만, 다음과 같은 경우에는 예외적이다.

끌리다[끌:리다]	벌리다[벌:리다]	없애다[업:쌔다]

[붙임] 다음과 같은 복합어에서는 본디의 길이에 관계없이 짧게 발음한다.

밀–물	썰–물	쏜–살–같이	작은–아버지

제4장 받침의 발음

제8항 받침소리로는 'ㄱ, ㄴ, ㄷ, ㄹ, ㅁ, ㅂ, ㅇ'의 7개 자음만 발음한다.

제9항 받침 'ㄲ, ㅋ', 'ㅅ, ㅆ, ㅈ, ㅊ, ㅌ', 'ㅍ'은 어말 또는 자음 앞에서 각각 대표음 [ㄱ, ㄷ, ㅂ]으로 발음한다.

닦다[닥따]	키읔[키윽]	키읔과[키윽꽈]	옷[옫]
웃다[욷:따]	있다[읻따]	젖[젇]	빚다[빋따]
꽃[꼳]	쫓다[쫃따]	솥[솓]	뱉다[밷:따]
앞[압]	덮다[덥따]		

제10항 겹받침 'ㄳ', 'ㄵ', 'ㄼ, ㄽ, ㄾ', 'ㅄ'은 어말 또는 자음 앞에서 각각 [ㄱ, ㄴ, ㄹ, ㅂ]으로 발음한다.

넋[넉]	넋과[넉꽈]	앉다[안따]	여덟[여덜]
넓다[널따]	외곬[외골]	핥다[할따]	값[갑]
없다[업:따]			

다만, '밟–'은 자음 앞에서 [밥]으로 발음하고, '넓–'은 다음과 같은 경우에 [넙]으로 발음한다.

밟다[밥:따]	밟소[밥:쏘]	밟지[밥:찌]
밟는[밥:는 → 밤:는]	밟게[밥:께]	밟고[밥:꼬]

넓–죽하다[넙쭈카다]	넓–둥글다[넙뚱글다]

제11항 겹받침 'ㄺ, ㄻ, ㄿ'은 어말 또는 자음 앞에서 각각 [ㄱ, ㅁ, ㅂ]으로 발음한다.

닭[닥]	흙과[흑꽈]	맑다[막따]	늙지[늑찌]
삶[삼ː]	젊다[점ː따]	읊고[읍꼬]	읊다[읍따]

다만, 용언의 어간 말음 'ㄺ'은 'ㄱ' 앞에서 [ㄹ]로 발음한다.

맑게[말께]	묽고[물꼬]	얽거나[얼꺼나]

제12항 받침 'ㅎ'의 발음은 다음과 같다.

　　1. 'ㅎ(ㄶ, ㅀ)' 뒤에 'ㄱ, ㄷ, ㅈ'이 결합되는 경우에는, 뒤 음절 첫소리와 합쳐서 [ㅋ, ㅌ, ㅊ]으로 발음한다.

놓고[노코]	좋던[조ː턴]	쌓지[싸치]
많고[만ː코]	않던[안턴]	닳지[달치]

　　[붙임 1] 받침 'ㄱ(ㄺ), ㄷ, ㅂ(ㄼ), ㅈ(ㄵ)'이 뒤 음절 첫소리 'ㅎ'과 결합되는 경우에도, 역시 두 음을 합쳐서 [ㅋ, ㅌ, ㅍ, ㅊ]으로 발음한다.

각해[가카]	먹히다[머키다]	밝히다[발키다]	맏형[마텽]
좁히다[조피다]	넓히다[널피다]	꽂히다[꼬치다]	앉히다[안치다]

　　[붙임 2] 규정에 따라 'ㄷ'으로 발음되는 'ㅅ, ㅈ, ㅊ, ㅌ'의 경우에도 이에 준한다.

옷 한 벌[오탄벌]	낮 한때[나탄때]	꽃 한 송이[꼬탄송이]	숱하다[수타다]

　　2. ㅎ(ㄶ, ㅀ)' 뒤에 'ㅅ'이 결합되는 경우에는, 'ㅅ'을 [ㅆ]으로 발음한다.

닿소[다ː쏘]	많소[만ː쏘]	싫소[실쏘]

　　3. 'ㅎ' 뒤에 'ㄴ'이 결합되는 경우에는, [ㄴ]으로 발음한다.

놓는[논는]	쌓네[싼네]

　　[붙임] 'ㄶ, ㅀ' 뒤에 'ㄴ'이 결합되는 경우에는, 'ㅎ'을 발음하지 않는다.

않네[안네]	않는[안는]	뚫네[뚤네 → 뚤레]	뚫는[뚤는 → 뚤른]

　　※ '뚫네[뚤네 → 뚤레], 뚫는[뚤는 → 뚤른]'에 대해서는 제20항 참조

4. 'ㅎ(ㄶ, ㅀ)' 뒤에 모음으로 시작된 어미나 접미사가 결합되는 경우에는, 'ㅎ'을 발음하지 않는다.

낳은[나은]	놓아[노아]	쌓이다[싸이다]	많아[마:나]
않은[아는]	닳아[다라]	싫어도[시러도]	

제13항 홑받침이나 쌍받침이 모음으로 시작된 조사나 어미, 접미사와 결합되는 경우에는, 제 음가대로 뒤 음절 첫소리로 옮겨 발음한다.

깎아[까까]	옷이[오시]	있어[이써]	낮이[나지]
꽃아[꼬자]	꽃을[꼬츨]	쫓아[쪼차]	밭에[바테]
앞으로[아프로]	덮이다[더피다]		

제14항 겹받침이 모음으로 시작된 조사나 어미, 접미사와 결합되는 경우에는, 뒤엣것만을 뒤 음절 첫소리로 옮겨 발음한다. (이 경우, 'ㅅ'은 된소리로 발음함.)

넋이[넉씨]	앉아[안자]	닭을[달글]	젊어[절머]
곬이[골씨]	핥아[할타]	읊어[을퍼]	값을[갑쓸]
없어[업:써]			

제15항 받침 뒤에 모음 'ㅏ, ㅓ, ㅗ, ㅜ, ㅟ'들로 시작되는 실질 형태소가 연결되는 경우에는, 대표음으로 바꾸어서 뒤 음절 첫소리로 옮겨 발음한다.

밭 아래[바다래]	늪 앞[느밥]	젖어미[저더미]	맛없다[마덥따]
겉옷[거돋]	헛웃음[허두슴]	꽃 위[꼬뒤]	

다만, '맛있다, 멋있다'는 [마신따], [머신따]로도 발음할 수 있다.

[붙임] 겹받침의 경우에는, 그중 하나만을 옮겨 발음한다.

넋 없다[너겁따]	닭 앞에[다가페]	값어치[가버치]	값있는[가빈는]

제16항 한글 자모의 이름은 그 받침소리를 연음하되, 'ㄷ, ㅈ, ㅊ, ㅋ, ㅌ, ㅍ, ㅎ'의 경우에는 특별히 다음과 같이 발음한다.

디귿이[디그시]	디귿을[디그슬]	디귿에[디그세]	지읒이[지으시]
지읒을[지으슬]	지읒에[지으세]	치읓이[치으시]	치읓을[치으슬]
치읓에[치으세]	키읔이[키으기]	키읔을[키으글]	키읔에[키으게]
티읕이[티으시]	티읕을[티으슬]	티읕에[티으세]	피읖이[피으비]
피읖을[피으블]	피읖에[피으베]	히읗이[히으시]	히읗을[히으슬]
히읗에[히으세]			

제5장 음의 동화

제17항 받침 'ㄷ, ㅌ(ㄾ)'이 조사나 접미사의 모음 'ㅣ'와 결합되는 경우에는, [ㅈ, ㅊ]으로 바꾸어서 뒤 음절 첫소리로 옮겨 발음한다.

곧이듣다[고지듣따]	굳이[구지]	미닫이[미ː다지]
땀받이[땀바지]	밭이[바치]	벼훑이[벼훌치]

[붙임] 'ㄷ' 뒤에 접미사 '히'가 결합되어 '티'를 이루는 것은 [치]로 발음한다.

굳히다[구치다]	닫히다[다치다]	묻히다[무치다]

제18항 받침 'ㄱ(ㄲ, ㅋ, ㄳ, ㄺ), ㄷ(ㅅ, ㅆ, ㅈ, ㅊ, ㅌ, ㅎ), ㅂ(ㅍ, ㄼ, ㄿ, ㅄ)'은 'ㄴ, ㅁ' 앞에서 [ㅇ, ㄴ, ㅁ]으로 발음한다.

먹는[멍는]	국물[궁물]	깎는[깡는]	키읔만[키응만]
몫몫이[몽목씨]	긁는[긍는]	흙만[흥만]	닫는[단는]
짓는[진ː는]	옷맵시[온맵씨]	있는[인는]	맞는[만는]
젖멍울[전멍울]	쫓는[쫀는]	꽃망울[꼰망울]	붙는[분는]
놓는[논는]	잡는[잠는]	밥물[밤물]	앞마당[암마당]
밟는[밤ː는]	읊는[음는]	없는[엄ː는]	

[붙임] 두 단어를 이어서 한 마디로 발음하는 경우에도 이와 같다.

책 넣는다[챙넌는다]	흙 말리다[흥말리다]	옷 맞추다[온맏추다]
밥 먹는다[밤멍는다]	값 매기다[감매기다]	

제19항 받침 'ㅁ, ㅇ' 뒤에 연결되는 'ㄹ'은 [ㄴ]으로 발음한다.

담력[담ː녁]	침략[침ː냑]	강릉[강능]
항로[항ː노]	대통령[대ː통녕]	

[붙임] 받침 'ㄱ, ㅂ' 뒤에 연결되는 'ㄹ'도 [ㄴ]으로 발음한다.

막론[막논 → 망논]	석류[석뉴 → 성뉴]	협력[협녁 → 혐녁]
법리[법니 → 범니]		

제20항 'ㄴ'은 'ㄹ'의 앞이나 뒤에서 [ㄹ]로 발음한다.

난로[날:로]	신라[실라]	천리[철리]
광한루[광:할루]	대관령[대:괄령]	

칼날[칼랄]	물난리[물랄리]	줄넘기[줄럼끼]
할는지[할른지]		

[붙임] 첫소리 'ㄴ'이 'ㅀ', 'ㄾ' 뒤에 연결되는 경우에도 이에 준한다.

닳는[달른]	뚫는[뚤른]	핥네[할레]

다만, 다음과 같은 단어들은 'ㄹ'을 [ㄴ]으로 발음한다.

의견란[의:견난]	임진란[임:진난]	생산량[생산냥]
결단력[결딴녁]	공권력[공꿘녁]	동원령[동:원녕]
상견례[상견녜]	횡단로[횡단노]	이원론[이:원논]
입원료[이붠뇨]	구근류[구근뉴]	

제21항 위에서 지적한 이외의 자음 동화는 인정하지 않는다.

감기[감:기](×[강:기])	옷감[옫깜](×[옥깜])
있고[읻꼬](×[익꼬])	꽃길[꼳낄](×[꼭낄])
젖먹이[전머기](×[점머기])	문법[문뻡](×[뭄뻡])
꽃밭[꼳빧](×[꼽빧])	

제22항 다음과 같은 용언의 어미는 [어]로 발음함을 원칙으로 하되, [여]로 발음함도 허용한다.

되어[되어/되여]	피어[피어/피여]

[붙임] '이오, 아니오'도 이에 준하여 [이요, 아니요]로 발음함을 허용한다.

제6장 경음화

제23항 받침 'ㄱ(ㄲ, ㅋ, ㄳ, ㄺ), ㄷ(ㅅ, ㅆ, ㅈ, ㅊ, ㅌ), ㅂ(ㅍ, ㄼ, ㄿ, ㅄ)' 뒤에 연결되는 'ㄱ, ㄷ, ㅂ, ㅅ, ㅈ'은 된소리로 발음한다.

국밥[국빱]	깎다[깍따]	넋받이[넉빠지]
삯돈[삭똔]	닭장[닥짱]	칡범[칙뻠]
뻗대다[뻗때다]	옷고름[옫꼬름]	있던[읻떤]
꽂고[꼳꼬]	꽃다발[꼳따발]	낯설다[낟썰다]
밭갈이[받까리]	솥전[솓쩐]	곱돌[곱똘]
덮개[덥깨]	옆집[엽찝]	넓죽하다[넙쭈카다]
읊조리다[읍쪼리다]	값지다[갑찌다]	

제24항 어간 받침 'ㄴ(ㄵ), ㅁ(ㄻ)' 뒤에 결합되는 어미의 첫소리 'ㄱ, ㄷ, ㅅ, ㅈ'은 된소리로 발음한다.

신고[신ː꼬]	껴안다[껴안따]	앉고[안꼬]	얹다[언따]
삼고[삼ː꼬]	더듬지[더듬찌]	닮고[담ː꼬]	젊지[점ː찌]

다만, 피동, 사동의 접미사 '-기-'는 된소리로 발음하지 않는다.

안기다	감기다	기다	옮기다

제25항 어간 받침 'ㄼ, ㄾ' 뒤에 결합되는 어미의 첫소리 'ㄱ, ㄷ, ㅅ, ㅈ'은 된소리로 발음한다.

넓게[널께]	핥다[할따]	훑소[훌쏘]	떫지[떨ː찌]

제26항 한자어에서, 'ㄹ' 받침 뒤에 연결되는 'ㄷ, ㅅ, ㅈ'은 된소리로 발음한다.

갈등[갈뜽]	발동[발똥]	절도[절또]
말살[말쌀]	불소[불쏘](弗素)	일시[일씨]
갈증[갈쯩]	물질[물찔]	발전[발쩐]
몰상식[몰쌍식]	불세출[불쎄출]	

다만, 같은 한자가 겹쳐진 단어의 경우에는 된소리로 발음하지 않는다.

허허실실[허허실실](虛虛實實)	절절-하다[절절하다](切切-)

제27항 관형사형 '-(으)ㄹ' 뒤에 연결되는 'ㄱ, ㄷ, ㅂ, ㅅ, ㅈ'은 된소리로 발음한다.

할 것을[할꺼슬]	갈 데가[갈떼가]	할 바를[할빠를]
할 수는[할쑤는]	할 적에[할쩌게]	갈 곳[갈꼳]
할 도리[할또리]	만날 사람[만날싸람]	

다만, 끊어서 말할 적에는 예사소리로 발음한다.

[붙임] '-(으)ㄹ'로 시작되는 어미의 경우에도 이에 준한다.

할걸[할껄]	할밖에[할빠께]	할세라[할쎄라]
할수록[할쑤록]	할지라도[할찌라도]	할지언정[할찌언정]
할진대[할찐대]		

제28항 표기상으로는 사이시옷이 없더라도, 관형격 기능을 지니는 사이시옷이 있어야 할(휴지가 성립되는) 합성어의 경우에는, 뒤 단어의 첫소리 'ㄱ, ㄷ, ㅂ, ㅅ, ㅈ'을 된소리로 발음한다.

문-고리[문꼬리]	눈-동자[눈똥자]	신-바람[신빠람]
산-새[산쌔]	손-재주[손째주]	길-가[길까]
물-동이[물똥이]	발-바닥[발빠닥]	굴-속[굴ː쏙]
술-잔[술짠]	바람-결[바람껼]	그믐-달[그믐딸]
아침-밥[아침빱]	잠-자리[잠짜리]	강-가[강까]
초승-달[초승딸]	등-불[등뿔]	창-살[창쌀]
강-줄기[강쭐기]		

제7장 음의 첨가

제29항 합성어 및 파생어에서, 앞 단어나 접두사의 끝이 자음이고 뒤 단어나 접미사의 첫음절이 '이, 야, 여, 요, 유'인 경우에는, 'ㄴ' 음을 첨가하여 [니, 냐, 녀, 뇨, 뉴]로 발음한다.

솜-이불[솜ː니불]	홑-이불[혼니불]	막-일[망닐]
삯-일[상닐]	맨-입[맨닙]	꽃-잎[꼰닙]
내복-약[내ː봉냑]	한-여름[한녀름]	남존-여비[남존녀비]
신-여성[신녀성]	색-연필[생년필]	직행-열차[지캥녈차]
늑막-염[능망념]	콩-엿[콩녇]	담-요[담ː뇨]
눈-요기[눈뇨기]	영업-용[영엄뇽]	식용-유[시굥뉴]
백분-율[백뿐뉼]	밤-윷[밤ː뉻]	

다만, 다음과 같은 말들은 'ㄴ' 음을 첨가하여 발음하되, 표기대로 발음할 수 있다.

이죽—이죽[이중니죽/이주기죽] 야금—야금[야금냐금/야그먀금]
검열[검ː녈/거ː멸] 욜랑—욜랑[욜랑뇰랑/욜랑욜랑]
금융[금늉/그뮹]

[붙임 1] 'ㄹ' 받침 뒤에 첨가되는 'ㄴ' 음은 [ㄹ]로 발음한다.

들—일[들ː릴] 솔—잎[솔립] 설—익다[설릭따]
물—약[물략] 불—여우[불려우] 서울—역[서울력]
물—엿[물렫] 휘발—유[휘발류] 유들—유들[유들류들]

[붙임 2] 두 단어를 이어서 한 마디로 발음하는 경우에도 이에 준한다.

한 일[한닐] 옷 입다[온닙따] 서른여섯[서른녀섣]
3 연대[삼년대] 먹은 엿[머근녇] 할 일[할릴]
잘 입다[잘립따] 스물여섯[스물려섣] 1 연대[일련대]
먹을 엿[머글렫]

다만, 다음과 같은 단어에서는 'ㄴ(ㄹ)' 음을 첨가하여 발음하지 않는다.

6 · 25[유기오] 3 · 1절[사밀쩔] 송별—연[송ː벼련]
등—용문[등용문]

제30항 사이시옷이 붙은 단어는 다음과 같이 발음한다.

1. 'ㄱ, ㄷ, ㅂ, ㅅ, ㅈ'으로 시작하는 단어 앞에 사이시옷이 올 때는 이들 자음만을 된소리로 발음하는 것을 원칙으로 하되, 사이시옷을 [ㄷ]으로 발음하는 것도 허용한다.

냇가[내ː까/낻ː까] 샛길[새ː낄/샌ː낄]
빨랫돌[빨래똘/빨랟똘] 콧등[코뜽/콛뜽]
깃발[기빨/긷빨] 대팻밥[대ː패빱/대ː팯빱]
햇살[해쌀/핻쌀] 뱃속[배쏙/밷쏙]
뱃전[배쩐/밷쩐] 고갯짓[고개찓/고갣찓]

2. 사이시옷 뒤에 'ㄴ, ㅁ'이 결합되는 경우에는 [ㄴ]으로 발음한다.

콧날[콘날 → 콘날] 아랫니[아랟니 → 아랜니]
툇마루[퇻ː마루 → 퇸ː마루] 뱃머리[밷머리 → 밴머리]

3. 사이시옷 뒤에 '이' 음이 결합되는 경우에는 [ㄴㄴ]으로 발음한다.

> 베갯잇[베갣닏 → 베갠닏]   깻잎[깯닙 → 깬닙]
> 나뭇잎[나묻닙 → 나문닙]   도리깻열[도리깯녈 → 도리깬녈]
> 뒷윷[뒫:뉻 → 뒨:뉻]

03   외래어 표기법

1 외래어 표기의 기본 원칙(제1장)

(1) 외래어는 국어의 현용 24 자모만으로 적는다(제1항).

(2) 외래어의 1 음운은 원칙적으로 1 기호로 적는다(제2항).
　예 f는 ㅍ으로 – 프렌드, 프라이드치킨, 프레시, 프라이팬

(3) 받침에는 'ㄱ, ㄴ, ㄹ, ㅁ, ㅂ, ㅅ, ㅇ'만을 쓴다(제3항).
　예 슈퍼마켓, 보닛, 팸플릿, 크로켓, 로봇, 재킷

(4) 파열음 표기에는 된소리를 쓰지 않는 것을 원칙으로 한다(제4항).
　예 재즈 카페, 콩트

(5) 이미 굳어진 외래어는 관용을 존중하되, 그 범위와 용례는 따로 정한다(제5항).
　예 바나나, 카메라

더 알아보기

- 영어를 표기 시 '쉬, 쥐, 취, 쉐, 줴, 췌'는 쓰지 않는다.
  예 프레시, 슈림프, 벤치, 밀크셰이크, 러시, 캐시
- '오우'는 '오'로 표기한다.
  예 옐로, 윈도, 스노보드, 헬로, 팔로
- '우어'는 '워'로 한다.
  예 아워, 타워
- '장음'은 따로 표시하지 않는다.
  예 마케팅, 팀, 루트
- 두 단어가 결합한 경우는 따로 표기한다.
  예 아웃렛, 헤드라이트, 웨딩케이크, 테이크아웃, 위크엔드

2 표기 세칙(제3장)

(1) 파열음

① 어두에 파열음이 올 경우 표기 원칙에 따라 무성 파열음[k, t, p]은 거센소리(ㅋ, ㅌ, ㅍ)로, 유성 파열음[g, d, b]은 예사소리(ㄱ, ㄷ, ㅂ)로 적는다.

trio[triou] 트리오	double[dʌbl] 더블	bus[bʌs] 버스
robot[rɔbɔt] 로봇	Internet[intərnet] 인터넷	cake[keik] 케이크
tape[teip] 테이프	lipstick[lipstik] 립스틱	napkin[næpkin] 냅킨

② 다음은 관용을 존중하여 규칙과 다르게 표기하는 경우이다.

hip[hip] 히프	set[set] 세트	bag[bæg] 백

(2) 마찰음

① 마찰음 [f]는 현행 외래어 표기법 제2장 표기 일람표에 모음 앞에서는 'ㅍ'으로, 자음 앞 또는 어말에서는 '프'로 표기하도록 규정하고 있다. 이는 국어로는 마찰음 [f]를 표기할 수 있는 문자가 없기 때문이다.

fighting[faitiŋ] 파이팅	fantasy[fæntəsi] 판타지	frypan[fraipæn] 프라이팬
graph[græf] 그래프		

② 마찰음 [ʃ]는 영어의 경우 자음 앞에서는 '슈'로, 어말에서는 '시'로 적는다. 모음 앞에서는 뒤따르는 모음에 따라 '샤, 섀, 셔, 셰, 쇼, 슈, 시'로 적는다.

shrimp[ʃrimp] 슈림프	dash[dæʃ] 대시	English[iŋgliʃ] 잉글리시
shopping[ʃɔpiŋ] 쇼핑	leadership[li:dərʃip] 리더십	

(3) 파찰음
국어에서는 'ㅈ, ㅊ' 같은 구개 자음 뒤에서는 이중 모음과 단모음이 구분되지 않는다. 즉, 'ㅈ, ㅊ'을 지닌 단어를 이중 모음으로 발음하든 단모음으로 발음하든 의미상의 변화는 없다. 따라서 외래어를 적을 때에도 'ㅈ'이나 'ㅊ' 뒤에 발음상 구분되지 않는 '쟈, 쥬, 챠' 등의 이중 모음 표기를 하지 않고 단모음으로 적도록 하고 있다.

television[televiʒən] 텔레비전	juice[dʒu:s] 주스	chance[tʃɑ:ns] 찬스
chart[tʃɑ:t] 차트		

(4) 유음: 유음 [l]은 어말 또는 자음 앞에서는 받침으로 적으며, 어중에서는 모음 앞에 오거나, 모음이 따르지 않는 비음([m], [n]) 앞에 올 때에는 'ㄹㄹ'로 적는다. 다만 'Hamlet[hæmlit] 햄릿, Henley[henli] 헨리'와 같이 비음([m], [n]) 뒤의 [l]은 모음 앞에 오더라도 'ㄹ'로 적는다.

plaza[plɑːzə] 플라자	clinic[klinik] 클리닉	catalogue[kætəlɔg] 카탈로그
club[klʌb] 클럽		

(5) 단모음: 외래어 표기법 제2장 표기 일람표의 국제 음성 기호와 한글 대조표에 의하면 [ə]와 [ʌ]는 '어'로, [æ]는 '애'로, [ɔ]와 [o]는 '오'로 적도록 되어 있다.

terminal[təːrminəl] 터미널	dollar[dalər] 달러	color[kʌlər] 컬러
honey[hʌni] 허니	accessory[æksesəri] 액세서리	talent[tælənt] 탤런트
concert[kɔnsəːt] 콘서트	concept[kɔnsept] 콘셉트	condition[kəndiʃən] 컨디션
control[kəntroul] 컨트롤	collection[kəlekʃən] 컬렉션	

(6) 중모음: 중모음은 각각의 단모음의 음가를 살려서 적는다. 따라서 'spike[spaik] 스파이크, sauna[saunə] 사우나, skate[skeit] 스케이트'와 같이 [ai]는 '아이', [au]는 '아우', [ei]는 '에이' 등으로 적는다. 다만 [ou]는 '오'로, [auə]는 '아워'로 적도록 규정하고 있다.

boat[bout] 보트	pose[pouz] 포즈	shadow[ʃædou] 섀도
window[windou] 윈도	power[pauər] 파워	tower[tauə] 타워

(7) 복합어: 복합어는 구성하고 있는 말이 단독으로 쓰일 때의 표기대로 적는다. 이는 복합어를 한 단어로 보아 표기하면 이들이 각각 단독으로 쓰일 때의 표기와 아주 달라지는 경우가 있어서 혼동할 우려가 있으므로 단독으로 쓰일 때의 표기를 살려서 적도록 한 것이다.

outlet[autlet] 아웃렛	make up[meikʌp] 메이크업	headlight[hedlait] 헤드라이트

3 인명, 지명 표기의 원칙(제4장)

(1) 표기 원칙: 외국의 인명, 지명의 표기는 외래어 표기법 제1~3장의 규정을 따르고, 이에 포함되어 있지 않은 언어권의 인명, 지명은 원지음(현지 발음)을 따르는 것을 원칙으로 한다.

Ankara 앙카라	Gandhi 간디

다만, 원지음이 아닌 제3국의 발음으로 통용되고 있는 것과 고유 명사의 번역명이 통용되는 경우에는 관용을 따른다.

Hague 헤이그	Pacific Ocean 태평양

(2) 동양의 인명, 지명 표기: 중국의 인명은 과거인과 현대인을 구분하여 '孔子, 孟子'와 같은 과거인은 종전의 한자음대로 '공자, 맹자'로 표기하고, '毛澤東, 張國榮'과 같은 현대인은 원칙적으로 중국어 발음에 따라 '마오쩌둥, 장궈룽'으로 표기하되 필요한 경우 한자를 병기한다. 중국의 지명은 현재 쓰이지 않는 것은 우리 한자음대로 하고, '廣州(광저우), 杭州(항저우)'와 같이 현재 지명과 동일한 것은 중국어 발음에 따라 표기하되 필요한 경우 한자를 병기한다. 일본의 인명과 지명은 '伊藤博文(이토 히로부미), 札幌(삿포로)' 등과 같이 과거와 현대의 구분 없이 일본어 발음에 따라 표기하는 것을 원칙으로 하되, 필요한 경우 한자를 병기한다.

다만, 중국 및 일본의 지명 가운데 한국 한자음으로 읽는 관용이 있는 것은 이를 허용한다.

東京 도쿄, 동경	上海 상하이, 상해	黃河 황허, 황하

(3) 바다, 섬, 강, 산 등의 표기

① 바다는 '해(海)'로 통일한다.

홍해	발트해	아라비아해

② 우리나라를 제외하고 섬은 모두 '섬'으로 통일한다.

타이완섬	코르시카섬	(우리나라: 제주도, 울릉도)

③ 한자 사용 지역(일본, 중국)의 지명이 하나의 한자로 되어 있을 경우 '강', '산', '호', '섬' 등은 겹쳐 적는다.

온타케산(御岳) 하야카와강(早川)	주장강(珠江) 위산산(玉山)	도시마섬(利島)

④ 지명이 산맥, 산, 강 등의 뜻이 들어 있는 것은 '산맥', '산', '강' 등을 겹쳐 적는다.

Rio Grande 리오그란데강   Monte Rosa 몬테로사산   Sierra Madre 시에라마드레산맥
Mont Blanc 몽블랑산

4 꼭 알아야 할 외래어 표기

철자	바른 표기	틀린 표기	철자	바른 표기	틀린 표기
gas	가스	까스	gas range	가스레인지	가스렌지
Catholic	가톨릭	카톨릭	Gogh(화가)	고흐	고호
graph	그래프	그라프	gradation	그러데이션	그라데이션
Greece	그리스	그리이스	glass	글라스	그라스
glove	글러브	글로브	globe	글로브	글러브
Gips	깁스	기브스	narcissism	나르시시즘	나르시즘
nonsense	난센스	넌센스	narration	내레이션	나레이션
navigation	내비게이션	네비게이션	nostalgia	노스탤지어	노스탤지아
knockdown	녹다운	넉다운	nonstop	논스톱	넌스톱
nontitle	논타이틀	넌타이틀	nonfiction	논픽션	넌픽션
news	뉴스	뉴우스	dynamic	다이내믹	다이나믹
dynamite	다이너마이트	다이나마이트	diamond	다이아몬드	다이어몬드
dial	다이얼	다이알	dash	대시	대쉬
début	데뷔	데뷰	dessin	데생	뎃생
desktop	데스크 톱	데스크 탑	data	데이터	데이타
doughnut	도넛	도너츠	dribble	드리블	드리볼
Las Vegas	라스베이거스	라스베가스	license	라이선스	라이센스
lions	라이온스	라이온즈	lighter	라이터	라이타
rendez-vous	랑데부	랑데뷰	running shirts	러닝셔츠	런닝셔츠
rush hour	러시아워	러쉬아워	lucky	러키	럭키
remicon	레미콘	레미컨	lesson	레슨	렛슨
radar	레이더	레이다	range	레인지	렌지
recreation	레크리에이션	레크레이션	referee	레퍼리	레프리
repertory	레퍼토리	레파토리	rent-a-car	렌터카	렌트카
lotion	로션	로숀	royalty	로열티	로얄티
rocket	로켓	로케트	rotary	로터리	로타리

철자	바른 표기	틀린 표기	철자	바른 표기	틀린 표기
rock and roll	록 앤드 롤 (= 로큰롤)	록앤롤	rheumatism	류머티즘	류마티스
reportage	르포	르뽀	leadership	리더십	리더쉽
rhythm and blues	리듬 앤드 블루스	리듬 앤 블루스	Ringer	링거	링게르
mania	마니아	매니아	massage	마사지	맛사지
Mao Zedong	마오쩌둥	마오저뚱	Malaysia	말레이시아	말레이지아
manicure	매니큐어	매니큐	mammoth	매머드	맘모스
mansion	맨션	맨숀	muffler	머플러	마후라
Mozart	모차르트	모짜르트	montage	몽타주	몽타지
mystery	미스터리	미스테리	Burberry coat	바바리코트	버버리코트
barbecue	바비큐	바베큐	baton	바통(= 배턴)	바톤
badge	배지	뱃지	balance	밸런스	바란스
Valentine Day	밸런타인데이	발렌타인데이	bonnet	보닛	보넷
body language	보디랭귀지	바디랭기지	bourgeois	부르주아	부르조아
bulldog	불도그	불독	buffet	뷔페	부페
brush	브러시	브러쉬	block	블록	블럭
biscuit	비스킷	비스켓	vision	비전	비젼
The Beatles	비틀스	비틀즈	sash	새시	샤시
sandal	샌들	샌달	chandelier	샹들리에	상들리에
service	서비스	써비스	suntan	선탠	썬탠
sentimental	센티멘털	센티멘탈	sofa	소파	쇼파
showmanship	쇼맨십	쇼맨쉽	show window	쇼윈도	쇼윈도우
shop	숍	샵	shrimp	슈림프	쉬림프
supermarket	슈퍼마켓	수퍼마켓	snack	스낵	스넥
scout	스카우트	스카웃	schedule	스케줄	스케쥴
staff	스태프	스탭	standard	스탠더드	스탠다드
stainless	스테인리스	스텐레스	stewardess	스튜어디스	스튜디스
styrofoam	스티로폼	스티로폴	sponge	스펀지	스폰지
slab	슬래브	슬라브	thinner	시너	신나
situation	시추에이션	시츄에이션	symbol	심벌	심볼
symposium	심포지엄	심포지움	Singapore	싱가포르	싱가폴
outlet	아웃렛	아울렛	eye shadow	아이섀도	아이섀도우
Einstein	아인슈타인	아인시타인	accordion	아코디언	어코디언
accent	악센트	엑센트	alcohol	알코올	알콜

철자	바른 표기	틀린 표기	철자	바른 표기	틀린 표기
enquete	앙케트	앙케이트	encore	앙코르	앵콜
accessory	액세서리	악세사리	accelerator	액셀러레이터	악세레이타
ambulance	앰뷸런스	앰블란스	adapter	어댑터	아답타
emerald	에메랄드	에머랄드	Ethiopia	에티오피아	이디오피아
endorphin	엔도르핀	엔돌핀	Eliot(시인)	엘리엇	엘리어트
orange	오렌지	오랜지	original	오리지널	오리지날
omelet rice	오므라이스	오믈라이스	observer	옵서버	옵저버
yogurt	요구르트	야쿠르트	Indian	인디언	인디안
instant	인스턴트	인스탄트	Zaire	자이르	자이레
genre	장르	쟝르	jazz	재즈	째즈
jacket	재킷	자켓	gesture	제스처	제스추어
jet engine	제트 엔진	젯트 엔진	junior	주니어	쥬니어
juice	주스	쥬스	Jura紀	쥐라기	쥬라기
chart	차트	챠트	champion	챔피언	챔피온
Zürich	취리히	쮜리히	chocolate	초콜릿	초콜렛
cardigan	카디건	가디건	cabaret	카바레	캬바레
carburetor	카뷰레터	카뷰레이터	cassette	카세트	카셋트
counseling	카운슬링	카운셀링	Caesar	카이사르	케사르
cafe	카페	까페	carpet	카펫	카페트
collar	칼라	컬러	column	칼럼	컬럼
caramel	캐러멜	캬라멜	cabinet	캐비닛	캐비넷
cunning	커닝	컨닝	career	커리어	캐리어
conveyor	컨베이어	콘베이어	consortium	컨소시엄	콘소시움
container	컨테이너	콘테이너	control	컨트롤	콘트롤
country	컨트리	컨츄리	color	컬러	칼라
cake	케이크	케익	cognac	코냑	꼬냑
comedy	코미디	코메디	cosmopolitan	코즈모폴리턴	코스모폴리턴
concert	콘서트	컨서트	concept	콘셉트	컨셉트
contact lens	콘택트렌즈	콘텍트렌즈	contest	콘테스트	컨테스트
contents	콘텐츠	컨텐츠	Columbus	콜럼버스	콜롬부스
compact	콤팩트	컴팩트	complex	콤플렉스	컴플렉스
conte	콩트	꽁트	coup d' État	쿠데타	쿠테타
gongfu	쿵후	쿵푸	Kremlin	크렘린	크레믈린
Christian	크리스천	크리스찬	crystal	크리스털	크리스탈

철자	바른 표기	틀린 표기	철자	바른 표기	틀린 표기
climax	클라이맥스	클라이막스	target	타깃	타겟
towel	타월	타올	tigers	타이거스	타이거즈
Titanic	타이태닉	타이타닉	tile	타일	타이루
The Times	타임스	타임즈	taboo	터부	타부

04 국어의 로마자 표기법

국어의 로마자 표기는 국어의 표준 발음법에 따라 적는 것을 원칙으로 한다(전음법).

▮ 자음 표기

ㄱ	g(모음 앞), k(자음 앞 또는 어말)	ㄲ	kk
ㄴ	n	ㄸ	tt
ㄷ	d(모음 앞), t(자음 앞 또는 어말)	ㄹㄹ	ll
ㄹ	r(모음 앞), l(자음 앞 또는 어말)	ㅃ	pp
ㅁ	m	ㅍ	p
ㅂ	b(모음 앞), p(자음 앞 또는 어말)	ㅆ	ss
ㅅ	s	ㅉ	jj
ㅇ	ng	ㅊ	ch
ㅈ	j		
ㅎ	h		

▮ 표기 원칙

(1) 'ㅢ'는 'ㅣ'로 소리 나더라도 'ui'로 적는다.

> 광희문 Gwanghuimun

(2) 'ㄱ, ㄷ, ㅂ'은 모음 앞에서는 'g, d, b'로, 자음 앞이나 어말에서는 'k, t, p'로 적는다.

> 구미 Gumi   옥천 Okcheon   월곶[월곧] Wolgot

(3) 'ㄹ'은 모음 앞에서는 'r'로, 자음 앞이나 어말에서는 'l'로 적는다. 단, 'ㄹㄹ'처럼 'ㄹ'이 겹쳐서 발음될 때는 'll'로 적는다.

구리 Guri	설악 Seorak	칠곡 Chilgok	별내 Byeollae

(4) 음운 변화가 일어날 때에는 변화의 결과에 따라 적는다.
　① 자음 사이에서 동화 작용이 일어나는 경우

백마[뱅마] Baengma	신문로[신문노] Sinmunno	종로[종노] Jongno

　② 'ㄴ, ㄹ'이 덧나는 경우

학여울[항녀울] Hangnyeoul	알약[알략] allyak

　③ 구개음화가 되는 경우

해돋이[해도지] haedoji	같이[가치] gachi	굳히다[구치다] guchida

　④ 'ㄱ, ㄷ, ㅂ, ㅈ'이 'ㅎ'과 합하여 거센소리로 소리 나는 경우

좋고[조코] joko	놓다[노타] nota	잡혀[자펴] japyeo

　다만, 체언에서 'ㄱ, ㄷ, ㅂ' 뒤에 'ㅎ'이 따를 때에는 'ㅎ'을 밝혀 적는다.

묵호 Mukho	집현전 Jiphyeonjeon

(5) 된소리되기는 표기에 반영하지 않는다.

압구정 Apgujeong	낙동강 Nakdonggang	죽변 Jukbyeon

(6) 발음상 혼동의 우려가 있을 때에는 음절 사이에 붙임표(-)를 쓸 수 있다.

중앙 Jungang/Jung-ang	반구대 Bangudae/Ban-gudae
세운 Seun/Se-un	해운대 Haeundae/Hae-undae

(7) 고유 명사는 첫 글자를 대문자로 적는다.

> 부산 Busan   세종 Sejong

(8) 인명은 성과 이름의 순서로 띄어 쓴다. 이름은 붙여 쓰는 것을 원칙으로 하되 음절 사이에 붙임표(-)를 쓰는 것을 허용한다. 그리고 이름에서 일어나는 음운 변화는 표기에 반영하지 않는다.

> 민용하 Min Yongha (Min Yong-ha)   송나리 Song Nari (Song Na-ri)
> 한복남 Han Boknam (Han Bok-nam)

(9) '도, 시, 군, 구, 읍, 면, 리, 동'의 행정 구역 단위와 '가'는 각각 'do, si, gun, gu, eup, myeon, ri, dong, ga'로 적고, 그 앞에는 붙임표(-)를 넣는다. 붙임표(-) 앞뒤에서 일어나는 음운 변화는 표기에 반영하지 않는다.

> 충청북도 Chungcheongbuk-do   제주도 Jeju-do   의정부시 Uijeongbu-si

(10) '시, 군, 읍'의 행정 구역 단위는 생략할 수 있다.

> 청주시 Cheongju   순창읍 Sunchang

(11) 자연 지물명, 문화재명, 인공 축조물명은 붙임표(-) 없이 붙여 쓴다.

> 남산 Namsan   속리산 Songnisan   금강 Geumgang

(12) 인명, 회사명, 단체명 등은 그동안 써 온 표기를 쓸 수 있다.

(13) 학술 연구 논문 등 특수 분야에서 한글 복원을 전제로 표기할 경우에는 한글 표기를 대상으로 적으며, 'ㄱ, ㄷ, ㅂ, ㄹ'은 각각 'g, d, b, l'로만 적는다.

> 값 gabs   붓꽃 buskkoch   독립 doglib

03 | 문학

01 수사법(修辭法)

1 비유법(譬喩法)

(1) 직유법(直喩法)

① 가장 초보적이고 직접적인 비유법

② '~처럼, ~같이, ~듯이, ~인 양' 등의 표현이 들어가는 것이 일반적

　[예] 구름에 달 가듯이 가는 나그네, 별처럼 아름다운 새까만 눈동자

(2) 은유법(隱喩法)

① '원관념 = 보조관념'의 방식

② '~은, ~의' 등의 표현으로 쓰는 것이 일반적

　[예] 내 마음은 호수, 눈물의 홍수

(3) 대유법(代喩法): 주로 별명에 쓰임

① 제유법(提喩法): 일부분으로 전체를 나타냄

　[예] 사람은 빵만으로 살 수 없다, 왕눈이(눈이 큰 사람), 얼큰이(얼굴이 큰 사람)

② 환유법(換喩法): 속성을 통해 본질을 나타냄

　[예] 가방 끈이 길다(학력이 높다), 늑대와 여우(엉큼한 남자와 간사한 여자)

(4) 풍유법(諷諭法, 알레고리): 속담이나 격언으로 비꼬거나 조롱함

　[예] 빈 수레가 요란하다, 물 건너 온 범

(5) 의인법(擬人法): 사물을 사람처럼 표현함

　[예] 돌담에 속삭이는 햇살, 웃음 짓는 샘물

(6) 활유법(活喩法): 사물에 움직임을 줌(의인법을 포함함)

　[예] 구름이 성큼성큼 다가온다, 휘파람을 불며 가는 바람

(7) 의성법(擬聲法): 의성어(소리흉내말)를 사용하여 표현함

(8) 의태법(擬態法): 의태어(모양흉내말)를 사용하여 표현함

(9) 중의법(重義法): 두 가지 이상의 뜻으로 해석되게 함

> 예 청산리 벽계수야 수이 감을 자랑마라
>
> 일도창해하면 돌아오기 어려워라
>
> 명월이 만공산하니 쉬어 간들 어떠하리
>
> – 황진이
>
> (벽계수 = 사람 이름 또는 시냇물, 명월 = 밝은 달 또는 황진이의 기명)

(10) 상징법(象徵法): 원관념 없이 보조관념만으로 표현함

> 예 바다는 뿔뿔이 / 달어 날려고 했다. //
>
> 푸른 도마뱀떼 같이 / 재재발렀다. //
>
> 꼬리가 이루 / 잡히지 않었다. //
>
> 힌 발톱에 찢긴 / 산호보다 붉고 슬픈 생채기! //
>
> 가까스루 몰아다 부치고 / 변죽을 둘러 손질하여 물기를 시쳤다. //
>
> 이 앨쓴 해도에 / 손을 싯고 떼었다. //
>
> 찰찰 넘치도록 / 돌돌 굴르도록 //
>
> 회동그란히 바쳐 들었다! / 地球는 蓮닢인양 옴으라들고……펴고……
>
> – 정지용, 「바다」

2 강조법(強調法)

과장법(誇張法)	원래보다 작게 하거나 크게 하여 부풀려 표현함
영탄법(詠嘆法)	감탄을 통해 감정을 강하게 표현함
반복법(反復法)	같거나 비슷한 단어나 구절을 반복하여 표현함
점층법(漸層法)	점점 강하거나 크게 표현함
점강법(漸降法)	점점 약하거나 작게 표현함(점층법에 포함하기도 함)
대조법(對照法)	서로 반대되는 대상이나 내용을 내세워 주제를 강조하거나 인상을 선명하게 표현함
비교법(比較法)	앞뒤의 사실을 비교함을 나타내는 연결함
현재법(現在法)	과거나 미래의 사실, 또는 눈앞에 없는 사실을 마치 눈앞에 있는 것처럼 나타냄
미화법(美化法)	원래의 것보다 아름답거나 멋지게 표현함
열거법(列擧法)	단어나 구절을 열거함. 나열법이라고도 함
억양법(抑揚法)	올리고 내리며 누르는 방식으로 문세(文勢)에 기복을 두어 효과를 노림
생략법(省略法)	단어나 구절을 줄여 쓰거나 생략함. 주로 줄임표(…)를 사용
연쇄법(連鎖法)	앞 구절의 끝 어구를 다음 구절의 앞 구절에 이어받아 이미지나 심상을 강조함

❸ 변화법(變化法)

(1) **설의법(設疑法):** 쉽게 판단할 수 있는 사실을 의문으로 표현함

(2) **도치법(倒置法):** 단어나 구절의 앞뒤 순서를 바꿈

(3) **인용법(引用法):** 남의 말이나 글을 따와서 표현함
   ① **명인법:** 출처를 밝힘
   ② **암인법:** 인용한 부분을 밝히지 않음

(4) **대구법(對句法):** 비슷한 어조나 어세를 가진 단어나 구절을 짝 지어 반복함(= 통사구조의 반복)
   예 바람도 없는 공중에 수직(垂直)의 파문을 내며 고요히 떨어지는 오동잎은
   누구의 발자취입니까?
   지리한 장마 끝에 서풍에 몰려가는 무서운 검은 구름의 터진 틈으로,
   언뜻언뜻 보이는 푸른 하늘은 누구의 얼굴입니까?
   꽃도 없는 깊은 나무에 푸른 이끼를 거쳐서, 옛 탑(搭) 위에 고요한 하늘을
   스치는 알 수 없는 향기는 누구의 입김입니까?
   근원은 알지도 못할 곳에서 나서 돌부리를 울리고, 가늘게 흐르는 작은 시내는
   굽이굽이 누구의 노래입니까?
   연꽃 같은 발꿈치로 가이 없는 바다를 밟고, 옥 같은 손으로 끝없는 하늘을
   만지면서, 떨어지는 해를 곱게 단장하는 저녁놀은 누구의 시(詩)입니까?
   타고 남은 재가 다시 기름이 됩니다.
   그칠 줄을 모르고 타는 나의 가슴은 누구의 밤을 지키는 약한 등불입니까?

   – 한용운, 「알 수 없어요」

(5) **반어법(反語法):** 참뜻과 반대되는 말로 표현하여 의미를 강화
   예 죽어도 아니 눈물 흘리오리다, (실수했을 때) 잘 한다!

(6) **문답법(問答法):** 묻고 대답하는 방식을 씀

(7) **역설법(逆說法):** 표면적으로는 모순적이지만, 표면 너머에 진실을 드러내고자 함
   예 • 소리 없는 아우성, 캄캄한 대낮, 하얀 어둠, 작은 거인
   • 우리들의 사랑을 위하여서는 이별이, 이별이 있어야 하네.
   • 님은 갔지만 나는 님을 보내지 아니하였습니다.
   • 공즉시색(空卽是色), 색즉시공(色卽是空), 비워야 채운다.

1 운문/서정/시가 문학

```
                                     ┌── 고려 속요 – 시조 – 근/현대 시조
고대 가요 – 향가 – 향가계 고려 가요 ──┤
                                     └── 경기체가 – 가사 – 창가 – 근/현대시
```

(1) 고대 가요

① 발생 초기에는 집단 활동이나 의식과 관련된 의식요나 노동요가 창작되었고 후기에는 개인적 서정에 바탕을 둔 서정 시가가 주로 창작되었다.

② 고대 가요는 설화 속에 삽입되어 전하는데, 이는 시가 문학과 서사 문학이 완전히 분리되지 않은 상태를 보여 주는 것이다.

③ 기록 수단이 없어 구전되어 오다가 후대에 한역되어 전하기 때문에 원래의 정확한 모습을 알 수 없다.

(2) 향가

① 향가의 개념

ㄱ 넓은 의미의 향가: 중국 노래에 대한 '우리의 노래'라는 뜻에서 유래했다.

ㄴ 좁은 의미의 향가: 향찰로 기록한 신라 시대의 노래이다.

② 현재 『삼국유사』에 14수, 『균여전』에 11수로 모두 25수가 전해진다.

③ 향가의 작가: 주로 귀족, 화랑, 승려가 대부분이지만 부녀자(「(도)천수대비가」), 평민까지 다양한 계층 사이에서 폭넓게 향유됨

④ 향가의 형식

ㄱ 4구체: 「서동요」, 「풍요」, 「헌화가」, 「도솔가」 등 4수

ㄴ 8구체: 「모죽지랑가」, 「처용가」 등 2수

ㄷ 완성형: 10구체(사뇌가) – 「찬기파랑가」, 「제망매가」를 비롯한 작품 19수

(3) 한문학

① 한문학이란 중국에서 전래된 한자와 한문학의 영향을 받아 쓰인 작품을 말한다. 당시에는 우리 글자가 없었기 때문에 한문을 이용하여 우리의 사고와 정서를 표현하였다.

② 주요 작품

작품	작가	내용
여수장우중문시	을지문덕	수나라 장군 우중문을 희롱하고 항복을 종용하는 내용을 담은 오언시
왕오천축국전	혜초	신라 성덕왕 때 혜초가 고대 인도의 5국과 인근 여러 나라를 순례하고 당나라에 돌아와서 그 행적을 적은 글
제가야산독서당	최치원	세상을 멀리하고 산중에 은둔하고 싶은 심정을 노래

추야우중	최치원	자신을 알아주지 않는 세상에 대한 괴로움을 노래
토황소격문	최치원	신라 헌강왕 때 당나라 관리였던 최치원이 민란의 주동자인 황소를 치기 위하여 지은 격문
화왕계	설총	신라 신문왕 때 설총이 꽃을 의인화하여 지은 우언적(寓言的)인 한문 단편

2 설화 문학

(1) 설화 문학의 종류

구분	신화	전설	민담
전승자의 태도	신성하다고 믿음	진실하다고 믿음	흥미롭다고 믿음
시간과 장소	태초의 신성한 장소	구체적 시간과 장소	막연한 시간과 장소
증거물	포괄적(우주, 국가 등)	개별적(연못, 암석 등)	보편적
주인공과 행위	신적 능력 발휘	비범한 인간, 비극적 결말	평범한 인간, 운명 개척
전승 범위	민족적 범위	지역적 범위	세계적 범위

(2) 주요 작품

갈래	작품	내용
신화	단군 신화	고조선의 성립과 단군의 신이한 출생 – 고조선
	동명왕 신화	동명왕의 신이한 탄생과 건국 과정 – 고구려
	박혁거세 신화	신라 시조인 박혁거세의 출생 – 신라
	수로왕 신화	가락국의 시조인 김수로왕의 출생 – 가락국
전설 · 민담	온달 설화	바보 온달과 평강 공주의 이야기
	도미 설화	『춘향전』의 근원설화로 백제 평민 도미와 그의 아내가 지킨 정절 이야기
	지귀 설화	선덕여왕을 사모한 지귀 이야기
	연오랑세오녀	해와 달이 된 연오랑과 세오녀의 이야기
	귀토지설	『별주부전』의 근원설화
	방이 설화	『흥부전』의 근원설화
	효녀 지은 설화	『심청전』의 근원설화

❸ 고려 시대의 문학

(1) 향가계 가요

① 신라의 향가에서 고려 가요로 넘어오는 과정에서 생긴 과도기적 형태의 시가를 말한다.

② 주요 작품

작품	작가	연대	형식	내용
도이장가	예종	예종 15년	8구체	예종이 서경(평양)에서 열린 팔관회에 참관하여 고려 초의 공신 김락과 신숭겸 장군의 덕을 찬양한 노래
정과정	정서	의종 20년	10구체의 파격 (11행)	임금을 연모하며 자신의 억울함을 하소연한 노래. 악곡명은 '삼진작'이라고 함

(2) 고려 가요

① 귀족층이 향유했던 경기체가와는 달리 평민들이 부르던 민요적 시가를 말한다. 일명 '장가(長歌), 속요(俗謠), 여요(麗謠)'라고도 한다.

② 주요 작품

작품	형식	내용	출전
가시리	4연, 분연체	남녀 간의 애타는 이별을 노래	악장가사, 시용향악보
동동	13연, 월령체	월별로 그 달의 자연 경물이나 행사에 따라 남녀 사이의 애정을 읊은 월령체가	악학궤범
만전춘	5연, 분연체	남녀 간의 애정을 대담, 솔직하게 읊은 사랑의 노래	악장가사
사모곡	비연시	어머니의 사랑을 낫에, 아버지의 사랑을 호미에 비유하여 어머니의 사랑이 큼을 나타낸 소박한 노래	악장가사, 시용향악보
상저가	비연시	방아를 찧으면서 부른 효도를 주제로 한 노래. 노동요	시용향악보
서경별곡	3연, 분연체	서경을 무대로 여인이 사랑하는 사람을 떠나보내며 이별의 정한을 읊은 노래	악장가사
쌍화점	4연, 분연체	남녀 간의 사랑을 적나라하게 표현한 노래	악장가사
유구곡	비연시	비둘기와 뻐꾸기를 통해 잘못된 정치를 풍자한 노래	시용향악보
이상곡	비연시	남녀 간의 애정을 노골적으로 표현한 노래	악장가사
정석가	6연, 분연체	태평성대를 기리고 임과의 영원한 사랑을 소망한 노래	악장가사, 시용향악보
처용가	비연시	신라의 향가 「처용가」를 부연해서 부른 축사의 노래	악학궤범, 악장가사
청산별곡	8연, 분연체	현실 도피의 비애를 노래	악장가사

(3) 경기체가

① 고려 중엽 무신의 난 이후 새롭게 정계에 등장한 신흥 사대부들에 의해 향유된 노래이다.

② 주요 작품

시기	작품	작가	주요 내용
고려 시대	한림별곡	한림 제유	시부, 서적, 명필, 명주(名酒), 화훼, 음악, 누각, 추천 등의 소재를 통해 귀족 생활의 풍류를 노래. 현전하는 경기체가 중 가장 먼저 창작된 작품(전 8장)
	관동별곡	안축	관동 지방의 절경을 읊은 노래. 이두문이 많이 쓰임(전 8장)
	죽계별곡	안축	죽계와 순흥의 아름다운 경치를 노래. 이두문이 많이 쓰임(전 5장)
조선 시대	상대별곡	권근	사헌부의 생활을 읊은 노래(전 5장)
	화산별곡	변계량	조선의 창업을 찬양한 노래로 세종 때 변계량이 지음(전 8장)
	불우헌곡	정극인	임금의 은덕, 전원생활의 즐거움, 제자를 기르는 즐거움, 나라의 태평함 등을 노래(전 6장)
	화전별곡	김구	경상남도 남해의 화전으로 귀양 가서 그곳의 뛰어난 경치를 노래
	도동곡	주세붕	도학이 우리나라에까지 미친 것을 찬양한 노래(전 9장)
	오륜가	미상	오륜을 내용으로 하여 지은 노래(전 6연)
	독락팔곡	권호문	빈부귀천을 하늘에 맡기고 일생을 한가롭게 살아가는 멋과 자연의 아름다움을 읊은 노래

(4) 시조

① 고려 중엽에 발생하여 고려 말에 완성된 3장 6구 45자 내외의 정형시를 말한다.

② 시조라는 명칭은 조선 영조 때 명창 이세춘이 '시절가조(時節歌調)'라는 새로운 곡조를 만들어 부른 데서 유래했다.

③ 주요 작품

작품	작가	주요 내용
이화(梨花)에 월백(月白)ㅎ고	이조년	봄밤에 애상적인 정감을 노래
구름이 무심(無心)톤 말이	이존오	간신 신돈의 횡포를 풍자하는 노래
백설(白雪)이 ᄌ자진 골에	이색	기울어 가는 나라를 바라보며 안타까워하는 노래
춘산(春山)에 눈 녹인 ᄇ롬	우탁	늙음에 대해 한탄하는 노래
이 몸이 죽어 죽어	정몽주	고려에 대한 충성심을 드러내는 노래
이런들 엇더ㅎ며	이방원	고려의 충신인 정몽주를 회유하기 위한 노래

(5) 한문학

① 고려 시대에는 과거 제도의 실시, 국자감과 같은 교육 기관 설치, 불교의 융성 등으로 한문학이 발달하였으며, 이로 인해 한시도 발달하였다.

② 주요 작품

작품	작가	연대	주요 내용
산거	이인로	고려	산속에 은거하며, 꽃, 골짜기, 두견새 등의 아름다운 풍경을 노래함
동명왕편	이규보	고려 명종	고구려 시조인 동명왕의 영웅적인 행적을 노래한 영웅 서사시
송인	정지상	고려 인종	자연과 인간을 대비하여 임과 이별한 슬픔을 노래함
부벽루	이색	고려 말	인간 역사의 무상함에 대한 한탄과 지난 역사의 회고와 고려 국운(國運) 회복의 소망을 노래함
사리화	이제현	고려 말	탐관오리의 수탈과 횡포에 대한 고발을 노래함

(6) 산문 문학

① 패관 문학: 문인이나 학자들이 항간에 떠도는 이야기를 한문으로 쓴 기록 문학이다.

작품	작가	내용
수이전	박인량	고려 문종 때 박인량이 지은 우리나라 최초의 설화집으로 오늘날에는 전하지 않으며 설화 몇 편만이 『삼국유사』에 실려 전함
백운소설	이규보	고려 고종 때 문인 이규보가 지은 시화(詩話) 및 잡기(雜記). 삼국 시대부터 고종 때까지의 시인들과 그들의 시에 대하여 논하였으며, 소설이라는 명칭을 처음으로 사용함. 홍만종의 『시화총림』에 28편이 전함
파한집	이인로	고려 명종 때 이인로가 지은 설화 문학집으로 시화(詩話), 문담(文談), 기사(紀事), 풍속, 풍물 등을 수록한 책으로 고려사 연구에 귀중한 자료가 됨
보한집	최자	고려 고종 41년에 최자가 지은 시화집으로 이인로가 엮은 『파한집』을 보충한 수필체의 시화들을 엮은 책으로 시구(詩句), 취미, 사실(史實), 부도(浮屠), 기녀 등 여러 가지 이야기를 수록함
역옹패설	이제현	고려 말기 1342년에 이제현이 지은 수필집으로 역사책에 나오지 않는 이문(異聞), 기사(奇事), 인물평, 경론, 시문, 서화 품평 등을 수록함

② 가전체 문학: 계세징인(戒世懲人)을 목적으로 사물을 의인화하여 전기(傳記) 형식으로 구성한 산문 문학의 한 갈래이다.

작품	작가	내용
국순전 (麴醇傳)	임춘	고려 시대에 지어진 작품으로, 술을 의인화하여 당시 정치 현실을 풍자하고 술로 인한 패가망신을 경계함
공방전 (孔方傳)	임춘	고려 고종 때 지어진 작품으로, 돈을 의인화하여 재물만 탐하는 것을 경계함
국선생전 (麴先生傳)	이규보	고려 고종 때 지어진 작품으로, 국성(술)의 긍정적인 면을 통해 위국충절의 사회적 교훈이나 군자의 처신을 경계함
저생전 (楮生傳)	이첨	고려 말기에 지어진 작품으로, 종이를 의인화하여 위정자들에게 올바른 정치를 권유함
죽부인전 (竹夫人傳)	이곡	고려 말기에 지어진 작품으로, 대나무를 의인화하여 남편을 잃고 절개를 지키며 생을 마친 죽부인(대나무)을 통해 현숙하고 절개 있는 여성상을 그림
정시자전 (丁侍者傳)	석식영암	고려 말기에 지어진 작품으로, 지팡이를 의인화하여 불교 포교와 지도층의 겸허를 권유한 내용

4 조선 시대의 문학

(1) 시가 문학

① **악장**: 나라의 제전이나 연례와 같은 국가의 공식적인 행사에서 사용되던 노래 가사이다.

형식	작품	연대	작가	내용
한시체	정동방곡	태조	정도전	태조의 위화도 회군을 찬양
경기체가체	상대별곡	세종	권근	사헌부 소개를 통해 조선 창업의 위대성 찬양
	봉황음	세종	윤회	조선 문물과 왕가의 축수를 노래함
신체	용비어천가	세종	정인지	육조의 위업 찬양, 후대 왕에 대한 권계
	월인천강지곡	세종	세종	석가모니에 대한 찬양
속요체	신도가	태조	정도전	태조의 덕과 한양의 경치를 찬양

② **시조**: 16세기 들어 송순, 정철, 황진이 등에 의하여 문학성이 높은 시조가 창작되었다. 다만, 유학자들은 관념적인 내용을 담고 있는 데 반해 기녀들의 작품은 개인의 정서를 진솔하고 아름답게 표현하였다.

㉠ 조선 전기

작품	작가	내용과 주제	
흥망이 유수ㅎ니	원천석	고려의 패망과 역사의 허무함	망국의 슬픔
오백 년 도읍지를	길재	망국의 한과 회고의 정, 고려 왕조 회고	
선인교 나린 물이	정도전	조선 개국 공신의 고려 왕조 회고	
방 안에 혓논 촉불	이개	임과 이별한 슬픔	연군과 우국
천만 리 머나먼 길에	왕방연	유배된 어린 임금에 대한 애절한 마음	
삼동에 뵈옷 닙고	조식	임금의 승하를 애도함	
십 년을 경영ㅎ여	송순	자연애, 자연 귀의	자연 친화
두류산 양단수를	조식	지리산 양단수의 승경 찬미	
지당에 비 뿌리고	조헌	적막(寂寞)과 고독(孤獨)	
대쵸볼 불근 골에	황희	추수가 끝난 늦가을 농촌의 풍치 있는 생활상	
동지ㅅ둘 기나긴 밤을	황진이	임을 기다리는 절실한 그리움	연정
이화우 흣쑤릴 제	계랑	고독과 그리움	
묏버들 갈히 것거	홍랑	임에게 보내는 사랑, 이별의 슬픔, 임에 대한 그리움	
강호사시가	맹사성	강호에서 자연을 즐기며 임금의 은혜를 생각함	–
오륜가	주세붕	삼강오륜(三綱五倫)의 교훈 강조	
도산십이곡	이황	자연의 관조와 학문 수양의 길을 노래함	
고산구곡가	이이	강학(講學)의 즐거움과 고산(高山)의 아름다움	
훈민가	정철	유교 윤리의 실천 권장	
어부가	이현보	강호에 묻혀 사는 어부(漁父)의 한정(閑情)	

© 조선 후기

작품	작가	내용과 주제	
가노라 삼각산(三角山)아	김상헌	우국지사(憂國之士)의 비분 강개한 심정	우국과 충절
철령 높은 봉을	이항복	임금을 생각하는 신하의 절의, 억울한 심정 호소	
한산셤 달 볼근 밤의	이순신	우국충정(憂國衷情)	
만흥(漫興)	윤선도	자연에 묻혀 사는 은사(隱士)의 한정(閑情)	─
어부사시사(漁父四時詞)	윤선도	자연에서 살아가는 여유와 흥취	
오우가(五友歌)	윤선도	오우(五友, 수·석·송·죽·월) 예찬	
귓도리 져 귓도리	미상	독수공방(獨守空房)의 외롭고 쓸쓸한 마음	─
창을 내고쟈 창을 내고쟈	미상	마음속에 쌓인 근심과 시름을 해소하려 함	
딕들에 동난지 사오	미상	서민들의 상거래 장면, 현학적 태도에 대한 비판	

더 알아보기

시조집	작가	내용
청구영언	김천택	영조 4년 역대 시조를 수집하여 펴낸 최초의 시조집. 시조 998수와 가사 17편을 분류하고 정리함
해동가요	김수장	영조 39년 883수의 시조를 작가별로 분류하고 각 작가에는 간단한 소전(小傳)을 붙임
가곡원류	박효관, 안민영	고종 13년 남창(男唱) 800여 수와 여창(女唱) 170여 수를 곡조별로 분류하여 수록함

③ 가사: 운문에서 산문으로 넘어가는 과도기적 장르이다.

⊙ 조선 전기: 임금의 은혜를 잊지 못하는 충신연주지사(忠臣戀主之詞), 벼슬에서 물러나 안빈낙도하는 생활, 자연에 대한 애정 등의 내용이 많다.

작품	작가	연대	내용
상춘곡	정극인	성종	봄의 완상과 안빈낙도
면앙정가	송순	중종	자연을 즐기는 풍류의 정과 임금님의 은혜에 감사
성산별곡	정철	명종	성산의 사계절 풍경과 식영정 주인의 풍류 예찬
사미인곡	정철	선조	연군지정
속미인곡	정철	선조	임금을 그리는 정
관동별곡	정철	선조	관동 지방의 절경 유람, 연군·애민의 정
만분가	조위	연산군	귀양살이의 억울함과 연군의 정
관서별곡	백광홍	명종	관서 지방의 아름다운 경치를 노래
규원가	허난설헌	선조	방탕한 생활을 하는 남편으로 인한 여인의 한(恨)

ⓛ 조선 후기: 산문 정신과 서민 의식의 성장이라는 대세의 영향을 받아 작가층이 양반에서 평민층이나 부녀자 계층으로 확대되었다.

작품	작가	연대	내용
선상탄	박인로	선조	임진왜란 후 전쟁의 비애와 태평성대를 희망하는 노래
고공가	허전	순조	농사를 나라의 일에 비유하여 당시 관리들의 행태를 비판하는 노래
고공답주인가	이원익	선조	나라를 다스리는 도리. 고공가의 화답가
누항사	박인로	광해군	자연에서 빈이무원하는 생활을 노래
노계가	박인로	인조	노계의 경치를 노래
농가월령가	정학유	헌종	농촌에서 해야 할 일과 세시풍속을 노래
일동장유가	김인겸	영조	일본을 견문하고 지은 노래
연행가	홍순학	고종	청나라 북경에 가서 보고 들은 것을 노래

④ 잡가: 조선 후기 하층 계급의 전문 소리꾼들이 시정(市井)에서 부르던 노래로 남녀 간의 애정, 자연의 아름다움과 풍류, 삶의 애환, 해학과 익살 등 세속적, 유흥적, 통속적, 향락적인 성격을 띠었다.
예 「관동팔경」, 「배따라기」, 「유산가」, 「적벽가」 등

⑤ 언해(번역 문학): 훈민정음의 창제를 계기로 불교나 유교의 중요 경전, 문학서에 이르기까지 많은 서적을 번역한 문학을 이른다.

종류	작품	작가	연대	내용
불교 서적	석보상절	수양대군	세종	석가의 일대기를 적은 책
	월인석보	세조	세조	『월인천강지곡』을 본문으로 삼고 『석보상절』을 주석으로 하여 합본한 책
유교 서적	내훈	소혜왕후	성종	여성의 도리에 대해 간추린 책
	삼강행실도	미상	성종	삼강에 모범이 되는 충신, 효자, 열녀 등의 행실을 그림과 글로 엮은 책

⑥ 민요: 민중 사이에서 불리던 전통적인 노래를 통틀어 이르는 말로, 서민들의 정서와 삶의 모습이 함축되어 있는 구전 가요이다.
예 논매기 노래, 밀양 아리랑, 시집살이 노래 등

(2) 산문 문학

① 고전 소설: 갑오개혁(1894년) 이전에 나온 서사 문학으로 설화, 패관 문학, 가전체 문학 등의 영향을 받아 형성되었다. 주제는 주로 착한 사람은 복을 받고 악한 사람은 벌을 받는다는 권선징악과 인과응보의 교훈적 · 도덕적 내용이 주류를 이룬다.
ⓛ 조선 전기

작품	작가	연대	내용
금오신화	김시습	세조	「용궁부연록」, 「남염부주지」, 「이생규장전」, 「만복사저포기」, 「취유부벽정기」 등 5편이 실린 단편 소설집
원생몽유록	임제	선조	세조의 왕위 찬탈을 소재로 정치권력의 모순을 폭로함

ⓒ 조선 후기

분류	작품	작가	내용
판소리 소설	심청전	미상	아버지에 대한 딸의 효성심(근원설화: 「효녀 지은 설화」)
	흥부전	미상	형제간의 우애(근원설화: 「방이 설화」)
	춘향전	미상	이몽룡에 대한 성춘향의 지조나 절개(근원설화: 「열녀 설화」)
우화 소설	장끼전	미상	남존여비(男尊女卑)나 여성의 개가(改嫁) 금지 비판
	토끼전	미상	헛된 욕망에 대한 경계, 위기에서 벗어나는 지혜
사회 소설	홍길동전	허균	적서 차별에 대한 비판
	전우치전	미상	부패한 정치에 대한 비판, 가난한 백성들을 구제
군담 소설	임진록	미상	임진왜란의 치욕에 대한 정신적 위안 및 민족의식 고취
	유충렬전	미상	유충렬의 간난(艱難)과 영웅적 행적
	조웅전	미상	조웅의 영웅적 행적과 충효 사상 실현
	박씨전	미상	박씨 부인의 영웅적 기상과 재주
가정 소설	사씨남정기	김만중	처첩 간의 갈등과 사씨의 고행
	장화홍련전	미상	계모의 흉계로 인한 가정의 비극과 권선징악
염정 소설	운영전	미상	운영과 김 진사의 비극적 사랑
	구운몽	김만중	인간의 부귀공명의 허망함
	춘향전	미상	이몽룡과 성춘향의 신분을 초월한 사랑
	숙향전	미상	온갖 어려움을 극복하고 성취한 남녀 간의 사랑
	옥단춘전	미상	이혈룡과 기생 옥단춘의 사랑
풍자 소설	배비장전	미상	지배층의 위선에 대한 풍자와 폭로
	이춘풍전	미상	위선적인 남성 중심 사회에 대한 비판과 진취적 여성상의 제시
	옹고집전	미상	인간의 참된 도리에 대한 교훈, 권선징악

더 알아보기

박지원의 한문 소설

작품	내용	출전
허생전	무능한 사대부 계층에 대한 비판과 현실에 대한 자각 촉구	열하일기
호질	유학자들의 위선적 행동에 대한 비판	열하일기
양반전	양반의 무능함과 허위의식에 대한 비판	방경각외전
예덕선생전	바람직한 교우의 도와 무실역행(務實力行)하는 참된 인간상	방경각외전
광문자전	신의 있고 허욕을 부리지 않는 삶의 태도 칭송	방경각외전
민옹전	시정 세태에 대한 비판과 풍자	방경각외전
마장전	유생들의 위선적 교우를 풍자	방경각외전
열녀함양박씨전	수절하며 살아가는 여인들의 고통과 열녀 풍속의 문제점 비판	연상각선본

② 판소리: 광대가 고수(鼓手)의 북장단에 맞추어 서사적인 이야기를 소리와 몸짓을 곁들이며 구연하는 우리 고유의 민속 예술 갈래이다.

작품	내용
춘향가	이몽룡과 성춘향의 신분을 초월한 사랑
흥보가	형제간의 우애
심청가	아버지에 대한 심청의 효
수궁가	헛된 욕망에 대한 경계, 위기에서 벗어나는 지혜
적벽가	적벽대전 영웅들의 무용담과 하층 군사들의 비애

더 알아보기

판소리의 구성
• 창(소리): 판소리의 주축을 이루는 음악적 요소로, 광대가 가락에 맞추어 부르는 노래
• 아니리(사설): 판소리에서 창을 하는 중간중간에 가락을 붙이지 않고 이야기하듯 엮어 나가는 사설
• 추임새: 장단을 짚는 고수가 창의 사이사이에 흥을 돋우기 위하여 삽입하는 소리
• 발림(너름새): 광대(소리꾼)가 소리의 극적인 전개를 돕기 위하여 몸짓이나 손짓으로 하는 동작
• 더늠: 명창이 자신의 독특한 방식으로 다듬어 부르는 어떤 마당의 한 대목을 이르는 말

③ 민속극: 민간에 전해 내려오는 연극으로 일정한 역할을 맡은 배우가 관객들에게 어떠한 내용을 대화나 행동으로 전달하는 전통극이다.

분류	작품	내용
가면극	봉산탈춤	양반에 대한 비판과 풍자
	통영 오광대놀이	양반 사회의 비리와 모순에 대한 비판과 풍자
	양주 별산대놀이	양반에 대한 조롱과 풍자
	수영야류	• 양반 계급의 무능과 허세 조롱 • 봉건 사회의 일부다처제에 따른 가정불화
인형극	꼭두각시놀음	파계승 비판, 처첩 간의 갈등, 양반에 대한 비판

④ 고전 수필: 고려 시대 초기부터 갑오개혁 이전까지 창작된 수필을 말한다. 고려와 조선 전기의 패관 문학이나 조선 후기의 문집들이 모두 한문 수필에 속한다.

분류	작품	작가	연대	내용
궁중 수필	계축일기 (癸丑日記)	궁녀	광해군	광해군이 영창대군을 죽이고 인목대비를 폐하여 서궁에 감금했던 사건을 기록한 작품
	한중록(閑中錄)	혜경궁 홍씨	정조~순조	남편 사도세자의 비극적 죽음을 중심으로 자신의 일생을 돌아보는 작품
	인현왕후전 (仁顯王后傳)	궁녀	숙종~정조	인현왕후의 폐비 사건을 다룬 작품

	산성일기 (山城日記)	궁녀	인조	병자호란의 치욕과 남한산성에서의 항쟁을 다룬 작품
일기	의유당일기 (意幽堂日記)	의유당	순조	남편의 부임지 함흥을 갔다가 함흥 주변의 아름다운 경치를 보고 느낀 감상을 적은 작품
	화성일기 (華城日記)	이희평	정조	정조의 화성 나들이를 수행하고 기록한 작품
	노가재연행록 (老稼齊燕行錄)	김창업	숙종	형인 김창집(昌集)이 동지사 겸 사은사로 연경(燕京)에 갈 때 자벽군관(自辟軍官)으로 동행하여 귀국한 뒤 지은 작품
	무오연행록 (戊午燕行錄)	서유문	정조	서장관으로 북경을 갔다가 보고 들은 것을 기록한 작품
기행	열하일기 (熱河日記)	박지원	정조	청나라 건륭(乾隆) 황제의 70세 생일을 축하하기 위한 외교 사절단으로 갔다가 청나라의 실상을 직접 목격하고 이를 기 록한 작품
	을병연행록 (乙丙燕行錄)	홍대용	영조	서장관인 숙부 홍억(洪檍)의 자제군관으로 청나라에 다녀오 면서 보고 듣고 느낀 바를 날짜별로 기록한 작품
	우념재수서 (雨念齋手書)	이봉한	영조	일본 통신사의 수행원으로 갔을 때 어머니께 보낸 편지
서간	한산유찰 (韓山遺札)	양주 조씨	영조~정조	문신 이집(李潗)의 집안사람들 사이에서 오고갔던 한글 편 지 모음
	제문(祭文)	숙종	숙종	숙종의 막내아들 연령군이 세상을 떠나자 그 애통한 심회를 적은 글
제문	조침문(弔針文)	유씨	순조	바늘을 부러뜨린 심회를 적은 글
	규중칠우쟁론기 (閨中七友爭論記)	미상	미상	바늘, 자, 가위, 인두, 다리미, 실, 골무 등을 의인화하여 인간 사회를 풍자한 수필
기타	어우야담 (於于野談)	유몽인	광해군	민간의 야담과 설화를 모아 놓은 책

---

03 현대 문학

1 현대 문학의 흐름

(1) 갑오개혁 이후 가장 크게 나타난 문학 현상: 구어체(= 일상용어체, 대화체) 문장

① 언문일치 시작(1900년대): 유길준 『서유견문』

② 언문일치 발전(1910년대): 이광수 『무정』

③ 언문일치 완성(1920년대): 김동인 『약한 자의 슬픔』

(2) 1900년대(1894~1908)

① 창가 가사

ⓐ 개화 가사와 찬송가의 영향

ⓑ 형식: 초기에 '3 · 4, 4 · 4조'에서 후기에 '6 · 5, 7 · 5, 8 · 5조'로 발전함

ⓒ 내용: 계몽(독립신문), 항일(대한매일신보)

ⓓ 최초의 7 · 5조 작품: 최남선 「경부철도가」

② 신소설(원래 뜻은 '고소설'의 반대 개념)

ⓐ 내용: 개화, 계몽, 신교육

ⓑ 개념: 고대 소설에서 근대 소설로의 과도기

ⓒ 창작 신소설: 일반적인 의미의 신소설

  • 이인직: 『은세계』, 『치악산』, 『귀의성』, 『혈의 누』

  • 이해조: 『빈상설』, 『구마검』, 『자유종』

  • 안국선: 『금수회의록』

  • 최찬식: 『안의성』, 『추월색』

ⓓ 번안 신소설: 조중환 『장한몽』(이수일과 심순애 등장)

ⓔ 개작 신소설: 이해조의 역할

  • 『춘향전』 → 『옥중화(獄中花)』

  • 『흥부전』 → 『연(燕)의 각(却)』

  • 『토끼전』 → 『토(兎)의 간(肝)』

  • 『심청전』 → 『강상련(江上蓮)』

③ 역사전기 소설

ⓐ 내용: 민족주의적 역사의식, 항일구국의 이념

ⓑ 대표 작품: 신채호 『을지문덕』

더 알아보기

신소설과 고소설의 특징

공통점	차이점
• 권선징악적 주제 • 행복한 · 인위적 결말 • 우연성 • 평면적 인물	• 현실적 제재 • 묘사체로 성숙 • 언문일치로의 접근 • 시간의 역전적 구성

④ 신문

ⓐ 한성순보: 최초 신문, 순한문(1883)

ⓑ 독립신문: 최초 민간, 본격 신문의 시초(1896)

ⓒ 매일신문: 최초 일간

ⓓ 제국신문: 대중 및 부녀자 대상 최초

ⓤ 황성신문: 장지연 「시일야방성대곡」 게재

ⓗ 만세보: 이인직 「혈의 누」 연재. 『대한신문』으로 개칭

⑤ 국어 문법서

㉠ 『국문정리』(이봉운): 최초 음운 문법서

㉡ 『신정국문』(지석영): 국어 전용 주장, 상소문

㉢ 주시경

- 국어문전음학, 국어문법, 말의 소리, 말모이, 대한국어문법 등을 쓴 어문 민족주의자
- 9품사(임-체언, 엇-형용사, 움-동사, 겻-조사, 잇-접속조사, 언-관형사, 억-부사, 놀-감탄사, 끗-종결어미) 설정

> **더 알아보기**
>
> 기타 국어학자
> - (외솔) 최현배: 우리말본, 한글갈, 조선민족갱생의 도, 씨갈(= 품사론), 월갈(= 문장론) 등의 용어 사용
> - (눈뫼) 허웅: 국어학, 국어 음운론, 높임법의 체계화, 삽입모음 '오/우' 밝힘

(3) 1910년대(1908~1919): 2인 문단시대

① 2인: (육당) 최남선, (춘원) 이광수

② 신체시

㉠ 최초 작품: 최남선 「해에게서 소년에게」

㉡ 이광수의 신체시 「우리 영웅」

③ 근대 최초 장편 소설: 이광수 「무정」(1917)

④ 근대 최초 단편 소설: 이광수 「어린 희생」(1910) 또는 김동인 「약한 자의 슬픔」(1919)

⑤ 최초의 근대 자유시: 주요한 「불놀이」(1919)

⑥ 최초의 순문예 동인지: 『창조』(1919)

⑦ 최초의 시 전문 동인지: 『장미촌』(1921)

⑧ 최초의 월간 종합지: 『소년』(1908)

⑨ 김억이 최초로 서구의 상징시를 수용한 잡지: 『태서문예신보』(1918)

(4) 1920년대(1919~1930): 다수 동인지 문단시대

① 1920년대 3대 동인지: 『창조』, 『폐허』, 『백조』

② 낭만주의 3대 동인지: 『백조』, 『폐허』, 『장미촌』

③ 시

㉠ 민요시 운동: 홍사용, 이상화, 김억, 김소월

㉡ 시조부흥운동을 주도한 단체: 국민문학파

㉢ 낭만적 · 감상적 경향 위주: 홍사용, 이상화, 황석우, 박종화

④ 소설: 사실주의 유행(김동인, 현진건, 이효석 등 3대 단편작가)

⑤ 문단의 대립기: 절충 '문예공론'

경향파(KAPF, 좌익, 계급진영) ↔ 국민문학파(우익, 민족진영)
『개벽』 　　　　　　　　『조선문단』

　　참고 동반자 작가: 좌익 노선에 동조하는 힘없는 지식인(이효석, 유진오, 채만식, 박화성)
⑥ 신경향파 그룹: 염군사(1922, 이념 위주)+파스큘라(1923, 예술 위주)

↓

KAPF(1925)

⑦ 작가와 작품

구분	호	이름	작품
시	송아	주요한	「불놀이」, 「아름다운 새벽」
	안서	김억	「오다가다」, 「비」, 「봄은 간다」
	상아탑	황석우	「벽모(碧毛)의 묘(猫)」
	상화	이상화	「나의 침실로」, 「빼앗긴 들에도 봄은 오는가」
	소월	김정식	「진달래꽃」
	만해	한용운	「님의 침묵」
소설	금동	김동인	「감자」, 「약한 자의 슬픔」, 「배따라기」
	빙허	현진건	「운수좋은날」, 「빈처」
	횡보	염상섭	「표본실의 청개구리」, 「삼대」, 「만세전」
	도향	나빈	「물레방아」, 「벙어리 삼룡이」, 「뽕」
	늘봄	전영택	「화수분」, 「소」
	여심	주요섭	「사랑손님과 어머니」

(5) 1930년대(1930~1939): 사회적 문단시대, 본격적인 현대 문학의 출발

	순수시파(1930)	주지시파(1934)	생명파(1936)	자연파(1939)
시	시문학	자오선	시인부락, 생리	문장
	김영랑, 박용철	김광균, 김기림	서정주, 유치환	박목월, 박두진, 조지훈
	음악성, 치밀한 기교, 언어조탁	이미지, 지성, 회화성	생명의식	자연회귀
소설	• 장편소설: 염상섭 「삼대」, 「만세전」(발표 당시 제목은 '묘지'), 「두 파산」 • 역사소설: 김동인 「운현궁의 봄」, 「젊은 그들」, 현진건 「무영탑」, 박종화 「금삼의 피」 • 풍자소설: 채만식 「태평천하」, 「레디메이드 인생」, 「탁류」, 「치숙」, 「명일」, 「소년은 자란다」 • 해학소설: 김유정 「동백꽃」, 「봄봄」, 「만무방」, 「따라지」, 「땡볕」, 「소낙비」, 「금 따는 콩밭」 • 농촌계몽소설: 브나로드(V-narod) 운동과 관련 　예 심훈 「상록수」, 박화성 「한귀」, 이무영 「제1과 제1장」, 박영준 「모범경작생」, 김정한 「사하촌」

초현실주의 경향의 작가 – 이상(본명: 김해경)
- 시: 「오감도」, 「거울」, 「꽃나무」, 「이상한 가역반응」
- 소설: 「날개」, 「종생기」, 「봉별기」, 「지주회시」
- 수필: 전문 수필가의 등장(김진섭, 이하윤)
- 희곡: 극예술 연구회(1931) 창립
- 평론: 순수비평(김환태)과 주지비평(최재서)

(6) 1940년대(1939~1945): 암흑기 문단시대

① 문학의 공백기: 창작, 출판의 부재(不在)

② 저항시인(앙가주망, 참여시인)

㉠ 이육사(남성적, 의지적, 대륙적, 선비정신): 「절정」, 「청포도」, 「광야」, 「교목」, 「꽃」

㉡ 윤동주(자아성찰, 순수): 「자화상」, 「참회록」, 「십자가」, 「간」, 「또 다른 고향」, 「서시」, 「별 헤는 밤」, 유고시집 『하늘과 바람과 별과 시』

(7) 1950년대 이후: 분단 이데올로기의 극복 → 민족문학 지향, 실존적 지각, 지적 탐구정신

① 시

㉠ 김수영(초기에 후반기 동인의 모더니즘에서 1960년대 이후 참여시로 전환): 「풀」, 「폭포」, 「눈」

㉡ 송욱: 「하여지향」

㉢ 김춘수('존재와 본질 탐구'에서 '무의미시'로 전환): 「꽃」, 「꽃을 위한 서시」, 「처용단장」

② 소설

㉠ 동시묘사법: 김성한 「5분간」

㉡ 광복 당시 분열상의 비극적 국면 묘파: 선우휘 「불꽃」

㉢ 한 인격적 주체가 겪는 도덕적 갈등: 장용학 「요한시집」

㉣ 소외된 인간상을 피학적 어조로 묘사: 손창섭 「잉여인간」

㉤ 당시 빈곤상과 삶의 관계: 이범선 「오발탄」

㉥ 농어촌 서민의 애환: 오영수 「갯마을」

㉦ 삶의 부조리를 인식하고 극복함: 유주현 「장 씨 일가」, 「신의 눈초리」

㉧ 민족의 기개 형상화: 정한숙 「금당벽화」

㉨ 토속적 삶의 간고함: 전광용 「흑산도」

㉩ 지식인의 변절적 순응주의: 전광용 「꺼삐딴 리」

㉪ 세속적 삶의 모순을 소설화: 박경리 「암흑시대」

04 | 화법·독해

01 화법

1 토의와 토론

(1) 토의(討議): 여러 사람의 의견을 모으는 말하기

① 목적: 최선의 해결안 모색

② 종류

심포지엄	전문성	권위적, 학술적, 체계적
포럼	공개성	청중 참여, 사회자 필수, 공청회(公聽會), 공개 토의
패널	대표성	배심원, 이견(異見) 조정, 시사 문제, 공동 토의
원탁토의	다양성	자유롭고 평등한 분위기, 청중 불필요

(2) 토론(討論): 대립되는 상대방의 의견을 논박하는 말하기

① 목적: 의사 결정, 의견 일치

② 구성 요소: 논제, 규칙, 참가자, 청중, 사회자

③ 종류

2인 토론	1:1로 말하기
직파 토론	2~3:2~3으로 말하기
반대 신문식 토론	주로 법정(法廷)에서의 말하기

(3) 토의(討議)와 토론(討論)의 비교

토의	토론
협동성	대립성
상대방 존중	상대방 논박
과정, 시도, 모색	결정, 일치
2인 이상의 참가, 공동 관심사, 문제 해결 방법	

◪ 인원에 따른 말하기의 종류

대담(對談)	2인
정담(鼎談)	3인
좌담(坐堂)	4인
방담(放談)	5인 이상

02 독해

◪ 글의 전개 방식

(1) 동태적 범주

① 서사: 시간＋움직임＋의미('무엇을'에 중점)

② 과정: 진행경과를 보여줌('어떻게'에 중점)

③ 인과: 원인이나 결과를 나타냄

(2) 정태적 범주

① 정의: 낱말 뜻 풀이, 개념이나 본질 규정. 구체적일수록 잘된 것

② 분류: 하위요소를 상위요소로 묶음

③ 구분: 상위요소를 하위요소로 나눔. 역순서 성립함

　예 봄, 여름, 가을, 겨울은 계절이다. - 분류

　　계절에는 봄, 여름, 가을, 겨울이 있다. - 구분

④ 분석: 한 물체를 구성 요소로 분해함. 역순서 성립 안 됨

　예 소설의 3요소에는 주제, 구성, 문체가 있다.

⑤ 비교: 유사성에 근거(~보다/~에 비하여/서술어 비슷)

⑥ 대조: 차이성에 근거(그러나/서술어 반대)

　예 중국의 담벽은 일본의 담벽보다 높다. - 비교

　　중국의 담벽은 높아 폐쇄적인데, 일본의 담벽은 낮아 개방적이다. - 대조

⑦ 예시: 구체적인 예를 들어 보임

⑧ 유추

　㉠ 전제에 바탕을 둔 추리, 유비추리의 준말. 확장된 비교

　㉡ 알고 있는 사실을 모르는 사실에 적용함. 미루어 짐작함

　　예 인생과 마라톤, 바둑과 전쟁, 창고와 두뇌, 독서와 교향악

2 글의 진술 방식(단락의 전개)

설명	해설	잘 모르는 사실을 알기 쉽게 풀어쓴 글
	천체의 온갖 형상, 곧 천물을 관측하기 위하여 설치한 시설을 천문대라 한다. 천문대의 일종인 경주 첨성대는 신라 선덕여왕 때 …(중략)… 통일 신라 이전의 건축물인 여러 석탑이 소박한 조형미를 보여 주는 데 대하여 통일 신라의 석가탑, 다보탑은 아기자기한 기교로써 세련된 조형미를 보여 준다. → 글의 전개방식인 정의, 대조, 비교, 예시의 방법을 써서 설명한 글	
묘사	풍경	경치나 장면을 눈에 보이듯 나타낸 글, 감각적/세부적, 사진
	길은 지금 산허리에 걸려 있다. 밤중을 지난 무렵인지 죽은 듯이 고요함 속에서 짐승 같은 달의 숨소리가 손에 잡힐 듯이 …(중략)… 숨이 막힐 지경이다. → 이효석, 「메밀꽃 필 무렵」에서 봉평의 산길을 묘사하고 있음	
서사	사건	시간의 흐름에 따른 내용을 서술한 글, 동영상
	만득이네 대문에 일본 깃대와 출정군인의 집이라는 깃발이 만장처럼 처량히 휘날리고, 그 집 사랑에서는 며칠씩 술판이 벌어져도 밀주단속에도 안 걸리고 …(중략)… 그렇게 그까짓 열흘 눈 깜박할 새가 지나가 만득이는 마침내 입영을 하게 됐다. → 박완서, 「그 여자네 집」에서 만득이가 징병으로 끌려 나가는 사건	
논증	주장	설득을 뒷받침하기 위한 논리적 증명
	요사이 우리 사회는 터진 봇물처럼 막 흘러드는 외래문명에 정신을 차리지 못할 지경이다. 세계화가 미국이라는 한 나라의 주도 아래에 이루어지고 있다. 일본은 …(중략)… 그 언어로 세운 문화도 사라진다는 것을 의미한다. 우리가 그토록 긍지를 갖고 있는 우리말의 운명은 과연 어떻게 될 것인가. → 최재천, 「황소개구리와 우리말」에서 외래문화에 감염된 현실	

05 | 어휘

01 고유어

▮ 단위 관련 우리말

(1) 측량 단위

- 자: 10치(약 30.3cm)
- 푼: 0.1치
- 리: 1,296자(약 372.38m)
- 평: 사방 6자 평방(3.306제곱미터)
- 단보: 300평(= 0.1정보)
- 마장: 10리가 못 되는
- 마지기: 한 말의 씨앗을 심을 정도의 넓이(200~300평의 넓이, 밭만을 가리킬 땐 100평)
- 되지기: 논밭 한 마지기의 1/10

(2) 개수 관련 단위

개수	명칭	의미	개수	명칭	의미
2	손	고등어나 꽁치, 조기 두 마리		두름	조기 따위의 물고기를 짚으로 한 줄에 열 마리씩 두 줄로 엮은 것
10	갓	굴비, 비웃(청어) 따위를 묶어 세는 단위. 한 갓은 굴비, 비웃 따위 열 마리	20	제	탕약 스무 첩
	고리	소주를 사발에 담은 것을 묶어 세는 단위. 한 고리는 소주 열 사발		축	오징어 스무 마리
	꾸러미	달걀 열 개를 묶어 세는 단위		쾌	북어를 세는 단위. 한 쾌는 북어 스무 마리
	뭇	생선을 묶어 세는 단위. 한 뭇은 생선 열 마리	24	쌈	바늘을 묶어 세는 단위. 한 쌈은 바늘 스물네 개
	섬	부피의 단위. 한 섬은 한 말의 열 배로 약 180L 정도	30	판	계란을 세는 단위. 한 판은 계란 삼십 개
	말	부피의 단위. 한 말은 되의 열 배로 약 18L 정도	50	거리	오이나 가지의 50개. 반 접이라고도 함
	되	부피의 단위. 한 홉의 열 배로 약 1.8L 정도	100	톳	김을 묶어 세는 단위. 한 톳은 김 100장
	죽	옷이나 그릇 따위의 열 벌을 묶어 이르는 말		접	채소나 과일 따위를 묶어 세는 단위. 한 접은 채소나 과일 백 개를 이름

(3) 길이 단위어

- 리(里): 약 393m, 보통 4km를 10리라고 함
- 마일(mile): 약 1,609m에 해당
- 길: 사람 키의 한 길이
- 뼘: 엄지손가락과 다른 손가락을 완전히 펴서 벌렸을 때의 두 끝 사이의 거리
- 발: 두 팔을 펴서 벌린 길이

② 어미－새끼

- 가오리－간자미
- 곰－능소니
- 매미－굼벵이
- 농어－껄떼기
- 명태－노가리
- 잠자리－물송치, 학배기
- 매－초고리
- 소－귀다래기, 동부레기, 부룩소, 송치, 어스럭

- 호랑이－개호주
- 고등어－고도리
- 꿩－꺼병이
- 조기－꽝다리
- 숭어－동어, 모쟁이
- 잉어－발강이
- 갈치－풀치

③ 바람

- 동풍(東風): 새파람, 샛바람, 강쇠바람, 높새바람, 동부새
- 서풍(西風): 하늬바람, 가수알바람, 갈바람
- 남풍(南風): 마파람, 건들마
- 북풍(北風): 된바람, 덴바람, 호풍(胡風), 삭풍(朔風)

1 관용어

곁(을) 주다	다른 사람으로 하여금 자기에게 가까이할 수 있도록 속을 터주다.
귀가 질기다	둔하여 남의 말을 잘 이해하지 못하다.
금(을) 놓다	① 물건을 사고팔 때에 값을 부르다. ② 어떤 대상의 수준이나 정도를 평가하여 규정하다.
눈에 밟힌다	자꾸 생각나다.
두 손 맞잡고 앉다	아무 일도 하지 아니하고 가만히 있다.
땀을 들이다	① 몸을 시원하게 하여 땀을 없애다. ② 잠시 휴식하다.
말길(이) 되다	남에게 소개하는 의논의 길이 트이다.
말소리를 입에 넣다	다른 사람에게 들리지 아니하도록 중얼중얼 낮은 목소리로 말하다.
미립이 트이다	경험에 의하여 묘한 이치를 깨닫게 되다.
미역국을 먹었다	낙방하다, 실패하다
배알이 뒤틀리다	비위에 거슬려 아니꼽다.
사개(가) 맞다	말이나 사리의 앞뒤 관계가 빈틈없이 딱 들어맞다.
속(을) 주다[터놓다]	마음속에 있는 것을 숨김없이 드러내 보이다.
속이 마르다	① 성격이 꼬장꼬장하다. ② 생각하는 것이 답답하고 너그럽지 못하다.
손이 걸다	① 수단이 좋고 많다. ② 씀씀이가 후하고 크다.
손이 뜨다	동작이 굼뜨다.
입에 발린[붙은] 소리	마음에도 없이 겉치레로 하는 말
입이 달다	입맛이 당기어 음식이 맛있다.
입이 되다	맛있는 음식만 먹으려고 하는 버릇이 있어 음식에 매우 까다롭다.
입이 밭다[짧다]	음식을 심하게 가리거나 적게 먹다.
입이 쓰다	일이 뜻대로 되지 아니하여 기분이 언짢거나 괴롭다.
콧대를 꺾다	자존심을 없애다.
허방(을) 짚다	① 발을 잘못 디디어 허방에 빠지다. ② 잘못 알거나 잘못 예산하여 실패하다.
흘게(가) 늦다	① 흘게가 조금 풀려 느슨하다. ② 성격이나 하는 짓이 야무지지 못하다.
흰 눈으로 보다	업신여기거나 못마땅하게 여기다. = 백안시(白眼視)

2 속담

가난한 집에 자식이 많다	가난한 집에는 먹고 살아 나갈 걱정이 큰데 자식까지 많다는 뜻으로, 이래저래 부담되는 것이 많음을 이르는 말
가난한 집에 제사 돌아오듯	힘든 일이 자주 닥쳐옴을 비유적으로 이르는 말 = 빈즉다사(貧則多事)
가난한 집의 신주 굶듯	가난한 집에서는 산 사람도 배를 곯는 형편이므로 신주까지도 제사 음식을 제대로 받아 보지 못하게 된다는 뜻으로, 줄곧 굶기만 한다는 말
가난할수록 기와집 짓는다	당장 먹을 것이나 입을 것이 넉넉지 못한 가난한 살림일수록 기와집을 짓는다는 뜻으로, 실상은 가난한 사람이 남에게 업신여김을 당하기 싫어서 허세를 부리려는 심리를 비유적으로 이르는 말
가물에 도랑 친다	한창 가물 때 애쓰며 도랑을 치느라고 분주하게 군다는 뜻으로, 아무 보람도 없는 헛된 일을 하느라고 부산스레 구는 것을 비유적으로 이르는 말
가물에 돌 치다	물이 없는 가뭄에 강바닥에 있는 돌을 미리 치워서 물길을 낸다는 뜻으로 무슨 일이든지 사전에 미리 준비해야 함을 비유적으로 이르는 말
구름이 자주 끼면 비가 온다	일정한 징조가 있으면 그에 따르는 결과가 있기 마련임을 비유적으로 이르는 말
까마귀 미역 감듯	① 까마귀는 미역을 감아도 그냥 검다는 데서, 일한 자취나 보람이 드러나지 않음을 비유적으로 이르는 말 ② 일을 처리함에 있어 세밀하지 못하고 거친 것을 비유적으로 이르는 말
깻묵에도 씨가 있다	① 언뜻 보면 없을 듯한 곳에도 자세히 살펴보면 혹 있을 수 있음을 비유적으로 이르는 말 ② 아무리 하찮아 보이는 물건에도 제 속은 있음을 비유적으로 이르는 말
눈 오는 날 거지 빨래한다	눈이 내리는 날은 날씨가 대개 포근함을 이르는 말
달걀 지고 성(城) 밑으로 못 가겠다	무슨 일을 지나치게 두려워하며 걱정하는 사람을 두고 하는 말 = 기우(杞憂)
돼지우리에 주석 자물쇠	격에 맞지 않게 지나친 치장을 한다는 말 = 가게 기둥에 입춘, 개발에 주석 편자, 짚신에 국화 그리기
떼어 놓은 당상	떼어 놓은 당상이 변하거나 다른 데로 갈 리 없다는 데서, 일이 확실하여 조금도 틀림이 없음을 이르는 말
말 갈 데 소 갈 데 다 다녔다	온갖 곳을 다 다녔다는 뜻
미꾸라지가 모래 쑤신다	무슨 일을 했거나 어떤 일이 있었는데 전혀 흔적이 보이지 않음을 이르는 말
바늘 가는 데 실 간다	바늘이 가는 데 실이 항상 뒤따른다는 뜻으로, 사람의 긴밀한 관계를 비유적으로 이르는 말
바람 따라 돛을 단다[올린다]	① 바람이 부는 형세를 보아 가며 돛을 단다는 뜻으로, 때를 잘 맞추어서 일을 벌여 나가야 성과를 거둘 수 있음을 비유적으로 이르는 말 ② 일정한 신념과 주견이 없이 기회나 형편을 엿보다가 조건이 좋은 쪽을 따라 이리저리 흔들리는 모양을 비꼬는 말 = 바람세에 맞추어 돛을 단다.
봄볕은 며느리가 맞게 하고 가을볕은 딸에게 맞게 한다	신선한 가을볕에는 딸을 쬐이고 살갗이 잘 타고 거칠어지는 봄볕에는 며느리를 쬐인다는 뜻으로, 시어머니는 며느리보다 제 딸을 더 아낌을 비유적으로 이르는 말
부처님 가운데 토막	성질이 온순하고 마음이 어진 사람을 비유하는 말

빈대 잡으려고 초가삼간 태운다	큰 손해가 될 것은 생각하지 않고 제게 매우 마땅치 않은 것을 없애기 위해 일을 함을 이르는 말 = 교각살우(矯角殺牛)
삼밭에 쑥대	좋은 환경에서 자란 사람은 그 환경의 영향을 받아 품행이 단정해진다는 뜻 = 마중지봉(麻中之蓬)
서 발 막대 거칠 것이 없다	너무 가난하여 집안에 세간이 아무것도 없다는 뜻
소경 머루 먹듯	좋고 나쁜 것을 분별하지 못하고 이것저것 아무것이나 취하는 모양을 비유적으로 이르는 말 = 들녘 소경 머루 먹듯
수양산 그늘이 강동 팔십 리를 간다	수양산 그늘진 곳에 아름답기로 유명한 강동 땅 팔십 리가 펼쳐졌다는 뜻으로, 어떤 한 사람이 크게 되면 친척이나 친구들까지 그 덕을 입게 됨을 비유적으로 이르는 말
양지가 음지 되고 음지가 양지 된다	세상일이란 돌고 도는 것이어서 처지가 뒤바뀌게 마련임을 비유적으로 이르는 말 = 새옹지마(塞翁之馬)
우물에 가 숭늉 찾는다	성미가 너무 급하여 참고 기다리지 못함을 이르는 말
재미난 골에 범 난다	① 편하고 재미있다고 위험한 일이나 나쁜 일을 계속하면 나중에는 큰 화를 당하게 됨을 이르는 말 ② 지나치게 재미있으면 그 끝에 가서는 좋지 않은 일이 생김을 이르는 말
파방(파장)에 수수엿 장수	기회를 놓쳐 별 볼일 없다는 것을 이르는 말
하룻강아지 범 무서운 줄 모른다	약한 사람이 철없이 강한 사람에게 덤벼들 때 이르는 말 = 당랑거철(螳螂拒轍)

1 모양이 비슷한 한자

可	司	可否 가부 (**옳을 가**, 아닐 부)
		司法 사법 (맡을 사, 법 법)
恪	格	恪別 각별 (**삼갈 각**, 나눌 별)
		格式 격식 (격식 격, 법 식)
勘	甚	勘定 감정 (**이길 감**, 정할 정)
		極甚 극심 (극진할 극/다할 극, 심할 심)
腔	空	口腔 구강 (입 구, **속 빌 강**)
		空間 공간 (빌 공, 사이 간)
坑	抗	坑夫 갱부 (**구덩이 갱**, 지아비 부)
		對抗 대항 (대할 대, 겨룰 항)
誇	洿	誇張 과장 (**자랑할 과**, 베풀 장)
		洿池 오지 (웅덩이 오, 못 지)
括	活	一括 일괄 (한 일, **묶을 괄**)
		生活 생활 (날 생, 살 활)
攪	覺	攪亂 교란 (**흔들 교**, 어지러울 란)
		覺醒 각성 (깨달을 각, 깰 성)
詭	危	詭辯 궤변 (**속일 궤**, 말씀 변)
		危機 위기 (위태할 위, 틀 기)
喫	契	喫煙 끽연 (**먹을 끽**, 연기 연)
		契約 계약 (맺을 계, 맺을 약)
拿	合	拿捕 나포 (**잡을 나**, 잡을 포)
		合意 합의 (합할 합, 뜻 의)
懦	儒	懦弱 나약 (**나약할 나**, 약할 약)
		儒學 유학 (선비 유, 배울 학)
捺	奈	捺印 날인 (**누를 날**, 도장 인)
		奈落 나락 (어찌 나/어찌 내, 떨어질 락)
撞	童	撞着 당착 (**칠 당**, 붙을 착/나타날 저)
		童謠 동요 (아이 동/땅 이름 종, 노래 요)
鈍	沌	鈍濁 둔탁 (**둔할 둔**, 흐릴 탁)
		混沌 혼돈 (섞을 혼, 엉길 돈)

轢	樂	軋轢 알력 (삐걱거릴 알, **칠 력**)
		音樂 음악 (소리 음, 노래 악)
頒	分	頒布 반포 (**나눌 반**, 베 포/펼 포)
		分析 분석 (나눌 분, 쪼갤 석)
雹	包	雨雹 우박 (비 우, **우박 박**)
		包含 포함 (쌀 포, 머금을 함)
徙	徒	移徙 이사 (옮길 이, **옮길 사**)
		徒步 도보 (무리 도, 걸음 보)
斡	幹	斡旋 알선 (**돌 알/주장할 간**, 돌 선)
		根幹 근간 (뿌리 근, 줄기 간)
冶	治	陶冶 도야 (질그릇 도, **풀무 야**)
		政治 정치 (정사 정, 다스릴 치)
咽	因	嗚咽 오열 (슬플 오, **목멜 열**)
		因果 인과 (인할 인, 실과 과)
緩	煖	緩和 완화 (**느릴 완**, 화할 화)
		煖房 난방 (더울 난, 방 방)
凝	疑	凝結 응결 (**엉길 응**, 맺을 결)
		疑心 의심 (의심할 의, 마음 심)
撒	散	撒布 살포 (**뿌릴 살**, 베 포/펼 포)
		擴散 확산 (넓힐 확, 흩을 산)
甦	更	甦生 소생 (**깨어날 소**, 날 생)
		更生 갱생 (다시 갱/고칠 경, 날 생)
燼	盡	灰燼 회신 (재 회, **불탄 끝 신**)
		消盡 소진 (사라질 소, 다할 진)
悛	俊	改悛 개전 (고칠 개, **고칠 전**)
		俊傑 준걸 (준걸 준, 뛰어날 걸)
塡	眞	補塡 보전 (기울 보, **메울 전**)
		眞僞 진위 (참 진, 거짓 위)
嗾	族	使嗾 사주 (하여금 사, **부추길 주**)
		家族 가족 (집 가, 겨레 족)
澄	登	明澄 명징 (밝을 명, **맑을 징**)
		登校 등교 (오를 등, 학교 교)
懺	纖	**懺悔 참회 (뉘우칠 참**, 뉘우칠 회)
		纖維 섬유 (가늘 섬, 벼리 유)

萃	醉	拔萃 발췌 (뽑을 발, **모을 췌**)
		心醉 심취 (마음 심, 취할 취)
奪	準	剝奪 박탈 (벗길 박, **빼앗을 탈**)
		基準 기준 (터 기, 준할 준)
褒	保	褒賞 포상 (**기릴 포**, 상줄 상)
		保護 보호 (지킬 보, 도울 호)
肓	妄	膏肓 고황 (기름 고, **명치끝 황**)
		妄言 망언 (망령될 망, 말씀 언)
嗅	臭	嗅覺 후각 (**맡을 후**, 깨달을 각)
		惡臭 악취 (악할 악, 냄새 취)

2 나이 관련 한자

10세 남짓	沖年(충년)
15세	志于學(지우학)
16세	破瓜之年(파과지년), 芳年(방년. 주로 여자)
20세 안팎	弱冠(약관. 주로 남자), 結髮(결발) * 妙齡(묘령): 20세 안팎의 젊은 여자
30세	而立志(이립지)
32세	二毛(이모. 흰 머리 반 검은 머리 반이었던 '반악'이란 시인을 가리킴)
40세	不惑(불혹)
48세	桑年(상년. 열 십 자 세 개 아래에 木)
50세	知天命(지천명), 艾年(애년)
60세	耳順(이순), 六旬(육순), 回甲(회갑), 華甲(화갑), 還甲(환갑)
70세	古稀(고희), 從心(종심), 稀壽(희수)
70~80세	耄耋(모질)
80세	傘壽(산수)
90세	卒壽(졸수)
100세	期頤之壽(기이지수), 百壽(백수)

더 알아보기

24절기
- 봄(春-춘): 立春(입춘. 2월 4일경), 雨水(우수), 驚蟄(경칩), 春分(춘분), 淸明(청명), 穀雨(곡우)
- 여름(夏-하): 立夏(입하. 5월 6일경), 小滿(소만), 芒種(망종), 夏至(하지), 小暑(소서), 大暑(대서)
- 가을(秋-추): 立秋(입추. 8월 8일경), 處暑(처서), 白露(백로), 秋分(추분), 寒露(한로), 霜降(상강)
- 겨울(冬-동): 立冬(입동. 11월 8일경), 小雪(소설), 大雪(대설), 冬至(동지), 小寒(소한), 大寒(대한)

ㄱ

去頭截尾 거두절미	• 去: 갈 거, 頭: 머리 두, 截: 끊을 절, 尾: 꼬리 미 • 앞뒤의 사설을 제외하고 요점만 말함
居安思危 거안사위	• 居: 살 거, 安: 편안 안, 思: 생각 사, 危: 위태할 위 • 편안할 때도 닥쳐올 위태로움을 생각하며 대비함
格物致知 격물치지	• 格: 격식 격, 物: 물건 물, 致: 이를 치, 知: 알 지 • 사물의 이치를 규명하여 자기의 지식을 확고하게 함
隔世之感 격세지감	• 隔: 사이 뜰 격, 世: 인간/대 세, 之: 갈 지, 感: 느낄/한할 감 • 다른 세대와 같이 많은 변화가 있었음을 비유하는 말
隔靴搔痒 격화소양	• 隔: 사이 뜰 격, 靴: 신 화, 搔: 긁을 소, 痒: 가려울 양 • 신을 신은 채 가려운 발바닥을 긁음과 같이 애써서 일을 하는데 성과가 좋지 않고, 일의 핵심을 찌르지 못함
牽强附會 견강부회	• 牽: 이끌/끌 견, 强: 강할 강, 附: 붙을 부, 會: 모일 회 • 억지로 말을 끌어 붙여 자기가 주장하는 조건에 맞도록 함
見利思義 견리사의	• 見: 볼 견, 利: 이로울 리/이, 思: 생각 사, 義: 옳을 의 • 눈앞의 이익을 보면 의리를 먼저 생각함. 즉, 이익을 보면 그것이 의리에 합당한가를 먼저 생각해야 함
犬馬之勞 견마지로	• 犬: 개 견, 馬: 말 마, 之: 갈 지, 勞: 일할 로/노 ① 윗사람에게 바치는 자기의 노력을 낮추어서 하는 말 ② 임금이나 나라에 충성을 다하는 노력
犬馬之誠 견마지성	• 犬: 개 견, 馬: 말 마, 之: 갈 지, 誠: 정성 성 • 임금이나 나라에 정성으로 바치는 정성, 자신의 정성을 낮추어 이르는 말
見物生心 견물생심	• 見: 볼 견, 物: 물건 물, 生: 날 생, 心: 마음 심 • 어떠한 실물을 보게 되면 그것을 가지고 싶은 욕심이 생김
見危授命 견위수명	• 見: 볼 견, 危: 위태할 위, 授: 줄 수, 命: 목숨 명 • 나라의 위태로운 지경을 보고 제 목숨을 바쳐 나라를 위해 싸움
犬兎之爭 견토지쟁	• 犬: 개 견, 兎: 토끼 토, 之: 갈 지, 爭: 다툴 쟁 • 개와 토끼가 쫓고 쫓기다가 둘 다 지쳐 죽어 제삼자가 이익을 본다는 뜻
結者解之 결자해지	• 結: 맺을 결, 者: 놈 자, 解: 풀 해, 之: 갈 지 • 일을 맺은 사람이 풀어야 한다는 뜻으로, 일을 벌여 놓은 사람이 끝을 맺어야 한다는 말

結草報恩 결초보은	• 結: 맺을 결, 草: 풀 초, 報: 갚을/알릴 보, 恩: 은혜 은 • 풀을 엮어서 은혜를 갚는다는 의미로 죽어서도 잊지 않고 은혜를 갚는다는 말
謙讓之德 겸양지덕	• 謙: 겸손할 겸, 讓: 사양할 양, 之: 갈 지, 德: 덕 덕 • 겸손하고 사양하는 미덕
輕擧妄動 경거망동	• 輕: 가벼울 경, 擧: 들 거, 妄: 망령될 망, 動: 움직일 동 • 경솔하고 망령되게 행동한다는 뜻으로, 도리나 사정을 생각하지 않고 경솔하게 행동함
傾國之色 경국지색	• 傾: 기울 경, 國: 나라 국, 之: 갈 지, 色: 빛 색 • 뛰어나게 아름다운 미인
耕者有田 경자유전	• 耕: 밭 갈 경, 者: 놈 자, 有: 있을 유, 田: 밭 전 • 경작자(농사를 짓는 사람)가 밭을 소유함
鷄卵有骨 계란유골	• 鷄: 닭 계, 卵: 알 란/난, 有: 있을 유, 骨: 뼈 골 • 계란에도 뼈가 있다는 뜻으로, 복이 없는 사람은 아무리 좋은 기회를 만나도 덕을 못 본다는 말
孤軍奮鬪 고군분투	• 孤: 외로울 고, 軍: 군사 군, 奮: 떨칠 분, 鬪: 싸움 투 • 수가 적고 도움이 없는 약한 군대가 강한 적과 용감하게 잘 싸움
膏粱珍味 고량진미	• 膏: 기름 고, 粱: 기장 량/양, 珍: 보배 진, 味: 맛 미 • 기름진 고기와 좋은 곡식으로 만든 맛있는 음식
姑息之計 고식지계	• 姑: 시어머니 고, 息: 쉴 식, 之: 갈 지, 計: 셀 계 • 당장에 편한 것만 취하는 계책. 임시변통이나 일시 미봉하는 계책
苦肉之計 고육지계	• 苦: 쓸 고, 肉: 고기 육, 之: 갈 지, 計: 셀 계 • 적을 속이기 위해, 자신의 희생을 무릅쓰고 꾸미는 계책이라는 뜻으로, 어려운 상태를 벗어나기 위해 어쩔 수 없이 꾸며 내는 계책을 이르는 말
孤掌難鳴 고장난명	• 孤: 외로울 고, 掌: 손바닥 장, 難: 어려울 난, 鳴: 울 명 ① 혼자의 힘만으로 어떤 일을 이루기 어려움 ② 맞서는 사람이 없으면 싸움이 일어나지 아니함
苦盡甘來 고진감래	• 苦: 쓸 고, 盡: 다할 진, 甘: 달 감, 來: 올 래/내 • 고생 끝에 낙이 온다는 말
曲學阿世 곡학아세	• 曲: 굽을 곡, 學: 배울 학, 阿: 언덕 아, 世: 인간/대 세 • 정도(正道)를 벗어난 학문으로 세상 사람에게 아첨함
骨肉相殘 골육상잔	• 骨: 뼈 골, 肉: 고기 육, 相: 서로 상, 殘: 잔인할/남을 잔 • 같은 혈족끼리 서로 다투고 해하는 것 　= 골육상쟁(骨肉相爭, 骨: 뼈 골, 肉: 고기 육, 相: 서로 상, 爭: 다툴 쟁)
過猶不及 과유불급	• 過: 지날 과, 猶: 오히려 유, 不: 아닐 불, 及: 미칠 급 • 정도를 지나친 것은 도리어 미치지 못한 것과 같다는 말

瓜田不納履 과전불납리	• 瓜: 오이 과, 田: 밭 전, 不: 아닐 불, 納: 들일 납, 履: 신 리/이 • 오이밭에서는 신을 고쳐 신지 말라는 뜻으로, 의심받기 쉬운 행동은 하지 말아야 함을 이르는 말

管鮑之交
관포지교
	• 管: 대롱 관, 鮑: 절인 물고기 포, 之: 갈 지, 交: 사귈 교
	• 관중과 포숙의 사귐이란 뜻으로, 우정이 아주 돈독한 친구 관계를 이르는 말
	  = 수어지교(水魚之交, 水: 물 수, 魚 물고기 어, 之 갈 지, 交 사귈 교)
	  = 문경지교(刎頸之交, 刎: 목 벨 문, 頸 목 경, 之 갈 지, 交 사귈 교)

刮目相對 괄목상대	• 刮: 긁을 괄, 目: 눈 목, 相: 서로 상, 對: 대할 대 • 눈을 비비고 다시 보며 상대방을 대한다는 뜻으로, 남의 학식이나 재주가 놀랄 만 큼 갑자기 향상됨을 일컫는 말
矯角殺牛 교각살우	• 矯: 바로잡을 교, 角: 뿔 각, 殺: 죽일 살, 牛: 소 우 • 뿔을 고치려다 소를 죽인다는 말로, 곧 작은 일에 힘쓰다가 큰일을 망치는 것
巧言令色 교언영색	• 巧: 공교할 교, 言: 말씀 언, 令: 하여금 령/영, 色: 빛 색 • 교묘하게 꾸민 말과 아첨하는 얼굴빛
口蜜腹劍 구밀복검	• 口: 입 구, 蜜: 꿀 밀, 腹: 배 복, 劍: 칼 검 • 입에는 꿀이 있고 배 속에는 칼이 있다는 뜻으로, 말로는 친한 듯하나 속으로는 해 칠 생각이 있음을 이르는 말
口尙乳臭 구상유취	• 口: 입 구, 尙: 오히려 상, 乳: 젖 유, 臭: 냄새 취 • 입에서 아직 젖내가 난다는 뜻으로, 언어와 행동이 매우 유치함을 일컬음
九牛一毛 구우일모	• 九: 아홉 구, 牛: 소 우, 一: 한 일, 毛: 터럭 모 • 매우 많은 것 가운데 극히 적은 수
九折羊腸 구절양장	• 九: 아홉 구, 折: 꺾을 절, 羊: 양 양, 腸: 창자 장 ① 양의 창자처럼 험하고 꼬불꼬불한 길 ② 세상이 복잡하여 살아가기 어렵다는 말
群鷄一鶴 군계일학	• 群: 무리 군, 鷄: 닭 계, 一: 한 일, 鶴: 학 학 • 많은 사람 가운데서 뛰어난 인물을 이르는 말
君臣有義 군신유의	• 君: 임금 군, 臣: 신하 신, 有: 있을 유, 義: 옳을 의 • 임금과 신하 사이에는 의리가 있어야 함
群雄割據 군웅할거	• 群: 무리 군, 雄: 수컷 웅, 割: 벨 할, 據: 근거 거 • 많은 영웅이 각지에 자리 잡고 서로 세력을 다툼
窮餘之策 궁여지책	• 窮: 다할 궁, 餘: 남을 여, 之: 갈 지, 策: 꾀/채찍 책 • 막다른 골목에서 그 국면을 타개하려고 생각다 못해 짜낸 꾀
權謀術數 권모술수	• 權: 권세 권, 謀: 꾀 모, 術: 재주 술, 數: 셈 수 • 목적 달성을 위해서는 수단 · 방법을 가리지 않고 때와 형편에 따라 둘러맞추는 모 략이나 술책
勸善懲惡 권선징악	• 勸: 권할 권, 善: 착할 선, 懲: 징계할 징, 惡: 악할 악 • 착한 행실을 권장하고 악한 행실을 징계함

捲土重來 권토중래	• 捲: 거둘/말 권, 土: 흙 토, 重: 무거울 중, 來: 올 래/내 • 땅을 말아 일으킬 것 같은 기세로 다시 온다는 뜻으로, 한 번 실패하였으나 힘을 회복하여 다시 쳐들어옴을 이르는 말
橘化爲枳 귤화위지	• 橘: 귤 귤, 化: 될 화, 爲: 할 위, 枳: 탱자 지 • 귤이 회수를 건너면 탱자가 된다는 뜻으로, 사람도 환경에 따라 기질이 변한다는 말
近墨者黑 근묵자흑	• 近: 가까울 근, 墨: 먹 묵, 者: 놈 자, 黑: 검을 흑 • 먹을 가까이하면 검어진다는 뜻으로, 나쁜 사람과 사귀면 그 버릇에 물들기 쉽다 는 말
金科玉條 금과옥조	• 金: 쇠 금, 科: 과목 과, 玉: 구슬 옥, 條: 가지 조 • 금옥과 같은 법률이라는 뜻으로, 소중히 여기고 지켜야 할 규칙이나 교훈
金蘭之契 금란지계	• 金: 쇠 금, 蘭: 난초 란/난, 之: 갈 지, 契: 맺을 계 • 쇠처럼 단단하고 난초 향기처럼 그윽한 사귐을 맺는다는 뜻으로, 친구 사이의 매우 두터운 정을 이르는 말
錦上添花 금상첨화	• 錦: 비단 금, 上: 윗 상, 添: 더할 첨, 花: 꽃 화 • 좋은 일에 또 좋은 일이 더하여짐을 이르는 말
今昔之感 금석지감	• 今: 이제 금, 昔: 예 석, 之: 갈 지, 感: 느낄 감 • 지금과 옛날을 비교할 때 차이가 매우 심하여 느껴지는 감정
琴瑟之樂 금슬지락	• 琴: 거문고 금, 瑟: 큰 거문고 슬, 之: 갈 지, 樂: 즐길 락/낙 • 부부 사이가 다정하고 화목함
錦衣還鄉 금의환향	• 錦: 비단 금, 衣: 옷 의, 還: 돌아올 환, 鄉: 시골 향 • 비단옷을 입고 고향으로 돌아옴. 즉, 출세를 하여 고향에 돌아가거나 돌아옴
金枝玉葉 금지옥엽	• 金: 쇠 금, 枝: 가지 지, 玉: 구슬 옥, 葉: 잎 엽 • 임금의 자손이나 집안 또는 귀한 자손을 소중히 일컫는 말
氣高萬丈 기고만장	• 氣: 기운 기, 高: 높을 고, 萬: 일만 만, 丈: 어른 장 • 씩씩한 기운이 크게 떨침. 우쭐하여 뽐내는 기세가 대단함
其利斷金 기리단금	• 其: 그 기, 利: 이로울 리/이 , 斷: 끊을 단, 金: 쇠 금 • 절친한 친구 사이
奇想天外 기상천외	• 奇: 기특할 기, 想: 생각 상, 天: 하늘 천, 外: 바깥 외 • 보통 사람이 쉽게 짐작할 수 없을 정도로 엉뚱하고 기발함
騎虎之勢 기호지세	• 騎: 말 탈 기, 虎: 범 호, 之: 갈 지, 勢: 형세 세 • 범을 타고 달리는 형세라는 뜻으로, 시작한 것을 도중에 그만둘 수 없음을 이르는 말

落穽下石 낙정하석	· 落: 떨어질 락/낙, 穽: 함정 정, 下: 아래 하, 石: 돌 석 · 함정에 빠진 사람에게 돌을 던진다는 뜻으로, 위태로운 처지에 있는 사람을 도와주기는커녕 도리어 괴롭힘
爛商討議 난상토의	· 爛: 문드러질 란/난, 商: 장사 상, 討: 칠 토, 議: 의논할 의 · 낱낱이 들어 잘 토의함
難兄難弟 난형난제	· 難: 어려울 난, 兄: 형 형, 難: 어려울 난, 弟: 아우 제 · 누구를 형이라 하고 누구를 아우라 하기 어려움. 비슷하여 우열을 가리기 어려움 = 막상막하(莫上莫下, 莫: 없을 막, 上: 윗 상, 莫: 없을 막, 下: 아래 하) = 백중지세(伯仲之勢, 伯: 맏 백, 仲: 버금 중, 之: 갈 지, 勢: 형세 세)
南柯一夢 남가일몽	· 南: 남녘 남, 柯: 가지 가, 一: 한 일, 夢: 꿈 몽 · 덧없는 꿈이나 한때의 헛된 부귀영화
南橘北枳 남귤북지	· 南: 남녘 남, 橘: 귤 귤, 北: 북녘 북, 枳: 탱자 지 · 강남의 귤을 강북에 옮겨 심으면 탱자나무로 변한다는 뜻으로, 사람은 환경에 따라 착하게도 되고 악하게도 된다는 뜻 = 귤화위지(橘化爲枳, 橘: 귤나무 귤, 化: 될 화, 爲: 할 위, 枳: 탱자 지)
男負女戴 남부여대	· 男: 사내 남, 負: 질 부, 女: 여자 녀/여, 戴: 일 대 · 남자는 지고 여자는 인다는 뜻으로, 가난에 시달리는 사람들이 살 곳을 찾아 떠돌아다니는 것을 말함
囊中之錐 낭중지추	· 囊: 주머니 낭, 中: 가운데 중, 之: 갈 지, 錐: 송곳 추 · 주머니 속의 송곳. 즉, 송곳이 주머니 속에 들어 있어도 그 날카로운 끝을 드러내는 것처럼 재능이 뛰어난 사람은 숨어 있어도 자연히 사람들에게 알려짐을 비유함
囊中取物 낭중취물	· 囊: 주머니 낭, 中: 가운데 중, 取: 가질 취, 物: 물건 물 · 주머니 속의 물건을 꺼내는 것과 아주 손쉽게 얻을 수 있음을 말함
內憂外患 내우외환	· 內: 안 내, 憂: 근심 우, 外: 바깥 외, 患: 근심 환 · 나라 안팎의 여러 가지 어려움
內柔外剛 내유외강	· 內: 안 내, 柔: 부드러울 유, 外: 바깥 외, 剛: 굳셀 강 · 겉으로 보기에는 강하게 보이나 속은 부드러움
盧生之夢 노생지몽	· 盧: 목로 노/로, 生: 날 생, 之: 갈 지, 夢: 꿈 몽 ① 인생의 영고성쇠는 한바탕 꿈처럼 덧없다는 뜻 ② 한때의 헛된 부귀영화
勞心焦思 노심초사	· 勞: 일할 노/로, 心: 마음 심, 焦: 탈 초, 思: 생각 사 · 애를 쓰며 속을 태움
綠衣紅裳 녹의홍상	· 綠: 푸를 록/녹, 衣: 옷 의, 紅: 붉을 홍, 裳: 치마 상 · 연두저고리와 다홍치마라는 뜻으로, 곱게 차려입은 젊은 아가씨의 복색

論功行賞 논공행상	• 論: 논할 론/논, 功: 공 공, 行: 다닐 행, 賞: 상줄 상 • 공이 있고 없음이나 크고 작음을 따져 거기에 알맞은 상을 줌
弄瓦之慶 농와지경	• 弄: 희롱할 롱/농, 瓦: 기와 와, 之: 갈 지, 慶: 경사 경 • 질그릇을 갖고 노는 경사라는 뜻으로, 딸을 낳은 기쁨을 말함
弄璋之慶 농장지경	• 弄: 희롱할 롱/농, 璋: 홀 장, 之: 갈 지, 慶: 경사 경 • 장(璋)으로 만든 구기를 갖고 노는 경사라는 뜻으로, 아들을 낳은 기쁨을 말함 = 농장지희(弄璋之喜, 弄: 희롱할 롱/농, 璋: 홀 장, 之: 갈 지, 喜: 기쁠 희)
籠鳥戀雲 농조연운	• 籠: 대바구니 롱/농, 鳥: 새 조, 戀: 그리워할 련/연, 雲: 구름 운 • 속박당한 몸이 자유를 그리워함
累卵之危 누란지위	• 累: 여러 루/누, 卵: 알 란/난, 之: 갈 지, 危: 위태할 위 • 층층이 쌓아 놓은 알의 위태로움이라는 뜻으로, 몹시 아슬아슬한 위기 = 누란지세(累卵之勢) = 백척간두(百尺竿頭) = 풍전등화(風前燈火)
累卵之勢 누란지세	• 累: 여러 루/누, 卵: 알 란/난, 之: 갈 지, 勢: 형세 세 • 층층이 쌓아 놓은 알의 형세라는 뜻으로, 몹시 위태로운 형세
能小能大 능소능대	• 能: 능할 능, 小: 작을 소, 能: 능할 능, 大: 클/큰 대 • 모든 일에 두루 능함. 남들과 사귀는 수완이 아주 능함

ㄷ

多岐亡羊 다기망양	• 多: 많을 다, 岐: 갈림길 기, 亡: 망할 망, 羊: 양 양 • 갈림길이 많아 찾는 양을 결국 잃고 말았다는 뜻으로, 학문의 길이 여러 갈래이어서 진리를 찾기가 어려움을 이르는 말
多多益善 다다익선	• 多: 많을 다, 多: 많을 다, 益: 더할 익, 善: 착할 선 • 많으면 많을수록 좋음
斷金之交 단금지교	• 斷: 끊을 단, 金: 쇠 금, 之: 갈 지, 交: 사귈 교 • 쇠라도 자를 정도로 강한 교분이라는 뜻으로, 매우 두터운 우정을 말함
斷機之戒 단기지계	• 斷: 끊을 단, 機: 틀 기, 之: 갈 지, 戒: 경계할 계 • 학문을 중도에서 그만두는 것은 마치 짜던 베의 날을 끊어 버리는 것과 같이 아무런 쓸모가 없음을 경계한 말
簞食瓢飮 단사표음	• 簞: 소주리 단, 食: 먹이 사, 瓢: 바가지 표, 飮: 마실 음 • 대나무로 만든 밥그릇에 담은 밥과 표주박에 든 물이라는 뜻으로, 청빈하고 소박한 생활을 이르는 말
丹脣皓齒 단순호치	• 丹: 붉을 단, 脣: 입술 순, 皓: 흴 호, 齒: 이 치 • 붉은 입술과 흰 이라는 뜻으로, 여자의 아름다운 얼굴을 말함

堂狗風月 당구풍월	• 堂: 집 당, 狗: 개 구, 風: 바람 풍, 月: 달 월 • 서당 개 삼 년에 풍월을 읊는다는 뜻으로, 비록 무식한 사람이라도 유식한 사람들과 오래 사귀게 되면 자연스럽게 견문이 생긴다는 뜻
螳螂拒轍 당랑거철	• 螳: 사마귀 당, 螂: 사마귀 랑/낭, 拒: 막을 거, 轍: 바퀴자국 철 • 제 역량을 생각하지 않고, 강한 상대나 되지 않을 일에 덤벼드는 무모한 행동거지를 이르는 말
大器晚成 대기만성	• 大: 클/큰 대, 器: 그릇 기, 晚: 늦을 만, 成: 이룰 성 • 큰 그릇을 만드는 데는 시간이 오래 걸린다는 뜻으로, 크게 될 사람은 성공이 늦다는 말
大義名分 대의명분	• 大: 클/큰 대, 義: 옳을 의, 名: 이름 명, 分: 나눌 분 ① 사람으로서 마땅히 지키고 행하여야 할 도리나 본분 ② 어떤 일을 꾀하는 데 내세우는 합당한 구실이나 이유
徒勞無益 도로무익	• 徒: 무리 도, 勞: 일할 로/노, 無: 없을 무, 益: 더할 익 • 애만 쓰고 이로움이 없음
道聽塗說 도청도설	• 道: 길 도, 聽: 들을 청, 塗: 칠할/길 도, 說: 말씀 설 ① 거리에서 들은 것을 남에게 아는 체하며 말함 ② 깊이 생각 않고 예사로 듣고 말함
塗炭之苦 도탄지고	• 塗: 칠할/길 도, 炭: 숯 탄, 之: 갈 지, 苦: 쓸 고 • 진흙 수렁에 빠지고 숯불에 타는 듯한 고통이라는 뜻으로, 학정에 시달리는 백성들의 어려움을 가리키는 말
東家食西家宿 동가식서가숙	• 東: 동녘 동, 家: 집 가, 食: 밥/먹을 식, 西: 서녘 서, 家: 집 가, 宿: 잘 숙 • 먹을 곳, 잘 곳이 없어 떠돌아다니며 이집 저집에서 얻어먹고 지내는 일 또는 그러한 사람
同價紅裳 동가홍상	• 同: 한가지 동, 價: 값 가, 紅: 붉을 홍, 裳: 치마 상 • 같은 값이면 다홍치마라는 뜻으로, 같은 값이면 품질이 좋은 것을 택한다는 말
同苦同樂 동고동락	• 同: 한가지 동, 苦: 쓸 고, 同: 한가지 동, 樂: 즐거울 락/낙 • 괴로움도 즐거움도 함께함
棟樑之材 동량지재	• 棟: 마룻대 동, 樑: 들보 량/양, 之: 갈 지, 材: 재목 재 • 기둥이나 들보로 쓸 만한 재목이라는 뜻으로, 훌륭한 인재, 한 집안이나 한 나라의 큰일을 맡을 만한 사람을 이르는 말
東問西答 동문서답	• 東: 동녘 동, 問: 물을 문, 西: 서녘 서, 答: 대답 답 • 묻는 말에 대하여 전혀 엉뚱한 대답을 하는 것
同病相憐 동병상련	• 同: 한가지 동, 病: 병 병, 相: 서로 상, 憐: 불쌍히 여길 련/연 • 어려운 처지에 있는 사람끼리 서로 가엾게 여김
東奔西走 동분서주	• 東: 동녘 동, 奔: 달릴 분, 西: 서녘 서, 走: 달릴 주 • 사방으로 이리저리 부산하게 돌아다님
同床異夢 동상이몽	• 同: 한가지 동, 床: 평상 상, 異: 다를 이/리, 夢: 꿈 몽 • 같은 침상에서 꿈을 다르게 꾼다는 뜻으로, 겉으로는 같이 행동하면서 속으로는 각각 딴생각을 함을 이르는 말

杜門不出 두문불출	• 杜: 막을 두, 門: 문 문, 不: 아닐 불, 出: 날 출 • 집에만 있고 바깥출입을 아니함
得隴望蜀 득롱망촉	• 得: 얻을 득, 隴: 흐릿할 롱/농, 望: 바랄 망, 蜀: 나라 이름 촉 • 중국 한나라 때 광무제가 농을 정복한 뒤 촉을 쳤다는 데서 나온 말로, 끝없는 욕심을 이르는 말
登高自卑 등고자비	• 登: 오를 등, 高: 높을 고, 自: 스스로 자, 卑: 낮을 비 • 높은 곳에 오르려면 낮은 곳에서부터 시작해야 한다는 뜻으로, 모든 일은 순서를 밟아야 함을 이르는 말
燈下不明 등하불명	• 燈: 등 등, 下: 아래 하, 不: 아닐 불, 明: 밝을 명 • 등잔 밑이 어둡다는 뜻으로, 가까이에서 일어나는 일을 오히려 잘 모른다는 말
燈火可親 등화가친	• 燈: 등 등, 火: 불 화, 可: 옳을 가, 親: 친할 친 • 가을밤은 시원하고 상쾌하므로 등불을 가까이 하여 글 읽기에 좋음을 이르는 말

ㅁ

磨斧爲針 마부위침	• 磨: 갈 마, 斧: 도끼 부, 爲: 할 위, 針: 바늘 침 • 아무리 이루기 힘든 일도 끊임없는 노력과 끈기 있는 인내로 성공하고야 만다는 뜻
馬耳東風 마이동풍	• 馬: 말 마, 耳: 귀 이, 東: 동녘 동, 風: 바람 풍 • 남의 말을 귀담아듣지 않고 흘려버리는 것을 말함
莫上莫下 막상막하	• 莫: 없을 막, 上: 윗 상, 莫: 없을 막, 下: 아래 하 • 실력에 있어 더 낫고 더 못함이 없이 비슷함
莫逆之友 막역지우	• 莫: 없을 막, 逆: 거스를 역, 之: 갈 지, 友: 벗 우 • 서로 거스름이 없는 친구라는 뜻으로, 허물이 없이 아주 친한 친구를 이르는 말 = 문경지교(刎頸之交) = 금란지교(金蘭之交) = 단금지교(斷金之交) = 수어지교(水魚之交) = 지란지교(芝蘭之交) = 지기지우(知己之友) = 지음(知音) = 백아절현(伯牙絕絃)
萬頃蒼波 만경창파	• 萬: 일만 만, 頃: 이랑 경, 蒼: 푸를 창, 波: 물결 파 • 만 이랑과 푸른 물결이라는 뜻으로, 한없이 넓고 푸른 바다를 말함
萬古風霜 만고풍상	• 萬: 일만 만, 古: 옛 고, 風: 바람 풍, 霜: 서리 상 • 아주 오랜 세월 동안 겪어 온 많은 고생
萬事休矣 만사휴의	• 萬: 일만 만, 事: 일 사, 休: 쉴 휴, 矣: 어조사 의 • 모든 것이 헛수고로 돌아감
晚時之歎 만시지탄	• 晚: 늦을 만, 時: 때 시, 之: 갈 지, 歎: 탄식할 탄 • 시기가 늦어 기회를 놓친 것이 원통해서 탄식함을 이르는 말

亡羊補牢 망양보뢰	• 亡: 망할 망, 羊: 양 양, 補: 기울 보, 牢: 우리 뢰/뇌 • 양을 잃고 우리를 고친다는 뜻으로, 이미 어떤 일을 실패한 뒤에 뉘우쳐도 아무 소용이 없음을 이르는 말 = 소 잃고 외양간 고친다.
望洋之嘆 망양지탄	• 望: 바랄 망, 洋: 큰 바다 양, 之: 갈 지, 嘆: 탄식할 탄 • 큰 바다를 바라보며 하는 탄식이라는 뜻으로, 제 힘이 미치지 못할 때 하는 탄식을 이르는 말
望雲之情 망운지정	• 望: 바랄 망, 雲: 구름 운, 之: 갈 지, 情: 뜻 정 • 구름을 바라보며 그리워한다는 뜻으로, 자식이 객지에서 고향에 계신 어버이를 생각하는 마음을 이르는 말
亡子計齒 망자계치	• 亡: 망할 망, 子: 아들 자, 計: 셀 계, 齒: 이 치 • '죽은 자식 나이 세기'라는 뜻으로, 이미 지나간 쓸데없는 일을 생각하며 애석하게 여긴다는 뜻
麥秀之嘆 맥수지탄	• 麥: 보리 맥, 秀: 빼어날 수, 之: 갈 지, 嘆: 탄식할 탄 • 고국의 멸망을 한탄함
孟母斷機 맹모단기	• 孟: 맏 맹, 母: 어머니 모, 斷: 끊을 단, 機: 틀 기 • 맹자가 학업을 중단하고 돌아왔을 때에, 그 어머니가 짜던 베를 잘라서 학문을 중도에 그만둔 것을 훈계한 일을 이르는 말 = 맹모단기지교(孟母斷機之敎)
面從腹背 면종복배	• 面: 낯 면, 從: 좇을 종, 腹: 배 복, 背: 등/배반할 배 • 겉으로는 순종하는 체하고 속으로는 딴 마음을 먹음
滅私奉公 멸사봉공	• 滅: 꺼질/멸할 멸, 私: 사사 사, 奉: 받들 봉, 公: 공평할 공 • 사를 버리고 공을 위하여 힘써 일함
明鏡止水 명경지수	• 明: 밝을 명, 鏡: 거울 경, 止: 그칠 지, 水: 물 수 • 맑은 거울과 고요한 물이라는 뜻으로, 잡념과 허욕이 없는 깨끗한 마음을 비유적으로 이르는 말
名實相符 명실상부	• 名: 이름 명, 實: 열매 실, 相: 서로 상, 符: 부호 부 • 이름과 실상이 서로 들어맞음
明若觀火 명약관화	• 明: 밝을 명, 若: 같을 약, 觀: 볼 관, 火: 불 화 • 불을 보는 것처럼 밝게 보인다는 뜻으로, 더 말할 나위 없이 명백함을 이르는 말
命在頃刻 명재경각	• 命: 목숨 명, 在: 있을 재, 頃: 이랑/잠깐 경, 刻: 새길 각 • 목숨이 경각에 달려 있다는 뜻으로, 거의 죽게 되어 곧 숨이 끊어질 지경에 이른다는 것을 말함
矛盾 모순	• 矛: 창 모, 盾: 방패 순 • 말이나 행동의 앞뒤가 서로 맞지 않음
目不識丁 목불식정	• 目: 눈 목, 不: 아닐 불, 識: 알 식, 丁: 고무래/장정 정 • 고무래를 보고도 그것이 고무래 정(丁)자인 줄 모른다는 뜻으로, 아주 까막눈임을 이르는 말 = 낫 놓고 기역 자도 모른다.

目不忍見 목불인견	• 目: 눈 목, 不: 아닐 불, 忍: 참을 인, 見: 볼 견 • 딱한 모양을 눈 뜨고는 차마 볼 수 없음
猫頭懸鈴 묘두현령	• 猫: 고양이 묘, 頭: 머리 두, 懸: 달 현, 鈴: 방울 령/영 • '고양이 목에 방울 달기'라는 뜻으로, 실행할 수 없는 헛된 논의를 이르는 말
武陵桃源 무릉도원	• 武: 호반 무, 陵: 언덕 릉/능, 桃: 복숭아 도, 源: 근원 원 • 도연명의 『도화원기(桃花源記)』에 나오는 가상의 선경(仙境)으로 '이상향', '별천지'를 비유적으로 이르는 말
無所不爲 무소불위	• 無: 없을 무, 所: 바 소, 不: 아닐 불, 爲: 할 위 • 하지 못하는 일이 없음
無爲徒食 무위도식	• 無: 없을 무, 爲: 할 위, 徒: 무리 도, 食: 밥/먹을 식 ① 하는 일 없이 헛되이 먹기만 함 ② 게으르거나 능력이 없는 사람
無依無托 무의무탁	• 無: 없을 무, 依: 의지할 의, 無: 없을 무, 托: 맡길 탁 • 몸을 의지하고 의탁할 곳이 없음
墨守 묵수	• 墨: 먹 묵, 守: 지킬 수 • 묵자가 끝까지 성을 지킨다는 뜻으로, 자기의 의견 또는 소신을 굽힘이 없이 끝까지 지키는 것
墨翟之守 묵적지수	• 墨: 먹 묵, 翟: 꿩 적, 之: 갈 지, 守: 지킬 수 ① 자기 의견이나 주장을 굽히지 않고 끝까지 지킴 ② 융통성이 없음을 비유
刎頸之交 문경지교	• 刎: 목 벨 문, 頸: 목 경, 之: 갈 지, 交: 사귈 교 • 서로를 위해서라면 목이 잘린다 해도 후회하지 않을 정도의 사이라는 뜻으로, 생사를 같이 할 수 있는 매우 소중한 벗 = 막역지우(莫逆之友, 莫: 없을 막, 逆: 거스를 역, 之: 갈 지, 友: 벗 우)
文房四友 문방사우	• 文: 글월 문, 房: 방 방, 四: 넉 사, 友: 벗 우 • 서재에 꼭 있어야 할 네 벗, 즉 종이, 붓, 벼루, 먹을 말함
門前成市 문전성시	• 門: 문 문, 前: 앞 전, 成: 이룰 성, 市: 저자 시 • 권세가 크거나 부자가 되어 집 문 앞이 찾아오는 손님들로 마치 시장을 이룬 것 같음
物外閒人 물외한인	• 物: 물건 물, 外: 바깥 외, 閒: 한가할 한, 人: 사람 인 • 세상의 시끄러움에서 벗어나 한가롭게 지내는 사람
尾生之信 미생지신	• 尾: 꼬리 미, 生: 날 생, 之: 갈 지, 信: 믿을 신 • 우직하여 융통성이 없이 약속만을 굳게 지킴을 비유적으로 이르는 말
美人薄命 미인박명	• 美: 아름다울 미, 人: 사람 인, 薄: 엷을 박, 命: 목숨 명 • 미인은 흔히 불행하거나 병약하여 요절하는 일이 많다는 말
未曾有 미증유	• 未: 아닐 미, 曾: 일찍 증, 有: 있을 유 • 지금까지 아직 한 번도 있어 본 일이 없음

博而不精 박이부정	• 博: 넓을 박, 而: 말 이을 이, 不: 아닐 부, 精: 정할 정 • 널리 알되 능숙하거나 정밀하지 못함
拍掌大笑 박장대소	• 拍: 칠/어깨 박, 掌: 손바닥 장, 大: 클/큰 대, 笑: 웃음 소 • 손뼉을 치면서 크게 웃음
博學多識 박학다식	• 博: 넓을 박, 學: 배울 학, 多: 많을 다, 識: 알 식 • 학문이 넓고 식견이 많음
反目嫉視 반목질시	• 反: 돌이킬/돌아올 반, 目: 눈 목, 嫉: 미워할 질, 視: 볼 시 • 서로 미워하고 질투하는 눈으로 봄 = 백안시(白眼視, 白: 흰 백, 眼: 눈 안, 視: 볼 시)
反哺之孝 반포지효	• 反: 돌이킬/돌아올 반, 哺: 먹일 포, 之: 갈 지, 孝: 효도 효 • 자식이 성장하여 부모를 봉양함
拔本塞源 발본색원	• 拔: 뽑을 발, 本: 근본 본, 塞: 막힐 색, 源: 근원 원 • 좋지 않은 일의 근본 원인이 되는 요소를 완전히 없애 버림
拔山蓋世 발산개세	• 拔: 뽑을 발, 山: 메 산, 蓋: 덮을 개, 世: 인간/대 세 • 힘은 산을 뽑고 기상은 세상을 덮을 만큼 기력의 웅대함을 이르는 말
傍若無人 방약무인	• 傍: 곁 방, 若: 같을 약, 無: 없을 무, 人: 사람 인 • 마치 제 세상인 것처럼 거리낌 없이 함부로 말하거나 행동함을 이르는 말
背水之陣 배수지진	• 背: 등/배반할 배, 水: 물 수, 之: 갈 지, 陣: 진 칠 진 ① 물러설 곳이 없으니 목숨을 걸고 싸울 수밖에 없는 상황 ② 물을 등지고 적과 싸울 진을 치는 진법
背恩忘德 배은망덕	• 背: 등/배반할 배, 恩: 은혜 은, 忘: 잊을 망, 德: 큰/덕 덕 • 남에게 입은 은덕을 잊고 배반함
百家爭鳴 백가쟁명	• 百: 일백 백, 家: 집 가, 爭: 다툴 쟁, 鳴: 울 명 • 여러 사람이 서로 자기 주장을 내세우는 일
白骨難忘 백골난망	• 白: 흰 백, 骨: 뼈 골, 難: 어려울 난, 忘: 잊을 망 • 죽어서 백골이 되어도 잊을 수 없다는 뜻으로, 남에게 큰 은덕을 입었을 때 고마움의 뜻으로 이르는 말
百年大計 백년대계	• 百: 일백 백, 年: 해 년/연, 大: 큰/클 대, 計: 셀 계 • 먼 장래까지 내다보고 세우는 큰 계획
百年河淸 백년하청	• 百: 일백 백, 年: 해 년/연, 河: 물 하, 淸: 맑을 청 • 중국의 황허강(黃河江)이 항상 흐려 맑을 때가 없다는 데서 나온 말로, 아무리 바라고 기다려도 실현될 가능성이 없음을 이르는 말

百年偕老 백년해로	• 百: 일백 백, 年: 해 년/연, 偕: 함께 해, 老: 늙을 로/노 • 부부가 서로 사이좋고 화락하게 같이 늙음을 이르는 말
白面書生 백면서생	• 白: 흰 백, 面: 낯 면, 書: 글 서, 生: 날 생 • 희고 고운 얼굴에 글만 읽는 사람이라는 뜻으로, 세상일에 조금도 경험이 없는 사람
百折不屈 백절불굴	• 百: 일백 백, 折: 꺾을 절, 不: 아닐 불, 屈: 굽힐 굴 • 백 번 꺾여도 굴하지 않는다는 뜻으로, 어떤 어려움에도 굽히지 않음
伯仲之間 백중지간	• 伯: 맏 백, 仲: 버금 중, 之: 갈 지, 間: 사이 간 • 힘이나 능력 따위가 서로 엇비슷하여 누가 더 낫고 못함을 가리기 힘든 사이 = 백중지세(伯仲之勢) = 난형난제(難兄難弟)
百尺竿頭 백척간두	• 百: 일백 백, 尺: 자 척, 竿: 낚싯대 간, 頭: 머리 두 • 몹시 어렵고 위태로운 지경 = 풍전등화(風前燈火, 風: 바람 풍, 前: 앞 전, 燈: 등 등, 火: 불 화)
夫婦有別 부부유별	• 夫: 지아비 부, 婦: 며느리 부, 有: 있을 유, 別: 나눌/다를 별 • 부부 사이에는 인륜상 각각 직분이 있어 서로 침범하지 못할 구별이 있음을 이르는 말
夫爲婦綱 부위부강	• 夫: 지아비 부, 爲: 할 위, 婦: 며느리 부, 綱: 벼리 강 • 아내는 남편을 섬기는 것이 근본임을 이르는 말
父爲子綱 부위자강	• 父: 아비 부, 爲: 할 위, 子: 아들 자, 綱: 벼리 강 • 아들은 아버지를 섬기는 것이 근본임을 이르는 말
夫唱婦隨 부창부수	• 夫: 지아비 부, 唱: 부를 창, 婦: 며느리 부, 隨: 따를 수 • 가정에서의 부부 화합의 도리를 이르는 말임
附和雷同 부화뇌동	• 附: 붙을 부, 和: 화할 화, 雷: 우레 뢰/뇌, 同: 한가지 동 • 줏대 없이 남의 의견에 따라 움직임
粉骨碎身 분골쇄신	• 粉: 가루 분, 骨: 뼈 골, 碎: 부술 쇄, 身: 몸 신 • 뼈가 가루가 되고 몸이 부서진다는 뜻으로, 있는 힘을 다해 노력함을 이르는 말
不立文字 불립문자	• 不: 아닐 불, 立: 설 립/입, 文: 글월 문, 字: 글자 자 • 불도의 깨달음은 마음에서 마음으로 전하는 것이므로 말이나 글에 의지하지 않는다는 말 = 이심전심(以心傳心, 以: 써 이, 心: 마음 심, 傳: 전할 전, 心: 마음 심)
不眠不休 불면불휴	• 不: 아닐 불, 眠: 잘 면, 不: 아닐 불, 休: 쉴 휴 • 자지도 않고 쉬지도 않는다는 뜻으로, 조금도 쉬지 않고 애써 일함을 이르는 말
不問可知 불문가지	• 不: 아닐 불, 問: 물을 문, 可: 옳을 가, 知: 알 지 • 묻지 않아도 옳고 그름을 가히 알 수 있음
不問曲直 불문곡직	• 不: 아닐 불, 問: 물을 문, 曲: 굽을 곡, 直: 곧을 직 • 일의 옳고 그름을 따지지 아니함

不撓不屈 불요불굴	• 不: 아닐 불, 撓: 어지러울 요/뇨, 不: 아닐 불, 屈: 굽힐 굴 • 한 번 결심한 마음이 흔들리거나 굽힘이 없음
不撤晝夜 불철주야	• 不: 아닐 불, 撤: 거둘 철, 晝: 낮 주, 夜: 밤 야 • 어떤 일을 함에 있어 밤낮을 가리지 않음
不恥下問 불치하문	• 不: 아닐 불, 恥: 부끄러울 치, 下: 아래 하, 問: 물을 문 • 아랫사람에게 묻는 것을 부끄럽게 여기지 아니함
朋友有信 붕우유신	• 朋: 벗 붕, 友: 벗 우, 有: 있을 유, 信: 믿을 신 • 벗과 벗 사이의 도리는 믿음에 있음을 이르는 말
悲憤慷慨 비분강개	• 悲: 슬플 비, 憤: 분할 분, 慷: 슬플 강, 慨: 분개할 개 • 슬프고 분한 느낌이 마음속에 가득 차 있음
非一非再 비일비재	• 非: 아닐 비, 一: 한 일, 非: 아닐 비, 再: 두 재 • 같은 현상이나 일이 한두 번이나 한둘이 아니고 많음
氷炭之間 빙탄지간	• 氷: 얼음 빙, 炭: 숯 탄, 之: 갈 지, 間: 사이 간 • 얼음과 숯불의 사이라는 뜻으로, 서로 화합할 수 없는 사이를 이르는 말

人

四顧無親 사고무친	• 四: 넉 사, 顧: 돌아볼 고, 無: 없을 무, 親: 친할 친 • 의지할 만한 사람이 아무도 없음 = 사고무인(四顧無人, 四: 넉 사, 顧: 돌아볼 고, 無: 없을 무, 人: 사람 인)
四面楚歌 사면초가	• 四: 넉 사, 面: 낯 면, 楚: 초나라/회초리 초, 歌: 노래 가 • 한 사람도 도우려는 자가 없이 고립되어 곤경에 처해 있음
沙上樓閣 사상누각	• 沙: 모래 사, 上: 윗 상, 樓: 다락 루/누, 閣: 집 각 • 모래 위에 지은 다락집이라는 뜻으로, 어떤 사물의 기초가 견고하지 못하여 오래 견디지 못함을 이르는 말
事必歸正 사필귀정	• 事: 일 사, 必: 반드시 필, 歸: 돌아갈 귀, 正: 바를/정월 정 • 모든 일은 결국에 가서는 반드시 바른길로 돌아감
山紫水明 산자수명	• 山: 메 산, 紫: 자줏빛 자, 水: 물 수, 明: 밝을 명 • 산은 자줏빛이며 물은 깨끗하다는 뜻으로, 경치가 아름다움을 이르는 말
山戰水戰 산전수전	• 山: 메 산, 戰: 싸움 전, 水: 물 수, 戰: 싸움 전 • 산에서도 싸우고 물에서도 싸웠다는 뜻으로, 세상의 온갖 고난을 다 겪어 세상일에 경험이 많음을 이르는 말

山海珍味 산해진미	• 山: 메 산, 海: 바다 해, 珍: 보배 진, 味: 맛 미 • 산과 바다의 온갖 진귀한 산물을 다 갖추어 차린, 매우 맛이 좋은 음식
殺身成仁 살신성인	• 殺: 죽일 살, 身: 몸 신, 成: 이룰 성, 仁: 어질 인 • 자기 몸을 희생하여 인(仁)을 이룸
三顧草廬 삼고초려	• 三: 석 삼, 顧: 돌아볼 고, 草: 풀 초, 廬: 농막집 려/여 • 인재를 맞아들이기 위하여 참을성 있게 노력함
三旬九食 삼순구식	• 三: 석 삼, 旬: 열흘 순, 九: 아홉 구, 食: 밥/먹을 식 • 한 달에 아홉 끼를 먹을 정도로 매우 빈궁한 생활을 이르는 말
三人成虎 삼인성호	• 三: 석 삼, 人: 사람 인, 成: 이룰 성, 虎: 범 호 • 세 사람이 짜면 범이 거리에 나왔다는 거짓말도 할 수 있다는 뜻으로, 근거 없는 말이라도 여러 사람이 말하면 곧이듣는다는 뜻
桑田碧海 상전벽해	• 桑: 뽕나무 상, 田: 밭 전, 碧: 푸를 벽, 海: 바다 해 • 뽕나무밭이 푸른 바다가 되었다는 뜻으로, 세상일의 변천이 심함을 비유적으로 이 르는 말
塞翁之馬 새옹지마	• 塞: 변방 새, 翁: 늙은이 옹, 之: 갈 지, 馬: 말 마 • 인생의 길흉화복은 변화가 많아 예측하기 어렵다는 뜻
生口不網 생구불망	• 生: 날 생, 口: 입 구, 不: 아닐 불, 網: 그물 망 • 산 사람의 목구멍에 거미줄 치지 않는다는 뜻으로, 아무리 곤궁해도 그럭저럭 먹고 살 수 있음을 이르는 말
先見之明 선견지명	• 先: 먼저 선, 見: 볼 견, 之: 갈 지, 明: 밝을 명 • 앞일을 미리 보아서 판단하는 총명함
先公後私 선공후사	• 先: 먼저 선, 公: 공평할 공, 後: 뒤/임금 후, 私: 사사 사 • 공적인 일을 먼저하고 사사로운 일이나 이익을 뒤로 미룸
善男善女 선남선녀	• 善: 착할 선, 男: 사내 남, 善: 착할 선, 女: 여자 녀/여 • 성품이 착한 남자와 여자라는 뜻으로, 착하고 어진 사람들을 이르는 말
仙風道骨 선풍도골	• 仙: 신선 선, 風: 바람 풍, 道: 길 도, 骨: 뼈 골 • 뛰어난 풍채와 골격을 이르는 말
雪膚花容 설부화용	• 雪: 눈 설, 膚: 살갗 부, 花: 꽃 화, 容: 얼굴 용 • 눈처럼 흰 살갗과 꽃처럼 고운 얼굴이라는 뜻으로, 미인의 용모를 이르는 말
雪上加霜 설상가상	• 雪: 눈 설, 上: 윗 상, 加: 더할 가, 霜: 서리 상 • 눈 위에 또 서리가 덮인다는 뜻으로, 불행한 일이 잇따라 일어남을 이르는 말
說往說來 설왕설래	• 說: 말씀 설, 往: 갈 왕, 說: 말씀 설, 來: 올 래/내 • 서로 변론을 주고받으며 옥신각신함

纖纖玉手 섬섬옥수	• 纖: 가늘 섬, 纖: 가늘 섬, 玉: 구슬 옥, 手: 손 수 • 가냘프고 고운 여자의 손
小貪大失 소탐대실	• 小: 작을 소, 貪: 탐할 탐, 大: 큰 대, 失: 잃을 실 • 작은 것을 탐하다가 오히려 큰 것을 잃음
束手無策 속수무책	• 束: 묶을/약속할 속, 手: 손 수, 無: 없을 무, 策: 꾀/채찍 책 • 뻔히 보면서 어찌할 바를 모르고 꼼짝 못함
首丘初心 수구초심	• 首: 머리 수, 丘: 언덕 구, 初: 처음 초, 心: 마음 심 • 여우도 죽을 때는 제가 살던 굴 쪽으로 머리를 돌린다는 뜻으로, 고향을 그리워하는 마음을 이르는 말 = 호사수구(狐死首丘, 狐: 여우 호, 死: 죽을 사, 首: 머리 수, 丘: 언덕 구)
壽福康寧 수복강녕	• 壽: 목숨 수, 福: 복 복, 康: 편안 강, 寧: 편안할 녕/영 • 오래 살고 복되며, 몸이 건강하고 편안함
手不釋卷 수불석권	• 手: 손 수, 不: 아닐 불, 釋: 풀 석, 卷: 책/말 권 • 손에서 책을 놓지 않는다는 뜻으로, 늘 글을 읽음을 이르는 말
水魚之交 수어지교	• 水: 물 수, 魚: 물고기 어, 之: 갈 지, 交: 사귈 교 • '물과 물고기의 사귐'이란 뜻으로, 서로 떨어질 수 없는 친한 사이를 일컫는 말
守株待兎 수주대토	• 守: 지킬 수, 株: 그루 주, 待: 기다릴 대, 兎: 토끼 토 • 고지식하고 융통성이 없어 구습과 전례만 고집함 = 각주구검(刻舟求劍, 刻: 새길 각, 舟: 배 주, 求: 구할 구, 劍: 칼 검)
脣亡齒寒 순망치한	• 脣: 입술 순, 亡: 망할 망, 齒: 이 치, 寒: 찰 한 • 입술이 없으면 이가 시리다는 뜻으로, 서로 돕던 이가 망하면 다른 한쪽도 그 영향을 받아 온전하기 어려움을 이르는 말
菽麥不辨 숙맥불변	• 菽: 콩 숙, 麥: 보리 맥, 不: 아닐 불, 辨: 분별할 변 • 콩인지 보리인지를 분별하지 못한다는 뜻으로, 사리 분별을 못 하고 세상 물정을 잘 모름을 이르는 말
識字憂患 식자우환	• 識: 알 식, 字: 글자 자, 憂: 근심 우, 患: 근심 환 • 학식이 있는 것이 도리어 근심을 사게 된다는 말
信賞必罰 신상필벌	• 信: 믿을 신, 賞: 상줄 상, 必: 반드시 필, 罰: 벌할 벌 • 공이 있는 사람에게 반드시 상을 주고, 죄가 있는 사람에게는 반드시 벌을 준다는 뜻으로, 상과 벌을 공정하고 엄격하게 주는 일을 이르는 말
身言書判 신언서판	• 身: 몸 신, 言: 말씀 언, 書: 글 서, 判: 판단할 판 • 예전에, 인물을 선택하는 데 표준으로 삼던 조건, 즉 신수, 말씨, 문필, 판단력의 네 가지를 이르는 말
神出鬼沒 신출귀몰	• 神: 귀신 신, 出: 날 출, 鬼: 귀신 귀, 沒: 빠질 몰 • 귀신같이 나타났다가 사라진다는 뜻으로, 자유자재로 문득 나타났다가 문득 없어짐을 비유적으로 이르는 말

十伐之木 십벌지목	· 十: 열 십, 伐: 칠 벌, 之: 갈 지, 木: 나무 목 ① 어떤 어려운 일이라도 여러 번 계속하여 끊임없이 노력하면 기어이 이루어 내고야 만다는 뜻 ② 아무리 마음이 굳은 사람이라도 여러 번 계속하여 말을 하면 결국 그 말을 듣게 된다는 뜻
十常八九 십상팔구	· 十: 열 십, 常: 떳떳할/항상 상, 八: 여덟 팔, 九: 아홉 구 · '열에 여덟이나 아홉'이라는 뜻으로, 거의 예외 없이 대개가 그러함을 이르는 말
十匙一飯 십시일반	· 十: 열 십, 匙: 숟가락 시, 一: 한 일, 飯: 밥 반 · 여러 사람이 합심하면 한 사람을 돕는 것은 쉽다는 뜻
十日之菊 십일지국	· 十: 열 십, 日: 날 일, 之: 갈 지, 菊: 국화 국 · 국화는 9월 9일이 절정인데, 지난 9월 10일의 국화라는 뜻으로, 이미 때가 늦었다는 것을 이르는 말
十中八九 십중팔구	· 十: 열 십, 中: 가운데 중, 八: 여덟 팔, 九: 아홉 구 · '열에 여덟이나 아홉'이라는 뜻으로, 거의 예외 없이 그러할 것이라는 추측을 나타내는 말

阿鼻叫喚 아비규환	· 阿: 언덕 아, 鼻: 코 비, 叫: 부르짖을 규, 喚: 부를 환 · 여러 사람이 참혹한 지경에 빠져 고통받고 울부짖는 상황을 비유적으로 이르는 말
我田引水 아전인수	· 我: 나 아, 田: 밭 전, 引: 끌 인, 水: 물 수 · 자기에게만 이롭게 되도록 생각하거나 행동함을 이르는 말 = 자기 논에 물 대기
安分知足 안분지족	· 安: 편안 안, 分: 나눌 분, 知: 알 지, 足: 발 족 · 편안한 마음으로 제 분수를 지키며 만족할 줄을 앎
安貧樂道 안빈낙도	· 安: 편안 안, 貧: 가난할 빈, 樂: 즐길 락/낙, 道: 길 도 · 가난한 생활 가운데에서도 편안한 마음으로 도를 즐기며 삶
眼下無人 안하무인	· 眼: 눈 안, 下: 아래 하, 無: 없을 무, 人: 사람 인 · 사람됨이 교만하여 남을 업신여김을 이르는 말
哀而不悲 애이불비	· 哀: 슬플 애, 而: 말 이을 이, 不: 아닐 불, 悲: 슬플 비 · 속으로는 슬퍼하지만, 겉으로는 슬픔을 나타내지 아니함
弱肉強食 약육강식	· 弱: 약할 약, 肉: 고기 육, 強: 강할 강, 食: 밥/먹을 식 · 약한 자는 강한 자에게 먹힌다는 뜻으로, 약한 자는 강한 자에게 지배됨을 비유적으로 이르는 말

羊頭狗肉 양두구육	• 羊: 양 양, 頭: 머리 두, 狗: 개 구, 肉: 고기 육 • 양의 머리를 내걸고 실상은 개고기를 판다는 뜻으로, 겉은 훌륭해 보이나 속은 그렇지 못한 것을 이르는 말 = 양질호피(羊質虎皮, 羊: 양 양, 質: 바탕 질, 虎: 범 호, 皮: 가죽 피)
梁上君子 양상군자	• 梁: 들보 량/양, 上: 윗 상, 君: 임금 군, 子: 아들 자 • 대들보 위에 있는 군자라는 뜻으로, 도둑을 미화하여 점잖게 부르는 말
兩者擇一 양자택일	• 兩: 두 량/양, 者: 놈 자, 擇: 가릴 택, 一: 한 일 • 둘 가운데 하나를 가려 잡음
漁父之利 어부지리	• 漁: 고기 잡을 어, 父: 아비 부, 之: 갈 지, 利: 이로울 리/이 • 두 사람이 다투고 있는 사이에 이 일과 아무 관계도 없는 제삼자가 이익을 보게 됨을 이르는 말
語不成說 어불성설	• 語: 말씀 어, 不: 아닐 불, 成: 이룰 성, 說: 말씀 설 • 하는 말이 조금도 사리에 맞지 아니함
言中有骨 언중유골	• 言: 말씀 언, 中: 가운데 중, 有: 있을 유, 骨: 뼈 골 • 말 속에 뼈가 있다는 뜻으로, 예사로운 말 속에 깊은 속뜻이 숨어 있음을 비유적으로 이르는 말
言則是也 언즉시야	• 言: 말씀 언, 則: 법칙/곧 즉, 是: 이/옳을 시, 也: 잇기/어조사 야 • 말인즉 옳음. 곧 이치에 어그러지는 것이 없음을 이르는 말
易地思之 역지사지	• 易: 바꿀 역, 地: 땅 지, 思: 생각 사, 之: 갈 지 • 처지를 바꾸어서 생각하여 봄
緣木求魚 연목구어	• 緣: 인연 연, 木: 나무 목, 求: 구할 구, 魚: 물고기 어 • 나무에 올라 물고기를 구한다는 뜻으로, 불가능한 일을 무리해서 굳이 하려 함을 비유적으로 이르는 말
炎涼世態 염량세태	• 炎: 불꽃 염, 涼: 서늘할 량/양, 世: 인간/대 세, 態: 모습 태 • 권세가 있을 때에는 아첨하여 따르고, 권세가 없어지면 푸대접하는 세속의 형편을 이르는 말
拈華微笑 염화미소	• 拈: 집을 념/염, 華: 빛날 화, 微: 작을 미, 笑: 웃음 소 • 말로 하지 않고 마음에서 마음으로 전하는 일 = 염화시중(拈華示衆, 拈: 집을 념/염, 華: 빛날 화, 示: 보일 시, 衆: 무리 중)
五里霧中 오리무중	• 五: 다섯 오, 里: 마을 리/이, 霧: 안개 무, 中: 가운데 중 • 오 리나 되는 짙은 안개 속에 있다는 뜻으로, 일의 갈피를 잡기 어려움을 이르는 말
寤寐不忘 오매불망	• 寤: 잠 깰 오, 寐: 잘 매, 不: 아닐 불, 忘: 잊을 망 • 자나 깨나 잊지 못함
吾鼻三尺 오비삼척	• 吾: 나 오, 鼻: 코 비, 三: 석 삼, 尺: 자 척 • 내 코가 석 자라는 뜻으로, 자기 사정이 급박하여 남을 돌보아 줄 겨를이 없음을 이르는 말
吾不關焉 오불관언	• 吾: 나 오, 不: 아닐 불, 關: 관계할 관, 焉: 어찌 언 • 나는 그 일에 상관하지 아니함

烏飛梨落 오비이락	• 烏: 까마귀 오, 飛: 날 비, 梨: 배나무 리/이, 落: 떨어질 락/낙 • 까마귀 날자 배 떨어진다는 뜻으로, 어떤 일이 마침 다른 일과 공교롭게 때가 같아 관계가 있는 것처럼 의심을 받거나 난처한 위치에 서게 됨을 이르는 말
傲霜孤節 오상고절	• 傲: 거만할 오, 霜: 서리 상, 孤: 외로울 고, 節: 마디 절 • 서릿발이 심한 속에서도 굴하지 아니하고 외로이 지키는 절개라는 뜻으로, 국화를 이르는 말
五十步百步 오십보백보	• 五: 다섯 오, 十: 열 십, 步: 걸음 보, 百: 일백 백, 步: 걸음 보 • 조금 낫고 못한 차이는 있지만 본질적으로 차이가 없음을 이르는 말
吳越同舟 오월동주	• 吳: 성씨 오, 越: 넘을 월, 同: 한가지 동, 舟: 배 주 • 서로 적대적인 관계에 있을지라도 공통의 어려움이나 목적에 대해서는 서로 협력한다는 것을 비유하는 말
烏合之卒 오합지졸	• 烏: 까마귀 오, 合: 합할 합, 之: 갈 지, 卒: 마칠 졸 • 임시로 모여들어서 규율이 없고 무질서한 병졸 또는 군중을 이르는 말
溫故知新 온고지신	• 溫: 따뜻할/쌓을 온, 故: 연고 고, 知: 알 지, 新: 새 신 • 옛것을 익히고 그것을 미루어서 새것을 앎
臥薪嘗膽 와신상담	• 臥: 누울 와, 薪: 섶 신, 嘗: 맛볼 상, 膽: 쓸개 담 • 원수를 갚고자 온갖 고생을 참고 견딤을 이르는 말
外柔內剛 외유내강	• 外: 바깥 외, 柔: 부드러울 유, 內: 안 내, 剛: 굳셀 강 • 겉으로 보기에는 부드러우나 속은 꿋꿋하고 강함
窈窕淑女 요조숙녀	• 窈: 고요할 요, 窕: 으늑할 조, 淑: 맑을 숙, 女: 여자 녀/여 • 마음씨가 얌전하고 자태가 아름다운 여자
搖之不動 요지부동	• 搖: 흔들 요, 之: 갈 지, 不: 아닐 부, 動: 움직일 동 • 흔들어도 꿈쩍하지 아니함
龍頭蛇尾 용두사미	• 龍: 용 룡/용, 頭: 머리 두, 蛇: 긴 뱀 사, 尾: 꼬리 미 • 처음 출발은 야단스러웠으나 끝은 보잘것없이 흐지부지됨을 이르는 말
龍味鳳湯 용미봉탕	• 龍: 용 룡/용, 味: 맛 미, 鳳: 봉새 봉, 湯: 끓일 탕 • 용 고기로 맛을 낸 요리와 봉새로 끓인 탕이라는 뜻으로, 맛이 매우 좋은 음식을 말함
龍蛇飛騰 용사비등	• 龍: 용 룡/용, 蛇: 긴 뱀 사, 飛: 날 비, 騰: 오를 등 • 용이 살아 움직이는 것과 같이 아주 활기 있게 잘 쓴 필력을 비유적으로 이르는 말
愚公移山 우공이산	• 愚: 어리석을 우, 公: 공평할 공, 移: 옮길 이, 山: 메 산 • 어리석게 보이는 일도 꾸준하게 끝까지 한다면 언젠가는 목적을 달성할 수 있다는 뜻
牛溲馬勃 우수마발	• 牛: 소 우, 溲: 반죽할 수, 馬: 말 마, 勃: 노할 발 • 비천하지만 유용한 재료, 흔하지만 유용한 약재

迂餘曲折 우여곡절	• 迂: 에돌 우, 餘: 남을 여, 曲: 굽을/누룩 곡, 折: 꺾을 절 • 여러 가지로 뒤얽힌 복잡한 사정이나 변화
優柔不斷 우유부단	• 優: 넉넉할 우, 柔: 부드러울 유, 不: 아닐 부, 斷: 끊을 단 • 망설이기만 하고 결단력이 없음
牛耳讀經 우이독경	• 牛: 소 우, 耳: 귀 이, 讀: 읽을 독, 經: 지날/글 경 • '쇠귀에 경 읽기'라는 뜻으로 우둔한 사람은 아무리 가르치고 일러주어도 알아듣지 못한다는 것을 이르는 말
雨後竹筍 우후죽순	• 雨: 비 우, 後: 뒤 후, 竹: 대 죽, 筍: 죽순 순 • 비가 온 뒤에 여기저기 돋아나는 죽순이라는 뜻으로, 어떤 일이 일시에 많이 일어 남을 비유적으로 이르는 말
遠禍召福 원화소복	• 遠: 멀 원, 禍: 재앙 화, 召: 부를 소, 福: 복 복 • 화를 멀리하고 복을 불러들임
危機一髮 위기일발	• 危: 위태할 위, 機: 틀 기, 一: 한 일, 髮: 터럭 발 • 여유가 없이 절박한 순간
韋編三絶 위편삼절	• 韋: 가죽 위, 編: 엮을 편, 三: 석 삼, 絶: 끊을 절 • 공자가 주역을 즐겨 읽어 그 책의 가죽끈이 세 번이나 끊어졌다는 데서 유래된 말 로, 책을 열심히 읽음을 이르는 말 　　= 수불석권(手不釋卷, 手: 손 수, 不: 아닐 불, 釋: 풀 석, 卷: 책/말 권)
有口無言 유구무언	• 有: 있을 유, 口: 입 구, 無: 없을 무, 言: 말씀 언 • 입은 있으나 말이 없다는 뜻으로, 변명할 말이 없음을 이르는 말
類萬不同 유만부동	• 類: 무리 류/유, 萬: 일만 만, 不: 아닐 부, 同: 한가지 동 ① 비슷한 것이 많으나 서로 같지는 아니함 ② 정도에 넘침. 또는 분수에 맞지 아니함
有名無實 유명무실	• 有: 있을 유, 名: 이름 명, 無: 없을 무, 實: 열매 실 • 이름뿐이고 그 실상은 없음
有備無患 유비무환	• 有: 있을 유, 備: 갖출 비, 無: 없을 무, 患: 근심 환 • 미리 준비가 되어 있으면 뒷걱정이 없다는 뜻
唯我獨尊 유아독존	• 唯: 오직 유, 我: 나 아, 獨: 홀로 독, 尊: 존귀할 존 • 이 세상에 나보다 더 높은 사람이 없다고 뽐냄
有耶無耶 유야무야	• 有: 있을 유, 耶: 어조사 야, 無: 없을 무, 耶: 어조사 야 • 있는 듯 없는 듯 흐지부지함
流言蜚語 유언비어	• 流: 흐를 류/유, 言: 말씀 언, 蜚: 바퀴/날 비, 語: 말씀 어 • 아무 근거 없이 널리 퍼진 소문
類類相從 유유상종	• 類: 무리 류/유, 類: 무리 류/유, 相: 서로 상, 從: 좇을 종 • 같은 무리끼리 서로 왕래하며 사귐

悠悠自適 유유자적	• 悠: 멀 유, 悠: 멀 유, 自: 스스로 자, 適: 맞을 적 • 속세를 떠나 아무 속박 없이 조용하고 편안하게 삶
隱忍自重 은인자중	• 隱: 숨을 은, 忍: 참을 인, 自: 스스로 자, 重: 무거울 중 • 밖으로 드러내지 아니하고 참고 감추어 몸가짐을 신중히 함
吟風弄月 음풍농월	• 吟: 읊을 음, 風: 바람 풍, 弄: 희롱할 롱/농, 月: 달 월 • 바람을 읊고 달을 보고 시를 짓는다는 뜻으로, 시를 짓고 흥취를 자아내며 즐김을 이르는 말
倚閭之望 의려지망	• 倚: 의지할 의, 閭: 이문 려, 之: 갈 지, 望: 바랄 망 • 어머니가 문에 기대어 자식이 돌아오기를 마음 졸이며 기다리는 것
以管窺天 이관규천	• 以: 써 이, 管: 대롱 관, 窺: 엿볼 규, 天: 하늘 천 • 대롱을 통해 하늘을 엿본다는 뜻으로, 사람의 견문이 매우 좁음을 이르는 말
以實直告 이실직고	• 以: 써 이, 實: 열매 실, 直: 곧을 직, 告: 고할 고 • 진실하게 바로 고함
以心傳心 이심전심	• 以: 써 이, 心: 마음 심, 傳: 전할 전, 心: 마음 심 • 말을 하지 않더라도 마음과 마음이 서로 통함 = 심심상인(心心相印) = 교외별전(敎外別傳) = 염화미소(拈華微笑) = 염화시중(拈華示衆)
易如反掌 이여반장	• 易: 쉬울 이, 如: 같을 여, 反: 돌이킬/돌아올 반, 掌: 손바닥 장 • 손바닥을 뒤집는 것같이 쉽다는 뜻
以熱治熱 이열치열	• 以: 써 이, 熱: 더울 열, 治: 다스릴 치, 熱: 더울 열 • 열은 열로써 다스린다는 뜻으로, 힘에는 힘으로 추위에는 찬 것으로 대응함을 이르는 말
二律背反 이율배반	• 二: 두 이, 律: 법칙 률/율, 背: 등/배반할 배, 反: 돌이킬/돌아올 반 • 꼭 같은 근거를 가지고 정당하다고 주장되는 서로 모순되는 두 명제. 또는 그 관계
李下不整冠 이하부정관	• 李: 오얏 리/이, 下: 아래 하, 不: 아닐 부, 整: 가지런할 정, 冠: 갓 관 • 오얏나무 밑에서 갓을 고쳐 쓰지 아니한다는 뜻으로, 남에게 의심 살 만한 일은 아예 하지 않는 것이 좋다는 말
耳懸鈴鼻懸鈴 이현령비현령	• 耳: 귀 이, 懸: 달 현, 鈴: 방울 령/영, 鼻: 코 비, 懸: 달 현, 鈴: 방울 령/영 • '귀에 걸면 귀걸이, 코에 걸면 코걸이'라는 뜻으로, 어떤 사실이 이렇게도 저렇게도 해석됨을 이르는 말
益者三友 익자삼우	• 益: 더할 익, 者: 놈 자, 三: 석 삼, 友: 벗 우 • 사귀어 보탬이 되는 세 가지의 벗으로 정직한 사람, 신의 있는 사람, 학식 있는 사람을 이르는 말
因果應報 인과응보	• 因: 인할 인, 果: 실과/열매 과, 應: 응할 응, 報: 갚을/알릴 보 • 좋은 일에는 좋은 결과가, 나쁜 일에는 나쁜 결과가 따른다는 뜻
人生無常 인생무상	• 人: 사람 인, 生: 날 생, 無: 없을 무, 常: 떳떳할/항상 상 • 인생이 덧없음을 이르는 말

仁者無敵 인자무적	• 仁: 어질 인, 者: 놈 자, 無: 없을 무, 敵: 대적할 적 • 어진 사람은 널리 사람을 사랑하므로 천하에 적대할 사람이 없음
人之常情 인지상정	• 人: 사람 인, 之: 갈 지, 常: 떳떳할/항상 상, 情: 뜻 정 • 사람이라면 누구나 가지는 보통의 인정 또는 생각
一擧兩得 일거양득	• 一: 한 일, 擧: 들 거, 兩: 두 량/양, 得: 얻을 득 • 한 가지 일로 두 가지의 이득을 봄 = 일석이조(一石二鳥, 一: 한 일, 石: 돌 석, 二: 두 이, 鳥: 새 조)
一騎當千 일기당천	• 一: 한 일, 騎: 말 탈 기, 當: 마땅 당, 千: 일천 천 • 한 기병이 천 사람을 당한다는 뜻으로, 싸우는 능력이 아주 뛰어남을 이르는 말
一刀兩斷 일도양단	• 一: 한 일, 刀: 칼 도, 兩: 두 량/양, 斷: 끊을 단 • 한칼로 쳐서 두 동강이를 낸다는 뜻으로, 어떤 일을 머뭇거리지 않고 과감히 처리 함을 이르는 말
一目瞭然 일목요연	• 一: 한 일, 目: 눈 목, 瞭: 밝을 료/요, 然: 그럴 연 • 한 번 보고도 분명히 안다는 뜻으로, 잠깐 보고도 환하게 알 수 있음을 이르는 말
一瀉千里 일사천리	• 一: 한 일, 瀉: 쏟을 사, 千: 일천 천, 里: 마을 리/이 • 어떤 일이 거침없이 빨리 진행됨을 이르는 말
一絲不亂 일사불란	• 一: 한 일, 絲: 실 사, 不: 아닐 불, 亂: 어지러울 란/난 • 질서나 체계가 정연하여 조금도 흐트러짐이 없음
一魚濁水 일어탁수	• 一: 한 일, 魚: 물고기 어, 濁: 흐릴 탁, 水: 물 수 • 한 사람의 잘못으로 여러 사람이 그 피해를 입게 됨 = 수어혼수(數魚混水, 數: 셀 수, 魚: 고기 어, 混: 섞을 혼, 水: 물 수)
一言之下 일언지하	• 一: 한 일, 言: 말씀 언, 之: 갈 지, 下: 아래 하 • 한마디로 딱 잘라 말함
一葉知秋 일엽지추	• 一: 한 일, 葉: 잎 엽, 知: 알 지, 秋: 가을/밀치 추 • 한 가지 일을 보고 장차 오게 될 일을 미리 짐작함
一葉片舟 일엽편주	• 一: 한 일, 葉: 잎 엽, 片: 조각 편, 舟: 배 주 • 한 조각의 작은 배
一日三秋 일일삼추	• 一: 한 일, 日: 날 일, 三: 석 삼, 秋: 가을/밀지 추 • 하루가 삼 년 같다는 뜻으로, 몹시 애태우며 기다림 또는 매우 지루함을 비유적으 로 이르는 말
一場春夢 일장춘몽	• 一: 한 일, 場: 마당 장, 春: 봄 춘, 夢: 꿈 몽 • 한바탕의 봄꿈처럼 헛된 영화나 덧없는 일이란 뜻으로, 인생의 허무함을 비유하는 말
一進一退 일진일퇴	• 一: 한 일, 進: 나아갈 진, 一: 한 일, 退: 물러날 퇴 • 한 번 나아갔다 한 번 물러섰다 함

一觸卽發 일촉즉발	• 一: 한 일, 觸: 닿을 촉, 卽: 곧 즉, 發: 쏠 발 • 조금만 건드려도 곧 폭발할 것 같은 몹시 위험한 상태
日就月將 일취월장	• 日: 날 일, 就: 나아갈 취, 月: 달 월, 將: 장수/장차 장 • 나날이 다달이 자라거나 발전함 　= 일장월취(日將月就) = 일신우일신(日新又日新)
一波萬波 일파만파	• 一: 한 일, 波: 물결 파, 萬: 일만 만, 波: 물결 파 • 한 사건이 그 사건에 그치지 않고 잇달아 많은 사건으로 번짐
一片丹心 일편단심	• 一: 한 일, 片: 조각 편, 丹: 붉을 단, 心: 마음 심 • 오로지 한 곳으로 향한, 한 조각의 붉은 마음
一筆揮之 일필휘지	• 一: 한 일, 筆: 붓 필, 揮: 휘두를 휘, 之: 갈 지 • 한숨에 글씨나 그림을 줄기차게 쓰거나 그림
一攫千金 일확천금	• 一: 한 일, 攫: 움킬 확, 千: 일천 천, 金: 쇠 금 • 단번에 천금을 움켜쥔다는 뜻으로, 힘들이지 아니하고 단번에 많은 재물을 얻음을 이르는 말
臨渴掘井 임갈굴정	• 臨: 임할 림/임, 渴: 목마를 갈, 掘: 팔 굴, 井: 우물 정 • 목이 말라야 우물을 판다는 뜻으로, 평소에 준비 없이 있다가 일을 당하여 허둥지둥 서두름을 이르는 말
臨時方便 임시방편	• 臨: 임할 림/임, 時: 때 시, 方: 모 방, 便: 편할 편 • 필요에 따라 그때그때 정해 일을 쉽고 편리하게 치를 수 있는 수단
臨戰無退 임전무퇴	• 臨: 임할 림/임, 戰: 싸움 전, 無: 없을 무, 退: 물러날 퇴 • 싸움에 임하여 물러섬이 없음

ㅈ

自家撞着 자가당착	• 自: 스스로 자, 家: 집 가, 撞: 칠 당, 着: 붙을 착 • 한 사람의 말이나 행동이 앞뒤가 서로 맞지 않고 모순이 됨
自强不息 자강불식	• 自: 스스로 자, 强: 강할 강, 不: 아닐 불, 息: 쉴 식 • 스스로 힘써 몸과 마음을 가다듬어 쉬지 아니함
自激之心 자격지심	• 自: 스스로 자, 激: 격할 격, 之: 갈 지, 心: 마음 심 • 자기가 한 일에 대하여 스스로 미흡하게 여기는 마음
自手成家 자수성가	• 自: 스스로 자, 手: 손 수, 成: 이룰 성, 家: 집 가 • 물려받은 재산이 없이 자기 혼자의 힘으로 집안을 일으키고 재산을 모음

自繩自縛 자승자박	• 自: 스스로 자, 繩: 노끈 승, 自: 스스로 자, 縛: 얽을 박 • 자기가 만든 줄로 자기 몸을 옭아 묶는다는 뜻으로, 자기가 한 말과 행동에 자기 자신이 옭혀 곤란하게 됨을 비유적으로 이르는 말
自業自得 자업자득	• 自: 스스로 자, 業: 업 업, 自: 스스로 자, 得: 얻을 득 • 자기가 저지른 일의 결과를 자기가 받음
自中之亂 자중지란	• 自: 스스로 자, 中: 가운데 중, 之: 갈 지, 亂: 어지러울 란/난 • 같은 패 안에서 일어나는 싸움
自暴自棄 자포자기	• 自: 스스로 자, 暴: 사나울 포, 自: 스스로 자, 棄: 버릴 기 • 절망 상태에 빠져서 자신을 스스로 포기하고 돌아보지 아니함
自畵自讚 자화자찬	• 自: 스스로 자, 畵: 그림 화, 自: 스스로 자, 讚: 기릴 찬 • 자기가 그린 그림을 스스로 칭찬한다는 뜻으로, 자기가 한 일을 스스로 자랑함을 이르는 말
作心三日 작심삼일	• 作: 지을 작, 心: 마음 심, 三: 석 삼, 日: 날 일 • 단단히 먹은 마음이 사흘을 가지 못한다는 뜻으로, 결심이 굳지 못함을 이르는 말
張三李四 장삼이사	• 張: 베풀 장, 三: 석 삼, 李: 오얏 리/이, 四: 넉 사 • 이름이나 신분이 특별하지 아니한 평범한 사람들을 이르는 말
賊反荷杖 적반하장	• 賊: 도둑 적, 反: 돌이킬/돌아올 반, 荷: 멜/꾸짖을 하, 杖: 지팡이 장 • 도둑이 도리어 매를 든다는 뜻으로, 잘못한 사람이 아무 잘못도 없는 사람을 나무 람을 이르는 말
前途洋洋 전도양양	• 前: 앞 전, 途: 길 도, 洋: 큰 바다 양, 洋: 큰 바다 양 • 앞길이나 앞날이 크게 열리어 희망이 있음
前無後無 전무후무	• 前: 앞 전, 無: 없을 무, 後: 뒤 후, 無: 없을 무 • 이전에도 없었고 앞으로도 없음
田園將蕪 전원장무	• 田: 밭 전, 園: 동산 원, 將: 장수/장차 장, 蕪: 거칠 무 • 논밭과 동산이 황무지가 됨
戰戰兢兢 전전긍긍	• 戰: 싸울 전, 戰: 싸울 전, 兢: 떨릴 긍, 兢: 떨릴 긍 • 몹시 두려워하여 벌벌 떨면서 조심함
輾轉反側 전전반측	• 輾: 돌아누울 전, 轉: 구를 전, 反: 돌이킬/돌아올 반, 側: 곁 측 • 누워서 몸을 이리저리 뒤척이며 잠을 이루지 못함
轉禍爲福 전화위복	• 轉: 구를 전, 禍: 재앙 화, 爲: 할 위, 福: 복 복 • 재앙과 근심, 걱정이 바뀌어 오히려 복이 됨
切磋琢磨 절차탁마	• 切: 끊을 절, 磋: 갈 차, 琢: 다듬을 탁, 磨: 갈 마 • 학문이나 덕행을 힘써 닦음

切齒腐心 절치부심	• 切: 끊을 절, 齒: 이 치, 腐: 썩을 부, 心: 마음 심 • 몹시 분하여 이를 갈며 속을 썩임
漸入佳境 점입가경	• 漸: 점점 점, 入: 들 입, 佳: 아름다울 가, 境: 지경 경 • 들어갈수록 점점 재미가 있음
頂門一鍼 정문일침	• 頂: 정수리 정, 門: 문 문, 一: 한 일, 鍼: 침 침 • 정수리에 침을 놓는다는 뜻으로, 따끔한 충고나 교훈을 이르는 말
井底之蛙 정저지와	• 井: 우물 정, 底: 밑 저, 之: 갈 지, 蛙: 개구리 와 • 우물 안 개구리라는 뜻으로, 견문이 좁고 세상 형편에 어두운 사람을 비유적으로 이르는 말 = 좌정관천(坐井觀天, 坐: 앉을 좌, 井: 우물 정, 觀: 볼 관, 天: 하늘 천)
朝令暮改 조령모개	• 朝: 아침 조, 令: 하여금 령/영, 暮: 저물 모, 改: 고칠 개 • 아침에 명령을 내렸다가 저녁에 다시 고친다는 뜻으로, 법령을 자꾸 고쳐서 갈피를 잡기가 어려움을 이르는 말
朝不慮夕 조불려석	• 朝: 아침 조, 不: 아닐 불, 慮: 생각할 려/여, 夕: 저녁 석 • 형세가 절박하여 아침에 저녁 일을 헤아리지 못한다는 뜻으로, 당장을 걱정할 뿐이고, 앞일을 생각할 겨를이 없음을 이르는 말
朝變夕改 조변석개	• 朝: 아침 조, 變: 변할 변, 夕: 저녁 석, 改: 고칠 개 • 계획이나 결정 따위를 일관성이 없이 자주 고침을 이르는 말
朝三暮四 조삼모사	• 朝: 아침 조, 三: 석 삼, 暮: 저물 모, 四: 넉 사 • 아침에 세 개, 저녁에 네 개라는 뜻으로, 당장 눈앞에 나타나는 차별만을 알고 그 결과가 같음은 모르는 것을 비유하는 말
鳥足之血 조족지혈	• 鳥: 새 조, 足: 발 족, 之: 갈 지, 血: 피 혈 • 새 발의 피라는 뜻으로, 매우 적은 분량을 비유하는 말
左顧右眄 좌고우면	• 左: 왼 좌, 顧: 돌아볼 고, 右: 오른쪽 우, 眄: 곁눈질할 면 • 이쪽저쪽을 돌아본다는 뜻으로, 앞뒤를 재고 망설임을 이르는 말
坐不安席 좌불안석	• 坐: 앉을 좌, 不: 아닐 불, 安: 편안 안, 席: 자리 석 • 앉아도 자리가 편안하지 않다는 뜻으로, 마음이 불안하거나 걱정스러워서 한군데에 가만히 앉아 있지 못하고 안절부절못하는 모양을 이르는 말
坐井觀天 좌정관천	• 坐: 앉을 좌, 井: 우물 정, 觀: 볼 관, 天: 하늘 천 • 우물 속에 앉아서 하늘을 본다는 뜻으로, 사람의 견문이 매우 좁음을 이르는 말 = 井底之蛙(정저지와), 井中觀天(정중관천)
左衝右突 좌충우돌	• 左: 왼 좌, 衝: 찌를 충, 右: 오른쪽 우, 突: 갑자기 돌 ① 이리저리 닥치는 대로 부딪침 ② 아무에게나 또는 아무 일에나 함부로 맞닥뜨림
主客顚倒 주객전도	• 主: 임금/주인 주, 客: 손 객, 顚: 엎드러질/이마 전, 倒: 넘어질 도 • 주인과 손의 위치가 서로 뒤바뀐다는 뜻으로, 사물의 경중·선후·완급 따위가 서로 뒤바뀜을 이르는 말

晝耕夜讀 주경야독	• 晝: 낮 주, 耕: 밭 갈 경, 夜: 밤 야, 讀: 읽을 독 • 낮에는 농사짓고, 밤에는 글을 읽는다는 뜻으로, 어려운 여건 속에서도 꿋꿋이 공부함을 이르는 말
走馬加鞭 주마가편	• 走: 달릴 주, 馬: 말 마, 加: 더할 가, 鞭: 채찍 편 • 달리는 말에 채찍을 더한다는 뜻으로, 열심히 하는 사람을 더욱 잘하도록 격려함을 이르는 말
走馬看山 주마간산	• 走: 달릴 주, 馬: 말 마, 看: 볼 간, 山: 메 산 • 말을 타고 달리면서 산을 바라본다는 뜻으로, 바빠서 자세히 살펴보지 않고 대강 보고 지나감을 이르는 말
晝夜長川 주야장천	• 晝: 낮 주, 夜: 밤 야, 長: 길 장, 川: 내 천 • 밤낮으로 쉬지 않고 흐르는 시냇물과 같이 늘 잇따름
竹馬故友 죽마고우	• 竹: 대 죽, 馬: 말 마, 故: 연고 고, 友: 벗 우 • 어릴 때부터 가까이 지내며 자란 친구
竹杖芒鞋 죽장망혜	• 竹: 대 죽, 杖: 지팡이 장, 芒: 까끄라기 망, 鞋: 신 혜 • 대지팡이와 짚신이란 뜻으로, 먼 길을 떠날 때의 아주 간편한 차림새를 이르는 말
衆寡不敵 중과부적	• 衆: 무리 중, 寡: 적을 과, 不: 아닐 부, 敵: 대적할 적 • 적은 수효로 많은 수효를 대적하지 못함
衆口難防 중구난방	• 衆: 무리 중, 口: 입 구, 難: 어려울 난, 防: 막을 방 • 뭇사람의 말을 막기가 어렵다는 뜻으로, 막기 어려울 정도로 여럿이 마구 지껄임을 이르는 말
重言復言 중언부언	• 重: 무거울 중, 言: 말씀 언, 復: 다시 부, 言: 말씀 언 • 이미 한 말을 자꾸 되풀이함
指鹿爲馬 지록위마	• 指: 가리킬 지, 鹿: 사슴 록/녹, 爲: 할 위, 馬: 말 마 • 윗사람을 농락하여 권세를 마음대로 함
支離滅裂 지리멸렬	• 支: 지탱할 지, 離: 떠날 리/이, 滅: 꺼질/멸할 멸, 裂: 찢을 렬/열 • 이리저리 흩어져 갈피를 잡을 수 없음
至誠感天 지성감천	• 至: 이를 지, 誠: 정성 성, 感: 느낄/한할 감, 天: 하늘 천 • 지극한 정성에는 하늘도 감동한다는 뜻으로, 무엇이든 지극한 정성으로 하면 어려운 일도 이루어지고 풀린다는 뜻
知彼知己 지피지기	• 知: 알 지, 彼: 저 피, 知: 알 지, 己: 몸 기 • 적의 사정과 나의 사정을 자세히 앎
指呼之間 지호지간	• 指: 가리킬 지, 呼: 부를 호, 之: 갈 지, 間: 사이 간 • 손짓하여 부르면 대답할 수 있는 가까운 거리
珍羞盛饌 진수성찬	• 珍: 보배 진, 羞: 부끄러울 수, 盛: 성할 성, 饌: 반찬/지을 찬 • 성대하게 차린 진귀한 음식

盡人事待天命 진인사대천명	• 盡: 다할 진, 人: 사람 인, 事: 일 사, 待: 기다릴 대, 天: 하늘 천, 命: 목숨 명 • 사람이 할 수 있는 일을 다 하고서 하늘의 뜻을 기다림
進退兩難 진퇴양난	• 進: 나아갈 진, 退: 물러날 퇴, 兩: 두 량/양, 難: 어려울 난 • 나아갈 수도 물러설 수도 없는 궁지에 빠짐 　= 사면초가(四面楚歌) = 진퇴유곡(進退維谷)
進退維谷 진퇴유곡	• 進: 나아갈 진, 退: 물러날 퇴, 維: 벼리 유, 谷: 골/곡식 곡 • 이러지도 저러지도 못하고 꼼짝할 수 없는 궁지
嫉逐排斥 질축배척	• 嫉: 미워할 질, 逐: 쫓을 축, 排: 밀칠/풀무 배, 斥: 물리칠 척 • 시기하고 미워하여 물리침

ㅊ

此日彼日 차일피일	• 此: 이 차, 日: 날 일, 彼: 저 피, 日: 날 일 • 오늘 내일 하며 자꾸 기한을 늦춤
滄海桑田 창해상전	• 滄: 찰 창, 海: 바다 해, 桑: 뽕나무 상, 田: 밭 전 • 푸른 바다가 변하여 뽕밭이 된다는 뜻으로, 덧없는 세상의 변천을 말함 　= 격세지감(隔世之感) = 상전벽해(桑田碧海) = 여세추이(與世推移)
滄海一粟 창해일속	• 滄: 큰 바다 창, 海: 바다 해, 一: 한 일, 粟: 조 속 • 넓고 큰 바닷속의 좁쌀 한 알이라는 뜻으로, 아주 많거나 넓은 것 가운데 있는 매 우 하찮고 작은 것을 이르는 말
千慮一失 천려일실	• 千: 일천 천, 慮: 생각할 려/여, 一: 한 일, 失: 잃을 실 • 여러 번 생각하여 신중하고 조심스럽게 한 일에도 때로는 실수가 있음
天方地軸 천방지축	• 天: 하늘 천, 方: 모 방, 地: 땅 지, 軸: 굴대 축 ① 너무 바빠서 두서를 잡지 못하고 허둥대는 모습 ② 어리석은 사람이 갈 바를 몰라 두리번거리는 모습
泉石膏肓 천석고황	• 泉: 샘 천, 石: 돌 석, 膏: 기름 고, 肓: 명치끝 황 • 고질병이 되다시피 산수풍경을 좋아함을 이르는 말
千辛萬苦 천신만고	• 千: 일천 천, 辛: 매울 신, 萬: 일만 만, 苦: 쓸 고 • 천 가지 매운 것과 만 가지 쓴 것이라는 뜻으로, 온갖 어려운 고비를 다 겪으며 심 하게 고생함을 이르는 말
天佑神助 천우신조	• 天: 하늘 천, 佑: 도울 우, 神: 귀신 신, 助: 도울 조 • 하늘이 돕고 신이 도움
天衣無縫 천의무봉	• 天: 하늘 천, 衣: 옷 의, 無: 없을 무, 縫: 꿰맬 봉 • 하늘나라 사람의 옷은 바느질 자국이 없다는 뜻 ① 일부러 꾸민 데 없이 자연스럽고 아름다우면서 완전함을 이르는 말 ② 완전무결하여 흠이 없음을 이르는 말

天人共怒 천인공노	• 天: 하늘 천, 人: 사람 인, 共: 한가지 공, 怒: 성낼 노/로 • 하늘과 사람이 함께 분노한다는 뜻으로, 누구나 분노할 만큼 증오스럽거나 도저히 용납할 수 없음을 이르는 말
千載一遇 천재일우	• 千: 일천 천, 載: 실을 재, 一: 한 일, 遇: 만날 우 • 천 년에 한 번 만난다는 뜻으로, 좀처럼 얻기 어려운 좋은 기회를 이르는 말
千篇一律 천편일률	• 千: 일천 천, 篇: 책 편, 一: 한 일, 律: 법칙 률/율 • 여러 사물이 거의 비슷비슷하여 특색이 없음을 비유하는 말
徹頭徹尾 철두철미	• 徹: 통할 철, 頭: 머리 두, 徹: 통할 철, 尾: 꼬리 미 • 처음부터 끝까지 투철함
靑雲之志 청운지지	• 靑: 푸를 청, 雲: 구름 운, 之: 갈 지, 志: 뜻 지 • 출세를 향한 원대한 포부나 높은 이상을 비유하는 말
靑天霹靂 청천벽력	• 靑: 푸를 청, 天: 하늘 천, 霹: 벼락 벽, 靂: 벼락 력/역 • 맑게 갠 하늘에서 치는 날벼락이라는 뜻으로, 뜻밖에 일어난 큰 변고나 사건을 비 유적으로 이르는 말
鐵中錚錚 철중쟁쟁	• 鐵: 쇠 철, 中: 가운데 중, 錚: 쇳소리 쟁, 錚: 쇳소리 쟁 • 쇠 중에서 소리가 가장 맑다는 뜻으로, 평범한 사람들 중 특별히 뛰어난 사람
靑出於藍 청출어람	• 靑: 푸를 청, 出: 날 출, 於: 어조사 어, 藍: 쪽 람/남 • 쪽에서 뽑아낸 푸른 물감이 쪽보다 더 푸르다는 뜻으로, 제자나 후배가 스승이나 선배보다 나음을 비유적으로 이르는 말
樵童汲婦 초동급부	• 樵: 나무할 초, 童: 아이 동, 汲: 길을 급, 婦: 며느리 부 • 땔나무를 하는 아이와 물을 긷는 여자라는 뜻으로, 평범한 사람을 뜻함
草綠同色 초록동색	• 草: 풀 초, 綠: 푸를 록, 同: 한가지 동, 色: 빛 색 • 서로 같은 처지나 같은 부류의 사람들끼리 어울림을 이르는 말
焦眉之急 초미지급	• 焦: 탈 초, 眉: 눈썹 미, 之: 갈 지, 急: 급할 급 • 눈썹에 불이 붙음과 같이 매우 다급한 일이나 경우를 비유하는 말
初志一貫 초지일관	• 初: 처음 초, 志: 뜻 지, 一: 한 일, 貫: 꿸 관 • 처음에 세운 뜻을 끝까지 밀고 나감
寸鐵殺人 촌철살인	• 寸: 마디 촌, 鐵: 쇠 철, 殺: 죽일/감할 살, 人: 사람 인 • 작고 날카로운 쇠붙이로도 사람을 죽일 수 있다는 뜻으로, 짧은 경구로도 사람을 크게 감동시킬 수 있음을 이르는 말
惻隱之心 측은지심	• 惻: 슬퍼할 측, 隱: 숨을 은, 之: 갈 지, 心: 마음 심 • 남의 불행을 불쌍히 여기는 마음
七顚八起 칠전팔기	• 七: 일곱 칠, 顚: 엎드러질/이마 전, 八: 여덟 팔, 起: 일어날 기 • 일곱 번 넘어지고 여덟 번 일어난다는 뜻으로, 여러 번 실패해도 굴하지 않고 다시 일어섬을 비유하는 말

七縱七擒 칠종칠금	• 七: 일곱 칠, 縱: 늘어질 종, 七: 일곱 칠, 擒: 사로잡을 금 • 제갈공명의 전술로 일곱 번 놓아주고 일곱 번 잡는다는 뜻으로, 마음대로 잡았다 놓아주었다 함을 이르는 말
針小棒大 침소봉대	• 針: 바늘 침, 小: 작을 소, 棒: 몽둥이 봉, 大: 큰 대 • 작은 바늘을 큰 몽둥이라고 한다는 뜻으로, 작은 일을 크게 과장하여 말함을 이르는 말

ㅋ

快刀亂麻 쾌도난마	• 快: 쾌할 쾌, 刀: 칼 도, 亂: 어지러울 란/난, 麻: 삼 마 • 어지럽게 뒤얽힌 사물을 강력한 힘으로 명쾌하게 처리함을 이르는 말

ㅌ

他山之石 타산지석	• 他: 다를 타, 山: 메 산, 之: 갈 지, 石: 돌 석 • 다른 산에서 나는 나쁜 돌이라도 자신의 산의 옥돌을 가는 데 도움이 된다는 뜻으로, 하찮은 남의 언행일지라도 자신의 수양에 도움이 될 수 있음을 비유하는 말
卓上空論 탁상공론	• 卓: 높을 탁, 上: 윗 상, 空: 빌 공, 論: 논할 론/논 • 실현성이 없는 허황된 이론
泰山北斗 태산북두	• 泰: 클 태, 山: 메 산, 北: 북녘 북, 斗: 말/싸울 두 ① 태산과 북두칠성을 아울러 이르는 말 ② 세상 사람들로부터 존경받는 사람을 비유적으로 이르는 말
太平烟月 태평연월	• 太: 클 태, 平: 평평할 평, 烟: 연기 연, 月: 달 월 • 세상이 평화롭고 안락한 때
兎死狗烹 토사구팽	• 兎: 토끼 토, 死: 죽을 사, 狗: 개 구, 烹: 삶을 팽 • '교토사주구팽(狡兎死走狗烹)'의 준말로, 사냥하러 가서 토끼를 잡으면 사냥하던 개는 쓸모가 없게 되어 삶아 먹는다는 뜻. 필요할 때는 쓰고 필요 없을 때는 야박하게 버리는 경우를 이르는 말

波瀾萬丈 파란만장	• 波: 물결 파, 瀾: 물결 란/난, 萬: 일만 만, 丈: 어른 장 • 일의 진행이 여러 가지 곡절과 시련이 많고 변화가 심함
破邪顯正 파사현정	• 破: 깨뜨릴 파, 邪: 간사할 사, 顯: 나타날 현, 正: 바를/정월 정 • 그릇된 생각을 버리고 올바른 도리를 행함
破竹之勢 파죽지세	• 破: 깨뜨릴 파, 竹: 대 죽, 之: 갈 지, 勢: 형세 세 • 대를 쪼개는 기세라는 뜻으로, 적을 거침없이 물리치고 쳐들어가는 기세를 이르는 말
八方美人 팔방미인	• 八: 여덟 팔, 方: 모 방, 美: 아름다울 미, 人: 사람 인 ① 어느 모로 보나 아름다운 미인 ② 여러 방면의 일에 능통한 사람
平地突出 평지돌출	• 平: 평평할 평, 地: 땅 지, 突: 갑자기 돌, 出: 날 출 • 변변하지 못한 집안에서 뛰어난 인물이 나옴을 비유하여 이르는 말
弊袍破笠 폐포파립	• 弊: 폐단/해질 폐, 袍: 도포 포, 破: 깨뜨릴 파, 笠: 삿갓 립/입 • 해진 옷과 부러진 갓이라는 뜻으로, 너절하고 구차한 차림새를 말함
抱腹絕倒 포복절도	• 抱: 안을/던질 포, 腹: 배 복, 絕: 끊을 절, 倒: 넘어질 도 • 배를 안고 몸을 가누지 못할 정도로 몹시 웃음
表裏不同 표리부동	• 表: 겉 표, 裏: 속 리/이, 不: 아닐 부, 同: 한가지 동 • 겉으로 드러나는 언행과 속으로 가지는 생각이 다름 = 구밀복검(口蜜腹劍) = 양두구육(羊頭狗肉)
風樹之嘆 풍수지탄	• 風: 바람 풍, 樹: 나무 수, 之: 갈 지, 嘆: 탄식할 탄 • 효도를 다하지 못한 채 어버이를 여읜 자식의 슬픔을 이르는 말
風月主人 풍월주인	• 風: 바람 풍, 月: 달 월, 主: 임금/주인 주, 人: 사람 인 • 맑은 바람과 밝은 달 등의 자연을 즐기는 사람을 이르는 말
風前燈火 풍전등화	• 風: 바람 풍, 前: 앞 전, 燈: 등 등, 火: 불 화 • 바람 앞의 등불처럼 매우 위급한 자리에 놓여 있음을 비유하는 말 = 누란지위(累卵之危) = 초미지급(焦眉之急) = 백척간두(百尺竿頭) = 일촉즉발 (一觸卽發)
匹夫之勇 필부지용	• 匹: 짝 필, 夫: 지아비 부, 之: 갈 지, 勇: 날랠 용 • 깊은 생각 없이 혈기만 믿고 함부로 부리는 소인의 용기
匹夫匹婦 필부필부	• 匹: 짝 필, 夫: 지아비 부, 匹: 짝 필, 婦: 며느리 부 • 평범한 남자와 평범한 여자 = 갑남을녀(甲男乙女) = 장삼이사(張三李四)

夏爐冬扇 하로동선	• 夏: 여름 하, 爐: 화로 로/노, 冬: 겨울 동, 扇: 부채 선 • 여름의 화로와 겨울의 부채라는 뜻으로, 아무 소용 없는 말이나 재주를 비유하여 이르는 말
下石上臺 하석상대	• 下: 아래 하, 石: 돌 석, 上: 윗 상, 臺: 대 대 • 아랫돌 빼서 윗돌 괴고, 윗돌 빼서 아랫돌 괴기라는 뜻으로, 임기응변으로 어려운 일을 처리함을 이르는 말
鶴首苦待 학수고대	• 鶴: 학 학, 首: 머리 수, 苦: 쓸 고, 待: 기다릴 대 • 학의 목처럼 목을 길게 늘여 기다린다는 뜻으로, 몹시 기다림을 이르는 말
邯鄲之夢 한단지몽	• 邯: 조나라 서울 한, 鄲: 조나라 서울 단, 之: 갈 지, 夢: 꿈 몽 • 한단에서 꾼 꿈이라는 뜻으로, 인생의 부귀영화는 일장춘몽과 같이 허무함을 이르 는 말
邯鄲之步 한단지보	• 邯: 조나라 서울 한, 鄲: 조나라 서울 단, 之: 갈 지, 步: 걸음 보 • 한단에서 걸음걸이를 배운다는 뜻으로, 제 분수를 잊고 무턱대고 남을 흉내 내다가 이것저것 다 잃음을 이르는 말
汗牛充棟 한우충동	• 汗: 땀 한, 牛: 소 우, 充: 채울 충, 棟: 마룻대 동 • 짐으로 실으면 소가 땀을 흘리고, 쌓으면 들보에까지 찬다는 뜻으로, 가지고 있는 책이 매우 많음을 이르는 말
緘口無言 함구무언	• 緘: 봉할 함, 口: 입 구, 無: 없을 무, 言: 말씀 언 • 입을 다물고 아무런 말이 없음
含憤蓄怨 함분축원	• 含: 머금을 함, 憤: 분할 분, 蓄: 모을 축, 怨: 원망할 원 • 분을 품고 원한을 쌓음
含哺鼓腹 함포고복	• 含: 머금을 함, 哺: 먹을 포, 鼓: 북 고, 腹: 배 복 • 실컷 먹고 배를 두드린다는 뜻으로, 먹을 것이 풍족하여 즐겁게 지냄을 이르는 말
咸興差使 함흥차사	• 咸: 다/짤 함, 興: 일 흥, 差: 다를 차, 使: 하여금/부릴 사 • 심부름꾼이 가서 소식이 없거나 또는 회답이 더딜 때를 비유하는 말

교육은 우리 자신의 무지를 점차 발견해 가는 과정이다.

– 윌 듀란트 –

제2과목

영어

01 | 영어 형성 체계

01 문장이란 무엇인가?

> • 대문자로 시작한다.
> • 동사(술어)를 반드시 가지고 있다.
> • 마침표(.), 물음표(?), 느낌표(!)로 반드시 끝난다.

문장은 대문자로 시작하여 반드시 동사(술어)를 포함하며 마침표, 물음표 또는 느낌표로 끝나는 형태를 말한다. 따라서 영어 문장은 주어와 동사를 기본 요소로 하며, 거기에 목적어와 보어를 확장시켜 5가지 형식을 만들어 낸다.

* 문장의 최초 검증은 주어와 동사의 수(number)의 일치(단수, 복수)에서 시작된다.

■ 문장의 기본 형식

(1) 수식어는 문장의 필수 요소가 아니므로 문장 내 어디든 위치할 수 있다.

> (수식어)+주어+(수식어)+동사+(수식어)

예 The Grim Reaper appeared. (저승사자가 나타났다.)
     　　주어　　　　　　동사
  • (One day) the Grim Reaper appeared.
  • (One day) the Grim Reaper (just) appeared.
  • (One day) the Grim Reaper (just) appeared (before me).

예 The earth revolves on its axis. (지구는 지축을 중심으로 자전한다.)
     　주어　　　동사

예 My parcels have arrived from New York. (나의 소포가 뉴욕에서 도착했다.)
     　주어　　　동사

* 완전 자동사가 만들어 내는 문장의 패턴을 말한다.

(2) 동사 뒤에 보어 또는 목적어가 등장한다.

> 주어＋동사＋보어
> 주어＋동사＋목적어

문장의 필수 요소(주어, 목적어, 보어, 술어) 중에서 주어＋동사(술어)라는 문장의 가장 기본적인 형식에 주요 성분 중 하나인 목적어나 보어를 결합해서 문장을 확장해 나간다. 이때 동사는 그 의미에 따라 자동사와 타동사로 나누어진다.

예 <u>My sister</u> <u>became</u> <u>an English teacher</u>. (나의 여동생은 영어 선생님이 되었다.) (2형식)
　　　주어　　　동사　　　　　보어

→ 동사 뒤에 전치사가 없어도 자동사가 된다.

cf. My sister works at the White House. (나의 여동생은 백악관에서 근무한다.) (1형식)

예 <u>My brother</u> <u>loves</u> <u>a nice car</u>. (나의 남동생은 멋진 차를 좋아한다.) (3형식)
　　　주어　　　동사　　목적어

→ 동사 뒤에 명사구는 목적어, 보어 모두 가능하다. 동사가 나타내는 행위의 대상(~을, ~를)을 목적어라 하고, 주어나 목적어에 대해 보충 설명하는 것을 보어라 한다.

우리는 문장에서 동사를 통해 주어와 목적어의 위치를 파악할 수 있다. 또한 동사는 그 자체의 고유한 의미를 전달하면서 시제를 나타내고, 동사에 따라 문장의 형식이 결정된다. 따라서 영어 문장의 중심은 동사이다.

2 문장의 5형식

(1) 주어＋동사(1형식)

주어와 동사만으로 의미가 완성된 문장이 성립하며, 수식어는 문장의 형식에 영향을 주지 않는다.

예 A lie cannot live.

(거짓말은 살아남을 수 없다.)

예 Kindness always pays.

(친절은 손해 보는 일이 없다.)

(2) 주어＋동사＋보어(2형식)

주어와 동사만으로는 문장이 완결되지 못하고, 주어를 보충 설명하는 보어(주격 보어)가 더해진다. 주격 보어를 취하는 동사는 상태유지(be동사, stay, keep 등), 상태변화(become, grow, turn 등), 감각동사 (look, sound, smell, taste, feel) 등이 있다.

예 Experience is the teacher of all things.

(경험이 모든 것들의 선생님이다.)

예 The two most powerful warriors are patience and time.

(가장 강력한 두 전사는 인내와 시간이다.)

예 You look familiar to me.

(낯이 익은데요.)

예 People grow old by deserting their ideals.

(사람들은 그들의 이상을 버림으로써 나이가 든다.)

예 It always seems impossible until it's done.

(어떤 것이든 이루어지기 전까지는 항상 불가능해 보인다.)

(3) 주어＋동사＋목적어(3형식)

대부분의 동사는 행위의 주체와 그 행위를 당하는 대상인 객체, 즉 목적어를 필요로 한다. 이렇게 목적어가 필요한 문형을 3형식이라고 한다.

예 Slow and steady wins the race.

(더디더라도 꾸준히 하는 것이 결국 이긴다.)

예 Lazy hands make for poverty, but diligent hands bring wealth.

(게으른 손은 굶주림을 만들지만 부지런한 손은 부유함을 가져온다.)

(4) 주어＋동사＋간접 목적어＋직접 목적어(4형식)

이 문형에 쓰이는 동사는 목적어를 2개 가진다. '간접 목적어에게 직접 목적어를 해 준다.'라는 의미이며, 이러한 동사를 수여동사라고 한다. 3형식의 변형이라고 볼 수 있다.

예 Education can give you a skill, but a liberal education can give you dignity.

(교육은 당신에게 기술을 줄 수 있지만 교양 교육은 당신에게 존엄을 줄 수 있다.)

예 Don't send me flowers when I'm dead. If you like me, send them while I'm alive.

(내가 죽었을 때 나에게 꽃을 보내지 마시오. 나를 좋아한다면 내가 살아 있는 동안에 보내시오.)

(5) 주어＋동사＋목적어＋목적격 보어

목적어뿐만 아니라 목적어를 보충 설명하는 목적격 보어까지 있어야 문장이 성립한다.

예 I will keep your dreams alive.

(내가 네 꿈을 지켜줄게.)

예 I don't consider myself a goody-goody, but I like to be perceived as classy.

(내 자신을 잘난 체한다고 생각하진 않지만 나는 세련된 사람으로 인식되고 싶다.)

예 I've always found the rain very calming.

(난 늘 비는 마음을 차분하게 가라앉힌다고 생각했어.)

4형식과 5형식의 비교

A. 5형식에서 목적어와 목적격 보어의 관계는 주어-술어의 관계로, '목적어가 목적격 보어이다/하다'라는 의미다.

　예 I found him unkind.

　　(나는 그가 불친절하다는 것을 알았다.)

B. 4형식에서 간접 목적어와 직접 목적어는 주어-술어의 관계가 아니다.

　예 I found him his wallet.

　　(나는 그에게 그의 지갑을 찾아주었다.)

02　문장의 구성 요소 - 단어(word), 구(phrase), 절(clause)

1 문장의 구성 요소

(1) 단어

단어는 '의미를 지니는 말의 최소 정보의 단위'이다. 영어의 단어는 그 기능에 따라 8개로 구분할 수 있는데, 이를 8품사라고 한다.

명사 (noun)	사람, 사물, 동물 등의 이름을 지칭하는 단어 예 classmate, teacher, boy, pen, computer, air, coffee, policeman, hand
동사 (verb)	사람, 사물, 동물 등의 동작이나 상태를 묘사하는 단어 예 study, walk, think, pass, give, take, do, find, read, be
형용사 (adjective)	명사, 대명사의 상태를 수식하거나 보충하는 단어 예 beautiful, fantastic, narrow, good, wide, lovely
부사 (adverb)	동사, 형용사, 다른 부사, 구, 절, 또는 문장 전체를 수식하는 단어 예 nearly, often, usually, very, only, then, hardly, here, not, ever, never
전치사 (preposition)	우리말의 조사 기능으로 최소 정보 단위를 구성하고 명사를 목적어로 가지는 단어 예 at, by, into, on, in, at, with, for, to, of, from, besides, despite
접속사 (conjunction)	단어, 구 또는 절을 연결하는 단어 예 and, or, but, for, yet, nor, so, because, when, before, while, if, though, since, after, that, whether, in case that, but that, in that
대명사 (pronoun)	명사를 대신하여 지칭하는 단어 예 he, she, you, it, they, either, neither, this, that, one, another, each
감탄사 (interjection)	슬픔, 기쁨, 놀람 따위의 감정을 나타내는 단어 예 man, oops, huh, oh, dammit, gee, hurrah, Jesus

(2) 구

2개 이상의 단어로 이루어진 의미 단위이며 명사구, 형용사구, 부사구, 전치사구 등이 있다. 문장 내에서 하나의 품사로 쓰이며 주어와 동사가 없다.

① **명사구**: 명사구는 명사와 같이 문장 내에서 주어, 목적어, 보어 등의 역할을 하며 부정사구, 동명사구가 대표적이다. 명사구가 주어로 쓰였을 때 수일치에 주의한다.

- 주어로 쓰인 명사구

  예 To catch a husband is an art. 〈to부정사구가 주어〉

  (남편감을 고르는 것은 예술이다.)

  예 Choosing to be happy or sad depends on you. 〈동명사구가 주어〉

  (행복할지 아니면 슬퍼할지 고르는 것은 당신에게 달려 있다.)

- 목적어로 쓰인 명사구

  예 Successful people maintain a positive focus in life.

  (성공한 사람들은 삶에서 긍정적인 초점을 유지한다.)

② **형용사구**: 형용사구는 문장에서 형용사의 역할로 명사를 수식하거나 보충 설명한다.

예 Poetry has the rhythm of a song.

(시는 노래의 리듬을 가진다.)

예 There is never enough time to do nothing.

(아무것도 하지 않을 시간은 결코 충분하지 않다.)

예 The boy standing at the door is my son.

(문가에 서 있는 소년이 나의 아들이다.)

③ **부사구**: 부사구는 문장의 다른 성분인 형용사, 다른 부사, 문장 전체를 수식하는 역할을 한다.

예 Everybody talks smack during games.

(경기 중에는 모두가 뒷말을 한다.)

예 Sometimes we have to change ourselves to survive.

(때로는 살아남기 위해서 우리 자신을 변화시켜야 한다.)

예 Studying English, I developed my communication skills.

(영어를 배우면서 나는 의사소통 능력을 발달시켰다.)

(3) 절

절은 주어와 동사를 포함하는 의미 있는 단위이며, 두 절이 대등한 관계로 등위접속사로 연결되면 각각은 등위절, 종속접속사로 연결되면 주절과 종속절로 나뉜다.

① **등위절**

예 Yesterday is not ours to recover, but tomorrow is ours to win or lose.

(어제는 만회할 수 없지만 내일은 우리가 승리하거나 패배하는 날이다.)

등위접속사 but으로 앞절과 뒷절이 대등하게 연결된다. 등위접속사로 but, or, yet, for, and, nor, so (BOYFANS로 암기)가 있다.

② 종속절

종속절은 주어, 목적어, 보어 등 문장의 한 요소가 되어 주절에 속하게 되거나 문장 요소를 수식, 또는 문장 전체를 수식하는 절을 말하며 명사절, 형용사절, 부사절이 있다.

③ 종속절의 종류

　㉠ 명사절

　　예 I hope that people learn from my mistakes.

　　　(난 내 실수를 통해 사람들이 배우길 바란다.)

　　예문은 hope의 목적어로 that절을 취하고 있다. that절이 hope의 목적어 기능을 하는 즉 명사절이 된다.

　㉡ 형용사절

　　예 The idea that everything is purposeful really changes the way you live.

　　　(모든 것이 의미가 있다는 생각은 정말로 당신이 사는 방식을 바꾼다.)

　　예문은 that절이 주어인 the idea를 수식하는 형용사 기능, 즉 형용사절이 된다.

　㉢ 부사절

　　예 I'm so glad that we did this.

　　　(난 우리가 이걸 해내서 너무 기뻐.)

　　예문은 '감정 형용사(glad, happy, afraid, sorry 등)+that절'로, that 이하가 감정 형용사의 원인이 되는 부사절이다. 부사절은 시간, 이유, 조건 등을 나타내는 종속접속사인 when, after, because, if 등과 함께 쓰인다.

더 알아보기

명사절을 이끄는 접속사의 비교

that	완전한 문장을 이끌며 '~는 것'으로 해석, 전치사의 목적어로 사용 불가능
what	불완전한 문장을 이끌며 '~는 것'으로 해석, 전치사의 목적어로 사용 가능
whether	'~인지 아닌지'로 해석, 주절, 목적어절, 보어절 모두 가능
if	'~인지 아닌지'로 해석, 타동사의 목적어절만 가능
의문대명사	who, whom, what, which가 주어, 목적어, 보어 자리에 사용 가능
의문형용사	whose, which, what이 2형식에서 주격 보어, 5형식에서는 목적격 보어로 역할
의문부사	when, where, why, how 뒤에는 완전한 문장만 가능

② 문장성분의 개념

(1) 주어

주어는 서술어의 행위 또는 상태의 주체이다. 우리말에서는 조사(은, 는, 이, 가)를 통해 주어를 알 수 있지만 영어는 동사 앞에 주어가 위치하기 때문에 동사를 보고 주어를 알 수 있다. 주어 자리의 품사는 주로 명사이다.

예 <u>Nature</u> never deceives us.

(자연은 결코 우리를 기만하지 않는다.)

(2) 동사

동사는 주어의 상태나 동작을 설명하는 문장성분으로 서술어의 개념으로 쓰인다. 영어 문장에서 동사는 문장의 기준이 되며 동사를 통해 주어와 목적어, 문장의 시제, 태 등을 알 수 있다.

예 Friends <u>show</u> their friendship in times of trouble, not in happiness.

(친구는 행복할 때가 아니라 힘들 때 우정을 보여 준다.)

(3) 목적어

동사의 영향을 받는 대상이며 대부분의 동사는 동사 혼자만으로는 의미가 완결되지 않아 목적어를 필요로 한다.

예 You must do <u>the thing</u> you think you cannot do.

(당신은 당신이 생각하기에 할 수 없는 것을 해야 한다.)

(4) 보어

주어와 동사만으로 의미가 완결되지 않아 주어나 목적어에 대한 보충 설명이 필요할 때 쓰이는 문장성분으로 주격 보어와 목적격 보어가 있다. 각각 주술구조 관계가 성립한다.

예 New Year's Day is <u>every man's birthday</u>(주격 보어).

(새해 첫날은 모든 사람의 생일이다.)

예 You should not expect people <u>to treat you any better than you treat yourself</u>(목적격 보어).

(당신은 스스로에게 대하는 것보다 사람들이 당신에게 더 잘 대할 것이라고 기대해서는 안 된다.)

더 알아보기

문장성분의 구성요소

명사(구)/대명사(구)/명사절	주어, 목적어, 보어, 동격의 기능 수행
형용사 – 형용사구	보어의 기능 수행
동사(구)	술어의 기능을 수행하여 주절이나 종속절 형성
부사(구)(절)	양태, 시간, 장소, 빈도, 방법, 이유, 양보, 조건, 원인, 비례, 대조 등의 기능 수행

(5) 수식어

명사를 수식하는 형용사 기능을 하는 수식어와 명사를 제외한 나머지(형용사, 동사, 부사, 문장 전체)를 수식하는 부사적 기능을 하는 수식어로 나눌 수 있다. 수식어는 문장성분이 아니어서 문장의 형식에 영향을 미치지 않는다.

예 <u>Great</u> men show politeness <u>in a particular way</u>.

(위대한 인물들은 특별한 방식으로 정중함을 표현한다.)

1 평서문

사실을 진술하는 문장으로, '주어＋동사＋보어/목적어' 어순이다.

예 I am a student.

　(나는 학생이다.)

예 You can only control what you can control.

　(당신은 당신이 통제할 수 있는 것만 통제할 수 있다.)

예 Time moves in one direction, memory in another.

　(시간은 한 방향으로 흘러가고, 기억은 다른 쪽으로 흘러간다.)

2 의문문

의문을 나타내는 문장으로 Yes/No 의문문과 Wh- 의문문이 있다.

예 Are you likely to see him? (너는 그를 만날 것 같아?)

예 Do you want to feel good, or do you want to do good?

　(너는 좋은 기분을 느끼기를 원하니 아니면 좋은 일을 하기를 원하니?)

예 Will you go out with me? (저랑 데이트하실래요?)

예 Why are you so angry? (왜 그렇게 화가 나 있어?)

예 How much money will it bring in? (그것이 얼마나 많은 돈을 들여올까요?)

(1) 간접의문문

의문문이 주어, 목적어, 보어의 기능을 수행하는 명사절이 되어 '의문사[접속사]＋주어＋동사'의 어순으로 된다. 이때 의문사가 있는 의문문은 의문사를, 의문사가 없는 의문문은 if[whether]을 써서 주절과 연결한다.

예 I don't know. ＋What does she want?

→ I don't know what she wants. (나는 그녀가 무엇을 원하는지 모른다.)

예 She asked me. ＋What would you want to be?

→ She asked me what I would want to be. (그녀는 나에게 무엇이 되고 싶냐고 물어봤다.)

예 Could you tell me? ＋How can I get there?

→ Could you tell me How I can I get there? (내가 거기에 어떻게 갈 수 있는지 알려주시겠어요?)

예 I wonder. ＋Is mom is at home?

→ I wonder if[whether] mom is at home. (나는 엄마가 집에 있는지 궁금하다.)

예 I don't know. ＋Can I help him?

→ I don't know if[whether] I can help him. (내가 그를 도울 수 있을지 모르겠어요.)

주의해야 할 간접의문문

A. 간접의문문 앞에 등장하는 의문문의 동사가 생각동사(think, believe, say, guess, suppose, imagine 등)일 때 간접의문문 속 의문사는 반드시 문두에 온다.

> 올바른 문장 구조: 의문사+생각동사 의문문+주어+동사?

- 예 Do you <u>know how old</u> she is? (너는 그녀가 몇 살인지 알고 있니?)
- 예 How old do you <u>think</u> she is? (너는 그녀가 몇 살이라고 생각하니?)
- 예 Do you <u>know what</u> she does? (너는 그녀의 직업이 무엇인지 알고 있니?)
- 예 What do you <u>think</u> she is doing? (너는 그녀가 무엇을 하고 있다고 생각하니?)

B. 의문대명사가 주어로 사용되는 경우: 간접의문문은 '의문대명사+동사+목적어' 순서가 된다. 의문대명사가 주어로 쓰이고 있으므로 별도의 주어가 필요하지 않으며 의문대명사 뒤에 바로 동사로 이어진다.

- 예 Do you know what made her angry? (너는 무엇 때문에 그녀가 화가 났는지 알고 있니?)
   What do you think made her angry? (그녀는 무엇 때문에 화가 났다고 생각하니?)
- 예 Do you know who made such a mistake? (너는 누가 그런 실수를 저질렀는지 알고 있니?)
   Who do you think made such a mistake? (너는 누가 그런 실수를 저질렀다고 생각하니?)
   → 위의 경우에서 볼 수 있듯이 생각동사와 의문문이 같이 나오면 의문대명사는 문두로 온다.

(2) 부가의문문(꼬리 의문문)

상대방의 동의·확인을 구하기 위해 문장 끝에 덧붙여서 부가적으로 묻는 의문문을 말한다.

① 앞 문장의 동사가 긍정이면 부가의문문의 동사는 부정, 부정이면 부가의문문의 동사는 긍정이 되어야 하며 부가의문문의 주어는 반드시 대명사로 쓴다.

- 예 Mary can make delicious food, can't she?
   (Mary는 맛있는 음식을 만들 수 있어, 그렇지 않니?)
- 예 John didn't pass the driving test, did he?
   (John은 운전면허 시험에 떨어졌었지, 그렇지?)

② 앞 문장의 be동사와 조동사는 그대로, 일반동사는 do 동사로, 완료동사는 have 동사로 같은 시제를 적용해 부가의문문을 만들며 반드시 축약형을 쓴다.

- 예 She is very honest, isn't she?
   (그녀는 무척 정직해, 그렇지 않니?)
- 예 He has been in Seoul for ten years, hasn't he?
   (그는 10년 동안 서울에서 살고 있어, 그렇지 않니?)
- 예 They must pass the exam, mustn't they?
   (그들은 그 시험에 합격해야 해, 그렇지 않니?)

③ 유도부사 there로 시작하는 문장은 그대로 there로 받는다.

- 예 There are many cars on the street, aren't there?
   (거리에는 많은 차량이 있어, 그렇지 않니?)

④ 명령문(긍정·부정명령)의 부가의문문에는 will you?를, 긍정의 답을 기대하는 권유문의 부가의문문에는 won't you?를 쓴다.

  예 Do it at once, will you?

    (그것을 즉시 해라, 알았지?)

  예 Don't take it anymore, will you?

    (그것을 더 이상 가져가지 마라, 알겠지?)

  예 Have a cup of coffee, won't you?

    (커피 한 잔 드세요, 네?)

⑤ Let's로 시작하는 청유문의 부가의문문에는 shall we?를 쓴다.

  예 Let's dance, shall we?

    (우리 춤춰요, 그럴래요?)

⑥ 단문, 등위접속사+단문, 부가의문문?: 중문인 경우에는 부가의문문에 가까운 문장에 일치시킨다는 근접의 원칙에 따라 오른쪽 단문을 이용해 부가의문문을 만든다.

  예 He is very honest, and she likes him very much, doesn't she?

    (그는 정직하고 그녀는 그를 무척 좋아한다, 그렇지 않니?)

⑦ 종속절, 주절/주절+종속절, 부가의문문?: 복문은 주절의 주어와 동사를 이용하여 부가의문문을 만든다.

  예 If it is fine tomorrow, he will go golfing, won't he?

    (내일 날씨가 좋다면, 그는 골프를 치러 가겠지, 그렇지 않아?)

⑧ 주어+동사+that절의 복문은 종속절의 동사에 따라 부가의문문을 만들고 주절의 동사와 반대로 긍정, 부정을 쓴다(주절의 동사는 주로 think, suppose, bet 등이 쓰인다).

  예 He thinks that she can pass the exam, can't she?

    (그는 그녀가 그 시험에 합격할 수 있다고 생각해, 그렇지 않아?)

  예 He doesn't think that she can pass the exam, can she?

    (그는 그녀가 그 시험에 합격할 수 없다고 생각해, 그렇지?)

더 알아보기

부가의문문의 주요 형식

예 You have to clean it, don't you? (너는 그것을 청소해야 한다, 그렇지 않니?)

예 You ought to clean it, shouldn't you? (너는 그것을 청소해야 한다, 그렇지 않니?)

예 He used to play the piano, didn't he? (그는 피아노를 치곤 했다, 그렇지?)

예 Nobody called on the phone, while I was out, did they? (내가 외출한 동안 아무도 전화하지 않았지, 그렇지?)

예 She'd probably eat it, wouldn't she? (그녀는 아마 그것을 먹을 것이다, 그렇지 않니?)

예 You'd rather go now, wouldn't you? (너는 지금 가는 게 낫겠지, 그렇지?)

예 He'd developed the skill, hadn't he? (그는 그 기술을 발전시켰지, 그렇지?)

예 You'd better study, hadn't you? (너는 공부하는 게 좋을 거야, 그렇지?)

3 명령문

동사원형이나 Don't로 시작하고 주어 you를 생략한 문장이다.

예 Just do it! (즉시 그것을 행하라!)

예 Don't be afraid when you learn a foreign language. (외국어를 배울 때는 두려워하지 마라.)

4 감탄문

놀람, 기쁨, 슬픔 따위 등을 표현하며 감탄부호(!)로 끝난다.

예 It is such a wonderful world. = What a wonderful world (it is)!
   (얼마나 아름다운 세상인가!)

예 She is very smart. = How smart (she is)! (그녀는 너무나 똑똑해!)

5 기원문

May로 시작하는 문장으로 축원, 기원의 의미를 전달한다.

예 May you succeed this exam! (부디 이 시험에서 성공하길!)

예 (May) God bless you! (신의 축복이 함께하기를!)

Review

1. 접속사 없이 주절+주절은 불가능하다는 기본 원칙하에서 모든 영어의 문장을 기술한다.
2. 하나의 완전한 문장(one complete sentence)은 하나의 완전한 정보를 전달하는 데에 목적이 있다.
3. 완전한 문장의 전제 조건은 주절 한 개를 반드시 가지는 것이며 연결사인 접속사, 관계사, 의문사를 이용하여 문장을 확장한다.
4. 따라서 단문, 중문, 복문, 혼합문을 형성한다.
   ① 단문: 주어+동사
   ② 중문: 단문+등위접속사+단문
   ③ 복문: 종속절+주절/주절+종속절
   ④ 혼합문: 단문+등위접속사+복문/복문+등위접속사+단문
   * 종속절: 명사절, 형용사절, 부사절
5. 품사와 문장성분을 이해한다.
6. 사전 속의 8품사를 우선 이해해야 한다. (명, 동, 형, 부, 전, 접, 대, 감)

02 | 동사

01 완전 자동사

■1 개념

문장의 의미를 전달함에 있어서 목적어나 보어의 도움 없이 동사만으로 완전한 문장을 형성하고 상대방을 충분히 이해시키는 동사를 완전 자동사라고 한다. 주어 앞에 부사(구)(절)의 수식은 가능하다.

부사(구)(절)+주어+완전 자동사+부사(구)(절)

■2 기본 예문

(1) 보어나 목적어가 불필요하다.

예 Such a thing can happen. (그런 일이 일어날 수도 있다.)

예 Your visa will expire this month. (당신의 비자는 이번 달에 만료될 것이다.)

(2) 전치사를 수반하여 구동사를 형성하는 자동사

look at ~을 보다	wait on 시중들다
look after ~을 돌보다	listen to ~을 듣다
look into ~을 조사하다	deal with ~을 처리하다
look for ~을 찾다	deal in ~거래하다
graduate from ~을 졸업하다	laugh at ~을 비웃다
consist of ~으로 구성되다	participate in ~에 참여하다
consist in ~에 있다	depend/rely/count on ~에 의존하다
consist with ~와 일치하다	result in 그 결과 ~이 되다
object to ~에 반대하다	result from ~이 원인이다
belong to ~에 속하다	yell at ~에 고함을 치다
wait for ~을 기다리다	

(3) 목적어를 취하지 않는 자동사는 기본적으로 수동태로 쓸 수 없다.

발생, 사라짐 의미의 동사	disappear, appear, occur, happen, arise, take place, break out, crop up
전치사 동반 자동사	result from/in, consist of/in, belong to
기타 동사	last(계속되다), retire(은퇴하다), expire(만기가 되다)

❸ 암기하면 편리한 완전 자동사

(1) 주어(은, 는, 이, 가)의 동작동사

lie 눕다	laugh 웃다	yawn 하품하다
stand 서다	run 달리다	sit 앉다
sleep 자다	fall 쓰러지다	walk 걷다
wake 깨다	smile 미소를 짓다	jump 뛰다, 점프하다

(2) go, come 등의 왕래발착동사

go 가다	come 오다	start 출발하다
arrive 도착하다	leave 떠나다	reach 도달하다
begin 시작하다	depart 출발하다	come back 돌아오다
return 돌아오다		

(3) 발생, 출현, 동작, 위치 동사

발생동사	crop up, occur, happen, arise, take place, break out
출현동사	appear, emerge, disappear, live, dwell, reside, settle
상태·동작동사	exist, be, lie, stand, sit, rest
위치동사	extend, range

❹ 반드시 기억해야 할 완전 자동사

(1) 1형식·3형식에서 뜻이 다른 동사

동사	1형식	3형식
pay	손해가 없다, 이득이 되다	지불하다
do	좋다, 충분하다	하다
count	세다, 중요하다	간주하다, 포함시키다
work	효과가 있다	일하다, 작동시키다

예 This pain reliever is really working. (이 진통제 정말 효과가 있네요.)

(2) 수동의 의미로 쓰이는 완전 자동사

동사	완전 타동사	완전 자동사
sell	팔다	팔리다
read	~을 읽다	읽히다
photograph	~의 사진을 찍다	사진이 잘 받다, 사진이 찍히다
clean	닦다, 청소하다	깨끗해지다, 청소가 되다
peel	껍질을 벗기다[깎다]	벗겨지다
write	쓰다	(펜 등이) (글이) 써지다

예 The workbook sells well. (그 문제집은 잘 팔린다.)

---

02 불완전 자동사

1 개념

주어와 같은 개념이나 주어를 보충·부연 설명하는 주격 보어를 취하는 동사를 불완전 자동사라고 한다. 주격 보어에는 형용사, 현재분사, 과거분사, 명사, to부정사, 동명사, 전치사구(형용사 기능)가 올 수 있다.

> 주어+불완전 자동사+보어

2 기본 예문

예 He kept silent in the meeting. (○) (그는 모임에서 침묵을 지켰다.)

　He kept silently in the meeting. (×)

　→ 보어 자리에 부사(구)는 불가능하다.

3 반드시 기억해야 할 불완전 자동사

(1) 상태유지 동사

> be ~이다(상태)
> stand, sit, lie ~한 채로 있다
> stay, remain, keep, hold ~한 상태로 있다

(2) 상태변화 동사

become, get, grow ～하게 되다	go, come, fall, turn ～하게 변하다

(3) 판단 · 판명 동사

prove, turn out ～임이 판명되다	seem, appear ～처럼 보이다

(4) 감각동사

감각동사	보어
feel ～한 느낌이 나다 look ～처럼 보이다 smell ～한 냄새가 나다 sound ～한 소리가 들리다 taste ～한 맛이 나다	형용사/like＋명사

03 완전 타동사

1 개념

목적어가 반드시 있어야 의미가 완결되는 동사를 완전 타동사라고 한다.

주어＋완전 타동사＋목적어

2 기본 특징

(1) 완전 타동사

아래의 동사들은 우리말로 해석했을 때 동사 뒤에 전치사가 오는 것이 더 자연스럽게 느껴지나 전치사가 오면 비문이다.

완전 타동사	함정 전치사
marry, resemble, accompany, face	with (×)
approach, reach, oppose, answer, await, survive, address, attend, obey, greet, exceed, regret, affect, influence	to (×)
discuss, mention, announce, consider	about (×)
enter, join, inhabit	in(to) (×)

예 He will marry her. = She will be married to him. (○)

He will marry with her. (×)

(그는 그녀와 결혼할 것이다.)

더 알아보기

구분해서 암기하면 편리한 자동사 vs 타동사

자동사	타동사	의미
account for	explain	～을 설명하다
object to	oppose	～에 반대하다
live in	inhabit	～에 살다
wait for	await	～을 기다리다
arrive at	reach	～에 도착하다

(2) 4형식으로 쓸 수 없는 완전 타동사

confess, explain, introduce, suggest, propose, announce, mention, describe +직접 목적어+to+사람

예 I propose a joint effort to you. (나는 당신에게 협력을 제안한다.)

3 주요 완전 타동사

(1) to부정사를 목적어로 취하는 동사

① 희망 동사

want 원하다	hope 희망하다
wish 바라다	expect 기대하다
desire 몹시 바라다	long 간절히 바라다

② 계획 동사

plan 계획하다	intend 의도하다
mean 의도하다	prepare 준비하다

③ 노력, 시도 동사

try 노력하다	attempt 시도하다
strive 애쓰다	seek 추구하다

④ 기타 동사

hesitate 주저하다	pretend ~인 척하다
agree 동의하다	manage 그럭저럭 해내다
determine 결심하다	dare 감히 ~하다
decide 결정하다	need ~할 필요가 있다
deserve ~의 자격이 있다	fail 실패하다
refuse 거부하다	tend ~하는 경향이 있다

(2) 동명사를 목적어로 취하는 동사

① 긍정적 의미 동사

enjoy 즐기다	consider 고려하다
practice 연습하다	admit 인정하다
keep ~을 유지하다	appreciate 고마워하다
suggest 제안하다	mention 언급하다

② 부정적 의미 동사

mind 꺼리다, 반대하다	abandon 포기하다
deny 부정하다	quit 그만두다
dislike 싫어하다	oppose 반대하다
finish 끝내다	avoid, escape 피하다
postpone, delay 연기하다	resist 반대하다
risk 위험을 무릅쓰고 ~하다	discontinue 중단하다

４ to부정사와 동명사 둘 다 목적어로 취할 수 있는 완전 타동사

(1) 의미의 차이가 없는 동사

like, love ~하는 것을 좋아하다	hate 싫어하다
continue 계속해서 ~하다	begin, start ~을 시작하다
prefer 선호하다	propose 제안하다

(2) 의미의 차이가 있는 동사

① regret, remember, forget

regret, remember, forget +to부정사: 해야 할 일 → 미래의 의미
               +동명사: 했던 일 → 과거의 의미

예 I don't remember his telling me such a direct lie.

(나한테 그가 그런 뻔뻔스러운 거짓말을 한 기억이 나지 않는다.)

예 Please remember to put out the cat before you go to bed.

(당신이 자러 가기 전에 고양이를 내놓는 것을 잊지 마십시오.)

② try

> try +to부정사: ～하려고 애쓰다
>
> +동명사: 시험 삼아 ～해 보다

예 He tried to meet her. (그는 그녀를 만나려고 노력했다.)

예 She tried writing with the pencil. (그녀는 시험 삼아 그 연필로 써봤다.)

③ stop

> stop +to부정사: ～하기 위해 멈추다
>
> +동명사: ～하는 것을 멈추다[그만두다]

예 He stopped to give me a lift. (그는 나를 태워 주기 위해 멈췄다.)

예 I stopped talking and looked at him. (나는 말을 멈추고 그를 쳐다보았다.)

5 감정 유발 동사 관련 완전 타동사

사람이 주어일 경우 주로 과거분사를, 사물이 주어일 경우에는 현재분사를 사용해서 형용사의 용법으로 쓴다.

excite ～을 흥분시키다	worry ～를 걱정시키다
satisfy ～를 만족시키다	please/entertain/amuse ～를 즐겁게 하다
disappoint ～를 실망시키다	embarrass ～을 곤란하게[난처하게] 하다
frustrate ～를 좌절시키다	irritate/annoy ～를 성가시게 하다
confuse/puzzle/perplex ～를 당황하게 하다	interest ～의 관심[흥미]를 끌다
surprise/astonish/amaze ～를 놀라게 하다	bore ～을 지루하게 만들다

예 I was surprised that there were a large number of books in his library.

(나는 엄청나게 많은 책이 그의 서재에 있어서 놀랐다.)

예 He is bored. (그는 지루함을 느낀다.)

cf. He is boring. (그는 따분한 사람이다.)

예 The movie was not so interesting. (그 영화는 그렇게 흥미롭지는 않았다.)

예 I've always been interested in music. (나는 항상 음악에 관심이 많았다.)

⑥ 목적어 뒤에 전치사를 수반하는 완전 타동사

(1) 방해, 금지 동사

> stop, keep, hinder, prevent, prohibit, discourage, deter, dissuade, ban, refrain, restrain +목적어+from –ing/명사(구)
>
> ※ from –ing 위치에 to부정사가 등장하면 틀린 문장이다.

예 The heavy rain prevented me from going to the party. (○)

(폭우로 인해 나는 파티에 갈 수 없었다.)

The heavy rain prevented me to go the party. (×)

(2) 통보, 확신 동사

> inform 알리다   warn 경고하다
> remind 상기시키다   convince 확신시키다 +A+of+B
> accuse 비난하다   assure 납득시키다

예 The math teacher convinced me of the model equation.

(수학 선생님께서 나에게 모형 방정식을 이해시켜 주었다.)

예 This photo reminds me of my childhood.

(이 사진은 나에게 어린 시절을 상기시켜 준다.)

예 She informed me of the news.

(그녀는 내게 그 소식을 알려 주었다.)

cf. She informed me that she left the town.

(그녀는 내게 그녀가 그 마을을 떠난다고 알려 주었다.)

(3) 분리, 박탈 동사

> rob 강탈하다
> rid 제거하다   +A+of+B
> deprive 박탈하다

예 He robbed the actress of her handbag.

(그는 그 여배우에게서 가방을 강탈했다.)

예 We can rid ourselves of our suspiciousness only by procuring more knowledge.

(우리는 오직 더 많은 지식을 얻어야만 우리의 의심을 없앨 수 있다.)

(4) 칭찬, 상벌 동사

praise 칭찬하다	thank 감사하다
blame 비난하다	criticize 비판하다 +A+for+B
scold 꾸짖다	excuse 용서하다

예 He thanked her for helping his mother.
(그는 그녀에게 그의 어머니를 도와준 것에 대해 감사했다.)

(5) 제공, 공급 동사

provide 제공하다	present 제공하다
supply 공급하다	furnish 공급하다 +A+with+B
equip 장비를 갖추다	replace 교체하다

예 Change provides us with a challenge.
(변화는 우리에게 도전을 제공한다.)

04 수여동사

1 개념

타동사 중 보통 '주다'의 의미를 가지고 두 개의 목적어를 필요로 하는 동사를 수여동사라고 한다.

주어+수여동사+간접 목적어(~에게)+직접 목적어(~을/를)

동사 고유의 뜻에 '~해 주다'의 뜻만 덧붙이면 된다.
예 He cooked me lunch. (그는 나에게 점심 식사를 요리해 주었다.)

2 수여동사의 3형식 전환 원리

목적어가 2개인 수여동사는 4형식이지만 '에게'의 뜻을 갖는 간접 목적어에 전치사를 붙여 직접 목적어의 뒤에 두는 3형식으로 전환할 수 있다.

> 주어+동사+간접 목적어+직접 목적어(4형식)
> → 주어+동사+직접 목적어+<u>전치사+간접 목적어</u> (3형식)
>   부사구

이때, 동사에 따라 전치사로 to, for, of, on이 사용된다.

(1) to를 사용하는 동사

> 주어+<u>동사</u>+직접 목적어+to+간접 목적어
>   ↓
> give, grant, show, send, teach, tell, offer, lend, sell, hand, owe, promise, pass, pay

예 He gave me a check. = He gave a check to me.
(그는 나에게 수표 한 장을 주었다.)

(2) for를 사용하는 동사

> 주어+<u>동사</u>+직접 목적어+for+간접 목적어
>   ↓
> do, make, buy, find, get, cook

예 Would you do me a favor? = Would you do a favor for me?
(저 좀 도와주시겠어요?)

(3) of를 사용하는 동사

> 주어+동사+직접 목적어+of+간접 목적어
>   ↓
> ask, beg, require, demand, request, inquire

예 He asked me a question. = He asked a question of me.
(그는 나에게 질문 하나를 했다.)

(4) on을 사용하는 동사

주어+<u>동사</u>+직접 목적어+on+간접 목적어
   ↓
play, bestow, confer

예 He played me a joke. = He played a joke on me.

(그는 나에게 농담을 했다.)

(5) 4형식에서 3형식으로 전환이 불가능한 동사

envy, cost, save, spare, forgive, pardon, strike

주어+동사+간접 목적어+직접 목적어
→ 주어+동사+직접 목적어+전치사+간접 목적어 (×)

예 I envy you your fortune. (○) (나는 너의 행운이 부럽다.)

I envy your fortune to you. (×)

3 영어에서 쓰이는 '말하다' 의미의 4가지 동사

(1) say+목적어: 3형식 동사(○), 4형식 동사(×)

예 She said what she felt about him. (그녀는 자신이 그 남자에 대해 느낀 것을 말했다.)

예 He said that he had lied to her. (그는 그녀에게 그가 거짓말을 했었다고 말했다.)

(2) tell+목적어: 3형식 동사(○), 4형식 동사(○), 5형식 동사(○)

예 She told the truth. (그녀는 진실을 말했다.)

예 She told me the truth. (그녀는 내게 진실을 말했다.)

예 She told him not to go. (그녀는 그에게 가지 말라고 말했다.)

(3) speak+전치사: 자동사(○), 3형식 동사+언어명(○), 4형식 동사(×)

예 He speaks to me when he is happy. (그는 기분 좋을 때 나에게 말을 걸어오곤 한다.)

예 The police officer spoke English to me. (그 경찰관은 나에게 영어로 말을 했다.)

(4) talk+전치사: 주로 자동사로 사용된다.

예 I want to talk to him. (나는 그와 대화를 하고 싶다.)

1 개념

목적어 하나만으로 의미가 불완전하여 목적어의 의미를 보충하고 채워 주는 목적격 보어를 반드시 필요로 하는 동사를 말한다.

> 주어＋불완전 타동사＋목적어＋목적격 보어

목적격 보어는 준동사로 형용사나 명사의 역할을 하는 요소가 올 수 있다. 동사, 부사는 목적격 보어가 될 수 없다.

2 형용사·명사를 목적격 보어로 취하는 동사

예 The boy made his mother happy. (소년은 엄마를 행복하게 했다.) → 형용사 목적격 보어

예 He found the woman a genius. (그는 그 여자가 천재라는 것을 알았다.) → 명사 목적격 보어

> make, appoint, call, name, elect, choose, declare, consider

→ 목적격 보어 자리에 주로 명사를 사용한다.

(1) 가목적어(it)를 반드시 사용하는 동사

make believe think find consider take call	＋it(가목적어)	＋형용사/분사(목적격 보어) ＋명사	＋to부정사(진목적어) ＋that＋주어＋동사

예 They found it difficult to master English in a few years.

　(그들은 몇 년 이내로 영어를 숙달하는 것은 어렵다는 것을 알았다.)

예 He made it a rule to get up early. (그는 일찍 일어나는 것을 규칙으로 삼았다.)

※ 가목적어 it을 두고 형용사 보어에 부사나 명사를 제시하여 출제하기도 한다.

(2) 목적격 보어 앞에 전치사 as를 쓰는 동사

> regard, consider, think of, look upon, refer to

예 We should look upon money only <u>as</u> a means to the desired end.

　(우리는 돈을 목표에 달하는 수단으로만 여겨야 한다.)

3 원형부정사를 목적격 보어로 취하는 동사(사역동사, 지각동사)

(1) 사역동사: 목적어에게 ~을 하도록 만들다[시키다/하다]

> make, have, let

예 My eldest brother made me come home directly after school.

　(나의 큰 형은 내가 방과 후 바로 집으로 오도록 하였다.)

더 알아보기

목적어와 목적격 보어
목적어와 목적격 보어의 서술적 관계를 반드시 검증한다.

목적어와 목적격 보어의 관계	능동	수동
목적격 보어의 형태	원형부정사	과거분사 (let 동사의 경우: be동사＋과거분사)

A. 사역동사 have가 '~을 시키다'의 의미보다 '~을 허락하다, 용인하다'의 의미를 가질 때는 목적격 보어로 현재분사 형태인 -ing도 사용할 수 있다(주로 부정문에서 자주 사용된다).

　예 I won't have my students coming late in my class.

　　(나는 나의 학생들이 나의 수업에 늦게 오는 것을 허용하지 않을 것이다.)

B. 준사역동사 get의 목적어와 목적격 보어의 관계가 능동일 때는 목적격 보어로 to부정사를 취하고 수동일 때는 목적격 보어로 과거분사를 사용한다.

　예 She got him to repair her watch. (그녀는 그로 하여금 그녀의 시계를 고치게 했다.)

　예 He got my car engine started. (그는 내 차의 시동이 걸리게 했다.)

(2) 지각동사: 감각기관을 통해 인식하는 동사로 5형식으로 쓰이면 '목적어가 ~하는 것을 보다, 느끼다, 듣다' 등의 의미

> see, watch, perceive, find, observe, hear, listen to, notice, feel

목적어와 목적격 보어의 관계에 따라 목적격 보어의 형태가 달라진다.

목적어와 목적격 보어의 관계	능동	수동
목적격 보어	원형부정사 현재분사(동작 강조)	과거분사

예 Mary saw her daughter singing a song.

(Mary는 그녀의 딸이 노래 부르고 있는 모습을 보았다.)

예 I saw the door closed. (나는 문이 닫히는 것을 보았다.)

4 to부정사를 목적격 보어로 취하는 동사

목적어와 목적격 보어의 관계	능동	수동
목적격 보어	to부정사	과거분사

(1) 불완전 타동사＋목적어＋목적격 보어(to부정사)

ask, require, tell, expect, advise, order, urge, cause, compel＋목적어＋to부정사

예 I ordered him to go to school. (나는 그에게 학교를 가라고 명령했다.)

(2) 준사역동사 'get'은 목적격 보어로 to부정사를 취한다.

get＋목적어＋to부정사

예 She got him to repair her watch. (그녀는 그로 하여금 그녀의 시계를 고치게 했다.)

(3) 준사역동사 'help'는 원형부정사와 to부정사를 모두 취할 수 있다.

예 She helped him to finish the task.

(= She helped him finish the task.)

(그녀는 그가 그 임무를 완수하도록 도왔다.)

(4) 유도, 설득, 허락 동사＋목적어＋목적격 보어(to부정사)

cause	allow	
permit	advise	
encourage	enable	＋목적어＋to부정사
motivate	persuade	
lead	stimulate	
tell	teach	

예 The accident caused them to be late for their work.

(그 사고는 그들로 하여금 회사에 지각하도록 만들었다.)

예 My parents kept on encouraging me to study.

(나의 부모님은 내가 공부하도록 계속 격려하셨다.)

(5) 희망, 기대 동사＋목적어＋목적격 보어(to부정사)

> want, expect, wish＋목적어＋to부정사

예 She expected us to answer all the questions.

(그녀는 우리가 모든 질문에 답변을 할 것이라고 기대했다.)

더 알아보기

5형식 불가 동사 vs 3형식 불가 동사
A. 5형식 불가 동사는 목적격 보어를 취할 수 없으므로, that절을 목적어로 취한다.

hope, suppose, suggest, say	＋목적어＋목적격 보어(to부정사) (×)
propose, insist, demand	＋that절 (○)

예 I suppose you to remain as a member of our club. (×)

I suppose that you remain as a member of our club. (○)

(나는 자네가 우리 클럽의 멤버로 남아 있을 것이라 추측하네.)

B. 3형식 불가 동사는 that절을 목적어로 취할 수 없으므로, 목적격 보어를 취한다.

want, like	＋that절 (×)
	＋목적어＋목적격 보어(to부정사) (○)

예 I want her that come home early. (×)

I want her to come home early. (○)

(나는 그녀가 집에 일찍 오기를 원한다.)

더 알아보기

미래지향적 의미 동사

> ask, require, advise, force, urge, want, wish, expect, allow, permit, enable

예 We asked the room to be cleaned.

(우리는 방을 치워 줄 것을 요구했다.)

예 I never expected to be a model.

(나는 모델이 될 것을 기대하지 않았다.)

5 분사를 목적격 보어로 취하는 동사

목적어와 목적격 보어의 관계	능동	수동
목적격 보어	현재분사	과거분사

want, leave, keep, find, perceive, own, acknowledge

예 She kept me waiting outside.

(그녀는 나를 밖에서 기다리게 했다.)

예 I don't want the photo uploaded.

(나는 그 사진이 업로드되는 게 싫어.)

06 혼동하기 쉬운 동사의 구분

1 자동사/타동사로 구분해야 하는 동사의 3단 변화

(1) lie/lay

원형	의미	과거형	과거분사	현재분사
lie	눕다, 놓이다 (자동사)	lay	lain	lying
lay	눕히다, 놓다, 낳다 (타동사)	laid	laid	laying

(2) rise/raise

원형	의미	과거형	과거분사	현재분사
rise	일어나다, 오르다 (자동사)	rose	risen	rising
raise	올리다, 들다, 기르다 (타동사)	raised	raised	raising

(3) arise/arouse

원형	의미	과거형	과거분사	현재분사
arise	발생하다 (자동사)	arose	arisen	arising
arouse	불러일으키다 (타동사)	aroused	aroused	arousing

(4) sit/seat

원형	의미	과거형	과거분사	현재분사
sit	앉다(자동사)	sat	sat	sitting
seat	앉히다(타동사)	seated	seated	seating

2 의미로 구분해야 하는 동사의 3단 변화

(1) find/found

원형	의미	과거형	과거분사	현재분사
find	발견하다	found	found	finding
found	설립하다	founded	founded	founding

(2) fall/fell

원형	의미	과거형	과거분사	현재분사
fall	떨어지다	fell	fallen	falling
fell	넘어뜨리다	felled	felled	felling

(3) hang/hang

원형	의미	과거형	과거분사	현재분사
hang	걸다	hung	hung	hanging
hang	교수형에 처하다	hanged	hanged	hanging

(4) lend/borrow

원형	의미	과거형	과거분사	현재분사
lend	빌려주다	lent	lent	lending
borrow	빌리다	borrowed	borrowed	borrowing

(5) affect/effect

원형	의미	과거형	과거분사	현재분사
affect	~에 영향을 끼치다	affected	affected	affecting
effect	~에 결과를 초래하다	effected	effected	effecting

(6) conform/confirm

원형	의미	과거형	과거분사	현재분사
conform	~을 순응하다	conformed	conformed	conforming
confirm	~을 확인해 주다	confirmed	confirmed	confirming

Review

1. 동일한 동사가 자동사와 타동사로 쓰이는 경우를 구별하여 정리해 둔다.

> increase 증가하다
> prove to be ~임이 판명되다
> leave for ~를 향해 떠나다
>
> increase 증가시키다
> prove ~을 입증하다
> leave ~를 떠나다, ~을 남기다

2. 형식에 따른 동사를 기준으로 문장의 패턴에 익숙해져야 한다.

> pay 득이 되다
> pay off 효력이 나타나다, 성공하다
>
> pay for ~의 대가를 지불하다
> matter = count 중요하다

3. 5형식 문장에서 쓰이는 지각동사와 사역동사를 이해하고 적용할 수 있도록 하자.

> make, have, let + 목적어 + 목적격 보어(동사원형/과거분사)
> get, force, compel + 목적어 + 목적격 보어(to부정사/과거분사)
> see, hear, listen, smell, feel + 목적어 + 목적격 보어[동사원형(현재분사)/과거분사]

4. 동사가 가지고 있는 특징을 기억해 둔다.

> 시제(tense), 수(number), 인칭(person), 법(mood), 상(aspect), 태(voice)의 6가지 특징을 가진다.

5. 동사는 다양한 의미를 가지고 있으며 전치사나 부사와 결합하여 특정 의미를 형성하기도 한다.

> look + 목적어(사람) + 전치사 + the + 신체 일부
> look at, look for, look into, look down on, look up to

6. 방해, 금지의 동사는 철저하게 구문으로 익혀 둔다.

> keep, stop, hinder, prevent, prohibit, discourage + 목적어 + from -ing

7. 우리말로 해석 시 착각하기 쉬운 자동사, 타동사는 구분해서 잘 정리해 둔다.

> graduate from ~를 졸업하다
> consist of ~로 구성되다
> think of ~을 생각하다
>
> marry ~와 결혼하다
> be composed of ~로 구성되어 있다
> be reminded of 생각나다

03 | 시제

01 단순시제

1 현재시제

주어의 동작이나 상태가 현재의 시점에서 이루어지고 있음을 보여 주는 시제이다. 동사의 원형을 현재시제로 활용하며, 주어가 3인칭 단수인 경우 동사에 −s 또는 −es가 붙는다. 주어에 −s 또는 −es가 붙은 복수일 경우에 동사는 반대로 −s 또는 −es가 붙지 않는다. 다음의 예를 살펴 보자.

예 The boy makes a mistake.

(그 소년은 실수를 저지른다.)

예 Boys make mistakes.

(소년들은 실수를 저지른다.)

(1) 현재의 지속적인 동작, 상태

예 Mary is a beautiful teacher.

(Mary는 아름다운 선생님이다.)

(2) 현재의 습관, 반복적 동작

예 He gets up at six every morning. (그는 매일 아침 6시에 일어난다.)

예 She often walks her dog in the morning.

(그녀는 종종 아침에 자신의 강아지를 산책시킨다.)

(3) 불변의 진리, 속담, 격언, 명언, 과학적 사실

예 The earth is round. (지구는 둥글다.)

예 The sun rises in the east. (태양은 동쪽에서 뜬다.)

예 Man is mortal. (인간은 죽게 마련이다.)

2 과거시제

과거의 동작이나 상태 또는 과거의 일을 나타낼 때 사용하는 시제이다. 주어의 수에 상관없이 동사는 과거시제가 사용되지만 be동사의 경우 주어가 단수일 때는 was, 주어가 복수일 때는 were를 사용한다.

(1) 과거의 동작, 상태

예 He made a mistake. (그는 실수를 저질렀다.)

(2) 역사적인 사실

예 People believed that the earth was flat long time ago.
(사람들은 오래 전 지구가 평평하다고 믿었다.)

예 The Korean War broke out in 1950.
(한국전쟁은 1950년에 발발하였다.)

예 My history teacher taught us that Columbus first found the American continent.
(역사 선생님은 우리에게 Columbus가 아메리카 대륙을 최초로 발견했다고 가르쳤다.)

(3) 과거의 습관이나 상태: used to + 동사원형

예 He used to climb on Sundays. (그는 일요일마다 등산을 하곤 했었다.)

3 미래시제

미래에 이루어질 예정이나 계획을 표현하는 데 사용되는 시제이다.

(1) 미래의 의지, 계획: will + 동사원형

예 Will you help me? (저를 도와주시겠어요?)

예 I will keep my promise. (약속은 지킬게요.)

(2) 예정된 미래: be going to + 동사원형

조동사 will은 말하는 사람의 의지를 나타내거나 즉흥적으로 무언가를 결정할 때 쓰이는 반면 be going to는 곧 일어날 미래, 또는 계획을 바탕으로 예정된 미래의 일을 나타낼 때 쓴다.

예 Watch out! There are cracks in the ceiling. The building is going to fall down any moment.
(조심해! 천장에 금이 있어. 건물이 금방이라도 무너질 것 같아.)

예 I am going to see a movie with my boyfriend tonight.
(나는 오늘밤 남자친구와 영화를 보러 갈 거야.)

(3) 현재진행형: be + -ing

① 왕래발착동사의 현재진행형과 시간부사가 함께 하면 미래시제를 나타낸다.

왕래발착동사: go, come, leave, arrive

예 He is coming back next week. (그는 다음 주에 돌아올 것이다.)

② 미래의 상황이 현재 예상되는 경우 현재진행형으로 시간부사와 함께 미래시제를 나타내기도 한다.

예 I'm not working tomorrow, so how about going to the sea?

(나 내일 일 안 해, 그러니 바다 보러 가는 건 어때?)

02 완료시제

1 현재완료시제: 과거와 현재가 이어진 시제

과거에 벌어진 일이 이제 막 완료되었거나, 아직 계속되고 있거나, 과거의 일이 현재의 경험이 되었다거나, 그 일이 현재에 어떤 결과를 초래했는지 표현하는 경우 사용한다. 주어가 3인칭 단수인 경우 has+ p.p., 1인칭, 2인칭 또는 복수인 경우 have+p.p.를 사용한다.

(1) 완료의 표현 just, already, yet 등의 시간부사에 유의

예 I've just written a letter home. (나는 방금 집에 편지를 써 보냈다.)

예 I have already finished my homework. (나는 이미 나의 숙제를 끝냈다.)

(2) 계속의 표현: since '~이래로', for '~동안'

예 We have lived in Seoul for five years. (우리는 5년 동안 서울에서 살고 있다.)

예 She has worked for the company since 1999.

(그녀는 1999년 이래로 그 회사에서 일했다.)

예 The number of cars in Seoul has risen sharply over the last ten years.

(서울에서 차량의 수가 지난 10년에 걸쳐 급격하게 증가해왔다.)

예 The weather of this area has been awful for half a month.

(이 지역의 날씨가 보름 동안 끔찍했다.)

더 알아보기

반드시 알아야 할 현재완료시제: ~한 지 …가 지났다

A. "그녀가 죽은 지 3년이 지났다."

Three years have passed since she died.

= She has been dead for three years.

= It has been three years since she died.

= It is three years since she died.

= She died three years ago.

B. 다음의 함정 문장은 피하라!

• She has been died for three years. (×)

• She has died for three years. (×)

• It has passed three years since she died. (×)

---

(3) 경험의 표현: ever, never, before, once, twice 등의 시간부사와 함께 자주 쓰임

　예 I have never been in a fight. (나는 싸워 본 적이 없다.)

　예 Have you ever thought about becoming a civil servant?

　　(공무원이 될 생각을 해본 적이 있나요?)

> **더 알아보기**
>
> have been+전치사+장소
> A. have been to+장소: '~에 가본 적 있다'〈경험〉
> 　예 She has been to America. (그녀는 미국에 가본 적이 있다.)〈경험〉
> 　예 Have you been to Alaska? (알래스카에 가본 적 있니?〈경험〉
> B. have been in+장소: '에 있다(과거 어느 시점부터 지금까지)'〈계속 or 경험〉
> 　예 She has been in America. (그녀는 (현재까지) 미국에 있어 왔다.)〈계속〉
> 　예 How long have you been in Korea? (한국에 온 지 얼마나 됐니?)〈경험〉
> 　cf. 'has gone to+장소'는 '~에 가버리고 (여기에) 없다'의 뜻으로, 〈결과〉를 나타내며, 3인칭 주어만 가능하다.
> 　예 She has gone to America. (그녀는 미국에 가버리고 (여기에) 없다.)

(4) 결과의 표현: 과거의 사건이 현재까지 영향을 미치고 있음

　예 He has lost his wallet. (그는 자신의 지갑을 잃어버렸다.) – 지금도 지갑이 없음

　예 She has gone to Italy. (그녀는 이탈리아로 가버렸다.) – 그녀는 여기 없음

2 과거완료시제

과거완료시제는 과거 이전의 어느 시점(대과거)에 시작된 사건이 과거에 완료되었을 때 쓸 수 있다. 현재완료와 마찬가지로 경험, 계속, 완료, 결과의 4가지 용법이 있다. 현재완료는 기준 시점이 현재인 반면, 과거완료는 기준 시점이 과거이다. 과거보다 먼저 일어난 일이 과거에 영향을 미칠 때 쓰는 시제라고 할 수 있다. 대과거는 과거의 한 시점보다 먼저 일어난 과거를 표현할 때 쓰는데, 대과거 시제는 과거완료의 형태인 had p.p.로 쓴다.

(1) 과거완료

　예 When I got home, my parents had already been out.

　　(내가 집에 왔을 때, 부모님은 이미 외출 중이었다.) – 과거의 기준점이 있으며 기간 ○

(2) 대과거

　예 I found the watch that I had lost.

　　(나는 내가 잃어버렸던 시계를 찾았다.) – 단지 과거의 선후, 기준점 ×

3 미래완료시제

미래 이전의 어느 시점에 발생한 동작이 미래의 그 시점에 완료되었을 때 쓰는 시제이다. 현재완료와 마찬가지로 경험, 계속, 완료, 결과의 4가지 용법이 있다. 기준시점이 미래로 주로 'by 시간'이 많이 쓰이며 시간 부사절인 if, when, by the time 등과 쓰인다.

예 She will have arrived here by this time tomorrow.

　(그녀는 내일 이때쯤에는 여기에 도착할 것이다.)

　→ by this time과 같은 시간부사의 힌트를 활용하라!

예 If I read this novel again, I will have read it three times.

　(만약 내가 이 소설을 다시 한 번 읽는다면, 나는 그것을 세 번 읽게 되는 것이다.)

03　진행형

1 개념

진행형 시제는 특정 시점에서 진행 중인 동작을 표현할 때 쓰고 크게 현재진행, 과거진행, 미래진행으로 나누어 특정 시점에서의 진행 표현을 쓸 수 있다.

2 현재진행: am, are, is+-ing

현재 진행 중인 동작이나 상태를 나타내기 위해 사용된다.

예 I'm taking a bath. (나는 목욕 중이다.)

예 The boy is playing the violin. (그 소년은 바이올린을 연주하는 중이다.)

3 과거진행: was, were+-ing

과거의 특정 시점에 진행 중이었던 동작이나 상태를 나타낼 때 쓴다. 과거시제는 동작이 끝났다는 의미를 지닌 반면 과거진행시제는 과거의 특정 시점에 그 동작이 진행 중이었던, 끝나지 않은 상황에 대한 의미를 가진다.

예 I was watching TV when you called me.

　(네가 전화했을 때 나는 TV를 보는 중이었다.)

예 I was reading a book at 2 o'clock this afternoon.

　(나는 오늘 오후 2시에 책을 읽고 있었다.)

4 미래진행: will be+-ing

미래의 특정 시점에 어떤 동작이나 상태가 진행되고 있음을 나타낼 때 쓴다.

예 I will be working late tonight as well.

　(나는 역시나 오늘밤도 야근하고 있을 것이다.)

예 I will be studying history until midnight.

　(나는 자정까지 역사를 공부하고 있을 것이다.)

5 현재완료진행: have been+-ing

현재완료진행과 현재완료의 차이점은 현재완료는 '결과'가, 현재완료진행은 '진행(동작)'이 중심이 된다.

예 John has painted the fence green. It looks nice. 〈현재완료〉

　(John은 울타리를 초록색으로 칠했다. 그것은 괜찮아 보인다.)

예 John has been painting the fence green all day. He is tired. 〈현재완료진행〉

　(John은 하루 종일 울타리를 초록색으로 칠했다(지금도 칠하는 중). 그는 피곤하다.)

6 진행형으로 쓸 수 없는 동사

상태를 나타내는 동사는 진행형으로 쓸 수 없다.

소유 동사	have, possess, belong to
인식 동사	know, understand, believe, guess, remember, forget
무의지 지각 · 감각 동사	see, hear, taste, look, smell
감정 동사	love, like, want, hate, mind, fear, prefer
상태 동사	be, exist, resemble, become, remain, lack, keep, seem, live

예 She resembles her mother. (○)

　She is resembling her mother. (×)

　(그녀는 그녀의 어머니를 닮았다.)

더 알아보기

have 동사

have 동사가 소유의 의미가 아니라 '먹다, 마시다, 즐기다, 누리다' 등의 의미일 때에는 진행형이 가능하다.

예 He is having lunch. (○)

　(그는 점심을 먹고 있다.)

예 He is having trouble keeping up the team at work. (○)

　(그는 직장에서 부서를 따라잡는 데 어려움을 겪고 있다.)

04 시제 판단에 도움을 주는 시간부사

1 현재시제와 어울리는 부사

nowadays	today	these days
at present	this year	this time
by now		

2 과거시제와 어울리는 부사

the day before yesterday	yesterday	last week
last month	last year	in+특정 과거 시간
during/ago+특정 과거 시간	just now	once
then	before	once upon a time
the other day	at that time	those days

예 He returned home penniless the day before yesterday.

(그는 엊그제 무일푼으로 집에 돌아왔다.)

예 What happened in the 19th century? (19세기에 무슨 일이 일어났나요?)

3 완료시제와 어울리는 부사

since+과거(시점)	for+수사+기간
over+(the) 기간	during+특정 기간
up to the present	lately
recently	of late
in recent years	so far
up to now	until now
up to this time	until this time
ever, never, before, often, twice, always, occasionally	

예 My family have lived in Seoul for five years. (○)

My family lived in Seoul for five years. (×)

(나의 가족은 서울에서 5년 동안 살고 있다.)

예 Over the years, the population has remarkably increased.

(수년간 인구가 현저히 증가했다.)

4 완료시제와 함께 쓸 수 없는 어구

> When＋완료의문문?/What time＋의문문?
> ago, just now, yesterday, last year, then, in＋과거연도

예 When have you finished your homework? (×)

　　When did you finish your homework? (○)

　　(너는 언제 과제를 마쳤니?)

예 He has just now finished his homework. (×)

　　He finished his homework just now. (○)

　　(그는 방금 전 과제를 마쳤다.)

05 시제의 일치

1 시제 일치의 원칙

주절의 시제를 기준으로 주절과 종속절의 시제를 일치시키는 것을 시제 일치의 원칙이라고 하며 논리적인 문장은 시제의 끊어짐이 발생해서는 안 된다. 예를 들어 과거완료–현재, 과거–미래와 같은 경우의 서술은 연속성의 위반이다. 시제 일치의 원칙의 예외를 제외하고서 문장의 시제가 자연스럽게 과거완료–과거–현재완료–현재–미래의 흐름대로 흘러가는지를 확인해야 한다.

(1) 주절의 시제가 현재, 현재완료인 경우

종속절에는 과거완료를 제외한 모든 시제로 표현할 수 있다.

> S_1＋$\underline{V_1}$＋that＋S_2＋$\underline{V_2}$
> 현재/현재완료　　과거완료를 제외한 11가지 시제

예 People think that man is mortal.

　　(인간은 죽기 마련이라고 생각한다.)

예 People think that man has developed step by step.

　　(인간은 점차 발전해 왔다고 생각한다.)

예 People think that man will live on Mars some day.

　　(인간은 언젠가 화성에서 살게 될 것이라고 생각한다.)

(2) 주절의 시제가 과거인 경우

종속절에는 과거 · 과거완료시제만 사용 가능하고, 현재시제나 미래형 will을 사용할 수는 없다.

> 주어+V_1+that+주어+V_2
> 과거   과거/과거완료

예 I thought he would worry.

(그가 걱정할 거라고 생각했어요.)

2 시제 일치 원칙의 예외

(1) 불변의 진리, 속담, 격언, 명언, 과학적 사실: 현재시제 사용

예 The science teacher taught us that the earth goes round the sun.

(과학 선생님은 지구가 태양 주변을 돈다고 우리에게 가르쳐 주셨다.)

(2) 현재의 습관, 반복적 동작: 현재시제 사용

예 I get up early in the morning. (나는 아침에 일찍 일어난다.)

(3) 역사적 사실: 과거시제 사용

예 We were taught that the Korean war broke out in 1950.

(우리는 한국전쟁이 1950년에 발발했다고 배웠다.)

→ had broken으로는 쓸 수 없다.

3 시간 · 조건을 나타내는 부사절은 현재시제가 미래시제를 대신함

예 If it is fine tomorrow, I will go fishing. (내일 날씨가 좋으면 낚시를 갈 것이다.)

예 When he comes back home, I will fix him a nice dinner.

(그가 집에 돌아올 때 나는 그에게 맛있는 저녁을 차려 줄 것이다.)

다만, 시간 · 조건의 의미를 가지더라도 명사절 · 형용사절은 그대로 미래형 동사(will+동사원형)를 적용한다.

예 I don't know if she will accept my proposal.

(그녀가 저의 제안을 받아들일지 모르겠네요.)

06 시제 관련 관용표현

1 'B하고 나서야 비로소 A하다' 구문

> not A until B
> Not until B, ～ A (주절은 반드시 도치)
> It was not until B～ that ～ A (that절 이하는 도치하지 않음)
> → not until then, not until in+연도, not until+주어+동사, not until when+주어+동사

예 He didn't know the fact until yesterday.

  = Not until yesterday did he know the fact.

  = It was not until yesterday that he knew the fact.

  (어제가 되어서야 그는 그 사실을 알았다.)

예 It was not until when he arrived at the airport that he found he had left his bag.

  (그가 공항에 도착했을 때 그는 비로소 자신의 가방을 두고 온 것을 알았다.)

예 He didn't decide to study hard until when he failed the test.

  = Not until when he failed the test did he decide to study hard.

  = It was not until when he failed the test that he decided to study hard.

  (그가 그 시험에 실패했을 때에야 비로소 그는 공부를 열심히 하기로 결심했다.)

2 '～하자마자 (곧) …했다' 구문

> As soon as
> The instant
> The minute
> The moment   +주어+동사(과거) ～, +주어+동사(과거) …
> Immediately
> Directly

> 주어 had no sooner p.p. ～ than 주어 과거시제
> 주어 had hardly/scarcely p.p. ～ when(before) 주어 과거시제

> No sooner had 주어 p.p. ～ than 주어 과거시제
> Hardly/Scarcely had 주어 p.p. ～ when(before) 주어 과거시제

예 As soon as he went out, it began to rain. (그가 외출하자마자 비가 내리기 시작했다.)

= The moment he went out, it began to rain

= He had no sooner gone out than it began to rain.

= He had hardly/scarcely gone out when/before it began to rain.

= No sooner had he gone out than it began to rain. – 도치구문 주의

= Hardly/Scarcely had he gone out when/before it began to rain. – 도치구문 주의

3 '미처 ~하기도 전에 …했다' 구문

주어＋hadn't＋p.p.(과거완료 부정 구문)＋when/before＋주어＋동사(과거)

예 We had not gone for a mile when/before we felt tired.
(우리는 채 1마일도 걷기 전에 지치고 말았다.)

4 '머지않아 곧 ~할 것이다' 구문

It will not be long before＋주어＋동사(현재)

'before'는 시간을 나타내는 부사절이다.

예 It will not be long before she comes back home.
(머지않아 곧 그녀가 집으로 돌아올 것이다.)
cf. It was not long before she came back. (머지않아 곧 그녀가 집으로 돌아왔다.)

1. 시간과 조건의 부사절에서는 미래시제 대신 현재시제를 사용함에 유의한다.

    ※ 시간, 조건 부사절에서 현재완료가 미래완료를 대신한다.

2. 명사절, 형용사절은 그대로 미래시제를 적용해야 한다.

3. 과거에 명백한 두 사건이 발생 시, 두 동작의 전후관계는 과거완료–과거를 적용해야 한다.

4. 시제와 관련된 관용적 용법에 유의하자.

> [Hardly/Scarcelyhad 주어 p.p., ∼ when[before] 주어과거동사]: ∼하자마자 곧 …하다
>
> No sooer had 주어 p.p., … than
>
> 주어 had not p.p., ∼ when[before] 주어 과거동사: 미처 ∼하기도 전에 …했다
>
> It will not be long before 주어 동사(현재): 머지않아서 곧 ∼할 것이다

5. 시제는 동사의 동작이나 상태를 시간이라는 차원 위에 올려놓은 묘사 방식이다.

6. 현재시제는 시제원리의 기준 시제이며 무(無)시제이다.

7. 시제를 표시하는 부사(구)를 구분할 수 있어야 한다.

8. 불변의 진리는 항상 현재시제를 적용한다.

9. 역사적 사건은 항상 과거시제를 적용한다.

Chapter

04 | 태

01 능동태와 수동태의 기본 개념

1 능동태 vs 수동태

능동태는 주어가 동작을 행하는 원리이며, 수동태는 주어가 동작을 받거나 당하는 원리이다.

구분	능동태(active voice)	수동태(passive voice)
기능	주어가 동작을 하다(능동)	주어가 동작을 받다(수동)
의미	~하다	~되다, ~지다, ~당하다
예문	He broke the window. (그가 창문을 깼다.)	The window was broken by him. (창문이 그에 의해서 깨졌다.)

2 수동태 만드는 법

(1) 기본형의 수동태

> be+p.p.(~되다, 당하다)

① be동사는 시제와 수를 표시하고 과거분사는 의미를 나타낸다.

② 시제는 능동태 문장의 동사에 일치하면 되고, 수는 수동태 문장의 주어에 맞춘다.

③ 자동사는 목적어가 없기 대문에 원칙적으로 수동태로의 전환이 불가능하다.

예 The shop is shut. (가게는 닫혀 있다.)

예 The shop was shut. (가게는 닫혀졌다.)

예 The shop will be shut. (가게는 닫힐 것이다.)

(2) 진행형의 수동태(~되고 있다)

진행형	be + –ing
수동태	be + p.p.
진행형 수동태	be + being + p.p.

예 The bridge is being built now. (다리가 지금 건설되고 있다.)

(3) 완료형의 수동태(～되었다)

완료형	have + p.p.
수동태	be + p.p.
완료형 수동태	have + been + p.p.

예 The bridge has already been built. (다리가 이미 건설되었다.)

3 수동태 전환 공식 3단계

Step 1. 능동태의 목적어를 수동태의 주어로 한다.
Step 2. 능동태의 동사를 [be+p.p.] 형태로 바꾼다. (시제와 수를 주의할 것)
Step 3. 능동태의 주어를 [by+목적격]의 형태로 바꾸어 동사 뒤에 둔다.
　　　　의미상 일반인이 주어(by people)일 경우 주로 생략한다.

예 <u>The student</u> <u>wrote</u> <u>the report</u>. (3형식) (그 학생은 보고서를 썼다.)
　　 주어　　　　 동사　　　 목적어

= <u>The report</u> <u>was written</u> by the student. (보고서는 학생에 의해 작성되었다.)
　　 주어　　　　 동사(be+p.p.)

4 능동태 vs 수동태 판단

(1) 수동태를 쓰는 경우

- 행위자를 모르거나 밝힐 필요가 없을 때
  예 My car was stolen three days ago. (내 차는 사흘 전에 도난당했다.)
  → 차는 도둑에 의해 도난당한 것이므로 굳이 도둑을 주어로 하는 문장을 쓸 필요가 없다.
- 행위자를 밝히고 싶지 않을 때
  예 Mistakes were made. (실수가 있었다.)
  → 누가 실수를 했는지 밝히고 싶지 않은 상황이다.

(2) 자동사는 원칙적으로 수동태가 불가능하며 전치사와 결합하여 구동사가 되면 수동태로 전환이 가능해진다.

예 John was looked. (×) – 자동사는 원칙적으로 수동형이 불가능하다. (자동사 암기 필요)
　　John was looked at by Mary. (○) (John은 Mary의 눈에 띄었다.)
　　※ 자동사가 전치사와 결합하여 구동사가 되면 타동사화되어 수동태로 전환이 가능하다. 단순히 자동사+전치사가 결합한다고 해서 수동태가 가능한 것은 아니다. look at, look after, look up 등의 구동사(이어동사)만 수동태로 전환이 가능하다.

(3) 4형식 문형을 수동태로 전환할 때 간접 목적어를 주어로 쓸 수 있다.

> be+given[granted, awarded, allowed, asked, served, offered, taught]+목적어

예 The government has been given much aids by its neighboring countries.
(그 정부는 이웃하는 나라로부터 많은 원조를 받아 왔다.)

더 알아보기

'자동사+전치사'의 수동태
자동사는 원칙적으로 수동태가 불가능하지만, 자동사 뒤에 전치사가 결합하여 구동사로 사용되면 타동사와 같은 기능을 하게
된다. 이때 전치사의 목적어는 수동태의 주어로 전환이 가능하다. 더불어 수동태로 전환할 때 전치사를 빠뜨려서는 안 된다.

능동태	The girls laughed at him. (여자애들은 그를 비웃었다.)
수동태	He was laughed at by the girls. (○) (그는 소녀들에게 비웃음을 당했다.) He was laughed by the girls. (×)

5 완전 타동사의 수동태

능동문에서 완전 타동사의 목적어를 수동문에서 주어로 하는 수동태로의 전환이다.

능동태	Iran makes nuclear weapons. (이란은 핵무기를 만든다.)
수동태	Nuclear weapons are made by Iran. (핵무기는 이란에 의하여 만들어진다.)

→ by+일반 주어는 생략하지만, 그렇지 않은 경우는 명시한다.

(1) 타동사의 목적어 뒤에 전치사를 동반하는 동사구의 수동태

전치사가 누락되지 않도록 주의한다.

능동태	The doctor rid the patient of its tumor. (의사가 환자에게서 종양을 제거했다.)
수동태	The patient was rid of its tumor. (○) (그 환자는 종양을 제거했다.) The patient was rid its tumor. (×)

능동태	This picture reminded him of his dead father. (이 사진은 그에게 그의 죽은 아버지를 상기시켜 주었다.)
수동태	He was reminded of his dead father by this picture. (○) (그는 이 사진을 보고 죽은 아버지를 떠올렸다.) He was reminded his dead father by this picture. (×)

(2) 목적어가 명사절(주어+동사)인 수동태: 복문

① It ~ that 형태의 수동태

능동태	예 People say that she is a doctor. (사람들은 그녀가 의사라고 말한다.)
수동태	that절 주어를 it으로 대신하여 앞에 둔다. 예 That she is a doctor is said (by people). 　→ It is said that she is a doctor. (그녀가 의사라고들 말해진다.)

② that절의 주어: 가주어 it 자리에 등장

　예 She is said to be a doctor. (그녀가 의사라고들 말해진다.)

더 알아보기

that절의 동사가 to+V로 바뀔 때 4가지 형태

예 It seems that she is happy. (그녀는 행복해 보인다.)
　= She seems to be happy.

예 It seems that she was/has been happy. (그녀는 행복했던 것 같다.)
　= She seems to have been happy.

예 It is said that Bentz is made in Germany. (벤츠는 독일산이라고 한다.)
　= Bentz is said to be made in Germany.

예 It is said that he was killed in the Korean War. (그는 한국전쟁에서 전사했다고 한다.)
　= He is said to have been killed in the Korean War.

6 4형식 동사(수여동사)의 수동태

목적어가 2개 있으므로 2개의 목적어를 각각 주어로 하는 2개의 수동태 문장이 가능하다. 직접 목적어를 주어로 하는 수동태에서는 간접 목적어의 앞에 전치사(to, for, of, on 등)를 넣어 준다.

능동태	He gave me a birthday present. (그는 나에게 생일 선물을 주었다.)
수동태	I was given a birthday present (by him). [나는 생일 선물을 (그에게) 받았다.] A birthday present was given to me (by him). [생일 선물이 (그에 의해서) 나에게 주어졌다.]

하지만 모든 수여동사가 간접 목적어와 직접 목적어 둘 다를 주어로 하여 수동태로 변형할 수 있는 것은 아니다. 수동태로 변형한 후 해석상 어색하면 비문이다.

예 I was made a doll by John. (×) (나는 인형이 만들어졌다 John에 의해서)

　A doll was made for me by John. (○) (인형이 (John에 의해서) 나를 위해 만들어졌다.)

⑦ 5형식 동사(불완전 타동사)의 수동태

목적어는 수동태의 주어가 되지만 목적격 보어는 수동태의 주어가 되지 못한다.

(1) 지각동사 · 사역동사의 수동태
지각동사 · 사역동사가 쓰인 5형식 문장이 수동태가 되면 목적격 보어인 동사원형이 to부정사가 된다.

능동태	He saw her sing a song. (그는 그녀가 노래를 하는 것을 보았다.)
수동태	She was seen to sing a song (by him). (그녀가 노래를 부르는 모습이 보였다.)

능동태	He made me repair his car. (그는 나에게 그의 차를 수리하게 했다.)
수동태	I was made to repair his car (by him). (나는 그의 차를 수리하게 되었다.)

(2) 목적격 보어 자리에 명사(구)의 수동태

be+called[elected, named, considered, appointed]+명사(구)(= 보어)

능동태	We called the child a genius. (우리는 그 아이를 천재라 불렀다.)
수동태	The child was called a genius. (그 아이는 천재로 불렸다.)

능동태	They elected her chairperson. (그들은 그녀를 의장으로 선출했다.)
수동태	She was elected chairperson by them. (그녀는 그들에 의해 의장으로 선출되었다.)

능동태	The president appointed the gentleman vice-president. (대통령은 그 신사를 부통령에 지명하였다.)
수동태	The gentleman was appointed vice-president by the president. (그 신사는 대통령에 의해 부통령으로 임명되었다.)

---

02 주의해야 할 수동태의 용법

① 수동태로 쓸 수 없는 동사

(1) 자동사(intransitive verb): 목적어가 없으므로 수동태 불가능

consist	suit	happen	arise	seem
appear	become	disappear	result	occur
belong	retire	expire	last	

능동태	The team consists of ten members. (○) (그 팀은 열 명으로 구성되어 있다.)
수동태	The team is consisted of ten members. (×)

(2) 타동사(transitive verb)

타동사이지만 의미상의 문제로 통상적으로 수동태를 쓰지 않는 동사다.

사역동사 have, let 시키다	have ~을 가지다
resemble ~을 닮다	lack ~이 부족하다
possess ~을 소유하다	

능동태	She resembles her mother. (○) (그녀는 그녀의 어머니를 닮았다.) Her mother resembles with her. (×)
수동태	Her mother is resembled by her. (×)

2 by 이외의 전치사를 쓰는 수동태

일반적으로 전치사 by를 사용하지만 동사에 따라 다른 전치사(with, to, in, about 등)를 사용하기도 한다.

(1) 전치사 with를 쓰는 수동태

be acquainted with ~을 알게 되다	be concerned with ~에 관계가 있다
be covered with ~로 덮이다	be crowded with ~로 붐비다
be disappointed with ~에 실망하다	be equipped with ~을 갖추고 있다
be filled with ~로 채워지다	be pleased with ~에 기뻐하다
be satisfied with ~에 만족하다	

예 Journalism is concerned with political events.
(저널리즘은 정치적 사건과 관계가 있다.)

(2) 전치사 to를 쓰는 수동태

be accustomed to ~에 익숙하다	be addicted to ~에 빠지다
be devoted to ~에 헌신하다	be exposed to ~에 노출되다
be married to ~와 결혼하다	be opposed to ~에 반대하다
be related to ~에 관련되다	be sent to ~로 보내지다
be used to ~에 익숙하다	

예 I was accustomed to being the center of attention.
(나는 관심의 대상이 되는 것에 익숙했다.)

(3) 전치사 in을 쓰는 수동태

be absorbed in ~에 몰두하다	be caught in (비 따위)를 만나다
be engrossed in ~에 열중하다	be interested in ~에 흥미가 있다
be included in ~에 포함되다	be involved in ~에 개입되다

예 When I read a book, I am really absorbed in the story.

(독서를 할 때는 정말로 스토리에 몰두하게 된다.)

(4) 전치사 about을 쓰는 수동태

be concerned about ~에 대해 걱정하다, 관심을 가지다
be worried about ~에 대해 걱정하다

예 Everyone is concerned about slumping economy.

(모두가 경기 침체에 대해 걱정한다.)

(5) 전치사에 따라 조금씩 의미가 다른 know의 수동태

be known as ~로서 알려지다
be known by ~에 의해 알려지다
be known for ~로 유명하다
be known to ~에게 알려지다

예 Gangnam has been known as the center of Seoul.

(강남은 서울의 중심지로서 알려져 왔다.)

예 A man is known by the company he keeps.

(사람은 그 사람이 사귀는 친구를 보면 알 수 있다.)

예 Netflix is known for the largest online media provider.

(넷플릭스는 가장 큰 온라인 미디어 제공 업체로 유명하다.)

예 The name of the hotel was not known to the natives.

(현지인들에게 그 호텔의 이름은 알려지지 않았다.)

1. 자동사+전치사 = 타동사 기능의 동사구는 수동태가 될 수 있음을 유의한다.
   - 예 She looked after two poor boys in the daycare center.
     = Two poor boys were looked after by her in the daycare center.
2. 지각동사, 사역동사의 수동태의 경우 목적격 보어가 to부정사 또는 현재분사인지 확인한다.
   - 예 I was asked to clean the house by mom.
     나는 엄마에게 집을 청소하라고 요구받았다.
3. 복문의 수동태는 반드시 이해해야 한다.
   - 예 The press say that the plane was hijacked by two armed men.
     = It is said that the plane was hijacked by two armed men.
     = The plane is said to have been hijacked by two armed men.
     (언론은 그 비행기가 2명의 무장 괴한에 의해서 납치된 것이라고 말한다.)
4. 전치사에 따라 의미가 달라지는 수동태도 있다.

be known to ~에게 알려지다	be known by ~에 의해서 알려지다
be known as ~로서 알려지다	be known for ~으로 유명하다

5. by nobody, by nothing과 같은 표현은 불가능하다.
   - 예 Nobody believes such absurd words.
     = Such absurd words are not believed by anybody. (○)
     Such absurd words are believed by nobody. (×)
     (누구도 그런 터무니없는 말을 믿지 않는다.)
6. any로 시작하는 주어는 부정문의 주어가 될 수 없다.
   - 예 Anybody doesn't believe the rumor. (×) (누구도 그 소문을 믿지 않는다.)
7. 형태는 능동태이면서 수동의 의미를 가지는 동사(1형식)

clean 닦이다	read 읽히다	sell 팔리다
open 열리다	wash 씻기다	peel 벗겨지다
fill 채워지다		

   - 예 These surfaces clean well. (이런 표면은 잘 닦인다.)

05 | 조동사

01 기본 조동사(will, shall, can, may, must, would, should, could, might, have to)

1 '능력' 의미의 조동사

'~할 수 있다'는 능력을 나타낼 때 사용하는 조동사로 can, be able to, could가 있다.

(1) can: 일반적인 단순한 능력

　예 I can speak three foreign languages. (나는 3개의 외국어를 말할 수 있다.)

(2) be able to: 일시적이고(특정한) 특별한 능력

　예 I'm able to see humor in everything. (나는 모든 것에서 유머를 볼 줄 아는 능력이 있다.)

(3) could: 주로 지각동사나 인지동사와 함께

　예 I could not remember what Jane looked like before.

　　(나는 Jane이 예전에는 어떤 모습이었는지 기억할 수 없었다.)

2 '허가(허락)' 의미의 조동사

'~해도 좋다'는 의미의 허가(허락)를 표현할 때 사용하는 조동사로 can, could, may, might가 있다.

(1) can, could

　예 You can do whatever you like. (네가 하고 싶은 것은 무엇이든 해도 좋다.)

(2) may, might

　예 You may come in. (너는 들어와도 좋다.)

3 '추측' 의미의 조동사

'~일지도 모른다'는 추측을 나타낼 때 사용하는 조동사로 must, should, can, could, may, might가 있다.

(1) must: ~임에 틀림없다(매우 강한 확신의 추측)

> 예 A symphony must be like the world, because it contains everything.
> (모든 것을 포함하고 있기 때문에 교향곡은 세상과 같을 것임에 틀림없다.)

(2) should: 논리적인 근거를 가진 추정일 때 사용한다(현실성이 높음).

> 예 I think I should be able to solve this problem by myself.
> (나 혼자서 이 문제를 해결할 수 있으리라 생각한다.)

(3) can, could: '~일 것 같다'(발생 가능성 높음, 가능성)를 나타내며, can은 발생 가능성이 더 높을 때 쓰이고, 부정형인 can't는 강한 부정의 추측의 뜻을 가진다.

> 예 It can't be true.
> (그것은 사실일 리가 없다.)
> 예 It could be a good example.
> (그것은 좋은 예가 될 수 있을 것 같다.)

(4) may, might: 일반적으로 불확실한 추측을 나타내며 might가 may보다 가능성이 더 낮을 때 사용한다. may > could > might의 순으로 가능성이 높다.

4 '의무' 의미의 조동사

'~해야만 한다'라는 의무의 뜻을 나타낼 때 사용되는 조동사로 must, have to, should가 있다.

(1) must: 반드시 ~해야 한다(강제성, 강력한 권고, 절대적 의무, 법)

> 예 Democracy must be built through open societies.
> (민주주의는 반드시 열린 사회를 통해 건설되어야만 한다.)

(2) have to: ~해야 한다(중립적 · 객관적, 중요한 일, 일반적 사실)

> cf. don't have to는 '~할 필요가 없다'의 의미
> 예 You have to have joy in life.
> (너는 인생에서 즐거움이 있어야 한다.)

(3) should: ~해야 한다(충고, 의견, 당위성)

> 예 If you want to be loved, you should love yourself first.
> (사랑 받기를 원한다면 너 자신을 먼저 사랑해야 한다.)

5 당위의 that절을 이끄는 동사

(1) 주요명제 동사

'주장, 요구, 명령, 제안(주요명제)' 등의 동사가 이끄는 that절의 내용이 '~해야 한다'라고 해석되는 경우에는 종속절인 that절의 동사는 (should) 동사원형으로 써야 한다. 이때 should는 주로 생략된다.

주장	insist, urge 등
요구	ask, claim, inquire, demand, request, require 등
명령	order, force 등
제안	advise, propose, recommend, suggest 등

더 알아보기

사실(insist)과 암시(suggest): '당위'의 의미가 아님
A. insist(사실)
  예 He insisted that he had never been to the place.
  (그는 그 장소에 결코 가 본 적이 없다고 주장하였다.)
B. suggest(암시)
  예 The evidence suggests that the suspect wasn't there.
  (그 증거는 그 용의자가 그곳에 없었음을 암시한다.)

(2) It+be+형용사+that절 구문

'It+be+이성적 판단 또는 감정을 나타내는 형용사+that절'의 구문

이성적 판단의 형용사	rational, proper, important(of importance), desirable, of utmost importance, natural, imperative, essential, crucial, no wonder, necessary, wrong, right, appropriate, good
감정을 나타내는 형용사	wonderful, regrettable, pitiful, odd, silly, curious, strange, fortunate, surprising

It+be동사+이성적 판단/감정 형용사+that+주어+(should)+동사원형

예 It is desirable that this attitude (should) be altered for the progress of the society.
(사회 발전을 위해서 이러한 태도는 바뀌는 것이 바람직하다.)

현재 입장에서 바라본 과거의 사실을 판단할 때 '조동사+have+p.p.'의 형태를 사용한다.

would have p.p.	~했을 것이다
may/might have p.p.	~했을지도 모른다(추측, 희박한 가능성)
could have p.p.	~했을 수도 있다(하고자 했다면)
must have p.p.	~했음이 틀림없다(단정, 확정적 추측)
cannot have p.p.	~했을 리가 없다(부정적 추측)
should/ought to have p.p.	~했어야만 했다(결과적으로 안 했다)(후회, 유감)
shouldn't have p.p.	~하지 않았어야 했다(결과적으로 했다)
need not have p.p.	~할 필요가 없었다(결과적으로 했다)

예 He must have known the truth in advance.

(그는 그 사실을 미리 알고 있었음에 틀림없다.)

1 need와 dare

need(~할 필요가 있다)와 dare(감히 ~하다)는 긍정문에서는 일반동사로, 부정문과 의문문에서는 조동사로 쓰인다. 긍정문에서 need와 dare은 to부정사를 목적어로 취한다.

예 He needs to be cared for.

(그는 보살핌이 필요해요.)

예 Need he go to the hospital?

(그가 그 병원에 가야만 하나요?)

예 He need not go there.

(그는 그곳에 갈 필요가 없어요.)

2 used to와 be used to

(1) **used to 동사원형**: ~하곤 했다(과거의 규칙적인 습관이나 과거의 사실)

예 She used to take a walk every morning. (그녀는 매일 아침 산책을 하곤 했다.)

(2) **be used to -ing/명사**: ~하는 데 익숙하다(= be accustomed to -ing)

예 She is used to living alone. (그녀는 혼자 사는 데 익숙하다.)

3 may 관련 관용표현

(1) may well+동사원형: ~이 당연하다

예 She may well get angry with you.

(그녀가 너에게 화를 내는 것은 당연하다.)

(2) may as well+동사원형: ~하는 것이 낫다(= had better+동사원형 = would do well to+동사원형)

예 She may as well do it at once.

(그녀는 그것을 즉시 하는 것이 낫다.)

(3) may as well+A(동사원형) as B(동사원형): B하기보다 차라리 A하는 게 더 낫다

예 She may as well leave as stay here.

(그녀는 여기 머무르기보다는 차라리 떠나는 것이 낫다.)

4 can 관련 관용표현

(1) cannot but+동사원형(= cannnot help/avoid/resist -ing): ~하지 않을 수 없다

= cannot choose but+동사원형

= cannot help but+동사원형

예 For courtesy's sake I couldn't but refuse her offer.

= For courtesy's sake I couldn't help refusing her offer.

(예의상 나는 그녀의 제안을 거절하지 않을 수 없었다.)

(2) cannot ~ too (much): 아무리 ~해도 지나치지 않다

예 You cannot be too careful in making friends.

(너는 친구를 사귀는 데 있어서 아무리 주의를 해도 지나치지 않다.)

(3) cannot ~ without …: …하지 않고서는 ~할 수 없다

= 부정어+A without B

= 부정어+A but (that) 주어+동사

예 I cannot go to sleep without reading. (나는 책을 읽지 않고서는 잠을 잘 수 없다.)

1. 주장, 요구, 제안, 명령 동사+that절+주어+(should)+동사원형

   예 She insisted that he (should) go there. (그녀는 그가 거기에 가야 한다고 주장했다.)

2. It+be+이성 판단 형용사/감정 형용사+that+주어+(should)+동사원형

   예 It is important that the mission (should) be finished within a month.

   (그 임무를 한 달 안에 끝내는 것이 중요하다.)

   예 It is regrettable that she (should) fail in the exam again. (그녀가 또 시험에 떨어지다니 유감이다.)

3. 조동사+have+p.p.의 구문은 현재의 입장에서 바라본 과거의 아쉬움을 표현한다.

   should(ought to) have p.p. ~했어야 했는데(하지 못했다)

   must have p.p. ~했음에 틀림없다

   can't have p.p. ~했을 리가 없다

4. 조동사 관련 관용표현은 반드시 정리해야 한다.

   cannot help -ing ~하지 않을 수 없다

   cannot ~too (much) 아무리 ~해도 지나치지 않다

   cannot ~without -ing ~하기만 하면 반드시 ~한다

   cannot+but 동사원형 ~하지 않을 수 없다

   may well 동사원형 ~하는 것이 당연하다

   may as well 동사원형 ~하는 것이 더 낫다

   be used to -ing ~하는 데 익숙하다

   be used to R ~하는 데 이용되다

5. 조동사+조동사의 구조는 불가능하다.

   예 He will can finish it by tomorrow. (×)

   예 He will be able to finish it by tomorrow. (○) (그는 내일까지 그것을 끝낼 수 있을 것이다.)

6. 조동사는 말 그대로 동사를 도와 동사만으로 전달하지 못하는 '가능', '의무' 등의 의미를 더하거나 문장의 시제와 태를 나타내는 기능을 한다. 우리가 일반적으로 아는 조동사는 can, must, will 등이 있다. 이를 법조동사라고 하는데, '능력', '허가', '추측', '의무' 등 화자의 태도를 나타낸다. 이와 달리 특정한 의미가 없는 일반조동사는 be, have, do로 3가지 동사로 문장에서 시제, 태, 의문문이나 부정문 등을 표시하는 기능을 담당한다. 조동사는 서로 나란히 쓰지 못한다는 데 유의한다.

06 | 법

01 가정법의 기본원리

1 가정법 과거: 현재의 사실을 반대로 가정

만약에 내가 부자라면, 나는 멋진 차를 살 수 있을 텐데: 가정, 상상

→ (사실, 나는 부자가 아니라서 멋진 차를 살 수가 없다.): 현실

> If 주어+동사의 과거형(be동사는 were), 주어+would/should/could/might+동사원형

예 If I won the lottery, I would never work again.

　(복권에 당첨된다면, 다시는 일을 안 할 텐데.)

예 If I were in your place, I wouldn't do that.

　(내가 네 입장이라면, 그렇게 하지 않을 텐데.)

2 가정법 과거완료: 과거의 사실을 반대로 가정

만약에 학창시절 부자였다면, 나는 공부를 더 할 수 있었을 텐데: 가정, 상상

→ (사실, 나는 부자가 아니었기에, 공부를 더 할 수 없었다.): 현실

> If 주어+had p.p., 주어+would/should/could/might+have p.p.

예 If I had passed the exam last year, I would have been married to her.

　(내가 만약에 작년에 시험에 합격했다면, 난 그녀와 결혼했을 텐데.)

예 If he had taken more money out of the bank, he could have bought the shoes.

　(만약 그가 더 많은 돈을 은행에서 인출했더라면, 그는 그 신발을 살 수 있었을 텐데.)

❸ 혼합가정법: 과거의 사실이 현재까지 영향을 주는 가정법

만약에 내가 작년에 시험에 합격했다면, 지금 시험 공부를 하고 있지 않을 텐데: 가정, 상상

→ (사실, 나는 작년에 시험에 불합격해서, 지금도 공부를 하고 있다.): 현실

> If 주어+had p.p., 주어+would/should/could/might+동사원형 (now 등의 현재를 나타내는 시간부사와 함께)

예 If I had followed your advice, I would be very healthy now.

　(내가 만약 너의 충고를 따랐더라면, 난 지금 매우 건강할 텐데.)

❹ 가정법 미래: 실현 가능성이 매우 낮은(또는 없는) 미래의 일을 가정

> If 주어+were to/should+동사원형, 주어+would/should/could/might+동사원형

예 Even if the sun were to rise in the west, I would not accept his proposal.

　(해가 서쪽에서 뜬다 할지라도, 나는 그의 제안을 받아들이지 않겠다.) − 실현 가능성 없음(were to)

예 If the rumor should turn out to be fake, I will[would] step down as chairman.

　(그 소문이 거짓으로 판명된다면, 나는 회장직을 사임할 것이다.) − 혹시라도 ~라면(should)

❺ If의 생략

if가 생략되면 조건절이 '동사+주어'의 어순으로 도치된다. 첫 번째 단어로 had, should, did, were가 보이면 가정법의 if 생략을 의심하라!

예 Had I had the book, I could have lent it to you.

　(그 책이 있었다면, 너에게 빌려줄 수 있었을 텐데.)

더 알아보기

If 생략 구문의 연구

구분	If 조건절	주절
가정법 과거	Were+주어	주어+조동사(과거형)+동사원형
가정법 과거완료	Had+주어+과거분사	주어+조동사(과거형)+have+과거분사
가정법 미래	Should+주어+동사원형	주어+조동사(현재 또는 과거형)+동사원형

02 기타 가정법을 이끄는 구문들

1 I wish 가정법

I wish 가정법은 본동사의 시제와 같으면 가정법 과거, 더 이전의 과거면 가정법 과거완료이다.

예 I wish I were rich. 〈가정법 과거〉 부자라면 좋을 텐데. [현재]

예 I wish I had been rich. 〈가정법 과거완료〉 (과거에) 부자였다면 좋을 텐데. [현재]

예 I wished I were rich. 〈가정법 과거〉 부자였다면 좋았을 텐데. [과거]

예 I wished I had been rich. 〈가정법 과거완료〉 (더 과거에) 부자였었더라면 좋았을 텐데. [과거]

(1) I wish+가정법 과거

의미	'(현재) ~라면 좋을 텐데' 현재 이루지 못하고 있는 것에 대한 아쉬움 표현
형태	I wish+주어+과거동사

예 I wish we had a new car.
(우리가 새 차를 가지고 있다면 얼마나 좋을까.)

(2) I wish+가정법 과거완료

의미	'(과거에) ~했더라면 좋을 텐데' 과거에 이루지 못한 것에 대한 아쉬움 표현
형태	I wish+주어+had p.p.

예 I wish we had purchased the apartment last year.
(우리가 작년에 그 아파트를 구입했었더라면 얼마나 좋을까.)

2 It is time+가정법 과거/should+동사원형

의미	바로 지금 해야 하는 일이 지체된 것을 의미
형태	It is (about/high) time+주어+과거동사/should+동사원형

예 It is (high) time you went to bed. (네가 자야 할 때이다.)

예 It is high time that we reviewed our foreign policy in the Middle East.
(우리가 중동에서의 외교 정책을 재고해야 할 때이다.)

예 It is time you should hand in your homework. (네가 너의 숙제를 제출해야 할 때이다.)

3 as if/as though+가정법

(1) as if/as though+가정법 과거

의미	마치 ~인 것처럼/~한 것처럼
형태	as if+주어+과거동사 as though+주어+과거동사

예 She speaks English fluently as if she were an American.

(그녀는 마치 미국인처럼 영어를 유창하게 한다.)

(2) as if/as though+가정법 과거완료

의미	마치 ~였던 것처럼/~했던 것처럼
형태	as if+주어+had p.p. as though+주어+had p.p.

예 She speaks English fluently as if she had been born in the U.S.

(그녀는 마치 미국에서 태어났던 것처럼 유창하게 영어를 한다.)

4 If it were not for/If it had not been for+가정법

(1) ~이 없다면(가정법 과거)

If it were not for	If there were no
= Were it not for	= Were there no
= But for	
= Except for	
= Without	

예 If it were not for hope, the heart would break.

= Were it not for hope, the heart would break.

(희망이 없다면, 마음이 아플 텐데.)

(2) ~이 없었다면(가정법 과거완료)

If it had not been for	If there had been no
= Had it not been for	= Had there been no
= But for	
= Without	

예 If it had not been for Newton, the law of gravitation would not have been discovered.

(Newton이 없었다면, 만유인력의 법칙은 발견되지 않았을 것이다.)

5 But that 가정법

'가정법, but[save/except] that+직설법' 구문에서 but[save/except]이 '~하지 않는다면(= if ~not)'의 의미일 때, that 이하는 직설법, 주절은 가정법이다.

가정법 과거	+but[save/except/only]+(that): ~ 하지 않는다면	직설법 현재
가정법 과거완료		직설법 과거

Review

1. 가정법 과거는 현재 사실의 반대를 가정한다.
   예 If I were a billionaire now, I could buy the mansion. (내가 만약 억만장자라면, 그 저택을 살 수 있을 텐데.)
2. 가정법 과거완료는 과거 사실의 반대를 가정한다.
   예 If I had passed the exam last year, I could have married her.
   (만약 내가 작년에 시험을 통과했더라면, 나는 그녀와 결혼할 수 있었을 텐데.)
3. 혼합가정법 구문은 과거의 사실이 현재까지 영향을 끼치는 경우에 적용된다.
   예 If he had passed the exam last year, he would not be in the academy school now.
   (만약 그가 작년에 시험을 통과했더라면, 그는 지금 학교에 있지 않을 텐데.)
4. 가정법은 2가지 약속을 기본적으로 수행했는지 확인해 보는 것이 좋다.
   ① 주절의 동사에 would, could, should, might가 있는지 확인한다.
   ② 가능성이 없는 일을 가정하므로 직설법과는 다르게 한 시제 앞선 동사를 사용한다.
5. 가정법의 조건절을 대신하는 어구도 알아야 한다.
   Without~ = But for~ = Except for~ 등
6. 가정법을 이끄는 구문들도 자세히 익혀 둔다.

It's time~	otherwise~, or else~
I wish~	I'd rather~
as if/as though~	but that이 이끄는 주절

7. 가정법 미래 패턴도 익혀 둔다.
   ① were to 사용: If+주어+were to+동사원형, 주어+would/could+동사원형 – 실현 불가능한 일을 가정할 때
   ② should 사용: If+주어+should+동사원형, 주어+will(would)/shall(should)+동사원형 – 혹시라도 ~한다면(그럴리는 없겠지만)

※ 동사의 특징으로는 시제·수·인칭·법·상·태를 들 수 있다. 이 중에서 법을 표현하는 방식은 시제 일치의 원칙에 따라 사실대로 표현하는 직설법, 동사원형으로 문장을 시작하는 명령법 그리고 한 시제 앞선 동사로 가정·상상·추측을 표현하는 가정법이 있다.

07 | 명사

01　셀 수 있는 명사(가산명사)

> 단수일 때: a/an+셀 수 있는 명사
> 복수일 때: 셀 수 있는 명사+-s/-es
> many/a few/few+셀 수 있는 명사

1 보통명사

대부분 구체적인 형태를 가지며, 부정관사, 정관사와 함께 단수형으로 쓰이거나 복수형으로 쓰인다.

> teacher, boy, girl, woman, book, friend, wife, brother, desk, chair 등

예 A dog is a faithful animal. (개는 충실한 동물이다.)

　　The dog is a faithful animal.

　　Dogs are faithful animals.

(1) 보통명사의 추상명사화

보통명사에 정관사 the를 붙여 추상명사의 의미를 나타낼 수 있다.

> the+보통명사 = 추상명사

예 I started feeling the mother.

　　(나는 모성애를 느끼기 시작했다.)

2 집합명사

집합적인 개념을 나타내는 명사이며, 단수·복수를 표시할 수 있다. 다만 지칭하는 대상이 그 집합체인 경우 단수 취급하지만, 지칭하는 대상이 집합체가 아닌 집합체의 구성 요소(군집개념)들인 경우에는 복수 취급한다.

---

family, team, group, committee, staff, jury, police, army, people 등

예 My family lives in this house.

(나의 가족이 이 집에서 산다.)

예 My family all have unique blonde hair.

(나의 가족들은 모두 독특한 금발의 머리를 가지고 있다.)

(1) 집합명사의 분류

family형	하나의 집합체로 보면 단수 취급, 집합체의 구성 요소들로 보는 경우는 복수 취급 예 Family is always first. 　(가족이 항상 우선이다.) 예 My family are my friends. 　(내 가족은 내 친구들이다.)
	family(가족), committee(위원회), audience(관중), staff(직원), crowd(군중), jury(배심원), group(무리) 등
police형	항상 정관사 the와 같이 쓰며 복수 취급, 단·복수형이 같음 예 The police belongs to the people. 　(경찰은 국민에 속해 있다.)
	police(경찰), clergy(성직자), gentry(상류층), peasantry(소작농) 등
cattle형	항상 복수 취급, the를 쓸 수도 있음 예 Cattle are raised for milk. 　(소는 우유를 위해 길러진다.)
	cattle(소), people(사람), poultry(가금류), vermin(해충)

02   셀 수 없는 명사(불가산명사)

> a/an+셀 수 없는 명사 (×)
> 셀 수 없는 명사+-s/+-es (×)
> much/a little/little+셀 수 없는 명사

1 고유 명사

고유한 특정 대상을 지칭하는 명사이며, 세상에서 하나밖에 없는 유일한 것을 지칭한다.

> The Thames, Desert Sahara, Europe, Apollo Eleven

예 Seoul is the capital city of Korea. (서울은 한국의 수도이다.)

2 추상명사

추상적인 개념을 지칭하는 명사이며, 기본적으로 형태가 없어 셀 수 없다.

good 선	love 사랑
beauty 아름다움	progress 진전
success 성공	ease 쉬움
kindness 친절	wealth 부, 재산
knowledge 지식	help 도움
experience 경험	invention 발명
revolution 혁명	innovation 혁신

예 Innovation is an important problem the government is confronted with.

（혁신은 정부가 당면한 중요한 과제이다.）

예 Invention has done much to develop human history.

（발명은 인간의 역사가 발전하는 데 많은 것을 해 왔다.）

(1) of+추상명사 = 형용사(~한)

of value = valuable 귀중한	of no value = valueless 가치 없는
of help = helpful 도움이 되는	of kindness = kind 친절한
of importance = important 중요한	of use = useful 유용한
of no use = useless 쓸모없는	
of necessity = necessary 필요한	

214   SD에듀 | 사회복지직 공무원

(2) with/in/on/by＋추상명사 = 부사(~에, ~로)

with safety = safely 안전하게	on purpose = purposely 고의로
with care = carefully 조심스럽게	on occasion = occasionally 때때로
with ease = easily 쉽게	by accident = accidently 우연하게
with kindness = kindly 친절하게	by passion = passionately 열정적으로
in succession = successively 연속적으로	in earnest = earnestly 진지하게
in reality = really 사실	in haste = hastily 급하게

(3) have＋the＋추상명사 …＋to부정사: ~하게도 …하다

= be＋형용사＋enough to부정사

예 He had the kindness to show me the way to City Hall.

= He was kind enough to show me the way to City Hall.

(그는 대단히 친절하게도 내게 시청으로 가는 길을 알려 주었다.)

③ 물질명사

물체가 만들어지는 원료, 재료 또는 눈에 보이지 않는 공기, 바람, 물, 소리 따위를 가리킨다. 셀 수 없으므로 앞에 부분사(조수사)를 붙여서 표현한다.

air 공기	oxygen 산소
rain 비	iron 철
stone 돌	glass 유리
sound 소리	wind 바람
water 물	fire 불

예 Oxygen is essential for life. (산소는 생존에 필수적이다.)

더 알아보기

물질명사의 수량 표시

A. 양을 표시하는 수량 형용사인 much, little 등을 써서 나타낸다.

예 We have had much snow in winter. (올해 겨울에 눈이 많이 왔다.)

B. 조수사(부분사)를 이용해서 표현한다.

a loaf of bread 빵 한 덩이	a cup of tea(coffee) 차(커피) 한 잔
a spoonful of salt 소금 한 숟가락	a glass of water(milk) 물(우유) 한 컵
a sheet(piece) of paper 종이 한 장	a bowl of cereal 시리얼 한 그릇
a bar of soap 비누 한 조각	

4 시험에 자주 출제되는 불가산명사

damage 손상	wealth 부
percentage 백분율	information 정보
advice 충고	evidence 증거
news 소식	knowledge 지식
money 돈	homework 숙제
scenery 경치	furniture 가구
machinery 기계	equipment 장비
jewelry 보석	clothing 옷
produce 생산품(특히 농산물)	baggage 짐
luggage 짐	luck 행운
fun 재미	progress 진전
leisure 여가	health 건강
traffic 교통	weather 날씨
game 경기, 시합	merchandise 물품
influenza 유행성 감기, 독감	

5 셀 수 없는 명사를 셀 수 있는 명사로 전환하는 경우

의미의 변화를 위해서 관사를 활용한다.

예 beauty(아름다움, 미) → a beauty(미인)

(1) 고유 명사의 보통명사화

① ~의 가문, ~의 가족

예 The Smiths(= The Smith Family) love animals.

(Smith 가족은 동물을 좋아한다.)

② ~의 작품, ~의 제품

예 The art center shows several Rodins.

(그 미술관은 Rodin의 작품들을 전시하고 있다.)

예 I was awarded with a KIA.

(나는 KIA 자동차 한 대를 상으로 받았다.)

③ ~와 같은 사람·사물

예 I want to become a Schweizer.

(나는 Schweizer 박사와 같은 사람이 되고 싶다.)

(2) 추상명사의 보통명사화

① ~한 사람

예 He was once a promising youth.

(그는 한때 전도유망한 젊은이였다.)

② ~한 행위

예 A kindmess makes everyone happy.

(친절한 행동은 모든 사람을 행복하게 만든다.)

(3) 물질명사의 보통명사화

① 제품

예 He has a glass in his hand.

(그는 그의 손에 유리잔을 갖고 있다.)

② 개체, 종류

예 He threw a stone into the pond.

(그는 연못 속으로 돌멩이 한 개를 던졌다.)

예 That is a good wine for mental health.

(저것은 정신 건강에 좋은 포도주이다.)

③ 사건

예 Two fires broke out downtown last night.

(두 건의 화재가 어젯밤에 시내에서 발생했다.)

1 복수형이지만 단수 취급하는 명사

(1) 학문(학과) 이름

통계 자료, 정치적 의견, 물리적 현상 등의 의미로 쓰이면 복수 취급한다.

mathematics 수학	politics 정치학
ethics 윤리학	physics 물리학
genetics 유전학	economics 경제학
phonetics 음성학	gymnastics 체조
linguistics 언어학	statistics 통계학

예 Mathematics has beauty and romance.

(수학은 아름다움과 설렘을 지닌다.)

예 Linguistics is a good way of defining a culture.

(언어학은 문화를 정의하는 데 도움이 된다.)

(2) 국가 · 단체 이름

the United States 미국	the Philippines 필리핀	the United Nations 유엔

예 The United States is my second homeland.

(미국은 나의 제2의 고향이다.)

예 The United Nations has solved many difficulties in the world.

(유엔은 세계의 많은 어려운 문제들을 해결해 왔다.)

(3) 질병 이름

measles 홍역	the blues 우울증
rabies 광견병	mumps 볼거리, 유행성 이하선염
diabetes 당뇨병	tetanus 파상풍

예 Measles disappeared long time ago in the country.

(홍역은 그 나라에서 오래전에 사라졌다.)

(4) 작품 이름

예 Gulliver's Travels has many young fans.

(Gulliver 여행기는 젊은 팬이 많다.)

2 단수와 복수 동형

sheep 양	salmon 연어
deer 사슴	trout 송어
means 수단	aircraft 비행기
species 종	percent 퍼센트
Swiss 스위스인	Chinese 중국인
Japanese 일본인	

예 Species in the tropics have less diverse set of genes.
(열대 지방의 종은 덜 다양한 유전자의 단위체를 가진다.)

3 단수와 복수의 뜻이 다른 명사

단수	복수	단수	복수
color 색	colors 깃발, 기	arm 팔	arms 무기
glass 유리	glasses 안경	good 선	goods 상품
manner 방법	manners 예절	custom 관습	customs 세관
spectacle 광경	spectacles 안경	regard 관심	regards 안부
letter 편지	letters 문학	pain 고통	pains 수고
mean 평균, 중용	means 수단	cloth 천, 옷감	clothes 옷, 의류

예 The English began to use machine to make cloth.
(영국 사람들은 옷감 생산을 위해 기계를 사용하기 시작했다.)

4 상호복수의 명사

반드시 쌍방의 동작으로 이루어져 있으므로 명사는 한정사 없이 복수형으로 쓴다.

shake hands 악수하다	make friends 친구가 되다
take turns 교대하다	exchange seats 자리를 바꾸다
change cars 차를 갈아타다	be on good terms with ~와 사이좋게 지내다

1. 보통명사의 추상명사화

   예 The pen is mightier than the sword. [문(文)은 무(武)보다 강하다.]

2. 추상명사의 보통명사화

   예 He has shown her many kindnesses. (그는 그녀에게 여러 차례 친절한 행동을 보여 주었다.)

3. 집합명사는 전체 개념이면 단수 취급하고, 개별적 개념이면 복수 취급한다.

committee 위원회	family 가족	audience 청중	staff 직원
class 학급	company 손님	nation 국민	

   예 My family is very large. (나의 가족은 대가족이다.)

   예 My family are all diligent. (나의 가족은 모두가 부지런하다.)

4. 셀 수 없는 명사는 반드시 알아두어야 한다.

homework 숙제	damage 손상	information 정보	furniture 가구
rubbish 쓰레기	equipment 장비	machinery 기계	poetry 시
scenery 경치	advice 조언	wealth 부	behavior 행동
influenza 독감	patience 인내	pollution 오염	knowledge 지식
confidence 자신감	oxygen 산소	news 소식	weather 날씨
violence 폭행	efficiency 효율	smoke 연기	health 건강
evidence 증거	business 사업	time 시간	fun 재미

5. 이중 소유격의 원리를 반드시 기억해야 한다.

a(n), any, this(these), that(those), some, no, another + 명사 + of + 소유대명사/명사(구)'s

   예 This is a mistake of Min-ho's. (○) (이것은 민호의 실수다.)

   → a Min-ho's mistake (×)

   예 That is no fault of mine. (○) (그것은 나의 실수가 아니다.)

   → no my fault (×)

6. 상호복수의 표현을 익혀 두는 것이 좋다.

shake hands 악수하다	make friends 친구가 되다
take turns 교대하다	change cars 차를 갈아타다

※ 세상에 존재하는 형태를 가진 모든 것에 이름을 붙인 것을 명사라 한다. 명사는 크게 가산명사와 불가산명사로 나눌 수 있다.

08 관사

---

01 관사의 종류

1 부정관사 a(n)의 대표적인 용법

(1) one: 하나

> 예 Rome was not built in a day. (로마는 하루아침에 이루어지지 않았다.)

(2) a certain: 어떤

> 예 In a sense, we all write our own destiny.
>
> (어떤 의미로 보면 우리는 모두 우리 자신의 운명을 써 나가지요.)

(3) per: ~마다

> 예 I spend at least 2 hours a day on Facebook.
>
> (난 하루에 적어도 2시간은 페이스북에서 시간을 보내요.)

(4) the same: 같은(of a ~의 형태)

> 예 Birds of a feather flock together. (같은 깃털을 가진 새는 함께 모인다.)

(5) some: 약간의

> 예 Jane is industrious to a degree. (Jane은 어느 정도 근면하다.)

2 정관사 the의 대표적인 용법

(1) 앞에 언급된 명사를 다시 받는 경우

> 예 I met a boy yesterday. The boy asked me for my number.
>
> (나는 어제 한 소년을 만났다. 그 소년은 내 전화번호를 물어보았다.)

(2) 뒤에서 수식을 받는 명사 앞

> 예 That is the house which I bought yesterday. (저것은 내가 어제 구입한 집이다.)

(3) 대표 단수

> 예 The cellular phone is a useful tool. (휴대폰은 유용한 도구이다.)

(4) 유일한 물체

예 The Earth goes around the Sun. (지구는 태양 주위를 돈다.)

(5) 서수와 최상급 앞

예 I'm the first person to judge myself. (나는 내 자신을 판단하는 첫 번째 사람이다.)

(6) the+same/next/very/only

the same the next the very the only	+명사

예 He is the very son I have loved for my life. (그는 내가 평생 사랑한 바로 그 아들이다.)

(7) the+악기

예 He likes to play the guitar. (그는 기타 연주를 좋아한다.)

(8) by+the+단위

예 He was paid by the day. (그는 일당으로 지급을 받았다.)

(9) 동사+목적어(사람)+전치사+the+신체부위

예 She kissed me on the cheek. (그녀는 나의 볼에 키스했다.)

예 Abruptly she slapped me in the face. (갑자기 그녀가 나의 얼굴을 찰싹 때렸다.)

(10) 관용적 표현

in the morning 아침에	in the afternoon 오후에	in the evening 저녁에

(11) 부분 표시 주어

most, some, one, all +of+	한정사 the +복수명사 소유격

예 He probably has not received some of the things he wanted.

(그는 아마도 자신이 원했던 것들 가운데 몇 개는 받지 못했다.)

(12) the＋형용사/분사 = 복수 보통명사

> the poor 가난한 자들(= poor people)　　　　the old 노인들(= old people)
> the rich 부자들(= rich people)　　　　　　　the elderly 노인들(= old people)
> the wounded 부상자들(= wounded people)
> the unknown 모르는 사람들(= unknown people)

예 The wounded were left on the street after combat.

　　(전투 이후에 거리에는 부상자들이 즐비했다.)

❸ 무관사 용법

(1) '명사＋기수'의 앞

예 He will come up at gate 11.

　　(그는 11번 출구에 나타날 것이다.)

(2) 보어로 쓰인 신분, 관직명 앞

예 He was elected president of the United States.

　　(그는 미국의 대통령으로 선출되었다.)

(3) 관직명 뒤 고유 명사가 있는 경우

예 President Trump is headed to Singapore after G7 Summit.

　　(Trump 대통령은 G7 정상회담 후에 싱가포르로 향한다.)

(4) by＋교통, 통신 수단

예 She prefers to go by subway.

　　(그녀는 지하철로 가는 것을 선호한다.)

(5) 식사 · 운동 · 학과(학문) · 계절 · 놀이 · 질병 이름 앞

예 We play chess every weekend.

　　(우리는 매주 주말에 체스를 한다.)

(6) 무관사+특정 장소(본래 목적)

무관사	정관사
go to school 학교에 가다(수업을 위해서)	go to the school 학교에 가다(장소)
go to bed 침대에 가다(잠을 자기 위해서)	go to the bed 침대에 가다(대상)
go to church 교회에 가다(예배를 드리기 위해서)	go to the church 교회에 가다(장소)
go to prison 투옥되다(수감을 위해서)	go to the prison 교도소로 가다(장소)
go to hospital 병원에 가다(진찰을 받기 위해서)	go to the hospital 병원에 가다(장소)

예 My daughter is not yet old enough to go to school.

(내 딸은 아직 학교에 갈 나이가 되지 않았다.) − 구체적인 장소의 학교가 아니라 교육을 받기 위한 목적의 학교

02 관사의 위치

1 관사의 위치

특정한 단어와 형용사, 명사가 함께 쓰일 때 관사의 위치가 달라진다.

> 관사(a/an)+부사+형용사+명사

예 He is a very honest boy.

(그는 매우 정직한 소년이다.)

2 so/too/as/how/however+형용사+a/an+명사

예 He is so honest a boy that every friend likes him.

(그는 매우 정직한 소년이라서 모든 친구들이 그를 좋아한다.)

❸ such/quite/rather/what＋a/an＋형용사＋명사

예 He is such an honest boy that every friend likes him.

　(그는 매우 정직한 소년이라서 모든 친구들이 그를 좋아한다.)

※ so＋형용사/부사＋that절 구문은 있으나, such＋형용사/부사＋that절 구문은 없다.

Review

1. 관사의 위치에 주의해야 할 표현이 있다.

> so, as, too, how, however＋형용사/부사＋관사＋명사
> all, both, double, quite, such, half＋관사＋형용사＋명사

2. 무관사 적용 원칙이 가장 출제 빈도가 높다.

> • 식사 · 학과(학문) · 계절 · 운동 · 질병 이름
>   예 I have breakfast at eight. (나는 8시에 아침식사를 한다.)
>   예 Let's play basketball. (야구를 하자.)
>   예 He is majoring in statistics. (그는 통계학을 전공하고 있다.)
>   예 Winter is a cold season. (겨울은 추운 계절이다.)
> • a kind/type/sort/species of 다음에 오는 명사
>   예 She is a kind of early bird. (그녀는 아침형 인간의 일종이다.)
> • 교통, 통신수단
>   예 I usually go to school by train. (나는 보통 학교에 기차를 타고 간다.)
>   예 by express(급행으로), by bus(버스로), by land(육로로)
> • 관직명이 고유 명사 앞에 온 경우와 동격으로 쓰이는 경우
>   예 U.S. President Donald Trump and Chinese President Xi Jinping agreed in December to a 90-day
>   　truce in a trade war. (Donald Trump 미국 대통령과 Xi Jinping 중국 국가 주석은 12월 무역전쟁에서 90일
>   　간의 휴전에 합의했다.)
> • 공공건물, 장소, 명사가 본래의 목적으로 쓰이는 경우
>   예 She is in hospital. (그녀는 병원에 입원해 있다.)
> • 양보구문에서 접속사 as 앞에 오는 명사인 경우
>   예 Girl as she is, she is strong. (= Though she is a girl, she is strong.)
> • 관직, 칭호, 신분 등의 명사가 보어로 쓰인 경우
>   예 We elected him president. (우리는 그를 회장으로 선출했다.)

3. 관사는 명사 앞에 쓰는 일종의 형용사로 명사의 구체성이나 특수성을 표현하는 품사이다.

4. 부정관사는 화자는 알고 있고, 청자는 정확히 모르는 구체적인 대상에 붙인다.

　예 He bought a book. (그는 책 한 권을 샀다.)

5. 정관사는 화자와 청자가 공통으로 알고 있는 특정 대상에 붙인다.

　예 The book was very boring. (그 책은 무척 지루했다.)

※ 관사는 말 그대로 명사에 관을 씌우는 역할을 한다. 우리는 관사에 의해 명사가 막연한 것인지, 특정한 것인지, 구체적인
　것인지 등을 파악할 수 있으며 이를 통해 관사가 명사를 한정하는 일종의 형용사라는 사실을 알 수 있다.

09 | 대명사

01 인칭대명사: 격의 변화와 it의 용법에 주의

1 개념

사람이나 사물을 가리키는 대명사로 문장에서의 역할에 따라 격이 결정되는데 주격, 소유격, 목적격으로 분류할 수 있다.

2 인칭대명사의 형태 변화

구분		주격	소유격	목적격	소유대명사	재귀대명사
1인칭	단수	I	my	me	mine	myself
	복수	we	our	us	ours	ourselves
2인칭	단수	you	your	you	yours	yourself
	복수	you	your	you	yours	yourselves
3인칭	단수	he	his	him	his	himself
		she	her	her	hers	herself
		it	its	it	—	itself
	복수	they	their	them	thiers	themselves

※ 격은 문장 안에서 명사 또는 대명사가 다른 단어와 갖는 문법상 관계를 말한다.

(1) **주격**: 주어 역할

예 They were traveling in Europe. (그들은 유럽을 여행하고 있었다.)

(2) **소유격**: '누구의'라는 의미

예 Alcohol is harmful to your health. (술은 당신의 건강에 해롭다.)

(3) **목적격**: 목적어 역할

예 I love him. (나는 그를 사랑한다.)

(4) **소유대명사**: 소유격＋명사의 기능을 하며 이중 소유격을 표현하는 데 활용

예 This computer is mine. (이 컴퓨터는 내 것이다.)

예 That is a computer of my father's. (저 컴퓨터는 아버지의 것이다.)

(5) 재귀대명사: 주어 = 목적어인 경우

　① **재귀적 용법**: 주어의 행위 결과가 주어 자신에게 다시 돌아오는 경우를 말한다. 즉, 주어와 목적어가 동일한 대상인 경우 목적어는 재귀대명사를 쓴다.

　　예 He killed him. [그는 살인을 저질렀다.(= homicide)]

　　예 He killed himself. [그는 자살을 했다.(= suicide)]

　② **강조 용법**: 주어, 목적어, 보어 따위를 강조하기 위해 그 대상의 바로 뒤에 재귀대명사를 반복해서 사용하는 것을 말하며 이때 재귀대명사는 생략 가능하다.

　　예 The chairwoman herself will attend the meeting.
　　　(의장 자신이 그 회의에 참석할 것이다.)

3 대명사 it의 사용

(1) 가주어 it

주어가 that절이나 to부정사구로 긴 경우 it을 가주어로 쓰며 진주어는 뒤에 반드시 둔다.

```
                   ┌ 보어 ┐
It+be동사 +        │ 형용사 │  +  to부정사구(진주어)
                   │ 분사 │      that 명사절(진주어)
                   └ 명사 ┘
```

예 It is by no means easy to learn English. (영어를 배우는 것은 결코 쉬운 일이 아니다.)

예 It is difficult for me to persuade him. (내가 그를 설득하는 일은 어렵다.)

예 It is natural that she should study hard. (그녀가 열심히 공부하는 것은 당연하다.)

(2) 가목적어 it

목적어가 긴 경우 it을 가목적어로 쓰고 진목적어는 문장의 뒤로 위치시킬 수 있다. 대부분의 경우 목적어와 목적격 보어를 취하는 불완전 타동사에서 가목적어를 사용하는 경우가 많기 때문에 가목적어 뒤에 목적격 보어가 존재하는 경우가 많다.

```
                   ┌ 목적격 보어 ┐
주어+동사+it +     │ 형용사 │     +  to부정사구(진목적어)
                   │ 분사 │         that 명사절
                   └ 명사 ┘
```

예 They took it for granted that she would pass the test.
　(그들은 그녀가 시험에 통과할 것임을 당연하게 여겼다.)

예 I think it impossible to hand in the paper by tomorrow.
　(내일까지 논문을 제출하는 것은 불가능하다고 생각한다.)

(3) 비인칭주어 it

날씨, 요일, 시간, 상태, 명암, 상황 등을 나타낼 때 사용한다.

예 It is Tuesday. (화요일이다.)

예 It is getting better. (점점 좋아지고 있다.)

예 It takes ten hours for me to finish this mission. (내가 이 임무를 마치는 데 10시간 걸린다.)

(4) It ~ that … 강조구문의 it

강조하는 대상을 'It＋be동사＋강조대상＋that …' 구문으로 만들고 that 뒤에는 문장의 나머지 성분들을 순서대로 넣으면 된다. that 대신에 관계대명사 who, whom, which를 사용할 수 있다.

예 It may be the cock that crows, but it is the hen that lays the eggs.

(꼬끼오 하는 것은 수탉일지도 모르지만 달걀을 낳는 것은 다름 아닌 암탉이다.)

---

02 지시대명사

1 개념

특정한 사람이나 사물을 가리키는 대명사를 지시대명사라고 하며 this, that, the same, such, so 등이 있다.

2 this(단수)와 these(복수)

의미	이것(가까운 것, 현재의 것), 후자(= the latter)
주요 용법	바로 앞에 나온 단어, 구, 절 등을 지칭

예 Man needs both work and leisure in life; this is not the choice but the necessity.

(인간은 삶에서 일도 여가도 모두 필요하다. 후자는 선택이 아니라 필수 요소이다.)

예 Love, hope, fear, faith — these make humanity.

(사랑, 희망, 두려움, 믿음. 이러한 것들이 인간을 만든다.)

3 that(단수)과 those(복수)

의미	저것(멀리 있는 것, 과거의 것), 전자(= the former)
주요 용법	앞에 나오는 명사의 반복을 피하기 위해 사용한다. 비교 구문에서는, 앞에서 언급된 비교 대상을 뒤에서 다시 지칭할 때 지시대명사 that(단수)과 those(복수)를 사용한다.

예 The population of Korea is much larger than that of Philippines.

(한국의 인구는 필리핀의 인구보다 훨씬 많다.)

4 such

의미	그런 것(대명사), 그러한(형용사), 대단히/정말(부사)
주요 용법	such A as B: B와 같은 그런 A such + a(an) + 형용사 + 명사 + that + 주어 + 동사: 대단히 ~해서 (그 결과) …하다

예 James Stewart was so kind and considerate. Such was his nature. 〈대명사〉

(James Stewart는 너무나 친절하고 사려 깊었다. 그런 것이 그의 천성이었다.)

예 There's no such thing as a free lunch.

(공짜 점심이라는 것은 없다.)

예 Life is such a beautiful gift. 〈부사〉

(삶은 정말로 아름다운 선물과 같다.)

5 the same

의미	같은 것(지시대명사), 같은(지시형용사)
주요 용법	the same ~ that …: …와 같은 ~ (동일한 바로 그 물건) – 관계대명사 that the same ~ as …: …와 같은 ~ (동일한 종류) – 유사관계대명사 as

예 She has the same pen that I lost yesterday.

(그녀는 내가 어제 잃어버린 것과 같은 펜을 가지고 있다.) – 내가 잃어버린 바로 그 펜

예 I want to buy the same car as you bought.

(나는 네가 구매했던 것과 같은 차를 사고 싶다.) – 같은 종류의 차

03 부정대명사

1 개념

정해지지 않은 불특정한 대상을 표현할 때 사용하는 대명사를 부정대명사라고 하며, 형용사 및 부사로도 쓰인다.

예 Each of the employees should be loyal to his company. 〈부정대명사〉

= Each employee should be loyal to his company. 〈부정형용사〉

(각각의 직원들은 회사에 성실해야만 한다.)

2 one, another, other

(1) 일반인 주어 '누구나'

> **예** One should respect his or her parents. (사람은 자신의 부모님을 존경해야 한다.)

(2) 개별 지칭 방법

① 두 개일 때(또는 동전의 앞면, 뒷면)

one 처음 하나	the other 나머지 하나

② 세 개 이상일 때

one 처음 하나	another 또 다른 하나
others 다른 것들	the other 마지막 하나(단수)
the others 나머지 전부	

> **예** There are three kinds of fruit on the table: one is banana, another is melon, and the other is apple.
> (탁자 위에 세 종류의 과일이 있다. 하나는 바나나이고, 다른 하나는 멜론이고, 나머지 하나는 사과이다.)

(3) 주요 표현

① 서로

each other (둘 사이)	one another (셋 이상 사이)

> **예** The couple loved each other. (그 커플은 서로 사랑했다.)
> **예** The actresses seek advice from one another.
> (여배우들은 서로에게서 조언을 구하기도 한다.)

② 차례로

one after the other (둘 사이)	one after another (셋 이상 사이)

> **예** The parking attendant saw two cars arriving one after the other.
> (그 주차요원은 두 대의 차가 차례로 도착하는 것을 보았다.)
> **예** The baby pigs entered the hall one after another.
> (아기 돼지들이 차례로 홀에 들어왔다.)

③ A is one thing and B is another: A와 B는 별개의 문제이다

> **예** Inspiration is one thing, and stealing is another.
> (기발한 생각을 하는 것과 도둑질하는 것은 별개의 문제이다.)

(4) another＋셀 수 있는 명사(단수)/other＋셀 수 있는 명사(복수)

another와 other가 부정형용사로 쓰여 셀 수 있는 명사를 수식할 때 another는 단수명사를, other는 복수명사를 수식한다.

예 She came up with another idea. (그녀는 또 다른 아이디어를 제안했다.)

예 There are many other problems. (많은 다른 문제들이 있다.)

3 all, every, each

'모든'을 의미하는 all과 every는 용법상의 차이가 있으므로 주의해야 한다.

(1) all

① 부정대명사로 사용하는 경우

> 사람(생명체)을 지칭할 때: 복수 취급
> 무생물체를 지칭할 때: 단수 취급

예 All are well. (모두 건강하다.)

예 All was lost in gambling. (도박에서 모든 것을 잃었다.)

② 부정형용사로 사용하는 경우

> All＋셀 수 있는 명사(복수)＋동사(복수)
> All＋셀 수 없는 명사(단수)＋동사(단수)

예 All water tends to go down. (모든 물은 아래로 흐르는 성향이 있다.)

예 All the students of this curriculum should hand in their assignment by tomorrow.

　(이 교과 과정의 모든 학생들은 내일까지 과제를 제출해야 한다.)

(2) every

대명사의 기능은 없고 형용사로만 사용하며 단수명사와 호응한다.

> Every＋명사(단수)＋동사(단수)

예 Every great dream begins with a dreamer.

　(모든 위대한 꿈은 꿈꾸는 자로부터 시작한다.)

예 Every day is a journey and you have to move on if you want to be happy.

　(모든 날은 여행이며 행복해지기를 원한다면 앞으로 나아가야 한다.)

(3) each

대명사와 부정형용사 기능을 하며 단수로 취급한다.

> Each+명사(단수)+동사(단수)
> Each of+명사(복수)+동사(단수)

[예] Each of the participants looks nervous. (참여자들 각각은 초조해 보인다.)

[예] Each arrow is worth 10 points. (각 화살은 10점이다.)

(4) most

대명사와 형용사로 사용한다.

> Most of the 복수명사 = 동사 복수형/Most of the 단수명사 = 동사 단수형

4 some, any

대명사와 부정형용사 기능으로 '어떤'을 의미한다.

(1) some

대체로 긍정문에 사용된다. 의문문에 사용될 시 '긍정의 답을 기대하는 내용'으로 '약간의'라는 의미를 가진다.

[예] He wants some more books. (그는 몇 권의 책을 더 원한다.)

[예] Would you like some more coffee? (커피 좀 더 드시겠어요?)

(2) any

부정문, 의문문, 조건문에 쓰인다. 긍정문에 쓰일 때는 '어떤 ~라도'의 의미(= 전체 개념)를 가진다.

[예] She couldn't find any vegetables in the refrigerator.

（그녀는 냉장고에서 어떤 야채도 찾을 수 없었다.）

[예] She doesn't know anything about it.

（그녀는 그것에 관한 어떤 것도 알지 못한다.）

[예] Do you have any question?

（무슨 질문이라도 있나요?）

[예] Any student can do such a thing.

（어떤 학생이라도 그러한 것을 할 수 있다.）

5 both, either, neither

둘 사이의 긍정이나 부정을 나타내는 부정대명사이다.

(1) both

① 복수 취급: '둘 다'를 의미하여 항상 복수 취급한다.

예 Both of his opinions are reasonable. (그의 의견은 둘 다 합리적이다.)

② both A and B: 'A와 B 둘 다'의 의미로 항상 복수 취급한다.

예 Both he and she are tall. (그와 그녀 둘 다 키가 크다.)

(2) either

① 단수 취급: '둘 중 하나'를 의미하여 단수 취급한다.

예 Either of his opinions is reasonable. (그의 의견 중 하나는 합리적이다.)

② either A or B: 'A와 B 둘 중 하나'의 의미로 주어로 사용되면 동사는 B에 일치시킨다.

예 Either you or he is correct. (너 또는 그 둘 중 한 명은 옳다.)

예 Either you or she should attend the meeting.

　(너와 그녀 중 한 명은 그 모임에 참석해야 한다.)

(3) neither

① 단수 취급: '둘 다 아닌'을 의미하여 단수 취급한다.

예 Neither of his opinions is convincing. (그의 의견 중 어느 것도 설득력이 없다.)

② neither A nor B: 'A도 아니고 B도 아닌'의 의미로 주어로 사용되면 동사는 B에 일치시킨다.

예 Neither you nor he is to blame. (너와 그 둘 다 책임이 없다.)

더 알아보기

'역시' 표현의 확장 연구

> A. 부정문
> B. Neither+동사+주어 = 주어+동사+not, either.
> 　→ '~ 또한 그렇지 않다'는 의미(neither는 문두에, either는 문미에 위치)

A: I'm not a vegetarian. (나는 채식주의자가 아니다.)
B: Neither am I. (나도 역시 채식주의자가 아니다.)
　= I am not a vegetarian, either.
　= I am not, either.
　= Me, neither.

6 no, none

(1) no

부정형용사 기능만을 가지며 반드시 명사가 수반된다.

예 No special building skills are required. (어떤 특별 건축 기술도 요구되지 않는다.)

더 알아보기

부정문의 주어가 될 수 없는 경우

'any'로 시작하는 어떤 주어도 부정문의 주어가 될 수 없다.

예 No doctor can cure her. (○) (어떤 의사도 그녀를 치료할 수 없다.)

　 Any doctor cannot cure her. (×)

예 No one is too old to learn. = One is never too old to learn. (○) (배울 수 없을 정도로 늙은 사람은 없다.)

　 Any one isn't too old to learn. (×)

(2) none

전체부정을 나타내며 '반드시 3개 이상의 개념'을 전제로 한다. 지칭하는 대상에 따라 단수, 복수 취급이 가능하다.

> None of+명사(복수)+동사(단수/복수), None of+명사(단수)+동사(단수)

예 None of the 10 famous musicians was present at the music festival.

　(10명의 유명한 음악가들 중 아무도 그 음악 축제에 참석하지 않았다.)

예 None of the furniture is clean. (어떤 가구도 깨끗하지 않다.)

7 부분부정, 전체부정

(1) 부분부정 − not+전체 개념: 전체가 다 ~인 것은 아니다

> 전체를 나타내는 표현
> all(모두)
> every(모든)
> both(둘 다)　　+부정어 '~한 것은 아니다'
> always(항상)
> necessarily(반드시)
> entirely(완전히)

예 The rich are not always happy.

　(부자라고 항상 행복한 것은 아니다.)

예 Compared to newspaper, magazines are not necessarily up-to-date minute.

　(신문과 비교했을 때 잡지가 반드시 최신 내용인 것은 아니다.)

(2) 전체부정 − not+부분 개념: 조금도(전혀) ~가 아니다

> no/neither/no one/none/never/nothing/nobody/any/either/anybody(anyone)/anything/ever+부정어
> 아무도 ~하지 않다/언제나 ~ 않다

예 The poor are never happy. (가난한 사람들은 결코 행복하지 않다.)

예 No one knew of the existence of the Indus culture.

(어느 누구도 인더스 문명의 존재에 대해 알지 못했다.)

예 Nothing is going to change my mind. (아무것도 내 마음을 바꾸지 않을 것이다.)

예 None is deceived but he who trusts. (믿지 않는 자는 속지 않는다.)

예 She doesn't eat any meat. (그녀는 고기를 전혀 먹지 않는다.)

04 의문대명사

1 개념

자신이 대명사 역할을 하면서 의문의 뜻도 직접 나타낸다.

더 알아보기

의문대명사의 종류 및 형태 변화

구분	주격	소유격	목적격
사람	who	whose	whom
사물	which	of which	which
사람 · 사물	what	−	what

2 주격

예 Who is the girl behind me? (내 뒤에 있는 소녀는 누구니?)

예 Which is stronger, politices or love? (어느 것이 더 강력할까, 정치 아니면 사랑?)

3 소유격

예 Whose car is this? (이것은 누구의 차니?)

예 I have one pill in the morning, the effects of which last 10 hours.

(나는 아침에 알약 하나를 먹는데, 그것의 효과는 10시간 지속된다.)

4 목적격

예 Who(m) do you want to meet? (너는 누구를 만나기를 원하니?)

1. it의 용법을 제대로 이해하도록 한다.

해석할 때	그것 = 앞에 나온 단어, 구, 절을 대신 받는다.
해석하지 않을 때	• 가주어, 가목적어를 의미하는 it • 날씨, 시간, 요일, 상태, 상황을 의미하는 비인칭의 it • 주어, 목적어, 보어, 부사(구)(절)을 강조하는 구문의 it

2. one과 it

구분	부정관사	정관사
단수	a(n)+명사 = one	the+명사 = it
복수	명사(복수) = ones	the+명사(복수) = they, them

3. 부정대명사(one, another, other, either, neither, both, none, all, most): 정해지지 않은 것을 가리키는 대명사

예 To know is one thing; to teach is another.

(아는 것은 하나요, 가르치는 것은 또 다른 것이다.)

예 He has two daughters. One is a doctor. The other is a teacher.

(그는 딸이 두 명 있다. 하나는 의사이고, 다른 한 명은 교사이다.)

예 A: I have cream and sugar. (나는 크림과 설탕을 갖고 있다.)

B: Neither of them is necessary. (그중 어느 것도 필요 없다.)

예 None of the three students is present at the meeting.

(세 명의 학생들 중 어느 누구도 회의에 참석하지 않았다.)

4. 부정대명사의 other 그룹을 제대로 이해하도록 한다.

one−another	one−the other
either−neither−both	some−others
some−the others	all−none

5. 지시대명사의 원리를 제대로 이해하도록 한다.

전자	that(those), the one, the former
후자	this(these), the other, the latter

6. most, almost, the most를 제대로 이해하도록 한다.

예 Most attendees teach English at a high school. (대부분의 참석자들은 고등학교에서 영어를 가르친다.)

예 Most of the jewelry is under the ocean deep. (대부분의 보석류는 바다 깊은 곳에 있다.)

예 Almost all the money belongs to the heritor. (대부분의 돈은 상속자에게 속해 있다.)

예 Credit is the most important thing in business. (신용은 비즈니스에서 가장 중요한 것이다.)

※ 대명사란 앞에 나온 명사를 대신하여 반복되는 지루함을 없애고 경제적이고 효과적인 글을 쓰기 위해서 사용되는 품사이다. 명사를 대신하므로 명사의 기능을 그대로 유지하여 활용되고 주어, 목적어, 보어의 기능으로 쓰인다.

10 | 일치

01 수량 형용사와 명사의 수일치

1 개념

수량 형용사는 명사 앞에서 명사의 특징과 성격에 정확하게 맞추어 사용해야 한다. 이때 주의할 점은 명사의 성격에 따라 사용할 수 있는 형용사와 사용할 수 없는 형용사가 있다는 것이다.

many 많은	much 많은	a lot of 많은
lots of 많은	few 거의 없는	little 거의 없는
several 몇몇의	a good deal of 많은	a good number of 많은

2 수(數)형용사+셀 수 있는 명사

수(數)형용사
many, a few, few, quite a few, not a few, no fewer than +셀 수 있는 명사
a number of, several, various, a variety of

예 Michael is very unfriendly; he has few friends.
(Michael은 매우 불친절해서 그는 친구가 거의 없다.)

예 A variety of symptoms characterize schizophrenia.
(다양한 증상들이 조현병의 특징이다.)

예 She invited quite a few friends to her party.
(그녀는 자신의 파티에 꽤 많은 친구들을 초대했다.)

3 양(量)형용사+셀 수 없는 명사

양(量)형용사	
much, a little, little, quite a little, not a little no little, a good/great deal of, a good/large amount of	+셀 수 없는 명사

예 There is little hope. (희망이 거의 없다.)

예 I've spent a good deal of time preparing this report.
　(나는 이 보고서를 준비하는 데 많은 시간을 보냈다.)

4 수(數) · 양(量) 공통 형용사

수(數) · 양(量) 공통 형용사
a lot of, lots of, plenty of, all, most, some+셀 수 있는 명사/셀 수 있는 명사

예 A lot of people believe the rumor. (많은 사람들이 그 소문을 믿는다.)

예 Plenty of milk is still delivered to the school. (충분한 우유가 여전히 그 학교로 배달된다.)

02 　주어와 동사의 수일치

1 개념

주어와 동사는 단 · 복수가 서로 일치해야 한다. 주어가 3인칭 단수, 현재시제일 경우 동사에 '-s'를 붙인다.

예 Love never dies a natural death. (사랑은 결코 자연 소멸하지 않는다.)

예 Faith makes all things possible. (믿음은 모든 것을 가능하게 한다.)

2 주어가 길거나 복잡한 경우: 수식어를 묶어 준다.

(1) 전치사구의 처리를 통한 의한 주어-동사 수일치

예 Most (of the students) (in the classroom) were accepted (by the university).
　(그 학급 학생들의 대부분이 그 대학에 의해 받아들여졌다.)

예 The number (of people) (taking cruises) continues to rise.
　(유람선 여행을 하는 사람들의 수는 지속적으로 늘어나고 있다.)

(2) 동격어구에 의한 주어-동사 수일치

> 예 Most mammals, (animals that raise their young with milk), are covered with hair or fur.
>
> (대부분의 포유동물들은 자신의 새끼를 우유로 기르는 동물들로, 머리카락이나 털로 덮여 있다.)
>
> 예 Tom, (one of my best friends), was born in April 4th, 1985.
>
> (나의 가장 친한 친구들 중 한 명인 Tom은 1985년 4월 4일에 태어났다.)

(3) to부정사구에 의한 주어-동사 수일치

> 예 There are many issues (to be resolved in the world).
>
> (세상에는 해결해야 할 많은 문제들이 있다.)
>
> 예 Our ability (to think and speak) separates us from other mammals.
>
> (생각하고 말하는 능력은 우리를 다른 포유류와 구별해 준다.)

(4) 분사구에 의한 주어-동사 수일치

> 예 Books (written by female writers) sell well.
>
> (여성 작가에 의해 쓰인 책들이 잘 팔린다.)
>
> 예 One person (staying at the hotel) uses electricity 28 times more than a local resident.
>
> (그 호텔에 투숙하는 한 사람이 쓰는 전기는 지역 거주민 한 사람보다 28배나 더 많다.)

(5) 관계사절에 의한 주어-동사 수일치

> 예 The classes (which are listed in the notice) are required courses.
>
> (대학 게시판에 열거된 수업들은 필수 강좌이다.)
>
> 예 The item (that he stole) was a two-dollar toy.
>
> (그가 훔쳤던 물건은 2달러짜리 장난감이었다.)

(6) 선행사와 주격 관계대명사절 속 동사와의 수일치

> 예 We have a friend (who plays the violin very well.)
>
> (우리에게는 바이올린을 아주 잘 연주하는 한 친구가 있다.)
>
> 예 There are also data (that tell us that a person's environment can affect intellectual functioning).
>
> (개인의 환경이 지적 기능에 영향을 미칠 수 있다는 것을 우리에게 말해 주는 자료가 또한 있다.)

❸ 주어의 수를 혼동하기 쉬운 경우의 주어-동사 수일치

(1) A and B와 Both A and B: 복수 취급

예 Mary and John always make a mistake before the teacher.

(Mary와 John은 항상 그 선생님 앞에서 실수를 한다.)

더 알아보기

단일 개념 어구는 단수 취급을 한다.

예 Bread and butter is my favorite breakfast.
(버터 바른 빵은 내가 가장 좋아하는 아침식사이다.)

예 Trial and error is the source of our knowledge.
(시행착오는 우리 지식의 원천이다.)

예 *Romeo and Juliet* is one of my favorite plays.
('로미오와 줄리엣'은 내가 가장 좋아하는 희극 중 하나이다.)

예 Early to bed and early to rise makes a man healthy.
(일찍 자고 일찍 일어나는 것은 사람을 건강하게 만든다.)

예 All work and no play makes Jack a dull boy.
(공부만 하고 놀지 않으면 아이는 바보가 된다.)

예 Slow and steady wins the race.
(천천히 그리고 꾸준히 노력하면 경주에 이긴다.)

예 A singer and actor was sued by the producer.
(가수이자 영화배우인 사람이 제작자에 의해 고소당했다.) – 1명
cf. A singer and an actor were sued by the producer.
(한 명의 가수와 한 명의 영화배우가 그 제작자에 의해 고소당했다.) – 2명

(2) B에 수일치: 근접주어 일치 원칙

A or B
Either A or B
Neither A nor B
Not only A but also B
not A but B
B as well as A (※ A는 B에 일치시킨다.)

예 You as well as he are responsible for the failure.

(그 남자뿐만 아니라 너도 그 실패에 책임이 있다.)

(3) 구나 절(동명사구, to부정사구, 명사절): 단수 취급

예 To see is to believe.

(백문이 불여일견이다.)

예 What causes environmental pollution has been listed in this article.

(환경오염을 유발시키는 것들이 이 기사에 나열되어 있다.)

(4) 시간, 거리, 무게, 금액의 단위 개념: 단수 취급

  예 A thousand dollars is a large sum.

  (1,000달러는 큰 금액이다.)

  예 Two years is a long time to serve in the army.

  (2년은 군대에서 보내기에는 긴 시간이다.)

  예 Ten dollars is not enough to buy a cake.

  (10달러는 케이크를 사기에 충분하지 않다.)

(5) the number [of+명사(복수)]+동사(단수): ~의 숫자(수)

  예 The number of students who come late has lately increased.
  　　　　 S 　　　　　　　　　　　　　　　　　 V

  (늦게 오는 학생의 수는 최근에 증가해 왔다.)

(6) a number of+명사(복수)+동사(복수): 많은(= many)

  예 A number of people in the picture are resting.
  　　　 S 　　　　　　　　　　　 V

  (사진 속의 많은 사람들이 쉬고 있다.)

  예 A number of books are clean.
  　　　 S 　　　　 V

  (많은 책들이 깨끗하다.)

(7) 부분 표시어구: of 뒤에 전체를 나타내는 명사의 수에 따라 결정

some
any
half
all
most 　+of+명사+동사: of 뒤에 오는 명사에 수일치
the rest
the majority
분수
%

  예 Some of this water was added by the rain.

  (이 물의 일부에는 비가 첨가되었다.)

  예 Most of the boys are not present.

  (대부분의 소년들은 출석하지 않았다.)

  예 The rest of us need a little help.

  (우리들 중 나머지는 약간의 도움을 필요로 한다.)

(8) more than 명사/more than one of 복수명사: 명사에 수일치

more than 명사, more than one of 복수명사

예 More than one workman was late. (일꾼이 한 명 이상 늦었다.)

예 More than one of workmen were late. (일꾼들 중 한 명 이상이 늦었다.)

(9) Many/Many a

Many＋명사(복수)＋동사(복수)	'많은'으로 해석하며, 동사는 명사에 수일치
Many a＋명사(단수)＋동사(단수)	

예 Many people come here to see the tower.
　(많은 사람들이 그 탑을 보러 여기 온다.)

예 Many a person comes here to see the tower.
　(많은 사람들이 그 탑을 보러 여기 온다.)

4 도치구문의 주어-동사 수일치

(1) There/Here＋동사＋주어

유도부사인 there이나 here로 문장이 시작되는 경우, 뒤에는 '동사＋주어'의 어순으로 도치되며, 동사는 주어에 수일치한다.

예 There are certain things you cannnot accept.
　(당신이 받아들일 수 없는 어떤 것들이 있지요.)

예 Here is no choice but either do or die.
　(하든지 아니면 죽든지 외에는 선택의 여지가 없다.)

03　명사 - 대명사의 일치

1 명사-대명사 수일치

예 The company gave its employees bonuses.
　(그 회사는 직원들에게 보너스를 지급했다.)

예 Women can be happy by themselves.
　(여자들은 혼자서도 행복할 수 있다.)

② 명사–대명사 인칭 일치

예 Every little girl looks up her mother so much; that's your first hero. (○)

Every little girl looks up their mother so much; that's your first hero. (×)

(모든 여자아이는 그녀의 어머니를 몹시 존경한다. 그분은 바로 당신의 첫 번째 영웅이다.)

③ 명사–대명사 성(性) 일치

예 The company opened its overseas branch. (그 회사는 해외 지사를 열었다.)

예 Garry introduced us to some friends of his. (Garry는 우리에게 그의 친구들을 소개해 주었다.)

Review

1. 'a number of 복수명사'와 'the number of 복수명사'의 수일치를 확인한다.

   예 A number of protesters <u>were</u> arrested by the police. (많은 시위자들이 경찰에 체포되었다.)

   예 The number of the patients <u>has</u> increased after the hurricane. (허리케인 이후 환자 수가 증가했다.)

2. 'many 복수명사'와 'many a 단수명사'의 동사와의 수일치 문제를 구분한다.

   예 Many a boy <u>attends</u> the programme for the development. (많은 소년들이 발달을 위한 프로그램에 참석한다.)

3. 부분표시 명사(구)/대명사 of + 전체를 나타내는 명사에 따른 수일치를 확인한다.

   예 Most of the politicians <u>suggest</u> building the indoor gymnasium.

   　 (대부분의 정치인들은 실내 체육관 건립을 제안한다.)

4. 근접주어의 원칙이 적용되는 등위상관접속사는 수일치 문제인지 확인한다.

   예 Either John or I <u>am</u> to blame for the accident. (그 사고는 John이나 나 둘 중 한 사람의 탓이다.)

5. 학문(학과) · 국가 · 운동 · 질병 이름 따위의 주어와 동사의 수일치를 확인한다.

   예 Measles <u>is</u> dreadful. (홍역은 끔찍하다.)

   예 Economics <u>is</u> difficult to learn. (경제학은 배우기 어렵다.)

   예 Statistics <u>show</u> that the population of Seoul is over 13 million. (통계에 따르면 서울의 인구는 1,300만 명이 넘는다.) – 통계 자료 〈복수 취급〉

6. 집합명사와 군집명사의 수일치 문제를 확인한다.

   예 Ten years <u>have</u> passed since he died. (그가 죽은 지 10년이 지났다.) – 1년, 2년이 지나 10년이 되었으므로 복수 취급[세월]

   예 Ten years <u>is</u> a long time to wait. (10년은 기다리기에 긴 시간이다.) – 시간 · 거리 등은 하나의 단위로 봄

7. 주어와 동사의 수일치를 기본 원칙으로 한다.

   예 She <u>teaches</u> English at a middle school. (그녀는 중학교에서 영어를 가르친다.)

8. 동사와 동사의 시제 일치를 기본 원칙으로 한다.

   예 He says that he <u>will</u> go abroad in the future. (그는 미래에 외국에 갈 것이라고 말한다.)

9. 명사(구)의 단 · 복수와 동사의 수일치뿐만 아니라 격의 일치도 확인해야 한다.

   예 The children learns how to deal with <u>their</u> problems. (그 아이들은 그들의 문제를 다루는 법을 배웁니다.)

10. 선행사와 주격 관계대명사 뒤의 동사의 수일치, 태의 일치를 항상 확인한다.

    예 The jobs which <u>are</u> given to the youth are limited every year. (청년들에게 주어지는 일자리는 매년 제한적이다.)

※ 주어와 동사의 수일치는 시험에서 가장 출제 비율이 높은 문제 중 하나로 명사와 동사, 명사와 대명사, 형용사와 명사 간에 등장하는 수일치에 대한 집중학습이 필요하다.

11 | 준동사 I (동명사와 to부정사)

01 동명사

1 개념

동명사는 동사적 특징을 수반하며 명사의 역할을 한다. 따라서 문장에서 주어, 목적어, 보어, 동격의 기능으로 사용된다.

2 주어 역할: 단수 취급

예 Making a mistake is always common to man. (실수를 하는 것은 항상 인간에게 흔한 일이다.)

예 Being punctual is the virtue everyone must have.

(시간을 엄수하는 것은 모든 사람들이 갖추어야 할 미덕이다.)

3 목적어 역할

(1) 타동사의 목적어

예 No one would suggest ignoring news about your investment.

(아무도 당신의 투자에 관한 소식을 무시하라고 제안하지는 않을 것이다.)

더 알아보기

동명사를 목적어로 취하는 완전 타동사

긍정적 의미	admit, keep, forgive, appreciate, suggest, enjoy, consider, practice 등
부정적 의미	mind, avoid, escape, postpone, deny, quit, finish, abandon, delay, resist, risk, discontinue, give up 등

예 I will keep going to the top of the mountain. (나는 그 산의 정상까지 계속 갈 것이다.)

예 Would you mind opening the door? (문 좀 열어 주시겠습니까?)

(2) 전치사의 목적어

예 I'm not interested in being Don Quixote. (나는 돈키호테가 되는 것에는 관심이 없다.)

예 She walked out of the front door without looking back.

(그녀는 뒤도 돌아보지 않고 앞문으로 걸어 나갔다.)

4 보어 역할

보어에는 사람보다 동작을 나타내는 명사, 명사구, 명사절이 주로 등장한다.

예 The government's role is keeping peace. (정부의 역할은 평화를 지키는 것이다.)

02 to부정사

1 개념

to부정사는 명사, 형용사, 부사의 역할을 한다.

2 명사 역할

주어, 목적어, 보어 기능을 하며 '~하기, ~하는 것'의 의미이며, 단수 취급한다.

(1) 주어

예 To learn other languages is not easy.

= It is not easy to learn other languages.

(다른 언어를 배우는 것은 쉽지 않다.)

예 To break a habit is much more difficult than you'd expect.

= It is much more difficult than you'd expect to break a habit.

(습관을 깨기란 예상보다 훨씬 어렵다.)

(2) 목적어

타동사의 목적어로 사용할 수 있지만 전치사의 목적어로는 사용되지 않는다.

예 I hope to see more of you. (너를 더 자주 만났으면 좋겠다.)

더 알아보기

to부정사를 목적어로 취하는 완전 타동사

희망 동사	want, expect, desire, long, hope, wish
계획 동사	plan, mean, intend, prepare
시도 동사	try, attempt, seek, strive
기타	afford, manage, pretend, tend, agree, decide, hesitate, refuse, fail, determine, deserve, need, dare

예 She attempted to solve the question. (그녀는 그 문제를 푸는 것을 시도했다.)

예 She managed to pass the exam. (그녀는 그 시험을 간신히 통과했다.)

(3) 보어

① 주격 보어

예 My duty is to arrive at the place on time.

(나의 의무는 정각에 그 장소에 도착하는 것이다.)

② 목적격 보어

예 She advised me not to quit the job. (그녀는 나에게 일을 그만두지 말라고 충고했다.)

더 알아보기

to부정사를 목적어로 취하는 불완전 타동사

주장 · 요구 · 명령 · 제안 동사	advise, order, urge, ask, require, recommend, impel, force, compel
준사역동사	get, help
유도 동사	cause, allow, permit, enable, encourage, motivate, stimulate, lead, teach, tell, admit
희망 동사	want, expect, wish

예 He ordered me to go to school. (그는 나에게 학교를 가라고 명령했다.)

예 He got me to repair his watch. (그는 나로 하여금 그의 시계를 고치게 했다.)

---

③ be+to부정사

예 You are to hand in your homework by this afternoon. (의무)

(너는 오늘 오후까지 너의 숙제를 제출해야 한다.)

예 The famous musician is to arrive soon. (예정)

(유명한 음악가가 곧 도착할 예정이다.)

예 The couple were never to meet again. (운명)

(그 커플은 다시 만나지 못할 운명이었다.)

예 Nothing was to be heard with noise. (가능)

(소음으로 인해 아무것도 들리지 않았다.)

예 If you are to succeed in the exam, you must study hard. (의도/소망)

(만약 당신이 그 시험에 성공하려면, 당신은 열심히 공부해야만 한다.)

(4) 의문사+to부정사: 명사적 기능

예 She hasn't decided where to stay during her trip.

(그녀는 여행하는 동안 어디서 머물지 결정하지 않았다.)

3 형용사 역할

−thing, −body, −one으로 끝나는 대명사를 수식하는 역할을 하며 '∼해야 할, ∼ 할 수 있는' 또는 '∼하기 위한'의 의미를 가진다. 이때 형용사가 오면 to부정사는 형용사 뒤에 온다.

예 Would you like something to drink? (마실 것 좀 드릴까요?)

예 I have something cold to drink. (나는 시원한 마실 것이 있다.)

(1) to부정사의 후치수식을 받는 명사

① ability, attempt, effort, plan, chance, opportunity, way, method, willingness 등

예 Some animals have lost the ability to fly.

(일부 동물들은 날 수 있는 능력을 잃었다.)

② 서수/최상급/the only/the very/the next + 명사

예 He is the last man to tell a lie.

(그는 결코 거짓말을 할 사람이 아니다.)

(2) to부정사 + 전치사: to부정사가 수식하는 명사가 전치사의 목적어일 경우

예 I need something to write on. [나는 쓸 것을 원한다. (종이)]

I need something to write with. [나는 쓸 것을 원한다. (연필)]

I need something to write. [나는 쓸 것을 원한다. (소재/주제/테마)]

예 Paying off his debts left him nothing to live on.

(그는 빚을 갚고 나니 먹고 살아갈 수가 없게 되었다.)

4 부사 역할

to부정사가 동사, 형용사, 다른 부사를 수식하는 부사의 역할을 한다.

(1) 목적: ∼하기 위하여

예 To pass the exam next year, I will try to do my best.

(내년도 시험에 합격하기 위해서, 나는 최선의 노력을 다할 것이다.)

(2) 원인: ∼해서

예 She was so glad to hear that.

(그녀는 그것을 듣게 되어서 기뻤다.)

(3) 결과: ∼해서 결국 …하게 되다

예 She lived to be a hundred years old.

(그녀는 살아서 결국 100세가 되었다.)

(4) 형용사나 부사 수식

① too ~ (형용사/부사) to+동사원형: 너무 ~해서 …할 수 없다

    예 She is too old to walk for more than two hours.

    (그녀는 너무 나이가 들어서 두 시간 이상 걸을 수 없다.)

② (형용사/부사) enough to+동사원형: ~할 만큼 충분히 …하다

    예 He is old enough to get married.

    (그는 결혼을 할 만큼 충분히 나이가 들었다.)

03 준동사의 형태 변화

1 개념

준동사는 동사가 뿌리이기 때문에 시제, 태(능동 · 수동), 상(진행 · 완료)을 반영한다.

2 능동태와 수동태

(1) 동명사의 능동형 · 수동형

능동형	–ing
수동형	being p.p.

예 She dislikes speaking ill of others.

    (그녀는 남을 험담하길 싫어한다.)

예 She dislikes being disturbed when she is busy.

    (그녀는 직장에서 바쁠 때 방해받는 것을 싫어한다.)

(2) to부정사의 능동형 · 수동형

능동형	to+동사원형
수동형	to+be p.p.

예 She tried to show me how to drive a car.

    (그녀는 나에게 운전하는 방법을 보여 주려고 했다.)

예 Coconuts are said to be used in India to catch monkeys.

    (코코넛은 원숭이를 잡기 위해 인도에서 사용된다고 한다.)

to부정사의 특징

A. to부정사의 주어가 동작의 주체이면 능동태로 표현하지만, 주어가 동작을 당하는 대상이 되면 수동태로 표현한다.

　예 He has many friends to help. (그는 도와주어야 할 많은 친구들이 있다.)

　　→ 주어(He)가 의미상 주어이다.

　예 There is some paper to be used. (쓰일 수 있는 종이가 조금 있다.)

　　→ paper는 use를 당하는 대상이므로 to be used라는 수동의 형태가 사용된다.

B. There+be동사 구문에서 to부정사는 능동과 수동의 형태가 모두 가능하다.

　예 We have many issues to resolve. (우리는 해결할 많은 문제들을 가지고 있다.)

　There are many issues to be resolved. (해결되어야 할 많은 문제들이 있다.)

　There are many issues to resolve. (해결해야 할 많은 문제들이 있다.)

(3) 수동의 의미를 가지는 need, want, require, deserve+-ing

능동형 동명사를 쓰고 수동 의미를 나타낸다.

예 This door needs painting. (이 문은 페인트칠이 되어야 한다.)

　= This door needs to be painted.

③ 준동사의 시제: 단순시제와 완료시제

단순시제	문장의 본동사의 시제와 준동사가 시제가 같은 경우
완료시제	문장의 본동사의 시제보다 준동사의 시제가 의미상 앞선 경우

예 She is said to be sick. (그녀는 아프다고 한다.)

　　현재　　　단순시제(현재)

예 She is said to have been sick. (그녀는 아팠다고 한다.)

　　현재　　　　완료시제(과거)

(1) 동명사의 시제 변화

단순동명사	-ing
완료동명사	having p.p.

예 She is proud of being diligent.

　(그녀는 자신이 부지런한 것을 자랑스러워 한다.)

예 She is proud of having been diligent in her youth.

　(그녀는 젊었을 때 그녀가 부지런했던 것을 자랑스러워 한다.)

(2) to부정사의 시제 변화

단순 to부정사	to+동사원형
완료 to부정사	to+have p.p.

예 I want to buy some books to read.

　(나는 읽을 만한 몇 권의 책을 사고 싶다.) - 현재 읽고 싶은 책

예 I was happy to have found the book.

　(나는 그 책을 찾게 되어 기뻤다.) - 과거에 잃어버렸던 책

4 부정의 표시

동명사나 to부정사 바로 앞에 not을 붙인다.

동명사의 부정	not+V-ing/not+being p.p./not+having p.p.
to부정사의 부정	not to+동사원형/not+to be p.p./not+to have p.p.

예 I regret not having studied harder when in school.

　(나는 학교 다닐 때 더 열심히 공부하지 않았던 것을 후회한다.)

예 She tried not to cry.

　(그녀는 울지 않으려고 애썼다.)

5 의미상의 주어

준동사가 가진 동사적 특성 때문에 동작의 의미상 주어의 논리성을 맞춰야 한다. 의미상의 주어를 표기하는 방식은 준동사마다 다르다.

(1) 동명사의 의미상의 주어

소유격이 원칙이나 경우에 따라 목적격이나 소유격이 공통으로 가능하며, 문장의 주어와 의미상 주어가 일치하는 경우에는 생략한다.

예 The woman was proud of winning the contest.

　(그 여자는 그 대회에서 자신이 우승한 것을 자랑스러워했다.)

예 The woman was proud of her son's winning the contest.

　(그 여자는 그 대회에서 그녀의 아들이 우승한 것을 자랑스러워했다.)

(2) to부정사의 의미상의 주어

① for+목적격: 일반적

예 This is the house for his parents to live in.

　(이곳은 그의 부모님이 살아갈 집이다.)

예 It was not easy for him to finish the mission in two years.

　　(그가 2년 내에 그 임무를 끝내는 것은 어려웠다.)

② of+목적격: 사람의 성품을 나타내는 형용사가 앞에 오면 for 대신 of를 쓴다.

> 성품(질) 형용사
>
> It+be동사+ ┌thoughtful, honest, nice, kind, wise, clever,┐ +of+목적격+to부정사
> 　　　　　　└foolish, cruel, considerate　　　　　　　┘

예 It is foolish of you to do such a thing. (네가 그런 짓을 하다니 어리석다.)

(3) 일반 주어: 생략이 원칙

예 Seeing is believing. (보는 것이 믿는 것이다.)

6 의미상의 목적어

(1) 준동사의 의미상의 목적어가 같은 절에 존재하면 대명사를 반복해서 쓰지 않는다.

예 She has some money to use. (○) (그녀는 약간의 쓸 돈이 있다.)

　　She has some money to use it. (×) (money = it)

예 She needs a house to live in. (○) (그녀는 살 집이 필요하다.)

　　She needs a house to live in it. (×) (house = it)

예 This mansion is too expensive to buy. (○) (이 저택은 구입하기에 너무 비싸다.)

　　This mansion is too expensive to buy it. (×) (mansion = it)

예 This novel is worth reading. (○) (이 소설은 읽을 만한 가치가 있다.)

　　This novel is worth reading it. (×) (novel = it)

예 The absolute truth is impossible to discover. (○) (절대적인 진실을 발견하기란 불가능하다.)

　　The absolute truth is impossible to discover it. (×)

(2) 준동사의 의미상의 목적어가 다른 절에 있으면 대명사를 써야 한다.

예 This house is so expensive that we can't buy it.

　　(이 집은 너무 비싸서 우리가 구입할 수 없다.)

예 Frescoes are so familiar a feature of Italian churches that they are easy to take them for granted. (프레스코는 이탈리아 교회의 익숙한 요소이기 때문에 그것들을 당연하게 생각하기 쉽다.)

■ 주요 동명사 구문

(1)

cannot help/avoid/resist −ing	~할 수밖에 없다
cannot but+동사원형 cannot choose but+동사원형 have no choice/alternative but to+동사원형 There is nothing for it but to+동사원형	~하지 않을 수 없다

예 I couldn't help laughing at the funny story.

(나는 그 재밌는 이야기에 웃지 않을 수 없었다.)

(2)

never A without B(−ing)	A하면 반드시 B한다

예 They never meet without quarrelling.

(그들은 만나기만 하면 반드시 다툰다.)

(3)

$$
\text{be on the}+ \begin{cases} \text{point} \\ \text{verge} \\ \text{edge} \\ \text{brink} \end{cases} +\text{of −ing 막 ~하려던 참이다(= be about to+동사원형)}
$$

예 She was on the point of leaving for resort.

= She was about to leave for resort.

(그녀는 막 휴양지를 향해 떠나려던 참이었다.)

(4)

make a point of −ing be ~in the habit of −ing make it a rule to+동사원형	~하는 것을 규칙으로 삼다

예 I made a point of getting up at six every morning.

(나는 매일 아침 여섯 시에 일어나는 것을 규칙으로 삼았다.)

(5)

> There is no –ing ～하는 것은 불가능하다
> It is no use/good –ing ～해봤자 소용없다
> It goes without saying that ～ (주어＋동사) ～은 두 번 말할 필요도 없다

예 There is no deceiving him.

(그를 속이는 일은 불가능하다.)

예 It is no use telling a lie.

(거짓말을 해도 소용없다.)

예 It goes without saying that honesty is the best policy.

(정직이 최상의 정책임은 말할 필요도 없다.)

2 핵심 동명사 구문

(1)

$$have + \begin{bmatrix} \text{difficulty} \\ \text{trouble} \\ \text{a hard time} \end{bmatrix} +(in) \; -ing \quad \text{～하는 데 어려움을 겪다}$$

예 One of the puppies had trouble (in) walking.

(강아지들 중 한 마리가 걷는 데 어려움을 겪었다.)

(2) be busy (in) –ing: ～하느라 바쁘다

예 She was busy preparing for the test.

(그녀는 시험을 준비하느라 바빴다.)

(3)

> spend＋시간/돈 (in) –ing
> spend[waste]＋시간/돈＋on[for]＋명사   ～하는 데 (시간/돈)을 쓰다/낭비하다

예 She spent her time worrying about her future.

(그녀는 그녀의 미래에 대해 걱정하는 데 시간을 보냈다.)

(4) be worth/worthy of –ing: ～할 만한 가치가 있다

예 The book is worth reading.

= The book is worthy of reading.

(그 책은 읽을 만한 가치가 있다.)

(5)

> insist on –ing ～을 주장하다/고집하다
> keep on –ing ～을 계속하다
> feel like –ing ～하고 싶다
> go –ing ～하러 가다

예 She insisted on his golfing with her.

(그녀는 그가 그녀와 골프를 치러 가야 한다고 주장했다.)

❸ 전치사 to+동명사

to+동사원형이면 부정사 구문이고 전치사와 함께 명사나 동명사를 취하면 전치사구를 형성한다.

(1) look forward to –ing : ～을 학수고대하다

예 She looks forward to seeing you again.

(그녀는 당신을 다시 만나기를 학수고대한다.)

(2) be/become/get used[accustomed] to –ing : ～에 익숙하다

예 She is accustomed to living in a big city alone.

(그녀는 대도시에서 혼자 사는 데 익숙하다.)

(3) object to –ing : ～에 반대하다(= be opposed to –ing)

예 She objected to being treated like a child.

(그녀는 아이처럼 취급당하는 것에 반대했다.)

(4)

> be addicted to –ing ～에 중독되다
> be exposed to –ing ～에 노출되다

예 She was addicted to drinking coffee.

(그녀는 커피 마시는 것에 중독되었다.)

(5)

> devote oneself to –ing ～에 헌신하다
> contribute to –ing ～에 기여하다

예 She devoted herself to helping the poor.

(그녀는 가난한 사람들을 돕는 데 헌신했다.)

4 전치사+−ing 형태의 부사구

(1) On −ing: ∼하자마자(= Upon −ing)

> 예 On seeing me, she burst into tears.
>
> (나를 보자마자 그녀는 울음을 터뜨렸다.)

(2) In −ing: ∼할 때

> 예 In studying English, which part is the most difficult?
>
> (영어를 공부할 때 어느 부분이 가장 어렵니?)

(3) Besides −ing: ∼하는 것 외에도

> 예 Besides studying music, she teaches English at school.
>
> (음악을 공부하는 것 외에도 그녀는 학교에서 영어를 가르친다.)

(4) Instead of −ing: ∼하는 대신에

> 예 Instead of punishing them for their poor scores, I encouraged students to reach their true
>
> potential.
>
> (그들의 낮은 점수로 벌을 주는 대신에 나는 학생들이 그들의 진정한 잠재력을 발휘할 수 있도록 격
>
> 려했다.)

(5) far from −ing: 전혀 ∼아닌

> 예 I'm far from being an early bird.
>
> (나는 결코 아침형 인간과는 거리가 멀다.)

(6) above −ing: 결코 ∼할 사람이 아닌

> 예 He is above breaking the rules.
>
> (그는 결코 규칙을 어길 사람이 아니다.)

더 알아보기

절에서 구로 축약

A. She insisted that he should attend the meeting. (명사절)

= She insisted on his attending the meeting. (명사구)

(그녀는 그가 그 모임에 참석해야만 한다고 주장하였다.)

B. She doesn't know how she should drive a car. (명사절)

= She doesn't know how to drive a car. (명사구)

(그녀는 자동차를 운전하는 방법을 모른다.)

C. When she is compared with her sister, she is not very tall. (부사절)

= Compared with her sister, she is not very tall. (부사구)

(그녀와 그녀의 언니를 비교할 때, 그녀는 무척 키가 큰 편은 아니다.)

D. She bought the house in which she lived in her childhood. (형용사절)

= She bought the house in which to live in her childhood. (형용사구)

(그녀는 그녀가 어린 시절 살았던 그 집을 구매했다.)

1. 목적격 보어 자리에 to부정사를 취하는 동사를 기억해야 한다.

> cause, ask, urge, forbid, allow, oblige, tell＋목적어＋목적격 보어(to부정사)

2. to부정사를 목적어로 취하는 완전 타동사를 기억해야 한다.

> want, decide, hope, plan, afford, manage＋to부정사

3. 대부정사, to부정사의 형용사적 용법, too ~ to 구문
   - 예 You may go to the concert if you want to. (너는 가고 싶다면 콘서트에 가도 좋다.)
   - 예 I have a pencil to write with now. (나는 지금 쓸 수 있는 연필이 있다.)
   - 예 This question is too difficult for him to solve. (이 질문은 그가 해결하기에는 너무 어렵다.)

4. to부정사의 형용사적 용법 중에서 서술적 용법에 주목하라.
   - be＋to부정사(의무＝당연, 예정, 운명, 가능, 의도/소망)

5. 자동사＋to부정사의 관용표현도 살펴보자.

> seem[appear] to ~처럼 보이다
> happen[chance] to 우연히 ~하다
> manage to 간신히 ~하다
> prove to ~ 임이 판명되다(＝ turn out to be ~)
> come to ~하게 되다
> afford to ~할 여유가 있다

6. 동명사를 목적어로 취하는 동사를 암기하자.

> mind, deny, help, avoid, resist, consider, finish, dislike, discontinue, suggest, appreciate, quit 등

7. 동명사와 to부정사를 목적어로 취할 때 의미가 바뀌는 동사도 암기하자.

> remember, forget, regret, mean, stop, try

   - 예 I remember to send an e-mail for him. (나는 그에게 이메일을 보내는 것을 기억한다.) (미래: 보내야 할 일)
   - 예 I remember sending an e-mail for him last week. (과거: 보냈던 일)
     (나는 지난주에 그에게 이메일을 보냈던 것을 기억한다.)

8. 다음 표현들은 전치사 to를 포함하는 관용표현이다. 이때 to는 to부정사가 아닌 전치사이므로 뒤에는 전치사의 목적어인 (동)명사가 와야 한다.

> What do you say to -ing ~하는 게 어때?
> when it comes to -ing ~에 관한
> with a view to -ing ~할 목적으로
> be used to -ing ~하는 데 익숙하다
> be opposed to -ing ~하는 것을 반대하다
> look forward to -ing ~하는 것을 고대하다

9. 수동형 동명사를 사용하는 문장의 원리를 터득해 두자. V –ing → being+p.p.가 되는 경우를 말한다.

  예 She couldn't help being satisfied with the result of the test.

    (그녀는 시험의 결과에 만족할 수밖에 없었다.)

10. 동명사의 관용적 표현도 기억해 두자.

> There is no –ing ~하는 것은 불가능하다
>
> It is no use –ing ~해도 소용이 없다
>
> It goes without saying that+주어+동사 ~은 두말할 필요도 없다
>
> feel like –ing ~하고 싶다
>
> make a point of –ing ~하는 것을 규칙으로 삼다
>
> have difficulty/trouble/a hard time (in) –ing ~하는 데 어려움을 겪다
>
> be busy –ing ~하느라 바쁘다

※ 준동사는 동사에 준하는 동사, 즉 동사는 아니지만 동사에 약간의 변형을 가하여 동사가 문장에서 명사, 형용사, 부사 역할을 하는 것을 말한다. 준동사에는 to부정사와 동명사, 분사가 있다. 준동사를 이용하여 동사를 다양하게 활용할 수 있고, 효율적으로 의미를 전달할 수 있다.

  예 I hope that I will see you again. (다시 너를 만나리라 기대해.)

    → I hope to see you again.

준동사를 사용하여 that절이 to부정사구로 축약되었다. 또한 준동사의 태생은 동사이기 때문에 동사의 특성은 여전히 가진다.

Chapter

12 | 준동사Ⅱ(분사)

01 분사의 형태와 역할

■ 분사의 형태

분사는 크게 동사의 뒤에 -ing가 붙어 만들어진 현재분사와 각 동사별로 고유의 형태(규칙 변화, 불규칙 변화)를 가지고 있는 과거분사로 구분할 수 있다.

(1) 현재분사

형태	현재분사는 동사의 원형에 -ing를 붙여서 만든다. 예 making, sleeping, running, clapping, jumping, laughing 등
의미	능동과 진행의 의미를 가진다.

① **자동사의 현재분사**: 진행(~하고 있는)

　예 She is looking after a crying baby. (그녀는 울고 있는 한 아기를 돌보고 있다.)

② **타동사의 현재분사**: 능동(~하게 하는)

　예 Bullfighting was a really exciting game. (소싸움은 진정 흥미로운 경기였다.)

(2) 과거분사

형태	과거분사는 각 동사가 가진 고유의 과거분사 형태를 사용한다. 예 made, run, seen, fought, taught, disappeared 등
의미	수동과 완료의 의미를 가진다.

① **자동사의 과거분사**: 완료(~한)

　예 The retired official lives on a government pension.

　　(퇴직한 관료는 정부 연금으로 먹고 산다.)

② **타동사의 과거분사**: 수동(~되는)

　예 A wounded deer leaps the highest.

　　(상처 입은 사슴이 가장 높이 뛴다.)

② 분사의 역할

분사는 문장에서 명사를 수식하는 형용사의 역할과 부사구 역할을 한다.

(1) 형용사 역할

분사는 명사를 수식하거나 주어나 목적어를 보충 설명하는 보어 역할을 한다.

① 명사를 수식하는 분사

명사 앞에서 수식	형용사 역할로 단독으로 명사를 수식할 때는 명사 앞에 온다. 예 The crying baby is my sister's daughter. (울고 있는 아기는 내 누이의 딸이다.) 예 She found a painted wall. (그녀는 페인트가 칠해진 벽을 발견했다.)
명사 뒤에서 수식	• 분사에 목적어나 부사구 등이 수반되어 길어질 때는 명사 뒤에서 수식한다. 예 The baby sleeping in the room is my sister's daughter. (방에서 잠자고 있는 아기는 내 누이의 딸이다.) • 분사가 대명사를 수식하는 경우에는 명사 뒤에서 수식한다. 예 those participating(참가하고 있는 사람들), those invited(초대받은 사람들)

② 보어 역할을 하는 분사

주격 보어	주어를 보충 설명하는 주격 보어 예 The speech was so touching. (그 연설은 정말 감동적이었다.) 예 She stood surrounded by her friends. (그녀는 그녀의 친구들로 둘러싸여 있었다.)
목적격 보어	목적어를 보충 설명하는 목적격 보어 예 We found the lecture boring. (우리는 그 강의가 지루하다는 것을 알게 되었다.) 예 I want to have this letter sent by express mail. (나는 이 편지를 속달 우편으로 발송하고 싶다.)

(2) 부사 역할

분사는 부사절을 축약시킨 분사구문의 형태로 부사구를 이끈다.

예 Walking along the street, I met an old friend of mine.

(거리를 따라 걷다가, 나는 오랜 친구를 만났다.)

③ 특수한 형태의 분사

(1) 분사형 형용사

능동, 수동의 의미와는 관계없이 '형용사'로 굳어진 분사어이다.

unexperienced 미숙한	learned 박식한
experienced 노련한	renowned 유명한
skilled 숙련된	certified 인증된
estimated 추정된	established 기성의, 기존의
frozen 냉동의	educated/informed 많이 아는
distinguished 저명한	lacking 부족한
missing 없어진	leading 일류의
promising 유망한	compromising 더럽히는, 평판을 떨어뜨리는
convincing 설득력이 있는	celebrated 저명한

(2) 유사분사

'형용사/부사+-ed'의 형태로 '~한 …을 가진'을 의미하는 분사를 유사분사라고 한다.

a red-haired lady 빨간 머리의 여성	a broad-minded teacher 관대한 선생님
a good-natured partner 마음씨 좋은 파트너	a semi-skilled worker 반숙련공
a hot-tempered boy 다혈질의 소년	a red-colored rose 빨간 장미
a strong-willed athlete 강한 의지의 선수	a blue-eyed foreigner 파란 눈의 외국인

(3) 다른 품사와 결합하여 사용되는 분사

분사는 부사, 형용사, 명사와 결합되어 사용되기도 한다.

well-educated 교양 있는	half-baked 미숙한
well-known 잘 알려진	good-looking 잘생긴
hard-working 열심히 일하는	epoch-making 획기적인
ready-made 만들어져 있는	self-made 자수성가한
time-consuming 시간 소모적인	well-read 박식한
well-dried 잘 마른	well-bred 잘 자란

(4) 분사의 명사 용법: the+분사 = 명사

① 복수 취급

the wounded/injured 부상자들	the aged 노인들
the unemployed 실업자들	the dying 죽어 가는 사람들
the living 살아 있는 사람들	the handicapped/disabled 장애인들

② 단수 취급

the accused 피고	the deceased 고인
the condemned 사형수	the insured 피보험자

02 동사의 종류에 따른 분사

■ 감정 유발 동사와 분사

감정 유발 타동사는 사람과 만나면 과거분사를 취하고 사물과 만나면 현재분사를 취한다.

> 예 You are convinced! (당신은 확신하고 있군요!)
> 예 Your opinion is convincing! (당신의 의견은 설득력이 있군요!)
> 예 It was a really exciting game. (그것은 정말 흥미진진한 게임이었다.)
> 예 He calmed down the excited audience. (그는 흥분한 청중들을 진정시켰다.)
> 예 The surprising news made us perplexed. (그 놀라운 소식이 우리를 당황스럽게 만들었다.)
> 예 I found a surprised girl. (나는 한 놀란 소녀를 발견했다.)
> cf. I found that he was a boring man. (나는 그가 지루한 사람이란 걸 알았다.)

② 자동사와 분사

자동사의 현재분사는 진행의 의미를 나타내고, 과거분사는 완료의 의미를 나타낸다.

> 예 The sleeping dog lies in front of the door. (잠자는 개가 문 앞쪽에 있다.)
> 예 I always feel alone because of the fallen leaves on the street.
>   (거리에 떨어진 낙엽 때문에 나는 항상 외로움을 느낀다.)

③ 타동사와 분사

타동사의 현재분사는 능동과 진행의 의미를, 과거분사는 수동과 완료의 의미를 나타낸다.

> 예 He always suggests his convincing opinion in the team.
>   (그는 항상 팀에 설득력 있는 의견을 제시한다.)
> 예 The wounded soldiers were taken to the nearby hospitals.
>   (부상당한 군인들이 가까운 병원으로 이송되었다.)

더 알아보기

헷갈리기쉬운 자 · 타동사

fall–fell–fallen (자)	떨어지다	fell–felled–felled (타)	넘어뜨리다
lie–lay–lain (자)	눕다, 놓여 있다	lay–laid–laid (타)	눕히다, 낳다, 놓다
rise–rose–risen (자)	오르다, 뜨다	raise–raised–raised (타)	올리다, 키우다
sit–sat–sat (자)	앉다	seat–seated–seated (타)	앉히다

03 분사구문

1 개념

분사로 시작하는 구문으로 주절을 수식하는 부사구의 역할을 분사구문이라고 한다. 부사절에서 부사구로 축약된 것이다.

예 Seeing such a terrible scene, he screamed. (그렇게 끔찍한 장면을 보고, 그는 소리를 질렀다.)

예 Wanting to pass the test, he studied very hard.

(그 시험에 합격하는 것을 원하기 때문에, 그는 매우 열심히 공부했다.)

2 분사구문 만드는 법

시간·조건·원인·양보·부대상황을 나타내는 부사절에서 접속사를 생략하고, 주절의 주어와 중복되는 종속절의 주어를 생략한 후, 주어와 동사의 관계가 능동이면 현재분사, 수동이면 과거분사를 쓴다.

예 When I returned home, I felt tired.

= Returning home, I felt tired.

(집에 돌아왔을 때, 나는 피곤함을 느꼈다.)

예 When I was offered a chance, I took it.

= Offered a chance, I took it.

(기회를 부여받았을 때, 나는 그것을 잡았다.)

3 분사구문의 의미

(1) 시간: ~할 때, ~하는 동안

예 Walking down the street, I met a friend.

= While I walked down the street, I met a friend.

(길을 따라 걷는 동안 나는 한 친구를 만났다.)

(2) 조건: 만약 ~이라면, ~한다면

예 Turning to the left, you will find City Hall.

= If you turn to the left, you will find City Hall.

(왼쪽으로 돌면, 당신은 시청을 발견할 것이다.)

(3) 이유: ~이기 때문에

예 Being sick, she was absent from school.

= Because she was sick, she was absent from school.

(아파서 그녀는 학교에 결석했다.)

(4) 양보: ~일지라도, ~이지만

예 Admitting you are right, I cannot forgive you.

= Even if I admit you are right, I cannot forgive you.

(네가 옳다는 것은 인정하지만, 나는 너를 용서할 수 없다.)

(5) 부대상황: ~하면서, 그리고 …하다

예 Smiling brightly, she answered "Yes."

= While she smiled brightly, she answered "Yes."

(밝게 웃으며 그녀는 "네."라고 대답했다.)

4 분사구문의 시제

능동형		수동형	
단순분사구문	–ing	단순분사구문	being p.p.
완료분사구문	having p.p.	완료분사구문	having been p.p.

예 When I felt the earthquake, I ran out of the house.

= Feeling the earthquake, I ran out of the house. 〈단순분사구문〉

(지진을 느꼈을 때, 나는 집 밖으로 뛰어나갔다.)

예 As I felt shame, I don't want to go there.

= Having felt shame, I don't want to go there. 〈완료분사구문〉

(수치심을 느꼈기 때문에, 나는 거기에 가고 싶지 않다.)

5 능동태와 수동태

능동형	–ing
수동형	being p.p./having been p.p.

예 When it is taken too much, vitamin C can be harmful.

= (Being) Taken too much, vitamin C can be harmful.

(지나치게 많이 섭취되면, 비타민 C는 해로울 수 있다.)

예 As she conducts experiments with chemicals, she's very attentive.

= Conducting experiments with chemicals, she's very attentive.

(화학 물질을 가지고 실험을 하므로, 그녀는 매우 주의를 기울인다.)

6 주의해야 할 분사구문

(1) 부정의 표시

분사의 바로 앞에 not을 붙여 부정의 의미를 만든다.

예 Not knowing her, I didn't answer her question.

（그녀를 알지 못하므로, 나는 그녀의 질문에 답하지 않았다.）

(2) 접속사＋분사

접속사를 생략하는 것이 원칙이나, 분사구문의 의미를 명확하게 하기 위해 접속사를 그대로 두기도 한다.

예 While working at a hospital, she saw her first air show.

（병원에 근무하는 동안, 그녀는 처음으로 비행기 공중 곡예를 보았다.）

(3) with 분사구문 : '～가 …한 채'

목적어와 목적격 보어의 관계가 능동이면 목적격 보어의 형태는 현재분사가 되고, 수동이면 과거분사가 된다.

with＋목적어＋목적격 보어(현재분사/과거분사, 형용사, 부사, 전치사구)

예 With his arms folded, he lay down on the bench.

（팔짱을 낀 채, 그는 벤치에 누워 있었다.）

예 With the TV turned on, he slept on the sofa.

（TV를 켜 둔 채, 그는 소파에서 잠들었다.）

예 With night coming on, they began to leave the party place.

（밤이 다가옴에 따라, 그들은 그 파티 장소를 떠나기 시작했다.）

(4) 독립분사구문

주절의 주어와 종속절의 주어가 다를 때, 종속절의 주어를 분사구문의 의미상의 주어로 분사 앞에 쓰는데, 반드시 주격으로 쓴다.

예 The woman being sick, we didn't invite her to the party.

（그 여자가 아파서, 우리는 그녀를 파티에 초대하지 않았다.）

예 There being no objection, the meeting could end in ten minutes.

（반대가 없었기 때문에, 그 회의가 10분 내로 끝날 수 있었다.）

예 It being cold outside, I stayed in bed and slept.

（바깥 날씨가 추워서, 나는 침대에 누워 있다가 잤다.）

예 The sun having set, we gave up looking for them.

（해가 져서, 우리는 그들을 찾는 것을 포기했다.）

(5) 비인칭 독립분사구문: 관용표현으로 익혀 둔다.

의미상 주어가 일반 주어(we, they, you)인 경우에는 의미상 주어를 생략한다. 이를 비인칭 독립분사구문이라 한다.

roughly speaking 대략적으로 말하면	frankly speaking 솔직히 말하자면
strictly speaking 엄밀히 말해서	generally speaking 일반적으로 말해서

예 Frankly speaking, he is not much of a scholar.

(솔직히 말하자면, 그는 대단한 학자는 아니다.)

만일 ~라면	providing/provided
	supposing/suppose
	assuming
~이라고 할지라도	granting/granted
	admitting
	allowing
~을 고려하면	considering/given
~을 보면(~이기 때문에)	seeing
~에 관해	concerning
	regarding
~와 비교하면	compared with
~에 따라서	depending on

예 Considering his age, he has really good eyesignt.

(그의 나이를 고려해 보면, 그는 매우 시력이 좋다.)

예 Granting that you are young, you are responsible for your mistake.

(어리다고 할지라도, 당신은 당신의 실수에 책임이 있다.)

예 Depending on the weather, the work can be done.

(날씨에 따라, 그 일은 가능할 수도 있다.)

예 Provided (that) all your work is done, you may go home.

(당신의 일이 다 끝나면, 집에 가도 좋다.)

1. 준동사 자리에 자동사의 과거분사는 불가능하다(수동의 의미일 경우).
2. 분사는 명사의 앞, 뒤에서 명사를 꾸며 주거나 보충해 주는 형용사 역할을 한다.
3. 명사의 뒤에 있는 자동사의 현재분사는 진행의 의미를 나타내는 부사(구)이다.
   예 The women dancing there passionately belong to the club Martin.
      (저쪽에서 열정적으로 춤추는 여성들은 club Martin 소속이다.)
4. 명사의 앞에 있는 타동사의 현재분사는 능동의 의미를 지닌다.

promising 유망한	neighboring 인접한
presiding 주재하는	following 다음의
underlying 근본적인	practicing 활동 중인

5. 명사의 앞에서 수식하는 타동사의 과거분사는 수동의 의미를 지닌다.

authorized 인가받은	qualified 자격을 갖춘
established 확립된	experienced 경험 있는

6. 감정유발동사는 일반적으로 사람이 주어일 때는 과거분사, 사물이 주어일 때는 현재분사로 쓰인다.
   예 I am amazed when I consider how weak my mind is. (내 마음이 얼마나 약한지 생각하면 나는 놀란다.)
7. 부사절을 부사구로 줄여 쓴 분사구문은 주절의 앞이나 뒤 또는 문장 중간에 둘 수 있다.

일반분사구문	예 Written in the 1960s, the novel was not known to people. (1960년대에 쓰여진 이 소설은 사람들에게 알려지지 않았다.)
독립분사구문	예 It being fine tomorrow, the team will begin the special training. (내일 날씨가 좋으면 팀은 특별 훈련을 시작한다.) 예 There being no bus on the street, we had to take a taxi. (거리에 버스가 없어서 택시를 타야 했다.)
비인칭 독립분사구문	Generally speaking, Judging from, Seeing that 등

8. 자동사의 현재분사는 진행의 의미를 나타내고, 과거분사는 완료의 의미를 나타낸다.
   예 The sleeping dog lies in front of the door. (잠자고 있는 개가 문 앞 쪽에 있다.)
   예 I always feel alone because of the fallen leaves on the street.
      (거리에 떨어진 낙엽 때문에 나는 항상 외로움을 느낀다.)
9. 타동사의 현재분사는 능동과 진행의 의미를, 과거분사는 수동과 완료의 의미를 나타낸다.
   예 He always suggests his convincing opinion in the team.
      (그는 항상 팀에 설득력 있는 의견을 제시한다.)
   예 The wounded soldiers were taken to the nearby hospitals.
      (부상당한 군인들이 가까운 병원으로 이송되었다.)

※ 현재분사와 과거분사는 문장 속에서 형용사 역할을 수행한다.
   예 Half of the students are experiencing worrying levels of exam stress.
      (학생의 절반은 걱정되는 수준의 시험 스트레스를 받고 있다.)
   예 A flooded car is cheap. (침수된 차는 저렴하다.)

13 | 형용사·부사

01 형용사 · 부사의 역할과 위치

1 형용사의 역할

(1) 명사를 수식

명사의 앞 또는 뒤에서 명사의 상태나 성질을 수식하는 한정 용법이 있다.

> 형용사/분사+명사

예 It is an <u>interesting</u> book. (그것은 재미있는 책이다.)

예 She is a <u>beautiful</u> <u>young</u> woman. (그녀는 아름다운 젊은 여성이다.)

(2) 주어 또는 목적어를 서술

주어 또는 목적어의 상태나 성질을 보충하는 서술적 용법이 있다.

> 주어+동사+형용사(주격 보어)/부사 (×)

예 She kept <u>silent</u> at the meeting. (그녀는 회의 시간에 침묵을 지켰다.)

> 주어+동사+목적어+형용사(목적격 보어)/부사 (×)

예 Stress causes insomnia by making it <u>difficult</u> to sleep well. (○)

Stress causes insomnia by making it difficulty to sleep well. (×)

(스트레스는 잠을 잘 자는 것을 어렵게 함으로써 불면증을 유발한다.)

2 부사의 역할

(1) 동사를 수식

수식하는 동사의 앞 또는 뒤에서 동사를 보충 설명한다.

예 She sings beautifully. (그녀는 아름답게 노래한다.)

(2) 다른 수식어를 수식

형용사, 분사, 동사 그리고 부사와 같은 수식어의 앞 또는 뒤에서 의미를 보충 설명해 준다.

부사＋형용사/분사

예 She has a very expensive dress. (그녀는 매우 고가의 드레스를 가지고 있다.)

예 She is smiling alone. (그녀는 홀로 미소짓고 있다.)

예 They don't look like a newly married couple. (그들은 새로 결혼한 커플로 보이지 않는다.)

부사＋부사

예 The A team rounded up the mission very neatly.
(A 팀은 그 임무를 매우 깔끔하게 마무리했다.)

더 알아보기

강조부사는 수식하는 부사 바로 앞에 둔다.

예 Puritans and Quakers regarded excessive personal debt as a sin, views that widely and firmly were held until relatively recently. (○)

Puritans and Quakers regarded excessive personal debt as a sin, views that widely and firmly were held until recently relatively. (×)

(청교도와 퀘이커 교인들에게 지나친 개인의 빚은 죄로, 이는 비교적 최근까지도 넓고도 확고하게 만연되어 있던 견해였었다.)

예 The couple are relatively poorly paid. (그 커플은 비교적 보수를 잘 받지 못한다.)

예 My father is almost completely lack of humor. (나의 아버지는 유머가 거의 하나도 없다.)

---

(3) 문장 전체를 수식

문장 전체를 수식하며 앞이나 뒤에 위치할 수 있다.

예 Unfortunately, we couldn't arrive there in time.
(불행하게도 우리는 제때에 그곳에 도착할 수 없었다.)

02   형용사의 어순

1 개념

명사의 앞에서 한정적으로 명사를 수식하는 것이 일반적이나 몇 가지 예외도 있다.

> a skinny tall model 깡마른 키 큰 모델
> expensive branded bags 비싼 유명 브랜드의 가방들
> authorities concerned 관계 당국들
> something wrong 잘못된 어떤 일

2 여러 개의 형용사가 함께 쓰일 경우

'한정사─수량 형용사─일반형용사'의 순으로 기술한다. 한정사의 종류는 다음과 같다.

전치한정사	all, both, half, double, twice, such 등
중심한정사	a, the, 소유격, 지시형용사, some, any, every, each
후치한정사	서수, 기수, many, much 등

더 알아보기

한정사란?
명사는 그 범위가 한정되어야 한다. book이라는 단어를 예를 들면 우리는 어떤 책인지 알지 못한다. 그저 책이라는 개념만 알 수 있다. 이때 '책'이라는 의미의 범위를 좁혀 주기 위해 the book, my book, this book 등 관사, 소유격, 지시형용사 등의 일종의 형용사인 한정사를 사용한다. 한정사는 '전치─중심─후치'의 순으로 쓰며 후치한정사를 제외하고서는 각 한정사는 하나씩만 써야 한다. 참고로 형용사의 순서는 '수량(숫자)─대소(big)─상태(bad)─모양(round)─색깔─기원─재료(plastic)'의 순으로 쓰며, 명사와 가까워질수록 그 명사의 속성에 가까워지는 것이 특징이다.

3 이중소유격의 원리

중심한정사는 중복되어 사용될 수 없기 때문에 연이어 쓰지 않고 중심한정사 중 하나를 소유대명사로 바꾼 뒤 전치사 of와 함께 뒤에 위치시키는데 이를 이중소유격이라고 한다.

> 중심한정사+명사+of+소유대명사/명사(구)'s/명사(구)s'

더 알아보기

중심한정사의 사용

> a, an, this(these), that(those)는 소유격과 쓸 수 없다. a my friend (×)
> 따라서 '한정사＋명사＋of＋소유대명사'의 이중소유격 형태로 쓴다. a friend of mine (○)

예 That is no fault of hers. (○)

That is no her fault. (×)

(그것은 그녀의 잘못이 아니다.)

예 Many friends of my father's came to the party. (○)

= Many of my father's friends came to the party. (○)

Many father's friends came to the party. (×)

(나의 아버지의 많은 친구 분들이 그 파티에 오셨다.)

4 형용사가 명사 뒤에서 수식하는 경우

(1)

```
            -thing
            -body
                    +형용사
            -one
            -where
```

예 After graduation she made up her mind to try something interesting.

(졸업 후 그녀는 흥미로운 것을 시도하기로 결심했다.)

(2) 2개 이상의 형용사는 뒤에서 명사를 수식하기도 한다.

예 The young model is beautiful, smart, tall, and fabulous.

(그 젊은 모델은 예쁘고, 영리하고, 키 크고 그리고 멋지다.)

03 부사의 위치

1 일반부사의 위치

장소, 시간, 방법의 일반부사가 함께 사용되는 경우 다음의 어순으로 쓴다.

(1) 일반동사와 등장: 방법＋장소＋시간

예 She studied very <u>hard</u> <u>in the library</u> <u>then</u>.
　　　　　　　　　　방법　　　장소　　　시간

(그녀는 그때 도서관에서 매우 열심히 공부했다.)

(2) 왕래발착동사와 등장: 장소＋방법＋시간

예 She wants to go <u>there</u> <u>by taxi</u> <u>at dawn</u>.
　　　　　　　　　　장소　　방법　　　시간

(그녀는 새벽에 택시로 거기에 가기를 원한다.)

> **더 알아보기**
>
> 왕래발착동사
> go, come, arrive, leave, start 등의 단어가 있으며, 말 그대로 '이동'의 의미를 나타내는 동사다. 이러한 동사들은 현재진행형으로 가까운 미래를 나타내거나 미래를 나타내는 시간부사와 함께 현재시제로 가까운 미래를 나타낼 수 있다.

2 빈도부사(always, usually, often, sometimes, hardly, scarcely, seldom, never)의 위치

빈도부사는 be동사 뒤, 조동사 뒤, 일반동사의 앞에 온다.

예 It always seems impossible until it's done.

(무엇이든 이루어지기 전까지는 불가능한 것처럼 보인다.)

예 We can always begin again.

(우리는 언제든 다시 시작할 수 있다.)

3 부사 enough의 위치

enough가 부사로 '충분히'라고 쓰일 때는 동사/형용사/부사 뒤에 온다. 다만 한정사로 쓰이는 경우 주로 복수명사나 불가산명사 앞에 온다.

예 I am old enough to be arrested.

(나는 체포될 만큼 충분히 나이가 들었다.)

예 I have enough money to last a week.

(일주일을 견디는 데 충분한 돈을 가지고 있다.)

4 부정부사 중복 금지

부정의 부사인 little, hardly, scarcely, rarely, seldom, barely, never 등은 다른 부정어 not, no 따위와 한 문장에 쓰지 않는 것이 원칙이다.

예 She has hardly arrived at work late. (○) (그녀는 직장에 결코 늦게 도착한 적이 없었다.)

She has hardly never arrived at work late. (×)

예 She didn't have money to use. (○) (그녀는 쓸 돈이 전혀 없었다.)

She didn't hardly have money to use. (×)

더 알아보기

이중부정

한 문장에서 부정을 두 번 사용한 표현으로, 긍정의 의미를 갖는다.

A. A not[never/ hardly… 등], without[but/unless] B: 'B하지 않고는 A하지 않는다[A하면 반드시 B한다]'

예 There is no rule but has exceptions. (예외 없는 규칙은 없다.)

→ 'There is no 명사+but 동사~' 구문에서 but은 'that(which)~not'처럼 쓰여 부정어(not)를 포함하고 있으므로, but 다음에 나오는 동사에 부정어가 없어야 한다.

B. never fail to~: 결코 ~하지 않는다

예 My grandson never fails to phone me on my birthday.

(내 손자는 내 생일에 꼭 전화를 건다.)

→ 부정을 의미하는 'never'와 'fail'은 '결코 ~하는 것을 실패하지 않는다'라는 의미로 강한 긍정을 나타낸다.

C. no doubt[without a doubt]: 의심 없이, 확실히

예 No doubt you'll have your own ideas. (분명 당신만의 생각이 있을 겁니다.)

→ '의심', '의혹'을 뜻하는 부정어인 doubt 앞에 부정어인 no[without]을 함께 써서 '의심 없이', '확실한'이라는 의미를 뜻한다.

---

5 타동사+부사: 타동사구의 목적어 위치

> see off, put off, put down, put on, turn over, turn on, turn off, make out, make over

(1) 타동사+명사(구)+부사 (○)&타동사+부사+명사(구) (○)

예 She went to see the sponsor off. (○)

= She went to see off the sponsor. (○)

(그녀는 후견인을 배웅하러 갔다.)

(2) 타동사+대명사+부사 (○)&타동사+부사+대명사 (×)

예 She put it off. (○)

She put off it. (×)

(그녀는 그것을 연기했다.)

6 still ~ not/not ~ yet

still은 빈도부사는 아니지만 빈도부사의 위치를 따르며 부정문에서 still은 부정어 앞에, yet은 부정어 뒤에 위치한다.

예 She still hasn't finished the work.

= She hasn't yet finished the work.

(그녀는 그 일을 아직 끝내지 못했다.)

04 형용사의 종류

1 개념

대명사와 형용사의 역할을 동시에 할 수 있는 대명형용사(지시/의문/부정형용사), 명사의 수나 양을 설명하는 수량 형용사, 명사의 성질이나 상태를 설명하는 성상 형용사로 구분할 수 있다.

2 대명형용사

대명형용사는 대명사가 명사를 수식하는 형용사 역할을 하는 것으로 지시형용사, 의문형용사, 부정형용사가 있다.

지시형용사	지시대명사가 형용사 역할을 하는 것으로, this, that, these, those가 있다. 예 Is there any way of solving these problems? (이 문제들을 해결할 방법이 있나요?)
의문형용사	의문대명사가 형용사 역할을 하는 것으로, what, which, whose가 있다. 예 What school do you want to go to? (너는 어떤 학교에 가고 싶니?)
부정형용사	부정대명사가 형용사 역할을 하는 것으로, some, any, all, either, neither, one, another, other, both 등이 있다. 예 I need some apples for this recipe. (난 이 요리법을 위해 사과가 좀 필요해요.)

3 수량 형용사

수량 형용사는 명사의 수나 양을 설명하는 형용사이다. 특정한 수를 말하는 수사(one, two, first, second)와 많고 적음을 표현하는 부정 수량 형용사(many, much, few, little, a lot of)로 구분한다.

(1) '수량 형용사+측정 단위명사'가 서술 용법으로 사용되면 단위명사는 복수

예 She is seven years old.

(그녀는 일곱 살이다.)

(2) '수량 형용사+수 단위명사'가 수식 용법으로 사용되면 단위명사는 단수

① 수량 형용사(기수)+수 단위명사(지정된 수)(단수)+명사(복수)

수량 형용사	dozen(12) hundred(백) million(백 만) trillion(조)	score(20) thousand(천) billion(십 억)

예 I was flying seven hundred miles to save a dying man.

　　(나는 죽어가는 한 남성을 구하기 위해 700마일을 비행기로 이동하고 있었다.)

② 수량 형용사+측정 단위명사(단수)+명사

수와 측정 단위명사가 하이픈(-)으로 연결되어(복합 형용사) 명사를 수식할 때 측정 단위명사는 단수이다.

측정 단위명사	foot, dollar, square, won, year, day, story

예 10달러짜리 지폐: a ten-dollar bill(○)/a ten-dollars bill(×)

예 100평방피트 크기의 방: a 100-square-foot room(○)/a 100-square-feet room(×)

(3) 막연한 수 단위명사(복수)+of+명사: 막연한 수를 의미할 때 사용

> 명사(복수)+of+명사(복수)+of+~

예 수백 명의 사람들: hundreds of people(○)/hundred of people(×)

예 수천 개의 상자들: thousands of boxes(○)/thousand of boxes(×)

예 The scientist experienced scores of hundreds of failed experiments for each success.

　　(그 과학자는 각각의 실험에서 성공하기까지 수십 수백 번의 실패를 거듭했다.)

4 성상 형용사

(1) 성품 형용사

성격이나 성품을 표현하는 형용사는 다음과 같은 규칙을 따르며 사람 주어가 가능하다.

> It is+성품 형용사+of+의미상 주어+to부정사(진주어)
> thoughtful, considerate, careless 등

예 She is stupid to make such the mistake.

　　= It is stupid of her to make such the mistake.

　　(그녀가 그런 실수를 한 것은 어리석다.)

(2) 난도 형용사

쉽고 어려움을 나타내는 형용사를 난도 형용사라고 하며 사람 주어가 불가능하다.

> It is+난도 형용사+for 의미상 주어+to부정사(진주어)
>
> difficult, easy, hard, tough 등

예 She is easy to do the work. (×)

→ It is easy for her to do the work. (○) (그녀가 그 일을 하기는 쉽다.)

예 He is difficult to meet her. (×)

→ It is difficult for him to meet her. (○)

→ She is difficult for him to meet. (○) (그가 그녀를 만나기는 어렵다.)

※ to부정사의 목적어는 사람이라도 강조를 위해 주어 자리에 올 수 있으며, 목적어 자리는 비워 둔다.

(3) 이성적 판단 또는 감정 형용사

이성적 판단이나 감정을 나타내는 형용사는 아래의 구문을 익혀 둔다.

이성/감정 판단 형용사	important, vital, urgent, necessary, required, essential, advisable, desirable, natural, right

> It is+이성적 판단 · 감정 형용사+for+의미상 주어+to부정사(진주어) (○)
> It is+이성적 판단 · 감정 형용사+that+주어+(should)+동사원형(진주어) (○)

예 It is important for me to finish the work.

= It is important that I (should) finish the work.

(내가 그 일을 끝내는 것은 중요하다.)

(4) 사실 판단 형용사

진위 판단 형용사라고도 하며, 사실 판단 여부를 전달하는 형용사는 아래의 구문을 익혀 둔다.

사실 판단 형용사	clear, true, evident, obvious, explicit, apparent, plain, impossible, probable 등

> It is+사실 판단 형용사+for+의미상 주어+to부정사(진주어) (×)
> It is+사실 판단 형용사+that+주어+동사+(that절이 진주어) (○)

예 It was evident that Tim had taken money from Bernard Park.

(Tim이 Bernard Park의 돈을 훔친 것은 분명했다.)

1 서술적 용법만 가능한 형용사

'a-' 형용사는 서술적 용법(주격 보어, 목적격 보어)으로만 사용되며 한정적 용법으로는 쓰일 수 없다.

afraid, alone, ashamed, alive, asleep, alike, awake, aware

예 He caught a living tiger. (○)

(그는 살아 있는 호랑이를 잡았다.)

예 He caught a tiger alive. (○)

(그는 호랑이 한 마리를 산 채로 잡았다.)

cf. He caught an alive tiger. (×)

2 집합 · 수량 의미 명사를 수식하는 형용사

구분	내용	기준
집합 · 수량 의미 명사	number, quantity, sum, scale, attendance, population, family, audience, income, amount	large/small
수치 의미 명사	demand, supply, price, rate, level, speed, sale, standard, voice, temperature, salary	high/low

예 Propaganda can be compared to other attempts to persuade large audience.

(선전활동은 많은 관중을 설득하려는 다른 시도들과 비교될 수 있다.)

예 The price of the gorgeous car is high. (○)

The price of the gorgeous car is expensive. (×)

The gorgeous car is expensive. (○)

(그 멋진 차의 가격은 비싸다.)

3 어미가 바뀌면서 의미가 바뀌는 형용사

(1) luxurious 사치스러운, 화려한/luxuriant 풍성한

예 There are many luxurious cars in the Mercedes Car Group.

(메르세데스 자동차 그룹에는 호화스러운 차량들이 많이 있다.)

(2) desirable 바람직한/desirous 바라는, 갈망하는

예 Fear has been a desirable driving force of humankind.

(두려움은 인류의 바람직한 원동력이었다.)

(3) economic 경제의/economical 경제적인, 절약하는

　예 They have confronted several economic issues so far.

　　(그들은 지금까지 몇몇 경제 문제에 부딪혀 왔다.)

(4) historic 역사적인/historical 역사를 다루는, 역사에 관한

　예 Lots of historical documents were destroyed when a fire broke out at the museum.

　　(그 박물관에 화재가 발생했을 때 역사에 관한 많은 문서가 파괴되었다.)

(5) imaginary 상상의/imaginable 상상할 수 있는/imaginative 상상력이 풍부한

　예 She is famous as an imaginative writer.

　　(그녀는 상상력이 풍부한 작가로 유명하다.)

(6) intelligent 총명한/intelligible 알기 쉬운/intellectual 지적인

　예 His accent was strong but intelligible.

　　(그의 억양은 강하지만 알기 쉬웠다.)

(7) literary 문학의/literal 문자 그대로의/literate 읽고 쓸 줄 아는

　예 They are engaged in literary work.

　　(그들은 저술업에 종사하고 있다.)

(8) human 인간의/humane 인도적인, 인정이 있는

　예 We should make a caring and humane society.

　　(우리는 배려와 인정이 넘치는 사회를 만들어야 한다.)

(9) considerable 중요한(= important), 상당한/considerate 신중한, 사려 깊은

　예 They have always been considerate of others.

　　(그들은 항상 다른 사람들을 배려해 왔다.)

(10) respectful 공손한, 경의를 표하는/respectable 존경할 만한/respective 각각의

　예 Dr. David is a respectable professor.

　　(David 박사는 존경할 만한 교수이다.)

(11) regrettable 유감스러운/regretful 후회하는

　예 She is regretful to have offended her husband.

　　(그녀는 자신의 남편을 불쾌하게 했던 것을 후회한다.)

(12) successful 성공적인/successive 연속적인/succeeding 이어지는

　예 Team LA won three successive games.

　　(LA 팀은 세 번의 경기를 연속해서 이겼다.)

(13) sensible 지각 있는, 분별력 있는/sensitive 민감한/sensual 관능적인

> 예 The cancer patient was still sensitive to sunlight.
>
> (그 암 환자는 여전히 햇빛에 민감했다.)

(14) industrial 산업의/industrious 부지런한, 근면한

> 예 Ants are industrious insects.
>
> (개미는 부지런한 곤충이다.)

(15) classic 일류의, 전형적인/classical 고전적인, 정통파의

> 예 She was famous for playing classical music.
>
> (그녀는 클래식 음악 연주자로 유명했다.)

4 형용사와 부사의 형태가 같은 경우

단어	형용사	부사
hard	단단한	열심히
late	늦은	늦게
long	긴	길게
far	먼	멀리
fast	빠른	빠르게
early	이른	일찍
last	마지막의, 지난	마지막에[으로]

> 예 We caught the last bus home. (우리는 집으로 가는 마지막 버스를 탔다.)
> 예 He came last in the race. (그는 그 경주에서 맨 끝에 들어왔다.)

---

friendly(친절한, 다정한), lovely(사랑스러운), lonely(외로운, 쓸쓸한)

※ -ly가 붙어서 부사처럼 보이지만, 형용사인 단어도 있음을 유의한다.

> 예 The hotel staff were very friendly and helpful.
>
> (호텔 직원들은 매우 친절하고 도움이 되었다.)
> 예 Our neighbor George is a very lonely man.
>
> (우리 이웃인 George는 매우 외로운 사람이다.)

5 형용사가 두 가지 형태의 부사를 갖는 경우

구분	형용사	부사
near	가까운	near 가까이
		nearly 거의
high	높은	high 높게(높이)
		highly 매우(정도)
deep	깊은	deep 깊게(깊이)
		deeply 매우, 심히(정도)
hard	딱딱한	hard 열심히
		hardly 거의 ~않는
late	늦은	late 늦게
		lately 최근에

예 Still waters run deep. (○)

Still waters run deeply. (×)

(고요한 물은 깊이 흐른다.)

Review

1. 형용사
   ① 사람을 주어로 쓸 수 없는 형용사도 반드시 정리해 둔다.
   예 난도 형용사: difficult, easy, hard, tough
   예 가치, 중요, 필수 형용사: (im)possible, (un)important, (un)necessary
   예 유쾌한(pleasant), 편리한(convenient)
   ② 명사와 형용사의 관계는 한정적 관계와 서술적 관계를 이룬다.
   예 There is nothing special this weekend. (이번 주말에 특별한 일이 없다.)
   예 Those who were present at the party were surprised at the result.
      (파티에 참석한 사람들은 그 결과에 놀랐다.)
   예 The man who works hard in the factory makes his family happy.
      (공장에서 열심히 일하는 그 남자는 가족을 행복하게 만든다.)
   ③ 서술적 용법으로만 쓰이는 형용사도 반드시 기억해 둔다.
   alike, alive, ashamed, alone, afraid, asleep, alike, fond, loath
   ④ 용법에 따라 뜻이 달라지는 형용사
   예 At the present time we have no explanation for this. 〈한정적 용법: 현재의〉
      (현재로서는 이것에 대한 설명이 없다.)
   예 Foreign observers were present at the elections. 〈서술적 용법: 참석한〉
      (외국인 참관인들이 선거에 참석했다.)
   예 The late Mr. Gates was a millionaire. 〈한정적 용법:고인〉
      (고(故) Gates씨는 백만장자였다.)
   예 He was late for the train. 〈서술적 용법: 늦은〉
      (그는 기차 시간에 늦었다.)

⑤ 형용사의 어순: 지시＋수량＋성상(크기＋모양＋신구＋색깔＋기원＋재료)＋명사

　　예 Look at those two big old wooden boxes.

⑥ 수량형용사

　　many/a few/few: 셀 수 있는 명사

　　much/a little/little: 셀 수 없는 명사

⑦ '수사＋지정된 수사(dozen, score, hundred, thousand, million)＋명사'가 형용사처럼 쓰이면 단수형이 된다.

　　예 He is a seven-year-old boy. (그는 7살 소년이다.)

　　예 He has a seven-square-foot garden in the back yard.

　　　(그는 뒤뜰에 7평방피트의 정원을 가지고 있다.)

2. 부사

① 부정부사(구)가 문두에 나오면 반드시 '주어＋동사' 도치구문을 확인한다.

> hardly, scarcely, only, seldom, only after, not until, not only

② 부사의 위치는 문장 안에서 가장 자유롭지만, 명사를 직접 수식하지는 못한다.

③ 빈도 · 정도 부사의 위치를 정확히 이해해 두자.

　always, usually, often, sometimes, hardly, seldom, never는 be동사 · 조동사 뒤, have＋p.p. 사이, 일반동사 앞에서 사용한다.

④ 문장 안에서 부정어가 중복되는 중복부정은 불가능하다.

　　예 I can't hardly remember the figure. (×)

　　　(나는 그 수치를 거의 기억할 수 없다.)

　　예 No few have not attended the conference room. (×)

　　　(사람들이 거의 그 회의실에 참석하지 않았다.)

⑤ 형용사가 두 가지 형태의 부사를 갖는 경우를 익혀 둔다.

> late(늦은, 늦게)/lately(최근에)
>
> fast(빠른, 빨리)/fastly(존재하지 않음)
>
> high(높은, 높게)/highly(매우, 몹시)
>
> hard(열심히, 단단한)/hardly(거의 ～하지 않다)

⑥ 타동사＋명사(구)＋부사 (○)

　• 타동사＋대명사＋부사 (○)

　• 타동사＋부사＋명사(구) (○)

　• 타동사＋부사＋대명사 (×)

※ 형용사는 명사의 상태나 성질 따위를 수식하거나 보충하는 역할을 하고 부사는 부사 자신, 형용사, 동사 등을 수식하여 문장 속에서 가장 자유롭게 위치할 수 있다.

14 | 비교

01 원급을 이용한 비교

1 개념

'~만큼 …한'의 뜻으로, 형용사와 부사의 원급을 이용하여, 두 개의 대상이 동등함을 표현하는 것을 '동등비교'라 한다.

예 The child is as cute as my son. (그 아이는 내 아들만큼 귀엽다.)

→ 'as ~ as'에서 앞에 as는 부사이고 뒤에 as는 접속사이다. 따라서 위의 문장의 본래 의미는 다음과 같다.

= The child is as cute as my son (is cute).

2 원급 비교

구조	의미
A+as 형용사/부사 원급 as+B	A는 B만큼 ~하다
A+not as/so 형용사/부사 원급 as+B	A는 B만큼 ~하지 않다

(1) **as 원급 as**: ~만큼 원급하다

예 She is as tall as her sister. (그녀는 그녀의 언니만큼 키가 크다.)

(2) **배수사 as 원급 as**: 배수사만큼 ~하다

예 Halla mountain is five times as high as this mountain. (한라산은 이 산보다 다섯 배 높다.)

(3) **not so[as] 원급 as**: ~만큼 원급하지 않다

예 It is not so[as] easy as you think. (그것은 네가 생각하는 것만큼 쉽지 않다.)

3 원급 비교 주요 관용표현

(1) **as ~ as+주어+can**: 주어가 할 수 있는 만큼 ~한(= as ~ as possible)

예 She had better answer the letter as soon as she can.

(그녀는 그녀가 할 수 있는 만큼 빨리 편지에 답하는 것이 낫다.)

예 We will study English as hard as possible. (우리는 가능한 한 영어를 열심히 공부할 것이다.)

(2) not so much A as B: A라기보다는 오히려 B인

    = not A so much as B

    = less A than B

    = more B than A

    = B rather than A

    예 She is not so much a singer as an actor. (그녀는 가수라기보다는 연기자이다.)

    예 A person's value lies not so much in what he has as in what he is.

      (사람의 가치는 재산보다도 오히려 인격에 있다.)

(3) not so much as ~: ~조차도 없는

    예 My father could not so much as remember his name.

      (나의 아버지는 자신의 이름조차도 기억할 수 없었다.)

(4) as ~ as any: 어느 누구 못지않게 ~한(최상급 의미)

    예 He is as intelligent as any. (그는 어느 누구 못지않게 똑똑하다.)

---

02   비교급을 이용한 비교

1 개념

'~보다 더 …하다'의 뜻으로, 두 개의 대상을 비교한 우등비교와 열등비교가 있다.

예 Health is more important than money. (건강은 돈보다 더 중요하다.)

* '비교급 ~ than' 구문에서 than은 접속사이므로 다음과 같은 문장의 의미로 보면 된다.

    = Health is more important than money (is important).

* 따라서 'as ~ as'와 '비교급 ~ than' 구문에서는 접속사 as와 than 뒤에 비교 대상을 반드시 올바르게 기술하였는지 확인한다.

2 비교급 비교

구조	의미
A+형용사/부사의 비교급+than+B	A가 B보다 더 ~하다(우등)
A+not+비교급+than+B	A가 B보다 더 ~하지 않다(열등)

예 Gold is heavier than copper. (금은 구리보다 무겁다.)

예 The weather in Korea is better than that in Japan. (한국의 날씨가 일본의 날씨보다 좋다.)

예 A human cannot run faster than a dog. (인간은 개보다 더 빨리 달릴 수 없다.)

3 동일 대상의 성질 비교

동일 대상의 성질을 비교할 때 경우 음절 수와 상관없이 반드시 형용사 앞에 'more ~ than'을 이용한다.

> 동일 대상의 성질 비교: more A than B

예 She is more smart than wise. (○) (그녀는 현명하다기보다는 똑똑하다.)

　 She is smarter than wise. (×)

cf. She is smarter than her sister (is smart). (그녀는 그녀의 언니보다 똑똑하다.)

4 라틴어 어원 형용사/부사의 비교급

superior, inferior, senior, junior, exterior, interior, major, minor, anterior, posterior, prior 등은 단어 자체에 비교급 의미를 포함하므로 than 대신에 to를 쓴다.

예 This machine is superior to that one. (이 기계는 저 기계보다 더 뛰어나다.)

예 I prefer playing soccer to playing basketball.

　 (나는 농구하는 것보다 축구하는 것을 더 좋아한다.)

5 배수사를 쓰는 비교급 표현

배수사를 앞에 쓰고 뒤에 형용사나 부사의 원급비교 또는 비교급에 의한 비교를 쓴다.

> A+ twice(= two times) / three times 등 + [as 형용사/부사 원급 as / 형용사/부사의 비교급 than] +B　A는 B보다 몇 배만큼 ~하다

예 This tree is twice as big as that tree.

　 = This tree is two times bigger than that tree.

　 (이 나무는 저 나무의 두 배만큼 크다.)

6 The＋비교급＋주어＋동사, the＋비교급＋주어＋동사

(1) The 비교급＋주어＋동사, the＋비교급 주어＋동사: ~하면 할수록, 더욱 …하다

예 The more money they earn, the more money they spend.

　 (그들이 더 많은 돈을 벌수록 그들은 더 많은 돈을 쓴다.)

예 The higher prices rose, the more money the workers asked for.

　 (물가가 높이 상승하면 할수록, 노동자들의 임금 인상 요구도 더욱더 높아졌다.)

동사 뒤의 형용사, 부사는 앞에 비교급으로 등장해야 한다.

예 The older you grow, the more difficult it becomes to learn a foreign language. (○)

The older you grow, the more it becomes difficult to learn a foreign language. (×)

(나이가 들면 들수록 그만큼 더 외국어 공부하기가 어려워진다.)

예 The fewer plans you make, the more fun you have. (○)

The fewer you make plans, the more you have fun. (×)

(우리는 계획을 덜 세우면 세울수록, 더 많은 즐거움을 갖게 된다.)

(2) 동사가 be동사인 경우 도치 가능

예 The higher the tree is, the stronger is the wind.

(나무가 높이 자라면 자랄수록, 바람은 더 거세지는 법이다.)

(3) 동사가 be동사인 경우 양쪽 be동사 동시 생략 가능

예 The bigger is a mall, the wider is the choice.

= The bigger a mall, the wider the choice.

(쇼핑몰이 더 크면 클수록 선택의 폭은 더욱더 넓다.)

7 비교급 주요 표현

(1) A is no 비교급 than B: A가 B보다 더 ~한 것도 아니다(= A도 B만큼 ~하지 않다)

예 She is no taller than her sister.

= She is as short as her sister.

[그녀가 언니보다 키가 큰 것은 아니다(그녀도 언니만큼 키가 작다).]

비교하는 두 대상이 모두 크지 않다는 '양자 부정'의 의미를 갖게 된다.

예 The pants are no more expensive than the skirt.

= The pants are as cheap as the skirt.

[그 바지가 치마보다 더 비싼 것도 아니다(그 바지도 치마만큼 싸다).]

예 The pants are no less expensive than the skirt.

= The pants are as expensive as the skirt.

[그 바지가 치마보다 덜 비싼 것도 아니다(그 바지도 치마만큼 비싸다).]

예 John is no less stupid than you are.

= John is quite as stupid as you are.

[John이 당신보다 덜 멍청한 것도 아니다(John은 당신만큼 꽤 멍청하다).]

(2)

> no more than ∼: 단지 ∼밖에 안 되는(= only)
> not more than ∼: 기껏해야[= at (the) most]
> no less than ∼: ∼나 만큼/씩이나(= as much as)/자그마치 ∼만큼
> not less than ∼: 적어도[= at (the) least]/최소한

예 He has no more than 10,000 won. (그는 단지 만 원만을 가지고 있다.)

예 He has not more than 10,000 won. (그는 기껏해야 만 원을 가지고 있다.)

예 He has no less than 10,000 won. (그는 자그마치 만 원씩이나 가지고 있다.)

예 He has not less than 10,000 won. (그는 적어도 만 원은 가지고 있다.)

(3) A is no more B than C is D: A가 B가 아닌 것은 C가 D가 아닌 것과 같다

= A is not B any more than C is D

> not: '아니다'의 개념
> no: '없다'의 개념

예 A whale is no more a fish than a horse is.

= A whale is no more a fish than a horse is (a fish).

(고래가 물고기가 아닌 것은 말이 물고기가 아닌 것과 같다.)

03 최상급을 이용한 비교

1 개념

'가장 ∼한'의 뜻으로 비교의 대상이 적어도 3개 이상이 되어야 한다.

예 This is the most beautiful picture that I have ever seen.

(이것은 내가 지금까지 본 것 중에서 가장 아름다운 그림이다.)

2 최상급의 의미

형용사/부사가 나타내는 최고 또는 최하의 수준, '가장 ∼한'으로 해석하며 정관사 the와 쓴다.

예 A whale is the largest animal on Earth.

(고래는 지구상에서 가장 큰 동물이다.)

예 I have no idea where the nearest bank is around here.

(나는 여기 주변에서 가장 가까운 은행이 어디 있는지 모른다.)

❸ 정관사 the를 쓰지 않는 최상급

최상급은 원래 정관사 the와 함께 쓰지만, 다음과 같은 세 가지 경우에는 정관사 the를 쓰지 않고 최상급 표현만 사용한다.

(1) 동일 인물/물체의 비교

예 This lake is the deepest in Asia. [이 호수는 아시아에서 가장 깊은 (호수)이다.]

→ '가장 깊은 호수'라는 의미의 the deepest lake에서 lake가 생략된 것이므로 이때는 명사를 한정하는 한정사인 정관사 the가 필요하다.

예 This lake is deepest at this point. (○) (이 호수는 이 지점에서 가장 깊다.)

This lake is the deepest at this point. (×)

→ '깊다'는 의미의 형용사 deep의 최상급인 deepest가 보어로 쓰였으므로 명사를 한정하는 한정사인 정관사 the가 필요 없다.

(2) 부사의 최상급

예 She ran fastest of all the runners. (그녀는 모든 주자 중에서 가장 빨리 달렸다.)

→ 부사 fast의 최상급이므로 정관사 the가 필요 없다.

(3) 소유격과 함께 쓰일 때

예 He is my best friend. (그는 나의 가장 좋은 친구이다.)

→ 소유격도 한정사이므로 역시 한정사인 정관사 the를 중복해서 사용할 필요가 없다.

❹ 최상급 대용 표현

원급이나 비교급을 사용해서 최상급의 의미를 표현할 수 있다.

(1) 부정 주어

부정 주어 + 동사 + ⌈ 원급 비교(as ~ as) / 비교급 비교(비교급 than) ⌋ + A

(2) 긍정 주어

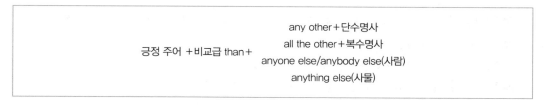

긍정 주어 + 비교급 than + any other + 단수명사 / all the other + 복수명사 / anyone else/anybody else(사람) / anything else(사물)

예 Nothing is as precious as health.

(어떤 것도 건강만큼 소중하지 않다.)

예 There is no love so unselfish as parental love.

(부모의 사랑만큼 이타적인 사랑은 없다.)

예 No (other) artist has had a sharper sense of color than Susan did.

(어떤 (다른) 화가도 Susan이 했던 것보다 더 선명한 색감을 가지지 않았다.)

예 He had better marks than any other student in his class.

(그는 그의 반의 다른 어떤 학생보다도 더 나은 점수를 기록했다.)

예 Time is more important than anything else.

(시간은 다른 어떤 것보다 더 중요하다.)

04 비교 대상의 일치

1 개념

기본적으로 비교 대상의 일치, 형태상의 일치, 격의 일치를 항상 확인한다.

예 To walk is more important than to run. 〈형태상 일치〉

(걷는 것이 뛰는 것보다 더 중요하다.)

예 The houses of the rich are larger than those of the poor. 〈비교 대상의 일치〉

(부자의 집은 가난한 사람의 집보다 크다.)

예 She is wiser than he. (격의 일치)

(그녀는 그보다 더 현명하다.)

2 비교 대상 일치

머릿속에 가상의 공간에 두고 이야기하므로 반복되는 명사는 대명사 that(단수)/those(복수) 또는 one(단수)/ones(복수)로 표시한다.

예 The houses of the rich are generally larger than those of the poor.

(부자들의 집은 가난한 사람들의 집보다 일반적으로 더 크다.)

> **더 알아보기**
>
> that은 수식어가 뒤에 있는 경우, one은 수식어가 앞에 있는 경우 주로 사용된다.
>
> 예 The ability of mind control is as important as that of body control.
>
> (감정 조절 능력은 신체 조절 능력만큼 중요하다.)
>
> 예 The new contract is significantly more lucrative than the old one.
>
> (새로운 계약이 예전의 것보다 상당히 더 수익성이 좋다.)

3 격의 일치

비교 대상이 주어이면 주격을, 목적어면 목적격을 사용한다.

예 Nobody speaks more clearly than she. (○)

Nobody speaks more clearly than her. (×)

(아무도 그녀보다 더 분명하게 말하지 않는다.)

예 There is only one pianist who is better than he. (○)

There is only one pianist who is better than him. (×)

(그보다 더 훌륭한 피아니스트는 한 명밖에 없다.)

4 동사의 종류 일치

비교 대상이 주어가 전달하는 동작이나 상태인 경우, 제시된 대상이 be동사라면 as, than 뒤에 be동사, 조동사라면 조동사, 일반동사라면 대동사 do를 활용한다.

예 He is much taller than his sister (is). (그는 자신의 누나보다 훨씬 더 키가 크다.)

예 Her latest film is far more boring than her previous ones (are). (ones = films)

(그녀의 최근 영화는 그녀의 이전 작품들보다 훨씬 더 지루하다.)

예 Smith made a much greater contribution to my research than Jane (did). (○)

Smith made a much greater contribution to my research than did Jane. (○)

Smith made a much greater contribution to my research than Jane was. (×)

(Smith는 Jane이 했던 것보다 내 연구에 훨씬 더 큰 공헌을 했다.)

※ 주어가 대명사일 경우에는 than 이하에서 도치될 수 없다.

5 준동사의 형태의 일치

예 Seeing the performance is more interesting than going to the movie.

(공연을 보는 것은 영화를 보러 가는 것보다 더 흥미롭다.)

예 To ride a bicycle is as helpful to your health as to walk. (○)

(자전거를 타는 것은 걷는 것만큼 당신의 건강에 도움이 된다.)

To ride a bicycle is as helpful to your health as walking. (×)

05 비교급, 최상급 강조 부사

(1) 비교급 앞 강조부사는 '훨씬', 최상급 앞 강조부사는 '단연코'라는 의미를 가진다.

(2) 비교급과 최상급 앞에서는 very를 쓸 수 없다.

비교급	much, even, far, still, a lot
최상급	much, by far, far and away, the very

예 The high-tech model of Benz is very expensive. 〈원급〉

(벤츠의 첨단 모델은 매우 비싸다.)

예 The high-tech model of Benz is far more expensive than the old one. 〈비교급〉

(벤츠의 첨단 모델은 구 모델보다 훨씬 더 비싸다.)

예 She is much the most industrious in her class. 〈최상급〉

(그녀는 그녀의 학급에서 단연코 가장 부지런하다.)

Review

1. 최상급의 의미를 전달하는 표현을 8가지로 구분해서 익혀 둔다.

　예 Rice is the most important crop in Korea.

　　= No (other) crop is so important as rice in Korea.

　　= No (other) crop is more important than rice in Korea.

　　= Rice is more important than all the other crops in Korea.

　　= Rice is more important than any other crop in Korea.

　　= Rice is more important than anything else in Korea.

　　= Rice is as important as any crop in Korea.

　　= Rice is as important as ever grown in Korea.

　　(쌀은 한국에서 가장 중요한 농작물이다.)

2. 형용사와 부사의 어감의 차이를 변형시키는 기본적인 방법을 익혀 둔다.

> many/much-more-most (많은-더 많은-가장 많은)
> good/well-better-best (좋은-더 좋은-가장 좋은)
> little-less-least (거의 ~없는-덜 없는-가장 최소한의)

3. 동등비교, 열등비교, 우등비교의 활용법의 원리를 익혀 둔다.

동등비교	He is as tall as she. (그는 그녀만큼 크다.)
열등비교	He is not so tall as she. (그는 그녀만큼 크지 않다.) He is less clever than she. (그는 그녀보다는 덜 영리하다.)
우등비교	He is taller than she. (그는 그녀보다 크다.)

4. 원급을 이용한 비교에 대한 관용표현을 익혀 둔다.

A라기보다는 오히려 B인	not so much A as B not A so much as B less A than B = more B than A
매우 ~한	as ~ as can be
가능한 ~한	as ~ as possible as ~ as 주어+can

5. 비교급을 이용한 비교에 대한 관용표현을 익혀 둔다.

- no more than = only (단지)
- A is no more B than C is D [A가 B하지 못하듯이 C도 D하지 못하다(양자 부정)]
- not more than = at (the) best[most] (기껏해야)
- A is not more ~ than B (A는 B 이상은 ~아니다)
- no less than = as much as (~만큼)
- A is no less ~ than B (A는 B만큼 ~하다)
- not less than = at (the) least (적어도)
- A is not less ~ than B (A는 B 못지않게 ~하다)
- no better than = as good as (~나 마찬가지)
- little more than (~에 지나지 않는)

6. 최상급과 관련된 관용표현을 익혀 둔다.
   예 He is the last man to tell a lie.
   (그는 결코 거짓말을 할 사람이 아니다.)
   예 The wisest man can't solve everything.
   (아무리 현명한 사람일지라도 모든 것을 해결할 수는 없다.)
7. 라틴어에 어원을 둔 단어의 비교급에 관련된 규칙을 익혀 두자.

> superior, inferior, posterior, major, minor, exterior, interior, prior 등은 단어 자체에 비교급 의미를 포함하므로 than 대신에 to를 쓴다.

   예 He is superior to me in math, but inferior to her in English.
   (그는 나보다 수학은 우수하지만 영어는 그녀보다 떨어진다.)
8. 최상급 앞에도 the를 생략할 수 있다.

동일인의 성질 비교	He is happiest when listening to music. (그는 음악을 들을 때 가장 행복하다.)
동일물의 성질 비교	This lake is deepest at this point. (이 호수는 이 지점이 가장 깊다.)
부사의 최상급	She likes soccer most. (그녀는 축구를 가장 좋아한다.)

※ 형용사와 부사의 어형 변화를 통해서 어감의 차이를 나타내주는 방식으로 원급을 이용한 비교, 비교급을 이용한 비교, 최상급을 이용한 비교 방식으로 나눌 수가 있다.

15 | 등위접속사와 병치

01 등위접속사와 병치 구조

1 개념

등위접속사로는 but, or, yet, for, and, nor, so가 있다. (BOYFANS로 암기)

2 등위접속사의 종류와 주요 용법

(1) and: '그리고'의 뜻으로 단어와 단어, 구와 구, 절과 절을 병치관계로 연결한다.

예 New shopping centers and movie complexes help develop outer cities.
(새로운 쇼핑 센터와 영화 단지는 외곽 도시의 발전을 돕는다.)

예 We need a government of the people, by the people, and for the people. 〈구와 구 연결〉
(우리는 국민의, 국민에 의한, 국민을 위한 정부가 필요하다.)

> **더 알아보기**
>
> 명령문에서 and의 용법
>
> | 명령문+<u>and</u>+주어+동사: ~해라, <u>그러면</u> …할 것이다 |
>
> 예 Do your best and you will pass the test. (최선을 다해라, 그러면 시험에 합격할 것이다.)

(2) or: 또는, 즉, 다시 말해서, 그렇지 않으면

예 Do the couple work slowly or quickly? 〈부사와 부사 연결〉
(그 두 명은 천천히 일하니? 아니면 빨리 일하니?)

> **더 알아보기**
>
> 명령문에서 or의 용법
>
> | 명령문+<u>or</u>+주어+동사: ~해라, <u>그렇지 않으면</u> …할 것이다 |
>
> 예 Hurry up, or you will be late. (서둘러라, 그렇지 않으면 당신은 늦을 것이다.)
> 예 Eat well, or you will lose your health. (잘 먹어라, 그렇지 않으면 당신은 건강을 잃을 것이다.)

(3) but: 그러나, 하지만

예 He told me that he would keep the secret, but he didn't. 〈절과 절 연결〉

(그는 나에게 비밀을 지킬 것이라 말했지만, 그는 지키지 않았다.)

예 Environmentalists want not to destroy nature, but they also want to live in apartment complexes.

(환경론자들은 자연을 보존하는 것을 원하지만, 그들 또한 아파트 단지에서 살기를 원한다.)

(4) so: 그래서/comma(,)를 반드시 앞에 찍는다.

예 He was really tired of the job, so he quit it.

(그는 정말 그 일에 싫증이 났고, 그래서 그만뒀다.)

(5) for: ~ 때문에, 왜냐하면/comma(,)를 반드시 앞에 찍는다. 〈추가적인 내용의 근거〉

예 It is morning, for the birds are singing.

(새가 지저귀고 있기 때문에 아침이다.) − 이때 for를 명확한 인과관계를 나타내는 접속사 because와 대체하지 못함에 유의

(6) nor(= and + ~not, either): ~ 또한 …가 아닌/도치

예 He doesn't like movies, nor does his wife.

(그는 영화를 좋아하지 않고, 그의 아내 또한 마찬가지다.)

❸ 등위접속사의 병치 구조

등위접속사로 연결된 두 요소는 반드시 문법적으로 같은 구조이어야 한다. 즉, 단어와 단어, 구와 구, 절과 절이 와야 하고 좀 더 구체적으로 동사와 동사, 동명사와 동명사, to부정사구와 to부정사구와 같이 세부적인 특징도 같아야 한다. 이를 '병치'라고 한다.

예 I waited for her, walking and reading. 〈분사 병치〉

(나는 산책하고, 책을 읽으면서 그녀를 기다렸다.)

예 He knocked on the door and went in. 〈동사 병치〉

(그는 문을 두드리고 들어갔다.)

02 상관접속사와 병렬 구조

1 상관접속사

등위접속사 중 연결하는 두 가지 요소의 상관 관계를 맺어 주는 접속사이다.

> both A and B: A와 B 둘 다
> not only A but also B(= B as well as A): A뿐만 아니라 B도
> either A or B: A 혹은 B
> neither A nor B: A도 B도 아닌
> not A but B: A가 아니라 B인

예 Anna both studies and works. (Anna는 공부와 일 둘 다 한다.) 〈단어와 단어〉

예 Success of life is the result of neither working long hours, nor waiting for good luck.
(인생의 성공은 장시간 일을 한 결과도 행운을 기다린 결과도 아니다.) 〈구와 구〉

예 Not only does cycling contribute to the reduction of pollution, but it improves the speed of cars on road as well. – 부정어구가 문두에 등장할 때 주어와 조동사가 도치되는 것을 기억하라!
(자전거 타기는 오염의 감소에도 기여할 뿐 아니라 도로에서 차들의 속도도 향상시킨다.) 〈절과 절〉

더 알아보기

A뿐만 아니라 B도 역시
Not only A but (also) B
= Not just A but (also) B
= Not merely A but (also) B
= Not only A but B as well
= Not only A; B as well
= B as well as A

---

2 상관접속사의 병렬 구조

상관접속사로 연결된 요소들도 반드시 등위접속사의 병치 관계의 연장에서 생각해야 하며 같은 병렬 구조여야 한다.

예 He enjoys neither skiing nor hiking.
(그는 스키를 타는 것도 하이킹하는 것도 즐기지 않는다.)

예 They can either work in this group or join a different one.
(그들은 이 그룹에서 일을 하거나 또는 다른 그룹에 참여할 수 있다.)

1. 등위접속사는 병치 관계를 우선적으로 확인한다.

  병치란 영어에서 둘 이상의 단어, 구, 절이 등위접속사로 연결될 때 연결되는 단어, 구, 절은 동일한 품사 · 형태 · 시제이어야 한다는 것이다. 즉, 등위접속사인 and, or, but 뒤에는 반드시 품사적 기능의 병치 관계가 형성되어야 한다.

  예 Mother was so proud of my <u>appearance and intelligence</u>. 〈형용사 병치〉

    (어머니는 나의 외모와 지성을 매우 자랑스러워 하셨다.)

  예 I wanted to know <u>what he did and how he felt</u>. 〈명사절 병치〉

    (나는 그가 무엇을 했고 어떤 기분이었는지 알고 싶었다.)

2. 상관접속사는 동일한 구조가 연결되어야 한다.

  Not only A but (also) B = B as well as A: A뿐만 아니라 B도 역시

  not A but B: A가 아니라 B인

  = B, and not A

  = B, not A

  = alike A and B

  = at once A and B

  either A or B: A이거나 B인[A든지 B든지]

  neither A nor B = not either A of B: A와 B 둘 다 아닌

  both A and B: A와 B 둘 다

16 | 접속사

---

01   명사절 종속접속사

◼ 명사절 종속접속사의 종류

명사절을 이끄는 접속사로는 what, that, whether, 의문사, 복합관계사, 관계부사 등이 대표적이다.

> **더 알아보기**
>
> 명사절 종속접속사의 종류 6가지
> 예 What appeared in the telescope looked more like large black spots.
>   (망원경에 나타나는 것은 더욱더 검은 반점처럼 보였다.)
> 예 That I don't love her has nothing to do with the matter.
>   (내가 그녀를 사랑하지 않는 것은 그 문제와는 아무런 상관이 없다.)
> 예 Whether she will come or not is another question.
>   (그녀가 올 것인지 오지 않을 것인지는 별개의 문제다.)
> 예 Why she behaves in that way is not important.
>   (왜 그녀가 그런 식으로 행동하는지는 중요하지 않다.)
> 예 Whoever of all dancers performs most gracefully will win this vase as a prize.
>   (모든 댄서들 가운데 가장 멋지게 춤을 추는 사람은 누구나 상으로 이 꽃병을 받게 될 것이다.)
> 예 Now is when we have to study hard for our schooldays.
>   (지금이야말로 우리가 우리의 학창시절을 위하여 최선을 다해야 할 시기이다.)

◼ 명사절 심화 연구

(1) **명사절 접속사 that**: 문장 앞에 의미를 갖지 않는 that을 붙이는 이유는 문장을 명사절로 쓰기 위해서이다.

   예 I believe that imagination is stronger than knowledge.

      (나는 상상력이 지식보다 강력하다는 것을 믿는다.)

   예 The reason for my happiness is that I focus on the positive.

      (내 행복의 이유는 내가 긍정적인 측면에 초점을 맞추는 데에 있다.)

   ① that은 접속사의 역할만 하므로 뒤에는 완벽한 절의 형태를 갖추어야 한다.

      예 It has turned out that she didn't go to school yesterday.

         (그녀가 어제 학교를 가지 않았다는 것이 밝혀졌다.)

② 앞에 나온 명사의 내용과 일치할 때 that절은 동격의 that절이다.

　　예 We know the fact that the earth is round. 〈the fact와 동격〉

　　　(우리는 지구가 둥글다는 사실을 알고 있다.)

③ 전치사의 목적어로는 사용할 수 없다.

　　예 She is aware of that he will not come back. (×)

(2) if/whether

if는 '~인지'라는 의미, whether는 '~인지(아닌지)'라는 의미이다.

예 Nobody knows if he owns a luxury car. 〈목적어〉

　(아무도 그가 호화스러운 차를 소유하고 있는지 모른다.)

예 There is a disagreement about whether early education is desirable. 〈전치사의 목적어〉

　(조기 교육이 바람직한지 아닌지에 대한 논쟁이 있다.)

예 One of the most important questions about life is whether it is necessary to go to college or not. 〈보어〉

　(인생에 관한 가장 중요한 질문 중 하나는 대학에 가는 것이 필수적인지 아닌지이다.)

예 It has not yet been clear if the high-tech technology can be commercially practical.

　(고도의 기술이 상업적으로 실용적인지는 아직 확실하지 않다.)

예 We worried whether we could get home by midnight. 〈부사절〉

　(우리는 자정까지 집에 도착할 수 있을지 걱정했다.)

더 알아보기

if가 whether의 대용으로 쓰이지만 whether만 쓰고 if는 쓸 수 없는 곳도 있다.

A. if절은 동사의 목적어로만 사용하며, 주어 또는 보어로 사용 불가하다.

　예 Whether she is smart or pretentious is debatable. (○)

　　If she is smart or pretentious is debatable. (×)

　　(그녀가 똑똑한지 허세 부리는 것인지는 논란의 여지가 있다.)

B. if or not의 형태는 사용 불가하다.

　예 We wonder whether he sent us a message or not. (○)

　　We wonder if or not he sent us a message. (×)

　　(우리는 그가 우리에게 메시지를 보냈는지 아닌지 궁금하다.)

---

(3) 의문부사 when/where/why/how

각각의 의문사가 뒤에 주어, 동사를 갖추어 명사절의 자리에 등장하면 이는 간접의문문을 형성한다.

예 How we should solve the problem is still in question.

　(우리가 어떻게 문제를 해결해야 하는지는 여전히 의문이다.)

예 This is why the prosecutor started the investigation.

(이것은 검찰이 조사를 시작한 이유이다.)

예 We don't know why the security alarm went off.

(우리는 경보기가 왜 울렸는지 모르겠다.)

(4) 의문대명사 what/who/which

각각의 의문사가 뒤에 주어, 동사를 갖추어 명사절의 위치에 등장하면 간접의문문을 형성한다.

예 I'll do what I can do to help her.

(나는 그녀를 돕기 위해 할 수 있는 것을 할 것이다.)

예 That's what I've heard. (그것이 내가 들은 것이다.)

① 의문대명사 what과 who 뒤는 완벽하지 않은 절의 형태이다.

예 That is what I was looking for. (저것은 내가 찾고 있던 것이다.)

→ what이 동사구 look for에 대한 목적어 역할을 하고 있다.

예 The plan can be changed depending on who is going to plan this project.

(누가 이 프로젝트를 계획할지에 따라서 계획은 바뀔 수 있다.)

→ who가 동사인 is에 대한 주어 역할을 하고 있다.

② 복합 관계대명사(whoever, whomever, whichever, whatever)도 명사절의 접속사 기능을 한다.

예 The Olympic committee gave a prize to whoever entered the contest.

(올림픽위원회는 대회에 참가한 사람 누구에게나 상을 주었다.)

❸ 명사절 종속접속사의 what/that의 선택 : what＋불완전한 절/that＋완전한 절

예 I can't believe (that/what) he got married to her. 〈that〉

(나는 그가 그녀와 결혼을 했다는 사실을 믿을 수 없다.)

예 I can't believe (that/what) he told me. 〈what〉

(나는 그가 나에게 한 말을 믿을 수 없다.)

예 (That/What) we are worried about is his too much work. 〈What〉

(우리가 걱정하는 것은 그의 과도하게 많은 일이다.)

예 (That/What) movies are based on novels seems natural today. 〈That〉

(영화들이 소설을 토대로 하는 것은 오늘날 자연스러운 것처럼 보인다.)

1 개념

부사절은 접속사+주어+동사로 이루어진 절이 문장 내에서 부사 역할을 하는 종속절을 말한다. 접속사의 종류가 매우 다양하기 때문에 시간, 이유, 조건 등으로 그 의미에 따라 접속사를 구분해야 한다.

2 부사절 종속접속사의 종류

(1) 시간의 부사절 종속접속사

while ~하는 동안	before ~전에
until ~할 때까지	as soon as ~하자마자
when ~할 때	after ~후에
by the time ~할 때까지	whenever ~할 때마다

예 His parents separated when he was three years old.

(그의 부모는 그가 세 살이었을 때 헤어졌다.)

예 John listens to music whenever he does his homework.

(John은 숙제를 할 때마다 음악을 듣는다.)

예 My mother was very disappointed after she talked with my teacher.

(어머니는 선생님과 이야기를 한 후 매우 실망하셨다.)

(2) 이유의 부사절 종속접속사

because ~이기 때문에(직접적 이유)
as/since/now that ~이기 때문에(여러 이유 중 하나)
in that ~라는 점에서, ~이기 때문에
seeing (that) ~를 고려하면

예 Since the weather was bad, we put off the picnic for the island.

(날씨가 안 좋기 때문에 우리는 섬으로 가려던 소풍을 미루었다.)

(3) 조건의 부사절 종속접속사

if 만일 ~한다면	unless 만일 ~하지 않는다면(= if not)
whether (or not) ~이든 아니든	as/so long as ~하는 한
provided that 만일 ~라면	given that ~라고 가정하면

예 Please let me know if you find these items in the picture.

(당신이 사진 속의 이 물품들을 찾으면 알려 주세요.)

예 Unless you wear sunscreen on the scorching beach, you will get burnt.

(찌는 듯한 해변에서 자외선 차단제를 바르지 않는다면, 당신은 화상을 입을 것이다.)

(4) 양보의 부사절 종속접속사

> although/though/even though/even if 비록 ～이지만
> while/whereas ～하는 반면

예 Though there was a storm, all the flights were on time.

(비록 폭풍이 있었지만 모든 비행기가 제시간에 도착했다.)

예 Even though children make a lot of mistakes, their parents would accept them with great affection.

(비록 어린이들이 실수를 많이 하지만, 부모들은 큰 애정으로 그것을 받아들일 것이다.)

(5) 목적의 부사절 종속접속사

> so that/in order that ～하기 위해서
> lest ～ should ～하지 않기 위해서

예 We should watch a lot of American movies so that we can improve our English skills.

(우리는 영어 실력을 향상시키기 위해서 많은 미국 영화를 봐야만 한다.)

예 We got up early lest I should miss the train.

(우리는 기차를 놓치지 않기 위해 일찍 일어났다.)

(6) 결과의 부사절 종속접속사

> so+형용사/부사+that+주어+동사 너무 ～해서 …하다
> such+a/an+형용사+명사+that+주어+동사 너무 ～한/～이어서 …하다
> so that 그래서, 그 결과

예 The new novel was so interesting that I read it four times.

(그 새로운 소설은 너무 재미있어서 그것을 네 번 읽었다.)

예 It is such a fine weather that I will go out for lunch instead of eating at home.

(너무나도 좋은 날씨여서 나는 집에서 먹는 대신 점심을 먹으러 밖으로 외출할 것이다.)

예 No student handed in the paper in time, so that my teacher got angry.

(어떤 학생도 시험지를 제시간에 제출하지 않아서 우리 선생님이 화가 나셨다.)

(7) 비교의 부사절 종속접속사

| as ~처럼 | like ~처럼(종종 사용 – 비문법적 표현) |

예 No one needs you as I do.

(아무도 나처럼 너를 필요로 하지 않는다.)

예 No one can do it as I can.

(아무도 내가 할 수 있는 것처럼 그것을 할 수 없다.)

3 중복 부정 금지 접속사

다음의 접속사들은 이미 부정(not)의 의미를 내포하고 있으므로 뒤에 연결되는 동사에 다시 부정(not)의 의미를 사용할 수 없다.

접속사	예문
nor (= and ~ not … either) neither (= not ~ either)	예 She didn't like it, nor didn't her husband. (×) 예 She didn't like it, nor did her husband. (○) (그녀는 그것을 싫어했고, 그녀의 남편도 역시 그것을 싫어했다.)
lest ~ should … (= so that ~ may not)	예 He didn't go out lest he should not waste money. (×) He didn't go out lest he should waste money. (○) (그는 돈을 낭비하지 않기 위해 밖에 나가지 않았다.) 예 I ran away lest I should not be caught. (×) I ran away lest I should be caught. (○) (나는 잡히지 않기 위해 도망쳤다.)
unless (= if ~ not)	예 Unless he don't go out, we will go out. (×) Unless he go out, we will go out. (○) (만약 그가 나가지 않으면 우리가 나갈 것이다.)
but (= that ~ not)	예 There is no rule but doesn't have exceptions. (×) There is no rule but has exceptions. (○) There is no rule that doesn't have exceptions. (○) (예외 없는 법칙은 없다.) 예 Who is there but doesn't love his own country? (×) Who is there but loves his own country? (○) Who is there that doesn't love his own country? (○) (자신의 고국을 사랑하지 않는 사람이 누가 있는가?)

4 부사절의 접속사 또는 부사구의 전치사 구분하기

부사절 종속접속사는 주어와 동사를 취해 부사절을 형성한다. 반면 전치사는 명사구를 목적어로 취해 부사구를 형성한다.

의미	부사절 접속사	부사구
~때문에	because	because of
비록 ~이지만	although	in spite of/despite
~동안	while	during
~까지	until	until, by

예 Though it was not an easy decision, we made it in thirty minutes. (○)

Despite it was not an easy decision, we made it in thirty minutes. (×)

(그것은 쉬운 결정은 아니었지만 우리는 30분 만에 결정했다.)

---

03 주요 양보구문

1 복합의문사(= No matter 의문사)+주어+동사: 아무리 ~라고 해도, ~라도

예 Whatever he may say, I will not believe him.

= No matter what he may say, I will not believe him.

(그가 무슨 말을 해도, 나는 그를 믿지 않을 것이다.)

예 Don't open your door to a stranger, whatever he says.

(상대방이 무슨 말을 해도 낯선 사람에게는 문을 열어 주지 마라.)

더 알아보기

However의 사용

However+형용사/부사+주어+동사 or However+형용사+a(n)+명사+주어+동사

복합관계부사 however(아무리 ~하더라도)는 양보 부사절에만 쓰이며 'however+형용사[부사]+주어+동사'의 어순으로 쓴다. 원래의 자리에 쓰이던 형용사 또는 부사를 however 뒤에 써서 'however+형용사/부사'로 나타낸다.

예 However poor he may be, I will marry him. (○)

However he may be poor, I will marry him. (×)

However poorly he may be, I will marry him. (×)

(그가 아무리 가난하다고 해도 나는 그와 결혼할 것이다.)

2 명사(無冠詞)/형용사/부사/분사＋as＋주어＋동사: 비록 ～이지만

예 Child as he is, he is very courageous.
　(비록 그는 어린아이지만 매우 용감하다.)

예 Poor as she is, she is honest and diligent.
　(비록 가난하지만 그녀는 정직하고 부지런하다.)

3 Be it ever so＋형용사/Let it be ever so＋형용사: 아무리 ～해도

예 Be it ever so humble, there is no place like home.
　(아무리 초라해도 집 같은 곳은 없다.)

4 동사원형＋의문사＋주어＋조동사: 아무리 ～해도

예 Go where you may, there is no place like home.
　(어디를 가든 집 같은 곳은 없다.)

Review

1. 종속접속사는 관계사, 의문사, 접속사, 전치사 중 하나이며, 명사절, 형용사절, 부사절을 이끈다.
2. 명사절을 이끄는 접속사는 that, whether, if, 의문사, 복합관계사, 관계부사 등이 있으며, 종속절은 주절에 대하여 주어, 목적어, 보어의 역할을 한다.
　① 명사절을 이끄는 접속사 that과 whether의 의미상의 차이를 확인한다.
　② 접속사 whether 자리에 if를 쓸 수 있는 경우를 확인한다.
　　• 타동사의 목적어 자리에는 whether를 대신하여 if를 쓸 수 있다.
　　• 주어, 전치사의 목적어, 보어절의 경우는 if로 whether를 대용할 수 없다.
　　• or not이 연결되거나 to부정사가 연결되면 whether만 쓴다.
3. 부사절을 이끄는 종속접속사는 주절의 내용에 대해 시간, 조건, 이유, 양보 등의 부연설명을 해주는 부사 역할을 한다.

시간 부사절	when, before, after, since, while, until, by the time, whenever 등
조건 부사절	if, unless, as long as, given that~, provided that~ 등
이유 부사절	because, as, since, now that~, in that~, seeing (that)~ 등
양보 부사절	even though, although, even if, though while, whereas 등
목적 부사절	so that, in order that, lest ~ should
결과 부사절	so 형용사[부사] that 주어＋동사, such a[an] 형용사[부사] that 주어＋동사, so that
비교 부사절	as, like

17 관계사

01 관계대명사의 역할과 용법

1 관계대명사의 역할

관계대명사는 공통되는 부분을 묶어서 하나의 문장으로 연결해 주는 것으로, '대명사+접속사'의 역할을 하며, 형용사절을 이끈다.

> 관계   대명사
> = 접속사(등위, 종속)+대명사

예 Any child, (who should do that), would be laughed at.
    선행사   관계대명사절

  (어떤 아이라도, 그런 일을 한다면, 비웃음을 살 것이다.)

  = If he should do that, the child would be laughed at. 〈종속접속사+대명사 기능〉

예 I have a girlfriend and she plays the piano very well.

  (나는 피아노를 매우 잘 연주하는 여자친구가 있다.)

  = I have a girlfriend (who plays the piano very well). 〈등위접속사+대명사 기능〉
            선행사   관계대명사절

  * 위의 예문에서처럼 관계대명사절이 앞에 놓인 선행사 a girlfriend를 수식하는 역할을 한다. 또한 관계대명사인 who는 관계대명사절의 주어 역할을 담당하고 있다.

2 관계대명사의 한정적 용법과 계속적 용법

(1) 한정적 용법: comma(,)가 없다.

선행사와 관계대명사절 사이에 특별한 구분이 없고, 관계대명사절이 바로 앞의 선행사를 수식하는 형용사절 역할을 한다. 관계대명사절을 먼저 해석한 후 명사를 해석하는 것이 자연스럽다.

예 She had two daughters who became English teachers.

[그녀에게는 영어 선생님이 된 2명의 딸이 있었다(딸이 2명 이상일 수도 있다).]

(2) 계속적 용법: comma(,)로 분리한다.

앞에 나오는 명사를 보충 설명하고, '접속사+대명사'로 쓸 수 있으며 앞에서부터 뒤로 해석한다.

예 She had two daughters, who became English teachers.

　　[그녀에게는 (자식으로) 딸이 2명이었는데, (모두) 영어 선생님이 되었다(딸이 2명뿐이다).]

02　관계대명사의 종류와 격변화

1 관계대명사의 분류

관계대명사는 선행사와 관계절에서의 역할에 따라 다음과 같이 분류된다.

선행사	주격	목적격	소유격
사람	who	whom	whose
동물, 사물	which	which	whose(= of which)
사람, 동물, 사물	that	that	—

관계대명사를 기준으로 우선 2개의 문장으로 나눈다. 관계대명사절은 불완전한 절을 이끌기 때문에 선행사를 빈자리에 넣을 때 관계대명사를 제외하고는 완전한 문장이 되어야 한다. 또한 관계대명사절의 동사와 선행사와 수일치도 따져봐야 한다.

2 who, whom, whose

선행사가 사람일 경우 who, whom, whose를 각각 주격, 목적격, 소유격으로 사용한다.

예 The person who planned this trip was Mary. (이 여행을 계획한 사람은 Mary였다.)

　　→ 선행사(The person)가 사람이고 관계절에서 동사 planned 앞에 주어가 없으므로 주격 관계대명사인 who가 적합하다.

예 This is the boy whom I want to see. (이 아이는 내가 보고 싶은 소년이다.)

　　→ 선행사(the boy)가 사람이고 관계절에서 동사 see에 대한 목적어가 없으므로 목적격 관계대명사인 whom이 적합하다.

예 I know a boy whose father is a soldier. (나는 아버지가 군인인 소년을 안다.)

　　→ 선행사(a boy)가 사람이고 관계절에서 주어인 father 앞에 한정사가 없으므로 소유격인 his가 생략된 것으로 and his의 개념을 재빠르게 넣어 본다. 그러면 소유격 관계대명사인 whose가 확인된다.

　　※ 주의: 명사 앞에 한정사가 없는 경우도 가끔 등장하며, 이때는 추상명사가 주로 주어로 등장하는 관계대명사절이 나오는 경우가 많으니 참고하기 바란다.

예 We need a person who can speak both English and French.

(우리는 영어와 프랑스어를 모두 할 수 있는 사람이 필요하다.)

예 People who drink coffee every morning are likely to be addicted to caffeine.

(매일 아침 커피를 마시는 사람들은 카페인에 중독되기 쉽다.)

예 The sister whom I am going to visit is single.

(내가 방문할 예정인 언니는 미혼이다.)

예 Never go to a doctor whose office plants have died.

(진료실의 식물이 죽은 의사에게는 절대 가지 마라.)

더 알아보기

who와 whom의 구별

주어+동사+동사 앞에는 who가 정답이며, 주어+동사+준동사가 보이면 whom이 정답이다. 주로 believe think, know, guess, find 등이 삽입절의 동사로 자주 사용되니 주의하도록 하자.

예 He is a man who we think is reliable. (그는 우리가 믿을 만하다고 생각하는 사람이다.)

= He is a man who we think (that) is reliable.

예 He is a man whom we think to be reliable. (그는 우리가 신뢰할 수 있다고 생각하는 사람이다.)

= He is a man whom we think (him) to be reliable.

3 which, whose/of which

선행사가 사물일 경우 which를 주격과 목적격으로, of which/whose를 소유격으로 사용한다.

예 I read a book which is very interesting. (나는 매우 흥미로운 책을 읽었다.)

→ 선행사(a book)가 사물이고 관계절에서 동사 is 앞에 주어가 없으므로 주격 관계대명사인 which 가 적합하다.

예 He submitted his assignment which he finished last night.

(그는 어젯밤에 끝낸 과제를 제출했다.)

→ 선행사(his assignment)가 사물이고 관계절에서 동사 finished 뒤에 목적어가 없으므로 사물의 목적격 관계대명사인 which가 적합하다.

예 There are many organizations whose purpose is to help endangered animals.

(멸종 위기에 처한 동물들을 돕는 것이 목적인 많은 단체들이 있다.)

→ 선행사(many organizations)가 사물이고 관계절의 주어인 명사 purpose가 단독 등장하며 의미 를 완성하지 못하므로 의미상 '협회의 목적'을 의미하는 소유격이 적합함을 알 수 있다. 따라서 사 물의 소유격인 whose가 적합하다.

예 There are many organizations of which the purpose is to help endangered animals.

(= There are many organizations the purpose of which is to help endangered animals.)

→ '많은 협회들의 목적'을 의미하는 the purpose of many organizations에서 선행사인 many organizations을 관계대명사 which로 바꾸면 the purpose of which로 바꿀 수 있다.

4 관계대명사 that

(1) 관계대명사 that은 불완전한 문장을 이끈다는 점에서 완전한 절을 이끄는 명사절 접속사 that과 구분된다.

(2) 선행사가 사람, 사물, 동물인 경우 모두에 대해 쓰이므로 관계대명사(who, whom, which)를 대신할 수 있다. 다만, 관계대명사의 소유격(whose, of which)을 대신할 수는 없다.

예 Movies that[which] are popular have a few characteristics in common.
(인기 있는 영화들은 공통적인 몇몇 특징이 있다.)

예 The film that[which] I like the best won the prize.
(내가 가장 좋아하는 영화가 그 상을 차지했다.)

예 She is the greatest novelist that[who] has ever lived.
(그녀는 생존했던 소설가 중에 가장 위대한 소설가이다.)

(3) 선행사가 사람과 사물의 혼합이거나, 의문사인 경우 그리고 the only, the very, the same, 최상급, 서수, all의 수식을 받는 명사일 때 관계대명사 that을 사용할 수 있다.

> 사람＋사물
> 의문사(who/what)
> the only/very/same＋명사 ＋관계대명사 that
> 최상급/서수
> all

예 Who that has a family to support would waste so much money?
(부양해야 할 가족을 가진 사람으로서 누가 그렇게 많은 돈을 낭비할까?)

예 Man is the only animal that can speak.
(사람은 말할 수 있는 유일한 동물이다.)

예 You are the very person that I'd like to employ.
(당신은 내가 채용하고픈 바로 그 사람이다.)

예 She is the only daughter that has been born by her mother.
(그녀는 그녀의 엄마가 낳은 유일한 딸이다.)

예 All that glitters is not gold.
(반짝이는 모든 것이 금은 아니다.)

예 Who that is rich could do such a stingy thing?
(부자라면 누가 그런 인색한 짓을 할 수 있을까?)

(4) 관계대명사 that은 계속적 용법(, that)과 '전치사＋that'이 불가능하다.

예 I said nothing, which made him angry. (○)
I said nothing, that made him angry. (×)
(나는 아무 말도 안 했고, 그것이 그를 화나게 만들었다.)

5 관계대명사의 생략

(1) 목적격 관계대명사(whom, which, that)는 생략하는 경우가 많다.

　예 He is the gentleman (whom) I met last year.

　　(그는 내가 작년에 만났던 신사이다.)

　예 This is the book (which) she wanted to buy.

　　(이것은 그녀가 사고 싶어 했던 책이다.)

　예 He refused to give me the answer (which) I wanted to know.

　　(그는 나에게 내가 알고 싶어 했던 정답을 주는 것을 거절했다.)

(2) '주격 관계대명사(who, which, that)+be동사'도 생략 가능하다.

　예 I have a watch (which was) made in Swiss.

　　(나는 스위스에서 만들어진 시계를 가지고 있다.)

6 관계대명사 what: ~것

what은 선행사를 포함하는 관계대명사이므로 선행사가 없고 명사절을 이끈다.

예 He didn't believe what I said. (그는 내가 말하는 것을 믿지 않았다.)

예 What she believes is not true. (그녀가 믿는 것은 사실이 아니다.)

(1) what과 that/which/who/whom

시험에 자주 출제되는 what으로 시작되는 절은 주어 또는 목적어가 없는 불완전한 절의 형태라는 점에서 다른 관계대명사와 같으나 선행사를 갖지 않는다는 차이점이 있다.

선행사	접속사+대명사	관계절의 구조
있음	관계대명사 that/which/who/whose/whom	주어+동사 동사+목적어
없음	what	(주어 또는 목적어가 없는 불완전한 절)

예 He didn't believe what I told. (그는 내가 말했던 것을 믿지 않았다.)

예 He didn't believe the truth that I told. (그는 내가 말했던 진실을 믿지 않았다.)

예 I'm wondering <u>what</u> she'd like to eat for lunch.

　I'm wondering <u>the thing that</u> she'd like to eat for lunch.

　(나는 그녀가 점심에 무엇을 먹고 싶어 할지 궁금하다.)

(2) 관계대명사 what은 주격, 목적격의 형태가 같고, 소유격으로는 쓰이지 않는다.

예 You should not do what is wrong. (당신은 잘못된 것을 해서는 안 된다.)

예 The very thing is what I have been looking for. (바로 그것이 내가 찾고 있었던 것이다.)

예 She never told anyone what she did in the past 10 years.

　(그녀는 지난 10년 동안 그녀가 했던 것을 누구에게도 결코 말하지 않았다.)

(3) what 관련 관용표현

① 현재[과거]의 주어의 인격[지위]: what+주어+be

예 She is not the woman what she used to be(= was). (그녀는 과거의 그녀가 아니다.)

예 My parents have made me what I am. (나의 부모님은 나를 현재의 나로 만들었다.)

what I am 현재의 나
what he/she is 현재의 그/그녀
what we/they are 현재의 우리/그들
what we/they were 과거의 우리/그들
what I/he/she was 과거의 나/그/그녀
what I/he/she/we/they used to be 과거의 나/그/그녀/우리/그들

② 현재[과거]의 주어의 재산: what+주어+have

what I/we/they have 현재 내가/우리가/그들이 가진 것
what he/she has 현재 그가/그녀가 가진 것
what I/he/she/we/they had 과거에 내가/그가/그녀가/우리가/그들이 가졌던 것

예 A man's worth lies not in what he has, but in what he is.

(어떤 사람의 가치는 그 사람이 가진 것이 아니라 그가 어떠한 사람인가에 있다.)

③ A is to B what C is to D: A와 B와의 관계는 C와 D와의 관계와 같다

= A is to B as C is to D

= What C is to D, A is to B

= As C is to D, (so) A is to B

예 Reading is to the mind what food is to the body.

Reading is to the mind as food is to the body.

What food is to the body, reading is to the mind.

As food is to the body, (so) reading is to the mind.

(독서와 마음의 관계는 음식과 신체의 관계와 같다.)

1 전치사＋관계대명사

관계대명사가 관계절에 있는 전치사의 목적어로 사용되는 경우, '전치사＋관계대명사'가 관계사절의 앞에 위치하게 된다.

예 She is the person.＋I can depend on the person.

She is the person whom I can depend on.

She is the person on whom I can depend.

(그녀는 내가 의지할 수 있는 사람이다.)

예 This is the house.＋The teacher lives in the house.

This is the house which the teacher lives in.

This is the house in which the teacher lives.

(이곳은 그 선생님이 살고 계신 집이다.)

2 부분사 주어＋of＋목적격 관계대명사

선행사를 가리키는 관계대명사의 부분을 표시하기 위해 'both/some/all/one/each/many/much of＋목적격 관계대명사'의 형태로 사용된다.

예 She has relatives, some of whom live in the U.S.

(그녀는 친척들이 있는데, 그들 중 몇 명은 미국에서 살고 있다.)

※ 이때 관계대명사절의 동사와 관계대명사의 수일치를 주의해야 한다.

예 There are pencils, some of which are blue. (연필들이 있는데, 그것 중 몇 개는 푸른색이다.)

→ some of which는 which의 수에 따라 동사의 수가 결정되는데 여기서는 선행사인 pencils를 가리키므로 동사는 복수형인 are가 된다.

예 There are pens, one of which is bule. (펜들이 있는데, 그것 중 한 개는 푸른색이다.)

→ one of which는 one(단수)의 수를 따라 동사의 수가 정해지므로 동사는 단수형인 is가 된다.

더 알아보기

관계대명사의 심층 연구

A. 전치사+which/whom은 완전한 절을 형성하는데 완전한 절은 다음과 같다.

= 주어+동사+부사(구)(절)

= 주어+동사+보어

= 주어+동사+목적어 = 주어+be+p.p. = 주어+be+자동사의 p.p.+전치사+(by) 〈구동사의 수동태〉

* 여기부터는 수동태도 주의

= 주어+동사+간접 목적어+직접 목적어 = 주어+be+p.p.+목적어

= 주어+동사+목적어+목적격 보어 = 주어+be+p.p.+주격 보어

예 The happiness and success of a man depend on the manner in which a small thing is dealt with.

(사람의 행복과 성공은 사소한 일을 다루는 방법에 따라 달라진다.)

B. '전치사+관계대명사'의 구조에서 올바른 전치사를 찾기 위해서는 전치사를 관계대명사절의 끝에 넣어 연결이 자연스러 운지 확인하면 된다.

The information on which we can rely is severely limited. (○)

(우리가 의지할 수 있는 정보는 아주 제한적이다.)

The information to which we can rely is severely limited. (×)

→ 관계대명사절의 끝인 rely의 뒤에 전치사 to를 넣으면 rely to가 되는데, '~에 의존하다'는 동사구인 rely on이 아니므로 잘못된 것이다. 전치사를 on으로 바꿔야 한다.

예 The prison to which many prisoners of conscience were sent was filthy.

(많은 양심수들이 보내졌던 그 교도소는 아주 더러웠다.)

예 Democracy is a word with which we are so familiar that we rarely take the trouble to ask what we mean by it.

(민주주의는 우리에게 너무 친숙해져 있어서 그것이 의미하는 바를 거의 반문하지 않는 단어이다.)

---

04 유사관계대명사

1 개념

- 접속사에서 유래하여 의미를 가지고 있다. 표시만 하지 않는다.
- 관계대명사의 특징을 가지고 있어서 불완전한 문장을 이끈다.
- 선행사는 사람, 사물, 동물에 두기보다는 특정어구의 동반으로 결정된다.

who, which, that 등 일반적인 관계대명사 이외에 다른 품사적 기능이지만 특수한 상황에서 관계대 명사 역할을 하는 단어들이 있다. 이를 유사관계대명사라고 부른다.

2 but

부정어 not을 포함하는 관계대명사 that의 의미, '~하지 않는'의 의미를 가진다. 즉, 선행사를 부정하며 수식한다. 선행사에 부정어가 있는 경우 주로 주격으로 사용된다. 따라서 유사관계대명사 but 다음에는 대체로 동사가 온다.

예 There is no rule but has some exceptions.

= There is no rule that doesn't have some exceptions.

(예외 없는 법칙은 없다.)

예 There is no one but knows the rumor. (그 소문을 알지 못하는 사람은 없다.)

예 There is no one but believes what he said. (그가 말했던 것을 믿지 않는 사람은 없다.)

예 There is no greater leader but is optimistic. (낙관적이지 않은 위대한 지도자는 없다.)

예 Who is there but admires her courage? (그녀의 용기를 존경하지 않는 사람이 누가 있겠는가?)

더 알아보기

but 뒤에 부정어구가 중복해서 등장해서는 안 된다.

앞에 부정적 의미를 이미 가지고 있어서 유사관계대명사 but 이후에 부정어가 다시 들어가면 부정어가 중복된다. 따라서 유사관계대명사 but으로 시작하는 관계대명사절에서 not이 중복되어 쓰이면 어법상 틀린 문장이 된다.

예 There is no rule but doesn't have some exceptions. (×)

(예외를 가지지 않는 규칙은 없다.)

예 There is no greater leader but is not optimistic. (×)

(낙관적이지 않은 위대한 지도자는 없다.)

3 as

명사인 선행사 앞에 the same, such, as, so가 함께 있을 때 주로 쓰는 관계대명사이다.

예 She bought the same pen as I had.

(그녀는 내가 가지고 있던 것과 같은 펜을 샀다.) – 같은 종류

cf. She has the same pen that I lost yesterday.

(그녀는 내가 어제 잃어버린 그 펜을 가지고 있다.) – 내가 잃어버린 바로 그 펜

예 Love such people as will believe in you.

(너를 믿게 될 그러한 사람을 사랑하라.)

4 than

명사인 선행사 앞에 비교급이 있을 때 주로 쓰는 관계대명사이다.

예 She spends more money than is necessary.

(그녀는 필요한 것보다 더 많은 돈을 쓴다.)

예 She offered me much assistance than could be expected.

(그녀는 내가 기대했던 것보다 훨씬 더 많은 도움을 주었다.)

유사관계대명사

선행사	유사관계대명사
부정어구(no/few/little/not a/never)+명사	but
특정어구(as/the same/such/so)+명사	as
강조부사 기능+비교급+명사	than

---

05 관계부사

■ 관계부사의 역할과 종류

(1) 관계부사의 역할

관계부사는 시간, 장소, 이유, 원인 등을 나타내는 선행사 뒤에서 사용된다. 관계대명사가 '접속사+대명사'의 역할을 하는 데 반해, 관계부사는 '접속사+부사'의 역할을 한다.

예 He didn't tell me the time and she would come back at the time.

He didn't tell me the time when she would come back.

(그는 그녀가 돌아올 시간을 나에게 말해 주지 않았다.)

* 관계부사인 when은 선행사인 the time을 수식하는 역할과 관계부사절에서 시간을 표현하는 부사의 역할을 하고 있다.

(2) 관계부사의 종류

관계부사는 선행사에 따라 종류가 달라진다.

선행사	관계부사(= 전치사+which)
시간(the time, the day)	when(on, at, in+which)
장소(the place)	where(in, at+which)
이유(the reason)	why(for which)
방법(the way)	how(in which)

② 관계대명사 vs 관계부사

(1) 관계대명사

관계대명사는 '접속사+대명사'의 역할을 하므로 관계절은 주어나 목적어, 또는 보어가 없는 불완전한 절이다.

> **예** She wants to buy the house <u>which she saw last month</u>. (○) 〈목적어가 없는 불완전한 절〉
>
> She wants to buy the house where she saw last month. (×)
>
> (그녀는 지난달에 봤던 그 집을 구입하고 싶어 한다.)
>
> → 관계절에서 타동사인 saw에 대한 목적어가 없으므로 목적격 관계대명사인 which가 그 목적어 역할을 한다.

(2) 관계부사

관계부사는 '접속사+부사'의 역할을 하므로 관계절은 완전한 문장을 이끈다.

> **예** She wants to buy the house <u>where she will live</u>. (○) 〈완전한 절〉
>
> She wants to buy the house which she will live. (×)
>
> (그녀는 살 집을 구입하고 싶어 한다.)
>
> → 관계절이 주어(she), 자동사(live)로 구성된 완전한 절의 형태를 갖추고 있으므로 관계대명사가 아니라 장소의 선행사인 the house를 수식하는 관계부사 where가 적합하다.

③ 시간의 관계부사 when

선행사가 관계절 속에서 시간을 의미하는 '그때'일 때 관계부사 when이 사용된다.

> **예** The 1400s is the period when the revival of classical culture occurred.
>
> (1400년대는 고전 문화의 부흥이 일어난 시기이다.)

> **예** There are times when I hate him.
>
> (나는 가끔 그가 싫을 때가 있다.)

④ 장소의 관계부사 where

선행사가 관계절 속에서 장소를 의미하는 '그곳에서'일 때 관계부사 where가 사용된다.

> **예** Seoul is the place where I was born.
>
> (서울은 내가 태어났던 곳이다.)

> **예** This is the village where Admiral Yi Sun-shin established the naval force.
>
> (이곳은 이순신 장군이 수군을 창설했던 바로 그 마을이다.)

5 이유의 관계부사 why

선행사가 관계절 속에서 이유를 의미하는 '그 때문에'일 때 관계부사 why가 사용된다.

예 This is the reason why I refuse to go.

(이것이 내가 가기를 거부하는 이유이다.)

예 The reason why I'm calling you is to invite you to a party.

(내가 너에게 전화를 한 이유는 파티에 너를 초대하기 위해서이다.)

예 People who know the reason why they make mistakes are unlikely to make the same mistakes again.

(실수를 하는 이유를 아는 사람들은 같은 실수를 다시 할 것 같지 않다.)

6 방법의 관계부사 how

선행사가 관계절 속에서 방법을 의미하는 '그런 방법으로'일 때 관계부사 how가 사용된다. 하지만 the way how라고 현대 영어에서 함께 쓰이지 않고 the way 또는 how로 사용된다. 다만 the way in which는 가능하다.

예 She knows the way I opened the door. (○)

She knows how I opened the door. (○)

She knows the way in which I opened the door. (○)

She knows the way how I opened the door. (×)

(그녀는 내가 문을 어떻게 열었는지 알고 있다.)

예 This is the way she won the game.

(이것이 그녀가 경기에서 이긴 방법이다.)

---

06 복합관계대명사

1 개념

관계사에 −ever를 덧붙여서 만든 형태로 복합관계대명사와 복합관계부사로 구분된다.

2 복합관계대명사: 명사 기능

복합관계대명사란 관계대명사에 −ever를 붙여 만든 형태로, 관계대명사 what과 마찬가지로 자체에 선행사를 포함한다. 명사절 '∼든지'와 부사절 '∼라도'의 역할을 한다.

(1) 명사절의 역할

'어떤(any)'의 의미로 명사절로 쓰여, 주어, 목적어, 보어 역할을 한다.

예 You may give this magazine to whoever wants to read it.

　(당신은 그것을 읽고 싶어 하는 누구에게나 이 잡지를 주어도 좋다.)

예 Whomever they send will be welcomed.

　(그들이 누구를 보내든지 환영 받을 것이다.)

예 Whoever is responsible for this will be punished.

　(누구든지 이 일에 책임이 있는 사람은 처벌받을 것이다.)

(2) 부사절의 역할

'～하더라도'라는 '양보'의 의미로 사용되며 주로 주절의 앞이나 뒤에 comma(,)로 분리되어 등장한다.

예 Whoever may say so, I can't believe it.

　(누가 그렇게 말하더라도 나는 그것을 믿을 수 없다.)

예 Whichever you may take, you cannot be satisfied.

　(당신이 어떤 것을 택하더라도 당신은 만족할 수 없다.)

예 Whatever you may say, I shall do it.

　(당신이 무슨 말을 하더라도 나는 그것을 할 것이다.)

③ 복합관계부사: 부사 기능

복합관계부사란 관계부사에 -ever를 붙여 만든 형태로 선행사를 포함하고 있으며 부사절을 이끈다.

예 You can come whenever you want.

　(네가 원할 때 언제라도 와도 된다.)

예 I carry my smart phone with me wherever I go.

　(나는 어디에 가든 내 스마트폰을 가지고 다닌다.)

예 However hard you may try, you can't solve everything.

　(당신이 아무리 열심히 노력한다고 할지라도, 당신이 모든 것을 해결할 수 없다.)

1. 관계대명사 that과 what, 명사절 접속사 that과 what을 상대적으로 비교한다.

불완전한 문장의 명사절	What counts in life is not money, but honor. 〈관계대명사〉 (인생에서 중요한 것은 돈이 아니라 명예이다.)
불완전한 문장의 형용사절	Who that believes the truth does such a mean thing? 〈관계대명사〉 (진실을 믿는 사람이 누가 그런 비열한 짓을 하는가?)
완전한 문장의 명사절	I think that he has lived in Seoul for ten years. 〈명사절 접속사〉 (내 생각에 그는 서울에서 10년 동안 산 것 같다.)

2. 관계대명사는 불완전한 문장을, 관계부사는 완전한 문장을 이끈다.
   - 예 This is the house which I lived in.
     This is the house where I lived.
     This is the house in which I lived.
     (이곳이 내가 살았던 집이다.)
3. 전치사＋관계대명사는 완전한 문장을 이끌며, 이때 전치사＋which가 장소, 시간, 이유, 방법일 때는 관계부사로 대체가 가능하다.
   - 예 This is the reason why I explained the fact to him.
     This is the reason for which I explained the fact to him.
     (이것이 내가 그에게 그 사실을 설명한 이유이다.)
   - 예 Now is the time when we have to study hard.
     Now is the time at which we have to study hard.
     (지금은 우리가 열심히 공부해야 할 때이다.)
4. 주격 관계대명사는 항상 선행사의 뒤에 오는 동사의 수와 태를 일치시켜야 한다.
   - 예 I know the girls who speak English very fluently. (나는 영어를 매우 유창하게 말하는 소녀들을 안다.)
   - 예 This is the luxury car which is made in Germany. (이것은 독일에서 만들어진 고급 차이다.)
5. 관계대명사 삽입절도 출제 비율이 높다.
   - 예 He is the actor who she thinks has deceived her sister.
     (그는 그녀가 그녀의 여동생을 속였다고 생각하는 배우이다.)
6. 관계대명사 which는 앞에 나온 단어, 구, 절 따위를 선행사로 받기도 한다.
   - 예 She said she was ill, which was a lie. (그녀가 아프다고 했는데 그건 거짓말이었어요.)
7. 복합관계대명사는 관계사＋ever의 개념으로 관계사의 원리를 그대로 적용하되 항상 명사절이나 양보의 부사절의 개념으로 등장한다.
   - 예 He will give it to whoever likes him. (그는 그를 좋아하는 사람에게 그것을 줄 것이다.)
   - 예 He will give it to whomever he likes. (그는 그가 좋아하는 사람에게 그것을 줄 것이다.)
   - 예 No matter how hard I try, I cannot explain the depth of pain. (아무리 노력해도 고통의 깊이를 설명할 수 없다.)

※ 관계대명사는 형용사절 또는 명사절을 형성하며, 관계부사는 부사절 또는 명사절을 형성한다. 여기서는 앞에 선행사를 두고 있으며 선행사와의 관계를 알아보는 형용사절을 학습하겠다.

18 | 전치사

01 전치사의 역할과 목적어

1 전치사의 목적어

전치사는 단독으로 사용될 수 없으므로 반드시 전치사 뒤에 명사(구)와 함께 사용되어야 한다. 이때 전치사에 이어지는 명사(구)를 전치사의 목적어라 하고 반드시 목적격으로 사용한다.

(1) 명사 역할을 하는 것들(명사, 대명사, 동명사, 명사구, 명사절)이 올 수 있다.

전치사(구)	at, by, in, on, of, to, for, instead of, due to, thanks to, owing to, in spite of, in behalf of, at the cost of
목적어	명사(구), 대명사(목적격), 동명사, 명사절

예 She'll be ready in ten minutes. (그녀는 십 분 내에 준비가 될 거야.)

예 He will visit his grandparents during this summer vacation.
(그는 이번 여름 방학 동안 그의 조부모님 댁을 방문할 것이다.)

예 Everyone attended the meeting but the managers and me. (○)
Everyone attended the meeting but the managers and I. (×)
(매니저들과 나를 제외한 모든 사람들이 회의에 참석했다.)

예 I'm tired of waiting for her mother. (○)
I'm tired of wait for her mother. (×)
(나는 그녀의 어머니를 기다리는 것에 지쳤다.)

예 We appreciated her work in that she had difficulty in using her left hand.
(우리는 그녀가 왼손을 사용하는 데에 어려움이 있었다는 점에서 그녀의 작품의 가치를 인정했다.)

(2) 예외적으로 형용사나 부사라도 명사의 역할을 하는 명사 상당어구로 사용될 때는 전치사의 목적어로 쓰이기도 한다.

예 He was at best a bench warmer. (그는 기껏해야 후보 선수였다.)

예 She had been sleeping till then. (그녀는 그때까지 잠을 자고 있었다.)

예 I'm afraid things go from bad to worse. (나는 상황이 악화되는 것이 두렵다.)

예 He finally came back from abroad in 1998 and got a permanent job.
(그는 마침내 1998년 외국에서 돌아왔고 영구적인 직업을 구했다.)

② 전치사구의 역할

'전치사+명사(구)' 또는 '전치사+대명사'로 구성된 전치사구는 주로 명사를 수식하는 형용사구의 역할과 동사나 형용사, 부사 또는 문장 전체를 수식하는 부사구의 역할을 한다.

(1) 형용사 기능

명사를 뒤에서 수식하는 역할과 주격 보어 또는 목적격 보어 자리에서 주어와 목적어를 보충 설명하는 보어의 역할을 한다.

예 She is a woman of ability. (그녀는 능력 있는 여자다.)

예 The A team consisted of people with different ideas.
(A팀은 다른 생각을 가진 사람들로 구성되었다.)

예 He did not have a clear insight into how to proceed.
(그는 나아갈 방법에 대한 명백한 통찰력이 없었다.)

예 He found him on duty.
(그는 그가 근무 중임을 알게 되었다.)

(2) 부사 기능

동사, 형용사, 부사 또는 문장 전체를 수식하는 역할을 한다.

예 I don't live in Korea; I live in myself.
(나는 한국에 살지 않는다. 나는 내 자신 안에 산다.)

예 I never think about fiction except when I'm writing it.
(나는 그것을 쓸 때를 제외하고는 소설에 대해 생각하지 않는다.)

02　주요 전치사

① in

(1) 시간: ~에(세기, 년, 계절, 월, 오전, 오후)/~내에, ~안에/~이 지나서

예 My mommy promised me to come back home in three years.
(엄마는 나에게 3년 안에 집으로 돌아오겠다고 약속했다.)

(2) 장소: ~에서, ~안에서

예 He has lived in Seoul for three years. (그는 3년 동안 서울에서 살고 있다.)

(3) 상태: ~한, ~된

예 The people in the town were in despair. (그 도시의 사람들은 절망 속에 있었다.)

(4) 방법: ~로, ~으로

> 예 He will buy the car in the same way you did.
>
> (그는 네가 했던 것과 똑같은 방법으로 차를 살 것이다.)

(5) in –ing: ~할 때

> 예 In drinking water, she makes noise. (물을 마실 때 그녀는 거슬리는 소리를 낸다.)

2 on

(1) 시간: ~에(날짜), ~하자마자

> 예 They go to church on Sundays. (그들은 일요일마다 교회에 간다.)
>
> 예 On coming back, he hurried to her room. (돌아오자마자 그는 그녀의 방으로 급히 갔다.)

(2) 장소: ~위에

> 예 She forgot putting the books on the table. (그녀는 탁자 위에 책을 놓은 것을 잊었다.)

(3) 상태: ~중인, ~상태인

> 예 He was on his way home. (그는 집으로 가는 중이었다.)

3 at

(1) 시간: ~에(시각)

> 예 They were supposed to meet at five o'clock. (그들은 정각 5시에 만날 예정이었다.)

(2) 장소: ~에

> 예 She will arrive at the station by noon. (그녀는 12시까지 역에 도착할 것이다.)

(3) 원인: ~에

> 예 They were surprised at the news. (그들은 그 소식에 놀랐다.)

4 with

(1) 소유: ~을 가진, ~이 있는

> 예 She introduced a man with a beard to us. (그녀는 우리에게 수염이 있는 남자를 소개했다.)

(2) 시간: ~을 한 채, ~하면서

> 예 She stood with her eyes closed. (그녀는 눈을 감은 채 서 있었다.)

(3) 결합: ~와 함께, ~와, ~에

例 He wants to get along with you. (그는 너와 친하게 지내기를 바란다.)

例 He doesn't agree with her idea. (그는 그녀의 생각에 동의하지 않는다.)

5 to

(1) 방향: ~로, ~를 향해

例 He went to the bookstore. (그는 서점으로 갔다.)

(2) 정도: ~하게도

例 To my surprise, he quit the job last week. (놀랍게도 그는 지난주에 일을 그만두었다.)

(3) 부속: ~에

例 This computer belongs to her. (이 컴퓨터는 그녀에게 속해 있다.)

例 She still sticks to the theory. (그녀는 그 이론에 여전히 집착한다.)

6 for

(1) 기간: ~동안

例 They've stayed here for three days. (그들은 3일 동안 여기에 머물렀다.)

(2) 방향: ~을 향해, ~로

例 She left for New York this morning. (그녀는 오늘 아침 뉴욕으로 떠났다.)

(3) 목적: ~을 위해

例 We read books only for pleasure. (우리는 오직 재미로 책을 읽는다.)

例 Unbalanced diet is bad for health. (균형이 잡히지 않은 식단은 건강에 좋지 않다.)

(4) 원인: ~때문에

例 He stopped studying for several reasons. (그는 몇 가지 이유 때문에 학업을 중단했다.)

7 from

(1) 출발점: ~로부터, ~에서

例 From now on I will be nicer to her. (지금부터 나는 그녀에게 더 친절할 것이다.)

(2) 분리: ~로부터

例 He differs from her in opinion. (그는 그녀와 의견이 다르다.)

(3) 원인: ~때문에, ~로

　　예 She has suffered from a cold. (그녀는 감기로 고통받았다.)

8 by

(1) 시간: ~까지

　　예 All students should submit their assignments by tomorrow.
　　　(모든 학생들은 내일까지 과제를 제출해야 한다.)

(2) 수단: ~로, ~에 의해

　　예 You can get there by bus. (당신은 버스로 그곳에 갈 수 있다.)

(3) 동작의 주체: ~에 의해

　　예 This book is written by your English teacher. (이 책은 너의 영어 선생님에 의해 쓰여졌다.)

9 of

(1) 소유, 부분: ~의

　　예 He is the owner of this company. (그는 이 회사의 주인이다.)

　　예 We ate half of the cake. (우리는 케이크의 절반을 먹었다.)

(2) 제거: ~을

　　예 She promised to get rid of her bad habits. (그녀는 그녀의 나쁜 버릇을 없애겠다고 약속했다.)

10 through

(1) 시간: ~동안 내내

　　예 She worked through the night. (그녀는 밤새 일했다.)

(2) 방향: ~을 뚫고, ~을 지나서

　　예 We've passed through several tunnels. (우리는 몇 개의 터널을 통과했다.)

　　예 He didn't have a key, so he came in through the window.
　　　(그는 열쇠를 갖고 있지 않아서 창문으로 들어갔다.)

(3) 방법, 수단: ~을 통해

　　예 He could get a lot of information through diverse media.
　　　(그는 다양한 매체를 통해 많은 정보를 얻을 수 있었다.)

11 about

(1) 주제: ~에 관하여, ~에 대하여

　예 He spoke his opinion about the issue. (그는 그 쟁점에 대한 그의 의견을 말했다.)

(2) 장소: ~주위에, ~주변에

　예 She stood about the window. (그녀는 창문 주위에 서 있었다.)

(3) 짐작: 대략~

　예 She's about my height. (그녀는 대략 내 키 정도 된다.)

12 into

(1) 방향: ~로, ~안으로

　예 We went into the classroom. (우리는 교실로 들어왔다.)

(2) 변화: ~으로

　예 She wanted to change bills into coins. (그녀는 지폐를 동전으로 바꾸고 싶어 했다.)

13 under

(1) 위치: ~아래

　예 They hid themselves under the table. (그들은 탁자 밑에 숨었다.)

(2) 상태: ~중인, ~의 상태인

　예 The building was still under renovation. (그 건물은 여전히 보수 중이었다.)

1. 동사와 연결되어 구분해야 할 전치사도 확인해야 한다.

result from ~이 원인이다	result in ~을 낳다
call at 방문하다	call on 요청하다
look into 조사하다	look for 찾다
deal with 다루다	deal in 거래하다
succeed in 성공하다	succeed on 계승하다

2. 전치사와 접속사의 형태를 구분해야 한다.

~때문에	because of + 명사(구)	because + 주어 + 동사
~하는 경우에	in case of + 명사(구)	in case + 주어 + 동사
~도 불구하고	despite + 명사(구)	though + 주어 + 동사
~하는 동안에	during + 명사(구)	while + 주어 + 동사
~에 따르면	according to + 명사(구)	according as + 주어 + 동사
~때쯤	by + 명사(구)	by the time + 주어 + 동사

3. 전치사는 명사(구)의 목적어를 가지며 직접 절을 이끌지 못한다.

예 He is different to me in he belongs to the club K. (×)

He is different to me in that he belongs to club K. (○) (그는 K 클럽에 소속되어 있다는 점에서 나와는 다르다.)

4. 전치사의 목적어는 목적격을 쓴다.

예 He loves me more than her between me and she. (×)

He loves me more than her between me and her. (○) (그는 나와 그녀 사이에서 그녀보다 나를 더 사랑한다.)

5. 비교형 전치사는 반드시 구분해서 익혀야 한다.

~동안	during + 특정 기간 명사	for + 수사 + 명사
~사이	between + 둘	among + 셋 이상
~까지	by(완료 개념)	until(계속 의미)
~로부터	from(~로부터)	since(~로부터 현재까지)
~을 가지고	with + 도구	by + 수단

※ 전치사는 명사와 명사 사이에 등장하는 연결사의 일종으로 반드시 명사(구), 명사절, 대명사 따위를 목적어로 가지며, 바로 뒤에 '주어+동사'가 이어지는 구조는 가질 수 없다. 우리말에서 조사처럼 작용하여 '~에, ~게, ~로, ~서' 등으로 해석되며 명사나 대명사를 목적어로 가질 때는 반드시 목적격을 사용해야 한다.

19 | 특수구문: 도치, 강조, 생략

01 강조

▌ 동사의 강조

동사를 강조하기 위해서는 동사 앞에 조동사인 do/does/did를 넣는다.

예 We do hope you will pass the exam.

　　(우리는 네가 시험에 통과하기를 정말 바란다.)

예 Do tell me. (제발 저에게 말해 주세요.)

예 Do book ahead as the restaurant is very popular.

　　(그 식당은 매우 인기가 있으니 미리 예약을 꼭 하세요.)

▌ It ～ that … 강조구문

It과 that 관계절 사이에 강조 대상을 넣어 강조한다.

예 It is you that I love. (내가 사랑하는 사람은 바로 당신입니다.)

예 It was yesterday that I told you to do it.

　　(내가 너에게 그것을 하라고 말한 것은 바로 어제였다.)

예 It was the main entrance that she was looking for.

　　(그녀가 찾고 있던 것은 바로 중앙 출입구였다.)

> **더 알아보기**
>
> 강조구문을 사용할 때는 격의 선택에 주의해야 한다.
>
> It is not you but he that is to blame for the car accident of the crosswalk.
>
> 　　　　　him(×)
>
> (그 횡단보도에서의 교통사고 책임이 있는 사람은 당신이 아니라 바로 그 사람이다.)
>
> → not A but B 구문을 It ～ that … 강조구문으로 강조하고 있으며 이때 동사는 he에 일치시키고, 주어의 강조는 주격으로 쓴다.

❸ 부정어의 강조

부정어의 뒤에 at all, a bit, in the least, in the slightest 등의 표현을 써서 부정어를 강조한다. 이러한 표현들이 부정어와 함께 쓰이면 '절대 ~아닌' 또는 '결코 ~아닌'의 의미를 가지게 된다.

예 It wasn't funny at all. (그것은 전혀 재미있지 않았다.)

예 I don't understand in the least what you mean.
　　(나는 네가 말하는 것이 전혀 이해가 안 된다.)

02	도치

❶ 개념

정상적인 영어 문장은 '주어+동사'의 어순이 일반적인데 특별한 이유로 어순이 바뀌는 것을 도치라고 한다. 도치가 발생하는 몇 가지 주요한 경우를 살펴보면 다음과 같다.

❷ 부사구 강조에 의한 도치

부사구가 문장의 제일 앞으로 강조되어 나오는 경우 뒤의 주어와 동사는 '동사+주어'의 순으로 도치된다.

(1) There+동사+주어

예 There is a big tree on the hill. (언덕 위에는 큰 나무가 하나 있다.)

예 There are direct paths to a successful career. But there are plenty of indirect paths, too.
　　(성공적인 직장생활로의 직접적인 길은 있다. 하지만 간접적인 길 역시 많다.)

(2) 장소/방향/위치 부사(구)+동사+주어

예 On the hill stood a tall boy. (언덕 위에 키가 큰 한 소년이 서 있었다.)

예 Among the first animals to land our planet were the insects.
　　(곤충은 우리 행성에 착륙한 첫 동물 중 하나였다.)

(3) 강조 · 부정부사+동사+주어

강조 · 부정 의미의 부사	only after, never, only, hardly, scarcely, rarely, not only, not ~ until, no sooner, little, seldom

예 Never did I meet him again.
　　= I never met him again. (나는 그를 결코 다시 만나지 않았다.)

예 Only once was he late for the class.
　　= He was late for the class only once. (그는 수업에 단지 한 번 늦었을 뿐이다.)

예 Not only was she a star of the screen, but also of the stage.

= She was not only a star of the screen, but also of the stage.

(그녀는 스크린의 스타일뿐 아니라 연극 무대의 스타였다.)

예 Not until they lose it do people know the blessing of health.

= Until they lose it, people don't know the blessing of health.

(사람들은 그것을 잃기 전까지 자신들의 건강의 축복을 모른다.

= 건강을 잃고 나서야 비로소 건강의 축복을 알게 된다.)

예 On no account must strangers be let in.

(어떠한 경우라도 낯선 사람들을 들어오게 해서는 안 된다.)

더 알아보기

동사의 종류에 따른 도치

일반동사의 도치의 경우 완전 자동사는 '동사+주어'의 어순이 가능하지만, 그렇지 않은 일반동사의 경우 'do, does, did+주어+동사'의 어순이 되어야 한다.

예 There stands a big tree beside the church on the hill.

(그 언덕의 교회 옆에는 큰 나무 하나가 서 있다.)

예 Once upon a time along the street were people shouting "Golla, Golla" on the stalls.

(옛날에는 그 거리를 따라서 가판대 위에서 "골라, 골라"를 외치는 사람들이 있었다.)

예 Little did I dream that she loves me.

(그녀가 나를 사랑하리라고는 꿈도 꾸지 못했다.)

---

3 보어 강조에 의한 도치

강조를 위해 문장의 앞에 보어가 위치하면 '동사+주어'의 순으로 도치된다.

보어+동사+주어

예 So smart is the boy. (그 소년은 정말 똑똑하다.)

예 Really nice was our meeting. (우리의 회의는 정말 훌륭했다.)

예 Pleased with the result were the participants. (참가자들은 결과에 대해 기뻐했다.)

---

4 '역시' 표현의 도치

'~도 그렇다'라는 문장의 경우 도치가 발생한다. 긍정문과 부정문의 경우가 각각 다르므로 구분하도록 하자.

(1) 긍정문 다음에는 So+동사+주어: '주어'는 역시 '동사'하다.

예 He can speak French. So can she.

(그는 프랑스어를 말할 수 있다. 그녀 역시 그러하다.)

예 He works very hard. So does his brother.

(그는 매우 열심히 일한다. 그의 형도 그러하다.)

(2) 부정문 다음에는 Neither+동사+주어: '주어'는 역시 '동사'하지 않다.

예 Most students didn't want to stay all night, and neither did I.

(대부분의 학생들은 밤을 새는 것을 원하지 않았고, 나도 그러했다.)

예 John has not been to France before, and neither has Mary.

(John은 이전에 프랑스에 간 적이 없는데, 이는 Mary도 마찬가지이다.)

5 as+동사+주어

'~처럼 역시'라는 의미를 가지는 as 뒤에도 '동사+주어'의 어순으로 도치될 수 있다.

예 Kevin was a Christian, as were most of his friends.

(Kevin은 그의 대부분의 친구들처럼 역시 기독교 신자였다.)

예 Sean believed, as did all his family, that the King was their supreme lord.

(Sean은 그의 모든 가족들이 그러했듯이, 그 왕이 그들의 최고의 군주라고 믿었다.)

예 Streets that are narrow, steep, or shaded, receive special attention, as do those streets scheduled for next day trash collection.

(좁거나, 가파르거나, 그늘진 거리는 다음 날 쓰레기 수거 대상으로 예정된 거리가 그런 것처럼 특별한 주목을 받는다.)

03 생략

1 개념

경제성과 간결성의 원칙과 훼손을 방지하기 위해서 중복되거나 의미가 없는 어구들의 표현은 생략된다. 생략의 몇 가지 원칙을 익혀 보자.

2 반복되는 어구 생략

예 You may go there if you want to. (네가 원한다면 거기에 가도 좋다.)

→ to 뒤에 go there가 반복에 의해 생략되었다.

예 We checked the information of the car but not the price.

(우리는 그 차에 대한 정보는 확인했지만 가격은 확인하지 못했다.)

→ 원래 but we did not check the price of the car에서 반복된 we did와 check, of the car가 생략되었다.

3 종속절의 '주어＋동사' 생략

(1) 종속절의 주어가 주절의 주어와 같고 종속절의 동사가 별 다른 의미없는 be동사이거나 대동사 do일 경우 접속사 뒤의 주어와 동사가 동시에 생략할 수 있다.

예 Though timid, he is no coward.

(비록 그는 소심하지만 겁쟁이는 아니다.)

→ Though he is timid에서 주절의 주어와 같은 he, 특별한 의미가 없는 is가 생략되었다.

예 This book, if read carefully, will give you much information about the area.

(주의해서 읽는다면 이 책은 너에게 그 지역에 대한 많은 정보를 줄 것이다.)

→ if it is read carefully에서 it is가 생략되었다.

예 They worked harder than before.

(그들은 전보다 더 열심히 일했다.)

→ than they did before에서 they did가 생략되었다.

예 She has a necklace that is attractive, if not valuable.

(그녀는 비싸지는 않지만 매력적인 목걸이를 갖고 있다.)

→ if it is not valuable에서 it is가 생략되었다.

(2) 그 밖의 생략 가능한 경우

예 I'll go with you if (it is) necessary. 〈비인칭 주어 생략〉

(필요하다면 너와 함께 갈게.)

예 (I wish you) A Happy new year! 〈감탄문에서 생략〉

(새해 복 많이 받으세요!)

예 He visited his friend's (house) last Saturday. 〈확실한 장소 명사의 생략〉

(그는 지난 토요일에 그의 친구 집을 방문했다.)

예 (Being) Surprised at the news that her son died, she almost fainted. 〈분사구문의 Being 생략〉

(그녀의 아들이 죽었다는 소식에 그녀는 거의 기절할 뻔했다.)

예 This is the man (whom) I saw at school yesterday. 〈목적격 관계대명사의 생략〉

문장의 정상적인 어순을 타파하여 특별히 문장이 추구하는 목적을 달성하려는 문장의 변형 형태를 특수구문이라 한다. 문장의 정상 어순이 변화를 일으켜 '동사+주어', '보어+주어+동사', '목적어+주어+동사'의 어순 등으로 쓰인다. 경우에 따라서는 문장의 경제성이나 실효성을 위해서 문장의 공통 부분이나 의미 전달에 변화를 주지 않는 범위 내에서 생략하는 표현도 이 경우에 해당한다. 영어의 문장은 품사적 기능별로 자신의 자리를 지키고 있는 것이 중요하지만 경우에 따라서 특수한 상황에 맞게 문장 구조가 바뀌는 현상을 이해하도록 하자.

1. 강조

동사의 강조	• do[does/did]+동사원형 예 We do hope you will pass the exam. (우리는 네가 시험에 통과하기를 정말 바란다.)
It~that 강조구문	• It과 that 관계절 사이에 강조 대상을 넣어 강조 예 It is you that I love. (내가 사랑하는 사람은 바로 당신입니다.)
부정어 강조	• not+at all[in the least/ by any means 등]: '절대 ~아닌' 또는 '결코 ~아닌' 예 It wasn't funny at all. (그것은 전혀 재미있지 않았다.)

2. 도치

부사구 도치	부사구가 강조되어 나오는 경우 뒤의 주어와 동사는 '동사+주어'의 순으로 도치 예 There is a big tree on the hill. (언덕 위에는 큰 나무가 하나 있다.) 예 On the hill stood a tall boy. (언덕 위에 키가 큰 한 소년이 서 있었다.) 예 Not until they lose it do people know the blessing of health. 　(사람들은 그것을 잃기 전까지 자신들의 건강의 축복을 모른다.)
보어 도치	문장의 앞에 보어가 위치하면 '동사+주어'의 순으로 도치 예 So smart is the boy. (그 소년은 정말 똑똑하다.)
'역시' 표현 도치	• 긍정문 다음에는 So+동사+주어: '주어'는 역시 '동사'하다 예 He works very hard. So does his brother. 　(그는 매우 열심히 일한다. 그의 형도 그러하다.) • 부정문 다음에는 Neither+동사+주어: '주어'는 역시 '동사'하지 않다 예 Most students didn't want to stay all night, and neither did I. 　(대부분의 학생들은 밤을 새는 것을 원하지 않았고, 나도 그러했다.)
as+동사+주어	'~처럼 역시'의 의미인 as 뒤에도 '동사+주어'의 어순으로 도치 예 Kevin was a Christian, as were most of his friends. 　(Kevin은 그의 대부분의 친구들처럼 역시 기독교 신자였다.)

3. 생략

반복 어구 생략	예 You may go there if you want to (go there). 　(네가 원한다면 거기에 가도 좋다.)
종속절의 '주어 +동사' 생략	종속절의 주어가 주절의 주어와 같고 종속절의 동사가 be동사 또는 대동사 do일 경우 접속사 뒤의 주어와 동사 생략 가능 예 Though (he is) timid, he is no coward. 　(비록 그는 소심하지만 겁쟁이는 아니다.)

행운이란 100%의 노력 뒤에 남는 것이다.

– 랭스턴 콜먼 –

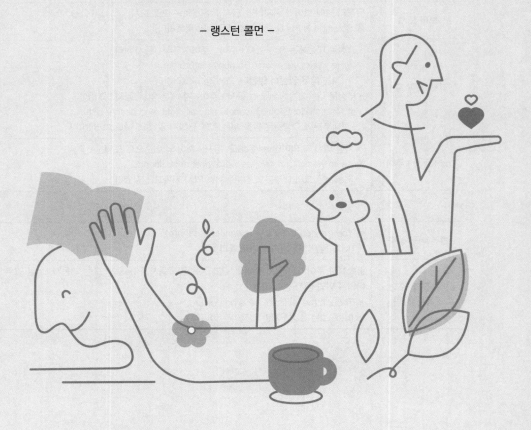

제3과목

한국사

01 │ 역사의 이해

1 역사의 의미

(1) 사실로서의 역사

과거에 있었던 사실을 객관적으로 서술하는 것으로 객관적 의미의 역사를 말하며 과거의 모든 사건을 나타낸다(실증주의).

> 역사가는 자기 자신을 죽이고 과거가 본래 어떠했는가를 밝히는 것을 그의 지상 과제로 삼아야 하고, 이때 오직 역사적 사실로 하여금 이야기하게 해야 한다.
>
> − L. V. 랑케(Ranke) −

(2) 기록으로서의 역사

역사가에 의해 조사되어 기록된 과거를 나타내는 것으로 주관적 의미의 역사를 말하며 역사가의 가치관과 같은 주관적 요소가 개입된다(상대주의).

> 역사가와 역사상의 사실은 서로를 필요로 한다. '역사란 무엇인가?'라는 물음에 대한 나의 대답은 결국 다음과 같은 것이 된다. 역사란 역사가와 사실 사이의 부단한 상호작용의 과정이며, 현재의 사회와 과거의 사회 사이의 끊임없는 대화이다.
>
> − E. H. 카(Carr) −

더 알아보기

한자의 역사(歷史)라는 말에서 역(歷)이란 세월, 세대, 왕조 등이 하나하나 순서를 따라 계속되어 가는 것으로서 '과거에 있었던 사실'이나 '인간이 과거에 행한 것'을 의미하며, 사(史)란 활쓰기에 있어서 옆에서 적중한 수를 계산·기록하는 사람을 가리키는 말로써, '기록을 관장하는 사람' 또는 '기록한다'라는 의미로 쓰였다. 한편, 영어에서 역사를 뜻하는 'history'라는 단어의 어원으로 그리스어의 'historia'와 독일어의 'Geschichte'를 들 수 있다. 그리스어의 'history'라는 말은 '탐구' 또는 '탐구를 통하여 획득한 지식'을 의미하며, 독일어의 'Geschichte'라는 말은 '과거에 일어난 일'을 뜻한다.

02 | 선사 시대와 국가의 형성

01 선사 시대

1 우리 민족의 기원

한민족의 특성	한민족의 형성
• 인종상 – 황인종, 언어학상 – 알타이 어족 • 단일 민족의 독자적 농경 문화 형성	• 만주~한반도 중심 분포(구석기 시대부터) • 민족의 기틀 형성(신석기 시대~청동기 시대)

2 우리나라의 선사 시대

(1) 구석기 · 신석기 시대

구분	구석기 시대(약 70만 년 전)	중석기 시대	신석기 시대(기원전 8000년경)
유물	• 사냥 도구(주먹도끼, 찍개, 슴베찌르개) • 조리 도구(긁개, 밀개) • 골각기, 뗀석기	잔석기 (이음 도구)	• 간석기(돌괭이, 돌보습 등 농기구) • 토기(이른 민무늬 토기, 덧무늬 토기, 눌러찍기문 토기, 빗살무늬 토기)
경제	약탈 경제(사냥, 채집, 어로)	식물 채취, 물고기 잡이	• 생산 경제(농경 · 목축 시작) • 원시 수공업(가락바퀴, 뼈바늘)
사회 · 생활	• 이동 생활 • 가족 단위 · 무리 사회, 평등 사회 • 주술적 의미의 예술품(고래, 물고기 조각) • 동굴, 바위그늘, 막집(전국 분포)	–	• 정착 생활 • 씨족 단위 · 부족 사회, 족외혼 • 원시 신앙 발생(애니미즘, 샤머니즘) • 움집 거주(강가와 해안 – 원형 · 방형, 중앙 화덕, 저장 구덩이)

(2) 주요 유적지

구석기 시대	중석기 시대	신석기 시대
• 단양 금굴: 가장 오래된 구석기 유적지 • 공주 석장리: 남한에서 발견된 최초의 구석기 유적지, 선각화 발견 • 청원 두루봉 동굴: 흥수아이 발견 • 종성 동관진: 한반도에서 최초로 발견된 구석기 유적지 • 연천 전곡리: 아슐리안형 주먹도끼 발견	• 통영 상노대에서 조개 더미 • 평양 만달리 • 거창 임불리	• 제주 고산리: 가장 오래된 신석기 유적지 • 양양 오산리: 한반도 최고의 집터 유적지 발견 • 서울 암사동: 빗살무늬 토기 발견

1 고조선과 청동기 문화

(1) 청동기 · 철기의 사용

구분	청동기 시대(기원전 10세기경)	철기 시대(기원전 4세기경)
유물	• 청동 제품(비파형동검, 거친무늬 거울) • 간석기(홈자귀, 바퀴날 도끼) • 민무늬 토기, 미송리식 토기, 붉은 간 토기	• 철제 농기구 · 무기 • 청동제의 독자 발전(거푸집 – 세형동검, 잔무늬 거울) • 토기 다양화(검은 간 토기, 덧띠 토기)
경제	농경과 목축 발달(보리, 콩, 벼), 반달돌칼	• 경제 기반 확대 • 중국과 교역 시작(명도전 · 반량전 · 오수전, 붓)
사회 · 생활	• 사유 재산 · 계급 발생(군장 사회) • 전문 분업 발생 • 선민 사상 • 움집(장방형, 4~8명 거주, 주춧돌 사용) • 무덤: 고인돌, 돌널무덤, 돌무지무덤	• 연맹 국가 발전: 부족장 → 왕 • 바위 그림: 울주 반구대, 고령 장기리 암각화 • 지상 가옥: 배산임수 · 밀집 취락 형성 • 무덤: 널무덤, 독무덤
유적지	평북 의주 미송리 동굴, 경기 여주 흔암리, 충남 부여 송국리, 울산 검단리	

(2) 고조선의 성립(기원전 2333~기원전 108)

① 단군과 고조선

    ㉠ 배경: 청동기 문화 바탕 → 철기 문화 성장(기원전 4세기)

    ㉡ 기록 문헌: 『삼국유사』, 『제왕운기』, 『응제시주』, 『세종실록지리지』, 『동국여지승람』

    ㉢ 특징: 구릉 지대 거주, 선민 사상, 농경 사회, 토테미즘, 계급 분화, 사유 재산, 제정 일치

    ㉣ 주요 유물: 거친무늬 거울, 미송리식 토기, 북방식 고인돌, 비파형동검

② 정치 발전: 요령 지방 중심 → 한반도까지 발전

단군과 고조선(기원전 2333)	위만의 집권(기원전 194)
• 청동기 문화 배경 • 왕위 세습(기원전 3세기경 부왕, 준왕 등장) • 관직 정비(상, 대부, 장군) • 요령 지방 → 한반도 영토 확장 • 중국(연)과 대립	• 철기 문화의 본격 수용 • 활발한 정복 사업 • 농업 · 상공업 발달 • 중계 무역으로 경제적 이익 독점 • 한의 침략 · 멸망(기원전 108) → 한 군현 설치

(3) 고조선 사회: 8조법(『한서』 지리지) → 법 60조항 증가, 풍속 각박(한 군현 설치 후)

살인자 → 사형	개인 생명 중시
상해자 → 곡물 배상	농경 사회, 노동력 중시
절도자 → 노비화, 돈 배상	사유 재산 보호, 노비가 존재하는 계급사회, 화폐 사용
여자의 정절 중시	가부장적 가족 제도 확립

1 국가의 형성

구분	부여	고구려	옥저	동예	삼한
위치	송화강 유역	졸본 지방	함경도 해안	강원 북부 해안	한강 이남
정치	5부족 연맹체 (사출도)	5부족 연맹체 (제가 회의)	왕 없음 (군장 지배)		연맹 국가 (목지국)
군장	마가, 우가, 저가, 구가	상가, 고추가, 대로, 사자, 조의, 선인	삼로, 읍군		신지, 견지, 읍차, 부례
경제	농경 · 목축	약탈 경제(부경)	농경, 어업	농경, 방직 기술 발달	벼농사(저수지)
	말, 주옥, 모피	토지 척박 – 양식 부족	어물, 소금	단궁 · 과하마 · 반어피	철(변한)
제천 행사	영고(12월)	동맹(10월), 국동대혈	–	무천(10월)	5월 수릿날, 10월 계절제
혼인	형사취수제	데릴사위제(서옥제), 형사취수제	민며느리제	족외혼	군혼
기타	순장, 1책 12법, 흰옷, 우제점복	무예 숭상, 점복	골장제(가족 공동묘), 쌀 항아리	책화	제정분리(소도), 귀틀집, 두레

더 알아보기

연맹 국가의 생활 모습
• 고구려에는 큰 산과 깊은 골짜기가 많고 평원과 연못이 없어서 계곡을 따라 살며 골짜기 물을 식수로 마셨다. 좋은 밭이 없어서 힘들여 일구어도 배를 채우기는 부족하였다. 사람들의 성품은 흉악하고 급해서 노략질하기를 좋아하였다.
• 부여는 구릉과 넓은 못이 많아서 동이 지역 가운데서 가장 넓고 평탄한 곳이다. 토질은 오곡을 가꾸기에는 알맞지만 과일은 생산되지 않았다. 사람들 체격이 매우 크고 성품이 강직 · 용맹하며 근엄하고 후덕하여 다른 나라를 노략질하지 않았다.
• 옥저는 큰 나라 사이에서 시달리고 괴롭힘을 당하다가 마침내 고구려에 복속되었다. 고구려는 그 나라 사람 가운데 대인을 뽑아 사자로 삼고 토착 지배층과 함께 통치하게 하였다. 동예는 대군장이 없고 한 대 이후로 후, 읍군, 삼로 등의 관직이 있어서 하호를 통치하였다. 동예의 풍속은 산천을 중요시하여 산과 내마다 구분이 있어 함부로 들어가지 않는다.
• 삼한에서는 5월에 파종하고 난 후 제사를 올렸다. 이때 사람들이 모여 노래하고 춤추고 밤낮을 쉬지 않고 놀았다. 10월에 농사가 끝나면 이와 같이 제사를 지내고 즐긴다.

– 『삼국지』 위서 동이전 –

03 | 고대 사회의 발전

01 고대의 정치

1 고대 국가의 성립

(1) 고대 국가의 성격

① 고대 국가의 형성: 영역 확대 과정에서 경제력과 군사력 성장 → 왕권 강화

② 중앙 집권적 고대 국가 형성

구분	고대 국가 형성	율령 반포	불교 발달	영토 확장
고구려	태조왕	소수림왕	소수림왕	광개토대왕, 장수왕
백제	고이왕	고이왕	침류왕	근초고왕
신라	내물왕	법흥왕	눌지왕, 법흥왕	진흥왕

(2) 삼국의 성립

구분	건국 집단	왕	중앙 집권 국가 기반
고구려	부여계 유이민 + 압록강 유역 토착민	태조왕	• 옥저 복속, 낙랑 압박 • 고씨의 왕위 세습
백제	고구려계 유이민 + 한강 유역 토착민	고이왕	• 한 군현과 항쟁, 한강 유역 장악 • 율령 반포, 관등제 정비, 관복제 도입
신라	유이민 집단(박 · 석 · 김) + 경주 토착 세력 → 국가 발전의 지연	내물왕	• 낙동강 유역 진출, 왜구 격퇴(호우명 그릇) • 김씨 왕위 세습, 마립간(대군장) 왕호 사용
가야	낙동강 하류의 변한 지역 → 6가야 연맹	미상	• 농경 문화, 철 생산, 중계 무역(낙랑, 왜) • 중앙 집권 국가로의 성장 한계

2 삼국의 발전과 통치 조직

(1) 삼국의 정치적 발전

구분		고구려	백제	신라
부족 연맹 단계		졸본 사회(기원전 37)	위례 사회(기원전 18)	6사로 사회(기원전 57)
고대 국가 형성기 (1~4세기)	고대 형성	태조왕(1세기 후반)	고이왕(3세기 중엽)	내물왕(4세기 말)
	율령 반포	소수림왕(4세기 후반)	고이왕(3세기 중엽)	법흥왕(6세기 초)
	불교 공인	소수림왕(4세기 후반)	침류왕(4세기 말)	법흥왕(6세기 초)
정복 활동기 (4~6세기)		• 광개토대왕: 신라에 침입한 왜구 격퇴(호우명 그릇), 광개토대왕비 • 장수왕: 남진 정책, 충주 고구려비 → 나·제 동맹	• 근초고왕: 마한 정복 및 요서·산둥 진출, 규슈 진출(칠지도) • 문주왕: 웅진 천도(475) • 무령왕: 지방 통제 강화 • 성왕: 사비 천도(538), 신라와 연합하여 한강 유역을 일시적으로 수복하였으나, 신라의 배신으로 점령지를 빼앗기고 관산성 전투에서 전사	• 지증왕: 우산국(울릉도) 복속 (512, 이사부) • 법흥왕: 금관가야 정복(532) • 진흥왕: 한강 유역 장악 및 대가야 정복(562) → 단양 적성비, 4개의 순수비

(2) 삼국 간 항쟁과 대외 관계

구분			삼국의 상호 경쟁	삼국의 대외 관계
4세기	–	근초고왕	백제 전성기 ↔ 고구려·신라 동맹	동진 – 백제 – 왜(칠지도) 전진 – 고구려 – 신라
5세기	제1기	광개토대왕, 장수왕	• 고구려 전성기 ↔ 신라·백제 동맹 • 중원 고구려비	중국(송·제) – 백제 – 왜 중국(송·제) – 백제 – 신라
6세기	제2기	법흥왕, 진흥왕	• 신라 발전기 ↔ 고구려·백제 동맹 • 단양 적성비, 4개 순수비	중국(양·진) – 백제 – 왜 중국(양·진) – 신라
7세기	제3기	무열왕, 문무왕	• 삼국 통일기(남북 진영 ↔ 동서 진영) • 고구려와 수·당의 전쟁	돌궐 – 고구려 – 백제 – 왜 수·당 – 신라

(3) 삼국의 통치 체제

구분	고구려	백제	신라
통치 체제	국왕 중심의 일원적 통치 체제		
관등	10여 관등(형, 사자)	16관등(솔, 덕)	17관등(찬, 나마)
중앙관제	–	6좌평(고이왕) → 22부(성왕)	병부(법흥왕) 등 10부
합의 제도	제가 회의(대대로)	정사암 회의(상좌평)	화백 회의(상대등)
지방행정	5부(수도) – 5부(지방, 욕살)	5부(수도) – 5방(지방, 방령)	6부(수도) – 5주(지방, 군주)
특수 구역	3경(국내성, 평양성, 한성)	22담로(지방 요지)	2소경(충주, 강릉)
군사 조직	• 지방 행정 조직 = 군사 조직 • 지방관 = 군대의 지휘관(백제 – 방령, 신라 – 군주)		

3 대외 항쟁과 신라의 삼국 통일

(1) 대 중국 전쟁

① 고구려와 수 · 당의 전쟁

㉠ 배경: 수의 중국 통일 이후 위기감 고조 ↔ 고구려의 대 중국 강경책

㉡ 과정: 고구려의 요서 지방 선제 공격(598, 영양왕) → 수의 30만 대군 침입 → 수의 대패 → 수의 113만 대군 침입 → 살수대첩(612, 을지문덕) → 수의 멸망(618) → 천리장성 축조(연개소문) → 당 태종의 침입 → 안시성 전투(645, 양만춘)

㉢ 의의: 민족의 방파제 역할(중국의 침입으로부터 민족을 수호)

② 신라의 삼국 통일

㉠ 배경: 여 · 제 동맹의 신라 압박, 중국의 고구려 침략 실패(살수대첩, 안시성 전투)

㉡ 과정: 나 · 당 연합 → 백제 멸망(660) → 고구려 멸망(668) → 나 · 당 전쟁 승리(676, 매소성 · 기벌포)

㉢ 의의: 불완전 통일(외세의 협조, 대동강 이남 통일), 자주적 성격(당 축출), 민족 문화 발전의 토대 마련

(2) 고구려와 백제의 부흥 운동

구분	고구려	백제
근거지	한성(재령), 오골성	주류성(서천), 임존성(예산)
중심 인물	안승, 검모잠, 고연무	복신, 도침, 흑치상지
결과	신라의 도움 → 실패, 발해의 건국(대조영)	왜의 지원(백촌강 전투), 나 · 당 연합군에 의해 실패

4 남북국 시대의 정치 변화

(1) 통일 신라와 발해의 발전

구분	통일 신라	발해
7세기	• 무열왕: 최초의 진골 출신 왕, 백제 정복(660) • 문무왕: 고구려 멸망(668), 나 · 당 전쟁 승리 → 삼국 통일(676) • 신문왕: 체제 정비(9주 5소경), 관료전 지급, 국학 설립	고왕: 진 건국(대조영, 698) → 고구려 부흥
8세기	• 성덕왕: 전제 왕권 안정, 정전 지급 • 경덕왕: 녹읍제 부활 • 선덕왕: 내물왕계 왕위 계승, 왕위 쟁탈전 • 원성왕: 독서삼품과 실시(788)	• 무왕: 말갈족 통합, 당과 대결(산둥 반도 공격) → 만주~연해주 영토 확보, 일본에 국서 보냄(고구려 계승 의식) • 문왕: 당과 친교 · 문화 수용, 상경 천도, 체제 정비(3성 6부제)

9세기	• 헌덕왕: 무열계의 항거(김헌창의 난, 822) • 문성왕: 장보고의 난(846) • 진성여왕: 농민 봉기 발생, 최치원의 시무 10조 건의(과거 제도와 유교 정치 이념)	선왕: 해동성국 칭호, 요하 중류 진출, 지방 행정 조직 정비(5경 15부 62주)
10세기	• 견훤: 후백제 건국(900) • 궁예: 후고구려 건국(901) • 왕건: 고려 건국(918), 신라 멸망(935), 후백제 멸망(936)	애왕: 거란에 멸망(926)

(2) 통일 신라와 발해의 통치 체제

구분	통일 신라	발해
관등	–	–
수상	집사부(시중)	대내상
중앙관제	집사부 13관부, 사정부(감찰 기구)	3성 6부
귀족 회의	화백 회의	정당성
서울	–	–
지방	9주(총관 → 도독)	15부(도독) – 62주(자사)
특수 구역	5소경(사신)	5경
군사 제도	9서당 10정	10위

(3) 신라 말기의 정치 변동과 호족 세력의 성장

① 신라 말기의 정치 변동

㉠ 전제 왕권 몰락: 왕위 쟁탈전 격화, 귀족 연합 정치 운영(시중<상대등) → 지방 반란 빈발(김헌창의 난)

㉡ 농민 사회의 위기: 대토지 소유 확대, 농민 몰락(노비나 초적으로 몰락) → 신라 정부에 저항

㉢ 호족 세력의 등장: 지방의 행정 · 군사권 장악(성주, 군주), 경제적 지배력 행사

㉣ 개혁 정치의 시도: 6두품 출신의 유학생, 선종 승려 중심 → 골품제 사회 비판, 새로운 정치 이념 제시

② 후삼국의 성립

구분	후백제	후고구려
배경	• 견훤(농민 출신) • 군진 · 호족 세력을 토대로 건국(900)	• 궁예 • 초적 · 호족 세력을 토대로 건국(901)
발전	• 완산주(전주)에 도읍 • 우수한 경제력을 토대로 군사적 우위 확보 • 중국과 외교 관계 수립	• 국호(후고구려 → 마진 → 태봉) • 도읍지(송악 → 철원) • 관제 정비: 광평성 설치(국정 총괄) • 9관등제 실시
한계	• 농민에 대한 지나친 조세 부과 • 신라에 적대적, 호족 세력의 포섭에 실패	• 농민에 대한 지나친 조세 부과 • 미륵 신앙을 이용한 전제 정치 도모

1 삼국의 경제 생활

(1) 삼국의 경제 정책

① 농민 지배 정책의 변화

삼국 초기	삼국 간 경쟁기
주변 소국과의 정복 전쟁	피정복민을 노비처럼 지배하던 방식 개선
• 피정복 토지 · 농민의 국가 재원화 → 토산물 징수 • 공물 수취, 전쟁 포로, 식읍	• 피정복민에 대한 수취와 대우 개선 • 신분적 차별과 경제적 부담은 존속

② 수취 체제의 정비와 민생 안정책

수취 제도 정비	민생 안정책
• 초기: 농민에게 전쟁 물자 징수, 군사로 동원 → 농민의 토지 이탈 초래 • 수취 정비: 합리적 세금 부과 → 곡물 · 포, 특산물, 노동력 동원	• 농업 생산력 향상: 철제 농기구 보급, 우경 장려, 황무지 개간 권장, 저수지 축조 • 농민 구휼 정책: 부채 노비 발생 → 진대법 시행

③ 경제 활동

상공업	무역
• 수공업: 노비가 생산(초기) → 관청 수공업 • 상업: 도시에 시장 형성 → 시장 감독관청 설치	• 공무역 형태 • 고구려: 남북조, 북방 민족 • 백제: 남중국, 왜 • 신라: 한강 점령 후 당항성을 통하여 중국과 직접 교역

(2) 귀족과 농민의 경제 생활

구분	귀족의 경제 생활	농민의 경제 생활
경제 기반	• 본래 소유 토지 · 노비 + 녹읍 · 식읍 + 전쟁 포로 • 생산 조건 유리: 비옥한 토지, 철제 농기구 + 고리대 이용 → 재산 확대	• 척박한 토지 소유, 부유한 자의 토지 경작 • 농기구 변화: 돌 · 나무 농기구(초기) → 철제 농기구 보급(4 · 5세기)과 우경 확대(6세기)
경제 생활	• 노비 · 농민 동원: 토지 경작 강요, 수확물의 대부분 수탈 • 고리대금업 → 농민의 토지 수탈, 농민 노비화 • 생활상: 기와집, 창고, 마구간, 우물, 주방 등을 갖춤 → 풍족 · 화려한 생활(안악 3호분)	• 농민의 부담: 곡물 · 삼베 · 과실 부담, 노동력 징발, 전쟁 물자 조달 • 자연 재해, 고리대 → 노비 · 유랑민 · 도적으로 전락 • 생활 개선 노력: 농사 기술 개발, 경작지 개간 → 농업 생산력 향상

(3) 삼국의 무역

① 4세기 이후 발달(공무역 형태)

② 수출품: 토산물

③ 수입품: 귀족 용도 사치품

② 남북국 시대의 경제적 변화

(1) 통일 신라의 경제 정책

구분	수취 체제의 변화	국가의 토지 지배권 재확립
배경	• 피정복민과의 갈등 해소, 사회 안정 추구 • 촌주를 통해 백성 간접 지배(민정문서)	• 왕토 사상 배경 • 국왕의 권한 강화, 농민경제 안정 추구
변화	• 조세: 생산량의 1/10 징수 • 공물: 촌락 단위로 특산물 징수 • 역: 군역과 요역(16~60세의 정남 대상)	• 귀족: 녹읍 폐지(신문왕) → 관료전 지급(신문왕) → 녹읍 부활(경덕왕) • 농민: 정전 지급(성덕왕), 구휼 정책 강화 – 민정문서

(2) 통일 신라의 경제 활동

① 경제력의 신장: 농업 생산력 증가, 인구 증가, 상품 생산 증가 → 시장(서시 · 남시) 설치

② 무역의 발달(8세기 이후): 공무역 · 사무역 발달 → 이슬람 상인 왕래(울산항)

구분	통일 신라	발해
무역	• 대당 무역: 산둥 반도 – 양쯔강 하류 진출(신라방 · 신라소 · 신라관 · 신라원 설치) • 대일 무역: 초기 무역 제한 → 8세기 이후 발달 • 장보고의 활약: 청해진 설치 – 남해 · 황해의 해상 무역권 장악 • 국제 무역 발달: 이슬람 상인 왕래 – 울산항 • 무역로: 영암, 남양만, 울산항	• 대당 무역(산둥 반도 덩저우 – 발해관) • 대일 무역(동해 해로 개척 → 신라 견제 목적)
수출	견직물, 베, 해표피, 금 · 은 세공품	모피, 말, 인삼 등 토산품, 불상, 유리잔, 자기
수입	비단, 책, 귀족의 사치품	비단, 책, 황금 등 귀족의 수요품

(3) 귀족과 농민의 경제 생활

구분	귀족의 경제 생활	농민의 경제 생활
경제 기반	• 녹읍 · 식읍 바탕 → 조세 · 공물 징수, 노동력 동원 • 통일 후 녹읍 폐지, 관료전 지급, 곡식 분배 • 귀족은 세습 토지, 노비, 목장, 섬 소유	• 시비법 미발달, 척박한 토지 → 적은 생산량 • 귀족의 토지 경작 → 생산량의 1/2 납부
경제 생활	• 당, 아라비아에서 사치품 수입 • 호화 별장 소유(금입택, 사절유택)	• 조세 부담 가혹: 전세, 공물, 부역 부담 가중 • 귀족과 지방 유력자의 농장 확대, 고리대 → 노비, 유랑민, 도적으로 전락 • 향 · 부곡민: 농민보다 많은 공물 부담 • 노비: 왕실, 관청, 귀족, 절 등에 소속되어 물품 제작, 일용 잡무 및 주인의 땅 경작

(4) 신라 민정문서

목적	촌락 단위로 호구, 인구 수, 생산물을 조사 · 파악하여 수취 체제 확립
조사 대상	농민(남녀 모두)과 노비
작성자	촌주가 매년 조사하고, 촌주가 3년마다 작성
호의 등급	인정의 다과에 따라 9등급
인정의 구분	연령별 · 남녀별로 6등급
토지의 종류	연수유답, 촌주위답, 관모전답, 내시령답 등
시기	경덕왕 시기로 추정, 서원경(청주) 부근의 4개 촌락에 관한 기록
발견	1933년 일본 도다이사 정창원

(5) 발해의 경제 발달

① 수취 제도: 조세(곡물 징수), 공물(특산물 징수), 부역 동원

② 귀족의 생활: 대토지 소유, 화려한 생활(당의 비단 · 서적 수입)

③ 산업의 발달

농업	밭농사 중심, 일부 지방 벼농사, 목축 · 수렵 발달
어업	고기잡이 도구 개량, 숭어, 문어, 대게, 고래 등 포획
수공업	금속 가공업, 직물업, 도자기업 발달, 철 생산 풍부, 구리 제련술 발달
상업	도시와 교통의 요충지에 상업 발달, 현물 화폐 사용, 외국 화폐 유통

④ 대외 무역: 당 · 신라 · 거란 · 일본 등과 교역

  ㉠ 대당 무역: 발해관 설치(산둥 반도의 덩저우), 수출품(모피, 불상, 자기), 수입품(귀족 수요품 – 비단, 책, 황금 등)

  ㉡ 대일 무역: 일본과의 외교 관계 중시 – 활발한 무역 활동 전개

03 고대의 사회

1 신분제 사회의 성립

청동기 · 철기 시대	• 정복 전쟁 전개 → 정복과 복속의 부족 간 통합 과정 • 지배층 사이의 위계 서열 형성 → 신분 제도(귀족, 평민, 천민)로 발전
초기 국가	• 가와 대가: 호민을 통해 읍락 지배, 관리와 군사력 소유 → 정치 참여 • 호민과 하호: 호민(경제적 부유층), 하호(농업 종사 평민) • 노비: 주인에게 예속된 최하층 천민
고대 국가	• 귀족: 왕족과 부족장 세력으로 편성, 특권 향유(율령 제정, 골품 제도) • 평민: 신분적 자유민(대부분 농민), 정치 · 사회적 제약, 조세 납부 · 노동력 징발 • 천민: 노비와 집단 예속민 구성, 전쟁 · 세습 · 형벌 · 부채 노비 발생

2 삼국 사회의 모습

(1) 고구려와 백제의 사회 기풍

구분	고구려	백제
사회 기풍	• 산간 지역 입지 → 식량 생산 부족 • 대외 정복 활동 → 상무적 기풍	• 고구려와 유사(언어, 풍속, 의복), 상무적 기풍 • 세련된 문화(중국과 교류 → 선진 문화 수용)
법률	• 반역자 · 반란자 → 화형 · 참형(가족은 노비) • 항복자 · 패전자 → 사형 • 절도자 → 12배 배상	• 반역자 · 패전자 · 살인자 → 사형 • 절도자 → 귀양, 2배 배상 • 뇌물, 횡령 관리 → 3배 배상, 종신형
지배층	왕족인 고씨와 5부 출신 귀족	왕족인 부여씨와 8성의 귀족
사회 모습	• 자영 농민: 조세와 병역 · 요역 의무, 진대법 • 천민과 노비: 피정복민, 몰락 평민, 부채 노비 • 형사취수제 · 서옥제(지배층), 자유 결혼(평민)	• 지배층: 한문 능숙, 투호 · 바둑 · 장기 즐김 • 일반 백성: 농민, 천민, 노비도 존재

(2) 신라의 화백 회의와 골품 제도, 화랑도

화백 회의	• 기원: 신라 초기의 전통을 오랫동안 유지함 • 구성: 의장인 상대등(이벌찬)과 진골 출신의 대등 • 운영: 만장일치제 → 집단의 단결 강화와 부정 방지 • 역할: 귀족 세력과 왕권의 권력 조절 기능 → 귀족들의 왕권 견제(국왕 추대 및 폐위)
골품 제도	• 배경: 각 족장 세력 통합 편제 → 왕권 강화, 통치 기반 구축 • 구분: 왕족(성골, 진골), 귀족(6 · 5 · 4두품) • 역할: 사회 활동과 정치 활동의 범위 제한, 일상 생활 규제(가옥, 복색, 수레 등 구분)
화랑도	• 기원: 원시 씨족 사회의 청소년 집단 → 국가 조직으로 발전(진흥왕, 원광의 세속 오계) • 구성: 화랑(지도자, 귀족 중 선발)과 낭도(귀족 – 평민) • 기능: 계층 간 대립과 갈등 조절 · 완화, 전통 사회 규범 습득

3 남북국 시대의 사회

(1) 통일 신라의 사회 변화

구분	사회 모습
민족 문화 발전	삼국 상호 간 혈연적 동질성과 문화적 공통성 바탕 → 민족 문화 발전 계기
민족 통합 노력	• 백제와 고구려 옛 지배층에게 신라 관등 부여 • 백제와 고구려 유민 등을 9서당에 편입
전제 왕권 강화	• 영토와 인구 증가 → 국가 경제력 향상 • 신문왕의 일부 진골 귀족 숙청(김흠돌의 난)
신분제의 변화	• 진골 귀족 위주 사회: 중앙 관청의 장관직 독점, 합의를 통한 국가 중대사 결정 • 6두품 부각: 학문적 식견과 실무 능력 바탕 → 국왕 보좌, 고위직 진출 한계 • 골품제의 변화: 하위 신분층(3두품~1두품)은 점차 희미 → 평민과 동등 간주

(2) 발해의 사회 구조

구분	지배층	피지배층
사회 구성	• 고구려계(왕족 대씨, 귀족 고씨 등) • 중앙과 지방의 주요 관직 독점, 노비와 예속민 소유	• 대부분 말갈인 → 일부는 지배층에 편입 • 촌락의 우두머리로 행정 보조
이원적 사회 체제	• 당의 제도와 문화 수용 • 당에 유학생 파견 → 빈공과에 응시	고구려나 말갈 사회의 전통 생활 유지

(3) 통일 신라 사회의 생활

도시의 발달	귀족과 평민의 생활
• 수도 금성: 정치와 문화의 중심지, 귀족의 금입택과 민가 밀집, 거대한 소비 도시 • 5소경: 지방 문화의 중심지, 과거 백제 · 고구려 · 가야의 지배층, 수도에서 이주한 신라 귀족 거주	• 귀족 생활: 금입택 거주, 노비 · 사병 소유, 대토지와 목장 수입, 고리대업 소득, 불교 후원, 수입 사치품 선호 • 평민 생활: 자신의 토지를 경작하거나 귀족의 토지를 빌려 경작, 귀족의 부채 노비화

(4) 통일 신라 말의 사회 모순

농민의 몰락	• 귀족들의 정권 다툼, 대토지 소유 확대, 자연 재해 빈번 → 자영농 몰락 촉진 • 대토지 소유자의 조세 회피 → 농민 부담 가중
지방 세력 성장	지방 토착 세력과 사원의 대토지 소유 → 신흥 세력으로 등장
농민 봉기 발발	중앙 정부의 기강 극도 문란, 국가 재정의 고갈, 강압적 조세 징수 → 원종 · 애노의 난(889)

1 학문과 사상·종교

(1) 한자의 보급과 교육

① 한학의 발달

ㄱ 한자의 보급: 철기 시대(경남 창원 다호리에서 붓 출토) → 삼국 시대(지배층 사용 – 유교, 불교, 도교의 서적들을 이해)

ㄴ 한학의 발달: 이두와 향찰 사용 → 한문의 토착화, 한문학의 보급

② 역사서 편찬과 유학의 보급

구분	고구려	백제	신라	통일 신라	발해
교육기관	• 태학(경전, 역사) • 경당(한학, 무술)	박사 제도 (경전과 기술 교육)	• 화랑도 • 임신서기석	• 국학 • 독서삼품과(관리 등용)	• 주자감(경전) • 당의 빈공과에 응시
대표적 한문	• 광개토대왕릉비문 • 중원고구려비문 • 을지문덕 5언시	• 개로왕의 국서 • 사택지적비문 • 무령왕릉지석	• 울진봉평신라비 • 진흥왕 순수비 • 임신서기석	• 강수(외교문서) • 설총(이두 정리) • 최치원(『계원필경』, 『토황소격문』, 『제왕연대력』)	• 정혜공주 묘지 • 정효공주 묘지 • 한시(양태사, 왕효렴)
역사서	『유기』, 『신집』 (이문진, 영양왕)	『서기』 (고흥, 근초고왕)	『국사』 (거칠부, 진흥왕)	『화랑세기』, 『고승전』(김대문)	발해 문자 사용

(2) 불교의 수용

① 불교 사상의 발달

구분	불교의 전래	불교 사상의 발달	
시기	중앙 집권 체제 정비 무렵	통일 신라	발해
과정	• 고구려: 소수림왕 공인(372) • 백제: 침류왕 공인(384) • 신라: 법흥왕 공인(528)	• 원효(『대승기신론소』, 『금강삼매경론』, 『십문화쟁론』) • 의상(『화엄일승법계도』 – 화엄사상 성립) • 혜초(『왕오천축국전』)	• 고구려 불교 계승 • 정효공주 묘지: 대흥보력효감금륜성법대왕(大興寶曆孝感金輪聖法大王)→문왕(불교적 성왕 자칭)
주체	왕실, 귀족 주도	불교의 대중화	왕실, 귀족 주도
사상	업설, 미륵불 신앙	아미타 신앙(원효), 관음 사상(의상)	관음 신앙, 법화 신앙
영향	• 새로운 국가 정신 확립 • 왕권 강화의 이념적 토대 • 문화 발전에 기여	삼국 불교 토대 + 중국과 교류 → 불교 사상의 확대와 본격적 이해 기반 확립	많은 사원과 불상 조성

② 선종의 등장: 불립문자(不立文字) · 견성성불(見性成佛) → 실천적 경향

구분	교종	선종
시기	신라 중대	신라 하대
내용	불경 · 교리 중시	참선 · 수행 중시
지지 기반	중앙 진골 귀족	지방 호족, 6두품
종파	5교	9산
영향	중앙 집권 강화, 조형 미술 발달	• 조형 미술 쇠퇴, 승탑 · 탑비 발달 • 지방 문화의 역량 증대, 고려 사회 건설의 사상 바탕

(3) 도교와 풍수지리설의 전래

구분	도교의 전래	풍수지리설 전래
내용	• 고구려(사신도, 연개소문의 장려 ↔ 열반종) • 백제(산수무늬 벽돌, 백제 금동 대향로) • 발해(정효공주 묘)	• 신라 말기 전래(도선): 신라 왕실의 권위 약화 • 고려 시대: 서경 길지설 – 북진 정책의 근거 • 조선 시대: 산송 문제 발생 → 현재까지 계승
영향	• 산천 숭배나 신선 사상과 결합 • 귀족 사회를 중심으로 유행	• 인문지리학설: 국토의 효율적인 이용과 관련 • 도참 신앙 결합: 지방 중심의 국토 재편성 주장

2 과학 기술의 발달

구분	발달 내용
천문학	• 농경과 밀접한 관련, 왕의 권위를 하늘과 연결 • 고구려 천문도(고분 벽화의 별자리 그림), 신라 첨성대(현존 세계 최고의 천문대) • 『삼국사기』: 천문 현상 관측 기록(일월식, 혜성 출현, 기상 이변 등)
수학	• 고구려: 고분의 석실 · 천장의 구조 • 백제: 정림사지 5층 석탑 • 신라: 황룡사 9층 목탑, 석굴암의 석굴 구조, 불국사 3층 석탑 · 다보탑
인쇄술	• 인쇄술: 무구정광대다라니경(현존하는 세계 최고의 목판 인쇄물) • 제지술: 닥나무 종이 재료 – 통일 신라의 기록 문화 발전에 크게 기여
금속 기술	• 고구려: 우수한 철제 무기와 도구 출토 – 고분 벽화에 묘사 • 백제: 금속 공예 기술 발달 – 칠지도, 백제 금동 대향로 • 신라: 금 세공 기술 발달(금관, 금속 주조 기술 발달) – 성덕대왕 신종
농업 기술	• 고구려: 쟁기 갈이, 보습 사용 • 백제: 수리 시설 축조, 철제 농기구 개량 → 논농사의 발전 • 신라: 우경 보급 확대, 농기구의 보급(쟁기, 호미, 괭이의 사용)

3 고대인의 자취와 멋

(1) 고분과 고분 벽화: 굴식 돌방무덤에서 벽화 발견 – 패기와 진취성 표출(고구려), 부드럽고 온화한 기풍(백제)

구분		대표적 고분	고분 양식	특징
고구려	초기	장군총	돌무지무덤	7층 계단식 무덤
	후기	강서 고분, 무용총	굴식 돌방무덤	벽화 발달(사신도, 수렵도)
백제	한성 시대	석촌동 고분	돌무지무덤	고구려의 영향
	웅진 시대	송산리 고분	굴식 돌방무덤	거대한 규모, 사신도 발견
		무령왕릉	벽돌무덤	중국 남조의 영향
	사비 시대	능산리 고분	굴식 돌방무덤	규모가 작고 세련, 사신도 발견
신라		천마총	돌무지 덧널무덤	목재 덧널, 거대한 규모, 천마도
통일 신라		문무왕릉	수중릉	불교 영향, 화장 유행
		김유신묘	굴식 돌방무덤	둘레돌, 12지 신상 조각
발해		정혜공주묘	굴식 돌방무덤	모줄임 천장 구조(고구려 고분과 유사), 돌사자상 출토
		정효공주묘	벽돌무덤	당의 영향, 묘지(불로장생 사상) 발견

(2) 건축과 탑

① 건축: 남아 있는 고분과 궁궐터를 통해 건축 양식을 짐작할 수 있음

구분	건축물	시기	특징
고구려	안학궁	장수왕	궁궐 건축 중 가장 큰 규모, 남진 정책의 기상 반영
백제	미륵사	무왕	백제의 중흥 반영, 중앙에 목탑 · 동서에 석탑 배치
신라	황룡사	진흥왕	신라의 팽창 의지, 황룡사 9층 목탑(선덕여왕)
통일 신라	불국사	8세기 중엽	불국토의 이상 표현(조화와 균형 감각)
	석굴암		아름다운 비례와 균형의 조형미
	안압지		뛰어난 조경술, 귀족 생활의 화려함
발해	상경 궁궐터	–	당의 수도(장안성) 모방, 외성과 주작대로, 온돌 장치

② 탑: 부처의 사리를 봉안하여 예배의 주대상으로 삼음

구분	대표적 탑	특징
고구려	주로 목탑 건립	현존하는 탑 없음
백제	익산 미륵사지 석탑	목탑 양식의 석탑, 서탑만 일부 존재
	부여 정림사지 5층 석탑	안정되면서 경쾌한 모습
신라	황룡사 9층 목탑	거대한 규모, 고려 시대 몽골 침입으로 소실
	분황사 모전 석탑	벽돌 모양의 전탑 양식 모방
통일 신라	감은사지 3층 석탑	장중하고 웅대, 삼국 통일을 달성한 기상 반영
	불국사 3층 석탑	석가탑, 통일 신라 석탑 양식의 전형, 높은 예술성과 건축술 반영
	화엄사 4사자 3층 석탑	4마리의 사자가 탑을 이루고 있는 형태, 뛰어난 예술성
	진전사지 3층 석탑	기단과 탑신에 부조로 불상을 조각
	승탑과 탑비	팔각원당형 기본, 선종의 영향 및 지방 호족의 정치적 역량이 성장하였음을 반영
발해	영광탑	누각식 전탑, 동북 지역에서 현존하는 가장 오래된 탑

(3) 불상 조각과 공예

① 불상 조각

구분	대표적 불상	특징
고구려	연가 7년명 금동 여래 입상	북조 영향, 고구려의 독창성 가미(강인한 인상과 은은한 미소)
백제	서산 마애 삼존불상	부드러운 자태와 온화한 미소
신라	경주 배리 석불 입상	푸근한 자태와 부드럽고 은은한 미소
	금동 미륵보살 반가 사유상	날씬한 몸매와 그윽한 미소
통일 신라	석굴암 본존불과 보살상	균형 잡힌 모습과 사실적인 조각
발해	이불병좌상	고구려 양식 계승

② 공예

구분	대표적 공예	특징
백제	백제 금동 대향로	백제 금속 공예 기술의 우수성 나타냄
	칠지도	백제에서 일본에 보냄, 금으로 상감한 글씨
통일 신라	무열왕릉비 받침돌	거북이가 힘차게 전진하는 생동감 있는 모습
	법주사 쌍사자 석등, 불국사 석등	단아하면서도 균형 잡힌 걸작
	성덕대왕 신종	맑고 장중한 소리, 경쾌하고 아름다운 비천상
	상원사종	우리나라에서 가장 오래된 범종(725)
발해	자기 공예	가볍고 광택·종류·모양 등이 매우 다양, 당에 수출
	벽돌과 기와 무늬	고구려의 영향, 소박하고 힘찬 모습
	상경 석등	발해 석조 미술의 대표, 발해 특유의 웅대한 느낌

(4) 글씨, 그림, 음악, 한문학, 향가

글씨	광개토대왕릉비문	웅건한 서체
	김생	질박하고 굳센 독자적 서체, 집자비문(고려 시대)
	정혜공주와 정효공주 묘지	4 · 6변려체
그림	천마도	경주 황남동 천마총, 신라의 힘찬 화풍
	솔거 노송도	황룡사 벽에 그린 소나무 그림
	화엄경 변상도	섬세하고 유려한 모습, 신라 그림의 높은 수준 반영
음악	고구려 왕산악	진의 7현금을 개량하여 거문고 제작, 악곡 지음
	백제	고구려와 비슷, 일본 음악에 영향
	신라 백결 선생	방아타령을 지어 가난한 사람들을 달램
	가야 우륵	가야금을 만들고 12악곡을 지음
한문학	황조가	고구려 유리왕이 이별의 슬픔을 노래
	여수장우중문시	을지문덕이 수의 장수에게 보낸 오언시
향가	구지가	무속 신앙과 관련된 노래
	회소곡	노동과 관련된 노래
	정읍사	민중들은 어려운 생활 속에 그들의 소망을 노래로 표현
	불교 수용 후	혜성가 등, 『삼대목』 편찬(대구화상과 위홍, 진성여왕)
설화 문학	일반 서민들 사이에서 구전	에밀레종 설화, 설씨녀 이야기, 효녀 지은 이야기 등

4 일본으로 건너간 우리 문화

고구려	백제	신라	통일 신라
• 담징(종이 · 먹의 제조 방법 전달, 호류사의 금당 벽화) • 혜자(쇼토쿠 태자의 스승) • 혜관(불교 전파)	• 아직기(한자 교육) • 왕인(천자문과 논어 보급) • 노리사치계(불경과 불상 전달)	• 배 만드는 기술(조선술) • 제방 쌓는 기술(축제술)	• 원효, 설총, 강수의 불교 · 유교 문화 • 심상의 화엄 사상 – 일본 화엄종 발달에 영향
다카마쓰 고분 벽화 (수산리 고분 벽화와 흡사)	• 고류사 미륵 반가 사유상 • 호류사 백제 관음상 • 백제 가람 양식	한인의 연못	일본에서 파견해 온 사신을 통해 전해짐
야마토 조정 성립(6세기경), 아스카 문화 형성(7세기경)			하쿠호 문화 성립

Chapter

04 │ 중세 사회의 발전

01 │ 중세의 정치

■ 중세 사회의 성립과 전개

(1) 고려의 성립과 민족의 재통일

① 고려의 성립

구분	후백제	후고구려 → 마진 → 태봉	고려
건국자	견훤(호족 + 군사)	궁예(초적 + 호족)	왕건(호족 + 해상 + 선종 세력)
수도	완산주(전주)	송악 → 철원	송악
지배 지역	전라도, 충청도	경기도, 강원도	고구려 계승 표방
기타	• 중국, 일본 등과 외교 관계 수립 • 신라에 적대적	• 미륵 신앙 이용, 전제 정치 도모 • 연호 무태, 골품제를 대신할 신분 제도 모색 • 백성과 신하들의 지지 확보 실패	• 나주 점령 → 후백제 견제 • 호족 세력 포섭, 친 신라 정책

② 중세 사회의 성립

구분	고대 사회	중세 사회	문화의 폭 확대와 질 향상
정치	진골 귀족	호족, 문벌귀족	• 고대 문화의 혈족적 관념과 종교(불교)의 제약에서 탈피 • 유교 사상 발달과 불교의 선종과 교종의 융합 • 대외 문화와의 교류 확대 – 송, 원, 서역 문화 • 지방 문화의 수준 향상 – 지방 세력이 문화의 주인공으로 등장
사회	친족 중심 (골품제, 폐쇄적 사회)	능력 본위 (개방적 사회)	
사상	불교 – 왕권 강화	유교 정치 이념 정립	
문화	귀족 중심 문화	문화의 폭 확대 · 질 향상	
민족의식	민족 의식 결여	민족 의식 강화 (북진 정책)	

(2) 정치 구조의 정비

① 태조(918~943)의 통치 기반 강화

민생 안정	취민유도, 조세 완화(세율 1/10로 경감), 억울한 노비 해방, 흑창 설치(빈민 구제)
통치 기반 강화	• 관제 정비: 개국 공신과 호족을 관리로 등용(태봉 + 신라 + 중국 제도) • 호족 통합: 정략 결혼, 호족의 중앙 관리화 및 향직 부여(호장, 부호장 등), 역분전 지급, 사성(賜姓) 정책 • 호족 통제: 사심관 제도(우대), 기인 제도(감시) • 통치 규범 정립: 『정계』와 『계백료서』(관리의 규범), 훈요 10조(후대 왕들에게 정책 방안 제시)
북진 정책 추진	• 고구려 계승자 강조(국호 – 고려, 서경 중시) • 발해 유민 포섭, 북방 영토 확장(청천강~영흥만) • 거란 강경책(만부교 사건, 942)

② 광종(949~975)의 개혁 정치

노비안검법(956) 실시	• 불법적으로 노비가 된 자를 해방 • 호족의 경제적, 군사적 기반 약화 → 왕권 강화 • 조세, 부역 담당자인 양인의 확보 → 국가 재정 기반 강화
과거 제도(958) 실시	신구 세력 교체 → 문치주의, 새로운 관리 선발 기준 마련
백관의 공복 제정	사색 공복(자, 단, 비, 록) → 관료 기강 확립
주현공부법 실시	지방의 주·현 단위로 공물과 부역 징수, 국가 수입 증대
공신과 호족 세력 숙청	전제 왕권 확립
칭제 건원(稱帝建元)	황제 칭호, 독자적 연호 사용(광덕, 준풍) – 자주성 표현

③ 성종(981~997)의 유교 정치 질서의 강화

유교 정치 실현	• 신라 6두품 출신의 유학자들이 국정 주도 • 최승로의 시무 28조 채택: 왕권의 전제화 규제, 행정의 기능 강화
정치 체제 정비	• 중앙 통치 기구 개편: 당 + 송 + 신라 + 태봉 → 독특한 정치 체제 마련(2성 6부) • 지방 세력 견제: 12목에 지방관 파견, 향리 제도 마련 • 유학 교육 진흥: 국자감 정비, 과거제 정비, 경학·의학 박사의 지방 파견, 문신월과법 시행 • 사회 정책: 노비환천법(987) 시행, 의창 제도 실시, 상평창 설치(서경 및 12목), 자모상모법, 면재법

② 통치 체제의 정비

(1) 중앙 통치 조직

정치 조직	2성 6부	• 중서문하성: 중앙 최고 관서, 장관인 문하시중이 국정 총괄, 재신과 낭사로 구성 • 상서성: 행정 업무 집행, 6부(이 · 병 · 호 · 형 · 예 · 공부)
	중추원(추부)	군국 기무 담당(추밀, 2품 이상), 왕명 출납(승선, 3품 이하)
	삼사	국가 회계 업무 담당(화폐와 곡식의 출납)
	어사대	감찰 기구(풍속 교정, 관리들의 비리 감찰)
귀족 중심의 정치	귀족 합좌 회의 기구	• 도병마사: 국방 문제 담당(국가 최고 회의 기구) → 도평의사사(도당)로 개편되어 국정 전반 관장 • 식목도감: 법의 제정 및 국가 의례의 규정을 다루던 최고 회의 기구
	대간제도	• 기능: 어사대의 관원과 중서문하성의 낭사로 구성 → 간쟁, 봉박, 서경 • 성격: 왕과 고관의 활동을 지원하거나 제약 → 정치 운영에 견제와 균형

(2) 지방 행정 조직

5도 양계	편제	• 5도(일반 행정 단위 – 안찰사) – 주 – 군 – 현 – 촌 • 양계(국경 지대, 병마사) – 진(군사적 특수 지역)
	기타	주현<속현 – 향리(호장, 부호장 – 실제 행정 업무 담당)
특수 행정 구역	3경	풍수지리와 밀접(개경, 서경, 동경 → 남경)
	도호부	군사적 방비의 중심지
	향 · 부곡 · 소	하층 양민들의 집단 거주 지역

(3) 군역 제도와 군사 조직

중앙군	편제	• 2군(국왕의 친위 부대): 응양군, 용호군 • 6위(수도 경비와 국경 방어): 좌우위, 신호위, 흥위위, 금오위, 천우위, 감문위
	기타	• 직업 군인으로 편성: 군적에 등록, 군인전 지급, 군역 세습 • 상장군, 대장군 등의 무관이 지휘
지방군	주현군(5도)	농병 일치 → 보승 · 정용(전투, 방위), 일품군(노동: 향리가 지휘)
	주진군(양계)	국방의 주역을 담당한 상비군(좌군, 우군, 초군) → 국경 수비
특수군	광군(정종)	거란 대비
	별무반(숙종)	신보군, 신기군, 항마군 → 여진 정벌
	삼별초	최씨 정권의 사병, 항몽 투쟁
	연호군	왜구 대비, 양천혼성부대

(4) 관리 임용 제도

과거 제도	음서 제도
법적으로 양인 이상 응시 가능	공신과 종실의 자손, 5품 이상의 고관 자손
문과(제술과, 명경과), 승과, 잡과(기술관)	가문을 기준으로 과거 없이 관리 등용
• 능력 중심의 인재 등용 → 유교적 관료 정치 토대 마련 • 무과의 미실시 • 백정(농민)은 주로 잡과에 응시	• 특권적 신분 세습 가능 • 과거 출신자보다 음서 출신자가 더 높이 출세 • 고려 관료 체제의 귀족적 특성을 반영

❸ 문벌귀족 사회의 성립과 동요

(1) 문벌귀족 사회의 성립

① 문벌귀족 사회의 전개

ㄱ 성격: 진취적 · 개방적 사회 → 보수적 · 배타적 사회(음서제, 공음전)

ㄴ 과정: 지방 호족 → 문벌귀족 → 무인 세력 → 권문세족 → 신진 사대부(향리, 과거)

ㄷ 영향: 문벌귀족 사회 동요 → 붕괴(이자겸의 난, 묘청의 서경 천도 운동)

② 문벌귀족 사회의 모순

정치 특권	과거제, 음서제 → 고위 관직 독점(중서문하성과 중추원의 재상 등)
경제 특권	과전(관직), 공음전(자손에게 세습), 사전(賜田), 토지 겸병
사회 특권	왕실 및 귀족 상호 간의 중첩적인 혼인 관계 → 왕실 외척의 지위 이용하여 정권 장악

(2) 문벌귀족 사회의 동요

구분	이자겸의 난(1126)	묘청의 서경 천도 운동(1135)
배경	문벌귀족 사회 모순 → 정권 장악 시도	서경파(북진주의) ↔ 개경파(사대주의)
과정	이자겸 · 척준경의 난 → 개경 궁궐 소실 → 내분 · 실패	서경 천도 추진 · 좌절 → 묘청 반란(국호 – 대위국, 연호 – 천개, 군대 – 천견충의군) → 실패
영향	왕실 권위 하락, 문벌귀족 사회의 붕괴 발단(민심 동요)	서경파 몰락, 서경의 지위 격하(분사 제도 폐지), 숭문천무 정책의 노골화, 문벌귀족 체제 강화 → 무신 정변 발생 원인
의의	문벌귀족 사회의 붕괴 촉진	문벌귀족 사회 내부의 모순 표출

(3) 무신 정권의 성립

① 무신 정변(1170)

ㄱ 배경: 지배층의 정치적 분열, 무신 차별 심화, 군인의 경제적 궁핍, 의종의 실정

ㄴ 과정: 무신 정권 수립(정중부의 난, 1170) → 권력 쟁탈전 전개 → 최씨 정권 시대 전개(1196~1258)

ㄷ 영향: 무신 독재 정치(중방), 전시과 체제의 붕괴, 사회의 동요(반 무신난, 농민 · 천민의 난)

1170~1196				1196~1258	1258~1271
무신 정권 형성기				확립기	붕괴기
정중부, 이의방	정중부	경대승	이의민	최씨 정권 시대	김준, 유경 → 임연, 임유무
중방 (1170~1179)		도방 (1179~1183)	중방 (1183~1196)	교정도감, 정방, 서방, 도방, 삼별초	교정도감, 정방

② 최씨 정권 시대(1196~1258): 4대 60년간(최충헌 → 최우 → 최항 → 최의)

최충헌의 독재(1196~1219)	최우의 정치(1219~1249)
• 봉사 10조의 개혁안 • 무단 독재 기구: 교정도감(최고 집정부), 도방 • 농장 확대(진주 지방), 진강부 설치	• 정방 설치: 문 · 무 인사권 장악 • 서방 설치: 문신들의 숙위 기구, 문신 등용 • 삼별초 조직: 사병이면서 공적 임무 역할 • 항몽 투쟁: 강화도 천도

③ 사회의 동요

반 무신의 항거	• 동북면 병마사 김보당(1173), 서경 유수 조위총의 난(1174) • 교종 세력의 반발: 무신 정권의 교종 불교 탄압 → 귀법사, 흥왕사 등 승려들의 난
농민 · 천민의 난	• 망이 · 망소이의 난(1176): 공주 명학소의 소민들이 일으킨 봉기 → 향 · 소 · 부곡이 소멸되는 계기 • 김사미 · 효심의 봉기(1193): 경상도 운문과 초전, 신라 부흥을 표방, 농민들의 봉기 • 만적의 난(1198): 천민들의 신분 해방 운동 • 최광수의 난(1217): 서경, 고구려 부흥을 표방 • 이연년의 난(1237): 담양, 백제 부흥을 표방

4 대외 관계의 변화

(1) 고려 시대 각국의 상호 관계

고려 초기 각국의 상호 관계	13세기 초 동아시아의 정세
• 고려: 북진 정책과 친송 정책 → 거란 견제 • 송과 거란의 관계: 대립적 • 거란: 송과 친교 관계를 맺고 있는 고려를 경계 • 정안국(발해 유민이 건국)의 친송 정책: 거란 자극	• 고려: 최씨 무신 정권 확립기 • 몽골의 등장: 칭기즈칸에 의해 통일(1206) • 거란족: 금의 쇠약을 틈타 대요수국 건설(1216) • 금의 장수 포선만노가 동진국 건설(1216)

(2) 대외 관계의 변화

구분	거란	여진	몽골	홍건적과 왜구
배경	북진 정책, 친송 정책, 정안국의 친송 정책	여진족 통합 → 정주까지 남하	강동성의 역 → 몽골의 지나친 공물 요구	고려 말 정치 기강 문란
전개	• 1차 침입: 강동 6주 획득(서희) • 2차 침입: 개경 함락, 양규의 선전 • 3차 침입: 귀주대첩(강감찬) • 천리장성, 나성 축조	동북 9성 축조(윤관) → 여진의 금 건국 후 군신관계 요구·수용(이자겸이 수락)	• 강화도 천도(최우) • 처인성 승리(김윤후) • 팔만대장경 조판 • 천민과 노비의 저항	• 홍건적 침입(서경, 개경 함락) → 공민왕 복주(안동)까지 피난 • 왜구 격퇴(진포, 홍산, 황산) • 쓰시마 정벌(박위)
특수군	광군 조직	별무반 편성	삼별초 항쟁(강화도 → 진도 → 제주도)	화포 제작(화통도감)
영향	고려·송·거란의 세력 균형 구도 형성	북진 정책 좌절	자주성 시련	신흥 무인 세력 성장

5 고려 후기의 정치 변동

(1) 원의 내정 간섭

자주성의 시련	인적·경제적 수탈
• 여·몽 연합군의 일본 원정(1274, 1281) • 영토 축소(쌍성총관부, 동녕부, 탐라총관부) • 관제 격하(2성 → 첨의부, 6부 → 4사, 도병마사 → 도평의사사, 중추원 → 밀직사) • 내정 간섭(정동행성, 이문소, 만호부, 다루가치) • 원의 부마국 지위	• 공녀, 매(응방), 특산물 징발 • 몽골풍 유행, 고려양, 조혼 풍속 • 친원 세력 등장 → 권문세족 형성

(2) 공민왕의 개혁 정치

① 공민왕의 개혁: 14세기 후반 원·명 교체기의 혼란 이용

반원 자주 정책(대외)	왕권 강화 정책(대내)
• 친원 세력 숙청, 정동행성 이문소 폐지 • 2성 6부의 관제 복구, 몽골풍 일소 • 쌍성총관부 수복, 요동 공략	• 신돈의 등용, 권문세족 억압 • 정방 폐지(신진 사대부 등용), 전민변정도감 설치 • 유학 교육 강화: 성균관, 과거 제도 정비

② 신진 사대부의 성장

  ㉠ 출신 배경: 무신 집권기 이래 과거를 통해 진출한 지방 향리 자제 출신

  ㉡ 정치 활동: 성리학 수용, 불교의 폐단 시정 추구, 권문세족의 비리와 불법을 견제

  ㉢ 성장 한계: 권문세족의 인사권 독점으로 관직 진출 제한, 경제적 기반 미약

(3) 고려의 멸망

① 정치 상황

구분	대내	대외
배경	고려 사회의 모순 심화	홍건적과 왜구의 침입
정치상황	• 권문세족의 정치 권력 독점, 토지 겸병 확대 • 백성의 생활 궁핍	• 홍건적 침입(개경 함락, 공민왕 피난) • 왜구 침입(전국 해안 지방 황폐화)
영향	신진 사대부의 개혁 요구	신흥 무인 세력 성장

② 조선의 건국

　　㉠ 배경: 홍건적과 왜구의 격퇴 과정에서 신흥 무인 세력 성장(최영, 이성계의 큰 전과)

　　㉡ 과정: 요동 정벌론(최영)과 4불가론(이성계) 대립 → 위화도 회군(1388) → 전제 개혁(과전법) → 조선 건국(1392)

　　㉢ 영향: 근세 사회의 성립

02 　중세의 경제

1 경제 정책

(1) 국가 재정의 운영

재정 운영 원칙	국가와 관청 종사자에게 조세 수취 권리가 포함된 토지 지급
재정 운영 근거	토지 대장인 양안과 호구 장부인 호적 작성
재정 운영 관청	• 호부: 호적과 양안 작성 → 인구와 토지 파악 · 관리 • 삼사: 재정 관련 사무 담당, 실제 업무는 각 관청이 담당
재정의 지출	녹봉, 일반 비용, 국방비, 왕실 경비, 관청 비용

(2) 수취 제도

조세	공물	역	기타
토지를 논 · 밭으로 구분	가구별 포나 토산물 징수	백성의 노동력 무상 동원	특수 생산 종사자
• 비옥도에 따라 3등급으로 구분 • 생산량의 1/10 징수	• 상공(매년) • 별공(필요에 따라 수시)	• 요역(공사) • 군역(군대)	• 어염세(어민) • 상세(상인) • 물품 조달(수공업자)
조운 제도(조창 → 개경)	조세<공물 부담	16세에서 60세의 정남	재정에 사용

(3) 전시과 제도와 토지 소유

① 토지 제도의 정비: 귀족 사회의 안정적 운영 – 수조권만 지급, 사망·퇴직 시 국가 반납

구분	시기	지급 대상	지급 기준	비고
역분전	태조	개국 공신	충성도, 인품	논공행상 성격
시정전시과	경종	직산관	관등, 인품	역분전의 성격
개정전시과	목종	직산관	관등(18등급)	문관 우대
경정전시과	문종	현직 관리	관등(18관등)	공음전 병행

② 토지 종류

전시과	지급 대상	모든 문무 관리 대상 – 관등 기준(18등급)
	지급 내용	전지(곡물 수취)와 시지(임야, 땔감 조달)의 수조권(조세를 거둘 수 있는 권리) 지급, 수조권 세습 불가
	지급 원칙	소유권(국가), 수조권(관리), 경작권(농민)
	토지 종류	• 과전: 문무 관리에게 보수로 지급 • 공음전: 5품 이상 고위 관리 → 문벌귀족의 세습적인 경제적 기반 • 한인전: 6품 이하 하급 관료 자제 → 관인 신분의 세습 목적 • 군인전: 군역 대가(중앙군) → 군역 세습으로 토지 세습 • 구분전: 하급 관료·군인의 유가족 → 생활 대책 마련 • 외역전(향리), 내장전(왕실 경비), 공해전(관청 운영), 사원전(사원)
민전	백성 사유지	• 소유권 보장(매매, 상속, 기증, 임대 가능), 국가에 세금 납부(1/10) • 민전은 전시과와 더불어 고려 시대 토지 제도의 근간 형성

③ 전시과의 붕괴

녹과전 지급 (1271, 원종)	• 녹봉을 보충할 목적으로 관리에게 지급한 토지 • 경기8현의 토지 한정
과전법 시행 (1391, 공양왕)	• 권문세족의 토지 몰수·재분배, 신진 사대부의 경제적 기반 마련 • 경기에 한정하여 전지만 지급

2 경제 활동

(1) 귀족과 농민의 경제 생활

구분	귀족의 경제 생활	농민의 경제 생활
경제 기반	• 상속 받은 토지(공음전·공신전 – 1/2 징수)와 노비(솔거 노비, 외거 노비) • 과전(1/10 조세)과 녹봉(1년 2회) • 농장: 권력과 고리대 → 토지 강탈, 매입·개간	• 자영 농민: 민전 경작 • 소작 농민: 국·공유지, 타인 소유지 경작 • 기타: 품팔이, 가내 수공업(삼베, 모시, 비단 등)
경제 생활	• 큰 누각·지방 별장 소유 • 화려하고 사치스러운 생활 영위	• 경작지 확대: 진전·황무지 개간, 저습지·간척지 개간 • 농업 기술 개발: 수리 시설 발전, 종자·농기구 개량, 시비법·깊이갈이 발달, 윤작법·이앙법 보급 • 고려 후기: 권문세족의 농장 확대 → 소작인·노비 몰락

(2) 상공업 활동

수공업 활동	상업 활동
• 관청 수공업: 공장과 농민 부역 • 소(所) 수공업: 먹·종이·옷감 등 제품을 공물로 납부 • 민간 수공업: 농촌 가내 수공업 형태 • 사원 수공업: 기술 있는 승려, 노비 활용 • 관청·소 수공업 중심(전기) → 사원·민간 수공업 발달 (후기)	• 도시: 시전(개경)·관영 상점(대도시)·비정기 시장·경시서 설치 • 지방: 관아 근처 시장 형성, 행상의 활동 • 사원: 곡물과 수공업품을 민간인에게 판매 • 고려 후기: 개경 시전 규모 확대, 항구·조운로·육상로 중심의 상업 발달, 소금 전매, 벽란도가 상업의 중심지로 떠오름

(3) 농업의 발달

전기	후기
• 휴한농법(휴경지) • 윤작법(2년 3작) 등장	• 심경법, 시비법 발달로 휴경지 감소 • 윤작법 확대 • 이앙법, 목화, 『농상집요』(이암) 전래

(4) 화폐 주조와 고리대의 유행

구분	화폐 주조	보
배경	정부의 재정 확충 및 경제 활동 장악 의도	고리대 성행 → 농민의 토지 상실, 노비화
내용	건원중보, 삼한통보, 해동통보, 해동중보, 활구(은병)	기금 이식 사업(학보, 경보, 팔관보, 제위보 등)
결과	귀족들의 불만, 자급자족적 경제 구조로 유통 부진 → 곡식이나 삼베가 유통의 매개체	농민 생활의 폐해 등 부작용 발생

(5) 무역 활동

대송 무역	• 벽란도(예성강)와 합포(마산)가 국제 무역항으로 번성 • 비단·약재·책 수입 ↔ 종이·인삼·나전칠기·화문석 수출
거란·여진	은·말·모피 등 수입 ↔ 식량·문방구·철제 농기구 등 수출
일본	• 송, 거란, 여진에 비해 부진 → 11세기 후반부터 내왕 • 수은·유황 수입 ↔ 식량·인삼·서적 수출
아라비아	• 수은·향료·산호 수입 • 고려(Corea)의 이름이 서방에 알려짐
원 간섭기	• 공무역과 함께 사무역도 활발 → 상인들의 독자적 무역 활발 • 금·은·소·말의 과도한 유출이 사회 문제화

1 고려의 신분 제도

(1) 사회 신분

구분	구성	특징
귀족	왕족, 5품 이상 고위 관료	• 음서와 공음전 혜택, 개경 거주, 중첩된 혼인 관계 유지 • 문벌귀족 → 무신 세력 → 권문세족
중류층	잡류(중앙관청의 말단 서리), 남반(궁중 실무 관리), 향리, 군반(하급 장교), 역리, 역관	• 통치 체제의 하부 구조 담당, 중간 역할 • 향리층 분화: 지방 호족 출신 향리(호장층) → 지방의 실질 지배층, 하층 관리는 행정 실무를 담당하는 말단 행정직
양민	일반 농민과 상공업 종사자, 특수 집단민	• 백정 농민: 과거 응시 가능, 군인 선발 가능, 납세 의무, 민전 경작 • 향·소·부곡민: 법적 양민이나 차별 대우 – 거주 이전 금지, 국자감 입학 금지, 과거 응시 금지 • 역·진의 주민: 육로 교통과 수로 교통에 종사
천민	대다수 노비(가장 천시)	• 노비 지위: 재산 간주, 매매·증여·상속의 대상, 일천즉천(종모법) • 종류: 공노비(입역 노비, 외거 노비), 사노비(솔거 노비, 외거 노비) • 외거 노비: 농업 종사, 신공 납부, 지위 상승과 재산 증식 가능

(2) 지배층의 변화

구분	문벌귀족	권문세족	신진 사대부
출신 배경	호족, 공신, 신라 6두품 계열	문벌귀족, 무신, 친원 세력	하급 관리, 향리
관직 진출	과거<음서	음서, 도평의사사 장악	과거(학자적 관료)
경제 기반	대토지 소유(공음전, 과전)	대농장 소유(부재 지주)	지방 중소 지주
사상 성향	불교·유교, 보수적	불교, 보수적	성리학 수용, 진취적·개혁적
대외 정책	북진 정책 → 점차 보수·사대화	친원 외교	친명 외교

2 백성들의 생활 모습

(1) 농민의 공동 조직, 사회 시책

향도(불교 신앙 조직)	사회시책	사회제도
• 신앙적 성격: 매향 활동 – 불상·석탑·사찰 조성 • 농민 조직 발전: 공동체 생활을 주도 – 마을 노역, 혼례와 상장례, 민속 신앙	• 농번기에 농민 잡역 동원 금지 • 재해 시 조세·부역 감면 • 고리대 이자율의 법제화 • 황무지나 진전 개간 – 일정 기간 면세 혜택	• 빈민 구제 기관: 흑창, 의창 • 물가 조절 기관: 상평창 • 의료 기관: 동서대비원, 혜민국 • 재해 대비 기구: 구제도감, 구급도감 • 보: 제위보, 학보, 광학보, 경보, 팔관보

(2) 법률과 풍속, 가정 생활

법률	• 기본법: 당률을 참작한 71개조 법률 시행, 대부분 관습법 따름 • 지방관의 사법권 행사, 유교 윤리 강조(반역죄와 불효죄는 중죄)
상장제례	• 정부: 유교적 의례 권장 • 민간: 토착 신앙 + 불교 전통 의식 + 도교 신앙 풍속 거행
명절	정월 초하루, 삼짇날, 단오, 추석 등
혼인	• 일부일처제(여자 18세, 남자 20세 전후 혼인) • 왕실에서는 근친혼 성행 → 중기 이후 금지령 실시
여성의 지위	• 자녀 균분 상속, 딸도 제사 모심, 출생 순 호적 기재, 사위의 처가 입적 가능 • 사위와 외손자 음서 혜택, 여성의 재가 허용(→ 소생 자식의 사회적 진출 무차별)

3 고려 후기의 사회 변화

(1) 무신 집권기 하층민의 봉기

사회 변화	백성의 저항
• 신분제 동요 → 하층민에서 권력층 가담(이의민) • 무신들 간 대립과 지배 체제의 붕괴 • 백성에 대한 통제력 약화	• 조위총의 반란(서경) • 망이 · 망소이의 봉기, 김사미 · 효심의 봉기 • 만적의 봉기(신분 해방 추구)

(2) 몽골의 침입과 백성의 생활

몽골 침입 시	원 간섭기
• 자력 항쟁으로 충주 다인철소와 처인부곡 승리 • 몽골의 과도한 공물 수탈 • 두 차례 일본 원정에 동원되어 많은 희생	• 친원 세력이 권문세족으로 성장 • 몽골풍 유행, 고려양 전래, 공녀 요구 → 조혼 문제

(3) 왜구의 침략

① **왜구의 침입**: 왜구 침략 격퇴 과정에서 신흥 무인 세력 성장

    ㉠ 홍산 전투(1376): 최영

    ㉡ 황산 전투(1380): 이성계

    ㉢ 진포대첩(1380): 나세 · 최무선, 화통도감 설치

    ㉣ 대마도 토벌(1389): 박위

② **홍건적의 침입**: 1차 침입 때 이승경 · 이방실 등이 활약, 2차 침입 때 정세운 · 이방실 · 안우 등이 활약

04 | 중세의 문화

1 유학의 발달과 역사서의 편찬

(1) 유학의 발달

구분	유학 학풍	교육 발달	대표 학자
초기	자주적 · 주체적, 과거제 실시	국자감, 향교 설치	최승로, 김심언
중기	보수적 · 사대적, 문벌귀족 사회 발달	사학 12도 발달	최충, 김부식
무신 집권기	유학 쇠퇴, 문벌귀족 몰락	교육 활동 위축	신진 사대부 성장
원 간섭기	성리학 수용, 실천적 기능 강조	관학 진흥	안향, 이제현, 백이정 등
고려 말기	사회 개혁적, 배불론(정도전, 『불씨잡변』)	성균관 부흥	정몽주, 정도전 등

(2) 교육 기관

① 국자감

학부	경사 6학	입학자격
유학부	국자학	3품 이상 자제
	태학	5품 이상 자제
	사문학	7품 이상 자제
기술학부	율학 · 서학 · 산학	8품 이상 자제
	그 외 학문	해당 관청 교육

② 교육 기관의 변화

관학 장려	사학의 융성	관학 진흥책
• 국자감 정비(중앙): 유학부, 기술학부 • 향교 설치(지방): 지방 관리와 서민의 자제 교육	사학 12도 융성(최충의 9재 학당 등) → 관학 위축	• 숙종: 서적포 설치 • 예종: 국학 7재, 양현고, 청연각, 보문각 설치 • 인종: 경사 6학 정비, 유학 교육 강화 • 충렬왕: 섬학전, 문묘 건립 • 공민왕: 성균관 부흥(순수 유교 교육)

(3) 역사서의 편찬: 유학의 발달, 유교적인 역사 서술 체계 확립

초기	중기	무신정변 이후	후기
고구려 계승 의식	신라 계승 의식	자주적 역사 의식 (고구려 · 고조선)	성리학적 유교 사관
『7대 실록』 (황주량, 편년체 사서)	『삼국사기』 (김부식, 기전체 사서), 『고금록』(박인량)	『해동고승전』(각훈), 『동명왕편』(이규보), 『삼국유사』(일연), 『제왕운기』(이승휴)	『본조편년강목』(민지), 『사략』(이제현)
자주적 사관의 역사서	유교적 합리주의	민족적 자주 의식 + 전통 문화 이해	정통 · 대의 명분 중시

② 불교 사상과 신앙

(1) 불교 정책

① 불교 정책: 호국적 · 현세 구복적 성격 → 국가 보호

태조	광종	성종	현종 이후
불교 국가의 방향 제시	승과제도 실시	유교 정치 이념 채택	국가 보호로 융성
• 훈요 10조 • 연등회 · 팔관회 중시	• 국사 · 왕사 제도 설치 • 불교 통합 노력(귀법사 창건) • 천태종 연구(의통, 제관) • 『천태사교의』(제관)	연등회 · 팔관회 폐지	• 현화사 · 흥왕사 건립 • 연등회 · 팔관회 부활 • 초조대장경 조판

- 사원: 사원전 지급, 승려의 면역 혜택 부여
- 향도: 불교와 함께 토속 신앙의 면모도 보이며, 불교와 풍수지리설이 융합된 모습도 보임

② 불교 통합 운동

구분	천태종(의천)	조계종(지눌)
배경	불교 의식의 폐단 노출(법상종과 화엄종 발달)	선종 부흥과 신앙 결사 운동 전개(수선사 등)
과정	교종>선종	선종>교종
중심 사찰	국청사	송광사
결사 운동	백련 결사(요세)	정혜 결사(지눌)
후원 세력	문벌귀족	무신 정권
특징	• 교종 중심에서 선종 통합 노력 • 교관겸수(이론과 실천 강조) • 원효의 '화쟁사상' 중시	• 선 · 교 일치 사상 완성 • 정혜쌍수(선종 중심으로 교종 포용), 돈오점수(단 번에 깨닫고 꾸준히 실천) • 불교 개혁 운동(독경, 선 수행, 노동)
영향	• 불교의 폐단 시정 대책 미흡 • 의천 사후 교단 분열, 귀족 중심 불교 지속	유 · 불교 사상 일치설(혜심): 심성 도야 강조 → 성 리학 수용 기반 형성

③ 대장경 조판

구분	초조대장경(현종)	속장경(숙종, 의천)	팔만대장경(몽골 침입 시)
배경	• 불교에 대한 이해 체계의 정비, 불교 관련 서적의 체계화 필요성, 호국 불교적 성격 • 경장(부처 설법 결집), 율장(교단 계율 결집), 논장(교리 연구 논문 결집)으로 구성		
조판	• 거란 퇴치 염원 • 불교의 교리 정리	• 교장도감 설치 • 신편제종교장총록 작성(불서 목록) • 장·소 간행(대장경 주석서)	• 대장도감 설치(최우) • 몽골 퇴치 염원 • 강화도에서 판각
현재	몽골 침입으로 소실		합천 해인사에 보관

(2) 도교와 풍수지리설

구분	도교	풍수지리설
배경	불로장생·현세 구복 추구	도참 사상이 가미되어 크게 유행
내용	• 국가의 안녕과 왕실의 번영 기원(초제 성행) • 팔관회(도교, 민간 신앙, 불교 복합 행사)	• 서경 길지설: 북진 정책 배경 → 묘청의 서경 천도 운동 • 남경 길지설: 한양 명당설 → 한양 천도의 근거
영향	불교적 요소·도참 사상 수용 → 일관성 결여, 교단 성립 못함	훈요 10조에서 중시, 비보 사찰 건립, 과거를 통해 풍수지리 관리 등용

③ 과학 기술의 발달

(1) 천문학과 의학: 전통 과학 기술 계승, 중국과 이슬람 과학 기술 수용, 국자감의 잡학 교육, 잡과 실시

천문학	• 사천대(서운관) 설치: 천문과 역법 담당 관청 → 천문 관측 기록 풍부(일식, 혜성 등) • 역법 연구 발전: 당의 선명력(초기), 원의 수시력(충선왕), 명의 대통력(공민왕)
의학	• 태의감: 의료 업무 담당, 의학 교육 실시, 의과 시행 • 자주적 의학 발달: 『향약방』, 『향약구급방』 편찬
인쇄술	• 목판 인쇄술: 대장경 간행 • 금속 인쇄술: 『상정고금예문』(1234), 『직지심체요절』(1377) - 현존 최고의 금속 활자본 • 제지술: 닥나무 재배 장려, 종이 제조 전담 관서 설치
무기 제조	• 화약: 최무선(화통도감) → 왜구 격퇴(진포 대첩) • 조선 기술: 대형 범선 제조, 대형 조운선, 전함 등장

(2) 농업 기술의 발달

권농 정책	토지 개간 장려(광종), 무기의 농기구화(성종)
농업 기술	• 토지 개간과 간척: 묵은 땅, 황무지, 산지 등 개간 → 해안 지방의 저습지 간척 • 수리 시설 개선: 벽골제와 수산제 개축, 제언 확충, 해안의 방조제 축조 • 농법 발달: 시비법·녹비법 발달, 이앙법 보급, 2년 3작의 윤작법 보급, 깊이갈이(심경법) • 중국 농법 보급: 『농상집요』(이암), 목화 전래(문익점)

4 귀족 문화의 발달

(1) 문학의 성장

시기	갈래	특징	대표적 작가 · 작품
전기	한문학	과거제 실시와 문치주의의 영향, 독자적	박인량, 정지상 등
	향가	한시에 밀려 점차 퇴조	「보현십원가」 11수(균여전, 불교 대중화)
중기	한문학	당(시) · 송(산문) 문화를 숭상하는 풍조	최충, 김부식
무신 집권기	수필 문학	문신들의 낭만적 · 현실 도피적 경향	「국순전」(임춘)
		형식보다는 내용에 치중, 현실을 제대로 표현	「동국이상국전집」(이규보)
	경기체가	신진 사대부, 향가 형식 계승	「한림별곡」, 「관동별곡」, 「죽계별곡」 등
	패관 문학	설화 형식으로 현실 비판	「백운소설」, 「역옹패설」, 「파한집」(이인로), 「보한집」(최자)
후기	가전체 문학	현실을 합리적으로 파악	「국선생전」, 「국순전」, 「죽부인전」
	장가	서민 생활 감정 표현(속요)	「청산별곡」, 「가시리」, 「쌍화점」 등
	한시	유학자를 중심으로 발전	이제현, 이곡, 정몽주

(2) 건축과 조각

건축	궁궐과 사찰 중심, 단아하고 세련된 특성	• 주심포 양식: 봉정사 극락전, 부석사 무량수전, 수덕사 대웅전 • 다포 양식: 성불사 응진전(후기 건물 → 조선 시대 건축에 영향)
석탑	신라 양식 일부 계승 + 독자적 조형미 → 다양한 형태	• 전기: 개성 불일사 5층 석탑(고구려 양식 계승), 개성 현화사 7층 석탑(신라 양식 계승) • 중기: 월정사 8각 9층 석탑(다각 다층, 송의 영향), 무량사 5층 석탑(백제 양식 계승) • 후기: 경천사 10층 석탑(원 모방, 조선 원각사지 10층 석탑의 원형)
승탑	선종 유행과 관련	고달사지 승탑(팔각원당형 계승), 법천사 지광국사탑
불상	대형 철불 다수 조성, 균형미 부족, 시기와 지역에 따라 다양	• 대형 불상 축조: 광주 춘궁리 철불(하남 하사창동 철조석가여래좌상) • 민심 안정 소망 반영: 논산 관촉사 석조보살입상, 안동 이천동 석불 • 전통 양식 계승: 영주 부석사 소조여래 좌상(조화와 뛰어난 균형미)

(3) 청자와 공예

자기 공예	• 특징: 신라 · 발해의 전통 + 송의 자기 기술 → 독특한 미 완성 • 순수 청자(11세기) → 상감 청자(12~13세기) → 분청 사기의 등장(15세기, 원 간섭기 이후 퇴조) • 도요지: 강진, 부안
금속 공예	불교 도구 중심 발전: 은입사 기술 발달(청동 은입사 포류 수금문 정병, 향로)
나전 칠기	경함, 화장품갑, 문방구 → 현재까지 전함

(4) 글씨 · 그림과 음악

서예	• 전기: 구양순체 유행, 신품 4현(유신, 탄연, 최우, 김생) • 후기: 송설체(조맹부) 유행, 이암
회화	• 왕실과 귀족의 취미로 발달, 도화원 설치 • 이령(「예성강도」), 공민왕(「천산대렵도」 – 원대 북화의 영향), 문인화의 유행 • 불화: 「관음보살도」(혜허), 부석사 조사당 사천왕상 · 보살상, 사경화
음악	• 아악: 송에서 대성악 수입 → 궁중 음악, 전통 음악으로 발전 • 향악(속악): 고유 음악이 당악의 영향으로 발달(동동 · 대동강 · 한림별곡 등)

05 | 근세 사회의 발전

01 근세의 정치

① 근세 사회의 성립과 전개

(1) 조선의 건국

① 고려 말의 정세
  ㉠ 배경: 고려 말 사회 모순(권문세족의 횡포), 홍건적 · 왜구의 침입 → 신진 사대부와 신흥 무인 세력 성장
  ㉡ 과정: 명의 철령위 설치 요구 → 요동 정벌 단행 → 위화도 회군(1388) → 전제 개혁 → 조선 건국(1392) → 국호 · 수도 변경
  ㉢ 의의: 근세 사회의 전개(모범적 유교 정치, 능력 존중 사회, 민족 문화의 기반 확립)
② 권문세족과 신진 사대부

구분	권문세족	신진 사대부
출신	중앙 고관	지방 향리
정계 진출	음서 바탕	과거 바탕
경제 기반	대농장 소유	중소 지주
사상	비 유학자, 불교 신봉	성리학자 · 불교 배척(정도전)
외교	친원파	친명파
역사 의식	주체성 미약	강한 민족 의식

③ 근세 사회의 특징

정치	• 왕권 중심의 중앙 집권적 관료 체제 마련 • 왕권과 신권의 조화, 모범적인 유교 정치 추구
경제	• 자영농의 증가와 경작권 보장 • 향 · 소 · 부곡의 폐지 • 과전법 실시
사회	• 양인 수의 증가와 권익 신장 • 과거 제도의 정비, 개인의 능력이 보다 존중됨
문화	• 교육 기회 확대 • 정신 문화와 물질 문화의 균형 발전을 통한 민족 문화 발달, 근세 사회로의 전환

(2) 국왕 중심의 통치 체제 정비와 유교 정치의 실현 노력

태조 (1392~1398)	왕조의 기틀 마련	• 조선으로 국호 제정 • 한양 천도: 교통과 군사의 중심지, 풍부한 농업 생산력 보유 • 정도전 활약: 민본적 통치 규범 마련(『조선경국전』), 재상 중심의 정치 주장, 성리학적 통치 이념 확립(『불씨잡변』)
태종 (1400~1418)	국가 기반 확립	• 개국 공신 세력의 견제와 숙청: 왕권 확립 • 국왕 중심의 통치 체제: 의정부 설치, 6조 직계제, 사간원 독립, 신문고 설치 • 경제 기반 안정과 군사력 강화: 양전 사업 실시, 호패법 시행, 사원전과 사원 노비 몰수 · 제한, 억울한 노비 해방, 사병 폐지
세종 (1418~1450)	유교 정치 문화의 확립	• 유교 정치의 실현: 집현전의 육성 · 유학자 우대 • 의정부 서사제 실시: 재상 합의제로 정책을 심의, 왕권과 신권의 조화 추구 • 유교적 의례의 실천: 유교식 국가 행사, 『주자가례』 장려 • 유교적 민본 사상의 실현: 왕도 정치 – 인재 등용, 국민 여론 존중 • 국토 확장(압록강~두만강): 4군 6진 개척(김종서, 최윤덕), 대마도 정벌 • 민족 문화 발전: 한글 창제, 측우기, 앙부일구 등 과학 기구 발명 등
세조 (1455~1468)	왕권의 재확립과 집권 체제의 강화	• 왕권 재확립: 6조 직계제, 집현전과 경연 폐지, 직전법 실시, 보법 제정 및 5위 · 진관체제 실시 • 『경국대전』 편찬 착수 • 중앙 집권과 부국강병: 권신과 지방 세력 억제(유향소 폐쇄)
성종 (1469~1494)	유교적 집권 체제의 완성	• 홍문관 설치: 학문 연구(집현전 계승), 왕의 자문 기구 • 학술 연구: 경연 부활 및 경연 참여의 폭 확대 • 『경국대전』 반포: 조선의 기본 통치 방향과 이념 제시 • 성리학적 질서 확립: 사림파 등용, 유향소 부활, 도첩제 폐지 • 관수관급제 실시: 국가의 토지 지배력 강화 • 편찬 사업: 『동국여지승람』, 『동국통감』, 『동문선』, 『악학궤범』, 『국조오례의』 등

(3) 유교적 통치 이념(성리학 명분론)

정치적	덕치주의와 민본 사상을 바탕으로 하는 왕도 정치 구현
사회적	• 양반 중심의 지배 질서와 가족제도에 종법 사상이 응용 • 신분적으로 양천 구분과 직역의 법제화, 유교의 가부장적 가족 원리 • 성리학적 사회 윤리 확산
경제적	지배층의 농민 지배 허용 – 지주전호제
국제적	평화 추구의 친선 정책으로 국제적 긴장 관계 완화
사상적	불교, 도교, 토속 신앙을 배격하고 유교 사상으로 흡수하고자 함

2 통치 체제의 정비

(1) 중앙 통치 조직

① 양반 관료 체제 확립

ㄱ 『경국대전』 체제: 문 · 무반 관리의 정치 · 행정 담당 → 경관직(중앙관)과 외관직(지방관)으로 편제

ㄴ 18등급의 품계: 당상관(관서 책임자)과 당하관(실무 담당)으로 구분

※ 정1품부터 종6품까지는 상계, 하계로 나누어져 실제로는 30등급

② 의정부와 6조 체계

의정부	재상 합의제, 국정 총괄	
6조	• 직능에 따라 행정 분담 • 이조, 호조, 예조, 병조, 형조, 공조	행정의 통일성과 전문성, 효율성의 조화
3사	• 사간원(간쟁), 사헌부(감찰), 홍문관(자문 기관, 경연 주관) • 권력의 독점과 부정 방지 • 경연: 학문과 정책 토론(왕 - 신하), 정책 자문 및 협의를 통한 정책 결정 • 서경: 관리 임명에 대한 동의권(5품 이하), 양사(사간원, 사헌부)의 대간이 담당	
왕권 강화 기구	승정원(국왕 비서 기구), 의금부(국가의 큰 죄인을 다스림)	
기타	성균관(국립 대학), 춘추관(역사 편찬 및 보관), 한성부(수도 행정 · 치안)	

(2) 지방 행정 조직

① 중앙 집권 체제 강화

구분	근세 사회
행정 조직	• 8도(관찰사) - 부 · 목 · 군 · 현 - 면 · 리 · 통 • 수령 권한 강화(행정 · 군사 · 사법권 행사)
특징	• 모든 군현에 관리 파견 • 향 · 소 · 부곡을 일반 군현으로 승격
향리 지위	향리 지위 약화(수령의 행정 실무 보좌, 무보수, 문과 응시 제한, 세습직 아전)
지방 통제	경재소, 지방관 견제(상피제와 임기제)

② 향촌 사회

ㄱ 면 · 리 · 통 제도: 주민 중에서 책임자 선임(면임, 이정, 통주) → 수령의 정령 집행(인구 파악, 부역 징발)

ㄴ 양반 중심의 향촌 사회 확립: 사심관 분화 → 유향소(지방민 자치 허용), 경재소(향청과 중앙 정부 간 연락 기능)

(3) 군역 제도와 군사 조직

① 군사 조직: 양인개병, 농병일치 원칙 → 보법 구성(정군과 보인), 호적제와 호패제

중앙군	• 5위: 궁궐과 한성 수비 • 정군(현역 군인, 한성 또는 군사적 요충지에 근무), 보인(정군의 군역 경비 부담) • 갑사(시험으로 선발된 직업 군인), 특수병(공신과 고급 관료 자제)
지방군	• 육군(병영), 수군(수영)으로 조직 – 농민 의무병(정병) • 건국 초기: 국방상 요지인 영 · 진에 소속 · 복무 • 세조 이후: 진관 체제(군현 단위의 독자적 방위 체제)
잡색군	정규군 외의 예비군(서리, 잡학인, 신량역천인, 노비 등), 평상시 – 본업, 유사시 – 향토 방어

② 교통 · 통신제도: 봉수제(군사 통신), 역참제(육로), 조운제(수로, 세곡의 수송, 지방 · 조창 → 한성 · 경창)

(4) 관리 임용 제도

① 과거 제도

문과	대과 (문과)	• 식년시(3년마다 실시하는 정기 시험), 부정기 시험(알성시, 증광시 등) • 초시(각 도의 인구 비례 선발) → 복시(33명 선발) → 전시(석차 결정) • 합격자: 홍패 수여 • 소과에 합격한 생원, 진사에게 응시 자격을 주었으나 후에는 큰 제한이 없어짐
	소과 (생진과)	• 생진과(생원과, 진사과): 초시(700명) → 복시(100명) • 합격자: 백패 수여, 성균관에 입학하거나 문과 응시 또는 하급 관리
무과		• 무관 선발 시험(병조) – 28명 선발 • 합격자: 홍패 수여, 선달
잡과		• 해당 관청에서 교육, 기술관 선발(역과–사역원, 율과–형조, 의과–전의감, 음양과–관상감) • 합격자: 백패 수여

② 고려 · 조선의 과거 제도와 음서 제도

구분	고려	조선
특징	음서 발달, 무과 없음	음서 제한, 무과 실시
과거 제도의 종류	• 문과(제술과, 명경과) • 승과(교종선, 선종선) • 잡과(의학, 천문학, 음양 지리)	• 문과(생진과, 대과) • 무과(문무 양반제도의 확립) • 잡과(역과, 율과, 의과, 음양과)
자격	양인 이상(원칙) · 귀족 독점(실제)	양인 이상 (상공업자, 승려, 무당, 노비 등은 응시 불가)
음서 제도	5품 이상 귀족 자제 · 귀족적 성격	2품 이상 제한 · 관료적 성격

③ 기타 관리 임용 방법

기타 관리 임용 방법	인사 관리 제도
• 취재: 간단한 시험, 하급 관리 선발(녹사, 서리) • 천거: 학덕이 높은 자를 추천(기존 관리 대상) • 음서: 2품 이상의 고관 자제	• 상피제: 권력의 집중과 부정 방지 • 서경제: 5품 이하 관리 임명 시 양사(사헌부, 사간원)에서 심사(인사의 공정성 도모) • 근무 평가: 승진 및 좌천의 자료

3 사림의 대두와 붕당 정치

(1) 훈구와 사림

구분	훈구파	사림파
학통	관학파(근기 지방)	사학파(영남 · 기호 지방)
학문 경향	사장 중심 – 다른 사상도 포용	경학 중심 – 성리학 이외의 사상 배격
정치 체제	부국강병, 중앙 집권	왕도 정치, 향촌자치제
역사 의식	자주적 사관(단군 숭상)	중국 중심 세계관(기자 중시)
경제 기반	대농장 소유	향촌의 중소 지주
의의	15세기 민족 문화 정비	16세기 정치 · 사상 주도

(2) 사림의 정치적 성장

① 사림의 정계 진출

ㄱ 중앙 정계 진출: 전랑과 3사의 언관직 담당(성종, 김종직) → 훈구 세력의 비리 비판

ㄴ 사림 등용 배경: 세력 균형 추구 → 훈구 세력 견제

② 사화와 붕당의 발생

구분	사화	붕당 정치
배경	훈구파(중앙) → 사림파(지방)	사림파 분열(양반 수 증가 → 관직 · 토지 부족)
과정	무오사화 → 갑자사화 → 기묘사화 → 을사사화	4색 붕당 형성(북인, 남인, 노론, 소론)
영향	16세기 이후 정권 장악	정치 활성화 → 정치 기강 문란, 왕권 약화
전개	서원, 향약	지방 농장, 족당, 학파 → 언론

더 알아보기

조선의 4대 사화

무오사화 (1498, 연산군)	• 삼사를 중심으로 결집한 사림과 강력한 왕권을 표방한 훈구와의 갈등 • 김종직의 '조의제문' 사초 수록 문제 • 김일손 등 사림 처벌, 김종직 부관참시
갑자사화 (1504, 연산군)	• 폐비 윤씨 사건 • 사림뿐만 아니라 훈구 세력도 처벌
기묘사화 (1519, 중종)	• 조광조의 급진적인 개혁 정치 • 위훈 삭제 추진: 훈구 공신들의 반발로 조광조를 비롯한 사림 세력 대거 처벌
을사사화 (1545, 명종)	• 왕위 계승을 둘러싼 외척 간의 갈등: 윤원형(소윤) 일파 대 윤임(대윤) 일파 • 윤원형 일파가 윤임 일파를 대거 숙청하고 정국 주도

(3) 조광조의 개혁 정치

정치	• 현량과 실시(사림 등용) • 위훈 삭제 추진(훈구파 제거 시도)
문화	성리학적 질서 추구: 불교 · 도교 행사 폐지, 소격서 폐지 → 유교식 의례 장려
사회	• 향약 시행: 향촌 자치 추구 • 소학의 전국적 보급
경제	방납의 폐단 시정: 수미법 건의

(4) 붕당의 출현과 전개: 사림의 정계 주도 → 선조 때 정권 장악

① 동 · 서 분당: 척신 정치의 잔재 청산 방법을 둘러싼 대립 → 이조 전랑 자리 다툼

구분	동인	서인
출신 배경	신진 사림(선조 때부터 정치 참여)	기성 사림(명종 때부터 정치 참여)
정치적 입장	• 철저한 사림 정치 실현 – 수기(修己) 강조 • 지배자의 도덕적 자기 절제 강조 • 원칙 중시	• 척신 정치 개혁에 소극적 – 치인(治人) 강조 • 제도 개혁을 통한 부국 안민 • 현실 중시
학맥	• 김효원 지지 세력 • 이황 · 조식 · 서경덕의 학문 계승	• 심의겸 지지 세력 • 이이 · 성혼의 문인 중심

② 붕당 정치의 전개

초기	동인이 우세한 가운데 정국 운영
동인의 분당	정여립 모반 사건(1589) 계기 → 남인(온건파, 초기 정국 주도)과 북인(급진파, 임진왜란 후 – 광해군)으로 분당
광해군	북인의 정국 주도 → 전후 복구 사업, 중립 외교 정책, 인조 반정으로 몰락(서인 주도)
인조 반정 이후	• 서인 중심으로 정국 운영 → 남인 일부와 연합(서인과 남인의 공존 체제) • 서원 중심으로 모여진 정치적 여론을 중앙정치에 반영 • 친명배금 정책, 척화주전론 주장(서인) → 정묘 · 병자호란 초래
효종	북벌운동 추진(서인)
현종	서인과 남인의 정치적 대립 → 기해예송(서인 정권 지속), 갑인예송(남인의 득세)
숙종	경신환국(1680)으로 공존의 틀 붕괴 → 붕당의 변질, 서인이 노론 · 소론으로 분화

더 알아보기

예송 논쟁

구분	기해예송 (제1차 예송 논쟁, 1659)	갑인예송 (제2차 예송 논쟁, 1674)
분쟁 원인	효종의 상 때 자의대비의 복제 문제	효종 비의 상 때 자의대비의 복제 문제
서인	1년설(기년설)	9개월설(대공설)
남인	3년설	1년설
채택	서인(1년설)	남인(1년설)

③ 붕당 정치의 성격

　　㉠ 정치적, 학문적 경향에 따라 결집 → 정파적, 학문적 성격

　　㉡ 복수의 붕당이 공존 → 상호 견제와 비판을 통한 정치 운영 형태

　　㉢ 지방 사림 세력의 정치적 성장 → 정치 참여층의 기반 확대

긍정적인 면	부정적인 면
• 여론을 수렴하여 정국 운영 → 공론의 중시 • 3사의 언관과 이조 전랑의 정치적 비중 증대 → 상대 세력 견제, 자기 세력 확대 • 산림(재야의 공론 주도 지도자) 출현 • 서원, 향교: 지방 사족의 의견 수렴	• 신하들 간의 파당 형성 → 국론의 분열 • 의리와 명분에 치중 → 현실 문제 경시 • 지배층의 의견만 정치에 반영

4 조선 초기의 대외 관계

(1) 명과의 관계: 사대 정책 → 왕권의 안정과 국가의 안전 보장

초기	• 요동 정벌 준비, 표전문제, 여진과의 문제로 마찰 • 태종 이후 정상화
사대 정책	• 왕권 안정과 국제적 지위 확보, 조공 무역 • 사절 교환, 문화적·경제적 교류 활발
실리 외교	자주적 실리·문화 외교, 공무역 성격

(2) 명 이외의 주변 민족: 교린 정책 → 회유와 토벌의 양면 정책

　① 여진·일본과의 관계

구분	강경책	회유책
여진	• 국경에 진·보 설치 • 4군 6진 개척(압록강~두만강, 오늘날의 국경선)	• 귀순 장려(관직, 토지 제공) • 국경 무역 허용(경원, 경성에 무역소, 북평관 설치) • 사민 정책, 토관 제도
일본	대마도 토벌(세종, 이종무)	• 3포 개항(1426, 부산포·제포·염포) • 제한적인 조공 무역 허용(1443, 계해약조)

　② 동남아시아와의 관계

　　㉠ 류큐, 시암, 자와(자바) 등과 교류

　　㉡ 수입 – 각종 토산품, 수출 – 옷, 문방구 등

　　㉢ 류큐에 불경, 유교 경전, 범종 등을 전해 주어 문화 발전에 기여

5 전란의 극복과 대청 관계

(1) 임진왜란(1592)

① 전란의 극복과 영향

ㄱ 배경: 조선의 국방력 약화와 국론 분열, 일본 전국시대의 혼란 수습 → 명과 조선 침략

ㄴ 과정: 부산진(정발), 동래성(송상현) 패배 → 충주 탄금대 전투(신립) 패배 → 선조 피난(의주) → 한양과 평양 함락 → 수군 승리와 의병 항쟁 → 명 참전과 전열의 정비 → 명·일본 간 화의 교섭 → 화의 결렬 후 정유재란 발발(1597) → 왜군 철수

ㄷ 영향

- 국내 영향: 인구 격감(기근·질병, 일본에 포로), 국가 재정 궁핍, 신분제 동요, 문화재 소실, 명과 의리를 지켜야 한다는 사대 의식 강화
- 국외 영향: 일본 문화의 발전(성리학 및 도자기 문화 발달), 여진족 성장·명 쇠퇴(명·청 교체기)

② 수군의 승리와 의병의 항쟁

수군의 승리	의병의 항쟁
이순신의 남해 제해권 장악	농민 주축, 전직 관리·사림·승려 지도
• 곡창 지대인 전라도 보존 • 왜군의 수륙 병진 작전 좌절	• 향토 지리에 맞는 전술 구사 • 관군에 편입 • 정인홍, 곽재우, 휴정(서산대사), 유정(사명대사) 등 활약

(2) 호란의 발발과 전개

① 광해군의 전후복구 정책

내정 개혁	북인 정권의 수립, 양안·호적의 재작성, 대동법 실시(경기 지역), 군사력 강화, 『동의보감』 편찬, 사고 정비(4대 사고 → 5대 사고)
외교 정책	실리 외교의 추진: 명과 후금 사이에 중립 외교

② 정묘호란과 병자호란

구분	정묘호란(1627)	병자호란(1636)
원인	인조 반정 후 친명배금 정책, 명의 모문룡 군대의 가도 주둔, 이괄의 잔당이 후금에 투항	청의 성립과 군신 관계 요구 → 조선의 거부
경과	후금의 침입 → 정봉수, 이립의 의병 활약	청의 침입 → 남한산성에서 항전(주화파와 척화파 대립)
결과	형제 관계 수립	• 군신 관계 수립 • 북벌운동의 전개, 청에 대한 적개심 고조

③ 대북방 운동

구분	북벌론의 대두(17세기)	북학론의 대두(18세기)
배경	• 명분론 → 척화주전론 • 청에 대한 적개심과 문화적 우월감	• 현실론 → 주화파 • 청의 국력 신장과 문물의 발달
전개	효종(군대 양성, 성곽 수리) → 숙종(북벌의 움직임 제기) → 북벌론 발전	청의 실체를 인정 → 선진 문물 도입(상업 중시, 대외 무역 활성화, 서양의 과학 기술 수용)
영향	서인의 정권 유지 수단 이용(남인 진출 견제) → 5군영 설치(어영청, 총융청, 수어청 등)	박지원, 박제가, 홍대용 등 중상주의 실학자 → 19세기 후반 개화사상 형성에 영향

④ 나선 정벌: 러시아의 남하 → 청의 원병 요청 → 변급(1654), 신유(1658) 등 두 차례에 걸쳐 조선 총수병의 실력 입증

---

02 근세의 경제

1 경제 정책

(1) 농본주의 경제 정책

구분	중농 정책	상공업의 통제
배경	재정 확충과 민생 안정 방안 추구	사치와 낭비 억제, 농업 피폐화 · 빈부 격차 심화 우려, 사농공상의 직업적 차별
경제	• 농경지 확대: 토지 개간 장려, 양전 사업 실시 • 농업 생산력 향상: 새로운 농법과 농기구 개발 • 농민의 조세 부담 경감	• 유교적 경제관: 검약 생활 강조, 소비 억제 • 도로와 교통 수단 미비 • 화폐 유통, 상공업 활동, 무역 등 부진
정책	왕도 정치의 우선 과제 – 민생 안정	16세기 이후 국가의 통제력이 약화되면서 국내 상공업과 무역 활발

(2) 토지 제도의 변화

구분	과전법	직전법	관수관급제	녹봉제
시기	고려 말(공양왕)	세조	성종	명종
대상	현 · 퇴직 관리 – 사후 반납	현직 관리	현직 관리	현직 관리
배경	권문세족의 대농장 확대 → 재정 궁핍	신진 관료에게 지급할 토지 부족	양반 관료의 수조권 남용	직전법 체제 붕괴
원칙	경기 지역에 한하여 수조권 지급	• 수신전 · 휼양전 등 폐지 • 현직 관리에게만 수조권 지급	관청에서 직접 수조권 행사하여 관리에게 지급	녹봉만 지급 (수조권 제도 소멸)

목적	신진 사대부의 경제 기반 마련	토지 부족의 보완	국가의 토지 지배권 강화	관리의 생활 수단 마련
영향	• 농민의 경작권 인정 • 병작반수 금지 • 수신전 · 휼양전 · 공신전 세습	농장 확대	• 농장 확대 가속화 • 지주전호제 강화 • 명종 때 관수관급제 폐지	• 수조권 지급 제도 소멸 • 농장의 보편화

(3) 수취 체제의 확립

조세	공납	역	기타
토지 소유주 부담	토산물 징수, 호구 기준	16세 이상 정남 대상	–
• 과전법(30두/결, 답험손실법) • 연분9등법 · 전분6등법 (20~4두/결)	• 상공(정기적), 별공 · 진상 (부정기적) • 각종 수공업 제품, 광물, 수산물, 모피, 과실, 약재 등	• 군역: 정군, 보인 • 요역: 가호 기준, 공사 동원, 1인/8결, 6일/1년(성종)	• 염전, 광산, 산림, 어장 • 상인 · 수공업자에게 징수
• 조운(조창 → 경창) • 잉류 지역(평안도, 함경도), 제주도 → 자체 소비	생산량 감소, 생산지 변화로 공물 확보 곤란 → 전세<공납 부담	양반 · 서리 · 향리, 성균관 유생 등은 군역 면제	–

(4) 수취 제도의 문란: 유민과 도적 증가 → 임꺽정의 난(1559, 명종)

구분	조세 제도(15세기)	농민 부담 가중(16세기)
전세	과전법(30두) → 전분 6등법 · 연분 9등법(20~4두)	지주전호제, 병작반수제 → 몰락 농민 증가
공납	토산물 징수(호구 기준) – 상공, 별공, 진상	방납제의 폐단, 인징, 족징 → 수미법 주장(조광조, 이이)
역	군역과 요역(8결당 – 1인, 1년 – 6일)	군역의 요역화 → 방군수포제 · 대립제
환곡	빈민 구제 목적 – 춘대 추납법(이자: 1/10)	이자의 고리대화

2 양반과 평민의 경제 활동

(1) 양반 지주의 생활

경제 기반	농장 경영	노비 소유
• 과전, 녹봉 • 자신 소유의 토지와 노비	• 직접 경작(노비) • 소작 경영(농민과 병작반수)	• 솔거 노비: 가사, 농경, 직조 종사 • 외거 노비: 신공(포, 돈) 납부
토지 경영: 비옥한 경상, 충청, 전라 지역에 집중 → 농장 형태 형성	15세기 후반 농장의 증가 → 유랑민들을 노비화시켜 토지를 경작함	재산의 한 형태: 노비 매매 가능, 노비 신분 세습, 양인과 혼인 통해 소유

(2) 농민 생활의 변화

농업 생산력 증가	농민의 생활
• 중농 정책: 중국 농업 기술 도입, 개간 장려, 수리 시설 확충, 농서 보급, 양반의 농업 관심 증대 • 농업 기술 개량: 2년 3작, 모내기 보급, 시비법 발달, 농기구 개량, 목화·약초·과수 등 작물 재배 확대	• 농민 몰락: 지주제 확대, 자연 재해, 고리대, 세금 부담 → 소작농 전락, 유민 증가 • 농촌 안정책: 정부(구황 방법 제시, 호패법 → 오가작통제 강화), 양반(향약 시행)

(3) 상공업 생산 활동

수공업 생산 활동	상업 활동
• 관영 수공업: 공장안 등록, 16세기 부역제 해이와 상업이 발전함에 따라 관영 수공업 쇠퇴 • 민영 수공업: 주로 농기구 등 물품 제작, 양반 사치품 생산 • 가내 수공업: 자급자족 형태로 생활필수품 생산, 무명 생산 증가	• 시전 중심: 왕실과 관청에 물품 공급, 특정 상품의 독점 판매권 획득(금난전권), 육의전 번성, 경시서 설치(세조 때 평시서로 개칭) • 장시 성장: 15세기 후반부터 등장하여 서울 근교와 지방에서 증가, 일부 정기 시장으로 정착, 보부상 활동, 16세기 이후 전국적으로 확대 • 화폐: 저화(태종), 조선통보(세종) 발행 → 유통 부진, 쌀·무명 이용 • 무역: 대외 무역 통제 → 명(공·사무역 허용), 여진(무역소 설치), 일본(왜관 중심), 국경 부근 사무역 통제

---

03 근세의 사회

1 양반 관료 중심의 사회

(1) 양천 제도와 반상 제도

구분	양천 제도의 법제화	반상 제도의 일반화
특징	양인과 천민 구분 – 법제적 신분 제도	양반과 상민 간의 차별 – 실제적 신분 제도
구성	• 양인: 자유민(과거 응시 가능, 조세·국역 의무) • 천민: 비자유민(개인·국가에 소속, 천역 담당)	• 양반과 양반을 보좌하던 중인이 신분층으로 정착 • 신분 제도 정착(양반, 중인, 상민, 천민)
성격	• 신분 이동 가능: 양인의 과거 응시 및 관직 진출, 양반의 노비·중인·상민화 • 한계: 고려 사회에 비해 개방된 사회, 신분제 사회 틀 유지의 한계	

(2) 신분구조

구분	구성	특징
양반	문반과 무반	• 문·무반의 합칭 → 가족과 가문까지 지칭(신분 명칭으로 고정) • 토지와 노비 소유, 고위 관직 독점(과거·음서·천거 등), 국역 면제 • 지주층(경제적 측면)이며 관료층(정치적 측면), 관료 지향

중인	기술관, 서리, 향리, 군교, 역리, 서얼 등	• 양반과 상민의 중간 신분(기술관) → 군역 면제, 조선 후기 독립된 신분층 형성 • 서리, 향리, 기술관: 직역 세습, 동일 신분 간 혼인 • 서얼(중서): 문과 응시 불가, 무반 등용 가능 • 한품서용법(限品敍用法): 신분과 직종에 따라 품계를 제한하여 관리를 서용, 기술관과 서얼은 정3품 당하관까지 승진 허용
상민	농민, 수공업자, 상인 등	• 생산 활동 종사(농업, 수공업, 상업 등) → 조세 · 공납 · 역 부담 • 법적으로 자유민으로 과거 응시 가능 → 현실적 곤란 • 신량역천(身良役賤): 수군, 조례, 나장, 일수, 봉수군, 역졸, 조졸
천인	노비, 창기, 사당, 무당, 백정, 광대 등	• 노비의 지위: 매매 · 상속 · 증여 대상 → 일천즉천(一賤則賤) • 공노비[국가에 신공 납부(납공 노비), 관청에 노동력 제공(입역 노비)], 사노비(솔거 노비, 외거 노비)

2 사회 정책과 사회 시설

(1) 사회 정책과 사회 제도

① 사회 정책

농본 정책	농민의 몰락 방지
성리학적 명분론 입각	국가의 안정과 재정의 근간 보호 목적
신분 사회 질서의 유지와 농민의 생활 안정 도모	• 양반 지주의 토지 겸병 억제 • 농번기에 잡역 동원 금지, 재해 시 조세 감면

② 사회 제도

환곡제	의료 시설
• 국가 운영: 의창, 상평창 → 빈농 구제 목적 • 양반 지주의 자치적 운영: 사창 제도 → 양반 중심의 향촌 지배 및 질서 유지가 목적	• 중앙: 혜민서, 동 · 서 대비원(서민 환자의 구제 · 약재 판매) • 지방: 제생원(지방민의 구호 및 진료 담당) • 동 · 서 활인서: 유랑자의 수용과 구휼 담당

(2) 법률 제도

형법	• 기본법: 형법(대명률과 『경국대전』 적용)과 민법(관습법 적용) • 반역죄와 강상죄는 중죄 → 연좌법 적용(가족 연좌, 고을의 호칭 강등과 수령 파면) • 형벌: 태 · 장 · 도 · 유 · 사의 5종이 기본
민법	• 운영: 지방관(관찰사, 수령)이 관습법에 의거하여 처리 • 사례: 노비 관련 소송(초기) → 산송(山訟) 문제 증대(후기) • 상속: 종법에 의거, 조상의 제사와 노비의 상속 중시
사법 기관	• 중앙: 사헌부, 의금부, 형조(법률 · 소송 등 사법에 관한 일), 한성부(수도 치안 담당), 장례원(노비 관련 문제 처리) • 지방: 지방관(관찰사, 수령)의 사법권 행사 • 재심 청구: 다른 관청이나 상부 관청에 소송 → 신문고, 격쟁

3 향촌 사회의 조직과 운영

(1) 향촌 사회의 모습

향촌 조직	향촌 자치
• 향(鄕): 행정 구역상 군·현 단위 • 촌(村): 촌락·마을(면·리 설치)	• 유향소: 향촌 양반의 자치 기구 → 수령 보좌, 향리 감찰, 풍속 교정(향안, 향규, 향회) • 경재소: 중앙 현직 관료의 유향소 통제 → 중앙과 지방의 연락 업무 • 향약 보급: 향촌 사회의 운영 질서 강구 → 지방 사족의 지배력 확보와 유지 수단
군·현 아래 면·리 설치, 몇 개의 자연 촌락으로 구성, 중앙에서 관리 파견 없음	유향소 변화: 경재소가 혁파(1603)되며 유향소는 향청으로 명칭 변경

(2) 촌락의 구성과 운영

① 촌락: 농민 생활의 기본 단위(자연촌 존재, 동·이 편제) → 촌락 주민 지배(면리제, 오가작통제)

② 분화: 신흥 사족의 향촌 이주 → 향촌 사회 촌락의 분화(반촌, 민촌)

구분	반촌	민촌
구성	양반 거주	평민과 천민 구성
생활	친족·처족·외족의 동족 구성(성씨 다양)	지주의 소작농으로 생활
변화	18세기 이후 동성 촌락으로 발전	18세기 이후 구성원의 다수가 신분 상승

③ 공동체 조직

구분	동계, 동약	두레, 향도
주체	사족	일반 백성
역할	촌락민을 신분적·사회 경제적으로 지배	자생적 생활 문화 조직 형성, 공동 노동 조직
변화	동계, 동약은 임진왜란 이후 양반과 평민층이 함께 참여하는 상하 합계의 형태로 전환	

4 성리학적 사회 질서의 강화

(1) 예학과 보학: 양반 사대부의 신분적 우월성 강조, 향촌 사회에 대한 지배력 강화

구분	예학	보학
성격	상장 제례 의식 연구 학문 – 종족의 내부 의례 규정	종족(宗族)의 종적 내력과 횡적 관계 기록–족보 편찬
배경	성리학적 도덕 윤리 강조 – 신분 질서의 안정 추구	가족의 내력을 기록하고 암기
영향	• 유교적 가족 제도 확립(가부장적 종법 질서 구현) • 가묘와 사당 건립 • 사림 간 정쟁의 구실로 이용되는 폐단 발생(예송 논쟁)	• 종적 내부의 결속 다짐 • 결혼 상대나 붕당 구별의 자료 • 양반 문벌 제도 강화에 기여

(2) 서원과 향약: 향촌 사회에서 사림의 지위 강화

구분	서원	향약
기능	• 선현 제사 • 학문 연구, 후진 교육	전통적 향촌 규약(향규 · 계 · 향도) + 삼강오륜 → 향촌 교화 규약
내용	백운동 서원(최초의 서원) · 소수 서원(사액 서원)	4덕목(덕업상권, 과실상규, 예속상교, 환난상휼)
영향	• 유교 보급, 향촌의 사림 결집 • 학문의 지방 확대 • 사림의 향촌 지배력 강화	• 상민층까지 유교의 예속 · 침투, 백성 교화에 기여 • 향촌 사회의 질서 유지와 치안 담당 • 사림의 지방 자치 구현, 농민 지배력 강화
문제점	• 토호 및 지방 유력자들이 주민을 위협 · 수탈하는 배경 제공 • 향약 간부들의 갈등과 대립으로 풍속과 질서를 해치는 경우 발생	

---

04 | 근세의 문화

1 민족 문화의 융성

(1) 발달 배경: 민족적 · 자주적 성격의 학문 발달 → 민생 안정과 부국강병 추구, 과학 기술과 실용적 학문 중시

(2) 한글의 창제와 편찬 사업

한글 창제	• 배경: 조선 한자음의 혼란 방지, 피지배층에 대한 도덕적 교화를 통해 양반 중심의 사회 운영에 필요 • 1443년에 『훈민정음』을 창제하여 1446년에 반포 • 보급 　– 『용비어천가』, 『월인천강지곡』 등 제작 　– 불경, 농서, 윤리서, 병서 등 간행 　– 서리 채용 시험에 부과
지도 · 지리서 편찬	• 배경: 중앙 집권과 국방 강화 • 지도: 혼일강리역대국도지도(태종), 팔도도(태종), 동국지도(세조, 양성지 – 최초의 실측지도), 조선방역지도(명종) • 지리서: 『신찬팔도지리지』(세종), 『세종실록지리지』(단종), 『동국여지승람』(성종), 『신증동국여지승람』(중종)
윤리 · 의례서, 법전 편찬	• 배경: 유교적 사회 질서 확립(윤리서), 통치 규범의 성문화(법전) • 윤리서: 『삼강행실도』(세종), 『이륜행실도』(중종), 『동몽수지』(중종) • 의례서: 『국조오례의』(성종) • 법전: 『조선경국전』(정도전), 『경제문감』(정도전), 『경제육전』(조준 · 하륜), 『경국대전』(조선의 기본 법전, 조선 사회의 기본 통치 방향과 이념 제시)

(3) 『조선왕조실록』

정의	조선 태조부터 철종까지의 역사를 편년체로 기록하여 편찬(『태조실록』~『철종실록』)
내용	• 편찬 기관: 춘추관 내 실록청 • 편찬 자료: 사초, 각 관청의 문서를 모은 시정기, 『승정원일기』, 『비변사등록』, 『의정부등록』, 『일성록』(정조 이후) 등의 문서를 종합 · 정리하여 편년체로 편찬 • 편찬 과정: 초초(初草) → 중초(中草) → 정초(正草) → 실록 편찬 후 세초(기밀 누설 방지) • 『국조보감』: 역대 왕의 업적 가운데 선정만을 모아 후대 왕들에게 교훈을 주고자 편찬
의의	• 조선 시대 각 방면의 역사적 사실을 망라한 역사 기록물 • 유네스코 세계기록유산 등재

(4) 역사서의 편찬

구분	건국 초기	15세기 중엽	16세기
사관	성리학적 사관	자주적 사관, 단군 중시	존화주의적 사관, 기자 중시
편찬 목적	• 왕조의 정통성에 대한 명분 • 성리학적 통치 규범 정착	• 민족적 자각 인식 • 고려 역사를 자주적 재정리	사림의 정치 · 문화 의식 반영
저서	• 『고려국사』(정도전) • 『동국사략』(권근)	• 『고려사』(1451, 기전체) • 『고려사절요』(1452, 편년체) • 『동국통감』(1485, 서거정, 고조선~고려 말의 통사)	• 『동국사략』(1522, 박상) • 『기자실기』(1580, 이이) • 『동몽선습』(1670, 박세무)

2 성리학의 발달

(1) 성리학의 정착

구분	관학파(성균관, 집현전)	사림파(서원, 3사 언관직)
계보	혁명파 사대부(정도전, 권근)	온건파 사대부(정몽주, 길재)
조선 건국 과정	조선 건국에 적극 참여	고려에 대한 충성 주장
학풍	사장 중시(시와 문장)	경학 중시
정치	중앙 집권과 부국강병, 현실적인 정치 · 경제	향촌 자치와 왕도 정치, 명분과 의리
사상	• 주례를 국가의 통치 이념으로 중시 • 관대한 사상 정책(민간 신앙까지 포용) • 성리학적 정치 이념 정착 • 자주 의식(단군 숭배)	• 교화에 의한 통치와 성리학적 명분 중시 • 성리학 이외의 사상 배척 • 성리학적 이념과 제도의 실천 노력 • 화이 사상(기자 숭상)
의의	15세기 민족 문화 발전에 기여	16세기 이후 관념적 이기론 발전에 기여

(2) 성리학의 융성

① 16세기 사림: 도덕성과 수신을 중시 → 인간의 심성에 대한 관심 증대

구분	주기론	주리론
학풍	• 기(氣)를 중심으로 세계 이해 • 불교와 노장 사상에 개방적 태도 • 경험적 현실 세계(개혁 사상)	• 이(理)를 중심으로 이론 전개 • 이기이원론 • 도덕적 원리 문제(사회 질서 유지)
학파	서경덕, 조식 → 이이 → 기호 학파(서인)	이언적 → 이황 → 영남 학파(동인)
경제 기반	불우한 산림 처사	향촌 중소 지주 출신
영향	• 심오한 이기 철학의 성립과 왕도적 정치 철학 확립 · 정치 활성화 • 지나친 도덕주의 → 현실적 부국강병책 소홀	

② 성리학의 정착(집대성)

구분	퇴계 이황	율곡 이이
학풍	이기이원론	일원적 이기이원론
저서	『성학십도』, 『주자서절요』	『동호문답』, 『성학집요』
영향	• 도덕적 행위로서의 인간의 심성 중시 • 근본적 · 이상주의적 성격 강함 • 예안향약 • 일본 성리학 발전에 영향	• 현실적 · 개혁적 성격(통치 체제의 정비와 수취 제도의 개혁 제시) • 서원향약, 해주향약 • 조선 후기 북학파 형성에 기여
계승	김성일, 유성룡 → 영남 학파	조헌, 김장생 → 기호 학파

(3) 학파의 형성과 대립

① 학파의 형성

구분	동인	서인
배경	서경덕 학파, 조식 학파, 이황 학파	이이 학파, 성혼 학파
전개	정여립 모반 사건으로 남인 · 북인 분화	인조 반정으로 정국 주도 → 노론 · 소론 분화(경신환국)
	북인(서경덕 · 조식 학파), 남인(이황 학파)	서경덕과 조식 사상, 양명학, 노장 사상 배척

② 학파의 대립

붕당	동인(선조 이후, 영남 학파)		서인(인조 반정 이후, 기호 학파)	
사상	주리론(이기이원론), 도덕적 원리, 실천 중시, 도덕적 규범 확립		주기론(일원론적 이기이원론), 경험적 현실 세계, 현실 개혁	
출신	안정된 중소 지주 출신		사림 출신	
분열	북인	남인	노론	소론
학파	서경덕 · 조식 (남명 학파)	이황 (퇴계 학파)	이이 (율곡 학파)	성혼 (우계 학파)
성향	절의 중시, 부국강병, 의병장 배출, 개혁적 성격	수취 체제 완화, 갑인예송, 기사환국 때 집권	정통 성리학 강조, 대의명분 중시, 호락 논쟁으로 발전	실리 추구, 양명학과 노장 사상에 호의적, 북방 개척

(4) 예학의 발달

예학의 보급 (16세기)	• 16세기 중반: 생활 규범서(『주자가례』) 출현, 『주자가례』의 학문적 연구 시작 • 16세기 후반: 성리학을 공부하는 학자들 대부분이 예에 관심을 가짐
예학의 발달 (17세기)	• 양난 이후 유교적 질서의 회복 강조 → 예학 연구 심화(김장생, 정구 등) • 각 학파 간 예학의 차이 → 예송 논쟁 발생

3 불교와 민간 신앙

(1) 불교의 정비

구분	억불책	진흥책
배경	• 성리학적 통치 이념 확립 • 집권 세력의 경제적 기반 확보	왕실의 안녕과 왕족의 명복 기원
정비	• 태조: 도첩제 실시 → 승려의 수 제한 • 태종: 사원의 토지와 노비 몰수 • 세종: 교단 정리 – 선교 양종 36개 절만 인정	• 세종: 내불당 설치, 『월인천강지곡』·『석보상절』 간행 • 세조: 간경도감 설치(한글로 불경 간행) • 명종: 불교 회복 정책(보우 중용, 승과 부활) • 임진왜란 때 승병 활약(서산대사, 사명대사)

(2) 도교와 풍수지리설, 민간 신앙

도교	풍수지리설	민간 신앙
• 소격서 설치, 초제 시행(참성단) • 사림 진출 이후 도교 행사 폐지	• 한양 천도에 반영 • 산송 문제(명당 선호) 야기	• 무격 신앙, 산신 신앙, 삼신 숭배, 촌락제 성행 • 세시 풍속: 유교 이념과 융합

4 과학 기술의 발달

(1) 천문학 및 역법과 의학

천문학	• 혼의 · 간의 · 혼천의(천체 관측), 앙부일구 · 자격루(시간 측정) • 측우기(세계 최초, 강우량 측정), 인지의 · 규형(토지 측량 – 양전과 지도 제작에 활용) • 천문도 제작: 천상열차분야지도(← 고구려의 천문도 바탕)
역법	『칠정산』(중국 · 아라비아 역법 참고, 한양 기준으로 천체 운동 계산)
의학	민족 의학의 발전: 『향약집성방』(국산 약재와 치료 방법), 『의방유취』(의학 백과사전)

(2) 활자 인쇄술과 제지술: 각종 서적의 국가적 편찬 사업의 추진

활자	• 주자소 설치: 계미자 주조(태종), 갑인자 주조(세종) • 인쇄 기술 발달: 식자판을 조립하는 방법 창안 → 인쇄 능률의 향상
제지술	조지서 설치(세종, 다양한 종이의 대량 생산) → 출판 문화의 수준 향상

(3) 농서의 편찬과 농업 기술의 발달

농서 편찬	농업 기술
• 『농사직설』(정초): 우리의 실정에 맞는 농법 정리(씨앗 저장법, 토질 개량법, 모내기법) • 『금양잡록』(강희맹): 경기 지방(시흥)의 농사법 정리	• 밭농사: 2년 3작 보편화 • 논농사: 벼와 보리의 이모작, 남부 일부 지방에서 모내기, 건경법(건사리), 수경법(물사리) 시행 • 기타: 농기구 개량, 시비법 발달, 가을갈이의 농사법, 목화 재배와 누에치기의 전국적 확산, 작물 재배

(4) 병서 편찬과 무기 제조

병서 편찬	무기 제조
• 『총통등록』(화약 무기의 제작과 사용법 정리) • 『병장도설』(군사 훈련 지침서) • 『동국병감』(고조선~고려 말까지의 전쟁사 정리)	• 화약 무기 제조(최해산), 화포, 화차(신기전) • 거북선(태종), 비거도선(세종) 제조 → 수군의 전투력 향상

5 문학과 예술

(1) 다양한 문학

구분	15세기	16세기
주체	관료 문인 중심	사림 및 여류 문인 중심
문학 경향	• 격식을 존중하고 질서와 조화 추구 • 관학파의 사장 중시(한문학 발달)	• 개인적 감정과 심성을 표현 • 사림파의 경학 중시(한문학 저조)
한문학	• 자주적 한문학 발달(『동문선』 편찬) • 시조와 악장 문학 발달(가사 출현)	• 흥취와 정신 중요(한시, 가사와 시조 활발) • 여류 문인(신사임당, 허난설헌, 황진이)
설화 문학	• 서민들의 풍속ㆍ감정ㆍ역사 의식 • 『필원잡기』(서거정), 『용재총화』(성현), 『금오신화』(김시습)	• 어숙권(패관잡기 – 문벌 제도와 적서 차별 비판) • 임제(사회의 모순과 존화 의식 비판)
시조 문학	• 새 사회 건설 희망ㆍ진취적 기상(김종서, 남이) • 유교적 충절(길재, 원천석, 사육신)	• 순수한 인간 본연의 감정 노래(황진이) • 자연 속 은둔 생활의 즐거움(윤선도)
악장ㆍ가사	• 새 왕조 탄생과 업적 찬양(『용비어천가』 등) • 훈민정음 창제로 발전	• 악장과 초기의 가사가 더욱 발전 • 송순(「면앙정가」), 정철(「관동별곡」, 「사미인곡」), 박인로(「누항사」)

(2) 건축, 공예, 그림과 글씨, 음악과 무용

구분	15세기	16세기
건축	• 법적으로 신분별 건물 규모 규제 • 주위 환경과의 조화 중시 • 궁궐 · 관아 · 성곽 · 성문 · 학교 건축 중심	• 서원 건축 중심(가람배치 양식과 주택 양식 결합) • 옥산서원(경주), 도산서원(안동)
공예	분청사기(광주 분원 유명)	순수백자(사대부의 취향과 관련)
공예	목공예(실용성과 예술성의 조화), 화각 공예, 자개 공예(나전칠기), 자수와 매듭 공예	
그림	• 중국 화풍 수용, 독자적 화풍 개발 • 일본 무로마치 시대에 영향 • 몽유도원도(안견), 고사관수도(강희안) • 화기(신숙주): 안평대군의 소장품 소개	• 자연 속의 서정미 추구(산수화, 사군자 유행) • 이암(영모도), 이정(대나무), 황집중(포도), 어몽룡(매화) • 신사임당(조충도 – 꽃, 나비, 오리), 이상좌(송하보월도)
글씨	안평대군(조맹부체)	양사언(초서), 한호(해서)
음악 · 무용	• 아악 정리(박연), 『악학궤범』 편찬(성현) • 궁중 무용(나례춤, 처용무)	• 속악 발달 • 산대놀이, 꼭두각시놀이 • 서민 무용(농악무, 무당춤, 승무)

06 | 근대 태동기 사회의 발전

01 근대 태동기의 정치

■ 조선 후기 근대 사회로의 이행

구분	근대 사회의 정의	조선 후기의 근대 태동
정치	민주 정치	각 분야의 근대적 움직임을 수용하지 못함 → 서인의 일당 전제화, 세도 정치
사회	평등 사회	봉건적 신분제 사회의 붕괴 → 신분 변동 활발
경제	자본주의 사회	경영형 부농과 임노동자, 도고의 등장, 상품 화폐 경제의 발달
사상	합리적 사고, 평등 사상	실학, 동학, 천주교, 서민 문화 발달, 중국적 세계관 극복(지전설)

② 통치 체제의 변화

(1) 정치 구조의 변화

구분	비변사의 기능 강화	3사의 언론 기능 변질	전랑의 권한 강화
배경	왜구와 여진족의 침입에 대비한 임시 기구	공론 반영 → 각 붕당의 이해 관계 대변 기능	중하급 관원에 대한 인사권과 후임자 추천권
변화	• 국방 · 외교 · 내정까지 관장 • 양반의 정치적 지위 강화, 의정부와 6조의 기능 약화, 왕권 약화	상대 세력의 비판, 견제	자기 세력 확대, 상대 세력 견제
혁파	흥선 대원군의 개혁 정치 → 의정부와 삼군부의 기능 회복	영조와 정조의 탕평 정치 → 3사의 언론 기능과 전랑의 권한 혁파	

(2) 군사 제도의 변화

구분	전기	후기
중앙군	5위(농병일치제, 의무병제)	5군영(상비군제, 용병제)
지방군	영진군(양인개병제)	속오군(양반~노비까지)
방위 체제	진관 체제(세조) → 제승방략 체제(16세기 후반) → 진관 체제 복구(임진왜란 이후)	

(3) 5군영 체제

구분	시기	병종	경제 기반	특징	
훈련도감	선조	용병	삼수미세	핵심 군영, 삼수병 양성	• 임기응변식 설치
어영청	인조	번상병	보(군포)	북벌 추진의 중심 군영	• 병종 다양(번상병, 용병)
금위영	숙종	번상병	보(군포)	수도 방위	• 상비군제 · 용병제화 → 서인 의 군사 기반으로 변질
수어청	인조	속오군	경비 자담	남한산성 일대 방어	
총융청	인조	속오군	경비 자담	북한산성 일대 방어	

(4) 수취 체제의 개편

① 수취 제도의 개편

구분	전기	후기
전세	전분 6등법 · 연분 9등법(20~4두)	영정법(1결당 4두)
공납	토산물 징수 · 방납 폐단	대동법(1결당 12두 – 쌀, 옷감, 돈)
역	군역의 요역화(방군수포제, 대립제)	균역법(군포 1필)
영향	농민의 부담 일시 경감 · 지주의 부담 증가, 실제 운영에서 농민 부담이 다시 가중됨	

② 농민 통제책의 강화

구분	향촌 지배 방식의 변화	농민 통제책 강화
전개	사족을 통한 향촌 지배(전기) → 수령과 향리 중심의 지배 체제 변화(후기)	호패법, 오가작통제 강화
영향	농민 수탈 증대	농민들의 향촌 이탈 방지 목적

3 정쟁의 격화와 탕평 정치

(1) 붕당 정치의 변질

① 붕당 정치의 변질 배경: 17세기 이후 사회 · 경제적 변화

　㉠ 경제: 상품 화폐 경제의 발달 → 정치 집단의 상업적 이익 독점 욕구 증대

　㉡ 정치: 정치 쟁점 변질(사상 문제 · 예송 논쟁 → 군영 장악 · 군사력과 경제력 확보에 필수)

　㉢ 사회: 지주제와 신분제의 동요 → 양반의 향촌 지배력 약화, 붕당 정치의 기반 붕괴

② 붕당 정치의 과정과 영향

　㉠ 과정: 붕당 간 견제와 균형을 바탕으로 운영(전기) → 빈번한 환국의 발생(숙종) → 일당 전제화의 추세

　㉡ 영향: 왕실과 외척의 정치적 비중 증대, 3사와 이조 전랑의 정치적 비중 감소, 비변사의 기능 강화

(2) 탕평론의 대두

숙종(1674~1720)	영조(1724~1776)	정조(1776~1800)
탕평론 제시	• '탕평교서' 발표 → 탕평파 육성 • 완론 탕평	• 탕평책 계승 → 인재의 고른 기용 • 준론 탕평
• 공평한 인사 관리 → 정치 집단 간 세력 균형 추구 • 환국으로 서인과 남인이 번갈아 집권	• 산림 존재 부정, 서원 대폭 정리 • 이조 전랑의 후임자 천거제 폐지 • 균역법 실시, 비총제(比總制) 시행 • 군영 정비, 수성윤음 반포 • 악형 폐지, 신문고 부활 • 『속대전』 편찬 • 청계천 준설 사업 추진	• 장용영, 규장각 설치, 초계문신제 시행 • 화성 건설: 행차 시 격쟁, 상언 시행 • 서얼, 노비 차별 완화 • 신해통공(1791): 금난전권 폐지 • 지방통치 개편(수령 권한 강화 – 향약 직접 주관) • 편찬 사업: 『대전통편』, 『동문휘고』, 『무예도보통지』, 『탁지지』, 『추관지』, 『홍재전서』 등
명목상 탕평론, 편당적 인사 관리 → 환국 발생의 빌미	왕권 강화에 의한 일시적 탕평 → 노론 우세(이인좌의 난 등)	근본적 문제 해결 미흡(붕당 간 융화와 붕당의 해체 미흡)

더 알아보기

조선 후기의 환국

경신환국 (1680)	• 남인의 영수인 허적의 유악 사건이 발단 • 남인 실각하고 서인이 정권 장악 • 서인의 노 · 소론 분화
기사환국 (1689)	• 소의 장씨의 희빈 승격 문제와 원자 책봉 문제로 갈등 • 서인이 실각하고 남인이 정권 장악 • 송시열 사사
갑술환국 (1694)	• 인현왕후의 복위운동을 남인이 저지하려 했던 것이 발단 • 남인이 실각하고 서인이 정권 장악 → 이후 서인이 정국 주도

---

4 정치 질서의 변화

(1) 세도 정치의 전개(1800~1863)

① 세도 정치

  ㉠ 배경: 정조 사후 정치 세력의 균형 붕괴 → 붕당 정치의 파탄, 유교적 관료 정치의 허구화

  ㉡ 과정: 안동 김씨(순조) → 풍양 조씨(헌종) → 안동 김씨(철종)

  ㉢ 영향: 특정 가문의 정권 독점, 정치 권력의 사회적 기반 약화 → 정치 질서의 파탄

② 권력 구조

  ㉠ 정치 집단의 폐쇄화: 소수 가문의 권력 독점, 정치 권력의 사회적 기반 약화

  ㉡ 권력 구조의 변화: 정2품 이상 고위직만 정치적 기능 발휘, 비변사에 권한 집중(의정부 · 6조 기능 약화)

(2) 세도 정치의 폐단

　① 체제 유지에 치중

　　㉠ 사회 변화에 소극적: 상업 발달과 도시적 번영에만 만족

　　㉡ 사회 통합 실패: 새로운 세력(남인, 소론, 지방 선비들)의 정치 참여 배제

　② 정치 기강의 문란

　　㉠ 관직의 매관 매직: 지배층의 수탈 극심 → 삼정(전정, 군정, 환곡)의 문란과 농촌 경제의 피폐

　　㉡ 경제적 수탈: 상공업자에 대한 수탈 → 상품 화폐 경제의 성장 둔화

　　㉢ 민란 발생: 사회적 압제, 경제적 수탈, 사상적 경색, 정치적 문란으로 대대적인 민란 발생

　　㉣ 세도가의 한계: 고증학에 치중하여 개혁 의지 상실, 지방 사회의 어려움을 이해하지 못함

　③ 조선 후기의 정치 상황

17세기		18세기	19세기
전반(명 · 청 교체기)	후반		
북인 → 서인 · 남인의 공존 → 일당 전제화		탕평책 실시	세도 정치
• 북인: 중립 외교(광해군) • 서인 → 인조 반정으로 집권 → 친명배금 → 정묘 · 병자호란 → 북벌론(5군영 설치)	• 예송 논쟁 → 남인 집권 • 경신환국 → 서인의 일당 전제화 • 정치적 보복 심화 • 정권의 사회 기반 축소	영조, 정조: 탕평책 → 왕권 강화	• 안동 김씨, 풍양 조씨의 권력 독점 • 삼정의 문란 • 민란: 홍경래의 난(1811), 임술민란(1862)

5 대외 관계의 변화

(1) 청과의 관계

　① 관계 변화: 북벌론 추진(17세기) → 북학론 대두(18세기)

　② 국경 문제 야기: 백두산 정계비(숙종, 1712, 압록강~토문강) → 간도 귀속 분쟁 발생(19세기) → 간도 협약(1909)

(2) 일본과의 관계

　① 대일 외교관계 수립

　　㉠ 국교 재개: 도쿠가와 막부의 국교 재개 간청 → 포로 교환(사명대사) → 기유약조(광해군, 부산포 개항, 제한 무역)

　　㉡ 통신사 파견: 외교 · 문화 사절(조선의 선진 문화를 일본에 전파), 1607~1811년까지 12회에 걸쳐 파견

　② 울릉도 · 독도: 신라(지증왕, 이사부) → 조선(숙종, 안용복) → 19세기 말(울릉도에 관리 파견, 독도까지 관할) → 독도 강탈(러 · 일 전쟁 중)

경제 상황의 변동

1 수취 체제의 개편

(1) 농촌 사회의 동요

농촌의 황폐화	제도의 개편
• 양 난 이후 농촌 사회 파괴, 토지의 황폐화 • 기근과 질병 만연, 농민의 조세 부담 심각	• 지배층: 정치적 다툼에 몰두, 민생 문제 등한시 • 정부: 수취 체제 개편 → 농촌 사회의 안정, 재정 기반 확대 추구

(2) 조세 제도의 개편

구분	전세 제도	공납 제도	군역 제도
배경	농경지 황폐화, 전세 제도 문란 → 농민 몰락	특산물·현물 징수 곤란, 방납 폐단 → 농민의 향촌 이탈	양인 장정의 납포군화, 군포 징수 폐단 (인징, 족징, 백골징포, 황구첨정)
내용	• 영정법(1결당 4두) • 양전 사업(54만 결 → 140만 결)	• 대동법(1결당 12두 – 쌀, 옷감, 돈) • 양반 지주 반대로 전국적 실시 지연	• 균역법(군포 1필) • 선무군관포(양반), 결작(지주) • 잡세(어장세, 선박세)의 징수
영향	전세율 감소 → 지주·자영농 부담 감소	• 공납의 전세화, 조세의 금납화 • 농민 부담 감소, 국가 재정 수입 증가 • 공인, 도고 등장(상공업 발달)	농민 부담의 일시적 감소
한계	• 병작농 혜택 미비 • 부가세 징수 증가	• 현물 부담(별공과 진상)의 존속 • 수령·아전의 수탈	• 결작의 소작농 전가 • 군적 문란 → 농민 부담 증가

2 서민 경제의 발전

(1) 양반 지주의 경영 변화

구분	양반의 토지 확대	지주전호제의 변화
지주전호 관계	신분적 관계	경제적 관계
변화 배경	토지 개간 주력, 농민의 토지 매입 → 소유 농토의 확대	상품 화폐 경제 발달, 소작인 저항 증가 → 소작제의 변화
토지 경영	지주전호제 경영 일반화 (농민에게 토지를 빌려주고 소작료 수취)	소작인의 소작권 인정, 소작료 인하, 소작료 정액화 대두(도조법)
경제 활동	소작료와 미곡 판매, 물주로서 상인에게 투자, 고리대로 부 축적, 몰락 양반 등장	

(2) 농민 경제의 변화

수취 체제 개편	양반 중심 지배 체제의 유지 목적 → 농촌 사회의 안정에 한계
농민 자구책	• 황폐한 농토 개간, 수리 시설 복구, 농기구 개량과 시비법 개발, 새로운 영농 방법 시도 • 모내기법 확대: 벼 · 보리의 이모작, 단위 면적당 생산량 증가, 보리 재배 확대
농업 경영 변화	• 광작 농업: 농민의 경작지 규모 확대, 지주의 직접 경작 토지 확대 • 상품 작물 재배: 곡물, 면화, 채소, 담배, 약초 등 재배, 특히 쌀의 상품화 활발
지대의 변화	• 소작 쟁의 전개: 소작권 인정, 소작료의 정액화, 소작료의 금납화 요구 • 타조법(정률 지대, 병작 반수제) · 도조법(정액 지대, 1/3 정도) → 도전법(지대의 금납화)
농민 계층 분화	• 일부 부농화: 광작 농업, 토지 개간 · 매입 → 부농 성장(지주화) • 농민 몰락: 광산 · 포구의 임노동자화, 도시 상공업 종사

(3) 민영 수공업과 민영 광산의 발달

구분	민영 수공업	광산의 개발
15세기	관장의 부역 노동	국가가 직접 경영
17세기	• 장인의 등록 기피 • 민간 수공업자(私匠) 대두	• 민간인에게 채굴 허용하고 세금 징수(설점수세제, 1651) • 은광 개발(대청 무역에서 은의 수요 증가)
18세기 후반	• 민영 수공업 발달(공장안 – 납포장) • 점의 발달(철점, 사기점) • 선대제 수공업 유행(상업 자본＞수공업자) • 독립 수공업자 출현(18세기 후반) • 농촌 수공업의 변화(자급자족 → 전문화)	• 금광 개발 활발(상업 자본의 광산 경영 참여) • 잠채 성행 • 광산 경영: 자본(상인), 경영(덕대), 채굴(혈주와 채굴 · 제련 노동자) → 작업 과정의 분업화

3 상품 화폐 경제의 발달

(1) 사상의 대두

① 상품 화폐 경제의 발달

　㉠ 농업 생산력 증대, 수공업 생산 활발 → 상품 유통 활성화

　㉡ 부세 및 소작료의 금납화 → 상품 화폐 경제 진전

　㉢ 인구의 증가, 농민의 계층 분화 → 인구의 도시 유입

② 상인의 종류

　㉠ 관허상인

　　• 중앙: 시전 상인(육의전 중심, 금난전권 소유), 공인(대동법 시행 이후 등장, 국가 수요품 조달, 도고로 성장)

　　• 지방: 보부상(장시를 거점으로 활동)

　㉡ 자유상인

　　• 중앙: 난전(무허가 상인)

　　• 지방: 경강 상인(한양), 송상, 유상, 만상, 내상, 객주 · 여각

③ 사상의 활동

송상(개성)	송방(전국적인 유통망) 설치, 인삼 판매, 대외 무역 관여(중계 무역)
경강 상인(한양)	선상, 조세·공물을 한양으로 운반, 한강·서남 해안 중심 상권 확대
유상(평양)	청 북경에 파견된 사신을 수행하면서 교역
만상(의주)	청과 무역 활동
내상(동래)	일본과 무역 활동

(2) 장시의 발달

① 장시의 증가

　㉠ 과정: 남부 지방에서 개설 시작(15세기 말) → 전국적 확대(16세기) → 전국에 1천여 개 개설(18세기 중엽)

　㉡ 성격: 지방민의 교역 장소, 정보 교환 장소 → 일부 장시는 상설 시장화, 지역적 시장권 형성

　㉢ 종류: 송파장(경기 광주), 강경장(은진), 원산장(덕원), 마산포장(창원) → 상업 중심지로 발돋움

② 보부상의 활동: 농촌의 장시를 하나의 유통망으로 연계, 생산자와 소비자를 이어주는 역할 → 보부상단 조합 결성

(3) 포구에서의 상업 활동

포구의 성장	포구 거점 상인
• 변화: 세곡·소작료 운송 기지(전기) → 상업 중심지로 성장(18세기) • 성장: 포구 간·인근 장시와 연계 상거래(초기) → 전국 유통권 형성(선상 활동 활발) • 장시 개설: 칠성포, 강경포, 원산포 등 포구	• 선상: 경강 상인(미곡·소금·어물 거래 → 거상 성장) • 객주·여각: 선상의 상품 매매 중개, 운송·보관·숙박·금융업 종사

(4) 대외 무역의 발달

구분	대청 무역		대일 무역
시기	17세기 중엽부터 활기		17세기 이후 국교 정상화
대표 상인	만상(의주)	송상(개성)	내상(동래)
무역 형태	• 개시(공적으로 허용된 무역) • 후시(사적인 무역)		왜관 개시를 통한 공무역
교역품	• 수입품: 비단, 약재, 문방구 • 수출품: 은, 종이, 무명, 인삼		• 수입품: 은, 구리, 황, 후추 • 수출품: 인삼, 쌀, 무명

(5) 화폐 유통

① 화폐의 보급

　㉠ 배경: 상공업 발달 → 금속 화폐(동전)의 전국적 유통

　㉡ 과정: 동전 주조(상평통보, 인조) → 널리 유통(효종) → 전국적 유통(숙종) → 세금과 소작료도 동전으로 대납 가능(18세기 후반)

　㉢ 영향: 교환 매개 수단, 재산 축적 수단 기능 → 상품 화폐 경제 발달, 전황 발생(→ 이익의 폐전론 제기)

② 신용 화폐 등장: 상품 화폐 경제 진전과 상업 자본의 성장 → 대규모 상거래에 환 · 어음 이용

03	사회의 변동

■ 1 사회 구조의 변동

(1) 신분제의 동요

① 조선 후기 사회 계층의 분화

　㉠ 배경: 조선 후기의 사회 · 경제적 변화(사회 계층 구조의 변질, 지배층의 분열)

　㉡ 과정: 양반층 분화, 중간 계층의 신분 상승 운동, 노비의 해방

　㉢ 영향: 양반 수의 증가, 상민과 노비 수의 감소 → 신분 체제 동요

② 신분제의 동요

구분	양반층 분화	양반 수 증가	중간 계층의 성장	노비 감소
배경	붕당 정치의 변질 → 일당 전제화	부농의 지위 향상과 역 부담 모면 추구	조선 후기의 사회 · 경제적 변화	재정상 · 국방상 목적 해방
과정	• 권반(집권 세력) • 향반(향촌의 토호) • 잔반(몰락한 양반) • 신향(경제력으로 양반 신분 획득)의 등장	• 납속책, 공명첩 • 족보 매입 및 위조	• 서얼(납속책 · 공명첩, 상소 운동) • 기술직(소청 운동 전개) • 역관: 외래 문화 수용의 선구적 역할	• 공노비(입역 노비 → 납공 노비화) • 사노비(납속, 도망 등으로 신분 상승) • 노비종모법 시행
영향	양반층의 자기 도태	• 양반의 사회 권위 하락 • 양반 중심의 신분제 동요	• 규장각 검서관 기용 (정조) • 전문직으로서의 역할 부각 • 성리학적 가치 체계 도전	• 공노비 해방(순조, 1801) • 사노비 해방(갑오개혁 → 노비제 폐지)

(2) 가족 제도의 변화와 인구의 변동

① 가족 제도의 변화

구분	조선 전기~중기	17세기 이후	조선 후기
배경	부계 · 모계 함께 영향	부계 중심의 가족 제도 확립	부계 중심의 가족 제도 강화
변화	• 남귀여가혼 • 자녀 균분 상속 • 형제들의 제사 분담	• 성리학적 의식과 예절 발달 • 친영 제도 정착 • 장자 상속제, 장자 중심 제사	• 양자 입양 일반화 • 부계 위주 족보 적극적 편찬 • 동성 마을 형성(종중 의식)

② 사회 풍습

사회 윤리 강조	혼인 풍습
• 효와 정절 강조 • 과부의 재가 금지 • 효자와 열녀 표창	• 일부일처 기본 → 남자의 축첩 허용 • 서얼의 차별(문과 응시 제한, 제사나 재산 상속 차별) • 혼사는 가장이 결정(법적 연령 – 남자 15세, 여자 14세)

③ 인구의 변동

ㄱ 호적 대장: 3년마다 수정 · 작성 → 공물과 군역 부과의 기준, 남성들만 통계 · 기록

ㄴ 지역별 분포: 경상 · 전라 · 충청도(50%), 경기 · 강원(20%), 평안 · 함경 · 황해(30%)

ㄷ 인구 수: 건국 무렵(550~750만 명) → 임진왜란 전 16세기(1,000만 명) → 19세기 말(1,700만 명 이상)

② 향촌 질서의 변화

(1) 조선 후기 향촌 사회의 변화

배경	• 양반의 권위 약화: 농촌 사회 분화, 양반의 몰락, 소작농 또는 임노동자로 전락 • 부농층의 등장: 경제적 능력을 바탕으로 부농층으로 성장하거나 납속책 · 공명첩 등을 이용하여 양반으로 신분 상승 → 관권과 결탁

향촌 사회의 변화	• 구향의 향촌 지배를 위한 노력: 촌락 단위의 동약 실시, 동족 마을 형성, 문중 중심의 서원 · 사우 건립, 청금록 · 향안 작성
	• 신향의 도전
	  – 관권과 결탁하여 종래의 재지사족(구향)이 담당하던 정부의 부세 제도 운영에 적극 참여하거나 향임직에 진출하여 향회를 장악 또는 향안에 이름을 올리는 등 향촌 사회에서의 영향력 확대
	  – 향촌 사회의 주도권을 둘러싼 구향과 신향 사이의 향전(鄉戰) 발생
	• 관권의 강화(정부의 향촌 직접 통제)
	  – 수령과 향리의 권한 강화
	  – 재지사족의 영향력 감소: 향회는 수령에 의해 좌지우지되는 부세 자문 기구로 전락

결과	세도 정치하에서 수령과 향리의 자의적인 농민 수탈 강화

(2) 부농 계층의 대두

신분 상승의 합법화	부농의 향촌 지배 참여
• 합법적 신분 상승 방안 마련(납속, 향직의 매매 등) • 정부의 재정난 해결의 필요성	• 향임직 진출, 정부의 부세 제도 운영에 참여 • 수령이나 기존의 향촌 세력과 타협

3 농민층의 변화

(1) 농민층의 분화

① 조선 후기 농민 구성: 상층(중소 지주층), 대다수의 농민(자영농, 소작농)

② 농민의 사회적 현실

ㄱ 정부의 농민 정책: 각종 의무 부과, 호패법으로 이동 제한 → 한 곳에 정착하여 자급자족적 생활

ㄴ 양난 이후: 국가 재정의 파탄, 관리들의 기강 해이, 대동법과 균역법의 효과 없음 → 농민들의 불만 증대

ㄷ 농민층의 분화: 농업 경영을 통하여 부농으로 성장, 상공업 종사, 도시 · 광산 임노동자 전환

(2) 지주와 임노동자

양반 지주	대부분 양반, 상품 화폐 경제의 발달로 이윤 추구 → 광작을 하는 대지주 등장
농민 지주	• 부의 축적: 농지의 확대, 영농 방법 개선 • 양반 신분 획득: 재력을 바탕으로 공명첩, 족보 위조 → 향촌 사회에 영향력 증대 기도
임노동자	• 농민 계층의 분화 결과로 출현 – 다수 농민의 토지 이탈 • 국가의 임노동자 고용(부역제 해이), 부농층의 임노동자 고용(1년 계약 품팔이)

4 사회 변혁의 움직임

(1) 사회 불안의 심화

지배 체제의 위기	예언 사상의 대두
• 농민 항거: 신분제 동요, 지배층의 수탈 심화, 삼정 문란, 농민 의식 성장 → 적극적 항거 운동 • 민심 불안: 탐관오리 횡포, 자연 재해와 질병, 비기 · 도참설 유행, 이양선 출몰, 도적의 창궐	• 예언 사상 유행: 비기 · 도참(『정감록』) 등을 이용 → 말세의 도래, 왕조 교체 및 변란 예고 등 낭설 유행 • 미륵 신앙: 현세에서 얻지 못한 행복을 미륵 신앙에서 해결하려고 함 • 무격 신앙

(2) 천주교의 전파

① 천주교의 도입: 서학 소개(17세기) → 신앙 발전(18세기 후반, 남인 실학자) → 정부의 탄압

② 정부의 탄압

초기 (1785, 정조)	사교로 규정, 국왕에 대한 권위 도전, 성리학 질서 부정
신해박해 (1791, 정조)	• 진산의 윤지충이 모친의 장례를 화장장으로 치른 일에 대하여 관련자를 사형으로 처결한 사건 • 정조의 관대한 정책, 큰 탄압 없음
신유박해 (1801, 순조)	• 순조 즉위 후 집권한 노론 벽파 세력이 남인 시파를 탄압하기 위해 일으킨 박해 사건 • 이승훈 · 정약종 사형, 정약용 · 정약전 유배 → 시파 몰락, 실학 퇴조
황사영 백서 사건	신유박해 이후 황사영이 군대를 동원하여 조선에서 신앙의 자유를 보장받게 해달라는 서신을 북경에 있는 주교에게 보내려다 발각된 사건
기해박해 (1839, 헌종)	• 벽파 풍양 조씨가 시파인 안동 김씨로부터 권력 탈취 • 정하상 등의 신도들과 서양인 신부들을 처형, 이후 척사윤음 발표
병오박해 (1846, 헌종)	조선인 신부 김대건의 체포를 계기로 발생한 박해 사건
병인박해 (1866, 고종)	• 흥선 대원군이 러시아를 견제하기 위하여 프랑스 선교사 등을 정치적으로 이용하여 교섭하려다 실패한 사건 • 9명의 프랑스 선교사와 8천 명의 신도를 처형 • 병인양요의 원인이 됨

③ 교세 확장

㉠ 사회 불안 속에서 평등 사상과 내세 신앙 전파 → 일부 백성의 공감

㉡ 조선 교구 설정(1831), 서양인 신부가 몰래 들어와 포교 활동 전개

(3) 동학의 발생

구분	전개 과정	기본 사상
동학 창시	• 최제우(1860년) 창시 • 유 · 불 · 선 사상과 민간 신앙 결합	• 성격: 19세기 후반의 사회상 반영 → 사회 모순 극복, 일본 · 서양의 침략 방어 주장 • 사상: 시천주와 인내천 사상 → 신분 차별과 노비 제도 타파, 여성과 어린이의 인격 존중하는 사회 추구
정부 탄압	신분 질서 부정 → 최제우 처형(혹세무민죄)	
교세 확장	• 최시형의 교리 정리(『동경대전』, 『용담유사』) • 교단 조직 정비, 교세 확장	

(4) 농민의 항거

① 농촌 사회의 피폐

㉠ 배경: 정치 기강 문란, 탐관오리의 수탈, 삼정(전정, 군정, 환곡)의 문란 → 농촌 피폐(화전민, 간도 · 연해주 이주, 임노동자 등)

㉡ 과정: 농민의 의식 각성 · 저항(소청 · 벽서 등 소극적 저항 → 적극적 농민 봉기)

㉢ 영향: 농민의 자율적 · 적극적 사회 모순의 변혁 시도, 양반 중심의 통치 체제 붕괴

② 농민의 봉기

구분	홍경래의 난(순조, 1811)	임술농민봉기(철종, 1862)
주도	영세 농민, 중소 상인, 광산 노동자 등이 합세	농촌 임노동자, 영세 소작농, 영세 자작농 합세
배경	서북인의 차별 대우와 세도 정치에 대한 반발	세도 정치로 인한 관료의 부패, 양반 지주층의 수탈
경과	가산 봉기 → 한때 청천강 이북 지역 장악	진주 민란 계기 → 전국 확산(함흥~제주)
영향	• 사회 불안으로 농민 봉기 계속됨 • 관리들의 부정과 탐학 여전	• 농민의 사회 의식 성장, 양반 중심의 통치 체제 붕괴 • 안핵사 박규수 파견 • 삼정이정청 설치 → 큰 효과 거두지 못함

04 문화의 새 기운

1 성리학의 변화

(1) 성리학의 교조화 경향

① 성리학의 교조화와 성리학에 대한 비판

구분	성리학의 교조화	성리학에 대한 비판
시기	인조 반정 후 의리 명분론 강화	17세기 후반부터 본격화
배경	주자의 성리학을 절대화	주자 중심의 성리학을 상대화
주장	주자의 본뜻에 충실함으로써 당시의 모순을 해결 가능하다고 생각	6경과 제자백가 등에서 모순 해결의 사상적 기반을 발견하고자 함
영향	성리학의 교조화(사상의 경직성)	서인(노론)의 공격 → 사문난적으로 몰림
대표자	송시열	윤휴, 박세당

② 성리학의 이론 논쟁

이기론 논쟁		호락 논쟁(노론 내부)	
주리론	주기론	충청도 노론(호론)	서울 · 경기 노론(낙론)
도덕적 · 이상적	현실적 · 개혁적	주기론 고집(이이 학통)	주리론도 포괄적으로 이해
이기이원론	일원론적 이기이원론	인물성이론	인물성동론
이황 학파(영남 학파)	이이 학파(기호 학파)	위정척사사상으로 계승	북학 사상, 개화 사상으로 계승

(2) 양명학의 수용

구분	수용 초기	연구	강화 학파 형성	한말 계승
시기	16세기 말경	17세기	18세기 초	한말과 일제 강점기
내용	• 성리학의 형식화 비판 • 인간의 마음이 곧 이(理) 　(심즉리) • 실천성 중시(지행합일) • 치양지설(선험적 지식)	소론 학자들의 본격적 수용	• 일반민을 도덕 실천의 　주체로 상정 • 양반 신분제 폐지 주장 • 『존언』, 만물일치설 • 가학 형태로 계승	양명학을 계승하여 민족 운동 전개
대표자	서경덕 학파와 종친들 사이에 확산	남언경, 최명길	정제두, 이광려, 이광사 등	이건창, 이건방, 박은식, 정인보 등

2 실학의 발달

(1) 실학의 등장

구분	실학의 태동기	실학의 연구
시기	17세기 전반	18세기
배경	성리학의 현실 문제 해결 능력 상실	고증학과 서양 과학의 영향
성격	민생 안정과 부국강병 목표 → 비판적·실증적 논리로 사회 개혁론 제시	
전개	• 이수광(『지봉유설』, 문화 인식의 폭 확대) • 한백겸(『동국지리지』, 우리나라의 역사 지리를 치밀 　하게 고증)	• 농업 중심의 개혁론(성호 학파) • 상공업 중심의 개혁론(연암 학파) • 실사구시 학파(추사 학파)

(2) 중농 학파와 중상 학파

① 농업 중심의 개혁론(중농 학파): 경세치용

구분	개혁안	내용
유형원 (반계)	균전론	• 17세기 후반에 활동한 농업 중심 개혁론의 선구자 • 균전론: 사·농·공·상 등 신분에 따라 차등을 두어 토지 분배 → 기성 질서의 인정 한계, 신분 　제적 한계 극복 못함 • 양반 문벌 제도, 과거 제도, 노비 제도의 모순 비판 • 병농일치의 군사 제도와 사농일치의 교육 제도 확립 주장 • 경무법: 결부법(수확량 단위) 대신 경무법(면적 단위) 채택 주장 • 『반계수록』, 『동국여지지』 등 저술
이익 (성호)	한전론	• 유형원의 실학 사상을 계승·발전, 성호 학파 형성 • 한전론: 생계유지에 필요한 최소한도의 토지를 영업전으로 정하여 영업전은 법으로 매매를 금지 　하고, 나머지 토지만 매매 허용 • 6좀론: 나라를 좀먹는 여섯 가지의 폐단으로 노비 제도, 과거 제도, 양반 문벌 제도, 사치와 미신, 　승려, 게으름을 지적 • 실증적·비판적 역사 서술로 중국 중심의 역사관을 비판하고 민족의 주체적 자각을 고취 • 『성호사설』, 『곽우록』 등 저술

정약용 (다산)	여전론, 정전론	• 이익의 실학 사상을 계승하고 실학을 집대성한 최대의 학자 • 여전론(공동 농장 제도) → 정전론(일종의 토지 국유제) 주장 • 과학과 기술의 중요성을 강조하고 상공업의 발달에도 관심 • 『기기도설』을 참고하여 거중기를 만들어 수원 화성을 쌓는 데 이용, 한강에 배다리(주교) 설치 • 『경세유표』(중앙 행정의 개혁), 『목민심서』(지방 행정의 개혁 방안), 『흠흠신서』(형정의 개선 방안), 『마과회통』 등 500여 권을 저술

② 상공업 중심의 개혁론(중상 학파): 이용후생

구분	저서	상공업 진흥론	농업 개혁론
유수원	『우서』	• 사농공상의 직업적 평등화와 전문화 추구 • 상인 간 합자를 통한 경영 규모 확대 • 상인이 수공업자 고용(선대 제도)	• 농업의 전문화 · 상업화 • 농업 기술 혁신
홍대용	『의산문답』, 『임하경륜』	• 기술 문화의 혁신, 문벌 제도 철폐 • 성리학 극복 주장 · 부국강병의 근본 강조 • 중국 중심의 세계관 비판(지전설 제기)	균전제(『임하경륜』)
박지원	『열하일기』, 『과농소초』, 『한민명전의』	• 수레 · 선박 이용 주장 • 화폐 유통의 필요성 강조 • 양반 문벌 제도의 비생산성 비판	• 한전제 • 영농 방법 혁신, 상업적 농업 장려, 수리 시설의 확충
박제가	『북학의』	• 청과의 적극적 통상 주장 • 수레 · 선박의 이용 주장 • 소비 권장 · 생산 자극 유도 • 생산과 소비와의 관계를 우물물에 비유	–

(3) 실학의 의의와 한계

① 의의: 과학적 · 객관적인 실증적 학문, 사회개혁적 · 근대지향적 사상, 독자적인 민족 학문, 개화 사상
으로 계승

② 한계: 대부분 정치적 권력과 멀었던 계층으로 정책이 현실적으로 반영되기 어려웠고, 전통적 성리학
의 한계를 완전히 극복하지 못함

(4) 국학 연구의 확대

① 역사 연구

이익		실증적 · 비판적 역사 서술, 중국 중심의 역사관 비판, 민족의 주체적 자각 고취
안정복	『동사강목』	고조선~고려 말까지의 역사 서술, 독자적 정통론(단군 – 기자 – 마한 – 통일 신라 – 고려), 고증사학의 토대 마련, 편년체
이종휘	『동사』(고구려사)	고대사 연구의 시야를 만주 지방까지 확대, 한반도 중심의 사관 극복에 기여
유득공	『발해고』(발해사)	
한치윤	『해동역사』	500여 종의 중국 및 일본의 자료 참고, 민족사 인식의 폭 확대, 기전체
이긍익	『연려실기술』	조선의 정치와 문화 정리 – 실증적 · 객관적 역사 서술, 기사본말체
김정희	『금석과안록』	금석학 연구, 북한산비가 진흥왕 순수비임을 고증

② 지리, 국어, 백과사전

구분	지리 연구	국어학 연구	백과사전
배경	산업, 문화에 대한 관심 반영	한글의 우수성, 문화적 자아 의식 발현	실학 발달, 문화 인식의 폭 확대
편찬	• 지리서: 『택리지』(이중환), 『동국지리지』(한백겸), 『아방강역고』(정약용), 『여지도서』, 『대동지지』(김정호) 등 • 지도: 동국지도(정상기), 대동여지도(김정호), 서양식 지도 전래	• 음운: 『훈민정음운해』(신경준), 『언문지』(유희) • 어휘: 『고금석림』(이의봉)	• 『지봉유설』(이수광), 『성호사설』(이익), 『오주연문장전산고』(이규경), 『청장관전서』(이덕무), 『임원경제지』(서유구), 『대동운부군옥』(권문해) • 『동국문헌비고』(영조의 명에 따라 편찬)

3 과학 기술의 발달

(1) 서양 문물의 수용

① 과학 기술 발달 배경: 전통적 과학 기술 + 서양의 과학 기술 수용

② 서양 문물의 수용

㉠ 사신들의 전래: 서양 선교사들과 접촉 · 수용 → 세계 지도(곤여만국전도, 이광정), 화포 · 천리경 · 자명종(정두원) 등 전래

㉡ 서양인의 표류: 벨테브레이(서양식 대포 제조법 전수), 하멜(『하멜 표류기』, 조선의 사정을 유럽에 전함)

(2) 과학 기술의 발전

천문학	지전설 대두(이익, 김석문, 홍대용) → 성리학적 세계관 비판의 근거
역법과 수학	• 시헌력 도입(김육), 유클리드 기하학 도입(『기하원본』 도입) • 『주해수용』(홍대용, 수학의 연구 성과 정리) 저술
지리학	서양 지도(곤여만국전도) 전래 → 세계관의 확대에 기여, 정확한 지도 제작
의학	• 17세기: 『동의보감』(허준, 전통 한의학 체계 정리), 『침구경험방』(허임, 침구술 집대성) • 18세기: 『마과회통』(정약용, 홍역 연구 진전, 박제가와 종두법 연구) • 19세기: 『동의수세보원』(이제마, 사상 의학 확립)
건축 기술	정약용: 기예론, 거중기 제작(수원 화성), 배다리 설계

(3) 농서의 편찬과 농업 기술의 발달

농서 편찬	농업 기술
• 『농가집성』(신속): 벼농사 중심의 농법 소개, 이앙법 보급에 공헌 • 『색경』(박세당), 『산림경제』(홍만선), 『해동농서』(서호수): 상업적 농업 기술 발전에 이바지 • 『임원경제지』(서유구): 농촌 생활 백과사전	• 논농사: 이앙법 보급 확대, 수리 시설 개선(당진의 합덕지, 연안의 남대지 등) • 밭농사: 이랑 간 간격 좁힘, 깊이갈이 일반화(이랑과 고랑의 높이 차 커짐) • 토지의 생산력 증대: 소를 이용한 쟁기 사용 보편화, 시비법 발달, 가을갈이 보편화 • 경지 면적 확대: 황무지 개간(내륙 산간 지방), 간척 사업(서해안, 큰 강 유역 저습지)

4 문학과 예술의 새 경향

(1) 서민 문화의 발달

① 서민 문화의 등장: 경제력 성장과 교육 기회 확대 → 서당 교육의 보편화, 서민의 경제적 · 신분적 지위 향상

② 서민 문화의 발전

구분	전기	후기
주체	양반 중심	중인층과 서민 중심
내용	• 성리학적 윤리관 강조 • 생활 교양 · 심성 수양	• 감정의 적나라한 묘사, 사회 부정 · 비리 고발 • 양반들의 위선적인 모습 비판
배경	비현실적 세계 – 영웅적 존재	현실적 인간 세계 – 서민적 인물

(2) 판소리와 탈놀이, 한글 소설과 사설 시조

판소리	• 서민 문화의 중심, 광대들에 의해 가창과 연극으로 공연, 판소리 정리(신재효) • 춘향가 · 심청가 · 흥보가 · 적벽가 · 수궁가
탈놀이	• 탈놀이, 산대놀이(도시의 상인이나 중간층의 지원으로 성행) • 당시의 사회적 모순 드러냄, 서민 자신들의 존재 자각에 기여
한글 소설	• 평범한 인물이 주인공, 현실세계 배경 • 『홍길동전』(서얼 차별 철폐와 탐관오리 응징) • 『춘향전』(신분 차별의 비합리성 → 인간 평등 의식), 『구운몽』, 『사씨남정기』
사설 시조	• 사설 시조 발달(서민 생활상, 남녀 간의 애정 표현, 현실에 대한 비판) • 시조집 정리(『청구영언』, 『해동가요』, 『가곡원류』 → 문학사 정리에 이바지)
한문학	• 정약용: 삼정의 문란을 폭로하는 한시 • 박지원(『양반전』, 『허생전』) → 양반 생활 비판, 실학 정신 표현, 자유로운 문체 개발
시 활동	시사 조직, 풍자 시인(정수동, 김삿갓)

(3) 서화, 서예, 건축, 공예, 음악

① 서화, 서예

서화	• 산수화 유행, 김명국이 일본 화단에 영향을 끼침 • 진경산수화: 우리의 자연을 사실적으로 묘사, 회화의 토착화(정선 – 인왕제색도, 금강전도) • 풍속화: 김홍도(서민의 생활 모습), 신윤복(양반 및 부녀자의 풍습, 남녀의 애정) • 강세황(영통골입구도, 서양화 기법), 장승업(강렬한 필법과 채색법 발휘) • 민화: 민중의 기복적 염원과 미의식 표현, 생활 공간 장식, 한국적 정서가 짙게 반영됨
서예	이광사(동국진체), 김정희(추사체)

② 건축

건축	• 17세기: 금산사 미륵전, 화엄사 각황전, 법주사 팔상전 – 대규모 다층 건물, 불교의 사회적 지위 향상, 양반 지주층의 경제 성장 반영 • 18세기: 논산 쌍계사, 부안 개암사, 안성 석남사 – 부농과 상인의 지원, 장식성이 강함 수원 화성(전통 + 서양) – 공격과 방어를 겸한 성곽, 주변과 조화 • 19세기: 경복궁의 근정전과 경회루 – 화려하고 장중한 건물, 국왕의 권위 고양

③ 공예, 음악

공예	• 도자기: 청화 백자(간결 · 소탈하고 준수한 세련미), 옹기(서민들이 주로 사용) • 생활 공예: 목공예, 화각 공예
음악	• 음악의 향유층 확대 · 다양한 음악 출현 • 양반층(가곡, 시조), 광대 · 기생(판소리, 산조, 잡가), 서민(민요)

07 | 근대 사회의 발전

---

01 외세의 침략적 접근과 개항

■ 제국주의 시대의 세계

(1) 제국주의의 배경과 전개

　① 제국주의의 배경

　　㉠ 자본주의의 발달: 산업 자본주의 → 독점 자본주의 → 식민지 쟁탈전 격화

　　㉡ 민족주의의 고양: 이탈리아와 독일의 통일 → 침략적 · 배타적 민족주의화

　② 제국주의의 전개

　　㉠ 금융 · 독점 자본주의와 침략적 · 배타적 민족주의의 결합 형태 → 사회진화론 영향

　　㉡ 제국주의 열강들의 세계 정책 대립 → 제1차 세계 대전 발발

(2) 제국주의 열강의 식민지 쟁탈 경쟁

구분	아프리카 지역의 분할	아시아 지역의 분할
프랑스	횡단 정책(알제리–사하라사막–마다가스카르 섬)	베트남, 캄보디아, 라오스 통합
영국	종단 정책(3C 정책: 카이로–케이프타운–캘커타)	인도, 싱가포르 · 말레이 반도 점령
독일	3B 정책(베를린–비잔티움–바그다드) · 영국의 세계 정책(3C)과 충돌	
네덜란드	인도네시아 점령	
미국	하와이 등 태평양 진출, 필리핀 지배 등	

(3) 중국 · 일본의 개항과 근대화 운동

　① 중국 · 일본의 개항

구분	중국의 개항	일본의 개항
배경	아편 전쟁(1840)	페리 제독의 개항 요구 – 미 · 일 화친 조약(1854)
개항	난징 조약(1842)	미 · 일 수호 통상 조약(1858)
내용	• 공행의 폐지, 홍콩 할양 • 관세의 자주권 상실 • 치외 법권, 최혜국 대우	• 영사 주재 인정 • 관세의 자주권 상실 • 치외 법권, 최혜국 대우
성격	불평등 조약	

② 중국 · 일본의 근대화 운동

구분	중국의 근대화 운동	일본의 근대화 운동
계기	양무운동(1862~1895)	메이지유신(1868)
기본 정신	중체서용	문명개화론
차이점	서양 문물의 부분적 수용	서양 제도의 적극적 수용
결과	청 · 일 전쟁 패배 → 변법자강운동	청 · 일 전쟁 승리 → 중국과 조선 침략
조선에 영향	온건 개화파(김홍집) → 갑오개혁	급진 개화파(김옥균) → 갑신정변

2 통치 체제의 재정비 노력

(1) 19세기 후반 국내외 정세

구분	대내	대외
배경	세도 정치의 전개	서양 세력의 도전
전개	• 관직 매매 성행, 탐관오리의 수탈, 삼정의 문란 • 항조, 거세 등 소극적 저항 • 민란의 발생(홍경래의 난, 진주 · 개령 민란 등) • 동학 사상의 확산	• 이양선 출몰: 해안 측량과 탐사(18세기) · 직접적인 통상 요구(19세기) • 천주교의 확산 • 중국과 일본의 문호 개방, 조선에 통상 요구
당면 과제	지배층 수탈로부터 국민의 권익 보호	서양 세력 침략으로부터 국권 수호

(2) 흥선 대원군의 정치

① 통치 체제 정비

대내		대외
왕권 강화책	삼정 개혁	쇄국 정책
• 세도 정치 일소, 능력 중심 인재 등용 • 서원 정리(국가 재정 확충, 민생 안정) • 비변사 폐지 – 의정부 · 삼군부 기능 부활 • 경복궁 중건(당백전 발행, 원납전 징수) • 법전 정비(『대전회통』, 『육전조례』)	• 전정: 양전 사업(은결 색출) • 군정: 호포제(양반) • 환곡: 사창제(민간 주도)	• 국방력 강화 • 천주교 탄압 – 병인박해 → 병인양요 • 열강의 통상 요구 거절 – 신미양요 • 척화비 건립(1871)
• 전통적인 통치 체제의 재정비, 민생 안정에 기여 • 한계: 전통적인 체제 내에서의 개혁 정책		• 외세 침략의 일시적 저지에 성공 • 조선의 문호 개방 방해 → 근대화 지연

② 통상 수교 거부 정책

병인박해 (1866.1.)	프랑스 세력 이용하여 러시아 견제 시도 → 교섭 실패 → 9명의 프랑스 선교사와 8,000여 명의 천주교 신자 처형
제너럴셔먼호 사건 (1866.8.)	평양 대동강에서 미국 상선 제너럴셔먼호가 통상 요구 → 평양 관민들에게 격침당함
병인양요 (1866)	• 병인박해를 구실로 프랑스가 침략 • 문수산성의 한성근과 정족산성의 양헌수 부대가 프랑스군을 격퇴 • 외규장각 문화재 · 서적 · 병기 등 약탈
오페르트 남연군 묘 도굴 사건(1868)	독일의 통상 요구 → 독일 상인 오페르트의 남연군 묘 도굴 미수 → 통상 수교 거부 의지 강화
신미양요 (1871)	• 제너럴셔먼호 사건을 구실로 미군함 5척 강화도 침입 • 강화도, 초지진, 광성보 등 점령, 광성보의 어재연 부대가 결사항전하여 격퇴 • 수(帥)자기를 포함한 많은 문화재 약탈
척화비 건립	• 신미양요 직후 전국에 건립 • 통상 수교 거부 의지 천명

(3) 개항과 불평등 조약 체제

① 강화도 조약과 부속 조약

구분	강화도 조약(1876)	부속 조약
내용	• 운요호 사건(1875)을 빌미로 문호 개방 요구 → 강화도 조약 체결 • 조선의 자주국 인정 → 청의 종주권 부인 • 부산, 원산, 인천 개항 → 경제, 군사, 정치적 침략 • 연해의 자유 측량권 허용 → 군사적 필요 • 치외 법권 인정 → 주권 침해	• 일본 외교관의 여행 자유 인정 • 일본 거류민 지역(조계) 설정 • 일본 화폐 유통, 상품 수출입의 무관세 • 양곡의 무제한 유출 허용
결과	최초의 근대적 조약, 불평등 조약	일본의 경제적 침략의 토대 구축

더 알아보기

강화도 조약의 부속조약

조 · 일 무역 규칙 (1876)	• 양곡의 무제한 유출 허용 • 일본 수출입 상품 무관세
조 · 일 수호 조규 부록 (1876)	• 일본 화폐 유통 • 개항장에서 거류민 지역(조계) 설정 • 일본인 거류지 제한 설정: 간행이정(10리) • 일본 외교관 여행 허용
조 · 일 수호 조규 속약 (1882)	• 일본인 거류지 제한 설정(50리 → 1884년 100리로 확대) • 외교관의 내지 여행 허용
조 · 일 통상 장정 (1883)	• 방곡령의 근거 조항 설정(1개월 전 통보) • 일본 상품에 대한 관세 규정 • 최혜국 대우

② 서구 열강과의 통상 수교

구분	연도	수교상의 특징
미국	1882	• 대미 수교론 대두(『조선책략』 영향), 서양과 맺은 최초의 조약 • 청의 알선(러시아 견제 목적) • 조·미 수호 통상 조약 체결(1882) → 불평등 조약(치외 법권, 최혜국 대우), 거중 조정, 관세 조항 규정
영국, 독일	1883	청의 알선, 최혜국 대우
러시아	1884	조선이 독자적으로 수교, 청과 일본의 러시아 남하 견제로 지연, 최혜국 대우
프랑스	1886	천주교 선교 문제 → 천주교의 신앙의 자유, 선교권 인정

02 근대 의식의 성장과 민족 운동

1 개화 세력의 대두

(1) 개화 사상의 형성

개화 사상의 배경	개화 사상의 형성	개화 세력의 형성
북학 사상	1860~1870년대	1880년대
• 북학파의 사상 계승 • 메이지유신(일본 – 문명 개화론), 양무운동(청 – 중체서용) 영향	• 개화 사상가 등장 • 통상개화론으로 발전	• 정부의 개화 시책과 개혁 운동 추진 • 정부 기구 개편, 해외 시찰단 파견
• 홍대용, 박지원, 박제가 • 『연암집』, 『북학의』 등	• 박규수(양반), 오경석(역관), 유홍기 (의원) • 『영환지략』, 『해국도지』 등	• 김옥균, 박영효, 서광범(급진 개화파) • 김홍집, 어윤중, 김윤식(온건 개화파)

• 사상: 자주적 문호 개방, 서양 문물과 제도 수용 → 근대적 개혁 통한 부국강병 추구
• 한계: 농민들의 요구인 토지 문제 해결에 대해서는 소극적

(2) 개화파의 분화

구분	온건 개화파(사대당)	급진 개화파(개화당)
대표 인물	김홍집, 김윤식, 어윤중 등	김옥균, 박영효, 홍영식, 서광범 등
사상 배경	양무운동(청)	메이지유신(일본)
개혁 방법	유교 사상 유지 + 서양 과학 기술만 수용 → 점진적 개혁(개량적 개화론, 동도서기론)	서양 과학 기술 + 사상·제도까지 수용 → 급진적 개혁(변법적 개화론, 문명개화론)
정치 성향	민씨 정권과 결탁, 청나라와의 관계 중시	청의 내정 간섭과 정부의 친청 정책 비판
활동	갑오개혁 주도(1894)	갑신정변 주도(1884)

2 개화 정책의 추진과 반발

(1) 개화 정책의 추진

배경	• 북학파의 실학 사상 계승 • 청의 양무운동 수용
중심 세력	일부 개화 지식인

내용	• 제도 개편
	  – 개화 기구 설치: 통리기무아문(1880)과 12사 설치
	  – 군제 개편: 5군영 → 2영(무위영, 장어영), 별기군 창설(신식 군대)
	• 수신사 파견
	  – 제1차 수신사(1876): 조 · 일 수호 조규 체결 이후 일본의 개화 사상과 근대 문물 시찰, 『일동기유』
	  (김기수)
	  – 제2차 수신사(1880): 김홍집에 의해 『조선책략』 유입 → 미국과의 수교에 영향
	  – 제3차 수신사(1881): 일본의 무관세 문제 해결 위해 조병호 파견했으나 목적 달성하지 못함
	  – 제4차 수신사(1882): 임오군란에 대한 처리 위해 파견, 박영효, 태극기 최초 사용
	• 시찰단 파견
	  – 조사시찰단(신사유람단, 1881): 박정양, 어윤중, 홍영식 등을 일본에 파견하여 일본의 각종 산업 시설
	  시찰, 『문견사건』(박정양)
	  – 영선사(1881): 김윤식과 유학생들을 청의 톈진에 파견하여 근대 무기제조법, 군사훈련법 등 학습, 정부
	  의 재정적 뒷받침 부족으로 1년 만에 귀국 → 기기창(1883) 설치
	  – 보빙사(1883): 민영익, 홍영식, 서광범, 유길준 등을 미국에 파견, 육영공원 설립(1886), 『서유견문』
	  (유길준, 1895)

성격	• 근대적 자주 국가의 수립 추구 • 외세 의존적, 위로부터의 개혁 운동 → 민중의 지지 기반 미약

(2) 위정척사 운동의 전개

배경	• 성리학의 주리론 • 존화주의 세계관 바탕
중심 세력	보수적 양반 유생층
내용	• 통상 반대 운동(1860년대): 척화주전론 – 이항로, 기정진 등 • 개항 반대 운동(1870년대): 왜양일체론, 개항불가론 – 최익현 등 • 개화 반대 운동(1880년대): 상소운동 – 이만손의 영남만인소, 홍재학의 만언척사소 • 항일 의병 운동(1890년대 이후)
성격	• 반침략 · 반외세 자주 운동 • 봉건적 · 전통적 지배 체제 고수 → 역사 발전의 역기능 초래, 시대의 흐름에 역행

(3) 임오군란과 갑신정변

구분	임오군란(1882)	갑신정변(1884)
원인	• 개화 세력(민씨) ↔ 보수 세력(흥선 대원군) • 곡물의 일본 유출로 인한 민중의 불만 → 구식 군대의 차별 대우	• 개화당(친일 급진파) ↔ 사대당(친청 온건파) • 청 · 프 전쟁 발발로 청군 일부 철수 → 친청 수구 정권 타도(자주 근대 국가 건설 목표)
과정	구식 군인 봉기 → 민씨 세력 처단과 일본 세력 추방 시도 → 대원군 재집권 → 청군 개입 → 실패	우정국 정변 → 개화당 정부 수립(14개조 개혁 정강) → 청군 개입 → 실패
조약	• 조 · 일 제물포조약 • 조 · 청 상민수륙무역장정	• 조 · 일 한성조약 • 청 · 일 톈진조약
영향	청군의 조선 주둔, 정치 · 외교 고문 파견 → 민씨 일파의 친청 정책(청의 내정 간섭 심화)	• 최초의 정치 개혁 운동, 근대화 운동 선구 → 개화 세력의 도태(보수 세력의 장기 집권 가능) • 중립화론 대두: 부들러, 유길준

③ 동학 농민 운동의 전개

(1) 농민층의 동요와 동학의 교세 확장

① 농민층의 동요

열강의 침략 강화	갑신정변 후 청 · 일본, 영국 · 러시아 간의 대립 → 거문도 사건(1885)
국가 재정 악화	배상금 지불과 근대 문물 수용 비용으로 재정 악화
농촌 경제의 피폐	지배층의 억압과 수탈, 외세의 경제 침탈로 인한 농민 생활 궁핍
일본의 경제적 침략	일본 무역 독점(중계 무역 → 일본 상품 판매), 미곡 수탈(立稻先賣) → 방곡령
농민 의식 성장	농촌 지식인과 농민의 정치 · 사회 의식 급성장 → 사회 변혁 욕구 고조

② 동학의 교세 확장

동학의 창시(1860)	정부의 탄압	교단 정비(개항 이후)
몰락 양반 최제우 창시	교조 최제우 처형(혹세무민죄)	최시형의 포교 활동
인내천(인간 존중, 평등 사상), 후천개벽(사회 개혁 사상) → 농민 요구에 부응	교세의 일시적 위축	• 교단 조직 정비: 법소, 도소, 포와 주 설치 • 교리 정리: 『동경대전』, 『용담유사』 편찬 • 포접제 조직 → 농민 세력을 조직적으로 규합

(2) 동학 농민 운동

① 교조 신원 운동

삼례 집회(1892)	서울 복합 상소(1893.2.)	보은 집회(1893.3.)
• 순수한 교조 신원 운동 • 동학 공인 운동	교도 대표 40여 명이 궁궐 문 앞에 엎드려 교조 신원을 상소	• 탐관오리 숙청, 일본 · 서양 세력 축출 • 척왜양창의, 보국안민, 제폭구민 표방
동학 중심의 종교 운동		농민 중심의 정치 운동으로 전환

② 동학 농민 운동의 전개

시기		전개
제1기 고부 봉기	배경	고부 군수 조병갑의 횡포
	전개	전봉준이 1천여 명의 농민을 이끌고 고부 관아 점령 → 정부의 폐정 시정 약속 → 안핵사 파견 → 10여 일 만에 농민군 해산
제2기 제1차 봉기	배경	안핵사 이용태가 봉기 참가자와 주모자를 역적으로 몰아 탄압, 농민 수탈 심화
	전개	사발통문(보국안민, 제폭구민) → 전봉준, 손화중, 김개남 등 백산 봉기 → 농민군의 4대 강령 발표 → 황토현 전투(1894.4.7.)·황룡촌 전투(1894.4.23.)에서 관군 격퇴 → 전주성 점령 (1894.4.27.)
제3기 폐정 개혁	전주 화약	정부의 요청에 따라 청군 파견(1894.5.5. 아산만) → 톈진 조약 위반을 명분으로 일본군 파병 (1894.5.6. 인천) → 전주 화약 체결(1894.5.8. 동학 농민군은 외국 군대 철수와 폐정 개혁을 조건으로 정부와 화친) → 집강소 설치(농민 자치 기구) → 교정청 설치(1894.6.11. 정부의 개혁 기구)
	결과	일본군이 정부의 철수 요구 거부 → 일본의 경복궁 장악(1894.6.21.) → 친청(민씨) 정부 붕괴 → 대원군의 섭정(반청 정부) → 청·일 전쟁(1894.6.23.) → 군국기무처의 설치(1894.6.25.) → 갑오개혁(1894.7.)
제4기 제2차 봉기	전개	남접(전봉준)과 북접(손병희, 최시형)의 연합 부대 논산 집결 → 영동과 옥천에서 공주로 진격 → 조·일 연합군에 대항하여 우금치 전투에서 패배(1894.11.10.)
	결과	전봉준, 손화중, 김개남 등 농민군 지도자 처형(1894.12.)

더 알아보기

집강소

황룡촌·황토현 전투에서 승리한 후 동학 농민군은 폐정 개혁안을 제시하며 정부와 전주 화약을 체결하였고, 그 결과 집강소가 설치되었다. 집강소는 청·일 전쟁 발발 직후에도 운영되었으며, 전주 화약을 체결하는 과정에서 동학 농민군은 외세의 개입을 막고자 청·일 군대의 철수를 요청하기도 하였다.

③ 동학 농민 운동의 성격: 반봉건·반침략·반외세 성격

구분	반봉건 성격	반침략·반외세 성격
내용	노비 문서의 소각, 토지의 평균 분작 등	침략적인 일본 세력 축출
영향	갑오개혁에 일정한 영향 → 성리학적 전통 질서의 붕괴를 촉진	동학 농민군의 잔여 세력이 의병 운동에 가담 → 의병 운동과 구국 무장 투쟁의 활성화
한계	근대 사회 건설의 구체적인 방안을 제시하지 못함	

4 갑오개혁과 을미개혁

구분	제1차 갑오개혁(1894.7.)	제2차 갑오개혁(1894.12.)	제3차 개혁(을미개혁, 1895.8.)
배경	일본군의 경복궁 점령 → 대원군 섭정	청·일 전쟁에서 일본 승리 → 조선에 대한 적극적 간섭	삼국(러·프·독) 간섭, 친러 내각 성립 → 을미사변 후 추진
경과	• 제1차 김홍집 내각 • 군국기무처 설치	• 제2차 김홍집·박영효 연립 내각 • 독립 서고문과 홍범 14조 반포	• 제4차 김홍집 친일 내각 조직 • 을미개혁 추진
영향	갑신정변과 동학 농민군의 요구 수용	군제 개혁 미비	• 을미의병 발생 • 아관파천으로 개혁 중단
정치	• 개국 연호 사용 • 왕실과 정부의 사무 분리 • 6조제 → 8아문 체제 • 과거제 폐지 • 경무청 설치 • 왕의 관리 인사권 제한	• 청의 간섭과 왕실의 정치 개입 배제 • 내각제 시행 • 중앙행정 개편(8아문 → 7부) • 지방행정 개편(8도 → 23부 337군) • 지방관 권한 축소(사법·군사권 배제) • 훈련대·시위대 설치, 사관 양성소 설치	• 건양 연호 사용 • 군사 개편(중앙군 – 친위대, 지방군 – 진위대)
경제	• 재정의 일원화(탁지아문 관장) • 왕실과 정부의 재정 분리 • 은본위 화폐, 조세 금납제 • 도량형의 개정·통일 시행	탁지부 산하에 관세사, 징세사 설치하여 재정 관련 사무 담당	–
사회	• 신분제 폐지: 양반과 평민의 계급 타파, 공사 노비 제도 폐지, 인신매매 금지 • 조혼 금지, 과부의 재가 허용 • 고문과 연좌법 폐지	• 재판소 설치 • 사법권과 행정권 분리	• 단발령 반포 • 태양력 사용 • 종두법 시행 • 우편 사무 재개
교육	–	• 교육입국조서 발표 • 한성 사범학교 설립 • 외국어 학교 관제 공포	소학교 설치
한계	• 조선 개화 인사들과 동학 농민층의 개혁 의지 반영 → 근대적 개혁(제1차 개혁) • 침략의 발판을 마련하려는 일제의 강요에 의한 개혁 • 일본의 침략적 간섭과 만행, 개혁의 급진성 → 일반 대중이 개혁에 등을 돌림		

5 독립 협회의 활동과 대한 제국

(1) 독립 협회의 창립과 민중 계몽(1896~1898)

① 독립 협회의 창립

    ㉠ 배경: 아관파천(1896.2.) → 친러파 정권 수립, 열강의 이권 침탈 심화

    ㉡ 목표: 자강을 통한 자주독립, 내정 개혁 주장 → 의회 설립, 국민의 권리 신장, 개학 내각 수립 등 민중 입장 대변

    ㉢ 구성원: 진보적 지식인(지도부) → 민중 지지 계층(도시 시민층, 학생, 노동자, 부녀자, 천민 등 광범위한 사회 계층 참여)

② 활동: 민중 계몽 활동(초기) → 정치 활동(후기, 만민공동회) → 보수 세력(황국 협회)의 방해 → 해산 (1898)

민중 계몽 운동	• 독립문 건립, 독립관, 강연회 · 토론회 개최, 독립신문 · 잡지 발간 • 정부의 외세 의존적 자세 비판 → 민중에 기반을 둔 정치 · 사회 단체로 발전
자주 국권 운동	• 만민공동회 개최(1898): 최초의 근대적 민중 대회, 개화 세력과 민중의 결합 의미 → 러시아의 절영도 조차 요구 저지, 한러은행 폐쇄, 군사교련단 · 재정 고문단 철수 • 국권과 국익 수호: 열강의 내정 간섭, 이권 양도 요구, 토지 조차 요구 등에 대항
자유 민권 운동	• 국민 기본권 확보 운동: 신체 자유권, 재산권, 언론 · 출판 · 집회 · 결사의 자유 주장 • 국민 참정 운동과 국정 개혁 운동 전개: 의회 설립 추진 → 박정양의 진보 내각 수립
자강 개혁 운동	• 관민공동회 개최: 만민공동회에 정부 대신 참석 → 헌의 6조 결의 • 의회식 중추원 관제 반포 → 역사상 처음으로 의회 설립 단계까지 이르렀으나 보수 세력의 방해로 실패

더 알아보기

헌의 6조

조항	내용
1. 외국인에게 의지하지 말고 관민이 합심하여 황제권을 공고히 할 것	자주 국권 수호
2. 외국과의 이권에 관한 계약과 조약은 해당 부처의 대신과 중추원 의장이 함께 날인하여 시행할 것	국정 개혁 주장
3. 재정은 탁지부에서 전담하여 맡고, 예산과 결산을 국민에게 공포할 것	국정 개혁 주장
4. 중대한 범죄는 공판하고, 피고의 인권을 존중할 것	민권 보장
5. 칙임관(2품 이상 고관)은 정부에 그 뜻을 물어 과반수가 동의하면 임명할 것	국정 개혁 주장
6. 정해진 규정을 실천할 것	개혁 의지

③ 의의: 민중을 개화 운동과 결합 → 민중에 의한 자주적 근대화 운동 전개

자주 국권 운동	자유 민권 운동	자강 개혁 운동
민족주의 사상	민주주의 사상	근대화 사상
자주 독립 국가 수립	근대 국민 국가 수립	자주적 근대 개혁 단행
만민공동회 개최	관민공동회 개최	민중을 개화 운동과 결합
열강의 내정 간섭과 이권 요구 저지 운동 전개	국민의 자유와 평등 및 국민 주권 확립 추구 – 헌의 6조 결의	근대적 민중 운동 전개

④ 한계: 이권 수호 운동이 주로 러시아를 대상으로 추진되고, 미국 · 영국 · 일본에 대해서는 우호적

(2) 대한 제국의 성립과 광무개혁

① 대한 제국의 성립(1897~1910)

　㉠ 배경: 자주 국가 수립의 국민적 자각, 러시아 견제의 국제적 여론, 고종의 환궁

　㉡ 과정: 아관파천 후 고종의 환궁 → 대한 제국 성립(국호 – 대한 제국, 연호 – 광무, 왕호 – 황제) → 광무개혁 추진

　㉢ 영향: 집권층의 보수적 성향, 국민적 결속 실패, 열강의 간섭 → 성과 미비

② 광무개혁: 구본신참(舊本新參), 갑오 · 을미개혁의 급진성 비판

정치	• 전제 왕권의 강화: 대한국 국제 제정(1899) → 독립 협회의 정치 개혁 운동 탄압 • 교정소(황제 직속의 입법기구) 설치, 고등재판소를 평리원으로 개칭하고 순회재판소 설치 • 관제 개편: 23부 → 13도, 황제 자문 기구로 중추원 설정 • 해삼위 통상 사무관과 간도 관리사 파견: 블라디보스토크와 간도 이주 교민 보호 • 한 · 청 통상 조약 체결: 대등한 주권 국가로서 대한 제국이 청과 맺은 근대적 조약
경제	• 양전 사업: 민생 안정과 국가의 재정 확보, 양지아문(1898) · 지계아문(1901) 설치, 지계 발급(근대적 토지 소유권 제도 확립) • 상공업 진흥책: 근대적 공장과 회사의 설립, 교통 · 통신 · 전기 등 근대적 시설 확충 • 신식 화폐 발행 장정 폐지, 금 본위제 시도, 도량형 개정 • 광산, 홍삼 전매 등의 수입을 내장원으로 이관하여 황실 재정 확충, 양잠 사업
교육	실업 교육 강조: 실업학교(상공학교 – 1899년, 광무학교 – 1900년), 유학생 파견
군사	군제 개혁: 시위대(서울)와 진위대(지방)의 군사 수 증가, 무관학교 설립, 원수부 설치(1899)

(3) 간도와 독도 문제

① 간도 문제 발생

　㉠ 백두산 정계비 근거: 청의 철수 요구 ↔ 우리 정부의 간도 소유권 주장(1902) → 간도 관리사 파견(이범윤)

　㉡ 간도 협약(1909): 일본은 남만주 철도 부설권을 얻는 대가로 간도를 청의 영토로 인정

② 일제의 독도 강탈

　㉠ 1884년 울릉도 개척령에 따라 육지 주민을 이주시키고 관리 파견

　㉡ 러 · 일 전쟁 중 일방적으로 일본 영토로 편입

1 열강의 경제 침탈

(1) 개항 이후의 대외 무역

개항 초기	임오군란 후	청·일 전쟁 후
불평등 조약에 바탕	조·청 상민수륙무역장정 체결	일본의 영향력 강화
• 거류지 무역: 개항장 10리 이내 무역 제한, 조선 상인의 매개 • 약탈 무역: 일본 정부의 정책적 지원 • 중계 무역: 영국산 면직물 판매	• 청 상인 진출 급증 → 청·일 간 경쟁 치열 • 일본 상인의 내륙 진출 → 곡물의 대량 반출, 방곡령 선포	일본 상인의 조선 시장의 독점적 지배
일본 상인의 조선 시장 침투	국내 상인 타격, 국내 산업 몰락	조선 상인의 몰락

(2) 열강의 이권 침탈: 아관파천 이후 극심

철도	일본 상품 수출과 군대를 수송하는 침략의 도구로 이용 → 경인선과 경부선 부설권
광산	청·일 전쟁 이후 미국, 일본, 러시아, 독일, 영국 등이 침탈 → 국내 자본 축적 저해
삼림	아관파천 이후 러시아의 삼림 채벌권 독점 → 러·일 전쟁 이후 일본으로 넘어감
어업	1880년대 이후 청과 일본이 어업권 침탈

(3) 일본의 금융 지배와 차관 제공, 토지 약탈

금융 지배	• 개항 직후: 일본 제일은행 → 주요 도시에 지점 설치, 은행 업무·세관 업무 등 장악 • 러·일 전쟁 후: 제일은행이 한국의 국고금 취급, 대한 제국 정부의 화폐 발행권 박탈 • 화폐 정리 사업(1905): 대한 제국 화폐를 일본 화폐로 교환, 국내 상공업자 금융 기관에 타격
차관 제공	• 개항 직후: 일조세 징수권과 해관세 수입을 담보로 차관 제의하여 실현 • 청·일 전쟁 후: 내정 간섭과 이권 획득 목적으로 차관 제의 • 러·일 전쟁 후: 일본의 차관 제공 본격화 → 화폐 정리와 시설 개선의 명목 → 대한 제국의 재정 예속
토지 약탈	• 개항 직후: 고리 대금업 등으로 일본인의 토지 소유 확대 • 청·일 전쟁 이후: 일본인 대자본가 침투 → 대농장 경영(전주, 군산, 나주 지역) • 러·일 전쟁 이후: 토지 약탈 본격화 → 철도 부지와 군용지 확보 구실, 황무지 개간과 역둔토 수용 • 국권 피탈 무렵: 조선의 식민지화를 위한 기초 사업 → 동양척식주식회사의 특혜

② 경제적 구국 운동의 전개

(1) 경제적 침탈 저지 운동

① 방곡령의 시행(1889)
- ㉠ 배경: 일본 상인의 농촌 시장 침투와 지나친 곡물 반출 규제
- ㉡ 과정: 함경도, 황해도 등지에서 방곡령 선포 → 조·일 통상 장정 규정(실시 1개월 전 통보) 위배를 이유로 배상금 요구
- ㉢ 결과: 방곡령 철회 → 조선 정부는 일본에 배상금 지불

② 상권 수호 운동
- ㉠ 배경: 청·일 상인의 상권 침탈 경쟁 → 시전 상인·공인·객주 등 국내 토착 상인 몰락
- ㉡ 과정: 서울 시전 상인들의 철시, 외국 상점 퇴거 요구, 상권 수호 시위 등
- ㉢ 결과: 황국 중앙 총상회(1898) 조직 → 외국인들의 불법적인 내륙 상행위 금지 요구

③ 독립 협회의 이권 수호 운동
- ㉠ 배경: 아관파천 이후 러시아를 중심으로 열강들의 이권 침탈 심화
- ㉡ 과정: 절영도 조차 요구 저지, 한러은행 폐쇄, 군사 기지 요구 저지, 프랑스와 독일 광산 채굴권 저지
- ㉢ 결과: 독립 협회 중심 → 열강의 이권 침탈 감소

④ 황무지 개간권 요구 반대 운동
- ㉠ 배경: 일본의 황무지 개간권 요구 – 일제의 토지 약탈 음모
- ㉡ 과정: 적극적 반대 운동(보안회 활동), 우리 손으로 황무지 개간 주장(농광회사 설립)
- ㉢ 결과: 보안회와 국민들의 반대 운동에 부딪혀 황무지 개간 요구를 철회

⑤ 국채 보상 운동의 전개(1907)

배경	일제의 차관 제공(1,300만 원)에 의한 경제적 예속화 정책 저지
목적	국민의 힘으로 국채를 상환하여 국권을 회복하자는 운동
전개	• 대구에서 시작(서상돈, 김광제 중심)하여 전국으로 확대 • 서울에서 국채보상기성회 조직 • 금주·금연, 여성들의 패물 납부 • 대한매일신보, 황성신문, 제국신문 등 언론 기관들의 참여
결과	• 일제 통감부의 방해로 실패, 횡령 누명으로 양기탁 구속 → 거족적인 경제적 구국 운동 좌절 • 일제의 강제차관 공급(1908, 2,000만 원)

(2) 상업 자본의 육성

① 상업 자본의 변모

시전 상인	• 외국 상인들과 경쟁 과정에서 근대적 상인으로 성장 • 황국중앙총상회 조직 → 독립 협회와 상권 수호 운동 전개 • 근대적 생산 공장 경영에 투자
경강 상인	일본인 증기선의 정부 세곡 운반 독점·타격 → 증기선 구입으로 일본 상인에 대항
개성 상인	인삼 재배업도 일본에 침탈
객주와 보부상	• 외국 상품을 개항장과 내륙 시장에서 유통시켜 이익을 취함 • 자본 축적에 성공한 일부 객주들은 상회사 설립 • 을사늑약 이후 일본의 유통 기구에 편입됨

② 상회사의 설립

1880년대 초기	대한 제국 시기
동업 조합 형태 또는 근대적 주식 회사	정부의 식산 흥업 정책 → 기업 활동 활발
대동 상회, 장통 회사 등 상회사 설립, 갑오개혁 이전의 회사 수 전국 40여 개	해운 회사, 철도 회사, 광업 회사 설립 → 민족 자본의 토대 구축

(3) 산업 자본과 금융 자본

산업 자본	• 합자 회사 설립: 유기 공업과 야철 공업 계승 → 조선 유기 상회 설립 • 면직물 공업: 민족 자본에 의한 대한 직조 공장, 종로 직조사 등
금융 자본	• 조선은행(1896~1901): 관료 자본 중심의 민간 은행, 국고 출납 대행 • 민간 은행의 설립: 한성은행(1897), 천일은행(1899)

3 사회 구조와 의식의 변화

(1) 근대적 사회 사상의 발생

구분	조선 후기	개항 이후
중심 세력	실학자	개화파
방향	근대 지향적 사회 사상의 등장	근대 사회 건설의 움직임 등장
내용	사민 평등 의식 토대 → 양반 제도의 문제점과 노비 제도 개선 주장	• 부국강병 → 양반 신분의 폐지 필요성 인식, 군주권의 제한 • 인권 보장 → 근대적 개혁의 필요성 인식
영향	개화파에 계승·발전	위로부터의 사회 개혁 추진

(2) 근대적 사회 제도의 형성

구분	갑신정변(1884)	동학 농민 운동(1894)	갑오개혁(1894)
방향	근대 사회 건설 목표	반봉건적 사회 개혁 요구	민족 내부의 근대화 노력
내용	• 문벌 폐지, 인민 평등권 확립 • 지조법 개혁, 행정 기구 개편	• 노비 문서 소각, 청상과부의 재가 허용 • 차별적 신분 제도 타파 등	• 차별적 신분 제도 폐지 • 여성의 지위 향상, 인권 보장
한계	• 보수 세력의 방해와 청의 간섭 • 국민의 지지 부족	• 수구 세력의 방해와 일본의 개입 • 근대적 사회 의식 결여	민권 의식 부족, 민중과 유리
의의	근대화 운동의 선구	양반 중심의 신분 제도 폐지에 기여	근대적 평등 사회의 기틀 마련

(3) 사회 의식의 성장

평민과 천민의 활동	여성들의 사회 진출
각종 사회 활동을 통해서 차별 의식 극복	스스로 사회의 한 구성원이라는 자각
• 독립 협회 활동에 참여 → 민족 의식을 가진 사회적 존재로 성장 • 부당한 관리의 처우에 대항 → 상급 기관에 제소 • 관민공동회에서 천인 출신 백정(박성춘)의 연사 → 정부와 국민의 합심 호소 • 국채 보상 운동에 참여, 의병 활동 가담 → 국권 수호 운동의 밑거름이 됨 • 시전 상인이 만민공동회의 회장으로 선출	• 여성의 사회 진출 제한 → 인권과 지위 향상 노력 • 교육받은 여성 → 새로운 여성관 수립, 여성들의 사회 활동과 사회적 역할 추구 • 국권 회복 운동과 국채 보상 운동에 적극 참여 → 남녀 평등과 여성의 사회 활동 참여를 발전시키는 계기 • 소학교령 → 남녀 교육의 기회 균등을 규정

---

04 근대 문화의 형성

1 근대 문물의 도입

(1) 과학 기술의 수용

① 동도서기론과 개화 사상가

　㉠ 배경: 동도서기론 바탕(조선의 정신 문화 + 서양의 과학 기술) → 부국강병(외세 침략 저지 + 사회 발전)

　㉡ 과정: 실학자 관심 → 동도서기론 대두 → 서양의 과학 기술 도입과 교육 제도의 개혁 인식

　㉢ 영향: 과학 기술과 제도의 도입 ↔ 체계적인 과학 기술보다 단편적이거나 단순한 기술 수용의 한계

② 과학 기술의 수용 과정

흥선 대원군 집권기	서양의 무기 제조술에 관심 → 수뢰포 제작, 화륜선 제작
개항 이후	산업 기술 수용에 관심 → 조사시찰단(일본), 영선사(청) 파견
1880년대	서양의 산업 기술 도입에 노력(기계 도입, 외국 기술자 초빙)
1890년대	교육 제도 개혁에 관심 → 유학생 파견, 근대적 기술 교육 기관 설립

(2) 근대 시설의 수용

① 민중의 사회 · 경제적 생활 개선 공헌: 외세의 이권 침탈 · 침략 목적과 연관

② 근대 시설 마련

인쇄술	• 박문국(근대적 인쇄술 도입, 한성순보 발간) • 광인사(근대 기술 서적 발간 – 민간 출판사)
통신	전신(1885, 서울 – 인천), 전화(1898), 우정국(1884), 만국 우편 연합 가입(1900)
전기	한성전기회사 설립, 전등 가설
교통	• 철도 부설(경인선, 경부선, 경의선 – 일본의 군사적 목적으로 부설) • 전차(한성전기회사 – 황실 + 콜브란)
의료	광혜원(1885, 제중원), 광제원(1900), 대한의원(1907), 자혜의원(1909), 세브란스 병원 설립, 종두법 보급(지석영)
건축	명동성당(고딕식), 독립문(개선문 모방), 덕수궁 석조전(르네상스식)

2 언론 기관의 발달, 근대 교육과 국학 연구

(1) 근대 언론 기관: 일제의 신문지법 제정(1907)

구분	연도	특징	활동 내용
한성순보	1883	순한문체, 최초의 신문이나 관보의 형식, 박문국에서 발행	개화파들이 개화 취지 설명
한성주보	1886	국한문 혼용, 최초의 상업 광고 게재	한성순보 계승
독립신문	1896	최초의 민간 신문, 한글과 영문판	자유주의, 민주주의 개혁 사상 보급
제국신문	1898	순한글, 서민과 부녀자 대상	일본의 황무지 개간 요구 반대
황성신문	1898	국한문 혼용, 유생층 대상	장지연의 '시일야방성대곡', 보안회 지원
대한매일신보	1904	양기탁과 영국인 베델 합작, 순한글, 국한문과 영문판	강경한 항일 논설, 국채 보상 운동에 앞장, 의병 운동에 호의적
만세보	1906	오세창을 중심으로 한 천도교계 신문	여성 교육과 여권 신장에 관심

(2) 교육의 발흥

구분	정부의 교육 진흥	사립학교
교육의 시작	• 동문학(1883, 영어 교육) • 육영공원(1886, 상류층 자제, 근대 학문)	원산학사(1883, 최초의 근대식 학교, 근대 학문과 무술 교육)
교육의 발전	• 교육입국조서 반포 • 소 · 중학교, 사범학교, 외국어 학교 설립 • 교과서 편찬: 『국민소학독본』, 『심상소학』	개신교 선교사와 민족 운동가 주도 → 근대적 학문 교육과 민족 의식 고취

근대 교육 기관

기관명	설립연도	특징
원산학사	1883	• 함경도 덕원(원산) 주민들이 설립한 최초의 근대식 사립학교 • 근대 학문과 무술교육 실시
동문학	1883	• 묄렌도르프의 건의로 정부가 설립한 외국어 교육 기관 • 통역관 양성소
배재학당	1885	• 선교사 아펜젤러가 서울에 설립 • 선교사가 세운 최초의 사립학교이자 한국 최초의 근대식 중등 교육 기관
육영공원	1886	• 정부가 설립한 최초의 근대적 관립학교 • 상류층 자제 대상으로 근대 학문 교육(헐버트, 길모어)
경신학교	1886	선교사 언더우드가 서울에 설립한 최초의 전문 실업 교육 기관
이화학당	1886	선교사 스크랜턴이 서울에 설립한 최초의 여성 전문 교육 기관
정신여학교	1887	선교사 엘레스가 서울에 설립
한성사범학교	1895	교육입국조서 반포 이후 소학교 교관 양성을 위해 설립된 관립학교
숭실학교	1897	선교사 베어드가 평양에 설립한 최초의 지방 사립교육 기관
흥화학교	1898	민영환이 서울에 세운 사립학교
순성여학교	1899	• 북촌의 양반집 부인들이 주축이 되어 조직된 찬양회가 설립 • 여성들이 설립한 한국 최초의 사립여학교
점진학교	1899	안창호가 평안남도 강서에 설립한 최초의 남녀공학학교
한성중학교	1900	정부에서 설립한 최초의 근대식 중등 교육 기관
서전서숙	1906	이상설이 북간도 지역에 설립한 국외 항일 교육 기관
오산학교	1907	신민회 소속의 이승훈이 실력 양성 운동의 목적으로 정주에 설립
대성학교	1908	신민회 소속의 안창호가 실력 양성 운동의 목적으로 평양에 설립
신흥 강습소	1911	신흥 무관 학교(1919)의 전신으로, 이시영이 서간도에 독립군 양성을 목적으로 설립

(3) 국학 연구

국어 연구	국사 연구
• 국한문 혼용체: 유길준의 『서유견문』 • 한글 전용 신문: 독립신문, 대한매일신보, 제국신문 • 국문 연구소 설립(1907): 지석영 · 주시경 • 주시경의 『국어문법』: 민족주의적 입장에서 국어국문 연구 통일 노력	• 근대 계몽 사학 성립(박은식, 신채호 주도): 민족 영웅전 저술 및 보급, 외국 독립운동사 소개 • 신채호: 『독사신론』(민족주의 사학의 연구 방향 제시) • 조선 광문회 설립(1910): 최남선 · 박은식 등 → 민족의 고전 정리 · 간행
• 한계: 일제의 통제하에서 국권 회복 운동의 일환으로 전개 → 학문적으로는 일정한 한계 • 의의: 민족 의식과 독립 의지 고취	

3 문예와 종교의 새 경향

(1) 문학의 새 경향

신소설	언문 일치의 문장 → 신식 교육, 여권 신장, 계급 타파 등 계몽 문학의 구실 → 이인직의 『혈의 누』, 이해조의 『자유종』, 안국선의 『금수회의록』 등
신체시	문명 개화, 부국강병 등 노래 – 최남선의 「해에게서 소년에게」
외국 문학	『성경』, 『천로역정』, 『이솝 이야기』, 『로빈슨 표류기』, 『걸리버 여행기』 등

(2) 예술계의 변화

음악	찬송가 소개, 창가 유행(애국가 · 독립가 · 권학가 등) → 민족 의식 고취
미술	서양 화풍 소개, 서양식 유화 도입
연극	• 민속 가면극 성행 • 신극 운동 전개(은세계, 치악산) → 극장 설립(원각사)

(3) 종교 운동의 새 국면

천주교	애국 계몽 운동 전개, 고아원, 양로원 운영 등 사회 사업 전개
개신교	교육 · 의술 보급 기여, 한글 보급, 미신 타파, 평등 사상 전파에 공헌
천도교	동학 3대 교주 손병희가 천도교로 개칭, 만세보 간행 → 민족 종교로 발전
유교	박은식의 유교 구신론 → 실천적 유교 강조
불교	한용운의 불교 유신론 → 불교의 자주성과 근대화 추진
대종교	나철 · 오기호 창시 → 단군 신앙 발전, 간도 · 연해주에서 항일 운동 전개(중광단, 북로 군정서)

08 | 민족의 독립운동

01 일제의 침략과 민족의 수난

1 20세기 전반의 세계

(1) 제1차 세계 대전과 전후 처리

① 제1차 세계 대전(1914~1918.11.)

　㉠ 배경: 식민지 획득 경쟁 → 제국주의 ↔ 제국주의

　㉡ 경과: 사라예보 사건 → 세계 대전 확대(동맹국 ↔ 연합국) → 미국 참전 → 러시아의 이탈 → 연합국 승리

　㉢ 결과: 파리 강화 회의(1919.1.) → 베르사유 체제 성립, 패전국의 식민지 독립, 국제 연맹 창설(1920)

② 소련의 세력 확대

　㉠ 러시아 혁명 → 레닌이 소비에트 정부 수립

　㉡ 1919년 코민테른(국제 공산당 기구) 결성 → 반제국주의 운동과 약소 민족 독립운동에 사회주의 세력 침투

(2) 전체주의의 대두와 제2차 세계 대전

① 전체주의의 성립

　㉠ 배경: 세계 경제 공황(미국 → 전 세계 확산), 베르사유 체제에 대한 불만

　㉡ 과정: 이탈리아의 파시즘, 독일의 나치즘, 일본의 군국주의

　㉢ 영향: 전체주의 ↔ 자유민주주의 → 제2차 세계 대전 발생

② 제2차 세계 대전(1939~1945)

　㉠ 원인: 세계 경제 공황 → 전체주의 ↔ 자유민주주의

　㉡ 경과: 독일의 폴란드 침공(1939.9.) → 세계 대전 확대 → 독소전 개전(1941.6.) → 태평양 전쟁(1941.12.) → 연합국 승리

　㉢ 결과: 대서양 헌장(1941.8.14.) → 국제 연합 창설(1945.10.), 냉전 체제의 성립과 변화(동 · 서 진영 대립)

(3) 아시아 각국의 민족 운동

① 중국

㉠ 신해 혁명(1911, 아시아 최초의 공화제 정부), 5 · 4 운동(1919, 반제국 · 반군벌 민족 운동)

㉡ 제1차 국 · 공 합작(1924, 군벌 타도), 제2차 국 · 공 합작(1937, 항일 투쟁)

② 인도: 간디의 완전 자치 운동 전개(비폭력 · 불복종 운동), 네루의 완전 독립 민족 운동(독립 전쟁 수행)

③ 오스만 제국: 케말 파샤의 민족 운동 → 터키 공화국 수립(1923), 근대화 정책 추진

④ 이란 · 이라크: 영국의 지배에서 탈피 → 독립 국가 성장

⑤ 동남아시아: 영국, 프랑스, 미국으로부터 독립운동 전개

2 일제의 침략과 국권의 피탈

(1) 민족 운동의 시련과 항일 운동의 전개

구분	국내	국외
시대 상황	일제의 철저한 민족 억압 · 수탈 식민 통치 → 민족의 생존권까지 위협	제국주의 체제하에 전개 → 열강의 우리 독립 노력 외면
주권 피탈 이후	• 비밀 결사 조직 • 3 · 1 운동	• 독립운동 기지 건설(만주, 연해주) • 독립 전쟁 준비
3 · 1 운동 이후	• 민족 실력 양성 운동 • 민족 문화 보존 · 수호	• 대한민국 임시 정부 수립(상하이) • 무장 독립운동(만주, 연해주)

(2) 국권 피탈 과정

한 · 일 의정서 (1904.2.)	• 러 · 일 전쟁 중 체결 • 대한시설강령: 구체적인 식민지 실천 방침
제1차 한 · 일 협약 (1904.8.)	• 황무지 개간권 철회 대신 고문 초빙 강요 – 고문 통치 • 재정 고문(메가타), 외교 고문(스티븐스) → 내정 간섭 강화
가쓰라 · 태프트 밀약 (1905.7.)	미국(필리핀 독점) → 일본(조선 독점)
제2차 영 · 일동맹 (1905.8.)	영국(인도 독점) → 일본(조선 독점)
포츠머스 조약 (1905.9.)	러시아(한반도 포기) → 일본(한반도 지배권 국제적 승인)
제2차 한 · 일 협약 (을사늑약, 1905.11.)	• 통감부 설치: 이토 히로부미(초대 통감) – 통감 통치 • 외교권 박탈
한 · 일 신협약 (정미7조약, 1907)	• 차관 통치 • 대한 제국 군대 해산
한 · 일 병합 조약 (경술국치, 1910.8.)	• 사법권 박탈(1909, 기유각서), 경찰권 박탈(1910) • 조선 총독부 설치, 헌병 무단 통치의 식민 통치 시작

3 항일 의병 전쟁과 애국 계몽 운동

(1) 항일 의병 전쟁

① 항일 의병 전쟁의 전개

구분	을미의병(1895)	을사의병(1905)	정미의병(1907)
특징	의병 운동 시작	의병 항전 확대	의병 전쟁 전개
배경	을미사변, 단발령	을사늑약	고종의 강제 퇴위, 군대 해산
과정	• 유생층 주도(이소응, 유인석 등) • 일반 농민과 동학 농민군의 잔여 세력 참여 • 단발령 철회, 고종의 해산 권고 조칙에 따라 해산	• 평민 의병장 등장(신돌석) • 양반 유생장(민종식, 최익현)	• 해산 군인 가담 · 의병 전쟁 발전 • 서울 진공 작전(의병 연합 전선, 이인영, 허위) • 국내 진공 작전(간도 · 연해주 일대, 홍범도, 이범윤)
목표	• 존화양이를 내세움 • 친일 관리와 일본인 처단	• 국권회복을 전면에 내세움 • 일본 세력과 친일 관료 처단	• 의병의 조직과 화력 강화 • 외교 활동: 각 영사관에 의병을 국제법상의 교전단체로 승인해 줄 것을 요구하는 서신 발송, 독립군 주장
기타	활빈당 조직(농민 무장 조직) – 의적 활동 전개 – 대한 사민 논설 게재	을사늑약에 대한 저항 – 상소 운동(조병세, 이상설 등) – 순국(민영환, 이한응) – 5적 암살단(나철, 오기호) – 언론 투쟁(장지연 등)	• 남한 대토벌 작전(1909) · 의병 전쟁 위축 → 만주 · 연해주 이동 • 채응언(1915, 한말의 마지막 의병장)

② 항일 의병 운동의 의의

성격	광범위한 사회 계층을 망라한 대표적인 민족 구국 운동
한계	• 일본의 정규군을 제압하기에 미흡 • 외교권 상실로 대외 고립 • 양반 유생층의 전통적 지배 질서 고수
의의	• 국권 회복을 위한 무장 투쟁으로 결사 항전의 정신 표출 • 일제 강점하 무장 독립 투쟁의 기반 마련 • 세계 약소국의 반제국주의 독립 투쟁사에 커다란 의의

③ 의사들의 활동

ㄱ 장인환, 전명운(1908): 미국 샌프란시스코에서 미국인 외교 고문 스티븐스 처단

ㄴ 안중근(1909): 만주 하얼빈역에서 초대 통감 이토 히로부미 처단

ㄷ 이재명(1909): 명동성당에서 이완용에게 부상을 입히고 체포

(2) 애국 계몽 운동의 전개

① 애국 계몽 단체의 활동: 개화 자강 계열의 계몽 단체 설립

보안회 (1904)	• 일본의 황무지 개간권 요구 반대 운동 → 요구 철회시킴, 일제 탄압으로 해산 • 농광회사 설립, 협동회로 발전
헌정 연구회 (1905)	• 국민의 정치 의식 고취와 입헌정체 수립 목적 • 일진회의 반민족적 행위 규탄
대한 자강회 (1906)	• 독립 협회와 헌정 연구회 계승, 윤치호, 장지연 등 중심 • 교육과 산업 진흥 운동 전개, 월보 간행, 강연회 개최, 전국에 지회 설치 • 고종 황제 퇴위에 대해 격렬한 반대 운동 주도
대한협회 (1907)	• 대한 자강회 간부들과 천도교 지도자들이 중심 • 교육 보급, 산업 개발, 민권 신장, 행정의 개선 등 주장 • 일제의 한국 지배권 강화로 약화됨 → 친일 성격의 단체로 변질
신민회 (1907~1911)	• 안창호, 양기탁 등 중심의 비밀 결사 단체, 국권 회복과 공화정체의 국민 국가 건설 목표 • 표면적: 문화 · 경제적 실력 양성 운동(도자기 회사, 태극서관, 대성 · 오산 학교 설립) • 내면적: 국외 독립군 기지 건설에 의한 실력 양성 운동(삼원보, 밀산부 한흥동) • 105인 사건으로 해산, 남만주 무장 투쟁의 기초

② 애국 계몽 운동의 전개

언론 활동	• 황성신문: 장지연의 '시일야방성대곡' 수록 • 대한매일신보: 국채 보상 운동에 참여 → 항일 운동의 선봉적 역할
교육 운동	• 정치와 교육을 결합시킨 구국 운동 전개 • 국민 교육회, 서북 학회, 호남 학회, 기호 흥학회 등의 교육 단체 설립
식산 흥업 운동	• 일제의 경제 침략에 대한 경각심과 근대적 경제 의식 고취 • 상권 보호 운동 전개: 상업 회의소, 협동 회의소 등 상업 단체 설립 • 근대적 산업 발전 장려: 상회사, 공장, 농회와 농장, 실업 학교 등 설립 • 국채 보상 운동 전개: 일제의 경제적 예속화 차단 목적

③ 애국 계몽 운동의 의의

민족 독립운동의 이념 제시	국권 회복과 근대적 국민 국가 건설을 목표로 제시
민족 독립운동의 전략 제시	문화 · 경제적 실력 양성, 군사력 양성 목표 제시의 독립전쟁론
민족 독립운동의 기반 구축	독립운동의 인재 양성과 경제적 토대 마련, 독립군 기지 건설

4 민족의 수난

(1) 일제의 식민통치 기관

구분	조선 총독부(1910)	중추원 운영
역할	식민 통치의 중추 기관 → 민족 독립운동의 철저한 탄압 목적	친일 조선 고위 관리 구성 → 조선 총독부 자문 기구
성격	현역 일본군 대장이 전권 통치 (입법, 사법, 행정, 군대 통수권)	한국인의 정치 참여 위장 (한국인의 회유 위한 명목상 기구)

(2) 식민 통치 형태의 변화

구분	무단 통치(헌병 경찰 통치)	문화 통치(보통 경찰 통치)	민족 말살 통치
시기	1910~1919	1919~1931	1931~1945
배경	일진회의 합방 건의 - 국권 강탈	3·1 운동, 국제적 비난 여론	경제 공황의 타개책
전개	• 헌병 경찰제, 태형·즉결 심판권, 관리·교사의 제복·착검 • 언론·집회·출판·결사의 자유 박탈: 보안법, 신문지법, 출판법 • 일본어 학습, 조선어 수업 축소, 역사·지리 교육 금지 • 민족 운동 탄압: 105인 사건	• 문관 총독 임명 • 보통 경찰제 • 민족 신문 발행 허가 • 교육 기회 확대(초급 학문과 기술 교육에 한정) • 조선어·역사·지리 교육 허용, 경성제국대학 설립	• 병참 기지화 정책: 대륙 침략의 전진 기지화 • 민족 말살 통치: 내선일체, 일선 동조론, 황국 신민화 선전 → 국어·국사 교육 금지, 창씨 개명 강행 • 신사참배, 궁성요배 강요 • 인적 자원 수탈: 지원병제, 징병제, 정신대
성격	• 강압적 무단 통치 • 민족 독립운동 말살 시도	• 민족 분열과 이간 책동 • 민족 근대 의식의 성장 오도	• 한민족의 문화 말살 • 대륙 침략에 필요한 인적·물적 수탈

5 경제 수탈의 심화

구분	무단 통치		문화 통치	민족 말살 통치
	토지 침탈	산업 침탈	식량 수탈	대륙 침략과 총동원령
배경	근대적 토지 제도 확립 명분 → 전국 토지 약탈	산업 전반에 걸친 착취	일본의 공업화 정책 → 식량 부족 문제 해결	경제 공황 타개 목적 → 대륙 침략 감행
경제 수탈	토지 조사 사업: 기한부 신고제, 토지 침탈(40%), 동양척식주식회사	금융 지배, 회사령(허가제), 전매제, 일본 기업의 독점, 삼림령, 어업령, 공업령	산미 증식 계획 추진 → 증산량＜수탈량	남면북양 정책, 군수 산업 확충, 인적·물적 자원 수탈
영향	• 기한부 소작농화 • 해외 이주민 증가	민족 산업 성장 저해	• 농민 몰락(유랑민, 화전민) • 농민의 해외 이주 촉진	한반도 경제가 일제 식민지 체제로 예속

산미 증식 계획(1920~1934)

배경	일본의 공업화 → 이촌향도 현상으로 쌀값 폭등, 쌀 부족 현상
내용	• 제1차(1920~1925): 연간 920만 석을 증산하고, 그중 700만 석을 일본으로 수출 • 제2차(1926~1934): 1929년 경제 공황과 한국의 쌀 공급이 일본의 쌀값을 폭락시키는 요인으로 작용 → 일본 지주들이 한국의 쌀 수입 반대 → 1934년 중단
결과	• 농업 구조의 변화: 쌀 중심의 단작형 농업구조 형성, 다양한 상품 작물의 재배 축소 • 식민지 지주제 강화: 수리조합비, 품종 개량비, 비료 대금 등 증산 비용을 농민들이 지주 대신 부담, 일부 지주는 부 축적 • 농민의 몰락: 유랑민이나 화전민으로 전락 • 쌀 부족 현상: 증산된 양보다 훨씬 많은 양의 쌀 수출 → 한국은 만주에서 조, 콩, 수수 등의 잡곡 수입

6 대륙 침략과 총동원령(1930년대)

구분	병참기지화 정책	남면북양 정책	농촌 진흥 운동 전개
배경	경제 공황 극복을 위해 침략 전쟁 확대	세계 경제 공황 후 선진 자본주의 국가들의 보호 무역 정책	일제에 의한 수탈 기반 재조정, 농민의 반발 방지 · 회유
과정	대륙 침략의 병참기지화	면화 재배(남부), 면양 사육(북부)	농촌 진흥 운동 → 조선 소작 조정령(1932), 조선농지령(1934) 등
영향	산업 간 불균형(중화학 공업 중심), 한국인 노동자에 대한 가혹한 착취 → 노동 쟁의 전개	값싼 원료의 공급지로 삼음	소작료의 증가, 수리 조합비의 소작농 증가 → 소작농의 몰락

국가 총동원법(1938)
• 정부는 전시에 국가 총동원법상 필요할 때에는 칙령이 정하는 바에 따라 제국 신민을 징용하여 총동원 업무에 종사하게 할 수 있다(제4조).
• 국가 총동원법상 국가 총동원이라 함은 전시 또는 전쟁에 준하는 사변의 경우에 국방의 목적을 달성하기 위해 국가의 모든 힘을 가장 유효하게 발휘할 수 있도록 인적 · 물적 자원을 통제 · 운용함을 말한다.

1 3 · 1 운동 이전의 민족 운동

(1) 1910년대 국내 독립운동

① 의병 항쟁의 지속: 일부 의병의 국내 잔류와 항전, 채응언(서북 지방 중심으로 일본군과 헌병대 공격)

② 비밀 결사 조직

신민회	1907	안창호, 양기탁 등 – 문화 · 경제적 실력 양성 운동, 해외 독립군 기지 건설
독립 의군부	1912	임병찬(고종의 밀조), 복벽주의 표방, 국권 반환 요구서 제출
대한 광복회	1915	군대식 조직(총사령관 – 박상진, 부사령관 – 김좌진), 군자금 모집 활동(의연금 납부), 친일파 차단, 독립 전쟁을 통한 국권 회복, 공화국 수립 목표

(2) 국외의 독립운동: 해외 독립운동 기지 건설

서간도	삼원보 중심(신민회), 경학사(→ 부민단), 신흥 강습소(→ 신흥 무관 학교), 서로 군정서(한족회가 임시 정부와 연합)
북간도	용정 중심, 간민회(자치 단체), 중광단(→ 북로 군정서군), 서전서숙(이상설), 명동 학교(김약연)
연해주	신한촌 중심, 권업회(→ 대한 광복군 정부, 1914), 전로 한족회 중앙 총회(→ 대한 국민 의회)
중국	신한 청년당 결성(상하이) → 파리 강화 회의에 김규식 파견
미주	• 대한인 국민회(이승만), 대조선 국민 군단(박용만), 흥사단(안창호), 숭무 학교(멕시코) • 만주 · 연해주 지역에 독립운동 자금 지원, 외교 활동을 통한 구국 운동 전개
일본	조선 유학생 학우회, 조선 기독교 청년회, 조선 청년 독립단 – 2 · 8 독립 선언

2 3 · 1 운동과 대한민국 임시 정부

(1) 3 · 1 운동의 전개

① 3 · 1 운동의 태동

세계 질서의 변화	우리 민족의 독립을 향한 움직임
• 세계 질서의 재편: 미국의 세계 주도권 장악, 사회주의 국가(소련)의 등장 • 정의 · 인도주의 강조: 윌슨의 민족 자결주의 제시, 소련의 식민지 민족 해방 지원 선언	• 파리 강화 회의에 독립 청원: 신한 청년당(김규식) • 독립 선언: 대한 독립 선언(무오 독립 선언, 1918, 만주), 2 · 8 독립 선언(1919, 일본, 조선 청년 독립단) • 국내 독립운동의 역량 축적: 만세 시위 계획

② 3 · 1 운동의 전개: 33인의 독립 선언 → 국내 · 외 확산(만주, 연해주, 미주, 일본) → 일제의 무력 탄압

준비 단계	확대 단계	해외 확산
• 민족 대표 33인 · 학생 조직 중심 • 독립 선언문 작성, 태극기 제작 · 배포	• 1단계: 점화기, 비폭력주의 표방 • 2단계: 도시 확산기, 상인 · 노동자 참가 • 3단계: 농촌 확산기, 무력 저항 변모	간도와 연해주, 미국 필라델피아, 일본 등에서 만세 운동 전개

③ 3 · 1 운동의 의의
　　㉠ 일제의 통치 방식 변화, 항일 운동의 체계화 · 조직화 · 활성화의 계기 → 대한민국 임시 정부 수립
　　㉡ 독립 전쟁의 활성화, 독립운동의 주체 확대, 중국의 5 · 4 운동, 인도의 비폭력 · 불복종 운동에 영향

(2) 대한민국 임시 정부의 수립과 활동
① 임시 정부의 수립 과정: 한성 정부 계승 + 대한 국민 의회 흡수 → 임시 정부 수립(상하이)

임시 정부 수립 운동	임시 정부의 통합
• 한성 정부(국내, 이승만 · 이동휘) • 대한 국민 의회(연해주, 손병희 · 이승만) • 대한민국 임시 정부(상하이, 이승만)	• 배경: 독립운동의 체계화와 조직화 필요성 대두 • 정체: 3권 분립의 민주 공화정 – 의정원, 국무원, 법원 • 독립 노선: 외교 · 군사 활동 병행

② 헌정 체제의 변화

제1차 개헌(1919)	제2차 개헌(1925)	제3차 개헌(1927)	제4차 개헌(1940)	제5차 개헌(1944)
대통령 지도제	내각 책임제	집단 지도 체제	주석 지도 체제	주석 · 부주석 체제
이승만	김구	국무 위원(김구)	김구	김구, 김규식

③ 임시 정부의 활동

비밀 행정 조직	• 연통제(비밀 행정 조직망): 정부 문서와 명령 전달, 군자금 송금, 정보 보고 • 교통국(통신 기관): 정보 수집, 분석 · 교환을 담당
군자금 마련	• 애국공채 발행, 국민 의연금 모집 • 이륭양행(만주)과 백산상회(부산) 협조
군사 활동	• 군무부(군사 업무) · 참모부(군사 지휘) 설치, 군사 관련 법령 제정 • 육군 무관 학교 설립(상하이), 한국 광복군 창설(1940)
외교 활동	• 파리 위원부 설치(김규식이 대표 → 파리 강화 회의에 독립 공고서 제출) • 구미 위원부 설치(이승만), 한국 친우회 결성(미국 · 영국 · 프랑스) • 제네바 국제 연맹 회의 활동(조소앙 참가 → 한국 민족 독립 결정서 통과)
문화 활동	• 독립신문 발행(기관지), 사료 편찬소 설치(『한일 관계 사료집』 간행) • 민족 교육 실시(인성 학교와 삼일 중학교 설립)

④ 임시 정부의 시련

    ㉠ 배경: 이념 대립(민족주의 ↔ 사회주의), 독립운동의 방략 대립(외교독립론, 실력양성론, 무장투쟁론), 일제의 탄압으로 인한 자금난·인력난

    ㉡ 과정: 국민 대표 회의 소집(1923) → 개조파(임시 정부 개편)와 창조파(새로운 정부 수립)의 대립 → 결렬 → 이승만 탄핵, 박은식을 제2대 대통령으로 추대 → 제2차 개헌(국무령 김구 중심의 내각 책임제)

개조파		창조파	현상 유지파
외교 독립론	실력 양성론	무장 투쟁론	
이승만	안창호	신채호, 이동휘	이동녕, 김구
미국에 구미 위원부 설치	교육과 산업 등 민족 실력 양성	임시 정부 폐지론 주장	현행 임시 정부 유지

    ㉢ 영향: 독립운동 진영의 분열 → 임시 정부의 자구 노력(김구, 지도 체제 개편과 한인애국단 조직 등)

③ 국내 항일 운동(3·1 운동 이후)

(1) 국내 무장 항일 투쟁

천마산대	보합단	구월산대
평북 의주 천마산 거점	평북 의주 동암산 거점	황해도 구월산 거점
• 대일 유격전 전개 • 만주의 광복군 사령부와 협조	• 군자금 모금에 중점 • 임시 정부에 송금, 독립운동에 사용	• 일제의 관리와 밀정 처형 활동 • 친일파 은율 군수 최병혁 처단

(2) 학생 항일 운동(3·1 운동 이후)

구분	6·10 만세 운동(1926.6.10.)	광주 학생 항일 운동(1929.11.3.)
배경	사회주의 운동 고조	일제의 식민지 차별 교육과 억압, 신간회의 활동
전개	순종의 인산일 → 만세 시위 → 전국적 확산	한·일 학생 간의 충돌 → 전국 확대·해외 확산
의의	• 학생이 독립운동의 주역으로 변화 • 민족주의·사회주의 계열의 갈등 극복 계기	• 3·1 운동 이후 최대의 항일 민족 운동 • 식민 통치의 부정과 민족 독립 주장으로 확대

(3) 애국지사들의 활동

① 단독 의거: 조명하(1928, 타이완 일본 왕족 살해)

② 의열단과 한인애국단

구분	의열단(1919)	한인 애국단(1931)
배경	3·1 운동 이후 무장 조직체 필요성 절감	국민 대표 회의 결렬 후 대한민국 임시 정부의 침체
조직	• 김원봉, 윤세주 – 만주 길림성 • 신채호의 조선혁명선언에 기초	김구 – 중국 상하이
활동	• 김익상(1921, 조선 총독부 투탄) • 김상옥(1923, 종로 경찰서 투탄) • 김지섭(1924, 일본 도쿄 왕궁에 투탄) • 나석주(1926, 동양척식주식회사 투탄)	• 이봉창(1932, 일본 국왕 암살 미수) • 윤봉길(1932, 상하이 홍커우 공원 투탄)
의의	• 개별 투쟁 한계: 중국 혁명 세력과 연대 • 군사 활동: 중국의 황포 군관 학교 입학, 조선 혁명 간부 학교 설립, 조선 의용대 창설 • 정당 활동: 조선 민족 혁명당 결성(1935)	• 국제 관심 고조, 한국인의 독립운동 의기 고양 • 중국 국민당 정부의 임시 정부 지원의 계기 → 한국 광복군 창설

4 해외 무장 독립 전쟁의 전개

(1) 1920년대 무장 독립 전쟁

① 봉오동 전투와 청산리 전투

구분	봉오동 전투(1920.7)	청산리 전투(1920.10)
주도 부대	대한 독립군(홍범도) 주도	북로 군정서군(김좌진) 주도
연합 부대	군무도독부군(최진동) + 국민회군(안무)	대한 독립군(홍범도) + 국민회군(안무)
결과	일본군 1개 대대 공격	일본군 1개 연대 격파

② 독립 전쟁의 시련

간도 참변(1920)	자유시 참변(1921)	미쓰야 협정(1925)
일본군의 간도 교포 무차별 학살	대한 독립 군단(서일)의 자유시 집결	한국의 독립군 탄압 협정 체결
독립군의 기반 파괴 목적	소련군에 의해 강제 무장 해제	일제와 만주 군벌 간 밀착

③ 독립군 재정비(통합 운동)

3부의 성립	3부의 성격	3부의 통합
• 참의부(1923, 압록강 유역) • 정의부(1924, 남만주 일대) • 신민부(1925, 북만주 일대)	민정 기관(자치 행정)인 동시에 군정 기관(독립군의 작전 담당)	• 1920년대 후반 민족 유일당 운동 • 국민부(1929, 남만주, 조선 혁명군) • 혁신의회(1928, 북만주, 한국 독립군)

(2) 1930년대 무장 독립 전쟁

① 한 · 중 연합 작전: 일제의 만주 사변 → 중국 내의 반일 감정 고조

구분	한국 독립군의 활약	조선 혁명군의 활약
연합	한국 독립군(지청천) + 중국 호로군	조선 혁명군(양세봉) + 중국 의용군
활동	쌍성보 전투(1932), 대전자령 전투(1933) 등	영릉가 전투(1932), 흥경성 전투(1933) 등
개편	한국 독립군은 이후 임시 정부에 합류	양세봉 피살 이후 조선 혁명군의 세력 약화

② 만주 지역의 항일 유격 투쟁

구분	동북 인민 혁명군(1933)	조선 의용대(1938)
조직	조선인 공산주의자 + 중국 공산당 유격대	조선 민족 혁명당(김원봉) + 중국 정부의 지원
전개	• 동북 항일 연군(1936): 사회주의 계열 독립군 • 조국 광복회(1936): 반일 민족 전선 실현	• 한국 광복군 합류(1940) • 조선 의용군에 흡수(조선독립동맹 주도)
활동	항일 유격전 전개, 국내 진공 작전(보천보 전투)	국민당과 합작, 대일 항전, 첩보 · 암살 활동

더 알아보기

1920~1940년대 무장 독립운동

1920년대	1930년대	1940년대
• 무장 독립 전쟁의 본격화: 봉오동 전투, 청산리 전투 • 경신 참변(간도 참변) 이후 　→ 대한 독립군단 편성하여 자유시로 이동 • 자유시 참변 후 　→ 참의부 · 정의부 · 신민부 편성 • 한국 독립군, 조선 혁명군 조직	• 한국 독립군 + 중국 호로군 작전 　→ 중국 본토로 이동 • 조선 혁명군 + 중국 의용군 작전 　→ 1930년대 중반 이후 세력 약화 • 조선 의용대 + 중국 국민당 정부군 작전	• 한국 광복군: 신흥무관학교 출신 독립군 + 조선 의용대 일부 　→ 연합군과 연합 작전 전개 • 조선 의용대: 중국 공산당의 팔로군과 연합 작전

(3) 대한민국 임시 정부와 한국 광복군(1940년대의 독립 전쟁)

① 대한민국 임시 정부의 체제 정비

이동 시기의 임시 정부	충칭 시기의 임시 정부
윤봉길의 의거 이후 일제의 탄압 가중	독립 전쟁을 위한 정부 체제 강화
전시 체제 준비	주석 중심제 헌법 개정
• 초급 간부 양성, 국군 편성 계획 • 의정원의 확대, 군사 위원회 · 참모부 설치 • 군사 특파단 파견(모병 공작, 한국 청년 탈출 공작) • 한국 청년 전지 공작대 조직	• 김구 중심의 단일 지도 체제 • 한국 독립당 조직(1940) • 대한민국 건국 강령 발표: 민주 공화제, 삼균주의(조소앙) • 좌 · 우 통합정부 수립: 조선 혁명당과 통합

② 한국 광복군의 결성

창설	활동
• 중 · 일 전쟁 계기(1937)로 창설(1940, 충칭) • 신흥 무관 학교 출신 주축 + 조선 의용대 흡수 통합 • 중국 국민당 정부의 지원	• 대일 · 대독 선전 포고 • 연합군(영국)과 연합 작전(미얀마, 인도 전선) • 국내 진입 작전 계획(국내 정진군 편성)

03 사회·경제적 민족 운동

1 사회적 민족 운동의 전개

(1) 사회주의 사상의 유입

① 사회주의 계열의 등장

㉠ 배경: 독립에 대한 국제적 지원 무산, 레닌의 약소 민족 독립운동 지원 약속

㉡ 경과: 3 · 1 운동 이후 국내 유입 → 청년 · 지식인 중심으로 활발하게 보급

㉢ 영향: 조선 공산당 결성, 사회 · 경제 운동의 활성화, 민족 독립운동 전선의 분화(사회주의 ↔ 민족주의)

② 다양한 사회 운동

청년 운동	여성 운동	소년 운동	형평 운동
3 · 1 운동 이후 많은 청년 단체 조직	3 · 1 운동 때 여성의 적극적 참여와 희생	천도교 소년회(방정환)	갑오개혁 때 신분제 폐지되었으나 사회적 차별 존속
청소년 품성 도야, 생활 개선 등 민족 실력 양성 운동, 무산 계급의 해방 주장	문맹 퇴치 · 구습 타파, 실력 양성 운동 전개, 무산 계급 여성의 해방 주장	어린이날 제정, 『어린이』 발간	백정에 대한 평등한 대우 요구와 백정 자녀의 교육 문제 해결 촉구
조선 청년 총동맹(1924)	근우회(1927)	조선 소년 연합회(1927)	조선 형평사(1923)

(2) 민족 유일당 운동

① 민족 유일당 운동

㉠ 배경: 민족주의계 내 자치 운동론 대두(이광수, 최린 등), 중국의 국 · 공 합작 등 → 단일화된 민족 운동의 필요성

㉡ 과정: 한국 독립 유일당 북경 촉성회 창립, 만주 지역의 3부 통합 운동, 6 · 10 만세 운동 전개, 신간회 창립

㉢ 영향: 민족 유일당 운동으로 발전, 비타협적 민족주의계와 사회주의계 결합

② 신간회(1927~1931)

배경	민족주의계의 분화(민족 개량주의자 ↔ 비타협적 민족주의자), 사회주의계의 위기(1925년 치안유지법)
활동	• 일제 강점기 최대의 합법적 항일 운동 단체(회장: 이상재, 부회장: 홍명희) • 조선 민흥회(1926) → 정우회 선언 발표(1926) → 신간회 창립(1927) → 해체(1931) • 민중대회 개최, 전국 순회강연 • 농민·노동·학생운동 지원: 한국인 본위의 교육 실시·착취 기관 철폐 등 주장, 원산 노동자 총파업 지원, 갑산 화전민 학살 사건에 대한 진상 규명 운동 전개 • 광주 학생 항일 운동에 진상 조사단 파견
해소	• 민족주의 계열 내에 타협적 노선 등장, 민족주의 세력과 사회주의 세력의 대립 • 코민테른의 노선 변화

2 민족 실력 양성 운동

(1) 민족 기업의 육성과 물산 장려 운동

구분	민족 기업의 육성	물산 장려 운동(1920년대)
배경	민족 자본과 산업 육성 → 민족 경제의 자립 달성 운동	
경과	• 경성 방직 주식 회사(지주 자본) • 평양 메리야스 공장(서민 자본) • 민족계 은행 설립(삼남은행)	• 1920년 조만식 등 민족 자본가 중심으로 평양에서 시작 • 조선 물산 장려회 조직(1923), 자작회(1922) 결성 • 일본 상품 배격, 국산품 애용 • 근검 저축, 생활 개선, 금주·금연 등
결과	일제 탄압으로 민족 기업 해체 → 일본 기업에 흡수·통합, 기업 활동 침체	민족 기업의 생산력 부족, 상인·자본가 일부 계급의 이익만 추구, 민중의 외면 등 → 실패

(2) 민립대학 설립 운동, 문맹 퇴치 운동

구분	민립대학 설립 운동	문맹 퇴치 운동
배경	• 일제의 초급 학문과 기술 교육만 허용 • 고등 교육을 통한 민족의 역량 강화	• 한국민의 우민화(문맹자 증가, 민족 역량 약화) • 한글 보급으로 민족 정신과 항일 의식 고취
경과	• 조선 교육회 조직(1920, 한규설, 이상재) • 민립대학 기성회 조직(1922) → 민립대학 설립 운동 (1923, 이상재, 조만식)	• 야학 운동(1920년대) • 문자 보급 운동(조선일보), 브나로드 운동(동아일보) • 한글 강습회(조선어 학회)
결과	일제의 경성제국대학 설립(1924)	일제의 문맹 퇴치 운동 금지(1935)

(3) 농민 운동과 노동 운동

구분	농민 운동(소작 쟁의)	노동 운동(노동 쟁의)
배경	소작민에 대한 수탈 강화 → 농민 생활 파탄	일제의 식민지 공업화 정책 → 열악한 노동 조건
성격	• 1910년대: 일제의 지주 비호, 농민 지위 하락 • 1920년대: 생존권 투쟁, 고율 소작료 인하 • 1930년대: 항일 민족 운동, 식민지 수탈 반대	• 1910년대: 농업 중심의 산업 구조, 노동자 계급 형성 부진 • 1920년대: 생존권 투쟁, 임금 인상, 노동 조건 개선 • 1930년대: 항일 민족 운동, 혁명적 노동 운동 전개
조직	조선 농민 총동맹(1927) → 농민 조합(1930년대)	조선 노동 총동맹(1927) → 지하 노동 조합(1930년대)
활동	암태도 소작 쟁의(1923~1924)	원산 노동자 총파업(1929)

3 국외 이주 동포의 활동과 시련

구분	배경	민족 운동	시련
만주 이주 동포	• 조선 후기부터 농민들의 생계 유지 위해 이주 • 국권 피탈 후 정치 · 경제적 이유로 증가	• 대한 독립 선언서 발표(1918) • 독립운동 기지 마련 • 무장 독립 전쟁 준비	• 간도 참변(1920) • 미쓰야 협정(1925) • 만보산 사건(1931) 등
연해주 이주 동포	• 러시아의 변방 개척 정책 • 1905년 이후 급증하여 한인 집단촌 형성	• 국외 의병 운동 중심지(13도 의군 결성, 1910) • 권업회 조직(1911) • 대한 광복군 정부 수립(1914, 이상설) • 대한 국민 의회 수립(1919, 손병희)	• 자유시 참변(1921) • 볼셰비키 정권의 무장 해제 강요 • 연해주 동포의 중앙 아시아 강제 이주(1937)
일본 이주 동포	• 19세기 말: 정치적 망명 · 유학생 중심 • 국권 피탈 후: 몰락 농민들의 산업 노동자 취업 • 1930년대: 일제의 강제 징용	2 · 8 독립 선언	• 노동력 착취와 민족 차별의 수모 • 관동 대학살(1923)
미주 이주 동포	• 20세기 초: 하와이 · 멕시코 노동자로 이주 • 국권 피탈 후: 정치적 망명자, 유학생 다수	• 대한인 국민회 조직(1910) • 대조선 국민 군단(1914) • 대한민국 임시 정부에 대한 지원	기후 조건, 노동 조건 열악

04 민족 문화 수호 운동

1 일제의 식민지 문화 정책

(1) 우민화 교육과 한국사의 왜곡

구분	민족 교육의 탄압	한국사의 왜곡
목적	'동화'와 '차별' 교육 → 황국 신민화 교육 시도	한국사 왜곡 바탕 → 식민 통치 정당화
전개	• 1910년대: 우민화 정책 – 민족 사립학교 폐쇄, 실업 교육 중심 • 1920년대: 유화 정책 – 보통학교 수 증대, 조선어 필수 과목 지정, 조선 역사 교육 실시 • 1930년대: 황국 신민화 교육 강화 – 황국 신민 서사 암송, 한글과 한국사 교육 금지	• 민족 고대사 왜곡(단군 조선 부정) • 식민사관: 한국사의 타율성 · 정체성 · 당파성론 • 일선동조론 강조 • 『반도사』 편찬 계획(조선 총독부 중추원), 『조선사』 (조선사 편수회), 청구 학보(청구학회) 간행

더 알아보기

일제의 식민지 교육 정책

1차 조선교육령 (1911)	• 우민화 교육 • 보통학교(4년) · 실업 · 전문 교육, 일본어 학습 강요
사립학교 규칙 (1911)	지리 · 역사 · 한글 교육 금지
서당 규칙 (1918)	서당 설립 인가제에서 허가제로 변경하고 서당 활동 억압
2차 조선교육령 (1922)	• 한국인의 대학 입학 허용, 고등보통학교 변경 시행(5년) • 보통학교(4년 → 6년), 조선어, 역사 · 지리 교육 허용
경성제국대학 설립 (1924)	민립대학 설립운동의 회유책으로 경성제국대학 설립
3차 조선교육령 (1938)	• 내선일체와 일선동조론 강조 • 보통학교 · 소학교 → 심상 소학교, 고등보통학교 → 중학교 • 조선어: 수의(선택) 과목화
국민학교령 (1941)	소학교 → 국민학교(4년) 변경
4차 조선교육령 (1943)	• 전시 교육 체제 • 조선어와 역사 과목 폐지

(2) 일제의 언론 정책과 종교 탄압

언론 탄압	종교 활동의 탄압
• 1910년대: 신문지법(1907) – 언론 암흑기 • 1920년대: 동아일보 · 조선일보 신문 창간, 개벽 · 신생활 · 신천지 · 조선지광 잡지 발행 • 1930년대: 언론 탄압 강화 → 조선 · 동아일보 폐간(1940), 일장기 말소 사건	• 기독교 탄압: 105인 사건(안악 사건, 1910), 사립학교 규칙 개정 · 통제(1915), 신사 참배 강요 • 불교 탄압: 사찰령 공포(1911), 사찰령의 시행규칙으로 포교 규칙 공포(1915), 중앙 학림 폐지(3 · 1 운동 이후) • 천도교와 대종교의 탄압 • 친일적 유교 단체 결성

2 국학 운동의 전개

(1) 국어 연구: 국문 연구소(1907) → 조선어 연구회(1921) → 조선어 학회(1931) → 한글 학회(1949)

구분	조선어 연구회(1921)	조선어 학회(1931)
인물	장지연, 이윤재, 최현배 등	임경재, 장지영 등
내용	• 한글 연구와 보급 • 『한글』 잡지 발간 • '가갸날' 제정(1926)	• 한글 맞춤법 통일안과 표준어 제정 • 『우리말 큰사전』 편찬 시도 • 외래어 표기법 제정
변화	조선어 학회로 확대 개편	조선어 학회 사건으로 해체(1942)

(2) 한국사의 연구

구분	민족주의 사학	사회 · 경제 사학	실증주의 사학
내용	우리 문화의 우수성과 한국사의 주체성 강조	역사 발전의 보편성을 한국사에 적용	객관적 사실에 근거하는 연구를 통해 한국사를 실증적으로 연구
연구	박은식(혼), 신채호(낭가 사상), 정인보(얼), 문일평(심), 안재홍 계승	백남운: 정체성과 타율성을 주장한 식민사관 비판	이병도, 손진태: 진단학회 창립, 진단학보 발행
한계	민족의 주체성 강조 → 실증성이 약하다는 비판	한국사의 발전을 서양 역사의 틀에 끼워 맞추려 한다는 비판	민족사의 현실 인식을 제대로 하지 못했다는 비판

3 교육 운동과 종교 활동

(1) 민족 교육 운동
　① 교육 운동 단체 설립(3 · 1 운동 이후)
　　㉠ 조선여자교육회: 순회강연과 토론회 개최, 『여자시론』 간행, 야학 개설 → 여성 교육의 대중화
　　㉡ 조선교육회: 『신교육』 발간, 한글 강습회 개최, 민립대학 설립 운동 주도
　② 민족 교육 기관
　　㉠ 사립학교: 근대 지식 보급, 항일 운동의 거점, 민족 의식 고취 → 일제의 통제로 감소
　　㉡ 개량 서당: 한국어와 근대적 교과 및 항일적 교재 사용 → 서당 규칙(1918)으로 탄압
　　㉢ 야학: 가난한 민중과 그 자녀를 대상 → 1931년 이후 탄압 강화

(2) 과학 대중화 운동

① 안창남의 고국 방문 비행(1922.12.): 과학에 대한 인식 재고에 영향
② 단체의 설립
    ㉠ 발명 학회 창립(1924): 김용관 등이 중심 → 『과학 조선』 창간, 과학의 날 제정, 과학의 중요성 계몽 등
    ㉡ 과학 지식 보급회 설립(1934): 과학의 생활화/생활의 과학화 주장, 『과학 조선』 간행 → 과학 대중화 운동 전개

(3) 종교 활동

개신교	신문화 운동, 농촌 계몽 운동, 한글 보급 운동, 신사 참배 거부 운동
천주교	• 고아원 · 양로원 설립, 잡지 『경향』 간행 • 무장 항일 투쟁 전개(의민단 조직 → 청산리 전투에 참전)
천도교	3 · 1 운동 주도, 잡지 『개벽』 간행
대종교	• 단군 숭배 사상을 통해 민족 의식 고취 • 무장 항일 투쟁에 적극적 참여(중광단 → 북로 군정서 확대)
불교	• 3 · 1 운동 주도 • 교육 운동 · 사회 운동 전개 • 조선 불교 유신회(1921) 조직 → 불교 정화 운동, 사찰령 폐지, 친일 지주 성토 운동 전개
원불교	박중빈 창시(1916) – 개간 사업, 저축 운동, 생활 개선 운동 전개(남녀 평등, 허례허식 폐지)

4 문학과 예술 활동

구분	1910년대	1920년대	1930년대 이후
문학	계몽주의 성격 – 이광수(무정), 최남선(신체시)	사실주의 경향 대두, 민족 의식 고취, 신경향파 문학(계급 의식 고취, 카프)	일제의 협박과 탄압 가중, 강렬한 저항 의식(이육사, 윤동주), 일제에 협력(이광수, 최남선)
음악	창가 유행 – 국권 상실과 망국의 아픔을 노래	서양 음악을 통한 민족 정서 노래 – 홍난파(봉선화), 현제명(고향 생각)	안익태(애국가, 코리아 환상곡), 홍난파, 현제명 등의 친일 활동
미술	–	안중식(전통 회화 계승 · 발전), 프로 예술 동맹 창립(1920년대 중반)	이중섭(서양화), 김은호, 김기창 등의 친일 활동
연극	–	토월회 활동(1922), 신파극 유행, 나운규(아리랑 등)	극예술연구회(1931), 조선 영화령 발표(1940)

09 | 현대 사회의 발전

01 대한민국의 수립

1 제2차 세계 대전 이후의 세계

(1) 냉전 체제의 형성과 해체

① 냉전의 성립: 자유주의 진영(미국) ↔ 공산주의 진영(소련) → 그리스에서 공산주의자 반란(1946)

② 냉전의 전개

    ㉠ 유럽: 소련의 베를린 봉쇄(1948) → 북대서양 조약 기구(NATO, 1949) ↔ 바르샤바 조약 기구 (WTO, 1955)

    ㉡ 아시아: 중국의 공산화, 우리나라의 한국전쟁(6.25 전쟁), 베트남 전쟁 등

③ 냉전의 해체

    ㉠ 냉전 완화: 흐루쇼프의 평화 공존 표방, 닉슨 독트린 발표(1969), 중국의 유엔 가입(1971) 등

    ㉡ 냉전 종식: 고르바초프의 개방과 개혁 정책(1985), 동유럽 공산 체제 붕괴, 독일 통일(1990), 소련 해체(1991)

(2) 제3세계의 대두와 유럽의 통합

① 제3세력의 대두

    ㉠ 아시아 · 아프리카 신생 독립국: 평화 5원칙 발표 → 비동맹 중립노선 표방

    ㉡ 반둥회의(1955): 평화 10원칙 채택(반식민주의, 반인종주의, 민족주의, 평화 공존, 전면 군축 등)

② 유럽 통합 움직임: 유럽 경제 공동체(EEC, 1958) → 유럽 공동체(EC, 1967) → 유럽 연합(EU, 1993)

2 8 · 15 광복과 분단

(1) 광복 직전의 건국 준비 활동

대한민국 임시 정부(충칭, 1940)	조선 독립 동맹(중국 화북, 1942)	조선 건국 동맹(국내, 1944)
김구 중심	김두봉 중심	여운형 중심
민족주의 계열	사회주의 계열	좌 · 우 연합 성격
한국 광복군 + 조선 의용대 흡수	조선 의용군	비밀 결사
대한민국 건국 강령(1941) → 삼균주의 기초(정치 · 경제 · 교육)	항일 전쟁 수행(+ 중국 팔로군), 보통선거, 남녀 평등권 확립	일제의 타도와 민족의 자유와 독립 회복
민주 공화국 건설	민주 공화국 건설	민주주의 국가 건설

(2) 8 · 15 광복과 국토 분단

① 8 · 15 광복

대내	대외
• 우리 민족의 독립 투쟁 • 학생 · 노동 · 농민의 민족 운동 • 민족 실력 양성 운동, 민족 문화 수호 운동 • 무장 독립 투쟁, 외교 활동 등 • 우리나라 독립에 대한 국제적 여론 고조	• 일본의 무조건 항복과 연합군의 승리 • 카이로 회담(1943): 미 · 영 · 중, 최초로 한국의 독립에 대해 약속 • 얄타 회담(1945): 미 · 영 · 소, 소련의 대일전 참전 • 포츠담 선언(1945): 미 · 영 · 중, 일본의 무조건 항복 요구, 카이로 선언 재확인 • 국제 사회의 한국 독립 약속

② 국토 분단

    ㉠ 한국 광복군의 국내 진입 작전 계획 무산

    ㉡ 소련의 참전: 얄타 회담(1945.2.) → 소련군의 대일전 참전 결의(1945.8.) → 소련의 북한 점령

    ㉢ 북위 38도선 분할: 일본군의 무장 해제를 명목으로 분할(북 – 소련 군정, 남 – 미국 군정) → 분단
    의 고착화

(3) 광복 직후 남북한의 정세

남한의 정세	북한의 정세
미군정의 통치	소련군 사령부 설치
• 건국 준비 위원회와 대한민국 임시 정부 부정 • 일제의 총독부 체제 이용 • 우익 세력 지원(한국 민주당 중심)	• 공산 정권 수립의 기반 마련 • 민족주의 계열 인사 숙청(조만식 등)
• 조선 건국 준비 위원회: 여운형 · 안재홍 중심 → 좌 · 우 세력 연합, 조선인민공화국 선포 등 • 한국 민주당: 송진우 · 김성수 등 → 민족주의 우익 세력 중심, 임시 정부 지지, 미군정에 적극 참여 • 조선 공산당: 박헌영 중심 → 조선 공산당 재건 • 독립 촉성 중앙 협의회: 이승만 → 국내 정치 활동 재개 (한국민주당과 관계 유지) • 한국 독립당: 김구 → 통일 정부 수립 활동	• 평남 건국 준비 위원회: 조만식, 건국 작업 시작 • 인민 위원회: 소련군의 행정권 · 치안권 행사 • 북조선 임시 인민 위원회(1946): 토지 개혁, 주요 산업 국유화, 8시간 노동제 실시 • 북조선 인민 위원회 결성(1947): 위원장 김일성

(4) 신탁 통치 문제

① 모스크바 3국 외상 회의와 반탁 운동

모스크바 3국 외상 회의(1945.12.)	반탁 운동 전개
• 임시 민주 정부 수립 • 미 · 소 공동위원회 설치 • 5년 간 4개국(미 · 영 · 중 · 소)의 신탁 통치 실시	• 우익 세력: 반탁 운동 → 반소 · 반공 운동으로 몰아감 • 좌익 세력: 초기 반탁 운동 → 모스크바 3국 외상 회의 결정 지지 운동 전개

② 미 · 소 공동위원회

구분	제1차 미 · 소 공동위원회(1946.3.)	제2차 미 · 소 공동위원회(1947.5.)
배경	신탁 통치와 임시 정부 수립 문제 해결	임시 정부 수립의 협의 대상 문제로 결렬
영향	• 단독 정부 수립론(이승만, 1946.6.) • 남조선 과도 정부 수립(1947~1948.8.) • 좌우 합작 운동 추진(1946.10.)	• 미국이 한국 문제를 유엔에 상정(1947.9.) • 유엔의 남북한 총선거 결의(1947.11.) • 유엔 한국 임시 위원단의 내한(1948.1.): 소련의 거부로 입국조차 실패 • 유엔 소총회의 남한만의 총선거 결의(1948.2.)

❸ 5 · 10 총선거와 대한민국의 수립

(1) 통일 정부 수립 노력

구분	좌우 합작 운동	남북 협상 시도
배경	• 좌 · 우익 대립 • 단독 정부 수립론 대두(이승만의 정읍 발언)	• 유엔 소총회의 남한만의 총선거 결의(1948.2.) • 우익 세력의 분열(한국 민주당, 이승만 ↔ 한국 독립당)
과정	• 좌우 합작 위원회(김규식 + 여운형 등) • 좌우 합작 7원칙 발표(1946.10.) • 미군정의 남조선 과도 정부 설치	• 남북 협상(김구 · 김규식, 김일성 · 김두봉, 1948.4.) • 통일 독립 촉진회 결성(1948)
영향	한국 민주당 · 이승만 · 김구 · 조선 공산당의 불참, 미국 지원 철회 → 여운형 암살로 실패(1947.7.)	김구의 암살(1949.6.)과 김규식의 납북으로 실패
의의	통일 민족 국가 수립 운동의 출발점	주체적 평화 통일론에 입각한 통일 국가 수립의 일환

(2) 남북한 정권의 수립

구분	대한민국 정부 수립(1948.8.15.)	조선 민주주의 인민 공화국 수립(1948.9.9.)
전개	• 5 · 10 총선거(1948) → 제헌 국회 구성 • 제헌 헌법(대통령 중심제, 임기 4년, 단원제 국회) • 국회에서 대통령 선출	• 북조선 임시 인민 위원회 구성(1946, 김일성 등장) • 북조선 인민 위원회 수립(1947.2.), 조선 인민군 창설 • 최고 인민 회의 대의원 선거 실시
정부 수립	대통령 – 이승만, 부통령 – 이시영	수상 – 김일성, 부수상 – 박헌영, 홍명희
UN 승인	한반도의 유일한 합법 정부로 '대한민국 정부' 승인(1948.12.)	–
경제 정책	• 농지 개혁(유상매입 · 유상분배, 1949) • 자유 경제 체제 지향 • 미국의 경제 원조 도입	• 토지 개혁(무상매입 · 무상분배, 1946) • 주요 산업 국유화 • 남녀 평등법
일제의 잔재 청산	• 반민족 행위 처벌법 제정(1948.9.) • 반민족 행위 특별 조사 위원회 설치 • 반민 특위 습격 사건(1949.6.6.)으로 반민법 공소 시효 단축 및 반민 특위 해체	일제 잔재 청산

4 한국전쟁(6 · 25 전쟁)

(1) 건국 초기의 정세

구분	제주 4 · 3 사건(1948)	여수 · 순천 10 · 19 사건(1948)
주도	사회주의 세력과 주민의 무장 봉기	여수 주둔 군대 내의 사회주의자
배경	남한만의 단독정부 수립 반대와 미군 철수 요구	제주 4 · 3 사건의 진압 명령 거부와 통일정부 수립 요구
과정	좌익 세력 무장 봉기 → 일부 지역 총선거 무산 → 좌익 세력의 유격전 전개	여수 · 순천 등 점령 → 이승만 정부의 신속한 대응으로 진압
결과	군 · 경의 초토화 작전으로 수많은 주민들이 목숨을 잃음	군 · 민의 막대한 인명 피해, 군대 내의 좌익 세력 숙청

(2) 한국전쟁(6 · 25 전쟁)과 공산군의 격퇴

① 배경: 냉전 체제 대립, 주한 미군 철수(1949), 중국의 공산화(1949), 애치슨 선언(1950.1.)

② 과정: 북한의 남침 → 국군의 후퇴(낙동강 전선) → 유엔군의 참전→ 인천 상륙 작전으로 서울 탈환 → 압록강까지 진격 → 중국군의 개입(1 · 4 후퇴) → 휴전 회담 진행 → 반공 포로 석방 → 휴정 협정 체결 → 한 · 미 상호 방위 조약 체결

③ 영향: 인적 · 물적 피해, 분단의 고착화, 미 · 소 냉전의 격화, 남북한의 독재 체제 강화, 촌락 공동체 의식 약화, 이산가족의 발생 등

■1 4 · 19 혁명과 민주주의의 성장

(1) 이승만 정부의 독재 체제 강화(제1공화국)

  ① 이승만 정부의 반공 정책

    ㉠ 반공 정책 추진: 북진 통일 주장, 공산군과 휴전 반대, 반공 포로 석방, 자유 우방 국가와 외교 강화 등

    ㉡ 반공의 통치 이념화: 정치적 반대 세력 탄압, 독재 체제에 이용, 자유 민주주의 발전 저해

  ② 정권 연장을 위한 헌법 개정

    ㉠ 발췌 개헌(1952.7.): 자유당 조직(1951.12.) → 대통령 직선제 개헌 → 이승만 대통령의 재선(1952.8.)

    ㉡ 사사오입 개헌(1954.11.): 초대 대통령의 3선 제한 철폐 개헌안 제출 → 사사오입 통과 선언 → 이승만 재집권

  ③ 반공 독재 정치 강화: 신국가 보안법 통과, 진보당 사건 조작(1959, 조봉암을 간첩 혐의로 처형), 경향신문 폐간(1959) 등

(2) 4 · 19 혁명(1960)

  ① 3 · 15 부정 선거와 마산 의거

    ㉠ 배경: 자유당의 독재와 부정 부패, 경제난 가중 → 3 · 15 부정 선거

    ㉡ 과정: 마산 의거(1960.3.15.) → 학생과 시민의 시위가 전국 확산(1960.4.19.) → 계엄령 선포 → 대학 교수들의 시국 선언 → 이승만 대통령 하야 발표

    ㉢ 영향: 학생과 시민들의 민주주의 혁명으로 민주주의 발전의 중요한 계기

  ② 장면 내각의 성립(제2공화국)

    ㉠ 허정 과도 정부: 부정 선거의 주범 처리, 제3차 개헌(내각 책임제 · 양원제), 총선거 실시 → 민주당 집권(대통령 윤보선, 국무총리 장면)

    ㉡ 장면 내각: 독재 정권의 유산 청산, 민주주의의 실현, 경제 재건과 경제 개발, 남북 관계의 개선 노력

    ㉢ 한계: 정쟁과 민주당 분당 등 정치적 갈등, 개혁 의지 미흡 → 5 · 16 군사 정변으로 붕괴(1961)

❷ 5·16 군사 정변과 민주주의의 시련

(1) 5·16 군사 정변과 박정희 정부(제3공화국)

① 5·16 군사 정변(1961)

　　㉠ 박정희 중심의 일부 군인 세력이 정변을 일으킴(1961) → 전국에 비상계엄령 선포

　　㉡ 군사 혁명 위원회의 정권 장악, 혁명 공약 발표 → 국가 재건 최고 회의 구성, 중앙정보부 설치

② 군정 실시

　　㉠ 사회 개혁: 부정 축재자 처벌, 농어촌 고리채 정리와 화폐 개혁 단행, 경제 개발 5개년 계획 추진 (1962)

　　㉡ 사회 통제: 반공 국시, 정치 활동 정화법·반공법 실시 등

　　㉢ 민주 공화당 창당, 헌법 개정(대통령 중심제·단원제) → 5대 대통령 당선(1963.10.)

③ 박정희 정부의 정치(제3공화국)

　　㉠ 국정 지표: 조국 근대화와 민족 중흥 표방

　　㉡ 경제 개발: 경제 개발 5개년 계획 추진, 한·일 국교 정상화(1965), 국군 베트남 파견(1964), 6·3 항쟁 (1964)

　　㉢ 장기 집권 시도: 6대 대통령 당선(1967), 3선 개헌안 통과(1969), 7대 대통령 당선(1971), 유신 헌법 제정(1972)

(2) 유신 체제(제4공화국)

① 10월 유신(1972)

　　㉠ 배경: 냉전 체제 약화, 세계 경제의 불황 등 → 국가 안보와 경제의 지속적 성장을 위한 정치 안정 명분

　　㉡ 과정: 7·4 남북공동성명 발표(1972) → 10월 유신 선포(1972.10.17.) → 국민 투표로 확정 (1972.12.17.)

　　㉢ 내용: 대통령의 권한 강화(국회 해산권, 국회의원 1/3 지명, 긴급조치권 등), 간선제(통일주체국민 회의), 임기 6년, 중임 제한 철폐

　　㉣ 영향: 비민주적·권위주의적 통치 체제 → 국민의 기본권과 자유 제한

② 유신 체제에 대한 저항

　　㉠ 유신 반대 운동: 유신 반대 시위와 헌법 개정 운동 확산(1973), 3·1 민주 구국 선언 발표(1976) 등

　　㉡ 유신 정권의 탄압: 긴급 조치 발동, 민청학련 사건 조작(1974) 등

　　㉢ 유신 체제의 붕괴: 인권 탄압에 대한 비판적 국제 여론 형성, 경제 불황 등 → 부·마 항쟁, 10·26 사태(1979)

3 민주화 운동과 민주주의의 발전

(1) 1980년대의 민주화 운동

① 신군부 세력의 등장

㉠ 12 · 12 사태(1979): 신군부 세력(전두환, 노태우)의 군부 장악, 비상계엄령 유지, 최규하 정부의 무력화

㉡ 서울의 봄: 학생과 시민들의 민주화 시위 전개 → 유신 헌법 폐지, 비상계엄 철폐, 전두환 퇴진 등 요구

㉢ 신군부의 대응: 전국으로 계엄령 확대, 정치 활동 금지, 주요 정치 인사 체포 등

② 전두환 정부 수립(제5공화국, 1980)

㉠ 성립: 5 · 18 광주 민주화 운동 → 국가보위비상대책위원회 설치, 정치 활동 통제 → 전두환 정부 수립

㉡ 국정 지표: 정의 사회 구현, 복지 사회 건설 등 표방

㉢ 권위주의적 강권 통치: 언론 통폐합, 민주화 운동과 노동 운동 탄압, 인권 유린, 각종 부정과 비리 등

㉣ 유화 정책: 제적 학생의 복교, 민주화 인사 복권, 통행 금지 해제, 교복 자율화, 해외 여행 자유화 등

㉤ 경제 성장: 3저 호황으로 인한 경제 성장, 물가 안정으로 수출 증대 → 국제 수지 흑자

㉥ 6월 민주 항쟁(1987): 박종철 고문치사 사건 → 4 · 13 호헌 조치 → 연세대 학생 이한열 사망 사건 → 민주 헌법 쟁취 국민운동본부의 국민 대회 개최 → 6월 민주 항쟁 → 6 · 29 선언(5년 단임의 대통령 직선제 개헌)

③ 노태우 정부(제6공화국, 1987)

㉠ 성립: 6월 민주 항쟁 → 야당 후보의 단일화 실패, 지역 감정 심화 등으로 노태우 후보의 대통령 당선

㉡ 국정 지표: 민족 자존, 민주 화합, 균형 발전, 통일 번영 등 표방

㉢ 민주화 조치: 부분적 지방 자치제 실시, 언론 기본법 폐지, 노동 운동 활성화

㉣ 외교 활동: 서울 올림픽 개최(1988), 북방 외교 활성화, 남북한 유엔 동시 가입(1991)

(2) 민주주의의 지속적 발전

① 김영삼 정부(1993)

㉠ 성립: 5 · 16 군사 정변 이후 첫 민간인 출신 대통령 취임(1993.2.)

㉡ 국정 지표: 깨끗한 정부, 튼튼한 경제, 건강한 사회, 통일된 조국 건설

㉢ 정치 개혁: 공직자 윤리법 제정, 금융 실명제 실시, 지방자치제 전면 실시, 역사 바로 세우기 운동 추진

㉣ 경제적 위기: 권력형 비리 표출, 외환 위기(IMF 사태) 발생(1997)

② 김대중 정부(1998)

㉠ 성립: 야당의 김대중 후보 당선(1997) → 헌정 사상 최초의 여 · 야의 평화적 정권 교체

㉡ 국정 지표: 민주주의와 시장 경제의 발전 병행, IMF 관리 체제의 조기 극복 등 천명

  © 남북 관계 개선: 대북 화해 협력(햇볕 정책) 추진(금강산 관광 시작, 1998), 6 · 15 남북공동선언
   (제1차 남북정상회담, 2000), 외환 위기 극복(2002)

③ 노무현 정부(2003)

  ③ 성립: 노무현, 이회창의 경합 끝에 16대 대통령으로 노무현이 당선, 참여정부 표방

  © 국정 목표: 국민과 함께하는 민주주의, 더불어 사는 균형 발전 사회, 평화와 번영의 동북아 시대

  © 대북 정책: 10 · 4 남북공동선언(제2차 남북정상회담, 2007)

  ② 경제 정책: 한 · 미 FTA 체결(2007)

④ 이명박 정부(2008)

  ③ 성립: 이명박, 정동영의 경합 끝에 제17대 대통령으로 이명박이 당선

  © 국정 목표: 신 발전체제 구축

  © 경제 정책: 747 성장, 저탄소 녹색 성장, 자원과 에너지 외교, 4대강 사업 등

⑤ 박근혜 정부(2013~2017): 제18대 대통령 박근혜 당선, 국정농단(國政壟斷)으로 탄핵되어 대통령직
 에서 파면(2017.3.10.)

⑥ 문재인 정부(2017~2022): 제19대 대통령 문재인 당선

⑦ 윤석열 정부(2022~): 제20대 대통령 윤석열 당선

더 알아보기

대한민국 개헌 과정

제1차 개헌 (발췌 개헌, 1952)	대통령 직선제, 부통령제, 양원제 국회, 국무위원에 대한 국회의 불신임결의 등
제2차 개헌 (사사오입 개헌, 1954)	대통령 직선제, 초대 대통령의 중임 제한 철폐, 국민 투표제 신설, 부통령의 대통령 지위 승계권 부여 등
제3차 개헌 (1960)	내각 책임제, 양원제 국회, 지방자치 단체장의 선거제 채택, 경찰의 중립 규정 등
제4차 개헌 (1960)	소급 특별법 제정(3 · 15 부정 선거 관련자 및 부정 축재자들을 소급하여 처벌)
제5차 개헌 (1962)	• 5 · 16 군사 정변 • 대통령 직선제, 단원제 국회
제6차 개헌 (3선 개헌, 1969)	대통령의 3선 허용, 국회의원 정수 증원, 국회의원의 각료 겸임 등
제7차 개헌 (유신 헌법, 1972)	대통령 간선제, 6년 임기, 중임 제한 철폐, 대통령 권한 강화, 법률유보조항을 통한 기본권 제한 용이, 통일주체국민회의 설치
제8차 개헌 (1980)	• 12 · 12 사태 • 대통령 간선제, 7년 단임제
제9차 개헌 (1987)	•6월 민주 항쟁 • 대통령 직선제, 5년 단임제, 국군의 정치적 중립 • 대한민국 임시 정부의 법통 계승, 4 · 19 민주 이념의 계승 명시

4 **북한의 체제 변화**

(1) 북한 사회주의 체제의 성립

① 김일성 유일 체제의 확립

    ㉠ 김일성 권력 강화: 김일성 · 김두봉 · 박헌영 · 허가이 연립 형태 → 남로당계 · 소련파 · 연안파 숙청(1950)

    ㉡ 경제 발전 도모: 협동 농장 조직, 천리마 운동, 3대 혁명 운동, 중공업 우선 정책 등 전개

    ㉢ 주체 사상: 정치의 자주화, 경제적 자립, 국방의 자위 주장 → 김일성 중심의 통치 체제

    ㉣ 사회주의 헌법 공포(1972): 주석제 도입 → 김일성의 독재 권력 체제 제도화

② 김정일 체제의 출범

    ㉠ 부자 세습 체제: 김정일 후계자 내정(1974) → 김정일 후계 체제 공식화(1980) → 김정일 국방위원장 선출(1993)

    ㉡ 김정일 정권: 김일성 사망(1994) 후 유훈 통치, 헌법 개정(1998, 김정일 정권 출범), 사회주의 강성 대국 표방

③ 김정은의 권력 승계

    ㉠ 김정일의 사망 후 김정은이 권력 승계(2011)

    ㉡ 국방위원장 및 노동당 제1비서로 추대되어 정권 장악(2012)

(2) 북한의 변화

① 북한의 경제 변화

3개년 계획(1954~1956)	경제를 전쟁 이전의 수준으로 복구, 협동 농장 조직 시작
5개년 경제 계획(1957~1961)	모든 농지의 협동 농장화, 개인 상공업 폐지, 사유제 부정
제1차 7개년 계획(1960년대)	공업 · 기술 · 생활 개선 노력 → 소련의 원조 중단과 군비 증가로 달성 미흡
인민 경제 발전 6개년 계획(1970년대)	현대적 공업화, 생활 향상 모색 → 농업 부진과 생필품 부족
북한의 경제 위기(1980~90년대)	자본 · 기술 부족, 지나친 자립 경제 추구, 계획 경제의 한계, 국방비 과다

② 개방 정책

외국과의 경제 교류 확대	합작 회사 운영법(합영법, 1984), 나진 · 선봉 자유 무역 지대 설치 공포(1991), 외국인 투자법 제정(1992), 신의주 경제 특구 설치 결정(2002)
외교적 고립 탈피 추구	남북한 동시 유엔 가입(1991), 제네바 기본 합의서(1994), 금강산 관광 사업 시작(1998), 6 · 15 남북정상회담(2000), 미 · 일과 수교 추진

5 통일 정책과 남북 간 대화

(1) 남북한의 대치(1950~1960년대)

구분	남한의 정책	북한의 정책
이승만 정부	북한 정권 부정, 반공 정책, 북진 통일과 멸공 통일, 평화 통일 주장 세력 탄압	• 평화 통일 위장 공세 강화(1950년대 중반 이후) • 연방제 통일 방안 제시(1960) • 남조선 혁명론에 근거한 대남 혁명 전략 • 북한의 대남 도발로 남북 갈등 고조
4 · 19 혁명 이후	통일 논의 활성화 → 북진 통일론 철회, 유엔 감시 하 남북한 자유 총선거 주장, 평화통일론, 남북 학생 회담 추진(1961)	
박정희 정부	선건설 후통일론 제시, 반공 태세 강화, 민간의 통일 운동 탄압, 경제 개발에 전념	

(2) 남북 관계의 새로운 진전

과정	배경	통일 정책 추진
1960년대	북한의 대남 도발로 남북 갈등 고조	반공 강조(북한의 무력 도발 억제)
1970년대	70년대 초 긴장 완화, 평화 공존 분위기 → 남북 대화 및 남북 교류 시작	• 8 · 15 평화 통일 구상(1970): 평화 정착, 남북 교류 협력, 총선거 • 남북 적십자 회담(1971): 이산가족 찾기 운동 제안 • 7 · 4 남북 공동 성명(1972): 자주 · 평화 · 민족적 대단결 통일 원칙 → 남북 독재 체제에 이용 • 6 · 23 평화 통일 선언(1973): 유엔 동시 가입 제안, 문호 개방 제시 • 남북한 상호 불가침 협정 체결 제안(1974): 상호 무력 불사용, 상호 내정 불간섭, 휴전 협정 존속
1980년대		• 민족 화합 민주 통일 방안(1982): 민족 통일 협의회 구성 • 남북 이산가족 방문단 및 예술 공연단 교환 방문(1985)
1990년대	민주화 분위기 확산, 통일 열기 고조, 냉전 체제 붕괴 → 남북 관계의 새로운 진전	• 한민족 공동체 통일 방안 제의(1989): 자주, 평화, 민주 → 민주 공화제 통일 국가 지향 • 남북 고위급 회담 시작(1990) • 남북한 동시 유엔 가입(1991) • 남북 기본 합의서 채택(1991): 화해, 불가침, 교류와 협력 → 2체제 2정부 논리 인정 • 한반도 비핵화 선언(1992) • 3단계 3기조 통일 정책(1993): 화해 · 협력 → 남북 연합 → 통일 국가 • 민족 공동체 통일 방안 발표(1994): 한민족 공동체 통일 방안 + 3단계 3기조 통일 방안 제안 • 남북 경제 교류 지속: 나진 · 선봉 지구의 자유시 건설에 참여, 경수로 건설 사업 추진(1995, KEDO)
2000년대	평화와 화해 협력을 통한 남북 관계 개선	• 베를린 선언(2000): 북한의 경제 회복 지원, 한반도 냉전 종식과 남북한 평화 공존, 이산가족 문제 해결, 남북한 당국 간의 대화 추진 표명 • 남북 교류 활성화: 금강산 관광 사업, 이산가족 문제 논의, 경의선 복구, 개성 공단 설치, 국제경기 남북한 동시 입장 등 • 제1차 남북 정상 회담(2000): 6 · 15 남북 공동 선언 발표, 남측의 연합제 안과 북측의 연방제 안 사이의 공통성 인정, 경제 협력 • 제2차 남북 정상 회담(2007): 10 · 4 남북 공동 선언 발표 • 2018년 남북 정상회담: 4 · 27 남북 공동 선언 발표(판문점 공동 선언)

1 경제 혼란과 전후 복구

(1) 광복 직후의 경제 혼란

① 경제 난관 봉착

㉠ 광복 이전: 일본의 주요 산업과 기술 독점, 민족 기업의 자유로운 성장 억제, 식민지 공업화 정책

㉡ 국토 분단: 경제 교류 단절, 북한의 전기 공급 중단, 생산 활동 위축, 실업자 증가, 물가 폭등 등

② 이승만 정부의 경제 정책

㉠ 기본 방향: 자유 경제 체제 지향, 농·공의 균형 발전, 경자 유전의 원칙 확립 등

㉡ 농지개혁법 제정(1949): 농가당 3정보 제한, 유상 몰수와 유상 분배 → 농민 중심의 토지소유제 확립

㉢ 미국의 경제 원조: 한·미 원조 협정 체결(1948.12.) → 경제 안정과 시설 복구 목적 → 한·미 경제 원조 협정(1961.2.)

㉣ 귀속 재산 처리: 일본인 소유 재산과 공장 등을 민간인에게 불하

(2) 한국전쟁(6·25 전쟁)과 경제 복구

① 전후 경제 상태: 생산 시설 42% 파괴, 인플레이션의 가속화, 물자 부족

② 미국의 경제 원조

㉠ 미국의 잉여 농산물 원조: 부족한 식량 문제 해결 → 국내 농업 기반 파괴

㉡ 소비재 원조: 소비재 중심 산업 발달 → 삼백 산업(밀가루·설탕·면직물) 중심의 재벌 형성, 생산재 공업 부진 등 불균형 심화

2 경제 성장과 자본주의의 발전

(1) 경제 개발 5개년 계획의 추진

① 경제 개발 계획 수립

㉠ 이승만 정부(7개년 계획) → 장면 내각(경제 개발 5개년 계획 수립 등)

㉡ 5·16 군사 정변으로 중단 → 박정희 정부의 본격적 추진

② 경제 개발 5개년 계획의 추진

㉠ 제1차(1962~1966): 공업화와 자립 경제 구축 목표, 수출 산업 육성, 사회 간접 자본 확충

㉡ 제2차(1967~1971): 자립 경제 확립 목표, 경공업 중심의 수출 주도형 공업화 추진, 경부고속도로 건설(1970), 베트남 파병에 따른 특수

㉢ 제3차(1972~1976): 중화학 공업 중심의 공업 구조 전환, 새마을 운동 병행, 수출 주도형 성장 지속 정책

㉣ 제4차(1977~1981): 수출과 건설업의 중동 진출로 석유 파동 극복, 수출 100억 달러 달성(1977)

③ 경제 성장 현황과 문제점

      ⊙ 고도 성장과 수출 증대, 국민의 생활 수준 향상, 아시아의 신흥 공업국으로 부상, 민주화 열망 고조

      ⓒ 빈부 격차 심화, 미국과 일본에 대한 의존 심화와 외채 증가, 재벌 중심의 경제 구조와 정경 유착 등

> **더 알아보기**
>
> 1970년대 경제 정책
> - 새마을 운동의 추진(지역사회 개발운동)
> - 통일벼의 전국적인 보급(미곡 생산량 3배 가량 증가)
> - 제3 · 4차 경제 개발 계획: 중화학 공업, 광공업의 비중이 증가

(2) 오늘날의 한국 경제

① 1980년대 이후의 한국 경제

      ⊙ 1980년대: 3저 호황(저유가, 저달러, 저금리)으로 무역 흑자 기록, 기술 집약형 산업 성장, 중산층과 근로자의 민주화 요구 고조

      ⓒ 1990년대: 선진국형 산업 구조, 세계무역기구 출범(1995), 경제협력개발기구(OECD) 가입(1996)

      ⓒ 외환 위기: 사전 준비 부족 상태에서 경제 개방화 · 국제화 원인 → IMF의 긴급 지원과 경제적 간섭으로 이어짐(1997)

② 한국 경제의 과제

      ⊙ 세계 경제 침체에 따른 수출 부진, 국내 경기 침체, 구조 조정에 따른 실업 증가 등

      ⓒ 정보 통신 기술(IT), 생명 기술(BT), 나노 기술(NT), 문화 기술(CT) 등 → 지식 정보화 시대 대비

      ⓒ UR(우루과이라운드, 관세 및 무역에 관한 일반 협정의 제8차 다자간 무역협상으로 1986년 9월 개최)와 WTO(세계무역기구) 출범(1995.1.)에 따른 시장 개방, 지역 중심의 경제 블록화 강화 → 국가 경쟁력 강화 요구

❸ 사회의 변화

(1) 산업화와 도시화, 정보화

구분	산업화와 도시화	정보화
사회 변화	1차 산업 중심에서 2 · 3차 산업 중심으로 변화, 산업화에 따른 인구의 도시 집중 가속화	정보, 통신의 발달 → 정보화 사회의 기반 구축
사회 문제	도시의 주택난, 교통난, 도시 공해, 도시 빈민 문제, 실업 문제 등	사생활 침해, 가치관 혼란, 비인간화 등

(2) 농업 사회의 변화와 농촌 문제

① 농촌 문제: 공업화 정책, 저곡가 정책 → 도시와 농촌 간의 소득 격차 심화, 농촌 인구 감소

② 농업 정책

⊙ 새마을 운동: 근면·자조·협동 바탕 → 정부 주도의 지역사회 개발 운동과 농어촌의 소득 증대 운동

⊙ 주곡 자급 정책: 수리 시설 개선, 비료 농약 개발, 다수확계 벼 종자 도입

⊙ 추곡 수매: 농촌 경제 안정을 위한 이중 곡가제 실시 → 재정 적자로 저곡가 정책으로 전환

③ 농민 운동

⊙ 1970년대: 가톨릭노동청년회(1966년 설립)에서 가톨릭 농민회로 개칭(1972) → 추곡 수매 투쟁, 농협 민주화 투쟁 등 농민 운동 활성화

⊙ 1980년대: 전국농민운동연합 조직 → 농축산물 수입 반대 운동·농가 부채 해결 운동 전개

⊙ 1990년대: 우루과이 라운드 협상, 세계무역기구의 출범으로 타격 → 쌀 시장 개방 반대 운동

⊙ 2000년대: WTO 뉴라운드 출범(2001) → 전면적 쌀 시장 개방에 대비

(3) 노동 운동, 시민 운동, 환경 운동

① 노동 운동

⊙ 1970년대: 전태일의 항의 분신 자살 계기 → 노동 운동 본격화, 학생·지식인·종교계의 노동 운동 참여

⊙ 1980년대: 6월 항쟁 이후 노동자 대투쟁 전개 → 노동 현장의 민주화, 민주적 노동 조합의 결성 요구

⊙ 1990년대: 외환 위기에 따른 구조 조정의 고통 → 전국 민주 노동자 조합 총연맹, 전국 교직원 노동 조합의 합법화, 노사정 위원회 구성, 주 5일 근무제 도입 추진, 외국인 노동자 문제 발생

② 시민 운동

⊙ 1980년대 후반 이후 사회 민주화 진전, 경제 발전에 따른 중산층 형성 → 삶의 질 중시

⊙ 사회 개혁, 복지, 여성, 환경 문제 등 다양한 분야의 사회 문제 제기 → 국가 인권 위원회의 발족 등

③ 환경 운동

⊙ 산업화에 따른 환경 오염 문제

⊙ 환경부 설치, 환경 비전 21 수립, 각종 환경 단체들의 활동(환경운동연합, 녹색연합 등)

(4) 사회 보장 정책과 여성 운동

① 사회 보장 정책

⊙ 산업화로 소외 계층 발생, 노령화로 노인 문제 대두

⊙ 국민의 기본적 생활 보장 추진, 의료 보험과 국민연금제도 시행, 사회보장기본법 마련(1995)

② 여성 운동

⊙ 출산율 저하, 핵가족화 및 여성의 교육 기회 확대 등 → 여성의 지위 향상

⊙ 남녀고용평등법 제정(1987), 가족법 개정(1989), 여성부 설치(2001), 21세기 남녀 평등 헌장 제정(2001)

(5) 국외 이주 동포

① 활발한 국외 진출

　㉠ 1960년대: 외화 획득 목적 → 독일 등에 간호사와 광부 파견, 브라질 등에 농업 이민 추진

　㉡ 1970년대: 중동 지역에 건설 노동자 파견

　㉢ 1990년대 이후: 이민 목적과 지역의 다양화, 선진 지역으로 이주 → 질 높은 삶에 대한 욕구 등도
이민 동기로 작용

② 국내외 동포의 교류

　㉠ 상호 교류를 통하여 국내외 동포들의 노동력 · 자본 · 기술 · 노하우 활용

　㉡ 효과적인 네트워크 구축 필요

04　현대 문화의 동향

❶ 교육과 학술, 언론 활동

(1) 교육 활동

광복 이후	미국식 민주주의 이념과 교육 제도의 영향 → 6 · 3 · 3학제 도입
이승만 정부	홍익 인간의 교육 이념, 멸공 통일 교육, 도의 교육, 1인 1기 교육 강조
4 · 19 혁명 이후	교육자치제 확립, 교원노조운동 전개
박정희 정부	• 교원노조 불법화, 교육자치제 폐지 • 중앙 집권적 통제 강화, 국민교육헌장 제정, 중학교 무시험 진학제 • 국사 교육 강조, 새마을 교육 실시, 대학 통제 강화, 고교평준화 제도 도입
1980년대	국민윤리 교육 강화, 과외 전면 금지, 대입 본고사 폐지, 졸업 정원제 실시
1990년대 이후	• 정보화 · 세계화 시대 준비, 대학수학능력시험 도입 • 학교 정보화 추진, 의무 교육 확대, 교육개혁 추진

(2) 학술 · 과학 기술 활동

광복 직후	일제 식민지 잔재 청산 → 민족의 자주 독립 국가 수립과 발전에 필요한 정신적 토대와 이념 제시 필요
1950~1960년대	• 한국전쟁(6 · 25 전쟁)으로 학계에 큰 타격, 한글 학회의 『큰사전』 완간(1957) • 서구 사회 과학 이론 수용 탈피 → 민족의 재발견 시작, 한국학 연구의 고조 • 한국 과학 기술 연구원(KIST) 설립
1970년대	• 박정희 정부의 국사 교육 강화, 정신 교육 강화 → 국민 정신 문화 연구원 설립 • 한국 과학 재단 설립, 대덕 연구 단지 조성(1973)
1980년대 이후	• 한국 과학 기술원(KAIST) 설립 • 학생들의 체제 변혁 운동 전개, 민중 사학의 등장, 일본의 역사 왜곡 문제 발생

(3) 언론 활동

광복 직후	• 좌 · 우익 언론의 공존, 신문 발행의 허가제 실시 • 조선일보 · 동아일보의 복간, 해방일보(공산당 기관지), 조선 인민보(좌익 성향) 등
이승만 정부	• 반공 정책 홍보 강조, 국가보안법을 통한 언론 통제 • 사상계 문제로 함석헌 구속, 대구 매일신문 테러, 경향신문 폐간
박정희 정부	• 4 · 19 혁명 후의 언론 자유와 개방 → 5 · 16 군사 정변 이후 언론 통폐합 • 반공 · 근대 이데올로기 확산, 유신 체제의 언론 통폐합, 프레스 카드제 실시 • 언론인의 언론 자유 수호 운동 전개
전두환 정부	• 언론 통폐합, 언론인 해직, 언론 기본법 제정, 보도 내용의 통제 • 일부 언론의 거대한 언론 기업화 – 언론과 권력 기관의 유착, 상업주의 경향 확산
1990년대 이후	6월 민주 항쟁 이후 언론 자유 확대, 프레스 카드제 폐지, 언론 노동 조합 연맹 조직, 방송 민주화 운동, 다양한 언론 매체의 등장(인터넷 신문)

2 종교 생활과 문예 활동

(1) 종교 생활

광복 직후	일제 친일 행위에 대한 정화 운동
1950~1960년대	양적 팽창에 치중, 정치 권력과 유착
1970~1980년대	• 사회 문제에 관심, 민주화 운동에 참여 • 민중 불교 운동, 정의 구현 전국 사제단, 크리스천 아카데미 운동, 산업 선교 활동
1990년대	시민 운동에 참여

(2) 문예 활동

광복 직후	좌 · 우익 간의 문학 사상 논쟁
1950년대	반공 문학과 순수 문학 주류(현대 문학, 사상계)
1960~1970년대	• 장르의 다양화, 독자층 확대(창작과 비평, 문학과 지성) • 참여 문학론 – 민족 문학론
1980년대 이후	전통 문화 관심 고조, 민중 예술 활동 활발 – 한국 민족 예술인 총연합회 조직(1988)

(3) 대중문화의 발달

광복 직후	미국 대중문화 유입 – 전통적 가치 규범 파괴
1960년대	대중매체 보급으로 대중문화의 본격화
1970년대	청소년층이 대중문화의 중심으로 등장, 텔레비전이 대중문화의 총아로 급부상
1980년대	민주화와 사회 · 경제적 평등 지향의 민중문화가 대중에게 확산
1990년대	대중문화의 다양화, 대중 스포츠의 성장, 문화 시장 개방, 문화 산업 등장 등

(4) 체육 활동

1960~1970년대	정부 차원에서 스포츠를 적극적으로 지원
1980년대	• 체육진흥법 제정, 사회 체육 권장, 체육 경기 활성화, 프로 야구단 출범(1982) • 제10회 아시아 경기 대회(1986), 제24회 서울 올림픽 개최(1988)
1990년대	• 세계 탁구 선수권 대회에서 남북 단일팀 참가(1991) • 황영조 마라톤 금메달(바르셀로나, 1992)
2000년대 이후	• 남북한 선수단의 공동 입장(시드니 올림픽, 2000), 한일 월드컵 대회의 개최(2002) • 두 차례의 아시아 경기 대회 개최(부산, 인천), 평창 동계올림픽 개최(2018)

③ 유네스코와 유산

유네스코 세계유산 (15건)	석굴암 · 불국사, 해인사 장경판전, 종묘, 창덕궁, 화성, 경주역사유적지구, 고창 · 화순 · 강화 고인돌 유적, 제주화산섬과 용암동굴, 조선왕릉, 한국의 역사마을(하회와 양동), 남한산성, 백제역사유적지구, 산사(한국의 산지승원), 한국의 서원, 한국의 갯벌
유네스코 인류무형문화유산 (22건)	종묘제례 및 종묘제례악, 판소리, 강릉단오제, 강강술래, 남사당놀이, 영산재, 제주 칠머리당 영등굿, 처용무, 가곡, 대목장, 매사냥, 택견, 줄타기, 한산 모시짜기, 아리랑, 김장문화, 농악, 줄다리기, 제주해녀문화, 씨름, 연등회, 한국의 탈춤
유네스코 세계기록유산 (18건)	훈민정음, 조선왕조실록, 직지심체요절, 승정원일기, 조선왕조 의궤, 해인사 대장경판 및 제경판, 동의보감, 일성록, 5 · 18 광주민주화운동 기록물, 난중일기, 새마을운동 기록물, 한국의 유교책판, KBS 특별생방송 '이산가족을 찾습니다' 기록물, 조선왕실 어보와 어책, 국채보상운동 기록물, 조선통신사 기록물, 4 · 19 혁명 기록물, 동학농민혁명 기록물

* 2023년 6월 기준 등재 목록

교육이란 사람이 학교에서 배운 것을 잊어버린 후에 남은 것을 말한다.

– 알버트 아인슈타인 –

제4과목

사회복지학개론

01 | 사회복지입문

01 사회복지 기초

▌ 사회복지 서설

(1) 사회복지의 개념

① 어의적 정의
  ㉠ 사회복지＝사회(Social)＋복지(Welfare)
  ㉡ 안락하고 만족한 상태, 건강하고 행복한 상태

② 일반적 정의
  ㉠ 개인과 사회 전체의 복지를 증진시키려는 모든 형태의 사회적 노력과 사회적 개입
  ㉡ W. A. Friedlander : 사회복지란 개인이나 집단의 생활이나 건강이 만족할 만한 수준에 도달할 수 있도록 계획된 사회적 서비스와 제도의 조직적인 체계이다.
  ㉢ H. L. Wilensky & C. N. Lebeaux : 사회복지란 기존의 사회제도를 통하여 기본적인 욕구를 충족시키는 데 어려움을 겪고 있거나 어려움이 예상될 때 도움을 제공하는 조직적인 사회적 활동의 총체를 말한다.
  ㉣ R. M. Titmuss : 사회복지란 가족, 아동생활, 건강, 사회적응, 여가, 생활수준 및 사회적 관계성과 같은 영역에 있어서 인간의 욕구를 해결할 수 있도록 도와주는 사회적 행복의 추진을 위한 조직적 노력이다.
  ㉤ J. M. Romanyshin : 한정적으로는 사회적 약자에 대한 재정적 원조나 서비스를 말하며, 적극적으로는 국민의 보편적 욕구에 대한 공동적 책임을 말한다.
  ㉥ J. M. Romanyshin의 사회복지의 발전단계 : 자선과 교정 → 사회보장 → 사회계획 → 복지사회 → 국제사회복지단계

(2) 사회복지의 범위

① 협의의 사회복지
  ㉠ 소극적이고 한정적으로 받아들이는 개념(사회사업, 사회복지사업)
  ㉡ 자유주의적 사상＋시장경제의 원칙

ⓒ 장점과 단점

장점	• 사회복지 대상에 대한 집중적 자원배분으로 소득재분배 효과↑ • 목표 · 비용 대비 효율성↑
단점	• 사회구성원 간 갈등 야기와 낙인(Stigma)의 유발 가능성 있음 • 도덕적 해이의 만연 가능성 있음

② 광의의 사회복지

　　ⓐ 사회복지를 넓은 의미로 받아들임 → 사회사업, 사회정책, 사회보장 등 사회생활의 영위와 연관된 사회 시책 모두를 총칭

　　ⓑ 국민 또는 일반적인 사회 구성원을 대상으로 함

　　ⓒ 일시적, 선별적, 보충적 개념 ×, 보편적, 제도적, 항구적 개념

　　ⓓ 목표 · 비용효율성 ↓

　　ⓔ 사회적 낙인(stigma)을 배제할 수 있음

(3) 「헌법」상의 사회복지 개념(「헌법」제34조)

① 모든 국민은 인간다운 생활을 할 권리를 가진다.

② 국가는 사회보장 · 사회복지의 증진에 노력할 의무를 진다.

③ 국가는 여자의 복지와 권익의 향상을 위하여 노력하여야 한다.

④ 국가는 노인과 청소년의 복지향상을 위한 정책을 실시할 의무를 진다.

⑤ 신체장애자 및 질병 · 노령 기타의 사유로 생활능력이 없는 국민은 법률이 정하는 바에 의하여 국가의 보호를 받는다.

⑥ 국가는 재해를 예방하고 그 위험으로부터 국민을 보호하기 위하여 노력하여야 한다.

(4) 사회복지의 접근방법

① 정책적 · 전문적 접근방법

정책적 접근방법	전문적 접근방법
• 역사적, 사회적 존재 형태로 인식 • 사회문제＝사회와 국가의 책임 • 빈민 · 노동자 등의 복지에 관심 • 사회보장 · 사회봉사 · 사회개발 · 사회개혁 · 사회정책 · 단체교섭 등 시행 • 중앙 · 지방정부가 직접 수행	• 사회복지를 인간관계의 조정기술로 인식 • 환경조건 개선, 퍼스낼리티의 개선 • 심리요법, 환경의 개선을 통한 치료 • 전문적 민간단체가 전문가의 노력하에 수행

② 통합적 접근방법

　　ⓐ 통합적 접근방법은 정책적 접근방법과 전문적 접근방법의 두 가지 접근방법을 병행하는 중간적 의미의 사회복지방법이다.

　　ⓑ 주로 사회해체의 결과로 생긴 사회문제(가출, 이혼, 홍등가, 빈민지역 등)를 예방, 치료하기 위한 것이다.

　　ⓒ 사회의 기본 단위인 가족을 비롯하여 집단, 지역사회, 직장 등의 복지를 위한 방법에 관심이 많다.

2 사회복지와 사회보장

(1) 사회사업의 기본적 가치(W. A. Friedlander)

① 개인존중의 원리 : 모든 사람은 인간으로서의 존엄과 가치를 갖는다.

② 자발성 존중의 원리 : 모든 사람은 당면 문제를 스스로 해결하고 결정할 권리를 가진다.

③ 기회균등의 원리 : 모든 인간은 균등한 기회를 갖는다(=자기결정의 원리).

④ 사회연대의 원리 : 상호부조의 원리라고도 하며, 모든 사람은 자기 자신뿐만이 아니라 가족, 더 나아가서는 사회에 대해서도 책임을 진다는 원리이다.

(2) 사회보장정책의 3원칙(Gilbert & Specht)

평등성	• 모든 사람들에게 똑같은 처우를 해야 한다는 수적 평등을 의미 • '결과에서의 평등' 가치에 의해 영향을 받음
공평성	• 업적이나 기여도에 따라 다르게 대우해야 한다는 비례적 평등을 말한다. • 사회보험이나 근로동기를 유지시키고자 하는 열등처우의 원칙 등에 의해 구체화되고 있다.
적절성	• 급여수준이 최소한 인간다운 생활을 할 수 있는 수준은 되어야 한다는 가치 • 오늘날에는 최저임금이나 빈곤선에 의해 구체화되고 있다. • 적절성은 생존권의 개념으로 사용되기도 한다.

(3) 사회복지의 목적

인간의 건강한 성장과 발달의 보장	자율적인 인간의 성장과 발달을 확보
인간의 존엄성 확보	인간의 인격을 인정하고 존중
정상화	• 모든 사람들은 정상적인 생활을 영위할 권리를 가짐 • 장애인이 지역사회를 기반으로 하여 다른 사람과 더불어 살아갈 수 있게 하는 것 → 일반 시민들이 갖고 있는 차별의식, 편견을 감소시켜 정상화 이념을 정착시키고자 함
사회적 통합	• 클라이언트로 하여금 사회의 구성원으로서 다른 사람과 마찬가지로 사회생활에 적극적으로 참여하고 살아갈 수 있게 보장한다. • 사회 구성원 간 또는 인간사회 내의 여러 집단, 단체, 기관들 간에 서로 결속력을 갖도록 한다.

(4) 사회복지의 기능

사회통합	사회 구성원 간의 관계 강화 및 사회적 응집력을 높이고자 한다.
사회통제	사회적 불안과 불만을 진정시키기 위해 노력한다.
인간다운 생활 보장	모든 국민들의 인간다운 생활(건강하고 문화적인 생활)을 보장하고자 한다.
자립생활 지원	자립생활이 어려운 사람들의 자립을 지원·촉진 및 실현하고자 한다.

(5) 사회복지와 사회보장의 법적 근거

① 「헌법」 제34조

생존권, 국가의 사회보장·사회복지 증진의무, 여성복지, 노인복지와 청소년복지, 장애인복지 및 공공부조, 국가의 재해예방의무를 「헌법」상 명문으로 규정하고 있다.

② 「사회보장기본법」 제3조

　　㉠ 사회보장 : "사회보장"이란 출산, 양육, 실업, 노령, 장애, 질병, 빈곤 및 사망 등의 사회적 위험으로부터 모든 국민을 보호하고 국민 삶의 질을 향상시키는 데 필요한 소득·서비스를 보장하는 사회보험, 공공부조, 사회서비스를 말한다.

　　㉡ 사회보장제도

사회보험	국민에게 발생하는 사회적 위험을 보험의 방식으로 대처함으로써 국민의 건강과 소득을 보장하는 제도를 말한다.
공공부조	국가와 지방자치단체의 책임하에 생활 유지 능력이 없거나 생활이 어려운 국민의 최저생활을 보장하고 자립을 지원하는 제도를 말한다.
사회서비스	국가·지방자치단체 및 민간부문의 도움이 필요한 모든 국민에게 복지, 보건의료, 교육, 고용, 주거, 문화, 환경 등의 분야에서 인간다운 생활을 보장하고 상담, 재활, 돌봄, 정보의 제공, 관련 시설의 이용, 역량 개발, 사회참여 지원 등을 통하여 국민의 삶의 질이 향상되도록 지원하는 제도를 말한다.
평생사회안전망	생애주기에 걸쳐 보편적으로 충족되어야 하는 기본욕구와 특정한 사회위험에 의하여 발생하는 특수욕구를 동시에 고려하여 소득·서비스를 보장하는 맞춤형 사회보장제도를 말한다.

③ 사회복지제도의 발달관련이론

(1) 사회양심론

사회복지 발달과정에서 인간의 이타심을 강조하며, 인간 상호 간에 갖고 있는 사랑을 국가를 통해 표현한 것으로 이 이론에서는 사회정책의 의도와 결과가 항상 복수 수혜자에게 이익을 가져다주는 순기능을 갖는다.

(2) 산업화(합리이론, 수렴이론) - 윌렌스키와 르보의 이론

산업사회에서 발생하는 욕구에 대한 합리적 대응이 산업화로 인해서 가능해진 자원을 통해서 이루어진다고 가정하며, 사회정책은 사회문제의 해결을 위해 합리적 이성을 지닌 인간이 고안해낸 것이라는 점에서 합리이론이라고 한다. 또한 산업화의 진전에 따른 사회문제에 대처하기 위한 사회정책은 비슷한 형태로 수렴된다고 하여 수렴이론이라고도 한다.

(3) 테크놀로지론

사회정책 변화를 사회사업 기술의 발달과 같은 비사회적 힘에 의한 것으로 설명한다.

(4) 시민권론(마샬)

시민권을 법 앞에서의 자유와 평등과 같은 공민적 요소, 참정권과 같은 정치적 요소, 복지권과 같은 사회적 요소로 분류하고 점차로 시민권이 분화되고 발전되어 왔다고 주장하며 진화론적으로 설명한다.

(5) 음모이론

사회양심이론과 반대의 입장으로 인도주의나 양심의 실현보다는 사회안정·질서유지·사회통제 그리고 노동규범을 강화하기 위한 억압적인 것으로 설명한다.

(6) 다원주의론

사회정책을 여러 이익집단 간의 민주적 타협의 결과로 이해하고, 국가의 중립적인 중재자 역할을 강조한다.

(7) 확산이론

정책의 발달이 국가 간의 의사소통이나 영향력과 교류에 의해 이루어지며, 사회복지정책의 도입을 모방 과정의 결과로 인식한다.

(8) 엘리트 이론

탁월한 능력의 정책결정자들의 선호·가치에 따라 제도가 결정되며 일방적·하향적으로 전달되고 집행된다고 본다.

(9) 조합주의(코포라티즘)

의회민주주의를 통한 다수이익집단의 민주적·경쟁적 합의가 아닌 소수의 힘 있는 이해집단들(거대 노조)이 사용자(자본가)와 대등한 수준에서 주요 현안을 협상하면 정부가 이를 중재하는 등의 비공식적·비의회적 타협을 통해 이루어지는 정책 결정체계를 말한다.

4 사회복지모형

(1) 윌렌스키와 르보의 모형(2분 모형 : Industrial Society and Social Welfare)

보완적(잔여적) 모형	제도적(보편적) 모형
• 자유·시장경제 원칙 • 협의의 복지 • 초기산업사회·자유주의 국가 • 가족과 시장 기능 실패 시 보충적 개입 • 최저 생활의 보장 구현 • 선별주의 : 요보호자 대상 • 자산조사 필수 • 공공부조 • 개인주의, 자유주의 • 최저의 급부 • 능력에 따른 자원 배분 • 부의 수직적 재분배 강조 • 수익자 부담의 원칙 적용 • 작은 정부론	• 평등·우애 • 광의의 복지 • 후기산업사회·복지국가 • 정상적 제도로 운용 • 평등과 사회통합 구현 • 보편주의 : 전 국민 대상 • 자산조사 불필요 • 사회보험 • 인본주의, 평등주의 • 최적의 급부 • 욕구에 따른 자원 배분 • 자원의 사회적 재분배 강조 • 일반조세를 통한 재원 조달 • 큰 정부론

(2) 티트머스(R. M. Titmuss)의 모형(3분 모형)

① 보완적(잔여적) 모형 : 시장과 가족의 역할 강조, 절대적 개념의 빈곤하에서 공적 부조 프로그램 강조

② 산업적 성취수행 모형 : 사회복지제공이 시장에서의 업적과 밀접한 관계가 있음을 강조, 사회보험 프로그램 강조, 사회복지를 경제의 부속물로 보는 시녀적 모델

③ 제도적 재분배 모형 : 시장과 가족 밖에서의 욕구에 대한 보편적 복지 제공을 강조, 평등과 재분배 정책이 강조되고 분배정책은 개인의 능력이 아니라 욕구에 따라 보편적으로 이루어진다고 봄

(3) 조지와 윌딩의 복지국가 유형(수정모형, 1994)

구분	신우파	중도노선	사회민주주의	마르크스주의
기존모형	반집합주의 (자유방임주의)	소극적 집합주의	페이비안 사회주의	마르크스주의
사회가치	소극적 자유 불평등	소극적 자유 불평등	적극적 자유 평등	적극적 자유 평등
사회조직	시장경제 옹호	시장경제 보완	시장경제 대폭 수정	시장경제 부정
복지국가	선별주의 원칙 잔여적 모형	국가최저수준의 보장	보편주의 원칙 제도적 모형	복지국가 부정
신설모형	페미니즘, 녹색주의			

① 반집합주의(Anti-collectivism) 또는 자유방임주의(Laissez-faire)

ⓐ 개인주의, 불평등, 소극적 자유 강조

ⓑ 복지국가가 개인의 자유를 침해한다고 보고, 정부의 개입에 부정적인 입장

② 소극적 집합주의(Reluctant collectivism)

ⓐ 자조, 개인주의, 실용주의, 불평등, 소극적 자유 강조

ⓑ 시장경제의 문제점을 보완하여 자본주의가 원활히 기능할 수 있도록 정부의 개입을 조건부로 인정

③ 페이비안 사회주의(Fabian Socialism)

ⓐ 평등, 우애, 적극적 자유 강조

ⓑ 시장경제의 문제점을 제거하기 위해 정부가 적극적으로 개입해야 한다고 주장

ⓒ 점진적인 제도의 개혁, 공공부문의 강조, 자원 재분배의 추구 등

④ 마르크스주의(Marxism)

ⓐ 평등, 우애, 적극적 자유 강조

ⓑ 생산수단이 소수의 특권계급에 의해 독점됨으로써 갈등이 발생한다고 보고, 정부의 개입에 대해 적극적으로 찬성

⑤ 페미니즘(Feminism)

ⓐ 페미니즘은 19세기 중반에 시작된 여성참정권운동에서 비롯되어 여성억압의 원인과 상태를 기술하고 여성해방을 궁극적 목표로 하는 운동이다.

ⓑ 페미니스트의 복지국가관은 양면감정적(Ambivalent)이다. 복지국가는 성차별 체계(Gender System)의 현대적 양상에 지나지 않는다는 입장과 여성친화적 국가라는 호의적 반응이 공존하고 있다.

© 페미니즘의 관점

자유주의적 페미니즘	• 남성과 여성은 모두 동등하게 태어났다는 점을 전제로, 성차별의 궁극적인 원인으로 보는 선천적인 생물학적 원인을 부정한다. • 남녀 모두에게 동등한 교육기회와 시민권 · 참정권을 부여할 것을 강조한다. • 평등사회 구현을 모토로 한다.
사회주의적 페미니즘	• 여성억압의 근원을 자본주의와 가부장제에서 찾는다. • 여성에게 부여된 생물학적 한계를 사회적으로 해결하기 위하여 공동체에 의한 출산과 양육의 부담을 주장한다. • 성적 자유의 실현, 정신 · 육체노동의 차별화와 성별분업의 극복, 여성노동자들의 독자적인 조직화를 요구한다.
급진주의적 페미니즘	• 여성 억압의 근원을 생물학적인 성(性)에서 찾는다. • 결혼, 가사, 양육, 이성애 등이 가부장제에 의해 여성들에게 부과되어 왔다고 보고, 여성역할에 대한 근본적인 변혁을 통한 여성해방을 추구한다.

⑥ 녹색주의(Greenism)

　　⊙ 녹색주의는 경제성장이 지연되더라도 자연을 먼저 생각하자는 운동이다.

　　© 인간과 자연의 조화를 위해 성장제일주의 생산구조의 변경을 주장한다.

　　© 공정한 재분배 · 분권적 직접민주제, 비폭력적 수단을 통한 저항 등을 강조한다.

(4) 에스핑-안데르센(G. Esping & Andersen)의 모형

자유주의 (미국형)	• 소득조사에 의한 공공부조 프로그램이 상대적으로 강조된다. • 자격기준은 까다롭고, 낙인(Stigma)과 밀접한 관련이 있다. • 국민 최저 수준의 복지급여를 제공한다. • 탈상품화의 효과는 최소화되고, 사회권의 영역은 제한된다. • 다차원의 사회계층체계를 형성한다.
조합주의 (독일형)	• 사회급여는 사회적 지위와 밀접한 관계가 있다. • 복지대상자를 직업 범주에 따라 구분한다. • 국가가 주된 사회복지 제공자의 역할을 하지만, 사회적 지위 차이에 대한 유지 · 강조로 국가복지의 재분배 효과는 거의 없다. • 국민 최저 수준 이상의 소득을 보장한다. • 보험 원칙을 강조하는 사회보험을 강조한다. • 탈상품화의 효과는 한계가 있다.
사회 민주주의 (스웨덴형)	• 보편주의의 원칙하에 가능한 한 최대 수준에서의 평등을 추구한다. • 사회적 평등과 전국가적인 사회연대성의 제고를 위해 국가가 적극 개입한다. • 모든 계층이 하나의 보편적이고 포괄적인 복지체계에 통합된다. • 가족의 복지능력이 약화될 때까지 기다리지 않고 미리 가족생활의 비용을 사회화한다. 즉, 개인의 복지가 가족에 의존하는 것을 기대하지 않고 미리 개인의 독립능력을 확대한다. • 시장의 복지기능을 최대한으로 약화시키고, 사회의 모든 사람이 급여를 받고 지불 의무를 갖도록 하여 국가에 의존하게 한다. • 복지급여는 보편주의적이고 높은 수준을 유지한다. • 복지와 일의 배합모형으로, 완전고용정책과 밀접한 관계가 있다. • 사회권을 통한 탈상품화의 효과가 가장 크다.

(5) 퍼니스와 틸튼

① 적극적 국가 : 시장에서의 문제와 재분배를 요구하는 세력으로부터 적극적으로 자본가들을 보호하는
것이 목표로 경제성장을 위한 정부와 시장경제기제 사이의 협력 강조

예 미국 등

② 사회보장국가 : 국민의 최저생활 보장을 목표로 정부와 기업의 협동에 의한 정책결정 강조

예 영국 등

③ 사회복지국가 : 일반예산에 의한 복지서비스 제공으로 전반적인 삶의 질의 평등을 추구하며 정부와
노동조합의 협력 강조. 정책결정권을 피고용자와 일반시민이 갖는 것을 목표

예 스웨덴 등

(6) 파커의 모형

자유방임주의형 (시장주의형)	• 경제성장과 부의 극대화에 가치부여 • 계약과 합의에 있어서 개별적 선택 강조 • 빈곤＝개인문제, 최소의 생활보장 요구 • 국가의 개입 최소화, 능력에 따른 배분
자유주의형 (중상주의적 집행주의)	• 최저생계비 기준을 거부, 평등주의적 목적과 이상도 거부 • 국가원조 의존자에 대한 문화적 생활수준 옹호, 그러나 요구가 있는 사람들에 대한 국가원조를 제한 • 기회의 평등과 개인적 자유의 배분자 역할 인정 • 최저생활수준을 보장하는 수준의 조건부 국가개입을 허용
사회주의형	• 정치적 · 사회적 · 경제적 활동 참여의 평등, 공동권의 가치 강조 • 개인적 자유 인정, 적극적 자유 강조 • 시장경제 반대, 자원배분은 능력보다 요구에 기초하여야 함 • 빈곤＝개인의 문제×, 사회적 문제○, 정부개입의 필요성 강조

(7) 미쉬라의 복지국가모형

분화된 다원주의 복지국가	• 사회복지와 경제 : 구분되는 상대적 자율성 유지, 연계성 낮음 • 사회복지정책 : 자유경쟁 또는 시장모델 활용, 사회복지＝잔여적 역할 • 조직화된 집단, 정당 및 의회를 통한 분파적 이익 추구 • 수요의 측면에서의 경제조절 강조 예 영국, 미국
통합된 조합주의 복지국가	• 사회복지와 경제 : 자율성 불허, 상호 의존 · 관련성을 제도화 • 사회복지에 대한 집합적 책임 강조 • 사회복지정책 : 완전고용, 집합적 책임, 포괄적 사회복지정책 • 국민들의 이익이 통합되는 복지국가 형태 추구 • 수요−공급측면에서의 경제조절 추구 예 독일, 오스트리아, 스웨덴

5 사회복지와 사회사업

(1) 사회복지와 사회사업의 구분

구분	사회복지	사회사업
W. A. Friedlander	개인으로 하여금 가족이나 지역사회의 욕구와 조화를 이루면서 자신의 안녕을 증진시키고 능력을 충분히 개발하도록 해줄 수 있는 개인적 및 사회적 관계를 확보하도록 하는 것을 목적으로 함	• 인간관계에 관한 과학적 지식과 기술에 기반을 두는 전문적 서비스 • 개인, 집단, 지역사회가 개인적 및 사회적 만족과 독립을 이룩할 수 있도록 하는 일
어의적	이상적	실천적
목적적	바람직한 사회	바람직한 인간
대상적	일반, 전체	개별, 부분, 특정
방법적	제도와 정책, 고정적	지식과 기술, 역동적
기능적	예방적, 사전적	치료적, 사후적

(2) 사회복지의 목적과 기능

사회복지의 목적	사회복지의 기능
• 인간존엄성의 확보 • 인간의 건강한 성장과 발달의 보장 • 정상화, 사회적 통합	• 사회통합, 사회통제 • 인간다운 생활 보장 • 자립생활의 보장

(3) 사회사업의 목적과 기능

사회사업의 목적	사회사업의 기능
• 사회적 기능수행 능력 향상 • 자원, 서비스 등의 체계와 사람 간의 연결 • 체계들의 효과적 · 인도적인 운영을 증진 • 사회정의의 촉진을 위한 사회정책의 개발과 개선에 공헌	• 사회복지 제도를 발전, 유지, 강화시키는 기능 • 적합한 수준의 생계, 건강, 복지를 보장 • 모든 사람이 자신의 사회적 역할과 지위 안에서 적절하게 기능하도록 도움 • 사회질서와 사회제도를 지원, 향상

(4) 사회복지의 주체

① 전통사회

개인, 가족, 부락이나 종교단체가 사회복지 운영의 주체로서의 역할을 수행하였다. 상호부조, 인보사업, 자선사업을 사회복지의 기본 형태로 간주하였다.

② 현대사회

　㉠ 현대적 경향

　　• 현대사회에서는 복지의 책임이 사회와 국가에 있다는 인식이 높아지게 되어 민간의 자발적인 복지활동이 사회사업으로 나타나게 되었다.

　　• 국가의 사회복지정책이 강조되면서 사적 복지활동이 공적 복지활동으로 전환되는 경향이 나타났다.

ⓒ 복지다원주의(1980년대 이후)

- 복지다원주의는 세계화의 영향으로 도입된 신자유주의 사상의 산물이다.
- 사회복지주체를 다원화, 즉 사회복지책임을 정부 이외의 기업, 종교, 사회단체에 분산시키는 것을 의미한다.
- 정부가 직접적인 운영자의 입장에서 물러나는 대신 운영을 각종 민간단체에 맡기거나 지방정부의 역할이 확대되는 형태로 나타난다.

02 사회복지 발달사

1 우리나라의 사회복지

(1) 삼국시대

① 구제제도
  - ㉠ 창제(倉制) : 삼국 공통의 구제제도
  - ㉡ 진대법 : 고국천왕 16년(194)에 재상 을파소의 건의에 의해 제정되었으며, 춘궁기(3~7월)에 관곡을 빈민들에게 가구원의 다소에 따라 무이자로 대여했다가 추수기에 납입하도록 하는 춘대추납의 제도

(2) 고려시대

① 고려의 5대 진휼사업
  - ㉠ 은면지제(恩免之制)
  - ㉡ 재면지제(災免之制)
  - ㉢ 납속보관지제(納贖補官之制)
  - ㉣ 환과고독진대지제(鰥寡孤獨賑貸之制)
  - ㉤ 수한질려진대지제(水旱疾癘賑貸之制)

② 구빈기관
  - ㉠ 흑창(黑倉) : 고구려의 진대법으로부터 영향을 받은 태조 때의 구황제도
  - ㉡ 제위보(濟危寶) : 광종 때에 설치된 빈민과 행려자의 구호와 치료를 한 기관
  - ㉢ 의창(義倉) : 성종 때에 태조 때의 흑창을 확대시킨 구빈제도
  - ㉣ 상평창(常平倉) : 성종 때에 개경과 서경 및 12목에 설치한 구제기관으로 물가조절기능과 빈궁민에 대한 구빈기능을 한 기관
  - ㉤ 동서대비원(東西大悲院) : 환자의 치료나 빈민구제를 위주로 현대의 병원과 복지원(수용시설)을 겸한 기관
  - ㉥ 혜민국(惠民局) : 예종 때에 설치된 빈민을 치료하고 약품을 지급하는 등의 국립구료기관

(3) 조선시대

'자휼전칙'은 정조 때에 반포된 대표적인 아동복지 관련법령으로 유기아, 행걸아의 구제에 관한 법령이며, 요구호아동의 구휼에 있어 개인·민간의 책임뿐만 아니라 국가의 책임과 역할도 강조하고 있음

(4) 일제강점기와 미군정기

① 조선구호령 : 일본의 구호법(1929)을 기초로 한 우리나라 근대적 공공부조의 출발로, 생활, 의료, 조산, 생업, 장제부조 등의 부문에서 급여를 제공했다.

② 미군정하에서는 일제시대의 것인 조선구호령의 연장선상에 있었으며, 무계획적이고 임기응변적이었다.

(5) 현대의 사회복지

1950년대	「근로기준법」(1953)
1960년대	• 「공무원연금법」(1960) : 최초의 직역연금 • 「윤락행위 등 방지법」(1961) → 2004년 「성매매알선 등 행위의 처벌에 관한 법률」 • 「생활보호법」(1961) → 1999년 「국민기초생활보장법」 • 「아동복리법」(1961) → 1981년 「아동복지법」 • 「군인연금법」(1963) • 「사회보장에 관한 법률」(1963) → 1995년 「사회보장기본법」 • 「산업재해보상보험법」(1963.11) • 「의료보험법」(1963.12) → 1999년 「국민건강보험법」
1970년대	• 「사회복지사업법」(1970) • 「사립학교 교직원연금법」(1973.12.20) • 「국민복지연금법」(1973.12.24) → 1986년 「국민연금법」 • 「의료보호법」(1977) → 2001년 「의료급여법」으로 대체
1980년대	• 「아동복지법」(1981) • 「심신장애자복지법」(1981) → 1989년에 「장애인복지법」으로 개칭 • 「노인복지법」(1981) • 「국민연금법」(1986) • 「최저임금법」(1986) • 「모자복지법」(1989) → 2007년 「한부모가족지원법」
1990년대	• 「장애인 고용촉진에 관한 법률」(1990) → 2000년 「장애인고용촉진 및 직업재활법」 • 「청소년기본법」(1991) • 「영유아보육법」(1991) • 「고용보험법」(1993) • 「정신보건법」(1995) • 「여성발전기본법」(1995) → 2014년 「양성평등기본법」 • 「사회보장기본법」(1995) • 「청소년보호법」(1997) • 「국민기초생활보장법」(1999) • 「국민건강보험법」(1999)
2000년대	• 「성매매알선 등 행위의 처벌에 관한 법률」(2004) • 「저출산·고령사회기본법」(2005) • 「노인장기요양보험법」(2007) • 「기초노령연금법」(2007) • 「장애인차별금지 및 권리구제 등에 관한 법률」(2007) • 「다문화가족지원법」(2008) • 「연금연계법」(2009)
2010년대	• 「장애인활동 지원에 관한 법률」(2011) • 「치매관리법」(2011) • 「노숙인 등의 자립지원에 관한 법률」(2011) • 「장애아동복지지원법」(2011) • 「기초연금법」(2014) • 「주거급여법」(2014) • 「사회보장급여의 이용·제공 및 수급권자 발굴에 관한 법률」(2014) • 「양성평등기본법」(2014) • 「노후준비지원법」(2015)

2 사회복지 발달 과정

(1) 소극적 국가 개입단계

① 엘리자베스 구빈법(1601)

영국 구빈법의 기본토대이자 공공부조의 시초이며 빈민구제에 대한 최초의 국가 책임을 인정, 차별적 빈민 보호, 통일적 구빈 행정기구

② 정주법(1662)

거주지 제한법(주소법), 빈민의 도시 유입 방지(거주이전의 자유 박탈), 농업노동력확보 목적

③ 작업장법(1722)

직업보조 프로그램의 성격, Bristol 작업장이 최초, 원내구제, 이윤추구적 빈민구제의 효시(부랑 억제와 이윤획득 목적), 청부제도, 빈민들에 대한 비인간적 처우(지하감옥)

④ 길버트법(1782)

작업장의 인도주의화, 일부 원외구조를 도입, 유급 구빈사무원 채용(사회복지 전담공무원의 시초)

⑤ 스핀햄랜드법(1795)

빵 가격과 부양가족의 수에 따라 지방세에서 임금을 보조하고 최저생계비를 보장함. 가족수당제도, 최저 생활보장, 임금보조제도

⑥ 공장법(1833)

공장에서 비인도적인 처우를 받는 아동의 노동조건과 작업환경을 개선하기 위한 법으로, 최초의 아동복지법의 의미

⑦ 개정구빈법(신 구빈법, 1834)

배경	19세기 전후 시민계급의 의회장악, 중산계급의 부르주아지가 부농 지주를 대체, 부르주아지들의 구빈세 부담 절감노력, 1832년 발족된 왕립위원회의 조사를 토대로 개정
내용	인도주의를 배격, '억압 속의 구제'라는 원칙으로 복귀, 중앙집권적 통일성, 구빈행정국 설치(중앙정부), 구빈조합 설치(지방정부), 구호위원회 설치(구빈업무 수행)
개정구빈법의 구빈행정체제 원칙	균일처우의 원칙, 열등처우의 원칙, 작업장 활용의 원칙

더 알아보기

왕립위원회의 중요 건의 사항
- 임금보조제도 철폐
- 원외구호의 예외적 허용(노인 · 유아 · 병약자와 아동을 거느린 과부)
- 노동가능자의 작업장 배치
- 여러 교구의 구호행정을 구빈법연맹으로 통합
- 노동자의 최하위 임금보다 낮은 구호수준의 책정
- 중앙통제위원회 설립

(2) 사회개혁단계

① 실증연구를 통한 빈곤관의 변화

ⓐ 찰스 부스(1889) : 「런던시민의 생활과 노동」, 8계층으로 분류하고 4계층까지 빈곤층으로 규정, 빈곤의 원인을 저임금 · 실업 · 노령 등 사회구조적 원인으로 보았으며 노령연금법 제정을 위해 노력

ⓑ 시봄 라운트리(1901) : 「빈곤도시 생활의 연구」, 1889년 요크시를 조사. 1차 빈곤 · 2차 빈곤으로 분류, 찰스 부스의 연구결과 중 중소 도시에 대한 타당성 검토 목적, 최저생계비 산출에 공헌

ⓒ 페이비안 협회의 홍보 활동 : 국민최저한(National Minimum), 점진적 사회주의 주장

ⓓ 사회법의 제정(시민법 원리의 수정)

시민법	사회법
• 사유권 절대의 원리 • 계약 자유의 원리 • 과실 책임 원리	• 사유권 공공의 원리 • 계약 공정의 원리 • 무과실 책임 원리
근대 자본주의 사회의 법	현대 자본주의 사회의 법
자본가 계급의 보호	사회적 약자인 노동자 보호, 강자 통제
개인주의	집합주의
개인의 사적 권리 추구를 최대한 허용	생존권과 생활권의 제도적 보장 실현

② 다수파와 소수파 보고서

ⓐ 다수파 보고서 : 개인적 빈곤관에 의한 구빈법 개혁, 지방정부에 의한 개별적 서비스 제공 주장

ⓑ 소수파 보고서 : 페이비안 협회의 국민최저수준을 보장하기 위한 구빈법 폐지와 중앙정부에 의한 보편적 서비스 제공 주장

③ 1906년 자유당 정부의 사회보험 도입

ⓐ 노령연금법(1908) : 70세 이상의 노인에 대한 자산조사와 도덕성 조사를 통한 무갹출 연금 지급

ⓑ 국민보험법(1911) : 영국 최초의 사회보험(의료보험과 실업보험)

(3) 복지국가단계

① 베버리지 보고서(1942)

국가에 의한 사회보험 중심으로 국민의 소득을 보장하는 사회보장 개념, 케인스의 유효수요론에 의하여 정부에 의한 시장개입(수정자본주의) 주장

ⓐ 5악과 제도

• 결핍 : 소득보장

• 질병 : 의료보장

• 불결 : 주택정책 또는 공중위생

• 무지 : 교육정책

• 나태 : 정신교육 또는 고용정책

ⓒ 5대 프로그램 : 사회보험, 공공부조, 아동수당, 포괄적 보건서비스, 완전고용

ⓒ 6대 원칙 : 정액급여의 원칙, 균일한 기여의 원칙, 행정책임의 통일화 원칙, 급여수준의 적정화 원칙, 적용범위의 포괄성 원칙, 적용대상의 분류화 원칙

② **시장실패** : 시장에서 자원의 비효율적인 분배 현상을 의미

ⓒ 종류

공공재	비경합성, 비배타성
외부효과	어떤 경제활동과 관련하여 제3자에게 의도하지 않은 혜택이나 손해를 가져다주면서도 이에 대한 대가를 받지도 지불하지도 않는 상태로 긍정적 외부효과와 부정적 외부효과로 구분
불완전한 정보	어떤 재화에 대한 충분한 정보가 없는 경우 시장에서 자원이 비효율적으로 배분이 될 가능성이 높은 현상을 의미, 역선택, 도덕적 해이
규모의 경제	산출량이 증가함에 따라 평균비용이 지속적으로 하락하는 현상
위험의 상호 의존성	어떤 사람의 위험발생과 다른 사람의 위험발생이 상호 관련되어 있을 때, 민간시장에서는 보험 상품이 제공되기 어려워 국가만이 보장해 줄 수 있는 경우

③ 복지국가 발전의 개념 : 복지혜택의 포괄성, 적용범위의 보편성, 복지혜택의 적절성, 복지 재분배 효과

(4) 복지국가재편단계

① **개념** : 1970년대 오일 파동에 따른 경기침체(스태그플레이션)로 지속적인 복지재정 지출의 축소현상 (영국의 대처리즘, 미국의 레이거노믹스, 일본의 나카소네 정부)

② 복지국가 위기의 4가지 차원

경제 문제	실업과 물가 상승이 동시에 일어나는 스태그플레이션에 의한 경기침체
재정 문제	경기침체에 따른 복지지출 증가와 조세수입 감소로 인한 재정적자
정부 문제	복지정책 시행과정에서 일어나는 관료의 경직성 혹은 비효율성을 의미
정당성 문제	복지국가 확대를 주장하는 정치 세력에 대한 일반 대중들의 지지 철회

③ 복지국가 위기에 대한 관점

ⓒ 신보수주의 관점 : 시장에 대한 지나친 국가의 개입이 원인, 시장에 대한 국가개입을 축소하고 자유경쟁시장으로 돌아가야 한다고 주장한다.

ⓒ 마르크스주의 : 자본축적과 정당화의 두 가지 모순적인 기능을 수행하는 과정에서 국가의 재정 파탄의 위기 발생이 원인, 복지국가를 자본주의의 산물로 간주하여 개념자체를 부정한다.

ⓒ 실용주의 : 복지국가 발전과정상의 시행착오와 경기침체로 인한 일시적 현상으로 간주하여 경제 상황이 호전되고 지방분권화와 민영화의 방법을 통해 효율적으로 운영되면 위기 극복이 가능하다고 본다.

ⓒ 제3의 길 : 제1의 길인 사회민주주의와 제2의 길인 신자유주의의 단점을 보완하고 융화시키는 새로운 복지정책이다. 복지자본주의는 자유주의의 특징을 강조한다.

1 프로이트(Freud)의 정신분석이론

(1) 특징

① 무의식과 심리성적 욕구(과거 경험) 강조

② 초기아동기 이전의 경험에 의해 결정(정신적 결정론)

③ 무의식적인 성적 본능과 공격적 본능에 의해 결정되는 수동적 인간

④ 경제적 모델(본능) : 에로스(삶의 본능), 타나토스(죽음의 본능)

(2) 주요개념

① 리비도(Libido) : 본능적인 성적 에너지

② 자유연상 : 마음속의 모든 생각을 떠오르는 대로 말하게 하는 방법

③ 정신의 세 가지 수준 : 의식, 전의식, 무의식

④ 성격의 세 가지 요소 : 원초아(Id), 자아(Ego), 초자아(Superego)

(3) 심리성적 발달단계

구분	특징
구강기 (0~1세)	• 리비도의 구강 집중(빨기, 물기, 삼키기) – 자애적 쾌락 • 최초의 양가감정 • 고착현상 : 손가락 빨기, 손톱 깨물기, 과음, 과식, 과도한 흡연, 수다
항문기 (1~3세)	• 성적 관심 : 항문 • 배변훈련을 통한 사회화로의 기대에 직면 • 고착현상 : 항문 폭발적 성격(결벽·인색, 소극, 검소), 항문 강박적 성격(지저분, 잔혹, 난폭, 난잡)
남근기 (3~6세)	• 오이디푸스 콤플렉스(거세불안), 엘렉트라 콤플렉스(남근선망) • 초자아 성립
잠재(복)기 (6~12세)	• 성적 욕구가 억압되어 성적 충동 등이 잠재되어 있는 시기 • 리비도 및 동일시의 대상 : (동성) 친구 • 활발한 지적 탐색
생식기 (12세 이후)	• 잠재되어 있던 성 에너지가 무의식에서 의식의 세계로 분출 • 2차 성징 • 성적 관심의 대상 : 이성 친구 • 생식기의 이상적인 발달은 이타적인 사람으로의 성숙으로 연결

(4) 방어기제의 종류

억압	의식에서 용납하기 어려운 욕망, 충동들을 의식에서 무의식으로 밀어내는 것 예 하기 싫은 숙제를 잊었다고 말하는 경우
반동형성	무의식 속의 받아들여질 수 없는 생각 등을 정반대로 표현 예 짜증나는 상사에게 매우 관대하게 행동하는 경우
투사	사회적으로 비난받는 자신의 행동을 다른 사람에게 전가하고 남을 탓하는 경우 예 일의 잘못된 결과를 상사나 아랫사람의 책임으로 전가하는 경우
전치	자신이 어떤 대상에 느낀 감정을 보다 덜 위협적인 다른 대상에게 표출 예 종로에서 뺨 맞고 한강에서 눈 흘긴다.
부정	의식화하기에 불쾌한 생각, 감정, 현실 등을 무의식적으로 부정 예 불치병에 걸렸지만 아니라고 믿는 환자
합리화	정당하지 못한 행동에 사회적으로 그럴듯한 이유나 설명을 대는 것 예 포도를 먹지 못하는 여우가 포도는 맛이 없을 것이라 생각하며 지나가는 것
보상	탁월한 능력을 인정받아 다른 분야의 실패나 약점을 보충하여 자존심을 고양시키는 경우 예 춤을 잘 추지 못하는 사람이 자신의 강점을 살릴 수 있는 노래를 부르는 파트에 지원하는 경우
퇴행	현재의 발달단계보다 더 이전의 발달단계로 후퇴 예 대소변을 잘 가리던 아이가 동생이 태어난 후 밤에 오줌 싸는 경우
승화	욕망을 사회적으로 인정될 수 있는 행동방식으로 표출하는 것 예 예술가가 자신의 욕망을 예술로 표현하는 경우
대치	원래의 목표에서 대용목표로 전환시킴으로써 긴장을 해소하는 방식 예 꿩 대신 닭
저항	고통스러운 감정이 의식의 표면 위로 떠오르는 것을 방해 예 자유연상에 의해 억압된 내용을 상기시킬 때 나타나는 거부현상
동일시	자기가 좋아하는 대상과 자기 자신 또는 그 외의 대상을 같은 것으로 인식 예 좋아하는 연예인의 옷차림을 따라하는 경우
원상복귀 (취소)	충동으로 상대에게 피해를 주었을 때 그 피해를 원상복귀하려는 행동 예 갑자기 화가 난 아빠가 아이를 때리고 나서 미안해하며 안아주고 손을 씻는 경우
상환	비의식의 죄책감을 씻기 위해 일부러 어렵고 고된 일을 겪는 경우 예 자신은 어렵고 힘들게 생활하면서 모든 수입을 자선단체에 기부하는 경우
해리	성격의 일부가 지배를 벗어나 하나의 독립된 성격인 것처럼 행동하는 경우 예 이중인격, 몽유병, 지킬박사와 하이드
투입	외부의 대상을 자기 내면의 자아체계로 받아들이는 것 예 어머니를 미워하는 감정을 수용할 수 없기 때문에 자기 자신을 미워하는 것으로 대치

(5) 방어기제의 특징

① 자아를 보호하기 위한 무의식적 과정

② 한 번에 한 가지 이상의 기제를 사용하기도 함

③ 여러 번 사용할 경우 심리적 문제를 일으킬 수도 있음

④ 정상성과 병리성의 판단기준은 철회 가능성, 균형, 강도 및 연령의 적절성

⑤ 실패 · 죄책감 · 박탈 등을 줄이고 자존감을 유지하려 함

2 에릭슨(Erikson)의 심리사회이론

(1) 특징

① 인간의 성격발달은 전 생애에 걸쳐 일어남

② 자아의 자율적 기능을 강조

③ 창조성 및 자아정체감 확립 강조

④ 인간을 병리적 측면이 아닌 정상적, 건강한 측면에서 접근

⑤ 문화적 · 역사적 요인과 성격구조의 관련성 중시

⑥ 에릭슨의 자아중심이론은 '상황 속 인간'을 사정하고 개입하는 실천모형의 이론적 기반

(2) 주요 개념

자아(Ego), 자아정체감(Ego Identity), 점성원리(Epigenetic Principle)

(3) 프로이트와 에릭슨의 인간발달단계 비교

발달단계	프로이트	에릭슨
영아기 (출생~18개월 또는 2세)	구강기(0~1세) 최초의 양가감정	유아기(0~18개월) 기본적 신뢰감 vs 불신감
유아기 (18개월 또는 2세~4세)	항문기(1~3세) 배변훈련, 사회화	초기아동기(18개월~3세) 자율성 vs 수치심 · 회의
전기아동기 (학령전기, 4~6세)	남근기(3~6세) 오이디푸스 콤플렉스, 초자아	학령전기 또는 유희기(3~5세) 주도성 vs 죄의식
후기아동기 (학령기, 6세 또는 7~12세)	잠재기(6~12세) 지적 탐색	학령기(5~12세) 근면성 vs 열등감
청소년기 (12~19세)	생식기(12세 이후) 2차 성징	청소년기(12~20세) 자아정체감 vs 정체감 혼란
청년기 (성인 초기, 19~29세)	–	성인 초기(20~24세) 친밀감 vs 고립감
중년기 (장년기, 30~65세)	–	성인기(24~65세) 생산성 vs 침체
노년기 (65세 이후)	–	노년기(65세 이후) 자아통합 vs 절망

3 칼 융(Jung)의 분석심리이론

(1) 특징

① 광범위한 영역을 반영

② 전체적인 성격을 '정신(Psyche)', 성격의 발달을 '자기(Self)실현의 과정'으로 본다.

③ 정신을 크게 의식과 무의식의 두 측면으로 구분, 무의식을 다시 '개인무의식'과 '집단무의식'으로 구분

(2) 주요 개념

자아(Ego)	의식의 개성화 과정에서 생기는 것
자기(Self)	가장 중요한 원형으로서, 인생의 궁극적인 목표
집단무의식	인류에게 공통적으로 존재하는 원시적 감정, 공포, 사고, 원시적 성향 등을 포함하는 무의식
원형	인간의 정신에 존재하는 보편적이고 근원적인 핵
페르소나	개인이 외부에 표출하는 이미지, 가면
음영(그림자)	인간 내부의 동물적 본성 또는 어둡거나 사악한 부정적 측면
리비도	인생 전반에 작동하는 생활 에너지, 전반적인 생명력
콤플렉스	개인의 사고를 방해하거나 의식의 질서를 교란하는 무의식 속의 관념덩어리
아니마	무의식에 존재하는 남성의 여성적인 측면
아니무스	무의식에 존재하는 여성의 남성적인 측면

(3) 프로이트 이론과의 비교

구분	프로이트	융
이론적 관점	인간행동과 경험의 무의식적 영향에 대한 연구	의식과 무의식의 대립적 관점이 아닌 통합적 관점
리비도	성적 에너지에 국한	일반적인 생활 에너지 및 정신 에너지로 확장
성격형성	과거 사건에 의해 결정	과거는 물론 미래에 대한 열망을 통해서도 영향을 받음
정신구조	의식, 전의식, 무의식	의식, 무의식(개인무의식, 집단무의식)
강조점	인간 정신의 자각 수준에 초점을 맞추어 무의식의 중요성 강조	인류의 정신문화의 발달에 초점
발달단계	5단계(구강기, 항문기, 남근기, 잠재기, 생식기)	4단계(아동기, 청년기, 중년기, 노년기)

4 아들러(Adler)의 개인심리이론

(1) 특징

① 생애초기의 경험이 성인기에 많은 영향을 준다.

② 인간을 전체적 · 통합적으로 본다.

③ 인간은 목표를 향해 움직이는 창조적이고 책임감 있는 존재이다.

④ 보상은 잠재력을 발휘하도록 인간을 자극하는 건전한 반응이다.

⑤ 인간의 열등감은 근본적으로 모든 인간이 무엇인가를 추구할 수 있는 동기가 되며, 그 형태는 각자의 생활양식이 일치된 방식으로 매우 다양하다.

(2) 주요 개념

① 열등감과 보상

열등감	개인이 잘 적응하지 못하거나 해결할 수 없는 문제에 직면하는 경우 나타나는 무능력감을 말한다. 동기유발의 요인으로서 인간의 성숙과 자기완성을 위해 필수적인 요소이다.
보상	잠재력을 발휘하도록 유도하는 자극으로서 열등감을 극복하기 위한 연습이나 훈련에의 노력과 연결된다.

② 우월성의 추구(우월성을 향한 노력)

㉠ 자신의 약점을 극복하고 잠재력을 극대화하기 위한 노력이다. 우월에 대한 욕구는 열등감을 보상하려는 선천적인 욕구에서 비롯된다.

㉡ 우월의 목표는 긍정적 경향(사회적 이타성 강조)과 부정적 경향(개인적 우월성 강조) 모두가 포함될 수 있다.

③ 사회적 관심 : 개인의 목표를 사회적 목표로 전환하는 것으로서, 심리적 성숙의 판단기준이 된다.

④ 생활양식

㉠ 4~5세 경에 결정되며, 특히 가족관계 또는 가족 내에서의 경험이 중요한 영향을 미친다.

㉡ 삶의 목표에 도달하기 위해 스스로 설계한 좌표로 사회적 관심과 활동수준에 따라 '지배형/획득형/회피형/사회적으로 유용한 형'으로 구분된다.

⑤ 창조적 자기 : 인간이 스스로 자신의 삶을 만들어 나가는 것을 의미하며, 개인의 생(生)의 의미로서 목표를 설정하고 이를 달성하기 위해 노력을 기울이는 과정을 담고 있다.

⑥ 가상적 목표 : 현재의 행동에 영향을 미치는 미래에 대한 기대로서의 이상을 의미한다.

(3) 출생순서가 성격형성에 미치는 영향

첫째 아이 (맏이)	• 태어났을 때 집중적인 관심을 받다가 동생의 출생과 함께 이른바 '폐위된 왕'의 위치에 놓인다. • 특히 윗사람들에게 동조하는 생활양식을 발달시키게 되며, 권위를 행사하고 규칙과 법을 중시하는 경향이 있다.
둘째 아이 (중간아이)	'경쟁'을 가장 큰 특징으로 하며, 항상 자신이 첫째보다 뛰어나다는 것을 증명하기 위해 노력한다.
막내 아이	• 부모의 관심을 동생에게 빼앗겨 본 적이 없으므로 과잉보호의 대상이 되기도 한다. • 능력 있는 형제들에 둘러싸여 있는 경우, 독립심이 부족하며, 열등감을 경험할 수 있다.
외동 아이	• 경쟁할 형제가 없으므로 응석받이로 자랄 수 있다. • 자기중심적이고 의존적인 경향을 보이기도 하며, 자신의 중요성에 대한 과장된 견해를 가질 수 있다.

5 피아제(Piaget)의 인지발달이론

(1) 특징

① 개인이 자신의 삶을 해석하는 방식에 따라 다른 주관적인 현실만이 존재

② 개인의 정서, 행동, 사고는 개인이 현실세계를 구성하는 방식에 따라 다름

③ 인간이 성장하면서 사고는 더욱 복잡하고 추상적이 됨

④ 인지발달단계는 개인이 생각하는 일정한 원칙과 특정한 방식이 있음

⑤ 인간은 변하고 성장하는 존재로 환경과 상호작용하면서 변화

(2) 주요 개념

① 보존 : 모양의 차원에서는 변할 수 있지만 양적 차원에서는 동일한 질량의 개념

② 도식 : 아이디어와 개념을 생각하고 이를 조직화하는 방식

③ 조직화 : 상이한 도식들을 자연스럽게 서로 결합하는 것

④ 적응 : 자신이 주위 환경의 조건을 조정하는 능력－동화, 조절, 평형

⑤ 대상영속성 : 어떤 대상이 자신의 시야에서 사라지거나 들리지 않아도 여전히 존재한다고 깨닫는 것으로 감각운동기에 형성되기 시작하여 전조작기 이전에 완성

(3) 인지발달단계의 주요 특징

감각운동기 (0~2세)	• 자신과 외부대상을 구분하지 못한다. • 대상영속성을 이해하기 시작한다. • 목적지향적인 행동을 한다.
전조작기 (2~7세)	• 사고는 가능하나 직관적인 수준이며, 아직 논리적이지 못하다. • 언어와 사고에 대한 자기중심성을 갖고 있다. • 상징놀이, 물활론, 자기중심성을 특징으로 한다.
구체적 조작기 (7~12세)	• 구체적 사물을 중심으로 이론적 · 논리적 사고가 발달한다. • 자기중심성 및 비가역성을 극복한다. • 유목화 · 서열화 · 보존개념을 획득한다.
형식적 조작기 (12세 이상)	• 추상적 사고가 발달한다. • 가설의 설정, 연역적 · 조합적 사고가 가능하다. • 실제 경험하지 않은 영역에 대해 논리적인 활동계획을 수립한다.

6 스키너(Skinner)의 행동주의이론

(1) 의의

① 구체적으로 관찰할 수 있는 행동에 초점

② 학습을 통하여 지식과 언어를 습득하고, 다양한 감정을 경험

③ 인간행동은 내적 충동보다 외적 자극에 의해 동기화

④ 강화된 행동이 습관이 되고 이것이 성격의 일부가 됨

⑤ 인간을 기계적 존재로 간주하는 경향

⑥ 신체적 심리발달에 아동의 환경이 미치는 영향과 클라이언트에 대한 면접기록과 사정에 중요한 지식기반 제공

(2) 고전적 조건화와 조작적 조건화

구분	고전적 조건화	조작적 조건화
행동상의 차이	수동적 반응행동	능동적 조작행동
자극-반응 계열	자극 → 반응 (반응 앞에 오는 자극이 분명)	반응 → 효과 또는 보상 (반응 앞에 오는 자극이 불분명)
조건 형성	자극 간 연합에 의해 형성	행동과 결과 사이의 연합에 의해 형성
특수자극과 특수 반응	특수자극이 특수반응을 일으킴	특수반응을 일으키는 특수자극은 없음
학습대상 행동	의식적 통제가 불가능한 불수의적 행동이 학습	의식적 통제가 가능한 수의적 행동이 학습
대표적 실험	파블로프의 개 실험	스키너의 쥐 실험

(3) 강화와 처벌(정적 처벌, 부적 처벌)

구분	특징
정적 강화	유쾌자극을 부여하여 바람직한 반응의 확률을 높임 예 교실 청소를 하는 학생에게 과자를 준다.
부적 강화	불쾌자극을 제거하여 바람직한 반응의 확률을 높임 예 발표자에 대한 보충수업면제를 통보하여 학생들의 발표를 유도한다.
정적 처벌	불쾌자극을 부여하여 바람직하지 못한 반응의 확률을 감소 예 장시간 컴퓨터를 하느라 공부를 소홀히 한 아이에게 매를 가한다.
부적 처벌	유쾌자극을 제거하여 바람직하지 못한 반응의 확률을 감소 예 방청소를 소홀히 한 아이에게 컴퓨터를 못하게 한다.

(4) 강화계획

구분		특징
계속적 강화계획		반응의 횟수나 시간에 상관없이 기대하는 반응이 나타날 때마다 강화를 부여한다. 학습초기단계에는 효과적이지만, 일단 강화가 중지되는 경우 행동이 소거될 가능성도 있다.
간헐적 강화계획	고정간격 계획	• 일정한 시간이 지난 뒤에 일어나는 특정한 첫 번째의 행동을 강화하는 것이다. • 지속성이 거의 없으며, 강화시간이 다가오면서 반응률이 증가하는 반면 강화 후 떨어진다. 　예 주급, 월급, 일당, 정기적 시험 등
	가변간격 계획	• 강화 시행의 간격이 다르지만 평균적으로 확인할 수 있는 시간 간격이 지난 후에 강화를 주는 것이다. • 느리고 완만한 반응률을 보이며, 강화 후에도 거의 쉬지 않는다. 　예 1시간에 3차례의 강화를 부여할 경우 1인당 100만 원의 성과급을 지급
	고정비율 계획	어떤 특정한 행동이 일정한 수 만큼 일어났을 때 강화를 주는 것이다. 예 옷 공장에서 옷 100벌을 만들 때마다 25분, 45분, 60분으로 나누어 1인당 총 100만 원의 성과금을 지급
	가변비율 계획	• 평균 몇 번의 반응이 일어난 후 강화를 주는 것이다. • 반응률이 높게 유지되며, 지속성도 높다. 　예 카지노의 슬롯머신, 복권 등

(5) 기타 주요 개념

분류	내용
변별자극	보다 정교하게 이루어지는 학습으로 유사한 자극에서 나타나는 작은 차이에 따라 다른 반응을 보이도록 유도하는 것
소극	일정한 반응 뒤에 강화가 주어지지 않으면 반응은 사라짐
토큰경제	바람직한 행동들에 대한 체계적인 목록을 정한 후 그러한 행동이 이루어질 때 보상(토큰)을 하는 것
타임아웃	이전의 강화를 철회하는 일종의 벌
체계적 둔감법	낮은 수준의 자극에서 높은 수준의 자극으로 상상을 유도함으로써 혐오나 불안에서 서서히 벗어나도록 하는 것

7 콜버그(Kohlberg)의 도덕성 발달단계

전인습적 도덕기	• 1단계 : 벌과 복종에 의해 방향이 형성되는 도덕성 • 2단계 : 욕구충족의 수단으로서의 도덕성
인습적 도덕기	• 3단계 : 대인관계의 조화로서의 도덕성 • 4단계 : 법과 질서를 준수하는 것으로서의 도덕성
후인습적 도덕기	• 5단계 : 사회계약 정신으로서의 도덕성 • 6단계 : 보편적 도덕원리에 대한 확신으로서의 도덕성

8 반두라(Banduar)의 사회학습이론

(1) 사회학습이론의 특징
① 전통적 행동주의 관점에 인지적 접근을 추가하여 형성된 이론
② 학습은 다른 사람의 행동을 관찰하고 모방한 결과로 이루어짐(관찰 · 모방학습 강조)
③ 인간행동은 자기강화에 따라 결정되며, 자기효율성도 성격발달에 영향을 줌
④ 인간은 자기효율성을 성취하는 방향으로 행동규제 가능함
⑤ 개인–행동–환경요소들은 상호작용하여 서로 영향을 주고받으며 발달
⑥ 아동은 어른의 모든 행동을 관찰하고 모방함으로써 사회화됨

(2) 주요 개념
① 모방 또는 모델링 : 다른 사람이 행동하는 것을 보고 들으면서 그 행동을 따라하는 것
② 인지적 학습 : 인간은 생각하고 인식하는 존재이므로 자신의 행동을 조정하며, 자기 행동의 결과 예측 가능
③ 자기강화 : 자신이 통제할 수 있는 보상을 스스로에게 주어 자신의 행동을 유지 · 변화
④ 자기효율성(자기효능감) : 어떤 행동을 성공적으로 수행할 수 있다는 신념
⑤ 자기규제(자기조절) : 수행과정, 판단과정, 자기반응과정을 통해 자신의 행동을 스스로 평가 · 감독하는 것
⑥ 관찰학습 : 주의집중 과정–보존 과정–운동재생 과정–동기화 과정

9 매슬로우(Maslow)의 욕구이론

(1) 개요

① 인간을 생존적 경향과 실현적 경향을 함께 가진 통합적 존재로 간주

② 인간의 본성은 선하며, 자기실현을 이루고자 노력함

③ 창조성이 인간의 잠재적 본성이며 연령에 따른 발달적 접근을 하지 않음

④ 욕구는 행동을 일으키는 동기요인

(2) 욕구 5단계

```
                         결핍욕구                          성장욕구
      ┌──────────────────────────────────────┐              │
  • 생리적 욕구 → 안전의 욕구 → 소속과 애정의 욕구 → 존경의 욕구 → 자아실현의 욕구
  • 하위욕구가 충족되면 상위욕구가 발생하며 욕구의 단계에 예외가 있다는 것을 인정
  • 인간의 욕구는 계층적 단계를 가진 보편적이고 선천적인 동기에 의해 유발
  • 상위의 욕구가 출현하기 전에 하위욕구가 100% 충족되어야 하는 것은 아님
```

10 로저스(Rogers)의 현상학이론

(1) 개요

① 개인에게 현상이 나타나는 방식과 개인이 그 현상을 어떻게 경험하고 느끼는지에 관심

② 인간은 자신을 창조하는 과정 중에 있으며, 생의 의미를 창조하며 주관적 자유를 실천해 가는 존재

③ 인간은 천성적으로 선하며, 사람이 갖는 성격의 독특성을 강조

④ 인간은 그 자신이 경험적 산물이며, 삶은 성장하고 발전하는 기회의 총체임

(2) 주요 개념

① **자기(자아)** : 주체로서의 나(I)·객체로서의 나(Me), 현실 자아(Real Self)·이상적 자아(Ideal Self)

② 자기와 경험 간의 일치, 긍정적 관심에 대한 욕구, 자기 인정에 대한 욕구

③ **현상학적 장(Phenomenal Field)** : 특정 순간에 개인이 지각하고 경험하는 모든 것

④ **자기실현 경향성** : 인간은 성장과 자기증진을 위하여 끊임없이 노력하며, 고통이나 성장방해요인에 직면하여 극복할 수 있는 성장 지향적 유기체

⑤ **완전히 기능하는 사람(Fully Functioning Person)**

　㉠ 창조적이고 충실하게 살아간다.

　㉡ 개방적으로 체험하고 '자신'이라는 유기체에 대해 신뢰한다.

　㉢ 자신의 느낌과 반응에 따라 충실하고 자유롭게 산다.

　㉣ 자신의 선택에 따른 실존적인 삶을 추구한다.

02 | 사회복지정책 및 법제론

01 사회복지정책의 개요

■ 사회복지정책의 개념

① 사회생활을 영위해 나가는 데 필요한 인간의 기본적 욕구를 충족시키거나 사회문제를 해결하기 위한 목적으로 사회복지제도 및 프로그램을 만들고 가치를 권위적으로 배분하는 활동
② 사회문제의 해결 또는 사회적 욕구충족과 같은 주요한 기능들을 수행하는 사회제도로서의 사회복지를 달성하기 위한 프로그램, 서비스, 제도 등의 원칙, 지침, 일정한 계획, 조직화된 노력
③ 국민복지라는 사회적 과제를 달성하기 위한 목적으로 이루어지는 국가의 정책

② 사회복지정책의 구성요소

(1) 사회복지정책이 갖추어야 할 요소

① **가치와 윤리** : 가치, 이념, 철학, 사상 및 윤리 등이 특정 사회복지 정책과 연관하여 어떤 내용을 지니는가 하는 분석
② **목표** : 정책은 목적 혹은 목표가 있어야 함
③ **주체** : 누가 사회복지 정책을 계획하고 실천하는가?
④ **대상** : 대상 혹은 문제는 무엇인가, 어떻게 해결하고 예방하여야 하며, 개발해야 하는 인구집단과 문제는 어떤 것인가?
⑤ **수단과 방법** : 조직, 인력, 재정문제까지 포함

(2) 사회복지정책 목표로서의 가치

① 평등(Equality)

수량적 평등 (=절대적 평등=결과의 평등)	사람의 욕구나 능력, 기여의 차이 없이 사회적 자원을 똑같이 분배, 가장 적극적 평등
비례적 평등 (=실질적 평등=공평)	개인의 욕구 · 능력 · 기여에 따라 사회적 자원을 상이하게 배분하는 것, 열등처우의 원칙
기회의 평등	결과가 평등한가 아닌가의 측면은 완전히 무시한 채 결과를 얻을 수 있는 과정상의 기회만을 똑같이 주는 개념, 가장 소극적 평등, 최소한의 국가개입 주장(보수주의자)

② 효율성(Efficiency) : 사회복지정책에서는 수단으로서의 의미

수단으로서 효율성	여러 가치를 추구하는 여러 정책 중의 하나를 선택할 때 상대적으로 효율적인 수단을 선택하는 것이 바람직하다는 의미	
	목표효율성	정책이 목표로 하는 대상자들에게 자원이 얼마나 집중적으로 할당되는지의 여부
	운영효율성	정책을 집행, 운영하는 데 있어 얼마나 적은 비용을 사용하는 가의 기준을 의미
배분적 효율성 (파레토 효율성)	시장에서 사회적 자원의 가장 효율적인 배분상태, 즉 다른 사람의 효용을 저해하지 않고서는 특정 사람의 효용을 높이는 것이 불가능한 자원의 배분상태	

③ 자유(Freedom)

소극적 자유	국가로부터 간섭받지 않을 자유
적극적 자유	국가에 대해 일정한 급부를 요구할 수 있는 자유

(3) 사회복지정책의 주체(사회복지의 제공 주체)

① 공공부문 : 중앙정부와 지방정부

② 민간부문 : 가족 · 친족, 종교, 기업, 상호부조 등

③ 국가, 시장경제가 혼합되어 변화하면서 다양한 공급주체 발생(자조, 자원봉사, 협동집단)

(4) 사회복지정책의 대상(객체)

① 사회적 욕구 : 현재의 결핍된 상태와 원하는 상태 사이에 존재하는 차이를 의미

매슬로우의 욕구	생리적 욕구	인간의 생명을 유지하기 위한 가장 기본적인 최하위의 욕구
	안전의 욕구	육체적 위협으로부터의 보호 및 경제적 안정과 질서 있고 예측 가능한 환경을 선호하는 욕구
	소속과 애정의 욕구	동료집단에 소속되어 우의나 애정을 갖고자 하는 욕구
	존경의 욕구	자기뿐 아니라 타인에게도 인정 · 사랑을 받고 싶은 욕구
	자아실현의 욕구	자신의 재능 · 능력 · 잠재력을 충분히 발휘하여 자기가 원하는 유형의 사람이 된다는 것
브래드쇼의 욕구	규범적 욕구	전문가가 규정하는 욕구
	체감적 욕구	개개인이 느끼는 욕구, 사회조사를 통해 파악
	표현적 욕구	실제의 욕구 충족 추구 행위로 나타난 것으로 수요라 할 수 있음
	비교적 욕구	다른 집단의 수준과 비교하여 느끼는 욕구

② 사회문제

정의	어떤 사회적 현상이 사회적 가치에서 벗어남	
	상당수의 사람들이 그 현상으로 부정적인 영향을 받을 것	
	그 원인이 사회적일 것	
	다수의 사람들 또는 영향력 있는 일부의 사람들이 문제로 판단하는 것	
	사회가 그 개선을 원하고 있을 것	
	개선을 위하여 집단적 · 사회적 행동이 요청되는 것	
특성	사회성, 보편성, 개인문제와 뗄 수 없음	
위험	「사회보장기본법」 제3조(사회적 위험)	출산, 양육, 실업, 노령, 장애, 질병, 빈곤 및 사망
	3D	빈곤, 질병, 비행
	4D	빈곤, 질병, 비행, 의존
	4고	빈곤, 질병, 무위, 고독
	5악	빈곤, 질병, 불결, 나태, 무지
사회문제의 이론적 접근	기능주의	한 사회체계가 사회적으로 합의된 규범을 준수하지 못하고 있는 상태
	갈등주의	비합리적인 사회통제와 착취, 희소자원의 불균등한 분배, 불균등한 분배를 가져오는 사회의 권위와 권력 구조 등의 사회제도, 가치갈등주의, 사회긴장론
	상호작용주의	사회의 한 집단이 다른 집단의 의미에 동의할 수 없는 것으로 규정하고 그 집단의 의미대로 행동하지 않는 것, 낙인이론
	교환주의	기본적으로 교환관계가 단절되거나 불균형을 이루고 있는 상태

③ 사회복지정책의 영역

① **협의의 영역** : 소득보장정책, 건강보장정책, 주택정책, 사회복지서비스, 교육정책
② **광의의 영역** : 협의의 영역 + 조세정책, 노동정책

④ 사회복지정책의 기능과 효과

(1) 사회복지정책의 기능

① 사회통합과 정치적 안정
② 사회질서의 형성과 교정의 기능
③ 사회문제 해결과 사회적 욕구 충족
④ 급여 수급자의 '자기결정권'과 다양한 소득보장을 통해 개인의 자립과 성장, 재생산의 보장
⑤ 사회구성원 상호간 삶의 기회가 재분배되는 사회화의 기능

⑥ 소득재분배

단기적 재분배	사회적 욕구의 충족을 위해 현대의 자원을 사용하여 소득재분배(공공부조)
장기적 재분배	생애와 세대에 걸쳐 이루어지는 소득재분배(국민연금)
수직적 재분배	소득이 높은 사람에서 소득이 낮은 사람으로 재분배(누진적 소득세)
수평적 재분배	동일 소득 계층 내의 재분배(가족수당, 의료보험)
세대 내 재분배	동일한 세대 내에서 재분배
세대 간 재분배	앞 세대와 먼 후손 세대 간의 재분배(부과방식 공적 연금제도)

(2) 사회복지정책의 역기능

① 경제성장의 저해 : 급여선정과정 등 운영비용에 의한 비효율성

② 빈곤함정 · 빈곤의 덫 : 복지 급여에 의존하여 근로의욕을 상실하고 빈곤에 머무는 현상

③ 도덕적 해이 : 대상자가 보험을 염두에 두고 위험에 대한 불감증을 갖게 되는 현상

> **더 알아보기**
>
> 역선택
>
> 불완전한 정보에서 발생하는 현상으로, 민간시장에서 미래에 발생할 위험에 대비한 개별보험이 성립되기 어려운 이유이다. 일반적으로 질병, 부상, 실업 등과 같은 위험에 대비한 보험을 민간보험회사에서 개별적으로 판매할 경우, 위험발생 가능성이 높은 사람들만 집중적으로 보험에 가입하게 되는 역선택의 문제가 발생한다.

02 | 사회복지정책의 형성과정

■ 사회복지정책 형성과정의 주요 개념

① 조건(Conditions) : 어떠한 사상이나 현상이 문제로 발전할 수 있는 객관적 사실들 자체

② 문제(Problem) : 어떤 사건이나 사태로 인하여 다수의 사람들이 고통을 받고있어 그것에 대한 해결욕구를 유발시키는 불만스러운 상태나 조건

③ 요구(Demand) : 문제해결을 위해 요청하는 구체적인 행동

④ 아젠다(Agenda) : 수많은 사회 문제들 중에서 정부가 그것에 대한 정책적 해결을 위해 자발적이든 비자발적이든 공식적으로 채택한 의제의 목록으로 정책의제라고도 함

⑤ 이슈(Issue) : 여러 가지 공공문제들 중 논쟁의 대상이 되는 문제

⑥ 대안(Alternative) : 정책의제로 채택되어 논의되고 정의되는 과정 속에서 나타나는 여러 가지 해결방안들

⑦ 정책 : 대안들 중 권리를 가진 정책 결정자에 의해 선택된 대안

② 사회문제와 이슈화

① **사회문제** : 국민이 불만을 갖고 있으면서 해결해야 하는 모든 문제로, 문제가 구체적이고 사회에 영향을 많이 미치며 선례가 있는 경우 의제화될 가능성이 높음
② **사회적 이슈** : 사회문제에 대한 성격·원인·해결책에 대해 집단 간 의견이 불일치하는 문제
③ **사회적 이슈화**
　㉠ 이슈촉발장치, 이슈주도자 등의 변수를 이용해야 사회문제가 사회적 이슈로 전환됨
　㉡ 이슈촉발장치 : 대중의 관심을 유도하는 자연재해, 사회적 사건 등의 예기치 못한 사건
　㉢ 이슈화 과정에서는 문제를 어떻게 정의해야 할지, 이슈의 제기자는 누구인지 고려

③ 정책의제(아젠다)의 형성

① **이슈의 공중 의제화** : 정부조치가 필요하다고 생각하는 많은 사람이 의제화의 변수
② **정부의제** : 정부에서 해결을 위해 심각하게 고려하기로 공식적으로 밝힌 문제
③ **아젠다 형성의 참여자** : 대통령, 공무원, 클라이언트, 사회복지전문가, 이해 당사자 등
④ **아젠다 형성의 과정**
　문제인식 과정 → 이슈화 과정 → 공공아젠다(체제아젠다) → 정부아젠다(제도아젠다)
⑤ **아젠다 설정에 영향을 미치는 요인** : 주도집단, 참여자, 정치적 요소, 문제의 특성

④ 정책대안의 형성

① **정책대안 형성과정**
　문제·상황 파악 → 정책목표 설정 → 정책대안 탐색·개발 → 정책대안 결과예측 → 대안 비교·평가 → 최적 대안 선택
② **정책대안의 미래예측기법**
　㉠ 유추법 : 비슷한 구조 또는 같은 꼴 구조의 사례를 통해 미래 상황을 추정
　㉡ 경향성 분석법 : 과거의 경향을 미래에 연장시켜 추측
　㉢ 마르코프 모형 : 시간에 따른 과거의 변화확률을 토대로 미래의 변화를 예측
　㉣ 회귀분석기법 : 변수들 사이의 인과관계를 전제로 한 회귀방정식을 통해 미래를 예측
　㉤ 델파이기법 : 전문가들의 의견을 모으고 교환함으로써 미래를 예측
③ **정책대안의 비교분석의 방법론**
　㉠ 비용편익분석 : 정책으로 인해 발생하는 모든 비용과 편익을 화폐가치로 계산·분석
　㉡ 비용효과분석 : 정책으로 인해 발생하는 비용과 화폐화되지 않은 예상효과를 비교
　㉢ 줄서기 분석기법 : 서비스를 받기 위해 대기하는 시간과 시설의 수준에 관한 정보제공
　㉣ 결정분석 : 나타날 수 있는 확률적 사건을 나뭇가지처럼 그려서 분석하는 방법

5 정책의 결정모형

① **합리모형(고도의 합리성)** : 정책결정자나 분석가가 고도의 합리성을 가지고 주어진 목표의 달성을 극대화할 수 있는 최선의 정책대안을 찾아낼 수 있다고 전제함

② **만족모형(제한된 합리성)** : 인간의 제한된 합리성을 전제로 만족스러운 수준에서 대안 선택

③ **점증모형(정치적 합리성)** : 과거의 정책결정을 기초로 하여 점증적 차이가 있는 정책대안을 검토하고 기존 정책을 약간 수정하여 정책을 결정

④ **혼합모형(합리 · 점증모형의 절충)** : 기본적인 결정은 합리적으로 이루어지지만, 세부적인 결정은 점증적인 결정으로 이루어짐

⑤ **최적모형(초합리성)** : 합리성과 함께 직관, 판단력, 창의력 같은 초합리성 강조

⑥ **쓰레기통모형(무정부 상태)** : 조직화된 무정부 상태 속에서 나타나는 몇 가지 흐름에 의하여 우연히 이루어진다고 봄(선택기회의 흐름, 문제의 흐름, 해결방안의 흐름, 정책결정에의 참여자의 흐름)

⑦ **정책창모형(킹돈)** : 쓰레기통모형을 근거로 제시한 이론으로, 서로 무관하게 자신의 규칙에 따라 흘러다니는 3가지 흐름(정치의 흐름, 문제의 흐름, 대안(정책)의 흐름)이 우연히 만나는 경우에 정책의제 설정이 이루어짐

6 사회복지정책평가(정책집행결과가 처음 의도를 얼마나 효과적으로 달성했는지 측정)

(1) 정책평가의 기준

① **효과성** : 목표의 달성정도, 최대의 목표를 달성하였는가를 판단

② **효율성** : 투입에 대한 산출의 비율, 경제적 가치로 환산하여 평가

③ **적정성** : 문제의 해결 정도, 문제를 일으킨 욕구, 가치, 기회를 만족시키는 효과성의 수준

④ **적절성** : 문제해결을 위해 사용한 수단이나 방법이 바람직했는가를 평가

⑤ **형평성** : 효과나 노력이 얼마나 공평하고 공정하게 배분되었는지를 평가

⑥ **대응성** : 정책이 수혜자 집단의 욕구, 선호, 가치를 충족시키는 정도

(2) 정책평가의 절차

> 정책평가 목표 및 평가 대상의 설정 → 정책의 내용 · 수단 · 구조 파악 → 평가기준 설정(평가설계) → 자료의 수집 및 분석 → 평가보고서 작성

(3) 평가유형

① 평가범위에 따른 유형

단일평가	정책의 한 단면을 평가
포괄평가	정책의 모든 측면을 평가

② 평가주체에 따른 유형

자체평가	정책 담당자가 직접 자신들의 활동 전반에 대해 실시하는 평가
내부평가	기관 내부의 책임자나 동료에 의해 실시되는 평가
외부평가	정책담당기관 외부의 평가자에 의해 이루어지는 평가로서 자체평가나 내부평가에 비해 공정성과 일관성의 유지가 가능하나 정책에 관한 정보는 제한됨

③ 평가대상 · 시간에 따른 유형

총괄평가	정책집행 후 정책이 사회에 미친 정책 효과를 추정하는 판단활동
과정평가	집행 진행과정에 나타난 활동을 분석하여 평가
형성평가	정책집행의 관리와 전략의 수정 · 보완이 목적이며, 과정평가와 중복되기도 함

---

03 사회복지정책의 분석틀

1 유형

(1) 사회복지정책 분석의 유형(3P)

① 과정분석(Process) : 정책의 형성이나 결정과정에 관한 분석
② 산출분석(Product) : 정책의 내용이나 구체적인 프로그램의 내용에 관한 분석으로 할당 · 급여 형태 · 전달체계 · 재정 등이 있음
③ 이행(성과)분석(Performance) : 정책을 집행한 결과와 의도한 정책 목표에 비추어 그 효과성이나 효율성에 관한 분석

(2) 길버트와 스펙트(Gilbert & Specht)의 분석틀

① 할당체계 : 누구에게 급여가 제공되어야 하는가?
② 급여체계 : 급여로 무엇을 제공해야 하는가?
③ 전달체계 : 어떻게 급여가 제공되어야 하는가?
④ 재정체계 : 어떻게 재정을 충당할 것인가?

② 할당

(1) 할당의 개념
급여를 받을 수 있는 자격의 문제

(2) 자격조건의 형태
① 거주여부, 거주기간, 시민권 : 거주여부가 유일한 자격요건인 것으로 영국의 NHS(국민보건서비스)가 대표적
② 인구학적 조건 : 나이 · 가족 수 · 결혼 여부 · 여성 · 아동 등의 조건
③ 기여 : 사회보험 프로그램에 보험료를 납부하는 형태와 사회에 대한 사회적 · 경제적 기여 등(군경 유가족, 광업, 농민 등)
④ 근로능력 : 근로능력이 있어야 하는 경우와 없어야 하는 경우
⑤ 소득 · 자산조사 : 공공부조프로그램의 자격을 결정하는 가장 중요한 기준
⑥ 전문적 혹은 행정적 판단 : 사회사업가, 의사와 같은 전문가나 행정관료의 판단이 필요한 경우

(3) 사회보험에서의 선별주의와 보편주의
우리나라의 경우 사회보험 도입 초기에는 일정한 보험료 납부능력이 있는 안정된 소득계층을 중심으로 선별주의로 시작하면서 점차 저소득층으로 대상을 확대하여 지금의 보편주의에 이르고 있음

(4) 길버트와 스펙트(테렐)의 4가지 할당원칙
① 귀속적 욕구(욕구의 규범적 정의) : 급여의 자격은 경제시장의 제도적 장치에 의해 충족되지 않은 욕구를 가진 사람들의 범주나 집단에 속하느냐의 여부에 따라 결정
② 보상(왜곡된 형평성의 회복) : 사회적 경제적 기여를 한 사람들이나 인종차별, 성차별의 희생자와 같이 사회의 부당한 행위로 피해를 입은 사람들이 대상
③ 진단적 차등(기술적인 사정) : 신체적 결함, 정서적 혼란의 경우와 같이 특정 재화나 서비스가 필요한 개인에 대한 전문가의 판단에 의존함
④ 자산조사(경제적 환경) : 개인이 재화나 서비스를 구매할 능력이 없음을 증명하는 조사에 근거한 할당

③ 급여

(1) 현금
수급자 선택의 자유, 효용의 극대화, 소비자 주권(자기결정)의 측면에서 장점, 인간의 존엄성 측면에서 현물보다 우월, 프로그램의 운영비 적게 듦

(2) 현물(물질적 재화와 서비스)
현금에 비해 소비단계에서 통제력이 높아 정책 목표에 맞게 소비가 이루어져 목표효율성이 높음, 급여가 필요한 자에게 집중적으로 제공이 가능, 오 · 남용의 문제가 크지 않음, 정치적 측면에서 선호됨, 규모의 경제 효과가 큼, 수급자에게 낙인감을 줄 수 있음

(3) 증서(Voucher)

현금과 현물의 장점을 보완한 제3의 급여형태로 일정한 용도 내에서 재화나 서비스를 자유롭게 선택할 수 있는 방법

(4) 현금, 현물, 증서의 비교

① 시장가치적 효율성 : 현금＞증서＞현물

② 관리적 효율성 : 현금＞증서＞현물

③ 수혜자 효율성 : 현금＞증서＞현물

④ 효과성 : 현물＞증서＞현금

⑤ 수치감 : 현물＞증서＞현금

⑥ 인플레이션에 대한 실질 가치 보장 : 현물＞현금＝증서

⑦ 정치적 실현 가능성 : 현물＞증서＞현금

(5) 기회

사회적으로 취약한 위치에 있는 집단이나 불평등한 대우를 받는 집단에게 진학·진급·취업 등에서 유리한 기회를 주어 시장의 경쟁에서 평등한 기회를 주는 것

(6) 권력

사회복지 정책의 수급자에게 정책결정에 대한 권력을 주어 그들에게 유리한 결정을 할 수 있도록 하는 것

4 재원

공공재원	일반예산	• 소득재분배(평등) 효과와 사회적 적절성이 높다. • 대상의 일반성과 급여의 보편성이 높다. • 재원의 안정성과 지속성이 높다. • 일반세(소득세, 소비세, 재산세 등)
	사회보장성 조세	• 사회보험료 : 강제 부과되는 세금의 성격 • 권리성 : 미래에 대한 사회보장 급여라는 성격과 명확한 용도로 인해 조세저항이 적고, 정치적으로 유리하다. • 역진성 : 모든 근로소득에 동률로 부과한다는 점과 소득상한선이 존재한다는 점에서 고소득층에게 유리하다. • 사회복지에 쓰이는 재원 중 가장 비중이 높다. • 목적세(도시계획세, 교통세, 방위세, 지방교육세 등)
	조세비용 (조세지출)	조세를 거둬들여 직접적인 사회복지급여를 하는 대신 사람들이 내야 할 조세를 감면시켜 사회복지의 목표를 달성하는 비용을 말한다.
민간재원		본인부담금, 자발적 기여, 기업복지의 재원, 공동모금, 비공식부문 재원

1 사회보장의 의의

'사회보장'이란 출산, 양육, 실업, 노령, 장애, 질병, 빈곤 및 사망 등의 사회적 위험으로부터 모든 국민을 보호하고 국민의 삶의 질을 향상시키는데 필요한 소득·서비스를 보장하는 사회보험, 공공부조, 사회서비스를 말한다.

2 사회보장제도의 구분

구분	사회보험	공공부조	사회서비스
주체	정부	정부 및 지방자치단체	정부 및 지방자치단체, 민간단체 및 사회복지법인
객체	전 국민	저소득층	요보호자
목적	빈곤예방	빈곤치료	사회적 적응
내용	국민연금, 국민건강보험, 산업재해보상보험, 고용보험, 노인장기요양보험	국민기초생활보장제도, 의료급여제도, 긴급복지지원제도, 기초연금제도, 장애인연금제도	아동복지, 노인복지, 장애인복지, 모자복지, 재가복지
재정	기여금(근로자), 부담금(사용자), 지원금(정부)	조세	국가보조금, 민간재원

3 사회보장제도의 기본원칙

(1) 베버리지 보고서에 의한 사회보험의 원칙(1942)

① 정액급여의 원칙(균일급여의 원칙)

② 정액기여의 원칙(균일갹출의 원칙)

③ 행정통합의 원칙(행정책임의 통합화 원칙)

④ 급여 충분성의 원칙(급여 적절성의 원칙)

⑤ 포괄성의 원칙(위험과 대상의 포괄성의 원칙)

⑥ 피보험자 구분의 원칙(가입대상 분류의 원칙)

4 빈곤에 대한 개념

(1) 절대적 빈곤과 상대적 빈곤

절대적 빈곤	• 최소한의 수준에도 미치지 못하는 생활상태 • 우리나라의 기초생활보장제도에서 절대적 빈곤을 사용함
상대적 빈곤	• 사회적 불평등에서 나타나는 빈곤상태 • OECD에서 국가 간 비교를 위해 상대적 빈곤의 개념을 사용함

(2) 빈곤율

$$빈곤율(\%) = \frac{빈곤선\ 이하\ 인구(혹은\ 가구)}{전체인구(혹은\ 가구)} \times 100$$

(3) 최저생계비 계측 방식

전물량 방식	• 인간생활에 필수적인 모든 품목에 대하여 최저한의 수준을 정하고 최저생계비를 구하는 방식으로, 현재 우리나라에서 사용하고 있는 계측 방식 • 복지서비스 대상가구 선정 기준 및 부가급여 수준을 결정하는 데 유용하며 전문가의 자의성 개입 가능성 있음
반물량 방식	• 영양학자에 의해 계측된 최저식품비에 엥겔 계수(식료품비/총소득)의 역수를 곱한 금액을 최저생계비로 보는 방식 • 어떤 계층의 엥겔 계수를 적용하느냐에 따라 최저생계비가 다르게 산출될 수 있음
타운젠드 방식	• 객관적 · 주관적 박탈을 측정할 수 있는 지표항목을 선정하여 소득계층별로 비교하는 방식 • 각 항목의 공통단위를 구성하기에 어려움이 있어 평균소득이나 중위소득을 기준으로 결정하며, 전문가 판단 개입 가능성 있음
라이덴 방식	• 주관적 최저생계비 계측 방식으로, 사람들이 판단하는 최소소득과 실제소득 간의 관계를 분석하여 일치점을 빈곤의 기준선으로 정함 • 최저생계비의 개념을 정확하게 반영하는 데 어려움이 있음

(4) 불평등지수

지니 계수	소득분배의 불평등 정도에 따라 0~1까지의 값을 가지며, 그 값이 클수록 소득분배가 불균형
로렌츠 곡선	완전평등선(균등분포선)과 멀수록(아래로 볼록할수록) 소득은 불균등하게 분배
10분위 분배율	• 한 나라의 모든 가구를 소득의 크기순으로 배열하고 이를 10등급으로 분류하여, 소득이 낮은 1~4등급까지의 소득합계를 소득이 가장 높은 9~10등급의 소득합계로 나눈 비율 • 상위소득 20%의 소득합계에 대한 하위소득 40%의 비율을 말함. 이 비율이 높으면 소득격차가 작고, 반대로 낮으면 소득격차가 큰 것임 • 중간계층의 소득을 정확히 파악할 수 없다는 단점이 있음
5분위 분배율	• 최상위 20%의 소득을 최하위 20%의 소득으로 나눈 값으로, 완전히 평등한 사회는 1에 해당 • 소득분배가 균등한 사회일수록 1에 가깝고, 빈부격차가 심한 사회의 경우에는 그 값이 커짐

03 | 사회복지행정론

01 사회복지행정의 개념과 특성

1 사회복지행정의 정의

① 협의의 정의 : 관리자에 의해 수행되는 사회사업행정이자 사회복지실천 방법의 하나
② 광의의 정의 : 사회정책을 사회복지서비스로 전환시키는 데 필요한 총체적 활동

2 사회복지행정의 특성

① 국가의 이념, 개발방향, 정책 등의 내용에 따라 결정
② 사회적으로 인지된 욕구 충족을 위해 사용가능한 자원을 동원하는 등 욕구충족을 위한 방법
③ 대상자와 지역 사회에 대한 윤리, 공적 책임, 전문 인력관리 등에 주안점을 둠
④ 복지정책의 목표를 달성하는 이행수단, 방법의 선택, 서비스 제공 조직과 기구에 관심을 가짐

3 사회복지행정의 이념

① 효과성(Effectiveness) : 목표의 달성정도를 판단하는 가치
② 효율성(Efficiency) : 최소의 자원(Input)으로 최대의 효과(Output)를 산출
③ 공평성(Equity) : 동일한 욕구를 가진 클라이언트는 동일한 서비스를 받아야 함
④ 접근성(Convenience) : 사회적 서비스를 쉽게 이용

4 사회복지행정을 보는 두 가지 관점

① 보편주의 : 클라이언트에게 특정한 자격이나 조건을 두지 않고 서비스를 제공
② 선별주의 : 클라이언트에게 수급자격 및 조건을 부여하여 서비스를 제공
③ 보편주의적 · 선별주의적 운영방법의 장 · 단점

구분	보편주의 운영방법	선별주의 운영방법
장점	공평성, 편익성 측면에 적합	효과성, 효율성 측면에 적합
단점	효과성, 효율성 측면에 문제	공평성, 편익성에 문제

5 사회복지행정의 과정(POSDCoRBE)

① P(Planning, 기획)

② O(Organizing, 조직)

③ S(Staffing, 인사) : 조직구성원들의 채용, 훈련 등

④ D(Directing, 지시) : 업무 수행 관련의 명령과 지시

⑤ Co(Coordinating, 조정)

⑥ R(Reporting, 보고) : 과업 진행 사항의 보고

⑦ B(Budgeting, 재정)

⑧ E(Evaluating, 평가)

02 사회복지행정의 이론적 배경

1 고전이론(Classical Model)

베버(Weber)의 관료제 이론	• 고도의 전문화된 업무 분업 • 인간의 개성보다 공적인 지위에 기반을 둔 위계적인 권위구조 • 실적과 기술적 지식에 따른 관리 임용 • 직무권한의 사전 명시 • 개인의 생각이나 감정을 무시 • 문제점 : 비민주성, 비인간화, 창조성결여, 목적전치
테일러(Taylor)의 과학적 관리론	• 시간과 동작에 대한 과학적 분석으로 고도의 분업을 통해 효율성 추구 • 과업을 달성한 정도에 따라 임금을 지불 • 기계론적 접근에 의한 업무의 계량화 • 문제점 : 노동자 개성이나 잠재력 무시, 인간의 감정적·정서적 측면에 대한 연구를 소홀, 노동자 간의 협동체제 및 구성원 간의 교류문제 소홀

2 인간관계이론(Human Relations Theory)

(1) 메이요의 호손실험과 인간관계이론

① 작업능률과 생산성은 인간관계에 의해 좌우

② 조직 내 비공식 집단은 개인의 생산성에 영향을 미침

③ 근로자는 개인으로서가 아니라 집단의 일원으로서 행동

④ 집단 내의 인간관계는 정서적인 것과 같은 비합리적 요소에 따라 이루어짐

⑤ 조직 내에서의 의사전달 및 참여 강조

(2) 맥그리거의 X · Y이론과 룬트슈테트의 Z이론

① X이론 : 고전적 접근 방법, 엄격한 통제와 지시, 낮은 욕구 수준 → 노동자는 일하기 싫어함
② Y이론 : 인간관계적 접근 방법, 업무책임을 분담, 높은 욕구 수준 → 노동자는 일하기 좋아함
③ Z이론 : X · Y이론의 보완, 중간적 접근, 과학자나 학자 등의 경우 자율적인 분위기만을 조성하는 것
　이 효과적임

❸ 상황이론(Contingency Theory : 개연성이론, 우연성이론)

① 조직의 상황에 따라 적절한 방법이 다르다고 전제하는 개방체계적 관점
② 이전 모형에서의 전제를 부정, 조직의 상황에 따라 조직화 방법 결정
③ 장점 : 조직의 내부적 특성을 잘 설명하고 상황과 환경의 중요성을 강조하는 점은 긍정적임
④ 단점 : 일정한 원칙이나 지침이 없어 이론으로서의 한계가 있음

❹ 체계이론(System Model)

생산하위체계	• 모든 조직은 생산과 관련된 과업을 수행 • 모든 조직은 결과물로서 '생산품'을 생산하기 위해 조직 · 운영
유지하위체계	• 보상체계를 확립하고 교육 · 훈련 등을 통해 조직의 안정을 추구 • 조직의 계속성을 확보하고 조직을 안정 상태로 유지
경계하위체계	• 조직과 환경적인 요인을 강조 • 외부환경의 변화에 대한 적절한 반응과 대응이 목표
적응하위체계	• 실제 조직변화를 위한 최적의 대안을 찾기 위해 연구 · 평가 • 조직의 업무수행 능력평가 및 조직 변화의 방향을 제시
관리하위체계	• 다른 4가지 하위체계를 조정하고 통합하기 위한 리더십 제공 • 갈등의 해결과 조정, 적절한 업무환경의 제공, 외부환경의 영향에 대한 조직의 대응책 모색

❺ 구조주의이론(Structuralism Theory)

① 고전이론과 인간관계이론 통합, 외부환경과 관련된 여러 유형의 행정 및 조직의 역할을 옹호
② 비공식 집단의 범위와 조직의 내외에서 비공식 집단들 간의 관계
③ 조직과 환경 간의 상호작용
④ 조직 내 갈등을 역기능적인 것이 아닌 순기능적인 것으로 간주

6 현대조직이론

(1) 목표관리이론(MBO; Management By Objectives)

참여의 과정을 통해 조직단위와 구성원들이 실천해야 할 생산활동의 단기적 목표를 명확하고 체계 있게 설정하고, 그에 따라 생산활동을 수행하도록 하며, 활동의 결과를 평가·피드백(환류)시키는 관리체계

(2) 총체적 품질관리(TQM; Total Quality Management)

① 도구, 기법, 훈련 등의 통합 시스템을 통해 항상 고객만족을 추구하는 작업을 지원하는 것

② 고객의 욕구나 필요에 따라 조직의 목표가 설정된다는 고객 중심의 관리가 강조

③ 품질은 서비스 및 비즈니스 과정에 대한 내부 및 외부 고객의 요구사항을 충족하는 것

(3) 학습조직이론

클라이언트 집단에 효과적인 서비스를 제공하는 방안으로 제시되는 조직이론

(4) 애드호크라시(Adhocracy)

① 유기적, 기능적, 임시적 조직을 구성, 프로젝트 위주로 운영

② 새로운 프로젝트가 주어지는 경우 기술이나 경험면에서 조직 내 가장 적합한 인물로 팀을 구성

(5) 프로그램평가검토기법(PERT; Program Evaluation Review Technique)

① 프로그램을 명확한 목표들로 조직화하고, 진행일정표 작성 및 자원계획을 세우고, 프로그램 진행사항을 추적하는 데 활용될 수 있는 관리도구

② 하나의 목표를 달성하기 위해 필요한 시간의 추정, 목적을 성취하는 데 따르는 전반적인 업무자들의 진행사항을 평가할 수 있는 도구로서 유용하게 쓰여짐

---

03 사회복지서비스 전달체계

1 사회복지서비스의 기본원칙

① **통합성의 원칙** : 인간의 복지와 관련되는 프로그램과 서비스는 통합적으로 상호보완한다.

② **제도성의 원칙** : 보편적인 서비스가 일관성과 지속성을 유지할 수 있도록 제도화를 지향해야 한다.

③ **전문성의 원칙** : 조직과 인력의 전문화를 통해 서비스를 전문화해야 한다.

④ **선택성의 원칙** : 대상, 재원, 프로그램과 서비스 제공방법의 차원에서 우선순위를 두어야 한다.

② 전달체계구축의 원칙

① **전문성의 원칙** : 사회복지서비스의 핵심적인 업무는 반드시 전문가가 담당해야 한다.

② **적절성의 원칙** : 사회복지서비스는 그 양과 질, 제공하는 기간이 클라이언트나 소비자의 욕구충족과 서비스의 목표달성에 충분해야 한다.

③ **포괄성의 원칙** : 사람들의 욕구와 문제는 다양하고 복잡하기 때문에 이러한 문제들을 동시에 또는 순서적으로 해결하기 위하여 포괄적인 서비스를 필요로 한다.

④ **지속성의 원칙** : 한 개인의 문제나 욕구를 해결하는 과정에서 필요한 서비스의 종류와 질이 달라져야 하는 경우가 많은데 한 개인이 필요로 하는 다른 종류의 서비스와 질적으로 다른 서비스를 지역사회 내에서 계속적으로 받을 수 있도록 상호 연계되어야 한다.

⑤ **통합성의 원칙** : 클라이언트의 문제는 매우 복합적이고 상호 연관되어 있기 때문에 이러한 문제를 해결하기 위해서 기관 간의 서비스가 통합적으로 제공되어야 한다.

⑥ **평등성의 원칙** : 사회복지서비스는 기본적으로 성별, 연령, 소득, 지역, 종교, 지위에 관계없이 모든 국민에게 평등하게 제공되어야 한다.

⑦ **책임성의 원칙** : 사회복지조직은 복지국가가 시민의 권리로 인정한 사회복지서비스를 전달하도록 위임받은 조직이므로 사회복지서비스의 전달에 대하여 책임을 져야 한다.

⑧ **접근 용이성의 원칙** : 사회복지서비스는 그것을 필요로 하는 사람들이면 누구나 쉽게 받을 수 있어야 하기 때문에 클라이언트가 접근하기에 용이하여야 한다.

③ 서비스전달체계의 기능

① **투입기능** : 서비스를 제공하기 위해 외부환경으로부터 각종 자원을 확보해서 체계 내로 도입하는 기능이다. 투입요소로는 고객, 자원, 전문요원 등이 있다.

② **전환기능** : 서비스를 직접 전달하는 개입과정으로, 서비스는 고객과 전달자와의 대면적 상호관계 속에서 전달되므로 고객과 전달자 간의 신뢰감 형성이 중요하다.

③ **산출기능** : 사전에 계획하고 기대한 효과발생 및 서비스 전달체계의 목표달성으로 산출은 개입의 결과를 나타내며 이를 통해 전달체계를 평가·분석하게 된다.

04 사회복지조직의 구조

1 공식조직과 비공식조직

① **공식조직** : 조직의 정관이나 운영규정에 의하여 임명되고 선출된 이사회, 행정책임자, 직원 및 위원회 등의 배열로서, 조직의 기구도표에 배열된 가시적 지위와 관계를 의미

② **비공식 조직** : 가시적이고 일상적으로 계획된 구조 외부에 존재하는 구조

③ **공식조직의 기본요소** : 업무의 분업, 위계질서, 구조, 통제의 범위

2 수직조직, 수평조직, 행렬조직

구분	수직조직	수평조직	행렬조직
특징	조직의 목표달성에 중심이 되는 조직	수직조직을 지원하는 자문, 연구, 정보수집, 기획, 인사, 회계 등의 업무	권위구조를 이원화하여 합리적인 수준의 분업과 통합을 유도
장점	권한과 책임이 분명, 신속한 결정과 안정성	전문지식 활용과 융통성, 대규모 조직에 유리	수평구조의 장점인 융통성과 수직구조의 장점인 안정성을 동시에 추구
단점	독단적인 위험과 경직성, 비능률성 등의 위험	책임이 불분명하고 의사소통이 문제, 갈등의 위험성	구성원에게 부여되는 이중적인 책임, 책임 소재에 대한 논란 발생

3 학자별 조직의 유형

① **에치오니(Etzioni)** : 권력·복종관계에 따른 분류

 ㉠ 권력의 형태 : 강제적 권력, 보상적 권력, 규범적 권력

 ㉡ 관여의 형태 : 소외적 관여, 타산적 관여, 도덕적 관여

② **블라우와 스코트(Blau & Scott)** : 1차적인 수혜자가 누구냐에 따라 조직을 분류

 ㉠ 호혜조직 : 조직회원에게 1차적인 혜택(정당, 종교단체, 노동조합 등)

 ㉡ 사업조직 : 사업의 소유주에게 1차적인 혜택(상업적 회사, 은행 등)

 ㉢ 공공조직 : 일반대중에게 혜택(행정기관, 군대조직 등)

 ㉣ 서비스조직 : 클라이언트에게 1차적인 혜택(사회복지조직 등)

③ **스미스(Smith)** : 업무의 통제성에 따른 사회복지조직 분류

 ㉠ 관료조직 : 공식적인 조직과 규정, 분업, 문서화 등 합리적인 통제체제의 조직

 ㉡ 일선조직 : 조직의 주도권이 일선업무단위, 독립적 업무 수행

 ㉢ 전면통제조직 : 관리자가 수용자에 대한 강한 통제권(정신병원, 기숙사, 교도소, 요양시설)

 ㉣ 투과성 조직 : 참여자가 자발적으로 참여하여 통제성이 약한 조직(자원봉사활동)

④ 하젠펠트(Hasenfeld) : 클라이언트 상태와 사회복지조직이 사용하는 기술에 따라 6가지 유형으로 구분
  ㉠ 기술의 유형 : 인간식별기술, 인간유지기술, 인간변화기술
  ㉡ 클라이언트의 상태(유형) : 정상기능, 비정상기능

분류	정상기능	비정상기능
인간식별기술	[유형 1] 순기능적 클라이언트 업무처리조직 (대학 신입생 선발, 신용카드회사 등)	[유형 2] 역기능적 클라이언트 업무처리조직 (소년법원, 진료소 등)
인간유지기술	[유형 3] 순기능적 클라이언트 지지조직 (사회보장청, 양로시설 등)	[유형 4] 역기능적 클라이언트 지지조직 (공공부조사무소, 요양시설 등)
인간변화기술	[유형 5] 순기능적 클라이언트 변화조직 (공립학교, YMCA 등)	[유형 6] 역기능적 클라이언트 변화조직 (병원, 수용치료센터 등)

4 조직구조의 기본유형

① **기계적 구조** : 경직적인 조직구조와 조직의 내부적 관리에 초점을 두는 구조
② **유기적 구조** : 신축적인 조직구조를 통해 환경에 신축적으로 대응할 수 있는 구조
③ **전통적 구조**
  ㉠ 기능적 구조 : 각각의 업무단위를 병렬로 나열한 조직구조
  ㉡ 수직 · 수평 구조 : 수직조직과 수평조직의 활용 구조
  ㉢ 위원회 구조 : 조직의 일상적인 업무 수행기구 이외에 별도로 구성한 활동 조직
④ **사업부제 구조** : 대규모 조직에서 사업부 단위로 조직을 편성하고, 각 사업부는 독자적 생산과 마케팅, 관리 권한을 행사하는 구조
⑤ **동태적 구조** : 프로젝트 조직, 매트릭스 조직, 공동관리 조직, 팀 조직, 네트워크 조직, 자율적 작업 조직

5 사회복지조직의 조직모형

① **생산일선 조직** : 각각의 업무단위를 병렬로 나열하여 조직하는 것
② **연계조직** : 사람과 서비스를 연결지어 주는 활동을 하도록 만들어진 조직
③ **고객서비스 조직** : 사회복지조직에서 가장 전형적인 조직

6 이사회와 위원회

① 이사회(Board of Directors) : 조직 목표달성을 위한 법률적 책임을 지고 있는 정책결정 기구
② 위원회 : 일상업무를 수행하는 사회복지사 외에 특별한 업무를 처리하기 위해 전문가로 구성된 기구
③ 사회복지법인에서 이사회의 기능

• 기관의 법인체 형성	• 인사정책, 업무평가에 대한 책임
• 기관의 목표 · 정책 · 프로그램형성의 책임	• 재원의 확보와 지출에 대한 책임
• 지역사회에의 기관 활동 설명	• 기관 활동에 대한 평가
• 지역사회로부터의 프로그램에 대한 신뢰	• 역할의 지속성 보장

05 조직과 환경

1 사회복지조직의 환경

(1) 일반환경

조직의 거시적인 환경으로부터 업무환경을 통해 간접적으로 조직에 영향을 미치는 영역

• 경제적 조건	• 정치적 조건
• 사회인구 통계학적 조건	• 법적 조건
• 문화적 조건	• 기술적 환경

(2) 과업환경

조직이 업무활동을 통해 직접적으로 관련을 맺고 있는 영역

• 재정자원의 제공자	• 보충적 서비스 제공자
• 합법성과 권위의 제공자	• 조직이 산출한 것을 소비 · 인수하는 자
• 클라이언트 제공자	• 경쟁조직

2 조직환경에 적응하는 방식에 대한 조직이론

(1) 상황적합이론

불확실하고 예측하기 어려운 환경에서 불확실성을 줄이고 환경에 대한 정보를 수집 · 분석함으로써 환경 특성에 적합한 조직 구조를 갖출 수 있다고 주장한다.

(2) 조직군생태이론

변이(Variation), 선택(Selection), 보전(Retention)의 조직변동 과정을 장기적인 관점에서 파악한다.

(3) 정치경제이론

외부환경적 요소가 조직의 내부에 영향을 미치게 되어 조직 내부의 권력관계와 조직 외부의 이익집단 간의 역학관계에 의해 조직의 의사결정에 영향을 미친다고 주장한다.

(4) (신)제도이론

제도적 환경을 조직의 행동과 구조에 영향을 미치는 핵심적 원천으로 간주하면서 조직이 법률, 규칙, 사회적 여론 등의 제도적 규칙을 받아들이며 동조 또는 모방의 방식을 통해 성공적인 조직의 관행 및 절차를 수용하는 것으로 본다.

❸ 사회복지조직 관련 용어

레드 테이프	불필요하게 지나친 형식이나 절차를 만드는 것
목적전치	조직의 규칙과 규정이 전체 목표달성을 위한 수단으로 간주되지 않고, 규칙과 규정 그 자체가 목적이 되거나 원래 목적이 다른 목적으로 변질·대치되는 현상
크리밍 현상	서비스 조직들이 접근성 메커니즘을 조정함으로써 보다 유순하고 성공 가능성이 높은 클라이언트를 선별하고자 하는 현상
피터의 원리	무능력이 개인보다는 위계조직의 메커니즘에서 발생한다는 것
소진	과도한 스트레스에 대한 노출로 신체적·정신적 기력이 고갈되어 직무수행능력이 떨어지고 단순 업무에만 치중하게 되는 현상

06 리더십(지도력)

❶ 리더십의 개념

(1) 의의

특정한 목적달성을 위하여 개인이나 집단에게 영향력을 주기 위한 개인의 의도적인 노력

(2) 리더십의 요소(4P)

리더십은 다른 사람(People)에게 영향력(Power)을 미쳐 그들로 하여금 잠재력을 최대한 발휘하도록 함으로써 목적을 수행(Performance)하도록 이끄는 지속적인 상호작용(Process)

2 리더십이론

(1) 특성이론(1940~1950년대)
개인적 특성에 초점을 두어 성공적 지도자의 특징과 자질을 탐구

(2) 행동이론(1950~1960년대)
지도자의 다양한 행동들을 관찰한 후 비슷한 성향의 행동들을 분류
① **미시간 연구** : 직무 중심적 리더십 유형과 구성원 중심적 리더십 유형으로 나눔
② **오하이오 연구** : 리더 행동을 구조주도행동과 배려행동이라는 두 가지 차원으로 요약
③ **관리격자이론(Blake & Mouton)** : 리더십 유형을 인간에 대한 관심과 생산에 대한 관심의 2가지 차원에 기초하여 분류

(3) 상황이론(1960~1970년대)
① 특정상황에 따라 리더십의 효과성이 다르게 나타나며 성공적 리더십도 조직이나 집단의 상황에 따라 상이함
② **경로－목표이론** : 명제를 확대하고 리더행동을 재정의하고 상황요소들을 추가하며 지시적 리더십, 자원적 리더십, 참여적 리더십, 성취지향적 리더십으로 분류
③ **상황적합이론** : 리더 유형과 상황적 조건을 결합시키려는 이론으로 관계지향적 리더와 과업지향적 리더로 분류
④ **리더십대체물이론** : 리더십을 약화시키는 요소를 대체물과 장애물의 두 가지 변수로 설명
⑤ **최근의 리더십이론** : 변화추구적, 개혁적 리더십, 통합적 관점을 유지하는 리더십이론

(4) 거래적－변혁적 지도성이론
① 지도자 행동의 영감적이고 상징적인 비합리적 측면을 중시하는 접근(=카리스마적 지도성, 영감적 지도성)
② 거래적 지도성이 지도자가 부하에게 순종을 요구하고 그 대가로 보상을 제공하는 반면, 변혁적 지도성은 지도자가 부하 직원에게 잠재능력을 개발하도록 도움을 주고 내재적 만족감을 갖게함

3 리더십유형

(1) 칼리슬(Carlisle)의 리더십 유형
① **지시적 리더십** : 명령과 복종을 강조
② **참여적 리더십** : 부하 직원을 결정과정에 참여하게 함
③ **자율적 리더십** : 의사결정권을 부하 직원에게 위임

(2) 리더십의 수준
① **최고관리층** : 조직임무설정, 조직 정체성 확립, 서비스 기술 선정, 내부구조발전 · 유지
② **중간관리층** : 수직적 · 수평적 연결자로서의 기술, 직원들의 욕구를 조직의 목표에 통합
③ **하위관리층** : 전문적 기술(일선 요원들의 업무를 조직화하고 조정), 공평에 대한 관심

4 서번트 리더십

(1) 개념

① 서번트 리더십의 개념은 1977년 AT&T에서 경영 관련 교육과 연구를 담당했던 로버트 그린리프 (Robert K. Greenleaf)가 저술한 「Servant Leadership」에서 처음으로 제시됨

② 당시에는 주목받지 못했지만 1996년 4월 미국의 경영관련 서적 전문출판사인 Jossey-Bass사가 「On Becoming a Servant-Leader」를 출간한 것을 계기로 관심을 받게됨

③ 그린리프에 따르면 서번트 리더십은 '타인을 위한 봉사에 초점을 두며, 종업원, 고객, 및 커뮤니티를 우선으로 여기고 그들의 욕구를 만족시키기 위해 헌신하는 리더십'이라 정의

(2) 서번트 리더십의 6가지 요소

① 경청(Listening) : 경청이란 부하에 대한 존중과 수용적인 태도로 이해하는 것으로서, 리더는 적극적이고 능동적인 경청을 해야 부하가 바라는 욕구를 명확히 알 수 있기 때문에 이는 서번트 리더십에 필요한 요소이다.

② 공감(Empathy) : 이해심보다 한 차원 더 높은 감정이해라고 할 수 있는데, 리더가 부하의 감정을 이해하고 부하의 욕구를 파악할 수 있다.

③ 치유(Healing) : 리더가 부하들을 이끌어 가면서 보살펴야 할 문제를 해결하거나 또는 해결방안을 제시하는 역할을 수행하는 것이다.

④ 스튜어드십(Stewardship) : 서번트 리더로서 부하들을 위해 자원을 관리하고 봉사해야 하는 덕목이다.

⑤ 성장(Growth of People) : 리더의 가장 중요한 덕목으로, 개인의 성장과 함께 정신적 성숙 및 전문분야에서의 발전을 위한 기회와 자원을 제공해야 한다.

⑥ 공동체 형성(Building Community) : 조직구성원들

07　인적자원

1 인사관리

① 기관의 운영 목적을 달성하기 위하여 인적자원을 최대로 활용하기 위한 관리 활동

② 인력계획, 경력관리, 보수 및 퇴직금, 보건, 안전 및 복지후생, 사기와 인간관계 관리 등

③ **인사관리 과정** : 충원 계획 → 모집과 선발 → 임용 → 오리엔테이션 → 승진 → 평가 → 해임

　㉠ 직무기술서 : 특정 직무·직위에 부가된 임무와 책임을 구체적으로 기술한 것

　　예 직무명칭, 직무개요, 장비, 환경, 작업활동

　㉡ 직무명세서 : 특정 직무를 수행하는 데 요구되는 최소한의 자격요건을 기술한 것

2 슈퍼비전

① 직원 개발에 주된 관심을 두는 동시에 행정적인 과정에 속하는 것
② 슈퍼바이저의 역할(카두신) : 행정적인 상급자로서의 역할, 교육자로서의 역할, 상담자로서의 역할
③ 슈퍼비전의 유형 : 행정적 슈퍼비전, 교육적 슈퍼비전, 지지적 슈퍼비전

3 동기부여와 보상

① 허즈버그의 욕구충족요인 이원론 : 동기-위생이론
  ㉠ 동기요인 : 만족을 주는 요인(성취, 성취에 대한 인정, 도전적이고 보람 있는 일 등)
  ㉡ 위생요인 : 결핍되면 불만을 유발하는 요인(정책 및 관리·감독, 작업조건, 대인관계, 돈 등)
② 알더퍼의 ERG이론 : 욕구는 어느 시점에서나 저순위 욕구, 고순위욕구가 나타날 수 있음
  ㉠ 존재욕구 : 다양한 유형의 물리적, 생리적 욕구들
  ㉡ 관계욕구 : 인간이 인간답게 살기 위하여 타인과의 관계를 유지하려는 욕구
  ㉢ 성장욕구 : 창조적·개인적 성장을 위한 한 개인의 노력과 관련된 모든 욕구
③ 맥클리랜드의 성취동기이론 : 동기부여욕구는 권력욕구, 친화욕구, 성취욕구로 구성
④ 맥그리거의 X이론과 Y이론 : X이론(강제, 통제, 명령 등 관리전략), Y이론(인간 자율성)
⑤ 매슬로우의 욕구계층이론 : 생리적 욕구, 안전의 욕구, 소속과 애정의 욕구, 존경의 욕구, 자아실현 욕구
⑥ 동기부여에 대한 과정이론
  ㉠ 아담스의 형평성이론 : 자신보다 다른 사람의 산출·투입이 클 때 비형평성을 자각, 형평성 추구 행동을 작동시키는 동기가 유발됨
  ㉡ 브룸(Vroom)의 기대이론(VIE이론) : 인간이 행동하는 방향과 강도는 그 행동이 일정한 성과로 이어진다는 기대의 강도와 실제로 이어진 결과에 대해 느끼는 매력에 달려있다는 주장

08 재정관리

1 예산편성의 과정

조직의 목표 설정 → 기관의 운영에 관한 사실의 확인 → 운영대안의 검토 → 우선순위의 결정 → 예산에 관한 최종적인 결정 → 적절한 해석과 홍보

※ 예산편성의 원칙 : 공개성, 명료성, 사전의결, 정확성, 한정성, 통일성

② 예산모형

(1) 품목별 예산(LIBS)

① 지출항목별 회계와 전년도에 기초하여 작성

② 대개 1회계연도를 기준으로 하는 가장 기본적인 예산형식, 전년도에 기초하여 작성

③ 지출근거가 명확해 예산통제에 효과적이며 회계에 유리함

④ 예산증감의 신축성이 없고 프로그램 목표나 내용, 결과에 대한 고려가 부족

(2) 성과주의 예산(PBS)

① 조직의 활동을 기능, 프로그램으로 나누고 다시 세부프로그램으로 나누어 비용 편성

② 과정 중심의 예산으로서 프로그램 목표와 운영의 모니터링이 가능하고 자금배분을 합리적으로 할 수 있음

③ 예산비용의 범위를 정하는 것이 쉽지 않고, 단위비용 및 비용산출 단위 책정이 어려움

(3) 기획 예산(PPBS)

① 기획 예산은 프로그램 목표, 즉 프로그램 중심으로 예산 비용 수립

② 재정을 합리적으로 배분하고 프로그램의 효과성을 높일 수 있음

③ 산출중심의 예산으로서 중앙집권화의 우려, 목표설정의 곤란, 과정을 등한시, 성과의 계량화 곤란

(4) 영기준 예산(ZBB)

① 전년도 예산을 고려하지 않으며 매년 새롭게 마련함

② 현재의 프로그램의 효과성, 효율성, 시급성에 따라 예산의 증감을 결정

③ 프로그램 쇄신 및 효과성, 탄력성 기여

④ 관리자의 전문성과 객관성이 요구되며, 장기적인 계획으로는 부적절함

③ 사회복지재정의 확충방안

① 사회복지부문 정부예산의 획기적 증액

② 복지세의 신설

③ 지방복지재정의 확충

④ 민간자원의 동원

⑤ 사회복지사업에 대한 세제상의 혜택 확대

사회복지조직의 기획과 의사결정

1 기획

(1) 기획의 과정

목표설정 → 기관자원의 고려 → 목표달성을 위한 대안적 방법 모색 → 대안의 실시 조건 및 기대효과 평가 → 최종대안의 선택 → 구체적인 실행계획 수립 → 변화를 위한 개방성 유지

(2) 기획에 활용되는 기법

① **시간별 활동계획도표(Gantt Chart)** : 세로에는 목표와 활동 및 프로그램을 기입하고 가로에는 시간을 기입하여 사업의 소요시간을 막대로 나타내는 도표

② **월별 활동계획 카드(Shed – U Graph)** : 카드의 위쪽 가로에는 월별이 기록되고 해당 월 아래에 과업을 적은 작은 카드를 꽂음. 시간에 따라 변경하고 이동하는 것은 편리하지만 업무 간의 상관관계를 파악하는 데는 적절하지 못함

2 의사결정이론 모형

(1) 의사결정이론 모형

① **합리모형** : 인간은 이성과 고도의 합리성에 따라 행동하고 결정한다고 전제

② **만족모형** : 제한된 합리성 내에서 만족스러운 대안을 채택한다는 이론

③ **점증모형** : 이상적·규범적 합리성 보다 정치적 합리성을 중시하는 이론, 현상 유지적 측면

④ **쓰레기통모형** : 결정에 필요한 요소가 우연히 모여질 때 의사결정이 가능한 것으로 봄

(2) 의사결정기법

① **개인적 의사결정**

㉠ 의사결정나무분석 : 개인이 가능한 여러 대안을 발견하여 나열하고, 선택했을 때와 그렇지 않았을 때를 연속적으로 그려가면서 최종적인 결과를 생각하는 방법

㉡ 대안선택흐름도표 : 'Yes'와 'No'로 답할 수 있는 질문을 연속적으로 만들어 예상되는 결과를 결정하도록 하는 도표

② **집단적 의사결정**

㉠ 델파이기법 : 전문가들에게 우편으로 의견이나 정보를 수집하여 분석한 결과를 다시 응답자들에게 보내 의견을 묻는 식으로 만족스러운 결과를 얻을 때까지 계속하는 방법

㉡ 명목집단기법 : 사람들을 한 장소에 모아놓고 각자의 의견을 적어내게 한 후 그것을 정리하여 집단이 각각 의견을 검토하는 절차를 합의가 이루어질 때까지 계속하는 방법

3 의사소통(의사전달)

① 의사소통의 형태 : 언어적 의사소통(말이나 글), 비언어적 의사소통(몸짓, 눈짓, 손놀림)
② Fulmer의 의사소통의 중요 5요소(5C) : 명확성(Clarity), 완전성(Completeness), 간결성(Conciseness), 구체성(Concreteness), 정확성(Correctness)

10　정보관리·품질관리

① 정보관리

(1) 정보관리시스템(MIS)

① 조직의 합리적인 행정·경영관리를 위해 공식적인 전산프로그램을 통해 정보를 취합하고 분석하고 결정하도록 지원해주는 체계
② 사회복지기관에서 정보관리시스템이 중요해진 배경 : 기관의 책임성 증대, 직원의 지식 및 기술개발을 위한 필요성, 사회복지서비스의 확대, 정보의 중요성 및 효율적인 관리의 필요성

(2) 사회복지분야의 정보관리체계 설계의 단계

사정 → 기존 정보체계의 분석 → 세부 설계 → 정보관리 체계의 검증 → 전환 → 평가 → 운영, 유지, 수정

(3) 사회복지기관의 정보체계 설계를 위한 정보 유형

① 지역사회정보 : 인구통계학적 정보, 사회적·경제적 특성에 관한 자료, 서비스를 받고 있는 대상자의 신원확인, 실질적인 서비스와 재원의 목록 등
② 클라이언트정보 : 클라이언트의 현존 문제, 개인력, 서비스 수혜유형, 서비스 기간, 사회경제적·가족적 특성, 고용상태, 만족도 측정과 서비스 성과 등
③ 직원정보 : 사업수행에 참여한 시간, 도움을 준 클라이언트 수, 서비스 제공의 양, 서비스의 차별성 등
④ 자원할당정보 : 전체비용, 특수한 유형의 서비스 비용, 예산 및 결산보고서를 위해 필요한 자료 등

② 품질관리

(1) 사회복지서비스의 품질

① 서비스 이용자의 입장에서는 만족도를 반영하는 것
② 한정된 자원으로 인해 서비스의 양이 제한될 수밖에 없으므로 서비스의 질적 측면에서의 관리와 개선 전략 필요
③ 5가지 주요 품질 차원 : 신뢰성, 즉응성, 확신성, 감정이입, 가시성

(2) 사회복지서비스의 품질관리를 위한 TQM

① 품질에 따른 고객만족이 조직을 주도

② 의사결정과정에서 전체 구성원의 참여를 활성화시키기 위한 권력의 분배가 필수적

③ 고객중심의 관리

④ 지속적인 학습과정

⑤ 총체적인 관리과정

---

11 홍보·마케팅

1 마케팅

(1) 사회복지마케팅의 개념과 필요성

① 책임성 측면 : 보조금, 기부금으로 운영되는 특징상 효율성·효과성 달성의 책임이 있음

② 대상자 관리 측면 : 이용자의 욕구 충족과 관리에 필요

③ 서비스 개발 측면 : 외부환경에 적절한 대처와 복지서비스 상품 가치 향상

④ 재정 확보의 측면 : 모금시장 분석, 모금상품 개발, 모금상품 홍보, 잠재적 후원자 개발 등

(2) 사회복지기관 마케팅의 구성요소 : 마케팅믹스(4P)

① 상품(Product)전략 : 어떤 상품을 제공할 것인가?

② 가격(Price)전략 : 가격을 어떻게 결정할 것인가?

③ 유통(Place)전략 : 사회복지조직에 대한 접근성을 높이고, 직접 접촉하는 방법

④ 촉진(Promotion)전략 : 서비스의 홍보와 더 많은 기부금을 확보하기 위한 홍보

(3) 비영리기관의 마케팅기법

① 연중모금

㉠ 다이렉트 마케팅, 고객관계관리 마케팅, 기업연계 마케팅

㉡ 데이터베이스 마케팅, 인터넷 마케팅, 사회 마케팅

② 모금기법 : 인터넷 모금, ARS 모금, 캠페인 모금, 이벤트 모금, 정기후원회원 개발방법 등

(4) 마케팅 과정 및 원칙

① 마케팅 과정 : 기관환경분석 → 시장욕구분석/마케팅조사 → 프로그램 목적설정·마케팅 목표설정 → 기부시장분석 → 마케팅 도구설정 → 마케팅 계획 작성 및 실행 → 마케팅 평가

② SWOT 분석 : 강점(Strength), 약점(Weakness), 기회(Opportunity), 위협(Threat)

③ SMART 원칙

㉠ 구체성(Specific)

㉡ 측정 가능성(Measurable)

ⓒ 달성 가능성(Attainable)

ⓔ 결과지향성(Result Oriented)

ⓜ 시간제한성(Time Bounded)

② 홍보

① PR : 한 조직에 대한 대중의 이미지를 긍정적으로 변화시키기 위해 만들어진 광범위한 프로그램을 의미

② **홍보** : 복지조직의 메시지를 널리 알리고 전하며 다소 일방적 · 기술적 측면 강조

③ **사회복지기관의 홍보** : 기관시설 및 이미지 홍보, 자원봉사자 모집 홍보, 후원자 개발 홍보, 프로그램 홍보

04 | 사회복지실천론

01 사회복지실천과 가치·윤리

■ 사회복지실천의 개념

> "사회복지실천이란 개개인 그리고 인간과 사회환경 간에 의식적이고 효율적인 조정을 통해 개인의 인격발달을 이루어 가는 일련의 과정이다." – 메리 리치몬드, 1922

② 사회복지실천의 목적과 기능

(1) 사회복지실천의 목적(핀커스와 미나한)

① 개인의 문제해결 및 대처능력의 향상
② 개인을 사회자원과 서비스 및 기회를 제공해주는 체계와 연결
③ 체계들을 효과적이고 인도적으로 운영하도록 장려 및 촉진
④ 사회정책의 개발 및 발전에 이바지

(2) 사회복지실천의 기능

① 클라이언트의 문제해결능력 향상 등의 역량 강화
② 클라이언트가 필요로 하는 서비스의 확보 및 제공
③ 클라이언트와 주위 환경 간의 상호작용 촉진
④ 클라이언트의 욕구충족을 위한 관련 기관에의 영향력 발휘
⑤ 사회적 환경 개선 및 보다 나은 서비스 제공을 위한 제도 · 정책 형성 과정에의 영향력 발휘

③ 사회복지실천의 이념과 철학

(1) 사회복지실천의 이념

① 인도주의(박애사상) : 자선조직협회의 우애 방문원들의 철학(인도주의적 구호)
② 사회진화론 : 사회에 적합한 계층을 위해 사회부적합 계층이 사회에서 사라져야 한다는 논리
③ 민주주의 : 클라이언트도 평등한 대우를 받을 권리가 있음을 강조, 클라이언트의 자기결정권의 가치적 측면에 많은 영향, 인보관운동과 관련

④ 개인주의 : 개별화에 영향을 주고, 수혜자격 축소에 영향을 줌, 그 수혜자격 축소의 예가 열등처우의 원칙

⑤ 다양화 : 다양한 계층에 대한 수용, 다양한 문제 및 접근방식에 대한 허용, 개개인의 독특성을 인정하는 개별화를 추구

(2) 사회복지실천에 영향을 미친 학문

사회학, 상담학, 인류학, 정신의학, 심리학 등

4 사회복지실천의 가치

① 믿음 또는 신념과 같은 개념으로 다수의 사회구성원들이 좋거나 바람직하다고 여기는 것 또는 개인의 선호도를 나타내는 행동선택의 지침

② 사회복지실천의 3대 요소 : 지식, 기술, 가치

③ 기본가치(프리드랜더) : 인간의 존엄성, 인간의 자율성, 기회의 균등성, 사회적 책임성

④ 사회복지 전문직의 가치 : 인간 존엄성 및 개별성에 대한 존중, 사회적 책임감 및 연대의식, 사회적 형평성 및 기회의 동등성, 자기 결정권에 대한 존중

⑤ 전문직 가치의 범위(레비)

사람 우선의 가치	사람 자체에 대해 전문직이 갖추고 있어야 할 기본적 가치관, 개별화된 인간, 능력 인정, 권한 인정
결과 우선의 가치	서비스를 제공했을 때 초래하는 결과에 대한 가치관
수단 우선의 가치	서비스를 수행하는 방법 및 수단과 도구에 대한 가치관

⑥ 가치의 유형(존슨) : 상대적 중요성에 따라

궁극적 가치	사회나 시대상황에 관계없이 불변하는 가치(인간의 존엄성, 사회정의)
차등적 가치	사회문화적 영향이나 개인의 경험에 따라 찬반이 가능한 가치(낙태, 동성애)
수단적 가치	궁극적 가치를 달성하기 위한 수단이나 방법(행동지침이나 윤리의 개념)

5 사회복지실천의 윤리

어떤 행동에 대한 옳고 그름을 나타내는 판단기준으로서 인간이 마땅히 행하거나 지켜야 할 도리로 사회복지 가치 기준에 맞는 실천을 하였는가에 대한 판단기준. 가치로부터 파생

⑥ 윤리적 딜레마 해결을 위한 준거 틀(로웬버그와 돌고프)

> 윤리원칙 1. 생명보호의 원칙 : 사람들은 기본적 욕구(생명보호)를 충족시키며 살 권리가 있음
> 윤리원칙 2. 평등 및 불평등의 원칙 : 사람들은 공정하고 평등한 치료를 받을 권리가 있음
> 윤리원칙 3. 자율과 자유의 원칙 : 자유로운 선택과 자유를 가질 권리가 있음
> 윤리원칙 4. 최소 해악의 원칙 : 피해를 최소한도로 겪거나 겪지 않을 권리가 있음
> 윤리원칙 5. 삶(생활)의 질 원칙 : 훌륭한 삶의 질을 추구할 권리가 있음
> 윤리원칙 6. 사생활 보호와 비밀보장의 원칙 : 사생활과 비밀을 보장받을 권리가 있음
> 윤리원칙 7. 진실과 사실을 완전히 알릴 원칙 : 진실 및 가능한 정보의 전부를 이해할 권리가 있음

⑦ 한국사회복지사윤리강령 전문

> 사회복지사는 인본주의·평등주의 사상에 기초하여, 모든 인간의 존엄성과 가치를 존중하고 천부의 자유권과 생존권의 보장활동에 헌신한다. 특히 사회적·경제적 약자들의 편에 서서 사회정의와 평등·자유와 민주주의 가치를 실현하는데 앞장선다. 또한 도움을 필요로 하는 사람들의 사회적 지위와 기능을 향상시키기 위해 저들과 함께 일하며, 사회제도 개선과 관련된 제반 활동에 주도적으로 참여한다. 사회복지사는 개인의 주체성과 자기결정권을 보장하는 데 최선을 다하고, 어떠한 여건에서도 개인이 부당하게 희생되는 일이 없도록 한다. 이러한 사명을 실천하기 위하여 전문적 지식과 기술을 개발하고, 사회적 가치를 실현하는 전문가로서의 능력과 품위를 유지하기 위해 노력한다. 이에 우리는 클라이언트·동료·기관 그리고, 지역사회 및 전체사회와 관련된 사회복지사의 행위와 활동을 판단·평가하며 인도하는 윤리기준을 다음과 같이 선언하고 이를 준수할 것을 다짐한다.

| 02 | **사회복지사의 기능과 역할** |

① 사회복지사의 정의

클라이언트의 문제나 욕구를 파악하여 적절한 보호와 서비스를 제공할 수 있는 능력을 지니고 지역 내 잠재적인 자원 및 사회적 관계망에 대해 충분한 이해를 가지며, 클라이언트뿐 아니라 다른 기관이나 단체들과 효과적으로 의사소통을 하는 사람

② 사회복지사의 역할

(1) 기능에 따른 분류

① 직접적 서비스 제공자 : 상담가, 가족치료사, 집단지도자, 정보교육자 등
② 체계와 연결 : 중개자, 사례관리자, 중재자, 클라이언트 옹호자 등
③ 체계 유지 및 강화 : 조직분석가, 촉진자, 팀 구성원, 자문가 등

④ 연구 · 조사자 : 프로그램 평가자, 조사자 등

⑤ 체계 개발 : 프로그램 개발자, 정책 개발자, 기획가 등

(2) 개입수준에 따른 분류

① **미시 차원** : 조력자, 중개자, 옹호자, 교사

　㉠ 조력자 : 개인의 문제해결능력 향상

　㉡ 중개자 : 클라이언트와 자원 및 서비스를 연결하는 역할

　㉢ 옹호자 : 자원 확보에 어려움을 겪는 클라이언트의 권리 옹호

　㉣ 교사 : 클라이언트 개인에게 정보 제공, 기술훈련

② **중범위 차원** : 촉진자, 중재자, 훈련가

　㉠ 촉진자 : 조직 상호 간 기능 및 역량강화

　㉡ 중재자 : 조직 상호 간 네트워크 형성, 기관 내 의사소통 및 갈등 조절

　㉢ 훈련가 : 직원 개발을 위한 세미나, 워크숍 등 개최

③ **거시 차원** : 계획가, 행동가, 현장 개입가

　㉠ 계획가 : 지역사회서비스 개선을 위한 정책 · 서비스 · 프로그램개발

　㉡ 행동가 : 사회행동을 통해 사회변화를 유도 및 유지

　㉢ 현장 개입가 : 사회적 이슈와 사회서비스에 대한 정보 전달, 잠재적 클라이언트 파악, 홍보 및 지역사회교육실시

④ **전문가 차원** : 동료, 촉매자, 연구자 · 학자

　㉠ 동료 : 전문가로서의 윤리적 행동 수행, 사회복지사 간의 관계형성

　㉡ 촉매자 : 사회복지사 전달체계 개발, 사회환경적 정책 옹호, 타 전문직과 협조

　㉢ 연구자 · 학자 : 조사연구 수행, 동료들과 결과 공유

---

03 사회복지실천대상 및 문제

■ 개인체계와 문제

(1) 개별사회사업의 개념

① 리치몬드(1921년 저서 「What is Social Casework」) : 개인과 그 사회 환경과의 개별적인 의식적 조정을 통해서 그 사람의 인격발달을 도모하는 제반과정, 환경결정론의 입장

② 펄만 : 사람(Person)들이 사회적 기능을 수행함에 있어서 그들의 문제(Problem)를 보다 효과적으로 대처해 나가도록 개인을 도와주는 사회복지기관(Place)에서 활용하는 하나의 과정(Process)

(2) 개별사회사업의 일반적 성격

- 스스로 해결하기 곤란한 문제를 가진 개인 및 그 가족이 대상
- 문제에 대한 과학적 지식과 기술을 가진 전문가에 의해 실시
- 대상에 따라 달라지는 개별적 방법으로 이루어짐
- 사회복지사와 클라이언트 간의 인간관계를 중요시하는 협동적 활동과정이며 예술
- 예방보다는 치료 또는 문제해결 및 재조정에 중점
- 기관의 기능을 중시

2 가족체계와 문제

(1) 일반체계이론

체계란 상호의존적이며 상호작용하는 부분들로 구성된 전체, 서로 영향을 주고받는 요소들 복합체, 하나의 체계는 상위체계인 동시에 하위체계가 되는 양면성이 있음. 모든 체계는 경계를 가지고 있으며, 체계들은 서로 상호작용함

(2) 가족체계이론

① **가족체계** : 부부 하위체계, 부모–자녀 하위체계, 형제–자매 하위체계, 여성 하위체계, 남성 하위체계와 같이 많은 하위체계를 포함하며 학교나 지역사회와 같은 상위체계의 부분으로 가족의 한 부분의 변화는 전체 가족의 변화를 초래함

② **가족 경계** : 가족 내의 각 하위체계들은 서로 상호 작용하면서 일정한 규칙이나 질서를 생성하고 이에 따라 경계선이 만들어짐. 가족 규칙에 의해서 구성원 간의 정보교류를 통제하거나 규정함

③ **가족 항상성** : 바람직한 목표를 가진 가족은 구성원들이 서로 건강한 발달을 도모하는 상호교류를 통하여 관계의 균형을 유지하고자 하며, 피드백을 통해 이러한 관계를 지속함. 균형을 이루려는 속성을 지님

④ **환류** : 정보의 투입에 대한 반응으로 작용하며, 연속적인 행동을 수정하도록 그 행동의 결과를 새로운 정보로 포함시키는 것

ⓐ 긍정적 환류 : 체계가 목표와 관련하여 올바르게 행동하고 있으며, 같은 종류의 행동이 보다 더 요청된다는 의미를 전달함

ⓑ 부정적 환류 : 체계가 목표를 성취하기 어려운 방식으로 행동하고 있다는 정보를 주어서 목표와 조화를 이루도록 행동을 수정하게 함

(3) 가족에 대한 개입기법

학자	정의	주요개념	치료기법
미누친 (구조적 가족치료)	가족을 재구조화함으로써 가족이 적절한 기능을 수행할 수 있도록 돕는 방법	• 하위체계 : 부부 · 부모 · 형제하위 체계 • 경계 : 밀착된 경계, 유리된 경계 • 제휴 : 연합&동맹 포함 • 권력	• 실연 • 경계만들기 • 긴장의 고조 • 과제부여
사티어 (경험적 가족치료)	• 가족 내 의사소통의 명확화 강조 • 문제가 있는 가족의 의사소통은 모호하며 간접적	의사소통 유형 • 회유형 • 비난형 • 산만형 • 일치형 • 초이성형	• 비유 • 가족조각 • 역할극 • 재구성 • 유머 • 접촉
헤일리 (전략적 가족치료)	인간의 행동이 왜 일어났는지에는 관심이 없으며 단지 행동의 변화에만 관심을 가짐	• 체계지향적 관점 • 행동의 정신내적 원인보다 대인관계적 의미에 초점 • 사회복지사는 클라이언트에 대한 이해보다 변화에 더 관심을 둠 • 간단하며 실제적	• 역설적 제기 • 순환적 질문 • 재구성기법 • 가장기법
드세이저 &김인수 (해결중심적 가족치료)	클라이언트가 긍정적으로 생각을 하도록 함으로써 문제를 축소시켜 나가는 모형	• 가족의 변화는 필수적이고 수시로 발생 • 목표 : 간단하며 현실적으로 성취 가능한 것 • 부정적인 행동을 없애는 것보다 긍정적인 행동을 증가시키는 것에 초점을 둠 • 클라이언트의 유형 : 방문형, 불평형, 고객형	• 예외질문하기 • 기적질문하기 • 척도질문하기 • 대처방법질문하기

3 지역사회체계와 문제

(1) 지역사회의 기능

생산 · 분배 · 소비의 기능, 사회화의 기능, 사회통제의 기능, 사회통합의 기능, 상부상조의 기능

(2) 지역사회실천의 분류

① **지역개발모델** : 민주적 절차와 합의, 자발적인 협조, 토착적인 지도력 개발 강조

② **사회계획모델** : 문제해결의 기술적인 과정 강조

③ **사회행동모델** : 주요 제도나 공공조직의 기본정책을 바꾸는 것으로 힘과 자원의 재분배 요구

(3) 지역사회 수준의 개입

① 지역사회 내 기관 간의 협력

② 클라이언트집단 옹호

③ 사회적 지지체계의 개발

④ 서비스 조정 : 서비스 연결, 의뢰, 사례관리

⑤ 프로그램 개발

4 집단체계와 문제

지지집단	현재의 스트레스를 주는 생활 사건에 잘 대처하고 효과적으로 적응할 수 있도록 원조하는 데 목적을 둠
교육집단	구성원에게 기술과 정보를 제공, 전문가의 강의와 교육이 중심이고 교육의 효과를 강화하기 위하여 집단 토론의 기회를 제공
성장집단	구성원들의 자기인식을 증진시키고 자신의 사고를 변화시키는 것으로 사회 정서적 질병의 치료보다 사회 정서적 건강 증진에 초점을 둠
치유집단	구성원들의 행동변화, 개인적 문제의 완화나 제거, 상실된 기능의 회복, 재활을 원조하는 것
사회화집단	사회적 기술을 습득, 사회적으로 수용되는 행동 유형을 학습함으로써 지역사회의 생활에서 효과적으로 기능할 수 있도록 원조함을 목적으로 함
과업집단	조직이나 기관의 문제에 대한 해결책 모색, 새로운 아이디어 개발, 효과적인 원조 전략수립 등의 과업 수행을 목적으로 하는 집단(위원회, 행정집단, 협의체, 팀, 치료회의, 사회행동집단)

04 통합적 접근

1 통합적 접근의 개요

(1) 통합적 방법의 개념과 특징

① 개인, 집단, 지역사회에서 제기되는 사회문제에 활용할 수 있는 공통된 하나의 원리나 개념을 제공하는 방법의 통합화를 의미

② 사회복지실천에 본질적인 개념, 활동, 기술, 과업의 공통기반이 있다는 전제하에 클라이언트의 잠재성을 인정하고 잠재성이 개발될 수 있다고 봄. 미래지향적 접근 강조, 일반체계이론까지 확대한 개념 사용, 인간과 환경의 공유영역까지 개입 강조, 클라이언트의 존엄성을 인정하고 참여와 자기결정 및 개별화를 극대화할 것을 강조, 실천과정의 계속적인 평가 주장

(2) 전통적 방법론의 한계

① 주로 특정문제를 중심으로 개입하기 때문에 복잡한 문제 상황에 적절하게 개입하기 어려움

② 전통적인 방법은 지나친 분화와 전문화로 서비스를 파편화하는 경향이 있음

③ 공통기반이 없는 분화와 전문화는 전문직의 정체성을 확립하는 데 장애가 됨

④ 한 가지 기술, 실천영역을 강조해 다양한 실천영역에 효과적으로 대처하지 못함

② 통합적 접근의 주요 이론 및 관점

(1) 환경 속의 인간 관점

인간을 이해하기 위해서는 개인의 심리 내적인 특성 외에도 환경 혹은 상황까지 모두 고려해야 하며, 개인과 사회환경과의 상호작용에 대한 개입의 필요성 강조

(2) 일반체계이론

유기체와 환경 간의 체계적인 상호작용 및 상호관련성에 대해서 전체성, 상호성, 개방성의 개념으로 설명하고 분석하려는 이론

① 구조적 특성

 ㉠ 경계 : 다른 체계와 구분할 수 있는 각 체계의 테두리를 말하며, 체계의 분류를 규정하고, 물리적 공간이나 개념적으로 그려질 수 있음

 ㉡ 개방체계 : 반투과성의 경계를 가지며 성장과 발전에 필요한 정보나 에너지를 외부로부터 자유롭게 받아들이고, 환경으로부터 투입을 받아들이며 산출을 생산하여 환경으로 보냄

 ㉢ 폐쇄체계 : 다른 체계와 상호작용 하지 않는 체계

 ㉣ 위계 : 모든 체계의 기본단위는 활동이나 에너지 기능을 위해 그 상위체계에 의존하며, 그 하위체계에 방향을 제시해 주어야 하는데 그러한 하위체계, 상위체계 사이의 관계

② 진화적 특성

 ㉠ 균형 : 외부환경으로부터 새로운 에너지의 투입 없이 현상을 유지하려는 특성

 ㉡ 항상성 : 체계는 지속적인 변화의 상태에 놓여있는 동시에 역동적인 균형 상태 유지

 ㉢ 안정 상태 : 부분들의 관계를 유지하고 체계가 붕괴되지 않게 하려고 에너지가 계속 사용되는 상태

③ 행동적 특성

 ㉠ 투입 : 체계가 환경으로부터 받아들이는 에너지, 사물, 정보 등

 ㉡ 전환 : 투입체계는 체계내부로 입수되고 나면 영향을 받고 변형되며 규제받고 체계의 기능수행을 위해 활용되는데, 이렇게 투입체계가 활용되는 단계

 ㉢ 산출 : 전환활동을 통해 나타난 결과물이 체계 밖으로 나타난 것

 ㉣ 환류 : 정보투입이 일어나는 의사소통장치, 새로운 행위를 만들어 내거나 기존의 행위를 수정하는 활동

(3) 사회체계이론

인간행동에 영향을 미치는 다양한 체계 수준, 즉 개인, 가족과 조직을 포함하는 소집단, 지역사회와 같은 좀 더 복잡하고 넓은 사회체계를 설명하려는 이론으로 핀커스와 미나한의 4체계이론, 콤튼과 갤러웨이의 6체계이론이 속함

(4) 생태체계이론(생태학＋일반체계이론)

유기체들이 어떻게 상호작용상태를 이루고 어떻게 상호적응 해나가는가에 초점을 두며, 인간과 인간 주변의 환경 간의 상호작용, 상호의존성, 역동적 교류와 적응을 설명

- 생활 · 거주환경 : 생물체가 살고 있는 장소
- 상호작용 : 인간이 다른 환경의 사람과 의사소통하고 관계를 맺는 것
- 적합성 : 개인의 적응욕구와 환경의 속성이 서로 조화하는 정도
- 적응 : 주변환경 조건에 맞추어 조절하는 능력
- 유능성 : 개인이 환경과 효과적으로 상호작용할 수 있는 능력
- 스트레스 : 개인과 환경 간에 상호 교류하는 데 불균형을 야기하는 현상
- 대처 : 적응의 한 형태로 문제를 극복하기 위해 노력하는 것

3 통합적 접근의 실천모델

(1) 4체계 모델

1973년 핀커스와 미나한이 개발, 인간은 만족스러운 삶을 위해 자신의 주변 환경 속에 있는 체계에 의존하기 때문에 사회복지실천은 이러한 네 가지의 체계의 변화에 초점을 맞추어 실시되어야 한다고 주장

① 변화매개체계 : 사회복지사와 사회복지사를 고용하고 있는 기관 및 조직
② 클라이언트체계 : 서비스의 혜택을 기대하는 사람들, 도움을 요청하여 변화매개인인 사회복지사의 서비스를 제공받는 개인, 가족, 집단, 기관이나 지역사회
③ 표적체계 : 변화매개인이 목표를 성취하기 위하여 영향을 주거나 변화시킬 필요가 있다고 느끼는 사람들
④ 행동체계 : 변화매개자들이 변화 노력을 달성하기 위해 상호작용하는 사람들로 이웃, 가족, 전문가 등

(2) 6체계 모델 : 콤튼과 갤러웨이(핀커스와 미나한의 4체계에 2체계를 추가)

① 전문가체계 : 전문가 단체, 전문가를 육성하는 교육체계, 전문적 실천의 가치 등
② 의뢰－응답체계(문제인식체계) : 의뢰체계(서비스를 요청한 사람), 응답체계(법원이나 경찰, 외부 전문가 등의 요청에 의해 서비스 기관으로 오게 된 체계)

(3) 문제해결모델

1957년 펄만이 개발한 모델로 인간의 삶 자체가 문제를 해결하는 과정으로 클라이언트의 어려움은 문제에 있는 것이 아니라 문제를 해결하는 태도에 있다고 봄. 문제에 대처하는 개인능력 향상이 목적이며 관계는 전문적인 관계를 수행하기 위한 핵심적 개념

① **이론적 배경** : 자아심리학, 듀이의 문제해결 원칙, 역할이론, 진단주의, 기능주의

② 개인의 심리역동(진단주의) + 창조적 자아능력(기능주의) → 절충주의 방식

③ **펄만의 4P** : 문제해결모델을 사용하면서 다루어야 할 내용을 4가지로 정리

사람(Person)	인간의 행동에는 목적과 의미가 포함되며, 행동이 행복을 가져다 주는지 여부는 성격구조와 관계됨
문제(Problem)	개인의 사회적 기능에 민감하게 영향을 주고 받는 것
장소(Place)	사회복지서비스가 제공되는 물리적 공간
과정(Process)	사회복지실천 과정에서는 사람들의 일반적 문제해결 노력에서 일어나는 장애의 종류를 우선 검토해야 하며 실천과정은 클라이언트 스스로 문제에 관계하고 대처함으로써 현재뿐 아니라 장래생활에도 안정성을 갖게 함

(4) 생활모델

① 인간의 생활상의 문제 해결, 인간의 적응 능력의 지지, 스트레스 경감 및 대처를 위한 사회자원의 동원

② 생활과정에서 인간의 장점, 건강을 향한 선천적인 지향, 지속적인 성장, 잠재력의 방출과 환경의 수정 및 최대한의 안녕을 유지하고 촉진하는 것으로 개인 · 가족 · 집단 지역사회에서의 인간과 환경과의 조화수준 증대 등에 역점을 두는 실천모델(대표학자 : 저메인, 기터만)

(5) 단일화모델

① 사회체계, 사회학습 혹은 문제해결모델, 과정모델을 결합하고 그 중에도 과정모델을 강조

② 사회학습에 관한 사회복지사의 기능에 더 관심을 집중하며, 사회복지사가 자원을 확보하고 활용하는 능력으로 사회가 변할 수 있음을 강조(대표학자 : 골드스테인)

---

05 사회체계이론

■ 사회체계이론의 개념

① 상호의존적이고 상호작용하는 각각의 부분들의 전체에서 각 부분들이 관계를 맺고 있는 일련의 단위로 인간을 둘러싼 다양한 환경을 고려

② 클라이언트가 처한 상황을 환경에 대한 고려와 함께 다양한 체계의 수준에서 접근

③ 조직화를 통해 체계의 각 부분이 긴밀하게 연결됨

④ 상호작용하는 동시에 상호의존적인 경향

⑤ 외부환경과 지속적인 교류를 하며 시간의 흐름에 따라 역동적인 특성

2 주요 개념

① **엔트로피(Entropy)** : 체계내부의 에너지만 소모함으로써 유용한 에너지가 감소하는 상태 – 폐쇄체 계적

② **역엔트로피(Negentropy)** : 체계외부로부터 에너지가 유입됨으로써 체계내부의 불필요한 에너지가 감소하는 상태 – 개방체계적

③ **호혜성** : 한 체계에서 일부가 변하면, 그 변화가 모든 다른 부분들과 상호작용하여 나머지 부분도 변화하는 성질

④ **다중종결성** : 체계를 구성하는 요소들의 상호작용 성격에 따라 유사한 조건이라도 각기 다른 결과를 초래하는 경우

⑤ **동등종결성** : 서로 다른 조건이라도 유사한 결과를 초래하는 경우

3 파슨즈(Parsons)의 사회체계의 4가지 기능

적응기능	체계가 외부환경으로부터 입수한 자원을 적절히 분배 · 보존
목표달성기능	상위체계의 기대를 달성하기 위해 노력
통합기능	하위체계들을 유지 · 조정하여 조화로운 상태를 만듦
형태유지기능	체계 내부에서 발생하는 다양한 변화에 대해 기본 골격을 유지하려 함

06   생태체계이론

1 생태체계이론의 특징

① 인간과 환경 간의 복잡한 상호보완성을 설명하는 데 역점을 둠

② 가족체계를 강조하는 경향이 있으며, 인간발달 단계에 대해 거시적인 접근

  ㉠ 사회복지실천의 기본관점인 '환경 속의 인간' 반영

  ㉡ 클라이언트가 처한 상황을 다양한 체계수준에서 설명

③ 생태학적 관점에 의해 사회체계이론의 몇 가지 한계점들을 극복

  ㉠ 생태체계이론은 일반체계이론에서 충분한 설명이 없었던 체계 간의 공유영역에 대해 적응과 상호교류라는 개념으로 그 중요성을 강조

  ㉡ 체계의 변화속성만을 강조한 일반체계이론에 비해 생태체계이론은 변화와 동시에 체계의 유지기능을 동등하게 중시

  ㉢ 생태체계이론은 일반체계이론보다 실제 생활 속에서 살아가는 인간의 문제에 관심을 가져 인간적 관심과 실천적인 경향을 보이며, 생태체계이론에서 적응적 적합성과 같은 개념은 사회복지실천에서 체계의 건전성 평가도구로서의 역할을 함

④ 생태체계이론은 일반적인 체계의 구조와 성질을 설명해 주는 고도로 추상화된 사회체계이론에 생태학의 인간주의적이고 실천적인 차원을 더하여 사회복지실천을 위한 이론틀로써 보다 유용성을 갖고 있음

② 브론펜브레너(Bronfenbrenner)의 5가지 환경체계

미시체계	개인이 속한 직접적인 사회적 · 물리적 환경
중간체계	두 가지 이상의 미시체계들 간의 관계로서 소속체계 간의 연결망
외부체계	개인과 직접 상호작용을 하지는 않지만 그 개인에게 영향을 미치는 환경요소
거시체계	개인이 속한 사회이념이나 제도(정치 · 경제 · 문화 등)의 광범위한 사회적 맥락
시간체계	전 생애에 걸쳐 일어나는 변화를 비롯한 사회역사적 환경

07 사회복지실천관계론

① 관계의 개념 및 특징

① 개념 : 클라이언트와 사회복지사의 태도 · 감정의 역동적 상호작용으로, 사회복지사와 관련된 다른 체계 사이의 정서적 유대이며, 협조적 · 교섭적 · 갈등적 분위기를 포함
② 전문적 관계의 기본요소 : 타인에 대한 관심, 헌신과 의무, 권위와 권한, 진실성과 일치성, 수용성, 정서적, 감정이입

② 관계의 7대 기본 원칙 − 비에스텍(Biestek)

① 개별화 : 클라이언트를 개별적인 차이를 가지고 있는 독특한 개인으로 인식하고 처우하여야 한다는 것
② 의도적인 감정 표현 : 클라이언트가 자신의 감정, 특히 부정적인 감정까지도 자유로이 표현할 수 있도록 격려하고 촉진시킴
③ 통제된 정서적 관여 : 클라이언트의 감정에 민감성을 가지고 그 의미에 대해 이해하며, 클라이언트의 감정에 대한 의도적이고 적절한 반응을 하는 것
④ 수용 : 클라이언트의 있는 그대로의 모습을 받아들이는 것이며, 수용의 대상은 선한 것(The Good)이 아니라 참된 것(The Real)
⑤ 비심판적 태도 : 클라이언트의 문제나 욕구의 원인이 클라이언트에게 책임이 있다는 것을 언어적으로나 비언어적으로 비판하거나 판단하지 않는 것

⑥ **자기결정** : 사회복지실천 전 과정에 걸쳐 클라이언트가 모든 의사결정과정에 참여하여 스스로 선택하고 결정하는 것을 의미. 자기결정의 한계(클라이언트의 신체적·정신적 능력의 제한, 도덕적 제한, 법률적 제한, 사회기관의 기능적 제한)

⑦ **비밀보장** : 클라이언트가 전문적 관계에서 노출한 사생활과 비밀스러운 정보를 전문적 치료의 목적 외에 타인에게 알려서는 안 되는 원리로, 절대적 의무는 아니며, 클라이언트 자신의 심각한 내부적 갈등, 타인의 권리와 충돌, 사회복지사의 권리와 충돌, 사회기관의 권리와 충돌, 사회의 권리와 충돌 등의 한계

3 관계형성의 장애요인

① **클라이언트의 불신** : 살아온 과정에서 격려와 인정을 받지 못한 사람은 사회복지사를 신뢰하고 그에게 의지하는 것이 쉽지 않기 때문에 비난, 거부, 상처를 미리 예상하고 방어적인 태도를 보임

② **전이** : 클라이언트가 어린 시절 경험한 누군가에 대한 바람, 원망, 사랑, 두려움 등 무의식 속에 잠재되어 있는 감정들을 사회복지사에게 보이는 것

③ **역전이** : 전이의 역현상으로 사회복지사가 클라이언트를 마치 자신의 과거 경험 속의 한 인물인 것처럼 여기고 무의식적으로 반응하는 것

④ **저항** : 개입의 목표와 반대되는 클라이언트의 행동

4 실천기술방법

직면	클라이언트가 가지고 있는 불일치, 모순, 생략 등을 사회복지사가 기술해주는 것. 언어적 행동과 비언어적 행동이 불일치되는 점을 깨닫게 하기 위해 사용되는 기법
해석	클라이언트가 직접 진술하지 않은 내용이나 개념을 그의 과거의 경험이나 진술된 내용을 토대로 추론하여 말하는 것
바꾸어 말하기	클라이언트가 하는 이야기의 내용을 사회복지사가 다른 말로 표현하는 기법으로, 클라이언트가 한 말을 사회복지사가 정확하게 이해하고 있는지를 확인하는 기술
명료화	클라이언트가 진술한 내용의 실체를 요약해 주는 기법으로, 클라이언트가 모르는 사실, 알면서도 회피하려던 내용, 알지만 애매하게 느끼던 내용을 상담자가 분명하게 언급해 주는 기법
요약	클라이언트의 생각과 감정을 하나로 묶어 정리해주는 기법으로, 클라이언트가 산만하게 말한 것을 재조직하여 간결하게 말해주는 기술

■ 면접의 특성

① 전후관계나 장을 가지며, 특수한 역할관계 수반
② 목적 지향적, 계약적, 한정적, 공식성, 계획성, 의도성, 역할의 명확성, 내용의 일관성, 통일성

② 면접의 기술

① **관찰** : 클라이언트가 말하고 행동하는 것에 주의를 기울여 그를 이해(비언어적 요소 포함)
② **경청** : 클라이언트의 말을 주의 깊게 듣는 것뿐만 아니라, 비언어적 제스처나 자세를 관찰하고, 자유로이 표현할 수 있도록 적극 격려하며, 사회복지사와 클라이언트 양자 간의 대화내용을 기억하는 것을 모두 포함
③ **질문** : 유도 질문, 너무 많은 질문, 비판 질문을 삼가며 개방형 · 폐쇄형 질문을 적절히 혼합
④ **대화** : 상대방이 이해할 수 있는 언어로 이루어져야 함
⑤ **해석** : 면접자가 클라이언트의 문제에 대해 이해하도록 인식시키는 데 목적이 있음
⑥ **감정이입** : 다른 사람의 가정과 경험에 동참할 수 있는 능력
⑦ **초점화** : 언어표현에 있어서 산만하거나 모호한 것을 명확히 하는 능력

③ 면접의 기록

① **과정기록** : 클라이언트와 사회복지사의 상호작용을 있는 그대로 기록, 모든 내용 기록
② **문제중심기록(SOAP방식)** : 현재 제시된 문제를 중심으로 문제영역을 규명 및 사정하고, 계획을 기록하는 것으로, 견해와 해석을 포함
③ **요약기록** : 사회복지기관에서 흔히 사용하며, 시간의 경과에 따라 일정한 간격을 정하여 기록하거나 특정한 행동이나 사실 등의 기록이 필요할 때 작성하며, 클라이언트에게 일어난 변화에 초점
④ **이야기체기록** : 대화형태가 아닌 이야기하듯이 서술하고 기록자에 의해 내용이 재구성되며, 일정한 주제에 얽매이지 않고 사례마다 주제를 정하여 정리할 수 있음

더 알아보기

SOAP방식
• S(주관적) : 클라이언트와 가족들이 주관적으로 기술
• O(객관적) : 사회복지사가 관찰한 클라이언트의 객관적 정보
• A(사정) : 주관적 정보와 객관적 정보를 검토해서 추론된 전문가의 해석이나 결론
• P(계획) : 문제를 해결하기 위한 방법이나 계획

1 접수

① 문제나 욕구를 가진 사람이 사회복지기관을 방문했을 때, 그의 문제와 욕구를 확인하고, 기관에서 서비스를 제공할 수 있는지 판단하는 과정
② 접수단계의 과제
　㉠ 문제확인 : 표면적으로 드러나거나 잠재적인 클라이언트가 호소하는 문제를 중심으로 시작하며, 분석은 다음 단계에서 이루어짐
　㉡ 의뢰 : 클라이언트의 욕구가 기관의 서비스 방향이나 내용과 맞지 않을 때 다른 기관으로 의뢰하며 이때 클라이언트의 동의가 필요함
　㉢ 참여유도(라포 형성) : 클라이언트가 개입과정에 적극적으로 참여하도록 유도하기 위해서는 클라이언트와의 관계형성, 동기화, 저항감 해소, 양가감정의 수용과 같은 과업이 필요함

2 자료수집

① **자료수집의 개념** : 클라이언트의 문제를 이해하고 분석 및 해결하는 데 필요한 자료를 모으는 과정으로, 접수단계에만 국한된 것이 아니라 개입과정 전체를 통해 이루어지고, 지속적인 과정이며, 수집된 자료를 바탕으로 클라이언트의 문제를 사정함
② **자료수집단계의 과제** : 클라이언트의 문제와 욕구를 명확하게 규정함으로써 개입의 방향을 설정함
③ **자료의 영역**
　㉠ 접수단계에서 파악한 클라이언트에 대한 기본적인 정보
　㉡ 문제에 대한 깊이 있는 정보 : 현재 상황, 문제의 직접적 요인과 급격하게 악화시킨 요인, 클라이언트의 과거 대처 방식 등
　㉢ 개인력 : 클라이언트가 살아온 역사, 발달주기에 따른 인간관계, 생활사건, 클라이언트의 감정
　㉣ 가족력 : 가족상황과 가족관계, 현재의 가족구성 등
　㉤ 클라이언트의 기능 : 지적·정서적·행동적·신체적 기능은 어떠한지, 대인관계·업무능력·문제해결능력 정도
　㉥ 클라이언트의 자원 : 생활 속에서 현재 이용하고 있는 서비스 및 현재 활동 가능한 자원 등
　㉦ 클라이언트의 강점, 한계 등 : 클라이언트가 문제 해결을 하는 데 있어서 사용할 수 있는 강점에 대한 정보수집, 클라이언트를 둘러싼 환경 속에 있는 한계, 동기 등

3 사정

클라이언트의 수집된 자료를 해석하고 문제를 추론하는 활동이며, 클라이언트의 문제와 상황을 이해하여 개입을 위해 계획을 세우기 위한 연결단계로, 클라이언트의 문제가 무엇인지 최우선으로 이해하고 원인을 규명하여 이것을 해결하기 위한 방법을 고려하는 단계

(1) 특징

① 정보 수집 · 분석 · 종합화를 통한 공식화 과정
② 상황 속의 클라이언트를 이해하고 계획의 근거를 마련하는 이중초점을 가짐
③ 부분적인 이해를 모아 전체적인 맥락을 파악하는 사고의 전개과정
④ 수평적(현재) · 수직적(과거) 탐색을 통해 정보를 수집하고, 수평 · 수직적 탐색이 조화를 이루며 진행되어야 함
⑤ 클라이언트와 사회복지사의 상호과정 속에서 클라이언트의 반응을 이해하며 진행
⑥ 각 클라이언트의 다양한 상황을 이해하고 특성별로 사정
⑦ 상황에 따른 응용방법, 고려될 부분, 연계, 문제정의를 어떻게 할 것인지 결정
⑧ 클라이언트를 완전히 이해할 수 없는 한계가 있음

(2) 사정도구

① **가계도** : 2~3세대에 걸친 가족관계를 간단한 그림으로 표현하는 것으로, 현재 제시된 문제의 근원을 찾을 수 있으며, 가족들 스스로가 세대 간 반복되는 유형을 찾고 그것에 대한 통찰력을 갖도록 하는 데 유용
② **생태도** : 클라이언트의 상황에서 의미 있는 체계들과의 관계를 그림으로 표현함으로써 특정 문제에 대한 개입계획을 세우는 데 유용한 것으로 클라이언트와 관련 있는 사람 · 기관 · 환경의 영향과 상호작용의 변화를 묘사
③ **생활력 도표** : 클라이언트의 삶의 다양한 시기에 관련된 자료를 조직화하고 표현하는 방법으로, 가족 구성원의 삶에서 주요한 사건이나 문제를 시계열적으로 나열한 것. 특정시기의 생활 경험을 이해하는 데 도움을 주며 원과 선은 사용하지 않음
④ **사회도(소시오그램)** : 모레노가 중심이 되어 개발한 것으로, 상징을 사용해서 집단 내 성원간 상호작용을 표현한 그림. 집단성원의 성별, 성원 간의 친화력과 반감의 유형과 방향, 하위집단형성 여부, 소외된 성원 여부, 삼각관계형성 여부, 결속의 강도를 알 수 있음
⑤ **사회적 관계망표** : 한 개인이 지속적으로 관계를 맺고 있는 사람들이나 집단의 지지, 원조 방향, 충고와 비판, 접촉 빈도 등에 대한 정보를 얻을 수 있음

4 계획

(1) 계획의 중요성

방향을 명확히 제시, 결과를 효과적으로 평가할 수 있는 근거, 원조과정에 효과적으로 참여하게 됨

(2) 계획의 지침

① **일반적인 지침** : 클라이언트가 바라는 결과와 관련, 명시적이며 측정 가능한 형태, 달성 가능한 것, 사회복지사의 지식과 기술에 상응, 성장을 강조하는 긍정적 형태로 기술, 사회복지사는 목표가 자신의 가치와 맞지 않는다면 동의하지 말아야 함. 기관 기능과 일치

② **SMART 형식** : 구체성(Specific), 측정 가능성(Measurable), 성취 가능성(Achievable), 현실성(Realistic), 시간제한성(Time−bound)

(3) 개입목표 우선순위

① 클라이언트에게 가장 시급한 문제

② 단기간에 달성할 수 있어 성취감을 느낄 수 있는 것

③ 클라이언트에게 다른 목표에 도전할 수 있는 동기를 부여하는 것

④ 사회복지사의 능력과 기관의 기능상 무리 없이 달성할 수 있는 것

(4) 계획의 단계

① 1단계 : 클라이언트와 함께 작업하기

② 2단계 : 문제의 우선순위 정하기

③ 3단계 : 문제를 욕구로 전환하기

④ 4단계 : 개입수준 평가하기

⑤ 5단계 : 일차적 목적 설정하기

⑥ 6단계 : 목표를 구체화하기

⑦ 7단계 : 클라이언트와 계약을 공식화하기

5 계약

(1) 개념

목표를 설정하고 그 목표를 달성하기 위한 전략. 역할, 시간, 장소, 비용, 개입방법, 평가방법 등을 기술한 내용에 대해 사회복지사와 클라이언트가 동의하는 것

(2) 계약형식

① **서면계약** : 가장 공식적인 계약

② **구두계약** : 서명을 거부하거나 불신 또는 저항하는 클라이언트에게 유용

③ **암묵적 계약** : 암묵적으로 합의한 계약, 오해의 가능성 있음

(3) 계약에 포함될 내용

서비스의 종류 및 기간, 사회복지사의 역할, 클라이언트의 역할 및 서명, 수행할 목표, 클라이언트의 기대, 계약변경조건, 개입기법

6 개입

(1) 개인에 대한 개입

① **개인의 변화** : 정서변화, 행동변화, 인지변화
② **관계의 변화** : 관계는 가족, 직장, 친구 등 클라이언트가 속한 체계에서 발생하며 상호요소가 강해 클라이언트 개인의 변화만으로는 부족하기 때문에 체계가 변해야만 문제를 효과적으로 해결할 수 있음
③ **대처방식 변화** : 대처능력은 활용 가능한 대안을 찾고 다양한 접근과 시도를 하면서 결과를 예측하는 능력으로 사회복지사는 클라이언트가 합리적으로 평가할 수 있도록 돕고 정보를 활용할 수 있는 방법을 제시해 문제 상황에 현실적으로 대처하는 능력을 향상시켜야 함

(2) 가족에 대한 개입

① **가족체계가 효과적으로 기능하기 위한 요건** : 가족성원들 간의 분명한 경계와 자율성 및 깊은 신뢰감이 있어야 함. 가족규칙은 가족발달에 맞게 변화해야 하고 유연성을 가져야 하며, 부모가 서로 연합하여 권력을 가지되 위협적이어서는 안 됨
② **역기능적인 가족의 특성** : 가족체계가 외부와 폐쇄적이며, 가족규칙에 융통성이 없고 위협적임. 가족성원 간에 서로 집착하는 정도가 심하거나 또는 지나치게 무관심하며, 가족성원에게 정형화된 역할을 부여하여 혼란스럽고 모호한 의사소통을 함

(3) 집단에 대한 개입

① **사회적 목적모델** : 사적인 문제를 공적인 문제로 해석하는 것. 사회의식과 사회책임 발전
② **상호작용모델** : 체계 내에서 클라이언트 개인의 욕구도 달성하면서 동시에 집단의 과업을 수행하며 지지집단이 이 모델에 속함
③ **치료모델** : 집단을 통해 개인을 치료하는 모델로 집단을 어떻게 구성하느냐에 따라 효과성 차이
④ **자조집단** : 집단구성원들이 무엇을 원하는가와 그 목적을 달성하기 위해 어떻게 움직일까를 명확하게 하는 것이 중요하며, 자조집단에서 사회복지사는 상담자, 인적자원·자원의뢰자 역할
⑤ **집단 개입의 특징** : 집단의 크기, 기간, 개방집단과 폐쇄집단 여부에 따라 달라짐

7 종결

(1) 종결과정에서 사회복지사의 역할

① 적절한 종결 시기 정하기
② **정서적 반응 다루기** : 개입과정 동안의 친밀감 상실 및 종결에 대한 거부감 등 부정적인 감정을 해결하고, 긍정적인 감정으로 관계를 끝맺는 일이 중요
③ **효과의 유지와 강화** : 표적문제에 대해 문제 해결의 원칙이 어떻게 적용되었는지 검토하고, 일반화 방법 등에 대해 예측·연습
④ **의뢰** : 사례가 종결되었지만 클라이언트에게 새로운 서비스가 더 필요하거나 해결되지 않은 문제가 있는 경우

(2) 종결의 유형

① 일방적인 조기종결

② 기관의 기능이나 사회복지사의 시간제한에 의한 종결

③ 시간제한적인 개입모델에 따른 계획된 종결

④ 과정 중 계획을 세워나가는 종결

(3) 종결 후 클라이언트의 타 기관(사회복지사) 의뢰 시 주의사항

① 비현실적인 보증은 피하고 가능한 대안을 제시하며 클라이언트의 자기결정권을 존중함

② 새로운 서비스에 대한 클라이언트의 불신이나 근심을 다룸

③ 의뢰하는 기관의 서비스에 대해 명확하게 설명함

④ 클라이언트에게 의뢰하는 기관의 서비스에 대해 명확하게 설명하되, 그 기관의 사회복지사가 사용할 방법까지 구체적으로 알려주지 않아야 함

8 평가

(1) 평가의 필요성

효과성 · 효율성 입증, 사회복지사 및 기관의 책임성 증진, 이론형성에 기여, 지속적 기금마련

(2) 평가의 유형

① **형성평가** : 프로그램의 수정 및 보완을 목적으로 실천과정을 평가하며, 클라이언트가 평가의 과정에 대해 어떻게 지각하고 있는지 파악

② **총괄평가** : 프로그램의 종결 후 평가하는 것으로, 프로그램의 목표 · 목적의 달성에 있어서 효과성 및 효율성 파악

③ **양적평가** : 통계프로그램을 사용하여 입수한 자료의 속성을 계량화하여 측정

④ **질적평가** : 사례연구 등의 방법으로 심도 있는 분석

10 사례관리

1 사례관리의 개요

(1) 개념

클라이언트의 복합적인 욕구에 초점을 두고 클라이언트와 자원 간을 연결하고 조정하면서 욕구를 충족시키고 사회기능을 향상시키는 데 역점을 둠

(2) 필요성

① 다양하고 복잡해진 클라이언트의 욕구 및 사회복지서비스의 다원화된 공급 주체

② 클라이언트에 대한 지속적인 지원을 위한 통합적인 서비스의 요구

③ 클라이언트 및 가족의 과도한 책임부담이 사회적인 문제로 대두

④ 탈시설화 및 재가복지서비스를 강조하는 추세와 사회적 지지체계의 중요성 강조

⑤ 복잡하고 분산된 서비스체계로 인한 서비스 공급의 중복 및 누수 방지

⑥ 노령화 등의 인구사회학적 변화 및 산업화에 따른 가족의 기능 약화

(3) 목적

보호의 연속성 보장, 서비스의 통합성 보장, 서비스의 접근성 향상, 사회적 책임성 보장

2 사례관리의 과정

(1) 접수(Intake)

클라이언트 확인·등록, 클라이언트의 장애나 욕구에 대한 개략적 파악, 원조내용에 대해 설명하여 원조를 수령할 것인지의 여부를 확인하고 계약

(2) 사정

개입, 치료양식을 선택할 목적으로 클라이언트의 문제와 상황을 검토하기 위한 절차, 현재 기능 수준과 욕구 파악

(3) 계획

사정에서 수집한 정보를 클라이언트에게 도움이 되는 일련의 활동으로 전환하는 과정(클라이언트, 사회적 관계망, 다른 전문가, 사례관리자의 합의)

(4) 개입(계획의 실행)

① 직접적 개입 : 클라이언트 교육, 클라이언트의 결정 및 행동 격려·지지, 위기 시 적절히 개입, 클라이언트 동기화 → 클라이언트의 서비스 접근과 활용기술 및 능력 고양

② 간접적 개입 : 클라이언트에게 필요한 자원체계 연계 또는 서비스 중개, 다양한 체계에 대한 클라이언트 욕구 옹호 → 클라이언트를 대신하여 체계 변화 유도

(5) 점검

클라이언트의 완성된 계획에서 정해진 서비스와 지원의 전달과정을 추적하는 방법으로 사례관리자에 의해 행해지는 활동적이고 유동적인 과정

(6) 평가

사례관리자의 활동이 클라이언트의 삶에 어떤 차이점을 만들어 가고 있는가를 보는 것(사례관리의 효과성을 제시하는 주요 근거)

05 사회복지실천기술

01 사회복지사의 전문성, 기술 역할

1 사회복지실천을 위한 사회복지사의 전문지식

① 인간행동과 발달에 관한 지식 : 인간의 행동적 특성을 이해하고 환경의 상호적 영향력을 파악하며, 인간의 정서적·심리적·사회적 발달단계와 환경의 물리적·사회적·문화적 특성 등과 관련된 지식
② 인간관계와 상호지식에 관한 지식 : 효과적인 의사소통에 필요한 지식으로 개인, 가족, 집단, 지역사회, 조직이나 기관들 간의 관계와 상호작용을 촉진
③ 실천이론과 모델에 관한 지식 : 전문적인 원조관계에 필요한 지식으로, 실천과정에서의 개입방법과 전략 등을 선택하는 데 필요한 지식
④ 특정분야와 대상집단에 관한 지식 : 클라이언트 집단이나 실천상황, 기관 등에 관한 지식으로 실무에 도움을 줌
⑤ 사회정책과 서비스에 관한 지식 : 전문가와 기관을 포함한 전달체계에 관한 지식으로 사회정책의 영향력, 사회정책을 발전시키기 위한 사회복지사의 역할 등에 관한 지식
⑥ 사회복지사 자신에 관한 지식 : 실천에 영향을 미치는 전문가의 감정이나 가치, 태도, 행동 등을 인식하고 책임감을 갖도록 도움

2 사회복지전문직의 속성(Greenwood)

기본적인 지식과 체계적인 이론체계, 클라이언트와의 관계에서 부여된 전문직 권위와 신뢰, 전문가집단의 힘과 특권, 사회로부터의 승인, 명시적이고 체계화된 윤리강령, 전문직의 문화

3 개입수준에 따른 실천기술(Miley)

(1) 미시 차원(개인, 가족)
① 클라이언트의 문제해결능력을 기르고, 서비스나 자원 확보를 돕는 역할
② 상담가, 조력자, 중개자, 옹호자, 교사의 역할

(2) 중범위 차원(조직, 공식적 집단)

① 기관 내부의 상호작용 및 기관 사이의 연결망 강화

② 촉진자, 중재자, 훈련가, 협상가, 행정가의 역할

(3) 거시적 차원(지역사회, 사회)

① 지역사회문제 해결, 사회불평등을 줄여나가기 위한 역할

② 계획가, 행동가, 현장개입가(아웃리치)의 역할

(4) 전문가 차원(사회복지 전문가 집단)

동료, 촉매자, 연구자, 학자, 평가자의 역할

4 사회복지사의 역할에 따른 기술

조력자(Enabler)	클라이언트의 당면 문제를 인식하여 문제해결능력을 발달시켜줄 수 있는 기술
중개자(Broker)	클라이언트의 욕구에 부합하는 서비스를 연결해 줄 수 있는 기술
중재자(Mediator)	이해당사자 간의 분쟁 상황을 파악하고 타협에 이를 수 있도록 조정
옹호자(Advocator)	클라이언트의 욕구가 집단이나 사회로부터 거부당할 때 해당 서비스를 확보·확장할 수 있도록 원조
교육자(Educator)	클라이언트의 사실 인식을 돕고 필요한 기술을 제공
행동가(Activist)	심각한 권리 침해를 당하는 클라이언트에 맞서 대항·협상할 수 있는 기술
계획가(Planner)	지역의 특성에 맞는 효과적인 계획을 수립할 수 있는 기술
평가자(Evaluator)	서비스 자원 및 욕구의 충족 정도를 평가하고 새로운 대안을 모색할 수 있는 기술
행동변화가 (Behavior Changer)	클라이언트의 부적절한 행동을 변화시킬 수 있는 기술
행정가(Administor)	계획된 프로그램을 체계적인 절차에 따라 수행

5 의사소통 및 상담면접기술

① 경청 및 적극적 경청 : 사회복지사는 관심의 초점을 클라이언트에게 두며, 클라이언트의 언어적 표현은 물론 비언어적 표현 및 잠재적인 감정에 주목한다.

② 질문 : 질문의 분량, 방법, 시기를 고려하여 질문한다.

③ 반영 : 사회복지사는 클라이언트의 행동 속에 내재된 내면감정을 파악하여 클라이언트에게 전달하고, 비언어적 행동에서 나오는 감정도 반영해야 한다.

④ 명료화 : 클라이언트의 말에서 모순되거나 모호한 것을 발견할 시 사회복지사가 그 점을 다시 질문하여 클라이언트에게 짚어줌으로써 그 의미를 명백하게 한다.

⑤ 초점화 : 의사소통에 있어서 집중하거나, 문제의 본질에서 벗어날 때 방향을 되돌리거나 주의를 기울이고자 할 때 유효하다.

⑥ **요약** : 지금까지 다뤄온 내용을 간결하게 제시하여 상담진행뿐만 아니라 다음 단계에 대한 계획을 파악하는 데 도움을 준다.

⑦ **직면** : 클라이언트의 말과 행동이 일치하지 않을 때 지적해주는 기술이다.

⑧ **자기노출** : 사회복지사가 자기노출로 클라이언트에게 친근감을 전달할 수 있다.

⑨ **침묵 다루기** : 사회복지사는 클라이언트의 침묵을 인내심을 가지고 기다려봐야 하며, 클라이언트의 숨은 감정을 다루어 나가야한다.

⑩ **나 전달법(I-Message)** : 사회복지사와 클라이언트 간에 보다 분명하고 직접적으로 메시지를 소통하도록 하는 방법이다.

⑪ **재명명 또는 재구성** : 클라이언트로 하여금 문제를 다른 시각으로 보고 다른 방법으로 이해하도록 하여 긍정적인 시각으로 변화하도록 돕는다.

---

02 사회복지사의 법적 지위

1 사회복지사의 자격

① 보건복지부장관은 사회복지에 관한 전문지식과 기술을 가진 사람에게 사회복지사 자격증을 발급할 수 있다.

② 사회복지사의 등급은 1급·2급으로 하되, 정신건강·의료·학교 영역에 대해서는 영역별로 정신건강사회복지사·의료사회복지사·학교사회복지사의 자격을 부여할 수 있다.

③ 사회복지사 1급 자격증을 받으려는 사람은 국가시험에 합격하여야 한다.

④ 보건복지부장관은 사회복지사 자격증을 발급받거나 재발급 받으려는 사람에게 보건복지부령으로 정하는 바에 따라 수수료를 내게 할 수 있다.

2 사회복지사의 결격사유

① 피성년후견인 또는 피한정후견인

② 금고 이상의 형을 선고받고 그 집행이 끝나지 아니하였거나 그 집행을 받지 아니하기로 확정되지 아니한 사람

③ 법원의 판결에 따라 자격이 상실되거나 정지된 사람

④ 마약·대마 또는 향정신성의약품의 중독자

⑤「정신건강증진 및 정신질환자 복지서비스 지원에 관한 법률」제3조 제1호에 따른 정신질환자. 다만, 전문의가 사회복지사로서 적합하다고 인정하는 사람은 그러하지 아니하다.

❸ 사회복지법인

① 사회복지법인을 설립하고자 하는 자는 대통령령으로 정하는 바에 의하여 시 · 도지사의 허가를 받아야 한다.

② 법인은 임원을 임면하는 경우에는 보건복지부령으로 정하는 바에 따라 지체 없이 이를 시 · 도지사에게 보고하여야 한다.

③ 시 · 도지사는 임원의 부당행위 등이 발견되었을 때에는 법인에 대하여 그 임원의 해임을 명할 수 있다.

④ 법인의 재산은 기본재산과 보통재산으로 구분한다.

⑤ 법인은 목적사업의 경비에 충당하기 위하여 필요한 때에는 법인의 설립목적 수행에 지장이 없는 범위 안에서 수익사업을 할 수 있다. 또한 수익사업으로부터 생긴 수익을 법인 또는 그가 설치한 사회복지시설의 운영 외의 목적에 사용할 수 없으며, 수익사업에 관한 회계는 법인의 다른 회계와 구분하여 처리하여야 한다.

---

03 | 해결중심모델과 위기개입모델

❶ 해결중심모델

(1) 특징

① 1990년대 들어서 새롭게 대두되는 모델로서, 정신조사연구소(MRI)의 문제중심 단기치료와 사회구성주의적 관점의 영향을 받았다.

② 문제에 접근하기 위한 다양한 해결책이 존재한다는 점을 강조하며, 탈이론적 · 탈규범적 양상을 보인다.

③ 클라이언트의 의견과 관점을 수용하므로 클라이언트 중심의 치료적 접근이 가능하다.

(2) 주요 질문기법

① **기적질문** : 문제가 해결된 상태를 상상해 보는 것으로, 해결을 위한 요구사항들을 구체화 · 명료화하는데 도움을 준다.

　예 "잠 자는 동안 기적이 일어나 당신을 여기에 오게 한 그 문제가 극적으로 해결됩니다. 아침에 일어나서 지난 밤 기적이 일어나 모든 문제가 해결되었다는 것을 어떻게 알 수 있을까요?"

② **예외질문** : 문제와 그 문제와 관련된 고통을 경험하는 클라이언트들은 공통적으로 자신이 경험한 문제만을 바라보기 때문에 문제해결을 위해 행복했던 과거 상황을 떠올리게 하며 고통스러워 하지 않게 하는 것이다.

　예 "문제가 일어나지 않을 때는 어떤 상황인가요?"

③ **척도질문** : 숫자를 이용하여 클라이언트에게 자신의 문제, 문제의 우선순위, 성공에 대한 태도, 정서적 친밀도, 자아존중감, 치료에 대한 확신, 변화를 위해 투자할 수 있는 노력, 진행에 관한 평가 등의 수준을 수치로 표현하도록 하는 것이다.

> 예 "치료를 받으러 왔을 때 스트레스 수준이 10점이라 하고 스트레스가 완전히 해소된 상태를 0점이라고 한다면 지금 당신의 스트레스 상태는 몇 점인가요?"

④ **대처질문** : 어려운 상황에서의 적절한 대처 경험을 상기하게 함으로써 클라이언트로 하여금 스스로의 강점을 발견하도록 돕는 것이다.

> 예 "어려운 상황 속에서도 더 나빠지지 않고 견뎌낼 수 있었던 것은 무엇때문이라고 생각하십니까?"

⑤ **관계성질문** : 클라이언트와 중요한 관계에 있는 사람들의 관점에서, 그들이 클라이언트 자신의 문제에 대해 어떻게 생각할지 추측해보도록 하는 것이다.

> 예 "만약 당신의 아버지가 지금 여기에 있다고 가정할 때, 당신의 아버지는 당신의 문제가 해결될 경우 무엇이 달라질 거라 말씀하실까요?"

2 위기개입모델

(1) 특징
① 1950년대 이후 주로 지역정신위생의 분야에서 발전하여 사회사업에 도입된 것으로, 위기로 인한 불균형 상태를 회복하기 위해 원조수단을 개인, 가족, 집단, 지역사회 등에 적용하는 과정이다.
② 위기상황에 처해있는 개인이나 가족을 초기에 발견하여 초기단계에서 원조활동을 수행한다.
③ 위기개입 시에는 가장 적절한 치료전략을 수립해야 하며, 단순히 차선책으로 접근해서는 안 된다.

(2) 위기의 형태

실존적 위기	자유, 책임감, 내면의 갈등이나 불안 등
상황적 위기	예측하지 못한 질병, 사고, 이혼, 가까운 사람의 죽음 등
발달적 위기	청소년의 정체성 위기, 중년의 위기(갱년기 증상), 노년의 위기 등
사회 · 문화적 위기	과거의 전통과 새로운 문화의 충돌에 의해 초래되는 위기, 문화적 충격 등

(3) 위기개입의 원칙
① 즉시 이루어져야 하며, 가급적 위기상태 직후부터 6주 이내에 해결되어야 한다.
② 위기와 더불어 그 위기에 대한 클라이언트의 반응에 초점을 둔다.
③ 위기상황과 관련된 현재의 구체적인 문제에 초점을 두며, 클라이언트의 과거에 대한 탐색에 몰두하지 않는다.
④ 위기개입의 목표와 실천과정은 간결하고 구체적이어야 한다.
⑤ 사회복지사는 적극적이고 직접적인 역할을 수행한다.
⑥ 정보제공, 정서적 지지, 사회적 지지체계 개발 등을 포함한다.

1 과제중심모델

(1) 과제중심모델의 특징

① 1970년대 리드(Reid)와 엡스타인(Epstein)에 의해 발전

② 주 1~2회, 전체 8~12회, 4개월 이내 종료하는 단기 개입(경비와 시간 절약 효과)

③ 이론보다는 경험적 자료에서 치료접근의 기초를 마련하려는 움직임에서 시작

④ 클라이언트의 심리내적 과정보다는 현재의 활동 강조

⑤ **클라이언트의 자기결정권** : 프라이버시 보호권, 원조방법의 알 권리 존중

⑥ **개입과정** : 시작하기 → 문제규정 → 계약 → 실행 → 종결

⑦ 기존의 정신분석모델은 보통 장기개입을 하게 되는데, 개입이 장기화될수록 개입의 초점이 흐려지거나 비용이 많이 소요되는 등의 문제가 발생하여 효과성 측면에서 오히려 단기개입보다 불리한 양상을 보이기도 함

⑧ 클라이언트의 표현된 욕구에 초점을 두며, 치료초점은 2~3가지 문제로 특정화 · 구체화 됨

⑨ 과제가 목표인 동시에 수단이 되며, 목표의 합의에 따라 클라이언트의 적극적인 참여 요구

⑩ 절차나 단계가 구조화되어 있으며, 고도의 구조성 요구

⑪ 객관적인 조사연구를 강조하는 경험지향형 모델로서, 통합적인 접근을 통해 특정 이론이 아닌 다양한 접근방법 활용

(2) 주요 개념

① **표적문제(Target Problem)** : 사회복지사와 클라이언트가 개입의 초점으로 동의한 문제이며 우선순위를 고려하여 최대 3개까지 선정

② **과제** : 목표를 달성하기 위해 클라이언트와 사회복지사가 해야 하는 활동

　㉠ 클라이언트의 과제 : 문제해결을 위해 혹은 문제해결에 도움이 되는 활동으로서 클라이언트가 수행하는 활동

　㉡ 사회복지사의 과제 : 클라이언트가 과제를 수행할 수 있도록 원조 · 지지하기 위한 활동

(3) 개입목표

① 계획적이며 의도적인 과정을 통해 클라이언트의 문제를 구체적인 과제 수행으로 해결

② 제한된 기간 내에 건설적으로 자신의 문제를 완화하기 위한 행동을 취하도록 원조

② 심리사회모델

(1) 이론적 배경

① '상황 속의 인간'을 강조, '클라이언트가 있는 곳에서 출발'하는 실천원칙

② 클라이언트와 사회복지사의 관계를 중요시함

③ 기원 : 메리 리치몬드(Mary Richmond)

④ 고든 해밀턴(Gordon Hamilton) : 심리사회이론이라고 언급

⑤ 플로렌스 홀리스(Florence Hollis) : 사회복지실천이론으로 체계화

(2) 심리사회모델의 특징

① 인간을 심리적인 측면과 사회적인 측면, 그리고 서로 간에 상호작용하는 결과도 고려

② 사회복지사와 클라이언트 간의 관계를 중요시

③ 클라이언트를 수용하고 클라이언트의 자기결정권을 존중

④ 클라이언트 자신의 사고, 감정, 행동에 대해 이해하고 고찰할 수 있도록 함

⑤ 심리사회모델의 이론적 기반 : 정신분석이론, 대상관계이론, 체계이론과 생태체계이론, 자아심리이론, 역할이론, 의사소통이론 등

(3) 심리사회모델의 개입기법

① 직접적 개입

개입	구체적 기법
지지	경청, 수용, 신뢰감 표현, 불안이나 죄책감에 대한 재보상, 선물주기 등
지시(직접적 영향주기)	직접적인 조언, 대변인적인 행동, 현실적 제한 설정, 클라이언트 자신의 제안을 격려·강화·장려 등
탐색-기술-환기	초점 잡아주기, 부분화하기, 화제전환하기 등
인간-상황에 대한 고찰	'상황 속 인간'에 대한 6가지 하위영역에의 고찰
유형-역동에 대한 고찰	해석, 통찰, 명확화 등
발달적 고찰	해석, 통찰, 명확화, 논리적 토의·추론, 설명, 일반화, 변화, 역할극, 강화교육 등

② 간접적 개입(환경에 대한 개입)

㉠ 목표 : 클라이언트를 둘러싼 인적·물적 환경에 관계된 문제를 해결

㉡ 환경에 관련된 사람과의 관계에 개입하거나 사회 환경적인 변화를 추구

㉢ 클라이언트가 필요로 하는 자원을 발굴하여 제공하거나 중재활동

1 인지행동모델

(1) 인지행동모델의 기본개념

① 역기능적 사고가 잘못된 생각 또는 인지체계에 의해 나타나며, 그것이 인간의 행동에 영향을 미친다는 것을 기본 전제로 함

② 이론적 기반 : 인지이론, 행동주의이론, 사회학습이론 등

③ 문제에 초점을 둔 시간제한적 접근 및 교육적 접근 강조

④ 치료 : 행동치료, 인지치료, 합리정서치료, 현실치료, 인지행동치료

(2) 개입단계

접수 → 문제 확인 → 문제 우선순위 결정 → 부정적 인지 및 사고체계 탐색 → 개입 전 자료수집 → 부정적 인지 및 사고체계에 대한 분석 → 순기능적 인지 및 사고체계로의 전환 → 변화지속을 위한 과제부여 → 평가

(3) 개입기법

① 엘리스의 합리적 정서치료(RET; Rational Emotive Therapy)

㉠ 문제의 원인 : 비합리적 신념

㉡ 기본가정 : 인간의 부정적 감정 및 행동은 비합리적 신념에서 비롯됨

㉢ 개입목적 : 비합리적 신념을 밝혀내고 인지구조를 재구조화

㉣ 주요 개념 : 사고의 왜곡, 비합리적 신념, ABCDE 모델

㉤ 주요 기법 : 경험적 논박기법, 역할연습, 독서요법, 모델링 등 교육적 기법

② 벡의 인지치료(Cognitive Therapy)

㉠ 문제의 원인 : 인지 왜곡 및 오류

㉡ 기본가정 : 감정이나 행동을 결정하는 것은 어떤 사건이나 상황 자체가 아니고 그들이 그 상황을 해석하는 방식에 달려 있음

㉢ 개입목적 : 바람직한 행동변화를 위해 인지 재구조화시키기

㉣ 주요 개념 : 인지적 오류, 자동적 사고, 도식, 핵심믿음체계

2 임파워먼트모델

(1) 임파워먼트모델의 개념

① 무기력 상태에 있거나 필요한 자원을 스스로 활용하지 못하는 클라이언트를 대상으로 자신의 삶을 통제할 수 있도록 원조함

② 1970년대 후반 일반체계이론과 생태체계적 관점을 이론적 기반으로 나타난 강점중심의 실천모델

③ 클라이언트로 하여금 생활상의 문제에 직면하여 스스로의 삶에 대해 결정을 내리고 행동에 옮길 수 있도록 힘을 부여하는 모델

(2) 목표

① 수용과 존중 및 신뢰에 기반한 파트너십 수립

② 변화를 위하여 클라이언트의 동기 촉진

(3) 개입과정

① 대화단계

㉠ 사회복지사와 클라이언트체계 간의 상호 신뢰라는 협력적 관계를 확립

㉡ 주요 과제 : 파트너십 형성, 현재 상황의 명확화, 방향설정

② 발견단계

㉠ 사회복지사와 클라이언트는 해결에 필요한 자원 탐색방법을 추구

㉡ 주요 과제 : 강점 확인, 자원의 역량 사정, 해결방안 수립

③ 발전단계

㉠ 사회복지사와 클라이언트는 기존의 자원을 활성화하고 클라이언트가 목적에 도달하기 위한 새로운 대안을 개발

㉡ 주요 과제 : 자원 활성화, 기회 확대, 성공의 확인, 성과의 집대성, 동맹관계 창출

(4) 임파워먼트의 차원

① **개인적 차원** : 개인의 강점, 역량, 변화능력 등 개인의 외부환경과의 차별화

② **대인관계 차원** : 다른 사람에 대한 영향력, 대인관계에서의 평형관계 유지 및 효율적 상호작용

③ **사회구조적 차원** : 사회구조의 변화를 통해 새로운 기회 및 자원을 창출

06 집단의 종류와 규범

■ 집단의 개념과 구성요소

(1) 개념

① 2인(혹은 3인) 이상의 일정한 구성원들의 소속감 및 공통의 목적과 관심사

② 소속에 의한 집단의식

③ 성원의 기능과 역할을 규제하는 규범

④ 정서적 결속과 지속적인 상호작용

(2) 구성요소

집단, 집단역동, 집단성원, 사회복지사, 프로그램

2 집단의 종류

(1) 치료집단

개별성원의 교육, 성장, 지지, 치유, 행동변화, 사회화, 사회심리적 욕구충족을 목적으로 한 집단

① **교육집단** : 성원들의 지식, 정보 기술의 향상을 목적으로 하며, 강의중심

　예 성교육집단, 부모역할훈련집단 등

② **성장집단** : 집단구성의 잠재력을 발견하고 사회심리적 · 정서적 건강 향상

　예 참만남집단, 잠재력개발집단, 부부를 위한 결혼생활 향상집단 등

③ **치유집단(치료집단)** : 상실된 기능 재활

　예 금연집단, 정신치료집단, 약물중독집단 등

④ **사회화집단** : 사회적 기술 · 사회적으로 수용된 형태의 행동 수행 학습

　예 자기주장 훈련집단 등

⑤ **지지집단** : 생활사건 대처 및 대처할 수 있는 능력 향상

　예 한부모가족의 아동양육을 위한 모임 등

(2) 과업집단

① 과업달성, 성과물 창출, 명령수행을 위해 구성된 집단

② **단체의 욕구를 위해 봉사하는 집단** : 위원회, 행정집단, 사회행동집단, 대표자 협의회 등

③ **클라이언트의 욕구를 위해 봉사하는 목적을 가진 집단** : 팀, 치료협의회, 사회행동집단

(3) 자조집단

① 특정목적을 성취하고 성원 상호 간의 원조를 목적으로 형성되는 자발적 소집단

② 핵심적인 공동관심사가 있다는 점에서 지지집단과 유사하지만, 전문가의 개입이 최소화된다는 점에서 차이

③ 대인간의 상호지지 및 자신의 삶을 책임질 수 있는 능력 개발과 향상에 초점

　예 단도박모임, 동성애자 옹호집단 등

3 집단의 규범과 역할

① **개념** : 주어진 환경 내에서의 행동에 관련되어 성원들이 공유하는 명백한 기대상황과 신념

② **기능적 집단규범** : 자신의 개인적인 것들을 자발적으로 드러낼 각오를 함

③ **역기능적 집단규범**

　㉠ 문제를 불평하는 데 시간을 보내며 위험을 회피하고 자기폐쇄적

　㉡ 집단의 지도자를 괴롭히며 비판하고, 그에 대해 불평함

④ **역할** : 사회에서 특정 위치를 차지하고 있는 것으로 자신 및 타인이 그 사람에게 기대하는 일련의 활동과의 관계

⑤ 지 위
ⓐ 주어진 집단 내의 위계질서에서 한 사람이 상대적으로 차지하고 있는 위치
ⓑ 사회적 집단에서 다양한 특성에 의해 결정되는 개인의 위치를 말함

4 집단지도력

(1) 집단지도력의 의미
① 의사소통을 통하여 집단목표를 달성하고자 영향을 주는 제반의 힘과 과정
② 한 집단에서 타인의 행동에 영향을 미치며, 집단의 특정한 사회적 규범을 창출

(2) 집단지도자
집단의 목표를 성취하기 위해서 집단에 영향을 끼치거나 집단을 지도하는 사람

(3) 공동지도력
① 지도자의 소진 예방, 역할분담 가능, 역전이 방지, 적합한 계획과 정확한 사정을 이끌어 줌
② 의사소통문제, 일치성 부족, 경쟁관계, 권력다툼

(4) 집단사회복지사의 역할
① 집단 전체와 개별 성원의 목적달성을 돕기 위하여 집단지도사로 활동
② 내부에서는 집단 전체의 역동성을 변화시키기 위해 개입
③ 집단성원이 변화함으로써 목표를 성취할 수 있도록 원조
④ 조력자, 중재자, 옹호자, 교육자 등

07　집단의 역동성

1 집단역동성

① 개요 : 집단성원들의 상호작용으로 나오는 특성이나 힘
② 구성요소
ⓐ 가치와 규범, 지위와 역할, 집단응집력, 집단의사소통과 상호작용
ⓑ 집단의 크기와 물리적 환경, 집단문화, 피드백, 대인관계, 집단의 목적 등
③ 집단역동성과 사회복지사의 역할 : 범위설정역할, 집단유지역할, 직무기능역할

2 집단성원의 상호작용

(1) 상호작용의 유형
① 공통된 관심사나 태도, 반응에 따른 하위집단 형성을 통해 성원들의 친밀감 증가
② 긍정적인 정서적 유대는 집단성원 간의 매력과 상호작용을 증가시킴
③ 부정적인 정서적 유대는 집단성원 유대를 약화시킴

(2) 집단성원의 상호작용에 영향을 끼치는 요소
① **집단응집력** : 개별 성원이 집단에 대해 갖는 소속감과 매력을 표현한 집단의 특성
② **집단의 크기** : 집단성원의 수, 구성원의 만족도, 구성원 간의 상호작용
③ **집단문화** : 성원들이 공통적으로 가지고 있는 가치, 신념, 관습, 전통 등
④ **물리적 환경** : 집단역동성을 결정하는 요인
⑤ **피드백** : 클라이언트는 적합한 상황에서 적절한 피드백을 통하여 이익을 얻음

---

08 집단사회복지실천 및 발달단계

1 집단발달의 개요

시간의 경과에 따라 집단 내부구조가 확립되고, 문화가 형성되며, 조직과 집단의 진행과정에 변화를 경험하는 등 집단의 변화

2 집단사회복지실천

(1) 개념
① 의도적인 집단경험을 통하여 개인의 욕구를 충족시키고 심리사회적 기능 향상
② 특정한 문제나 욕구가 있는 사람들로 구성된 집단을 대상으로 집단지도 전문가의 지식과 기술을 기반으로 개입하는 것

(2) 집단사회복지실천의 기술
집단과정 촉진기술, 자료수집과 사정기술, 행동기술

3 집단발달단계별 사회복지실천

(1) 준비단계
① 집단이 형성되기 이전에 사회복지사가 집단에 대해 계획하고 구성하는 단계
② **준비단계의 과업** : 집단목적의 설정, 잠재적 성원확인 및 정보수집, 성원모집, 집단구성, 오리엔테이션, 계약하기, 집단환경 준비하기

(2) 초기단계

① 첫 모임에서 집단성원들은 서로와 사회복지사에 대해 접근과 동시에 회피하려는 성향을 가짐
② 초기단계의 과업 : 성원소개, 집단목적의 설명과 피드백 받기, 비밀보장의 한계 정하기, 성원들의 집단소속감 촉진하기, 집단참여에 대한 동기부여와 능력 격려하기, 장애물 예측하기, 계약, 프로그램 활동

(3) 사정단계

① 과정으로서의 사정은 정보를 수집하고 조직화하며 판단하는 것이며, 결과로서의 사정은 집단과 성원의 기능에 대해 언어 또는 문서로 진술하는 것을 말함
② 집단사정방법 : 성원의 자기관찰, 사회복지사의 관찰, 외부전문가의 보고, 표준화된 사정도구
③ 집단기능에 대한 사정 : 의사소통과 상호작용 유형, 응집력, 사회적 통제와 집단문화, 집단환경의 사정

(4) 중간단계

① 집단성원들은 의심과 투쟁, 사회복지사에 대한 저항 등을 표출하며 목적과 목표성취를 위해 집단의 역동을 촉진, 집단성원들이 목표를 달성할 수 있도록 원조
② 중간단계의 과업 : 집단모임화합 준비, 집단구조화, 성원의 참여유도와 능력고취, 성원들의 목표달성 원조, 저항하는 집단성원 다루기, 집단진행 과정의 점검과 평가

(5) 종결단계

① 집단과정에서 일어난 일들이 통합되는 단계
② 종결단계의 과업 : 성취된 변화를 유지하고 일반화, 개별성원의 독립적 기능 촉진, 집단에 대한 의존성 감소, 종결에 대한 감정을 다룸, 미래에 대한 계획세우기, 의뢰하기, 평가하기

4 집단사회복지실천의 효과(Yalom)

① **희망고취** : 집단활동의 참여를 통해 클라이언트 자신의 문제도 해결되리라 기대
② **보편성** : 자신의 문제가 다른 사람들에게도 공통적으로 나타나고 있다는 사실 인식
③ **정보ㆍ지식ㆍ기술 습득** : 집단구성원 간의 만남을 통해 새로운 정보와 지식, 기술을 습득
④ **이타성 고양** : 타인을 배려하는 마음을 가질 수 있음
⑤ **집단응집력** : 집단구성원이 느끼는 소속감이 문제해결에 긍정적 효과
⑥ **감정의 정화(카타르시스)** : 이해와 안전의 분위기에서 자신의 억압된 감정 해소
⑦ **모방행동** : 집단구성원은 집단사회복지사의 행동을 보고 배우면서 새로운 행동을 익힘
⑧ **현실에의 적응** : 집단 프로그램을 통해 실제적인 현장의 상황을 미리 체험함으로써 현실에 보다 쉽게 적응

1 기록의 목적 및 용도

① 책임성, 정보제공, 과정점검 및 평가, 클라이언트에 대한 이해
② 지도감독 및 교육활성화, 근거자료, 효과적인 사례관리
③ 타 전문직과의 의사소통, 자료화

2 기록의 내용

(1) 과정기록

① 있는 그대로 기록, 의사소통의 내용과 비언어적 표현도 기록, 슈퍼비전이나 교육적 목적
② 기억에 의한 복원으로 인해 기록이 왜곡될 가능성이 있음
③ 작성시간과 비용이 많이 소모됨

(2) 요약기록

① 기관에서 가장 흔히 사용하며, 일정한 간격을 정하여 기록하거나 매순간 필요할 때마다 기록함
② 서비스나 개입내용 요약, 클라이언트의 변화에 초점을 두어 요약, 장기 사례에 유용
③ 클라이언트의 언어적 · 비언어적 표현의 전달이 미흡할 수 있음

(3) 문제중심기록

① 문제 중심으로 구성, 각 문제를 해결하기 위한 개입계획 기록
② 다양한 전문직 간의 의사소통 및 정보교환, 기록이 간결함
③ 클라이언트의 강점보다는 문제에 중점을 둠
④ 지나치게 단순화, 클라이언트의 능력과 자원을 덜 중요시하는 경향
⑤ S(주관적 정보), O(객관적 정보), A(사정), P(계획)

(4) 이야기체기록

① 클라이언트, 상황, 서비스 각각의 본질적 특성을 개별적으로 반영
② 일정한 형식에 얽매이지 않으며 사례마다 주제별로 정리, 기록자의 관점에 크게 좌우됨

(5) 시계열기록

① 서비스 효과 기록 : 목표달성의 과정에 대한 정보 제공
② 표적행동, 태도 등을 반복적으로 기록, 그래프나 도표 이용
③ 사회복지사, 클라이언트, 제3자에 의한 정보수집으로 클라이언트의 행동 중심 기록

(6) 컴퓨터와 표준화된 기록

① 클라이언트의 욕구, 서비스패턴 및 이용횟수, 생산성에 관한 자료가 빠르게 분석·사용됨

② 기록의 보관을 간소화하고 일상화하며 기관관리에 필요한 정보에 쉽게 접근

③ 클라이언트 상황의 독특한 성격이나 서비스 거래의 특수한 질적 내용을 포착하는 것은 불가능

3 기록 시의 유의사항

① 클라이언트의 양해와 동의는 필수

② 면담 중 기록은 최소화

③ 면담이 끝난 후 간단한 메모 습관

④ 비밀보장

06 | 지역사회복지론

01 지역사회 개념과 유형, 이론적 관점

1 지역사회에 대한 이해

(1) 지역사회의 개념
① 지리적 의미의 지역사회
② 사회적으로 동질성을 띤 지역으로서의 지역사회
③ 기능적 의미의 지역사회
④ 갈등의 장으로서의 지역사회

(2) 지역사회의 특성
지리적 경계, 사회 · 문화적 동질성, 다변화, 공동체의식 및 정서적 유대, 정치적 실체

(3) 지역사회에 대한 이론
① **지역사회 상실이론** : 산업화에 따른 1차 집단의 해체, 국가의 사회복지제도 개입 강조
② **지역사회 보존이론** : 사회적 지지망 강조, 국가의 개입 최소화 강조
③ **지역사회 개방이론** : 사회적 지지망에 의한 비공식적 연계 강조

2 지역사회의 기능과 제도(Gilbert & Specht)
① 생산 · 분배 · 소비의 기능 → 경제제도
② 사회화의 기능 → 가족제도
③ 사회통제의 기능 → 정치제도
④ 사회통합의 기능 → 종교제도
⑤ 상부상조의 기능 → 사회복지제도

3 지역사회의 기능 비교 척도(Warren)

① **지역적 자치성** : 지역사회가 제 기능을 수행할 때 타 지역에 어느 정도 의존하는가
② **서비스영역의 일치성** : 상점, 학교, 공공시설, 교회 등의 서비스 영역이 동일 지역 내에서 어느 정도 이루어지고 있는가
③ **지역에 대한 주민들의 심리적 동일시** : 지역주민들이 자신이 소속된 지역에 대해 어느 정도 소속감을 가지고 있는가
④ **수평적 유형** : 지역사회 내에 있는 상이한 단위조직들이 구조적 · 기능적으로 얼마나 강한 관련을 가지고 있는가

4 지역사회의 유형화

① **인구의 크기에 따른 기준** : 대도시, 중소도시, 읍 등
② **경제적 기반에 따른 기준** : 광산촌, 산촌, 어촌 등
③ **정부의 행정구역에 따른 기준** : 특별시, 광역시, 시 · 도 · 군 · 구 등
④ **사회적 특수성에 따른 기준** : 저소득층 밀집주거지역, 외국인촌, 차이나타운 등

5 사회체계론적 관점

① **사회체계** : 단일 실체를 함께 구성하고 있는 경계 지어진 일련의 상호관련 활동
② 지역사회를 지위, 역할, 집단, 제도들로 이루어진 하나의 체계로 보고, 체계간 상호작용 강조
③ 지역사회＝하나의 행위자

6 생태학적 관점

① '환경 속의 인간'이라는 사회복지실천의 기본 관점 반영
② 사람과 지역사회 환경에 대한 상호의존성, 다른 지역사회와의 상호작용에 초점
③ **사회복지조직과 환경과의 관계**
　㉠ **일반환경** : 경제적 · 인구사회학적 · 문화적 · 정치적 · 법적 · 기술적 조건
　㉡ **과업환경** : 재정자원의 제공자, 합법성과 권위의 제공자, 클라이언트 제공자, 보충적 서비스 제공자, 조직이 산출한 것을 소비 · 인수하는 자, 경쟁조직 등

7 기능주의 관점 vs 갈등주의 관점

구분	기능주의 관점	갈등주의 관점
핵심	체계의 안정을 위한 구조적 적응	갈등의 긍정적 측면에 대한 인식 (사회발전의 요인)
사회의 형태	안정지향적	집단 간의 갈등
각 요소의 관계	조화, 적응, 안정, 균형	경쟁, 대립, 투쟁, 갈등
대상요인	사회부적응	사회불평등
중요 가치 결정	합의에 의한 결정	지배계급의 이데올로기
지위 배분	개인의 성취	지배계급에 유리
변화	점진적, 누진적	급진적, 비약적

8 자원동원론적 관점

사회소수자층 · 비주류계층의 권리보장을 위한 활동으로 자원의 유무에 따라 조직의 성패 결정

9 사회구성론적 관점

① 개인이 속한 사회나 문화에 따라 현실의 상황을 재구성할 수 있다는 관점
② 사회적으로 구성된 지식을 절대적 지식으로 받아들여서는 안 된다는 한계

10 사회교환론적 관점

① 인간 상호작용의 근본적인 형태는 자원의 교환
② 대표적인 학자 : 호만스(G. Homans), 블라우(P. Blau)

02 지역사회복지 역사의 이해

1 영국의 지역사회복지 역사

① 지역사회복지의 기원(1800년대 후반~1950년대 초반) : 온정주의와 집합적 지역사회행동의 두 가지
전통에 의해 지역사회복지가 발달하기 시작함
 ※ 영국 : 1884년 바네트(Barnett) 목사가 최초의 인보관, 토인비 홀(Toynbee Hall) 설립

② 지역사회보호의 태동기(1950년대～1960년대 후반)

　　㉠ 사회적 보호의 욕구를 지닌 사람들을 위한 수용시설의 부정적 평가에서 출발

　　㉡ 노인과 정신질환자를 대상으로 한 지역사회보호 프로그램들의 개발 및 확대

③ 지역사회보호의 형성기(1960년대 후반～1980년대 후반)

　　㉠ 시봄 보고서(Seebohm Report)

　　㉡ 하버트 보고서(Harbert Report)

　　㉢ 바클레이 보고서(Barclay Report)

④ 지역사회보호의 발전기(1980년대 후반～현재)

　　㉠ 공공부문이나 지방행정당국의 역할보다는 민간부문의 역할이 상대적으로 강조

　　㉡ 1988년에 정부에 제출된 '그리피스 보고서' 이후 지역사회보호의 개념은 다양하고 광범위한 서비스의 발전을 추구하면서 지방정부의 역할뿐만 아니라 가족 등의 비공식 부문, 민간부문, 자원 부문의 역할 강조 및 소비자의 선택권 증진과 케어 매니지먼트 도입

② 미국의 지역사회복지 역사

(1) 자선조직기간(1865～1914)

① 자선조직협회운동(COS)

　　㉠ 의의 : 빈곤의 원인으로 사회적 조건이나 구호의 개별화에 관심을 두고 있으며, 자선행위의 자위성, 무책임성, 무계획성에 대한 반성에서 탄생

　　㉡ 목적 : 이중으로 구제받는 직업적 클라이언트 방지, 구제자원과 피구제자와의 합리적인 조절과 효과 제공, 자선단체 상호 간의 업무연락을 통한 협력체제 유지, 적절한 원조제공을 통해 자력으로 빈곤 탈피

　　㉢ 특징 : 근대적 케이스워크 시작, 우애방문원에 대한 면밀한 실태조사, 사회복지사들의 훈련, 유급직원 고용

　　㉣ 원칙 : 자산단체의 협력과 조직화, 원조대상자를 가치있는 자에 한정, 시례에 대해 한정적인 선택의 원칙 준수, 금액과 시기에 있어 적당한 원조

　　㉤ 공헌 및 영향 : 자선기관들의 서비스 조정 및 새로운 기관 설립, 사회조사 기술발전, 현대적 의미의 사회복지실천방법 확립의 계기, 방문구제를 통한 개별화 시도, 자선적 사회복지활동을 전문적 사회복지활동으로 승화

② 인보관 운동

　　㉠ 미국 : COS보다 뒤에 시작, 1889년 제인 아담스가 시카고에 헐 하우스(Hull House) 설립

　　㉡ 산업화와 도시화 등 근대적 사회문제에 대처하기 위해 시작됨

　　㉢ 사회봉사를 통한 사회 개혁을 추구

　　㉣ 다양한 계층, 계급 간의 거리 좁히기 등 이웃이라는 생각으로 접근함

　　㉤ 자신의 삶에 책임을 질 수 있는 사회 참여자로 변화시킴

(2) **지역공동모금과 협의회 발전시기(1914~1929) : 제1차 세계대전, 대공황(1929)**

(3) **공공복지사업의 발전시기(1929~1954) : 대공황, 제2차 세계대전, 뉴딜정책**

(4) **지역복지의 정착시기(1955년 이후)**

해드스타트 프로그램(1965), 인플레이션 · 석유파동으로 정부지원 축소 → 복지프로그램 축소(1970년대)

3 지역사회복지와 관련된 주요 보고서

(1) **시봄 보고서(Seebohm Report)**

지방정부로 하여금 고용, 교육, 주택, 가정원조, 자원봉사조직 등 지역사회복지와 관련된 사회서비스국을 통합설치 · 운영하자고 제안

(2) **바클레이 보고서(Barclay Report)**

지역사회 내의 지지망이 지역사회 내에서 큰 역할을 하고 있음을 강조하면서, 비공식적 보호망의 중요성과 함께 공식적 사회서비스가 고립적이지 않고 비공식적 서비스와 긴밀한 관계를 유지하면서 활동해야한다고 주장

(3) **그리피스 보고서(Griffiths Report)**

'지역사회보호-행동지침'이란 제명으로 발표, 지방정부의 역할을 축소하는 반면 민간부분을 활성화하자고 제안

(4) **하버트 보고서(harbert Report)**

공공서비스와 민간서비스 외에 가족체계나 지역사회 하위단위에 의한 비공식적 서비스의 중요성 강조

---

03 지역사회복지실천모델

1 지역사회복지실천모델의 목표

(1) **던햄의 지역사회복지실천모델 목표**

① **과업중심의 목표** : 지역사회의 욕구 충족, 욕구와 자원 간의 균형 조정
② **과정중심의 목표** : 지역주민의 참여조장 및 문제 해결 능력 향상
③ **관계중심의 목표** : 지역사회 구성요소 간의 관계 변화

(2) **로스만의 지역사회복지실천모델 목표**

① **과업중심의 목표** : 구체적인 사업 완성, 문제해결에 관심
② **과정중심의 목표** : 체제의 유지와 기능 강화(협동관계 수립, 자치적 구조 창조, 역량기반 향상, 주민의 관심과 참여 자극, 공동사업에 대한 협력적 태도, 토착적 지도력 증대)

② 지역복지활동을 위한 원칙

(1) 로스(Ross)의 모델

① 사회계획모델이나 사회행동모델보다 지역개발모델을 강조하고 있기 때문에 동질성이 강하고 전통성을 지닌 농촌지역이나 도시의 영세지역 개발을 위해 더 적절

② 추진회는 지역사회의 문제를 해결하기 위해 지역주민들에 의해 설립된 조직체

(2) 추진회의 원칙

- 지역사회의 현존 조건에 대한 불만으로부터 결성됨
- 불만은 특정 문제에 관한 계획을 세우고 실천에 옮길 수 있도록 집약해야 함
- 활동을 수행하기 위한 불만은 지역사회 주민들에게 널리 인식시켜야 함
- 지역사회에 있는 주요한 집단들에 의해 지목되고 수용될 수 있는 공적·비공식적 지도자들의 참여
- 지역사회 주민들로부터 고도의 지지를 받을 수 있는 목표와 운영방법을 가져야 함
- 사업에는 정서적인 내용을 지닌 활동들이 포함되어야 함
- 지역사회에 존재하는 현재적·잠재적 호의를 활용해야 함
- 자체회원 상호 간 뿐만 아니라 지역사회와 더불어 활발하고 효과적인 대화통로를 개발해야 함
- 협동적인 노력을 위해 참여하고 있는 여러 집단들을 지원하고 강화시켜야 함
- 정상적인 업무상의 결정과정을 해치지 않는 범위 내에서 절차상에 있어 융통성을 지녀야 함
- 지역사회의 현존 조건에 따라 수행하는 사업의 보조를 맞추어야 함
- 효과적인 지도자를 개발하는 데 힘써야 함
- 지역사회 내의 지도자들을 참여시킬 수 있고, 어려운 문제를 해결할 수 있는 능력을 가져야 함
- 안정성이 있어야 하고 지역사회로부터 신임을 얻어야 함

③ 지역사회복지실천모델의 유형(로스만 모델 중심)

(1) 로스만(Rothman)의 세 가지 모델

① **지역사회개발(모델A)** : 주민들을 목표설정과 실천행동에 참여시킴

② **사회계획(모델B)** : 사회문제 해결의 기술적 과정 강조, 합리적인 계획수립, 통제된 변화

③ **사회행동(모델C)** : 불우계층의 주민운동, 기존 제도의 근본적 변화 추구

(2) 로스만 모델의 특성 비교

구분	지역사회계획(모델A)	사회계획(모델B)	사회행동(모델C)
강조점	• 민주적인 절차·교육 • 자발적인 협동·자조정신 • 토착적인 지도자의 개발	• 합리적인 계획수립과 통제된 변화 • 정책집행의 효과성과 효율성 강조 • 공식적인 계획과 준거틀에 대한 설계	권력·자원·지역사회 정책결정에 있어서 역할 등의 재분배
예시	• 새마을 운동 • 지역복지관의 지역개발사업 • 성인교육분야의 지역활동 등 • 주민자치센터	도심재개발	• 학생운동, 민권운동 • 여성해방운동 • 여권신장운동 • 복직권 운동, 노동조합운동 • 소비자보호운동 등

목표	• 과정중심 • 자조 · 지역사회의 능력배양과 통합	• 과업중심 • 지역사회문제 해결	과업 · 과정 모두 중요
변화를 위한 전략	"함께 모여서 이야기 해 보자."	"진상을 파악해서 논리적인 조치를 강구하자."	"우리들의 억압자를 분쇄하기 위해 규합하자."
변화를 위한 전술과 기법	• 합의 • 의견 교환과 토의	• 문제확인, 사정, 목표개발, 실행, 평가, 사실발견과 분석 • 갈등 · 합의	갈등 · 대결
사회복지사의 역할	조력자, 격려자, 조정자	전문가, 계획자, 사실수집가, 분석가, 평가자, 촉진자	옹호자, 행동가, 대변자, 중재자, 협상가, 조직가
공공의 이익	합리주의적 · 중앙집권적 개념	이상주의적 · 중앙집권적 개념	현실주의적, 개인주의적
클라이언트 집단	시민	소비자	희생자

04 사회행동의 전략과 전술

1 사회행동의 전략

(1) 대상 집단을 이기기 위한 힘의 전략

정보력, 대상 집단에 대한 힘의 행사, 피해를 입힐 수 있는 잠재력, 약점을 이용한 수치심 자극, 집단 동원력

(2) 사회행동 합법성 확보 전략

① 사회행동은 내부 또는 외부집단의 구성원들에게 수용될 수 있어야 함

② 사회적 합법성을 인정받는다는 것은 승리의 목표와 직결됨

③ 사회적 합법성을 확보하는 데 있어서 적합한 전술을 선택하며, 과격한 폭력행위를 행사하지 않도록 주의해야 함

(3) 타 조직과의 협력전략 : 협조(Cooperation), 연합(Coalition), 동맹(Alliance)

기준	협조(Cooperation)	연합(Coalition)	동맹(Alliance)
의의	타 조직과 최소한의 협력을 유지하는 유형	참여조직들 간의 이슈와 전략을 합동으로 선택하는 보다 조직적인 유형	대규모의 조직관계망을 가지는 고도의 조직적인 유형
특징	특정 이슈를 중심으로 유사한 목표를 가진 조직들이 일시적으로 연결됨	계속적이나 느슨하게 구조화된 협력으로, 조직적 자율성을 최대화하면서 힘을 증대시킴	기술적 정보제공 및 로비활동에 역점을 두는 전문가를 둔 영속적인 구조

결정 절차	임시적 계획이 사안에 따라 만들어짐	선출된 대표들이 정책을 결정하나, 각 개별조직들의 비준이 있어야 함	회원조직으로부터 승인이 필요하나, 결정할 수 있는 힘은 중앙위원회나 전문직원이 가짐
존속	언제든지 한쪽에 의해 중단될 수 있음	참여조직들은 특정 캠페인에서의 참여 여부를 선택할 수 있으나 협력구조는 지속됨	중앙위원회나 전문직원에 의해 장기적인 활동이 수행됨

(4) 전술 연결의 전략

압력 전술, 법적 전술, 항의 전술

2 정치적 압력 전술

(1) 정치적 압력과 정책형성 과정

① 이슈를 논의대상으로 삼는 단계(제1단계)

② 해결대안을 설계하는 단계(제2단계)

③ 법안의 통과를 추진하는 단계(제3단계)

④ 실천을 하도록 영향력을 행사하는 단계(제4단계)

(2) 경제단체 및 기타조직과의 경쟁

① 정부의 정책결정에 영향력을 행사하는 단체 : 경제단체(전국경제인연합회, 대한상공회의소, 경영자협회 등), 전문가 조직(변호사 단체, 의사 단체, 약사 단체 등) 등

② 압력 전술의 지속적 사용

③ 근본적 결정에 대한 영향력 행사

④ 압력 전술의 활용 기술 획득

(3) 정치적 압력 전술에 관한 기술

적재적소에 압력을 가하는 기술과 정부관리와 정치인을 상대로 한 논쟁의 기술

3 법적행동과 사회적 대결

① 법적 행동 : 제한된 인원, 금지명령 요구, 고소

② 사회적 대결(직접 행동)

㉠ 시위 전술 : 행진, 집회, 피케팅, 농성 등

㉡ 교육홍보 전술 : 면담, 공청회, 대중매체의 광고

㉢ 불평 전술 : 비공개로 전달, 청원

㉣ 경제 전술 : 불매운동(Boycott)

4 언론의 활용과 협상전술

① **언론활용, 홍보** : 전화홍보, 벽보부착, 홍보물 발송, 언론매체를 통한 홍보, 기자회견과 보도자료
② **협상과 타협** : 프루이트(Pruitt)가 제시한 협상 기술

- 협상에 시한을 두어야 한다.
- 요구하는 입장을 확고히 해야 한다.
- 언제 어떻게 양보해야 할지를 배워야 한다.
- 상대방의 제안을 신중하게 대응해야 한다.
- 협상이 계속 진행되도록 해야 한다.
- 중재자 개입 여부를 고려해야 한다.

---

05 지역사회복지실천에서의 사회복지사

1 지역사회개발모델에서 사회복지사의 역할(M. Ross)

① **안내자**
  ㉠ 1차적인 역할, 문제해결과정에 주도능력 발휘
  ㉡ 지역사회 문화에 대한 충분한 지식, 잠재능력 파악, 변화 후 장래모습 예견
  ㉢ 지역사회의 조건에 대하여 객관적인 입장을 취해야 함
② **조력자(촉매자)** : 불만을 집약하고 조직화를 격려하고, 좋은 인간관계 조성과 공동목표 강조
③ **전문가**
  ㉠ 자료제공, 직접적 충고, 지역사회 진단, 조사기술, 타지역사회에 대한 정보
  ㉡ 방법에 관한 조언, 기술상의 정보, 평가
④ **사회치료자** : 적절한 진단, 주민의 이해

2 사회계획모델에서 사회복지사의 역할

① **모리스와 빈스톡의 견해** : 공공기관의 정책 수정을 위한 계획가
② **샌더스의 견해** : 분석가, 계획가, 조직가, 행정가

3 사회행동모델에서 사회복지사의 역할

① **그로서의 견해** : 조력자, 중개자, 옹호자, 행동가
② **그로스만의 조직가** : 지역사회의 자조능력 활성화

4 사회복지사의 지역사회실천기술

① 옹호 · 대변기술 : 사회 정의를 지키고 유지하려는 목적으로, 지역주민이나 지역사회의 입장에서 직접적으로 대변, 보호, 개입, 지지를 하며 일련의 행동을 제안하는 것
② 연계기술 : 지역사회 또는 지역주민이 필요한 자원이나 서비스를 연결하는 것을 돕는 것으로, 다양한 욕구를 충족시키기 위한 서비스의 패키지화 또는 원스톱
③ 조직화기술 : 다양한 지역사회 활동에 참여하도록 유도하여 지역주민에게 자신들의 역할을 분명히 알도록 하고, 이를 효과적으로 수행할 수 있도록 훈련시킴
④ 지역사회교육기술 : 지역사회 실정에 맞는 교육과정으로 지역사회개발에 선도적 역할
⑤ 자원개발 · 동원기술 : 지역사회 구조의 활용 및 강화, 지역주민을 개인차원에서 설득하는 방식
⑥ 임파워먼트(역량강화)기술 : 지역 어려움의 해결방법은 '치료'를 통해서가 아니라 '파워'를 획득함으로써 가능하며, 지역주민이나 자기가 속한 지역사회를 긍정적으로 바라보는 입장을 견지

06 지역사회복지실천의 추진체계

1 재가복지

(1) 재가복지의 등장 배경
① 정상화(Normalization) 이념의 보급
② 사회적 보호대상의 확대와 보호메커니즘의 다양성
③ 비화폐적인 욕구가 증대함

(2) 재가복지서비스의 구성
① 가정봉사서비스 : 가사 및 개인활동을 지원하거나 정서활동을 지원하는 서비스
② 주간 · 단기보호서비스 : 주간 · 단기보호시설에서 급식 및 치료 등 일상생활의 편의를 낮 동안 또는 단기간 동안 제공하거나 가족에 대한 교육 및 상담을 지원하는 서비스

(3) 재가복지서비스의 내용
① 가사서비스, 간병서비스, 정서적 서비스, 결연서비스, 의료서비스
② 자립지원서비스, 주민교육서비스 등

(4) 재가복지서비스의 원칙
효과성, 효율성, 공평성, 접근성, 권리성

(5) 재가복지봉사센터의 대상자
① 국민기초생활수급권자(저소득계층을 우선으로 함)
② 기타 저소득층 가정으로서 재가복지서비스가 필요하다고 인정되는 자

③ 미인가시설 수용자(장애인, 여성, 아동, 노인 등)

④ 기타 재가복지서비스를 필요로 하는 지역주민

(6) 재가복지봉사센터의 기능 및 역할

① 조사 · 진단, 서비스제공, 지역사회자원동원 및 활용, 사업평가

② 교육기관, 지역사회연대의식 고취

2 지역사회복지관

(1) 지역사회복지관의 역할

지역사회문제 파악, 서비스센터 역할, 대변자의 역할, 사회행동센터의 역할, 사회교육센터 역할, 공동이용센터의 역할, 레크리에이션센터의 역할, 직업안정센터의 역할, 자원동원의 역할

(2) 지역사회복지관 운영의 기본 원칙

지역성, 전문성, 책임성, 자율성, 통합성, 자원활용, 중립성, 투명성

(3) 지역사회복지관 사업내용

① **사례관리 기능** : 사례발굴, 사례개입, 서비스 연계

② **서비스제공 기능** : 가족기능강화, 지역사회보호, 교육문화, 자활지원 등 기타

③ **지역조직화 기능** : 복지네트워크 구축, 주민조직화, 자원개발 및 관리

3 사회복지협의회

① **사회복지협의회의 정의** : 지역사회의 복지에 관심 있는 민간단체나 개인의 연합체, 지역사회의 복지욕구를 효과적으로 달성하기 위해 상호협력 및 조정하는 단체

② **사회복지협의회의 기능**

• 지역사회의 복지증진과 관련된 사실 발견   • 사회복지기관들의 조정과 협력
• 지역사회복지의 센터 역할   • 사회복지기관 간의 서비스 조정활동
• 사회복지기관의 업무의 질적 수준을 높임   • 정보제공, 교육 및 홍보
• 지역사회복지를 위한 공동의 계획수립 및 실천   • 자원동원 및 재정안정 도모

③ **한국사회복지협의회의 업무**

㉠ 「사회복지사업법」 제33조

• 사회복지에 관한 조사 · 연구 및 정책 건의
• 사회복지 관련 기관 · 단체 간의 연계 · 협력 · 조정
• 사회복지 소외계층 발굴 및 민간사회복지자원과의 연계 · 협력
• 대통령령으로 정하는 사회복지사업의 조성 등

ⓛ「사회복지사업법 시행령」제12조

> • 사회복지에 관한 교육훈련
> • 사회복지에 관한 자료수집 및 간행물 발간
> • 사회복지에 관한 계몽 및 홍보
> • 자원봉사활동의 진흥
> • 사회복지사업에 관한 기부문화의 조성
> • 사회복지사업에 종사하는 사람의 교육훈련과 복지증진
> • 사회복지에 관한 학술 도입과 국제사회복지단체와의 교류
> • 보건복지부장관이 위탁하는, 시·도지사 및 중앙협의회가 위탁하는, 시·도지사, 시장·군수·구청장, 중앙협의회 및 시·도협의회가 위탁하는 사회복지에 관한 업무
> • 그 밖에 중앙협의회, 시·도협의회, 시·군·구협의회의 목적 달성에 필요하여 각각의 정관에서 정하는 사항

4 지역사회보장협의체

(1) 추진배경

① 지방분권과 사회복지전달체계의 근원적인 변화에 따라 지역단위의 종합적 사회보장, 지역 간 사회보장의 균형발전을 위한 지원체계의 정비가 이루어짐

② 지역사회보장 환경의 특성을 반영한 연계 및 조직화의 필요성이 대두

③ 지역사회 공동체기능 회복 및 사회자본 증대의 필요성이 대두

④ 정보통신기술의 발전에 따른 새로운 사회조직화가 현실화됨

(2) 구성

① **실무분과** : 지역사회보장사업 개선 건의, 사회보장급여 연계·협력 등

② **실무협의체** : 심의안건 사전 검토 등 대표협의체 심의 지원, 사회보장사업 추진 및 개선 건의 등

③ **읍면동 단위 협의체** : 사회보장 사각지대 발굴, 지역 내 자원 발굴, 지역사회보장 문제 발굴 및 해결방안 모색 등

④ 실무분과, 실무협의체, 읍면동 단위 협의체는 수평적 네트워크 관계를 형성한다.

(3) 구성의 원칙

① **기본원칙** : 지역성, 참여성, 협력성, 통합성, 연대성, 예방성

② **대표협의체의 원칙** : 대표성, 포괄성, 민주성

③ **실무협의체의 원칙** : 포괄성, 전문성

(4) 기능 및 역할

① **협치 기능** : 민간과 공공의 협의에 의한 심의·자문

② **연계 기능** : 관계 기관, 법인, 단체, 시설과의 연계·협력 강화

③ **통합서비스 기능** : 각 분과 간 통합 및 조정의 역할, 기존의 보건복지는 물론 고용·주거·교육·문화·환경 등 다양한 영역과 연계

⑤ 자활사업

(1) 대상자

① **조건부수급자** : 자활사업 참여를 조건으로 생계급여를 지급받는 수급자

② **자활급여특례자** : 수급자가 자활근로, 자활기업, 성과관리형 자활사업 등에 참가하여 발생한 소득으로 인하여 소득인정액이 선정기준을 초과한 자

③ **일반수급자** : 참여희망자(만 65세 이상 등 근로무능력자도 희망 시 참여 가능). 단, 정신질환자, 알코올질환자 등은 시ㆍ군ㆍ구청장의 판단 하에 참여 제한 가능

④ **특례수급가구의 가구원** : 의료급여특례, 교육급여특례 가구의 근로능력이 있는 가구원 중 자활사업 참여를 희망하는 자

⑤ **차상위자** : 근로능력이 있고, 소득인정액이 기준 중위소득의 100분의 50 이하인 자

⑥ **근로능력이 있는 시설수급자**

    ㉠ 기초생활보장 시설수급자 : 행복e음 보장결정 필수(조건부 수급자 전환 불필요)

    ㉡ 일반시설생활자 : 차상위자 참여절차 준용

(2) 사업내용

① **자활사례관리** : 지역자활센터에서 자활참여자의 자립을 위해 수행하는 모든 과정

② **자활근로사업**

    ㉠ 국민기초생활보장법상의 저소득층에게 자활을 위한 근로기회를 제공하여 자활기반을 조성하는 사업

    ㉡ 저소득층의 자활촉진을 위한 자활기업창업 등을 위한 기초능력 배양에 중점을 둠

③ **자활기업** : 2인 이상의 수급자 또는 저소득층이 상호 협력하여 조합이나 공동사업자의 형태로 탈빈곤을 위한 자활사업을 운영하는 업체를 말함

④ **5대 전국표준화 사업**

    ㉠ 간병도우미 사업

    ㉡ 음식물쓰레기 수거재활용사업

    ㉢ 폐자원 재활용사업

    ㉣ 청소사업

    ㉤ 집수리사업

⑤ **희망저축계좌(Ⅰ)**

일하는 생계ㆍ의료수급자 중 신청당시 가구 전체의 총 근로ㆍ사업소득이 기준 중위소득 40%의 60% 이상인 가구 또는 가구원 중 자활급여특례, 의료급여 특례자가 있는 가구, 시설수급가구 중 소득요건을 충족하는 가구 중 근로사업소득이 기준 중위소득 40%의 60% 이상인 가구를 대상으로 3년 동안 매월 10만원 이상 저축 납입자에 한하여 매월 30만원의 근로소득장려금 적립

⑥ **희망저축계좌(Ⅱ)**

소득인정액이 기준 중위소득 50% 이하인 주거ㆍ교육급여 수급 가구 및 기타 차상위계층으로서 현재 근로활동 중이며 근로ㆍ사업소득이 있는 가구 중 소득인정액이 기준 중위소득의 50% 이하 가구를 대상으로 3년 동안 매달 10만원 이상 저축 납입자에 한하여 매월 10만원의 근로소득장려금 적립

⑦ 청년내일저축계좌

4가지 요건(가구소득, 연령, 근로기준, 가구재산)을 모두 충족 시 가입이 가능하고, 차상위 이하 가구는 3년 동안 매월 10만원 이상 저축 시 매달 30만원의 근로소득장려금 적립, 차상위 초과 가구는 3년 동안 매달 10만원 이상 저축 시 매달 10만원의 근로소득장려금 적립

⑧ 자활근로소득공제

㉠ 보충급여를 기본원리로 하고 있는 국민기초생활보장제도가 야기할 수 있는 수급자의 근로의욕 감퇴를 예방하기 위한 사업으로, 근로소득의 일정비율을 산정하여 자활근로소득공제를 적용

㉡ 생계급여 산정 시 소득인정액에서 자활소득의 30%를 공제하여 생계급여를 추가로 지급하고, 타 근로소득공제와 중복을 방지

07 | 사회복지조사론

01 과학적 방법과 조사연구

1 과학의 목적

지식의 제공, 규칙성을 일반화, 변수들 사이의 관계를 기술하고 설명, 이론을 바탕으로 현상을 분석하며 미래를 예측

2 과학의 특징

논리적, 구체적, 결정론적 인과성, 일반적인 것을 추구, 간결한 것을 추구, 경험적으로 검증 가능, 간주관성, 수정 가능성, 설명적, 재생 가능성, 객관성

3 과학적 조사 : 연역법과 귀납법은 상호보완적

(1) 연역법

① 일반적인 사실에서 특수한 사실을 추론해 내는 방법

② 이론 → 가설설정 → 조작화(가설의 구체화) → 관찰 → 검증(가설채택 또는 기각)

(2) 귀납법

① 관찰에서 시작하여 일반적 원리나 이론을 전개, 가설을 정하지 않고 문제 인식 차원에서 출발, 기록의 결과가 일정한 유형으로 전개되는 것 발견

② 주제선정 → 관찰 → 경험적 일반화(유형 발견) → 이론(임시적 결론)

(3) 양적 조사 : 대상의 속성을 가능한 한 계량적으로 표현하고 그들의 관계를 통계분석을 통해 밝혀내는 조사

① 객관적인 조사

② 자연법칙의 발견(법칙주의)

③ **조작주의** : 양화주의(수량화)

④ **가치중립** : 연구자효과 최소화, 객관성 유지

⑤ 표준절차의 사용, 정형화된 측정과 척도 사용, 가설검증, 논리적 · 연역적 · 결과 지향적, 일반화 가능성이 큼

(4) 질적 조사 : 양적 조사로는 발견하거나 분석하기 어려운 문제를 효과적으로 관찰하고 분석하며, 복잡한 사회현상을 심층적으로 규명하고 해석하기 위한 연구 방법, 참여관찰, 심층면접, 사례연구

① 주관적인 조사

② 보편적인 지식보다는 특수한 지식 : 수량적이 아닌 기술적

③ 구성주의

④ 가치개입 가능 주장

⑤ 과정에 대한 관심, 절차의 유연성, 통제되지 않은 자연상태에서 관찰, 귀납적 · 과정지향적, 타당성 있고 실질적이며 내용이 풍부하고 깊이 있는 자료를 산출, 일반화하기 어려움

02 사회복지조사 연구방법론

1 사회복지조사

(1) 의의

사회복지를 목적으로, 개인복지욕구를 충족시키고 사회적 문제해결방안을 위한 자료 수집과정

(2) 특징

응용조사와 순수조사의 양면성, 사회 개량적 특성, 계획적 특성, 평가적 특성, 시험적 특성, 과학적 특성

(3) 유용성

과정의 효과성, 목표의 효과성, 서비스의 효과성(사회복지실천과 정책의 효과성 파악), 이론적 근거(이론과 기술체계 구축)

(4) 한계

경험적 인식의 제한성, 시간적 제한성, 지리적 제한성, 비용의 제한성, 개인의 가치와 선호의 개입, 정치 · 문화 · 사회적 요인에 따른 제한

2 조사연구의 과정

조사문제 형성 → 가설형성 → 조사설계 → 자료수집 → 자료분석 및 해석 → 보고서 작성

3 연구방법론의 특성

- 경험주의적 접근방법 사용
- 구체적이며 객관적인 접근방법을 사용
- 다양한 이론들에 의한 종합과학적 접근방법을 사용
- 인간행동과 사회환경에 대한 법칙을 모색
- 인간의 합리적인 사고 작용을 토대로 함

4 연구방법론의 목적

- 보고 : 연구결과를 추론이나 결론을 내리지 않고 간단한 자료로써 발표
- 기술 : 인간의 행동이나 사회현상을 기술
- 설명 : 기술된 현상의 발생원인을 설명함으로써 사회현상과 인과관계를 설명
- 예측 : 이론의 기초적인 명제로부터 보다 복잡한 명제를 추론

03   조사연구의 유형

1 조사목적에 따른 유형

① **탐색적 조사** : 조사설계를 확정하기 이전 타당성을 검증하기 위해 예비적으로 실시. 문헌조사, 경험자 의견조사, 특례조사 등이 있음
② **기술적 조사** : 현상을 정확히 기술하는 것이 주목적으로 실업자 수, 빈곤가구 수 등 사회복지문제에 대한 정확한 실태파악을 하여 정책적 대안을 마련하기 위한 목적에서 실시. 사회통계조사, 욕구조사, 인구센서스 등이 있음
③ **설명적 조사** : 기술적 조사연구 결과의 축적을 토대로 어떠한 사실과의 관계를 파악하여 인과관계를 규명하거나 미래를 예측하는 조사

2 시점에 따른 유형

① **횡단적 조사** : 어느 한 시점에서 다수의 분석단위에 대한 자료를 수집하는 연구로 어떤 현상의 단면을 분석하는 것으로 간단하나 어떤 현상의 진행과정 변화 측정 불가능
② **종단적 조사** : 둘 이상의 시점에서 동일한 분석단위를 연구하는 것으로 동태적 성격을 보이며 동년배 연구(일정시간 간격을 두고 같은 모집단에서 각각 다른 표본 선정), 경향연구(동일한 주제, 다른 대상 연구), 패널연구(동일한 주제, 동일한 대상 연구) 등이 있음

3 용도에 따른 유형

① **순수조사** : 사회적 현상에 대한 기본지식의 탐구 그 자체만을 목적으로 함

② **응용조사** : 조사연구를 문제해결과 개선을 위해 응용하여 사용하려는 조사

③ **평가조사** : 정책이나 프로그램의 지속, 중단 여부를 평가

4 조사대상에 따른 유형

① **사례조사** : 소수의 특수한 상황·사건·프로그램·현상 등의 구체적 현실세계의 문제에 초점을 맞추어 연구결과를 자세히 기술하는 것으로 새로운 해석과 의미를 얻어내기 위한 조사 방법으로 새로운 관계를 귀납적 추론을 통해 찾아내고자 할 때 사용

② **전수조사** : 연구대상이 되는 모집단 전체를 조사하는 것으로 인구센서스 등이 있으며 경제성과 신속성 낮음

③ **표본조사** : 모집단을 대표하는 특성을 지닌 표본을 조사하여 자료와 정보를 얻는 방법으로 비용·시간을 절약할 수 있으며 전수조사보다 더 정확한 조사 결과를 얻을 수 있음

④ **패널조사** : 동일한 모집단에서 동일한 표본을 계속적으로 관찰하는 조사로 기술적 조사, 종단조사, 질적 조사 등이 있음

---

04 조사연구의 과정

1 개념적 정의와 조작적 정의

① **개념적 정의** : 연구의 대상이 되는 사람이나 사물의 속성, 사회적 현상 등을 개념적(사전적)으로 정의

② **조작적 정의** : 추상적 개념을 실제 현장에서 측정 가능하도록 관찰 가능한 형태로 정의

③ **개념의 구체화 과정** : 개념 → 개념적 정의 → 조작적 정의 → 변수의 측정

2 가설(Hypothesis)

① **정의** : 두 개 이상의 변수나 현상 간의 특별한 관계를 검증 가능한 형태로 서술하여 이들 관계를 예측하려는 진술이나 문장. 현상과 관련성, 진실여부가 확인되지 않은 사실('만약 A이면, B이다', '~할수록 ~하다')

② **가설의 특성** : 문제 해결성, 상호 연관성, 검토 가능성, 명확성, 추계성(확률성), 구체성

③ 가설의 유형

연구가설	'A와 B는 관계가 있다.'처럼 잠정적 해답으로 간주되는 가설
귀무가설 (영가설)	연구가설을 부정 또는 기각하기 위해 설정되는 가설
대립가설	귀무가설에 대립되는 가설로 귀무가설이 기각될 때 채택하기 위해 설정

④ 오류
　　㉠ 1종 오류 : 영가설이 참인데도 영가설을 기각하는 경우(참가설의 기각)
　　㉡ 2종 오류 : 영가설이 거짓인데도 영가설을 수용하는 경우(거짓가설의 수용)

3 개념과 변수

① 개념과 변수의 의미
　　㉠ 개념 : 어떤 현상이나 사물의 의미를 추상적으로 구상한 것
　　㉡ 변수 : 하나 이상의 값. 연구 대상을 측정 가능하게 하는 개념
　　㉢ 상수 : 불변의 값을 갖는 변수
② 변수의 종류
　　㉠ 독립변수 : 인과관계에서 원인이 되는 변수
　　㉡ 종속변수 : 인과관계에서 결과가 되는 변수
　　㉢ 매개변수 : 독립변수의 결과인 동시에 종속변수의 원인이 되는 변수
　　㉣ 외생변수 : 독립변수와 종속변수가 제3의 변수와 밀접한 관계를 갖고 있어 인과관계가 있는 것처럼 보이는 가식관계를 나타내는 변수로 이를 통제하면 가식관계는 사라짐
　　㉤ 억압변수 : 독립변수와 종속변수가 제3의 변수와 상관되어 있기 때문에 실제로 관련이 있는 두 변수들이 관련이 되어 있지 않은 것처럼 보이는 가식적 영관계를 나타내는 변수

05　측정

1 측정(Measurement)

일정한 규칙에 따라 대상에 값을 부여, 추상적인 개념을 경험적으로 검증하기 위한 작업으로, 경험적인 특징들에 대해 규칙에 의거해 숫자나 기호 등을 부여하는 과정

② 측정의 유형

(1) 명목척도
① 단순히 분류하기 위해 측정대상의 속성에 부호나 수치를 부여하는 것
② 부여된 숫자의 크기는 아무 의미가 없고 대상 특징이 다름을 의미할 뿐 산술적 의미 없음
③ 성, 인종, 종교, 결혼여부, 직업 등

(2) 서열척도
① 측정대상을 그 속성에 따른 분류뿐만 아니라 서열이나 순위도 매길 수 있도록 수치 부여
② 서열간격이 동일하지 않고 절대량의 크기를 나타내지 않음
③ 사회계층, 선호도, 수여받은 학위, 서비스효율성 평가 등

(3) 등간척도
① 측정대상을 속성에 따라 서열화하는 것은 물론, 서열간의 간격이 동일하도록 수치 부여
② 지능, 온도, 시험 접수 등

(4) 비율척도
① 측정대상의 속성에 절대적 영점을 가진 척도를 가지고 수치를 부여
② 연령, 무게, 키, 출생률, 사망률 등

---

06 실험조사설계

① 실험조사설계의 개념

(1) 정의
연구에 사용된 독립변수를 조작하여 그 조작의 결과가 종속변수에 어떠한 영향을 미치는가를 평가하는 방법으로 실험설계의 목적은 인과관계를 규명하여 앞으로의 사건을 예측하는 것

(2) 기본특성
① 조작 : 독립변수의 시간적 우선성을 입증하기 위한 독립변수의 조작
② 비교 : 공변성을 입증하기 위해 실험집단과 통제집단의 비교
③ 무작위할당(통제) : 경쟁가설을 제거하기 위해 실험집단과 통제집단을 무작위 할당하여 동질화

2 종류

(1) 통제집단 전후 비교설계
① 무작위 할당을 통해 실험집단과 통제집단에 연구대상자를 할당한 후 실험집단에는 독립변수의 조작 또는 실험적 개입을 하고, 통제집단에는 그것을 가하지 않고서 두 집단 간의 차이를 전후 비교해서 결과를 얻는 방법
② 장점 : 두 집단의 동질성이 확보될 수 있고 외생변수를 철저히 통제할 수 있음
③ 단점 : 검사요인을 통제할 수 없고 사전조사와 실험처리의 상호작용 효과가 발생

(2) 통제집단 후 비교 설계
① 통제집단 전후 비교설계의 단점을 제거하기 위해 실험대상자를 무작위 할당하고 사전조사 없이 실험집단에는 실험적 조작을 가하고 통제집단에는 실험적 조작을 가하지 않았다가 결과를 서로 비교하는 방법
② 장점 : 사전검사의 영향을 제거
③ 단점 : 사전 측정을 하지 않아 최초의 상태가 동질적인지 아닌지를 정확히 알 수 없음

(3) 솔로몬 4집단 설계
① 무작위로 할당된 4개 집단으로 통제집단 전후 비교설계와 통제집단 후 비교설계를 혼합해 놓은 방법
② 장점 : 사전검사의 영향을 제거해 내적타당도를 높일 수 있음, 사전검사와 실험처리의 상호작용의 영향을 배제해 외적타당도를 높일 수 있음
③ 단점 : 4개 집단으로 무작위 할당하기가 어렵고, 4개 집단을 관리하기가 곤란하여 비경제적

07 　사회복지 기초

1 단일사례설계의 특성

① 사례가 하나이며 주로 개인, 가족 및 소집단을 대상
② 하나의 대상 또는 사례를 가지고 반복적으로 관찰하여 개입의 효과를 평가
③ 경향과 변화를 알 수 있도록 반복측정
④ 즉각적인 환류
⑤ 연구결과를 일반화(외적타당도)시킬 수 있는 가능성이 낮음

2 단일사례설계의 기본 구조

(1) 단일사례설계의 수행과정
문제의 확인 · 규정 → 변수의 선정 → 측정대상 선정 → 개입목표의 설정 → 조사설계 → 조사실시 → 개입평가

(2) 단일사례설계의 종류와 특성

① **AB설계(기초선 → 개입)** : 준실험설계의 시계열설계를 단일대상에 적용한 기본 단일연구설계로 가장 간단한 단일설계, 세 개 이상의 관찰점·측정점이 필요함, 반복적으로 관찰하지만 외생변수에 대한 통제가 없으므로 개입이 표적행동 변화에 미치는 효과의 신뢰도가 낮음

② **ABA설계(제1기초선 → 개입 → 제2기초선)** : AB설계에 또 하나의 기초선 A를 추가, 두 번째 기초선 기간을 반전기간(제2기초선)이라고 함. AB설계의 낮은 신뢰도 문제를 극복

③ **ABAB설계(제1기초선 → 제1개입 → 제2기초선 → 제2개입)** : 외생변수를 좀 더 효과적으로 통제·철회, 반전설계, 개입의 효과를 가장 높이 확신할 수 있기 때문에 실천현장에서 유용한 설계, 연구목적을 위하여 개입을 중단하고 일정기간 관찰한 후 다시 개입을 재개하는 것은 윤리적 문제 유발

④ **BAB설계(제1개입 → 기초선 → 제2개입)** : 처음에 기초선 기간을 설정하지 않고 바로 개입단계로 들어가고 다시 개입을 중단하는 기초선 단계를 거친 후 다시 개입을 재개하는 단계, 반복된 개입을 통해 개입의 효과를 가져올 수 있고 바로 개입단계에 들어감으로써 조속한 개입에 유용, 단점은 외생요인을 통제하기 어려운 것과 개입의 효과를 평가하기 어려움

⑤ **ABCD설계(기초선 → 제1개입 → 제2개입 → 제3개입)** : 다중요소 설계, 하나의 기초선 자료에 대해서 여러 개의 각기 다른 방법(BCD)을 개입하는 방법, 클라이언트에게 도움이 되지 않는 개입을 수정하거나 실제로 표적문제에 변화를 가져오는지 설명하고자 할 때 유용, 단점은 이월효과·순서효과 발생, 우연한 사건과 관련된 제한점

⑥ **복수 기초선 설계** : 하나의 동일한 개입방법을 여러 문제, 여러 상황, 여러 사람들에게 적용

| 08 | **표본추출(표집)** |

1 표집의 정의와 특성

① **표집(표본추출)의 정의** : 모집단에서 모집단을 대표하도록 선택된 일부를 표본이라 하고 선택하는 과정을 표본추출 혹은 표집이라 함

② **표집의 장점** : 경제성, 신속성, 가능성, 정확성, 응답률, 높은 신뢰도, 조직적 반발의 방지

③ **표집의 단점** : 모집단을 대표할 수 있는 표본을 찾기 어려움, 모집단의 크기가 작은 경우 큰 의미가 없음

2 표본설계절차

모집단의 확정 → 표집틀 선정 → 표집방법 결정 → 표본의 크기 결정 → 표본추출

③ 확률표집법

단순무작위 표집법	표집틀에서 각 사람이나 표집단위에 번호를 할당하여 조사자가 일정한 유형 없이 단순무작위로 뽑는 것으로 각 구성요소가 표본으로 뽑힐 확률이 동일(난수표, 제비뽑기 등)
계통표집법 (체계적 표집법)	집단 목록에서 일정한 순서에 따라 매 K번째 요소를 표본으로 추출하는 방법
층화표집법	모집단을 일정한 기준에 따라 중복되지 않는 2개 이상의 동질적인 계층으로 나누고 각 계층별로 단순무작위 표집이나 체계적 방법으로 표본을 추출
집락표집법	모집단을 여러 가지 이질적인 구성요소를 포함하는 여러 개의 집락 또는 집단으로 구분한 후 집락을 표집단위로 하여 무작위로 몇 개의 집락을 표본으로 추출한 다음 표본으로 추출된 집락에 대해 그 구성 요소를 전수 조사

④ 비확률표집법

편의표집	조사자가 임의대로 표본을 추출, 모집단에 대한 정보가 전혀 없는 경우이거나 모집단 구성요소들 간의 차이가 별로 없다고 판단될 때 효율적임. 표본의 대표성 문제와 표집의 편의가 문제
유의표집 (판단표집)	조사자가 모집단과 조사문제에 대한 지식이 많을 경우, 무작위 표본추출 시 모집단을 대표할 수 없는 표본이 선정되는 것을 방지할 수 있어 효과적임
할당표집	모집단의 속성을 몇 개의 범주로 구분하고 각 범주에 해당하는 모집단의 수를 결정하고 범주의 할당량에 비례해서 각 범주로부터 일정 수의 표본을 임의적으로 추출
눈덩이표집	모집단이 명확하지 않을 때 집단 내 성원의 네트워크를 활용하여 입에서 입으로 전함. 눈에 잘 띄지 않는 하위문화연구, 질적연구에서 많이 활용

09　척도

① 척도화의 종류

(1) 리커트척도
측정에 동원된 모든 항목들에 대한 동일한 가치를 부여함. 개별 항목들의 답을 합산하여 측정치가 만들어지고 그것으로 측정대상들에 대한 서열을 매기는 것. 개별항목들에 대한 단순합계에 의한 합산법 척도의 대표적 방법(총화평정법)

(2) 거트만척도
누적스케일링의 대표적 형태. 척도에 동원된 개별문항들을 서열화하는 구성을 취하며, 개별항목들 자체에서 열성이 미리 부여되는 방식을 택함

(3) 보가더스의 사회적 거리척도

서열척도의 일종으로 소수민족, 사회계급, 사회적 가치 등에 대한 사회적 거리감의 정도를 측정하기 위해 하나의 연속성을 가진 문항들로 구성된 척도. 사회적 거리의 원근만을 표시함에 그치고 구체적인 친밀감의 크기를 나타내지 않음

(4) 서스톤척도

어떤 사실에 대하여 가장 긍정적인 태도와 가장 부정적인 태도를 나타내는 양극단을 등간적으로 구분하여 여기에 수치를 부여함으로써 등간척도를 구성(11점 척도)

---

10 | 타당도와 신뢰도

1 타당도의 종류

기준타당도	하나의 측정도구를 사용하여 측정한 결과를 이미 타당성이 경험적으로 입증된 독립된 기준을 적용하여 측정한 결과와 비교하여 나타난 관련성의 정도를 의미
내용타당도 (액면타당도)	측정도구에 포함된 지표가 내용의 모집단을 대표하고 있는지의 정도를 나타내는 측정도구의 대표성 또는 표본문항의 적절성을 의미하는 것으로 논리적 타당성이라고도 함
개념타당도 (구성타당도)	• 연구자가 측정하고자 하는 추상적 개념이 실제로 측정도구에 의하여 제대로 측정되었는지의 정도를 검증 • 이해타당도 : 어떠한 개념을 이해하는 데 있어 타당한가를 측정 • 수렴타당도 : 같은 개념을 상이한 측정방법으로 측정했을 때 그 측정값 사이의 상관관계가 높으면 그 측정지표는 타당성이 높음 • 판별타당도 : 서로 다른 이론적 구성 개념을 나타내는 측정 지표들 간의 상관관계가 낮을 경우에 판별타당도가 높음

2 신뢰도 확보 방안

조사자 간 신뢰도	조사자 또는 평가자가 2명 또는 여러 명이 있다면 이들 간의 평가점수가 일치해야 신뢰도가 있다는 것을 나타냄
검사-재검사법	똑같은 측정도구를 가지고 똑같은 대상에게 시간적 간격을 두고 반복 측정해 신뢰도를 평가하는 방법
대안법(평행양식법)	두 개 이상의 유사한 형태의 측정도구를 사용하여 동일한 표본에 적용한 결과를 비교하여 신뢰도를 측정하는 방법
반분법	측정도구를 임의로 반으로 나누어서 각각을 독립된 척도로 보고 이들의 측정결과를 비교
내적 일관성 분석 (크론바흐알파계수)	가능한 모든 반분신뢰도를 구한 다음 그 평균값을 신뢰도로 추정하는 방법

🖪 타당도와 신뢰도의 관계

① 타당도가 높기 위해서는 신뢰도가 높아야 함
② 신뢰도가 높다고 하여 반드시 타당도가 높은 것은 아님
③ 타당도가 낮다고 하여 반드시 신뢰도가 낮은 것은 아님
④ 타당도가 없어도 신뢰도를 가질 수 있으며 타당도가 있으면 반드시 신뢰도도 있음
⑤ 타당도는 신뢰도에 대한 충분조건, 신뢰도는 타당도의 필요조건
⑥ 타당도와 신뢰도는 비대칭적 관계

🖪 내적타당도

(1) 의의
연구과정 중 종속변수에서 나타나는 변화가 독립변수의 변화에 의한 것임을 확신할 수 있는 인과조건의 충족 정도

(2) 내적타당도 추론조건
① 시간적 선행성의 원칙(조작)
② 공동변화의 원칙(비교)
③ 경쟁가설 배제의 원칙(통제)

(3) 내적타당도 저해요인
① **성장요인(성숙요인)** : 시간의 경과 때문에 발생하는 조사대상 집단의 신체적 · 심리적 특성 변화로 종속변수에 영향을 미칠 수 있는 요인
② **역사요인(우연한 사건)** : 조사기간 중에 연구자의 의도와는 관계없이 일어난 통제 불가능한 사건으로 결과변수에 영향을 미칠 수 있는 사건
③ **선발요인** : 정책이나 프로그램 집행 후에 실험집단과 비교집단 간의 결과변수에 대한 측정값의 차이가 정책집행의 차이라기 보다는 단순히 두 집단 구성원이 다르기 때문에 나타나는 경우
④ **상실요인** : 정책집행 기간 중에 관찰대상 집단의 일부가 탈락 또는 상실됨으로써 남아 있는 대상이 처음의 관찰대상 집단과 다른 특성을 갖게 되는 현상
⑤ **회귀요인(통계적 회귀)** : 극단적인 측정값을 갖는 사례들을 재측정할 때, 평균값으로 회귀하여 처음과 같은 극단적인 측정값을 나타낼 확률이 줄어드는 현상
⑥ **검사요인** : 정책 및 프로그램의 실시 전과 후에 유사한 검사를 반복하는 경우에 프로그램 참여자들의 시험에 대한 친숙도가 높아져서 측정값에 영향을 미치는 현상
⑦ **측정수단요인(도구요인)** : 정책 및 프로그램의 실시 전과 후에 측정자의 측정기준이 달라지거나, 측정수단이 변화함에 따라서 정책효과가 왜곡되는 현상

5 외적타당도

(1) 의의
표본에서 얻은 연구의 결과로 인해 연구조건을 넘어선 다른 환경이나 다른 집단들에까지 적용하는, 즉 일반화할 수 있는 정도

(2) 외적타당도 저해 요인
① 연구표본의 대표성 : 표본이 모집단을 적절하게 대표할 수 있어야 일반화의 정도가 높음
② 조사반응성 : 조사대상자들이 조사연구에 특정한 인식과 반응을 하게 되는 집단들에서 나타나는 결과는 그렇지 않은 일반인들에게 적용하는 데 일반화의 한계를 가짐
③ 플라시보 효과(위약 효과) : 실제로는 실험처치나 개입이 이루어지지 않았는데도 불구하고 그것을 받은 것과 유사한 효과가 나타나는 경우를 말함

---

11 자료수집과 조사

1 서베이방법(설문지작성 중 질문의 문항 배열)

① 응답하기 쉬운 질문을 먼저 함(앞쪽에는 쉬운 문제, 뒤쪽에는 어려운 문제)
② 민감한 질문이나 개방형 질문은 뒷부분에 배치
③ 질문은 논리적으로 배열
④ 일정한 유형으로 응답경향이 조성되지 않도록 문항 배치
⑤ 신뢰도를 검사하는 질문은 서로 떨어져 있어야 함
⑥ 일반적인 것을 먼저 묻고 특수한 것을 뒤에 묻기
⑦ 설문지에는 표지, 응답지침, 사전부호화 포함

2 면접의 유형

① **구조화 면접** : 조사자가 대상으로부터 정보를 얻기 위해 기록된 설문목록, 즉 면접조사표를 가지고 질문을 하며 이는 조사자의 편향된 오류를 최소화하기 위한 것
② **반구조화 면접** : 정보를 얻기 위하여 처해진 상황에 따라 질문을 변화하는 과정으로 면접 지침만 존재하며 조사자는 조사대상자의 이해 정도에 따라서 질문을 달리 할 수 있음
③ **비구조화 면접** : 가장 자유롭고 개방적인 형태의 면접으로서 면접에 대한 간단한 주제 목록을 가지고 질문을 하며 이때 질문은 규칙적이지 않고 대체적으로 자유롭게 전개함

3 관찰법

(1) 의의

응답자가 행동을 통해 나타내는 태도나 의견 등을 조사하고 분석하는 방법으로 현장연구라고도 하며 인간의 외부적 행동들에 관한 자료수집에 효과적이고 관찰자가 자료를 산출

(2) 장점

비언어적 행동에 관한 자료수집 용이, 연구대상의 태도가 모호하거나 비협조적일 때 유용, 개인 및 집단 정보 수집에 적절, 장기적 · 종단적 조사 가능

(3) 단점

외생변수 통제가 어려움, 표본의 크기가 작으며 계량화가 어려움, 관찰자 주관, 편견의 개입, 시간 및 경비 소요, 익명성 결여, 응답자로부터의 조사승낙의 어려움

4 내용분석법

(1) 의의

개인 및 사회의 의사소통 기록물을 통해 연구대상자의 자료를 간접적으로 수집, 분석하는 방법

(2) 내용분석법의 특징

의사전달 내용이 분석 대상, 문헌연구의 일종, 메시지의 현재 내용 및 잠재적 내용 분석, 양적 및 질적 분석 방법 모두 사용, 객관성, 체계성, 일반성 등 과학적 연구방법의 요건 필요

(3) 내용분석법의 절차

연구주제의 선정 → 모집단 선정 → 조사대상의 표본추출 → 분석범주 설정 → 분석단위 규정 → 수량화의 체계규정 → 결론의 도출

5 욕구조사

(1) 의의

한정된 지역 안에서 사람들의 욕구수준을 확인해 내고 이를 수량화하는 방법

(2) 자료수집방법

① 사회지표조사 : 일정인구가 생활하는 지역의 지역적 · 생태적 · 사회적 · 경제적 및 인구특성에 근거하여 지역사회의 욕구를 추정할 수 있다는 전제하에 사회지표를 분석
② 2차 자료분석 : 지역주민을 대상으로 직접 자료를 수집하는 것이 아닌 지역사회 내의 사회복지관의 서비스수혜자에 관련된 기록을 검토하여 욕구를 파악

③ **주요 정보제공자조사** : 기관의 서비스제공자, 인접 직종의 전문직 종사자, 지역 내의 사회복지단체의 대표자, 공직자 등을 포함하는 지역사회 전반의 문제에 대하여 잘 알고 있는 것으로 인정되는 사람들을 대상으로 질문하여 그 표적집단의 욕구 및 서비스 이용 실태 등을 파악

④ **지역사회 서베이** : 지역사회의 일반 인구 또는 특정 인구의 욕구를 조사하기 위하여 이들 전체인구를 대표할 수 있는 표본을 선정하고 이들이 생각하거나 느끼는 욕구를 조사하여 조사대상 전체의 욕구를 측정

⑤ **지역사회 공개토론회** : 지역사회의 욕구나 문제를 잘 알고 있는 지역사회구성원을 중심으로 공개적인 모임을 통해 욕구나 문제들을 파악

⑥ **초점집단기법** : 지역사회문제에 대한 공통의 관점을 확인하는 데 사용하는 기법

⑦ **델파이기법** : 전문가 또는 관리자들로부터 우편으로 의견이나 정보를 수집하여 그 결과를 분석한 후 그것을 다시 응답자들에게 보내어 만족스러운 결과를 얻을 때까지 계속하는 방법

6 평가조사의 종류

① **목적에 따른 분류** : 총괄평가, 형성평가, 통합평가

   ⊙ 총괄평가 : 프로그램 종료 시 수행, 연역적 방법 동원, 프로그램목표달성 성취여부 평가

   ⊙ 형성평가 : 프로그램운영 과정상 수행, 귀납적 방법 동원, 앞으로의 결정을 위해 알아야만 하는 것에의 초점

   ⊙ 통합평가 : 총괄평가＋형성평가

② **기관평가와 개인평가** : 기관의 서비스 · 프로그램 평가, 프로그램운영자 평가

③ **평가규범에 따른 분류** : 효과성 평가, 효율성 평가, 공평성 평가

④ **평가범위에 따른 분류** : 단일평가, 포괄평가

⑤ **평가의 평가(메타평가)** : 제3자가 완성된 자체 평가보고서들을 유용성, 비용, 타당성, 신뢰성 등의 측면에서 다시 점검하는 평가

1 질적 연구의 의의

질적 연구(Qualitative Study)는 양적 연구로는 발견하기 어려운 계량화할 수 없는 인간 특성이나 환경적 요인들에 대한 연구를 말하는 것으로, 귀납법을 사용하며, 현상학적 입장이다.

2 질적 연구의 특징

① **자연성** : 자연적인 상황이나 환경에서 자료를 수집한다.
② **주관성** : 연구자의 주관성을 배제하는 것이 불가능하다고 본다.
③ **연구자의 연구 도구화** : 연구자 자신이 연구의 중요한 도구가 되어 자료를 수집한다.
④ **다양한 자료 수집** : 면접, 관찰, 문서 등 다양한 형태로 자료를 수집한다.
⑤ **절차의 유연성** : 연구자가 현장에서 모든 연구 과정을 변화시키거나 수정할 수 있다.
⑥ **과정중시** : 연구의 결과보다는 연구의 과정에 관심을 두고 이를 더 중요시한다.
⑦ **귀납적 방법** : 현실에서 일어나는 경험적 자료들을 수집하고 분석하여 이론을 도출하는 귀납적 방법을 사용한다.
⑧ **잠정적 결과** : 연구를 통해 도출된 이론은 일반화하는 데 어려움이 있으며, 결정적이 아닌 잠정적 결과가 도출된다.

3 질적 연구의 종류

① **자연적 연구(민속지학)** : 특정 문화를 공유하는 집단의 생활방식, 관습, 체계, 규범 등에 대해 연구
② **사례관리** : 개인이나 가족, 집단, 지역사회, 조직 등을 개별 단위로 깊이 있게 분석하는 방법
③ **근거이론(현실기반이론)** : 조사과정을 통해 체계적으로 분석된 자료를 비교 · 검토하여 어떤 이론을 도출하는 방법

08 | 사회보장론

01 사회보장의 이해

① 사회보장기본법

(1) 목적

사회보장에 관한 국민의 권리와 국가 및 지방자치단체의 책임을 정하고 사회보장정책의 수립·추진과 관련 제도에 관한 기본적인 사항을 규정함으로써 국민의 복지증진에 이바지하는 것을 목적으로 한다.

(2) 기본 이념

① 모든 국민이 다양한 사회적 위험으로부터 벗어나 행복하고 인간다운 생활을 향유할 수 있도록 자립을 지원한다.

② 사회참여·자아실현에 필요한 제도와 여건을 조성한다.

③ 사회통합과 행복한 복지사회를 실현한다.

(3) 사회보장과 사회보장제도

① 사회보장 : 출산, 양육, 실업, 노령, 장애, 질병, 빈곤 및 사망 등의 사회적 위험으로부터 모든 국민을 보호하고 국민 삶의 질을 향상시키는 데 필요한 소득·서비스를 보장하는 사회보험, 공공부조, 사회 서비스

② 사회보장제도

사회보험	국민에게 발생하는 사회적 위험을 보험의 방식으로 대처함으로써 국민의 건강과 소득을 보장하는 제도
공공부조	국가와 지방자치단체의 책임 하에 생활 유지 능력이 없거나 생활이 어려운 국민의 최저생활을 보장하고 자립을 지원하는 제도
사회서비스	국가·지방자치단체 및 민간부문의 도움이 필요한 모든 국민에게 복지, 보건의료, 교육, 고용, 주거, 문화, 환경 등의 분야에서 인간다운 생활을 보장하고 상담, 재활, 돌봄, 정보의 제공, 관련 시설의 이용, 역량 개발, 사회참여 지원 등을 통하여 국민의 삶의 질이 향상되도록 지원하는 제도
평생사회안전망	생애주기에 걸쳐 보편적으로 충족되어야 하는 기본욕구와 특정한 사회위험에 의하여 발생하는 특수욕구를 동시에 고려하여 소득·서비스를 보장하는 맞춤형 사회보장제도

(4) 사회보장의 원칙

사회보장의 운영원칙	사회보장제도의 원칙
• 적용범위의 보편성 • 급여수준 및 비용부담의 형평성 • 운영의 민주성 • 연계성 · 전문성 • 시행의 국가 책임성	• 열등처우의 원칙 • 소득비례의 원칙 • 형평성의 원칙 • 사회적 적절성의 원칙

(5) 사회보장수급권의 보호, 제한, 포기

① 사회보장수급권은 일신전속적 권리로서 관계 법령이 정하는 바에 따라 타인에게 양도하거나 담보로 제공할 수 없으며, 이를 압류할 수 없다.

② 원칙적으로 제한과 정지가 불가능하지만 법령에서 따로 정하는 바에 의해 제한되거나 정지될 수 있으며, 이 경우 최소한의 범위에 그쳐야 한다.

③ 정당한 권한이 있는 기관에 서면으로 통지하여 이를 포기할 수 있지만 포기가 타인에게 피해를 주거나 사회보장에 관한 관계법령에 위반되는 경우 포기가 불가능하다. 또한 사회보장수급권의 포기는 취소할 수 있다.

(6) 사회보장위원회의 심의 · 조정 사항

① 사회보장 증진을 위한 기본 계획

② 사회보장 관련 주요 계획

③ 사회보장제도의 평가 및 개선

④ 사회보장제도의 신설 또는 변경에 따른 우선순위

⑤ 둘 이상의 중앙행정기관이 관련된 주요 사회보장정책

⑥ 사회보장급여 및 비용 부담

⑦ 국가와 지방자치단체의 역할 및 비용 분담

⑧ 사회보장의 재정추계 및 재원조달 방안

⑨ 사회보장 전달체계 운영 및 개선

⑩ 사회보장통계

⑪ 사회보장정보의 보호 및 관리

⑫ 그 밖에 위원장이 심의에 부치는 사항

② 사회복지사업법

(1) 목적

사회복지사업에 관한 기본적 사항을 규정하여 사회복지를 필요로 하는 사람에 대하여 인간의 존엄성과 인간다운 생활을 할 권리를 보장하고 사회복지의 전문성을 높이며, 사회복지사업의 공정 · 투명 · 적정을 도모하고, 지역사회복지의 체계를 구축하고 사회복지서비스의 질을 높여 사회복지의 증진에 이바지함을 목적으로 한다.

(2) 기본 이념

① 사회복지를 필요로 하는 사람은 누구든지 자신의 의사에 따라 서비스를 신청하고 제공받을 수 있다.

② 사회복지법인 및 사회복지시설은 공공성을 가지며 사회복지사업을 시행하는 데 있어서 공공성을 확보하여야 한다.

③ 사회복지사업을 시행하는 데 있어서 사회복지를 제공하는 자는 사회복지를 필요로 하는 사람의 인권을 보장하여야 한다.

④ 사회복지서비스를 제공하는 자는 필요한 정보를 제공하는 등 사회복지서비스를 이용하는 사람의 선택권을 보장하여야 한다.

(3) 주요 용어

① **사회복지사업** : 사회복지사업 관련 법률에 따른 보호 · 선도(善導) 또는 복지에 관한 사업과 사회복지상담, 직업지원, 무료 숙박, 지역사회복지, 의료복지, 재가복지(在家福祉), 사회복지관 운영, 정신질환자 및 한센병력자의 사회복귀에 관한 사업 등 각종 복지사업과 이와 관련된 자원봉사활동 및 복지시설의 운영 또는 지원을 목적으로 하는 사업을 말한다.

> **더 알아보기**
>
> 사회복지사업 관련 법률
> 「국민기초생활보장법」, 「아동복지법」, 「노인복지법」, 「장애인복지법」, 「한부모가족지원법」, 「영유아보육법」, 「성매매방지 및 피해자보호 등에 관한 법률」, 「정신건강증진 및 정신질환자 복지서비스 지원에 관한 법률」, 「성폭력방지 및 피해자보호 등에 관한 법률」, 「입양특례법」, 「일제하 일본군위안부 피해자에 대한 생활안정지원 및 기념사업 등에 관한 법률」, 「사회복지공동모금회법」, 「장애인 · 노인 · 임산부 등의 편의증진 보장에 관한 법률」, 「가정폭력방지 및 피해자보호 등에 관한 법률」, 「농어촌주민의 보건복지증진을 위한 특별법」, 「식품 등 기부 활성화에 관한 법률」, 「의료급여법」, 「기초연금법」, 「긴급복지지원법」, 「다문화가족지원법」, 「장애인연금법」, 「장애인활동 지원에 관한 법률」, 「노숙인 등의 복지 및 자립지원에 관한 법률」, 「보호관찰 등에 관한 법률」, 「장애아동 복지지원법」, 「발달장애인 권리보장 및 지원에 관한 법률」, 「청소년복지 지원법」, 「건강가정기본법」, 「북한이탈주민의 보호 및 정착지원에 관한 법률」, 「자살예방 및 생명존중문화 조성을 위한 법률」, 「장애인 · 노인 등을 위한 보조기기 지원 및 활용촉진에 관한 법률」

② **지역사회복지** : 주민의 복지증진과 삶의 질 향상을 위하여 지역사회 차원에서 전개하는 사회복지를 말한다.

③ **사회복지법인** : 사회복지사업을 할 목적으로 설립된 법인을 말한다.

④ **사회복지시설** : 사회복지사업을 할 목적으로 설치된 시설을 말한다.

⑤ **사회복지관** : 지역사회를 기반으로 일정한 시설과 전문인력을 갖추고 지역주민의 참여와 협력을 통하여 지역사회의 복지문제를 예방하고 해결하기 위하여 종합적인 복지서비스를 제공하는 시설을 말한다.

⑥ **사회복지서비스** : 국가 · 지방자치단체 및 민간부문의 도움을 필요로 하는 모든 국민에게 상담, 재활, 돌봄, 정보의 제공, 관련시설의 이용, 역량 개발, 사회참여 지원 등에 따른 사회서비스 중 사회복지사업을 통한 서비스를 제공하여 삶의 질이 향상되도록 제도적으로 지원하는 것을 말한다.

⑦ **보건의료서비스** : 국민의 건강을 보호 · 증진하기 위하여 보건의료인이 하는 모든 활동을 말한다.

1 국민연금법

(1) 국민연금법의 목적 및 특징

① 목적 : 국민의 노령, 장애 또는 사망에 대하여 연금급여를 실시함으로써 국민의 생활 안정과 복지 증진에 이바지하고자 한다.

② 관장 : 국민연금사업은 보건복지부장관이 맡아 주관한다.

③ 특징

　㉠ 강제적 가입 및 위험의 분산

　㉡ 소득재분배의 기능

　㉢ 국가 관장에 따른 제도의 영속성 및 안정성 도모

　㉣ 적립방식과 부과방식의 중간 형태로서 부분적립방식(수정적립방식)

(2) 국민연금 가입자

① 국민연금 가입대상

사업장 가입자	• 사업의 종류, 근로자의 수 등을 고려하여 대통령령으로 정하는 사업장(이하 "당연적용사업장"이라 한다)의 18세 이상 60세 미만인 근로자와 사용자는 당연히 사업장가입자가 된다. 다만, 다음의 어느 하나에 해당하는 자는 제외한다. • 「공무원연금법」, 「공무원 재해보상법」, 「사립학교교직원 연금법」 또는 「별정우체국법」에 따른 퇴직연금, 장해연금 또는 퇴직연금일시금이나 「군인연금법」에 따른 퇴역연금, 퇴역연금일시금, 「군인 재해보상법」에 따른 상이연금을 받을 권리를 얻은 자(이하 "퇴직연금 등 수급권자"라 한다). 다만, 퇴직연금 등 수급권자가 「국민연금과 직역연금의 연계에 관한 법률」 제8조에 따라 연계 신청을 한 경우에는 그러하지 아니하다.
지역 가입자	• 사업장 가입자가 아닌 자로서 18세 이상 60세 미만인 자는 당연히 지역가입자가 된다. 다만, 다음 중 어느 하나에 해당하는 자는 제외한다. 　－국민연금 가입 대상에서 제외되는 자의 배우자로서 별도의 소득이 없는 자 　－사업장가입자, 지역가입자 및 임의계속가입자의 배우자로서 별도의 소득이 없는 자 　－노령연금 수급권자 및 퇴직연금 등 수급권자의 배우자로서 별도의 소득이 없는 자 　－퇴직연금 등 수급권자(「국민연금과 직역연금의 연계에 관한 법률」 제8조에 따라 연계 신청을 한 경우에는 그러하지 아니하다) 　－18세 이상 27세 미만인 자로서 학생이거나 군 복무 등의 이유로 소득이 없는 자(연금보험료를 납부한 사실이 있는 자는 제외한다) 　－「국민기초생활보장법」에 따른 생계급여 수급자 또는 의료급여 수급자 　－1년 이상 행방불명된 자
임의 가입자	• 다음 중 어느 하나에 해당하는 자 외의 자로서 18세 이상 60세 미만인 자는 보건복지부령으로 정하는 바에 따라 국민연금공단에 가입을 신청하면 임의가입자가 될 수 있다. 　－사업장가입자 　－지역가입자

| 임의
계속
가입자 | • 다음의 어느 하나에 해당하는 자는 제6조에도 불구하고 65세가 될 때까지 보건복지부령으로 정하는 바에 따라 국민연금공단에 가입을 신청하면 임의계속가입자가 될 수 있다. 이 경우 가입 신청이 수리된 날에 그 자격을 취득한다.
1. 국민연금 가입자 또는 가입자였던 자로서 60세가 된 자. 다만, 다음의 어느 하나에 해당하는 자는 제외한다.
  – 연금보험료를 납부한 사실이 없는 자
  – 노령연금 수급권자로서 급여를 지급받고 있는 자
  – 반환일시금(가입기간이 10년 미만인 자가 60세가 된 때)을 지급받은 자
2. 전체 국민연금 가입기간의 5분의 3 이상을 대통령령으로 정하는 직종의 근로자로 국민연금에 가입하거나 가입하였던 사람("특수직종근로자")으로서 다음의 어느 하나에 해당하는 사람 중 노령연금 급여를 지급받지 않는 사람
  – 노령연금 수급권을 취득한 사람
  – 특례노령연금 수급권을 취득한 사람 |

(3) 급여의 유형

노령연금	• 가입기간이 10년 이상인 가입자 또는 가입자였던 자에 대하여는 60세(특수직종근로자는 55세)가 된 때부터 그가 생존하는 동안 노령연금을 지급한다. • 가입기간이 10년 이상인 가입자 또는 가입자였던 자로서 55세 이상인 자가 대통령령으로 정하는 소득이 있는 업무에 종사하지 아니하는 경우 본인이 희망하면 위의 내용에도 불구하고 60세가 되기 전이라도 본인이 청구한 때부터 그가 생존하는 동안 일정한 금액의 연금("조기노령연금")을 받을 수 있다.
장애연금	가입자 또는 가입자였던 자가 질병이나 부상으로 신체상 또는 정신상의 장애가 있고 요건을 모두 충족하는 경우에는 장애 정도를 결정하는 기준이 되는 날(이하 "장애결정 기준일"이라 한다)부터 그 장애가 계속되는 기간 동안 장애 정도에 따라 장애연금을 지급한다.
유족연금	다음의 어느 하나에 해당하는 사람이 사망하면 그 유족에게 유족연금을 지급한다. • 노령연금 수급권자 • 가입기간이 10년 이상인 가입자 또는 가입자였던 자 • 연금보험료를 낸 기간이 가입대상기간의 3분의 1 이상인 가입자 또는 가입자였던 자 • 사망일 5년 전부터 사망일까지의 기간 중 연금보험료를 낸 기간이 3년 이상인 가입자 또는 가입자였던 자. 다만, 가입대상기간 중 체납기간이 3년 이상인 사람은 제외한다. • 장애등급이 2급 이상인 장애연금 수급권자
반환일시금	가입자 또는 가입자였던 자가 다음의 어느 하나에 해당하게 되면 본인이나 그 유족의 청구에 의하여 반환일시금을 지급받을 수 있다. • 가입기간이 10년 미만인 자가 60세가 된 때 • 가입자 또는 가입자였던 자가 사망한 때. 다만 유족연금이 지급되는 경우에는 그러하지 아니한다. • 국적을 상실하거나 국외로 이주한 때

(4) 보험료

① 보험료의 산정

  ⊙ 보험료=가입자의 기준소득월액×연금보험료율

    • 기준소득월액 : 보험료 및 급여 산정을 위해 가입자가 신고한 소득월액에서 천원 미만을 절사한 금액(하한액 37만 원, 상한액 590만 원, 적용기간 : 2023년 7월분~2024년 6월분)

    • 연금보험료율 : 사업장가입자의 경우 소득의 9%에 해당하는 금액에 대해 본인과 사용자가 각각 4.5%씩 부담하며, 임의가입자, 임의계속가입자, 지역가입자의 경우 본인이 전액부담

② 급여산정방식

　　㉠ 연금액＝기본연금액×연금종별 지급률＋부양가족연금액

　　㉡ 기본연금액＝1,305(A＋B)×(1＋0.05n/12)

　　　　A＝연금수급 직전 3년간 전체 가입자의 평균소득월액의 평균액(소득균등부분으로서 소득재분배
　　　　　효과)

　　　　B＝가입자의 가입기간 중 기준소득월액의 평균액(소득비례부분으로서 개인의 능력에 따른 배분
　　　　　효과)

　　　　※ n＝20년 초과 가입월수

　　㉢ 부양가족 연금액＝배우자(연 283,380원), 자녀 · 부모(연 188,870원), 적용기간 : 23년 1월~12월

(5) 국민연금공단의 업무

① 가입자에 대한 기록의 관리 및 유지

② 연금보험료의 부과

③ 급여의 결정 및 지급

④ 가입자, 가입자였던 자, 수급권자 및 수급자를 위한 자금의 대여와 복지시설의 설치 · 운영 등 복지
　사업

⑤ 가입자 및 가입자였던 자에 대한 기금증식을 위한 자금 대여사업

⑥ 가입 대상과 수급권자 등을 위한 노후준비서비스 사업

⑦ 국민연금제도 · 재정계산 · 기금운용에 관한 조사연구

⑧ 국민연금기금 운용 전문인력 양성

⑨ 국민연금에 관한 국제협력

⑩ 그 밖에 이 법 또는 다른 법령에 따라 위탁받은 사항

⑪ 그 밖에 국민연금사업에 관하여 보건복지부장관이 위탁하는 사항

② 국민건강보험법

(1) 목적 및 특징

① 목적

국민의 질병 · 부상에 대한 예방 · 진단 · 치료 · 재활과 출산 · 사망 및 건강증진에 대하여 보험급여를
실시함으로써 국민보건 향상과 사회보장 증진에 이바지하고자 한다.

② 관장

보건복지부장관이 맡아 주관한다.

③ 특징

    ⊙ 최저한의 보장이 아닌 최적의료보장

    ⓒ 보험료 납부의 강제성, 보험급여의 균등한 수혜

    ⓒ 강제 사회보험이자 다보험자 관리방식

    ⓔ 1년 단위의 회계연도를 기준으로 한 단기성 보험

    ⓜ 의료보험제도와 의료보호제도를 병행한 형태

(2) 국민건강보험 가입자

① 가입대상 : 국내에 거주하는 국민은 이 법에 따른 건강보험의 가입자 또는 피부양자가 된다.

② 가입자의 종류 : 직장가입자, 지역가입자

③ 직장가입 제외자

    ⊙ 고용 기간이 1개월 미만인 일용근로자

    ⓒ 「병역법」에 따른 현역병(지원에 의하지 아니하고 임용된 하사를 포함한다), 전환복무된 사람 및 군 간부후보생

    ⓒ 선거에 당선되어 취임하는 공무원으로서 매월 보수 또는 보수에 준하는 급료를 받지 아니하는 사람

    ⓔ 그 밖에 사업장의 특성, 고용 형태 및 사업의 종류 등을 고려하여 대통령령으로 정하는 사업장의 근로자 및 사용자와 공무원 및 교직원

(3) 보험료

① 직장가입자

> • 보수월액보험료액＝보수월액×보험료율
> • 소득월액보험료액＝소득월액×보험료율
>   −보수월액 : 동일사업장에서 당해 연도에 지급받은 보수총액을 근무월수로 나눈 금액에 해당한다.
>   −보험료율 : 1천분의 80의 범위에서 심의위원회의 의결을 거쳐 대통령령으로 정한다. 다만, 국외에서 업무에 종사하고 있는 직장가입자의 경우 정해진 보험료율의 100분의 50으로 한다.
>   −소득월액 : 보수월액의 산정에 포함된 보수를 제외한 직장가입자의 소득이 대통령령으로 정하는 금액(2,000만 원)을 초과하는 경우(연간 보수 외 소득−대통령령으로 정하는 금액(2,000만 원))×1/12

② 지역가입자

> • 월별 보험료액＝보험료 부과점수×보험료 부과점수당 금액
>   −보험료 부과점수 : 지역가입자의 소득·재산을 기준으로 산정한다.
>   −보험료 부과점수당 금액 : 심의위원회의 의결을 거쳐 대통령령으로 정한다.

🔳 산업재해보상보험법

(1) 목적 및 특징

① **목적** : 이 법은 산업재해보상보험 사업을 시행하여 근로자의 업무상의 재해를 신속하고 공정하게 보상하며, 재해근로자의 재활 및 사회 복귀를 촉진하기 위하여 이에 필요한 보험시설을 설치·운영하고, 재해 예방과 그 밖에 근로자의 복지 증진을 위한 사업을 시행하여 근로자 보호에 이바지하는 것을 목적으로 한다.

② **관장** : 고용노동부장관(근로복지공단에 위탁)

③ **특징**

- 사용자의 무과실책임주의
- 평균임금을 기초로 법령에 의한 정률보상방식에 따른 보험급여 산정
- 보험료는 사업주가 전액 부담
- 사업주는 보험가입자, 고용노동부장관은 보험관장자
- 강제가입방식 채택
- 산업재해에 대한 사후 대응적 양상
- 사업장 중심 관리
- 자진신고 및 자진납부 원칙
- 근로복지공단이 보험료 부과, 국민건강보험공단이 징수업무 수행

(2) 산업재해보상보험의 적용범위

① **적용대상** : 근로자를 사용하는 모든 사업 또는 사업장(이하 "사업"이라 한다)에 적용한다.

② **적용제외사업**

- 「공무원재해보상법」 또는 「군인재해보상법」에 따라 재해보상이 되는 사업
- 「선원법」, 「어선원 및 어선 재해보상보험법」 또는 「사립학교교직원 연금법」에 따라 재해보상이 되는 사업
- 가구 내 고용활동
- 농업, 임업(벌목업은 제외한다), 어업 및 수렵업 중 법인이 아닌 자의 사업으로서 상시근로자 수가 5명 미만인 사업

(3) 보험료

① 사업주가 전액 부담한다(단, 특수형태근로종사자의 경우 사업주와 근로자가 보험료의 1/2를 각각 부담).

② 산재보험료 요율은 매년 6월 30일 현재 과거 3년 동안의 보수총액에 대한 산재보험급여총액의 비율을 기초로, 사업의 종류별 재해 발생의 위험성과 경제활동의 동질성 등을 구분하여 고용노동부장관이 정하여 고시한다.

③ 산재보험은 산재보험료율 결정특례로서 개별실적요율에 따라 사업장별로 달리 산정한다. 개별실적요율은 동종사업의 보험료율을 적용함에 있어서 재해방지를 위해 노력한 사업주와 그렇지 못한 사업주 간의 형평성 원칙을 실현하기 위한 것이다.

(4) 보험급여

요양급여	• 근로자가 업무상의 사유로 부상을 당하거나 질병에 걸린 경우에 그 근로자에게 지급한다. • 진찰 및 검사 • 재활치료 • 간호 및 간병 • 입원 • 처치, 수술, 그 밖의 치료 • 이송 • 약제 또는 진료재료와 의지(義肢)나 그 밖의 보조기의 지급 • 그 밖에 고용노동부령으로 정하는 사항
휴업급여	업무상 사유로 부상을 당하거나 질병에 걸린 근로자에게 요양으로 취업하지 못한 기간에 대하여 지급하되, 1일당 지급액은 평균임금의 100분의 70에 상당하는 금액으로 한다. 다만, 취업하지 못한 기간이 3일 이내이면 지급하지 아니한다.
장해급여	근로자가 업무상의 사유로 부상을 당하거나 질병에 걸려 치유된 후 신체 등에 장해가 있는 경우에 그 근로자에게 지급한다.
직업재활급여	• 장해급여 또는 진폐보상연금을 받은 사람이나 장해급여를 받을 것이 명백한 사람으로서 대통령령으로 정하는 사람(이하 "장해급여자"라 한다) 중 취업을 위하여 직업훈련이 필요한 사람(이하 "훈련대상자"라 한다)에 대하여 실시하는 직업훈련에 드는 비용 및 직업훈련수당 • 업무상의 재해가 발생할 당시의 사업에 복귀한 장해급여자에 대하여 사업주가 고용을 유지하거나 직장적응훈련 또는 재활운동을 실시하는 경우(직장적응훈련의 경우에는 직장 복귀 전에 실시한 경우도 포함한다)에 각각 지급하는 직장복귀지원금, 직장적응훈련비 및 재활운동비
유족급여	근로자가 업무상의 사유로 사망한 경우에 유족에게 지급한다.
장례비	근로자가 업무상의 사유로 사망한 경우에 지급하되, 평균임금의 120일분에 상당하는 금액을 그 장례를 지낸 유족에게 지급한다. 다만, 장례를 지낼 유족이 없거나 그 밖에 부득이한 사유로 유족이 아닌 사람이 장례를 지낸 경우에는 평균임금의 120일분에 상당하는 금액의 범위에서 실제 드는 비용을 그 장례를 지낸 사람에게 지급한다.
간병급여	요양급여를 받은 사람 중 치유 후 의학적으로 상시 또는 수시로 간병이 필요하여 실제로 간병을 받는 사람에게 지급한다.

상병보상연금	• 요양급여를 받는 근로자가 요양을 시작한 지 2년이 지난 날 이후에 다음의 요건 모두에 해당하는 상태가 계속되면 휴업급여 대신 상병보상연금을 그 근로자에게 지급한다.
	  - 그 부상이나 질병이 치유되지 아니한 상태일 것
	  - 그 부상이나 질병에 따른 중증요양상태의 정도가 대통령령으로 정하는 중증요양상태등급 기준에 해당할 것
	  - 요양으로 인하여 취업하지 못하였을 것

4 노인장기요양보험법

(1) 목적 및 특징

① **목적** : 고령이나 노인성 질병 등의 사유로 일상생활을 혼자서 수행하기 어려운 노인 등에게 제공하는 신체활동 또는 가사활동 지원 등의 장기요양급여에 관한 사항을 규정하여 노후의 건강증진 및 생활안정을 도모하고 그 가족의 부담을 덜어줌으로써 국민의 삶의 질을 향상하도록 하고자 한다.

② **관장** : 보건복지부장관(국민건강보험공단에 위탁)

(2) 장기요양급여 제공의 기본원칙

① 노인의 자립적인 생활 수행이 가능한 제공

② 급여의 적절성

③ 재가급여 우선제공

④ 의료서비스와의 연계

(3) 용어 정의

① **노인 등** : 65세 이상의 노인 또는 65세 미만의 자로서 치매·뇌혈관성질환 등 대통령령으로 정하는 노인성 질병을 가진 자를 말한다.

② **장기요양급여** : 6개월 이상 동안 혼자서 일상생활을 수행하기 어렵다고 인정되는 자에게 신체활동·가사활동의 지원 또는 간병 등의 서비스나 이에 갈음하여 지급하는 현금 등을 말한다.

③ **장기요양사업** : 장기요양보험료, 국가 및 지방자치단체의 부담금 등을 재원으로 하여 노인 등에게 장기요양급여를 제공하는 사업을 말한다.

④ **장기요양기관** : 지정을 받은 기관으로서 장기요양급여를 제공하는 기관을 말한다.

⑤ **장기요양요원** : 장기요양기관에 소속되어 노인 등의 신체활동 또는 가사활동 지원 등의 업무를 수행하는 자를 말한다.

(4) 장기요양급여의 종류

재가급여	• 방문요양 : 장기요양요원이 수급자의 가정 등을 방문하여 신체활동 및 가사활동 등을 지원하는 장기요양급여 • 방문목욕 : 장기요양요원이 목욕설비를 갖춘 장비를 이용하여 수급자의 가정 등을 방문하여 목욕을 제공하는 장기요양급여 • 방문간호 : 장기요양요원인 간호사 등이 의사, 한의사 또는 치과의사의 지시서에 따라 수급자의 가정 등을 방문하여 간호, 진료의 보조, 요양에 관한 상담 또는 구강위생 등을 제공하는 장기요양급여 • 주·야간보호 : 수급자를 하루 중 일정한 시간 동안 장기요양기관에 보호하여 신체활동 지원 및 심신기능의 유지·향상을 위한 교육·훈련 등을 제공하는 장기요양급여 • 단기보호 : 수급자를 보건복지부령으로 정하는 범위 안에서 일정 기간 동안 장기요양기관에 보호하여 신체활동 지원 및 심신기능의 유지·향상을 위한 교육·훈련 등을 제공하는 장기요양급여 • 기타재가급여 : 수급자의 일상생활·신체활동 지원 및 인지기능의 유지·향상에 필요한 용구를 제공하거나 가정을 방문하여 재활에 관한 지원 등을 제공하는 장기요양급여로서 대통령령으로 정하는 것
시설급여	장기요양기관에 장기간 입소한 수급자에게 신체활동 지원 및 심신기능의 유지·향상을 위한 교육·훈련 등을 제공하는 장기요양급여
특별현금급여	가족요양비, 특례요양비, 요양병원간병비

(5) 보험료

① **보험료 징수** : 「국민건강보험법」에 따른 보험료와 통합하여 징수, 이 경우 장기요양보험료와 건강보험료를 구분하여 고지하며 각각의 독립회계로 관리

② **보험료 산정** : 보험료액에서 경감 또는 면제되는 비용을 공제한 금액에 건강보험료율 대비 장기요양보험료율의 비율을 곱하여 산정한 금액

③ **재원조달** : 장기요양보험료, 국가 지원, 본인일부부담금

④ 본인부담금

　　㉠ 일반수급자 : 장기요양급여를 받는 자는 비용의 일부를 본인이 부담

　　㉡ 「국민기초생활 보장법」에 따른 의료급여 수급자 : 본인부담금 없음

　　㉢ 본인부담금 감경

• 「의료급여법」 제3조 제1항 제2호부터 제9호까지의 규정에 따른 수급권자 • 「국민건강보험법 시행규칙」 제15조에 따라 국민건강보험공단으로부터 건강보험 본인부담액 경감 인정을 받은 자 • 천재지변 등 보건복지부령으로 정하는 사유로 인하여 생계가 곤란한 자 • 「국민건강보험법」 제69조 제4항 및 제5항의 월별 보험료액이 국민건강보험 가입자 종류별 및 가입자 수별(직장가입자의 경우 당해 피부양자를 포함한다) 보험료 순위 0~25% 이하에 해당되며, 직장가입자는 재산이 일정기준 이하인 자	60% 감경
보험료액이 국민건강보험 가입자 종류별 및 가입자수별(직장가입자의 경우 당해 피부양자를 포함한다) 보험료 순위 25% 초과~50% 이하에 해당되며, 직장가입자는 재산이 일정기준 이하인 자	40% 감경

(6) 등급판정

① 등급판정 기준

　　㉠ 장기요양 1등급 : 심신의 기능상태 장애로 일상생활에서 전적으로 다른 사람의 도움이 필요한 자로서 장기요양인정 점수가 95점 이상인 자

　　㉡ 장기요양 2등급 : 심신의 기능상태 장애로 일상생활에서 상당 부분 다른 사람의 도움이 필요한 자로서 장기요양인정 점수가 75점 이상 95점 미만인 자

　　㉢ 장기요양 3등급 : 심신의 기능상태 장애로 일상생활에서 부분적으로 다른 사람의 도움이 필요한 자로서 장기요양인정 점수가 60점 이상 75점 미만인 자

　　㉣ 장기요양 4등급 : 심신의 기능상태 장애로 일상생활에서 일정부분 다른 사람의 도움이 필요한 자로서 장기요양인정 점수가 51점 이상 60점 미만인 자

　　㉤ 장기요양 5등급 : 치매(제2조에 따른 노인성 질병에 해당하는 치매로 한정한다)환자로서 장기요양인정 점수가 45점 이상 51점 미만인 자

　　㉥ 장기요양 인지지원등급 : 치매(제2조에 따른 노인성 질병에 해당하는 치매로 한정)환자로서 장기요양인정 점수가 45점 미만인 자

② 장기요양인정 유효기간

　　㉠ 기본 유효기간 : 2년

　　㉡ 장기요양인정 갱신 결과 직전 등급과 같은 등급으로 판정된 경우

　　　• 장기요양 1등급의 경우 : 4년

　　　• 장기요양 2등급부터 4등급까지의 경우 : 3년

　　　• 장기요양 5등급 및 인지지원등급의 경우 : 2년

5 고용보험법

(1) 목적 및 특징

① 목적 : 고용보험의 시행을 통하여 실업의 예방, 고용의 촉진 및 근로자 등의 직업능력의 개발과 향상을 꾀하고, 국가의 직업지도와 직업소개 기능을 강화하며, 근로자 등이 실업한 경우에 생활에 필요한 급여를 실시하여 근로자 등의 생활안정과 구직 활동을 촉진함으로써 경제·사회 발전에 이바지하고자 한다.

② 관장 : 고용노동부장관

③ 특징
  ㉠ 소극적 사회보장제도로서 실업보험사업과 적극적 노동시장정책으로서 고용안정사업 및 직업능력개발사업의 상호연계
  ㉡ 실업으로 인한 생계 지원, 실업의 예방 및 재취업 촉진
  ㉢ 근로복지공단이 보험료 부과, 국민건강보험공단이 징수업무 수행

(2) 용어의 정의

① 피보험자 : 「고용보험 및 산업재해보상보험의 보험료징수 등에 관한 법률」에 따라 보험에 가입되거나 가입된 것으로 보는 근로자, 예술인 또는 노무제공자와 고용보험에 가입하거나 가입된 것으로 보는 자영업자

② 이직(離職) : 피보험자와 사업주 사이의 고용관계가 끝나게 되는 것을 말한다.

③ 실업 : 근로의 의사와 능력이 있음에도 불구하고 취업하지 못한 상태에 있는 것을 말한다.

④ 실업의 인정 : 직업안정기관의 장이 제43조에 따른 수급자격자가 실업한 상태에서 적극적으로 직업을 구하기 위하여 노력하고 있다고 인정하는 것을 말한다.

⑤ 보수 : 「소득세법」 제20조에 따른 근로소득에서 대통령령으로 정하는 금품을 뺀 금액을 말한다. 다만, 휴직이나 그 밖에 이와 비슷한 상태에 있는 기간 중에 사업주 외의 자로부터 지급받는 금품 중 고용노동부장관이 정하여 고시하는 금품은 보수로 본다.

⑥ 일용근로자 : 1개월 미만 동안 고용되는 자를 말한다.

(3) 가입자의 종류

당연가입자, 임의가입자

(4) 적용 제외

① 1개월간 소정근로시간이 60시간 미만이거나(1주간의 소정근로시간이 15시간 미만인 근로자)−다만, 3개월 이상 계속하여 근로를 제공하는 근로자와 일용근로자는 적용대상임

② 공무원−다만, 별정직공무원·임기제공무원의 경우 본인의 의사에 따라 실업급여에 한해 가입 가능(임용된 날부터 3개월 이내 신청)

③ 「사립학교교직원 연금법」 적용을 받는 사람

④ 외국인 근로자로서 대통령령으로 정하는 사람

⑤ 별정우체국 직원

(5) 보험료 및 보험급여

① 보험료

ㄱ 근로자 부담액=자기보수총액×실업급여의 보험료율×1/2

ㄴ 사업주 부담액=근로자의 보수총액×(실업급여의 보험료율×1/2+고용안정·직업능력개발사업
의 보험료율)

② 고용보험료율

구분		근로자	사업주
실업급여		0.9%	0.9%
고용안정사업 및 직업능력개발 사업	상시근로자 150인 미만 기업	–	0.25%
	상시근로자 150인 이상 기업(우선지원 대상기업)		0.45%
	상시근로자 150인 이상~1,000인 미만 기업(우선지원 대상기업 제외)		0.65%
	상시근로자 1,000인 이상 기업 또는 국가 및 지방자치단체가 직접 행하는 사업		0.85%

③ 보험급여

- 고용안정·직업능력개발 사업
- 실업급여
- 육아휴직 급여
- 육아기 근로시간 단축 급여
- 출산전후휴가 급여

03 공공부조

1 국민기초생활보장법

(1) 목적

생활이 어려운 사람에게 필요한 급여를 실시하여 이들의 최저생활을 보장하고 자활을 돕고자 한다.

(2) 용어의 정의

① **수급권자** : 이 법에 따른 급여를 받을 수 있는 자격을 가진 사람을 말한다.

② **수급자** : 이 법에 따른 급여를 받는 사람을 말한다.

③ **수급품** : 이 법에 따라 수급자에게 지급하거나 대여하는 금전 또는 물품을 말한다.

④ **보장기관** : 이 법에 따른 급여를 실시하는 국가 또는 지방자치단체를 말한다.

⑤ **부양의무자** : 수급권자를 부양할 책임이 있는 사람으로서 수급권자의 1촌의 직계혈족 및 그 배우자를
말한다. 다만, 사망한 1촌의 직계혈족의 배우자는 제외한다.

⑥ **최저보장수준** : 국민의 소득·지출 수준과 수급권자의 가구 유형 등 생활실태, 물가상승률 등을 고려하여 급여의 종류별로 공표하는 금액이나 보장수준을 말한다.

⑦ **최저생계비** : 국민이 건강하고 문화적인 생활을 유지하기 위하여 필요한 최소한의 비용으로서 보건복지부장관이 계측하는 금액을 말한다.

⑧ **개별가구** : 이 법에 따른 급여를 받거나 이 법에 따른 자격요건에 부합하는지에 관한 조사를 받는 기본단위로서 수급자 또는 수급권자로 구성된 가구를 말한다. 이 경우 개별가구의 범위 등 구체적인 사항은 대통령령으로 정한다.

⑨ **소득인정액** : 보장기관이 급여의 결정 및 실시 등에 사용하기 위하여 산출한 개별가구의 소득평가액과 재산의 소득환산액을 합산한 금액을 말한다.

⑩ **차상위계층** : 수급권자에 해당하지 아니하는 계층으로서 소득인정액이 대통령령으로 정하는 기준 이하인 계층을 말한다.

⑪ **기준 중위소득** : 보건복지부장관이 급여의 기준 등에 활용하기 위하여 중앙생활보장위원회의 심의·의결을 거쳐 고시하는 국민 가구소득의 중위값을 말한다.

(3) 기본원리 및 급여의 기본원칙

기본원리	급여의 기본원칙
• 공공책임의 원리 • 최저생활보장의 원리 • 보충성의 원리 • 타법 우선의 원리 • 자립조장의 원리 • 무차별 평등의 원리	• 최저생활보장의 원칙 • 보충급여의 원칙 • 자립지원의 원칙 • 개별성의 원칙 • 가족부양 우선의 원칙 • 타급여 우선의 원칙 • 보편성의 원칙

(4) 급여의 종류

① **생계급여** : 수급자에게 의복, 음식물 및 연료비와 그 밖에 일상생활에 기본적으로 필요한 금품을 지급하여 그 생계를 유지하게 하는 것으로 한다.

② **주거급여** : 수급자에게 주거 안정에 필요한 임차료, 수선유지비, 그 밖의 수급품을 지급하는 것으로 한다.

③ **의료급여** : 수급자에게 건강한 생활을 유지하는 데 필요한 각종 검사 및 치료 등을 지급하는 것으로 한다.

④ **교육급여** : 수급자에게 입학금, 수업료, 학용품비, 그 밖의 수급품을 지급하는 것으로 하되, 학교의 종류·범위 등에 관하여 필요한 사항은 대통령령으로 정한다. 교육급여는 교육부장관의 소관으로 한다.

⑤ **해산급여** : 생계급여, 주거급여, 의료급여 중 하나 이상의 급여를 받는 수급자에게 조산(助産), 분만 전과 분만 후에 필요한 조치와 보호에 대한 급여를 실시한다.

⑥ **장제급여** : 생계급여, 주거급여, 의료급여 중 하나 이상의 급여를 받는 수급자가 사망한 경우 사체의 검안(檢案)·운반·화장 또는 매장, 그 밖의 장제조치를 하는 것으로 한다.

⑦ **자활급여** : 수급자의 자활을 돕기 위해 자활에 필요한 금품의 지급 또는 대여, 자활에 필요한 근로능력의 향상 및 기능습득의 지원, 취업알선 등 정보의 제공, 자활을 위한 근로기회의 제공, 자활에 필요한 시설 및 장비의 대여, 창업교육·기능훈련 및 기술·경영 지도 등 창업지원, 자활에 필요한 자산형성 지원, 그 밖에 대통령령으로 정하는 자활을 위한 각종 지원을 실시한다.

(5) 맞춤형 급여

① 수급자 선정을 위한 기준은 '기준 중위소득(국민 가구소득의 중위값)'을 적용한다. 기준 중위소득은 급여 종류별 선정기준과 생계급여 지급액을 정하는 기준이자 부양의무자의 부양능력을 판단하는 기준이 된다.

② 급여 종류별 운영 주체가 전문화되어 주거급여는 국토교통부, 교육급여는 교육부가 주관 보장기관이고, 또한 급여의 종류별 수급자 선정기준 및 최저보장수준을 보건복지부장관을 비롯한 소관 중앙행정기관의 장이 결정한다.

③ 급여 종류별 수급자 선정기준선

급여종류	2023년도 수급자 선정기준선
생계급여	기준 중위소득 30%
의료급여	기준 중위소득 40%
주거급여	기준 중위소득 47%
교육급여	기준 중위소득 50%

④ 2023년도 기준 중위소득

(단위 : 원/월)

1인 가구	2인 가구	3인 가구	4인 가구	5인 가구	6인 가구	7인 가구
2,077,892	3,456,155	4,434,816	5,400,964	6,330,688	7,227,981	8,107,515

* 8인 이상 가구는 7인 가구 기준 중위소득에서 6인 가구 기준 중위소득의 차액(879,534원)을 7인 가구 기준 중위소득에 더하여 산정한다(8인 가구 : 8,987,049원).

⑤ 2023년도 기준 가구규모에 따른 급여 종류별 수급자 선정기준

(단위 : 원/월)

가구원 수	1인 가구	2인 가구	3인 가구	4인 가구	5인 가구	6인 가구	7인 가구
생계급여	623,368	1,036,846	1,330,445	1,620,289	1,899,206	2,168,394	2,432,255
의료급여	831,157	1,382,462	1,773,927	2,160,386	2,532,275	2,891,193	3,243,006
주거급여	976,609	1,624,393	2,084,364	2,538,453	2,975,423	3,397,151	3,810,532
교육급여	1,038,946	1,728,077	2,217,408	2,700,482	3,165,344	3,613,990	4,053,757

* 8인 이상 가구는 1인 증가시마다 7인 가구 기준과 6인 가구 기준의 차이를 7인 가구 기준에 더하여 산정한다.

☑ 기초연금법

(1) 목적 및 대상
① 목적 : 노인에게 기초연금을 지급하여 안정적인 소득기반을 제공함으로써 노인의 생활안정을 지원하고 복지를 증진함을 목적으로 한다.
② 대상 : 기초연금은 65세 이상인 사람으로서 소득인정액이 보건복지부장관이 정하여 고시하는 금액(선정기준액) 이하인 사람에게 지급한다. 공무원연금, 사립학교교직원연금, 군인연금, 별정우체국연금, 국민연금과 직역연금의 연계연금 수급권자 및 그 배우자는 원칙적으로 기초연금 수급대상에서 제외된다.

(2) 연금액
① 선정기준액(2023년도 기준)
　　㉠ 단독가구 : 2,020,000원
　　㉡ 부부가구 : 3,232,000원
② 소득인정액의 산정
　　㉠ 소득인정액＝소득평가액＋재산의 소득환산액
　　㉡ 소득평가액＝{0.7×(근로소득－108만 원)}＋기타소득
　　㉢ 재산의 소득환산액＝[{(일반재산－기본재산액)＋(금융재산－2,000만 원)－부채}×0.04(재산의 소득환산율, 연 4%)÷12개월]＋고급 자동차 및 회원권의 가액
③ 기초연금액 산정 : 소득재분배(A급여)에 따른 산식 또는 국민연금 급여액에 고려한 산정

　　㉠ 기초연금액＝T기준연금액$-\frac{2}{3}$×A급여Y＋부가연금액

　　㉡ 기준연금액 : 323,180원(2023년 기준)
④ 기초연금액의 감액
　　㉠ 부부 감액 : 본인과 그 배우자가 모두 기초연금 수급권자인 경우에는 각각의 기초연금액에서 기초연금액의 100분의 20에 해당하는 금액을 감액
　　㉡ 소득역전방지 감액 : 소득인정액과 기초연금액(본인과 그 배우자가 모두 기초연금 수급권자인 경우 부부 감액이 반영된 금액)을 합산한 금액이 선정기준액 이상인 경우에는 선정기준액을 초과하는 금액의 범위에서 기초연금액의 일부를 감액
⑤ 기초연금 지급의 신청 : 수급희망자 및 대리인 및 관계공무원에 의한 대리신청
⑥ 기초연금의 지급 및 지급 시기 : 특별자치시장·특별자치도지사·시장·군수·구청장은 기초연금 수급권자로 결정한 사람에 대하여 기초연금의 지급을 신청한 날이 속하는 달부터 기초연금 수급권을 상실한 날이 속하는 달까지 매월 정기적으로 기초연금을 지급

(3) 기초연금 수급권자의 권리보호
① 기초연금 수급권은 양도하거나 담보로 제공할 수 없으며, 압류 대상으로 할 수 없다.
② 기초연금으로 지급받은 금품은 압류할 수 없다.

09 | 분야별 사회복지서비스

01 | 아동복지

1 아동복지법

(1) 정의

① **아동** : 18세 미만인 사람을 말한다.

② **아동복지** : 아동이 행복한 삶을 누릴 수 있는 기본적인 여건을 조성하고 조화롭게 성장·발달할 수 있도록 하기 위한 경제적·사회적·정서적 지원을 말한다.

③ **보호자** : 친권자, 후견인, 아동을 보호·양육·교육하거나 그러한 의무가 있는 자 또는 업무·고용 등의 관계로 사실상 아동을 보호·감독하는 자를 말한다.

④ **보호대상아동** : 보호자가 없거나 보호자로부터 이탈된 아동 또는 보호자가 아동을 학대하는 경우 등 그 보호자가 아동을 양육하기에 적당하지 아니하거나 양육할 능력이 없는 경우의 아동을 말한다.

⑤ **지원대상아동** : 아동이 조화롭고 건강하게 성장하는 데에 필요한 기초적인 조건이 갖추어지지 아니하여 사회적·경제적·정서적 지원이 필요한 아동을 말한다.

(2) 목적

아동이 건강하게 출생하여 행복하고 안전하게 자랄 수 있도록 아동의 복지를 보장하고자 한다.

(3) 기본이념

① 아동은 자신 또는 부모의 성별, 연령, 종교, 사회적 신분, 재산, 장애유무, 출생지역, 인종 등에 따른 어떠한 종류의 차별도 받지 아니하고 자라나야 한다.

② 아동은 완전하고 조화로운 인격발달을 위하여 안정된 가정환경에서 행복하게 자라나야 한다.

③ 아동에 관한 모든 활동에 있어서 아동의 이익이 최우선적으로 고려되어야 한다.

④ 아동은 아동의 권리보장과 복지증진을 위하여 이 법에 따른 보호와 지원을 받을 권리를 가진다.

(4) 아동복지시설

아동양육시설	보호대상아동을 입소시켜 보호, 양육 및 취업훈련, 자립지원 서비스 등을 제공하는 것을 목적으로 하는 시설
아동일시보호시설	보호대상아동을 일시보호하고 아동에 대한 향후의 양육대책 수립 및 보호조치를 행하는 것을 목적으로 하는 시설
아동보호치료시설	아동에게 보호 및 치료 서비스를 제공하는 다음의 시설 • 불량행위를 하거나 불량행위를 할 우려가 있는 아동으로서 보호자가 없거나 친권자나 후견인이 입소를 신청한 아동 또는 가정법원, 지방법원소년부지원에서 보호위탁된 19세 미만인 사람을 입소시켜 치료와 선도를 통하여 건전한 사회인으로 육성하는 것을 목적으로 하는 시설 • 정서적 · 행동적 장애로 인하여 어려움을 겪고 있는 아동 또는 학대로 인하여 부모로부터 일시 격리되어 치료받을 필요가 있는 아동을 보호 · 치료하는 시설
공동생활가정	보호대상아동에게 가정과 같은 주거여건과 보호, 양육, 자립지원 서비스를 제공하는 것을 목적으로 하는 시설
자립지원시설	아동복지시설에서 퇴소한 사람에게 취업준비기간 또는 취업 후 일정 기간 동안 보호함으로써 자립을 지원하는 것을 목적으로 하는 시설
아동상담소	아동과 그 가족의 문제에 관한 상담, 치료, 예방 및 연구 등을 목적으로 하는 시설
아동전용시설	어린이공원, 어린이놀이터, 아동회관, 체육 · 연극 · 영화 · 과학실험전시 시설, 아동휴게숙박시설, 야영장 등 아동에게 건전한 놀이 · 오락, 그 밖의 각종 편의를 제공하여 심신의 건강유지와 복지증진에 필요한 서비스를 제공하는 것을 목적으로 하는 시설
지역아동센터	지역사회 아동의 보호 · 교육, 건전한 놀이와 오락의 제공, 보호자와 지역사회의 연계 등 아동의 건전 육성을 위하여 종합적인 아동복지서비스를 제공하는 시설
가정위탁지원센터	보호대상아동에 대한 가정위탁사업을 활성화하기 위한 시설
아동보호전문기관	학대받은 아동의 치료, 아동학대의 재발 방지 등 사례관리 및 아동학대예방을 위한 업무를 수행하는 기관
아동권리보장원	아동정책의 수립을 지원하고 사업평가 등의 업무를 수행하는 기관
자립지원전담기관	보호대상아동의 위탁보호 종료 또는 아동복지시설 퇴소 이후의 자립을 지원하기 위한 기관

(5) 아동권리의 3P

① **제공(Provision)** : 아동이 필요로 하는 인적 · 물적 자원의 제공과 이것을 사용할 권리

② **보호(Protection)** : 아동은 위해한 행위로부터 보호받아야 함

③ **참여(Participation)** : 아동은 자신의 인생에 중요한 영향을 미치는 결정에 대하여 알 권리가 있으며, 성장과 더불어 책임 있는 성년기에 대한 준비로서 사회활동에 참여할 기회를 많이 가져야 함

② 아동학대범죄의 처벌 등에 관한 특례법

(1) 목적

아동학대범죄의 처벌 및 그 절차에 관한 특례와 피해아동에 대한 보호절차 및 아동학대행위자에 대한 보호처분을 규정함으로써 아동을 보호하여 아동이 건강한 사회 구성원으로 성장하도록 함을 목적으로 한다.

(2) 아동학대범죄의 처벌에 관한 특례

① 아동학대살해 : 사형, 무기 또는 7년 이상의 징역

② 아동학대치사 : 무기 또는 5년 이상의 징역

② 아동학대중상해 : 3년 이상의 징역

(3) 아동학대범죄 신고의무자

① 누구든지 아동학대범죄를 알게 된 경우나 그 의심이 있는 경우에는 특별시·광역시·특별자치시·도·특별자치도, 시·군·구 또는 수사기관에 신고할 수 있다.

② 의무적 신고자

> • 아동권리보장원 및 가정위탁지원센터의 장과 그 종사자
> • 아동복지시설의 장과 그 종사자(아동보호전문기관의 장과 그 종사자는 제외)
> • 아동복지전담공무원
> • 가정폭력 관련 상담소 및 가정폭력피해자 보호시설의 장과 그 종사자
> • 건강가정지원센터의 장과 그 종사자
> • 다문화가족지원센터의 장과 그 종사자
> • 사회복지전담공무원 및 사회복지시설의 장과 그 종사자
> • 성매매피해 지원시설 및 성매매피해상담소의 장과 그 종사자
> • 성폭력피해상담소, 성폭력피해자보호시설 및 성폭력피해자통합지원센터의 장과 그 종사자
> • 119구급대의 대원
> • 응급의료기관 등에 종사하는 응급구조사
> • 육아종합지원센터의 장과 그 종사자 및 어린이집의 원장 등 보육교직원
> • 유치원의 장과 그 종사자
> • 아동보호전문기관의 장과 그 종사자
> • 의료기관의 장과 그 의료기관에 종사하는 의료인 및 의료기사
> • 장애인복지시설의 장과 그 종사자로서 시설에서 장애아동에 대한 상담·치료·훈련 또는 요양 업무를 수행하는 사람
> • 정신건강복지센터, 정신의료기관, 정신요양시설 및 정신재활시설의 장과 그 종사자
> • 청소년시설 및 청소년단체의 장과 그 종사자
> • 청소년 보호·재활센터의 장과 그 종사자
> • 「초·중등교육법」에 따른 학교의 장과 그 종사자
> • 한부모가족복지시설의 장과 그 종사자
> • 학원의 운영자·강사·직원 및 교습소의 교습자·직원
> • 아이돌봄 지원법에 따른 아이돌보미
> • 취약계층 아동에 대한 통합서비스지원 수행인력
> • 입양기관의 장과 그 종사자
> • 한국보육진흥원의 장과 그 종사자로서 어린이집 평가 업무를 수행하는 사람

02 장애인복지

1 장애인복지모델

(1) 복지모델
장애인을 "일반인들이 충분히 행하는 일상생활을 수행할 수 없게 만드는 신체적 또는 정신적 손상을 가진 사람"으로 정의한다. 문제를 개별적 손상으로 보고 개별적 치료를 강조한다.

(2) 시민권모델
장애인을 "장애를 이유로 하는 사회적 배제기제에 의해 불이익을 당하는 사람"으로 정의한다. 문제를 사회적 차별로 보고 사회적 인식의 변화와 같은 사회적 행동변화를 해결책으로 강조한다.

(3) 재활모델
장애인의 문제를 개인의 문제로 보아서 문제의 해결을 위해서는 의사, 물리치료사 등의 전문적 개입이 필요하다고 본다.

(4) 자립생활모델
장애인의 문제를 신체적인 문제보다 장애인의 신체적인 면을 문제화되게 만드는 사회적 환경이라고 보았다. 장애인 스스로 자립생활이 이루어 질 수 있도록 사회적 환경 개선 및 권익옹호가 필요하다고 본다.

2 장애인복지법

(1) 목적
① 장애인의 인간다운 삶과 권리보장을 위한 국가와 지방자치단체 등의 책임을 명백히 하고, 장애발생 예방과 장애인의 의료 · 교육 · 직업재활 · 생활환경개선 등에 관한 사업을 정하여 장애인복지대책을 종합적으로 추진한다.
② 장애인의 자립생활 · 보호 및 수당지급 등에 관하여 필요한 사항을 정하여 장애인의 생활안정에 기여하는 등 장애인의 복지와 사회활동 참여증진을 통하여 사회통합에 이바지하고자 한다.

(2) 장애의 분류

외부 신체기능 장애	신체 내부기관 장애
청각장애, 언어장애, 지체장애, 시각장애, 안면장애, 뇌병변 장애	신장장애, 심장장애, 간장애, 호흡기장애, 장루 · 요루장애, 뇌전증장애

(3) 장애인복지시설

- ① 시설의 설치
    - ㉠ 국가와 지방자치단체는 장애인복지시설을 설치할 수 있다.
    - ㉡ 국가 또는 지방자치단체 외의 자가 장애인복지시설을 설치 · 운영하려면 해당 시설 소재지 관할 시 장 · 군수 · 구청장에게 신고하여야 한다.
- ② 시설의 종류

장애인 거주시설	거주공간을 활용하여 일반가정에서 생활하기 어려운 장애인에게 일정 기간 동안 거주 · 요양 · 지원 등의 서비스를 제공하는 동시에 지역사회생활을 지원하는 시설
장애인 지역사회재활시설	장애인을 전문적으로 상담 · 치료 · 훈련하거나 장애인의 일상생활, 여가활동 및 사회참여 활동 등을 지원하는 시설
장애인 직업재활시설	일반 작업환경에서는 일하기 어려운 장애인이 특별히 준비된 작업환경에서 직업훈련을 받거나 직업 생활을 할 수 있도록 하는 시설
장애인 의료재활시설	장애인을 입원 또는 통원하게 하여 상담, 진단 · 판정, 치료 등 의료재활서비스를 제공하는 시설
장애인 생산품 판매시설	장애인 생산품의 판매활동 및 유통을 대행하고, 장애인 생산품이나 서비스 · 용역에 관한 상담, 홍보, 판로 개척 및 정보제공 등 마케팅을 지원하는 시설
장애인 쉼터	장애인학대로 인해 피해를 입은 피해장애아동의 임시보호를 위한 시설
피해장애인 쉼터	피해장애인의 임시 보호 및 사회복귀를 지원하는 시설

❸ 장애인연금법

(1) 수급권자의 범위

수급권자는 18세 이상의 중증장애인으로서 소득인정액이 그 중증장애인의 소득 · 재산 · 생활수준과 물가상승률 등을 고려하여 보건복지부장관이 정하여 고시하는 금액(선정기준액) 이하인 사람으로 한다.

(2) 기초급여액

기초급여의 금액(기초급여액)은 보건복지부장관이 그 전년도 기초급여액에 대통령령으로 정하는 바에 따라 전국소비자물가변동률(「통계법」 제3조에 따라 통계청장이 매년 고시하는 전국소비자 물가변동률을 말한다)을 반영하여 매년 고시한다.

(3) 부가급여액

부가급여액은 월정액으로 하며, 수급권자와 그 배우자의 소득 수준 및 장애로 인한 추가비용 등을 고려하여 대통령령으로 정한다.

1 노인문제와 노인이론

(1) 노인문제

소득의 상실, 질병과 건강상의 문제, 역할상실 문제, 고독과 소외의 문제

(2) 노인이론

① **분리이론** : 개인의 입장에서의 최적의 만족과 사회체계 입장에서의 중단 없는 계속을 위하여 노인과 사회는 상호 간에 분리되기를 원하며 이러한 분리는 정상적이고 피할 수 없는 것

② **활동이론** : 노인의 사회적 활동의 참여 정도가 높을수록 노인의 심리적 만족감 또는 생활만족도는 높음, 분리이론과 상반되는 관점

③ **계속성이론** : 새로운 일보다 해오던 일이나 생활양식을 유지하는 것이 더 적합하다고 보는 이론

④ **교환이론** : 사회적 행동은 적어도 두 사람 사이의 활동의 교환으로 보며 노인은 대인관계나 보상에서 불균형을 초래하게 됨(자원의 부족, 즉 낮은 수입, 낮은 교육, 열악한 건강)

⑤ **현대화이론** : 현대화가 진행됨에 따라 노인들의 지위는 낮아지고 역할이 상실된다는 이론

⑥ **정체감위기이론** : 노인이 되어 강제적이고 비자발적인 퇴직을 할 경우 역할상실로 자아지지의 기반이 무너지게 되므로 정체성 유지는 위기를 맞게 되고 결국은 와해된다는 것

⑦ **연령계층이론** : 사회는 기본적으로 연령등급에 의하여 구분되는 연령층으로 구성되어 있고 서열화 되어 있으며, 노인은 다른 집단과 구분되는 자신들의 연령집단에서 자신에게 알맞은 지위와 역할을 찾아야 하며, 그러한 기회를 확보하기 위해 관심을 기울여야 한다는 것

2 노인복지법

(1) 노인복지법의 목적

노인의 질환을 사전예방 또는 조기발견하고 질환상태에 따른 적절한 치료 · 요양으로 심신의 건강을 유지하고, 노후의 생활안정을 위하여 필요한 조치를 강구함으로써 노인의 보건복지증진에 기여하고자 한다.

(2) 노인복지시설

노인주거 복지시설	• 양로시설 : 노인을 입소시켜 급식과 그 밖에 일상생활에 필요한 편의를 제공함을 목적으로 하는 시설 • 노인공동생활가정 : 노인들에게 가정과 같은 주거여건과 급식, 그 밖에 일상생활에 필요한 편의를 제공함을 목적으로 하는 시설 • 노인복지주택 : 노인에게 주거시설을 임대하여 주거의 편의 · 생활지도 · 상담 및 안전관리 등 일상생활에 필요한 편의를 제공함을 목적으로 하는 시설
노인의료 복지시설	• 노인요양시설 : 치매 · 중풍 등 노인성질환 등으로 심신에 상당한 장애가 발생하여 도움을 필요로 하는 노인을 입소시켜 급식 · 요양과 그 밖에 일상생활에 필요한 편의를 제공함을 목적으로 하는 시설 • 노인요양공동생활가정 : 치매 · 중풍 등 노인성질환 등으로 심신에 상당한 장애가 발생하여 도움을 필요로 하는 노인에게 가정과 같은 주거여건과 급식 · 요양, 그 밖에 일상생활에 필요한 편의를 제공함을 목적으로 하는 시설

노인여가 복지시설	• 노인복지관 : 노인의 교양 · 취미생활 및 사회참여활동 등에 대한 각종 정보와 서비스를 제공하고, 건강증 진 및 질병예방과 소득보장 · 재가복지, 그 밖에 노인의 복지증진에 필요한 서비스를 제공함을 목적으로 하는 시설 • 경로당 : 지역노인들이 자율적으로 친목도모 · 취미활동 · 공동작업장 운영 및 각종 정보교환과 기타 여가 활동을 할 수 있도록 하는 장소를 제공함을 목적으로 하는 시설 • 노인교실 : 노인들에 대하여 사회활동 참여욕구를 충족시키기 위하여 건전한 취미생활 · 노인건강유지 · 소득보장 기타 일상생활과 관련한 학습프로그램을 제공함을 목적으로 하는 시설
재가노인 복지시설	• 방문요양서비스 : 가정에서 일상생활을 영위하고 있는 노인으로서 신체적 · 정신적 장애로 어려움을 겪고 있는 노인에게 필요한 각종 편의를 제공하여 지역사회 안에서 건전하고 안정된 노후를 영위하도록 하는 서비스 • 주 · 야간보호서비스 : 부득이한 사유로 가족의 보호를 받을 수 없는 심신이 허약한 노인과 장애노인을 주 간 또는 야간 동안 보호시설에 입소시켜 필요한 각종 편의를 제공하여 이들의 생활안정과 심신기능의 유 지 · 향상을 도모하고, 그 가족의 신체적 · 정신적 부담을 덜어주기 위한 서비스 • 단기보호서비스 : 부득이한 사유로 가족의 보호를 받을 수 없어 일시적으로 보호가 필요한 심신이 허약한 노인과 장애노인을 보호시설에 단기간 입소시켜 보호함으로써 노인 및 노인가정의 복지증진을 도모하기 위한 서비스 • 방문목욕서비스 : 목욕장비를 갖추고 재가노인을 방문하여 목욕을 제공하는 서비스 • 그 밖에 재가노인에게 제공하는 서비스로서 보건복지부령이 정하는 서비스
노인보호 전문기관	• 노인인권보호 관련 정책제안 • 노인인권보호를 위한 연구 및 프로그램의 개발 • 노인학대 예방의 홍보, 교육자료의 제작 및 보급 • 노인보호전문사업 관련 실적 취합, 관리 및 대외자료 제공 • 지역노인보호전문기관의 관리 및 업무지원 • 지역노인보호전문기관 상담원의 심화교육 • 관련 기관 협력체계의 구축 및 교류 • 노인학대 분쟁 사례 조정을 위한 중앙노인학대사례판정위원회 운영 • 그 밖에 노인의 보호를 위하여 대통령령으로 정하는 사항
노인일자리 전담기관	• 노인인력개발기관 : 노인일자리개발 · 보급사업, 조사사업, 교육 · 홍보 및 협력사업, 프로그램인증 · 평가 사업 등을 지원하는 기관 • 노인일자리지원기관 : 지역사회 등에서 노인일자리의 개발 · 지원, 창업 · 육성 및 노인에 의한 재화의 생 산 · 판매 등을 직접 담당하는 기관 • 노인취업알선기관 : 노인에게 취업 상담 및 정보를 제공하거나 노인일자리를 알선하는 기관

③ 치매관리법

(1) 목적

치매의 예방, 치매환자에 대한 보호와 지원 및 치매퇴치를 위한 연구 등에 관한 정책을 종합적으로 수립 · 시행함으로써 치매로 인한 개인적 고통과 피해 및 사회적 부담을 줄이고 국민건강증진에 이바지함을 목적으로 한다.

(2) 치매극복의 날

① 치매관리의 중요성을 널리 알리고 치매를 극복하기 위한 범국민적 공감대를 형성하기 위하여 매년 9월 21일을 치매극복의 날로 한다.

② 국가와 지방자치단체는 치매극복의 날 취지에 부합하는 행사와 교육 · 홍보 사업을 시행하여야 한다.

(3) 치매관리종합계획

보건복지부장관은 국가치매관리위원회의 심의를 거쳐 치매관리에 관한 종합계획을 5년마다 수립하여야 한다.

① 종합계획의 내용
  - ㉠ 치매의 예방 · 관리를 위한 기본시책
  - ㉡ 치매검진사업의 추진계획 및 추진방법
  - ㉢ 치매환자의 치료 · 보호 및 관리
  - ㉣ 치매에 관한 홍보 · 교육
  - ㉤ 치매에 관한 조사 · 연구 및 개발
  - ㉥ 치매관리에 필요한 전문인력의 육성
  - ㉦ 치매환자가족에 대한 지원
  - ㉧ 그 밖에 치매관리에 필요한 사항

② 보건복지부장관은 확정된 종합계획을 관계 중앙행정기관의 장, 특별시장 · 광역시장 · 도지사 · 특별자치도지사(이하 "시 · 도지사"라 한다) 및 시장 · 군수 · 구청장(자치구의 구청장을 말한다)에게 통보하여야 한다.

③ 관계 중앙행정기관의 장, 시 · 도지사 및 시장 · 군수 · 구청장은 종합계획에 따라 매년 치매관리에 관한 시행계획을 수립 · 시행하여야 한다.

④ 보건복지부장관, 관계 중앙행정기관의 장, 시 · 도지사 및 시장 · 군수 · 구청장은 종합계획 또는 시행계획을 수립 · 시행하기 위하여 필요한 경우에는 관계 기관 · 단체 · 시설 등에 자료제공 및 업무협조를 요청할 수 있다. 이 경우 협조 요청을 받은 관계 기관 등은 특별한 사유가 없는 한 이에 따라야 한다.

04　가족복지

■ 가족에 대한 이해

(1) 가족의 개념

① 서로에 대한 의무를 가지고 함께 거주하는 사람으로 구성된 1차 집단
② 혼인이나 혈연 또는 입양의 유대로 맺어지며 단일가구를 형성하는 집단
  ③ 가족의 유형 : 핵가족, 확대가족, 한부모가족, 노인가족, 계부모가족, 혼합가족, 위탁가족, 다문화가족

(2) 가족생활주기

① 개념

ⓐ 가족성원의 연령과 세대를 고려한 발달단계

ⓑ 생활주기에 따라 성취해야 할 발달과업을 수반

ⓒ 새로운 단계로 전환할 때는 일종의 위기를 경험

② 특징

ⓐ 가족의 유형에 의한 사회 · 문화적 차이에 따라 달라짐

ⓑ 부부의 결혼 연령과 자녀출산 시기, 자녀 수, 독립기간, 부부의 은퇴나 사망 등의 영향을 받음

ⓒ 가족생활주기와 발달과업 : 가족생활주기의 각 단계를 잘 거쳐나가기 위해서는 각 단계의 발달과 업을 성공적으로 성취하는 것이 중요

발달단계	발달과업
결혼전기 가족	부모－자녀관계로부터 분리, 이성관계의 긴밀한 발전을 유지
결혼적응기 가족	가족 부부체계 형성에 따른 새로운 역할에 적응, 배우자 가족과의 관계 및 친족망 형성
학령 전 자녀 가족	자녀 수용(가족 통합), 부모의 역할을 통해 새로운 행동유형 발전시키기
학령기 자녀 가족	사회제도를 흡수하기 위해 가족의 경계를 개방적으로 만들고 새로운 역할 변화 수용, 변화하는 자녀의 발달적 요구에 효과적으로 대응
십대자녀 가족	자녀의 독립 및 자율성에 대한 새로운 상황에 대처, 노년을 위한 준비
자녀독립 가족	성장한 자녀의 직업활동 준비, 자녀와의 관계를 성인과의 관계로 전환, 자녀의 결혼으로 가족 범위 확대
중년기 가족	부모의 죽음, 빈둥지증후군, 쇠퇴하는 신체 · 정신적 기능에 대처
노년기 가족	은퇴, 배우자 · 형제 · 친구의 죽음에 대처, 자녀의 배우자와 손자녀의 새로운 관계 형성, 죽음에 대한 준비

② 가족치료

(1) 가족치료의 개념

① 가족집단을 기초로 그 가족이 지닌 여러 가지 장애요소 완화, 사회부적응현상 변화

② 개인의 위치, 행동 및 정신 내적 과정의 변화 유도

③ 가족을 한 단위로 보고 역기능적인 요소를 수정 또는 변화시킴으로써 가족기능 회복

(2) 가족치료의 유형

① 합동치료

ⓐ 1인의 사회복지사가 전 가족구성원을 동시에 면접

ⓑ 외형적 스트레스(질병, 실직, 전직, 출산 등)에 효과적

② 협동치료

    ㉠ 별도의 사회복지사가 할당되어 개별적인 면접 후 정기적 회합을 통해 필요한 정보를 교환하고, 협동적으로 치료

    ㉡ 과도한 동일화 방지 및 새로운 시각적 정보획득 용이

③ 병행치료

    ㉠ 합동면접 후 개개 가족성원에 대한 개별면접 병행

    ㉡ 클라이언트의 감정이나 생각의 표현에 비밀을 보장할 필요가 있을 때 시행

    ㉢ 치료의 이중성을 고려하여 객관적이고 타당성 있는 설득력 요구

④ 혼합치료

    ㉠ 케이스의 변화에 따라 적절한 치료방법 선택

    ㉡ 원조방법의 객관화·표준화가 어려움

3 가족사정도구

(1) 가계도(Genogram)

① 보웬(Bowen)이 고안한 것으로서, 클라이언트의 3세대 이상에 걸친 가족관계를 도표로 제시하여 현재 제시된 문제의 근원을 찾는 도구이다.

② 남성은 ㅁ, 여성은 ○, 중심인물은 ▣ 또는 ◎, 임신은 △, 자연유산은 ●, 인공유산은 ×, 사산은 ⊗ 등으로 나타내며, 실선이나 점선 등으로 그들 간의 긍정적인 관계 또는 소원한 관계를 묘사한다.

③ 가족의 구조, 가족 및 구성원의 관계, 동거가족현황, 세대 간의 반복유형, 과거의 결혼관계 등에 대한 상세한 정보를 제공한다.

(2) 생태도(Ecomap)

① 하트만이 고안한 것으로서 가족관계에 대한 도식, 즉 클라이언트의 상황에서 의미 있는 체계들과의 관계를 그림으로 표현하여 특정 문제에 대한 개입계획을 세우는 데 유용한 도구이다.

② 생태도 중앙에 클라이언트에 해당하는 원을 위치시킨 후 클라이언트의 주요 환경적 요소들을 중앙의 원 주변에 배치하며, 실선이나 점선 등으로 그들 간의 긍정적인 관계 또는 빈약하고 불확실한 관계를 묘사한다.

③ 환경 속의 클라이언트에 초점을 두므로 클라이언트를 생태학적 관점에서 이해하는 데 도움을 준다.

(3) 생활력표(Life History Grid)

① 각각의 가족구성원의 삶에 있어서 중요한 사건이나 시기별로 중요한 문제의 전개 상황을 시계열적으로 도표화한 것이다. 중요한 사건이나 시기를 중심으로 연대기적으로 작성함으로써 현재 역기능적인 문제 등을 특정 시기의 어려움이나 경험 등과 연관시켜 이해할 수 있도록 해준다.

② 생태도나 가계도처럼 원이나 화살표 등의 기호를 이용하지 않고 도표로 제시된다.

(4) 생활주기표(Life Cycle Matrix)

① 클라이언트의 생활주기와 가족구성원의 발달단계별 과업을 도표화한 것이다.

② 가족구성원은 서로 다른 발달단계에 따른 발달과업과 위기를 경험하는데, 생활주기표는 이러한 과업과 위기를 일목요연하게 살펴볼 수 있도록 해준다.

(5) 사회적 관계망표(Social Network Grid)

① '사회적 관계망 격자'라고도 하며, 클라이언트 개인이나 가족의 사회적 지지체계를 사정하기 위한 도구이다. 여기서 사회적 관계망은 클라이언트의 환경 내에 영향을 미치는 중요한 사람이나 체계를 지칭하며, 사회적 관계망표는 이러한 사람이나 체계로부터의 물질적·정서적 지지, 원조 방향, 충고와 비판, 접촉 빈도 및 시간 등에 관한 정보를 제공한다.

② 클라이언트의 전체적인 관계망을 조망할 수 있다.

4 가족치료의 모델

(1) 정신분석학적 모델

① 경청, 감정이입, 해석 등의 정신분석학적 방법을 통해 가족구성원의 내면 정화

② 가족 간의 무의식적인 대상관계 분석－통찰, 이해, 성장의 촉진, 합리적인 분배 강조

③ 치료기법 : 자기노출, 직면, 동일시, 통찰, 전이 등

(2) 다세대적 가족치료모델(Bowen)

① 개인이 가족자아로부터 분화되어 확고한 자신의 자아를 수립할 수 있도록 가족구성원의 정서체계에 대한 합리적인 조정 강조

② 미분화된 가족자아집합체 분화－정서적인 것과 지적인 것을 분화할 수 있는 능력

③ 치료자는 구성원들이 탈삼각화를 통해 미분화된 가족자아집합체로부터 벗어나도록 도움

(3) 구조적 모델(Minuchin)

① 구조적 모델의 특징

㉠ 개인을 생태체계 또는 환경과의 관계에서 이해－재구조화

㉡ 개인의 문제를 정신적 요인보다 체계와의 관련성에 두며, 가족의 구조를 새로운 구조로 변화시키는 전략

㉢ 가족 간의 명확한 경계 강조

㉣ 경직된 경계선 또는 분리와 혼돈된 경계선에서의 밀착이 가족문제를 유발할 가능성이 있으므로 명확한 경계선에서 가족 구성원의 독립과 자율이 허락됨

㉤ 가족 전체 혹은 하위체계와 외부체계와의 경계에도 관심

② 주요 개념

    ㉠ 가족구조 : 가족은 상호작용을 지배하는 암묵적인 규칙과 위계 포함

    ㉡ 하위체계 : 가족은 다양한 기능을 수행하기 위해 하위체계를 형성하고 가족은 개별성원으로 이루어진 하위체계뿐만 아니라 둘 이상의 성원들로 구성된 다양한 하위체계들을 포함

    ㉢ 경계 : 지나친 경계의 경직은 다른 성원 혹은 하위체계로부터 유리되며, 지나치게 해이한 경우에는 밀착

    ㉣ 가족규범 : 가족들 간에 지켜야 할 의무나 태도에 대한 지침 · 권리

    ㉤ 가족항상성 : 체계로서의 가족이 구조와 기능에 균형을 유지하려는 속성

    ㉥ 가족순환성 : 가족 내 성원의 변화가 다른 성원들과 가족 전체에 영향

(4) 의사소통모델

① 의사소통과정과 행태 중시 – 가족 의사소통의 상호작용 조절

② 접근방법

    ㉠ 재명명화 : 가족을 위해 문제를 재구성하는 것으로, 가족 안에서 문제를 가지고 있는 사람에게 초점을 두지 않고 다른 측면에서 상호작용의 역동성을 경험할 수 있도록 함

    ㉡ 증상처방 : 가족이 그 가족 내에서 문제시해온 행동을 과장하여 계속하도록 하는 것

③ 의사소통 과정의 치료의 개입, 궁극적 목적은 가족의 상호체계에서 발생한 역기능적 행위변화

④ 치료대상 : 의사소통의 관계, 이중구속, 가족규칙

(5) 행동학적 모델

① 학습이론의 원리를 이용하여 가족들에게 강화행동을 변경하도록 지도

② 보상교환의 비율을 높이고, 의사소통과 문제해결 기술을 교육하는 데 초점

③ 치료 전 행동과정에 대한 사정, 진행중인 치료분석, 결과에 대한 평가에서 명확히 나타남

④ 치료대상 : 부모훈련, 부부치료, 성기능장애 치료

(6) 경험적 모델(Satir)

① 경험적 모델의 특징

    ㉠ 뿌리는 개인심리학에 있음. 가족의 안정보다는 성장을 목표로 하며 가족에게 통찰이나 설명을 해주기보다는 가족의 특유한 갈등과 행동양식에 맞는 경험을 제공하려고 노력함

    ㉡ 성장에 치료의 목적이 있음. 증상의 경감이나 사회적응은 자아실현, 개인의 통합, 선택의 자유 등의 부수적인 것으로 파악됨

② 의사소통 유형

    ㉠ 회유형 : 자신의 내적 감정이나 생각을 무시하고 타인의 비위와 의견에 맞추려는 성향으로 다른 사람의 의견에 지나치게 동조하고 비굴한 자세를 취하며, 사죄와 변명(과도한 착한 행동)을 함

    ㉡ 비난형 : 타인을 무시하며, 자신을 강하게 보이려고 타인의 말이나 행동을 비난하고 통제 · 명령하는 등 외면적으로는 공격적이나 내면적으로는 자신이 소외되고 외로운 실패자라고 느낌

© 초 이성형 : 자신과 타인을 모두 무시하고 상황만을 중시, 규칙과 원리ㆍ원칙을 찾고, 극단적인 객관성을 보임

② 산만형 : 초 이성과 반대로 자신ㆍ타인ㆍ상황을 모두 무시하므로 가장 접촉하기 어려운 유형

⑩ 일치형 : 의사소통과 내면의 감정이 일치하는 매우 진솔한 의사소통을 하며, 자신ㆍ타인ㆍ상황을 충분히 파악하고 높은 가치관을 가지고 있으며 심리적으로도 안정된 상태

③ 가족조각

㉠ 가족성원 한 명이 가족 개개인의 신체적인 공간을 자신의 이미지에 따라 배열하는 신체적 표현을 통하여 가족관계를 나타내는 무언의 동작표현

㉡ 문제에 대한 개인의 존중성을 인정하고 배우며 자기입장을 표현할 수 있는 좋은 기회이자 가족 내 숨겨진 가족규칙, 가족신화를 알 수 있음

㉢ 가족조각에 참여하는 가족 중 한 사람이 나머지 가족성원들을 일정한 공간 내에서 자신의 느낌대로 표현하게 하는 것으로 조각을 하는 동안 웃거나 이야기하지 않도록 함

㉣ 상징적ㆍ은유적인 면이 강하며 적절한 피드백이 중요

④ 가족그림 : 가족구성원에게 가족을 인식하는 대로 그리도록 요구하는 기법으로 예전에 미처 생각하지 못했던 상황을 경험하도록 돕는 데 활용

(7) 전략적 모델(Haley)

① 특징

㉠ 문제행동 변화를 위한 해결방법에 초점

㉡ 가족이 호소하는 문제를 포함한 목표를 설정, 다양한 전략 모색

㉢ 이해보다는 변화, 이론보다는 기법에 더 많은 관심을 가지며 단기치료에 해당함

② 기법

역설적 지시	전략적 가족치료에서 주로 사용하는 기법으로 문제행동을 유지하거나 더 강화하는 행동을 수행하도록 지시하여 역으로 저항을 통한 변화를 이끌어 냄
순환적 질문	가족구성원이 문제에 대한 단선적인 시각에서 벗어나 문제의 순환성을 인식하도록 유도
재구성기법	재명명ㆍ재규정이라고도 하며, 가족구성원이 문제를 다른 시각에서 이해할 수 있도록 돕는 방법
가장기법	문제의 증상이 있는 것처럼 가장하여 그 증상을 포기하도록 하는 방법

③ 종류

㉠ MRI 접근

• 행동적 변화를 성취하기 위하여 치료자는 바람직하지 않은 정적 피드백을 중단시키려 하거나 문제에 대하여 재정의

• 역설적 개입은 가족이 어떤 목표에 도달하기 위해 겉으로 보기에 치료의 목표와 정반대의 일을 하게 하는 것

㉡ Haley와 Madanes의 접근

• 가족치료이론의 개발보다는 내담자의 문제상황에 대한 적절한 치료전략의 개발에 초점

• 통찰에 의한 성장보다 가족상호작용에 있어 연쇄과정의 변화를 통한 현재문제 해결에 초점

ⓒ Milan 모델
- 개인의 정신 내적 갈등보다 관찰이 가능한 행동, 과거보다는 현재에 초점
- 대표적 치료기법 : 지시기법, 역설기법
- 긍정적 의미부여 : 가족 안에서 문제를 가지고 있는 사람의 증상이나 그것에 반응한 가족성원의 행동을 긍정적으로 재정의 · 재해석
- 의식 : 가족성원이 하는 게임의 규칙을 변경시키기 위해 말이 아닌 실행으로 옮기는 방법

5 영유아보육법

(1) 정의
① 영유아 : 6세 미만의 취학 전 아동을 말한다.
② 보육 : 영유아를 건강하고 안전하게 보호 · 양육하고 영유아의 발달 특성에 맞는 교육을 제공하는 어린이집 및 가정양육 지원에 관한 사회복지서비스를 말한다.

(2) 목적
영유아의 심신을 보호하고 건전하게 교육하여 건강한 사회 구성원으로 육성함과 아울러 보호자의 경제적 · 사회적 활동이 원활하게 이루어지도록 함으로써 영유아 및 가정의 복지 증진에 이바지함을 목적으로 한다.

(3) 어린이집의 규모 요건
① 국공립어린이집 : 상시 영유아 11명 이상
② 직장어린이집 : 상시 영유아 5명 이상
③ 사회복지법인어린이집, 법인 · 단체 등 어린이집 및 민간어린이집 : 상시 영유아 21명 이상
④ 가정어린이집 : 상시 영유아 5명 이상 20명 이하
⑤ 협동어린이집 : 상시 영유아 11명 이상
⑥ 정원은 총 300명을 초과할 수 없다.

6 한부모가족지원법

(1) 정의
① 한부모가족 : 모자가족 또는 부자가족을 말한다.
② '모' 또는 '부'란 다음 어느 하나에 해당하는 자로서 아동인 자녀를 양육하는 자를 말한다.
  ㉠ 배우자와 사별 또는 이혼하거나 배우자로부터 유기(遺棄)된 자
  ㉡ 정신이나 신체의 장애로 장기간 노동능력을 상실한 배우자를 가진 자
  ㉢ 교정시설 · 치료감호시설에 입소한 배우자 또는 병역복무 중인 배우자를 가진 사람
  ㉣ 미혼자{사실혼(事實婚) 관계에 있는 자는 제외한다}
  ㉤ 배우자의 생사가 분명하지 아니한 자
  ㉥ 배우자 또는 배우자 가족과의 불화 등으로 인하여 가출한 자

(2) 목적

한부모가족이 안정적인 가족 기능을 유지하고 자립할 수 있도록 지원함으로써 한부모가족의 생활 안정과 복지 증진에 이바지함을 목적으로 한다.

(3) 한부모가족('부' 또는 '모'의 연령이 만 25세 이상인 경우)의 지원 범위

① 한부모가족증명서 발급대상 : 소득인정액이 기준 중위소득 60% 이하인 가족(2023년 2인 기준 2,073,693원)

② 지원기준 및 금액

지원종류	지원기준	지원금액
아동양육비	소득인정액이 기준 중위소득 60% 이하인 가족의 만 18세 미만 자녀	자녀 1인당 월 20만 원
추가양육비	소득인정액이 기준 중위소득 60% 이하인 조손 및 만 35세 이상 미혼 한부모가족의 만 5세 이하 아동	자녀 1인당 월 5만 원
	소득인정액이 기준 중위소득 60% 이하인 만 25세 이상 34세 이하 청년 한부모가족의 만 5세 이하 아동	자녀 1인당 월 10만 원
	소득인정액이 기준 중위소득 60% 이하인 만 25세 이상 34세 이하 청년 한부모가족의 만 6세 이상 18세 미만 아동	자녀 1인당 월 5만 원
아동교육지원비 (학용품비)	소득인정액이 기준 중위소득 60% 이하인 가족의 중학생·고등학생 자녀	자녀 1인당 연 9.3만 원
생계비 (생활보조금)	한부모가족복지시설에 입소한 가족 중 소득인정액이 기준 중위소득 60% 이하인 가족	가구당 월 5만 원

(4) 청소년 한부모가족('부' 또는 '모'의 연령이 만 24세 이하인 경우)의 지원 범위

① 한부모가족증명서 발급대상 : 소득인정액이 중위소득 72% 이하인 가족(2023년 2인 기준 2,488,432원)

② 지원기준 및 금액

지원종류	지원기준	지원금액
아동양육비	소득인정액이 기준 중위소득 65% 이하인 가족의 자녀	자녀 1인당 월 35만 원
아동교육지원비 (학용품비)	소득인정액이 기준 중위소득 65% 이하인 가족의 중학생·고등학생 자녀	자녀 1인당 연 9.3만 원
생계비 (생활보조금)	한부모가족복지시설에 입소한 가족 중 소득인정액이 기준 중위소득 65% 이하인 가족	가구당 월 5만 원
검정고시 학습비 등	소득인정액이 기준 중위소득 65% 이하인 가족으로서, '부' 또는 '모'가 검정고시를 준비하는 경우	가구당 연 154만 원 이내
자립촉진수당	소득인정액이 기준 중위소득 60% 이하인 가족으로서, '부' 또는 '모'가 학업이나 취업활동을 하는 경우	가구당 월 10만 원

7 다문화가족지원법

(1) 다문화가족의 정의

① 결혼이민자와 출생에 의한 대한민국 국적 취득자로 이루어진 가족

② 인지 또는 귀화에 의한 대한민국 국적 취득자와 출생에 의한 대한민국 국적 취득자로 이루어진 가족

(2) 다문화가족지원 기본계획

① 여성가족부장관은 다문화가족 지원을 위하여 5년마다 다문화가족정책에 관한 기본계획을 수립하여야 한다.

② 다문화가족지원 기본계획 내용

㉠ 다문화가족 지원 정책의 기본 방향

㉡ 다문화가족 지원을 위한 분야별 발전시책과 평가에 관한 사항

㉢ 다문화가족 지원을 위한 제도 개선에 관한 사항

㉣ 다문화가족 구성원의 경제 · 사회 · 문화 등 각 분야에서 활동 증진에 관한 사항

㉤ 다문화가족 지원을 위한 재원 확보 및 배분에 관한 사항

㉥ 그 밖에 다문화가족 지원을 위하여 필요한 사항

(3) 다문화가족정책위원회

① 다문화가족의 삶의 질 향상과 사회통합에 관한 중요 사항을 심의 · 조정하기 위하여 국무총리 소속으로 다문화가족정책위원회를 둔다.

② 정책위원회는 위원장 1명을 포함한 20명 이내의 위원으로 구성하고, 위원장은 국무총리가 되며, 위원은 중앙행정기관의 장과 다문화가족정책에 관하여 학식과 경험이 풍부한 사람 중에서 위원장이 위촉하는 사람이 맡는다.

(4) 실태조사

① 여성가족부장관은 다문화가족의 현황 및 실태를 파악하고 다문화가족 지원을 위한 정책수립에 활용하기 위하여 3년마다 다문화가족에 대한 실태조사를 실시하고 그 결과를 공표하여야 한다.

② 여성가족부장관은 실태조사를 실시함에 있어서 외국인정책 관련 사항에 대하여는 법무부장관과, 다문화가족 구성원인 아동 · 청소년의 교육현황 및 아동 · 청소년의 다문화가족에 대한 인식 등에 관한 사항에 대하여는 교육부장관과 협의를 거쳐 실시한다.

(5) 다문화가족에 대한 이해증진

① 국가와 지방자치단체는 다문화가족에 대한 사회적 차별 및 편견을 예방하고 사회구성원이 문화적 다양성을 인정하고 존중할 수 있도록 다문화 이해교육을 실시하고 홍보 등 필요한 조치를 하여야 한다.

② 여성가족부장관은 다문화 이해교육에 대한 홍보영상을 제작하여 방송사업자에게 배포하여야 하고, 방송사업자에게 비상업적 공익광고 편성비율의 범위에서 홍보영상을 채널별로 송출하도록 요청할 수 있다.

③ 방송사업자는 여성가족부장관의 홍보영상 외에 독자적으로 홍보영상을 제작하여 송출할 수 있다. 이 경우 여성가족부장관에게 필요한 협조 및 지원을 요청할 수 있다.

④ 교육부장관과 특별시 · 광역시 · 특별자치시 · 도 · 특별자치도의 교육감은 학교에서 다문화가족에 대한 이해를 돕는 교육을 실시하기 위한 시책을 수립 · 시행하여야 한다. 이 경우 실태조사의 결과 중 다문화가족 구성원인 아동 · 청소년의 교육현황 및 아동 · 청소년의 다문화가족에 대한 인식 등에 관한 사항을 반영하여야 한다.

⑤ 교육부장관과 특별시 · 광역시 · 특별자치시 · 도 · 특별자치도의 교육감은 학교의 교원에 대하여 다문화 이해교육 관련 연수를 실시하여야 한다.

05 정신건강사회복지

■ 정신건강증진 및 정신질환자 복지서비스 지원에 관한 법률

(1) 목적
이 법은 정신질환의 예방 · 치료, 정신질환자의 재활 · 복지 · 권리보장과 정신건강 친화적인 환경 조성에 필요한 사항을 규정함으로써 국민의 정신건강증진 및 정신질환자의 인간다운 삶을 영위하는 데 이바지함을 목적으로 한다.

(2) 기본 이념
① 모든 국민은 정신질환으로부터 보호받을 권리를 가진다.

② 모든 정신질환자는 인간으로서의 존엄과 가치를 보장받고, 최적의 치료를 받을 권리를 가진다.

③ 모든 정신질환자는 정신질환이 있다는 이유로 부당한 차별대우를 받지 아니한다.

④ 미성년자인 정신질환자는 특별히 치료, 보호 및 교육을 받을 권리를 가진다.

⑤ 정신질환자에 대해서는 입원 또는 입소가 최소화되도록 지역사회 중심의 치료가 우선적으로 고려되어야 하며, 정신건강증진시설에 자신의 의지에 따른 입원 또는 입소가 권장되어야 한다.

⑥ 정신건강증진시설에 입원 등을 하고 있는 모든 사람은 가능한 한 자유로운 환경을 누릴 권리와 다른 사람들과 자유로이 의견교환을 할 수 있는 권리를 가진다.

⑦ 정신질환자는 원칙적으로 자신의 신체와 재산에 관한 사항에 대하여 스스로 판단하고 결정할 권리를 가진다. 특히 주거지, 의료행위에 대한 동의나 거부, 타인과의 교류, 복지서비스의 이용 여부와 복지서비스 종류의 선택 등을 스스로 결정할 수 있도록 자기결정권을 존중받는다.

⑧ 정신질환자는 자신에게 법률적 · 사실적 영향을 미치는 사안에 대하여 스스로 이해하여 자신의 자유로운 의사를 표현할 수 있도록 필요한 도움을 받을 권리를 가진다.

⑨ 정신질환자는 자신과 관련된 정책의 결정과정에 참여할 권리를 가진다.

(3) 용어 정의

① **정신질환자** : 망상, 환각, 사고(思考)나 기분의 장애 등으로 인하여 독립적으로 일상생활을 영위하는 데 중대한 제약이 있는 사람을 말한다.

② **정신건강증진사업** : 정신건강 관련 교육 · 상담, 정신질환의 예방 · 치료, 정신질환자의 재활, 정신건강에 영향을 미치는 사회복지 · 교육 · 주거 · 근로 환경의 개선 등을 통하여 국민의 정신건강을 증진시키는 사업을 말한다.

③ **정신건강복지센터** : 정신건강증진시설, 사회복지시설, 학교 및 사업장과 연계체계를 구축하여 지역사회에서의 정신건강증진사업 및 정신질환자복지서비스 지원 사업을 하는 다음의 기관 또는 단체를 말한다.

　ⓐ 국가 또는 지방자치단체가 설치 · 운영하는 정신건강복지센터

　ⓑ 국가 또는 지방자치단체로부터 위탁받아 정신건강증진사업 등을 수행하는 기관 또는 단체

④ **정신건강증진시설** : 정신의료기관, 정신요양시설 및 정신재활시설

⑤ **정신의료기관** : 주로 정신질환자를 치료할 목적으로 설치된 다음의 기관

　ⓐ 정신병원 또는 기준에 적합하게 설치된 의원

　ⓑ 병원급 의료기관에 설치된 정신건강의학과로서 기준에 적합한 기관

⑥ **정신요양시설** : 정신질환자를 입소시켜 요양 서비스를 제공하는 시설

⑦ **정신재활시설** : 정신질환자 또는 정신건강상 문제가 있는 사람 중 대통령령으로 정하는 사람의 사회적응을 위한 각종 훈련과 생활지도를 하는 시설

(4) 정신건강증진시설

① **정신의료기관** : 정신병원 또는 의원, 병원급 의료기관에 주로 정신질환자를 치료할 목적으로 설치된 기관

② **국립 · 공립 정신병원**

③ **정신요양시설** : 정신질환자를 입소시켜 요양 서비스를 제공하는 시설

④ **정신재활시설**

　ⓐ 생활시설 : 정신질환자 등이 생활할 수 있도록 주로 의식주 서비스를 제공하는 시설

　ⓑ 재활훈련시설 : 정신질환자 등이 지역사회에서 직업활동과 사회생활을 할 수 있도록 주로 상담 · 교육 · 취업 · 여가 · 문화 · 사회참여 등 각종 재활활동을 지원하는 시설

　ⓒ 생산품판매시설 : 정신질환자 또는 제2조 각 호에 따른 장애를 가진 사람(이하 "정신질환자 등"이라 한다)이 생산한 생산품의 판매 · 유통 등을 지원하는 시설

　ⓓ 중독자재활시설 : 알코올 중독, 약물 중독 또는 게임 중독 등으로 인한 정신질환자 등을 치유하거나 재활을 돕는 시설

　ⓔ 종합시설 : 2개 이상의 정신재활시설의 기능을 복합적 · 종합적으로 제공하는 시설

(5) 국가트라우마센터의 설치 · 운영

① 보건복지부장관은 다음의 어느 하나에 해당하는 사람의 심리적 안정과 사회 적응을 지원(이하 이 조에서 "심리지원"이라 한다)하기 위하여 국가트라우마센터를 설치 · 운영할 수 있다.
    ㉠ 재난이나 그 밖의 사고로 정신적 피해를 입은 사람과 그 가족
    ㉡ 재난이나 사고 상황에서 구조, 복구, 치료 등 현장대응업무에 참여한 사람으로서 정신적 피해를 입은 사람
② 국가트라우마센터는 다음의 업무를 수행한다.
    ㉠ 심리지원을 위한 지침의 개발 · 보급
    ㉡ ①의 어느 하나에 해당하는 사람에 대한 심리평가, 심리상담, 심리치료
    ㉢ 트라우마에 관한 조사 · 연구
    ㉣ 심리지원 관련 기관 간 협력체계의 구축
    ㉤ 그 밖에 심리지원을 위하여 보건복지부장관이 정하는 업무
③ 보건복지부장관은 국가트라우마센터의 업무를 지원하기 위하여 권역별 트라우마센터를 설치 · 지정 및 운영할 수 있다.
④ 보건복지부장관은 대통령령으로 정하는 바에 따라 국가트라우마센터 및 권역별 트라우마센터의 설치 · 지정 및 운영을 그 업무에 필요한 전문인력과 시설을 갖춘 기관에 위임 또는 위탁할 수 있다.

(6) 정신건강 전문요원

종별		업무범위
공통 업무		• 정신재활시설의 운영 • 정신질환자 등의 재활훈련, 생활훈련 및 작업훈련의 실시 및 지도 • 정신질환자 등과 그 가족의 권익보장을 위한 활동 지원 • 진단 및 보호의 신청 • 정신질환자 등에 대한 개인별 지원계획의 수립 및 지원 • 정신질환 예방 및 정신건강복지에 관한 조사 · 연구 • 정신질환자 등의 사회적응 및 재활을 위한 활동 • 정신건강증진사업 등의 사업 수행 및 교육 • 그 밖에 보건복지부장관이 정하는 정신건강증진 활동
개별 업무	정신건강 임상심리사	• 정신질환자 등에 대한 심리 평가 및 심리 교육 • 정신질환자 등과 그 가족에 대한 심리 상담 및 심리 안정을 위한 서비스 지원
	정신건강 간호사	• 정신질환자 등의 간호 필요성에 대한 관찰, 자료수집, 간호 활동 • 정신질환자 등과 그 가족에 대한 건강증진을 위한 활동의 기획과 수행
	정신건강 사회복지사	• 정신질환자 등에 대한 사회서비스 지원 등에 대한 조사 • 정신질환자 등과 그 가족에 대한 사회복지서비스 지원에 대한 상담 · 안내
	정신건강 작업치료사	• 정신질환자 등에 대한 작업수행 평가, 정신질환자 등에 신체적 · 정신적 기능 향상을 위한 작업치료 • 정신질환자 등과 그 가족에 대한 작업치료 교육과 작업치료 서비스 기획 · 수행

06 학교·청소년복지

1 학교사회복지

(1) 개념
① 학교청소년의 문제해결을 위하여 학교현장 – 지역사회 – 가정을 연계하고, 사회사업의 실천방법과 기술을 적용하는 전문적인 활동이다.
② 학교사회사업은 학생 개인에 대한 개별사회사업을 통해 문제를 가진 학생이 학교생활에 적응하고, 잠재력을 발휘하도록 돕는 치료적 기능만을 의미하는 것은 아니며, 학교생활의 부적응에 영향을 주는 문제들을 예방하는 차원에서 학교, 부모, 지역사회와 상호협력하여 문제를 해결하는 것으로 확장할 수 있다.

(2) 학교사회복지사의 역할
① 지도력과 정책결정
② 아동과 부모에 대한 개별사회사업서비스
③ 아동과 부모에 대한 교육상담
④ 교사에 대한 개인적 서비스
⑤ 사례관리
⑥ 학교사회사업 서비스에 대한 설명
⑦ 가정과 지역사회기관의 연계
⑧ 아동의 정서적 문제에 대한 임상적 치료

(3) 학교사회복지의 지역적 실천
① 지역사회에 대한 이해 및 파악을 기본바탕으로 한 공동체 의식 형성
② 학교와 관련된 지역사회의 기관 및 단체들 간의 네트워크 형성
③ 지역사회와의 공동실천을 통한 안정적인 협력구조 구축
④ 지역사회안전망 구축

(4) 학교사회복지 실천 모델

학교변화모형	• 일탈이론과 조직이론을 배경으로 하는 모형 • 학생들의 문제는 학교제도에서부터 비롯되며, 그 원인을 학교제도 및 환경이 제공한다고 가정 • 학교의 역기능적인 규범과 조건 등의 개선이 필수적이기 때문에 제도적 모델이라고도 함 • 학교조직 구성원 모두가 학생들의 교육목표를 달성하기 위한 분위기를 조성하여야 하며, 교칙과 학교운영방침 등은 학생중심으로 이루어져야 한다고 봄
지역사회 학교모형	• 지역사회조직이론, 체계이론, 의사소통이론 등을 이론적 배경으로 하는 모형 • 학교는 지역사회 안에 공존하는 중요한 공적 기관으로 지역사회와의 협력적 관계가 형성될 때에 비로소 학교교육의 목표를 달성할 수 있다고 봄

사회적 상호작용 모형	• 체계이론, 사회과학이론, 의사소통이론을 이론적 배경으로 하는 모형 • 학생의 문제는 학생과 다양한 체계들 간의 상호작용이 서로에게 도움이 되는 방향으로 이루어지지 못하기 때문에 발생한다고 봄
전통적 임상모형	• 정신분석학, 자아심리학, 개별사회사업 이론과 방법 등을 이론적 배경으로 하는 모형 • 학생의 문제는 학생이나 가족 또는 둘 다 역기능적인 어려움 때문에 발생하며 이를 해결하지 않고 는 학교교육의 목적을 달성할 수 없다고 전제
학교 – 지역사회 – 학생관계 모형	• 학교 · 지역사회 · 학생 간의 복잡한 상호작용을 강조하며, 전통적 임상모형과는 달리 관심의 초점을 집단구성원의 개별적인 성격 특성보다는 학생집단의 상황에 맞춤 • 기본적인 목표는 학생 · 학교 · 지역사회 간의 상호작용에 변화를 꾀함으로써 학교의 바람직하지 못 한 제도적 관습과 정책을 수정하는 데 있음
학교연계 통합서비스	학교연계 통합서비스는 아동과 가족에게 학교 내 또는 학교 근처에서 다양한 보건 · 사회복지서비스 를 통합적으로 제공하기 위해 지역사회 기관과 학교가 공조하는 혁신적인 서비스 전달체계

2 청소년기본법

(1) 정의

① **청소년** : 9세 이상 24세 이하인 사람(「청소년보호법」상 청소년은 만 19세 미만인 사람)

② **청소년육성** : 청소년활동을 지원하고 청소년의 복지를 증진하며 근로 청소년을 보호하는 한편, 사회
여건과 환경을 청소년에게 유익하도록 개선하고 청소년을 보호하여 청소년에 대한 교육을 보완함으
로써 청소년의 균형 있는 성장을 돕는 것을 말한다.

③ **청소년보호** : 청소년의 건전한 성장에 유해한 물질 · 물건 · 장소 · 행위 등 각종 청소년 유해 환경을
규제하거나 청소년의 접촉 또는 접근을 제한하는 것을 말한다.

④ **청소년시설** : 청소년활동 · 청소년복지 및 청소년보호에 제공되는 시설을 말한다.

⑤ **청소년지도자** : 청소년지도사, 청소년상담사, 청소년시설, 청소년단체 및 청소년 관련기관에서 청소
년육성에 필요한 업무에 종사하는 사람

(2) 목적

청소년의 권리 및 책임과 가정 · 사회 · 국가 · 지방자치단체의 청소년에 대한 책임을 정하고 청소년정책
에 관한 기본적인 사항을 규정함을 목적으로 한다.

(3) 청소년의 자치권 확대

① 청소년은 사회의 정당한 구성원으로서 본인과 관련된 의사결정에 참여할 권리를 가진다.

② 국가 및 지방자치단체는 청소년이 원활하게 관련 정보에 접근하고 그 의사를 밝힐 수 있도록 청소년
관련 정책에 대한 자문 · 심의 등의 절차에 청소년을 참여시키거나 그 의견을 수렴하여야 하며, 청소
년 관련 정책의 심의 · 협의 · 조정 등을 위한 위원회 · 협의회 등에 청소년을 포함하여 구성 · 운영할
수 있다.

③ 국가 및 지방자치단체는 청소년과 관련된 정책 수립 절차에 청소년의 참여 또는 의견 수렴을 보장하
는 조치를 하여야 한다.

④ 국가 및 지방자치단체는 청소년 관련 정책의 수립과 시행과정에 청소년의 의견을 수렴하고 참여를 촉진하기 위하여 청소년으로 구성되는 청소년참여위원회를 운영하여야 한다.

⑤ 국가 및 지방자치단체는 청소년참여위원회에서 제안된 내용이 청소년 관련 정책의 수립 및 시행과정에 반영될 수 있도록 적극 노력하여야 한다.

3 청소년복지지원법

(1) 정의
① **청소년** : 9세 이상 24세 이하인 사람
② **위기청소년** : 가정 문제가 있거나 학업 수행 또는 사회 적응에 어려움을 겪는 등 조화롭고 건강한 성장과 생활에 필요한 여건을 갖추지 못한 청소년을 말한다.

(2) 실태조사
① 여성가족부장관은 청소년복지 향상을 위한 정책수립에 활용하기 위하여 3년마다 청소년의 의식·태도·생활 등에 관한 실태조사를 실시하고 그 결과를 공표하여야 한다.
② 여성가족부장관은 실태조사에 필요한 경우에는 관계 중앙행정기관의 장, 지방자치단체의 장 또는 공공기관의 장, 그 밖의 관련 법인·단체의 장에게 필요한 자료 제출 또는 의견 진술을 요청할 수 있다. 이 경우 요청을 받은 자는 정당한 사유가 없으면 이에 협조하여야 한다.
③ 실태조사의 대상, 방법, 절차 및 결과공표 등에 필요한 사항은 여성가족부령으로 정한다.

(3) 예방적·회복적 보호지원의 실시
① 특별자치시장·특별자치도지사 또는 시장·군수·구청장은 청소년의 비행·일탈을 예방하고 가정·학교·사회 생활에 복귀 및 적응하는 것을 돕기 위하여 비행·일탈을 저지른 청소년, 일상생활에 적응하지 못하여 가정 또는 학교 외부의 교육적 도움이 필요한 청소년에 대하여 청소년 본인, 해당 청소년의 보호자 또는 청소년이 취학하고 있는 학교의 장의 신청에 따라 예방적·회복적 보호지원(이하 "보호지원"이라 한다)을 실시할 수 있다. 이 경우 해당 청소년의 보호자 또는 학교의 장이 보호지원을 신청하는 때에는 청소년 본인의 동의를 받아야 한다.
② 보호지원은 해당 청소년이 정상적인 가정·학교·사회 생활에 복귀 및 적응하는 데에 도움이 되는 방법으로서 상담·교육·자원봉사·수련·체육·단체활동 등 대통령령으로 정하는 방법에 따라야 한다.
③ 보호지원의 기간은 6개월 이내로 한다. 다만, 특별자치시장·특별자치도지사 또는 시장·군수·구청장은 보호지원의 결과를 검토하여 보호지원의 연장이 필요하다고 인정하는 경우 청소년 본인의 동의를 받아 6개월의 범위에서 한 번 연장할 수 있다.
④ 보호지원 대상자의 선정 기준 및 절차에 관한 사항은 여성가족부령으로 정한다.

1 교정복지의 개념

(1) 교정시설의 종류

① 수용시설

    ㉠ 교도소(구치소) : 형의 유무에 따라 기결수는 교도소, 미결수는 구치소에 수용

    ㉡ 보호감호소 : 재범의 위험이 있는 수용자에 대한 개선 및 교육이 필요한 경우 수용 및 교정

    ㉢ 특수교도소 : 약물 중독, 알코올남용 중독 등 특수처우가 필요한 경우 수용

② 보호시설

    ㉠ 보호관찰소 : 교정시설에 수용하지 않고 일상생활을 영위하면서 재범에 빠지지 않도록 대상자를 지도 · 감독하고 원호하는 사회 내 처우

    ㉡ 소년원 : 법원소년부(가정법원 소년부 또는 지방법원 소년부)에서 송치된 비행소년들을 보호 · 수용하여 교정교육을 하는 특수교육기관

    ㉢ 소년분류심사원 : 법원소년부가 결정으로써 위탁한 소년을 수용하여 그 자질(資質)을 분류심사하는 시설

    ㉣ 치료감호소 : 범법 장애인 및 약물중독자, 정신질환자 등을 격리 수용하여 사회불안 요인을 제거하고, 효율적인 치료 및 사회적응훈련을 실시하여 정상인으로서 사회에 복귀시키고자 설립한 시설

③ 민간시설

    ㉠ 갱생보호기관(한국법무보호복지공단) : 집행유예, 선고유예, 가석방처분이나 출소자를 대상으로 정신적 · 물질적 원조를 제공하여 사회에 재적응 도모

    ㉡ 소년보호시설 : 소년법원에서 6호 처분을 받은 소년들을 아동복지시설 또는 소년보호시설 등에 위탁하여 감호, 학업 및 직업교육제공

    ㉢ 종교 · 사회기관 및 시설, 지역사회복지기관 및 시설 : 다양한 교정기관 · 시설로부터 서비스 대상자를 위탁받음

(2) 교정복지의 기본원칙

① 법률주의

② 인도주의

③ 과학주의

④ 처우의 개별화

⑤ 교정(처우)의 사회화

2 소년법

(1) 정의
① 소년 : 19세 미만의 자
② 보호자 : 법률상 감호교육의 의무있는 자 또는 현재 감호하는 자

(2) 보호의 대상
① 범죄소년 : 14세 이상의 죄를 범한 소년(형사책임○)
② 촉법소년 : 형벌법령에 저촉되는 행위를 한 10세 이상 14세 미만의 소년(형사책임×)
③ 우범소년 : 집단적으로 몰려다니며 주위 사람들에게 불안감을 조성하는 성벽(性癖)이 있는 것, 정당한 이유 없이 가출하는 것, 술을 마시고 소란을 피우거나 유해환경에 접하는 성벽이 있는 것에 해당하는 사유가 있고 그의 성격 또는 환경에 비추어 장래 형벌법령에 저촉되는 행위를 할 우려가 있는 10세 이상의 소년

(3) 보호처분
소년부 판사는 심리 결과 보호처분을 할 필요가 있다고 인정하면 결정으로써 아래 내용 중 어느 하나에 해당하는 처분을 하여야 한다.

> 1. 보호자 또는 보호자를 대신하여 소년을 보호할 수 있는 자에게 감호 위탁
> 2. 수강명령
> 3. 사회봉사명령
> 4. 보호관찰관의 단기(短期) 보호관찰
> 5. 보호관찰관의 장기(長期) 보호관찰
> 6. 「아동복지법」에 따른 아동복지시설이나 그 밖의 소년보호시설에 감호 위탁
> 7. 병원, 요양소 또는 「보호소년 등의 처우에 관한 법률」에 따른 의료재활소년원에 위탁
> 8. 1개월 이내의 소년원 송치
> 9. 단기 소년원 송치
> 10. 장기 소년원 송치

(4) 보호처분의 기간
① 위탁기간은 6개월로 하되, 소년부 판사는 결정으로써 6개월의 범위에서 한 번에 한하여 그 기간을 연장할 수 있다. 다만, 소년부 판사는 필요한 경우에는 언제든지 결정으로써 그 위탁을 종료시킬 수 있다.
② 단기 보호관찰기간은 1년으로 한다.
③ 장기 보호관찰기간은 2년으로 한다. 다만, 소년부 판사는 보호관찰관의 신청에 따라 결정으로써 1년의 범위에서 한 번에 한하여 그 기간을 연장할 수 있다.
④ 수강명령은 100시간을, 사회봉사명령은 200시간을 초과할 수 없으며, 보호관찰관이 그 명령을 집행할 때에는 사건 본인의 정상적인 생활을 방해하지 아니하도록 하여야 한다.
⑤ 단기로 소년원에 송치된 소년의 보호기간은 6개월을 초과하지 못한다.
⑥ 장기로 소년원에 송치된 소년의 보호기간은 2년을 초과하지 못한다.

⑦ 보호처분 1~10호까지의 어느 하나에 해당하는 처분을 받은 소년이 시설위탁이나 수용 이후 그 시설을 이탈하였을 때에는 위 처분기간은 진행이 정지되고, 재위탁 또는 재수용된 때로부터 다시 진행한다.

(5) 결정의 집행

보호처분이나 보호관찰처분에 따른 결정을 하였을 때에는 조사관, 소년부 법원서기관 · 법원사무관 · 법원주사 · 법원주사보, 보호관찰관, 소년원 또는 소년분류심사원 소속 공무원, 그 밖에 위탁 또는 송치받을 기관 소속의 직원에게 그 결정을 집행하게 할 수 있다.

③ 보호관찰 등에 관한 법률

(1) 목적

죄를 지은 사람으로서 재범 방지를 위하여 보호관찰, 사회봉사, 수강(受講) 및 갱생보호(更生保護) 등 체계적인 사회 내 처우가 필요하다고 인정되는 사람을 지도하고 보살피며 도움으로써 건전한 사회 복귀를 촉진하고, 효율적인 범죄예방 활동을 전개함으로써 개인 및 공공의 복지를 증진함과 아울러 사회를 보호함을 목적으로 한다.

(2) 대상자

① 보호관찰 대상자
  ㉠「형법」에 따라 보호관찰을 조건으로 형의 선고유예를 받은 사람
  ㉡「형법」에 따라 보호관찰을 조건으로 형의 집행유예를 선고받은 사람
  ㉢「형법」 또는「보호관찰법」에 따라 보호관찰을 조건으로 가석방되거나 임시퇴원된 사람
  ㉣「소년법」에 따라 단기보호관찰 또는 장기보호관찰의 처분을 받은 사람
  ㉤ 다른 법률에서 이 법에 따른 보호관찰을 받도록 규정된 사람

② 사회봉사 · 수강명령 대상자
  ㉠「형법」에 따라 사회봉사 또는 수강을 조건으로 형의 집행유예를 선고받은 사람
  ㉡「소년법」에 따라 사회봉사명령 또는 수강명령을 받은 사람
  ㉢ 다른 법률에서 이 법에 따른 사회봉사 또는 수강을 받도록 규정된 사람

③ 갱생보호 대상자 : 형사처분 또는 보호처분을 받은 사람으로서 자립갱생을 위한 숙식 제공, 주거 지원, 창업 지원, 직업훈련 및 취업 지원 등 보호의 필요성이 인정되는 사람

(3) 보호관찰의 기간

① 보호관찰을 조건으로 형의 선고유예를 받은 사람 : 1년
② 보호관찰을 조건으로 형의 집행유예를 선고받은 사람 : 그 유예기간. 다만, 법원이 보호관찰 기간을 따로 정한 경우에는 그 기간
③ 가석방자 :「형법」 또는「소년법」에 규정된 기간
④ 임시퇴원자 : 퇴원일부터 6개월 이상 2년 이하의 범위에서 심사위원회가 정한 기간
⑤「소년법」에 따른 보호처분을 받은 사람 : 그 법률에서 정한 기간
⑥ 다른 법률에 따라 이 법에서 정한 보호관찰을 받는 사람 : 그 법률에서 정한 기간

(4) 사회봉사 및 수강명령

① 법원은 「형법」에 따른 사회봉사를 명할 때에는 500시간, 수강을 명할 때에는 200시간의 범위에서 그 기간을 정하여야 한다. 다만, 다른 법률에 특별한 규정이 있는 경우에는 그 법률에서 정하는 바에 따른다.

② 법원은 사회봉사 · 수강명령을 하는 경우에 사회봉사 · 수강명령 대상자가 사회봉사를 하거나 수강할 분야와 장소 등을 지정할 수 있다.

③ 법원은 사회봉사 또는 수강을 명하는 판결이 확정된 때부터 3일 이내에 판결문 등본 및 준수사항을 적은 서면을 피고인의 주거지를 관할하는 보호관찰소의 장에게 보내야 한다.

④ 법원 또는 법원의 장은 사회봉사 · 수강명령의 통지를 받은 보호관찰소의 장에게 사회봉사명령 또는 수강명령의 집행상황에 관한 보고를 요구할 수 있다.

제5과목

행정법총론

01 | 행정법 서론

01 행정

1 행정의 의미

(1) 권력분립이론

① 개념

국가권력을 각각 다른 기관에 나누어 분담시켜 서로 견제와 균형을 이루게 함으로써 국민의 자유와 권리를 보장하려는 제도를 의미한다.

② 종류

㉠ 로크(J. Locke)의 2권 분립론 : 로크는 절대군주의 권력을 입법권과 행정권으로 분리하였으며, 이는 영국의 의원내각제 성립에 영향을 미치게 되었다.

㉡ 몽테스키외(Montesquieu)의 3권 분립론 : 몽테스키외는 정부의 형태로서 입헌군주제를 이상으로 하면서 절대군주의 권력을 입법권, 행정권, 사법권으로 분리하였으며 이는 미국의 대통령제 성립에 영향을 미치게 되었다.

③ 우리나라(3권 분립론) : 몽테스키외의 3권 분립론에 기초한 미국의 대통령제의 영향을 받아 통치구조의 형태를 입법부, 행정부, 사법부로 나누었으며 의원내각제적 요소를 가미하고 있다.

(2) 입법, 행정, 사법의 의미

① 형식적 의미의 입법, 행정, 사법 : 법률의 명문 규정상 입법부의 권한에 해당하는 경우에는 형식적 의미의 입법, 행정부의 권한에 해당하는 경우에는 형식적 의미의 행정, 사법부의 권한에 해당하는 경우에는 형식적 의미의 사법이라고 한다.

② 실질적 의미의 입법, 행정, 사법 : 행정작용의 성질상 국민의 권리, 의무에 관련된 법령 등을 제정하는 의미가 있으면 실질적 의미의 입법, 법령 등을 집행하는 의미가 있으면 실질적 의미의 행정, 당사자 간의 법적 분쟁을 전제로 판단하는 의미가 있으면 실질적 의미의 사법이라고 한다.

③ 형식적 · 실질적 의미의 입법, 행정, 사법

구분	실질적 의미의 입법 (立法 : 법정립)	실질적 의미의 행정 (行政 : 법집행)	실질적 의미의 사법 (司法 : 법판단)
형식적 의미의 입법	• 법률 제정 • 국회규칙 제정	• 국회사무총장의 소속직원 임명 • 국회예산의 집행	• 국회의원 자격심사 • 국회의원 징계
형식적 의미의 행정	• 법규명령의 제정 　- 대통령령 　- 총리령 　- 부령 • 행정규칙의 제정 • 조례의 제정 • 규칙의 제정 • 대통령의 긴급명령, 긴급재 　정 · 경제명령 제정	• 허가 · 인가 · 특허, 운전면허등 • 각종 처분 등 　예 조세부과처분 • 각종 처분의 취소, 철회 • 공증 = 각종 증명서 발급 • 공무원 신규임명 • 대통령의 대법원장 · 대법관 　임명 • 정부의 예산편성 및 집행 • 병력의 취득, 관리 • 군 당국의 징발처분 • 토지수용, 행정대집행 • 조세체납처분	• 행정심판위원회 재결 • 토지수용위원회 이의재결 • 징계위원회 징계의결 • 소청심사위원회 재결 · 결정 • 국가배상심의회 배상결정 • 귀속재산소청심의회 판정 • 통고처분 • 검사의 공소제기 • 대통령의 사면 · 복권
형식적 의미의 사법	대법원규칙 제정	• 대법원장, 법원행정처장의 소 　속 직원 임명 • 대법원장의 일반법관 임명 • 등기사무 • 법원예산의 집행 • 법원에서의 집행문 발부 • 법정경찰권의 발동	법원의 재판

2 통치행위

(1) 의의

통치권자의 고도의 정치적인 결단행위나 국가적 이익에 직접적으로 관련되는 행위는 법원의 심사 대상
에서 제외시키자는 이론을 의미한다. 통치행위는 법치주의의 후퇴를 의미하기 때문에 점차 축소 경향을
띠고 있다.

(2) 통치행위의 인정여부에 관한 학설(사법심사를 배제할지 여부)

① 긍정설
　㉠ 권력분립설(내재적 제약설) : 법원의 사법심사권은 권력분립의 원칙상 일정한 내재적 한계가 존재
　　하고 있기 때문에 고도의 정치성을 지닌 통치행위에 대해서는 정부 또는 국회의 권한에 유보하여
　　처리하는 것이 바람직하다는 견해이다.
　㉡ 사법부자제설 : 통치행위도 법률문제를 발생시킨 이상 사법심사의 대상이 되는 것이 원칙이나, 사
　　법의 정치화를 막기 위하여 그 재판권 행사를 자제하는 것이 좋다는 견해(프랑수아 기조 - "사법
　　이 정치에 관여하면 정치는 얻는 것이 없지만 사법은 모든 것을 잃는다.")이다.

ⓒ 자유재량설 : 통치행위를 고도의 정치성을 가진 정치적 재량에 기한 행위로 파악하여 사법심사가 배제된다고 보는 견해이다. 그러나 통치행위를 재량행위로 보게 되면 재량의 일탈 · 남용은 사법심사의 대상이 된다는 한계가 있다.

ⓔ 대권행위설 : 영국법에서 말하는 대권행위불심사 사상에 근거하여 국왕의 대권에 속하는 행위이기 때문에 사법심사의 대상에서 제외된다는 견해이다.

② 부정설

㉠ 법치주의(「헌법」) : 실질적 법치주의가 확립된 현대국가에서 사법심사가 배제되는 영역은 없다고 보는 견해이다. 따라서 사법심사 배제의 통치행위는 법치주의를 논거로 부정하게 된다.

㉡ 개괄주의(「행정소송법」) : 우리의 법체계가 개괄주의를 채택하고 있으므로 통치행위도 사법심사의 대상으로 인정해야 한다고 본다.

③ 우리나라의 태도 : 대법원은 주로 권력분립설 입장에서 통치행위를 인정하고 있으며, 헌법재판소는 주로 사법부자제설의 입장에서 통치행위를 인정하고 있다.

관련판례

■ **남북정상회담에 따른 대북송금사건**
남북정상회담은 통치행위이므로 사법심사가 부정되지만, 그에 따른 대북송금은 사법심사의 대상이 된다.

■ **자이툰부대 이라크파병(국군의 해외파병)**
헌법재판소는 이라크 파병은 통치행위에 속하므로 헌법소원의 대상이 아니라고 판시하였다(사법자제설의 입장).

■ **신행정수도건설이나 수도이전 → 사법심사 긍정**
신행정수도건설이나 수도이전의 문제가 정치적 성격을 가지고 있는 것은 인정할 수 있지만, 그 자체로 고도의 정치적 결단을 요하여 사법심사의 대상으로 하기에는 부적절한 문제라고까지는 할 수 없다. 더구나 이 사건의 심판 대상은 법률의 위헌여부이고 대통령의 행위의 위헌여부가 아닌바, 법률의 위헌여부가 헌법재판의 대상으로 된 경우 당해 법률이 정치적인 문제를 포함한다는 이유만으로 사법심사의 대상에서 제외된다고 할 수는 없다.

■ **대통령의 사면권 → 통치행위성 인정, 사법심사 부정**
사면은 형의 선고의 효력 또는 공소권을 상실시키거나, 형의 집행을 면제시키는 국가원수의 고유한 권한을 의미하며, 사법부의 판단을 변경하는 제도로서 권력분립의 원리에 대한 예외가 된다. 사면제도는 역사적으로 절대군주인 국왕의 은사권(恩赦權)에서 유래하였으며, 대부분의 근대국가에서도 유지되어 왔고, 대통령제국가에서는 미국을 효시로 대통령에게 사면권이 부여되어 있다. 사면권은 전통적으로 국가원수에게 부여된 고유한 은사권이며, 국가원수가 이를 시혜적으로 행사한다(헌재 2000.6.1, 97헌바74).

■ **비상계엄의 선포나 확대행위 → 사법심사 원칙적 부정, 한정 긍정**
대통령의 비상계엄의 선포나 확대행위는 고도의 정치적 · 군사적 성격을 지니고 있는 행위라 할 것이므로, 그것이 누구에게도 일견하여 「헌법」이나 법률에 위반되는 것으로서 명백하게 인정될 수 있는 등 특별한 사정이 있는 경우라면 몰라도, 그러하지 아니한 이상 그 계엄선포의 요건 구비여부나 선포의 당 · 부당을 판단할 권한이 사법부에는 없다고 할 것이나, 비상계엄의 선포나 확대가 국헌문란의 목적을 달성하기 위하여 행하여진 경우에는 법원은 그 자체가 범죄행위에 해당하는지의 여부에 관하여 심사할 수 있다(대판 1997.4.17, 96도3376).

- **대통령의 긴급재정경제명령 → 사법심사 긍정**

  대통령의 긴급재정경제명령은 국가긴급권의 일종으로서 고도의 정치적 결단에 의하여 발동되는 행위이고 그 결단을 존중하여야 할 필요성이 있는 행위라는 의미에서 이른바 통치행위에 속한다고 할 수 있으나, 통치행위를 포함하여 모든 국가작용은 국민의 기본권적 가치를 실현하기 위한 수단이라는 한계를 반드시 지켜야 하는 것이고, 헌법재판소는 「헌법」의 수호와 국민의 기본권 보장을 사명으로 하는 국가기관이므로 비록 <u>고도의 정치적 결단에 의하여 행해지는 국가작용이라고 할지라도 그것이 국민의 기본권 침해와 "직접" 관련되는 경우에는</u> 당연히 헌법재판소의 심판대상이 된다(헌재 1996.2.29, 93헌마186).

- **서훈취소 → 사법심사 긍정**

  구 「상훈법」 제8조는 서훈취소의 요건을 구체적으로 명시하고 있고 절차에 관하여 상세하게 규정하고 있다. 그리고 서훈취소는 서훈수여의 경우와는 달리 이미 발생된 서훈대상자 등의 권리 등에 영향을 미치는 행위로서 관련 당사자에게 미치는 불이익의 내용과 정도 등을 고려하면 사법심사의 필요성이 크다. 따라서 기본권의 보장 및 법치주의의 이념에 비추어 보면, 비록 서훈취소가 대통령이 국가원수로서 행하는 행위라고 하더라도 <u>법원이 사법심사를 자제하여야 할 고도의 정치성을 띤 행위라고 볼 수는 없다</u>(대판 2015.4.23, 2012두26920).

---

02 | 공법과 사법의 구별기준

1 학설

(1) 전통적 견해

① **주체설** : 주체설은 법률관계의 주체를 기준으로 법률관계의 일방 당사자가 국가 등 행정주체이면 공법관계로 보고 그 당사자가 모두 사인인 경우는 사법관계라고 보는 견해이다. 그러나 행정주체가 일방 당사자인 경우(국고행위)에도 사법관계가 성립될 수 있고, 당사자 모두가 사인(공무수탁 사인)인 경우에도 공법관계가 성립될 수 있음을 설명하지 못하고 있다.

② **이익설(목적설)** : 이익설은 공익목적에 봉사하는 관계이면 공법관계로 보고 사익목적에 봉사하는 관계이면 사법관계로 보는 견해이다. 그러나 이 견해에 따를 경우, 공익적 요소를 포함한 사적 활동 등을 설명하지 못한다.

③ **성질설(귀속설, 복종설, 종속설, 지배관계설)** : 성질설은 당해 법률관계가 대등관계인지 지배복종관계인지의 여부에 따라 지배복종관계이면 공법관계이고 대등관계이면 사법관계로 본다. 그러나 공법상계약과 같이 공법관계임에도 대등관계가 존재함을 설명하지 못한다.

(2) 신주체설

볼프가 구주체설을 보완하여 주장한 신주체설은 행정주체에 대해서만 권리를 부여하거나 의무를 부과하면 공법관계이고, 모든 권리주체에게 권리를 부여하거나 의무를 부과하면 사법관계로 보는 견해이다.

2 검토

(1) 구별기준

공법관계와 사법관계의 구별을 위해서 무엇보다도 당해 법률관계에 적용되는 실정법 규정을 살펴보아야 한다. 그 후에 위의 학설을 종합적으로 고려하여 판단하는 것이 타당하다.

> **관련판례**
>
> ■ **국립의료원 부설 주차장에 관한 위탁관리용역운영계약의 실질은 특허**
> 국립의료원 부설 주차장에 관한 위탁관리용역운영계약의 실질은 행정재산에 대한 국유재산법 제24조 제1항의 사용·수익 허가임을 이유로, 민사소송으로 제기된 위 계약에 따른 가산금지급채무의 부존재확인청구에 관하여 본안 판단을 한 원심판결을 파기하고, 소를 각하한 사례(대판 2006.3.9, 2004다31074).

---

03 행정법의 형식상의 특수성

1 성문성

행정법은 장래에 대한 예측가능성 및 법적 생활의 안정성을 도모하기 위해 성문의 형식을 원칙으로 한다.

2 형식의 다양성

행정법은 규율대상이 복잡·다기하고 유동적이므로 단일법전화되어 있지 않다. 하지만 최근에는 법령의 행정절차법 분야에서 법령의 해석·운영의 통일과 편의를 위하여 법전화가 이루어지고 있다.

3 명령규범성(단속규정성)

사법이 주로 효력규정(능력규정)으로 되어 있는 데 반해 행정법은 주로 명령규정(단속규정)으로 구성되어 있다. 예컨대, 허가를 요하는 영업에서 허가없이 영업하는 자가 있으면 단속의 대상은 되나 그 영업행위가 무효로 되지는 않는다. 즉 행정법상의 의무를 불이행하면 행정상 강제집행 또는 행정벌의 대상이 될 수는 있으나 그 효력이 부정되지는 않는다.

4 행위규범성

행정법은 법치주의원칙에 의해 행정권의 활동기준이 되는 행위규범으로서 기능하는 성격이 상대적으로 강하다. 반면 사적 자치(私的自治)를 원칙으로 하는 사법(私法)은 주로 당사자 간의 분쟁을 해결하는 재판규범으로 기능하는 성격이 강하다.

04 법치주의

1 법률의 법규창조력

(1) 의의
법률의 법규창조력이란 의회가 정립한 법률만이 시원적 법규로서의 구속력을 갖는다는 것을 의미한다.

(2) 내용
의회가 제정한 법률이 법규성을 가지는 것이 원칙이나 의회가 모든 법을 다 제정할 수 없으므로 경우에 따라서는 행정권에 의해 정립된 행정입법도 법규성을 갖는다. 형식적 법치 시절에는 이러한 행정입법에 대한 포괄적 수권에 의해 법치주의가 변질되었고 이에 실질적 법치에서는 포괄적 위임이 아닌 구체적 위임으로 발전하게 된다.

2 법률우위원칙

(1) 의의
행정은 법률에 위반되어서는 안 된다는 것을 의미한다. 형식적 법치에서는 악법도 위반할 수 없었으나 실질적 법치에 들어와서 위반할 수 없는 법률은 합헌적인 법률을 말한다. 즉 합헌적 법률이 우위에 있고 합헌적 법률을 보장하기 위한 제도로서 우리 「헌법」은 헌법재판소에서 위헌인 법률을 심사하도록 하고 있다.

(2) 내용
행정작용은 법률규정에 위반되어서는 안 된다는 것을 의미한다(통제규범). 따라서 행정작용에 관한 법률의 근거가 존재하는 경우에 문제가 된다.

3 법률유보원칙

(1) 의의
법률유보원칙이란 행정청이 행정을 집행하려면 법률에 근거가 있어야만 한다는 것(작용규범·권능규범·수권규범)을 의미한다. 예컨대, 행정권이 영업허가를 취소하기 위해서는 법률에 "취소할 수 있다."라는 명문의 규정이 필요하다. 형식적 법치에서는 침해작용에만 법적 근거를 요구하였으나 실질적 법치로 넘어오면서 법적 근거를 요구하는 영역이 확대되었다.

(2) 법률유보에서 법률의 의미
법률유보에서 법률이란 성문법만을 의미한다. 따라서, 관습법, 판례법, 조리와 같은 불문법이나 예산은 포함되지 않는다(통설).

(3) 배타적 행정유보와의 구별

국회의 관여 없이 행정부의 명령에 의하여 국민의 권리를 제한하거나 의무를 부과하는 것으로 현행법하에서 배타적 행정유보는 허용되지 않는다(통설).

(4) 법률유보에서 행정의 의미

① 문제점 : 구체적 행정작용 시 법률에 근거가 있어야 하는데 여기서 행정의 의미, 즉 행정의 어느 범위에까지 국회에서 제정한 법률이 필요한지에 대해 견해가 대립되고 있다.

② 견해의 대립

구분	내용	비고
침해 유보설	국민의 자유와 권리를 제한하거나 의무를 부과하는 침해적 행정작용 시 법률에 근거가 있어야 한다는 입장이다.	특별권력관계(예 수형자)에는 법률유보가 적용되지 않는다.
신(新) 침해 유보설	특별권력관계의 경우에도 법률유보가 적용되어야 한다는 점에서만 침해유보설과 차이가 있다.	특별권력관계에도 법률유보가 적용된다.
전부 유보설	국가의 모든 행정작용 시 법률의 근거가 필요하다는 입장으로 법으로부터의 자유로운 행정영역의 관념을 부정한다.	• 국민주권주의와 의회민주주의를 강조한다. • 그러나, 권력분립에 위반되므로 이상론에 불과하다는 비판을 받는다.
권력행정 유보설	침해적 행정작용은 물론이고 권력적 행정작용 시 법률에 근거가 있어야 한다는 입장이다.	침해유보설의 틀을 벗어나지 못한다.
급부행정 유보설 (사회유보설)	침해적 행정작용은 물론이고 급부 행정작용 시 법률에 근거가 있어야 한다는 입장이다.	법률의 수권(授權)이 없는 경우에 행정기관은 국민에게 급부를 행할 수 없게 되므로 국민의 지위를 오히려 약화시킨다.
중요사항 유보설 (본질성설)	• 행정작용이 기본권의 본질사항과 관련된 경우에는 법률의 근거가 있어야 한다는 입장이다. • 단계설 　- 1단계 : 행정작용이 기본권과 관련성이 있는지 여부 검토 　- 2단계 : 기본권과 관련성이 있다면 기본권의 본질적 사항과 관련되었는지 여부 검토	구체적 타당성 강조

- **병의 복무기간은 본질적 사항임**

  병의 복무기간은 국방의무의 본질적 내용에 관한 것이어서 이는 반드시 법률로 정하여야 할 입법사항에 속한다고 풀이할 것인바 육군본부 방위병 소집복무해제규정 제23조가 「병역법」 제25조 제3항이 규정하지 아니한 구속 등의 사유를 복무기간에 산입하지 않도록 규정한 것은 병역법에 위반하여 무효라고 할 것이다(대판 1985.2.28, 85초13).

- **텔레비전 방송수신료 결정은 본질적 사항임**

  오늘날 법률유보원칙은 단순히 행적작용이 법률에 근거를 두기만 하면 충분한 것이 아니라, 국가공동체와 그 구성원에게 <u>기본적이고도 중요한 의미를 갖는 영역, 특히 국민의 기본권실현과 관련된 영역에 있어서는 국민의 대표자인 입법자가 그 본질적 사항에 대해서 스스로 결정하여야 한다는</u> 요구까지 내포하고 있다(의회유보원칙). 그런데 텔레비전 방송수신료는 대다수 국민의 재산권 보장의 측면이나 한국방송공사에게 보장된 방송자유의 측면에서 <u>국민의 기본권실현과 관련된 영역</u>에 속하고, <u>수신료금액의 결정은</u> 납부의무자의 범위 등과 함께 수신료에 관한 본질적인 중요한 사항이므로 국회가 스스로 행하여야 하는 사항에 속하는 것임에도 불구하고 한국방송공사법 제36조 제1항에서 국회의 결정이나 관여를 배제한 채 한국방송공사로 하여금 수신료금액을 결정해서 문화관광부장관의 승인을 얻도록 한 것은 법률유보원칙에 위반된다(헌재 1999.5.27, 98헌바70).

- **국가유공자 단체의 대의원의 선출에 관한 사항은 본질적 사항이 아님**

  각 국가유공자 단체의 대의원의 선출에 관한 사항은 각 단체의 구성과 운영에 관한 것으로서, 국민의 권리와 의무의 형성에 관한 사항이나 국가의 통치조직과 작용에 관한 기본적이고 본질적인 사항이라고 볼 수 없으므로, 법률유보 내지 의회유보의 원칙이 지켜져야 할 영역이라고 할 수 없다. 따라서 각 단체의 대의원의 정수 및 선임방법 등은 정관으로 정하도록 규정하고 있는 「국가유공자 등 단체 설립에 관한 법률」 제11조가 법률유보 혹은 의회유보의 원칙에 위배되어 청구인의 기본권을 침해한다고 할 수 없다(헌재 2006.3.30, 2005헌바31).

---

05 행정법의 법원

1 성문법원

(1) 적용순서

「헌법」 → 법률 → 명령 → 조례 → 규칙

(2) 「헌법」

국가의 통치조직과 통치작용의 기본원리 및 국민의 기본권을 보장하는 근본 규범으로 최고 규범에 해당한다.

(3) 법률

국회에서 법률이라는 형식으로 제정한 규범으로 법률은 「헌법」에 위반되는 내용을 가질 수 없으며, 「헌법」에 위반되는 내용을 가진 때에는 헌법재판소의 위헌법률심판(「헌법」 제111조)의 대상이 된다.

(4) 조약 및 국제법규

① **문제점** : 「헌법」 제6조 제1항은 「헌법」에 의하여 체결·공포된 조약과 일반적으로 승인된 국제법규는 국내법과 같은 효력을 가진다고 규정하고 있는데, 여기서 국내법의 의미에 대해 견해가 대립되고 있다.

② **국내법의 의미** : 「헌법」에 의하여 체결, 공포된 조약과 일반적으로 승인된 국제법규는 원칙적으로 국내법 중 법률과 동등한 효력을 갖는다고 보는 것이 일반적인 학설과 판례의 입장이다.

> **관련판례**
>
> ■ **남북사이의 화해와 불가침 및 교류협력에 관한 합의서 → 조약 또는 이에 준하는 것으로 볼 수 없음**
> 남북 사이의 화해와 불가침 및 교류협력에 관한 합의서는 남북관계가 '나라와 나라 사이의 관계가 아닌 통일을 지향하는 과정에서 잠정적으로 형성되는 특수관계'임을 전제로, 조국의 평화적 통일을 이룩해야 할 공동의 정치적 책무를 지는 남북한 당국이 특수관계인 남북관계에 관하여 채택한 합의문서로서, 남북한 당국이 각기 정치적인 책임을 지고 상호간에 그 성의 있는 이행을 약속한 것이기는 하나 법적 구속력이 있는 것은 아니어서 이를 국가 간의 조약 또는 이에 준하는 것으로 볼 수 없고, 따라서 국내법과 동일한 효력이 인정되는 것도 아니다(대판 1999.7.23, 98두14525).
>
> ■ **'1994년 관세 및 무역에 관한 일반협정(GATT)'과 '정부조달에 관한 협정(AGP)' → 국회의 동의를 얻어 공포·시행된 조약으로 국내법과 동일한 효력**
> '1994년 관세 및 무역에 관한 일반협정(General Agreement on Tariffs and Trade 1994, 이하 GATT라 한다)'은 … 「헌법」 제6조 제1항에 의하여 국내법령과 동일한 효력을 가지므로 지방자치단체가 제정한 조례가 GATT나 AGP에 위반되는 경우에는 그 효력이 없다(대판 2005.9.9, 2004추10).

(5) 명령

국회에서 제정한 법률에 근거하여 행정부가 정립한 규범으로써 이를 행정상 입법이라고 한다. 명령은 내용에 따라 법규명령과 행정규칙(행정명령)으로 나누어지며 법규명령은 일반 국민의 권리·의무에 관한 사항을 규율하고 국가와 국민 모두에게 구속력을 가지는 반면에 행정규칙은 일반 국민의 권리·의무에 관한 사항을 규율하지 않고 행정조직 내부에서만 구속력을 가진다.

(6) 조례·규칙

「지방자치법」상 자치법규에는 지방의회가 제정한 조례와 지방자치단체 장이 정한 규칙이 있다.

② 불문법원

(1) 관습법

관습에 의하여 형성된 법으로 공서양속에 위반되지 않는 사회생활상의 일정한 관행이 반복되어 국민들 사이에 법적 확신이 인정되는 경우에 성립된다. 관습법이 행정법의 법원의 성격으로 인정될 수 있는가에 대해 견해의 대립은 있으나, 법률에 명문의 규정이 없더라도 관습법의 법원성을 인정함이 판례와 통설의 입장이다.

> **관련판례**
>
> ■ **관습법과 사실인 관습**
> 관습법이란 사회의 거듭된 관행으로 생성된 사회생활규범이 사회의 법적 확신과 인식에 의하여 법적 규범으로 승인·강행되기에 이른 것을 말하고, 사실인 관습은 사회의 관행에 의하여 발생한 사회생활규범인 점에서 관습법과 같으나 사회의 법적 확신이나 인식에 의하여 법적 규범으로서 승인된 정도에 이르지 않은 것을 말하는바, 관습법은 바로 법원으로서 법령과 같은 효력을 갖는 관습으로서 법령에 저촉되지 않는 한 법칙으로서의 효력이 있는 것이며, 이에 반하여 사실인 관습은 법령으로서의 효력이 없는 단순한 관행으로서 법률행위의 당사자의 의사를 보충함에 그치는 것이다(대판 1983.6.14, 80다3231).
>
> ■ **「국세기본법」 제18조 제3항의 비과세관행의 성립요건**
> 「국세기본법」 제18조 제3항에서 말하는 비과세관행이 성립하려면, 상당한 기간에 걸쳐 과세를 하지 아니한 객관적 사실이 존재할 뿐만 아니라, 과세관청 자신이 그 사항에 관하여 과세할 수 있음을 알면서도 어떤 특별한 사정 때문에 과세하지 않는다는 의사가 있어야 하며, 위와 같은 공적 견해나 의사는 명시적 또는 묵시적으로 표시되어야 하지만 묵시적 표시가 있다고 하기 위하여는 단순한 과세누락과는 달리 과세관청이 상당기간의 불과세 상태에 대하여 과세하지 않겠다는 의사표시를 한 것으로 볼 수 있는 사정이 있어야 한다(대판 2000.1.21, 97누11065).

(2) 판례(법)

법원(法院)의 판결이나 헌법재판소의 결정 자체에 법적 구속력이 인정되는 경우를 말한다. 영미법계 국가에서는 판례의 법원성을 인정하나 대륙법계 국가에서는 판례의 법원성을 부정한다.

> **관련판례**
>
> ■ **하급심 법원이 유사 사건의 대법원 판례와 다른 견해를 취하여 재판한 경우, 「민사소송법」 제422조 제1항 제1호 소정의 재심사유에 해당하는지 여부**
> 대법원의 판례가 법률해석의 일반적인 기준을 제시한 경우에 유사한 사건을 재판하는 하급심 법원의 법관은 판례의 견해를 존중하여 재판하여야 하는 것이나, 판례가 사안이 서로 다른 사건을 재판하는 하급심 법원을 직접 기속하는 효력이 있는 것은 아니다. 그러므로 「민사소송법」 제422조 제1항 제1호 소정의 재심사유인 법률에 의하여 판결법원을 구성하지 아니한 때에 해당한다고 할 수 없다(대판 1996.10.25, 96다31307).

(3) 조리(행정법의 일반원칙)

① 평등의 원칙

- **함께 화투놀이를 했으나 1명은 파면처분하고 나머지 3명은 견책처분을 한 경우**

  당직근무대기 중 심심풀이로 돈을 걸지 않고 점수 따기 화투놀이를 한 사실이 징계사유에 해당한다 할지라도, 징계처분으로 파면을 택한 것은 함께 화투놀이를 한 3명을 견책에 처하기로 한 사실을 고려하면 공평의 원칙상 그 재량의 범위를 벗어난 위법한 것이다(대판 1972.12.26, 72누194).

- **지방의회의 조사·감사를 위해 채택된 증인의 불출석 등에 대한 과태료를 그 사회적 신분에 따라 차등 부과할 것을 규정한 조례**

  조례안이 지방의회의 감사 또는 조사를 위하여 출석요구를 받은 증인이 5급 이상 공무원인지 여부, 기관(법인)의 대표나 임원인지 여부 등 증인의 사회적 신분에 따라 미리부터 과태료의 액수에 차등을 두고 있는 경우, 그와 같은 차별은 증인의 불출석이나 증언거부에 대하여 과태료를 부과하는 목적에 비추어 볼 때 그 합리성을 인정할 수 없고 지위의 높고 낮음만을 기준으로 한 부당한 차별대우라고 할 것이어서 「헌법」에 규정된 평등의 원칙에 위배되어 무효이다(대판 1997.2.25, 96추213).

- **지방의회의 조사·감사를 위해 채택된 증인의 불출석 등에 대한 과태료를 그 사회적 신분에 따라 차등 부과할 것을 규정한 조례**

  조례안이 지방의회의 감사 또는 조사를 위하여 출석요구를 받은 증인이 5급 이상 공무원인지 여부, 기관(법인)의 대표나 임원인지 여부 등 증인의 사회적 신분에 따라 미리부터 과태료의 액수에 차등을 두고 있는 경우, 그와 같은 차별은 증인의 불출석이나 증언거부에 대하여 과태료를 부과하는 목적에 비추어 볼 때 그 합리성을 인정할 수 없고 지위의 높고 낮음만을 기준으로 한 부당한 차별대우라고 할 것이어서 「헌법」에 규정된 평등의 원칙에 위배되어 무효이다(대판 1997.2.25, 96추213).

- **청원경찰의 인원감축을 위하여 초등학교 졸업 이하 학력소지자 집단과 중학교 중퇴 이상 학력소지자 집단으로 나누어 각 집단별로 같은 감원비율의 인원을 선정한 경우**

  「청원경찰법」 제5조 제1항, 제3항, 제11조, 구 「청원경찰법」 시행령 제16조 제1항 등의 규정을 종합하면, 청원주는 청원경찰이 인원의 감축으로 과원이 되었을 때에는 직권으로 면직시킬 수 있는바, 지방자치단체의 장이 청원주인 경우 그 면직처분은 재량행위라 할 것이므로, 지방자치단체의 장이 합리적이고 공정한 기준에 의하여 면직대상자를 선정하고 그에 따라 면직처분을 하였다면 일응 적법한 재량행사라 할 것이나, 그 기준이 평등의 원칙에 위배되는 등 비합리적이고 불공정하다면 그에 따른 면직처분은 재량권의 일탈·남용으로서 위법하다(대판 2002.2.8, 2000두4057).

- **제대군인에 대한 군가산점제도**

  제대군인에 대하여 여러 가지 사회 정책적 지원을 강구하는 것이 필요하다 할지라도, 그것이 사회공동체의 다른 집단에게 동등하게 보장되어야 할 균등한 기회 자체를 박탈하는 것이어서는 아니 되는데, 가산점제도는 아무런 재정적 뒷받침 없이 제대군인을 지원하려 한 나머지 결과적으로 여성과 장애인 등 이른바 사회적 약자들의 희생을 초래하고 있으며, 각종 국제협약이나 실질적 평등 및 사회적 법치국가를 표방하고 있는 우리 「헌법」과 이를 구체화하고 있는 전체 법체계 등에 비추어 우리 법체계 내에 확고히 정립된 기본질서라고 할 '여성과 장애인에 대한 차별금지와 보호'에도 저촉되므로 정책수단으로서의 적합성과 합리성을 상실한 것이다(헌재 1999.12.23, 98헌마363).

② 행정의 자기구속의 원칙 : 재량행위의 영역에서, 행정청이 제3자에게 재량권을 행사했던 선례가 존재하는 경우에, 행정청은 동일한 사안에 대하여 제3자에게 행한 처분과 동일한 처분을 상대방에게 하도록 선례에 의해 구속당한다는 원칙을 말한다. 이는 행정의 재량영역에서 자의를 방지하여 국민의 권익을 보호하는 순기능이 있는 반면, 행정의 경직성을 초래하는 역기능 또한 존재한다.

■ 대학의 임용거부처분이 신의칙이나 행정의 자기구속의 법리에 반하지 않는다는 사례

사범대학의 교원이란 장래 중등학교 교원이 될 학생들을 교육하는 위치에 있는 지위의 특수성 등에 비추어 볼 때 국립대학교총장이 국가보안법위반죄로 기소유예 처분을 받은 전력이 있는 당해 임용신청자를 사범대학의 전임강사로 임용하기에는 적절하지 않다고 보아 임용을 거부한 것은 위 임용신청자의 여러 사정을 참작하더라도 재량권을 남용하였다고 할 수 없고, 또한 위 임용신청자가 임용권자의 서류심사, 전공심사, 면접심사 등을 통과하였고 당해 처분 이후에도 잠시 시간강사를 맡았다는 등의 사정이 있다고 하더라도 위 임용거부가 신의칙에 반한다거나 자기구속의 원리에 위배된다고 할 수 없다(대판 1998.1.23, 96누12641).

③ 비례의 원칙

   ㉠ 적합성의 원칙 : 행정청이 취하는 조치나 수단은 의도하는 행정목적을 달성하는 데 있어 객관적으로 적합한 것이어야 한다는 것을 말한다(반드시 하나의 가장 적합한 수단일 것을 요구하는 것은 아니다).

   ㉡ 필요성의 원칙(최소침해의 원칙) : 적합한 여러 개의 수단 중 개인의 법익을 최소 침해하는 수단을 선택해야 한다.

   ㉢ 상당성의 원칙(협의의 비례원칙, 비교형량) : 행정청이 목표달성에 적합하고 개인의 법익을 최소 침해하는 수단을 행사한다고 하더라도 달성되는 공익과 침해되는 사익 사이에 균형이 이루어져야 한다. 행정청이 이익형량을 하였는데 심히 균형을 잃은 경우는 비례원칙 위반으로 위법하나 다소 균형을 잃는 경우는 부당으로 본다.

■ 석회석 채굴을 위하여 산림훼손허가를 받은 임야에 대하여 고속도로로부터의 미관을 이유로 한 산림훼손중지처분

공익상의 필요보다 상대방이 받게 되는 불이익 등이 막대한 경우에는 재량권의 한계를 일탈한 것으로서 그 자체가 위법임을 면치 못한다고 할 것인바 … 원고가 거액의 자본을 투자한 점 등을 고려해 보면 이 사건 산림훼손중지처분은 재량권을 일탈한 위법한 것이다(대판 1990.10.10, 89누6433).

■ 음주운전으로 인한 운전면허 취소처분의 경우

<u>원고가 다른 차들의 통행을 원활히 하기 위하여 승용차를 주차목적으로 자신의 집 앞 약 6m를 운행했다 해도 이는 도로교통법상의 음주운전에 해당하고, 이미 음주운전으로 면허정지처분을 받은 적이 있는데도 혈중 알코올 농도 0.182%의 만취상태에서 운전한 것이라면</u> 교통사고가 발생하지 않았고 운전승용차로 서적을 판매하여 가족의 생계를 책임져야 한다는 사정을 고려하더라도 이 사건 <u>운전면허취소는 적법하다</u>(대판 1996.9.6, 96누5995).

■ 음주측정요구에 불응하였음을 이유로 한 운전면허 취소처분

<u>음주운전 내지 그 제재를 위한 음주측정 요구의 거부 등을 이유로 한 자동차운전면허의 취소에 있어서는 일반의 수익적 행정행위의 취소와는 달리 그 취소로 인하여 입게 될 당사자의 개인적인 불이익보다는 이를 방지하여야 하는 일반예방적인 측면이 더욱 강조되어야 할 것이고, 특히 당해 운전자가 영업용 택시를 운전하는 등 자동차 운전을 업으로 삼고 있는 자인 경우에는 더욱 그러하다</u>(대판 1995.9.26, 95누6069).

■ 변호사의 개업지를 제한한 경우

「변호사법」 제10조 제2항이 변호사의 개업지를 일정한 경우에 제한함으로써 직업선택의 자유를 제한한 것은 그 입법취지의 공익적 성격에도 불구하고 선택된 수단이 그 목적에 적합하지 아니할 뿐 아니라, 그 정도 또한 과잉하여 비례의 원칙에 벗어난 것이다(헌재 1989.11.20, 89헌가102).

- 수사 및 재판단계에서 유죄가 확정되지 아니한 미결수용자에게 재소자용 의류를 입게 하는 것(비례원칙 위반은 경우에 따라 달라짐)

   수사 및 재판단계에서 유죄가 확정되지 아니한 미결수용자에게 재소자용 의류를 입게 하는 것은 미결수용자로 하여금 모욕감이나 수치심을 느끼게 하고, 심리적인 위축으로 방어권을 제대로 행사할 수 없게 하여 실체적 진실의 발견을 저해할 우려가 있으므로, 도주 방지 등 어떠한 이유를 내세우더라도 그 제한은 정당화될 수 없어 「헌법」 제37조 제2항의 기본권 제한에서의 비례원칙에 위반되는 것으로서, 무죄추정의 원칙에 반하고 인간으로서의 존엄과 가치에서 유래하는 인격권과 행복추구권, 공정한 재판을 받을 권리를 침해하는 것이다(헌재 1999.5.27, 97헌마137, 98헌마5(병합)).

④ 신뢰보호의 원칙

   ㉠ 행정청의 선행조치(공적인 견해표명)

관련판례

- 공적인 견해나 의사는 명시적 또는 묵시적으로 표시

   일반적으로 조세 법률관계에서 과세관청의 행위에 대하여 신의성실의 원칙이 적용되기 위하여는 과세관청이 납세자에게 신뢰의 대상이 되는 공적인 견해표명을 하여야 하고, 또한 비과세 관행이 성립하려면 상당한 기간에 걸쳐 과세를 하지 아니한 객관적 사실이 존재할 뿐만 아니라 과세관청 자신이 그 사항에 관하여 과세할 수 있음을 알면서도 어떤 특별한 사정 때문에 과세하지 않는다는 의사가 있어야 하며 위와 같은 공적 견해나 의사는 명시적 또는 묵시적으로 표시되어야 하지만 묵시적 표시가 있다고 하기 위하여는 단순한 과세누락과는 달리 과세관청이 상당기간의 불과 세 상태에 대하여 과세하지 않겠다는 의사표시를 한 것으로 볼 수 있는 사정이 있어야 하고, 이 경우 특히 과세관청의 의사표시가 일반론적인 견해표명에 불과한 경우에는 위 원칙의 적용을 부정하여야 할 것이다(대판 1995.11.14, 95누10181).

- 세무서 직원들이 골절치료기구가 부가가치세 면제대상이라는 세무지도를 한 경우

   세무서 직원들의 세무지도를 믿고 부가가치세를 대행징수하지 아니한 골절치료기구의 수입판매업자들에 대한 부가가치세 부과처분은 신의성실의 원칙에 위반된다(대판 1990.10.10, 88누5280).

- 토지거래허가 담당공무원의 종교법인에 대한 토지형질변경허가와 건축허가 허용 발언

   종교법인이 도시계획구역 내 생산녹지로 답인 토지에 대하여 종교회관 건립을 이용목적으로 하는 토지거래계약의 허가를 받으면서 담당공무원이 관련 법규상 허용된다 하여 이를 신뢰하고 건축준비를 하였으나 그 후 당해 지방자치단체장이 다른 사유를 들어 토지형질변경허가신청을 불허가 한 것은 신뢰보호원칙에 반한다(대판 1997.9.12, 96누18380).

- 공적인 의사표시 후 사실적·법률적 상태가 변경된 경우 → 행정청의 별다른 의사표시를 기다리지 않고 실효

   행정청이 상대방에게 장차 어떤 처분을 하겠다고 확약 또는 공적인 의사표명을 하였다고 하더라도, 그 자체에서 상대방으로 하여금 언제까지 처분의 발령을 신청을 하도록 유효기간을 두었는데도 그 기간 내에 상대방의 신청이 없었다거나 확약 또는 공적인 의사표명이 있은 후에 사실적·법률적 상태가 변경되었다면, 그와 같은 확약 또는 공적인 의사표명은 행정청의 별다른 의사표시를 기다리지 않고 실효된다(대판 1996.8.20, 95누10877).

- 폐기물처리업 사업계획에 대하여 적정통보를 한 것만으로 그 사업부지 토지에 대한 국토이용계획변경신청을 승인하여 주겠다는 취지의 공적인 견해표명을 한 것으로 볼 수 없음

   폐기물관리법령에 의한 폐기물처리업 사업계획에 대한 적정통보와 국토이용관리법령에 의한 국토이용계획변경은 각기 그 제도적 취지와 결정단계에서 고려해야 할 사항들이 다르다는 이유로, 폐기물처리업 사업계획에 대하여 적정 통보를 한 것만으로 그 사업부지 토지에 대한 국토이용계획변경신청을 승인하여 주겠다는 취지의 공적인 견해표명을 한 것으로 볼 수 없다(대판 2005.4.28, 2004두8828).

   ※ 적정통보는 공적인 견해표명으로 볼 수 있으나 이를 계획변경신청을 승인하겠다는 것으로 표명한 것으로 보지는 못한다는 의미임

■ 실제의 공원구역과 다르게 경계측량 및 표지를 설치한 십수 년 후 착오를 발견하여 지형도를 수정한 조치는 신뢰보호 위반 아님

경주시장이 한때 실제의 공원구역과 다르게 경계측량 및 표지를 설치함으로 인하여 원고들이 그 잘못된 경계를 믿고 행정청으로부터 초지조성허가를 받아 초지를 조성하고 축사를 신축하여 그러한 상태가 십수 년이 경과하였다 하여도, 이 사건 토지가 당초 화랑공원구역 안에 있는 것으로 적법하게 지정, 공고된 이상 여전히 이 사건 토지는 그 공원구역 안에 있는 것이고, 따라서 그 후 위와 같은 착오를 발견한 피고가 이 사건 토지는 그 공원구역 안에 있는 것으로 지형도를 수정한 조치를 가리켜 신뢰보호의 원칙에 위배된다거나 행정의 자기구속의 법리에 반하는 것이라고도 할 수 없다(대판 1992.10.13, 92누2325).

    ⓒ 보호가치가 있는 신뢰
       • 개인의 귀책사유(고의, 과실) ×, 부정행위(사기, 강박) ×
       • 관계자 모두를 기준으로 판단한다.

관련판례

■ 개인택시운송사업면허자격이 없음을 숨기고 면허신청하여 면허를 받은 경우

그 처분의 하자가 당사자의 사실은폐나 기타 사위의 방법에 의한 신청행위에 기인한 것이라면 당사자는 그 처분에 의한 이익이 위법하게 취득되었음을 알아 그 취소가능성도 예상하고 있었다고 할 것이므로 그 자신이 위 처분에 관한 신뢰이익을 수용할 수 없음은 물론 행정청이 이를 고려하지 아니하였다고 하여도 재량권의 남용이 되지 않는다(대판 1990.2.27, 89누2189).

    ⓒ 개인적 처리
    ⓔ 인과관계
    ⓜ 선행조치에 반하는 처분
    ⓗ 신뢰보호가 공익 또는 제3자의 이익을 현저히 해하지 않아야 한다.
  ⑤ 부당결부금지의 원칙
    ㉠ 의의 : 행정기관이 행정작용을 함에 있어서 행정작용과 실체적인 관련성이 없는 상대방의 반대급부를 조건으로 행해서는 안 된다는 원칙을 말한다.
    ㉡ 법적 근거 : 「헌법」상 법치국가원리와 자의금지원칙을 근거로 한다.

관련판례

■ 행정행위의 부관과 관련된 판례
• 주택사업계획승인을 하면서 그 주택사업과는 아무런 관련이 없는 토지를 기부채납하도록 하는 부관을 주택사업계획승인에 붙인 경우는 부당결부금지의 원칙 위반으로 위법하다(무효는 아님)(대판 1997.3.11, 96다49650).
• 주택사업계획을 승인하면서 입주민이 이용하는 진입도로의 개설 및 확장과 이의 기부채납의무를 부담으로 부과하는 것은 부당결부금지의 원칙에 반하지 않는다(대판 1997.3.14, 96누16698).
• 건축허가와 도로기부채납의무 : 건축물의 건축허가와 도로기부채납의무는 별개의 것인바, 도로기부채납의무를 불이행하였음을 이유로 하는 준공거부처분은 건축법에 근거 없이 이루어진 부당결부로서 위법하다(대판 1992.11.27, 92누10364).

3 법의 효력

(1) 시간적 효력

① 발효시기(특별한 규정이 없는 경우)

㉠ 법령과 조례·규칙은 시행일에 관한 특별한 규정이 없는 한 공포(공포란 확정된 법령을 국민에게 알리기 위해 국가의 법령과 조약을 관보 또는 신문에 게재하는 행위를 말함)한 날로부터 20일을 경과함으로써 효력을 발행한다(「헌법」 제53조 제7항, 「법령 등 공포에 관한 법률」 제13조, 「지방자치법」 제26조 제8항).

㉡ 국민의 권리제한 또는 의무부과와 직접 관련되는 법률·대통령령·총리령 및 부령은 긴급히 시행하여야 할 특별한 사유가 있는 경우를 제외하고는 공포일로부터 적어도 30일이 경과한 날로부터 시행되도록 하여야 한다(「법령 등 공포에 관한 법률」 제13조의2).

② 소급금지의 원칙

㉠ 진정소급효

- 의의 : 진정소급효는 효력발생 이전에 이미 완성 또는 종결된 사항에 대하여 소급적용하는 것을 말한다.
- 허용여부 : 이미 종료된 것에 대한 소급을 의미하는 진정소급효는 개인의 신뢰보호차원에서 원칙적으로 금지된다.
- 진정소급이 인정되는 예외적인 경우
  - 일반적으로 국민이 소급입법을 예상할 수 있는 경우
  - 법적 상태가 불확실하고 혼란스러워 보호할 만한 신뢰이익이 적은 경우
  - 소급입법에 의한 당사자의 손실이 없거나 아주 경미한 경우
  - 신뢰보호의 요청에 우선하는 심히 중대한 공익상의 사유가 소급입법을 정당화하는 경우
  - 국민의 기득권을 침해하지 않는 경우이거나 당사자에게 이익을 주는 경우 등에는 예외적으로 진정소급입법이 허용된다(헌재 1999.7.22, 97헌바76).

㉡ 부진정소급효

- 의의 : 부진정소급효는 효력발생일까지 계속 또는 진행 중인 사항에 대하여 소급적용하는 것을 의미한다.
- 허용여부 : 부진정소급효는 행위 종료를 통한 신뢰형성이 없었으므로 입법형성권이 우선된다. 즉, 부진정소급은 원칙적으로 허용되지만 개인의 신뢰의 보호가치가 크다면 예외적으로 제한될 수 있다.

1 공무수탁사인

(1) 의의
① 개념 : 개인의 경우 행정객체가 되는 것이 일반적이나 예외적으로 행정주체로부터 자신의 이름으로 공행정사무를 처리할 수 있는 권한을 위임받아 그 범위 안에서 행정주체로서 지위에 있는 사인을 말한다.
② 제도의 취지 : 사인의 전문지식과 독창성을 활용하고 행정의 분산을 도모하기 위함이다.

(2) 종류

	체신	별정우체국장
	경찰 · 호적	사선의 선장
	학위수여	사립대학교 학장
	공용수용	공특법상의 기업자
	국세	소득세원천징수의무자(판례는 부정, 학설은 대립)
	교정업무	「민영교도소 등의 설치 · 운영에 관한 법률」에 따라 교정업무를 수행하는 교정법인 또는 민영교도소 등
	공증	공증사무를 수행하는 공증인
공무수탁사인의 종류	공무	공무(등록업무수행, 직업에 대한 규제법규 제정)를 수행하는 변호사협회와 의사협회 등과 같은 직업별 협회
	행정을 대행하는 경우	행정기관에 감독은 받으나 종속되지는 않음(예 차량등록의 대행자, 자동차 검사의 대행자)
	행정보조인	행정기관에 종속(예 아르바이트로 우편 업무를 수행하는 사인)
	공의무부담자	법률에 의해 공행정사무를 처리할 의무가 부여된 사인이나 권한을 이전받지 못함(예 석유비축의무가 있는 사업주, 사법인 등이 조세를 원천징수할 의무가 있음(判))
	공무집행에 자진하여 협력하는 사인	의용소방대원
	국립대학의 시간강사	제한된 공법상 근무관계
	계약에 의하여 공적 임무를 위탁받은 사인	주로 사법상 계약(예 주차위반차량을 견인하는 민간사업자가 경찰과 계약을 통해 업무 수행, 자치단체와 계약을 통해 자치단체에서 발생하는 생활쓰레기 수거, 행정청과 계약을 통해 무허가 건축철거 시행)
	선원의 월급을 주는 선장	
	공납금을 수납하는 사립대학 총장 및 학장	

② 행정작용법적 관계

(1) 권력관계(본래적 공법관계)

행정주체가 우월적 지위에서 국민의 권리와 의무를 명령·강제하거나 국민과의 법률관계를 발생·변경·소멸시키는 관계이다.

(2) 비권력적 관계

① **관리관계(전래적 공법관계)** : 원칙적으로 이에는 사법(私法)이 적용되고, 분쟁해결은 민사소송절차에 의한다. 다만, 예외적으로 공익목적달성에 필요한 범위 내에서 특별한 규정이 있거나 성질에 비추어 공법 및 공법원리가 적용되고 그러한 한도 내에서는 공법관계로 파악되어 분쟁해결은 행정소송 중 당사자소송절차에 의한다.

② **국고관계** : 사법이 적용되며, 분쟁해결은 민사소송절차에 의한다(다만, 공공적 성격도 지니므로 일정한 한도 내에서 평등원칙·비례원칙 등 「헌법」상의 원리에 의한 구속을 적어도 간접적으로 받는다고 본다).

③ 개인적 공권

(1) 개인적 공권의 의의

일반 국민이 국가에 대하여 일정한 사항을 요구할 수 있는 권리를 의미한다. 개인적 공권을 침해당한 국민은 국가를 상대로 행정소송을 제기할 수 있는 원고적격이 인정된다.

(2) 개인적 공권의 종류

① **자유권(소극적 지위)** : 「헌법」상 자유권적 기본권

② **수익권(적극적 지위)** : 공법상 금전청구권(보수, 연금), 영조물이용권, 공물사용권

③ **참정권(능동적 지위)** : 선거권, 공무담임권, 국민투표권, 주민소환투표청구권 등

(3) 공권의 성립요건(오늘날의 2요소설)

공권이 성립하기 위한 요건으로 '강행법규'와 '사익보호성'이 있다.

(4) 법률상 이익과 반사적 이익

법률상 이익을 가진 자만이 행정심판이나 행정소송을 제기할 수 있다. 일반적으로 반사적 이익은 법적으로 주장될 수 없으며, 재판상의 보호를 받을 수 없는 것으로 해석되고 있다.

(5) 개인적 지위의 강화(개인적 공권의 확대)

① 제3자의 보호(사익보호성의 확대)

ㄱ 경업자소송 : 허가를 받아 영업을 하고 있는 기존업자가 새로운 신규업자에 대한 행정청의 인·허가 처분으로 인하여 불이익을 받게 되는 경우, 신규업자에 대한 인·허가 처분에 대해서 다투는 소송을 말한다.

ㄴ 경원자소송 : 수익적 행정처분을 신청한 수인이 서로 경쟁관계에 있어서 일방에 대한 면허나 인·허가 등이 타방에 대한 불인가·불허가 등으로 귀결될 수밖에 없는 경우, 이로 인한 법률상 이익의 침해를 다투는 소송을 말한다.

② 무하자재량행사청구권

ㄱ 개념 : 무하자재량행사청구권은 개인이 행정청에 대하여 하자 없는 적법한 재량행위를 하도록 청구할 수 있는 권리이다.

ㄴ 성립 배경 : 재량행위의 남용으로 인하여 권리침해가 발생할 수 있으므로 이에 대한 통제수단으로서 무하자재량행사청구권이 논의되고 있다.

③ 행정개입청구권

ㄱ 논의의 배경 : 재량행위의 경우라도 재량이 '0'으로 수축된 경우에는 실질적으로 재량이 존재하지 않고 특정 처분만이 가능하다. 이러한 경우 사인의 이익을 위해서 행정권 발동이 의무적이라는 인식이 널리 인정되게 되었다.

ㄴ 재량의 '영(0)'으로의 수축이론

• 의의 : 종래에는 재량영역에서는 행정권에 아무런 의무가 존재하지 않으므로 공권이 성립될 여지가 없었다. 그러나 반사적 이익을 공권으로 해석하는 경향이 확대됨으로써 생명·신체에 중대한 위해(법익 가치의 증대)가 발생하여 다른 구제수단이 없는 경우에는 재량권이 '영(0)'으로 수축되어 행정청은 특정한 처분을 발동하여야 하는 경우가 상정되기에 이르렀다.

• 성립 근거 : 일반적으로 재량행위에 있어 재량권이 '0'으로 수축되는 경우는 국민의 생명·신체·재산 등에 중대하고 급박한 위험이 존재하고(급박성), 그러한 위험이 행정권발동에 의해 제거될 수 있고(기대가능성), 행정권발동 이외의 방법으로는 위험제거가 충분히 이루어질 수 없다고 인정되는 경우(보충성)라고 본다.

4 사인의 공법행위

(1) 의의

행정법 관계에서의 사인의 행위로서 공법적 효과를 발생시키는 행위를 총칭하여 사인의 공법행위라 하는 것이다. 따라서 공법행위란 입법행위·사법행위 및 행정법관계에서의 행위를 모두 포함하는 강학상의 개념이나 행정법상의 사인의 공법행위는 사인의 행정법관계에서의 행위만을 말한다.

(2) 자기완결적 신고와 행위요건적 신고의 비교

구분	자기완결적 신고 (본래적 의미의 신고)	행위요건적 신고 (완화된 허가제의 성질)
효력발생시기	신고(접수) 시 법적 효과 발생	수리 시 법적 효과 발생
수리여부	수리 불요(접수를 요하는 신고)	수리 요(수리를 요하는 신고)
수리거부	수리거부하더라도 처분성 × (수리를 불요하는 신고에 대한 수리거부의 처분성을 인정한 경우 존재)	수리거부할 경우 처분성 ○
신고필증	단순한 사실적 의미	법적인 의미 있음
현행절차법	명문규정 있음	명문규정 없음
구체적 예(판례)	당구장영업 신고	초·중·고등학교 주변 당구장영업 신고

02 | 행정작용법

01 행정입법

1 법규명령

(1) 법규명령의 종류

① 내용에 따른 분류

㉠ 위임명령 : 위임명령이란 법률에 의하여 개별적·구체적으로 위임된 사항에 관하여 발하는 법률 보충적 명령을 말한다.

㉡ 집행명령 : 집행명령이란 법률 또는 상위명령의 규정 범위 내에서 법령의 집행을 위하여 필요한 구체적·기술적 사항을 규율하기 위하여 발하는 명령을 말한다.

② 법형식에 의한 분류

㉠ 대통령의 긴급명령과 긴급 재정·경제 명령

㉡ 대통령령(시행령)

㉢ 총리령·부령(시행규칙)

㉣ 중앙선거관리위원회규칙

㉤ 고시 형식의 법규명령(법령보충적 행정규칙) : 고시는 주로 행정규칙으로 사용되나 그 내용이 법규명령의 내용을 규정하여 법규명령으로 사용되는 경우도 있다. 또한 고시는 성질에 따라 다양하게 사용된다. 따라서 내용을 보고 판단하는 것이 바람직하다.

(2) 하자 있는 법규명령의 효력

① 위임명령의 효력 상실

㉠ 수권법률 폐지 : 위임명령 효력 상실

㉡ 수권법률 위헌결정 : 위임명령 효력 상실

㉢ 수권법률 개정 : (개정된 부분과 관련된) 위임명령 일부분 효력 상실

(3) 법규명령의 통제

① 처분적 법규명령에 대한 항고소송 : 원래 행정입법에 대해서는 처분성을 부정하여 항고소송의 대상이 될 수 없는 것이 원칙이다. 그러나 법규명령 그 자체가 직접적으로 국민의 법적지위에 영향을 미치는 것일 때에는 당해 법규명령에 처분성이 인정되어 항고소송의 대상이 될 수 있어 직접적 재판통제가 가능한 경우도 있다.

2 행정규칙

(1) 행정규칙의 의의

행정규칙이란 행정기관이 행정조직 내부관계에서 법률의 수권 없이 독자적으로 정립하는 일반적 · 추상적 규정으로 행정기관 내부규범을 의미한다.

(2) 행정규칙의 종류

① 고시 : 고시는 행정기관의 의사표현의 한 방법으로서 법규명령적 고시, 행정규칙적 고시, 일반처분적 고시 등이 있고, 그 내용에 따라 성질을 구분할 수 있다.

② 훈령 : 상급기관이 상당히 장기간에 걸쳐 하급기관에 대하여 권한의 행사를 일반적으로 지휘 · 감독하기 위하여 발하는 명령으로 구성원의 변동이 있어도 소멸되지 아니한다(훈령의 적법요건으로서 훈령권이 있는 상급관청이 적법 · 타당한 내용의 훈령을 발하여야 하고 하급청의 권한 내에 속하는 것이어야 하며 하급청의 직무상 독립적인 권한에 속하는 사항이 아니어야 함).

③ 지시 : 상급기관이 개별적 · 구체적으로 발하는 명령(일반적 · 추상적 규율이 아니므로 행정규칙이 아니라는 견해도 존재)

④ 예규 : 반복적 행정사무의 기준을 제시하는 명령

⑤ 일일명령 : 당직 · 출장 · 시간 외 근무 · 휴가 등의 일일업무에 관한 명령(일반적 · 추상적 규율이 아니므로 행정규칙이 아니라는 견해도 존재)

(3) 행정규칙의 성질(법규성)

- ■ 대통령령 형식의 행정규칙으로 법규성을 긍정한 경우
  - 「주택건설촉진법 시행령」 제10조의3 제1항 [별표 1]의 과징금부과기준
  - 구 「청소년보호법」 제49조 제1항, 제2항에 따른 동법 시행령 제40조 [별표 6]의 과징금부과처분기준
  - 「국민건강보험법」 제85조 제1항 제1호, 제2항의 위임에 따른 동법 시행령 제61조 제1항 [별표 5] 업무정지처분 및 과징금부과기준
  - 「국토의 계획 및 이용에 관한 법률 시행령」 제124조의3 제3항에서 정한 토지 이용의무를 위반한 자에게 부과할 이행강제금 부과기준
- ■ 부령 형식의 행정규칙으로 법규성을 부정한 경우
  - 「식품위생법」 시행규칙 제53조에서 [별표 15]의 행정처분 기준
  - 「도로교통법」 시행규칙 제53조 제1항 [별표]상의 운전면허 행정처분기준
  - 구 「여객자동차운수사업법」 시행규칙 제17조에 근거한 "개인택시"운송사업의 면허기준
  - 약사법 시행규칙 제89조 [별표 6]의 행정처분 기준
  - 교통부령 : 「자동차운수사업법」 사건(대판 1990.10.12, 90누3546)
  - 보건복지부령 사건(대판 2007.9.20, 2007두6946)

(4) 행정규칙의 입법형식과 법률사항의 불일치

① 법규명령 형식의 행정규칙

⊙ 대통령령(시행령) : 판례는 대통령령 형식으로 규정된 행정규칙의 경우에는 내용을 불문하고 법규성을 인정하고 있다.

⊙ 부령(시행규칙) : 판례는 부령 형식으로 규정된 행정규칙의 경우에는 법규성을 부인하고 있다.

② 행정규칙 형식의 법규명령(법령보충적 행정규칙) : 판례는 법규성을 인정하고 있지만, 형식은 행정규칙이므로 공포할 필요는 없다.

02 행정행위

1 행정행위의 의의 및 종류

(1) 행정행위의 개념

행정행위는 행정의 행위형식의 하나로서 실정법상의 개념이 아니라 학문상의 개념이다. 실정법상으로는 처분이라는 용어가 많이 사용된다. 강학상 행정행위는 실정법상으로는 허가 · 인가 · 특허 · 면허 · 재결 등으로 불린다. 이를 「행정심판법」과 「행정소송법」에서는 총괄적인 개념으로 '처분'이라는 용어를 사용하고 있다.

(2) 행정행위의 특징

① **행정청의 행위** : 「행정절차법」 제2조 제1호는 '행정청이란 행정에 관한 의사를 결정하여 표시하는 국가 또는 지방자치단체의 기관 또는 기타 법령 또는 자치법규에 의하여 행정권한을 가지고 있거나 위임 또는 위탁받은 공공단체나 그 기관 또는 사인을 말한다.'고 규정하여 공공단체, 공무수탁사인을 명시적으로 행정청의 개념에 포함시키고 있으므로 이들의 행위는 행정청의 행위라고 할 수 있다.

② **구체적 사실에 관한 법집행행위** : 일반처분도 행정행위에 해당하지만 일반적, 추상적인 입법행위는 행정행위에 해당하지 않는다.

③ **외부행위** : 행정행위는 외부에 표시가 되어야 하므로 행정조직 내부의 행위(상급관청의 지시 등)는 행정행위에 해당하지 않는다.

④ **권력적 단독행위** : 비권력적인 행정지도나, 단독행위가 아닌 공법상 계약은 행정행위에 해당하지 않는다.

⑤ **공법행위** : 사법(私法)행위는 행정행위에 해당하지 않는다.

(3) 행정행위의 종류

구분기준	종류
법률효과	• 수익적 행정행위 예 허가 • 침익적 행정행위 예 조세부과처분 • 복효적 행정행위 예 연탄공장 건축허가
행정청의 법규 구속 여부	• 기속행위 • 재량행위
행정청의 효과의사 유무	• 법률행위적 행정행위 • 준법률행위적 행정행위
상대방의 협력 필요 여부	• 일방적 행정행위 • 쌍방적 행정행위

(4) 행정행위의 성립요건

행정행위는 권한 있는 행정청이 자신의 권한 범위 내에서(주체상 요건) 일정한 절차(절차상 요건)와 형식(형식상 요건)에 따라 행정행위 내용을 명확하게 하여야 한다(내용상 요건).

> **관련판례**
>
> ■ 행정처분의 성립요건
> 일반적으로 행정처분이 주체·내용·절차 및 형식이라는 내부적 성립요건과 외부에의 표시라는 외부적 성립요건을 모두 갖춘 경우에는 행정처분이 존재한다고 할 수 있다. 항고소송의 대상이 되는 행정청의 처분이라 함은 원칙적으로 행정청의 공법상의 행위로서 특정사항에 대하여 법규에 의한 권리의 설정 또는 의무의 부담을 명하거나 기타 법률상의 효과를 직접 발생하게 하는 등 국민의 권리의무에 직접 관계가 있는 행위를 말하므로, 행정청의 내부적인 의사결정 등과 같이 상대방 또는 관계자들의 법률상 지위에 직접적인 법률적 변동을 일으키지 아니하는 행위는 그에 해당하지 아니한다(대판 1999.8.20, 97누6889).

(5) 행정행위의 효력발생요건

행정행위는 발신(발송)주의가 아닌 도달주의가 원칙이다.

> **관련판례**
>
> ■ **행정처분의 효력발생요건**
> 행정처분이 유효하게 성립하기 위하여는 정당한 권한 있는 자에 의하여 그 권한 내의 사항에 관하여 정상적인 의사에 기하여 실현가능한 사항으로서 법정의 일련의 절차에 따라 소정의 형식을 갖추어 행해져야 하고 또 외부에 대하여 표시되어야만 할 것이고 이렇게 성립된 행정처분은 통상 그 성립과 동시에 그 효력을 발생하지만 상대방에게 고지를 요하는 행정행위에 있어서는 이를 고지함으로써 비로소 그 효력이 발생하고 그 고지는 상대방이 양지할 수 있는 상태에 둠으로써 족하고 그 방법에는 특별히 제한이 없고 객관적으로 보아서 행정처분으로 인식할 수 있게 고지되면 된다고 할 것이다(대판 1976.6.8, 75누63).
>
> ■ **보통우편의 방법으로 발송하였을 경우, 송달의 추정여부(부정)**
> 내용증명우편이나 등기우편과는 달리, 보통우편의 방법으로 발송되었다는 사실만으로는 그 우편물이 상당기간 내에 도달하였다고 추정할 수 없다. 그리고 송달의 효력을 주장하는 측에서 증거에 의하여 도달사실을 입증하여야 한다(대판 2002.7.26, 2000다25002).
>
> ■ **등기취급의 방법으로 발송하였을 경우, 송달의 추정여부(긍정)**
> 우편물이 등기취급의 방법으로 발송된 경우에는 반송되는 등의 특별한 사정이 없는 한 그 무렵 수취인에게 배달되었다고 보아야 한다(대판 2007.12.27, 2007다51758).
>
> ■ **고시 또는 공고에 의하여 행정처분을 하는 경우, 그에 대한 취소소송 제소기간의 기산일**
> 통상 고시 또는 공고에 의하여 행정처분을 하는 경우에는 그 처분의 상대방이 불특정 다수인이고 그 처분의 효력이 불특정 다수인에게 일률적으로 적용되는 것이므로, 그 행정처분에 이해관계를 갖는 자가 고시 또는 공고가 있었다는 사실을 현실적으로 알았는지 여부에 관계없이 고시가 효력을 발생하는 날 행정처분이 있음을 알았다고 보아야 한다. 인터넷 웹사이트에 대하여 구 「청소년보호법」에 따른 청소년유해매체물 결정 및 고시처분을 한 사안에서, 위 결정은 이해관계인이 고시가 있었음을 알았는지 여부에 관계없이 관보에 고시됨으로써 효력이 발생한다. 그리고 그가 위 결정을 통지받지 못하였다는 것이 제소기간을 준수하지 못한 것에 대한 정당한 사유가 될 수 없다(대판 2007.6.14, 2004두619).

❷ 기속행위 · 재량행위 · 불확정개념

(1) 기속행위 · 재량행위의 의의

① 개념

ㄱ 기속행위 : 법령상 구성요건이 충족되면 행정청이 반드시 어떠한 행위를 하거나 하지 말아야 되는 것을 의미한다.

ㄴ 재량행위 : 법령상 행정청에 행위여부나 행위내용을 선택할 자유가 부여된 경우, 행정청이 자유를 가지는 것을 의미한다. 결정재량과 선택재량이 있다.

② 구별기준

학설	내용
요건재량설	• 요건이 다의적인 경우 : 재량행위 • 요건이 일의적인 경우 : 기속행위
효과재량설	• 수익적 효과 : 재량행위 • 침익적 효과 : 기속행위
법률문언설 (판례, 통설)	• ～하여야 한다 : 기속행위 • ～할 수 있다 : 재량행위 • 판례 : 법률문언설(원칙)＋효과재량설(예외)

관련판례

■ 기속행위와 재량행위의 판단기준은 법문언에 따라 개별적으로 판단(원칙)하나 효과재량설을 보충적인 기준으로 수용
  ※ '공유수면매립면허, 개인택시면허, 마을버스운송사업면허, 어업면허, 광업면허, 도로점용허가, 토지보상법상 토지수용을 위한 사업인정'은 특허이기 때문에 재량행위에 해당

(2) 판례의 태도

① 판례가 기속행위로 판단한 경우

ㄱ 허가

• 구 「식품위생법」상 대중음식점영업허가(대판 1993.5.27, 93누2216)
• 「기부금품모집규제법」상의 기부금품모집허가(대판 1999.7.23, 99두3690)
• 「석유사업법」상 석유 판매업허가(대판 1995.3.10, 94누8556)
• 주유소설치허가(대판 1996.7.12, 96누5292)
• 구 「식품위생법」상 광천 음료수제조업허가(대판 1993.2.12, 92누5959)
• 구 「공중위생법」상 위생접객허가(대판 1995.7.28, 94누13497)
• 「건축법」상 건축허가(대판 1995.12.12, 95누9051)
• 「약사법」상 의약품제조업허가(대판 1985.12.10, 85누674)
• 「약사법」 제26조 등에 의한 허가사항의 변경 허가(대판 1987.2.24, 86누376)
• 금고 이상의 형을 받은 약사에 대한 약사 면허 취소(대판 1993.6.8, 92누19026)
• 구 「총포ㆍ도검ㆍ화약류 등 단속법」상 화약류 판매업 및 저장소 설치허가(대판 1996.6.28, 96누3036)

ㄴ 인가

• 학교법인 이사취임승인처분(대판 1992.9.22, 92누5461)
• 사립학교 이사회 소집신청에 대한 승인(대판 1984.4.27, 87누1106)

ㄷ 기타

• 지방병무청장의 공익근무(사회복무)요원소집처분(대판 2002.8.23, 2002두820)
• 공중보건의사의 편입취소와 현역병입영명령(대판 1996.5.31, 95누10617)
• 음주측정거부를 이유로 한 운전면허취소(대판 2004.11.12, 2003두12042)

- 구 「지방재정법」 제87조 제1항에 의한 변상금 부과처분(대판 2000.1.14, 99두9735)
- 국유재산의 무단점유 등에 대한 변상금 징수(대판 2000.1.28, 97누4098)
- 감사원의 변상판정(대판 1994.12.13, 93누98)
- 음주 측정 거부를 이유로 한 운전면허 취소(대판 2004.11.12, 2003두12042)
- 「경찰공무원 임용령」에 의한 부정행위자에 대한 합격취소처분 및 응시자격제한(대판 2008. 5.29, 2007두18321)

관련판례

■ **음주측정거부를 이유로 한 운전면허취소처분 : 기속행위**
「도로교통법」 제78조 제1항 단서 제8호의 규정에 의하면, 술에 취한 상태에 있다고 인정할 만한 상당한 이유가 있음에도 불구하고 경찰공무원의 측정에 응하지 아니한 때에는 필요적으로 운전면허를 취소하도록 되어 있어 처분청이 그 취소 여부를 선택할 수 있는 재량의 여지가 없음이 그 법문상 명백하므로, 위 법조의 요건에 해당하였음을 이유로 한 운전면허취소처분에 있어서 재량권의 일탈 또는 남용의 문제는 생길 수 없다(대판 2004.11.12, 2003두12042).

■ **지방병무청장의 공익근무요원소집처분 : 기속행위**
「병역법」 제26조 제2항은 보충역을 동조 제1항 소정의 업무나 분야에서 복무하여야 할 공익근무요원으로 소집한다고 규정하고 있다(대판 2002.8.23, 2002두820).

■ **국유재산의 무단점유 등에 대한 변상금의 징수행위 : 기속행위**
「국유재산법」 제51조 제1항에 변상금징수 요건이 명백히 규정되어 있으므로 변상금을 징수할 것인가는 기속행위이다(대판 2000.1.28, 97누4098).

■ **「약사법」 등에 의한 허가사항 변경허가행위 : 기속행위**
「약사법」 제26조 등에 의한 허가사항의 변경허가에 있어서 소관 행정청은 그 허가신청이 위 법조의 요건에 합치하는 때에는 특별한 사정이 없는 한 이를 허가하여야 한다(대판 1987.2.24, 86누376).

② 판례가 재량행위로 판단한 경우

㉠ 허가
- 개발제한구역 내 건축허가(대판 2004.7.22, 2003두7606)
- 도시지역 안에서 토지의 형질변경행위를 수반하는 건축허가(대판 2005.7.14, 2004두6181)
- 구 총포·도검·화약류 등 단속법상 총포 등 소지허가(대판 1993.5.14, 92도2179)

㉡ 허가+공익보호 : 재량행위(환경 또는 문화재)
- 개발제한구역 내에서의 건축물 용도변경허가(대판 2001.2.9, 98두17593)
- 산림법상 산림훼손허가(대판 2003.3.28, 2002두12113)
- 학교환경위생정화구역 내에서 터키탕업허가(대판 1996.10.29, 96누8253)
- 「농지법」상 농지전용허가(대판 2000.5.12, 98두15382)
- 자연공원구역 내의 단란주점 영업허가(대판 2001.1.30, 99두3577)
- 입목굴채허가(대판 2001.11.30, 2001두5866)

- **개인택시운송사업 면허의 법적 성질 및 그 면허기준의 해석·적용 방법**

  「자동차운수사업법」에 의한 개인택시운송사업 면허는 특정인에게 권리나 이익을 부여하는 행정행위로서 법령에 특별한 규정이 없는 한 재량행위이고, 그 면허를 위하여 필요한 기준을 정하는 것도 역시 행정청의 재량에 속하는 것이므로, 그 설정된 기준이 객관적으로 합리적이 아니라거나 타당하지 않다고 볼만한 다른 특별한 사정이 없는 이상 행정청의 의사는 가능한 한 존중되어야 한다(대판 1998.2.13, 97누13061).

- **마을버스운송사업면허의 법적 성질 : 재량행위**

  마을버스운송사업면허의 허용 여부는 사업구역의 교통수요, 노선결정, 운송업체의 수송능력, 공급능력 등에 관하여 기술적·전문적인 판단을 요하는 분야로서 이에 관한 행정처분은 운수행정을 통한 공익실현과 아울러 합목적성을 추구하기 위하여 보다 구체적 타당성에 적합한 기준에 의하여야 할 것이므로 그 범위 내에서는 법령이 특별히 규정한 바가 없으면 행정청의 재량에 속하는 것이라고 보아야 할 것이고, 마을버스 한정면허 시 확정되는 마을버스 노선을 정함에 있어서도 기존 일반노선버스의 노선과의 중복 허용 정도에 대한 판단도 행정청의 재량에 속한다고 할 것이며, 노선의 중복 정도는 마을버스 노선과 각 일반버스 노선을 개별적으로 대비하여 판단하여야 한다(대판 2002.6.28, 2001두10028).

- **사회복지법인의 정관변경 : 재량행위**

  사회복지법인의 정관변경을 허가할 것인지의 여부는 주무관청의 정책적 판단에 따른 재량에 맡겨져 있다(대판 2002.9.24, 2000두5661).

- **관광지조성사업시행허가 : 재량행위**

  관광지조성사업의 시행은 국토 및 자연의 유지와 환경에 미치는 영향 등을 종합적으로 고려하여 결정하는 일종의 재량행위에 속한다(대판 2001.7.27, 99두8589).

(3) 재량의 하자

재량행사는 재량권이 주어진 목적과 한계 내에서 이루어져야 한다. 이러한 것이 준수되어야만 의무에 합당한 재량행사라고 볼 수 있다. 그 목적과 한계를 벗어나면 재량의 하자가 존재하게 되고 이는 사법심사의 대상이 된다(「행정소송법」 제27조).

- **재량행위의 일탈·남용여부의 심사대상**

  재량권의 일탈·남용여부에 대한 심사는 사실오인, 비례·평등의 원칙위배, 당해행위의 목적위반이나 동기의 부정유무 등을 그 판단대상으로 한다(대판 2001.2.9, 98두17593).

  ※ 강학상으로는 재량권의 일탈과 남용을 구별하나, 판례는 양자를 구별하지 않고 구체적 사안에서 혼용하기도 한다.

- **목적위반·동기부정**

  서울대학교 대학원 학위수여규정 제19조 소정 2종의 외국어고사에 합격되고 당시 시행 중이던 「교육법 시행령」 제137조와 위 대학원 학위수여규정 제14조에 의한 학위논문심사에 통과한 자에 대하여 정당한 이유 없이 학위수여를 부결한 행정처분은 위 「교육법 시행령」의 규정과 위 대학원 학위수여규정의 각 규정에 위배한 것으로 재량권의 한계를 벗어난 위법한 것이다(대판 1976.6.8, 75누63).

- **단 1회의 대리운전 행위를 이유로 7명의 부양가족의 유일한 생계수단인 개인택시사업면허를 취소한 처분**

  자동차운수사업 면허취소처분을 함에 있어서는 면허취소에 의하여 달하려고 하는 자동차운수사업법상의 공익목적과 그 면허취소 처분에 의하여 원고가 입게 될 불이익을 비교·형량하여 신중히 하여야 할 것인바 원고가 타인에게 처음으로 대리운전을 시켰으며 그의 대리운전 시간은 약 7시간 30분에 불과하고, 대리운전 시 사고를 낸 일도 없으며 한편 원고는 처와 자녀 3명을 둔 가장으로서 처갓집에 살면서 노령의 처부모를 모시고 불구인 처남까지 부양하고 있는 어려운 형편에 있던 중, 처갓집을 담보로 돈을 대출받아 개인택시를 양수하고 그 운전수입으로 겨우 생계를 유지하고 있었는데 면허취소

(4) 불확정개념

불확정개념이란 행정법규의 구성요건 부분이 '공익, 상당한 이유' 등 다의적이며 불명확한 용어로 기술되어 그것이 의미하는 내용이 일의적인 것이 아니라 다의적인 것이어서, 진정으로 의미하는 내용이 구체적 상황에 따라 달리 판단되는 개념을 말한다.

(5) 판단여지

행정법규가 행정요건에 '공익, 공공의 안전, 상당한 이유' 등과 같은 불확정개념을 사용하고 있는 경우에, 이러한 개념을 해석하고 적용하는 행위가 재량행위인지 아니면 판단여지인지가 문제가 된다.

③ 행정행위의 내용

(1) 법률행위적 행정행위

① 명령적 행위(허가, 하명, 면제) : 명령적 행위란 국민에 대한 일정한 의무 부과나 이들 의무를 해제함을 내용으로 하는 행정행위로서 상대방에 대해 새로운 권리 또는 능력의 형성을 목적으로 하는 형성적 행정행위와 구별된다.

ㄱ 허가 : 허가란 법령에 의한 일반적·상대적 금지(예 영업허가, 건축허가 등)를 특정한 경우에 해제함으로써 적법하게 일정한 행위를 할 수 있도록 해주는 행정행위를 말한다. 이는 기존의 자유가 회복됨을 의미한다.

ㄴ 하명 : 작위, 부작위, 급부, 수인 등을 명하는 행위

ㄷ 면제 : 일반적으로 부과되어 있는 작위 의무·급부 의무·수인 의무를 특정한 경우에 해제하는 행정행위

관련판례

■ 장례식장의 건축이 인근 토지나 주변 건축물의 이용현황에 비추어 현저히 부적합한 용도의 건축물을 건축하는 경우에 해당하지 않음에도 인근 주민들의 민원이 있다는 사정만으로 건축허가신청을 반려한 것이 위법한지 여부

장례식장을 건축하는 것이 구 「건축법」 제8조 제4항, 동법 시행령 제8조 제6항 제3호 소정의 인근 토지나 주변 건축물의 이용현황에 비추어 현저히 부적합한 용도의 건축물을 건축하는 경우에 해당하는 것으로 볼 수 없음에도, 건축허가신청을 불허할 사유가 되지 않는 인근 주민들의 민원이 있다는 사정만으로 건축허가신청을 반려한 처분은 법령의 근거 없이 이루어진 것으로 위법하다(대판 2002.7.26, 2000두9762).

■ 식품위생법상 일반음식점영업허가신청에 대하여 관계 법령에서 정하는 제한사유 외에 공공복리 등의 사유를 들어 거부할 수 있는지 여부

「식품위생법」상 일반음식점영업허가는 성질상 일반적 금지의 해제에 불과하므로 허가권자는 허가신청이 법에서 정한 요건을 구비한 때에는 허가하여야 하고 관계 법령에서 정하는 제한사유 외에 공공복리 등의 사유를 들어 허가신청을 거부할 수는 없고 이러한 법리는 일반음식점 허가사항의 변경허가에 관하여도 마찬가지이다(대판 2000.3.24, 97누12532).

허가의 거부
- 원칙 : 법령의 근거가 있어야 허가 거부 가능
  - 일반음식점 영업허가(대판 2000.3.24, 97누12532)
  - 건축허가(대판 2002.7.26, 2000두9762)
- 예외 : 법령의 근거가 없어도 공익상(예 환경보호, 문화재보호 등) 필요가 있는 경우에는 허가 거부 가능
  - 주유소설치허가(대판 1999.4.23, 97누14378)
  - 산림훼손허가(대판 2007.5.10, 2005두13315)
  - 토사채취허가(대판 2007.6.15, 2005두9736)
  - 사설묘지설치허가(대판 2008.4.10, 2007두6106)

② 형성적 행위(특허, 인가, 대리) : 형성적 행위란 상대방에 대한 권리 · 의무를 부과(권리 · 행위능력)하여 법적 지위를 발생 · 변경 · 소멸시키는 행위를 말한다.

  ㉠ 특허(특정인을 위한 행위) : 특정인에 대하여 새로운 권리 · 능력 또는 포괄적 법률관계를 설정하는 행위

선원주의
선원주의란 특허법상 먼저 특허를 신청한 자에게 특허를 부여하는 주의로서 행정법에서는 허가가 기속행위이기 때문에 이러한 선원주의가 적용된다. 하지만 특허는 행정청이 신청한 자 중에서 공익상 보다 확실하게 당해 사업을 수행할 능력자를 선택할 재량이 있으므로 선원주의에 의하여야 하는 것은 아니다. 단, 광업권은 강학상 성질이 특허인데도 불구하고 광업법에서 선원주의를 규정하고 있다.

  ㉡ 인가(보충행위) : 제3자의 법률적 행위를 보충하여 그의 법률상 효과를 완성시키는 행위를 말하며, 보충행위라고도 한다.

  ㉢ 대리 : 행정주체가 제3자가 행할 행위를 대신하여 행함으로써 그 행위의 법률적 효과가 당해 당사자(제3자)에게 귀속하는 것을 말한다.

- 공유수면매립면허는 설권행위인 "특허"의 성질을 가지는 것이므로 원칙적으로 행정청의 "자유재량"에 속한다(대판 1989.9.12, 88누9206).

- 개인택시운송사업의 양도 · 양수가 있고 그에 대한 인가가 있은 후 그 양도 · 양수 이전에 있었던 양도인에 대한 운송사업면허취소사유를 들어 양수인의 사업면허를 취소할 수 있는지 여부
  개인택시운송사업의 양도 · 양수가 있고 그에 대한 인가가 있은 후 그 양도 · 양수 이전에 있었던 양도인에 대한 운송사업면허취소사유(음주운전 등으로 인한 자동차운전면허의 취소)를 들어 양수인의 운송사업면허를 취소한 것은 정당하다(대판 1998.6.26, 96누18960).

(2) 준법률행위적 행정행위

행정청의 효과의사가 아닌 법률의 규정에 따라 행정행위의 효과가 발생하는 경우를 의미한다. 따라서 준법률행위적 행정행위는 기속행위가 원칙이다. 준법률행위적 행정행위에는 확인, 공증, 통지, 수리가 있다.

① 확인 : 사실관계나 법률관계에 다툼이나 의문이 있는 경우에 상급청이 판단하는 행위를 말한다. 이를 준사법(司法)적 행위라고도 한다. **예** 발명특허, 행정심판의 재결, 국가유공자 결정 등

② 공증 : 사실관계나 법률관계의 존재 여부를 행정청이 공적으로 증명해주는 행위를 말한다.
예 각종 증명서 발급 · 교부, 각종 회의록 기재, 각종 직인 압날 등

③ 통지 : 행정청이 특정인이나 불특정 다수인을 상대로 일정한 사실을 알리는 행위를 의미한다. 통지 자체로 일정한 법률상 효과가 발생한다. **예** 대집행 계고, 납세의 독촉, 토지수용에 있어서 사업인정의 고시 등

④ 수리 : 사인의 공법행위에 대하여 행정청이 유효한 행위로서 접수하여 처리하는 것을 의미한다.
예 출생신고, 전입신고 등

4 행정행위의 효력

(1) 내용상 구속력

① 의의 : 내용상 구속력이란 적법요건을 갖춘 행정행위가 행위의 내용에 따른 법적 효과를 발생시키고 이러한 효과가 당사자(관계행정청, 상대방, 관계인 등)를 구속하는 힘을 말한다.

② 성질 : 내용상 구속력은 실체법상 효력이다.

(2) 공정력(예선적 효력)

① 의의 : 공정력이란 비록 행정행위에 하자가 있더라도 그것이 중대하고 명백하여 당연무효가 아닌 한 권한 있는 기관에 의하여 취소될 때까지 일응 유효한 것으로 추정되어 누구든지 그 효력을 부인할 수 없는 힘을 말한다.

② 근거 : 공정력의 이론적 근거에 관해서는 법적 안정설 내지 행정정책설이 통설이다.

③ 한계(공정력의 범위) : 무효인 행정행위와 비행정행위(처분성 ×)는 공정력이 인정되지 않는다.

(3) 구성요건적 효력

① 의의 : 취소할 수 있는 행위인가를 불문하고 유효한 행정행위가 존재하는 한 모든 행정기관과 법원은 그 행위와 관련이 있는 자신들의 결정에 영향을 미치는 그 행위의 존재와 법적 효과를 인정해야 하고, 아울러 그 내용에 구속되는데, 행정행위가 갖는 이와 같은 구속력을 구성요건적 효력이라고 한다.

② 근거 : 행정기관은 각각 권한과 관할을 달리하므로 상호간 권한을 존중하고, 권한의 불가침을 이루어야 한다. 다만, 무효인 행위의 경우에는 구성요건적 효력이 인정되지 않는다.

③ 선결문제

㉠ 의의 : 선결문제란 특정 사건의 재판에 있어서 당해 사건의 재판을 위해 먼저 판단되어야 하는 문제를 말한다.

ⓛ 민사사건의 경우

- 행정행위의 효력 유무 : 부당이득반환청구
  - 당해 행정행위가 당연무효라면 민사법원이 직접 무효를 판단할 수 있다. 따라서 부당이득반환판결을 선고할 수 있다.
  - 반면 단순위법(취소사유)인 경우에는 그 효력을 부인할 수 없다. 따라서 부당이득반환판결을 선고할 수 없다.
- 행정행위의 위법 유무 : 국가배상청구
  - 민사법원은 국가배상판결을 선고할 수 있다.

ⓒ 형사사건의 경우

- 행정행위의 효력 유무 **예** 무면허운전자처벌
- 행정행위의 위법 유무 **예** 시정명령 위반 처벌

(4) 존속력(확정력)

행정행위가 발령되면 많은 법률관계가 형성되기 때문에 많은 이해관계가 생기게 된다. 그로 인해 이러한 행위가 자유롭게 변경 · 취소된다면 법적 안정성에 많은 문제가 야기된다. 따라서 되도록 일단 정해진 행정행위를 존속시킬 필요가 있다. 이러한 요청을 제도화한 것이 행정행위의 불가쟁력(형식적 존속력)과 불가변력(실질적 존속력)이며, 이를 합하여 존속력이라고 한다.

① 형식적 존속력(불가쟁력)

ⓐ 의의 : 불가쟁력이란 쟁송기간이 경과하거나 쟁송수단을 모두 거친 경우에는 그 행정행위의 효력을 다툴 수 없게 되는 효력을 말한다.

ⓑ 불가쟁력과 국가배상청구 : 판례는 위법한 과세처분과 관련하여 국가배상을 청구하는 것은 '정당한 세액을 벗어나는 부분에 대하여 부당이득반환을 청구하는 것이 아닌', '위법한 과세처분에 대한 배상을 구하는 것이기에 인정된다.'고 판시한 바 있다.

② 실질적 존속력(불가변력)

ⓐ 의의 : 불가변력이란 행정행위가 발해지면 일정한 경우에 행정행위의 성질상 행정청 자신도 직권으로 자유로이 이를 취소 · 변경 · 철회할 수 없게 하는 효력을 말한다.

ⓑ 성질 : 법치행정의 원리 또는 합리적인 행정의 필요상 경우에 따라서는 행정행위의 변경가능성이 인정되어야 한다. 그런데 경우에 따라서는 법적 안정성의 견지에서 행정행위를 그대로 존치시켜야 하는데 이때에 발생하는 효력을 실질적 존속력(불가변력)이라고 부른다.

5 행정행위의 하자

(1) 의의

행정행위의 하자라 함은 행정행위가 적법, 유효하게 성립하기 위한 요건을 갖추지 못한 것을 말하며, 이처럼 행정행위의 성립 및 발효요건이 결여된 행정행위를 하자 있는 행정행위라고 한다.

(2) 하자유무의 판단시점

행정행위의 하자유무판단은 원칙적으로 행정행위의 발령당시(처분시) 즉, 행정행위가 외부에 표시된 시점을 기준으로 한다. 따라서 행정행위가 행해진 후의 근거법령이나 사실관계의 변경은 당해 행정행위의 위법여부에 영향을 미치지 않으며, 철회 또는 실효사유가 될 수 있을 뿐이다(통설·판례).

(3) 행정행위의 부존재

행정행위라고 볼 수 있는 외형상의 존재 자체가 없어서 행정행위로서 성립조차 하지 못한 경우를 말한다.

(4) 행정행위의 무효와 취소의 구별

① 중대명백설
② 판례가 매우 중요

(5) 하자 있는 행정행위의 치유와 전환

① 의의

② 하자 있는 행정행위의 치유

㉠ 개념 : 하자의 치유란 행정행위가 성립 당시에는 하자 있는 행정행위이지만 흠결요건을 사후 보완(새로운 사유 추가 ×)하거나 위법성이 경미하여 취소할 필요가 없는 경우 적법행위로 취급하는 것을 말한다.

㉡ 시간적 한계(치유를 언제까지 해야 하는지의 문제) : 쟁송제기이전시설과 쟁송종결시설이 대립하고 있으나 판례는 처분에 대한 불복여부 결정 및 불복신청에 편의를 줄 수 있는 상당기간 내에 가능하다고 판시하여 쟁송제기이전시설을 취하고 있다.

■ **납세고지서에 기재사항이 누락되었으나 과세예고통지서에 필요한 기재사항이 제대로 기재된 경우**

증여세의 납세고지서에 과세표준과 세액의 계산명세가 기재되어 있지 아니하거나 그 계산명세서를 첨부하지 아니하였다면 그 납세고지는 위법하다고 할 것이나, 한편 과세관청이 과세처분에 앞서 납세의무자에게 보낸 과세예고통지서 등에 납세고지서의 필요적 기재사항이 제대로 기재되어 있어 납세의무자가 그 처분에 대한 불복 여부의 결정 및 불복신청에 전혀 지장을 받지 않았음이 명백하다면, 이로써 납세고지서의 하자가 보완되거나 치유될 수 있다(대판 2001.3.27, 99두8039).

■ **세액산출근거의 기재사항이 누락된 납세고지의 하자**

납세고지서에 세액산출근거 등의 기재사항이 누락되었거나 과세표준과 세액의 계산명세서가 첨부되지 않았다면 적법한 납세의 고지라고 볼 수 없으며, 위와 같은 납세고지의 하자는 납세의무자가 그 나름대로 산출근거를 알고 있다거나 사실상 이를 알고서 쟁송에 이르렀다 하더라도 치유되지 않는다(대판 2002.11.13, 2001두1543).

■ 과세관청이 사전에 납세의무회사의 직원에게 과세근거와 세액산출근거 등을 사실상 알려준 바 있다 하더라도 이로써 세액산출근거를 명시하지 않은 과세관청의 하자가 치유될 수 없다(대판 1988.2.9, 83누404).

③ 하자 있는 행정행위의 전환

　　㉠ 개념 : 하자 있는 행정행위의 전환이란 원래 행정행위에서는 무효이나 다른 행정행위 요건 충족 시에 다른 행정행위로 보아 유효행위로 취급하는 것을 말한다. 예 사망자에 대한 조세부과처분이 무효이므로 상속인에 대한 조세부과처분으로 효력을 발생케 하는 것

　　㉡ 사실상 공무원 이론 : 실제 공무원이 아닌 자의 행정행위였다 하더라도 객관적으로 공무원의 행위라고 믿을 만한 상태하에 행하여진 경우에는 일반의 신뢰와 법적 생활의 안전을 위하여 사실상 공무원의 행위로 보아 유효행위로 취급하는 것을 말한다.

④ 치유와 전환의 효과

구분	치유	전환
대상	취소사유인 흠 있는 처분	무효사유인 흠 있는 처분
성질	원래 처분의 보완	새로운 처분
소급효	인정	인정

6 행정행위의 취소

■ **처분청이 직권취소를 할 수 있다는 사정이 있는 경우 이해관계인에게 처분청에 대한 취소 요구 신청권이 부여된 것으로 볼 수 있는지 여부**

원래 행정처분을 한 처분청은 그 처분에 하자가 있는 경우에는 원칙적으로 별도의 법적 근거가 없더라도 스스로 이를 직권으로 취소할 수 있지만, 그와 같이 직권취소를 할 수 있다는 사정만으로 이해관계인에게 처분청에 대하여 그 취소를 요구할 신청권이 부여된 것으로 볼 수는 없다(대판 2006.6.30, 2004두701).

(1) 취소의 제한(한계)

① 침익적 행정행위의 직권취소 : 행정의 법률적합성원칙에 따라 직권취소가 가능하다.

② 수익적 행정행위의 직권취소 : 수익적 행정행위는 상대방의 신뢰보호원칙에 따라 직권취소가 제한되나 신뢰보호가치가 없을 시에는 제한받지 않는다.

7 행정행위의 부관

(1) 개념

행정행위의 법적 효과를 제한 또는 보충하기 위해서 주된 행정행위에 부가되는 종적인 것을 부관이라고 한다.

(2) 구별개념

① 법정부관과의 구별 : 법정부관은 행정청에 의하여 부과되는 것이 아닌, 법령에 의해 직접 부과되는 것이므로 법규 그 자체이다. 따라서 법정부관의 경우 행정청의 재량이 전혀 허용되지 않기 때문에 여기서 말하는 부관에 해당되지 않는다.

② 수정부담과의 구별 : 일반적인 부관이 상대방의 신청을 일단 받아들이고 그에 부수해서 일정한 행위를 부과하는 것인데, 수정부담이란 상대방이 신청한 것과 다르게 행정행위의 내용 자체를 수정·변경하는 것을 말한다. 수정부담은 진정한 의미의 부관이라고 보기 어렵다.

(3) 부관의 종류

① 조건

㉠ 개념 : 조건이란 행정행위 효력을 장래에 발생이 불확실한 사실에 의존케 하는 부관을 말한다.

㉡ 조건의 종류

• 정지조건 : 정지조건이란 행정행위의 효력을 발생시키는 부관을 말한다.

예 주차시설완비조건으로 호텔영업허가

• 해제조건 : 해제조건이란 행정행위의 효력을 소멸시키는 부관을 말한다.

예 일정기간 내에 공사착수조건으로 공유수면매립면허허가

㉢ 부담과의 구별 : 조건의 경우 부담과의 구별이 문제된다. 양자 간의 구별이 불명확한 경우에는 처분성이 없는 조건보다는 처분성이 있어 국민의 권리구제에 유리한 부담으로 해석하는 것이 통설이다.

② 기한

㉠ 개념 : 기한이란 행정행위의 효력의 발생·소멸 등을 장래에 발생이 확실한 사실에 의존케 하는 부관을 말한다.

㉡ 종류

• 확정기한 : 당해 사실의 도래시기가 확정되어 있는 것을 말한다.

• 불확정기한 : 당해 사실의 도래시기가 불확정된 것을 말한다.

• 시기 : 행정행위의 효력의 발생을 장래의 확실한 사실에 의존케 하는 부관을 말한다.

• 종기 : 행정행위의 효력의 소멸을 장래의 확실한 사실에 의존케 하는 부관을 말한다.

③ 부담

　　㉠ 개념 : 부담이란 행정행위에 부수하여 상대방에게 작위의무, 부작위의무, 급부의무, 수인의무를 명하는 부관을 말한다.

　　㉡ 조건과의 구별

　　　　• 정지조건과의 구별 : 정지조건부 행정행위는 조건이 성취됨으로써 비로소 주된 행정행위의 효력이 발생하지만, 부담부 행정행위는 상대방의 부담이행여부와 상관없이 처음부터 주된 행정행위의 효력이 완전히 발생하며 다만 부수적으로 의무가 부가될 뿐이다.

　　　　• 해제조건과의 구별 : 해제조건부 행정행위는 조건의 성취에 의하여 당연히 주된 행정행위의 효력이 소멸하지만, 부담부 행정행위는 상대방이 부담을 이행하지 않는 경우에도 주된 행정행위의 효력이 당연히 소멸하지는 않으며 행정청의 별도의 의사표시(철회)가 있어야 소멸한다.

　　㉢ 성질

　　　　• 처분성 인정여부 : 부담은 조건이나 기한과는 달리 처분성이 인정된다.

　　　　• 주된 행정행위와의 관계 : 부담의 불이행이 있다고 해서 주된 행정행위의 효력이 당연히 소멸되는 것은 아니다. 그러나 부담이 주된 행정행위와 관련되어 있고, 부담의 존재와 이행이 주된 행정행위와 관련되어 있음에 비추어 볼 때, 주된 행정행위가 소멸되면 부담 역시 소멸하게 된다.

　　㉣ 부담의 불이행 : 부담을 불이행하는 경우에는 강제집행을 하거나 주된 행정행위의 철회 또는 후속처분을 거부할 수 있다.

④ **부담유보** : 부담유보란 행정청이 행정행위를 발하면서 사정의 변화에 따라 사후에 부담을 설정·변경·보완할 수 있는 권리를 유보해 두는 것을 말한다.

⑤ **법률효과의 일부배제** : 법률효과의 일부배제란 법률이 예정하고 있는 효과의 일부를 배제하는 행위로서의 부관을 의미한다. 즉 법률효과 일부배제는 법령상 규정되어 있는 효과를 일부 배제하는 것이라는 점에서 다른 부관과 달리 법령에 근거가 있을 시에만 붙일 수 있다. 예 택시 격일제 운행

03　기타 행정작용

① 확약

(1) 법적 성질

① 학설 : 확약의 처분성을 인정한다.

② 판례 : 확약의 처분성을 부정한다. 다만, 확약을 취소하는 행위는 처분성이 인정된다.

② 공법상 계약

(1) 개념

공법상 계약이란 복수당사자 사이에 반대 방향의 의사표시의 합치에 의하여 공법적 효과의 발생을 그 목적으로 하는 공법행위를 말한다.

(2) 종류

공법상 계약	사법상 계약
• 지원 입대 • 국공립학교 입학 • 전문직공무원인 공중보건의사 채용계약 • 계약직 공무원 채용계약 • 행정사무위탁(신청에 의한 별정우체국장의 지정) • 임의적 공용부담(사유지를 도로부지로 제공) • 서울시립무용단원의 위촉 • 지방자치단체 간의 교육사무위탁 • 공공조합비의 징수위탁 • 도로·하천의 관리 및 경비분담에 관한 협의 • 특별행정법관계 설정 합의 • 국립중앙극장 전속단원의 채용	• 전화가입계약 • 물품구입계약(주택공사로부터 주택 구입) • 관공서폐차불하계약 • 토지수용에 있어서의 협의취득(判) • 국유잡종재산 매각·대부·교환계약 • 건축도급계약 • 국공립병원 입원·치료/전공의 임용 • 지방재정법상 지자체가 당사자가 되어 체결하는 계약 • 사립학교 교원과 학교법인과의 관계 • 국·공영철도이용, 시영버스·시영식당 이용관계 • 창덕궁 비원 안내원 채용계약 • 국가를 당사자로 하는 계약에 관한 법률에 따라 행한 관급 공사계약체결

③ 공법상 사실행위

(1) 개념

공법상의 사실행위란 행정주체의 행위가 일정한 법률효과를 지향하는 것이 아니라 사실상의 결과발생만을 목적으로 하는 행위양식을 말한다.

(2) 종류

행정주체	내부적 사실행위	내부의 준비절차, 내부적인 사무감사, 문서처리 등
	외부적 사실행위	금전출납, 쓰레기 수거, 행정조사, 행정강제, 영조물 설치관리, 공기업 경영 등
사인의 사실행위		주민의 지위를 취득하는 특정지역의 거주 등
정신작용	물리적 사실행위	단순한 육체적 행동이나 물리적 행위를 수반하여 행해지는 사실행위
	정신적 사실행위	정신적 작용을 내용으로 하는 사실행위
공권력의 행사	권력적 사실행위 (처분성 ○)	행정강제
	비권력적 사실행위 (처분성 ×)	행정지도, 수난구호, 진화, 비공식적 행정작용
독립성	집행적 사실행위	법령이나 행정행위를 집행하기 위한 사실행위
	독립적 사실행위	그 자체로서 독립적인 의미를 갖는 사실행위

4 행정계획

(1) 개념

행정계획이란 행정주체가 일정한 행정목표를 설정하고 그 달성을 위해 상호 관련된 행정수단을 종합·조정함으로써 장래의 일정한 시점에 일정한 질서를 실현할 것을 목적으로 하는 활동기준 또는 그 설정행위를 말한다.

> **더 알아보기**
>
> 행정계획 종류별 처분성 유무
> ① • 도시계획결정 ○
>   • 도시기본계획 ×
>   • 도시관리계획 ○
> ② • 도시설계결정 ○
>   • 도시계획시설결정 ○
>   • 택지개발계획승인 ○
>   • 관리처분계획 ○
> ③ • 환지계획 ×
>   • 환지예정지처분 ○
>   • 환지처분 ○
> ④ • 택지공급방법결정 ×
>   • 하수도정비기본계획 ×
>   • 농어촌도로기본계획 ×
> ⑤ • 국토이용계획 ○
>   • 국토종합계획 ×

(2) 집중효

행정계획이 확정되면 다른 법령에 의해 받게 되어 있는 승인 또는 허가 등을 받은 것으로 간주하는 효력을 집중효라 한다. 이는 계획확정절차를 통해 인가 또는 허가 등을 받은 것으로 대체된다는 점에서 대체효라고도 한다.

> **더 알아보기**
>
> 인·허가 의제제도
> 인·허가 의제제도는 근거법상의 주된 허가, 특허 등을 받으면 그 시행에 필요한 다른 법률에 의한 인·허가도 받은 것으로 간주하는 제도이다.

(3) 계획재량

계획법률은 추상적인 목표를 제시하는 것에 그치므로 계획을 실현하는 구체적인 수단과 내용에 대해서는 규정하고 있지 않은 것이 일반적이다. 따라서 행정주체는 계획법률이 제시한 목표를 실현하는 데 있어서 어떠한 방법과 수단을 사용할지에 대해 광범위한 재량을 갖게 되는데 이를 계획재량이라고 한다. 판례 역시 법집행과 관련된 행정재량과 계획수립과 관련된 계획재량을 인정한다.

5 가행정행위

(1) 개념

가행정행위란 종국적인 행정행위 이전에 행정행위 상대방의 권리나 의무를 잠정적, 임시적으로 규율하는 행정작용이다. 예를 들면 조세부과처분을 함에 있어서 일단 잠정세율을 적용하여 부과처분을 하였다가 나중에 확정세율을 적용하여 부과처분을 하는 경우, 공무원법상 징계처분 이전에 공무원의 직위를 잠정적으로 해제하는 경우 등이다.

(2) 특징

① 가행정행위의 처분성을 인정한다(통설).
② 종국적인 행정행위가 있으면 가행정행위의 효력은 소멸되기 때문에 불가변력이 발생하지 않는다.
③ 가행정행위의 상대방은 신뢰보호원칙을 주장할 수 없다(통설).
④ 종국적인 행정행위에 대한 법률상 근거가 있으면 가행정행위에 대한 법률상 근거가 없어도 가능하다.

> **관련판례**
>
> ■ 「국가공무원법」상 직위해제처분에 처분의 사전통지 및 의견청취 등에 관한 「행정절차법」 규정이 적용되는지 여부
> 「국가공무원법」상 직위해제처분은 구 「행정절차법」 제3조 제2항 제9호, 구 「행정절차법 시행령」 제2조 제3호에 의하여 당해 행정작용의 성질상 행정절차를 거치기 곤란하거나 불필요하다고 인정되는 사항 또는 행정절차에 준하는 절차를 거친 사항에 해당하므로, 처분의 사전통지 및 의견청취 등에 관한 행정절차법의 규정이 별도로 적용되지 않는다(대판 2014.5.16. 2012두26180).
>
> ■ 직위해제처분 후 새로운 사유로 다시 직위해제처분을 한 경우, 종전 직위해제처분의 소의 이익
> 행정청이 공무원에 대하여 새로운 직위해제사유에 기한 직위해제처분을 한 경우 그 이전에 한 직위해제처분은 이를 묵시적으로 철회하였다고 봄이 상당하고, 그렇다면 직위해제처분 무효확인 및 정직처분취소 소송 중 이미 철회되어 그 효력이 상실된 직위해제처분의 취소를 구하는 부분은 존재하지 않는 행정처분을 대상으로 한 것으로서, 그 소의 이익이 없다(대판 1996.10.15. 95누8119).

03 | 행정과정의 규율

01 행정절차

1 행정절차 이론

(1) 행정절차의 의의

① **의의** : 행정절차는 광의로는 행정의사의 결정과 집행에 관련된 일체의 과정을 의미한다. 여기에는 행정처분 등에 관한 사전절차 이외에 사후절차로서의 행정심판절차 및 행정상의 의무이행확보절차까지 포함되며, 협의의 행정절차는 행정의사의 결정에 관한 '대외적 사전절차'를 의미한다.

② **행정절차의 이념** : 법치주의, 민주주의, 행정의 적정화, 사전적 권리구제, 행정의 능률성

(2) 행정절차의 내용

① **사전통지** : 사전통지란 청문에 앞서 청문의 일시·장소 및 사유 등을 이해관계인에게 미리 알려주는 준법률행위적 행정행위를 말한다. 사전통지는 청문이 시작되는 날부터 10일 전까지 통지하도록 규정하고 있다(「행정절차법」 제21조 제2항).

② **청문** : 행정청이 어떠한 처분을 하기에 앞서 당사자 등의 의견을 직접 듣고 증거를 조사하는 절차를 말한다(「행정절차법」 제2조 제5호).

③ **결정 및 결정이유의 제시** : 행정처분을 함에 있어서 그 근거가 되는 법적, 사실적 근거를 명기하는 것을 말한다. 행정청은 청문의 전 과정에 대한 평가를 토대로 하여 결정을 해야 하며, 결정이유를 제시하여야 한다.

(3) 행정절차의 근거

행정절차의 법적 근거를 직접 「헌법」에서 구할 수 있는지, 즉 청문절차를 거치지 않거나 이유제시가 없는 행정처분을 「헌법」을 근거로 하여 위법으로 볼 수 있는지의 문제가 있으나 헌법재판소는 「헌법」 제12조 상의 적법절차조항을 행정절차에 대한 직접 구속력 있는 헌법적 근거로 보고 있다(헌재 1992.12.24, 92헌가8).

(4) 행정절차의 하자

① **절차상의 하자 있는 행정행위의 효력** : 청문이나 이유제시 등을 결여한 행정행위는 절차상의 하자 있는 행정행위로서 위법이다. 한편 이 경우 그러한 하자를 무효사유로 볼 것인가, 취소사유로 볼 것인가 하는 문제가 있는데, 판례는 세액산출의 근거가 기재되지 않은 납세고지서에 의한 부과처분을 한

경우 이는 강행법규에 위반하여 위법이 되며, 위법의 정도는 취소라고 본다(대판 1984.3.27, 83누711).

② 학설

    ㉠ 적극설 : 절차상의 하자는 취소사유가 된다.

    ㉡ 소극설 : 절차상의 하자만으로는 취소사유가 될 수 없다.

③ 판례 : 법원은 (기속행위인지 재량행위인지를 불문하고) 절차상의 하자가 취소사유에 해당하는 경우에 그것만을 이유로 행정행위를 취소할 수 있다는 입장을 취하고 있다(대판 1991.7.9, 91누971).

> **관련판례**
>
> ■ **절차상 하자 있는 행정행위의 취소여부**
> 「식품위생법」제64조, 동법 시행령 제37조 제1항 소정의 청문절차를 전혀 거치지 아니하거나 거쳤다고 하여도 그 절차적 요건을 제대로 준수하지 아니한 경우에는 가사 영업정지사유 등 동법 제58조 등 소정 사유가 인정된다고 하더라도 그 처분은 위법하여 취소를 면할 수 없다(대판 1991.7.9, 91누971).

(5) 절차상 하자의 치유

국민의 권익을 침해하지 않는 한도 내에서 구체적 사정에 따라 합목적적으로 인정될 수 있다는 견해(제한적 긍정설)가 통설이자 대법원의 판례이다(대판 1992.10.23, 92누2844).

2 행정절차법

(1) 목적

행정절차에 관한 공통적인 사항을 규정하여 국민의 행정 참여를 도모함으로써 행정의 공정성·투명성 및 신뢰성을 확보하고 국민의 권익을 보호함을 목적으로 한다(「행정절차법」제1조).

(2) 적용범위(「행정절차법」제3조)

① 적용대상 : 처분, 신고, 확약, 위반사실 등의 공표, 행정계획, 행정상 입법예고, 행정예고절차, 행정지도절차

② 적용 예외 사항

    ㉠ 국회 또는 지방의회의 의결을 거치거나 동의 또는 승인을 받아 행하는 사항

    ㉡ 법원 또는 군사법원의 재판에 의하거나 그 집행으로 행하는 사항

    ㉢ 헌법재판소의 심판을 거쳐 행하는 사항

    ㉣ 각급 선거관리위원회의 의결을 거쳐 행하는 사항

    ㉤ 감사원이 감사위원회의의 결정을 거쳐 행하는 사항

    ㉥ 형사(刑事), 행형(行刑) 및 보안처분 관계 법령에 따라 행하는 사항

    ㉦ 국가안전보장·국방·외교 또는 통일에 관한 사항 중 행정절차를 거칠 경우 국가의 중대한 이익을 현저히 해칠 우려가 있는 사항

    ㉧ 심사청구, 해양안전심판, 조세심판, 특허심판, 행정심판, 그 밖의 불복절차에 따른 사항

ⓩ 병역법에 따른 징집·소집, 외국인의 출입국·난민인정·귀화, 공무원 인사 관계 법령에 따른 징계와 그 밖의 처분, 이해 조정을 목적으로 하는 법령에 따른 알선·조정·중재(仲裁)·재정(裁定) 또는 그 밖의 처분 등 해당 행정작용의 성질상 행정절차를 거치기 곤란하거나 거칠 필요가 없다고 인정되는 사항과 행정절차에 준하는 절차를 거친 사항으로서 대통령령으로 정하는 사항

(3) 일반원칙
① 신의성실 및 신뢰보호의 원칙(「행정절차법」 제4조)
② 투명성의 원칙(「행정절차법」 제5조)

(4) 송달 및 송달의 효력
① 송달(「행정절차법」 제14조)
　　㉠ 송달은 우편, 교부 또는 정보통신망 이용 등의 방법으로 하되, 송달받을 자(대표자 또는 대리인을 포함)의 주소·거소(居所)·영업소·사무소 또는 전자우편주소로 한다. 다만, 송달받을 자가 동의하는 경우에는 그를 만나는 장소에서 송달할 수 있다.
　　㉡ 교부에 의한 송달은 수령확인서를 받고 문서를 교부함으로써 하며, 송달하는 장소에서 송달받을 자를 만나지 못한 경우에는 그 사무원·피용자(被傭者) 또는 동거인으로서 사리를 분별할 지능이 있는 사람에게 문서를 교부할 수 있다. 다만, 문서를 송달받을 자 또는 그 사무원 등이 정당한 사유 없이 송달받기를 거부하는 때에는 그 사실을 수령확인서에 적고, 문서를 송달할 장소에 놓아둘 수 있다.
　　㉢ 정보통신망을 이용한 송달은 송달받을 자가 동의하는 경우에만 한다. 이 경우 송달받을 자는 송달받을 전자우편주소 등을 지정하여야 한다.
② 효력발생(「행정절차법」 제15조)
　　㉠ 도달주의
　　㉡ 송달받을 자의 컴퓨터 등에 입력된 때(전자문서)
　　㉢ 공고일로부터 14일이 지난 때

(5) 처분
처분절차는 행정절차의 중심을 이루는 절차이다. 행정절차법은 처분절차를 신청에 의한 처분절차(수익적 처분절차)와 불이익처분절차로 구분하여 처분절차의 공통사항을 규정하고, 이어서 각각의 고유한 처분절차에 대해서 규정하고 있다. 좁은 의미에서의 처분절차는 불이익처분을 말한다.
① 처분의 방식
　　㉠ 문서주의(원칙), 신속·경미한 사항의 경우 구두 가능(예외)
　　㉡ 행정실명제 : 담당자의 소속·성명 및 연락처 기재
② 처분의 이유제시
　　㉠ 이유제시(원칙) : 처분 시 이유와 근거 제시
　　㉡ 생략가능(예외) : 신청내용을 모두 인정하는 처분, 단순·반복적이며 경미한 처분, 긴급한 처분

- **이유제시**
  - 면허취소처분의 경우 법적 근거와 구체적 위반사실을 적시해야 한다(대판 1990.9.11, 90누1786).
  - 상대방이 위반조문을 알 수 있는 경우라면 구체적 근거규정이 제시되지 않았어도 위법하지 않다(대판 2002.5.17, 2000두8912).
  - 계약직 공무원 채용계약해지의 의사표시에 있어서는 「행정절차법」에 따라 근거와 이유를 제시하여야 하는 것은 아니다(대판 2002.11.26, 2002두5948).

③ 불이익 처분 절차

　㉠ 행정처분의 사전통지(고지) : 행정청이 당사자에게 의무를 과하거나 권익을 제한하는 행정처분을 하는 경우에 당사자 등에게 미리 일정한 사항 등을 통지하는 것을 말한다.

　㉡ 청문 : 행정처분을 하기 전에 상대방 또는 기타 이해관계인으로 하여금 자기를 위하여 증거를 제출하고, 의견을 진술케 함으로써 사실조사를 하는 절차를 말한다.

　㉢ 공청회 : 행정청이 공개적인 토론을 통하여 어떠한 행정작용에 대하여 당사자등, 전문지식과 경험을 가진 사람, 그 밖의 일반인으로부터 의견을 널리 수렴하는 절차를 말한다.

　㉣ 의견제출 : 의견제출은 당사자등이 처분 전에 그 처분의 관할 행정청에 서면이나 말로 또는 정보통신망을 이용하여 의견제출을 할 수 있는 것을 말한다. 이는 행정청이 일정한 결정을 하기에 앞서 당사자등에게 의견을 제시할 수 있는 기회를 주는 절차로서, 청문이나 공청회에 해당하지 않는 절차를 말한다.

(6) 신고

① 전형적 신고(자기완결적 신고, 수리를 요하지 않는 신고) : 특정의 사실·법률관계에 관하여 행정청에게 단순히 알림으로써 그 의무를 다하는 보통의 신고를 말한다. 예 출생신고, 혼인신고, 사망신고 등

② 변형적 신고(행정요건적 신고, 수리를 요하는 신고) : 신고가 수리되어야 신고의 대상이 되는 행위에 대한 금지가 해제되는 신고를 말한다. 예 어업신고, 건축주명의변경 신고 등

(7) 행정상 입법예고

법령 등을 제정·개정 또는 폐지하고자 할 때 해당 입법안을 마련한 행정청은 이를 예고하여야 한다. 대통령령을 입법예고하는 경우 국회 소관 상임위원회에 이를 제출하여야 한다. 다만 신속한 국민의 권리 보호 또는 예측 곤란한 특별한 사정의 발생 등으로 입법이 긴급을 요하는 경우, 예고함이 공공의 안전 또는 복리를 현저히 해칠 우려가 있는 경우 등에는 예고하지 않을 수 있다.

(8) 행정예고

국민생활에 매우 큰 영향을 주는 사항, 많은 국민의 이해가 상충되는 사항, 많은 국민에게 불편이나 부담을 주는 사항, 그 밖에 널리 국민의 의견을 수렴할 필요가 있는 사항에 대한 정책, 제도 및 계획을 수립·시행하거나 변경하려는 경우에는 이를 예고하여야 한다. 예고하기 곤란한 특별한 사유가 있는 경우에는 예고하지 않을 수 있다.

3 행정규제기본법

(1) 목적

행정규제에 관한 기본적인 사항을 규정하여 불필요한 행정규제를 폐지하고 비효율적인 행정규제의 신설을 억제함으로써 사회·경제활동의 자율과 창의를 촉진하여 국민의 삶의 질을 높이고 국가경쟁력이 지속적으로 향상되도록 함을 목적으로 한다(「행정규제기본법」 제1조).

(2) 적용 예외 사항(「행정규제기본법」 제3조)

① 국회, 법원, 헌법재판소, 선거관리위원회 및 감사원이 하는 사무

② 형사(刑事), 행형(行刑) 및 보안처분에 관한 사무

③ 과징금, 과태료의 부과 및 징수에 관한 사항

④ 「국가정보원법」에 따른 정보·보안 업무에 관한 사항

⑤ 「병역법」, 「통합방위법」, 「예비군법」, 「민방위기본법」, 「비상대비에 관한 법률」 및 「재난 및 안전관리기본법」에 규정된 징집·소집·동원·훈련에 관한 사항

⑥ 군사시설, 군사기밀 보호 및 방위사업에 관한 사항

⑦ 조세(租稅)의 종목·세율·부과 및 징수에 관한 사항

4 민원 처리에 관한 법률

(1) 민원

민원인이 행정기관에 대하여 처분 등 특정한 행위를 요구하는 것을 말하며, 그 종류에는 일반민원(법정민원, 질의민원, 건의민원, 기타민원)과 고충민원이 있다.

(2) 주요 내용

① 민원 처리 담당자의 의무 : 민원을 처리하는 담당자는 담당 민원을 신속·공정·친절·적법하게 처리하여야 한다(「민원 처리에 관한 법률」 제4조).

② 민원 처리의 원칙(「민원 처리에 관한 법률」 제6조)

㉠ 민원 처리의 지연금지

㉡ 민원 처리 절차의 강화금지

1 정보공개

(1) 정보공개청구권

① 의의 : 정보공개청구권이란 사인이 공공기관에 대하여 정보를 제공해 줄 것을 요구할 수 있는 개인적 공권으로서 모든 국민은 정보공개청구권을 가진다. 이러한 정보공개청구권은 자기와 직접적인 이해 관계가 있는 특정 사안에 관한 개별적 정보공개청구권과 자기와 직접적 이해관계가 없는 일반적 정보 공개청구권으로 이루어진다.

② 법적 근거 : 「헌법」 제10조, 「헌법」 제37조 제1항, 「헌법」 제21조 제1항, 「공공기관의 정보공개에 관한 법률」 제5조

(2) 알 권리

① 의의 : "알 권리"란 일반적으로 접근할 수 있는 정보원으로부터 의사형성에 필요한 정보를 수집하고 그 정보를 취사·선택할 수 있는 권리이다.

② 법적 근거 : 「헌법」 제21조 제1항의 표현의 자유, 「헌법」 제1조 제2항의 국민주권의 원리 등에서 도출 할 수 있다.

2 공공기관의 정보공개에 관한 법률(정보공개법)

(1) 정의(「정보공개법」 제2조)

① "정보"란 공공기관이 직무상 작성 또는 취득하여 관리하고 있는 문서(전자문서를 포함한다. 이하 같 다) 및 전자매체를 비롯한 모든 형태의 매체 등에 기록된 사항을 말한다.

② "공개"란 공공기관이 이 법에 따라 정보를 열람하게 하거나 그 사본·복제물을 제공하는 것 또는 전 자정부법에 따른 정보통신망을 통하여 정보를 제공하는 것 등을 말한다.

③ 공공기관의 종류

ㄱ 국가기관
- 국회, 법원, 헌법재판소, 중앙선거관리위원회
- 중앙행정기관(대통령 소속 기관과 국무총리 소속 기관을 포함한다) 및 그 소속 기관
- 행정기관 소속 위원회의 설치·운영에 관한 법률에 따른 위원회

ㄴ 지방자치단체

ㄷ 공공기관의 운영에 관한 법률에 따른 공공기관

ㄹ 「지방공기업법」에 따른 지방공사 및 지방공단

ㅁ 그 밖에 대통령령으로 정하는 기관(학교, 지방자치단체 출자·출연기관, 특수법인 등)

(2) 정보공개 청구권자(「정보공개법」 제5조)

① 모든 국민은 정보의 공개를 청구할 권리를 가진다.

② 외국인의 정보공개 청구에 관하여는 대통령령으로 정한다.

> **관련판례**
>
> ■ 행정청이 구 「식품위생법」상의 영업자지위승계신고 수리처분을 하는 경우, 종전의 영업자가 행정절차법 제2조 제4호 소정의 '당사자'에 해당하는지 여부(적극)
>
> 「행정절차법」 제21조 제1항, 제22조 제3항 및 제2조 제4호의 각 규정에 의하면, 행정청이 당사자에게 의무를 과하거나 권익을 제한하는 처분을 함에 있어서는 당사자 등에게 처분의 사전통지를 하고 의견제출의 기회를 주어야 하며, 여기서 당사자라 함은 행정청의 처분에 대하여 직접 그 상대가 되는 자를 의미한다 할 것이고, 한편 구 「식품위생법」 제25조 제2항, 제3항의 각 규정에 의하면, 「지방세법」에 의한 압류재산 매각절차에 따라 영업시설의 전부를 인수함으로써 그 영업자의 지위를 승계한 자가 관계 행정청에 이를 신고하여 행정청이 이를 수리하는 경우에는 종전의 영업자에 대한 영업허가 등은 그 효력을 잃는다 할 것인데, 위 규정들을 종합하면 위 행정청이 구 「식품위생법」 규정에 의하여 영업자지위승계신고를 수리하는 처분은 종전의 영업자의 권익을 제한하는 처분이라 할 것이고 따라서 종전의 영업자는 그 처분에 대하여 직접 그 상대가 되는 자에 해당한다고 봄이 상당하므로, 행정청으로서는 위 신고를 수리하는 처분을 함에 있어서 「행정절차법」 규정 소정의 당사자에 해당하는 종전의 영업자에 대하여 위 규정 소정의 행정절차를 실시하고 처분을 하여야 한다(대판 2003.2.14, 2001두7015).

(3) 비공개대상정보

> **관련판례**
>
> ■ 비공개대상정보를 긍정한 판례 → 비공개대상정보
> - 국방부의 한국형 다목적 헬기(KMH) 도입사업에 대한 감사결과보고서(대판 2006.11.10, 2006두9351)
> - 보안관찰법 소정의 보안관찰 관련 통계자료(대판 2004.3.18, 2001두8254)
> - 한미FTA 추가협상 문서(서울행정법원 2008.4.16, 2007구합31478)
> - 학교환경위생정화위원회의 회의록(대판 2003.8.22, 2002두12946)
> - 답안지 및 시험문항에 대한 채점위원별 채점결과(대판 2003.3.14, 2000두6114)
> - 문제은행 출제방식을 채택하고 있는 치과의사 국가시험의 문제지와 정답지(대판 2007.6.15, 2006두15936)
> - 지방자치단체의 업무추진비 세부항목별 집행내역 및 그에 관한 증빙서류에 포함된 개인에 관한 정보(대판 2003.3.11, 2001두6425)
>
> ■ 비공개대상정보를 부정한 판례 → 공개대상정보
> - 검찰보존사무규칙 제22조 및 같은 규칙상의 재판확정기록 등의 열람 · 등사의 제한(대판 2006.5.25, 2006두3049)
> - 형사소송법 제47조의 공개금지(대판 2006.5.25, 2006두3049)
> - 교육공무원승진규정상 미공개로 된 교육공무원의 근무성적평정의 결과(대판 2006.10.26, 2006두11910)
> - 수용자 자비부담의 판매수익금액 및 사용내역 등에 관한 정보(대판 2004.12.9, 2003두12707)
> - 사법시험 제2차 시험의 답안지 열람(대판 2003.3.14, 2000두6114)
> - 아파트재건축주택조합의 조합원들에게 제공될 무상보상평수의 사업수익성 등을 검토한 자료(대판 2006.1.13, 2003두9459)
> - 사면대상자들의 사면실시건의서와 그와 관련된 국무회의 안건자료에 관한 정보(대판 2006.12.7, 2005두241)

(4) 정보공개의 청구방법

정보의 공개를 청구하는 자는 해당 정보를 보유하거나 관리하고 있는 공공기관에 청구인의 성명·생년월일·주민등록번호·주소 및 연락처와 공개를 청구하는 정보의 내용 및 공개방법을 적은 정보공개 청구서를 제출하거나 말로써 정보의 공개를 청구할 수 있다(「정보공개법」 제10조 제1항).

(5) 정보공개 여부의 결정

① 공공기관은 정보공개의 청구를 받으면 그 청구를 받은 날부터 10일 이내에 공개 여부를 결정하여야 한다(「정보공개법」 제11조 제1항).

② 공공기관은 부득이한 사유로 10일 이내에 공개 여부를 결정할 수 없을 때에는 그 기간이 끝나는 날의 다음 날부터 기산하여 10일의 범위에서 공개 여부 결정기간을 연장할 수 있다. 이 경우 공공기관은 연장된 사실과 연장 사유를 청구인에게 지체 없이 문서로 통지하여야 한다(「정보공개법」 제11조 제2항).

관련판례

■ **공개 청구된 정보의 공개 여부를 결정하는 법적인 의무와 권한을 가진 주체 : 공공기관의 장**

「공공기관의 정보공개에 관한 법률」 제9조 제1항, 제10조, 동법 시행령 제12조 등 관련 규정들의 취지를 종합할 때, 공개 청구된 정보의 공개 여부를 결정하는 법적인 의무와 권한을 가진 주체는 공공기관의 장이고, 정보공개심의회는 공공기관의 장이 정보의 공개 여부를 결정하기 곤란하다고 보아 의견을 요청한 사항의 자문에 응하여 심의하는 것이며, 그의 구성을 위하여 공공기관의 장이 소속 공무원 또는 임·직원 중에서 정보공개심의회의 위원을 지명하는 것이 원칙이다(대판 2002.3.15, 2001추95).

■ **정보공개를 요구받은 공공기관이 「공공기관의 정보공개에 관한 법률」 제7조 제1항 몇 호 소정의 비공개사유에 해당하는지를 주장·입증하지 아니한 채 "개괄적"인 사유만을 들어 그 공개를 거부할 수 있는지 여부 → 거부하지 못함**

국민으로부터 보유·관리하는 정보에 대한 공개를 요구받은 공공기관으로서는 동법 제7조 제1항 각 호에서 정하고 있는 비공개사유에 해당하지 않는 한 이를 공개하여야 할 것이고, 만일 이를 거부하는 경우라 할지라도 대상이 된 정보의 내용을 구체적으로 확인·검토하여 어느 부분이 어떠한 법익 또는 기본권과 충돌되어 동법 제7조 제1항 몇 호에서 정하고 있는 비공개사유에 해당하는지를 주장·입증하여야만 할 것이며, 그에 이르지 아니한 채 개괄적인 사유만을 들어 공개를 거부하는 것은 허용되지 아니한다(대판 2003.12.11, 2001두8827).

---

(6) 이의신청

① 청구인이 정보공개와 관련한 공공기관의 비공개 결정 또는 부분 공개 결정에 대하여 불복이 있거나 정보공개 청구 후 20일이 경과하도록 정보공개 결정이 없는 때에는 공공기관으로부터 정보공개 여부의 결정 통지를 받은 날 또는 정보공개 청구 후 20일이 경과한 날부터 30일 이내에 해당 공공기관에 문서로 이의신청을 할 수 있다(「정보공개법」 제18조 제1항). 국가기관 등은 이의신청이 있는 경우에는 심의회를 개최하여야 한다(「정보공개법」 제18조 제2항).

② 심의회를 개최하지 않아도 되는 사항(「정보공개법」 제18조 제2항)

　　㉠ 심의회의 심의를 이미 거친 사항

　　㉡ 단순·반복적인 청구

　　㉢ 법령에 따라 비밀로 규정된 정보에 대한 청구

③ 공공기관은 이의신청을 받은 날부터 7일 이내에 그 이의신청에 대하여 결정하고 그 결과를 청구인에게 지체 없이 문서로 통지하여야 한다. 다만, 부득이한 사유로 정하여진 기간 이내에 결정할 수 없을 때에는 그 기간이 끝나는 날의 다음 날부터 기산하여 7일의 범위에서 연장할 수 있으며, 연장 사유를 청구인에게 통지하여야 한다(「정보공개법」 제18조 제3항).

(7) 정보공개위원회의 설치(「정보공개법」 제22조)

다음 사항을 심의 · 조정하기 위하여 행정안전부장관 소속으로 정보공개위원회를 둔다.

① 정보공개에 관한 정책 수립 및 제도 개선에 관한 사항
② 정보공개에 관한 기준 수립에 관한 사항
③ 심의회 심의결과의 조사 · 분석 및 심의기준 개선 관련 의견제시에 관한 사항
④ 공공기관의 정보공개 운영실태 평가 및 그 결과 처리에 관한 사항
⑤ 정보공개와 관련된 불합리한 제도 · 법령 및 그 운영에 대한 조사 및 개선권고에 관한 사항
⑥ 그 밖에 정보공개에 관하여 대통령령으로 정하는 사항

③ 개인정보보호법

(1) 목적

이 법은 개인정보의 처리 및 보호에 관한 사항을 정함으로써 개인의 자유와 권리를 보호하고, 나아가 개인의 존엄과 가치를 구현함을 목적으로 한다(「개인정보보호법」 제1조).

(2) 정의(「개인정보보호법」 제2조)

① 개인정보 : 살아 있는 개인에 관한 정보
  ㉠ 성명, 주민등록번호 및 영상 등을 통하여 개인을 알아볼 수 있는 정보
  ㉡ 해당 정보만으로는 특정 개인을 알아볼 수 없더라도 다른 정보와 쉽게 결합하여 알아볼 수 있는 정보
  ㉢ ㉠과 ㉡을 가명처리함으로써 원래의 상태로 복원하기 위한 추가 정보의 사용 · 결합 없이는 특정 개인을 알아볼 수 없는 정보
② 정보주체 : 처리되는 정보에 의하여 알아볼 수 있는 사람으로서 그 정보의 주체가 되는 사람을 말한다.
③ 개인정보파일 : 개인정보를 쉽게 검색할 수 있도록 일정한 규칙에 따라 체계적으로 배열하거나 구성한 개인정보의 집합물을 말한다.
④ 개인정보처리자 : 업무를 목적으로 개인정보파일을 운용하기 위하여 스스로 또는 다른 사람을 통하여 개인정보를 처리하는 공공기관, 법인, 단체 및 개인 등을 말한다.
⑤ 고정형 영상정보처리기기 : 일정한 공간에 지속적으로 설치되어 지속적 또는 주기적으로 사람 또는 사물의 영상 등을 촬영하거나 이를 유 · 무선망을 통하여 전송하는 장치로서 대통령령으로 정하는 장치를 말한다.
⑥ 이동형 영상정보처리기기 : 사람이 신체에 착용 또는 휴대하거나 이동 가능한 물체에 부착 또는 거치하여 사람 또는 사물의 영상 등을 촬영하거나 이를 유 · 무선망을 통하여 전송하는 장치로서 대통령령으로 정하는 장치를 말한다.

(3) 개인정보보호 원칙(「개인정보보호법」 제3조)

① 개인정보처리자는 개인정보의 처리 목적을 명확하게 하여야 하고 그 목적에 필요한 범위에서 최소한의 개인정보만을 적법하고 정당하게 수집하여야 한다.

② 개인정보처리자는 개인정보의 처리 목적에 필요한 범위에서 적합하게 개인정보를 처리하여야 하며, 그 목적 외의 용도로 활용하여서는 아니 된다.

③ 개인정보처리자는 개인정보의 처리 목적에 필요한 범위에서 개인정보의 정확성, 완전성 및 최신성이 보장되도록 하여야 한다.

④ 개인정보처리자는 개인정보의 처리 방법 및 종류 등에 따라 정보주체의 권리가 침해받을 가능성과 그 위험 정도를 고려하여 개인정보를 안전하게 관리하여야 한다.

⑤ 개인정보처리자는 제30조에 따른 개인정보 처리방침 등 개인정보의 처리에 관한 사항을 공개하여야 하며, 열람청구권 등 정보주체의 권리를 보장하여야 한다.

⑥ 개인정보처리자는 개인정보를 익명 또는 가명으로 처리하여도 개인정보 수집목적을 달성할 수 있는 경우 익명처리가 가능한 경우에는 익명에 의하여, 익명처리로 목적을 달성할 수 없는 경우에는 가명에 의하여 처리될 수 있도록 하여야 한다.

(4) 정보주체의 권리(「개인정보보호법」 제4조)

① 개인정보의 처리에 관한 정보를 제공받을 권리

② 개인정보의 처리에 관한 동의 여부, 동의 범위 등을 선택하고 결정할 권리

③ 개인정보의 처리 여부를 확인하고 개인정보에 대하여 열람 및 전송을 요구할 권리

④ 개인정보의 처리 정지, 정정·삭제 및 파기를 요구할 권리

⑤ 개인정보의 처리로 인하여 발생한 피해를 신속하고 공정한 절차에 따라 구제받을 권리

⑥ 완전히 자동화된 개인정보 처리에 따른 결정을 거부하거나 그에 대한 설명 등을 요구할 권리

(5) 기본계획(「개인정보보호법」 제9조)

① 보호위원회는 개인정보의 보호와 정보주체의 권익 보장을 위하여 3년마다 개인정보보호 기본계획을 관계 중앙행정기관의 장과 협의하여 수립한다.

② 기본계획의 내용

    ㉠ 개인정보보호의 기본목표와 추진방향

    ㉡ 개인정보보호와 관련된 제도 및 법령의 개선

    ㉢ 개인정보 침해 방지를 위한 대책

    ㉣ 개인정보보호 자율규제의 활성화

    ㉤ 개인정보보호 교육·홍보의 활성화

    ㉥ 개인정보보호를 위한 전문인력의 양성

    ㉦ 그 밖에 개인정보보호를 위하여 필요한 사항

③ 국회, 법원, 헌법재판소, 중앙선거관리위원회는 해당 기관의 개인정보보호를 위한 기본계획을 수립·시행할 수 있다.

(6) 시행계획(「개인정보보호법」 제10조)

① 중앙행정기관의 장은 기본계획에 따라 매년 개인정보보호를 위한 시행계획을 작성하여 보호위원회에 제출하고, 보호위원회의 심의·의결을 거쳐 시행하여야 한다.

② 시행계획의 수립·시행에 필요한 사항은 대통령령으로 정한다.

(7) 개인정보의 처리

① 개인정보의 수집, 이용, 제공 등

ㄱ 개인정보의 수집·이용(「개인정보보호법」 제15조)

ㄴ 개인정보의 수집 제한(「개인정보보호법」 제16조)

ㄷ 개인정보의 제공(「개인정보보호법」 제17조)

ㄹ 개인정보의 목적 외 이용·제공 제한(「개인정보보호법」 제18조)

ㅁ 개인정보를 제공받은 자의 이용·제공 제한(「개인정보보호법」 제19조)

ㅂ 정보주체 이외로부터 수집한 개인정보의 수집 출처 등 고지(「개인정보보호법」 제20조)

ㅅ 개인정보의 파기(「개인정보보호법」 제21조)

ㅇ 동의를 받는 방법(「개인정보보호법」 제22조)

② 개인정보의 처리 제한

ㄱ 민감정보의 처리 제한(「개인정보보호법」 제23조)

ㄴ 고유식별정보의 처리 제한(「개인정보보호법」 제24조)

ㄷ 주민등록번호 처리의 제한(「개인정보보호법」 제24조의2)

ㄹ 고정형 영상정보처리기기의 설치·운영 제한(「개인정보보호법」 제25조)

ㅁ 이동형 영상정보처리기기의 운영 제한(「개인정보보호법」 제25조의2)

ㅂ 업무위탁에 따른 개인정보의 처리 제한(「개인정보보호법」 제26조)

ㅅ 영업양도 등에 따른 개인정보의 이전 제한(「개인정보보호법」 제27조)

ㅇ 개인정보취급자에 대한 감독(「개인정보보호법」 제28조)

(8) 개인정보 단체소송(「개인정보보호법」 제51조)

다음의 어느 하나에 해당하는 단체는 개인정보처리자가 집단분쟁조정을 거부하거나 집단분쟁조정의 결과를 수락하지 아니한 경우에는 법원에 권리침해 행위의 금지·중지를 구하는 소송을 제기할 수 있다.

① 공정거래위원회에 등록한 소비자단체로서 다음의 요건을 모두 갖춘 단체

ㄱ 정관에 따라 상시적으로 정보주체의 권익증진을 주된 목적으로 하는 단체일 것

ㄴ 단체의 정회원수가 1천명 이상일 것

ㄷ 소비자단체로 등록 후 3년이 경과하였을 것

② 비영리민간단체로서 다음의 요건을 모두 갖춘 단체

ㄱ 법률상 또는 사실상 동일한 침해를 입은 100명 이상의 정보주체로부터 단체소송의 제기를 요청받을 것

ㄴ 정관에 개인정보보호를 단체의 목적으로 명시한 후 최근 3년 이상 이를 위한 활동실적이 있을 것

ㄷ 단체의 상시 구성원 수가 5천명 이상일 것

ㄹ 중앙행정기관에 등록되어 있을 것

04 | 행정의 실효성 확보수단

01 행정상 강제집행

1 대집행

(1) 의의

대집행은 대체적 작위의무, 즉 타인이 대신하여 행할 수 있는 의무의 불이행이 있는 경우에 당해 행정청이 그 의무를 스스로 행하거나 제3자로 하여금 이를 행하게 하고, 그 비용을 의무자로부터 징수하는 것을 말한다. 대집행은 「헌법」에 위반되지 않는다(대판 1946.3.19, 63누172).

(2) 법적 근거

행정대집행은 침익적 행정작용으로 법적 근거를 요하는데 거기에 대한 일반적인 근거규정으로는 행정대집행법을 들 수 있다.

(3) 요건

① 공법상 의무의 불이행이 있을 것

② 불이행된 의무는 대체적 작위의무일 것

　㉠ 대체적 작위의무 : 대집행의 대상이 되는 의무는 '타인이 대신 행할 수 있는 행위', 즉 대체적 작위의무이다. 따라서 일신 전속적이거나 전문 · 기술적이어서 대체성이 없는 작위의무는 대집행의 대상이 되지 않는다. 예컨대, 공유재산 대부계약의 해지에 따라 원상회복을 위하여 실시하는 지상물 철거의무는 대체적 작위의무로서 대집행 대상이 된다.

　㉡ 부작위의무 · 비대체적 작위의무 · 수인의무 : 대집행의 대상이 되지 않는다.

대집행의 대상이 되는 경우	대체적 작위의무	불법광고판철거명령에 대한 철거의무, 위법건축물철거의무, 위험축대파괴의무, 교통장해물제거의무, 가옥의 청소와 소독, 불법개간산림의 원상회복, 공장 등 시설의 개선 의무
대집행의 대상이 되지 않는 경우	비대체적 작위 의무	의사의 진료의무, 예방접종을 받을 의무, 증인출석의무, 국유지퇴거의무, 예술가의 창작의무, 신체검사 · 건강진단 등을 받을 의무, 토지 및 건물의 인도 및 퇴거 의무 · 점유 · 이전
	부작위의무	허가 없이 영업하지 아니할 의무, 토지형질변경금지, 통제구역에 출입하지 않을 의무, 무허가 건물 건축금지의무, 무면허운전 금지 의무, 장례식장 사용중지 의무
	수인의무	예방접종, 신체검사
	급부의무	조세 · 부담금 · 수수료 납부의무

▪ **도시공원시설 점유자의 퇴거 및 명도의무 : 대집행의 대상 ×**

도시공원시설인 매점의 관리청이 그 공동점유자 중의 1인에 대하여 소정의 기간 내에 위 매점으로부터 퇴거하고 이에 부수하여 그 판매 시설물 및 상품을 반출하지 아니할 때에는 이를 대집행하겠다는 내용의 계고처분은 그 주된 목적이 매점의 원형을 보존하기 위하여 점유자가 설치한 불법 시설물을 철거하고자 하는 것이 아니라, 매점에 대한 점유자의 점유를 배제하고 그 점유이전을 받는 데 있다고 할 것인데, 이러한 의무는 그것을 강제적으로 실현함에 있어 직접적인 실력행사가 필요한 것이지 대체적 작위의무에 해당하는 것은 아니어서 직접강제의 방법에 의하는 것은 별론으로 하고 「행정대집행법」에 의한 대집행의 대상이 되는 것은 아니다(대판 1998.10.23, 97누157).

▪ **관계 법령에 위반하여 장례식장 영업을 하고 있는 자의 장례식장 사용 중지 의무 : 대집행의 대상 ×**

「행정대집행법」 제2조는 '행정청의 명령에 의한 행위로서 타인이 대신하여 행할 수 있는 행위를 의무자가 이행하지 아니하는 경우'에 대집행할 수 있도록 규정하고 있는데, 이 사건 용도위반 부분을 장례식장으로 사용하는 것이 관계 법령에 위반한 것이라는 이유로 장례식장의 사용을 중지할 것과 이를 불이행할 경우 행정대집행법에 의하여 대집행하겠다는 내용의 이 사건 처분은, 이 사건 처분에 따른 '장례식장 사용중지 의무'가 원고 이외의 '타인이 대신'할 수도 없고, 타인이 대신하여 '행할 수 있는 행위'라고도 할 수 없는 비대체적 부작위 의무에 대한 것이므로, 그 자체로 위법함이 명백하다(대판 2005.9.28, 2005두7464).

※ 부작위의무에 대한 대집행(계고처분)은 위법하며 그 경우 법원은 석명권(법원이 당사자 진술의 모순·불명료·결함을 지적하여 정정·보충할 것을 요구)을 행사하여 취소 여부를 심리하여야 함

③ 불이행을 방치함이 심히 공익을 해할 것

　　상대방의 의무불이행을 방치함이 심히 공익을 해하는 경우에 대집행이 가능하며, 이 경우에도 행정청의 의무이행 확보의 공익상 필요가 상대방의 이익 침해를 정당화 할 정도로 현저히 큰 경우에만 가능하다.

▪ **불법 건축물이 사후에 합법화될 가능성이 없는 경우 : 대집행 가능**

개발제한구역 및 도시공원에 속하는 임야상에 신축된 위법건축물인 대형 교회건물의 합법화가 불가능한 경우, 교회건물의 건축으로 공원미관조성이나 공원관리 측면에서 유리하고 철거될 경우 막대한 금전적 손해를 입게 되며 신자들이 예배할 장소를 잃게 된다는 사정을 고려하더라도 위 교회건물의 철거의무의 불이행을 방치함은 심히 공익을 해한다고 보아야 한다(대판 2000.6.23, 98두3112).

▪ **건축법위반의 정도가 미약하여 공익을 크게 해친다고 볼 수 없는 경우 : 대집행 불가**

건축법위반 건물이 주위의 미관을 해칠 우려가 없을 뿐 아니라 이를 대집행으로 철거할 경우 많은 비용이 드는 반면에 공익에는 별 도움이 되지 아니하고, 도로교통·방화·보안·위생·도시미관 및 공해예방 등의 공익을 크게 해친다고도 볼 수 없어 이에 대한 철거대집행계고 처분이 그 요건을 갖추지 못한 것으로서 위법하다(대판 1991.3.12, 90누10070).

④ 다른 방법이 없을 것(보충성)

　　㉠ 대집행은 다른 수단으로써는 의무이행을 확보하기 곤란한 경우에 가능하다. 다른 수단이란 행정지도와 같은 비권력적 사실행위 등을 의미한다. 행정지도 등으로 의무이행 확보가 가능한 경우에는 대집행이 제한된다.

　　㉡ 직접강제, 즉시강제, 행정상 제재 등은 다른 수단에 포함되지 않는다.

② 행정상 강제징수

(1) 의의

행정법상의 금전급부의무가 이행되지 않은 경우, 의무자의 재산에 실력을 행사하여 그 의무가 이행된 것과 같은 상태를 실현시키는 것을 말한다.

(2) 독촉

의무자에게 금전납부 이행을 독점하고 체납처분을 예고하는 것을 말한다.

(3) 체납처분

① 압류

㉠ 의의 : 납세의무자가 독촉절차에서 지정한 기한까지 납부의무를 불이행하면 납세의무자의 재산을 압류한다(「국세징수법」 제24조).

㉡ 성질 : 압류는 권력적 사실행위로서 행정소송의 대상이 된다.

㉢ 「국세징수법」상 압류대상 재산 : 원칙적으로 체납자의 소유로서 금전적 가치와 양도성이 있는 모든 재산이 된다. 다만 압류금지 재산이 있으면 압수할 수 없고, 급료ㆍ연금ㆍ임금ㆍ봉급ㆍ상여금ㆍ세비ㆍ퇴직연금, 그 밖에 이와 비슷한 성질을 가진 급여채권에 대하여는 그 총액의 2분의 1에 해당하는 금액은 압류하지 못한다. 또한, 그 금액이 표준적인 가구의 「국민기초생활 보장법」에 따른 최저생계비를 고려하여 대통령령으로 정하는 금액에 미치지 못하는 경우 또는 표준적인 가구의 생계비를 고려하여 대통령령으로 정하는 금액을 초과하는 경우에는 각각 대통령령으로 정하는 금액을 압류하지 못한다(「국세징수법」 제42조).

㉣ 압류의 해제 : 조세납부, 공매의 중지, 부과의 취소 등 일정한 사유가 있는 경우와 압류 후 부과처분의 근거법률이 위헌으로 결정된 경우에는 압류를 해제하여야 하며 압류를 해제하면 시효가 다시 진행된다. 또한, 압류해제신청에 대한 거부는 처분이므로 행정쟁송의 대상이 된다.

관련판례

■ 체납자가 아닌 제3자의 소유물건에 대한 압류처분의 효력 : 당연무효
과세관청이 납세자에 대한 체납처분으로서 제3자의 소유물건을 압류하고 공매하더라도 그 처분으로 인하여 제3자가 소유권을 상실하는 것이 아니므로 체납자가 아닌 제3자의 소유물건을 대상으로 한 압류처분은 하자가 객관적으로 명백한 것인지 여부와는 관계없이 처분의 내용이 법률상 실현될 수 없는 것이어서 당연무효라고 하지 않을 수 없다(대판 1993.4.27, 92누12117).

■ 압류처분 후 고지된 세액이 납부된 경우에는 그 압류는 해제되어야 하나 그 납부의 사실이 있다 하여 곧 그 압류처분이 당연무효로 되는 것은 아니다(대판 1982.7.13, 81누360).

---

② 매각(공매ㆍ환가)

㉠ 의의 : 매각이란 체납자의 재산을 금전으로 바꾸는 행위를 말한다.

㉡ 성질 : 매각은 학설과 판례에 따르면 공법상 대리에 해당한다. 판례에 따르면 "과세관청이 체납처분으로서 행하는 공매는 우월적 공권력의 행사로서 행정소송이 대상이 되는 공법상의 행정처분이다."라고 하여 처분성을 인정하고 있다. 공매(매각대상자 결정)에 대해서는 소유권의 박탈행위로

서 처분성을 인정하고 있으나 공매결정, 공매통지, 공매공고에 대해서는 소유권 변동이 일어나지 않으므로 처분성을 부인한다.

③ 청산

　㉠ 의의 : 청산이란 압류금전, 체납자 · 제3채무자로부터 받은 금전, 매각대금 등으로 받은 금전을 국세 · 가산금 · 체납처분비 기타의 채권에 배분하는 것을 말한다.

　㉡ 배분의 방법 : 강제징수비 · 국세 · 가산세의 순위로 배분을 하고(「국세징수법」 제3조), 잔액이 있으면 체납자에게 지급을 한다(「국세징수법」 제96조 제3항).

관련판례

■ **한국자산공사의 재공매(입찰)결정 및 공매통지 : 처분성 부정**
한국자산공사가 당해 부동산을 인터넷을 통하여 재공매(입찰)하기로 한 결정 자체는 내부적인 의사결정에 불과하여 항고소송의 대상이 되는 행정처분이라고 볼 수 없고, 또한 한국자산공사가 공매통지는 공매의 요건이 아니라 공매사실 자체를 체납자에게 알려주는 데 불과한 것으로서, 통지의 상대방의 법적 지위나 권리 · 의무에 직접 영향을 주는 것이 아니라고 할 것이므로 이것 역시 행정처분에 해당한다고 할 수 없다(대판 2007.7.27, 2006두8464).

■ **공매절차에서 공매재산에 대한 감정평가나 매각예정가격의 결정이 잘못된 경우, 공매재산의 시가와 감정평가액과의 차액이 부당이득인지 여부**
과세관청이 체납처분으로서 하는 공매에 있어서 공매재산에 대한 감정평가나 매각예정가격의 결정이 잘못되었다 하더라도, 그로 인하여 공매재산이 부당하게 저렴한 가격으로 공매됨으로써 공매처분이 위법하다고 볼 수 있는 경우에 공매재산의 소유자 등이 이를 이유로 적법한 절차에 따라 공매처분의 취소를 구하거나, 공매처분이 확정된 경우에는 위법한 재산권의 침해로서 불법행위의 요건을 충족하는 경우에 국가 등을 상대로 불법행위로 인한 손해배상을 청구할 수 있음은 별론으로 하고, 매수인이 공매절차에서 취득한 공매재산의 시가와 감정평가액과의 차액 상당을 법률상의 원인 없이 부당이득한 것이라고는 볼 수 없고, 이러한 이치는 공매재산에 부합된 물건이 있는데도 이를 간과한 채 부합된 물건의 가액을 제외하고 감정평가를 함으로써 공매재산의 매각예정가격이 낮게 결정된 경우에 있어서도 마찬가지이다(대판 1997.4.8, 96다52915).

---

3 집행벌(이행강제금)

(1) 의의

이행강제금이란 「행정법」상의 부작위의무 또는 비대체적 작위의무를 이행하지 않은 경우에 일정한 기한까지 의무를 이행하지 않으면 일정액수의 금액이 부과될 것임을 미리 계고함으로써 의무자에게 심리적 압박을 가하여 그 의무이행을 간접적으로 강제하기 위해 과하는 금전벌을 의미한다.

관련판례

■ **구 「건축법」상 이행강제금을 부과받은 사람이 이행강제금 사건의 계속 중 사망한 경우**
구 「건축법」상의 이행강제금은 구 「건축법」의 위반행위에 대하여 시정명령을 받은 후 시정기간 내에 당해 시정명령을 이행하지 아니한 건축주 등에 대하여 부과되는 간접강제의 일종으로서 그 이행강제금 납부의무는 상속인 기타의 사람에게 승계될 수 없는 일신전속적인 성질의 것이므로 이미 사망한 사람에게 이행강제금을 부과하는 내용의 처분이나 결정은 당연무효이고, 이행강제금을 부과받은 사람의 이의에 의하여 비송사건절차법에 의한 재판절차가 개시된 후에 그 이의한 사람이 사망한 때에는 사건 자체가 목적을 잃고 절차가 종료한다(대판 2006.12.8, 2006마470).

---

(2) 반복부과의 가능성

집행벌은 의무이행 시까지 개별법상 법정최고액의 한도 내에서 반복부과가 가능하다.

(3) 이미 부과된 것은 징수 가능

의무이행자가 그 의무를 이행하는 경우에는 새로운 이행강제금 부과를 즉시 중지하되, 이미 부과된 이행강제금은 징수하여야 한다. 즉, 이행강제금 부과처분 후에 한 시정명령의 이행이 부과처분 취소사유가 되는 것은 아니다.

(4) 법적 근거

이행강제금은 의무자에 대한 침익적인 강제수단이므로 당연히 법적 근거를 요한다(「헌법」 제37조 제2항). 하지만, 이행강제금에 대한 통칙적인 규정(일반법)은 없고 개별법상 근거만 있을 뿐이다.

4 직접강제

(1) 의의

직접강제란 의무자가 행정법상 의무를 이행하지 않은 경우에 행정청이 직접적으로 의무자의 신체 또는 재산에 실력을 가하여 의무 이행이 있었던 상태를 실현하는 행정상 강제집행의 수단을 말한다.

(2) 법적 근거

일반법은 존재하지 않고, 소수의 개별법에서 규정하고 있다.
① 「출입국관리법」 제46조의 외국인의 강제출국조치
② 「공중위생관리법」 제11조의 영업소의 폐쇄조치
③ 「식품위생법」 제79조의 영업소의 폐쇄조치
④ 「방어해면법」 제7조의 방어해면구역에 허가를 받지 않고 출입한 자의 강제퇴거
⑤ 「먹는물관리법」 제46조의 영업장 또는 사업장 폐쇄
⑥ 기타 실력에 의한 예방접종, 집회군중에 대한 강제해산 등

1 행정형벌

(1) 행정형벌의 특수성

① 고의 · 과실

② 양벌규정(법인의 책임과 타인의 행위에 대한 책임)

  ㉠ 형사범은 법인의 범죄능력을 부정하여 처벌하지 못한다고 보며 현실의 범죄행위자를 처벌한다. 하지만, 행정범은 법인의 대표자 또는 법인의 대리인 기타의 종업원이 법인의 업무에 관하여 의무를 위반한 경우에 행위자뿐만 아니라 법인에 대해서도 처벌을 할 수 있다.

  ㉡ 현실의 행위자가 아니더라도 행정법상의 의무를 지는 자가 책임을 지는 경우가 있는데, 이는 자신의 생활 범위 내 또는 지휘 · 감독 하에 있는 자가 법령을 위반하지 아니하도록 할 주의 및 감독의무를 태만히 한 데 대한 자기 자신의 과실책임(대위책임 아님)이라고 함이 타당하다(금치산자, 미성년자의 위법행위에 대하여 법정대리인을 처벌, 양벌규정을 두어 행위자 외에 사업주도 처벌).

관련판례

■ **타인의 행위에 대한 책임**

영업주가 고용한 종업원 등의 업무에 관한 범법행위에 대하여 영업주도 함께 처벌하는 청소년 보호법(2004.1.29. 법률 제7161호로 개정된 것) 제54조 중 "개인의 대리인 · 사용인 기타 종업원이 그 개인의 업무에 관하여 제51조 제8호의 위반행위를 한 때에는 그 개인에 대하여도 해당 조의 벌금형을 부과한다."는 부분이 책임주의에 반하여 「헌법」에 위반된다(헌재 2009.7.30. 2008헌가10).

※ 현재 양벌규정이 있는 법률 중 위헌 결정된 조항들과 동일한 규정형식을 취하고 있는 법률들도 상당수 있는바, 이러한 법률이 개정되지 않는다면, 해당 법률들에 대한 위헌심판제청이나 헌법소원 등이 잇따를 것으로 예상되기도 한다.

---

(2) 과벌절차

행정형벌은 원칙적으로 형사소송법에 따라 법원이 재판을 통하여 부과한다. 하지만 법원이 위반행위에 대해 일일이 재판을 하기 힘든 게 현실이기 때문에 통고처분과 즉결심판이라는 간이특별절차가 인정되고 있다. 이하에서는 원칙적으로 법원이 부과하여야 하는 행정형벌의 간이절차인 통고처분과 즉결심판에 대해서 살펴보고자 한다.

① **통고처분(예외)** : 통고처분이란 행정청이 정식재판에 갈음하여 조세범 · 관세범 · 출입국관리사범 · 도로교통사범 등에 대해 일정한 벌금이나 과료에 상당하는 금액(범칙금)의 납부를 명(통고)하는 준사법적 행정행위를 의미한다.

② **즉결심판(예외)** : 즉결심판은 '즉결심판에 관한 절차법'에 따라 행해지는데 이는 경미한 형사사건의 신속 · 적정한 처리를 통해 소송경제를 꾀하기 위해 마련되었다. 즉결심판의 청구권자는 경찰서장이다(「즉결심판에 관한 절차법」 제3조 제1항). 20만 원 이하의 벌금 · 구류 또는 과료에 해당하는 행정형벌은 즉결심판에 의한다. 따라서 지방법원, 지원 또는 시 · 군법원의 판사는 즉결심판절차에 의하여 피고인에게 20만 원 이하의 벌금이나 구류 또는 과료에 처할 수 있다(「즉결심판에 관한 절차법」

제2조). 그 형은 경찰서장이 집행하고 불복 시에는 소관지방법원에 선고·고지를 한 날로부터 7일 이내에 정식재판을 청구할 수 있다.

② 행정질서벌

(1) 개념

행정질서벌이란 「행정법」상의 의무위반행위에 대하여 형법상의 형벌이 아닌 과태료를 과하는 행정벌로서 단순·경미한 행정법상 의무를 태만히 하여 행정목적을 간접적으로 침해하는 행위에 대해 과해진다. 과태료는 일종의 금전벌인 점에서 형벌인 벌금이나 과료와 같으나, 형식으로는 형벌이 아닌 점에서 행정형벌과 구별된다.

(2) 행정형벌과의 구별

구분	행정형벌	행정질서벌
종류	형법총칙상의 형벌 – 사형·징역·금고·자격상실·자격정지·벌금·구류·과료·몰수 (형법상 형명이 있음)	과태료(형법상 형명이 없음)
형법총칙	원칙적으로 적용	적용 안 됨
죄형법정주의	적용	부적용
목적	행정목적 및 사회공익	행정질서
대상행위	직접적인 행정목적 침해행위	간접적인 행정목적 침해행위
과벌절차	형사소송법 (예외 : 통고처분, 즉결심판)	질서위반행위규제법, 비송사건절차법 준용
고의·과실	필요	필요
양벌규정	적용	적용
법인	부과대상	부과대상
양자의 병과 여부	• 학설은 대립 • 대법원 : 일반적으로 병과가능으로 해석 • 헌법재판소 : 병과불가로 해석	

(3) 질서위반행위의 성립

① 고의 및 과실 : 고의 또는 과실이 없는 질서위반행위는 과태료를 부과하지 아니한다(질서위반행위규제법 제7조).

② 부과대상

ⓐ 다수인에 의한 질서위반행위(「질서위반행위규제법」 제12조)

• 2인 이상의 질서위반행위 : 각자가 질서위반행위를 한 것으로 본다.

• 신분에 의하여 성립하는 질서위반행위 : 신분이 없는 자가 가담한 때에는 신분이 없는 자에 대하여도 질서위반행위가 성립하며, 신분에 의하여 과태료를 감경 또는 가중하거나 과태료를 부과하지 아니하는 때에는 그 신분의 효과는 신분이 없는 자에게 미치지 아니한다.

ⓒ 수개의 질서위반행위(「질서위반행위규제법」 제13조) : 하나의 행위가 2개 이상의 질서위반행위에 해당하는 경우에는 각 질서위반행위에 대한 과태료 중 가장 중한 과태료를 부과한다.

---

03   즉시강제

1 즉시강제의 의의

즉시강제란 목전의 급박한 행정상의 장해를 제거할 필요가 있으나 미리 의무를 명할 시간적 여유가 없을 때(광견의 배회) 또는 성질상 의무를 명하고 그 이행을 기다려서는 목적 달성이 곤란한 때(감염병환자의 입원명령), 즉시 국민의 신체 또는 재산에 실력을 가하여 행정상의 필요한 상태를 실현하는 작용을 말한다. 의무 부과 없이 이루어진다는 점에서 의무를 전제로 하는 강제집행이나 행정벌과 다르다.

※ 감염병환자에게 입원을 명한 후, 그 불이행을 기다려 강제집행을 함은 감염병 박멸이라는 행정목적을 달성하기 어렵다. 따라서 이러한 경우에는 감염병환자를 강제 격리하는 즉시강제가 필요한 것이다.

관련판례

■ **행정상 즉시강제의 의의 및 한계**

행정상 즉시강제란 행정강제의 일종으로서 목전의 "급박"한 행정상 장해를 제거할 필요가 있는 경우에, 미리 의무를 명할 시간적 여유가 없을 때 또는 그 성질상 의무를 명하여 가지고는 목적달성이 곤란할 때에, 직접 국민의 신체 또는 재산에 실력을 가하여 행정상 필요한 상태를 실현하는 작용이다. 이는 법령 또는 행정처분에 의한 선행의 구체적 의무의 존재와 그 불이행을 전제로 하는 행정상 강제집행과 구별된다. 행정강제는 행정상 강제집행을 원칙으로 하며, 법치국가적 요청인 예측가능성과 법적 안정성에 반하고, 기본권 침해의 소지가 큰 권력작용인 행정상 즉시강제는 어디까지나 예외적인 강제수단이라고 할 것이다. 이러한 행정상 즉시강제는 엄격한 실정법상의 근거를 필요로 할 뿐만 아니라, 그 발동에 있어서는 법규의 범위 안에서도 다시 행정상의 장해가 목전에 급박하고, 다른 수단으로는 행정목적을 달성할 수 없는 경우이어야 하며, 이러한 경우에도 그 행사는 필요 최소한도에 그쳐야 함을 내용으로 하는 조리상의 한계에 기속된다(헌재 2002.10.31, 2000헌가12).

■ **행정상 즉시강제의 경우이더라도 영장주의의 예외를 인정할 수 있는지 여부**

영장주의가 행정상 즉시강제에도 적용되는지에 관하여는 논란이 있으나, 행정상 즉시강제는 상대방의 임의이행을 기다릴 시간적 여유가 없을 때 하명 없이 바로 실력을 행사하는 것으로서, 그 본질상 급박성을 요건으로 하고 있어 법관의 영장을 기다려서는 그 목적을 달성할 수 없다고 할 것이므로, 원칙적으로 영장주의가 적용되지 않는다고 보아야 할 것이다. 만일 어떤 법률조항이 영장주의를 배제할 만한 합리적인 이유가 없을 정도로 급박성이 인정되지 아니함에도 행정상 즉시강제를 인정하고 있다면, 이러한 법률조항은 이미 그 자체로 과잉금지의 원칙에 위반되는 것으로서 위헌이라고 할 것이다(헌재 2002.10.31, 2000헌가12).

2 즉시강제의 불복

(1) 즉시강제의 불복방법

① 적법한 즉시강제의 경우에는 손실보상을 청구할 수 있다.

② 위법한 즉시강제의 경우에는 행정쟁송, 국가배상(손해배상), 헌법소원, 정당방위 등이 가능하다.

③ 가장 직접적인 권리구제수단은 국가배상(손해배상) 또는 원상회복청구이다.

> **관련판례**
>
> ■ 행정상 즉시강제 또는 행정대집행의 실행이 완료된 이후 취소를 구할 권리보호이익이 있는지 여부
> 본법 제2조에 의하여 의무자에게 하명된 행위에 관하여 본조의 계고와 대집행영장에 의한 통지절차를 거쳐서 이미 그 대집행이 사실행위로서 실행이 완료된 이후에 있어서는 그 행위의 위법을 이유로 하는 손해배상 또는 원상회복의 청구를 하는 것은 몰라도 그 사실행위의 취소를 구하는 것은 권리보호의 이익이 없다(대판 1965.5.31, 65누25).
>
> ■ 경찰관이 구「윤락행위등방지법」소정의 '요보호여자'에 해당하지 않는 여자를 '요보호여자'에 해당한다고 보아 보호지도소측에서 신병을 인수해 갈 때까지 "강제로" 경찰서 보호실에 유치한 행위에 대하여 국가배상책임이 성립되는지 여부
> 경찰관이 구「윤락행위등방지법」소정의 '요보호여자'에 해당하지 않는 여자를 '요보호여자'에 해당한다고 보아 지도소측에서 신병을 인수해 갈 때까지 영장 없이 경찰서 보호실에 강제로 유치한 행위에 대하여, 영장주의의 적용이 배제되는 행정상의 즉시강제에 해당한다는 국가의 주장을 배척하고, 영장주의에 위배되는 위법한 구금에 해당할 뿐 아니라 '요보호여자'에 해당한다고 보아 수용보호를 의뢰한 데에도 과실이 있다고 보아 국가배상책임이 성립한다(대판 1998.2.13, 96다28578).

---

04 행정조사

1 정의

행정조사란 행정기관이 정책을 결정하거나 직무를 수행하는 데 필요한 정보나 자료를 수집하기 위하여 현장조사 · 문서열람 · 시료채취 등을 하거나 조사대상자에게 보고요구 · 자료 제출요구 및 출석 · 진술요구를 행하는 활동을 말한다(「행정조사기본법」제2조 제1호).

2 행정조사의 종류

(1) 강제조사와 임의조사

구분	내용	예
강제조사	• 상대방이 행정기관의 명령이나 지시에 따르지 않는 경우에 벌칙의 적용을 받게 되는 행정조사 • 강제조사는 권력적 행정조사에 해당	영업장부를 강제적으로 조사하는 것
임의조사	• 상대방의 임의적인 협력에 의해 행하거나 행정청 단독으로 행하는 행정조사 • 임의조사는 비권력적 행정조사에 해당	여론조사, 임의적 공청회 등

(2) 개별적 조사와 일반적 조사

구분	내용	예
개별적 조사	법률이 정하는 개별적 · 구체적 목적을 위한 자료의 수집활동	식품위생법상 식품영업실태 파악을 위한 조사
일반적 조사	정책입안의 자료를 수집하기 위한 행정조사	통계법에 의한 통계조사

③ 위법한 행정조사와 행정행위의 효력

위법한 행정조사에 기초하여 이루어진 행정행위의 효력도 위법한지 여부에 대해서는 견해의 대립이 존재한다.

관련판례

■ **위법한 세무조사에 기초하여 이루어진 납세자에 대한 부가가치세부과처분 : 위법**

원심은 그 채용 증거에 의하여, 피고는 1998. 11.경 원고의 부동산 임대사업과 관련한 부가가치세의 탈루 여부에 대하여 세무조사를 벌인 결과, 임대수입을 일부 누락한 사실 등을 밝혀내고 그 세무조사 결과에 따라 같은 해 12.경 부가가치세 증액경정처분을 한 사실, 그런데 서울지방국세청장은 1999. 11.경 원고의 개인제세 전반에 관하여 특별세무조사를 한다는 명목으로 이미 부가가치세 경정조사가 이루어진 과세기간에 대하여 다시 임대수입의 누락 여부, 매입세액의 부당공제 여부 등에 관하여 조사를 하였고, 피고는 그 세무조사 결과에 따라 부가가치세액을 증액하는 이 사건 재경정처분을 한 사실 등을 인정한 다음, 이 사건 부가가치세부과처분은 이미 피고가 1998. 11.경에 한 세무조사(부가가치세 경정조사)와 같은 세목 및 같은 과세기간에 대하여 중복하여 실시한 서울지방국세청장의 위법한 중복조사에 기초하여 이루어진 것이므로 위법하다고 판단하였다(대판 2006.6.2, 2004두12070).

■ **과세관청 내지 그 상급관청이나 수사기관의 강요로 합리적이고 타당한 근거도 없이 작성된 과세자료에 터잡은 과세처분의 하자가 중대하고 명백한 것인지 여부 : 무효**

과세처분의 근거가 된 확인서, 명세서, 자술서, 각서 등이 과세관청 내지 그 상급관청이나 수사기관의 일방적이고 억압적인 강요로 작성자의 자유로운 의사에 반하여 별다른 합리적이고 타당한 근거도 없이 작성된 것이라면 이러한 자료들은 그 작성경위에 비추어 내용이 진정한 과세자료라고 볼 수 없으므로, 이러한 과세자료에 터잡은 과세처분의 하자는 중대한 하자임은 물론 위와 같은 과세자료의 성립과정에 직접 관여하여 그 경위를 잘 아는 과세관청에 대한 관계에 있어서 객관적으로 명백한 하자라고 할 것이다. 그리고 과세처분의 취소 또는 무효확인청구의 소가 비록 행정소송이라고 할지라도 조세환급을 구하는 부당이득반환청구권의 소멸시효중단사유인 재판상 청구에 해당한다고 볼 수 있다(대판 1992.3.31, 91다32053).

05 | 손해전보제도

01 국가배상제도

■ 공무원의 위법한 직무집행행위로 인한 배상책임[국가배상의 첫 번째 유형(「헌법」제29조 및 「국가배상법」제2조)]

(1) 배상책임의 요건

판례는 국가배상청구소송을 민사소송으로 취급하고 있다.

① **공무원** : 공무원에는 공무원뿐만 아니라 널리 공무를 위탁받아 그에 종사하는 모든 자를 포함한다(통설, 판례).

② **직무 집행 중** : '직무 집행 중'이란 직무집행행위뿐만 아니라 널리 외형상으로 직무집행과 관련된 행위를 포함하는 의미로 이해해야 한다. 즉, 직무행위 자체는 물론 객관적으로 직무행위에 포함된다고 판단되는 행위, 직무에 밀접하게 관련되는 행위, 그에 부수적 행위까지 직무에 포함된다. 따라서 실질적으로 공무집행행위가 아니라는 사정을 알았더라도 무방하며, 행위자로서는 주관적으로 공무집행의 의사가 없었고 현실적으로 정당한 권한 내의 행위가 아니더라도, 객관적으로 직무행위의 외형을 갖추었는지 여부에 따라 결정하는 외형설이 통설과 판례의 입장이다. 이러한 외형설을 취하게 되면 국가배상책임은 결국 확대된다.

③ **고의 또는 과실**

④ **법령위반(위법성)**

⑤ **손해** : 재산적 손해ㆍ비재산적 손해ㆍ적극적 손해ㆍ소극적 손해 등이 모두 포함된다.

⑥ **인과관계** : 상당인과관계로 판단한다.

⑦ **이중배상의 배제(예외)**

　㉠ 의의 : 「국가배상법」제2조 제1항의 단서 및 「헌법」제29조 제2항은 군인, 군무원, 경찰공무원 등 특수한 자에 대한 이중배상을 배제하고 있다.

　㉡ 적용대상자

　　• 피해자가 군인, 군무원, 경찰공무원 또는 예비군대원일 것

　　• 전투ㆍ훈련 등 직무집행과 관련하여 전사ㆍ순직하거나 공상을 입었을 것

　　• 본인 또는 그 유족이 다른 법령의 규정에 의하여 재해보상금, 유족연금, 상이연금 등의 보상을 지급받을 수 있을 것을 요건으로 한다.

☑ 영조물의 하자로 인한 배상책임[국가배상의 두 번째 유형(「국가배상법」 제5조)]

(1) 배상책임의 요건

> **「국가배상법」 제5조【공공시설 등의 하자로 인한 책임】**
> ① 도로·하천, 그 밖의 공공의 영조물(營造物)의 설치나 관리에 하자(瑕疵)가 있기 때문에 타인에게 손해를 발생하게
> 하였을 때에는 국가나 지방자치단체는 그 손해를 배상하여야 한다. 이 경우 제2조 제1항 단서, 제3조 및 제3조의2
> 를 준용한다.
> ② 제1항을 적용할 때 손해의 원인에 대하여 책임을 질 자가 따로 있으면 국가나 지방자치단체는 그 자에게 구상할 수
> 있다.

① **도로 기타 공공의 영조물** : 영조물이란 공적 목적을 달성하기 위한 인적·물적 시설의 종합체를 의미
한다. 하지만 도로와 하천은 통상 영조물이 아니라 공물로 이해하는 것이 행정법학계의 일반적인 해
석이다. 따라서 이러한 「국가배상법」 제5조상의 영조물에 도로와 하천을 포함하기 위해서는 동조의
'영조물'에 대한 개념을 사실적으로 해석하는 '문리적 해석'이 아니라 문맥적으로 해석하는 '체계적 해
석'을 통하여 '강학상의 공물'로서 행정주체가 공익 목적을 달성하기 위하여 제공한 유체물(인공공물,
자연공물, 동산, 부동산 포함)로 해석하는 것이 타당하다.

더 알아보기

「국가배상법」상 영조물 인정 사례와 부정 사례

영조물 인정 사례	영조물 부정 사례
• 공립학교교사, 국립병원 • 관용자동차, 경찰견, 경찰마, 경찰관의 총기 • 하천 및 하천부지 • 도로(지도에 나와 있지 않은 도로 포함), 지하케이블선의 '맨홀', 상하수도, 정부청사, 제방, 망원유수지의 수문상자 • 철도건널목의 자동경보기, 철도역 대합실과 승강장, 교통신호기, 육교, 지하차도 • 공중변소, 태종대유원지, 배수펌프장, 여의도 광장, 전신주 • 서울시가 관리를 담당하는 조림지에 인정된 벼랑 • 매향리 사격장	• 일반재산(국유림, 국유임야, 국유광산, 폐천부지) • 형체적 요소를 갖추지 못한 경우(설치 중인 옹벽) • 예정공물(시 명의의 종합운동장 예정부지나 그 지상의 자동차경주를 위한 안전시설) • 공용지정을 갖추지 못한 경우(사실상 군민의 통행에 제공되고 있던 도로)

② 설치 또는 관리상의 하자

■ **주류적 입장**

설치·관리상의 하자란 공물 자체가 통상적으로 갖추어야 할 객관적 안전성의 결여(사회적·기술적 하자)를 의미한다고 보아, 노면결빙 사건에서 "영조물 자체가 통상 갖추어야 할 안전성을 갖추지 못한 상태에 있는 것"을 하자로 정의하고 있다. 따라서 객관설을 채택하고 있다.

■ **최근 일부 판례**

판례는 '울산시 가변차로에 설치된 두 개의 신호등사건'에서 예견가능성과 회피가능성 같은 주관적 요소를 고려하여 보충 활용하고 있다.

■ **신호기**

교차로의 진행방향 신호기의 정지신호가 단선으로 소등되어 있는 상태에서 그대로 진행하다가 다른 방향의 진행신호에 따라 교차로에 진입한 차량과 충돌한 경우, 신호기의 적색신호가 소등된 기능상 결함이 있었다는 사정만으로 신호기의 설치 또는 관리상의 하자를 인정할 수 없다(대판 2000.2.25, 99다54004).

신호등	소등·점등	단순 기능상의 하자로 배상 불인정
	모순되는 신호	손해발생의 예견가능성이나 회피가능성이 없는 것이라 할 수 없어 배상인정

■ **영조물의 사회적·기능적 안정성 결여로 인하여 즉, 기능적 하자에 기인하여 손해배상을 인정한 사례**

- 김포공항에서 발생하는 소음 등으로 인근 주민들이 입은 피해는 사회통념상 수인한도를 넘는 것으로서 김포공항의 설치·관리에 하자가 있다(대판 2005.1.27, 2003다49566).
- 매향리 사격장에서 발생하는 소음 등으로 지역 주민들이 입은 피해는 사회통념상 참을 수 있는 정도를 넘는 것으로서 사격장의 설치·관리에 하자가 있다(대판 2004.3.12, 2002다14242).
- 고속도로의 확장으로 인하여 소음·진동이 증가하여 인근 양돈업자가 폐업을 하게 된 사안에서 양돈업에 대한 침해의 정도가 사회통념상 일반적으로 수인할 정도를 넘어선 것으로 보아 한국도로공사의 손해배상책임을 인정할 수 있다(대판 2001.2.9, 99다55434).
- 소음 등을 포함한 공해 등의 위험지역으로 이주하여 거주하는 경우, 가해자의 면책 여부 및 손해배상 감액에 대한 판단기준(위험존재인식 → 가해자의 면책인정, 위험존재인식 × → 손해배상액의 감액사유) : 소음 등을 포함한 공해 등의 위험지역으로 이주하여 들어가서 거주하는 경우와 같이 위험의 존재를 인식하면서 그로 인한 피해를 용인하며 접근한 것으로 볼 수 있는 경우에, 그 피해가 직접 생명이나 신체에 관련된 것이 아니라 정신적 고통이나 생활방해의 정도에 그치고 그 침해행위에 고도의 공공성이 인정되는 때에는, 위험에 접근한 후 실제로 입은 피해 정도가 위험에 접근할 당시에 인식하고 있었던 위험의 정도를 초과하는 것이거나 위험에 접근한 후에 그 위험이 특별히 증대하였다는 등의 특별한 사정이 없는 한 가해자의 면책을 인정하여야 하는 경우도 있다. 특히 소음 등의 공해로 인한 법적 쟁송이 제기되거나 그 피해에 대한 보상이 실시되는 등 피해지역임이 구체적으로 드러나고 또한 이러한 사실이 그 지역에 널리 알려진 이후에 이주하여 오는 경우에는 위와 같은 위험에의 접근에 따른 가해자의 면책 여부를 보다 적극적으로 인정할 여지가 있다. 다만 일반인이 공해 등의 위험지역으로 이주하여 거주하는 경우라고 하더라도 위험에 접근할 당시에 그러한 위험이 존재하는 사실을 정확하게 알 수 없는 경우가 많고, 그 밖에 위험에 접근하게 된 경위와 동기 등의 여러 가지 사정을 종합하여 그와 같은 위험의 존재를 인식하면서도 위험으로 인한 피해를 용인하면서 접근하였다고 볼 수 없는 경우에는 손해배상액의 산정에 있어 형평의 원칙상 과실상계에 준하여 감액사유로 고려하여야 한다(대판 2010.11.25, 2007다74560).
- 인공물인 도로의 경우(도로노면결빙) : 지방자치단체가 관리하는 도로 지하에 매설되어 있는 상수도관에 균열이 생겨 그 틈으로 새어 나온 물이 도로 위까지 유출되어 노면이 결빙되었다면 도로로서의 안전성에 결함이 있는 상태로서 설치·관리상의 하자가 있다(대판 1994.11.22, 94다32924).

③ 타인에게 손해 발생

관련판례

■ 제3자의 행위와 자연력이 서로 경합한 경우(경합범위 내 손해배상책임)
영조물의 설치 또는 관리상의 하자로 인한 사고라 함은 영조물의 설치 또는 관리상의 하자만이 손해발생의 원인이 되는 경우만을 말하는 것이 아니고, 다른 자연적 사실이나 제3자의 행위 또는 피해자의 행위와 경합하여 손해가 발생하더라도 영조물의 설치 또는 관리상의 하자가 공동원인의 하나가 되는 이상 그 손해는 영조물의 설치 또는 관리상의 하자에 의하여 발생한 것이라고 해석함이 상당하다(대판 1994.11.22, 94다32924).

(2) 면책사유

① 불가항력

관련판례

■ 불가항력으로 인정하지 않은 판례
집중호우의 경우(집중호우가 50년 빈도의 최대강우량에 해당한다는 사실) : 집중호우로 제방도로가 유실되면서 그 곳을 걸어가던 보행자가 강물에 휩쓸려 익사한 경우, 사고 당일의 집중호우가 50년 빈도의 최대강우량에 해당한다는 사실만으로 불가항력에 기인한 것으로 볼 수 없다(대판 2000.5.26, 99다53247).

■ 불가항력으로 인정한 판례
집중호우의 경우(사고지점에서 계획홍수위보다 16미터 정도가 넘는 유수에 의한 범람은 면책) : 사고지점 제방은 1백 년 발생빈도를 기준으로 책정된 계획홍수위보다 30센티미터 정도 더 높았으며 당시 상류지역의 강우량은 6백 년 또는 1천 년 발생빈도의 강우량이어서 사고지점의 경우에 계획홍수위보다 무려 16미터 정도가 넘는 수위의 유수가 흘렀다고 추정된다. 따라서 특별히 계획홍수위를 정한 이후에 이를 상향조정할 만한 사정이 없는 한 계획홍수위보다 높은 제방을 갖춘 이상, 통상 갖춰야 할 안전성을 갖추지 못한 하자가 있다고 볼 수 없고, 계획홍수위를 훨씬 넘는 유수에 대한 범람은 예측가능성 및 회피가능성이 없는 불가항력적인 재해에 해당하는 만큼 그 영조물의 관리청에게 책임을 물을 수 없다(대판 2003.10.23, 2001다48057).

② 예산부족 : 면책사유 아님

(3) 「국가배상법」 제2조와의 경합

「국가배상법」 제2조는 과실책임이고 제5조는 무과실책임이다. 이러한 것으로부터 다음의 특징들을 도출할 수 있다.

① 공무원의 과실로 인한 영조물의 물적 하자로 인하여 손해가 발생한 경우 : 이러한 경우에는 공무원의 고의·과실에 대해 규정한 제2조뿐만 아니라, 영조물의 설치·관리상의 하자를 규정한 제5조의 적용도 받는다(다수설, 판례).

② 양자는 별개의 소송물 : 제2조에 의한 국가배상청구와 제5조에 의한 국가배상청구는 별개의 소송물이기 때문에 제2조에 의한 손해배상청구에서 패소한다 하더라도 제5조에 의한 손해배상청구가 가능하다.

③ 원고에게 유리 : 나아가 피해의 상대방의 입장에서 볼 때 제5조는 제2조와 달리 과실입증이 요구되지 않으므로 원고에게 유리한 측면이 있다. 따라서 이 경우 제2조보다 제5조가 입증책임에서 용이하므로 제5조에 의한 배상책임을 주장하는 것이 피해자에게 유리할 것이다.

1 관념

손실보상이란 적법한 공권력행사로 공공의 필요에 의해서 재산권의 수용·사용·제한의 특별한 희생을 요하는 경우를 말하고, 보상규정이 존재할 때 사유재산의 보장과 특정인의 잘못이 전제된 것이 아닌 공평부담의 견지에서 행정주체가 이를 조정하기 위해서 행하는 조절적인 재산적 보상을 말한다.

2 근거

(1) 이론적 근거 : 특별희생설

견해의 대립은 있으나, 특별희생설이 판례와 통설의 입장이다. 손실보상은 공공사업의 시행과 같이 적법한 공권력의 행사로 가하여진 재산상의 특별한 희생에 대하여 전체적인 공평부담의 견지에서 인정되는 것이므로, 공공사업의 시행으로 손해를 입었다고 주장하는 자가 보상을 받을 권리를 가졌는지의 여부는 해당 공공사업의 시행 당시를 기준으로 판단하여야 한다.

(2) 실정법적 근거

「헌법」제23조 제3항은 "공공필요에 의한 재산권의 수용·사용·제한 및 그에 대한 보상은 법률로써 하되, 정당한 보상을 지급하여야 한다."고 규정하고 있다.

(3) 개별법적 근거

손실보상에 대한 일반법은 없으나, 다수의 개별 법률은 공용수용에 관한 법률적 근거와 그 일반적 요건을 규정함과 동시에 그에 따르는 손실에 대한 보상규정을 두고 있다. 따라서 손실보상 규정이 공익사업을 위한 토지 등의 취득 및 보상에 관한 법률, 하천법, 도로법 등 개별법에 있는 경우에는 그에 따라 손실보상청구권을 행사할 수 있다.

관련판례

「헌법」제23조 제3항은 "공공필요에 의한 재산권의 수용·사용 또는 제한 및 그에 대한 보상은 법률로써 하되, 정당한 보상을 지급하여야 한다."라고 규정하고 있는바, 이 「헌법」의 규정은 보상청구권의 근거에 관하여서뿐만 아니라 보상의 기준과 방법에 관하여서도 법률에 유보하고 있는 것으로 보아야 할 것이다(대판 2005.7.29, 2003두2311).

③ 개별 법령에 손실보상규정이 흠결된 경우

손실보상은 국가배상과는 달리 일반법이 존재하지 않아 개별법령상 수용규정은 있으나 보상규정이 없는 경우에 「헌법」 제23조 제3항을 근거로 보상을 받을 수 있는지가 문제된다.

(1) 「헌법」 제23조 제3항의 불가분조항 여부 : 긍정(통설)

불가분조항이란 공용침해 시 반드시 보상규정을 두어야 한다는 것으로 이를 결부조항, 부대조항 또는 동시조항이라고 한다. 독일 기본법 제14조에 규정되어 있다. 독일과는 달리 우리나라 「헌법」은 불가분조항에 대한 직접적인 규정은 없으나, 통설은 「헌법」 제23조 제3항을 불가분조항으로 인정한다. 따라서, 개별법에 보상규정이 없다고 하더라도 「헌법」 제23조 제3항을 근거로 보상을 받을 수 있는지가 문제되는데 이는 동 조항의 성격을 어떻게 보느냐에 따라 결론이 달라진다.

(2) 「헌법」 제23조 제3항의 성격

학설	내용
방침규정설 (프로그램규정설)	• 손실보상 부정 • 「헌법」 제23조 제3항은 단순한 입법의 방침에 불과
국민에 대한 직접효력설 (직접적용설)	• 손실보상 긍정 • 헌법학계의 다수설 • 국민 입장
입법자에 대한 직접효력설 (위헌무효설)	• 국가배상 긍정 • 행정쟁송 긍정 • 보상규정이 흠결된 법률은 위헌·무효이고, 위헌·무효인 법률에 기한 수용은 위법
유추적용설 (수용유사침해설, 간접적용설)	• 손실보상 긍정 • 「헌법」상 평등권 등을 근거로 관련규정을 유추적용 할 수 있음
보상입법부작위위헌설	• 헌법소원 긍정 • 입법부작위를 이유로 헌법소원 가능

※ 유추적용설, 직접적용설에 의하면 반드시 법률에 보상규정이 필요한 것은 아님
　→ 「헌법」을 근거로 보상이 가능함
※ 위헌무효설에 의하면 반드시 법률에 보상규정 필요함

관련판례

■ 〈위헌무효설〉 토지구획정리사업 시행자가 사도 등 사유지에 대하여 환지도 지정하지 아니하고 청산금도 지급하지 아니한 경우 불법행위의 성립 여부(긍정)
　토지구획정리사업시행자가 구 「토지구획정리사업법」 제53조 제2항 후문에 따라 사도 등 사유지에 대하여 환지를 지정하지 아니한 것은 위 법규정상 어쩔 수 없으나 거기에서 더 나아가 청산금도 지급하지 아니한 채 구획정리사업을 마치고 환지처분의 확정공고를 함으로써 그 토지에 대한 소유권을 상실시킨 것은 토지소유자에 대하여 불법행위를 구성하므로 토지구획정리사업시행자는 청산금 상당액의 손해를 배상할 책임이 있다(대판 1991.2.22, 90다16474).

■ 〈유추적용설〉 공유수면매립사업의 시행으로 인한 신고어업자의 손실보상청구권의 인정 여부(긍정)
　종합하여 보면, 적법한 절차에 의하여 신고를 하고 신고어업에 종사하던 중 공유수면매립사업의 시행으로 피해를 입게 되는 어민들이 있는 경우 그 공유수면매립사업의 시행자로서는 「수산업법」의 위 규정 및 신고어업자의 손실보상액 산정에 관한 「수산업법 시행령」 제62조의 규정을 유추적용하여 손실보상을 하여 줄 의무가 있다(대판 2002.12.2, 2000다2511).

- ■〈유추적용설〉제방부지 및 제외지가 법률 제2292호 「하천법」 개정법률 시행일(1971년)부터 법률 제3782호 「하천법」 중 개정법률의 시행일(1984년) 전에 국유로 된 경우, 명시적인 보상규정이 없더라도 관할관청이 소유자가 입은 손실을 보상하여야 하는지 여부(긍정)

  법률 제2292호 「하천법」 개정법률 제2조 제1항 제2호 (나)목 및 (다)목, 제3조에 의하면, 제방부지 및 제외지는 법률 규정에 의하여 당연히 하천구역이 되어 국유로 되는데도, 하천편입토지 보상 등에 관한 특별조치법은 법률 제2292호 「하천법」 개정법률 시행일부터 법률 제3782호 「하천법」 중 개정법률의 시행일 전에 국유로 된 제방부지 및 제외지에 대하여는 명시적인 보상규정을 두고 있지 않다. 그러나 제방부지 및 제외지가 유수지와 더불어 하천구역이 되어 국유로 되는 이상 그로 인하여 소유자가 입은 손실은 보상되어야 하고 보상방법을 유수지에 관한 것과 달리할 아무런 합리적인 이유가 없으므로, 법률 제2292호 「하천법」 개정법률 시행일부터 법률 제3782호 하천법 중 개정법률 시행일 전에 국유로 된 제방부지 및 제외지에 대하여도 「특별조치법」 제2조를 유추적용하여 소유자에게 손실을 보상하여야 한다고 보는 것이 타당하다 (대판 2011.8.25, 2011두2743).

4 손실보상청구권의 성질

손실보상청구권의 성질에 대해 견해의 대립은 있으나, 공권설이 통설 입장이다. 판례는 원칙적으로 사권설의 입장이다. 즉 손실보상의 원인이 공법적이라 하더라도 손실의 내용이 사권이라면 손실보상은 사법적인 것이라고 판시하였다. 다만, 예외적으로 행정소송의 대상이 된다고 판시한 판례가 있다.

관련판례

- ■〈원칙〉 농어촌진흥공사가 농업을 목적으로 하는 매립 또는 간척사업을 시행함으로 인하여 수산업법 제41조의 규정에 의한 어업의 신고를 한 자가 더 이상 신고어업에 종사하지 못하게 되어 손실을 입은 경우의 구제 방법 : 민사소송

  「수산업법」 제81조 제1항 제1호는 같은 법 제34조 제1항 제1호 내지 제5호와 제35조 제8호의 규정에 해당되는 사유로 인하여 면허·허가 또는 신고한 어업에 대한 처분을 받았거나 당해 사유로 인하여 제14조의 규정에 의한 어업면허의 유효기간의 연장이 허가되지 아니함으로써 손실을 입은 자는 그 처분을 행한 행정관청에 대하여 보상을 청구할 수 있다고 규정하고 있으므로, 면허·허가 또는 신고한 어업에 대한 <u>위와 같은 처분으로 인하여 손실을 입은 자는 처분을 한 행정관청 또는 그 처분을 요청한 행정관청이 속한 권리주체인 지방자치단체 또는 국가를 상대로 민사소송으로 손실보상금지급청구를 할 수 있고,</u> 이러한 법리는 농어촌진흥공사가 농업을 목적으로 하는 매립 또는 간척사업을 시행함으로 인하여 같은 법 제44조의 규정에 의한 어업의 신고를 한 자가 더 이상 신고한 어업에 종사하지 못하게 되어 손실을 입은 경우에도 같이 보아야 한다(대판 2000.5.26, 99다37382).

- ■〈예외〉 구 「공유수면매립법」 시행 당시 공유수면매립사업으로 인한 관행어업권자의 손실보상청구권 행사방법 : 행정소송

  공유수면매립사업으로 인하여 관행어업권을 상실하게 된 자는 구 「공유수면매립법」 제6조 제2호가 정한 입어자로서 같은 <u>법 제16조 제1항의 공유수면에 대하여 권리를 가진 자에 해당하므로 그가 매립사업으로 인하여 취득한 손실보상청구권은 직접 같은 법 조항에 근거하여 발생한 것이라 할 것이어서, 「공유수면매립사업법」 제16조 제2항, 제3항이 정한 재정과 그에 대한 행정소송의 방법에 의하여 권리를 주장하여야 할 것이고 민사소송의 방법으로는 그 손실보상청구권을 행사할 수 없다</u>(대판 2001.6.29, 99다56468).

- ■ 구 「공익사업을 위한 토지 등의 취득 및 보상에 관한 법률」 제79조 제2항 등에 따른 사업폐지 등에 대한 보상청구권에 관한 쟁송형태 : 행정소송

  구 「공익사업을 위한 토지 등의 취득 및 보상에 관한 법률」 제79조 제2항, 「공익사업을 위한 토지 등의 취득 및 보상에 관한 법률 시행규칙」 제57조에 따른 사업폐지 등에 대한 보상청구권은 공익사업의 시행 등 적법한 공권력의 행사에 의한 재산상 특별한 희생에 대하여 전체적인 공평부담의 견지에서 공익사업의 주체가 손해를 보상하여 주는 손실보상의 일종으로 공법상 권리임이 분명하므로 그에 관한 쟁송은 민사소송이 아닌 행정소송절차에 의하여야 한다. 또한 위 규정들과 구

「공익사업법」제26조, 제28조, 제30조, 제34조, 제50조, 제61조, 제83조 내지 제85조의 규정 내용 · 체계 및 입법 취지 등을 종합하여 보면, 공익사업으로 인한 사업폐지 등으로 손실을 입게 된 자는 구 「공익사업법」제34조, 제50조 등에 규정된 재결절차를 거친 다음 재결에 대하여 불복이 있는 때에 비로소 구 「공익사업법」제83조 내지 제85조에 따라 권리구제를 받을 수 있다고 보아야 한다(대판 2012.10.11, 2010다23210).

- ■ 《「하천법」상 손실보상청구권 : 「하천법」부칙(1984.12.31.) 제2조 제1항 및 '법률 제3782호 「하천법」중 개정법률 부칙 제2조의 규정에 의한 보상청구권의 소멸시효가 만료된 「하천구역 편입토지 보상에 관한 특별조치법」' 제2조 제1항의 규정에 의한 손실보상금의 지급을 구하거나 손실보상청구권의 확인을 구하는 소송의 형태(「행정소송법」제2조 제2호의 당사자 소송)
  「하천법」부칙 제2조와 '법률 제3782호 하천법 중 개정법률 부칙 제2조의 규정에 의한 보상청구권의 소멸시효가 만료된 「하천구역 편입토지 보상에 관한 특별조치법」' 제2조, 제6조의 각 규정들을 종합하면, 위 규정들에 의한 손실보상청구권은 1984. 12. 31. 전에 토지가 하천구역으로 된 경우에는 당연히 발생되는 것이지, 관리청의 보상금지급결정에 의하여 비로소 발생하는 것은 아니므로, 위 규정들에 의한 손실보상금의 지급을 구하거나 손실보상청구권의 확인을 구하는 소송은 「행정소송법」제3조 제2호 소정의 당사자소송에 의하여야 한다(대판 2006.5.18, 2004다6207).

- ■ 「토지수용법」제75조의2 제2항에 의하여 사업시행자가 환매권자를 상대로 하는 환매가격의 증감에 관한 소송의 종류 : 공법상 당사자소송
  「공공용지의 취득 및 손실보상에 관한 특례법」제9조 제3항, 동법 시행령 제7조 제1항, 제3항 및 「토지수용법」제73조 내지 제75조의2의 각 규정에 의하면 「토지수용법」제75조의2 제2항에 의하여 사업시행자가 환매권자를 상대로 하는 소송은 공법상의 당사자소송으로 사업시행자로서는 환매가격이 환매대상토지의 취득 당시 지급한 보상금 상당액보다 증액 변경될 것을 전제로 하여 환매권자에게 그 환매가격과 위 보상금 상당액의 차액의 지급을 구할 수 있다. 「행정소송법」제8조 제2항에 의하면 행정소송에도 민사소송법의 규정이 일반적으로 준용되므로 법원으로서는 공법상 당사자소송에서 재산권의 청구를 인용하는 판결을 하는 경우 가집행선고를 할 수 있다(대판 2000.11.28, 99두3416).

5 손실보상의 요건

(1) 공공의 필요

「헌법」상 보장된 재산권을 수용, 사용, 제한 등을 하기 위해서는 공공의 필요가 있는 경우에만 가능하다. 순수한 국고작용으로만 이루어진 경우에는 공공의 필요에 해당하지 않는다.

(2) 적법한 행정작용

법률에 근거한 행정작용에 기하여 「헌법」상 보장된 재산권 침해가 발생하여야 한다. 이 점에서 국가배상(손해배상)과 다르다.

(3) 국민의 재산권 침해

재산권이란 공법상 권리와 사법상 권리를 포함하며 법률상 보호되는 일체의 재산을 의미한다. 재산권의 종류는 불문한다. 침해의 유형으로는 수용(사인의 재산권 강제취득), 사용(수용에 이르지 않는 일시적 사용), 제한(수용에 이르지 않되 소유자 등에 의한 사용이나 수익을 제한하는 것) 등을 들 수 있다.

■ 간척사업의 시행으로 종래의 관행어업권자에게 구 공유수면매립법에서 정하는 손실보상청구권이 인정되기 위해서는 매립면허고시 후 매립공사가 실행되어 관행어업권자에게 실질적이고 현실적인 피해가 발생해야 하는지 여부(적극)

구 「공유수면매립법」 제17조가 "매립의 면허를 받은 자는 제16조 제1항의 규정에 의한 보상이나 시설을 한 후가 아니면 그 보상을 받을 권리를 가진 자에게 손실을 미칠 공사에 착수할 수 없다. 다만, 그 권리를 가진 자의 동의를 받았을 때에는 예외로 한다."고 규정하고 있으나, 손실보상은 공공필요에 의한 행정작용에 의하여 사인에게 발생한 특별한 희생에 대한 전보라는 점에서 그 사인에게 특별한 희생이 발생하여야 하는 것은 당연히 요구되는 것이고, 공유수면 매립면허의 고시가 있다고 하여 반드시 그 사업이 시행되고 그로 인하여 손실이 발생한다고 할 수 없으므로, 매립면허 고시 이후 매립공사가 실행되어 관행어업권자에게 실질적이고 현실적인 피해가 발생한 경우에만 「공유수면매립법」에서 정하는 손실보상청구권이 발생하였다고 할 것이다(대판 2010.12.9, 2007두6571).

(4) 특별한 희생

손실보상이 인정되기 위해서는 재산권 침해로 재산권에 내재하는 사회적 제약을 넘는 '특별한 희생'이 발생되었어야 한다.

■ 토지를 종전의 용도대로 사용할 수 있는 경우에 개발제한구역 지정으로 인한 지가의 하락이 토지재산권에 내재하는 사회적 제약의 범주에 속하는지 여부(적극)

• 개발제한구역의 지정으로 인한 개발가능성의 소멸과 그에 따른 지가의 하락이나 지가상승률의 상대적 감소는 토지소유자가 감수해야 하는 사회적 제약의 범주에 속하는 것으로 보아야 한다. 자신의 토지를 장래에 건축이나 개발목적으로 사용할 수 있으리라는 기대가능성이나 신뢰 및 이에 따른 지가상승의 기회는 원칙적으로 재산권의 보호범위에 속하지 않는다. 구역지정 당시의 상태대로 토지를 사용·수익·처분할 수 있는 이상, 구역지정에 따른 단순한 토지이용의 제한은 원칙적으로 재산권에 내재하는 사회적 제약의 범주를 넘지 않는다. → 보상할 필요 없음

• 「도시계획법」 제21조에 의한 재산권의 제한은 개발제한구역으로 지정된 토지를 원칙적으로 지정 당시의 지목과 토지현황에 의한 이용방법에 따라 사용할 수 있는 한, 재산권에 내재하는 사회적 제약을 비례의 원칙에 합치하게 합헌적으로 구체화한 것이라고 할 것이나, 종래의 지목과 토지현황에 의한 이용방법에 따른 토지의 사용도 할 수 없거나 실질적으로 사용·수익을 전혀 할 수 없는 예외적인 경우에도 아무런 보상없이 이를 감수하도록 하고 있는 한, 비례의 원칙에 위반되어 당해 토지소유자의 재산권을 과도하게 침해하는 것으로서 「헌법」에 위반된다(헌재 1998.12.24, 89헌마214). → 보상할 필요 있음

6 경계이론과 분리이론

「헌법」 제23조의 해석 문제에 대해 경계이론과 분리이론이 존재한다.

(1) 경계이론(독일 사법재판소, 우리나라 대법원 입장)

「헌법」 제23조	① 재산권의 행사와 내용은 법률로 정한다(재산권=기본권) ② 재산권의 행사는 공공복리에 적합하게 해야 한다(재산권의 한계).	사회적 제약	보상 ×
	③ 공용침해+보상규정 → 정당한 보상(보상규정)	특별한 희생	보상 ○

(2) 분리이론(독일 연방헌법재판소, 우리나라 헌법재판소 입장)

「헌법」 제23조	①·②·③ 공용침해 + 보상규정 → 정당한 보상	비례원칙 위반여부	위반 ○	보상 ○	영역의 문제와 보상의 문제를 분리
			위반 ×	보상 ×	
			보상 ○		

관련판례

- 개발제한구역을 지정하여 그 안에서는 건축물의 건축 등을 할 수 없도록 규정한 「도시계획법」 제21조 등이 재산권 등을 침해하는지 여부에 대한 위헌소원 : 헌법불합치
  - 개발제한구역 지정으로 인하여 토지를 종래의 목적으로도 사용할 수 없거나 또는 더 이상 법적으로 허용된 토지이용의 방법이 없기 때문에 실질적으로 토지의 사용·수익의 길이 없는 경우에는 토지소유자가 수인해야 하는 사회적 제약의 한계를 넘는 것으로 보아야 한다. → 보상이 필요한 경우
  - 개발제한구역의 지정으로 인한 개발가능성의 소멸과 그에 따른 지가의 하락이나 지가상승률의 상대적 감소는 토지소유자가 감수해야 하는 사회적 제약의 범주에 속하는 것으로 보아야 한다. 자신의 토지를 장래에 건축이나 개발목적으로 사용할 수 있으리라는 기대가능성이나 신뢰 및 이에 따른 지가상승의 기회는 원칙적으로 재산권의 보호범위에 속하지 않는다. 구역지정 당시의 상태대로 토지를 사용·수익·처분할 수 있는 이상, 구역지정에 따른 단순한 토지이용의 제한은 원칙적으로 재산권에 내재하는 사회적 제약의 범주를 넘지 않는다. → 보상이 필요하지 않은 경우
  - 「도시계획법」 제21조에 의한 재산권의 제한은 개발제한구역으로 지정된 토지를 원칙적으로 지정 당시의 지목과 토지현황에 의한 이용방법에 따라 사용할 수 있는 한, 재산권에 내재하는 사회적 제약을 비례의 원칙에 합치하게 합헌적으로 구체화한 것이라고 할 것이나, 종래의 지목과 토지현황에 의한 이용방법에 따른 토지의 사용도 할 수 없거나 실질적으로 사용·수익을 전혀 할 수 없는 예외적인 경우에도 아무런 보상 없이 이를 감수하도록 하고 있는 한, 비례의 원칙에 위반되어 당해 토지소유자의 재산권을 과도하게 침해하는 것으로서 「헌법」에 위반된다.
  - 「도시계획법」 제21조에 규정된 개발제한구역제도 그 자체는 원칙적으로 합헌적인 규정인데 다만 개발제한구역의 지정으로 말미암아 일부 토지소유자에게 사회적 제약의 범위를 넘는 가혹한 부담이 발생하는 예외적인 경우에 대하여 보상규정을 두지 않은 것에 위헌성이 있는 것이고, 보상의 구체적 기준과 방법은 헌법재판소가 결정할 성질의 것이 아니라 광범위한 입법형성권을 가진 입법자가 입법정책적으로 정할 사항이므로, 입법자가 보상입법을 마련함으로써 위헌적인 상태를 제거할 때까지 위 조항을 형식적으로 존속케 하기 위하여 헌법불합치결정을 하는 것인바, 입법자는 되도록 빠른 시일내에 보상입법(분리이론)을 하여 위헌적 상태를 제거할 의무가 있고, 행정청은 보상입법이 마련되기 전에는 새로 개발제한구역을 지정하여서는 아니되며, 토지소유자는 보상입법을 기다려 그에 따른 권리행사를 할 수 있을 뿐 개발제한구역의 지정이나 그에 따른 토지재산권의 제한 그 자체의 효력을 다투거나 위 조항에 위반하여 행한 자신들의 행위의 정당성을 주장할 수는 없다(헌재 1998.12.24, 89헌마214).

7 손실보상의 방법

(1) 사업시행자보상원칙

① 공익사업에 필요한 토지 등의 취득 또는 사용으로 인하여 토지소유자나 관계인이 입은 손실은 사업시행자가 보상하여야 한다(「토지보상법」 제61조).

② 수익자와 침해자가 다른 경우에는 수익자가 보상한다(통설).

(2) 현금보상원칙

① 손실보상은 다른 법률에 특별한 규정이 있는 경우를 제외하고는 현금으로 지급하여야 한다(「토지보상법」 제63조).

② 예외적으로 대토보상, 채권보상이 인정된다.

(3) 사전보상원칙(선급원칙, 일시급원칙)

① 사업시행자는 해당 공익사업을 위한 공사에 착수하기 이전에 토지소유자와 관계인에게 보상액 전액(全額)을 지급하여야 한다(「토지보상법」 제62조).

② 다만, 제38조에 따른 천재지변 시의 토지 사용과 제39조에 따른 시급한 토지 사용의 경우 또는 토지소유자 및 관계인의 승낙이 있는 경우에는 그러하지 아니하다.

③ 후급의 경우에 그에 따른 지연이자와 물가변동에 따른 불이익은 사업시행자가 부담한다.

(4) 개인별보상원칙

손실보상은 토지소유자나 관계인에게 개인별로 하여야 한다. 다만, 개인별로 보상액을 산정할 수 없을 때에는 그러하지 아니하다(「토지보상법」 제64조).

관련판례

■ **수용에 대한 재결절차에서 정한 보상액과 행정소송절차에서 정한 보상금액의 차액에 대한 지연손해금의 발생 여부(인정)**
기업자의 토지수용으로 인한 손실보상금 지급의무는 그 수용의 시기로부터 발생하고, 현실적으로 구체적인 손실보상금액이 재결이나 행정소송의 절차에 의하여 확정되어진다 하여 달리 볼 것이 아니며 재결절차에서 정한 보상액과 행정소송절차에서 정한 보상금액의 차액 역시 수용과 대가관계에 있는 손실보상의 일부이므로 동 차액이 수용의 시기에 지급되지 않은 이상 이에 대한 지연손해금이 발생하는 것은 당연하다(대판 1991.12.24, 91누308).

■ **토지수용 보상액 산정 시 당해 공공사업의 시행을 직접 목적으로 하는 계획의 승인 · 고시로 인한 가격변동의 고려 여부(부정)**
토지수용 보상액을 산정함에 있어서는 토지수용법 제46조 제1항에 따라 당해 공공사업의 시행을 직접 목적으로 하는 계획의 승인 · 고시로 인한 가격변동은 이를 고려함이 없이 수용재결 당시의 가격을 기준으로 하여 정하여야 할 것이므로, 당해 사업인 택지개발사업에 대한 실시계획의 승인과 더불어 그 용도지역이 주거지역으로 변경된 토지를 그 사업의 시행을 위하여 후에 수용하였다면 그 재결을 위한 평가를 함에 있어서는 그 용도지역의 변경을 고려함이 없이 평가하여야 할 것이다(대판 1999.3.23, 98두13850).

■ **토지수용 보상액 산정에 있어 인근유사토지의 정상거래가격이나 보상선례를 참작할 수 있는지 여부(한정인정)**
토지수용 보상액 산정에 관한 관계 법령의 규정을 종합하여 보면, 수용대상토지에 대한 보상액을 산정하는 경우 거래사례나 보상선례 등을 반드시 조사하여 참작하여야 하는 것은 아니지만, 인근유사토지가 거래되거나 보상이 된 사례가 있고 그 가격이 정상적인 것으로서 적정한 보상액 평가에 영향을 미칠 수 있는 것임이 입증된 경우에는 인근유사토지의 정상거래가격을 참작할 수 있고, 보상선례가 인근유사토지에 관한 것으로서 당해 수용대상토지의 적정가격을 평가하는 데 있어 중요한 자료가 되는 경우에는 이를 참작하는 것이 상당하다(대판 2007.7.12, 2006두11507).

➊ 수용유사침해보상

수용유사침해이론이란 적법(보상규정의 존재)하다면 공용침해에 해당하였을 위법(보상규정의 부재)한 행위로 재산권이 직접 침해되고, 이러한 침해로 특별희생이 발생한 경우에 수용에 준하는 침해로 보아 손실보상을 하여야 한다는 것을 말한다. 즉, 손실보상의 요건은 갖추고 있으나, 손실보상규정을 결하고 있는 경우에 문제된다. 이는 독일에서 인정된 것으로 우리나라에서는 이를 인정할 것인지 여부에 대해 견해의 대립이 존재하며 대법원은 수용유사침해의 법리의 채택을 부정한다.

> **관련판례**
>
> ■ 1980. 6. 말경의 비상계엄 당시 국군보안사령부 정보처장이 언론통폐합조치의 일환으로 사인 소유의 방송사 주식을 강압적으로 국가에 증여하게 한 것이 수용유사행위에 해당되지 않는다고 한 사례
>
> 수용유사적 침해의 이론은 국가 기타 공권력의 주체가 위법하게 공권력을 행사하여 국민의 재산권을 침해하였고 그 효과가 실제에 있어서 수용과 다름없을 때에는 적법한 수용이 있는 것과 마찬가지로 국민이 그로 인한 손실의 보상을 청구할 수 있다는 것인데, 1980. 6. 말경의 비상계엄 당시 국군보안사령부 정보처장이 언론통폐합조치의 일환으로 사인 소유의 방송사 주식을 강압적으로 국가에 증여하게 한 것이 위 수용유사행위에 해당되지 않는다. 수용유사적 침해의 이론은 국가 기타 공권력의 주체가 위법하게 공권력을 행사하여 국민의 재산권을 침해하였고 그 효과가 실제에 있어서 수용과 다름없을 때에는 적법한 수용이 있는 것과 마찬가지로 국민이 그로 인한 손실의 보상을 청구할 수 있다는 내용으로 이해되는데, 과연 우리 법제하에서 그와 같은 이론을 채택할 수 있는 것인가는 별론으로 하더라도 위에서 본 바에 의하여 이 사건에서 피고 대한민국의 이 사건 주식취득이 그러한 공권력의 행사에 의한 수용유사적 침해에 해당한다고 볼 수는 없다(대판 1993.10.26. 93다6409).
>
> ■ 개발제한구역 지정에 관한 도시계획법 제21조의 위헌 여부(부정)
>
> 도시계획법 제21조의 규정에 의하여 개발제한구역 안에 있는 토지의 소유자는 재산상의 권리 행사에 많은 제한을 받게 되고 그 한도 내에서 일반 토지소유자에 비하여 불이익을 받게 됨은 명백하지만, '도시의 무질서한 확산을 방지하고 도시 주변의 자연환경을 보전하여 도시민의 건전한 생활환경을 확보하기 위하여 또는 국방부장관의 요청이 있어 보안상 도시의 개발을 제한할 필요가 있다고 인정되는 때'(도시계획법 제21조 제1항)에 한하여 가하여지는 그와 같은 제한으로 인한 토지소유자의 불이익은 공공의 복리를 위하여 감수하지 아니하면 안 될 정도의 것이라고 인정되므로, 그에 대하여 손실보상의 규정을 두지 아니하였다 하여 도시계획법 제21조의 규정을 「헌법」 제23조 제3항, 제11조 제1항 및 제37조 제2항에 위배되는 것으로 볼 수 없다(대판 1996.6.28. 94다54511).

➋ 수용적 침해보상

수용적 침해보상이란 수용보상이나 수용유사침해로 인한 보상이 불가능한 영역인 적법한 공행정작용의 비의도적인 부수적 효과로서 발생한 사인의 재산권의 손실(결과적 침해)에 대한 영역에 대해서도 보상해 주기 위해서 관습법적으로 발전되어 온 희생보상제도를 근거로 하여 독일연방사법재판소가 고안해낸 개념이다.

예 지하철 공사의 장기화로 인한 인근 상인의 영업상 손실

③ 희생보상청구권

희생보상청구권이란 적법한 공권력 행사로 인해 발행한 생명·신체·명예 등과 같은 비재산적 법익에
대한 손실을 보상해 주는 제도를 말한다.

例 예방접종으로 인한 생명·신체에 대한 침해의 보상, 경찰관이 총기발사에 대한 적법한 요건을 구비하
여 총기를 발사하였으나 총탄이 범인이 아닌 사인에게 상해를 입힌 경우, 적법한 소방활동 종사명령
에 따라 소방활동에 종사한 자가 이로 인하여 사망하거나 부상을 입은 경우 등

④ 결과제거청구권(원상회복청구권)

(1) 의의

결과제거청구권은 위법한 공행정작용으로 인한 권리침해의 사실상의 결과, 즉 위법한 침해행위에 의하
여 변경된 상태의 원상회복을 목적으로 하는 공권이다.

(2) 위법한 상태의 존재 및 계속

공행정작용으로 인하여 야기된 상태가 위법하여야 하고, 공행정작용의 결과로서 관계자에 대한 불이익
한 상태가 계속되고 있어야 한다. 따라서 위법한 상태가 적법하게 된 경우에는 결과제거청구권을 행사할
수 없다.

(3) 공행정작용으로 인한 법률상 이익의 침해

행정주체의 공행정작용으로 인한 "법률상 이익"의 침해가 있을 것을 그 요건으로 한다. 따라서 행정주체
의 사법적 활동으로 인한 침해는 결과제거청구의 대상이 되는 침해에서 제외되며 단순한 사실상의 이익
에 대한 침해가 존재한다는 것을 이유로 공법상 결과제거청구권을 행사할 수 있는 것은 아니다. 법률상
이익에는 재산적 가치 있는 것뿐만 아니라, 명예 등 정신적인 것까지도 포함된다.

(4) 직접적인 결과의 제거

결과제거청구권은 공행정작용의 직접적인 결과만을 그 대상으로 한다. 제3자에 의한 간접적인 이익침해
는 공법상 결과제거청구권이 아니라, 민법상 방해배제청구권을 주장할 수 있을 뿐이다.

(5) 결과제거청구권의 실현

다수설은 결과제거청구권은 공권이므로 행정소송인 당사자소송에 의해야 한다고 보나 판례는 사권으로
보아 민사소송에 의해야 한다고 본다.

06 | 행정쟁송

01 항고소송 - 취소소송

■ 처분 등의 존재

(1) 행정청

관련판례

- 한국전력공사 사장이 한 입찰참가자격 제한처분 : 처분성 부정

(2) 구체적 사항

① 의의 : 행정소송은 구체적 사건에 관한 법적 분쟁을 법에 의하여 해결하기 위한 것이므로 구체적 사실에 대한 법집행행위만이 소송의 대상이 된다.

② 일반처분 : 불특정 다수인에 대한 일반처분 역시 국민의 법률상 이익을 구체적으로 규제하는 효과가 있기 때문에 항고소송의 대상이 된다.

규율형태	명칭
일반적 · 추상적	행정입법(법규명령)
일반적 · 구체적	일반처분(물적 행정행위)
개별적 · 추상적	특정 명칭은 없음
개별적 · 구체적	행정행위(처분)
참고	처분적 명령

관련판례

- 「청소년 보호법」에 따른 청소년유해매체물 결정 및 고시 : 처분성 인정

(3) 공권력의 행사

확인 · 공증 · 통지 · 수리 등 준법률행위적 행정행위도 공권력의 행사에 해당한다.

(4) 공권력의 행사거부

① 행정청의 신청거부가 처분이 되기 위한 조건 : 국민에게 법규상 · 조리상 신청권이 존재해야 행정청의 신청거부가 처분이 될 수 있다.

② 반복된 거부처분의 의미 : 독립된 새로운 거부처분으로 본다.

- 거부처분은 관할 행정청이 국민의 처분신청에 대하여 거절의 의사표시를 함으로써 성립되고, 그 이후 동일한 내용의 새로운 신청에 대하여 다시 거절의 의사표시를 한 경우에는 새로운 거부처분이 있는 것으로 보아야 한다(대판 1998.3.13, 96누15251).

2 원처분주의와 재결주의

(1) 문제 제기

행정심판을 거쳐서 소송을 제기할 경우, 원처분과 행정심판의 재결은 모두 행정청의 공권력의 행사로서 다 같이 항고소송의 대상이 될 수 있다.

(2) 재결의 개념

재결이라 함은 행정심판의 청구에 대하여 행정심판위원회가 행하는 결정(판단)을 말한다(「행정심판법」 제2조 제3호).

(3) 원처분중심주의

취소소송은 처분 등을 소송의 대상으로 한다. 이에 원처분과 재결에 대하여 다 같이 소송을 제기할 수 있지만, 그중에서 원처분에 대해 항고소송을 제기하는 것을 원처분주의라고 한다. 다만, 재결을 취소소송의 대상으로 하는 경우에는 재결 자체에 고유한 위법이 있음을 이유로 하는 경우에 한한다(「행정소송법」 제19조 단서). 즉, 재결 자체에 고유한 위법이 존재하지 아니하는 한 「행정소송법」은 취소소송의 대상에 대하여 원처분을 원칙으로 한다.

(4) 재결소송

① 의미 : 재결을 분쟁대상으로 하는 항고소송을 의미한다.
② 사유(재결자체의 고유한 위법)
  ㉠ 각하재결 : 심판청구가 부적법하지 아니함에도 실체심리를 하지 아니한 채 각하한 경우 재결 자체의 고유한 하자가 존재하게 되므로 취소소송의 대상이 된다.
  ㉡ 기각재결 : 기각재결에 대한 내용상의 위법을 주장하여 소송을 제기하면 원처분에 있는 하자와 동일한 하자를 주장하는 것이 될 것이기 때문에 재결자체의 고유한 하자라 할 수 없다.
  ㉢ 인용재결 : 통상의 인용재결에 대하여 청구인에게는 불복할 이유도 그 취소 등을 구할 이익도 없다.
  ㉣ 일부인용재결 · 수정재결 : 일부인용재결이나 수정재결도 원처분주의의 원칙상 재결은 소송의 대상이 되지 못하고 재결에 의하여 일부 취소되고 남은 원처분이나 수정된 원처분이 소송의 대상이 됨이 원칙이다.

- 항고소송은 원칙적으로 당해 처분을 대상으로 하나, 당해 처분에 대한 재결 자체에 고유한 주체, 절차, 형식 또는 내용상의 위법이 있는 경우에 한하여 그 재결을 대상으로 할 수 있다고 해석되므로, 징계혐의자에 대한 감봉 1월의 징계처분을 견책으로 변경한 소청결정 중 그를 견책에 처한 조치는 재량권의 남용 또는 일탈로서 위법하다는 사유는 소청결정 자체에 고유한 위법을 주장하는 것으로 볼 수 없어 소청결정의 취소사유가 될 수 없다(대판 1993.8.24, 93누5673).

3 당사자와 참가인

(1) 당사자

당사자능력(당사자적격)이란 소송의 주체가 될 수 있는 능력을 말한다.

- 자연물인 도롱뇽이나 그를 포함한 자연 그 자체는 당사자능력을 인정할 수 없음(대판 2006.6.2, 2004마1148, 1149)
- 충북대학교 총장의 소는, 원고 충북대학교 총장이 원고 대한민국이 설치한 충북대학교의 대표자일 뿐 항고소송의 원고가 될 수 있는 당사자능력이 없어 부적법하다(대판 2007.9.20, 2005두6935).

(2) 원고적격

① 의의 : '법률상 이익이 있는 자'를 지칭한다.

② 법률상 이익의 주체

    ㉠ 자연인과 법인 : 자연인과 법인(공법인, 사법인, 지자체)뿐만 아니라 법인격 없는 단체도 대표자를 통하여 원고가 될 수 있다.

    ㉡ 단체소송 : 단체소송은 단체 자체의 이익을 위한 부진정 단체소송과 구성원의 이익 또는 사회전체의 이익을 위한 진정 단체소송이 있다. 부진정 단체소송은 법률상 이익이 있는 것으로 다수설과 판례가 인정하고 있다.

4 행정심판전치주의

(1) 의의

행정심판전치주의란 행정소송을 제기하기에 앞서 행정심판을 전심절차로 하는 것을 말한다.

(2) 특징

① 임의적 행정심판전치(원칙)

② 필요적 행정심판전치(예외)

5 제소기간

「행정소송법」 제20조【제소기간】

① 취소소송은 처분 등이 있음을 안 날부터 90일 이내에 제기하여야 한다. 다만, 제18조 제1항 단서에 규정한 경우와 그 밖에 행정심판청구를 할 수 있는 경우 또는 행정청이 행정심판청구를 할 수 있다고 잘못 알린 경우에 행정심판청구가 있은 때의 기간은 재결서의 정본을 송달받은 날부터 기산한다.

② 취소소송은 처분 등이 있은 날부터 1년(제1항 단서의 경우는 재결이 있은 날부터 1년)을 경과하면 이를 제기하지 못한다. 다만, 정당한 사유가 있는 때에는 그러하지 아니하다.

더 알아보기

기관소송의 제소기간

- 민중소송의 경우
  - 대통령, 국회의원 선거의 선거소송 또는 당선소송의 경우 : 30일
  - 지방의회의원, 지방자치단체장의 선거소송의 경우 : 10일
  - 국민투표의 경우 : 20일
- 기관소송의 경우 : 지방의회의 재의결이 법령에 위반하였음을 원인으로 지방자치단체장이 제기하는 기관소송의 제소기간은 20일로 「지방자치법」에 법정되어 있음

관련판례

■ **원칙**

처분 등이 있음을 안 날이란 당해 처분이 있었다는 사실을 현실적으로 안 날을 의미한다고 판시하였다.

■ **사실상 추정**

처분을 기재한 서류가 당사자의 주소에 송달되는 등으로 사회통념상 처분이 있음을 당사자가 알 수 있는 상태에 놓여진 때에는 반증이 없는 한 그 처분이 있음을 알았다고 사실상 추정된다.

■ **'처분이 있음을 안 날'을 탄력적으로 해석한 판례**

- 아르바이트 직원이 납부고지서를 수령한 경우, 납부의무자는 그 때 부과처분이 있음을 알았다고 추정할 수 있다고 한 사례 : 「행정심판법」 제18조 제1항 소정의 심판청구기간 기산점인 '처분이 있음을 안 날'이라 함은 당사자가 통지·공고 기타의 방법에 의하여 당해 처분이 있었다는 사실을 현실적으로 안 날을 의미하고, 추상적으로 알 수 있었던 날을 의미하는 것은 아니지만, 처분에 관한 서류가 당사자의 주소지에 송달되는 등 사회통념상 처분이 있음을 당사자가 알 수 있는 상태에 놓인 때에는 반증이 없는 한 그 처분이 있음을 알았다고 추정할 수 있으므로, 위와 같이 원고의 주소지에서 원고의 아르바이트 직원이 납부고지서를 수령한 이상, 원고로서는 그 때 처분이 있음을 알 수 있는 상태에 있었다고 볼 수 있고, 따라서 원고는 그 때 처분이 있음을 알았다고 추정함이 상당하다(대판 1999.12.28, 99두9742).
- 아파트 경비원이 과징금부과처분의 납부고지서를 수령한 날이 그 납부의무자가 '부과처분이 있음을 안 날'은 아니라고 한 사례 : 아파트 경비원이 관례에 따라 부재중인 납부의무자에게 배달되는 과징금부과처분의 납부고지서를 수령한 경우, 납부의무자가 아파트 경비원에게 우편물 등의 수령권한을 위임한 것으로 볼 수는 있을지언정, 과징금 부과처분의 대상으로 된 사항에 관하여 납부의무자를 대신하여 처리할 권한까지 위임한 것으로 볼 수는 없고, 설사 위 경비원이 위 납부고지서를 수령한 때에 위 부과처분이 있음을 알았다고 하더라도 이로써 납부의무자 자신이 그 부과처분이 있음을 안 것과 동일하게 볼 수는 없다(대판 2002.8.27, 2002두3850).
- 고시 또는 공고에 의하여 행정처분을 하는 경우, 고시가 효력을 발생하는 날에 행정처분이 있음을 알았다고 본 사례 : 통상 고시 또는 공고에 의하여 행정처분을 하는 경우에는 그 처분의 상대방이 불특정 다수인이고 그 처분의 효력이 불특정 다수인에게 일률적으로 적용되는 것이므로, 행정처분에 이해관계를 갖는 자가 고시 또는 공고가 있었다는 사실을 현실적으로 알았는지 여부에 관계없이 고시가 효력을 발생하는 날에 행정처분이 있음을 알았다고 보아야 한다(대판 2001.7.27, 99두9490).

(1) 안 날과 있은 날의 관계

판례는 둘 중 하나라도 경과하면 제소기간이 도과된 것으로 본다. 즉 먼저 도래하는 기간 내에 소송을 제기하여야 한다.

6 권리보호의 필요성(협의의 소익)

(1) 소의 이익의 의미

청구에 대하여 법원이 판단을 행할(분쟁을 해결할) 현실적이고 구체적인 이익을 가지고 있는가(판단의 구체적 이익 내지 필요성의 문제)이다. 협의의 소익은 소송을 통해 분쟁을 해결할 현실적 필요성을 말한다.

(2) 취소소송과 협의의 소익 유무

① 소의 이익이 있는 경우 : 처분 등의 효력이 존속하고 있고, 취소로써 원상회복이 가능하며, 이익침해가 계속되고 있어야 한다.

② 소의 이익이 없는 경우(처분 등의 효력이 소멸한 경우)
　　㉠ 원칙 : 협의의 소익이 없다.
　　㉡ 가중처분의 요건인 경우 : 당해 불이익처분이 가중처분의 요건인 경우에는 처분효력이 소멸한 후에도 협의의 소익을 인정하는 경우가 있을 수 있다. 즉, 처분의 효력이 계속되지 아니하여 소송을할 현실적 이익이 없더라도 소송에서 패소하면 가중처분을 받을 가능성이 있고 소송에서 승소하여가중처분을 받을 가능성이 없어진다면 소송을 할 이익이 있다.

7 가구제

(1) 집행정지

① 의의 : 「행정소송법」 제23조 제1항은 "취소소송의 제기는 처분 등의 효력이나 그 집행 또는 절차의 속행에 영향을 주지 아니한다."고 규정되어 있다. 이 규정의 취지는 집행부정지를 원칙으로 한다는 의미이다. 그러나 이를 획일적으로 적용하면 원고가 승소해도 집행이 종료되어 회복이 불가능한 손해를 입을 수 있으므로 일정한 요건 하에 집행정지를 허용한다는 것이다.

② 요건
　　㉠ 본안소송이 계속 중일 것
　　㉡ 회복하기 어려운 손해를 예방하기 위한 것일 것

> **관련판례**
>
> ■ **본안소송이 취하되면 집행정지결정은 당연히 효력이 소멸**
> 행정처분의 집행정지는 행정처분집행 부정지의 원칙에 대한 예외로서 인정되는 일시적인 응급처분이라 할 것이므로 집행정지결정을 하려면 이에 대한 본안소송이 법원에 제기되어 계속 중임을 요건으로 하는 것이므로 집행정지결정을 한 후에라도 본안소송이 취하되어 소송이 계속하지 아니한 것으로 되면 집행정지결정은 당연히 그 효력이 소멸되는 것이고 별도의 취소조치를 필요로 하는 것이 아니다(대판 1975.11.11. 75누97).

(2) 가처분

가처분이란 가구제의 일종으로서 금전 이외의 특정한 급부를 목적으로 하는 청구권의 집행보전을 도모하거나, 쟁의 있는 권리관계에 관하여 임시의 지위를 정하는 것을 말한다.

관련판례

- 공유수면매립면허권 가처분신청사건에서 민사소송과 달리 취소소송에서는 가처분을 인정하지 않는 취지의 판시를 하였다(대판 1992.7.6, 92마54).

- **공유수면매립면허권 가처분신청사건(가처분 불인정)**
  「민사소송법」상의 보전처분은 민사판결절차에 의하여 보호받을 수 있는 권리에 관한 것이므로, 「민사소송법」상의 가처분으로써 행정청의 어떠한 행정행위의 금지를 구하는 것은 허용될 수 없다 할 것이다(대판 1992.7.6, 92마54).

---

8 처분사유의 추가 · 변경

(1) 의의

처분 당시에 존재하였으나 행정청이 처분의 근거로 삼지 않았던 사유를 행정쟁송의 단계에서 추가하거나 그 내용을 변경하는 것을 처분 사유의 추가 · 변경이라 한다. 예를 들어, 건축허가에 대하여 건축법상의 거리제한 규정을 이유로 하는 거부처분에 대하여 취소소송이 제기되어 법원이 심리를 하는 중에 행정청이 처분 당시에 존재하였으나 기존에 소송상 주장하지 않았던 용적률이나 건폐율에 대한 요건 흠결을 추가하여 처분의 적법성을 유지하려는 경우이다.

(2) 문제점

소송경제 및 분쟁의 해결을 위하여 필요하다 하겠으나 처분상대방의 신뢰보호 및 공격방어권의 존중을 위하여 처분사유의 추가 · 변경을 허용하지 않는 것이 바람직하다. 따라서 처분사유의 추가 · 변경이 어떠한 경우에 인정될 수 있는지가 문제된다.

관련판례

- 기본적 사실관계의 동일성이 있다면 처분사유의 추가 · 변경이 가능하다고 본다.

- **기본적 사실관계의 동일성 유무의 판단기준**
  기본적 사실관계의 동일성 유무는 처분사유를 법률적으로 평가하기 이전의 구체적인 사실에 착안하여 그 기초인 사회적 사실관계가 기본적인 점에서 동일한지 여부에 따라 결정되며, 추가 또는 변경된 사유가 당초의 처분 시 그 사유를 명기하지 않았을 뿐 처분 시에 이미 존재하고 있었고 당사자도 그 사실을 알고 있었다 하여 당초의 처분사유와 동일성이 있는 것이라 할 수 없다(대판 2003.12.11, 2003두8395).

---

9 취소소송의 판결

(1) 판결의 종류

① **각하판결** : 각하판결이란 당사자적격이 없는 등 소송요건의 결여로 인하여 본안의 심리를 거부하는 판결을 말한다.

② **기각판결** : 기각판결이란 원고의 청구를 배척하는 판결을 말한다.

③ **사정판결**

    ⊙ 의의 : 사정판결이란, 원고의 청구가 이유 있는 경우에도 공익상 필요를 이유로 원고의 청구를 기각하는 것을 말한다(「행정소송법」 제28조 및 제32조).

> **관련판례**
>
> ■ **행정처분이 무효인 경우 사정판결 불가능**
> 당연무효의 행정처분을 소송목적물로 하는 행정소송에서는 존치시킬 효력이 있는 행정행위가 없기 때문에 「행정소송법」 제28조 소정의 사정판결을 할 수 없다(대판 1996.3.22, 95누5509).

    ⊙ 요건
- 내용상 처분 등의 취소가 현저히 공공복리에 적합하지 않을 것
- 취소소송이 제기될 것
- 처분 등이 위법할 것
- 사정조사를 거칠 것

> **관련판례**
>
> ■ **재개발조합설립 및 사업시행인가처분이 법정요건을 충족하지 못하여 위법하나 재개발사업의 공익목적에 비추어 사정판결을 한 사례**
> 처분 당시에는 비록 토지 및 건축물소유자 총수의 각 3분의 2 이상의 동의를 얻지 못하였으나 그 후 3분의 2 이상에 해당하는 토지 및 건축물의 소유자가 위와 같이 사업의 시행에 이의하지 않고 사업의 속행을 바라고 있어 그 사업의 시행을 위한 재개발조합의 설립 및 사업시행인가가 새로이 행하여질 경우 90% 이상의 토지 및 건축물의 소유자가 이에 동의할 것으로 충분히 예상되므로 만약 이 사건 처분을 위법하다고 하여 취소하고 새로운 절차를 밟게 할 경우에는 불필요한 절차를 반복하게 함으로써 주택개량재개발사업의 신속한 진행을 지연시키게 되어 위와 같이 재개발사업의 속행을 바라고 있는 약 90%의 토지 또는 건축물소유자들에게 상대적으로 커다란 경제적 손실을 초래케 할 가능성이 높은 반면, 원고들이 이 사건 처분으로 이렇다 할 손해를 입었다고 볼 만한 사정도 엿보이지 않을 뿐만 아니라, 위와 같은 위법사유를 시정하고 위 재개발조합의 설립 및 사업시행인가처분이 있게 될 경우 원고들을 비롯하여 이 사건 재개발지구 안에 토지 또는 건축물을 소유하는 자들은 법이 정한 절차에 따라 재개발사업이 시행되어 관리처분계획의 인가 및 공사완료에 따른 조치 등의 과정을 거쳐 동등한 지위에서 그에 따른 정당한 법적 권리를 갖게되어 있는 점 등을 고려한다면, 이 사건 처분이 앞서 본 바와 같이 애당초 토지 및 건축물 소유자 총수의 3분의 2 이상의 동의를 얻지 못하여 위법한 것이라고 하더라도 이를 이유로 이 사건 처분을 취소하는 것은 오히려 현저히 공공복리에 적합하지 아니하다고 인정하여 원고들의 예비적 청구를 기각하고 「행정소송법」 제28조 제1항 후단을 적용하여 주문에서 그 처분이 위법함을 명시하였다(대판 1995.7.28, 95누4629).

④ **인용판결** : 인용판결이란 원고의 청구가 이유 있음을 인정하여 처분 등의 취소·변경을 행하는 판결을 의미한다.

(2) 판결의 효력

① **자박력** : 자박력(불가변력)이란 판결이 선고되면 선고법원은 이를 취소 · 변경할 수 없는 기속을 받게 되는 것을 말한다.

② **확정력**

    ㉠ 형식적 확정력(불가쟁력) : 형식적 확정력(불가쟁력)이란 판결의 상소기간이 경과하거나 쟁송수단을 모두 거친 경우, 상소의 취하, 상소권의 포기, 기타 사유로 상고할 수 없는 경우에는 상대방 또는 이해관계인이 더 이상 그 행정행위의 효력을 다툴 수 없게 되는 효력을 말한다. 이 형식적 확정력은 판결내용과는 관계가 없으나, 판결내용의 효력발생요건이 된다.

    ㉡ 실질적 확정력(기판력) : 기판력은 일단 재판이 확정된 때에는 당사자는 동일한 소송물에 대하여 판결에 반하는 주장을 하여 다투는 것이 허용되지 아니하며(일사부재리효), 법원도 일사부재리의 원칙에 따라 다시 확정판결과 내용적으로 모순되는 판단을 하지 못하는 효력을 말한다. 즉, 판결에 불가쟁력이 발생하게 되면 그 후의 절차에서 동일한 사항이 문제되는 경우에도 당사자와 이들의 승계인은 기존 판결에 반하는 주장을 할 수 없을 뿐만 아니라 법원도 그것에 반하는 판단을 할 수 없는 구속을 받는다. 이러한 구속력을 실질적 확정력이라 부르며, 이를 기판력이라고 하기도 한다.

③ **형성력**

    ㉠ 의의 : 형성력이란 판결이 확정되면 판결의 취지에 따라 법률관계의 발생 · 변경 · 소멸을 가져오는 효력을 말한다.

    ㉡ 법적 근거 : 직접적 명문규정은 없으나, 행정의 법률적합성원칙이나 「행정소송법」 제29조 제1항 등을 간접적 근거로 든다.

> **「행정소송법」 제29조 【취소판결 등의 효력】**
> ① 처분 등을 취소하는 확정판결은 제3자에 대하여도 효력이 있다.

④ **기속력(구속력)** : 기속력이란 그 사건에 관하여 당사자인 행정청과 그 밖의 관계행정청이 처분 등을 취소하는 확정판결에 대해 기속당하는 효력을 말한다(「행정소송법」 제30조 제1항).

⑤ **집행력(간접강제)** : 판결의 집행력이란 원래 의무이행판결에서 명령된 이행의무를 강제집행절차로서 실현할 수 있는 효력을 말한다.

> **「행정소송법」 제34조 【거부처분취소판결의 간접강제】**
> ① 행정청이 제30조 제2항의 규정에 의한 처분을 하지 아니하는 때에는 제1심수소법원은 당사자의 신청에 의하여 결정으로써 상당한 기간을 정하고 행정청이 그 기간 내에 이행하지 아니하는 때에는 그 지연기간에 따라 일정한 배상을 할 것을 명하거나 즉시 손해배상을 할 것을 명할 수 있다.

02 항고소송 - 무효등확인소송

1 의의

무효등확인소송이란 행정청의 처분 등의 효력 유무 또는 존재 여부를 확인하는 소송이다. 무효등확인소송에는 취소를 구하는 취지까지 포함된다고 본다.

> **관련판례**
>
> ■ **무효등확인소송에는 취소를 구하는 취지까지 포함(행정처분 취소의 소를 무효확인의 소로 변경한 경우)**
> 일반적으로 행정처분의 무효확인을 구하는 소에는 원고가 그 처분의 취소는 구하지 아니 한다고 밝히고 있지 아니하는 이상 그 처분이 만약 당연무효가 아니라면 그 취소를 구하는 취지도 포함되어 있는 것으로 볼 것이나 행정심판 절차를 거치지 아니한 까닭에 행정처분 취소의 소를 무효확인의 소로 변경한 경우에는 무효확인을 구하는 취지 속에 그 처분이 당연무효가 아니라면 그 취소를 구하는 취지까지 포함된 것으로 볼 여지가 전혀 없다고 할 것이므로 법원으로서는 그 처분이 당연무효인가 여부만 심리판단하면 족하다고 할 것이다(대판 1987.4.28, 86누887).

2 입증책임

무효등확인소송에 있어서 입증책임에 대한 학설로는 입증책임분배설, 원고책임부담설, 피고책임부담설 등이 존재하며 입증책임분배설이 통설적 견해이다. 판례는 하자의 중대 · 명백성은 극히 예외적이라는 점을 근거로 하여 취소소송과 달리 원고책임부담설을 취하고 있다.

03 항고고송 - 부작위위법확인소송

1 의의

부작위위법확인소송이란 행정청의 부작위가 위법하다는 것을 확인하는 소송(「행정소송법」 제4조 제3호)으로, 행정청이 상당한 기간 내에 일정한 처분을 하여야 할 법률상 의무가 있음에도 이를 행하지 아니할 때 제기하는 소송(부작위 내지 무응답이라고 하는 소극적인 위법상태를 제거하는 것을 목적)이다.

2 무효등확인소송과의 차이점

무효등확인소송과는 달리, 제소기간 및 행정심판전치주의가 적용된다.

③ 대상적격(부작위의 존재)

(1) 당사자의 신청

판례는 검사임용신청에서 법규상·조리상 신청권을 요구한 바 있다.

(2) 상당한 기간

상당한 기간 동안 행정청의 아무런 행위가 없어야 한다.

(3) 행정청의 작위의무가 있을 것

부작위는 행정청이 일정한 처분을 하여야 할 법률상 의무가 있음에도 처분을 하지 아니하는 경우에 성립한다. 처분이 아닌 행정작용에 대한 무응답은 부작위위법확인소송의 대상이 아니다.

(4) 처분의 부존재

외관상 처분이 일체 존재하지 아니하고 국민의 권리의무 변동에 직접적 영향을 미치는 공권력 행사의 부작위이어야 한다.

④ 제소기간

(1) 행정심판을 거친 경우

행정심판을 거친 경우, 행정심판재결 시 정본을 송달받은 날부터 90일 이내에 제기하여야 한다(『행정소송법』 제20조, 제38조 제2항).

(2) 행정심판을 거치지 아니한 경우

부작위의 성립요건인 '신청 후 상당한 기간의 경과'에 따라 상당 기간을 경과 후로부터 1년 내에 제소할 수 있다는 견해와 처분이 없으므로 취소소송을 준용할 수 없고 제소기간에 제한이 없다는 견해의 대립이 있다.

04 | 당사자소송

① 의의

당사자소송이란 공법상의 법률관계에 관하여 의문이나 다툼이 있는 경우에 그 법률관계의 당사자가 원고 또는 피고의 입장에서 그 법률관계에 관하여 다투는 소송이다. 이는 행정청의 처분 등을 원인으로 하는 법률관계에 관한 소송과 그 밖에 공법상의 법률관계에 관한 소송이 있다(『행정소송법』 제3조 제2호).

2 유형

(1) 처분 등을 원인으로 하는 법률관계에 관한 소송

처분 등의 무효·취소를 전제로 하는 과오납금반환청구소송과 같은 공법상의 부당이득반환청구소송과 공무원의 직무상 불법행위로 인한 국가배상청구소송 별도의 불복방법에 관한 규정이 없는 경우의 손실보상청구권 등이 있다.

(2) 기타 공법상 법률관계에 관한 소송(처분 등을 원인으로 하지 아니하는 소송)

공법상 계약의 불이행에 대한 소송, 공법상 금전지급청구를 위한 소송, 공법상 지위, 신분의 확인을 구하는 소송, 공법상 결과제거 청구소송, 공문서 열람 내지 복사신청에 관한 소송 등을 들 수 있다. 판례는 공법상 계약의 불이행에 대한 소송과 공법상 결과제거청구소송에 대해서는 민사소송으로 다루므로 학설과 다른 입장을 보이고 있다.

> **관련판례**
>
> ■ 공법상 금전지급청구소송(원칙 : 민사소송 / 예외 : 당사자소송, 항고소송)
>
> ■ 구 「석탄산업법」상 석탄가격안정지원금 지급청구소송
> 석탄가격안정지원금은 석탄의 수요 감소와 열악한 사업환경 등으로 점차 경영이 어려워지고 있는 석탄광업의 안정 및 육성을 위하여 국가정책적 차원에서 지급하는 지원비의 성격을 갖는 것이고, 석탄광업자가 석탄산업합리화사업단에 대하여 가지는 이와 같은 지원금지급청구권은 석탄사업법령에 의하여 정책적으로 당연히 부여되는 공법상의 권리이므로, 석탄광업자가 석탄산업합리화사업단을 상대로 석탄산업법령 및 석탄가격안정지원금 지급요령에 의하여 지원금의 지급을 구하는 소송은 공법상의 법률관계에 관한 소송인 공법상의 당사자소송에 해당한다(대판 1997.5.30, 95다28960).
>
> ■ 「석탄산업법」상 재해위로금 지급청구소송
> 폐광대책비의 일종으로 폐광된 광산에서 업무상 재해를 입은 근로자에게 지급하는 재해위로금은, 국내의 석탄수급상황을 감안하여 채탄을 계속하는 것이 국민경제의 균형발전을 위하여 바람직하지 못하다고 판단되는 경제성이 없는 석탄광산을 폐광함에 있어서 그 광산에서 입은 재해로 인하여 전업 등에 특별한 어려움을 겪게 될 퇴직근로자를 대상으로 사회보장적인 차원에서 통상적인 재해보상금에 추가하여 지급하는 위로금의 성격을 갖는 것이고, 이러한 재해위로금에 대한 지급청구권은 공법상의 권리로서 그 지급을 구하는 소송은 공법상의 법률관계에 관한 소송인 공법상 당사자소송에 해당한다(대판 1999.1.26, 98두12598).
>
> ■ 공무원연금관리공단이 퇴직연금 중 일부 금액에 대하여 지급거부의 의사표시를 할 경우, 미지급퇴직연금의 지급을 구하는 소송
> 공무원연금관리공단의 인정에 의하여 퇴직연금을 지급받아 오던 중 구 「공무원연금법령」의 개정 등으로 퇴직연금 중 일부 금액의 지급이 정지된 경우에는 당연히 개정된 법령에 따라 퇴직연금이 확정되는 것이지 같은 법 제26조 제1항에 정해진 공무원연금관리공단의 퇴직연금 결정과 통지에 의하여 비로소 그 금액이 확정되는 것이 아니므로, 공무원연금관리공단이 퇴직연금 중 일부 금액에 대하여 지급거부의 의사표시를 하였다고 하더라도 그 의사표시는 퇴직연금 청구권을 형성·확정하는 행정처분이 아니라 공법상의 법률관계의 한쪽 당사자로서 그 지급의무의 존부 및 범위에 관하여 나름대로의 사실상·법률상 의견을 밝힌 것일 뿐이어서, 이를 행정처분이라고 볼 수는 없고, 이 경우 미지급퇴직연금에 대한 지급청구권은 공법상 권리로서 그의 지급을 구하는 소송은 공법상의 법률관계에 관한 소송인 공법상 당사자소송에 해당한다(대판 2004.7.8, 2004두244).

- **「공무원연금법」상 퇴직연금 등의 급여에 관한 결정**
  구 「공무원연급법」 소정의 급여는 급여를 받을 권리를 가진 자가 당해 공무원이 소속하였던 기관장의 확인을 얻어 신청하는 바에 따라 공무원연금관리공단이 그 지급결정을 함으로써 그 구체적인 권리가 발생하는 것이므로, 공무원연금관리공단의 급여에 관한 결정은 국민의 권리에 직접 영향을 미치는 것이어서 행정처분에 해당하고, 공무원연금관리공단의 급여결정에 불복하는 자는 공무원연금급여재심위원회의 심사결정을 거쳐 공무원연금관리공단의 급여결정을 대상으로 행정소송을 제기하여야 한다(대판 1996.12.6, 96누6417).

- **「군인연금법」상 상이연금 등에 대하여 국방부 장관이 그 인정청구를 거부하거나 청구 중 일부만을 인정하는 처분을 하는 경우**
  「군인연금법」에 의한 상이연금 등의 급여를 받을 권리는 법령의 규정에 의하여 직접 발생하는 것이 아니라 위와 같은 급여를 받으려고 하는 자가 소속하였던 군의 참모총장의 확인을 얻어 청구하는 바에 의하여 국방부장관이 인정함으로써 비로소 구체적인 권리가 발생하고, 위와 같은 급여를 받으려고 하는 자는 우선 관계 법령에 따라 국방부장관에게 그 권리의 인정을 청구하여 국방부장관이 그 인정 청구를 거부하거나 청구 중의 일부만을 인정하는 처분을 하는 경우 그 처분을 대상으로 항고소송을 제기하는 등으로 구체적 권리를 인정받은 다음 비로소 당사자소송으로 그 급여의 지급을 구하여야 할 것이고, 구체적인 권리가 발생하지 않은 상태에서 곧바로 국가를 상대로 한 당사자소송으로 그 권리의 확인이나 급여의 지급을 소구하는 것은 허용되지 아니한다(대판 1995.9.15, 93누18532).

- **구체적 권리를 인정받지 않은 상태에서, 곧바로 당사자소송으로 급여의 지급을 소구하는 경우**
  구 「공무원연금법령」상 급여를 받으려고 하는 자는 우선 관계 법령에 따라 공단에 급여지급을 신청하여 공무원연금관리공단이 이를 거부하거나 일부 금액만 인정하는 급여지급결정을 하는 경우 그 결정을 대상으로 항고소송을 제기하는 등으로 구체적 권리를 인정받은 다음 비로소 당사자소송으로 그 급여의 지급을 구하여야 하고, 구체적인 권리가 발생하지 않은 상태에서 곧바로 공무원연금관리공단 등을 상대로 한 당사자소송으로 급여의 지급을 소구하는 것은 허용되지 않는다(대판 2010.5.27, 2008두5636).

05 객관적 소송

1 민중소송

민중소송이란 국가 또는 공공단체의 기관이 법률에 위반되는 행위를 한 때에 직접 자기의 법률상 이익과 관계없이 그 시정을 구하기 위하여 제기되는 소송을 말한다(「행정소송법」 제3조 제3호).

2 기관소송

기관소송이란 국가 또는 공공단체의 기관 상호 간에 있어서의 권한의 존부 또는 그 행사에 관한 다툼이 있을 때에 이에 대하여 제기하는 소송을 말한다(「행정소송법」 제3조 제4호).

1 개념

행정심판이란 행정상 법률관계의 분쟁을 행정기관이 심리·재결하는 행정쟁송절차를 말한다.

2 행정심판과 행정소송 비교

구분	행정심판	행정소송
제기기간	• 취소심판·거부처분에 대한 의무이행 심판 : 처분이 있음을 안 날로부터 90일, 처분이 있은 날로부터 180일 • 취소심판의 경우 불가항력에 관한 특칙이 규정 • 무효등확인심판·의무이행심판(부작위대상) : 기간 제한 없음	• 취소소송 : 처분이 있음을 안 날로부터 90일(재결서의 정본을 송달받은 날로부터 90일), 처분이 있은 날로부터 1년(재결이 있은 날로부터 1년) • 불가항력에 관한 특칙규정이 없으므로 민사소송법이 준용된다. • 무효등확인소송 : 기간제한 없음
집행정지	신청의 이유에 대한 소명은 불요	신청의 이유에 대한 소명을 요함

3 행정심판의 종류

(1) 취소심판

취소심판이란 행정청의 위법 또는 부당한 처분의 취소 또는 변경을 구하는 심판을 말한다.

(2) 무효등확인심판

무효등확인심판이란 행정청의 처분의 효력 유무 또는 존재 여부에 대한 확인을 하는 심판을 말한다. 이는 구체적인 내용에 따라 효력유무에 관하여서는 무효확인심판, 유효확인심판, 실효확인심판으로 구분되고 존재여부에 관하여서는 존재확인심판, 부존재확인심판으로 구분된다.

(3) 의무이행심판

① 의의 : 의무이행심판이란 행정청의 위법 또는 부당한 거부처분이나 부작위에 대하여 일정한 처분을 하도록 명하는 재결을 구하는 심판을 말한다.

② 재결

㉠ 의무이행심판에서 인용재결의 경우

• 형성재결 : 위원회가 스스로 원래의 신청에 따른 처분을 한다(처분재결).

• 이행재결 : 처분을 할 것을 명하는 재결(처분명령재결)을 한다.

㉡ 처분명령재결의 경우 : 이행의무가 생긴 행정청은 지체 없이 그 재결의 취지에 따라 원신청에 대한 처분을 하여야 한다. 이때 위원회는 당해 행정청이 처분을 하지 아니하는 때에는 당사자의 신청에 따라 기간을 정하여 서면으로 행정청에게 시정을 명하고(처분 발령을 위한 기회를 부여) 그 기간 내에 이행하지 아니하는 경우에는 당해 처분을 할 수 있다.

(4) 당사자심판

당사자 행정심판은 행정상 법률관계의 형성 또는 존부에 관하여 분쟁이나 의문이 존재한 경우 또는 당사자 간의 협의가 성사되지 않는 경우 등에 일방 당사자가 타방 당사자를 상대방으로 하여 행정기관에 그 판정을 구하는 쟁송절차를 말하는 것이다.

4 행정심판의 대상

(1) 처분

처분이라 함은 권력적 사실행위를 포함하는 구체적 사실에 관한 행정작용인 공권력의 행사와 공권력 행사의 거부, 그리고 공권력 행사에 준하는 행정작용을 말한다.

(2) 부작위

부작위라 함은 행정청이 당사자의 신청에 대하여 상당한 기간 내에 일정한 처분을 하여야 할 법률상 의무가 있음에도 불구하고 이를 하지 아니하는 것을 말한다.

(3) 행정심판 대상에서 제외되는 것

① 대통령의 처분·부작위 : 대통령의 처분 또는 부작위에 대하여는 다른 법률에 특별한 규정이 있는 경우를 제외하고는 행정심판을 제기할 수 없다.

② 행정심판의 재결, 재결의 대상인 동일한 처분·부작위 : 행정심판의 재결 및 재결의 대상인 동일한 처분 또는 부작위에 대하여는 다시 심판청구를 제기할 수 없다.

③ 통고처분, 검사의 불기소처분 : 통고처분 및 검사의 불기소처분은 별도의 구제수단이 마련되어 있어 행정심판 및 행정소송의 대상이 되지 않는다.

5 행정심판위원회

「행정심판법」 제7조 【행정심판위원회의 구성】

① 행정심판위원회(중앙행정심판위원회는 제외한다. 이하 이 조에서 같다)는 위원장 1명을 포함하여 50명 이내의 위원으로 구성한다.

② 행정심판위원회의 위원장은 그 행정심판위원회가 소속된 행정청이 되며, 위원장이 없거나 부득이한 사유로 직무를 수행할 수 없거나 위원장이 필요하다고 인정하는 경우에는 다음 각 호의 순서에 따라 위원이 위원장의 직무를 대행한다.

  1. 위원장이 사전에 지명한 위원

  2. 제4항에 따라 지명된 공무원인 위원(2명 이상인 경우에는 직급 또는 고위공무원단에 속하는 공무원의 직무등급이 높은 위원 순서로, 직급 또는 직무등급도 같은 경우에는 위원 재직기간이 긴 위원 순서로, 재직기간도 같은 경우에는 연장자 순서로 한다)

③ 제2항에도 불구하고 제6조 제3항에 따라 시·도지사 소속으로 두는 행정심판위원회의 경우에는 해당 지방자치단체의 조례로 정하는 바에 따라 공무원이 아닌 위원을 위원장으로 정할 수 있다. 이 경우 위원장은 비상임으로 한다.

④ 행정심판위원회의 위원은 해당 행정심판위원회가 소속된 행정청이 다음 각 호의 어느 하나에 해당하는 사람 중에서 성별을 고려하여 위촉하거나 그 소속 공무원 중에서 지명한다.
　　1. 변호사 자격을 취득한 후 5년 이상의 실무 경험이 있는 사람
　　2. 고등교육법 제2조 제1호부터 제6호까지의 규정에 따른 학교에서 조교수 이상으로 재직하거나 재직하였던 사람
　　3. 행정기관의 4급 이상 공무원이었거나 고위공무원단에 속하는 공무원이었던 사람
　　4. 박사학위를 취득한 후 해당 분야에서 5년 이상 근무한 경험이 있는 사람
　　5. 그 밖에 행정심판과 관련된 분야의 지식과 경험이 풍부한 사람
⑤ 행정심판위원회의 회의는 위원장과 위원장이 회의마다 지정하는 8명의 위원(그중 제4항에 따른 위촉위원은 6명 이상으로 하되, 제3항에 따라 위원장이 공무원이 아닌 경우에는 5명 이상으로 한다)으로 구성한다. 다만, 국회규칙, 대법원규칙, 헌법재판소규칙, 중앙선거관리위원회규칙 또는 대통령령(제6조 제3항에 따라 시·도지사 소속으로 두는 행정심판위원회의 경우에는 해당 지방자치단체의 조례)으로 정하는 바에 따라 위원장과 위원장이 회의마다 지정하는 6명의 위원(그중 제4항에 따른 위촉위원은 5명 이상으로 하되, 제3항에 따라 공무원이 아닌 위원이 위원장인 경우에는 4명 이상으로 한다)으로 구성할 수 있다.
⑥ 행정심판위원회는 제5항에 따른 구성원 과반수의 출석과 출석위원 과반수의 찬성으로 의결한다.
⑦ 행정심판위원회의 조직과 운영, 그 밖에 필요한 사항은 국회규칙, 대법원규칙, 헌법재판소규칙, 중앙선거관리위원회규칙 또는 대통령령으로 정한다.

「행정심판법」 제8조【중앙행정심판위원회의 구성】
① 중앙행정심판위원회는 위원장 1명을 포함하여 70명 이내의 위원으로 구성하되, 위원 중 상임위원은 4명 이내로 한다.
② 중앙행정심판위원회의 위원장은 국민권익위원회의 부위원장 중 1명이 되며, 위원장이 없거나 부득이한 사유로 직무를 수행할 수 없거나 위원장이 필요하다고 인정하는 경우에는 상임위원(상임으로 재직한 기간이 긴 위원 순서로, 재직기간이 같은 경우에는 연장자 순서로 한다)이 위원장의 직무를 대행한다.
③ 중앙행정심판위원회의 상임위원은 일반직공무원으로서 국가공무원법 제26조의5에 따른 임기제공무원으로 임명하되, 3급 이상 공무원 또는 고위공무원단에 속하는 일반직공무원으로 3년 이상 근무한 사람이나 그 밖에 행정심판에 관한 지식과 경험이 풍부한 사람 중에서 중앙행정심판위원회 위원장의 제청으로 국무총리를 거쳐 대통령이 임명한다.
④ 중앙행정심판위원회의 비상임위원은 제7조 제4항 각 호의 어느 하나에 해당하는 사람 중에서 중앙행정심판위원회 위원장의 제청으로 국무총리가 성별을 고려하여 위촉한다.
⑤ 중앙행정심판위원회의 회의(제6항에 따른 소위원회 회의는 제외한다)는 위원장, 상임위원 및 위원장이 회의마다 지정하는 비상임위원을 포함하여 총 9명으로 구성한다.
⑥ 중앙행정심판위원회는 심판청구사건(이하 "사건"이라 한다) 중 도로교통법에 따른 자동차운전면허 행정처분에 관한 사건(소위원회가 중앙행정심판위원회에서 심리·의결하도록 결정한 사건은 제외한다)을 심리·의결하게 하기 위하여 4명의 위원으로 구성하는 소위원회를 둘 수 있다.
⑦ 중앙행정심판위원회 및 소위원회는 각각 제5항 및 제6항에 따른 구성원 과반수의 출석과 출석위원 과반수의 찬성으로 의결한다.
⑧ 중앙행정심판위원회는 위원장이 지정하는 사건을 미리 검토하도록 필요한 경우에는 전문위원회를 둘 수 있다.
⑨ 중앙행정심판위원회, 소위원회 및 전문위원회의 조직과 운영 등에 필요한 사항은 대통령령으로 정한다.

「**행정심판법」 제9조【위원의 임기 및 신분보장 등】**
① 제7조 제4항에 따라 지명된 위원은 그 직에 재직하는 동안 재임한다.
② 제8조 제3항에 따라 임명된 중앙행정심판위원회 상임위원의 임기는 3년으로 하며, 1차에 한하여 연임할 수 있다.
③ 제7조 제4항 및 제8조 제4항에 따라 위촉된 위원의 임기는 2년으로 하되, 2차에 한하여 연임할 수 있다. 다만, 제6조 제1항 제2호에 규정된 기관에 두는 행정심판위원회의 위촉위원의 경우에는 각각 국회규칙, 대법원규칙, 헌법재판소규칙 또는 중앙선거관리위원회규칙으로 정하는 바에 따른다.
④ 다음 각 호의 어느 하나에 해당하는 사람은 제6조에 따른 행정심판위원회(이하 "위원회"라 한다)의 위원이 될 수 없으며, 위원이 이에 해당하게 된 때에는 당연히 퇴직한다.
　　1. 대한민국 국민이 아닌 사람
　　2. 국가공무원법 제33조 각 호의 어느 하나에 해당하는 사람
⑤ 제7조 제4항 및 제8조 제4항에 따라 위촉된 위원은 금고(禁錮) 이상의 형을 선고받거나 부득이한 사유로 장기간 직무를 수행할 수 없게 되는 경우 외에는 임기 중 그의 의사와 다르게 해촉(解囑)되지 아니한다.

「**행정심판법」 제15조【선정대표자】**
① 여러 명의 청구인이 공동으로 심판청구를 할 때에는 청구인들 중에서 3명 이하의 선정대표자를 선정할 수 있다.
② 청구인들이 제1항에 따라 선정대표자를 선정하지 아니한 경우에 위원회는 필요하다고 인정하면 청구인들에게 선정대표자를 선정할 것을 권고할 수 있다.
③ 선정대표자는 다른 청구인들을 위하여 그 사건에 관한 모든 행위를 할 수 있다. 다만, 심판청구를 취하하려면 다른 청구인들의 동의를 받아야 하며, 이 경우 동의 받은 사실을 서면으로 소명하여야 한다.
④ 선정대표자가 선정되면 다른 청구인들은 그 선정대표자를 통해서만 그 사건에 관한 행위를 할 수 있다.
⑤ 선정대표자를 선정한 청구인들은 필요하다고 인정하면 선정대표자를 해임하거나 변경할 수 있다. 이 경우 청구인들은 그 사실을 지체 없이 위원회에 서면으로 알려야 한다.

6 행정심판의 청구

관련판례

■ **행정심판청구서의 취지가 불명한 서면인 경우**
행정소송의 전치요건인 행정심판청구는 엄격한 형식을 요하지 아니하는 서면행위로서 그 보정이 가능하다면 보정이 이루어지도록 하여야 하는 것이며, 더욱 전문적 법률지식을 갖지 못한 심판청구인에 의하여 제출된 행정심판청구서는 그 취지가 불명인 부분이 적지 아니할 것이고, 이러한 경우 행정청으로서는 그 서면을 가능한 한 제출자의 이익이 되도록 해석하고 처리하여야 할 필요가 있는 것이다(대판 1992.4.10, 91누7798).

7 심판청구기간(행정심판법 제27조)

(1) 원칙적 행정심판청구기간
심판청구는 처분이 있음을 안 날로부터 90일 이내, 처분이 있은 날로부터 180일 이내에 제기하여야 한다.

(2) 예외적 행정심판청구기간
청구인이 천재·지변·전쟁·사변 그 밖에 불가항력으로 인하여 90일 이내에 심판청구를 할 수 없었을 때에는 그 사유가 소멸한 날로부터 14일 이내에 심판청구를 제기할 수 있다. 다만, 국외에서의 심판청구에 있어서는 그 기간을 30일로 한다.

> **관련판례**
>
> ■ 행정처분의 상대방이 아닌 제3자가 행정심판을 청구하는 경우
> 행정처분의 상대방이 아닌 제3자가 이해관계인으로서 행정심판을 청구하는 경우에 그가 행정심판법 제18조 제3항 본문의 청구기간 내에 심판청구를 제기하지 아니하였다 하더라도 그 심판청구기간 내에 심판청구가 가능하였다는 특별한 사정이 없는 한 동 조항 단서에서 규정하고 있는 기간을 지키지 못한 정당한 사유가 있는 때에 해당한다고 보아 심판청구기간의 제한을 받지 아니한다고 할 것이다(대판 1991.5.28, 90누1359).

8 임시처분제도

임시처분이란 처분 또는 부작위 때문에 당사자가 받을 우려가 있는 중대한 불이익이나 당사자에게 생길 급박한 위험을 막기 위하여 임시지위를 정하는 행정심판위원회의 결정을 말한다.

9 행정심판의 재결

(1) 의의
행정심판의 재결은 심판청구에 대한 심리를 통해 형성된 결과에 대하여 행정심판위원회가 종국적으로 판단하는 행위를 말한다.

(2) 성질
이는 준법률행위적 행정행위 중 확인행위에 속하며, 준사법행위로서 처분에 해당한다. 따라서 이러한 재결 자체에 고유한 위법이 존재할 경우 행정소송의 대상이 된다.

(3) 재결기간(「행정심판법」 제45조)
재결은 피청구인인 행정청 또는 위원회가 심판청구서를 받은 날로부터 60일 이내에 하여야 한다. 다만, 부득이한 사정이 있을 때에는 위원장이 직권으로 30일을 연장할 수 있다.

(4) 재결의 송달 · 효력발생(「행정심판법」 제48조)

위원회는 지체 없이 당사자에게 재결서의 정본을 송달하여야 하며 위원회는 재결서의 등본을 지체없이 참가인에게 송달하여야 한다. 이 경우 중앙행정심판위원회는 재결 결과를 소관 중앙행정기관의 장에게도 알려야 한다. 처분의 상대방이 아닌 제3자가 심판청구를 한 경우 위원회는 재결서의 등본을 지체 없이 피청구인을 거쳐 처분의 상대방에게 송달하여야 한다. 재결은 청구인에게 송달되었을 때에 그 효력이 생긴다.

(5) 재결의 종류

① **각하재결** : 각하재결은 심판청구의 요건심리의 결과 심판청구가 부적법한 경우, 본안심리를 거부하는 것을 말한다.

② **기각재결** : 기각재결은 본안심리 결과 위원회가 심판청구가 이유 없다고 인정하여 청구를 배척하고 원처분을 인정하는 것을 말한다.

③ **사정재결** : 사정재결은 위원회가 심판청구가 이유 있다고 인정하는 경우에도 이를 인용하는 것이 현저히 공공복리에 적합하지 아니하다고 인정하는 때에 그 심판청구를 기각하는 재결을 말한다.

④ **인용재결** : 인용재결은 본안심리 결과 심판청구가 이유 있다고 인정하여 청구의 취지를 받아들이는 것을 말한다.

좋은 책을 만드는 길, 독자님과 함께하겠습니다.

2024 9급 공무원 사회복지직 전과목 한권으로 다잡기

개정4판1쇄 발행	2024년 01월 10일 (인쇄 2023년 08월 28일)
초 판 발 행	2019년 06월 20일 (인쇄 2019년 05월 29일)
발 행 인	박영일
책 임 편 집	이해욱
저 자	SD 공무원시험연구소
편 집 진 행	노윤재 · 유형곤
표지디자인	박종우
편집디자인	곽은슬 · 김예슬
발 행 처	(주)시대고시기획
출 판 등 록	제10-1521호
주 소	서울시 마포구 큰우물로 75 [도화동 538 성지 B/D] 9F
전 화	1600-3600
팩 스	02-701-8823
홈 페 이 지	www.sdedu.co.kr
I S B N	979-11-383-5670-1 (13350)
정 가	36,000원